中国政治経済史論

毛沢東時代

1949-1976

胡鞍鋼……著

日中翻訳学院 本書翻訳チーム……訳

日本僑報社

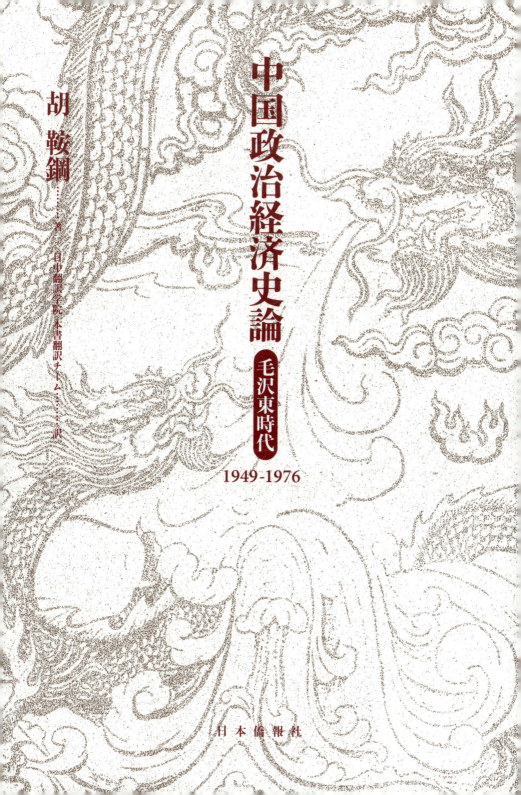

中国政治経済史論

毛沢東時代 *1949-1976*

目次

第一章　中国経済発展の歴史的軌跡　35

第五章　「大躍進」から経済再建まで（一九五七～一九六五年）　247

第七章 毛沢東時代の歴史的評価 615

The Political and Economic History of China
1949-1976

第一章

中国の国情と近代化

中国は世界でも有数の歴史を誇る文明国の一つである。多くの人口を抱え、国土も広大だ。**中華民族はいわば歴史における巨人である。繁栄しているか否かにかかわらず、一貫して世界の巨人であった。**[1] 数え切れないほどの苦難と、幾多の盛衰を繰り返しながらも、国家の統一を保ち、独自の文字と文化を保持し、堂々たる大国としての地位と役割を占めてきた。中国の歴史とは、すなわち中華民族盛衰の歴史といっていいだろう。

中国はまた、世界でも類をみない、魅惑的な国でもある。中国を理解するということは、神々が記した「神仙の書」を解読するようなものだ。読み手を魅了してやまず、何度読み返しても飽きないが、その意味するところを真に理解することはきわめて難しい。情報の不完全性と非対称性、知識の不完全性と不確実性、認識の偏り、さらには経験の有限性ゆえに、歴史的な知識であれ発展理論であれ、この急激に変化しつづける国の姿を正確かつ十分に描き出し、説明することは不可能であろう。われわれはこの不確実な世界（中国）とその変化を知り、理解しようと常に力を尽くしている。

本章の目的は、歴史的・国際的視点から中国社会主義近代化（現代化）の道のり、すなわち「中国の道」を紹介、分析することにある。

第一節　中国発展史理解の必要性

ヨーゼフ・シュンペーターによれば、経済学を研究するには三つの専門知識、すなわち経済史、経済理論と経済統計が不可欠だという。なかでも最も重要なのが経済史である。経済学がこれまで蓄積してきた内容は、事実上、長い歴史におけるある特定のプロセスである。それゆえ、歴史について何も知らず、感じず、得るところもないのであれば、いかなる時代の経済現象も理解できない。経済理論と現実をどのように結びつけるか、さまざまな社会科学分野とどう関連づけるか、その最適な方法をわれわれは歴史から学ぶことができる。[2]

したがって、われわれはまず、中国および世界の経済史について理解しておかなければならない。そうでなければ、現在急激な変化を遂げている中国経済の実態をしっかりと把握することはできないだろう。経済史の記述方法には二通りある。一つは叙述式の経済史であり、主に経済発展の歴史的歩みについて述べるものである。そこでは、経済はどのように発展し、進歩してきたか、経済発展はどのような歴史的変遷を経てきたか、経済発展がもたらす変化はどのような意味があるのか、といった問いに対する答えが主として論じられる。いわば「歴史主体」型の経済史である。もう一つは分析的経済史で、特定の経済理論に基づいて経済発展の仕組みを解釈する、「理論主体」型の経済史である。

いまわれわれに必要とされているのは、叙述性と分析性を兼ね備えた著作である。すなわち、中国経済がどのように発展してきたかを説明すると同時に、歴史における発展や変化をうながす仕組みについて分析したもの、つまり現象と同時にその要因をも知ることができるもの、そして歴史的視点と国際的視野をあわせ持った、中国経済史の著作である。

今日の中国も、中国の歴史の一部分である。よって、歴史上の中国を本当の意味で理解しなければ、現在の中国を深く理解することはできず、また中国の将来について見通すこともできない。

さらに、中国は世界の一部であり、中国の発展はまた世界の発展の一部分である。真の中国をより正確に理解するためには、世界に対する理解を深めなければならない。同時に世界も中国を理解する必要がある。変化のまっただなかにある、多様な、そして偉大なる中国を。

第二節　中国を激変させた合力

中華人民共和国の歴史は、中国共産党の指導の下で、伝統的な農業社会が次第に近代的工業社会へと発展してきた歴史であり、**世界人口の五分の一を占める中華民族の偉大なる復興の歴史でもある。**毛沢東に始まり鄧小平、江沢民、胡錦濤、習近平に至る歴代指導者は、中国の特色ある社会主義に基づく近代化の道をいかに切り開いていくか、という課題に常に取り組んできた。その結果、**先進国に追いついただけでなく、追い越すほどの発展を遂げている。**

本書における主要な分析対象は、現代中国社会において重層的に発生している社会構造の「大転換」(great transitions)あるいは「大変化」(great changes)である。この構造転換には、伝統的農業社会から近代的工業社会へと向かう、多種多様な変化が含まれている。すなわち、自然・半自然の自給自足・半自給自足経済から商品経済への変化であり、閉鎖的・半閉鎖的な経済・社会から開放的な経済・社会への変化であり、一九五〇年代の計画経済から現在の市場経済への変化である。これらの変化は小さな変化ではなく巨大な構造変化であり、緩慢ではなく急速な変化であり、バランスの取れた変化ではなくきわめて不均衡な変化である。

中国社会の大転換は完成にはほど遠いが、こうした変化が絡み合い、影響し合い、制約を加え合っていることがはっきりと見て取れる。

ここでエンゲルスの「歴史合力論」に範を取っていうならば[3]、中国社会の構造転換と近代化は、さまざまな方向に働く力が互いに影響し合う過程で生まれたものである。したがって、これらの力や要素について、何が長期的な歴史の方向であり、その原動力であるのか、何が表に見えており、何が背後に隠れているのか、何が過大評価され、あるいは過小評価されてきたのか、何が抑圧され、何が解き放たれたのかをはっきりさせる必要がある。

現代中国の巨大な変化はさまざまな変数が互いに影響し合い、作用し合った結果である。この変数としては、自然変数、経済変数、社会変数、政治変数ならびに国際環境が挙げられる（表1－1）。

社会発展とは社会の進化、推移、構造変化のことであり、そのスピードは速いものもあれば遅いものもあり、激変するものもあればゆっくり進んでいくものもある。歴史の変化、とくに社会構造の変化は、さまざまな力や要素が互いに働き合った結果である。われわれはこの歴史の動的変化のプロセスを描き出し、経済発展の歴史的輪郭をトータルかつ新たな形で提起するよう努めなければならない。そのためには非常に複雑な出来事の中から、最も重要な発展の傾向をできるかぎり把握する必要がある。

欧米諸国は工業化を推し進める前に、どの国も農業革命を経てきた。後者は前者の前提条件である。しかし中国の工業化は、農業革命という前提がほぼ存在しない条件下で進んだ。一九四〇年代の中国においては、国民総生産の九〇％前後を非集約的な個人経営による農業経済と手工業経済が占めており、前近代と大差のない状況だった。[4]

多くの歴史的出来事が、社会経済の変化や構造転換を契機

表1-1　中国社会に大規模な変化をもたらす種々の変数

自然変数	経済変数	社会変数	政治変数	国際環境
自然地理条件	経済成長	人口増加および人口構成、人口分布の変化	政治体制	国際関係、隣国関係
自然資本の蓄積・退化あるいは減少	物資・資本の蓄積	都市化、農村の発展	政策決定メカニズム	国際貿易およびその制度
生態環境、土地の劣化、砂漠化、森林の減少	人的資源の蓄積	科学技術、教育の発展による知識の蓄積、拡散、応用	政府の構造、機能、役割の変化	国際資本による投資、対外投資
自然災害の影響	国内商取引の増加	文化面におけるメディアの発達	国家指導者の特徴	国際知識と技術
地理的位置	民間経済	社会保障制度	法律制度	移民
環境状況（各種汚染）	金融市場、企業制度	公共サービス、ＮＧＯならびに社会組織	司法制度	国際的資源、国際的安全

に発生しているが、これらの変化や構造転換は、世界の発展と密接な関係がある。中国は工業化・近代化については「遅れてきた者」であるが、その発展は国内外のさまざまな要素が影響し合った結果である。十九世紀のアヘン戦争は中国と世界列強との衝突であり、同時に伝統的農業文明と近代工業文明の衝突でもあった。アヘン戦争の敗北により中国は外国に門戸を開かざるを得なくなり、それまでの閉鎖的な自給自足の状態に変化が起こった。「中国の封建社会は約三千年も続き、十九世紀半ばに外国の資本主義が侵入してきてはじめて、この社会に大きな変化が起こった」と毛沢東が述べた通りである。[5]

わずか二世代ほどの間に急速な経済成長と繁栄を実現した中国は、貧困と飢餓から脱却し、十三億の人口に衣食住と生活上の基本的なサービスを保障できるようになった。中国の歴史から見れば、数十年は非常に短い時間であるが、この短い間に重大な変化が起こり、中国は繁栄への道を歩み始めた。

現代中国研究の意義とは、中国がどのように近代化を実現したか、また、中国の特色ある社会主義に基づく近代化がどのように構想され実現されるに至ったかを知り、理解することにある。中国の近代化は欧米の近代化ともソ連式の近代化とも異なる。一九四九～一九七八年にはソ連式の近代化モデルを導入し、成功した面もあれば、失敗した面もあった。一九七八年以降は主に欧米先進国の近代化の経験を範に取り、同様に成功した部分と失敗した部分があった。中国が独自の近代化の道を歩むことができるかどうかは、[6]中国の基本的国情をどう認識するか、その上で国情にあった発展の道をどう選ぶかにかかっている。多様化した世界においては、どの国にも適用可能な近代化の発展モデルというものはない。あるのは自国の状況に最も適した道だけである。

第三節　中国の基本的国情と発展

一、国情の定義と制限要素

「国情」とは、ある国家の比較的安定した総体的な客観的状況であり、経済発展を促進あるいは制限する最も基本的かつ主要な要素である。国家の長期的発展の基本的特徴とおおまかな輪郭は、これによって決められる。時期が異なれば国情もそれに応じて変化し、異なる発展段階を示す。

工業化を実現するために必要な条件や要素は、国によって異なる。張培剛が一九四九年に刊行した『農業与工業：農業国工業化問題初探』（英語版）によれば、国民経済において「発生する、一連の戦略的生産関数が組み合わさった連続的変化」を、工業化のプロセスで引き起こすことのできる基本的要素あるいは戦略的要素が、すなわち工業化実現に必要な要素である、としている。言い換えれば、長期的な経済成長を直接的に持続させ、社会の生産力に革命的変化をもたらし、社会の構造変化を推し進める、根本的かつ決定的な力である。一方、工業化の阻害要因とは、工業化の発生ならびに進行を根本的に妨害または制約する要素のことである。

張培剛は、工業化のプロセスには以下の五種類の基本的要因が存在するとした。(一)人口―総数、構成および地域分布。(二)資源と物資―種類、数量および地域分布。(三)社会制度―生産要素としての人、モノの所有権の分配。(四)生産技術―生産発明の応用、科学・教育および社会組織など。(五)企業家精神(entrepreneurship)―生産関数の修正や新たな生産関数の採用、あるいは生産要素の組み合わせの変更や新たな組み合わせの採用。彼はこの五つを、工業化の契機となり、工業化を形づくる最も重要な要因であると考えた。ただし、これらの要因の性質や影響はそれぞれ異なり、大きく二種類に分けられる。一つは工業化の推進要因で、生産技術と企業家精神が該当する。もう一つは制限要因で、人口、資源と物資がこれにあたる。社会制度については推進要因と制限要因、両方の側面があるとした[7]。

のちに彼は、国家の工業化を推進する要因を、企業家精神、技術進歩、制度変革の三つにまとめた。これらは通常、経済の長期的成長の原動力と呼ばれるものに相当する。また工業化の制限要因については、資源や地理、環境などの自然面の制限と、人口や制度、文化などの社会面における制限の二つにまとめている[8]。

国家制度は経済発展に重大な影響を及ぼすが、その影響には二面性があり、経済発展を促すこともあれば、阻むこともある。というのも、国家は「社会の公僕」として国民に公共財やサービスを提供する一面もあれば、国民から資源を奪って独占し(国家財政を含む)、支配層の特権や利益、ぜいたくな生活の維持を追求する「社会の強盗」としての一面もあるからである。清朝があれほどの繁栄を誇りながら衰退に転じた最大の理由は、国家が「社会の強盗」となり、中国の対外開放および近代化に対して大きな障害となってしまったからである。これとは逆に、一九四九年以降の中国が工業化と近代化を推し進め、現在のような経済成長期に入ることができた最大の理由は、国家が「社会の公僕」として、人的資本向上のための各種公共サービスを人民に提供し、国家資本を工業化のために積極的に投入することで、工業化の原動力となったからである。

中国の近代化の特徴は、欧米の技術を学んで「取り入れ、模倣し、広め、新たに創出」した点にある。しかし、制度面では「中学を体とし、西学を用とする」[9]中体西用であったため、新しい制度の導入・普及・改革は技術の導入・普及・改革に比べて遅れることとなった。

一つの社会は複数の社会制度が複雑に絡み合って構成され、それら制度の制約の下で運営されている。制度には正規のもの(憲法・法律・規定など)もあれば、非正規のもの(文化・

習慣・意識など）もあり、いずれも人々の経済行為および社会的行為に影響を及ぼしている。異なる制度の下では、人々の行為も異なってくる。計画経済にしろ市場経済にしろ、いずれも人類が自ら創造し、選択した「人工物」であり、異なる制度を採用し、異なるインセンティブ・メカニズムを形成している。

人々のニーズと各種資源との相互作用を理解することが経済史の核心である。この相互作用が歴史の変化をもたらす。ニーズそのものやニーズを満たそうとする経済行為によって歴史の変化は引き起こされるのである。

中国の国情を知るには、工業化と経済発展の推進要因および阻害要因、プラス要素とマイナス要素に対する認識と理解を深めていかなくてはならない。推進要因をさらに引き出す、あるいはプラス要素を拡大していくこと、そして阻害要因やマイナス要素の働きを極力抑え、阻害要因を推進要因に転化していくこと、こうしたことを絶えずおこなっていく歴史的プロセスが、中国の近代化なのである。

二、中国の国情を知ることの重要な意義

新中国の六十余年にわたる発展過程は、中国の国情の下で社会主義に基づく近代化をいかに実現するか、というテーマと切り離せない。そのため、中国の国情について深く理解する必要がある。

国情について知ることは、正しい発展戦略を立てる客観的基礎となり、適切な発展目標を定め、効果的な発展政策を策定する根拠となる。中国という世界的近代化の波に乗り遅れた大国の国情をどのように認識するかは、中国の指導者ならびに学者にとって常に重要な研究課題であった。しかし、国情を把握し、その進むべき道を探る取り組みは、決して順風満帆なものではなかった。

一九八七年の中国共産党第十三回全国代表大会（十三全大会）では次のような報告がなされている。「中国というこの遅れた東方の大国で社会主義を実現するのは、マルクス主義発展史における新たな課題である。われわれが現在直面している状況は、マルクス主義の創始者が想定していたような、資本主義が高度に発達した前提の下に社会主義を実現するものではなく、他のいかなる社会主義国家ともまったく異なる。書物に範を取ることもできず、他国に範を取ることもできない。必ず国情から始め、マルクス主義の基本原理と中国の実情を結びつけ、実践の中から中国の特色ある社会主義の道を切り開いていかなくてはならない。わが党はこの問題に関してこれまで有益な取り組みをおこない、重要な成果を挙げてきた。一方ではさまざまな曲折もあり、その代償も大きいものであった[10]」。一九五〇年代後半から、党指導者は功を焦るあまり、主観的願望にのみ基づいて大衆運動に頼った「大躍進」政策を発動し、これによって生産力を急激に高められる

と考えるようになった。社会主義に基づく公有化が広まれば広まるほどよいとの誤った考えから、画一的な公有化を過度に推し進め、これが中国の生産力発展にとって巨大な足かせとなった。先の十三大報告では、とくに次のように指摘している。「このような状況からわれわれは、わが国の国情と、わが国の社会主義が位置する歴史的段階についてはっきりと認識することがいかに重要であるか、身をもって学んだ」[11]。

毛沢東は指摘している。「中国社会の性質を見極めることは、中国の国情を見極めることであり、ひいてはすべての革命問題の基本的根拠を見定めることである」[12]。では、現代中国はどのような性質の社会なのであろうか。中国は発展途上にある東方の文明大国で、しかも社会主義を掲げている。世界中のいかなる国とも異なり、その国情も独特である。まず、中国は人口大国である。現在世界で人口が一億人を超えるのは十一カ国のみであるが[13]、中国の人口は、人口一億人の大国十三カ国分に相当する。これは、中国が今後世界最大の経済国・貿易国となる可能性が高いことを意味する一方、国内には地域格差が存在し、さまざまな社会的矛盾や不均衡が存在することも意味する。次に、中国は世界最大の発展途上国である。近代以降の中国は非常に困窮し立ち遅れた状態にあり、きわめて複雑な国際環境と外圧に直面しながら、発展のために必要なさまざまな重要課題を処理していかなければならなかった。さらに、中国は世界最大の社会主義国家である。資本主義国との「経済の一体化」は実現しているが、いかなる資本主義国とも「政治同盟」を結んでいない。社会主義の本質は生産力を解放し、向上させ、階級をなくし、二極分化を解消し、最終的に誰もが富み栄える状態に至ることにある[14]。最後に、中国は東方の文明大国である。六千余年の間に生まれた二一の文明のうち、今日に至るまで連綿と続く唯一の文明であり、唯一無二の文字・文化・伝統と歴史的資産を保持するアジアにおける文化の源であり、世界の多元的文化の重要な担い手でもある。中華文明の復興は、人類の文明にとって再び大きな貢献となるであろう。これらのすべてが、中国近代化の道を必然的に唯一無二のものとしているのである。

一方で、中国近代化のプロセスにおいては、遭遇する困難や矛盾、問題も複雑多岐にわたる。それらは容易に認識することはできないし、一朝一夕に解決することもできない。こうした問題については、既存の発展モデルや他国の経験から答えを導き出すことは難しい。われわれができることは、国情に基づいて中国の近代化に適した発展の道を選び、段階的な発展目標と実行可能な発展戦略を立てることである。

三、中国の国情の系統的研究方法

では、中国の国情を系統立てて研究するにはどのような方法をとればよいのだろうか。この点に関しては、毛沢東が一九四一年に「われわれの学習を改造しよう」で提示した三つの基本的アプローチを学ぶ必要があるだろう。まず、国内外の現状を知るため、政治・経済・社会など各方面について系統的で綿密な研究と深く掘り下げた調査をおこない、客観的な状況を把握する。次に、中国と世界の歴史（経済史、政治史、社会史を含む）について研究する。最後に、マルクス・レーニン主義のみならず、社会科学の豊富な研究実績も含めた海外の理論や経験を学ぶ。この三つのアプローチ[15]を通じて、中国がいかに発展してきたか、その歴史的経緯と現状を具体的に研究し、それに関わるさまざまなテーマについて具体的に分析していくのである。

中国の国情と発展状況を研究するにあたっては、科学的方法と歴史的観点、幅広い視野と国際的な視点、そして事実に基づき物事を正しく処理する態度が求められる。また、こうした研究をおこなうには、たゆまぬ知識の蓄積と系統立った研究、全面的で多角的な研究、客観的データに基づく分析と抽象的思考に基づく分析を組み合わせて深く掘り下げた研究、さらに分野を越えて多彩な視点を取り入れた総合的な研究が必要である。いずれにせよ、その過程において「実践─認識─再実践─再認識」というサイクルを何度も繰り返し、認識を深めていかなくてはならない。

中国の社会主義近代化は、国情に基づいた、独自の発展プロセスを経ている。中国の国情の基本的特徴や他国との違い（とくに発展の阻害要因）についての理解が深まれば、政策決定の誤りも少なくなり、それに伴う政治的・経済的代償も少なくてすむ。中国の経済発展の法則についての認識がはっきりすれば、発展の経験とそこから得られる教訓をより深く受けとめることができ、将来の発展へと導く力も、より強くなるのである。[16]

第四節　毛沢東ら指導者の国情に対する基本認識

毛沢東は一九四〇年の「新民主主義論」において、政治的側面から中国の国情について分析している。それによれば、周秦の時代より長らく封建社会だった中国は、海外の資本主義勢力の侵略により、資本主義の要素が次第に芽生え、植民地・半植民地・半封建社会へと変化していった。[17]そうした国情をふまえた上で、毛沢東は中国の革命を「二段階」に分ける構想を提起した。第一段階は現在の植民地・半植民地・半封建社会を独立した民主主義社会へ変革すること。そして、第二段階で社会主義社会を実現すること。これを中国共産党の二大歴史的使命とした。このほかにも、毛沢東は新民主主義経済を打ち立てるための綱領を提起している。たとえば銀行、工業、商業は国家の所有とすること、国有経済を国民経済の中心に据えること、地主の所有する土地を没収し、土地をもたない、あるいはわずかな土地しかもたない農民に分配すること、といった内容である。[18]

新中国建国前夜の第七期中央委員会第二回全体会議（七期二中全会）において、毛沢東は経済的側面から中国の後進性と先進性、不均衡性について、緻密な総括をおこなった。この総括には中国特有の現実に対する認識と深い分析、弁証法的思考が反映されており、毛沢東による建国思想の基本的根拠となった。彼は当時の中国の特徴を大きく七つにまとめている。第一に、中国の（国民総生産のうち）約一割をすでに近代的工業経済が占めており、これは近代以前とは異なる進歩した面である。第二に、残りの九割はいまだ非集約的な個人経営の農業経済と手工業経済が占めており、これは近代以前と変わらず遅れている点である。第三に、近代的工業の資本の大部分は帝国主義者とその手先である官僚やブルジョア階級に集中している。第四に、中国の私営資本主義工業は近代的工業の第二位を占め、無視できない勢力となっている。第五に、国民総生産の九割を占める非集約的な個人経営の農業経済と手工業経済については、自然のなりゆきに任せることなく、慎重にゆっくりと、それでいて積極的に近代化・集団化の方向へと導いていかなくてはならない。国営経済はその性質上、社会主義であり、合作化経済は社会主義への過渡的性格をもった半社会主義的なものである。第六に、国民経済の回復と発展のためには、対外貿易を統制する政策が必要不可欠である。第七に、中国のこれまでの経済的遺産は他国に遅れをとっているが、人民は勇敢かつ勤勉であり、中国共産党の指導と世界各国の労働者階級の援助、なかんずくソ連の援助によって、経済建設の速度は加速していき、復興は遠からず成し遂げられるであろう。毛沢東の理論分析は、新中国建国の準憲法である「共同綱領」の基本経済綱領とそれに基づく政策として結実した。

劉少奇も中国の国情について分析をおこなっている。一九五〇年に彼は以下のように述べている。中国の労働者が貧困にあえぎ、生活水準が低いのはなぜであろうか。その主な原因の一つは、中国では近代化された機械工業や輸送業、農業がまだ非常に少ないからである。国民経済の九〇%はいまだ手工業と個人経営農業であり、輸送業も圧倒的大部分は人力および家畜、木造船に頼っている。[19]

以上から、毛沢東と劉少奇は中国が当時抱えていた後進性、不均衡、差異、多様性と制約の問題についてかなり理解していたこと、とくに少数の先進的近代工業と圧倒的大多数の遅れた伝統的農業が併存している点について非常に深い問題意識を持っていたことがわかる。二人が異なるのは、毛沢東のほうがこの立ち遅れた状況をいかに改善するかについて、より積極的に考えていたことである。彼はすでに「経済快速発展」思想を確立しており、「時代に取り残された農業国から先進的工業国への脱皮」について「中国の経済建設の速度は、これまでのようにゆっくりではなく加速していき、中国の復興は遠からず成し遂げられる」[20]と比較的楽観的な見通しを述べている。「中国の経済建設の速度は、これまでのようにゆっくりではなく加速していく」ことは、その後の事実がこれを証明した。ただし、経済発展の変動は激しく、復興も容易に成し遂げられるものではなかった。中国工業化の初期条件は、すでに工業化を果たした先進国の工業化初期段階（一七五〇～一八七〇年）とも、ソ連の工業化初期段階（一九二〇～一九三〇年代）とも大きく異なる。中国史学者のモーリス・マイスナーによれば、一九四九年に中国共産党が政権を握った際、中国の経済は戦争によって壊滅的な打撃を受けており、十月革命時のロシアにも遠く及ばなかった。このきわめて貧しく落ちぶれた条件（これは中国の歴史環境において最も重要な要素である）、およびその問題をいかに解決するかが、一九四九年以降の中国社会の発展の方向性を決定づけてきたのである。[21]

その後、建国から七年間にわたる経済建設の社会的実践を経て、中国の指導者たちは「ソ連モデル」が中国の国情に必ずしも適していないことに気がついた。一九五六年に毛沢東は中国社会主義革命と革命建設理論に関する最も重要な論文である「十大関係を論ず」を発表した。これは、中国の指導者がわが国の発展の方向性について模索した末に得た重要な成果である。論文の中で毛沢東はソ連を手本として中国の経験を総括し、社会主義革命ならびに社会主義建設における十大関係を論じ、中国の国情に適した、「多く、速く、立派に、無駄のない」社会主義建設の総路線について基本的な考えを提唱した。[22]現在われわれはさまざまな経済・社会指標を用いて、毛沢東が「十大関係を論ず」を執筆した当時の経済的・社会的背景、さらには国際的背景について分析することができる。まず、経済発展の水準から見ると、当時の中国は依然として低所得段階にあり、一人あたりの国内総生産は五七七米ドル、総額ではアメリカと五・一五倍もの開きがあった。[23]総人口は六億人余り、正式に工業化と近代化の道を歩み始めたばかりであり、非常に遅れた貧困状態にあった。**毛沢東は当時の中国の国情をとらえて「地大物博、人口衆多、歴史悠久（国土は広く物は豊富で、人間も多く、悠久の歴史を誇る）」「一窮二白（一に貧しく二に何もない）」という言葉でまとめた。「窮」とはすなわち工業化もさほど進んでおらず、かといって農業も発達していない状況のことである。また「白」とは一枚の白紙であり、文化や科学の水準も低いことを表している。**[24]経済制度の面では、最初の五カ年計画は基本的にソ連の中央集権的計画経済モデルをほぼそのまま取り入れた。国際環境の面では、アメリカなどによる全面封鎖と禁輸措置のため西側諸国とは断絶関係にあり、海外の資金や先進技術を導入するすべがなく、ソ連からの経済・技術援助に頼るしかなかった。毛沢東はこのような特殊な環境の下、中国の国情に適した社会主義発展の道を積極的に探っていったのである。彼は以下のようにはっきりと述べている。「**十大関係とはすなわち中国社会の十大矛盾である。**矛盾のない世界はない。中国のように膨大な人口を抱え、発展形態がいびつな大国では、社会に重大な矛盾が恒常的に存在しているのはもちろんのこと、これらの矛盾を正しく解決し、調整を図らねばならない」。**毛沢東が提唱した「統筹兼顧、各得其所（各方面にまんべんなく配慮して、適材適所に）」とは、一方に偏ることなく、バランスよく調和のとれた発展を目指すというもので、彼の説く治国の道の中でも最も重要なものである。**彼が強調したのは、十大関係の問題を解決する目的とは、消極的要因をできるかぎり積極的要因へと転換し、直接・間接を問わずあらゆる力を結集して、中国を強大な社会主義国家にするべく奮闘することにある、という点であった[25]。

一九五六年の中国共産党第八回全国代表大会（八全大会）政治報告において、劉少奇は次のように指摘している。旧中国では、全工業生産に占める生産財工業の割合が低いことが（一九四九年時点では二六・六％に過ぎなかった）、生産力の立ち遅れを示す何よりの指標だった。しかし、生産財工業発展のための対策を優先しておこなった結果、第一次五カ年計画が終わる頃には、その比率は四〇％以上にまで高まる見込みである。また、新中国成立前には、中国全土の工業の七〇％以上が沿海地区に集まっていたが、第一次五カ年計画期間に工業の中心は徐々にではあるが内陸部へと移転しており、このいびつな状況は改善されつつある[26]。

八全大会の政治報告（八大政治報告）に関する決議では、以下のようにはっきりと指摘されている。「先進工業国を建設せんとする人民の要求は、遅れた農業国の現実との間に矛盾をきたすようになった。同じく、経済と文化の速やかな発展を求める人民の願いと、それが満たされない現状との間にもすでに矛盾が生じている。これがわが国の主要な矛盾である。こうした矛盾の本質は、社会主義制度がすでに確立した中で、先進的な社会主義制度と立ち遅れた生産力との間に生じる矛盾なのである。これらの矛盾の解決に力を集中し、わが国を遅れた農業国から先進的工業国へと生まれ変わらせることが、党と人民に課せられている目下の重要な任務である[27]」。これは中国の国情に適した発展の道であり、もし一九五六年以降、「十大関係を論ず」と八大政治報告に基づいた方向に進んでいれば、中国の工業化と近代化はもっと順調に進み、大きな成功を収めていたかもしれない。だがこの後まもなく、党中央と毛沢東は「大躍進」政策と「人民公社化運動」という、国情にそぐわず国力を無視した政策により、国民経済にきわめて大きな打撃と損失を与えるのである。

一九五〇年代初頭、指導者の中で中国の国情に対する認識が深く、実情に即した実務的態度であったのは党副主席・国務院副総理の陳雲であった。当時、彼は次のように分析していた。「わが国は人口、とくに農業人口が多い。彼らの衣食を満たすことは一大経済問題であると同時に、一大政治問題でもある」。彼は中国の歴史経験に鑑み、農業の比率が非常に高い条件下での「治国の道」について、古典を引用しつつ、「中国においては、『糧無ければ則ち乱る』である」とまとめた。農業の比率の高さは、長きにわたって経済建設に対して非常に大きな制約を加えてきた。わが国の農村は、人は多いが耕地は少なく、農業生産力もあまり向上していない。経済建設においては必ず農業のことを考慮に入れなければならない。食料は市場を安定させ、経済建設を保証する最も重要な物資である。陳雲は、中国の現状においては、「まず食料、次に建設。食べるものが尽き果てていたならば国に希望はない。人は食べることができてはじめて国家建設や生産をおこなう余力ができ、国にも希望が生まれる」と常に主張していた。[28]

一九五七年、陳雲は前年の「盲進」に対して、国家建設の規模は、その財力や物量に見合ったものにすべきという「国力論」あるいは「国情制約論」（もしくは「国力制約論」）を示した。[29]残念ながら、「国情制約論」は当時の共産党内において主流の考え方とはならず、広く知られることもなかった。一九七九年以降、「国情制約論」はようやく党内の多数が受け入れるところとなり、当時の経済調整政策の基礎理論となった。

わが国はその人口の多さから、産児制限の奨励、就業機会の創出、農業の発展、食料の増産が基本的な国策であった。当時の党副主席・国務院総理の周恩来はこの問題に何度も触れている。一九五四年には、中国の生産力はまだ低く、人口も多いため、失業問題は当分の間存在し続けるであろうと指摘した。[30]一九五六年には次のように述べている。「人口が多いことには利点もあるが、人が多ければその分消費需要も増えるという欠点がある。衣食住の中では、まず食の問題を解決しなければならない。現在、わが国の人口は年平均二%、人数にして毎年一〇〇〇万人余りも増加している。その一方、食料生産量の増加率は毎年三%程度で、けっして高い数字ではない」。そこで周恩来は産児制限の必要性を説いた。彼は、この提案はもともと鄧小平の発案で、のちに邵力子が全人代において提議したものであることも強調した。[31]この政策は一九五〇～一九六〇年代の出生数のピーク時には実施されず、一九七〇年代初めに人口問題が看過できなくなり、毛沢東が「人口を抑制しなければならない」と主張してようやく実施されるに至った。

中国は資源の総量は多いが、一人あたりに換算すると少ない。生態環境は多彩だが、その基盤は非常に脆弱である。指導者の中で水資源の不足という基本的な国情を最も早い段階で認識していたのは陳雲であった。彼は一九五一年に、根本的な解決を目指した長期的な治水計画と、備蓄を主として排出まで念頭に置いた貯水計画の必要性を説いている。[32]

周恩来も経済発展に伴う環境破壊問題について明確に認識していた。一九五〇年に「中国の森林面積は、森林国家と呼ばれる水準を大幅に下回っている」「やみくもに樹木を伐採し、森林の保護や植林をおこなわなければ、(東北地方の)森林地帯も西北部のはげ山のような荒涼とした光景になってしまうであろう」[33]と述べている。一九六六年、彼は新中国成立以来の政治経験について総括した際、「工業において間違いを犯しても一、二年で回復できるが、林業や治水において間違いを犯したら、多くの年月を費やしても元に戻すことはできない。わたしが最も心配しているのは、一つは治水の誤り、もう一つは樹木の乱伐である。これらの間違いを犯してしまったなら、次世代から非難されることは免れないだろう。われわれは国家の財産を食いつぶす『放蕩息子』になってはならない」と述べ、植樹造林は百年の大計であり、なんとしても二一世紀まで継続していかなくてはならないと主張した[34]。三門峡ダムにおける失敗の教訓について総括した際にも、彼は次のように述べている。いかなる経済建設にも未知の法則、未知の領域がつきものである。われわれはそれらについて、一つ一つを既知のものとすることで解決していかなくてはならないが、一つ解決するとまた新たな未知の領域が現れてくる[35]。外界は不変ではありえず、経済発展とは世界を認識し、世界を変えていく不断のプロセスのことである。われわれが外界を認識し、ある政策を実施することによって現実を変えると、われわれ自身が創り出したばかりの新しい環境と新たな不確実性(たとえば生態環境問題など)に向き合うことになる。その時、「われわれが以前の方法をそのまま継続したり、検討を加えることなく利用したりするならば、いずれ問題が発生するであろう[36]」。

以上が毛沢東をはじめとする指導者の、中国の国情に対する基本的認識である。毛沢東についていえば、その得意とするところは政治分析で、討論をおこなったテーマも多くは社会主義革命についてであり、経済発展に関する知識は乏しかった[37]。彼自身、われわれには社会主義建設の経験が不足しており、社会主義経済はその多くがいまだ明らかになっていない「必然の王国」である、と認めている[38]。毛沢東をはじめとする指導者は、中国の人口、資源、生態環境といった国情および自然界の法則、とくにその限界と制約についての認識が著しく不足しており、その対策も限定的なものであった。二度のベビーブームや、過去に例のない環境破壊・環境汚染により、人と自然との関係が急激に悪化したことで環境赤字が拡大する時代に突入し、きわめて大きな代価を支払わねばならなくなったのである[39]。

第五節　本書における分析の枠組み

筆者は、分析の際に基本となる枠組みを本書において提示したいと考えている。

第一に、グローバルな視点から中国の発展モデルについて検討を加えること。近代化において、国家は先行者と後進者、先導者と追随者に分けられる。中国は近代化の後進者であり、一九七八年以降は、近代化の追随者ともなった。技術進歩という面においては、国家は革新者と模倣者、技術の積極的採用者と周縁者に分けられる。中国は伝統的農業社会の時代においては一貫して農業技術の革新者であった。しかし、近代工業社会においては、周縁化した落伍者となってしまった。一九四九年以後、とくに一九七八年以降は、最新技術の積極的採用者・導入者となり、技術の模倣者・学習者から、革新者・先導者へと変化を遂げつつある。近代化に向け中国のなすべきことは、立ち遅れた条件下で奮起し、先進国を追いかけ、格差を縮めることであった。言い換えれば、中国が採用したのは典型的な「キャッチアップ型」の発展モデルであった。ただし、時期によってその戦略のあり方は異なる。毛沢東、鄧小平、江沢民、胡錦濤など、歴代指導者の目標、方法は異なっており、その結果も異なっている[40]。

第二に、近代化への「挑戦と応戦」モデルから中国の発展の歴史的変遷を研究すること。近代化への挑戦は、外部への挑戦と内部への挑戦に分けられるが、中国の場合はこのどちらもが存在した。挑戦に対する反応には、能動的な反応と受動的な反応があり、中国にはやはりこのどちらもが存在する。近代化への「挑戦と応戦」というモデルを用いて中国の近代化への挑戦に対する反応を読み解くことで、中国が一七五〇～一九四九年の二百年間でなぜ先進国から後進国へ、強大な国から衰退した国へ、繁栄した国から貧困国へと変化していったのかを、ある程度説明することができる。この時期は近代化に対し、受動的な反応しかしていなかった時期であった。同様に、一九四九年以降の六十年、とくに一九七八年以降の三十年余りで、中国が落ちぶれた国から進歩した国へ、衰退した国から強大な国へ、貧困社会から小康社会へといかに変化してきたかも説明できる。この時期は、中国が主体的に近代化に反応しているのである。

第三に、指導者が近代化へ挑む政策を決定するにあたり、その前提となった認識の由来を探ることで、重要な政治的決断の成否を分析すること。中国の国情に対する認識を主観的か客観的かという観点で見ると、主観が客観と合致しているかそれに近い場合と、主観が客観からかけ離れている場合に分けられる。指導者の主観的な認識が実情（国情）に近いほど、その決断が成功する可能性は高くなる。逆に主観的認識が実情からかけ離れるほど、失敗する可能性は高くなる。毛沢東が主導した「大躍進」と「人民公社」は典型的な失敗例であり、鄧小平による「生産責任性」は成功した例である。

第四に、指導者が近代化へ挑む政策を決定するに至ったメカニズムから、その決断の成否を論ずること。政策決定メカニズムは、集団による民主的決定と個人による独断的決定に分けられる。指導者が集団による民主的決定をおこなったときは、成功する可能性が高くなる。一九四九～一九五六年の発展の黄金期がその証左である。一方、指導者個人が独断で政策を決定した場合、失敗する可能性が高くなる。一九五七～一九七六年に経験した紆余曲折が、こうした政策決定メカニズムの非科学性を証明している。近代化への挑戦に対する対応も、国情に対する認識も、政策決定のメカニズムも、指導者によって異なる。そのため、それぞれの戦略や政策がもたらした結果もおのずと異なり、成功と失敗を繰り返しながら発展していく紆余曲折の過程が、経済建設において生じることになった。

第五に、指導者の学習能力に影響を与えた要素から、発展の方向性についての選択に検討を加えること。近代化のプロセスとは、絶えず学び、試練に挑み続けるプロセスである。学習のタイプは、開放的な学習と閉鎖的な学習、革新的な学習と模倣的学習、集団学習と個人学習、歴史的学習と現実的学習、経験的学習と教訓的学習に分けられる。学習タイプの違いは指導者の学習結果に直接影響し、彼らの戦略の選択や政策決定能力に影響を与える。

以上の五点をまとめると、「中国を知り、中国に対する認識を深め、その改革と発展の道を探る」作業をともにすることで、中国の真の姿、国情の基本的特徴を読者につかんでもらいたい、ということになろう。また、正しく認識することがなぜ必要か、どうすれば全面的かつ体系的に、そして正確に中国の国情を認識することができるかについてもあわせて理解してもらいたい、それが本書の主旨である。

第六節　まとめ——中国の近代化は絶えざる学びと実践のプロセスである

マルクスは「哲学者たちはさまざまに世界を解釈しただけであるが、重要なのは世界を変えることである」と指摘している。[41]毛沢東はさらにはっきりと「プロレタリアートが世界を知る目的はそれを改造するためであり、それ以外のいかなる目的もない」と述べている。[42]

中国経済の研究には、**中国の経済発展の歴史を理解すること**が不可欠である。

新中国の誕生は、中国社会主義近代化の歴史的起点である。現在に至るまでの六十余年の発展の歴史において常に問題となってきたのは、中国の国情の下でいかにして社会主義近代化を推し進めるか、すなわち、いかにして「中国の道」を探し、創り出すか、ということであった。国情を認識することは正しい発展戦略を立てる上での客観的基礎であり、発展目標を定め、有効な発展政策を策定する上でのよりどころとなるものである。世界的な近代化の潮流の中で、中国という遅れた東方の大国の基本的国情を認識すること、それが中国共産党と中国の学者たちにとって一貫して重要な研究課題であった。

中国の経済発展の歴史とは、中国人、なかでも中国共産党のメンバーが中国社会を認識し、改造していく歴史であった。彼らの中国社会に対する認識が実情に近いほど、中国社会を変えていくための方策はより効果的なものとなった。その逆もまたしかりである。

中国は発展途上にある社会主義大国であり、世界中のいかなる国とも異なる。その国情は特殊であり、すべてを正確に把握することは難しく、また一度で完全に把握することもできない。中国共産党の指導者たちは、わが国の基本的国情を正確に理解することに絶えず心を砕いてきた。六十余年にわたる歴代指導者の努力により、国情についての理解は深まり、一面的だった見方も多面的なものへと変わってきた。発展の法則や特徴についての認識も「実践—認識—再実践—再認識」というサイクルを経て、絶えず探り、総括し、深化・昇華させ、革新するという学習過程を繰り返してきた。

中国の社会主義近代化における革新は、二つの方向から進められてきた。一つは中国共産党によるもので、国家や理念および制度の革新がこれにあたる。もう一つは人民によるもので、社会・市場および技術革新などが含まれる。この「上から下へ」「下から上へ」という二つの革新が互いに影響し合い、その結果、中国は先進国に追いつくという目標を実現し、さらに飛躍的な発展を遂げ、中華民族の偉大なる復興の道を切り開くことができたのである。

注

1　宋健「科学技術を人民に広めよう」一九九〇年二月三日、『科技日報』。

2　ヨーゼフ・シュンペーター『経済分析の歴史』第一巻、中国語版、二九頁、北京、商務印書館、一九九一。

3　ここで筆者が参考にしているエンゲルスの「歴史合力論」とは次のような内容である。「歴史のつくられ方というのは、多くの個別意志の葛藤の中から最終結果が生れてくるものであり、しかもそれらの個別意志は、それぞれが多くの特殊な生活条件によってそのような個別意志になっているのです。つまり無数の、たがいに阻害し合う力、すなわち力の平行四辺形の無限の集まりがあり、そのなかからひとつの合成力——歴史的結果——が生まれるのであり、それ自身はまた全体として無意識に、また無意志にはたらく力の産物としてみなすことができるのです。なぜならば、個々の一人ひとりの者がもとめるものは、他のそれぞれの者によってはばまれ、そして出て来るものは誰もがもとめなかったものということになるからです。こうしてこれまでの歴史はひとつの自然過程のように経過していますし、また本質的には同じ運動法則にしたがっています。しかし、個々の意志が……そのもとめることを得られず、溶け合って全体の平均、すなわち共通の合成力が生れるからといって、個々の意志イコール・ゼロとみなすべし、などと考えてはなりません。それどころか、個々の意志はそれぞれが合成力に寄与しているのであり、そのなかに含まれているのです」。

「エンゲルスからヨーゼフ・ブロッホへの手紙」一八九〇年九月二一日、『マルクス・エンゲルス選集』中国語版、第四巻、六九七頁、北京、人民出版社、一九七二（訳文は大月書店『マルクス・エンゲルス全集』三七巻より）。

4　毛沢東「中国共産党第七期中央委員会第二回全体会議における報告」一九四九年三月五日、『毛沢東選集』第四巻、一四三〇頁、北京、人民出版社、一九九一。

5　毛沢東「中国革命と中国共産党」一九三九年一二月、『毛沢東選集』第二巻、六二六頁、北京、人民出版社、一九九一。

6　黄宗智は次のように述べている。中国は今もなお中国の特色あるモダニティーというものを探し続けている。近現代の中国において支配的地位を占めていたイデオロギーは、この問題について根本的な回答を提供してこなかった。清王朝はその改革が十分な効果を発揮する前に崩壊してしまった。国民党は中国共産党に追い払われた。毛沢東は独特かつ斬新な発想で社会主義中国のあるべき姿を構想したが、その構想も「大躍進」と「文化大革命」により失敗に終わった。今日、中国が西洋との接触を余儀なくされてから一世紀以上がたっているが、依然として解決していない大問題がある。すなわち「現代社会において、われわれにとって『中国』とは何を意味するのか。現代世界において、中国文明とは何を指すのか」である。あるいは次のような問いを提起することもできよう。これらの歴史的変遷の中で、中国の未来のもうひとつのあるべき姿と関連している可能性のあるものはどれか。われわれはまた中国の思想家たちに次のことについて教えを乞うこともできよう。二〇世紀の中国には少なからぬさまざまな未来のビジョンが存在していたが、それらのビジョンのうち、検証可能な歴史モデルにより適合しているのはどれか？　おそらく、われわれの目標は以下の問いに答えることであろう。歴史的に見て現代的かつ独特であり、西洋からは矛盾して見える中国とは、どのようなものなのだろうか。黄宗智「学術理論与中国近現代史研究―四個陥穽和一個問題」（『学術思想評論』第五輯、一九九九）より。http://chinalawinfo.com/fxyj/xszc/jiangshg/lunwen6.htm

7　張培剛『農業与工業化：農業国工業化問題初探』中国語版、八五頁、武漢、華中工学院出版社、一九八四。

8　張培剛主編『新発展経済学』増訂版、一二七頁、一五一頁、鄭州、河南人民出版社、一九九九。残念なことに張培剛の『農業与工業化：農業国工業化問題初探』（ハーバード大学出版社、一九四九）は当時中国語に訳されておらず、指導者が中国の国情と経済発展戦略を制定するための理論的基礎にならなかった。

9　張之洞『勧学篇・設学』。彼は「中学を内学となし、西学を外学となす。中学は心身を治め、西学は世に応じて変ず」ことを強調した。

10　趙紫陽「中国の特色をもつ社会主義の道に沿って前進しよう―中国共産党第十三回全国代表大会における報告」一九八七年一〇月二五日、中共中央文献研究室編『十三大以来重要文献選編』上冊、一〇頁、北京、人民出版社、一九九一。

11　趙紫陽「中国の特色をもつ社会主義の道に沿って前進しよう―中国共産党第十三回全国代表大会における報告」一九八七年一〇月二五日、中共中央文献研究室編『十三大以来重要文献選編』上冊、一〇頁、北京、中央文献出版社、一九九一。

12　毛沢東「中国革命と中国共産党」一九三九年一二月、『毛沢東選集』第二巻、北京、人民出版社、一九九一。

13　二〇〇五年現在、世界で億を超える人口を擁する国家は以下の通りである。バングラデシュ（一・四二億人）、ブラジル（一・八六億人）、中国（一三・〇五億人）、インド（一〇・九五億人）、インドネシア（二・二一億人）、日本（一・二八億人）、メキシコ（一・〇三億人）、ナイジェリア（一・三二億人）、パキスタン（一・五六億人）、ロシア連邦（一・四三億人）、アメリカ（二・九六億人）。World Bank. 2007 World Development Indicators pp.14-16. The World Bank.

14　鄧小平「武昌、深圳、珠海、上海などにおける談話要点」一九九二

年一月一八日～二月二一日、『鄧小平文選』第三巻、三七三頁、北京、人民出版社、一九九四。
15　毛沢東「われわれの学習を改造しよう」一九四一年五月一九日、『毛沢東選集』第三巻、七九六～七九九頁、北京、人民出版社、一九九一。
16　胡鞍鋼『影響決策的国情報告』前言、北京、清華大学出版社、二〇〇二。
17　毛沢東「新民主主義論」一九四〇年一月、『毛沢東選集』合訂一巻本、六二五頁、北京、人民出版社、一九六七。
18　毛沢東「新民主主義論」一九四〇年一月、『毛沢東選集』合訂一巻本、六三八～六四〇頁、北京、人民出版社、一九六七。
19　劉少奇「国家の工業化と人民の生活水準の向上」．九五〇年、『劉少奇文選』下巻、一頁、北京、人民出版社、一九八五。
20　毛沢東「中国共産党第七期中央委員会第二回全体会議における報告」一九四九年三月五日、『毛沢東選集』第四巻、一四三三頁、北京、人民出版社、一九九一。
21　モーリス・マイスナー『毛沢東的中国及後毛沢東的中国』中国語版、八八頁、成都、四川人民出版社、一九九二。
22　毛沢東はかつて次のように語っている。「一九五六年には『十大関係を論ず』を発表し、独自の建設路線を打ち出し始めた。この路線は原則的にはソ連と似ているが、その方法には異なる部分があり、われわれ独自の内容が含まれている。十大関係の基本的観点は、ソ連との比較である」。薄一波『若干重大決策与事件的回顧』上巻、四六九～四七一頁、北京、中共中央党校出版社、一九九一。
23　一九九〇年国際米ドルを基準とする購買力平価に基づいて計算。Angus Maddison, World Population, GDP and Per Capita GDP : 1-2008 AD, 2010 参照。http://www.ggdc.net/maddison
24　毛沢東「十大関係を論ず」一九五六年四月二五日、『毛沢東選集』第五巻、二八七～二八八頁、北京、人民出版社、一九七七。
25　毛沢東「十大関係を論ず」一九五六年四月二五日、『毛沢東選集』第五巻。
26　劉少奇「中国共産党第八回全国代表大会における政治報告」一九五六年九月一五日、『劉少奇選集』下巻、二二八～二二九頁、北京、人民出版社、一九八五。
27　「中国共産党第八回全国代表大会の政治報告に関する決議」（一九五六年九月二六日、中国共産党第八回全国代表大会可決）、中共中央文献研究室編『建国以来重要文献選編』第九冊、三四一～三四二頁、北京、中央文献出版社、一九九四。
28　陳如龍「国力に応じた建設規模は社会主義再生産の客観的法則である」、『陳雲与新中国経済建設』四八〇頁、北京、中央文献出版社、一九九一。
29　陳雲は次のように指摘した。建設規模の大小は国家の財力や物量に見合ったものでなければならず、それが経済の安定を決める境界線となる。わが国のように六億の人口を擁する大国にとっては、経済の安定はことのほか重要である。国家の財力および物量を超える規模の建設は可能であるが、それをおこなえば経済が混乱するであろう。両者が釣り合っていれば、経済は安定する。陳雲「国力にふさわしい建設規模」一九五七年一月一八日、『陳雲文選』第三巻、四八～五七頁、北京、人民出版社、一九九五。
30　周恩来「わが国における強大な社会主義工業国家建設」一九五四年九月二三日、『周恩来選集』下巻、一四二頁、北京、人民出版社、一九八四。
31　周恩来「経済建設におけるいくつかの方向性の問題」一九五六年一一月一〇日、『周恩来選集』下巻、二三〇～二三一頁、北京、人民出版社、一九八四。
32　詹武「わが国の国情に照らした社会主義農業の発展」、『陳雲与新中国経済建設』四六〇頁、北京、中央文献出版社、一九九一。
33　周恩来「建設と団結」一九五〇年八月二四日、『周恩来選集』下巻、二五頁、北京、人民出版社、一九八四。

34　周恩来「植樹造林は百年の大計」一九六六年二月二三日、『周恩来選集』下巻、四四七頁、北京、人民出版社、一九八四。

35　周恩来「黄河治水会議における講話」一九六四年一二月一八日、『周恩来選集』下巻、四三四頁、北京、人民出版社、一九八四。

36　ダグラス・ノース「経済の変遷過程を理解する」、『経済社会体制比較』第一期、一～七頁、二〇〇四。

37　一九六二年一月三〇日、毛沢東は拡大中央工作会議（通称「七千人大会」）において自己批判をおこなった後、次のように語った。わたしにとって、経済建設における多くの問題は理解が難しいものであった。工業や商業についてわたしはあまりよく知らない。他の人、たとえば（劉）少奇同志、（周）恩来同志、（鄧）小平同志はわたしより詳しい。とくに陳雲同志はよく理解している。農業についてはわたしも少しはわかるが、（商工業と）比較しての話であり、やはりそれほど知っているわけではない。わたしは制度の問題や生産関係の問題により多く関心を払ってきた。少なくとも生産力については、わたしの知識は非常に限られている。逄先知・金冲及主編『毛沢東伝（一九四九－一九七五）』下巻、一二〇三頁、北京、中央文献出版社、二〇〇三。

38　毛沢東「拡大中央工作会議における講話」一九六二年一月三〇日、『毛沢東著作選読』下冊、八二六～八二九頁、北京、人民出版社、一九八六。

39　詳細な分析は胡鞍鋼・王毅・牛文元「生態赤字」（『科技導報』一九九〇年第二期および第三期掲載）参照。

40　胡鞍鋼・王亜華『国情与発展—中国五大資本動態変化（一九八〇～二〇〇三）与長遠発展戦略』一六三～一六七頁、北京、清華大学出版社、二〇〇四。

41　マルクス「フォイエルバッハ・テーゼ」、『マルクス・エンゲルス選集』中国語版、第一巻、五七頁、北京、人民出版社、一九七二。

42　毛沢東「人の正しい思想はどこから来るのか」一九六三年五月、『毛沢東文集』第八巻、三二一頁、北京、人民出版社、一九九九。

The Political and Economic History of China
1949-1976

第二章

中国経済発展の歴史的軌跡

経済学における議論の中心は、常に経済成長についてであった。とくに、国家間で歳入の差が生じるのはなぜか、一部の国が他の国よりも早く発展するのはなぜか、国家が経済成長期に入るのを阻害する要因は何かといった問題について重点的に分析・発表がなされてきた。[1] ノーベル経済学賞受賞者であるポール・サミュエルソンは次のように指摘している。「この二百年余りにおける世界的工業化の流れの中で、なぜ貧しい国は貧しく、富める国は豊かなのか。この問題については、いまだに新たな解答が出されていない」[2]。

本書で取り上げるのは中国の経済発展であり、そこには二つの異なる側面が含まれている。一つは、なぜ中国は過去二百年(一八二〇～一九五〇年)にわたり、世界の近代化と経済のグローバル化の最初の潮流に逆行し急速に衰退していったのか、いかにして豊かな国から貧しい国へ転じたのか、経済成長を妨げた要因は何だったのか、という側面。もう一つは新中国成立後六十年(一九四九～二〇〇九年)、とくにここ三十年で、中国が近代化と経済のグローバル化の第二の潮流に乗り、急速に成長を遂げることができたのはなぜか、いかにして貧しい後進的国家の座から抜け出し、豊かな先進的国家の仲間入りを果たしたのか、中国経済が急速な成長を遂げた要因は何か、という側面である。この二つは互いに関連しており、第一の側面について理解しなければ、第二の側面についてもしっかりとした認識に達することはできない。

第一節　中国経済発展の歴史的軌跡
——格差拡大から収束へ

人類の歴史を顧みれば、永遠の強国というものはなく、また永遠の弱小国というものも存在しないことがわかる。国家は有機生命体に似ており、その経済発展はおおよそ五つの時期に分けられる。すなわち、(一)経済発展準備期もしくは成長準備期。(二)経済発展加速期もしくは成長加速期。(三)経済発展最盛期もしくは繁栄期。(四)経済発展減速期もしくは繁栄後期。(五)経済発展停滞期もしくは国力衰退期である。

筆者は一七〇〇～二〇五〇年における中国の経済発展の歴史を、経済格差拡大時代(一七〇〇～一九五〇年)と経済格差収束時代(一九五〇～二〇五〇年)の二つに分けて考えている。この歴史は以下の五つの時期にも分けられる。(一)伝統的農業社会が停滞し、西欧諸国との格差が生じ始めた時期(一七〇〇～一八二〇年)。(二)伝統的農業社会が解体され、西欧諸国との格差が拡大した時期(一八二〇～一九五〇年)。この時期は中国経済(伝統的農業経済)の衰退期であるが、同時に近代的工業化の萌芽が見られる。ただし、一九四九年までは、近代的工業は国家経済の一〇分の一程度の規模しかなく、伝統的経済が主流であった。(三)近代的経済発展初期(準備期)、すなわち欧米との格差拡大は緩和してきたが、中

表 2-1　中国経済発展の歴史的段階（1700 ～ 2050 年）

経済発展段階	世界のGDPのうち中国の占める割合	中国の一人あたりGDP成長の特徴	中国の人口増加の特徴	世界の貿易総量に占める中国の割合
経済格差拡大時代				
伝統的農業の停滞期（1700~1820）	世界第一位	ゼロ成長、経済格差の拡大	人口増加率やや高く0.85%。ヨーロッパ（0.46%）よりも高い	
伝統的農業の解体期（1820~1950）	32.9%から4.5%へ急激に減少	ゼロ成長、経済格差が最大化	高出生率・高死亡率・低人口増加率（0.30%）	低比率かつ減少
経済格差収束時代				
近代的経済発展初期（1950~1978）	引き続き史上最低レベルで推移、変化はほとんどなし	成長率2.34%、経済格差拡大	高出生率、高人口増加率（2.06%）	史上最低比率（1%以下）
経済飛躍期 1（1978~2000）	急増期、11%以上に	成長率6.04%、経済格差収束	比較的低い出生率と人口増加率（1.45%）	急増して4%に
経済飛躍期 2（2000~2020）	急増期、20%に達する	成長率7.5%、経済格差収束	低出生率、低人口増加率（1% 以下）	17%以上に急増、世界第一位に
経済繁栄期（2020~2050）	世界一となり、引き続き増加	安定成長	人口ゼロ成長、総人口は世界第二位	世界第一位

注：1700 ～ 2000 年の数字は以下の資料に基づいて筆者がまとめた。アンガス・マディソン『世界経済の成長史 1820-1992 年――199 ヵ国を対象とする分析と推計』中国語版、北京、改革出版社、1997。アンガス・マディソン『中国経済的長遠未来』中国語版、北京、新華出版社、1999。Angus Maddison, “The World Economy : a Millennial Perspective”, Paris, OECD, 2001.　2000 ～ 2050 年は筆者の推計による。

国社会が海外に対して扉を閉ざしていた時期（一九五〇～一九七八年）。この時期は中国経済の成長初期である。（四）経済が飛躍的に発展して欧米との格差が急速に縮まり、半開放から全面的開放に至った時期（一九七八～二〇二〇年）。この時期は中国経済の急成長期である。（五）経済繁栄期、すなわち中国が世界最大の経済・貿易国家となる時期（二〇二〇～二〇五〇年）。この時期が中国経済の最盛期である（表2－1）。

　中国経済発展の歴史的軌跡は国家の経済発展サイクルの法則や特徴に一致するだけでなく、国家や文明の繁栄あるいは衰退の原因となる「挑戦と応戦」理論とその特徴にも符合している[3]。両者は互いに関連性があり、補完関係にある。歴史資料や記録をひもとけば、欧米から受けた近代化への「挑戦」に対し、中国の指導者が適切な反応や対応、すなわち「応戦」できなかった時に衰退に向かい、攻撃を受けたということがわかる。一方、一九四九年以降は、近代化への挑戦に対して適切に反応し、主体的に応戦するようになったため、中国は経済成長を遂げ、社会も進歩し、再び繁栄に向かって歩み出すことができたのである。

第二節　中国経済成長の歴史およびその評価

国家の経済発展サイクルはどのようにして測ればよいのだろうか。ここでは、国家の経済力を判断基準としたい。世界の経済力の総和に対して、ある国家の経済力がどれくらいの割合を占めているか、この割合の歴史的変化をみれば、その国の経済発展サイクルが浮き彫りになる。

世界全体のGDP総計に対し、ある国もしくは地域のGDPがどれくらいの割合を占めるかを示したアンガス・マディソンのデータ[4]から、次のことが読み取れる。経済発展準備期においては、その国が世界の経済総量に占める割合は比較的小さく、工業化開始のための基盤やシステム形成にやや長い準備期間が必要となる。たとえばイギリスは西暦一五〇〇～一七〇〇年、アメリカの場合は西暦一七〇〇～一八二〇年が準備期間にあたる。経済飛躍期に入ると、その国の世界経済総量に占める割合は急上昇する。アメリカでは一八二〇～一九一三年の間に世界の総GDPに占める割合が一・八％から一九・一％にまで上昇した。経済繁栄期には、その国の世界の経済総量に占める割合はピークに達する。イタリアは一五〇〇年、スペインは一七〇〇年、イギリス一八七〇年（九・一％）、フランス一八七〇年（六・五％）、ドイツ一九一三年（八・八％）、アメリカ一九五〇年（二七・三％）、ソ連一九五〇年（九・六％）、日本一九九〇年（八・六％）がそれぞれの経済繁栄のピークである。経済発展減速期に入ると、その国の経済成長率は世界の経済成長率よりもやや低くなり、世界の経済総量に占める割合も下降し始める。たとえば一九五〇年以降のアメリカ、一九九〇年以降の日本においてこうした現象が見られた。経済衰退期になると、その国の経済成長率は世界の経済成長率よりも明確に低くなり、世界の経済総量に占める割合も目に見えて低下する。一九五〇年以降のイギリスや二〇〇〇年以降の日本がこれにあてはまる。

中国の経済発展の軌跡はヨーロッパや北米、日本などとは異なる。中国と世界の経済発展史から見ると、西暦元年～一八二〇年まで、中国は人口大国であると同時に、世界最大の経済規模を誇る国であった。一八二〇～一九四九年は急激な衰退期であったが、一九五〇～二〇五〇年には近代的経済成長期に入り、工業化・近代化を成し遂げ、再び世界の強国になりつつある。

一、世界の総人口に占める中国の割合の変化

世界史の発展の流れを見ると、伝統的農業社会においては、経済大国あるいは強国はいずれもまず人口大国であった。というのも、農業の発達が経済発達の条件であったからである。しかし、近代の工業化社会においては、人口大国が必ずしも経済大国になれるとは限らず、人的資本のために大規模な投

資や開発をおこない、規模の優位を質の優位へと転化できた場合にのみ、それが可能となる。

西暦元年においては、古代インド（現在のインドにバングラデシュとパキスタンを含む）が世界一の人口を誇る国であり、約七〇〇〇万人で世界総人口の三二・五%を占めていた。次が中国の四〇〇〇～六〇〇〇万人で、同二五・八%を占めており、この当時、アジアが世界総人口に占める割合は七四・二%にも上った。

西暦一五〇〇年時点でもインドが引き続き第一位で世界総人口の四分の一（二五・一%）を占めていた。中国は第二位で同二三・一%、アジアの人口は同六一・三%を占めた。一六〇〇年以降、中国の人口は一度はインドを超えたものの、一七〇〇年には再びインドの後塵を拝した。一八二〇年になると中国の人口はインドを大幅に上回り、世界総人口の三分の一強（三六・六%）を占めるに至った。これは中国としては史上最高の割合である。一八五〇年の総人口は約四億一〇〇〇万人だったが、太平天国の乱を経て一八七三年には三億六〇〇〇万人に減少し、世界総人口に占める割合も二八・二%に減少した。一九一三年にはこの比率は二四・四%に、一九五〇年には二一・七%に減少し、それまでで一番低い割合となった。その後、一九七三年には二二・五%、二〇〇九年には一九・六八%となり、二〇〇九年時点では過去最低となっている（表2-2）。国連の二〇一三年の予測では、二〇三〇年には中国の人口はインドを下回り、世界総人口に占める割合は一七・五%に減少する可能性があるとしている。

表 2-2 世界総人口に占める主要国／地域の割合（西暦元年～2009年） 単位：%

	西暦元年	1000	1500	1600	1700	1820	1870	1913	1950	1973	2009
西ヨーロッパ	10.7	9.5	13.1	13.3	13.5	12.8	14.8	14.6	12.1	9.2	4.93
イギリス	0.3	0.7	0.9	1.1	1.4	2	2.5	2.5	2	1.4	0.9
フランス	2.2	2.4	3.4	3.3	3.6	3	3	2.3	1.7	1.3	0.95
ドイツ	1.3	1.3	2.7	2.9	2.5	2.4	3.1	3.6	2.7	2	1.22
アメリカ	0.3	0.5	0.5	0.3	0.2	1	3.2	5.4	6	5.5	4.54
ソ連	1.7	2.6	3.9	3.7	4.4	5.3	7	8.7	7.1	6.4	2.07
日本	1.3	2.8	3.5	3.3	4.5	3	2.7	2.9	3.3	2.8	1.88
中国	25.8	22	23.5	28.8	22.9	36.6	28.2	24.4	21.7	22.5	19.68
インド	32.5	28	25.1	24.3	27.3	20.1	19.9	17	14.2	14.8	17.1
アジア	74.2	65.4	61.3	64.8	62.1	65.3	57.5	51.7	51.4	54.7	59.4
ラテンアメリカ	2.4	4.2	4	1.5	2	2	3.1	4.5	6.6	7.9	8.63
アフリカ	7.1	12.3	10.5	9.9	10.1	7.1	7.1	7	9	9.9	14.64
世界	100	100	100	100	100	100	100	100	100	100	100

注：アジアは日本を含まない数字。2009 年の「ソ連」の数字は独立国家共同体の合計。
資料出典：Angus Maddison, World Population, GDP and Per Capita GDP, 1-2008 AD, 2010, http://www.ggdc.net/maddison

二、世界の総GDPに占める中国の割合の変化

中国は世界最古の文明国家の一つであり、その発展の歴史も非常に独特である。長きにわたって繁栄期が続いたが、一八二〇年以降急速に衰退、一九五〇年以降に最低点に達したのち復興に向かい、一九七八年以降は急成長を遂げた（表2－3）。

長い間、中国は世界で最も経済の発展した国の一つであった。アンガス・マディソンの推計によれば、西暦元年の時点ではインドが世界最大の経済規模を誇っており、世界の総GDPの三二・九％を占めていた。[5] 中国は世界第二位で同二六・二％を占め、アジアが世界の総GDPの約四分の三を占めていた。西暦一〇〇〇年の時点では、インドと中国が世界の総GDPに占める割合はそれぞれ二八・九％と二二・七％で、アジアが占める割合はおよそ三分の二であった。

一五〇〇年になると中国はインドを抜いて世界一になったが、これは中国の人口がインドを上回ったことが関係している。一六〇〇年に中国の占める割合は二九・二％であり、依然世界一であった。しかし一七〇〇年にはインドが中国を再び逆転し、世界一に返り咲いた。これもインドの人口が中国を再度上回ったことが関係している。

一八二〇年、世界の総GDPに占める中国の割合は約三二・九％となり、史上最高値に達した。インドは第二位で一六％、中印両国だけで四八・九％を占め、アジア全体では

表 2-3　世界総 GDP に占める主要国家／地域の割合（西暦元年～ 2008 年）　単位：%

	西暦元年	1000	1500	1600	1700	1820	1870	1913	1950	1973	1978	2008
西ヨーロッパ	10.8	8.7	17.9	19.9	22.5	23.6	33.6	33.5	26.3	25.7	22.8	14.52
イギリス			1.1	1.8	2.9	5.2	9.1	8.3	6.5	4.2	3.8	2.84
フランス			4.4	4.7	5.7	5.5	6.5	5.3	4.1	4.3	4.01	2.79
ドイツ			3.3	3.8	3.6	3.8	6.5	8.8	5	5.9	5.54	3.36
アメリカ			0.3	0.2	0.1	1.8	8.9	19.1	27.3	22	21.6	18.61
ソ連	1.5	2.4	3.4	3.5	4.4	5.4	7.6	8.6	9.6	9.4	9	4.4
日本	1.2	2.7	3.1	2.9	4.1	3	2.3	2.6	3	7.7	7.6	5.7
中国	26.2	22.7	25	29.2	22.3	32.9	17.1	8.8	4.6	4.6	4.9	17.48
インド	32.9	28.9	24.5	22.6	24.4	16	12.2	7.6	4.2	3.1	3.3	6.7
アジア	75.1	67.6	62.1	62.9	57.6	56.2	36	21.9	15.5	16.4	25.7	43.73
ラテンアメリカ	2.2	3.9	2.9	1.1	1.7	2	2.5	4.5	7.9	8.7	8	7.94
アフリカ	6.8	11.8	7.4	6.7	6.6	4.5	3.6	2.7	3.6	3.3	3.5	3.4
世界	100	100	100	100	100	100	100	100	100	100	100	100

注：アジアは日本を含まない数字。1913 年以前の「ソ連」はロシアなどの合計、2008 年の「ソ連」は独立国家共同体の合計。

資料出典：Angus Maddison, World Population, GDP and Per Capita GDP, 1-2008 AD, 2010, http://www.ggdc.net/maddison

五六・二%に上った。フランスとイギリスが後に続き、それぞれ五・五%と五・二%、ドイツが第五位で五・〇%となっていた。一八七〇年時点でも中国は依然として世界一であったが、その割合は一七・二%まで低下した。以下、インドが第二位、イギリスが第三位で、アメリカが第四位に躍進、フランスは第五位だった。一九一三年にはアメリカの割合が一九・一%となり、中国にかわって世界一の座についた。中国は第二位となり、ドイツとイギリスがその後に続いた。

一九五〇年、アメリカは依然として世界一の座にあり、世界の総GDPに占める割合は二七・三%に達した。ソ連が第二位で、続いてイギリスとドイツ、中国は四・六%で第五位となり、この五大国で五二・九%を占めていた。

一九七三年、アメリカ、ソ連が第一位、第二位を占め、日本が第三位に躍進した。ドイツが第四位、中国は第五位のままであった。

二〇〇八年になると、首位のアメリカに続き、中国は第二位へと飛躍を遂げた。以下、インド、日本、ドイツが続き、この五大国が占める割合は五一・八五%となった（表2－3）。

西暦元年からの世界の経済発展史を眺めると、地域や国によって経済力のピークが異なることがわかる。世界の総GDPに占める割合から判断すると、アジアのピークは西暦元年であり、アフリカは西暦一〇〇〇年、ヨーロッパは一八七〇年、インドは西暦元年、中国は一八二〇年、イギリスとフランスは一八七〇年、ドイツは一九一三年、アメリカとソ連は一九五〇年、日本とラテンアメリカは一九九〇年となる。それぞれの経済発展の歴史は、前述した国家の経済発展サイクルを反映している。

経済史家のP・バイロックは、世界の工業総生産額における各国の割合から、主要国の経済力の相対的変化を解析した[6]。歴史上、中国は長期間にわたって世界一の経済大国かつ生産大国として君臨してきた。バイロックの推計によると、一七五〇～一八〇〇年における中国の製造業の生産量は、世界の総生産量の三分の一に相当するという。この推計値はやや高きに過ぎるかもしれないが、当時の中国経済の実力が世界一と称されるにふさわしいものであったことは間違いなく、中国が「工業化以前の工業化」ともいうべき段階において、世界をリードする存在であったことを示している。しかし、一八〇〇～一九〇〇年に中国の経済的実力とその地位は急速に低下し、一八六〇年には世界の製造業総生産に占める割合は一九・七%、一九〇〇年にはわずか六・二%にまで落ち込んだ。二〇世紀前半における中国経済は依然停滞あるいは下落傾向にあり、一九五三年には二・三%と史上最低を記録している。バイロックの推計結果はマディソンとは異なるものの、一九世紀から二〇世紀前半にかけて、中国の経済力が急速に落ち込み、繁栄期から急激に衰退していったという点については一致している。

過去二百年の経済発展の歩みの中で、世界経済における各主要国の地位は決して不変のものではないことがわかる。産業革命以降、農業大国（中国やインドなど）は強国の地位から滑り落ち、先に工業化を果たした国（イギリス、フランス、ドイツ、アメリカ、さらに後の日本など）が弱小国から世界的経済強国へと上り詰めた。

中国は経済的強者から弱者への転落を経験してきた。世界経済に占める地位は首位から五位へと転落し、世界最強の農業国から非常に立ち遅れた後進的国家になってしまった。中国の近代史は、まず経済衰退の歴史であり、次に外国に打ち負かされ、侵略された歴史であった。もちろんそれは民族独立、人民解放、国家統一を勝ち取るために闘い続けた歴史でもあった。

その後、社会主義近代化の道を選択したことで中国の運命と未来は根本的に変わり、弱小国から強国への再興を成し遂げた。それは、工業化に取り組み、それを推し進めたことにより、経済が飛躍的発展を遂げるプロセスでもあった。欧米の先進国は近代化の先駆者・開始者・推進者であり、一方、中国やインドなどの開発途上国は近代化に関しては後発者である。欧米の経験に学び、自国の国情に合わせて新たな制度を設計し、新たな経験を総括し、道を切り開いて先進国を追いかけ、その距離を縮めていくことが主な課題であった。

開発途上国、とくに人口大国は経済強国となる可能性を秘めている。ただし、少なくとも以下の五つの条件を満たす必要がある。(一)世界の総人口に占める割合が高い人口大国であり、人的資本への投資を高め、インセンティブの効いた競争のある労働力市場を確立することで、自国の労働力資源を十分に活用できること。(二)経済成長率が自国において史上最高を記録するだけでなく、先進国と比べても高い数字を記録するような、飛躍的な経済発展段階が比較的長期にわたって継続すること。同時に、経済成長の安定および調和が保たれること。(三)比較的長期にわたって政治および社会の安定性が保たれ、国内外の投資を呼び込むための良好な投資環境と、自国の労働力のために調和の取れた労働環境が存在すること。(四)対外的に開かれた経済・社会の建設を主体的に推し進め、積極的にグローバル経済との一体化を図り、グローバルな知識・技術・情報・資本・資源・人材などを広範囲に獲得し、活用すること。(五)中央政府が近代化実現への強い意志と目標をもち、社会のさまざまな力や資源を有効活用し、あらゆるプラス要因を利用するのはもちろんのこと、マイナス要因をプラス要因へと転換させ、公平な競争がおこなわれる市場経済を確立して人々の創造性や生産性を高め、さらに公平な分配をおこなう社会制度を確立し、社会の矛盾を解消すること。

一九四九年以降の中国は、これらの主要条件を創出してきた。発展途上にある人口大国が奇跡的な発展を遂げ、再び世界有数の経済大国となることが可能であることを、過去六十余年の中国の取り組みが何よりも証明している。

三、中国の一人あたり所得の世界平均に対する変化

西暦元年から十五世紀までの間、中国の一人あたり所得(平均所得)は世界でも常にトップクラスであった。一五〇〇～一八〇〇年には、ヨーロッパ諸国が平均所得と科学技術で中国に追いつき、追い越した。[7] 一七〇〇年以降は、世界の平均所得が中国のそれを上回った。平均所得における中国と世界や欧米との相対的差異を見ると、まず経済格差が発生してその差異が広がり、その後収束期を迎え、その差が縮まっていった流れがわかる。

一七〇〇～一九五〇年は経済格差の拡大期であった。 一七〇〇年の中国の一人あたりGDPは六〇〇ドル（一九九〇年の購買力平価に基づく国際ドル換算。以下同）で、西欧や世界の平均よりやや下、アメリカ、日本、インドよりもやや上であった。一七〇〇～一八二〇年にかけて、伝統的農業国であった中国経済は長く停滞しており、平均所得も横ばいで、先に工業化が始まった西欧諸国の平均所得との格差は毎年〇・一五％の割合で広がっていった。一八二〇～一九五〇年は中国と西欧や世界との経済格差がかなり大きくなった時期である。世界経済はこの時期、未曾有の成長を遂げた。世界の総生産は九倍となり、平均所得は三・一六倍に増えた。アメリカの一人あたりGDPは九倍に、日本は二・八八倍に、西欧諸国は三・七三倍にそれぞれ成長した。一八二〇年には中国の一人あたりGDPは、日本や世界の平均をやや下回り、西欧諸国のおよそ半分であった。一九五〇年には中国の一人あたりGDPは四三九ドルまで低下し、一八二〇年に比べて二七％も減少した（表2－4）。この時期、中国と西欧諸国の平均所得の差は毎年一・二％の割合で広がり、世界の平均所得との差も毎年〇・七八％の割合で拡大していった。

産業革命後の二百年（一七五〇～一九五〇年）で、中国は世界で最も裕福な国から最貧国へと転落し、平均所得は史上最低水準に落ち込んだ。かつての世界文明の中心国が、未発展の後進国へと落ちぶれてしまったのである。[8]

一方、一九五〇～二〇〇八年は経済格差の収束期である。 一九五〇年代始めに経済・社会発展水準の最低点を記録してから、中国は世界平均を上回る速度で発展を始めた。とくに一九七〇年代末の改革開放政策の採用以降、中国は西側先進国との格差収束の道を歩み始めた。[9] 一九七八年には中国の一人あたりGDPはいまだ世界でも低い部類であったが、成長は著しかった。二〇〇八年の一人あたりGDPは六七二五ドルで、一九五〇年（四四八ドル）の一五倍、一九七八年（九七九ドル）の六・九倍となり、世界でも中等レベルの発展段階に達している。一九五〇～二〇〇八年の間に、中国と世界の一人あたりGDPの差は四・七二倍から一・二三倍まで縮まり、

西欧諸国との差は一〇・二二倍から三・三一倍へ、アメリカとの差は二一・三四倍から四・六四倍へと縮小した（表2－4）。

表 2-4　中国・アメリカ・日本・西欧および世界の一人あたりGDP比較（西暦元年～2008年）

	西暦元年	1000	1500	1700	1820	1870	1913	1950	1978	2008
一人あたりGDP（1990年国際ドル換算）										
西欧	576	427	772	997	1202	1960	3457	4578	12674	22246
アメリカ	400	400	400	527	1257	2445	5301	9561	18373	31178
日本	400	425	500	570	669	737	1387	1921	12581	22816
中国	450	466	600	600	600	530	552	448	979	6725
世界	467	453	566	615	667	873	1526	2113	4382	7614
一人あたりGDPの比較（中国を1とした場合）										
西欧	1.28	0.92	1.29	1.66	2	3.7	6.26	10.22	12.95	3.31
アメリカ	0.89	0.86	0.67	0.88	2.1	4.61	9.6	21.34	18.77	4.64
日本	0.89	0.91	0.83	0.95	1.12	1.39	2.51	4.29	12.58	3.39
中国	1	1	1	1	1	1	1	1	1	1
世界	1.04	0.97	0.94	1.03	1.11	1.65	2.76	4.72	4.48	1.13

資料出典：Angus Maddison, World Population, GDP and Per Capita GDP, 1-2008 AD, 2010, http://www.ggdc.net/maddison

四、世界の貿易構造における変化
——閉鎖的社会から開かれた社会へ

伝統的な中国社会は高度に自給自足化した閉鎖的な農業社会であり、世界経済とのつながりは非常に少なく、世界の輸出総額に占める割合もきわめて少なかった。マディソンが一九九〇年の米ドル換算で推計したところによると、一八七〇年における中国の商品輸出総額は一四億ドル（現在のレート換算で一・〇二億ドル）で、世界の輸出総額に占める割合は二・四九％であった。一九二九年には六二億六〇〇〇万ドル（同六億六〇〇〇万ドル）で一・八七％、一九五〇年は六三億四〇〇〇万ドル（同五億五〇〇〇万ドル）で、世界の輸出総額に占める割合は一・六九％に過ぎなかった。

一九五〇年以降、世界貿易における中国の地位は低くなる一方であった。この時期の中国は典型的な「孤立主義時代」にあり、依然として「閉鎖経済」「閉鎖社会」であった。世界の輸出総額に占める割合は下がり続け、一九七三年には史上最低の〇・六五％にまで落ち込んだ。「文化大革命」期の中国は世界で最も閉鎖的な国の一つであり、グローバル経済や技術革新から取り残された「周縁」国家の一つで、西側諸国との技術格差は広がる一方であった。

一九七〇年代末に中国は対外開放政策をとり始め、世界経済から切り離された閉鎖的な社会発展モデルから、世界経済との連携を深めた半開放的な発展モデルへと転換した。商品輸出額は大幅に増加し、二〇〇九年には一兆二〇〇〇億ドルに達し、世界の輸出総額に占める割合も九・九％に上昇した（表2－5）。二〇〇一年に中国は正式にWTO（世界貿易機関）に加盟したが、これは中国が半開放的経済から全面的な開放型経済へと転換したことを象徴している。

表2-5　中国の商品入出額ならびに世界の輸出総額に占める割合（1870～2009年）

年度	中国の輸出額①／百万米ドル	世界の輸出額②／百万米ドル	中国の占める割合／%
1870	1398	56247	2.49
1913	4197	236330	1.78
1929	6262	334408	1.87
1950	6339	375765	1.69
1973	11679	1797199	0.65
1992	84940	3798619	2.24
2000③	249130	6290300	3.96
2009④	1202000	12147000	9.9

注：1870～1992年の輸出額は1990年の米ドル換算、2000～2009年の輸出額は米ドルの現価換算。
①アンガス・マディソン『中国経済的長遠未来』中国語版、142頁（北京、新華出版社、1999）より引用。
②アンガス・マディソン『世界経済の成長史1820-1992年――199ヵ国を対象とする分析と推計』中国語版，163頁、165頁（北京、改革出版社、1997）より引用。
③米ドル現価換算、World Bank, World Development Indicators（CD-ROM, 2002）より引用。
④2009年の数字は現価、WTO：World Trade Report 2010より引用。

欧米列強に開放を迫られた一八四〇年以降の状況と異なり、一九五〇年の中国は自発的な対外開放を進めたが、当時は主に東側諸国への開放であった。一九七八年以降は世界、とくに西側諸国に対して進んで門戸を開き、その結果、中国は世界市場の重要な一部となり、世界経済における地位もより重要度を増している。中国は世界の影響を受け、また世界も中国の影響を受けた。世界が中国を変え、また中国も世界を変えた。そして、世界が現在の中国を造り上げたのと同時に、中国もまた現在の世界を造り上げたのである。

第三節　中国経済発展の世界的背景

中国の経済発展の軌跡について説明するためには国際的視点、すなわち世界の経済発展史について理解する必要がある。現代中国を研究し理解する上では、長期的かつ歴史的な視点から観察・比較することが不可欠である。

産業革命とは何か。フィリップ・ディーンは次のように指摘している。「『産業革命』という言葉は、一般的には複雑な経済の変革を指す。この変革とは、生産力が低く、経済が停滞している伝統的な工業化以前の経済から、一人あたりの生産量および生活水準が相対的に向上し、経済成長が持続する近代的工業化経済へと転換していく発展プロセスのことである。（中略）この転換の性質は、互いに関連する以下の変革によって説明することができる。(一)経済組織の変革。(二)技術革新。(三)工業構造の変化。これらの変革と、(変革の原因でもあり、結果でもある)人口、総生産量、ならびに一人あたりの生産量がもたらす(すぐには現れないにしても、最終的には実現する)持続的成長の間には、一定の関係性が見られる」[10]。また、ダグラス・ノースは以下のような見解を述べている。「産業革命は組織の変革と技術革新からなり、両者が互いに影響し合う過程で生まれたものである」[11]。言い換えれば、産業革命は近代的工業化の始まりであり、伝統的農業社会と近代的工業社会をつなぐ歴史の転換点である。[12]

一、西欧の資本主義革命

十七~十八世紀、西欧で史上類を見ない資本主義産業革命が起こり、相前後して北米やオセアニア、日本などにも波及したが、中国はこの革命の周縁者であり、近代的工業化の落伍者であった。この資本主義革命は長期間にわたり、きわめて広い範囲に重大な影響を与えた。そこにはブルジョア階級による政治革命、農業革命、科学革命、技術革命、エネルギー革命、交通革命などの革命、さらに企業、交通、公共財政、社会保障、国家といった重要な制度の創設および革新も含まれる(コラム2-1)。

ブルジョア革命は、資本主義の発生および発展において、資本主義化を妨げる制度を取り除くために必要な政治的条件であった。早期に資本主義化を果たした国々では、相前後してブルジョア革命が勃発している。一六四〇年にイギリスで始まり、アメリカでは一七七五年に独立戦争が、フランスでは一七八九年にフランス革命、一八五九年にはイタリア独立戦争、一八六一年にはロシアの農奴解放令、一八六八年には日本で明治維新が起こった。これらの国はいずれもブルジョア革命を通じ、期せずして同じ資本主義発展の道を歩んできたのである。

中国のブルジョア革命は欧米のそれとは異なる。第一に、中国でブルジョア革命が起こったのは二〇世紀初めになってからであり、欧米に比べて二、三世紀も遅れていた。そのため、工業化の開始や近代化についても非常に遅れをとった。第二に、中国のブルジョア革命は中国の内部から起こったものではなく、資本主義国家の侵入により誘発された外部要因による革命であった。第三に、中国の工業化は資本や生産力の発展に伴う自然発生的なものではなく、少数の知識人と政治家の政治的選択によるものであった。第四に、農業革命、工業革命、科学革命、技術革命、エネルギー革命および交通革命といった資本主義に必要な変革を経ていない。そして第五に、ブルジョア革命が中国社会に与えた衝撃や影響は少数の都市部のみに限られ、人口の大多数を占める広大な農村部にまでは及んでおらず、中国に大きな変化を与える力はなかった。**つまり、中国のブルジョア革命は社会の進歩という点**

コラム2-1　資本主義革命とその波及

ブルジョア革命
・イギリス清教徒革命（一六四〇）
・アメリカ独立戦争（一七七五）
・フランス革命（一七八九）
・イタリア独立戦争（一八五九）
・農奴解放令（ロシア 一八六一）
・明治維新（日本 一八六八）
・辛亥革命（中国 一九一一）
・新民主主義革命（中国 一九四九）

農業革命
・新しい土地の開墾
・新作物のヨーロッパへの伝播（ジャガイモなど）
・土地集約型商品作物の交易（綿花など）
・農業発展のエネルギー源としての科学肥料の投入
・農業の技術革命に全エネルギーのおよそ半分を投入

技術革命
・飛び杼（一七三三）
・ジェニー紡績機（一七六四）
・ワットの蒸気機関（一七六九）
・キュニョーの三輪蒸気自動車（一七六九）
・綿繰り機（一七九三）
・蒸気船（一八〇七）
・蒸気機関車（一八一四）
・コークス製鉄法（一七三〇年代）
・溶鉱炉（一七六〇年代）

特許法
・イギリス専売条例（一六二四）
・アメリカ連邦特許法（一七九〇）
・中国専利法典（一九四四）
・中国専利法（一九八四）

科学革命
・コペルニクスの地動説（一五四三）
・ガリレオの落体の法則（一五九〇）、望遠鏡（一六〇九）
・ニュートンの力学革命

科学団体
・イギリス王立協会（一六六〇）
・イギリス工芸振興協会（一七五四）
・イギリス王立研究所（一七九九）
・中国中央研究院（一九二八）
・中国科学院（一九四九）
・中国科学技術協会（一九五八）

交通革命
・道路（一七五〇）
・運河（一七六一）
・道路トンネル（一八二〇）
・鉄道（一八二〇）
・電車（一八九二）
・フォードの自動車大量生産（一九一三）

エネルギー革命
・採鉱
・エネルギー源の変化
・十六～十七世紀のイギリスにおける森林破壊に伴う石炭への燃料の転換
石油、電力、十九世紀末の内燃機関

制度革命

憲法
・アメリカ合衆国憲法（一七八七）
・フランス山岳派憲法（一七九三）
・中華民国憲法（一九二三）
・中華人民共和国憲法（一九五四）

取引所
・アントワープ（一五三〇）
・ロンドン（一五五四）
・パリ（一五六三）
・ベルリン（一七一六）
・ニューヨーク（一七七二）

証券取引所
・アムステルダム（一六一一）
・イギリス王立取引所（一六九五）

社会保障制度
・ドイツ（一八八三）
・アメリカ（一九三五）

では意義ある革命であったが成功したとはいえず、中国を資本主義国家に転換するには至らなかったし、まして中国を世界の経済大国として再生させることもできなかったのである。中国のGDPが世界の総GDPに占める割合は、一九一三年の八・九％から一九五〇年には四・六％へと減少している（表2－3）。

中国共産党が提唱し指導した新民主主義革命は、ブルジョア革命とプロレタリア革命を融合した第三の革命、あるいはプロレタリアートが指導し、ブルジョア革命を目標に掲げた中国式の革命であり、欧米のブルジョア革命ともロシアの「十月革命」（一九一七年）とも異なっていた。この新民主主義革命の直接的成果として、一九四九年に中国共産党により新中国が成立、党が中国の工業化、都市化および近代化を直接指導するようになり、中国式社会主義近代化の道を切り開いた。中国の社会主義近代化はその始まりから欧米の資本主義近代化とは異なっており、数十年の模索を経て、ソ連の社会主義近代化とも異なる道を選択した。中国独特の近代化の道を歩むことで、伝統的農業社会から近代的工業社会への転換の道のりを短縮したのみならず、欧米先進国との差を大いに縮め、膨大な人口を抱える伝統的農業国家だった中国が短期間のうちに大きな変化を遂げることを可能にしたのである。

二、世界における近代的経済成長の軌跡（一八二〇～一九九二年）[13]

資本主義革命は、社会の進歩においてきわめて重要な意義を有している。この革命により、世界経済は未曾有の成長を遂げる新しい時代へと突入した。マルクスとエンゲルスが『共産党宣言』において述べたように、ブルジョアジーはその百年足らずの階級統治のうちに、過去のすべての時代を合わせたよりもさらに大きな生産力を生み出したのである。

同時に、世界にはかつてない「格差」時代が到来した。一八二〇年を起点とすると、中国は最初の百三十年（一八二〇～一九四九年）は近代化の「落伍者」であり、のちの六十年（一九四九～二〇〇九年）においては近代化の「追随者」であった。われわれは世界の近現代経済発展史をベースとして、各国の経済成長にいかにして「格差」が生じ、また、中国がいかにして衰退し、再興を果たしたのかを見ていく必要がある。

アンガス・マディソンによれば、一八二〇年以降の世界経済の歴史には三つの特徴があるという。

（一）世界の経済成長の加速。一八二〇～一九九二年の間に、世界の人口は五倍、一人あたりの生産量は八倍、GDPは四〇倍、貿易量は五四〇倍に増加した（表2－6）。世界人口の増加率は年平均〇・九五％、一人あたりGDPの成長率は年平均一・二一％、世界の総GDPの年平均成長率は二・一七

%、世界の総輸出の年平均成長率は三・七三%に達した（表2-7）。人口増加率は比較的高いが、経済（GDP）成長率が人口成長率よりも高いため平均収入も増加を続け、また、貿易（輸出）成長率が経済成長率よりもさらに高いため、経済全体に占める貿易の割合も上昇し続けていることが特徴として挙げられる。[14]

表 2-6　世界各地域の成長倍数（1820〜1992 年）　単位：倍

	人口	一人あたりGDP	GDP
西欧	3	13	40
西欧周辺国	27	17	464
南欧	4	10	38
東欧	5	6	29
ラテンアメリカ	23	7	161
アジア・オセアニア	4	6	25
アフリカ	9	3	26
世界	5	8	40

表 2-7　世界経済の成長率（1500 〜 1992 年）　単位：%

	1500~1980	1820~1992
世界の人口	0.29	0.95
一人あたりGDP	0.04	1.21
世界の総GDP	0.33	2.17
世界の総輸出	n.a.	3.73

注：GDP は 1990 年の国際米ドル換算。
資料出典：アンガス・マディソン『世界経済の成長史 1820-1992 年——199 ヵ国を対象とする分析と推計』中国語版、2 頁（表 2-6）、1 頁（表 2-7）、北京、改革出版社、1997。

（二）地域や国により経済成長率に差があり、経済成長モデルも大きく異るため、国や地域による平均収入の差も大きい。

マディソンが世界の七つの地域について長期的な傾向を比較したところによれば、世界第一の経済繁栄地域である西欧は、一八二〇年から平均収入が一三倍増加しており、第二の繁栄地域であるウェスタン・オフシューツ（アメリカ、カナダ、オーストラリア、ニュージーランド）は、平均収入が一七倍増加している。以下、第三の繁栄地区・南欧は一〇倍増、第四の繁栄地区・東欧が一三倍増、第五の繁栄地区・ラテンアメリカが七倍増、第六の繁栄地区・アジアおよびオセアニアが六倍増となっている。アフリカは現在でも一八二〇年時点の西欧と大差なく、経済繁栄度は最下位である。ここからは、各地域の経済成長に規則性は見られない。[15]地域間の平均収入の差は長期的に見て拡大傾向にあり、一八二〇年には三倍に満たなかった格差が、一八七〇年には五倍、一九一三年には九倍、一九五〇年には一一倍、一九七三年には一二倍、そして一九九二年には一六倍にも広がっている。経済発展主導国と最貧国の平均収入の差について見れば、その長期的な格差拡大の傾向はさらに明白であり、一八二〇年の三倍から一九九二年には七二倍にまで広がっている。また、各地域内でも国によって平均収入に差がある。一八二〇〜一九九二年に一人あたりの平均収入の伸びが最も大きかったのは日本で二八倍となっているが、一九五〇年以降で見ると韓国、台湾、タイの伸びが最も大きい。アメリカなどの経済主導国との格差が縮小したのは一部の国だけで、大多数の国では格差が広がった。

㈢**世界の経済成長の道のりは平坦ではなく、繁栄も衰退もあり、段階的に成長する特徴がある。**世界経済の発展はおおよそ五つの段階に分けることができ（コラム2－2）、二度の「黄金時代」と多くの経済危機を経てきている。

世界の経済発展の歴史において、中国は何度も発展の機会を逃し、世界の発展を自国の発展の契機とするチャンスも逃してきた。

一八二〇～一九五〇年には、中国は近代化を拒絶したことで近代化からほぼ取り残された周縁者となり、大国でありながら「弱く」「貧しい」国であった。一方、一九世紀末から二〇世紀はじめにかけての欧米諸国は中国への「侵略者」であり、後に展開される中国近代化への援助にも限りがあった。世界経済を襲った危機も中国経済に深刻な影響を及ぼし、急速に台頭した日本の大規模な侵略も、中国に甚大な経済的・人的ダメージを与えることになった。

一九五〇～一九七三年は世界が空前の経済発展を遂げた時期であったが、アメリカを始めとする西側諸国の経済封鎖と中国自身の「孤立主義」政策のため、この環境を十分生かすことができず、世界の経済総量に占める割合に変化がなかったのみならず、世界貿易に占める割合も史上最低を記録するなど、グローバル経済から取り残された存在であった。

中国が「孤立主義」政策を放棄し、世界経済の一員となって世界市場に参入を果たし、世界の平和と発展を推進するようになったのは、ようやく一九七〇年代末になってからであった。

三、世界ならびに各国の経済成長を決定づける要因

マディソンは、経済成長を決定づける長期的要因として、以下の四点を挙げている。㈠技術の進歩。㈡物的資本の蓄積。㈢人的資本の蓄積。すなわち技能、教育、組織力の改善。㈣商品やサービスの取引や投資、研究者や企業家の相互作用により、一国の経済が一体化していくこと。これらに加え、経済規模、構造改革、自然資源の相対的な多寡という三つの要因も重要である。これらはすべて互いに影響し合っている。

マディソンはさらに世界経済の発展段階の研究、ならびに異なる経済体の国際比較を通して、国際経済関係や国家の経済政策が長期的な経済成長に大きく寄与することを説いた。一八世紀に始まった世界的工業化・近代化は、本質的に欧米主導のもので、「近代化＝欧米化」であった。西欧諸国は近代化の発祥地であるのみならず中心地でもあり、世界は西側を中心に回っていた。二〇世紀後半になって非西欧地域の新興国が近代化を推進するようになって、ようやく「近代化＝

欧米化」という図式は破られたが、欧米諸国の主導的地位は変わらず、現在の経済のグローバル化や情報化、知識化も依然としてそれらの国々が主導している。

過去二、三世紀の歴史において、資本主義化の流れは「基本的潮流」あるいは「主流」であった。近代化の過程とは、本質的には資本主義化の過程であった。それはマラソンレースのようなもので、持久力が問われる公開の競争である。ただし、それは力の強いものが勝つ、弱肉強食に基づいた不公平・不公正な競争でもあった。

過去二百年あまりの歴史は、依然として大国の興亡と競争の歴史でもあった。一七世紀のスペインから一八世紀のイギリス、さらに二〇世紀のアメリカに至るまで、これらの国々における資本主義の急速な台頭が、世界を大きく変えてきた。一方、中国はこの二、三世紀、世界の工業化と近代化を主導する立場にはなかった。開放を拒み、門戸を閉ざし続けただけでなく、変革を拒み、伝統的な体制を固守し続けたため、わずか二百年の間に世界最高峰の国から最貧、最弱の国にまで落ちぶれてしまったのである。

コラム2－2　世界経済の発展段階（一八二〇〜二〇〇八年）

一八二〇〜一八七〇年 ヨーロッパにおける資本主義と中央集権体制の勃興。世界の一人あたりGDP成長率〇・六％。

一八七〇〜一九一三年 世界の一人あたりGDP成長率一・三％、比較的平和な繁栄期。

一九一三〜一九五〇年 世界の一人あたりGDP成長率〇・九％、世界大戦および大恐慌時代。

一九五〇〜一九七三年 世界の一人あたりGDP成長率二・九％、空前の経済繁栄期。冷戦と第三世界。

一九七三〜一九九二年 世界の一人あたりGDP成長率一・二％、一進一退の時代。

一九九三〜二〇〇八年 世界の一人あたりGDP成長率二・四六％、第二次グローバル化ならびに情報化の時代。

資料出典：アンガス・マディソン『世界経済の成長史一八二〇〜一九九二年――一九九ヵ国を対象とする分析と推計』中国語版、三一〜五五頁、北京、改革出版社、一九九七。Angus Maddison, Historical Statistics for the World Economy 1-2008 AD, 2010.

第四節　西欧をはるかにリードしていた中国の先進性

　過去二千年余りにわたり、中国は多民族統一国家として、驚くべき歴史と文明の連続性を維持してきた。中華民族のこの歴史と文明の連続性は、一〇〇〇万平方キロメートルにも及ぶ広大な国土において、十数億の人民が同じ言語、同じ文化、同じ伝統と習慣を共有していることからも読み取れよう。中国語の起源は古く、その使用者は広範囲にわたり、国家の統一に資する重要な要素であった[16]。

　七世紀から六百年余りにわたる唐・宋の時代は、中国がまさに人類文明史の頂点に立った時期であり、芸術・文学・科学はもとより、経済発展や技術の進歩においてもめざましい成果を収めた。農業においては、生産技術や耕作方法の改良、農作物の品種改良、大規模な水利施設の建設や灌漑事業、栽培業の一体化などが実施された。商業においては、商品交換と市場取引が広がったことにより、水陸交通の発展や貨幣経済が浸透し、一部の発達した地域には商業都市や大都会が形成された。工業においては、世界最古の機械化工業である紡績業が出現し、大規模生産をおこなうに至った。農作物の単位面積あたりの生産量と労働生産性も向上した。呉慧の研究によれば、戦国時代中期から後期には一ムーあたりの食料生産量が二一六斤〔訳注…一斤＝五〇〇グラム〕に達しており、前漢末には二六四斤、中唐から晩唐の時期には三三四斤に達していたという。また、王淵明の推計によれば、十三世紀の西欧の単位面積あたりの食料生産量は、戦国時代から秦・漢期における中国の中原地域と比べ、三分の二から四分の三程度の水準にとどまっており、十六世紀後半になってようやく秦・漢期の中国の水準に追いついたという。唐・宋期以降の南方における水稲の生産量に至っては、同時期の西欧諸国の数倍にも達していたという[17]。実際のところ、唐代の単位面積あたりの生産量は、現代でも多くの国の水準を上回っている。当時の農業労働者一人あたりの年間食料生産量は四二六一斤であったが、現在の中国の一人あたり食料生産量は八〇〇斤にも満たない（当時の一人あたりの耕地面積は一八ムー近くあり、これも一人あたり生産量が高かった大きな理由である）。宋代には、インドから綿花の栽培技術や早稲の品種などを導入した。アメリカ新大陸発見後は、トウモロコシ、ピーナツ、タバコ、唐辛子、テンサイ、ジャガイモ、キャッサバなどがもたらされた[18]。宋代（九六〇〜一二七九年）に中国経済は急速に発展し、人口が急増したほか、農業でも大きな進歩が見られた。さらに、分業化が進んで交易量も増加し、都市経済がいっそうの繁栄をきわめたことは、海外の研究者もほぼすべてが認めるところである[19]（表2－8）。

表 2-8　歴代の農業生産量と労働生産率（戦国時代中後期から清代中期まで）

（斤＝約500 g）

	耕地面積 ／億ムー	穀物栽培面積 ／億ムー	人口 ／億人	一人あたり穀物栽培面積 ／億ムー	一ムーあたりの穀物生産量 ／斤	一人あたりの穀物量 ／斤	一人あたりの穀物加工品量 ／斤	一労働力あたりの穀物加工品生産量 ／斤
戦国時代中後期	0.9	0.846	0.2	4.23	216	914	563	2027
前漢末	2.38	2.24	0.595	3.76	264	993	597	2151
唐	2.11	1.99	0.529	3.76	334	1256	665	2396
宋	4.15	3.9	1.04	3.75	309	1159	605	2179
明	4.65	4.2	1.3	3.23	346	1118	626	2255
清中期	7.27	6.18	3.61	1.71	367	628	350	1260

資料出典：呉慧『中国歴代糧食畝産研究』195 頁、北京、農業出版社、1985。ただし、明代の人口推定値が高すぎたり、戦国時代から漢・唐代までの穀物生産量がやや多く見積もられているなど、表中の数字にはいささか疑問もある。

中国は早くから精巧な国家機構をつくり上げ、卓越した国家統治能力を発揮してきた。フランスの中国問題専門家であるジャック・イエルネは次のように述べている。「中国人は、世界で最も早く国家の概念を打ち立て、国家の原則を確立し、国家を征戦の手段とした。この国家は法により統制された段階的な管理方式を確立し、それにより広大な国土の隅々にまで中央権力の遂行を可能にした」[20]。また、プリンストン大学のギルバート・ロズマン教授は、中国はこの二千年間、常に唯一の先進的文明社会か少なくともその一つであり、広大な国土と人口を擁する社会を治めることに関して、その右に出るものはいなかったと語っている[21]。

国家組織や公共機能、経済および技術レベルなどを総合的に判断するならば、十二世紀の宋王朝は、当時世界で最も発達した国家であったと考えられる[22]。これらのことからもかつての中国が世界で最も文明的な社会であったのみならず、世界で最も発達した国家であったことは疑う余地がない。

デビッド・ランデスによれば、中国の発展は、発達した農業文明、人口の増加、王朝の交代といった面に最も早く表れたが、一方で自然破壊の出現もまた早かったという。中国は世界で最も成功裏に発展を遂げた国であり、全世界の耕地面積のわずか七％で、全世界の二一％に相当する人口を養ってきた[23]。ディドルソンは「その歴史、文化、芸術、知恵、政治、哲学において、中華民族の右に出るものはいない」と褒め称えている。

中国はその歴史上、一貫して農業経済を主とした典型的な伝統的農業社会であった。過去二千年あまりにおいて、農業は国民総生産の三分の二以上を占め、農業人口は総労働人口の五分の四に達していた[24]。一八八〇～一九三三年の期間においても、中国では農業が国内総生産の三分の二前後を占めていた[25]。

中国における経済発展の中心は絶えず移り続けている。西暦元年ごろには、西北の乾燥した黄土地帯が経済の心臓部だったこともあった。八世紀には人口の四分の三が華北地域で生活しており、主な農作物は小麦とアワだった。十三世紀後半になると、人口の四分の三は長江の南で暮らしており（表2－9）、米が主な農作物になった[26]。

水利施設の建設と灌漑の発展には、国家が重要な役割を果たした。唐代までにおこなわれた灌漑事業は百年あたりで一〇～一六であったが、唐代以降の千三百年あまりの間にその数は大幅に増えた。一四〇〇～一八二〇年の灌漑面積は耕地面積の約三〇％を占めていたが、一八五〇年のインドではこの比率はわずか三・五％であった。大規模な水利施設の建設に中国ほど大量の資金と労働力をつぎ込んだ国はほかになく、中国ほど穀物の単位面積あたりの生産量が高かった国もほかにはない。

清朝の康熙帝から乾隆帝にかけての時期、中国経済は史上最高の繁栄期を迎え、「康乾盛世」と称えられた。農業面から見ると、人口、耕地面積ならびに単位面積あたりの穀物生産量のいずれも過去をはるかに上回っていた。乾隆末年（一七九九年）の全耕地面積は約一〇億五〇〇〇万ムー、穀物生産量は一〇二〇億キログラムであり[27]、農産物総生産量は世界一であった。一七九四年（乾隆五九年）の人口は約三億三〇〇〇万人で、全世界人口九億の三分の一を占めていた。市場に流通している商品額は白銀にして三億五〇〇〇万両で、四億五〇〇〇万両は下らなかった[28]。一八〇〇年と一八二五年の人口から見た世界の三大都市のうち、二つは中国の都市、すなわち北京と広州であった（表2－10）。「康乾盛世」**は中国の伝統的農業社会の最後の繁栄期であったが、それは世界規模で大きな変革が起こる中での「最後の輝き」であった（コラム2－3）。これ以降、中国は堂々たる大国の地位から滑り落ちていく。**

表 2-9　歴代人口分布の変化（前漢〜清）

年代	前漢（西暦2年）			唐（752）			南宋（1210）			明（1491）			清（1850）		
人口状況／区域	総人口（千人）	人口密度（人／km²）	全国総人口に占める割合（%）	総人口（千人）	人口密度（人／km²）	全国総人口に占める割合（%）	総人口（千人）	人口密度（人／km²）	全国総人口に占める割合（%）	総人口（千人）	人口密度（人／km²）	全国総人口に占める割合（%）	総人口（千人）	人口密度（人／km²）	全国総人口に占める割合（%）
黄河中下流地区（現在の河南・河北・山西・山東・陝西省など）	38256	42.8	65.95	28898	32.3	48.1	47541	53.2	43.95	21217	30.4	23.08	107347	120.1	24.6
長江淮河地区（江蘇・安徽・浙江・江西省など）	7871	15.2	13.57	12137	23.4	20.21	23650	45.6	21.85	39275	75.7	42.7	136308	262.9	31.24
西南地区（雲南・貴州・四川省など）	4364	3.9	7.52	8081	7.1	13.45	10431	9.2	9.65	4138	3.7	4.51	56974	50.4	13.06
両湖地区（湖南・湖北省など）	1996	5	3.44	2540	6.4	4.23	6906	17.4	6.39	6562	16.5	7.13	54532	136.6	12.45
両広・福建地区（広西・広東・福建省など）	698	1.2	1.2	2482	4.3	4.13	10243	17.8	9.47	10720	18.6	11.66	55918	97.3	12.82
東北地区（遼寧・吉林・黒竜江省など）	1052	1.3	1.81	1003	1.3	1.67	3715	4.6	3.37	4350	5.4	4.71	3415	4.3	0.78
その他の地区（甘粛・寧夏・青海・内蒙古・新疆・西蔵など）	3670	0.6	6.33	4838	0.9	8.06	5685	1.1	5.26	5541	1.1	6.03	19655	3.7	4.44
全国総計（以上の省区および台湾地区を含む）	58006		100	60060		100	108178		100	91980		100	436299		100

資料出典：趙文林、謝淑君『中国人口史』592〜598 頁、北京、人民出版社、1988。

表 2-10　世界三大都市の人口変化（1800 〜 1950 年）　　単位：千人

年	第一位		第二位		第三位	
	都市(国)	人口	都市(国)	人口	都市(国)	人口
1800	北京(中)	1100	ロンドン(英)	861	広州(中)	800
1825	北京(中)	1350	ロンドン(英)	1335	広州(中)	900
1850	ロンドン(英)	2320	北京(中)	1648	パリ(仏)	1314
1875	ロンドン(英)	4241	パリ(仏)	2250	ニューヨーク(米)	190
1990	ロンドン(英)	6480	ニューヨーク(米)	4242	パリ(仏)	3330
1925	ニューヨーク(米)	7774	ロンドン(英)	7742	東京(日)	5300
1950	ニューヨーク(米)	12300	ロンドン(英)	8860	東京(日)	7547

資料出典：Chandler and Fox, 3000 Years of Urban Growth, 1974, pp.323-337、大淵寛、森岡仁『人口減少時代の日本経済』中国語版、北京、北京経済学院出版社、1989。

コラム2－3　落日前の最後の輝き「康乾盛世」

マルクスの論評

マルクスは大清帝国の没落を「奇妙な哀歌」と評した。「世界の人口の約三分の一を占めるような大帝国が、時勢を顧みず、現状に甘んじ、世の中の流れに背を向け、完全無欠の天朝という幻想に自ら酔いしれていた。このような帝国は、その生死をかけた最後の戦いで打ち負かされる定めであった。この戦いにおいて、陳腐な旧世界の代表は道義に基づいて戦い、一方、現代社会の代表は金儲けの特権のために戦う――この対比は、どんな詩人ですらも思いつかないような、ある種奇妙な哀歌ではなかろうか」。

資料出典：『マルクス・エンゲルス選集』中国語版、第一巻、七一六頁、北京、人民出版社、一九七二。

鄧小平の論評

（中国は）明朝中期からアヘン戦争まで三百年余り、康熙年間から数えても二百年近くにわたって門戸を閉ざしていた。このような長期にわたる鎖国こそが、中国が貧しく立ち遅れ、無知蒙昧な国となった元凶である。

資料出典：『鄧小平文選』第三巻、九〇頁、北京、人民出版社、一九九三。

江沢民の論評

清朝は、一六四四～一九一一年まで二百六十八年にわたって存続した。一六六一～一七九六年の間は歴史上「康乾盛世」と称えられる時期であり、中国の経済水準は世界のトップクラスであった。乾隆末年には中国の経済規模は世界一であり、人口は世界の約三分の一を占め、対外貿易は長きにわたって輸出超過であった。この時期、ちょうどヨーロッパでは産業革命が始まり、科学技術と生産力が加速度的な発展を始めていた。しかし、当時の清朝の統治者はこの世界の大きな変化を見過ごし、夜郎自大な状態で扉を閉ざし、先進的な科学技術を学ぶことを拒んだ。その結果、わずか百年余りの間に、欧米諸国に大きく遅れをとり、ついには列強の軍事力の前にひとたまりもなく破れてしまった。このことを歴史の教訓として肝に銘じ、決して忘れないようにしなければならない。

資料出典：江沢民『学習時報』二〇〇〇年七月一七日。

第五節　中国経済衰退の原因

中国経済がなぜ停滞し、衰退したかを明らかにしておくことは、中国経済がなぜ再度成長し、勃興したかを明らかにする助けとなる。かつて繁栄を誇った中国が、なぜ長期にわたって停滞し、急速に衰退したのか。歴史に唯一の正解というものはなく、この謎にも国内外含めさまざまな解釈がある。いずれにしても、歴史の事実とその変化は、われわれが考えるよりもはるかに複雑である。

一、中国経済衰退に関する従来の解釈

李約瑟博士は、十四世紀に中国で産業革命が起こらなかったのはなぜか、という疑問を呈した。十八世紀末にイギリスで産業革命が発生した主な条件とされていたものは、十四世紀の中国にすでにほとんど存在していたからである。彼はそこから二つの難題を導き出した。一つは、中国はなぜ、過去長きにわたって他の文明よりはるかに進んでいたのか、もう一つは、中国の科学技術と経済発展は、なぜ現在他国に先んじることがなくなったのか、というものだ。

「李約瑟の謎」が提起している問題はきわめて重要である。中国は近代世界に必要不可欠な発明を数多く生み出した。にもかかわらず、自らの国に近代世界を建設できなかったのはなぜか。さまざまな技術分野において他国の先を行っていたにもかかわらず、産業革命が起こらなかったのはなぜか。なぜルネサンスは中国ではなく、イタリアのフィレンツェで起こったのか。なぜ世界の発明のうち半分以上が中国人の手によるものであったのに、これらの発明要素を組み合わせて近代世界をつくり上げたのは欧米人だったのか。中国人にこれらをとりまとめる能力が欠けていたのか。中国文化あるいは中国社会に根本的な欠陥があったのか。その欠陥によって問題を説明できるのか。これらの問題の原因は多方面にわたっており、唯一の正しい答えというものは存在しない。

これらの問題については、優れた学者によってさまざまな解釈がなされてきた。その代表的な二つの解釈が、技術需要の不足論と、技術供給の不足論である。

マーク・エルヴィンは、中国の停滞は人口と土地の比率が崩れたことが原因だと考えた。人口密度が高まると、労働力がどんどん安価になり、資源と資本はますます貴重になる。そのため、労働代替技術に対する需要は少なくなる。また、人口密度の上昇は一人あたりの余剰生産の減少を意味しており、その結果、中国は工業化を持続させるための十分な蓄積ができなかった。産業革命の扉を開くに十分な知識の蓄積を得てもなお、「労働時間の短縮を求める声が依然として大きく、しかも大量の余剰農産物を工業化の主な資金源とするケースも多かった。農閑期はわずか一カ月半しかなく、南方の

灌漑地域では一年中作物の栽培をしており、農民にとって暇な時期などというものはほとんどなかった。伝統的農業社会の後期には、中国経済は量的な面では大きく成長してはいたが、質的な変化に欠けていた。伝統的中国経済がのちに停滞した大きな原因は、人口急増に伴う「高水準均衡の罠」に陥ったことにあった。この理論によれば、人口増加が激しく、労働力が余っている伝統的農業社会においては、新たな技術を採用しても短期間のうちに生産力を大幅に上げることは難しく、利益を得ることも難しい。逆に安価な労働力が過剰に存在しているため、経済と技術の発展が労働力を節約する、あるいは取って代わる方向には働かず、むしろ資本や技術の投入を控え、より労働力に頼る方向へと向かってしまう。[29]これにより、経済と技術発展の恒常的な停滞を招き、貧困のスパイラルから抜け出せなくなってしまうのである。

一方、中国の学者・林毅夫は、技術供給の不足という仮説を唱えている。近代以前においては、大多数の技術的発明は職人や農民の経験から生まれたものであり、科学的発見は少数の天賦の才をもつ者が自然を観察していて偶然見つけたものであった。この場合、人口が増えれば、経験豊富な職人や農民、天才の数も増えるため、新たな科学的発見や技術開発の可能性も高まる。実際、前近代社会において、中国は新たな科学的発見や発明の数も多かったのである。近代になって中国が欧米に遅れをとったのは、中国の新技術の発明が依然として経験に頼っていたのに対し、ヨーロッパでは十七世紀の科学革命の時期に、発明の基礎を科学と実験によるものへと移行していたからである。中国において科学革命が発生しなかった原因は、おそらく科挙制度にあった。科挙があったため、中国の知識人は近代的な科学研究に必要な知的投資をしようとせず、結果、原始的科学を近代科学へと昇華させる確率も大幅に低下してしまったのである。林毅夫は、知識層による科学革命を阻んだのは、科挙の試験制度およびそれを支える仕組みであったと主張している。科挙においては四十三万字にも及ぶ「四書五経」を読むことが必須となっており、しかもこれを隅々まで暗記しなければならなかった。これらを暗記し終えても、さらに膨大な数の注釈を読み込まなければならない。過酷な試験に合格すると今度は接待に明け暮れ、権力の階段を上っていくことを考えるばかり。官職に就いた大多数の知識人には、科学研究に必要な知識を改めて学ぶ時間も意欲も残っていなかったのである。[30]

アメリカの歴史学者スタヴリアノスは、中国がなぜ科学を発達させられなかったかについて、次のような説を唱えた。[31]中国では儒教が社会において支配的な地位を占めてきた。儒教では老人を敬い、若者を軽んじる。過去を尊び、現在を軽く見る。すでに認められている権威をあがめ、変革を見下す。ゆえに、儒教は現状を維持するための格好の口実となり、正統とされる観念に唯々諾々と従う雰囲気をつくり上げ、思想が継続的に発展していく可能性を閉ざしてしまった。この考えは、中国が世界で最初に紙や印刷技術、火薬や羅針盤などを発明するという輝かしい成果を収めながら、なぜ技術面で西洋に遅れをとることになったのかを説明する一助となる。

前近代の中国については、主に二種類の異なる観点からの評価がある。一つは黄宗智が一九九〇年に『長江三角洲小農家庭与農村』で提唱した、有名な「内巻化」（involution）の概念である（「過密化」「内巻型」「密集化」などとも訳される）。彼は明・清代に、江南地域における労働の密集化と人口の増加によって労働の限界利益が低下したとする。二つ目はアメリカ・シカゴ大学のケネス・ポメランツの代表作『大分岐——中国、ヨーロッパ、そして近代世界経済の形成』で示されている観点である。その核心となる考えは、以下のようなものである。十八世紀以前においては、西洋も東洋も基本的に同じような発展水準にあり、西洋ならではの明確な優位性は存在しなかった。十八世紀末から十九世紀はじめにかけて、歴史上の分岐点が訪れ、東洋と西洋はそれぞれ違う道を歩み始め、その距離はどんどん広がっていった。たとえばヨーロッパとアジアの企業構造および社会政治構造の違い、海外からの搾取と資本の蓄積、資本主義と新大陸の植民地化、国家間の競争や暴力、さらには国家制度など、東西間には明らかな違いが見受けられるという。しかし、このような違いにおいても、西洋は決して明らかな優位に立っていたわけではない。ポメランツは、西洋の真の優位性とは、まったく新しい周辺地域、すなわちアメリカ新大陸を有していた点にあると考えている。新大陸には土地集約型の農産物（綿花、木材、穀物など）が豊富にあり、人口増と土地の不足による生態環境上の制約を解決することができたため、産業革命が速やかに成功を収め、西洋と他の地域との間に巨大な分岐が生まれたのである[32]。

アダム・スミスは、一度も中国を訪れたことがないにもかかわらず、中国経済停滞の原因について分析をおこなっている。彼は世界経済の観点から国家を欧米式進化状態、植民地的後退状態、そして中国的静止状態の三つのモデルに分類した。過去の状況と比べてみると、中国の一人あたりの収入や資本は数世紀にわたってほとんど変わっておらず、人口増減もほとんどなく、停滞しているような状態であった。スミスは次のように述べている。「中国はかつて世界で最も豊かな国であった。土地は肥え、耕作にも手間ひまをかけ、人民も勤勉であったが、永らく静止状態にとどまっている。旅行家による中国の農耕や労働、人口密度に関する報告を読むと、五百年前のマルコ・ポーロの記述とほとんど違いがない[33]」。

アダム・スミスは中国社会が長期にわたって停滞した原因は以下の三点にあると分析している[34]。まず一点目は農業の停滞。スミスは、国家の産業は農業から工業、さらに国内貿易へ発展していくと考えていたが、中国では政府が農業の保護にとりわけ力を入れてきた。中国では誰もが土地を所有し、使用料もしくは小作料による収入を得ることを望んでいた。土地税と年貢は君主の唯一といっていい収入源であり、農地については農産物の十分の一もしくは五分の一に相当する量を税として納めなければならなかった。このような税制は、政府が地主や農民が改良し耕作した土地の利益を吸い上げるものであったため、土地の経営者や耕作者の意欲を損なう一種の「悪税（destructive tax）」であるとスミスは断じた。二点目は、中国では一般的に商業および工業が軽視されていたことである。当時の中国の製造技術および製造業の水準はラテンアメリカ諸国をはるかに上回り、ヨーロッパともさほど差がないレベルだった。しかし、工業・製造業を軽視していたことで、その成長は遅々としたものになっていった。インドと中国はともに外国との貿易を奨励しなかったが、これは明らかに自らの手足を縛るものであった。三点目は中国の法律制度が限界を迎えていたことである。国家の停滞は、自然資源や領土・資本などの限界や飽和といった状況によって引き起こされ得る。「中国は長期にわたって進歩が見られない状態で、その富もはるか昔に、法律制度が許す限度に達してしまっていたのかもしれない」「中国の召使制度と高利貸制度はヨーロッパよりも甚だしく、とくに公金横領と賄賂を収入源とする一大役人層は、現物による納税制度の下で、人民を迫害して時代遅れの制度や悪習を保護する、社会の害虫となっていた」。スミスは、もし中国が違った法律制度を導入していたなら、土壌、気候および地理的条件から見て、その発展の上限は実際よりはるかに高かったであろうと論じた[35]。

二、中国経済停滞の総合的解釈

歴史上、中国は長きにわたって、経済的にも文化的にも自給自足を実現し、政治的にも高度に統一された、世界にも類を見ない独特の自治社会を築いてきた。その基礎となったのは農業であり、商業ではなかった。人類の発展史をひも解いてみると、農業文明が長期にわたって栄え続けることはできず、必然的に工業文明に取って代わられる運命にある。産業革命後の世界では、農業文明のままでいることはすなわち停滞を意味しており、農業大国が衰退していくのは避けて通れない道であった[36]。

中国経済が長期にわたって停滞し衰退していく過程には、深く、かつ複雑な歴史的要因があった。そこには自然的、地理的な要因もあれば、経済的、政治的、文化的な要因もあり、国内的要因もあれば国際的要因もあった。こうしたさまざまな要因が絡み合って、中国の工業化・近代化は妨げられ、中国経済が近代的発展を遂げようとする際にも大きな障害となったのである。

（一）**経済的要因**。中国が経済成長を遂げることができなかった大きな原因として、経済発展を支える基本的条件と社会環境が欠如していたことが挙げられる。すなわち、検問や関税障壁のない統一された国内市場と、自由に参入・競争ができる世界市場の欠如。現代社会の生産方式に対応した法律による保証制度の欠如。社会・経済の運営に必要な基礎的インフラシステムの欠如。現代的経済活動を支える統一的かつ安定した金融・通貨体制の欠如。経済の長期的発展に必要な安定した社会の欠如、である。

中国は長い間、専制制度に縛られており、自由な起業が禁じられていた。西欧の国々が商工業の発展を全面的に保護したのとは逆に、清朝は商工業を「末業」と見なし、その振興は祖法と相容れず、国家にとっても益がないと考えていたため、商工業に対してさまざまな規制や抑圧、打撃を加えた。朝廷は民間の手工業に対して高い税を課す一方で買い上げ価格は低く押さえ、負担金も課した。政治的には起業や流通の規制、労働者に対する厳しい制限、一部の商人のみの特権化など、ありとあらゆる手段で商工業の発展を妨げた。また、国家の経済と国民の生活を支える重要な柱である雲南の銅山、水運業、製塩業は国家が独占した[37]。

専制制度の下、中国は国家が交易を独占する体制を敷き、新興の生産力の発展を阻み、競争を制限し、起業を禁じた。貿易政策や開港地、輸出入品の数量や品目を制限し、外国商人の中国での活動範囲を制限した。貿易に携わる商社は政府の委託を受け、政治的役割を果たす存在であった[38]。

経済の停滞は、技術進歩の停滞をもたらした。農業の発展はといえば、労働力のさらなる投入と耕地面積の拡大、そして国内市場を辺境まで拡大することに依存するほかなかった。極限までふくれあがり、貧困と破産に陥った伝統的農業経済こそが、中国の工業化を阻む最大の障壁となっていたのである。

(二)**政治的要因**。強力なリーダーシップで近代化を推し進める確固たる意思を持った政権による指導の不在が、中国が工業化および近代化をおこなうことができなかった根本的な原因である。当時清朝がとっていた鎖国政策により、中国は二世紀以上にわたって近代化の潮流の蚊帳の外に置かれていた。十八世紀、堂々たる大国という虚構の繁栄に浸っていた中国は近代化のチャンスを逸した。一八四〇年にイギリスが大砲をもって開国を迫った時には外国に対抗する能力をもはや失っており、きわめてもろい大国となっていた。清朝が倒れてからは、各地で軍閥が蜂起し、国内は分裂状態に陥ってしまった。

中国の近代化にとっては、王朝の支配者こそが最大の障壁であった（コラム2－4）。康熙・雍正・乾隆期における、現状に対する過大評価や伝統にとらわれて開放・改革に反対した愚行の数々、とりわけ商工業を規制し、科学技術を軽視し、国を閉ざし、権力を一手に握り、思想を取り締まる手法は、社会の進歩に対する大きな制約となった[39]。役人による職権濫用や利益誘導、汚職、賄賂といった行為の日常化は社会の発展を妨げ、近代社会への変革の重大な足かせとなったのである。[40]

巨大化した王朝は、国家としての能力や公共財提供能力がきわめて乏しかった。バリー・ノートンが指摘しているように、中国経済の最盛期においても、その膨大な人口に比していえば、清朝政府の力は常に薄弱であった。賦税額は国民収入の二~三%を超えたことがなく、人口増とインフラの破損のため、政府は経済を支えるのに必要な資金の捻出と労働力の調達をおこなうことができなかった。[41] 外部からの侵略については言わずもがなで、「張り子の虎」のように、ひとたまりもなくひねり潰されてしまった。

十九世紀中頃には、中国と日本の経済水準はほぼ同じであった。日本は伝統的農業社会から近代的経済成長の時代へ移行できたのに、なぜ中国にはそれができなかったのか。一九八一年に世界銀行経済調査団が『中国：社会主義経済的発展』の中で、この問題について分析をおこなっている。

それによると、十九世紀中頃の中国と日本は、人口や耕作地における水稲の生産量がともに多く、平均収入もほぼ同じと、その経済条件は似たようなものであった。二〇世紀初頭、技術の近代化と近代的輸送ネットワークの構築に向けて第一歩を踏み出す際、日本政府は重要な役割を果たし、持続的な経済発展のための基礎を築いた。これに対し中国では、政府が替わっても無力で軟弱な状態が続き、加えて外国による侵略への対応がより喫緊の課題としてのしかかっていた。政府が経済発展に力を発揮するようになったのは、一九四九年以降のことである。[42]

コラム2-4　経済発展阻害の最大の要因は官僚制

マディソンの分析によると、中国が西洋と同様に、技術と生産力の急速な発展を遂げる可能性が十分あったことは、あらゆる指標から明らかであったという。何がそれを阻んだのかははっきりしていないが、ほぼ間違いなく言えるのは、世界で最も巨大かつ持続的な政治実体をつくり上げることと、資本主義の発展が両立しなかったことである。中央政権を維持・強化するいくつかの重要な特徴が、経済の進歩には不利に働いたと考えられる。

中国のもう一つの重要な特徴として、強固な官僚制が維持されてきた点が挙げられる。官僚制は中央集権体制を維持するための道具として、紀元前二〇〇年頃に封建制度下の世襲君主が選択した制度であるが、その後あらゆる王朝が―

元（モンゴル族）や清（満州族）といった異民族の統治者さえも―採用するところとなった。官僚制採用後、大多数の王朝が、ヨーロッパやインド、日本の基準から見て、軍事費の支出を抑えることができていた。これは官僚制がより効率的な帝国統治を可能にしていたためである。

官僚になるためには、科挙で中国の古典に対する知識を試される。基本的に官僚はエリート知識人であるが、一方で科挙に合格するためには長い勉強期間が必要で、その代価として社会的地位を保障された。そのため、科挙に合格するより、官職を買ってでも得たいと望む者が、受験者の約三分の一にも上った。

官僚の職務は徴税、治安および秩序の維持、ならびに訴訟の仲裁であった。儒教の伝統と家父長制の強制力により、官吏の決定には従うものとされ、いかなる時も異議を唱えることは許されず、そのためしばしば犯罪や不正行為に対する連帯処罰をもたらした。官僚は絶大な権力を有していたが、その俸給は低く、賄賂や税収の着服によって収入を増やしていたため、判決もそれによって左右されることとなった。

高級官僚と、地代収入を得ている地主「郷紳」は、切っても切れない関係にあった。郷紳は租税の免除といった法律上の特権を有し、官僚と同様、服装やその身分と栄誉を示す装飾品によって一般庶民と区別されていた。また、郷紳が受けた教育は官僚と似通っていた。

官僚制は貴族や僧侶、軍閥によらない統治を可能にし、正統思想を広め、社会の安定を通じた国家の統一の維持に役立ったが、一方で経済と社会の改革を阻害する要因ともなった。

中国の統治制度は農業の発展を推進し、そのほかの分野の発展を抑制するという官僚主義的特徴があったが、こうした特徴があらゆる仕組みに行きわたり、資本主義的企業の発展を禁じ、国内の交易や思想の発達を阻害したのである。

資料出典：アンガス・マディソン『中国経済的長遠未来』中国語版、北京、新華出版社、一九九九。

（三）**長期にわたる鎖国。**世界の文明発展史を見れば、門戸を開き、他民族や他国の優れた点を学び、絶えず創造と革新を続ける民族や国家でなければ、発展の道を邁進することができないのは明らかである。世界と隔絶し、他国に学ぶことを拒み、古い殻に閉じこもる民族や国家は、停滞するか、人類の発展から取り残されてしまう。

近代以降の観点から見れば、鎖国は中国が停滞し、国力を急激に落とした大きな原因である。支配階級がおこなった鎖国政策は、中国社会の発展にとって長期にわたり重い足かせとなった。海外貿易の制限は商工業の資本蓄積を妨げ、科学技術導入の制限は西洋との発展格差を広げ、商品の輸入・資本の導入・新しい知識の普及の制限は、長期にわたる停滞をもたらし、中国が近代化に踏み切る最初の機会を逸してしまう原因にもなった。

(四)人口要因。十八世紀以降、中国では総人口が急激に増加した。一般的に生産量と人口の急増は、経済成長の重要な指標の一つであると考えられている。一七七〇年から現在までの二百年余りの間に、工業化を果たした国の総生産は年平均三%、人口は同一%、一人あたりの平均生産量は同二%の伸びを示したと推定される。だが、中国にはいかなる産業革命も訪れないまま、人口だけが急増した。歴史文献によれば、一六四〇年(清朝初期)の総人口は七五〇〇万人であったが、一七四一年には一億四〇〇〇万人になり、一七九〇年には三億人を突破した。一七四一〜一七九〇年の人口の年平均増加率は一・五%と推定され、これは同時期のヨーロッパ各国の人口増加率を上回っていた。一八五一年には中国の総人口は四億三〇〇〇万人に達し、人口と耕地面積の不均衡を激化させたのみならず、農業が生み出す社会的余剰(総余剰)を呑み込み、経済発展のもとになる資本の本源的蓄積を不可能にした。しかも、これがさらなる人口増加の土台となり、その後の中国経済の発展にも深刻な影響を与えたのである。

中国が近代化の道を歩み始めたころ、人口はすでに四億の大台を突破していた。太平天国の乱の頃に八〇〇〇万人減少したものの、清末には四億の水準に回復していた。中華民国期には絶えず戦乱や自然災害に見舞われたが、人口は依然として高い増加率を示し、一九四九年には五億四〇〇〇万人に達した。[43] この膨大な人口のため、中国では一人あたりの自然資源が長期にわたって不足している状態にあった。清朝の為政者は、人口増に起因する土地不足に対し、商工業や海外貿易を積極的に推進することによって過剰人口を吸収するのではなく、従来通りの農本主義的政策に基づいた開墾奨励策をとった。一七四〇年より、新たに開墾した農地への課税免除が公布されたのを受けて全国の耕地面積は激増、十億ムーの大台を突破し、史上最高を記録した。[44] 国の経済と国民の生活を維持する国民一人あたりの食糧生産量は、一四〇〇年から二〇世紀中頃までの間にわずかに増えた程度で、最高を記録した一九三六年で三五〇キログラムであった。[45] 未開拓地は清代のうちにほぼ開墾され尽くしたため、その後の食料生産量の増加は、耕作技術の改良による単位面積あたりの生産量増加に頼るほかなかった。二〇世紀以降は近代的工業経済が成長したとはいえ、一九三〇年代中期の国内総生産に占める割合は一八・九%に過ぎず、第二次産業を加えても二七・一%で、依然として農業が国民経済の中心であった。[46] 中国では、近代化の発展状況が経済成長前の段階にとどまっていた時点で、桁が一つ増えるほど人口が増加し、しかも自然環境への負荷も高い状態にあった。農村の土地は地主による併呑が進み、余剰労働力は増加の一途をたどっていた。既存の生産システムではこの問題を解消できなかったため、暴動や騒乱、匪賊が局地的に発生し、ひとたび天災や失政が起これば、大規模な農民暴動や反乱が広がった。社会の安定が偶発的要素に左右されるこのような状態は、歴代の王朝末期に決まって現れる現象で、社会が不安定な動乱期にあり、王朝が交代する時期にあることの証であった。中国の近代化は、その前提条件からして他国よりずっと厳しいものがあった。国政の重点が終始国民の衣食を満たすことから離れられなかったのみならず、社会の下層に潜在的に存在する動乱の脅威から逃れることも難しかったのである。[47]

（五）技術的要因。 数千年来、中国の農業文明は世界トップの座にあった。裏を返せば、技術の進歩という点で世界は長期間停滞状況にあったということである。農業技術は、物資や動力、エネルギーよりも人間の体力に依存した労働集約型、あるいは体力集約型の技術である。マディソンが述べているように、経済が最も発展していた時期であっても、その歩みは緩やかなものであった。[48]

中国における技術革新は、農業文明における技術革新であった。そのため、幾多の革新を重ねても農業に基づく技術は次第に停滞し、西洋の工業文明における科学技術とは比べようもなかった。後者は経済成長を促し、社会の近代化の推進力となったが、このような近代的な技術は、当時の中国では生まれようがないものであり、外部からとり入れることもできなかった。中国が世界の近代化における先行者となれなかった大きな原因はここにある。

以上から、一国の経済発展が停滞する重要な原因は技術進歩の停滞であり、経済が衰退する主な原因は技術面の遅れであることがわかる。逆に言えば、近代工業技術を発展させるか海外から先進的技術を導入するなどして、経済発展のための技術的基礎を整えなければ、経済の長期停滞状態を打ち破ることはできないのである。

蔡昉と林毅夫によれば、速やかな技術的進歩がなければ、いかなる投資も十分な収益を得ることはできず、資本の回収率が低ければ投資を奨励することもできず、資本の高度化も進まない。資本の高度化が進まないということは、資本主義的生産関係が発達しないということであり、これがすなわち、中国において近代的資本主義と市場経済が発生しなかった根本的な原因なのである。[49]

（六）制度的要因。 国家の経済成長を決定づける要因は何か。ダグラス・ノースは制度変遷理論を用いて経済成長を説明している。彼によれば、経済成長を決定づけるのは技術的要因ではなく、制度的要因である。

　ノースの主張の核心は「効率的な経済組織の発展が、西洋の勃興をもたらした要因である」ということである。[50] 効率的な経済組織とは、人類の活動にインセンティブ効果をもたらすよう、制度的に所有権を配分・確立し、イノベーション活動（行為・方法）が最低限の報酬と利益を得られるよう制度面から保証する組織のことである。「技術的進展がない状況においては、制度上の刷新や変化によって生産効率を高め、経済成長を遂げることができる」[51]。ここで言うところの制度（institution）とは、規則や手続き、道徳的・倫理的行動規範を指す。ノースによれば、制度変遷理論は所有権理論、国家理論、イデオロギー理論の三つからなるという。

　所有権理論によれば、現存の技術や情報コスト、不確定な未来という制約下にある競争に満ちた世界では、問題解決のためのコストが最も低く効率的なのが所有権方式であるという。競争を通じて非効率的な経済組織形態は効率的な組織形態に取って代わられる。効率的な所有権とは競争力があり排他的であって、この線引きを明確にすることは、将来の不確定要素を減らし、なりゆきまかせの行動を減らすことにつながる。また、競争のある市場、および明確な所有権によってもたらされる効率的な経済組織は、経済成長を促進させる。中国の歴史をひも解くと、いつの時代においても繁栄期には効率的な組織が重要な役割を果たしており、逆に衰退期には組織の非効率性が顕在化している。

　国家理論には略奪論（または搾取論）と契約論の二つの側面が含まれる。略奪論では、国家は支配者が人民から略奪・搾取するための道具であり、その産物であるとみなす。一方契約論では、国家は公民との契約の結果成立したものであり、公民のために尽くす存在であるとする。実際のところ、国家はこの両方の側面を有している。ノースによれば、国家には潜在的暴力（violence potential）を分配する特徴があるという。この分配が公民の間に平等におこなわれるのであれば契約国家となり、一方、不平等であれば略奪国家となって支配者と被支配者、言い換えると略奪者（搾取者）と被略奪者（被搾取者）が生まれる。国家には支配者の収入を最大化することと、取引コストを下げることで社会全体の生産量を最大化し、税収を増やすこと、という二つの目的がある。この相反する二つの目的が存在し、さらにそれによる対立が起こることで、国家は栄えもするし、衰えもするのである。

　イデオロギー理論によれば、イデオロギーには社会の安定を求める働きがあり、人々の行動を束縛し、「ただ乗り」問題の解決に役立つ一面もある。ノースは以下のように述べている。「制度経済学の目標は、制度が進化する中で、人々が現実の世界においてどのように決定を下し、またその決定がどのように世界を変えていくのかを研究することにある」。

　われわれは以上の理論を援用して、中国の盛衰を解釈することができる。農業文明時代には、中国の経済組織は比較的効率的であり、そのため農業、技術、文化などにおいて史上最高の水準を達成することができた。しかし、世界が工業文明時代に入ると、効率的だった農業経済組織は、西洋の経済組織に比べて効率が悪い、場合によってはまったく非効率なものとなってしまった。

以上のようなさまざまな要素が互いに影響し合った結果、中国経済が衰退に向かうのは必然であった。中国が本格的に工業化を推進するようになったのは一九五〇年代になってからであり、先進国が経済発展を遂げた時期に比べ、百年から二百年も遅れていた。

実際のところ、中国経済衰退の原因は十七～十八世紀、あるいはもっと早くから蓄積されていた。清朝の「康乾盛世」は、行き詰まりを迎えた伝統的農業経済社会の最後の輝きに過ぎなかった。十九世紀になると中国は発展の危機を迎え、それまでの強国から弱小国へと急激に衰退し、経済的に中国を追い越した西洋の大国によって侵略され、苦しめられた。発展格差の大きい近代世界において、貧しく弱い国は発展が遅れ、発展が遅れればさらに貧しくなる悪循環が待っていた。二〇世紀中頃には、中国は貧しく、立ち遅れた国になっていた。停滞から衰退へ、これが一七五〇～一九五〇年における中国経済の歩みであった。

三、中国における初期近代化の試み

経済的には衰退しようとも、中国の有志による国家復興の道を探る動きは止むことがなかった。中国の近代化に向けた数々の試みは、来たるべき中国の復興に向け、経験と教訓を与えてくれている。

（一）洋務運動による第一次改革。総理各国事務衙門が設立され、外交事務や新たな事業を司った。軍隊の訓練と旧式の武器装備の問題をはじめて指摘し、それまでの緑営軍制を改革し、近代的軍隊を編成した。また、中国初の軍事工場を建設し、軍艦や大砲などの建造にあたった。さらに、中国ではじめて外国語や科学技術の知識を学べる学校を設立、伝統的な教育体制を改め、中国初の近代教育を実現した。西方視察団と欧米への留学生を組織して派遣し、先進資本主義国家の文化や技術、政情や民俗について調査・学習させた。ほかにも、西洋の先進資本主義国家から機械生産技術を取り入れ、官民合弁あるいは官立民営などさまざまな方式により、中国ではじめての紡績工場・製鉄所・炭坑・鉄鉱山・造船所・鉄道などが建設され、郵便局や電話局なども開設された[52]。

洋務運動の期間に形成された中国の近代工業は、主に軍事産業であった。江南製造局、天津機械局、金陵製造局、福州船政局などの企業は、清朝の有力な官僚や買弁が政権の後押しを得て創業・経営しており、程度の差はあれ独占的性格を有していた。これと同時期に官民合弁または官立民営の形で設立された鉱業、製鉄業、交通・輸送業、紡績業などの企業も、国家権力を背景として独占的な経営がおこなわれ、さまざまな特権を有していた。少なからぬ企業は西洋人に依存し、買弁的性格の強いものであった。しかし、これらの企業の経営は、いずれも二、三十年後には失敗に終わった。

（二）日清戦争敗戦を契機とする第二次改革。一八九五年、中国は日清戦争に惨敗し、その結果、国土の割譲と賠償金の支払い、外国資本が中国に工場を設立することを認める条約の締結を余儀なくされた。これを期に帝国主義による中国分割は激しさを増し、全土に動揺が走った。中国は、日本のような小さな島国が西洋に学び、資本主義工業化を推進して強大な国家になったという事実から、中国も西洋に学び、商工業を発展させ、工業化を成し遂げて強国となるべきであるという道理を見い出した。

一八九五年春、広東省の挙人・康有為が一三〇〇余名の会試受験者と連名で「公車上書」を上奏し、皇帝に日清戦争の和議を拒み、改革に着手するよう促した。これが士大夫階級による近代化事業への取り組みの発端である。その後、こうした改革思想と近代化の意識を明確に持った士大夫層によって、軍事・教育・官僚機構・政治などの分野の改革案が起草され、光緒帝の指示の下、実行に移された。しかしこの改革はわずか百日で失敗に終わった。

この改革が失敗した根本的原因は、清朝の守旧派が強い勢力を保っていたことにある。政治学者ハンティントンの理論によれば、上意下達方式で近代化改革をおこなう場合、四つの方面からの支持を得る必要がある。すなわち、国家官僚・中産階級・大衆・外国の政府あるいは政治勢力の支持である。戊戌の変法では、改革派は国家官僚という最も重要かつ強力な勢力の支持を得ることができなかった。また、当時の中国には中産階級が存在せず、さらに一般大衆はいまだ偏狭な政治文化の中にあって、変法を支持するすべがなかった。外国（とくにイギリスと日本）の支持も表面的で一時的なものにすぎなかった。それにひきかえ、守旧派の勢力はきわめて強く、改革が進むにつれて、妨害も強くなっていった。[53]

（三）一九〇三年以降の第三次改革。清朝の支配者層は、八カ国連合軍の侵攻とそれによる敗北により、一九〇三年より改革に取り組むことを余儀なくされた。教育制度の改革により科挙を廃止、新しい教育機関を設置し、留学を奨励した。一九〇九年までに設立された新たな学校は五二三四校、学生数は九万二一六九人に上った。軍事制度の改革では、軍事学校（武備学堂）の創設、八旗軍の解体、緑営軍の改編と新軍の訓練などをおこなった。行政改革では、中央および地方官庁の一部を廃止し、新たな行政機構を設置した。とくに外務部・商部・郵信部・交通運輸部などは、中国ではじめて設立された近代的企業を管理・指導する専門機構として注目すべき存在である。一九〇九年、清朝は九年後に憲政を実施することを宣言、一九一七年に国会を開催し、憲法を発布することを定めた。同時に、北京には国会の前身である資政院が、各省には諮議局が設けられた。法律・政策に関しても、近代的商工業企業の発展を促すべく、「商業法」「公司法」「破産法」などの一連の法律や条例が起草・公布された。

しかし、一九一一年に勃発した辛亥革命により、改革政策が実施に移される前に、長きにわたって続いた清朝の統治は終わりを告げたのである。

（四）民国時代の改革。[54] 辛亥革命後、国内の民間投資に対する規制が緩和されるとともに関連制度も整備され、投資が奨励されるようになった。一方、第一次世界大戦の勃発に伴い、中国に対する国際的・市場的圧力も以前より弱まった。これにより、国内の中小企業が急速に増加し、資本総額も増え続けた。中華民国政府は総体的な工業化戦略を示してはいなかったが、それでも経済発展のための制度や政策を定め、経済発展を保護・促進する姿勢を打ち出した。企業および企業家の法的地位を定めた「公司条例」「商人通例」、投資を奨励するとともにその規範を定めた「公司保息条例」「証券交易所法」、ならびに統一市場の形成を促す「国幣条例」「権度条例」などがその代表例である（楊徳才、二〇〇四）。

北洋政府時代と異なり、南京政府は比較的統一された中央政権を打ち立てた。また「単に経済発展に関心があるのみならず、次第に経済発展に必要な指導と管理をおこなう能力を備えた政府となっていった」[55]（ポツダム、二〇〇三）。一九二七～一九三六年の十年間に、南京政府は二〇〇以上の経済関連法規を公布した。この時期、中国全体の資本に占める国家資本の割合は、一九二〇年の四〇％から一九三六年には二四％へと低下しているが（虞宝棠、一九九八）、国有経済を中心とする国民経済体制が次第に形成されていった。輸入から国内工業化への代替戦略はめざましい成果をもたらし、一部の軽工業製品については、かなり高い自給率を達成した。

前述のように、七十年に及ぶ大規模な内乱と外国による侵略の結果、清朝は一九一一年に崩壊した。清朝崩壊後四十年近くにわたって、政権は軍閥の手に握られていた。彼らは内乱と、清朝時代よりも激しい外国からの侵略に直面していたため、経済発展のための政策はほとんど何もしなかった。一方、国民党統治下での近代化の成果は、条約港や東北地区といった、外国資本の進出が進んでおり、中国国内でも資本主義が比較的発達していた地域に限られていた。列強は中国が貿易の門戸を広げるよう圧力を加えたが、いざ開放してみると、実際にはビジネスチャンスも発展性もほとんどないことに気づいたのである。[56]

中国は急激に衰退し続けた。ＧＤＰが世界全体に占める割合は、一八七〇年の一七・一％から一九〇〇年には一一・一％、一九一三年には八・八％、一九四〇年には六・二二％、一九五〇年には史上最低の四・六％にまで落ち込んだ。[57] 旧中国は貧しく立ち遅れた農業国であり、新中国成立前夜において近代工業経済が占める割合はわずか一〇％程度、残りは非集約的な個人経営の農業経済ならびに手工業経済であり、「経済生活の九割はいまだ前近代のまま停滞している」[58]状態であった。

憂国の志士たちは、西洋の工業国家に対抗し、近代化した強い中国を造り上げることを追い求めてきた。たゆまず外国に学び、新たな国家のモデルを探り続けたが、真の近代化と富国強兵を実現する道を見つけることはできなかった。一九一一年前後には梁啓超、孫中山、宋教仁らが英米式の議会制民主主義によるブルジョア共和国を目指し、抗日戦争勝利後は一部の民主党派がやはり「中間路線」あるいは第三の道として、西洋式のブルジョア共和国建設を主張した。これに対し、毛沢東は次のように鋭く指摘した。「ブルジョア階級による共和国は外国にはあるが、中国ではありえない。なぜなら、中国は帝国主義の被害者だからだ」「帝国主義が中国を侵略し、中国の独立に反対し、中国が資本主義発展の道を歩むことに反対してきた。これが中国の近代史である」。毛沢東が述べた通り、「ブルジョア共和国（の建国）が中国で失敗することは、歴史からも明らかである」（コラム２－５）。

コラム２－５　毛沢東――中国はいかにして西洋から学ぶべきか（一九四九年）

一八四〇年のアヘン戦争敗戦後より、先進的な中国人は苦心を重ねて西洋国家に真理を求めてきた。洪秀全、康有為、厳復、孫中山といった人々は、中国共産党以前の時代において西洋より真理を学ぼうとした代表的な人物である。当時の進歩的な中国人は、西洋の新しい理論が書かれていさえすれば、何であろうと読んだ。日本やイギリス、アメリカ、フランス、ドイツへの留学生も驚くほど多かった。国内では科挙が廃され、新たな学校が雨後の竹の子のようにつくられ、競って西洋に学ぼうとしていた。わたしが青年の頃に学んだのもそういったものであった。これらは西洋のブルジョア民主主義の文化、いわゆる新学と呼ばれるもので、当時の社会学説と自然科学が含まれており、中国封建主義の文化である、いわゆる旧学と対立するものであった。新学を学んだ人々は、新学により中国を救うことができるという一種の信念を抱くようになった。旧学派を除き、新学派でそのことに疑いを抱く人はほとんどいなかった。国を救うためには維新をおこなうほかなく、維新をおこなうためには外国に学ばなければならない。当時の外国は西洋の資本主義国家のみが進んでおり、ブルジョア階級による近代国家建設に成功していた。日本人は西洋に学んで成果を収めており、中国人も日本人に学ぼうと考えた。当時の中国人にとって、ロシアは遅れた国であったため、それに学ぼうという人は少なかった。これが一八四〇年代から二〇世紀初頭にかけて中国人が外国に学ぼうとした状況である。

帝国主義の侵略により、中国人が西洋に学ぼうという夢は打ち破られた。なぜ教師が学生を侵略するのか。中国人が西洋から学んだことは少なくなかったが、それらは通用せず、理想は実現されることがなかった。何度も奮闘し、なかには辛亥革命のように全国規模の運動もあったが、どれも失敗に終わった。国家の状況は日に日に悪化し、人々が生きていけないような環境になり、そこで疑問が生まれ、増加し、発展していった。第一次世界大戦は全世界を揺るがし、ロシアでは十月革命が勃発し、世界最初の社会主義国家が誕生した。それまで地下にうずもれ、外国人の目には届かなかった偉大なロシアのプロレタリア階級と労働者の革命のエネルギーが、レーニンやスターリンの指導の下、火山のように噴火し、中国人を含む全人類がロシア人に対する見方を改めた。この時、まさにこの時において、中国人の思想から生活に至るまで、すべてにおいて新しい時代が出現したのである。中国人はマルクス・レーニン主義という世界共通の普遍の真理を見つけ出し、これによって中国に変化が現れたのである。

……

このようにして、西洋のブルジョア文明、ブルジョア民主主義、ブルジョア共和国のアイデアは、中国人民の考えから一斉に消え去ってしまった。ブルジョア民主主義は労働者階級の指導する人民民主主義に道を譲り、ブルジョア共和国は人民共和国に取って代わられた。このようにして、人民共和国を経て社会主義および共産主義に至り、階級が消滅し、世界が一つにまとまる可能性が生まれた。康有為は『大同書』を記したが、大同に至る道を見つけることはできなかった。ブルジョア共和国は外国には存在したが、帝国主義の圧迫を受けた中国には存在し得ない。唯一、労働者階級の指導する人民共和国の道のみがあった。

すべてのものを試してみたが、いずれも失敗に終わった。かつて別のものに未練を残していた人々のうち、ある者は打倒され、ある者は目覚め、ある者は頭を切り換えつつある。事態の変化があまりに急なため、多くの人が唐突に感じ、改めて学習し直さなければいけないと感じている。

資料出典：毛沢東「人民民主独裁を論ず」一九四九年六月三〇日、『毛沢東選集』（合訂一巻本）、一三五八～一三六一頁、北京、人民出版社、一九六七。

一九四九年、中華人民共和国が成立し、中国人が長らく待ち望んだ民族独立と国家の統一がようやく実現した。中央政府が近代国家建設の役割を担い、工業化と近代化の歴史的使命を負うことで、農業国から工業国へ、新民主主義社会から社会主義社会への転換が始まった。しかし、新中国の成立は、「長い道のりの第一歩を踏み出したにすぎなかった」[59]。

第六節　まとめ——中国は近代化の落伍者から追随者へ

中国経済発展の軌跡を歴史の大局からはどのように見るべきであろうか。筆者はアーノルド・トインビーが『歴史研究』の中で提唱した「挑戦と応戦」理論を参考にして、次のように解釈する[60]。挑戦はさまざまな形式をとり、外部からの挑戦もあれば内部における挑戦もある。応戦もまた多種多様であり、能動的な応戦もあれば受動的な応戦もあり、タイムリーな応戦もあれば遅れた応戦もある。さらに、創造的な応戦もあれば機械的な応戦もある。応戦の違いにより、ある社会は成長し、ある社会は停滞し、またある社会は後退する。同じ社会であっても、応戦の違いによって時には成長し、時には停滞し、時には後退する。

近代化は、人類発展史上最も強烈かつ深遠で、逃れることのできない社会変革といっていいだろう[61]。**近代化により、国家ひいては全世界が根本から変えられ、さまざまな伝統的社会モデルが例外なく徹底的に破壊されることになった。**ブレイクらによる定義に基づけば、近代化とは、現代科学と技術革命の衝撃と影響の下で社会に発生した、あるいは現在発生している変化の過程を指す。この変化は西欧で発生し、その後他の国にも波及し、さまざまな人間関係の世界的転換をもたらした[62]。

近代化の波は全世界に急速に広まり、普及し、人類発展における基本的な流れとなった。しかし、これは近代化への機会と条件が等しくなったということであって、すべての国が近代化を実現できるということを意味するものではない。中国の近代化は西欧諸国およびウェスタン・オフシューツ（アメリカ、カナダ、オーストラリア、ニュージーランド）とも、のちの日本やソ連の近代化とも大きく異なる。

第一に、中国は近代化の先行者ではなく、後進者であり、西洋の先進国に比べて二百〜二百五十年は遅れをとっていた。新中国成立により、ようやく近代化の入口に立ち、本当の意味での近代的経済成長（一人あたりGDPもしくは平均収入の成長率が一％を超えること）を遂げた。旧中国は常に近代化の「落伍者」であり[63]、世界を貧富によって「南北」に分けた場合の「南」に属していた。

第二に、新中国成立以前における中国の近代化は、その原動力が内部に由来するものではなく、外部由来のものだった。

内部発生型の近代化は一九五〇年以降にようやく始まった。

第三に、個人や民間によって自発的な社会変化や比較的緩やかな経済成長が起こったのではなく、政府が強制力をもってそれらを促した。政府が個人や民間、および外資による近代化への取り組みを積極的に支持し、受動的応戦から能動的応戦へと立場を変えた。この変化は急激であったため、革命的な激しさと、きわめて不均衡な変化をもたらした。

第四に、中国の近代化は独自に定めた発展の道に忠実に沿って進んだのではなく、絶えず学び、向上を続けることで、開放的な発展の道を歩んできた。

第五に、中国は近代化の落伍者であり後進者であったが、それによって常に先行者を追いかけ、追いつくプロセスが見られた。

西洋の近代化という挑戦に対する中国の応対は二つの時期に分けられる（表2－11）。

第一の時期は一八四〇～一九四九年であり、帝国主義の侵略によって世界の工業文明から強烈な衝撃を受け、近代化と帝国主義の挑戦に反応することを余儀なくされた時期である。中国は常に外部からの挑戦を受け、その打撃が内部の危機を招いたことで、ようやく社会改革を求める動きが生まれたが、近代化の挑戦に対しては受動的で遅れた反応しか示せなかった。一八九四年に日本が中国を打ち破ったことは当時の人々を唖然とさせたが、同時に彼らを目覚めさせる役割も果たした。康有為は「中国には改革が必要だ、さもなくば滅亡するのみ」と唱え、一九〇〇年の義和団の蜂起が失敗に終わった後は、保守派の極みとも言える清王朝ですら改革を掲げるようになった。

第二の時期は一九四九年の新中国成立以降で、近代化に対して能動的に応戦するようになった時期である。中国共産党は経済の発展を旨とし、国家の工業化と近代化を目標として、きわめて不利な条件下において工業化に着手し、経済成長を促進、一九七八年には工業化の本源的蓄積を完成させた。同年以降、中国共産党は自発的に対外開放をおこない、グローバル経済に積極的に参入し、人類史上最大規模の経済・社会改革を発動し、指導した。

新中国の歴史とは、中国の工業化、都市化、近代化の歴史であり、中国共産党の指導の下で新しい社会主義の道を探る歴史でもある。それは、世界総人口の五分の一を占める中華民族の偉大なる復興の歴史であり、人類の発展過程における歴史的な奇跡なのである。

表 2-11　中国の近代化への挑戦と応戦（1840 ～ 2020 年）

時期	西洋近代化の第一次挑戦期（伝統社会の解体）	西洋近代化の第二次挑戦期（近代化要素の導入）	近代化準備期（国家による工業化の開始）	近代化への能動的応戦期（国家と民間による工業化）	近代化の急発展期（新型工業化）
年代	1840 ～ 1910	1911 ～ 1948	1949 ～ 1977	1978 ～ 2000	2001 ～ 2020
国際環境	世界経済第一次黄金期、帝国主義による世界分割	二度の世界大戦と資本主義経済の大危機	世界経済第二次黄金期、「冷戦」、米中の衝突と雪解け、中ソの友好と対立、石油危機	経済のグローバル化と情報化時代、ソ連崩壊、東欧の激変、ポスト「冷戦」、米中摩擦、欧州金融危機	世界経済第三次黄金期、経済のグローバル化、貿易の自由化、情報化、知識化、米中の協力と競争、国際金融危機
外部の挑戦者	資本主義の相次ぐ侵略	資本主義、帝国主義、日本の侵略	アメリカ、ソ連	外部敵対勢力	外部敵対勢力、非伝統的な安全への脅威、「台独」分裂勢力
主な対外的事件	アヘン戦争、日清戦争、八カ国連合軍の侵入、各種不平等条約	抗日戦争、不平等条約の廃止	朝鮮戦争、アメリカによる経済封鎖、ベトナム戦争、中ソ紛争、米中共同声明、国連の議席回復、日中国交正常化	日中友好条約、米中国交正常化、中越紛争	WTO 加盟、G20 参加、世界銀行と国際通貨基金の主要出資国に
内部の挑戦者	伝統的社会要素、破産し流民となった農民	革命家、沿海部および都市集団	少数の知的エリート	少数の知的エリート、失業者	社会矛盾の顕在化、腐敗、人間と自然の乖離
国内の主要な政治事件	太平天国の乱、戊戌の変法、1905 年の新政	辛亥革命、五・四運動、三度の国内革命戦争	反右派闘争、「大躍進」、「四清」運動、「文化大革命」	第十一期三中全会、「八九」騒動、第十一期四中全会	チベット独立事件、ウイグル暴動事件
国内の主要な経済事件	洋務運動	中央銀行（1928 年）、関税自主権の回復（1929 年）、釐金（りきん）制の廃止（1931 年）、不平等条約の解消（1945 年）	土地改革、計画経済の実施、国有化と集団化、私有経済の消滅	生産責任制、人民公社解体、私有経済の奨励、外資の積極的導入、市場経済体制の設立	社会主義市場経済体制のさらなる進歩、国内統一市場の促進、都市と農村の「一国二制度」廃止

対外政策	鎖国	弱国外交	「一辺倒」政策、独立自主、自力更生、反米反ソ	対外開放、大国外交	大国外交、善隣外交、経済外交，平和発展，ウィン＝ウィン
農業政策	税免除による開墾の奨励、水利施設建設	水利施設建設の奨励、食糧生産を中心とする政策	食糧増産の奨励、自給自足	食糧増産の奨励、農業の多角化	農業税の廃止、以工補農（工業の収益を農業補助に充てる）
工商政策	商工業の制限、競争の制限、国家による独占	官僚資本経済の奨励、国家による独占	国有化と集団化の実施、私有経済の消滅	非国有化、私有経済の奨励、農村の工業化、競争の促進、独占の打破	非公有経済市場参入許可、『奨励、支持、指導』の実施
科学技術政策	科学技術の軽視	中央研究院設立	国家五大科学研究組織の設立、国家による科学技術推進、軍事技術の強化	民間の科学技術の発展奨励、外資を導入した研究開発機構	科学技術革新の奨励、国際科学技術資源の活用、創造型国家の創設
貿易政策	海禁政策、貿易港の制限、高関税、外国に迫られての貿易港開放（九二カ所）		国家による貿易独占と保護主義、輸入代替政策、高関税、貿易の制限	輸出誘導政策、自由貿易、外資導入の奨励	地区経済の一体化と貿易自由化の推進、貿易保護主義に反対
人口政策	人口増加の奨励、移動の自由	人口流動の制限なし	人口増加の奨励、人口コントロールの開始、人口流動の禁止	人口増の抑制、人口流動の制限	人口流動の奨励、農村差別の解消
人的資本政策	伝統的科挙制度	科挙制度の廃止、近代的教育の導入、近代的大学制度の設立	小学教育六年制の普及、中等教育の積極的発展、非識字層撲滅、知識層の改造	人的資本投資の強化、義務教育の普及、民間教育発展の奨励、知識および知識層の尊重	人的資本投資の強化、中等教育の普及、高等教育普及の加速、学習型社会の建設
文化政策	文化専制主義、愚民政策		言論の自由の制限、文化大批判	限定的報道の自由、文化の繁栄	報道の自由の拡大、文化の繁栄、国家のソフトパワー向上
国家指導者の特徴	政治腐敗、開放の拒絶、学習の拒絶、受動的応戦、迫られての開放	個人による独裁、軍閥闘争、政治腐敗、受動的応戦	憂患意識、能動的応戦、急進的革命、閉鎖的学習、個人による権力独占、個人による政策決定、後継者問題	能動的応戦、漸進的改革、能動的開放政策、開放的学習、集団指導、民主的政策決定、新旧交替の制度化	能動的応戦、能動的改革、能動的開放政策、集団指導、政治協商、民主的政策決定、新旧交替の制度化

注：本表は筆者の整理による。

注

1 ギリス、パーキンス、ローマー、スノーダグラス『発展経済学』第四版、中国語版、一九頁、北京、中国人民大学出版社、一九九八。

2 ポール・サミュエルソン『経済学』中国語版、北京、商務印書館、一九八六。

3 トインビーは六千年にわたる歴史上の文明を二一に分け、どの文明も誕生・成長・衰退・解体・滅亡の五段階を経ると唱えた。また、文明が成長するには四つの条件が必要であり、それは、挑戦と応戦が反復的な循環にならないこと、挑戦と応戦の場所が外部から内部へ移動していくこと、社会内部の決定力（内部の挑戦に対する応戦能力）の強化、創造的少数者の引退と復帰の四つであるとした。また、挑戦に対する応戦の成功と、創造性に富んだ個人や少数者がその能力を発揮し、創造力に欠ける多数者が彼らを「模倣」することによって文明が発生し成長すること、逆に文明の衰退は、少数者が創造性を失い、多数者が模倣を止めて少数者と反目し始め、統治能力を失った少数者が、これを力で押さえ込もうとした結果、多数者の反抗を招くことで起こるとした。アーノルド・トインビー『歴史研究』中国語版、上海、上海人民出版社、二〇〇三。

4 Angus Maddison, World Population, GDP and Per Capita GDP, 1-2008 AD, 2010, http://www.ggdc.net/maddison

5 劉逖の推計では、一八〇〇年の中国のＧＤＰはマディソンの推計の三分の二であった。劉逖「一六〇〇～一八四〇年の中国ＧＤＰ推計」、『経済研究』二〇〇九年第一〇期。

6 Paul Bairoch, International Industrialization Levels from 1750 to 1980, Journal of European Economic History, p.11, November, 1982.

7 アンガス・マディソン『中国経済的長遠未来』中国語版、一一頁、北京、新華出版社、一九九九。

8 Barry Naughton, The Chinese Economy : Transitions and Growth, The MIT Press. 2007.

9 世界銀行発展研究院『中国与知識経済：把握二十一世紀』中国語版、二頁、北京、北京大学出版社、二〇〇一。

10 フィリップ・ディーン「イギリス工業革命」、カルロ・チッポラ主編『欧州経済史』中国語版、四巻上冊「工業社会的興起」第三章、一三一頁、北京、商務印書館、一九八九。

11 Douglas North, Structure and Change in Economic History, New York : W. W. Norton & Company, 1981, pp.158~159

12 李伯重「英国モデル、江南の道路と資本主義の萌芽」、『歴史研究』二〇〇一年第一期。

13 アンガス・マディソン『世界経済の成長史一八二〇－一九九二年――一九九ヵ国を対象とする分析と推計』中国語版、一～一一頁、北京、改革出版社、一九九七。

14 アンガス・マディソン『世界経済の成長史一八二〇－一九九二年――一九九ヵ国を対象とする分析と推計』中国語版、三頁、北京、改革出版社、一九九七。

15 アンガス・マディソン『世界経済の成長史一八二〇－一九九二年――一九九ヵ国を対象とする分析と推計』中国語版、三頁、北京、改革出版社、一九九七。

16 胡鞍鋼『胡鞍鋼集：中国走向二十一世紀的十大関係』二二三～二二四頁、ハルビン、黒竜江教育出版社、一九九五。

17 王渊明『歴史視野中的人口与現代化』一九～二一頁、杭州、浙江人民出版社、一九九五。

18 アンガス・マディソン『中国経済的長遠未来』中国語版、三二頁、北京、新華出版社、一九九九。

19 アンガス・マディソン『中国経済的長遠未来』中国語版、三二頁、北京、新華出版社、一九九九。

20 ジルベルト・エティエンヌ『世紀競争：中国和印度』中国語版、九～一〇頁、北京、新華出版社、二〇〇〇。

21 ギルバート・ロズマン主編『中国的現代化』中国語版、二頁、南京、江蘇人民出版社、二〇〇三。

22　ジルベルト・エチエンヌ『世紀競争：中国和印度』中国語版、六～七頁、北京、新華出版社、二〇〇〇。
23　デビッド・ランデスは次のように述べている。二千年ほど昔、中国華北地方の人口はおよそ六〇〇〇万人であり、土地に比して人口が過剰であった。その後の千年は人口に大きな変化はなかったが、十～十三世紀はじめにかけて一億二〇〇〇万人近くに達した。その後、主に疫病により（ヨーロッパや中東も同様に疫病による被害を被った）、中国の人口は十四世紀初頭には六五〇〇万～八〇〇〇万人にまで落ち込んだ。一六五〇年、中国の人口は再び一億～一億五〇〇〇万人にまで増加し、一七五〇年には二億～二億五〇〇〇万人、十八世紀末には三億人を超え、一八五〇年には四億人、一九五〇年には六億五〇〇〇万人に達した。今日、中国の人口はすでに一二億人に達し、世界総人口の五分の一強を占めている。この驚くべき人口増加は、（今日に至るまで）長きにわたって続いてきた早婚・皆婚・多子多孫という生育観念の結果である。人口が多ければ必要な食糧が多くなり、食糧生産が多くなれば、必要な労働力も多くなるという循環の繰り返しであった。デビッド・ランデス『「強国」論――富と覇権の世界史』中国語版、二一頁、三〇頁、北京、新華出版社、二〇〇一。
24　アンガス・マディソン『中国経済的長遠未来』中国語版、三八頁、北京、新華出版社、一九九九。
25　Philip Richardson, Economic Change in China：1800-1950, Cambridge University Press, 1999.
26　アンガス・マディソン『中国経済的長遠未来』中国語版、一三、四〇頁、北京、新華出版社、一九九九。
27　戴逸『乾隆帝及其時代』二八六～二九六頁、北京、中国人民大学出版社、一九九七。
28　許滌新、呉承明『中国資本主義発展史』第一巻、二八四頁、北京、人民出版社、一九八五。
29　Elvin M, the Pattern of the Chinese Past, London：Eyer Methuen, 1973. 王淵明『歴史視野中的人口与現代化』（五八～五九頁、杭州、浙江人民出版社、一九九五）より引用。
30　林毅夫「李約瑟の謎――産業革命はなぜ中国で起こらなかったのか」、林毅夫『制度、技術与中国農業発展』、上海、上海人民出版社、一九九四。
31　L・S・スタヴリアノス『全球通史：一五〇〇年以後的世界』中国語版、六六～七一頁、上海、上海社会科学院出版社、一九九二。
32　Pomeranz K., The Great Divergence：Europe, China, and the Making of the Modern World Economy, Princeton：Princeton University Press, 2000. 黄宗智「発展か内巻か――十八世紀のイギリスと中国」、『歴史研究』第四期、二〇〇二、ポメランツ「世界経済史における近世江南――比較と総合的観察」、『歴史研究』第四期、二〇〇三、史健雲「重新審視中西比較史」、『近世史研究』第三期、二〇〇三。
33　アダム・スミス『国富論』中国語版、六四～六五頁、北京、商務印書館、一九八三。
34　アダム・スミス『国富論』中国語版、北京、商務印書館、一九八三。
35　忻剣飛『世界的中国観』二二三～二四二頁、上海、学林出版社、一九九一。
36　胡鞍鋼『胡鞍鋼集：中国走向二十一世紀的十大関係』二二三頁、ハルビン、黒竜江教育出版社、一九九五。
37　『学習時報』編集部『落日的輝煌：十七、十八世紀全球変局中的“康乾盛世”』一一～一二頁、北京、中共中央党校出版社、二〇〇一。
38　『学習時報』編集部『落日的輝煌：十七、十八世紀全球変局中的“康乾盛世”』一一～一二頁、北京、中共中央党校出版社、二〇〇一。
39　『学習時報』編集部『落日的輝煌：十七、十八世紀全球変局中的“康乾盛世”』一一～一二頁、北京、中共中央党校出版社、二〇〇一。
40　『学習時報』編集部『落日的輝煌：十七、十八世紀全球変局中的“康乾盛世”』一六頁、北京、中共中央党校出版社、二〇〇一。
41　Barry Naughton, The Chinese Economy：Transitions and Growth, The MIT Press, 2007.
42　世界銀行経済調査団『中国：社会主義経済的発展』中国語版、二五頁、北京、中国財政経済出版社、一九八三。

43　趙文林、謝淑君『中国人口史』一〇～一一章、北京、人民出版社、一九八八。

44　郭成康『康乾盛世歴史報告』四八頁、北京、中国言実出版社、二〇〇二。

45　ドワイト・パーキンス『中国農業的発展（一三六八－一九六八）』中国語版、一三頁、上海、上海訳文出版社、一九八四。

46　ギルバート・ロズマン『中国的現代化』中国語版、四一五頁、南京、江蘇人民出版社、二〇〇三。

47　許紀霖、陳達凱主編『中国現代化史 第一巻（一八〇〇－一九四九）』六～七頁、上海、上海三聯書店、一九九五。

48　アンガス・マディソン『中国経済的長遠未来』中国語版、二三頁、北京、新華出版社、一九九九。

49　蔡昉、林毅夫「序論――中国経済の歴史的観点」、『中国経済』一一頁（北京、中国財政経済出版社、二〇〇三）収録。

50　ダグラス・ノース、ロバート・トーマス『西欧世界の勃興』中国語版、一頁、北京、華夏出版社、一九九三。

51　ダグラス・ノース「一六〇〇～一八五〇年における海洋運輸生産性の変化の原因」中国語版、『政治経済学雑誌』一九六八年一〇月。

52　盛斌、馮侖主編『中国国情報告』三三頁、瀋陽、遼寧人民出版社、一九九一。

53　胡福明主編『中国現代化的歴史進程』一三一～一三二頁、合肥、安徽人民出版社、一九九四。

54　高宇寧「中国工業化における方法と戦略の変遷（一九一三－二〇〇三）」、『中国科学院－清華大学国情研究中心工作論文』、二〇〇四年一一月。

55　一九二八年一一月の国民党中央政治会議で採択された『建設大綱草案』には次のように規定されていた。「およそ全国の交通にかかわる事業、独占的性質の公共事業、国家の前途に関係する基本的工業および鉱業は、これを国家が建設し経営する」。

56　アンガス・マディソン『中国経済的長遠未来』中国語版、八一頁、北京、新華出版社、一九九九。

57　Angus Maddison, World Population, GDP and Per Capita GDP, 1-2008AD, 2010. http://www.ggdc.net/maddison

58　毛沢東「中国共産党第七期中央委員会第二回全体会議における報告」一九四九年三月五日、『毛沢東選集』（合訂一巻本）一三三〇～一三三一頁、北京、人民出版社、一九六七。

59　毛沢東「中国共産党第七期中央委員会第二回全体会議における報告」一九四九年三月、『毛沢東選集』第四巻、一四八〇頁、北京、人民出版社、一九九一。

60　アーノルド・トインビー『歴史研究』中国語版、上海、上海人民出版社、二〇〇三。

61　ギルバート・ロズマン主編『中国的現代化』中国語版、四頁、南京、江蘇人民出版社、二〇〇三。ロズマンらは近代化を次のように定義した。非生命動力資源と生命動力資源の比率を用い、この比率が次のような状態に達した時、すなわち、根本的な社会の変革が発生しない状況下において、生命動力（人類の歴史上大部分の時間において人力を指していた）資源の増加が、もはや非生命動力資源のごくわずかな減少も補えないような状態に達した時、この社会あるいは国家は近代化したとみなすことができる。また、この比率が高いほど、近代化が進んでいることを表している。「高度な近代化」の特徴は、消費品がきわめて豊富に揃った大衆市場の存在である。

62　シリル・ブレイク他『日本和俄国的現代化』中国語版、北京、商務印書館、一九八三。

63　ロズマンによれば、近代化の各種方式が世界に現れた時点で、中国は先行者グループに加わっていなかったのみならず、百年以上、あるいは今日に至るまで、いわゆる「成功した後進者」と言われるいかなる兆しも現れていないと考えている。

第三章

中国における経済の近代的発展とその初期条件

中国における近代経済発展の研究には、これまで重大な欠落点があった。西欧や北米にせよ、日本にせよ、あるいはソ連にせよ、それらの国や地域の近代化は、中国とはまったく異なる条件からスタートしたという事実を十分に認識できていなかったことである。中国のような膨大な人口と広大な国土を擁し、悠久の歴史を有する農業大国にしてみれば、さまざまな経済の発展理論も、その特殊な条件と制約要素を解明する上ではほとんど手がかりを与えてくれない。

一九四九年の新中国はいわば満身創痍であり、経済全体がほとんど麻痺状態であった。工業は全体としては依然として手工業レベルで、工業体系と呼べるようなものはなく、工業製品も哀れなほど何もなかった。農業も人力頼みで、自然条件に左右されていた。交通・運輸手段も遅れており、牛馬が曳く車や木造帆船などの民間輸送手段が依然として広く使われていた。通信技術や設備も非常に遅れており、電話や電報も人力に依るところが多く、しかも全国の県のうちほぼ半数には電話がなく、約三分の一の県では電報や長距離電話の回線も届かないなど、広大な国土は至る所で情報が断絶している状態であった。国内市場の商品不足は深刻で、物価の暴騰も重なり、大多数の人民の衣食の問題さえも解決できていなかった[1]。

実際、あらゆる指標が物語るように、西欧・北米・日本・一九二〇年代のソ連のいずれの工業化初期と比較してみても、建国前後の新中国は世界最貧国のひとつであり（おそらく同時期のインドに相当する）、工業化開始の基本的条件をまったく備えていなかった。まして工業化の急速な立ち上げや、大規模な経済建設など論外であった。これが当時の指導者が直面した、過去から引き継いだ条件であった。しかし、彼らはこうした困難や障壁を克服し、きわめて低い出発点から工業化・近代化を開始し、伝統的農業社会から近代的工業社会への転換、半封建・半植民地社会から新民主主義社会への転換、さらには社会主義社会への急激な転換といった、史上例を見ないような経済発展の歴史を創造したのである。

本章では主に一九四九年の新中国成立前後の基本的国情について分析をおこなう。当時の中国社会において、どのような要素が近代化を助け、どのような要素が阻害していたのか[2]。中国が工業化・近代化を開始するにあたっての初期条件は、すでに工業化を成し遂げていた西洋諸国の初期条件とどこが違うのか。日本やソ連の工業化初期とどのような点が似ており、どのような点が異なるのか。中国の指導者が工業化モデルを選択するにあたって制約となったのはどのような条件か。以上の点について明確にしていきたい。

経済の近代的発展を見る際、開始時の条件というのは最も重要なものであり、これについて筆者は大量の経済データを用いて分析、説明するつもりである。中国の工業化・近代化開始時における国情の特殊性を分析し、それが指導者の初期選択にどう影響したのか、あるいは中国独自の経済発展の道筋を確定する上で、どのような影響を及ぼしたのかを明らかにするつもりである。当事者（指導者および学者）が認識できなかった、あるいは意識していなかった国情も少なくなかったが、それでも中国の指導者たちは外国の近代化モデルをそのまままとり入れることはなかった。一九五〇年代に「ソ連モデル」をとり入れた時でさえも、指導者層はそれを乗り越え、独自の社会主義路線を歩むことをすでに考えていた。中国の近代化プロセスの考察を通じ、他国の経験を踏襲した部分と独自の道を切り開いた部分とを見きわめることができれば、と思う。[3]

第一節　中国近代化推進に有利な条件[4]

一九四九年の中国は工業化および近代化の開始にあたって、それらを助ける基本的要素や潜在的な優位性をすでに多く備えていた。

一、近代化実現のための文明的基礎

中国文化は悠久の歴史を有し、無辺の広がりと奥深さを湛えている。その点で他国の追随を許さない。中華民族は五十以上の民族からなる共同体であり、数千年にわたり世界人口の五分の一から三分の一を包み込みながら、他に類をみない民族的・文化的統一を誇示してきた。たとえば言語である。言語は知識や思想の伝達手段として、統一を促進する最も有効な要素の一つである。同一の言語を話し、同一の文字を使う国家は、十数種類の主要言語と数百種類の方言がある国家（たとえばインド）に比べれば明らかに優位に立っている。中国でも各民族が使用する言語は五つの語族にまたがり、少なくとも八十種類以上あるが、シナ・チベット語族に属する民族が二九で、総人口の九八・五九％を占めており、そのうちの大多数（総人口の九四・四五％）が漢語族（漢族・回族・満州族）である。わが国の主言語である漢語は、長い歴史の中で地方ごとの変化形――方言を生み出してきた。漢字の独創性は、表記上の困難を克服し、国家統一、ひいては近代化を促進する要素になった点にある。漢語は母語としての使用頻度が今でも世界一であり、使用人口は世界人口の約一六％を占める（表３－１）[5]。中国近代化の歴史的プロセスを描く上で、欠かせない唯一無二の歴史的遺産であり、文化的伝統である。[6]

表 3-1　世界の主要言語人口および割合（2000 年）

言　語	人口数（百万人）	世界総人口に占める割合（%）近似値	語　族
英語	1000	16	インド・ヨーロッパ語族（ゲルマン語派）
漢語	1000	16	シナ・チベット語族（シナ語派）
ヒンディー語／ウルドゥー語※	900	15	インド・ヨーロッパ語族（インド・アーリア語派）
スペイン語	450	7	インド・ヨーロッパ語族（ロマンス語派）
ロシア語	320	5	インド・ヨーロッパ語族（スラヴ語派）
アラビア語	250	4	アフロ・アジア語族（セム語派）
ベンガル語	250	4	インド・ヨーロッパ語族（インド・アーリア語派）
マレー語	200	3	オーストロネシア語族（マレー・ポリネシア語派）
ポルトガル語	200	3	インド・ヨーロッパ語族（ロマンス語派）
日本語	130	2	孤立言語
フランス語	125	2	インド・ヨーロッパ語族（ロマンス語派）
ドイツ語	125	2	インド・ヨーロッパ語族（ゲルマン語派）
タイ語	90	1	タイ・カダイ語族
パンジャーブ語	85	1	インド・ヨーロッパ語族（インド・アーリア語派）
（呉語）	85	1	シナ・チベット語族（シナ語派）

※ヒンディー語とウルドゥー語は異なった表記システムを有しているが、ともにヒンドゥースターニー語に属しており、相互に理解可能である。

資料出典：Time Almanac 2008, Powered by Encyclopædia Britannica, Jacob E. Safra, Chairman of the Board Jorge Aguilar-Cauz, President pp.596, Time Almanac, 2007. For more information visit www.linguasphere.org

二、工業化開始の政治的前提

独立した主権国家でない場合、もしくは長期的安定を維持している統一国家でない場合、その国家は工業化を開始することができず、また、すでに開始していたとしても発展を持続させることはできない。これは各国の工業化の歴史をみれば明らかである。実際、相次ぐ侵略戦争と長期にわたる内乱・内戦が、中国の近代化と経済発展に深刻な打撃を与え、工業化の進展を大きく遅らせることになった。

一九四九年、四十年にわたる政治的混乱と諸外国による侵略をくぐりぬけ、毛沢東とその戦友たちは中国の自主独立を果たした。同年六月一五日の新政協会議準備会議において毛沢東が述べた通り、新中国が成立してはじめて「偉大な祖国は半植民地・半封建社会のくびきから解き放たれ、独立・自由・平和・統一そして繁栄の道を歩み始めることができる」「中国に必要なのは独立と解放である。中国のことを考えるのは中国人民自身であり、問題は中国人民自らの手で解決しなくてはならない。どんなにわずかであっても二度と帝国主義諸国の干渉を許してはならない」[7]。これは蒋介石にはできなかったことである。アメリカからの借款と援助だけで戦後財政支出の五%を占めていた[8]国民党政府は、文字通りアメリカ政府の輸血に頼っている状態だった。援助額は一九四八年一二月までで累計三八・八四億米ドルを超えていた。同月、蔣介石は宋美齢をアメリカに派遣し、三年で三〇億米ドルの援助をトルーマン政権に求めたが、アメリカ政府の拒絶に遭っている。[9]これにとどまらず、一九四六年一一月には中米「友好通商条約」を締結し、中国での商業活動、工場建設、鉱山開坑、動産と不動産の売買、金融・航空・航海・教育・慈善事業への従事といった数々の特権を躊躇なくアメリカに差し出している。一方、国家の独立と民族の解放という大事業を成し遂げた毛沢東は同時に国家を再統一し、近現代史上類を見ない強大な近代的中央集権国家を建設した。経済的後進国で近代化を推進する際に基本となり前提となる政治的条件がここに創り出された。長きにわたって国家の近代化を阻んできた最大の政治的障壁が乗り越えられたのである。

近代化とは、絶えず生じるさまざまな近代的要素をそのつど取り入れ、発展、拡散させ、応用していく継続的プロセスである。事実上の工業化・近代化は一九四九年以前からすでに始まっていた。一八九〇年にはすでに官営の兵工廠があり、同年には中国初の紡績工場も開業、一八八〇〜一八九四年には中国初の鉄道が建設されていた。とはいえ、一八九〇年時点で近代産業（製造業と運輸業）が国民総生産に占める割合はわずか〇・五％であり、輸出額の割合も〇・六％であった。一九五〇年には、中国の一人あたりＧＤＰは一八二〇年の四分の一に落ち込んでいたが、近代産業が国民総生産に占める割合は一〇・四％に伸びていた。[10]この時期の近代化は、まだよちよち歩きの状態であり、近代化を目指した諸政策もたいていは実施困難に陥り、いずれも短命に終わっていた。[11]

一九四九年の中華人民共和国の成立は、重大な歴史的意義をもつだけでなく（コラム３－１）、中国の近代化における重要な転換点になった。[12]本書では、近代化の要請に否応なく対応を迫られた一九四九年以前の中国を近代化早期と称する。これに対し、大規模な工業化を推進した一九四九年以降を、近代化の要請に積極的に応え、能動的に取り組んだ時期とみなす。その根拠は、一九四九年以降、さまざまな近代化要素が大量にとり入れられ、近代化がかつてない速度と広がりを見せたこと、強制的でアンバランスな形ではあったが、その影響が辺境の農村や集落を含む社会全体に及び、国家の工業化がこの時期の主要な特徴になったことにある。一九四九年以前から工業化は始まっていたとはいえ、たとえば一八六〇年代に清朝政府がおこなった洋務運動は小規模で、多くは外国資本や官僚の支配下にあったし、国民党政権下における各種企業の発展にも限界があり、経営を続けていくことさえ難しい状況だった。つまり、一九四九年になってようやく大規模な工業化の推進が可能になり、それが近代化の中心的内容になったのである。[13]

コラム3－1　中華人民共和国建国の歴史的意義

中華人民共和国の建国により、百年以上続いた中国の暗黒の歴史は完全に幕を閉じた。この間、人民は圧迫され、酷使され、侵略され、また国内は分裂し、人々の暮らしは安定せず、数千年にわたる封建的専制政治の影響も払拭しきれていなかった。しかし、中国人民はここから立ち上がり、中華民族の発展における新しい時代を切り開いた。

資料出典：胡錦濤「毛沢東同志生誕一一〇周年記念座談会での講話」二〇〇三年一二月二六日、中共中央文献研究室編『十六大以来重要文献選編』上冊、六四〇頁、北京、中央文献出版社、二〇〇五。

党と毛沢東同志の指導の下、中国社会は天地がひっくり返るような大変化を遂げた。半植民地・半封建社会から、社会主義の新たな時代へ。帝国主義による搾取を受けてきた国家から、主権を取り戻した真の独立国家へ。分裂状態の国家から、台湾などを除き統一を実現した国家へ。人民が虐げられ圧迫された国家から、人民が国の主として民主的権利を享受できる国家へ。経済の後進国から、経済的繁栄に向かって全面的に進歩する国家へ。世界から見下される国から、国際社会においてあまねく尊重される国へ。これらの変化はいずれも富み栄え、民主的で文明的な社会主義近代国家を確立するための基本となる経済・政治・文化的条件であり、わが国が輝かしい未来へ向かうための土台となるものである。

資料出典：江沢民「毛沢東同志生誕一〇〇周年記念大会での講話」一九九三年一二月二六日、中共中央文献研究室編『十四大以来重要文献選編』上冊、六〇八～六〇九頁、北京、中央文献出版社、一九九六。

三、後発国家における近代化の政治的条件[14]

国家が近代化を実現するには、各種資源を利用し、各方面の力を結集し、良好な経済社会秩序を打ち立てて全国民の一体感を高め、民族の統一を維持する必要がある。これらを実現するためには強力な政府が各種の経済・社会政策を定めて実行に移し、国家の近代化を効率的に推進する必要がある。

中国にも二〇世紀前半には近代化の要素が出現しており、少数ながら近代的工業部門の成長も見られた。しかし、社会の発展を指導し推進する強力な中央政府がなかったため、それらを全国レベルで互いに結びつけ、コントロールすることは難しかった。国民党は名目上は国内全土を支配していたものの、実際のところ、政治的にも経済的にも全土をコントロールする力はなかった。

中国は伝統的な小農経済が広がる「洋々たる大海」である

のみならず、非常に分散指向の強い「ばらばらの砂」状態の社会でもあり、毛沢東はこれを「人民五億不団円」[15]と称した。新中国の成立は「ばらばらの砂」状態の終結を意味し、統一による空前の団結力を生み出した。[16]

中国共産党は二度にわたる内戦と抗日戦争の時期に人民（主に農民）の団結と行動を組織し、その思想的・政治的一体感をつくりだす力を培ってきた。**中国共産党指導下の中国は所得水準は低くても、社会の統合能力や社会的一体化の度合いという点では相当高いレベルにあった。この高い組織力・政治力が、近代化を推進する上で中国独自の強みになった。**他のいかなる新興人口大国と比べてみても、この強みが公共財の供給やソフトパワーの面において多大な効果を発揮し、中国の工業化・近代化の推進を大いに後押ししたことが見て取れる。建国初期の一九四九～一九五二年の三年間だけで、中国は三三〇〇余りの基幹工業企業を設立し、鉄道を修復・新設（全長五〇〇〇キロメートルの成渝鉄道など）して全国二万四〇〇〇キロメートルに及ぶ鉄道網を整備、三八四六キロメートルの道路（蘭新公路、康蔵公路、青蔵公路など）を新設し、大河川の治水や各種水利設備一七億立方メートル（地積単位）を建設した。[17]

以後数十年にわたって共産党は近代化を進め、社会の一体化を促す任務をこなしてきた。その任務には次のようなものが含まれる。マルクス主義を主導思想とするイデオロギーの形成、最基層の農村やコミュニティの末端に至るまでを網羅する党組織系統の形成、大量の資源を集中投入した工業化建設による整った工業体系ならびに国民経済体系の確立、食糧問題の基本的解決、就労機会の提供、社会的富の公平な分配の保証。共産党は「ばらばらの砂」状態だった中国を、強烈な民族的使命感と近代化意識をもつ国家へと、急速にまとめ上げたのである。

共産党の指導する政府は、他のいかなる政府よりも国家財政の徴収能力に長けていた。帝政時代の中国においては、国家財政の規模は国家経済全体のごく一部にすぎず、政府の収入がＧＤＰの四％を超えたことはなかった。[18]清朝が崩壊した後も、国民総所得に占める政府の財政収入の割合は依然として少なかった。一九一六～一九二八年の間、中国には国家財政システムと呼べるものは存在せず、政権はもっぱら国内外からの借款によって維持されていた。[19]一九二八年、南京政府は苦心の末に財政体制の転換をおこなったが、国民総所得に占める国家財政の割合はごくわずかしか増えなかった。[20]一九三六年は国民党政府にとって最も財政的余裕のある年であったが、それでも政府の予算規模はＧＤＰの八・八％に過ぎなかった。[21]しかし、一九四九年の新中国成立後、新政権の予算収入は過去に例のない水準に達した。中華人民共和国建国初年度の一九五〇年に政府の収入は国民総所得の一六％近くに達し、三年後には三〇％を超えた。国民総所得に占める政府の財政収入の割合の高さは、過去との比較においてだけでなく、同時期の諸外国十一カ国との比較においても顕著であり、一九五〇年代におけるこの十一カ国と中国の人口一人あたりの所得水準はほとんど変わらない。

各地方政府の収入を含む中国の統一予算において、関税、塩税、農業税の比率は一九四九～一九五三年の間に著しく低下した。対照的に「国有企業の利潤」と「商工業税」は着実に増加し、政府の主要な財源となった[22]。一九五〇～一九五三年の四年間に公共部門の収入規模は八倍になった。政府は新たな制度を整え、急速に税収を増やすことができた。税制の目的は、徴税する者・納税する者に国家の統一意思に従って事をおこなうよう促すことにある。もし、各自が勝手に事をおこなうならば、何事もなしえない[23]。国民党政権時代には、制度上の欠陥により、政府の徴税能力は著しく低かった。これに対し、共産党指導下の政権においては、旧体制を改めて新しい体制を創設し、納税者と徴税者双方の支持を得ることができた。

政権についたばかりの中国共産党は、国民経済の回復という点でも顕著な能力をみせた。トーマス・ロースキーの研究によれば、二〇世紀前半の中国経済の総生産は、一九一四／一九一八年を一〇〇とした場合、一九三一／一九三六年にピークを迎え、一・四倍に増えた。しかし、一九四九年には一・一九倍にまで減少しており、この時期（一九一四／一九一八～一九四九年）の総生産の成長率は年平均〇・五六％に過ぎなかった。それが一九五二年には一・六六倍に達し、一九三一／一九三六年のピークを上回った。この時期（一九四九～一九五二年）の総生産の年平均成長率は一一・七三％に達しており[24]、強力な中央集権体制が経済成長の「アクセル」となったことがわかる。

強力な中央集権体制と強大な政治動員力は、時として「諸刃の剣」となり、近代化を加速させる政治的道具となり得る一方、近代化を阻む武器ともなり得る[25]。この時、正反対の結果が生じる可能性がある。重要政策の決定が正しければ、中国の発展もうまくいく。逆に、決定を誤れば、中国の発展もうまくいかないということである。

表 3-2　中国総生産量と一人あたり生産量の増加（1914～1952年）

単位：%

	総生産	一人あたり生産量
成長指数		
1914／1918	100	100
1931／1936	140	122.8
1946	132	110.8
1949	119	97.4
1952	166	145.3
年平均成長率		
1914／1918~1931／1936	1.89	1.15
1931／1936~1949	-1.24	-1.77
1914／1918~1949	0.56	-0.08
1949~1952	11.73	14.26

資料出典：トーマス・ロースキー『戦前中国経済的増長』中国語版、329 頁、杭州、浙江大学出版社、2009。

四、後発の優位性

後発国家は工業化初期および中期において、技術やテクノロジー、マネジメント手法や企業組織制度を直接導入し、外資を引き込むことができる。また、他国の近代化における経験や教訓に学ぶことで、回り道を減らし、近代化に伴う「副作用」や「痛み」を抑えながらの飛躍的発展の実現や、工業化・近代化にかかる時間の短縮も可能になる（コラム3－2）。実際、海外の知識や経験を参照・活用する機会が増えたことで、一九四九年以降の中国は力を増強してきた。海外で教育を受けたエリート層は、「架け橋」「窓口」としてきわめて重要な役割を果たした。十九世紀以降の歴史的教訓から、中国は他国に学ぶ必要性を強く意識していたが、単にコピーするだけでは成功できないことも認識していた[26]。知識や技術を効果的に取り入れることは、近代化を発動・推進する上で大きな後押しとなる。近代化のプロセスとはすなわち、知識・技術・情報を集中的に取得、吸収、応用し、新たに創造していくプロセスのことであり、それらの知識によって伝統的社会を改造していくプロセスのことである。一九四九年以降、これら近代化の要素の果たす役割はますます顕著なものとなり、その作用が及ぶ範囲も広がっていったのである。

コラム3－2　相対的後進性仮説について

この仮説は、初期における経済発展水準（平均収入、もしくは一人あたりGDPで計る）が低ければ、その後の経済成長の潜在力も大きくなる、というものである。なぜなら、経済発展水準が低いということは先進国より技術水準が低いことを意味しており、先進国から技術を導入できる可能性も高くなるからである。つまり、相対的な後進性が高いほど、その後の経済成長速度が速くなる、ということである。

ただし、後進国が相対的後進性を生かすためには、導入技術を受け入れるための社会的能力が備わっていることが必要である。たとえば、日本は明治維新後に急速な経済発展を遂げたが、それは外資や海外の先進技術を導入するための社会的条件が他の国よりも整っていたからである。

ガーシェンクロンは経済後進国の発展モデルを以下の通り提示した。工業化開始時の経済状態が立ち遅れていれば、技術面での遅れも大きくなるため、工業化も有望となる。経済的後進国が先進国と経済面で競争するならば、最も近代的かつ最も効率のいい技術をとり入れなければならない。工業化は大規模生産の拡張と革命的発展を伴う。

近代的経済発展を成し遂げて先進国に追いつくためには、近代的技術をとり入れ、消化し、吸収する社会的能力が鍵となる。では、そのような社会的能力はどのようなものから構成されるのか。南亮進は、さまざまな能力をもつ優秀な人的資源がまずもって必要であると考えた。日本には優秀な企業家がおり、技術の導入に直接貢献する技術者や外国の科学者、系統だった教育を受けた熟練労働者もいた。次に経営組織の近代化が必要である。会社制度・株式会社制度の普及は、資本の蓄積や技術革新に非常に大きな影響を与える。さらに情報網の発達である。業界団体などの組織は、世界中の情報網から提供される新しい商品や新技術などの情報を適時利用することで、技術の普及という面で大きな役割を果たした。最後に資本財産業の発達が挙げられる。新技術を導入した機械や海外の技術の改良についても、国内にしっかりとした資本財産業が存在していることが前提となる。

資料出典：南亮進『日本の経済発展』中国語版、北京、経済管理出版社、一九九二。

五、大国ならではの優位性

中国は他国がうらやむような巨大な国内市場を有しており、潜在的発展力は非常に大きい。一九五〇年における人口は世界総人口の二一・七%を占めていたが、GDPは世界の総GDPのわずか四・五%を占めるに過ぎなかった[27]。このことは、中国の市場規模が、その潜在的規模に比べてはるかに小さかったことを物語っている[28]。平均所得水準が向上するにつれ、国内の市場規模は急速に拡大する。それが生産性の向上を可能にし、経済成長を促すことになる。

人口大国としての中国は、その力を集中させて大事業に取り組むことができる。すなわち、全国のヒト・モノ・カネを集中的に動員して国家と国民を豊かにするための公共投資事業をおこなうことで、比較的短期間に工業・国民経済・教育体系、ならびに科学技術体系を整えることができる。同時に、総人口に対する比率は相対的に低いものの、レベルの高い公務員、司法体系、外交員、警察、軍隊組織をそろえることができるため、大国ならではのスケールメリットと人的コストの低減という二重のメリットを享受し、活かすことができる。

さらに、広大な国土がもつ優位性である。一部の地域が自然災害に見舞われた時でも、「東が暗くても西は明るく、南が暗くても北がある」という国土の広さがある。一方、「どこかで問題が起これば、まわりが支援する」という地域間援助の力も働く。

最後に、最も重要な長期的潜在資源として、豊富で相対的に安価な労働力が挙げられる。人的資本は、それがしっかりと組織され、正しく運用されてさえいれば、経済成長の大きな源泉となり、巨大な社会的富を形成することができる[29]。

しかし、一九四九年以前において、中国はこれらの利点を十分生かせず、その潜在力を発展の原動力に変えることができなかった。つまり、一九四九年に中華人民共和国が成立し、新しい政治制度と新しい集団指導体制の下で新たな経済発展の道を歩むようになるまで、数多くの機会を逃してきたということである[30]。

もちろん「大国には大国なりの問題」がある。大国は国内における格差や異質性、不均衡が大きく、国内統治の難易度も高い。調整コストがかかるだけでなく、潜在的あるいは現実的な離反リスクをも抱えているからである。

六、近代化の内的原動力

一九五三年に毛沢東が提唱した「一化、三改（国家の工業化と農業、手工業、資本主義商工業の社会主義的改造）[31]」のように、中国の指導部は経済発展ならびに社会変革に関する壮大な新綱領を定めた。また、一九五四年六月には、三度の五カ年計画で基礎を固め、その次の七度の五カ年計画で近代化を成し遂げ、偉大な社会主義強国を建設するという方針を毛沢東が打ち出した[32]。一九五七年二月の「三つの近代化」では、工業・農業および科学文化の近代化を実現した社会主義国家の建設を目指すことが提起された[33]。さらに一九六四年一二月には毛沢東と周恩来が「近代化の目標」を提唱し[34]、一九七五年には「四つの現代化」を二段階に分けて二〇世紀中に実現する構想が打ち出された[35]。国家の工業化のみならず、中国社会全体の変革が目標として提起されたのである。ロズマンは、中国共産党が制定した一連の政策は、経済の成長、軍事力の強化、科学技術の発展およびその他さまざまな目標の達成を主旨としたものであり、すなわちこれが近代化であるとした[36]。客観的にみれば、一九四九年以前の旧中国社会にも近代化の要素は少なからず存在していた。たとえば、交通輸送機関の導入や活用、近代的教育機関の出現と普及、伝統的教育内容の変化、都市部の生活様式の変化、新しい技術の導入と活用、商業活動の活性化などである。しかし、これらは中国共産党が指導する政府によって十二分に活用されることで、はじめて近代化を推進する要素となり得たのである。

一九四九年以降の中国の発展は、社会主義近代化の道を探るものであり、他の途上国、とくに人口が多く、きわめて立ち遅れている途上国にとって非常に意義のあるモデルだといえる。ロズマンは一九八一年に、中国はやがて近代化実現の一つのモデル、とくに近代化が遅れた大国にとってのモデルケースになると予測したが、果たしてその通りとなった[37]。

これまで述べてきたことは、いずれも中国が近代化を進める上で有利に働いたものであり、近代化の潜在的推進力であった。その効果の全体像は統計データからは見えてこないし、他の主要な大国の状況と比較することもできない。これらの要素がひとつにまとまり、中国共産党および政府によって最大限に活用されるや否や、近代化の強固な基盤が目に見える形で用意されることになった。同時に、中国経済の巨大な発展への展望も切り開かれたのである。中国経済の飛躍的発展と社会の大きな変化、さらにはその急速な台頭に、これらの利点が長期的かつ巨大な役割を果たしたのは、その後数十年にわたる中国の工業化および近代化の歴史をみれば明らかであろう。

第二節　中国経済発展初期における「ギャップの拡大」現象

発展のスタート地点が低い場合、経済発展の水準にもきわめて大きな制約がかかる。キンドルバーガーらが途上国と先進国の平均収入の格差についておこなった研究によれば、A、B二つの国家の平均収入をそれぞれ三五〇〇ドル、二四〇ドルと仮定し、Aが成長率二％、Bが成長率四％をそれぞれ維持した場合、百年間は両国の平均収入の差が開き続け、百三十年たってようやく最初の時点よりも差が小さくなるという。しかし、平均収入の比率は、開始時の一五対一から百年後には二対一に縮まっている（図3－1）。この例からもわかるよ

図3-1　拡大するギャップ

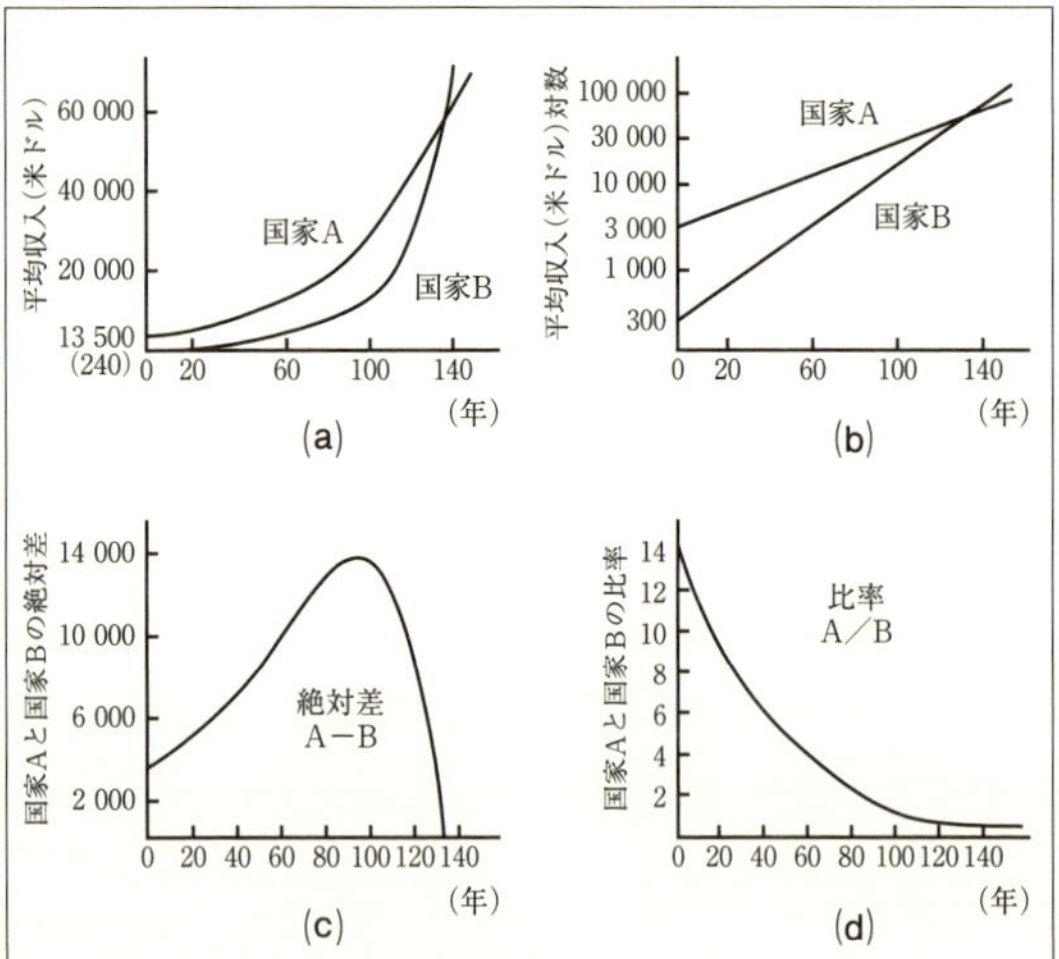

(a)は平均収入に大きな差がある二つの国の平均収入の伸びを示したグラフ（平均収入が低い国家Bの成長速度は高収入の国家Aの二倍と仮定した場合）。

(b)は、(a)と同じ内容を対数を用いて表したもの。単位時間あたりの成長率が一定の場合、グラフは直線で表される。

(c)は、任意の時期における国家Aと国家Bの平均収入の差を求めたグラフ。時間の経過とともにその差が拡大していくことから、いわゆる「ギャップの拡大」と呼ばれているものである。

(d)は、国家Aと国家Bの平均収入の比率を示しており、この数字は一貫して下がり続けている。

資料出典：チャールズ・P・キンドルバーガー、ブルース・ヘリック『経済発展論』中国語版、12頁、上海、上海訳文出版社、1986。

うに、低収入の国家の成長率がたとえ高収入国家の二倍であったとしても、その絶対的な差は百年前後にわたって開き続けるため、相対的には前進していても、絶対値的にはますます遅れをとっていることになる。このような「ギャップの拡大」現象は、途上国が工業化・近代化を実現する上で乗り越えなければならない厳しいハードルとなっている。

　国家間の経済発展格差が縮まるか広がるかは、その後の経済成長率の違いとも関係がある。現在の経済発展水準が同じレベルであっても、経済成長率が異なれば、十年後あるいは五十年後には非常に大きな差がつく。たとえば、成長率が一%から一〇%までの間で見ても、五十年後の平均収入の差は一・六～七一・六倍にもなる（表3-3）。R・J・バローは経済成長速度の「ギャップ」について、わずかな成長率の差であっても、国や地域の生活水準の違いによって、驚くほど大きな影響を及ぼすと論じている。

　後進国が先進国の経済発展水準を追いかけ、その差を縮めるのは非常に困難であり、長い時間が必要となる。中国の場合、少なくとも百年を要した。世界および中国の経済発展史をひも解くと、一八二〇～一九五〇年においては、初期（一八二〇年）の一人あたりGDPでは、中国と他の工業化国家の間でそれほど差はなかった。しかし、末期（一九五〇年）における両者の差は非常に大きくなっていた。一方、一九五〇～二〇〇三年においては、初期（一九五〇年）における一人あたりのGDP水準は、中国（四四八米ドル）と西欧などの工業化国家（四五七八米ドル）の差がきわめて大きかったが、末期（二〇〇三年）においても主に「ギャップ」効果の影響で依然としてその差は非常に大きく、中国の四八〇三米ドルに対し西欧は一万九九一二米ドルと、その差は一万五一〇九米ドルにも達している。

表3-3　成長率が異なる場合の平均収入への影響

単位：英ポンド

年	A	B	C	D	E	F
	1%	2%	3%	4%	5%	10%
0	100	100	100	100	100	100
10	110	122	134	148	163	259
20	132	149	180	291	265	673
30	135	181	243	324	432	1745
40	149	221	326	480	704	4526
50	164	269	438	711	1147	11739
Aを1とした場合の比率	1	1.64	2.67	4.36	6.99	71.58

注：いずれも平均収入の初期値は100英ポンドとする。

資料出典：R. J. Barro, Inflation and Economic Growth, Bank of England Quarterly Bulletin, May, 1995.

第三節　中国工業化スタート時の前提条件[38]

一九五〇年代初めに中国が工業化をスタートさせた当初は、他の工業国が近代的発展の道を歩み始めた時に比べて出発点がきわめて低く、最初の一歩は強制的で困難を伴うものだった。裏を返せば非常に大きな一歩を踏み出したともいえる。

一般的に、工業化開始時の一人あたりGNPは二〇〇〜二五〇ドル（一九六五年の米ドル換算、以下同）とされているが、一九四九年の中国の一人あたりGNPはわずか五〇ドルに過ぎなかった。また、農業生産がGNPに占める割合は、工業化開始当初は通常三五〜四五％、農業労働力が総労働力に占める割合は三五〜六五％とされているが、一九四九年の中国を見ると、近代産業が国民総生産に占める割合はわずか一〇％程度で、農業労働力は総労働力の八五％以上を占めていた。

一、西洋諸国に遅れをとった中国の工業化

現代の経済成長の主な特徴は、人口増加率と経済成長率がどちらも高く、しかも経済成長のスピードが人口増加のそれを明らかに上回るため、一人あたりの平均生産力が目に見えて向上する点にある。ある国家や地域の一人あたりの生産力が一％以上の成長率を保ち続けた場合、それは経済成長とみなされ、三％以上を保ち続けた場合には高成長とされる。世界の経済成長は産業革命に端を発している。

サイモン・クズネッツは、一九六五年における工業国の一人あたりGNPをドル換算した値から、西洋諸国が経済成長に突入した時期を推定した。彼によれば、現代の先進国が経済成長を開始した時期は、おおよそ十八世紀末から十九世紀半ばにかけてのことであった（**表3－4**）。たとえば、イギリスは一七六五〜一七八五年、フランスは一八三一〜一八四〇年、ドイツは一八五〇〜一八五九年、アメリカ一八三四〜一八四三年、カナダは一八七〇〜一八七四年、日本は一八七四〜一八七九年といった具合である。

ロストウの分析によると、[39]経済の「離陸」はおおよそ四種類に大別できるという。離陸Ⅰ型は一七八三〜一八〇二年で、該当するのはイギリスのみ。離陸Ⅱ型は一八三〇〜一八五〇年で、該当するのはアメリカ・フランス・ドイツ。離陸Ⅲ型は一八七〇〜一九〇一年で、スウェーデン、アルゼンチンなど六カ国が該当。そして離陸Ⅳ型は一九三三年以降で、一九五〇年以降離陸期に入った中国もここに含まれる（**表3－5**）。

ロストウのこの分類は比較的正確で、中国の実情にも符合していると筆者は考える。一九五二〜一九七八年の中国の年平均成長率は六％、一人あたりGDPの年平均成長率は四％と、いずれも**表3－4**で挙げた六カ国の経済成長初期の成長

率を上回っており、また表3－5で挙げた中国以外の国の経済離陸期の成長率をも上回っている。

表 3-4　工業国家六カ国の経済成長の初期状況の比較

国	経済成長開始時期と一人あたりGNP		GNP、人口、一人あたりGNPの成長率（%）			
	時期(年)	一人あたりGNP（1965年米ドル）	年代	GNP	人口	一人あたりGNP
イギリス	1765~1785	227	1801／1811~1831／1841	32.1	15.4	14.5
フランス	1831~1840	242	1831／1840~1861／1870	26.3	3.9	21.5
ドイツ	1850~1859	302	1850／1859~1880／1889	26.7	8.9	16.4
日本	1874~1879	74	1874／1879~1895／1904	39.2	9.3	27.3
アメリカ	1834~1843	474	1839~1859	59.1	35.7	17.3
カナダ	1870~1874	508	1870／1874~1891／1899	41.8	13.2	25.2

資料出典：サイモン・クズネッツ『諸国民の経済成長――総生産高と産業構造』中国語版、29頁、北京、商務印書館、1985。

表 3-5　主要十五カ国の経済離陸期モデルの比較

国	離陸期	離陸初期の一人あたりGNP（1967年米ドル）	一人あたりGNP（1965～1969）（1967年米ドル）	年数	一人あたりGNPの年平均成長率（%）	離陸のタイプ
イギリス	1783~1802	183	2018	184	1.31	I
フランス	1830~1860	173	2343	137	1.92	II
アメリカ	1843~1860	451	3995	124	1.77	II
ドイツ	1850~1873	249	2148	116	1.87	II
スウェーデン	1868~1890	239	3244	99	2.67	III
日本	1878~1900	158（1886年）	1207	81	2.54	III
ロシア	1890~1914	246	1594	77	2.46	III
イタリア	1895	300	1333	72	2.09	III
カナダ	1896~1914	796	2962	71	1.87	III
オーストラリア	1901	923	2106	66	1.26	III
アルゼンチン	1935~	418	741	34	1.7	IV
ブラジル	1933	144	323	34	2.4	IV
トルコ	1937~	171	331	33	2.02	IV
メキシコ	1940	224	545	27	3.35	IV
中国	1949	50		30		IV

資料出典：W.W. Rostow, Why the Poor Get Richer and the Rich Slow Down, Austin : University of Texas Press, p.261 and Appendix I. 1980.　※中国のデータは筆者の推計。

中国では、十九世紀末にようやく近代工業が芽吹き、二〇世紀初頭に少数の都市部と沿海部において近代化の要素が生まれた。しかし、結局それが近代的経済成長につながることはなく、社会全体は依然として伝統的農業社会のままであった。一九四九年以前には一人あたりGNPおよび平均収入の成長率は一％を超えることがなく、マイナス成長の傾向すらあった。マディソンの試算によれば、一九五〇年の中国の一人あたりGDPは四四八ドル（一九九〇年国際米ドル換算）で、一八二〇年の水準（六〇〇ドル）すら下回っており、世界平均の四分の一にまで落ち込んでいた。一八二〇～一九五二年の一人あたりGDPの年平均成長率はマイナス〇・〇八％であった。[40]ロズマンらは、資本の形成と一人あたりGNPの実質成長率を基準に数量的観点から分析するならば、二〇世紀前半の中国に近代的経済成長はまったく存在していなかった、としている。

中国の工業化の歴史は十九世紀末に始まっていたとはいえ、本当の意味での経済成長期に突入したのは、一九五〇年代はじめになってからのことであった。平均収入が毎年一％以上増加するというハードルを越えたのは、西欧の工業国に比べて百～二百年も遅れていた。

二、きわめて低いスタート地点

一九四九年以前の二十～三十年間、中国の一人あたりGNPの水準は、実質右肩下がりであった。ロースキーの研究（表3-2）によれば、一九一四／一九一八年を一〇〇とすると、一九三一／一九三六年は一二二・八になっているが、その後は下がり続け、抗日戦争終結後の一九四六年には一一〇・六、一九四九年には九七・四にまで低下している。[41]

当時の中国人民の生活水準は非常に低く、かろうじて生存を維持できるレベルで、世界的に見ても絶対的貧困にあえぐ大国であった。国家統計局のデータによれば、一九四九年の都市住民の平均現金収入は一〇〇元にも満たなかった。当時は物価が高騰しており、貧困人口の比率もかなり高かった。一九四八年秋の時点で、北京の極貧および準極貧世帯は六万八〇〇〇戸、人口にして二四万六〇〇〇人に上り、市の全人口の二四％を占めていた。一九四九年における農村住民一人あたりの消費支出は四二元であったのに対し、一人あたり純収入はわずか四四元で、都市住民の平均収入とは二倍以上の差があった。[42]

所得水準が低かったため、経済の構造改革もきわめて低い段階から始めなければならなかった。産業構造を見ると、主な工業国では近代的経済成長が始まった時点で農業生産がGNPに占める割合は三五～四五％、非農業の割合は五五～六五％となっている（表3-6）。たとえば一八三九年のアメリカは、農業の生産量の比率が四二・六％、製造業が同二五・八％、サービス業は同三一・六％にも達していた。

表 3-6　工業化国家六カ国の各産業労働力と生産量の比較

国	総人口に占める労働力の割合		各産業労働力の比率（%）				各産業の生産量の比率（%）			
	年	比率（%）	年代	農業	製造業	サービス業	年代	農業	製造業	サービス業
イギリス	1851	45	1801~1811	34.4	30	35.6	1801~1811	34.1	22.1	43.8
フランス	1856	39.1	1856	51.7	28.5	19.8	–			
ドイツ	1882	38.3	1852~1858	54.1	26.8	19.1	1850~1859	40.9	59.1	
日本	1920	48.7	1872	85.8	5.6	8.6	1879~1883	62.5	37.5	
アメリカ	1870	32.5	1839	64.3	16.2	19.5	1839	42.6	25.8	31.6
カナダ	1911	37.8	1871	52.9	47.1		1870	45.3	54.7	

資料出典：R. J. Barro, Inflation and Economic Growth, Bank of England Quarterly Bulletin, May, 1995.

毛沢東が一九四九年に推計したところによれば、当時の中国では近代工業はGNPの一〇%程度を占めるに過ぎなかった[43]。国家統計局の資料によれば、社会全体の生産額に占める割合で見た場合、一九四九年の農業総生産額は五八・五%、一九五二年では四五・四%であった[44]。国民所得で見た場合、一九四九年に農業が国民所得に占める割合は六八・四%だったが、一九五二年には五七・七%にまで低下した[45]。国民総生産に占める割合で見た場合は、一九五二年時点の農業は五〇・五%に上り、第二次産業と第三次産業はそれぞれ二〇・九%、二八・六%となっていた[46]。第二次産業と第三次産業中の伝統的経済要素を考慮すると、伝統的経済が少なくとも八割以上を占めていたことになる。アンガス・マディソンの推計によると、一九五二年においても近代製造業の比率はわずか四・四%で、近代的な運輸・通信業は二・八%、電力業は一・二%、鉱業は二・一%、それらを合計しても一〇・五%にすぎず（表3-7）、その他の業種を加えたとしても、近代的経済部門の比率は一五%に届かない。どの推計を基にしても、中国における近代的経済部門の比率は、上記の（日本を含む）どの国よりも十数ポイントから数十ポイント低かった。各国の総労働人口に占める農業人口の割合は三五〜六五%で、非農業人口の割合が高い傾向にある（表3-6）。一八五六年のフランスを例にとると、農業人口は五一・七%、非農業人口は四八・三%で、比率はほぼ一対一である。しかし中国では、一九五二年においても農業人口が全体の八三・五％を占め、上述の国家に比べて数ポイントから数十ポイントも高い。社会全体を見ても、近代工業に従事している労働者は全労働者のわずか二％程度で、[47]先進工業国の工業化黎明期をはるかに下回っており、一九二〇年時点の日本にも及ばない。

表 3-7　中国の国民総生産の内訳（1890 ～ 1952 年）　単位：%

	1890	1913	1933	1952
農・林・漁業	68.5	67	64	55.7
手工業	7.7	7.7	7.4	7.4
近代製造業	0.1	0.6	2.5	4.4
鉱業	0.2	0.3	0.8	2.1
電力業	0	0	0.5	1.2
建設業	1.7	1.7	1.6	3
伝統的運輸および通信業	5.1	1.6	4	3.8
近代運輸および通信業	0.4	0.8	1.5	2.8
貿易	8.2	9	9.4	9.3
行政機構	2.8	2.8	2.8	
金融業	0.3	0.5	0.7	
個人サービス業	1.1	1.2	1.2	
不動産業	3.9	3.8	3.6	
国民総生産	100	100	100	100

資料出典：アンガス・マディソン『中国経済的長遠未来』中国語版、73 頁、表 2-5、北京、新華出版社、1999。

当時の農業は国民経済に占める割合が高いだけでなく、工業の原料や税収の主な提供元であった。一九五二年、農産物を原料とする軽工業の生産量は、軽工業全体の八七・五％にも上った。また、農業および牧畜業の税収は財政収入の一四・七％を占めていた。[48]

中国の産業構造は変化が比較的少なく、一八九〇～一九五二年の間に、近代的経済部門の割合は約一〇％増加したが、一年あたりの平均増加率に直すと〇・一六％であった。一方、農業は一二・八％減少し、年平均で〇・二一％の減少であった。これは、中国の経済成長がきわめて緩やかであるだけでなく、経済構造の変化も少ないことを表している。

中国の農業は、基本的に個別労働を主体とする伝統的な経営方式で、非集約的であり、あらゆる面で立ち遅れていた。機械化されていない旧式の道具を使用し、人力や家畜の力に頼って耕作をしており、労働生産性は非常に低かった。農業インフラの整備も遅れており、水害・干害・虫害も深刻で、日々の生活は天候に左右されるありさまだった。農村経済は日を追うごとに衰退し、生産力はかつてないレベルにまで落ち込んだ。一九四九年には全国の穀物と綿花の総生産量がそれぞれピーク時の二四・五％と七六％にまで落ち込み、農業総生産もピーク時に比べて二〇％超の下落となった。[49]

農産物の商品化も進んでおらず、沿海部の一部を除き、大多数の地域では基本的に半自給自足の経済状態にあった。

「中国の約九割はまだ非集約的個人経営の農業・手工業経済であり、近代以前からほとんど進歩していない状態である」と毛沢東が述べた通りであった[50]。

三、脆弱な工業化の基盤

中国の工業資本ストックは、ごく少数の近代工業に限られていた。一八六〇年代に軍事工場・造船所・炭坑・紡績工場の建設が始まり、一八八〇年代には電報網が整備され、一八九〇年代には製鉄所が造られた。しかし、一八九〇年時点では手工業がＧＮＰの七・七％を占める一方、近代的製造業はわずか〇・一％を占めるのみであった。一九五二年には四・四％に上昇してはいたが、それでもまだ手工業の七・四％よりも低かった（表３－７）。清末の洋務運動から一九四九年までの固定資産の蓄積は一〇〇億元あまり（一九五二年の金額に換算）にすぎず、一年あたりの工業生産額も四五億元で、国民所得の一二・六％を占める程度であった[51]。筆者らの推計では、その他の産業を加えたとしても、この期間に蓄積された固定資産は二〇〇億元余りであり、五億四〇〇〇万の人口から考えると、一人あたり四〇元足らずということになる。

李富春（当時の国家計画委員会主任）はかつて次のように語ったことがある。「アメリカやイギリス、日本、あるいは工業が比較的発達した他の国では、いずれも百年から二百年の工業発展の歴史がある。わが国はこれらの国々より百年、少なくとも数十年は遅れている。たとえば、わが国では一九〇七年にはじめて漢陽鋼鉄廠が建設されたが、その年の生産量はわずか八五〇〇トンだった。一九三三年になっても全国の鉄鋼生産量は二万五〇〇〇トンに過ぎなかった。鉄鋼生産量が史上最高を記録したのは一九四三年で、銑鉄一八〇万トン余り、鋼九〇万トン余りであったが、そのほとんどが日本占領下の東北部で産出されたものである。一九四九年の全国の銑鉄生産量はわずか二四万六〇〇〇トン、鋼鉄も一五万八〇〇〇トンに過ぎなかった[52]」。

総量から見ると、当時の中国と先進工業国の水準には、少なくとも百年以上の開きがあった。工業生産量が最高を記録した一九三六年の数字で比較してみると、鋼鉄生産量ではソ連は中国の三九倍、アメリカは一一七倍、イギリスも二九倍であった。発電量ではソ連は中国の約一〇倍、アメリカは三九倍、イギリスは六倍、原料炭生産量で見ると、ソ連は中国の三倍、アメリカは一二倍、イギリスは五倍であった[53]。中国は人口では世界一だったが、主要工業製品の生産量ではかなり低い順位に位置しており、鋼鉄生産量は世界二六位、原油は二七位、発電量二五位、石炭は九位だった[54]。

一人あたりの工業生産量はさらに悲惨であった。一九四九年の紡績糸生産量は一人あたり〇・六キログラム、石炭は同五九キログラム、発電量は同七・九キロワット／時、鋼鉄生産量は同〇・二九キログラム、原油は同〇・三六キログラムであった。[55]一九五二年時点の中国の工業発展水準は、一八六〇年のイギリス、一八九〇年のフランスよりも低く、一九一〇年のロシアと同程度であった。[56]

中国の工業発展はいびつで、工業総生産額に占める生産財の割合は二六・六%に過ぎず、劉少奇は「生産力の後進性を示すなによりの指標」と述べた。[57]当時の中国の機械工業は、せいぜい小さな部品の製造や修理ができる程度であった。一方、消費財は工業総生産額の七三・四%に達し、そのうちかなりの部分を紡績業が占めていた。工業生産技術も非常に遅れており、原始的な採掘方法による鉱業と旧来の工場制手工業が四〇%以上を占めていた。大型機器製造業の欠乏は、文字通り近代国防産業の欠乏を意味した。一九四九年、国民党政府が遺した軍事関連企業は七六社で、各種設備が三万台、工員は約一〇万人いたが、軽装備の武器や弾薬の製造、輸入重火器の修理が精いっぱいで、大口径の大砲や戦車・戦闘機・軍艦などの大型兵器は生産できなかった。[58]そのため、工業の発展、とりわけ重工業と軍事工業の発展が新中国成立後の中国共産党と人民政府にとっての最優先課題となった。

近代的インフラの不足、運輸業・郵便事業・通信業の立ち遅れもひどかった。一九四九年における鉄道の総営業距離は二万一八〇〇キロメートル、[59]河川輸送の就航距離は七万三六〇〇キロメートル、道路の総延長距離は八万七〇〇キロメートルであった。中国の国土はインドの三倍、日本の二〇倍以上にもなるが、一九五〇年における中国の鉄道総営業距離はどちらの国よりも短く、インドの四〇%、日本の八一%に過ぎなかった。国土面積がほぼ等しいアメリカと比較した場合、鉄道の総延長距離はわずか六%程度だった(表3－8)。福建・貴州・甘粛・青海・寧夏・新疆・西蔵の七省・地区では鉄道が開通しておらず、外部との交通がきわめて不便な状態であり、全国八万七〇〇キロメートルの道路のうち舗装されているのは四〇%に過ぎず、河川航路のうち水深が一メートル以上あるのは二万四二〇〇キロメートルだけで、民間航空路線は一万一三〇〇キロメートル、数機の小型機と十二の短距離路線、三十余りの簡易飛行場があるだけだった。[60]貨物輸送量の約半分を担っていたのは、依然として家畜が牽引する車や木造帆船など、旧来型の輸送手段であった。

国内外で戦争が続いたため、商工業者は次々と破産・倒産し、工業生産力は大幅に低下、交通インフラも大きなダメージを被った。過去の工業生産量のピーク時と比べると、一九四九年の全国生産量は銑鉄が一〇・九%、鋼材が一七・八%、石炭が四四・五%、電力が七二・六%、セメントが三〇・九%、炭酸ナトリウムが六二・九%、綿糸が七二・四%、綿布が七二・六%、砂糖が三九・六%、それぞれ減少している。[61]同じく過去のピーク時と比べると、一九四九年の工業総生産額は五〇%低下しており、そのうち重工業が七〇%、軽工業が三〇%落ち込んでいる。[62]鉄道を見ると、全国で二万キロ(総営業距

表 3-8　主要七カ国の鉄道開業路線距離（1870 ～ 2008 年）　単位：km

年度	中国	インド	日本	アメリカ	イギリス	ドイツ	ロシア／ソ連
1870	0	7678	0	85200	21500	18876	10731
1890	10	26400	2349				
1913	9854	55822	10570	401977	32623	63378	70156
1930	13441	68045	21593				
1950	22238	54845①	27401	360137	31352	36924	116900
1975	46000	60438	26752				
1995	54000	63000	27258				
2008	79700	63327	23506	226427	16454	41896	87157

①バングラデシュとパキスタン領内の 11166 キロの路線を除く。
資料出典：アンガス・マディソン『中国経済的長遠未来』中国語版、77頁、表2-6、北京、新華出版社、1999。アンガス・マディソン『世界経済の成長史 1820-1992 年――199 ヵ国を対象とする分析と推計』中国語版、36 頁、北京、改革出版社、1997。　※ 2008 年のデータについては The CIA World Factbook 2009, Central Inteligence Agency, 2008. から。

離の八〇%）、橋梁は三二〇〇脚以上、トンネルは二〇〇以上が戦争による被害を受けて利用できなくなっていた。全国の道路や港、飛行場も大きな被害を受けた[63]。

一方、民国期の都市部や沿海部の商工業は、他の後進国の平均水準より発達しており、専門化・分業化が進んだ商業資本主義も出現していた。上海、寧波などの沿海地域や長江流域では、国内交易や各地域の市場取引がかなり活発におこなわれており、それに伴って貨物貿易専門業者が出現、商業組合や商工会議所が設立され、金融サービスネットワークなども現れた。

この時期には、近代的な財政・金融制度や通貨制度も発達した。一九二八年には塩税の税率統一、一九三〇年には輸入税の銀本位制から金本位制への切り替え、一九三三年には貨幣の統一、一九三五年には外貨準備を開始、さらに紙幣制度を確立し、官営の中央銀行、中国銀行および交通銀行において正式に紙幣の発行を開始した。政府は年度財政予算を試行し、税収および財政報告を改善した。一九三一～一九三二年には近代的政府債券制度が発達し、政府系や民間の銀行がそれらを購入した。これらの制度は交易効率を飛躍的に高め、専門化・分業化を促し、社会全体の生産力を向上させるのに役立った[64]。しかし一九四〇年代半ば以降、中国の財政・金融システムが崩壊したことで激しいインフレが発生、紙幣は支配者が人民の財産を公然と奪うための手段に成り下がった。

一九四八年八月、国民党政府は従来の法幣に代えて金円券を発行、法幣三〇〇万元と金円券一元を等価とした。しかし、金円券の価値はまたたく間に暴落し、物価の上昇は以前にも増して激しくなり、人民はなけなしの財産を根こそぎ奪われ、国内の商工業は壊滅寸前にまで追い込まれた。[65]社会の生産力と交易力に大きな打撃を与えたことが、国民党政府の崩壊を早めたといえよう。

第四節　中国工業化スタート時における社会的条件

一九五〇年代の中国は経済的に立ち遅れていただけではなく、その他の社会的条件も未成熟で、工業化をスタートさせるための基本的条件が備わっていなかった。

一、人口の急増と労働力の過剰

人口の増加率という観点から見ると、アメリカが大量の移民によって比較的高い数字を示しているのを除けば、主な工業国の人口増加率は一・五％以下にとどまっている。[66]中国の場合、一九四九年以前は「高出生率、高死亡率、低成長率」のため人口増加も緩やかなものであったが、一九五〇年代初めにはすでに二・〇％を超えていた。

中国では都市部・農村部を問わず、大量の余剰労働力を抱えていた。おおまかな統計では、一九四七年には多くの大都市で失業または半失業状態にある労働者が総労働人口の二五～三〇％を占めたという。一九四九年における全国都市部の就業者は一五三三万人だったが、失業者は四七四万二〇〇〇人にも上り、失業率は二三・六％にも達していた。[67]

一九五〇年以降、中国は工業化を開始すると同時に、期せずして有史以来最大規模かつ最速の人口倍増のステップを踏み出すことになった。一九四九年における中国大陸の総人口は五億四〇〇〇万人だったが、人口増加のカーブに従うと、二〇二〇～二〇四〇年代に人口の三つのピークを相次いで迎えることになる。すなわち労働年齢人口のピーク（二〇二〇年頃）、総人口のピーク（二〇三〇年頃）、そして高齢者人口のピーク（二〇四〇年頃）である。これは中国史上例のない、そして世界的に見てもきわめてまれな人口増加といえよう。[68]

二、巨大な二元経済社会

中国の都市化のレベルはきわめて低く、農村人口が圧倒的多数を占めていた。工業化に伴って生じる都市化は、工業化の産物であり、工業化の促進要因にもなる。都市化の進展度合いを見ると、西暦一〇〇〇～一八二〇年の中国の都市化率は三・〇～三・八％、一八九〇年には四・四％であったが、ヨーロッパでは一八二〇年にすでに一二％、一八九〇年には三〇％以上に達していた。一九〇〇～一九三八年の期間は都市・

農村を問わず、基本的に転居の自由が認められていたため、中国でも都市化がある程度の速さで進んだ。[69] 都市人口の増加率は総人口増加率の二倍に達し、一九三八年には人口五万人以上の都市の総人口が二七三〇万人になり、全国総人口（五億人強）の五～六％を占めるまでになった。[70] 一方で、都市と農村の間では分業や労働価格の変化という点でかなりの差が生じた。楊小凱は、当時の中国における都市と農村の二元経済構造について次のように分析している。中国の沿海部と大都市は国際市場との関わりが深く、分業も比較的進んでおり、新しい職業や産業も出現していた。一方、広大な農村および内陸部は、基本的に自給自足の伝統的社会であり、おおよそ七万以上の地域経済圏に分かれていた。これらの自給自足地域内では足りないものを補うための交易が一定程度おこなわれていたが、域外、さらには大都市や外国との分業や交易はきわめてわずかであった。[71]

当時の中国は、都市と農村の人口比が「一対九」という状況であった。一九四九年の総人口五・四二億人に対し、農村人口は四・八四億人で八九・四％を占めていたが、都市人口は五七六二万人でわずか一〇・六％しかなかった。都市は全国で一三二しかなく、都市人口を非農業人口に限定した場合、総人口に占める比率は五・一％にまで低下した。[72] どの統計を見ても、一八二〇年の西欧や日本を下回る都市化レベルである（表3－9）。旧来の伝統的な生産および生活様式を維持していた農村が茫洋たる大海のごとく国土の大半を覆っていたため、都市に近代化の要素が芽生えたとしても、それが農村に拡散していくことはなく、農村の近代化を促すこともなかったのである。

表 3-9　中国・日本と西欧の都市人口比率の比較（1000 ～ 2010 年）

単位：％

年度	中国	日本	西欧
1000	3	（なし）	0
1500	3.8	2.9	6.1
1820	3.8	12.3	12.3
1890	4.4	16	31
1949	10.6（5.1）	34.9	63.8
1978	17.9	58.5	69.5
2000	36.2	65.2	75.7
2010	49.7	66.8	79.5

注：1949 年の中国のデータは鎮（農村地区の比較的商工業が発達した町）を含む、括弧内が純粋な都市人口。

1000～1890年のデータは Angus Maddison, The World Economy : A Millennial Perspective, Paris, OECD, Table 1-5a, 2001. より引用。1978 ～ 2010 年のデータは：World Urbanization Prospects : The 2009 Revision Population Database, http://esa.un.org/unpd/wup より引用。

1949～2000年の中国のデータは国家統計局国民経済総合統計司『新中国五十五年統計資料匯編』（北京，中国統計出版社、2005）より引用。

後に見るように、一九四九年の中国における都市と農村の格差は、縮まるどころか拡大し続けていた。農村が近代化から放置されていたのではなく、近代化を推進する上での困難が都市に比べて多く、スピードもはるかに緩慢だったからである。これは、毛沢東を始めとする当時の指導者層が工業化と都市化を推進する際に直面した、経済と社会の発展に関わる根本的な課題であった。

三、地域格差と発展の不均衡

中国の近代化要素は、上海などの沿岸部の都市や東北地区といった一部の地域に集中していた。一八六五〜一九三六年の対外貿易総量のうち、上海が占める割合は四五〜六五％にも上った[73]。全国の工業総生産量のうち、東北地区が占める割合は一九三三年には一四％、一九四一年には三分の一、一九四五年には半分にも上った[74]。海外からの直接投資も上海に四六％、東北に三六％と、この二地域に集中しており、その他の地域は一八％に過ぎなかった。輸出額の分布を見ても、沿海地域に輸出拠点が集中していたことがわかる。一九三七年の輸出総額に占める割合では、上海が四六％、東北が三八％、次いで天津が一五％、広州が七％だった[75]。新中国建国以前には、国土の一二％を占める沿海地域に工業の七〇％が集中しており、武漢や重慶といった長江沿岸の少数の都市を除き、内陸部、とくに辺境の少数民族居住地域には近代工業と呼べるものはほとんど存在していなかった。国土面積の四五％を占める西北地区、および内モンゴル地区の工業生産量は全国のわずか三％、国土の二三％を占める西南地区の工業生産量も全国の六％を占めるに過ぎなかった[76]。このほか、鉄道・道路・航路といった交通インフラの整備も東部地区に偏っており、国土の五分の三を占める西北・西南地区の交通は不便なままで、一九四九年における両地区の鉄道総営業距離は全国のわずか五・四％、道路の総延長も全国の二四・六％だった[77]。劉少奇は、こうした不均衡や地域格差を一種の「奇形現象」と呼んだ[78]。

四、人的資源の深刻な不足

一九四九年以前の中国は近代的教育の普及が遅れており、非識字率がきわめて高い国であった。人口の九〇％は非識字者、もしくは半非識字者であり、都市部の学齢児童の就学率も二〇％程度しかなかった。農村部では依然として旧式の教育が主流であり、大部分の農民の子弟は経済的理由により就学できなかった。国民党政府内政部人口局がまとめた一二省の戸籍統計によれば、一九四六／一九四七年の全人口に占める大学生の割合は〇・一四％、高校生は〇・五三％、中学生は一・四八％、小学生は一四・〇九％であり、このほか私塾に通う子弟が八・四六％となっていた[79]。また一九四九年の高等教育機関（大学、高専など）の学生数は一一万六〇〇〇人、中学・高校の生徒数は一二六万八〇〇〇人、小学校の児童数は二四三九万人であり、すべてを合わせても総人口（一九四九年の全国総人口は五億四一六七万人）の五％にも満たなかった。筆者らの推計では、一五歳以上の平均就学年数は一九四九年時点で一年程度である（表3－10、3－11）。西欧諸国や日本と比べて中国人が教育を受けた期間は非常に短く、マディソンによれば、一九五〇年における一五～六四歳人口の平均就学年数はインドよりわずかに長いものの、韓国・台湾・スペインなどよりも短く、先進国と比べると大幅に短かったという（表3－12）。一九五〇年代には二五〇〇名余りの留学生が相次いで帰国したが、[80] この留学生たちこそが、新中国の工業化推進における最初の、かつ最重要の近代的人材となった。

表 3-10　全国の小・中・高・大学の在校生数（1949 年）

	在校生数（万人）	同年齢の就学（進学）率（%）	総人口に占める割合（%）
小学校（1～6年）	2439	25	4.5
中学・高校（各3年）	126.8	3	0.23
大学	11.7	0.3	0.002
合計	2577.5		4.76

資料出典：国家統計局人口与就業統計司『中国人口統計年鑑（1997）』404頁、北京、中国統計出版社、1997。

表 3-11　全国の小・中・高・大学の卒業生数および就学率（1949 年）

1949 年度卒業生	人数（万人）	総人口に占める割合（%）
大学卒業生	18.5	0.034
中学・高校卒業生	400	0.74
小学校卒業生	7000	12.92
非識字人口	43200	79.75
就業人口	18417	54
総人口	54167	100
平均就学年数		1.013 年

注：表中の数字は『剣橋中華人民共和国史：革命的中国的興起（1949-1965）』（中国語版、194 頁、北京、中国社会科学出版社、1998）による。1982 年の全国人口センサスのデータを元に推定すると、当時の女性の識字率は 2～10%、男性の識字率は 30～45%。ただし、ここには、1922 年の基準に照らすと半非識字と見なされる、数百字程度しか文字を知らない人も含まれている。

表 3-12　15～64歳人口の平均就学年数の比較（1950～1992年）

単位：年

国・地域	1950	1973	1992	国・地域	1950	1973	1992
フランス	9.58	11.69	15.96	中国	1.6	4.09	8.5
ドイツ	10.4	11.55	12.17	インド	1.35	2.6	5.55
イギリス	10.84	11.66	14.09	日本	9.11	12.09	14.86
アメリカ	11.27	14.58	18.04	韓国	3.36	6.82	13.55
スペイン	5.13	6.29	11.51	台湾	3.62	7.35	13.83

注：初等教育は 1、中等教育は 1.4、高等教育は 2 として計算。
資料出典：アンガス・マディソン『中国経済的長遠未来』中国語版、96 頁、北京、新華出版社、1999。

そのため、中国共産党第八回全国代表大会（八全大会）の政治報告では、非識字者をなくすためにあらゆる努力を惜しまず、初等教育を拡大し、地域ごとに期限を定めつつ十二年のうちに小学校の義務教育を普及させることが提起された。同時に、工場労働者の学力や技術の向上、十分な学校教育を受けることができなかった一部の機関職員（公務員）の学力向上のため、引き続き教育への取り組みを強化しなければならないとした。また、知識階級の拡大と強化に努め、彼らが活躍できるよう環境を改善していかなければならないとした。[81]

五、劣悪な生育環境

一九四九年時点で、中国の医療保健機関は全国でわずか三六七〇カ所、医療従事者は五〇万五〇〇〇人、病床数は八万しかなかった。人口死亡率は二〇‰、乳幼児の死亡率は二〇〇‰にも上った。平均寿命は三五歳前後で、これは西欧の一八二〇年の水準に等しい（表3－13）。農村部は常に飢饉に見舞われ、一九四六年の餓死者数は全国で一〇〇〇万人にも上り、一九四七年には飢餓人口が一億人を超えた。[82] 飢えのため栄養が不足し、体格も貧弱で寿命も短い中国人を、外国人は「東亜の病人」と呼んだ。毛沢東もこれについて次のように記している。「かつて中国は『年老いた帝国』『東亜の病人』などと呼ばれていた。経済的にも文化的にも落ちこぼれ、不衛生で、球技をしてもだめ、水泳をしてもだめ、女性は纏

表 3-13　平均寿命の国際比較（1820 ～ 1999 年）　単位：歳

国・地域	1820	1900	1950	1999	国・地域	1820	1900	1950	1999
フランス	37	47	65	78	アメリカ	39	47	68	77
ドイツ	41	47	67	77	日本	34	44	61	81
イタリア	30	43	66	78	ロシア	28	32	65	67
オランダ	32	52	72	78	中国	n.a.	24	41(35)	71
スペイン	28	35	62	78	インド	21	24	32	60
スイス	39	56	70	79	アジア平均	23	24	40	66
イギリス	40	50	69	77	アフリカ平均	23	24	38	52
西欧平均	36	46	67	78	ラテンアメリカ平均	27	35	51	69
					世界平均	26	31	49	66

資料出典：Angus Maddison, The World Economy : a Millennial Perspective, Paris, OECD, Table 1-5a, 2001；中国のデータはG.W. Barclay, et al., a Reassessment of the Demography of Traditional Rural China, Population Index, Winter, pp.606~635, 1976 and J.Z. Lee, and F.Wang, Forthcoming, Malthusian Mythology and Chinese Reality : the Population History of one Quarter of Humanity 1700-2000, Harvard University Press, 1999. による。括弧内の数字は中国国家統計局が推計した1949年以前のデータ。

足をし、男性は弁髪で、おまけに宦官までいた」[83]。

六、工業化における技術革新と新たな技術の吸収力の欠如

中国の特許制度は一九一二年にようやく始まったが、一九三六年までに登録された特許は二七五件のみで、一年あたりわずか一一件、その多くは日用品の新モデルであり、各種機器および製造方法に関する特許はきわめて少なかった[84]。一九四九年時点で全国の地質調査などにかかわる要員は二〇〇人余り、ボーリングマシンは一〇台しかなく、地質調査資料はほとんどないに等しかった[85]。一九二八～一九四七年の間に全国の高等教育機関の工業系学科を卒業した者は累計で三万二〇〇〇人、経済系学科の卒業生は一万九〇〇〇人だった[86]。

科学技術系の人材不足は深刻であった。一九四六～一九四七年時点で全国の科学技術者は九万一〇〇〇人、研究機関所属者は一一〇一人、専門学校以上の学校教員は一万六三一七人、医療関係者は二万六二六九人であった[87]。専門研究機関も中央研究院と北平研究院、およびそれに付属する二〇余りの研究所があるのみというありさまであった。一九四九年に中国科学院が設立されたが、当初は三一六人の研究員しかおらず、そのうち高級研究員は一二二人、中級研究員は一一二人、しかも科学技術方面はほぼ空白地帯となっていた。これが新中国建国初期における科学技術人材の実態であった。

七、人口と資源の深刻なアンバランス

中国は世界有数の資源大国だが、膨大な人口のため、豊富な資源のもたらす恩恵をほとんど享受できていない。各種資源の一人あたりの占有量は世界平均を下回っている。とくに森林・耕地・淡水・石油・天然ガス・鉄鉱など、経済の長期的発展に大きく寄与する資源の一人あたり占有量はいずれも世界平均を大きく下回っている（表3－14）。

表 3-14　人口一人あたりの資源量の国際比較

指標	インド	アメリカ	日本	イギリス	ソ連	中国	世界平均
一人あたりの土地(ha/人)	0.38	3.8	0.31	0.43	7.9	0.89	2.7
一人あたりの耕地(ha/人)	0.21	0.77	0.034	0.12	0.81	0.12	0.27
一人あたりの森林(ha/人)	0.087	1.087	0.21	0.04	3.33	0.11	0.81
一人あたりの樹木(m³/人)	4.8	82.5	23.4	2.8	303.4	9.6	61.7
一人あたりの草原(ha/人)	0.0156	0.989	0.005	0.2	1.323	0.36	0.64

資料出典：李立賢「自然資源」、載盛斌・馮侖主編『中国国情報告』140頁、瀋陽、遼寧人民出版社、1991。

また、中国は人口が多いため土地も不足している。耕地面積が国土に占める割合はわずか一〇％と少なく、一人あたりの耕地面積はソ連やアメリカ、さらにはインドと比べても明らかに狭い。一九五七年には全国の耕地面積が一九四九年比一四・二％増の一億一一八三万ヘクタールと史上最高に達したものの、総人口が同時期に一九・四％増加したため、一人あたりの耕地面積は逆に〇・一七ヘクタールに減少してしまった。この後、全国の総耕地面積と一人あたりの耕地面積はいずれも右肩下がりとなり、農業資源にとって大きな足かせとなった。

国家の地理的条件も、その国の経済発展初期においては比較的大きな影響がある。近代の経済発展は、温帯地域、沿岸地域、河川流域から始まり、これらの地域が発展をリードするのが常であった。中国の温帯地域は国土の四七％に過ぎず、西欧諸国に比べてかなり低い割合である（表3－15）。とはいえ、一九四九年時点の中国の沿岸地域にはかなりの程度、近代的な社会発展の条件が整っており、後に経済発展の中心地域になった。

一国の潜在的な経済発展力と全体的な国力は、その国の自然資源の豊富さにかなりの程度左右される。また、一国の平均収入と消費水準の高さも、その国の自然資源の多寡と大きな関係がある。中国は一人あたりの資源占有量が少ないため、国際競争において劣勢に立たされることを余儀なくされ、一

表3-15　土地利用の国際比較（1993年）

国家	総面積（千ha）	可耕地および永年作物地面積（千ha）	可耕地比率（%）	人口（千人）	一人あたりの可耕地（ha）	温帯気候地域の比率（%）
中国	959696	95975	10	1178440	0.08	47
ヨーロッパ①	487696	135705	27.8	506910	0.26	89
インド	328759	169650	51.6	899000	0.19	0
アメリカ	980943	187776	19.1	239172	0.73	
日本	37780	4463	11.8	124753	0.04	96
ソ連②	2240300	231540	10.3	293000	0.79	89
オーストラリア	771336	46486	6	17769	2.62	
ブラジル	851197	48955	5.8	158913	0.31	
カナダ	997614	45500	4.6	28386	1.58	

①トルコとソ連を除く。
② 1998年のデータ。
資料出典：国連食糧農業機関（FAO）『生産年鑑』ローマ、1994：マディソン（1995）最新統計。マディソン『中国経済的長遠未来』中国語版、21頁（北京、新華出版社、1999）より引用。温帯気候地域比率はMcArthur, John W. and Sachs, Jeffery, Institutions and Geography : Comment on Acemoglu, Johnson and Robinson, NBER Working, p.8114, February, 2001より引用。

人あたりの消費水準も世界平均から大きく遅れをとることになった。人口増加に伴って国民経済の発展のスピードも上がり、資源の需要と消費量も急増した。その結果、資源の需要と供給のバランスが急速に崩れていくことになった。

歴史的にみれば、中国は世界でも有数の森林資源に恵まれた大国だった。しかし、現在では「森林貧困国」に転落している。「中国林業の持続的発展戦略研究」プロジェクトグループの研究資料によれば、太古（約一八〇万年前〜紀元前二〇七〇年）には、中国の国土の六〇〜六四％が森林で覆われていたという。しかし、四、五千年にわたる伐採と大規模な破壊の結果、民国期（一九一一〜一九四九年）には、中国の森林率は史上最低の一二・五〜一五・九％にまで落ち込んだ（**表3－16**）。新中国建国前後の森林率はわずか八・九％というありさまで、森林蓄積量は史上最低となった。新中国成立直後は、森林の状況について「知識が少なく、理解が浅い」上に計画経済体制の下で大規模な伐採がおこなわれた。林業の発展とは木材の生産、すなわち「大木を切り倒す」ことだとされ、しかもそれが五十年近くも続いた結果、歴代王朝を上回る自然環境の破壊を招き、その損失は伐採による利益をはるかに上回ってしまった。

一九五〇年代以降、中国の人口は急増し、大規模な建設や開発も相まって、生態環境は加速度的に悪化していった。残念ながら、当時の指導者は日々拡大する自然環境破壊をあま

表3-16　中国の森林率と人口（太古から2005年まで）

	森林率（%）	人口（万人）
先史時代　（約180万年前～紀元前2070）	64 ～ 60	140未満
上古時代　（紀元前2069 ～ 前221）	60 ～ 46	140 ～ 2000
秦　（紀元前221 ～ 220）	46 ～ 41	2000 ～ 6500
魏晋南北朝　（220 ～ 589）	41 ～ 37	3800 ～ 5000
隋唐　（589 ～ 907）	37 ～ 33	5000 ～ 8300
五代宋遼金夏　（907 ～ 1279）	33 ～ 27	3000 ～ 13000
元　（1279 ～ 1368）	27 ～ 26	6000 ～ 10400
明　（1368 ～ 1644）	26 ～ 21	6500 ～ 15000
清前期　（1644 ～ 1840）	21 ～ 17	8164 ～ 41281
清後期　（1840 ～ 1911）	17 ～ 15.9	37200 ～ 43189
民国期　（1911 ～ 1949）	15.9 ～ 12.5	37408 ～ 54167
建国前後	8.9	54167
中華人民共和国　（1949 ～ 2005）	12.51 ～ 18.21 （大量の人工林を含む）	54167 ～ 130756

資料出典：「中国林業持続的発展戦略研究」プロジェクトチーム『中国可持続発展林業戦略研究・総論巻（上）』第1篇、36～37頁、北京、中国林業出版社、2002、国家統計局編『中国統計摘要（2006）』4頁、10頁、北京、中国統計出版社、2006。

り重視しておらず、環境保護のための戦略を打ち出すこともなかった。このような基本的な国情に対する認識や知見の限界が、中国の発展戦略に重大な欠陥をもたらすことになった。

さらに、中国には別の不利な条件も重なっていた[88]。

いずれにせよ、一九四九年の中国は、五億人余りの人口をどう食べさせていくかという問題を解決できずにいた、世界でもきわめつけの後進国であった。広大な農村地域はどこも飢饉状態で、大量の餓死者が発生していた。一九四七年七月の物価は一九三六年の六万倍にもふくれあがり、都市住民も食うや食わずで、飢餓と餓死の境界線上をさまよっているありさまだった[89]。当時、アメリカの国務長官だったアチソンは、新中国政府は人民の食料問題を解決することはできないだろうと予想した。しかし、毛沢東は中国人民の力を固く信じていた。人民には、斬新かつ強大な人民民主共和国を名実ともにこの地に打ち立てる力があることを信じて疑わなかったのである（コラム3－3）。

コラム3－3　周恩来――一九四九年の中国とその前途（一九五九年）

周知のように、十年前（一九四九年）の中国は、経済的にきわめて貧しい国であった。当時の中国は鉄鋼の生産量において世界二六位、発電量は二五位、石炭の生産量はそれよりもやや多く九位、比較的発達していた綿紡績製品、すなわち綿糸の生産量だけが世界五位の生産量であった。生産業に従事する労働者は全国でわずか三〇〇万人、総人口の〇・六％にも満たなかった。古き中国は「農を以て国を立てる」と称していたが、解放前の数十年間は、小麦・米や綿花を毎年外国から輸入しなければならなかった。税関の統計によれば、一九三三年に輸入した食糧は三〇億キログラム、一九四六年に輸入した綿花は三億四五〇〇万キログラムにも上った。対外貿易は長期にわたって輸入超過が続き、国家財政も毎年赤字であった。抗日戦争が始まった一九三七年七月から一九四九年五月までの十三年間に、国民党反動政府の下で、通貨発行量はおよそ一四〇〇億倍にも達し、物価は約八兆五〇〇〇億倍にはねあがった。

当時の中国はこのように悲惨な状況であり、アメリカのマーシャル国務長官も、一九四八年二月に上下両院の外交委員会の行政会議に向けた声明において、アメリカがどれほど大量の援助をおこなおうとも、中国の経済危機を救う方法はないと認めざるをえなかった。声明はまた「中国には原料や工業資源が不足している」とし、近い将来、一流の強国となることは難しいと断じていた。一九四九年八月にマーシャルの後を継いで国務長官に就任したアチソンもトルーマ

ン大統領にあてた手紙の中で、中国共産党が掲げた「人民の食の問題を解決する」といった「数々の公約」をあげつらい、中国のいかなる政府であろうともこの問題を解決することはできないであろうと述べた。

しかし、一九四九年六月に、毛沢東同志は北京で開かれた人民政治協商会議準備会の開幕式典において、「中国の命運はすでに人民自らの手に握られている。人民は、やがて東方から昇る太陽のように自らの輝きによって大地をあまねく照らし、反動政府が残していった泥水を速やかに洗い流し、戦争の傷跡を癒やし、新しく強大で、名実ともに『人民』のための中華人民共和国が建設されるのを目にするであろう」と述べた。[90]

さて、誰の予言を信ずるべきだろうか。

資料出典：周恩来「偉大なる十年」、『人民日報』一九五九年一〇月六日、中共中央文献研究室編『建国以来重要文献選編』第一二冊、五八八～五八九頁、北京、中央文献出版社、一九九六。

第五節　新中国成立前後における主な経済要素

一、新中国成立前の各種経済要素

一九四九年以前、中国経済の構成要素には主に次の五種類があった。

(一)海外独占集団の在華資本。一八四〇年のアヘン戦争から一九四九年までの百十年間、海外列強はたびたび中国を侵略し、中国政府に不平等条約の締結を強いること一一二回、中国から脅し取った賠償金は白銀一九億五三〇〇万両で、これは一九〇一年の清朝政府の全歳入額の一六倍に相当した。[91]

また、外国資本が大挙して進入し、中国の工業や金融業を支配した。[92]一九三六年の中国における外国資本の総額は四三億八五〇〇万ドルにも上り、そのうち日本が四八・九%、イギリスが二三・九%、アメリカが七・八%を占めていた。中国の近代経済において外国資本は寡占的地位を占めており、その割合は近代鉱工業と運輸業の七一・六%、鉄鋼業と石油工業の九五%、炭鉱と電力工業の七五%、紡績業の六〇%、食品工業の五〇%に上った。このほか鉄道の八八%、外洋運輸の八三・八%、国内水上運輸の六三・一%、航空運輸は一〇〇%を外国資本がおさえていた。中国の対外貿易でも、輸出の八〇%、輸入の九〇%を外国資本が握っていた。[93]一九四九年になっても、一〇〇〇社以上の外資系独占資本グループの企業が中国に依然残っており、その六分の五は英米の企業であった。[94]その後、朝鮮戦争の勃発により、一九五〇年一二月にアメリカ政府は「アメリカ領内にある中国共産党資産の凍結」を宣言、米国籍の船舶が中国に向かうことを禁じた。中国政府も同月、中国における米国政府および企業の資産すべてを差し押さえ、公私を問わず預金をすべて凍結する措置をとった。このため、在中英米系企業は大きな打撃を受けることになった。さらに中国政府は外資系企業を整理し、国有企業、つまり国家の所有とした。一九五二年末までに、外資系企業は一九四九年の一五六三社から一一九二社に減少し、資産額も一二億一〇〇〇万元から四億五〇〇〇万元にまで減少した。[95]これは、当時の国有企業の資産の三％前後に相当する。一九五四年初頭には外資系企業は数えるほどしか残っておらず、わずかに残っていた企業も一九六〇年代初めにはすべて消えてしまった。[96]

一九四九年九月二一日、中国人民政治協商会議は「中国人民政治協商会議共同綱領」（以下「共同綱領」）において、「中国における帝国主義のあらゆる特権を剥奪」し、「対外貿易を制限し、保護貿易政策を採用する」ことを定めた。同年一〇月二五日に新政府は海関総署を設立、列強が支配していた関税権を取り戻し、自主的に関税を徴収できるようになった。翌一九五〇年二月二五日、中国政府は中央貿易部が貿易業務を統一管理することを決め、輸出入許可証制度、外貨管理、保護関税政策、外資系企業に対する登録管理弁法といった一連の制度を実施し、対外貿易を国家が有効にコントロールする体制をつくり上げた。

（二）**官僚資本**。中国の官僚資本は、一八六〇年代に洋務派の官僚が軍事工業を主体とする近代企業を創設したのが始まりである。一八六一～一八九四年の間に、清朝政府は白銀五〇〇〇万両余りを費やして二四の軍事工場を建設した。一八九七年五月には初の官営銀行である中国通商銀行を設立、その後さらに二〇二の銀行を設立した。一九二〇年には官営資本は七億元余りの産業資本を所有しており、一九三六年にはそれが一七億七〇〇〇万元になった。官僚資本は政府と結びつき、外国資本を補完する付属的存在であると同時に、国内の地主階級とも深い関係にあり、買弁的、封建的、軍事的性格を強く備えていた。[97]一九四五年、在華日本企業の資産はすべて国民党資源委員会に接収され、これにより、官僚資本は大量の資産を獲得した。統計によれば、一九四六年に官僚資本は全国の工業資本の六六％、全国の工場および鉱山、交通運輸固定資産の八〇％を所有していた。国民党政府の「資源委員会」は二一九の鉱工業企業を所有し、全国の鉄鋼生産量の九〇％、石炭生産量の三三％、発電量の六七％、石油や非鉄金属生産のすべてを握っていた。また、全国の金融機関や鉄道、道路、郵便、電信、航空運輸に加え、船舶総トン数の四四％、さらには寡占的地位を占めている貿易会社十数社も支配していた。[98]一九四九年以降、これらの官僚資本は共産党政府に接収され、そのまま社会主義的な国営資本となった。

これにより、新政府は全国の燃料・エネルギーならびに工業原料生産量の半分以上と綿糸生産量の半分近くを直接掌握したほか、全国の鉄道、郵便、電信ならびに交通運輸業の大部分、さらに国内外の貿易・交易の大部分を手中に収めた[99]。

(三)民族資本、すなわち私営資本主義。中国における民族ブルジョアジーの近代工業は一八七〇年代に始まった。一八七二～一八九四年の間に、一〇〇余りの企業が設立されたが、大部分は投資規模も小さく、生産能力も低かった。一八九五～一九一三年には新たに五四八の工場が設立され、一九一三～一九一九年には比較的高い成長を遂げたが、その後は先細りとなっていった。一九三六年の統計によると、中国の産業資本のうち外国資本が七六%を占め、官僚資本は八・四%、民族資本は一五・六%であった。一九三六年以降は再び右肩下がりとなり、一九四七年の工業生産量に占める割合は一九三六年より一〇%も低下した[100]。

(四)農村の封建的土地所有制。一九二七年に国民党中央執行委員会が発表した土地委員会の報告では、農村人口の七五%を占める小作農と貧農（所有する土地が一〇ムー以下）が所有する土地は全体のわずか六%に過ぎず、逆に農村人口の一四%しか占めていない地主や富農が全体の八一%の土地を所有していると推計された[101]。抗日戦争前には、農村人口の一〇%にも満たない地主や富農が七〇～八〇%の土地を所有していた。

(五)農民・手工業者を含む個人経営経済。主に、農民や手工業者、ならびにその他の個人労働者を指す。

以上から、中国の近代経済は、主に外国資本と官僚資本の手に握られており、民間資本や民族資本の力は微々たるものだったことがわかる。

二、新中国成立初期における五つの経済要素

新中国成立初期においては、中国経済は多様な経済要素が併存する新民主主義経済モデル、より的確に言うならば、一種の混合経済モデルを採用しており、そこには五種類の経済要素が含まれていた。

(一)国営経済。国営経済の主体は、国家が直接管理している国営企業であり、国家が策定した計画に従って経済活動をおこなった。「官僚資本を没収し、人民国家の所有に帰する」と規定した「共同綱領」に基づき、新中国成立初期に政府は官僚資本家の所有する企業や財産を没収した。これらの企業や財産がそのまま国営経済の最重要基盤になった。金融関係では銀行二四〇〇行、鉱工業関係では二八五八社が含まれており、従業員総数は一二九万人、うち七五万人は工業労働者であった。さらに、交通運輸関連や招商局傘下の企業、国内外の貿易・交易を取り扱う大規模貿易会社十数社も含まれていた。一九五三年の全国資産調査（清産核資）委員会による統計では、一九五二年までに全国の国営企業が所有する固定

資産原価は二四〇億六〇〇〇〇万人民元、減価償却後の価格も一六七億一〇〇〇〇万人民元であった。[102] 一九四九年の工業総生産額に占める国営経済の割合は二六・二%、一九五〇年の財政収入に占める国有経済の割合は三三・四%で、一九四九年の国営企業および各種事業単位に所属する労働者の数は就業人口全体の二・七%を占めた。

（二）**合作社経済**。主に農民や手工業者、その他の個人労働者が自主的に作った経済組織を主体とする集団経済で、集団所有制企業や単位がこれにあたる。一九四九年の工業総生産額のうち、集団経済が占める割合は一・五%、都市の集団経済労働者は九万人で、総就業人口のわずか〇・〇五%であった。

（三）**個人経済**。一九四七年一〇月から一九五三年にかけて土地改革が実施され、三億人前後の農民が地主や富農から七億ムーの土地を手に入れた。農村人口の九〇%以上を占める貧農や中農が、土地改革前に所有していた農地は全体の三〇%以下であったが、土地改革後は九〇%以上に達した。[103] 従来の封建的土地所有制度は廃止され、土地は農民の個人所有となった。「耕す者がその田を所有する」が実現したのである。年間で穀物三五〇億キログラムにも及んだ小作料からの解放は、広範な農民の生産意欲を引き出し、農村の生産力を解き放つことになった。これは中国史上、最大規模の土地改革運動とされている（**コラム3－4**）[104]。

コラム3－4　**土地改革法**（一九五〇年）

土地改革の基本目的ならびに基本方針は、地主階級による封建的土地所有制を廃し、農民による土地所有制度を実施することで農村の生産力を解放し、農業生産を増加させ、新中国の工業化への道を切り開くことにあった。

土地改革の路線、ならびに政策をまとめると次のようになる。貧農に依って立ち、中農と団結し、富農には中立的立場をとり、段階的に封建的搾取制度を廃止して農業生産を発展させる。

富農に対する政策は以下の通りであった。自ら耕作するか他人を雇って耕作させるかに関わらず、富農が所有するすべての耕作地、およびその財産を保護する。富農が貸し出している土地もわずかであればそのままとし、半地主的な富農が、自作や人を雇って耕作している土地を上回るほど大量の土地を貸し出している場合には、その土地を徴収する。

資料出典：何沁主編『中華人民共和国史』五八頁、北京、高等教育出版社、一九九七。

一九四九年、工業総生産に占める個人経営経済の割合は二三・〇％であり、個人経営経済を中心とする農業部門の収入は国民所得全体の五七・七％であった。農村で個人経営の農業に従事する者は就業人口全体の八三・五％を占めていた。

(四)私営資本主義経済。私営資本主義経済は、主に個人資本家が所有する企業や事業を指す。国家統計局の資料によれば、一九四九年の工業総生産額に占める私営資本主義経済の割合は六三％であった。一九五〇年の商品卸売総額に占める私営商業の割合は七六・一％で、小売総額に占める割合は八五％に上った[105]。

(五)国家資本主義経済。国家資本主義経済とは、国家が管理し、何らかの形で国有経済とつながっている企業や事業単位を指す。国家資本主義経済が国民所得に占める割合は、わずか〇・七％であった。

以上五つの経済要素が国民経済全体に占める割合を見ると、新中国成立初期には、国有経済が国民所得の五分の一、工業総生産額の四分の一、全国商品小売総額の七分の一(一九五〇年は一四・九％)[106]、財政収入の三分の一、全国就業者数の一三分の一を占めていた。一方、非国有経済は国民所得の八〇％、工業総生産額の四分の一、全国商品小売総額の七分の六、財政収入の三分の二、全国就業者数の九〇％以上を占めていた。また、非国有経済の中では、個人経営経済と私営資本主義経済がその大部分を占めていた。当時の中国には多種多様な経済要素が共存しており、実態的中心は私有経済、全体をけん引していたのは国有経済という状況だった。

中国人民政治協商会議は「共同綱領」において、国家は上述の五つの経済要素の調和を図り、国営経済の指導の下に各種経済要素を分業・協業させて各々その所を得させ、公私双方に配慮し、労資双方が利益を得られるようにしなければならず、以上をもって社会経済全体の発展を促進させること、これが基本構想である、とした。

新中国成立初期においては、中央政府は官僚資本を強制的に没収して国有経済へと転換させただけで、私営経済や資本主義経済を制限したり消滅させたりすることはなかった。当時、「共同綱領」において定められた経済建設の基本構想は、中国の国情と経済発展段階に適したものであり、その方針は正しかったといえる。しかし残念ながら、この方針は長続きしなかった。ほどなくして、大規模な生産手段の公有化・集団化に取って代わられることになるのである。

第六節　中国工業化路線の理論的根拠

中国は膨大な人口を擁する経済的後進国であり、農村人口が圧倒的多数を占める伝統的農業国だった。そのような国家が工業化をするべきか否か。工業化に際してどのような路線を選択するのか。その理論的根拠や国際的経験による裏づけはどのようなものか。どのような目標を立て、どのようにしてそれを実現すべきか。いずれも当時の指導部が直面した重大テーマであった。

第二次世界大戦後、ほぼすべての途上国が先進工業国に追いつくことを目標とし、工業化はそれを実現するための重要な手段として位置づけられた。

張培剛は「工業化」を「一連の生産関数が、連続的に変化していくプロセスのこと。この変化は、まずある生産単位における生産関数で発生し、その後一種の社会的生産関数となり、社会全体へと普及していく」[107]と定義した。ここで言う「ある生産単位」とは、軽工業部門でも重工業部門でもかまわない。ある国や地域が重工業と軽工業のどちらを優先的に発展させるかは、各国の国情と経済発展の段階によって異なる。**張培剛は次のように指摘した。発展途上国の指導者は、一般に工業化とは国民経済における製造業（とくに重工業部門）の比率を高めることだと考えているが、その結果、往々にして二つの誤った方向に流れてしまう。一つは、製造業への投資に資源を集中するあまり、伝統的農業の改革や農村経済の発展がおろそかになること。二つ目は、先進的技術や設備の導入・改良ばかりに注目し、それに相応する社会経済構造の改革がおろそかになることである。**

農業人口が圧倒的多数を占める世界有数の人口大国である中国が工業化に際してまず直面したのは、工業を発達させようとすると、遅れた農業との間に深刻な矛盾が生じる、という問題だった。張培剛によれば、農業大国にとって、農業の国民経済における地位はことのほか重要であり、農業は国民所得の中で大きな割合を占めるのみならず、大多数の人にとって仕事と生活のよりどころであり、他部門の発展に必要な投入要素と生産品市場を提供する場でもある。

彼は次の三つの関係について正確に認識し、正しく対応することを説いた。

第一に、農業革命と工業革命の関係である。工業の発展は農業革命にとって必要条件であるが、十分条件ではなく、他の条件を同時に、あるいはむしろ先に満たす必要がある。最も重要なのは輸送方式の改良と、農場の合併や土地の再配分に関する法規である。[108]**実際、中国の工業化初期において、その発展を最も妨げていたのは農業の立ち遅れであった。農業革命とそれに伴う発展がなければ、たとえ強制的かつ大規模な工業化を展開したとしても持続させることができず、工業と農業の矛盾をかえって激化させるだけである。**アーサー・ルイスは次のように述べている。「ある閉じた経済において、工業部門の大小は農業生産率の関数であり、農業には工業部門が消費する食糧や原料を生産するだけの能力が求められる。農民が裕福にならなければ、工業製品に市場を提供することができない。ゆえに、工業製品を国内市場で販売できるようになるには、工業革命の前提として農業革命が必要になる。

この農業革命は工業革命よりも前、少なくとも同時に発生する必要がある」[109]。

第二に、農業部門と工業部門のバランスのとれた発展である。多くの途上国が工業化の実践過程において、**工業発展とりわけ重工業の発展のみに注力する。そのため、農業の発展がきわめて緩慢あるいは停滞し、食糧生産が人口増に追いつかず、農業が工業化発展のボトルネックとなってしまっている。人口および就業構造の変化は緩やかなため、大量の人口が農村に留まっており、労働力も農業に集中している。そのような状態で農業の発展と歩調を合わせることなく工業のみを急速に発展させても、農業社会から工業社会へのスムーズな転換は実現できない**[110]。

第三に、農業国と工業国の経済関係である。張培剛は次のように考えた。まず、農業国と工業国の経済活動の相互依存関係の強さが、国内の農業と工業間の相互依存関係に劣らないものであること。次に、農業国の工業化が、現在工業化を進めている国と、すでに工業化を成し遂げた国のどちらにも長期にわたって有利な影響を及ぼすこと[111]。つまり、**農業国が工業化を実現するためには、対外開放をおこなって外国の技術と資金を導入し、比較優位を発揮して国際競争に参加することが不可欠である**。これが「キャッチアップ」に成功した「ウィン・ウィン」の発展モデルである。たとえば、第二次世界大戦後の日本やアジアの「四小龍（台湾、韓国、香港、シンガポール）」は、いずれもこの工業化モデルの成功例で、比較的短い期間にアメリカや西欧などの工業化先進国との距離を縮めることができた。

張培剛は工業化の方法や形式を、イギリスやフランス、アメリカのような民間主導の「発展型」工業化、ソ連のような政府主導の「革命型」工業化、そしてドイツや日本のように政府と民間が共同でおこなう「混合型」工業化に分類した。彼はまた、以下のように考えた。工業化の開始が遅れた国は比較的早期に工業化が始まった国よりも工業化の速度が速く、政府主導の工業化は民間主導の工業化よりも速度が速い。資本財の生産から工業化が始まった、あるいは資本財の生産に重点を置いている国は、工業化初期における経済の転換速度が往々にして速い。さらに、経済が開放的な国家は、閉鎖的な国家よりも経済成長速度が速い（コラム3－5）。

「発展型」の特徴を有する国の工業化のプロセスには、以下のような特徴が見られる。工業化の主体は個人や個人が創設した民間企業であり、その目的は生産性の向上にある。工業化の調整は市場がおこない、その発展速度、産業の進歩、生産品の選択、技術その他の要素の分配などは、すべて市場の働きによって実現される。このタイプの工業化のプロセスは、客観的法則に導かれた自然な流れが主体であるため、漸進的で、衝突が少ないという特徴がある。生産技術の革新と企業家精神は、このタイプの工業化の持続的発展にとって最も重要な原動力となる。「発展型」は、一般に消費財工業、とくに紡績業から始まり、徐々に重工業の発展へと進んでいく。また、国内市場と国際市場の需要を一体的にとらえるため、比較的強い開発力を備えることになる。

言うまでもなく、中国が一九五〇年代に着手したのは「革命型」の工業化であり、手本としたのは「ソ連モデル」、すなわち、国家が主導し、民間の参与を排除した、国家による工業化であった。

コラム3－5　張培剛――工業化の形式・段階および速度について（一九四九年）

工業化を完成させるには異なる方法や形式があるが、われわれの分類原則に基づいて以下のように定義する。工業化を推進する主体に基づくならば、以下の三種類に分類できる。第一は、イギリスやフランス、アメリカのように個人あるいは民間が主導する「発展型」(evolutionary) 工業化。第二は、ソ連のように政府が主導する「革命型」(revolutionary) 工業化。第三は、ドイツや日本のように政府と民間が共同で推進する「混合型」工業化である。また、機械の活用や組織の変化に基づいて分類するならば、工業化が消費財工業から始まる場合と、資本財工業から始まる場合がある。工業化の自然なプロセスと、その過程における技術組織や産業構造変化の法則を探るため、張培剛は主に「発展型」工業化を分析し、その発展過程における技術組織や産業構造変化の一般的法則を記述し、政府が工業化の過程において果たすべき調整機能について重要な枠組みを提供した。

工業化の主要な特徴を一言でまとめると、資本財の相対的増加と消費財の相対的減少ということになる。これに基づくと、「発展型」工業化の過程は三つの段階に分けられる。①消費財工業優位の段階。②資本財工業の相対的増加段階。③消費財工業と資本財工業の均衡がとれ、資本財工業がしばらく優位を占める段階[112]。張培剛は、消費財工業が優位にある状態から資本財工業が優位を占める状態への変遷を、農業国の工業化という歴史的変遷のメルクマールと見なした。ただし、彼は同時に、この変遷は突然起こるものではなく、緩やかに成し遂げられるものであると指摘している。

ある国の工業化の速度は、一般に以下のいくつかの要素によって決まってくると張培剛は考えた。①ある国家が顕著な工業化の時期にさしかかった時、生産技術の発展がどの段階にあるか。比較的遅い段階で工業化に入った国家は、比較的早期に工業化に突入した国よりも、一般的に工業化の速度が速い。これは、前者は後者に比べ、より最新の生産技術や組織を採用しやすいからである。②政府の政策。政府が主導する工業化は、民間主導の工業化よりもその速度は確実に速い。③工業化のプロセスが消費財生産から始まるか、資本財生産から始まるか。技術上の理由により資本財生産から始まった、あるいは資本財生産に重点を置いている国は、工業化初期における経済の転換速度が往々にして速い。④資金を自国内でまかなうか、国外から調達するか。もし、外資を有効に投資・運用でき、かつ自国の政治的独立と国内経済の前途を損なうことがないならば、外資の利用は必要なものであるし、それにより、工業化の速度を大幅に速めることができる。

出典：張培剛『農業与工業化：農業国工業化問題初探』中国語版、一〇七頁、武漢、華中工学院出版社、一九八四。

一九五〇年代、西側諸国は中国に対して孤立・封じ込め政策をとっていたため、中国の指導者は世界のさまざまな経済発展モデルを比較検討し、全面的な理解を得ることが困難であった。東西二大陣営の対立は、中国の指導者をソ連の経済理論の摂取、ソ連の経済発展モデルの模倣へとさらに傾斜させる結果になった。国際環境の圧力、国家の政治的自主・独立の堅持、さらには工業発展に必要な社会的・経済的基盤の不足といった種々の要素が、当時の中国社会独特の政治・経済環境をつくりだしていた。アメリカから帰国した張培剛の農業国工業化理論は、他の学者たちの意見や提案と同様、中国の指導者に注目されることなく、また指導者の政策決定に影響を与えるような主流学派にもなれなかった。中国の工業化は、そもそもの始めから「ソ連モデル」の採用以外に選択の余地がなかったのである。

第七節　まとめ――中国近代化の「万里の長征」

一九五〇年に中国が工業化を開始した時の状況は次の通りであった。世界的に見てその開始時期は遅く、開始時点の一

一八二〇～一九五二年の間、世界経済は空前の成長を遂げた。世界の総生産量は九倍となり、平均収入は三・六倍に増え、アメリカ人の平均収入は九倍、ヨーロッパは五倍、日本は四倍に増加した[113]。日本以外のアジア諸国の経済発展は非常に緩やかであったが、こと中国に関しては、一人あたりの生産量は事実上減少していた。中国が世界のＧＤＰに占める割合は、三分の一から二〇分の一にまで低下、一人あたりの収入も世界平均の四分の一にまで減少し、世界で最も貧しい国家の一つとなってしまったのである。

人あたり生産量は先進国の工業化初期の四分の一から五分の一程度の水準で、その他の社会的条件も未成熟であり、工業化を開始する基本的条件が備わっていなかった。まさにこうした極度の貧困と後進性という条件の下で、中国共産党が指導する人民政府は国家的強制力をもって国家の工業化を敢行したのである。それは「勇み足」ともいえる工業化のスタートだったが、その結果、平均収入と一人あたりＧＤＰの成長率が継続的に一％を超える経済成長の時代をはじめて迎えることができたのである。

しかし、状況がいかに楽観的で順調であったとしても、中国が短期間で経済的に立ち遅れた状況を根本的に変え、先進国の水準に追いつき追い越すことは不可能である。少なくとも百年、あるいはもっと長い時間をかけてはじめて、先進国との絶対的格差は次第に解消に向かっていくだろう。[114] 中国の近代化は、たゆまぬ量的変化の蓄積をもって進み、部分的には質的変化を伴う長い過程とならざるを得ないのである。

アメリカの中国問題専門家モーリス・マイスナーは、次のように述べている。中国が一世紀もの間、ずっと改革と革命をなしえなかったのは、社会・経済・文化面で極度に立ち遅れていたからである。一九四九年、中国共産党が引き継いだ国家の経済状況は、「十月革命」時のロシアよりもはるかにひどい状態であった。そして、まさにこの極端に貧しく立ち遅れているという条件——これは中国の歴史をとりまく最重要要素であるが——と、それに対する主観的対応が、一九四九年以降の中国社会の発展の性質を決定する要素となった。[115] それゆえ、中国共産党指導部内にも二つの路線——実務的・理性的な漸進主義と理想主義的・非理性的な急進主義——が存在し、繰り返しすり合わせがおこなわれたのである。たとえば、一九五五年三月に毛沢東は、**中国の社会主義実現への歩みは長い歴史的道のりであると**認め、次のように指摘した。**わが国のような大国においては、状況は複雑である。もともと国民経済が発達していないのだから、やはり状況は複雑である。国民経済が発達していないのに社会主義建設をおこなうのは、決して簡単なことではない。社会主義社会を建設するには三度の五カ年計画で実現できるが、強大かつ高度に工業化された社会主義国家を建設するには、何十年も堪え忍び、努力し続けなくてはならない。もし五十年かかるのであれば、今世紀（二〇世紀）いっぱいまでかかることになる。**[116] 一九五七年以降は、一九五九年の廬山会議や一九六六年の第八期十一中全会のように、指導部の不一致と路線対立が顕在化した。一九七八年になって再び認識の一致が図られ、同年一二月の第十一期三中全会や一九八一年六月の第十一期六中全会では、共通認識を得るに至った。指導部の認識とその路線の違いもまた、中国社会の発展プロセスに直接的な影響を与える要素だったのである。

中華人民共和国の経済発展史は、「万里の長征」同様、非常に偉大かつ曲折に満ちた工業化・近代化の歴史そのものであり、新中国成立以降、おおよそ四つの時期に区分することができる。(一)一九四九〜一九五六年。建国初期の国民経済復興期であり、新民主主義から社会主義への転換期である。第一次五カ年計画はこの時期に実行された。この時期、中国は真の意味での国内の政治的統一を果たして中央主導の計画経済体制を打ち立て「ソ連モデル」を模倣、「一化、三改」を実施し、社会主義の基本制度を整備した。新中国の経済および制度面の基盤が固まった時期であり、近代的経済発展と社会の進歩における第一次黄金期といえる。(二)一九五七〜一九六五年。この時期は社会主義建設に全面的に着手した時期とされるが、実際にはかなりの曲折を経ることになった。[117]「大躍進」と人民公社に始まり、「大危機」「大飢饉」さらには「大調整」「急速回復」へと至る過程であり、中国経済が最も落ち込んだ特殊な時期であった。(三)一九六六〜一九七六年。この十年間は「文化大革命」の時期であり、全面的な政治的内乱と社会的動乱が党と国家、全国各民族人民に深刻な災難をもたらし、きわめて悲惨な政治的教訓を残した時期である。それでも、国民経済と社会発展においては一定の進展があった。[118] 一九七六〜一九七八年にかけての「四人組」打倒と「文化大革命」の終結によって、「乱世」は平定され、政治的動揺をはらみつつも中国は再び前進していった。この時期は中国独自のきわめて特殊な政治的発展期であった。(四)一九七八年以降。この年の末に開かれた第十一期三中全会を機に、中国は経済改革と対外開放の時代に突入した。近代的な経済発展が長期にわたって持続する第二次黄金期の到来である。社会の巨大な変化、経済の急速な台頭、文化の新たな隆盛、政治の統一と安定という点で、現代中国にとって最も重要な時期である。

中国共産党とその指導者にひきつけて言えば、革命政党から政権政党への転換、革命家集団から政治家集団への転換をいかに成し遂げるかが、彼らの直面した課題だった。一九四九年に毛沢東はそのことを十分意識し、次のように述べた。**われわれの目の前にあるのは、経済建設という重大な任務である。われわれが得意なものは次第になくなっていき、不得手なことをやらなければならない。これがすなわち困難である。われわれは困難を乗り越え、知らないことを学ばねばならない。**われわれはあらゆる専門家（それがどのような人であれ）に経済活動について学ばなければならない。彼らを師とし、敬い、まじめにこつこつと学ぶ。知らないことは知ったかぶりをせず、素直に知らないと言う。役人風を吹かせない。そうやって数カ月、一年二年、さらには三年五年と続けていけば、いつかはすべて学び終えることができるはずである。毛沢東はさらに次のような展望を述べた。**いかなる政党であれ人であれ、間違いは犯すものである。だが、間違いはなるべく少なくすべきであり、間違いを犯したならば修正を**

求め、修正は早ければ早いほど、徹底的であればあるほどよい[119]。

後の結果から見ると、先に述べた二つの転換は毛沢東が考えていたよりもはるかに困難で、はるかに長い時間を必要とし、誤りを正すのは想像以上に困難だった。このことが毛沢東時代ならではの「成功から失敗へ」という特徴を形づくっている。しかし、この時代の経験と教訓があったからこそ、鄧小平は政権政党への転換、政治家集団への転換に成功できたのである。

注

1 国家統計局編『新中国五十年：一九四九－一九九九』七頁、北京、中国統計出版社、一九九九。
2 ギルバート・ロズマン主編『中国的現代化』中国語版、六頁、南京、江蘇人民出版社、二〇〇三。
3 ギルバート・ロズマン主編『中国的現代化』中国語版、五頁、南京、江蘇人民出版社、二〇〇三。
4 本節は、胡鞍鋼「中国近代化の優勢と劣勢」（胡鞍鋼『中国：走向二十一世紀』一三六～一四一頁、北京、中国環境科学出版社、一九九一）を参考にしている。
5 Time Almanac 2008, pp.996, Time Almanac, 2007.
6 コルナイ・ヤーノシュ『社会主義体制：共産主義政治経済学』中国語版、「中国語版への序言」四頁、北京、中央編訳出版社、二〇〇八。
7 毛沢東「新政治協商会議準備会議における講話」一九四九年六月一五日、『毛沢東選集』第四巻、一四六三～一四六五頁、北京、人民出版社、一九九一。
8 孫健『中国経済史―近代部分』七二四頁、北京、中国人民大学出版社、一九八九。
9 鄒讜『美国在中国的失敗（一九四一－一九五〇年）』中国語版、三九〇～三九一頁、上海、上海人民出版社、二〇一二。
10 アンガス・マディソン『中国経済的長遠未来』中国語版、七一～七二頁、北京、新華出版社、一九九九。
11 ギルバート・ロズマン主編『中国的現代化』中国語版、四〇三頁、南京、江蘇人民出版社、二〇〇三。
12 ギルバート・ロズマン主編『中国的現代化』中国語版、六頁、南京、江蘇人民出版社、二〇〇三。
13 郭慶、胡鞍鋼『中国工業化問題初探』八頁、北京、中国科技出版社、一九九一。
14 ロズマンらによれば、中華人民共和国が旧中国と決定的に異なる点は、強大な中央政府を設立できたことにあった。その結果、急速な経済成長に必要な各種技術や資源の動員が可能になり、中国共産党は資源の供給および拡大において非凡な能力を発揮した。さらにロズマンらは、軟弱な中央政府は近代化において不利に働くが、一方で民主を欠き、過度に権力が集中した中央政府も近代化においては不利に働き、そのバランスをとるのはきわめて難しいという点も指摘している。ギルバート・ロズマン主編『中国的現代化』中国語版、六頁、南京、江蘇人民出版社、二〇〇三。
15 毛沢東「浣溪沙・和柳亜子先生」一九五〇年一〇月。
16 毛沢東は一九四九年九月三〇日の政治協商会議第一回会議において次のように述べている。「解放後、われわれは中国の圧倒的大多数を政治・軍事・経済・文化およびその他の各種組織にまとめ上げ、『ばらばらの砂』状態に終止符を打つべきである」。毛沢東「中国人民大団結万歳」一九四九年九月三〇日、『毛沢東選集』第五巻、九～一〇頁、北京、人民出版社、一九七七。一九四九年九月二一日、劉少奇は政治協商会議において中国共産党を代表して次のように述べた。「過去において『ばらばらの砂』と揶揄された四億七五〇〇万の中国人民は、いったん正しい指導の下で団結した力となったならば、全世界を照らす光となるであろう。それはあらゆる敵を速やかに消し去り、すべての困難を克服し、この立ち遅れた中国に独立・民主・平和・統一、そして強力な新中国を建設してみせるであろう」。『劉少奇選集』上巻、四三三頁、北京、人民出版社、一九八一。

17　何沁主編『中華人民共和国史』六六～六九頁、北京、高等教育出版社、一九九七。

18　Perkins, Dwight, Government as an Obstacle to Industrialization: the Case of Nineteenth-Century China, J. of Economic History 27, 4, 1967, pp.478~492. 王紹光『美国進歩時代的啓示』（北京、中国財政経済出版社、二〇〇二）より。

19　Young, Arthur N. China's Nation-Building Effort, 1927-1937: the Financial and Economic Record, pp.1~11, Stanford, CA: Hoover Institution Press, 1971. 王紹光『美国進歩時代的啓示』（北京、中国財政経済出版社、二〇〇二）より。

20　この時期の財政改革に関するより詳しい論考は以下を参照。Young, Arthur N. China's Nation-Building Effort, 1927-1937: the Financial and Economic Record, pp.1~11, Stanford, CA: Hoover Institution Press, 1971. ヤングは一九二九～一九四七年に国民党政府の財政顧問を務めた。王紹光『美国進歩時代的啓示』（北京、中国財政経済出版社、二〇〇二）より。

21　汪之庸『民国財政簡論』一一五～一一六頁、台北、華国書局、一九五二。これは最も高く見積もった部類である。Thomas Rawski (1989) は、一九三〇年代前期における中央・各省ならびに地方政府の税収は、当時の中国の総生産の五～七%と推計している。Arthur N. Young (1971, pp.102~103) の推計ではさらに低く、「公共部門の金額はGDPのわずか五%ほどしかなかった」としている。王紹光『美国進歩時代的啓示』（北京、中国財政経済出版社、二〇〇二）より。

22　財政部編『中国財政統計年鑑』一五頁、一五二頁、一五六頁、北京、中国財政経済出版社、二〇〇二。王紹光『美国進歩時代的啓示』北京、中国財政経済出版社、二〇〇二。

23　Hardin, Russell, Why a Constitution? pp.100~120. In Bemard Grofman and Donald Wittman (eds.), the Federalist Papers and the New Institutionalism, New York: Agathon, 1989. 王紹光『美国進歩時代的啓示』（北京、中国財政経済出版社、二〇〇二）より。

24　トーマス・ロースキー『戦前中国経済的増長』中国語版、三二九頁、杭州、浙江大学出版社、二〇〇九。

25　マクファーカーは次のように認識していた。過去の中国政府は安定した農業社会の維持を目指していたが、現在の共産党政府は、中国を近代的工業国につくりかえるという目標を掲げ、しかもそれをできるかぎり早く実現しようとしている。しかし、目標を追求するあまり、のぼせ上がって冷静さを失うと、成功するための手段が逆に破壊する武器になることすらあり得る。中国共産党は抑圧されてきた農民を輝かしい戦績を誇る戦士へと育て上げ、わずかな土地所有者を集団農民へと変身させたが、それはまた、彼らを「大躍進」運動に動員することも可能にしたのである。マクファーカー「後記――統一の重責」、ロデリック・マクファーカー著、ジョン・フェアバンク編訳『剣橋中華人民共和国史：中国革命内部的革命（一九六六～一九八二）』中国語版、九二三頁、北京、中国社会科学出版社、一九九二。

26　ギルバート・ロズマン主編『中国的現代化』中国語版、四〇四頁、南京、江蘇人民出版社、二〇〇三。

27　Angus Maddison, The World Economy: Historical Statistics, Paris: OECD, 2003, p.258, 261, 2003.

28　一国の国内市場規模は、人口規模と平均収入、および各種の潜在需要から求められ、一般的に以下の公式で表される。国内市場規模＝人口×平均収入＋潜在需要。

29 胡鞍鋼『中国：走向二十一世紀』一三六～一三九頁、北京、中国環境科学出版社、一九九一。

30 トーマス・ロースキー『戦前中国経済的増長』中国語版、三三八～三三九頁、杭州、浙江大学出版社、二〇〇九。

31 毛沢東「革命の転換と過渡期における党の総路線」一九五三年一二月、『毛沢東文集』第六巻、三一六頁、北京、人民出版社、一九九九。

32 毛沢東「中華人民共和国憲法草案について」一九五四年六月一四日、『毛沢東文集』第六巻、三二九頁、北京、人民出版社、一九九九。

33 『毛沢東文集』第七巻、二六八頁、北京、人民出版社、一九九九。

34 『周恩来選集』下巻、四三九頁、北京、人民出版社、一九八四。

35 『周恩来選集』下巻、四七九頁、北京、人民出版社、一九八四。

36 ギルバート・ロズマン主編『中国的現代化』中国語版、四五七頁、南京、江蘇人民出版社、二〇〇三。

37 ギルバート・ロズマン主編『中国的現代化』中国語版、四五五頁、南京、江蘇人民出版社、二〇〇三。

38 本節は主に胡鞍鋼『中国：走向二一世紀』五～一〇頁（北京、中国環境科学出版社、一九九一）に基づいている。

39 W. W. Rostow, Why the Poor Get Richer and the Rich Slow Down, Austin: University of Texas Press, p.261 and Appendix, I, 1980.

40 アンガス・マディソン『中国経済的長遠未来』中国語版、五八頁、表2―2c、北京、新華出版社、一九九九。

41 トーマス・ロースキー『戦前中国経済的増長』中国語版、三二九頁、杭州、浙江大学出版社、二〇〇九。

42 国家統計局編『新中国五十年：一九四九－一九九九』三四頁、三八頁、北京、中国統計出版社、一九九九。

43 毛沢東「中国共産党第七期中央委員会第二回全体会議における報告」一九四九年三月五日、『毛沢東選集』（合訂一巻本）、一三二〇頁、北京、人民出版社、一九六七。

44 国家統計局編『国民収入統計資料匯編（一九四九－一九八五）』三頁、北京、中国統計出版社、一九八七。

45 国家統計局編『国民収入統計資料匯編（一九四九－一九八五）』一一頁、北京、中国統計出版社、一九八七。

46 国家統計局編『新中国五十年：一九四九－一九九九』一七頁、北京、中国統計出版社、一九九九。

47 国家統計局編『新中国五十年：一九四九－一九九九』二三頁、北京、中国統計出版社、一九九九。

48 国家統計局『中国農業統計年鑑（一九九八）』三三頁、北京、中国統計出版社、一九九八。

49 何沁主編『中華人民共和国史』六三頁、北京、高等教育出版社、一九九七。

50 毛沢東「中国共産党第七期中央委員会第二回全体会議における報告」一九四九年三月五日、『毛沢東選集』第四巻、一四三〇頁、北京、人民出版社、一九九一。

51 国家統計局編『新中国五十年：一九四九－一九九九』二三頁、北京、中国統計出版社、一九九九。

52 李富春「国民経済発展の第一次五カ年計画に関する報告（抄録）」一九五五年七月五日、六日、第一期全国人民代表大会第二回会議における報告、中共中央文献研究室編『建国以来重要文献選編』第六冊、二九八頁、北京、中央文献出版社、一九九三。

53 国家統計局編『我国的国民経済建設和人民生活』五頁、北京、中国統計出版社、一九五八。

54 国家統計局編『中国統計年鑑（一九八三）』五六八頁、北京、中国統計出版社、一九八三。

55 国家統計局編『奮進的四十年』五頁、北京、中国統計出版社、一九八九。

56 Paul Bairoch, International Industrialization Levels from 1750 to 1980, Journal European Economic History, p.11, November, 1982.

57　劉少奇「中国共産党第八回全国代表大会における政治報告」一九五六年九月一五日、『劉少奇選集』下巻、二二八頁、北京、人民出版社、一九八五。
58　姜魯鳴、王文華『中国近現代国防経済史（一八四〇－二〇〇九）』三三〇頁、北京、中国財政経済出版社、二〇一二。
59　一九四九年七月九日、毛沢東は次のように指摘した。「中国はかつて帝国主義の支配するところとなり、多くの鉄道が帝国主義からの借款で建設された。帝国主義国家がこのような借款に応じたのは、侵略という目的に合致していたからである」。中共中央文献研究室編『毛沢東思想年編（一九二一－一九七五）』六六三～六六四頁、北京、中央文献出版社、二〇〇九。
60　国家統計局ウェブサイト、二〇〇九。
61　中国社会科学院、中央档案館編『中華人民共和国経済档案資料選編（一九四九～一九五二）』工業巻、三頁、北京、中国物資出版社、一九九六。
62　何沁主編『中華人民共和国史』六三頁、北京、高等教育出版社、一九九七。
63　董輔礽主編『中華人民共和国経済史』上巻、一六頁、北京、経済科学出版社、一九九九。
64　楊小凱『百年中国経済史筆記（從晩清到一九四九）』、電子版、二〇〇四。
65　胡縄主編『中国共産党的七十年』二六九頁、北京、中共党史出版社、一九九一。
66　World Bank, World Development Report 1984, Oxford : Oxford University Press, 1984.
67　国家統計局ウェブサイト、二〇〇九。
68　胡鞍鋼『人口与発展』二二五頁、杭州、浙江人民出版社、一九八九。
69　Rankin, Fairbank, Feuerwerker, 1986, p.12. 楊小凱『百年中国経済史筆記之二　民国経済史（一九一二－一九四九）』（電子版、二〇〇四）より。
70　Rankin, Fairbank, Feuerwerker, 1993, p.33. 楊小凱『百年中国経済史筆記之二　民国経済史（一九一二－一九四九）』（電子版、二〇〇四）より。
71　楊小凱『百年中国経済史筆記之二　民国経済史（一九一二－一九四九）』電子版、二〇〇四。
72　国家統計局編『新中国五十年：一九四九－一九九九』九一頁、北京、中国統計出版社、一九九九。
73　A. Eckstein, W. Galenson and T. C. Liu, eds., Economic Trends in Communist China, Aldine, Chicago University Press, 1968.
74　T. C. Liu and K. C. Yeh, Chinese and other Asian Economies : A Quantitative Evaluation, American Economic Review, May, 1973.
75　アンガス・マディソン『中国経済的長遠未来』中国語版、七六～七七頁、北京、新華出版社、一九九九。
76　汪海波『新中国工業経済史』六一頁、北京、経済科学出版社、一九九四。
77　董輔礽主編『中華人民共和国経済史』上巻、一三頁、北京、経済科学出版社、一九九九。
78　劉少奇「中国共産党第八回全国代表大会における政治報告」一九五六年九月一五日、『劉少奇選集』下巻、二二九頁、北京、人民出版社、一九八五。
79　『当代中国的人口』一七二頁、北京、中国社会科学出版社、一九八八。
80　曾慶紅「小康社会の全面的建設における留学生の特別な歴史的役割を十分に発揮させよう」『光明日報』二〇〇三年一〇月八日。
81　劉少奇「中国共産党第八回全国代表大会における政治報告」一九五六年九月一五日、『劉少奇文選』下巻、二三九～二四〇頁、北京、人民出版社、一九八五。
82　王維礼主編『中国現代史大事記本末』（下）、一二三四頁、ハルビン、黒竜江人民出版社、一九八七。

83　毛沢東「党の団結を強め、党の伝統を継承しよう」一九五八年八月三〇日、『毛沢東文集』第七巻、八七頁、北京、人民出版社、一九九九。

84　汪海波『新中国工業経済史』六四頁、北京、経済科学出版社、一九九四。

85　張寿春等『新中国経済建設評析』五頁、南京、東南大学出版社、一九九六。

86　国家統計局編『中国統計年鑑（一九八二）』五二〇頁、北京、中国統計出版社、一九八三。

87　「中華民国統計年鑑」中国文化事業公司、一九四八、潘晨光主編『中国人材発展六十年』一〇二頁（北京、社会科学文献出版社、二〇〇九）より。なお、国家統計局のデータでは五万人を超えていない。国家統計局編『新中国五十年：一九四九－一九九九』九頁、北京、中国統計出版社、一九九九。

88　ギルバート・ロズマンらの分析によれば、近代化の後進者は、次のような特殊な問題を克服しなければならないという。(一)先進国の発展モデルを参考にすることで、独自の発展モデルを探すためのコストを大きく減らすことができるとはいえ、先進国の発展モデルは自国の実情と大きくかけ離れていることから、逆にそれが足かせとなりやすい。(二)従来の物質的蓄積や技術、方法をそのまま近代化建設に生かすことが難しいため、「近代的国家」との国際的関係に依存せざるをえない。(三)かつてない規模、かつさまざまな手法によって、計画と資本蓄積の間にあるギャップを乗り越えなければならない。(四)政治・経済および社会の多方面にわたって急激な構造変革が必要であり、そのため、これまで必要とされなかった部分に対し、かなりの規模でコントロールをおこなわなければならないが、これまでコントロールしてきた根本の部分は、近代化によって破壊される可能性が非常に高い。ギルバート・ロズマン主編『中国的現代化』中国語版、南京、江蘇人民出版社、二〇〇三、鄧英淘『鄧英淘集：求実・発展』一一二頁、ハルビン、黒竜江教育出版社、一九八九。

89　胡縄主編『中国共産党的七十年』二五三頁、北京、中共党史出版社、一九九一。

90　『毛沢東選集』第四巻、一四六七頁、北京、人民出版社、一九九一。

91　張寿春等『新中国経済建設評析』二頁、南京、東南大学出版社、一九九六。

92　董輔礽主編『中華人民共和国経済史』上巻、三三頁、北京、経済科学出版社、一九九九。

93　呉承明『帝国主義在旧中国的投資』五二頁、五六頁、九八頁、一〇〇頁、一〇五頁、一〇七頁、北京、人民出版社、一九五六。

94　董輔礽主編『中華人民共和国経済史』上巻、三三頁、北京、経済科学出版社、一九九九。

95　董輔礽主編『中華人民共和国経済史』上巻、三四頁、北京、経済科学出版社、一九九九。

96　何沁主編『中華人民共和国史』三二頁、北京、高等教育出版社、一九九七。

97　董輔礽主編『中華人民共和国経済史』上巻、八～一一頁、北京、経済科学出版社、一九九九。

98　周太和主編『当代中国的経済体制改革』、北京、中国社会科学出版社、一九八四。

99　馬洪等主編『当代中国経済』一六頁、北京、当代中国出版社、一九八七。

100　董輔礽主編『中華人民共和国経済史』上巻、八～一一頁、北京、経済科学出版社、一九九九。

101　董輔礽主編『中華人民共和国経済史』上巻、七頁、北京、経済科学出版社、一九九九。

102　中共中央党史研究室編『中国共産党歴史　第二巻（一九四九－一九七八）』上冊、五三頁、北京、中共党史出版社、二〇一一。

103　董輔礽主編『中華人民共和国経済史』上巻、八五頁、北京、経済科学出版社、一九九九。

104　何沁主編『中華人民共和国史』五九頁、北京、高等教育出版社、一九九七。
105　中共中央党史研究室編『中国共産党歴史 第二巻（一九四九－一九七八）』上冊、一一三頁、北京、中共党史出版社、二〇一一。
106　何沁主編『中華人民共和国史』六七頁、北京、高等教育出版社、一九九七。
107　張培剛『農業与工業化：農業国工業化問題初探』中国語版、七〇～七一頁、武漢、華中工学院出版社、一九八四。
108　張培剛『農業与工業化：農業国工業化問題初探』中国語版、七〇～七一頁、武漢、華中工学院出版社、一九八四。
109　ウィリアム・ルイス『増長与波動』中国語版、二二七頁、北京、華夏出版社、一九八七。
110　郭慶、胡鞍鋼『中国工業化問題初探』六頁、北京、中国科学技術出版社、一九九一。
111　張培剛『農業与工業化：農業国工業化問題初探』中国語版、二四〇～二四一頁、武漢、華中工学院出版社、一九八四。
112　張培剛『農業与工業化：農業国工業化問題初探』中国語版、一〇七頁、武漢、華中工学院出版社、一九八四。
113　アンガス・マディソン『中国経済的長遠未来』中国語版、北京、新華出版社、一九九九。
114　郭慶、胡鞍鋼『中国工業化問題初探』二五～二六頁、北京、中国科学技術出版社、一九九一。
115　モーリス・マイスナー『毛沢東的中国及後毛沢東的中国』中国語版、八八頁、成都、四川人民出版社、一九九二。
116　毛沢東「中国共産党全国代表会議における講話」一九五五年三月、『毛沢東文集』三九〇頁、北京、人民出版社。
117　中共中央党史研究室によれば、比較的順調な発展を遂げた新中国成立初期の七年間に比べ、この十年は発展の方向を模索する中で紆余曲折を経た発展期であった。わが国の国家建設は、時に深刻なダメージを受けたこともあったが、それでも大きな成果があった。中共中央党史研究室編『中国共産党歴史 第二巻（一九四九－一九七八）』下冊、七三二頁、北京、中共党史出版社、二〇一一。
118　中共中央党史研究室編『中国共産党歴史 第二巻（一九四九－一九七八）』下冊、九六六頁、北京、中共党史出版社、二〇一一。
119　毛沢東「人民民主独裁を論ず」一九四九年六月三〇日、『毛沢東選集』第四巻、一四八〇～一四八一頁、北京、人民出版社、一九九一。

The Political and Economic History of China
1949-1976

第四章

建国初期から「一化、三改」まで

(一九四九～一九五六年)

一九四九年一〇月一日、中華人民共和国が成立した。毛沢東は「これは偉大な勝利であり、中国の歴史上かつてない大勝利であり、十月革命を引き継ぐ世界史的意義をもった大勝利でもある」[1]と称揚した。毛沢東の言う通り、斬新かつ強大な人民共和国が、名実ともにここに誕生したのである。産業革命以降の世界の歩みからみれば、新中国の指導者は、中国における偉大な産業革命時代を創始したといえる。「産業革命」とは、経済全体の成長、経済全体における工業部門の比重の急速な拡大、および工業部門の生産組織に生じる大きな変化を指す。一九四九年以前、このような産業革命の兆しが中国にも一時的に現れていたが、ようやくここに本格的な幕開けを迎えたのである。以来、中国の産業革命は六十年余り継続している。期間としては短いが、イギリスの百年（一七五〇〜一八五〇年）、アメリカの五十年（一八二〇〜一八七〇年）、日本の五十年（一八七〇〜一九二〇年）、ソ連の十四年（一九二六〜一九四〇年）の産業革命創生期に比べ、スケール、スピード、変化の度合いは、はるかに大きい。

毛沢東は中国革命（新民主主義革命を指す）の創始者にとどまらず、新中国の創設者にもなった。**彼は、「全国の革命任務の達成については、地ならしに三十年かかった。しかし、ここから家を建てる任務が始まる。これには数十年の長きを要する」[2]と、中国の古い地盤（旧制度）の除去を「地ならし」、新中国の礎（制度）を築くことを「家を建てる」という言い方で説明している。**これが中国共産党の歴史的使命であり、任務である。では、毛沢東は新中国建設に対してどのような構想と方針をもっていたのだろうか。彼が一九四〇年に提起した新民主主義社会の構想とはどのようなものか。一九四九年の全国人民政治協商会議で採択された「共同綱領」の建国構想が革新的で、中国の国情にも合致していたといえるのはなぜか。毛沢東が建国初期にこの構想の変更を急ぎ、社会主義社会への移行あるいは転換、「一化（国家の工業化）、三改（農業、手工業、資本主義商工業の社会主義的改造）」の総路線（過渡期の総路線）を打ち出したのはなぜか。新中国建設の大方針について、中国共産党指導部（主に毛沢東と劉少奇）の間に、どのような一致と不一致が存在したのか。工業化への道筋、発展戦略について、指導者はどのような選択をおこない、どのような目標を打ち出したか。ソ連をモデルとした計画経済体制を選択したのはなぜか。その長所と短所は何か。中国とソ連の経済体制にはどのような違いがあったのか。一九四九〜一九五六年の経済成長と社会の進歩をどう評価するか。建国後七年間という短い期間が、中国の経済成長における初の黄金期と言われるのはなぜか。この時期の経済発展が成功裏に進んだのはなぜか。重要な働きをしたのはいかなる要素か。この時期に毛沢東が果たした決定的役割とは何か。黄金期がわずか七年しか続かなかったのはなぜか。なぜ、「反右派闘争」へと舵が切られ、「大躍進」の苦境に転落していったのか。

本章で主に紹介するのは、新民主主義から社会主義への転換である。これは通常、一九四九〜一九五六年の期間を指す。**鄧小平は一九八一年三月一八日、『歴史決議』起草グループ責任者との会談の場で、建国後七年間の成果は誰もが認めるものであり、社会主義への変革は成功裏に進み、大変素晴らしかった、と述べた。**[3] **薄一波も、建国後七年間は「最良の時代」のひとつに数えられると述べている。**[4] **筆者はこの時期を新中国初の黄金期と呼びたい。**

第一節では、新中国成立初期の指導部が選択を迫られた三つのテーマ、経済成長戦略、経済体制、外交政策について簡単に説明する。第二節および第三節では、建国前後に毛沢東自身が描いていた新民主主義社会の基本構想と、新民主主義制度の強化にこだわった劉少奇の考えを紹介する。第四節では、毛沢東と党外人士との論争や、工業と農業、重工業と軽工業の関係についてのそれぞれの認識を含め、工業化開始当初の路線選択について検討する。第五節では、第一次五カ年計画について分析・評価する。計画推進にあたっての有利な条件と不利な条件、計画実施がもたらした経済成長と社会の進歩もそこに含まれる。第六節では、建国後七年間、中国が「ソ連モデル」を模倣し、中央集権的な計画経済体制を形成した理由を検討する。その理論的根拠（たとえば「モスクワ宣言」）や国際的背景を紹介しながら、工業化開始時における中国とソ連の背景や条件の違いを具体的に分析し、「ソ連モデル」が中国の国情に合致していなかったという見方を示す。第七節では、毛沢東が国有化と集団化を推進した国際的背景、経済的要因と政治上の目的を検討し、「三大改造」が中国の国情に合わなかった理由を説明する。第八節では、建国後七年間の評価をおこない、中国初の黄金期が実現した理由や毛沢東の果たした決定的役割について、政治面から説明する。そして、第九節は本章全体のまとめになる。

第一節　建国初期の路線選択
——中国指導部が直面した三つのテーマ

中国指導部の初期の路線選択は、最初から主観的かつ任意なものでもなければ、固定されたものでもなかった。むしろ、主観的意思と客観的条件、理論と実践の間を揺れ動きながら、調整と最適化を絶えずおこなっていくプロセスだった。**巨大な人口、経済的後進性、発展の不均衡という中国の国情、すなわち現実的な制約要素と、指導部が定めた目標と戦略、すなわち主観的要素が互いにぶつかり合い、それが工業化モデルに対する指導部の初期選択とその後の調整に絶えず影響を与え、彼らの意思決定を左右することになった。中心テーマは中国の国情に合致した路線の模索である。つまり、脱貧困・脱後進に重点を置き、先進国に追いつくことを目標としつつ**

も、西側資本主義とは異なる社会主義近代化路線を追い求めたのである。

建国初期、中国の指導者は、以下の三つのテーマで路線選択を迫られた。

一、経済成長戦略

第二次世界大戦後、世界は東西二大陣営に分裂しただけではなく、南北格差も日増しに拡大していく状況にあった。中国は、近代化から取り残された後進国として、独立したばかりのほかの途上国同様、先進工業国に追いつくことを最優先とするキャッチアップ型の成長戦略を選択した。その内容は、以下のようなものであった。工業化の推進方法については、国民経済の急速な回復の後、「共同綱領」が体現していた多様な経済要素が混在する工業化路線を放棄し、国家工業化路線に転換した。国家主導の工業化を選択し、民間を排除したのである。工業化の重点は都市に置かれ、農村は置き去りにされた。農業よりも工業の発展が優先され、農業優先路線、あるいは工業と釣り合いのとれた農業の発展という路線は退けられた。同じく、軽工業よりも重工業の発展が優先され、軽工業優先路線、あるいは重工業と釣り合いのとれた軽工業の発展は退けられた。さらに、世界経済との関係においては、輸入代替戦略と保護貿易政策がとられ、「自給自足」ともいえる内向型路線が選択された。世界第二の工業国・ソ連から大量の資金援助と大規模な技術提供を受けて近代工業の基盤をつくったとはいえ、外向型もしくは開放型の工業化によってグローバル経済に参入する道を、当時の中国は基本的に放棄したのである。

二、経済体制

中国の国家制度と経済体制の形成は、選択、確立、調整、改革、創造の連続した変化をたどっている。中国が最初に選択したのは、私営経済の成長を許容する新民主主義経済綱領（内容的には「共同綱領」に体現されている）であり、多種多様な経済要素が共存する体制である。しかしその後、自らの選択を否定し、社会主義への移行を急速に進めていくことになる。「三大改造」を柱とする社会主義運動が展開され、農村の集団化と家庭経済・個人経済の一掃、都市での国有化と集団化が推進された。結果、都市部では私営経済が壊滅し、大量に存在した個人経営経済は一掃され、社会主義公有制経済が確立された。また、ソ連式の中央集権的計画経済体制を範として踏襲し、当時の党中央書記処書記・周恩来、陳雲の指導の下で経済の危機的現状を克服、合わせて第一次五カ年計画（「一五」）の策定と実施に着手した。この「一五」計画は予想を超える成果を上げ、主要計画指標を前倒しでクリアした。中国にとって社会主義制度の選択は、中央集権的計画経済体制の選択と表裏一体だった。この中央集権体制の克服と変革に全力で挑んだ毛沢東は、一九五〇年代中期に大々的な行政改革＝分権化を図ったが、結果的には失敗に終わった。どのような経済体制を選択するか、そして選択された体制をどのように是正していくか、これが、建国後立ち止まることなく推進された社会の全面的変革の中で、常に中心にあったテーマである。それは社会主義制度の基本的性格を決定づけるものであると同時に、経済成長に多大な影響を及ぼすものでもあった。[5]

三、外交政策

世界有数の人口大国である中国の経済成長と社会の変遷は、世界、とくに大国（主にアメリカやソ連）との関係にストレートに影響される。同様に、中国の変化もまた国際政治・国際経済の枠組みに影響を与え、変化をもたらすことは必定である。世界でもまれにみる農業大国・最貧国だった中国は、建国当初、工業化を始動させ、推進していくだけの資金・技術・人材・輸出市場をもっていなかった。対外開放によって海外の資源と市場を十分に利用し、先進国との貿易を通じて必要な資源・技術・設備・製品を獲得することは、非常に重要である。対外開放は中国の経済成長の源であり、経済成長を加速させる推進装置でもある。しかし、当時の中国は、良好かつ平和的な国際環境と開放の条件を欠いていた。

第二次世界大戦後、世界には二つの政治パワーが対立する冷戦構造が形成された。一九四六年、イギリスの首相チャーチルは「鉄のカーテン」演説をおこない、アメリカとイギリスが同盟を結んで、ソ連の「共産主義の脅威」に対抗しようと呼びかけた。一九四七年、アメリカは「トルーマン・ドクトリン」「マーシャル・プラン」を打ち出し、「冷戦」が本格的に始まった。[6]まもなく成立しようとしていた新中国は、米ソ両陣営の間で選択を迫られた。

建国後、中国政府はソ連と同盟して社会主義陣営に加わり、ソ連から資金と技術を獲得した。しかし、毛沢東は「同時にポーランド、チェコスロバキア、ドイツ、イギリス、日本、アメリカなどと商売をする準備をしなければならない」[7]とも述べた。

それ以前の一九四七年一〇月一〇日、毛沢東が起草した「中国人民解放軍宣言」第八条では、「蔣介石独裁政府の一切の売国外交を否定し、一切の売国条約を廃止し、内戦期間中に蔣介石が負った一切の対外借款を否認する。アメリカ政府には中国の独立を脅かす駐留軍の撤退を要求し、いかなる国であろうとも、蔣介石や日本侵略勢力の復興を援助することに反対する。外国と平等互恵の通商友好条約を締結する」と明確にしている。

一九四九年一二月、毛沢東はソ連でスターリンと会談した際、中国への援助と一日も早い台湾の解放を要請した。ソ連の援助の下、新中国の海軍・空軍の設立が急ピッチで進められた。[8]

一二月三一日、中国共産党中央委員会は「前線戦士と全国同胞に告げる書」を交付し、「台湾解放」のスローガンを正式に打ち出した。「中国人民解放軍と中国人民の一九五〇年の栄誉ある戦闘任務は、台湾、海南島とチベットの解放であり、蔣介石の残存勢力を壊滅させ、中国統一事業を完成させることである。アメリカ帝国主義侵略勢力には、わが国領土にいかなる立脚点ももたせない」とした。

一九五〇年一月五日、トルーマン大統領は声明を発表し、台湾が中国の領土であることを無条件に認め、台湾に干渉しないと宣言した。また、「アメリカ政府は現在、台湾で特別な権益を得るつもりもなければ、軍事基地を建設するつもりもない」こと、武力によって現情勢を左右する意思がないことを合わせて表明した。中国の内戦に深々と介入する道は、アメリカ政府の選択肢にはなかったのである。同様に、台湾を軍事的に援助する意志もなければ、政治的に庇護する心づもりもなかった。[9]アメリカ政府は「蔣介石を捨て」、「台湾を放棄する」政策をとり、台湾に居留するアメリカ人を撤収させる命令を出した。[10]これも毛沢東の「台湾解放」のための戦略配備を促した。

しかし、六月二五日に朝鮮戦争が勃発し、アメリカ艦隊が台湾海峡に侵攻した。この想定外の事態によって情勢全体が様変わりした。一日も早く台湾を解放するという中国の戦略は変更を余儀なくされたのである。

一九四八年八月二五日、アメリカ政府の支持の下、韓国に李承晩政権が成立、同年九月九日には金日成が朝鮮民主主義人民共和国政府を組織し、朝鮮半島は南北に分断された。同年末、ソ連軍とアメリカ軍は前後して撤退したが、一九五〇年六月二五日に戦争が勃発、翌日、アメリカ空軍と海軍の部隊が朝鮮に侵入し、韓国軍の作戦を支援した。

六月二七日、トルーマン大統領は朝鮮戦争に対して声明を発表、これまでの台湾政策を変更し、アメリカ海軍第七艦隊を台湾海峡に送り、台湾に対するいかなる攻撃も阻止するとし、台湾をアメリカの武力の保護下に置いた。同時に、大陸に対する台湾の武力挑発にもストップをかけ、台湾の空・海軍の活動に制限をかけた。「蔣介石を捨て」、「台湾を放棄する」政策から、[11]「蔣介石を保護し」、「コントロールする」政策に転換したのである。突発的な戦争が蔣介石の運命を救い、毛沢東から台湾解放と中国統一のチャンスを奪うかたちになった。こうして、いわゆる「台湾問題」が後世に残されることになった。

七月七日、アメリカをリーダーとする国連軍が朝鮮に侵攻した。同時に、台湾に対するいかなる攻撃も阻止せよとのトルーマン大統領の命を受け、アメリカ海軍第七艦隊が台湾海峡に派遣された。

内外情勢を総合的に判断した中国共産党中央は、「北朝鮮人民を支援し、台湾解放を延期する」ことを決定した。[12]

一〇月二日、毛沢東はスターリンに打電し、「われわれは志願軍の名義で一部の軍隊を朝鮮国境内に派遣してアメリカおよびその手先である李承晩の軍隊と闘い、北朝鮮の同志を支援する作戦を決定した」と告げた。[13]

同月八日、毛沢東は中国人民革命軍事委員会主席の名義で人民志願軍を組織する命令を出した。東北辺境防衛軍が人民志願軍となり、彭徳懐が司令官兼政治委員に任命された。[14]同日、毛沢東は金日成に打電し、人民志願軍が朝鮮に入り戦闘すると告げた。[15]

一八日、毛沢東は人民志願軍に向け、朝鮮に入り戦闘するよう正式な命令を下した。

翌一九日、彭徳懐を司令官兼政治委員とする人民志願軍が命を受けて朝鮮の戦場に向かった。

朝鮮戦争は三年一カ月の長きに及び、双方が投入した兵力は最も多い時で三〇〇万人以上に達した。アメリカが支出した戦費は四〇〇億ドル、消費した物資は七三〇〇万トン余り、中国が支出した戦費は六二億五〇〇〇万元、消費した物資は五六〇万トンであった。志願軍の戦死、戦傷、捕虜は合計七一万人余、戦闘により三六万六〇〇〇人余の人員が減少した。[16]一九五三年の和平交渉を経て、三八度線を軍事境界線とする停戦状態のまま、戦争はひとまず終結した。朝鮮戦争の過程でかつてない規模の国民総動員を実現した中国は、人民の愛国主義的情熱を「抗米援朝（アメリカに抵抗し朝鮮を支援する）」支持に転化し、さらには新中国建設を優位に進める政治力に転化していった。同時に、成立間もない新中国が、敗北や屈服とは無縁の存在であることを全世界に知らしめたのである。

しかし、中国も相応の代価を払った。人民志願軍は、この戦争において大量の犠牲を出した。戦死者は事故死も含めて一一万四〇〇〇人、戦傷者はのべ三八万三〇〇〇人、行方不明者は二万九〇〇〇人に上った。最終的に、軍の人員減少は三六万六〇〇〇人で、朝鮮戦争参戦人員の一二・六％を占めた。志願軍の行方不明者の中で米軍の捕虜となったのは二万一〇〇〇人で、八〇〇〇人の行方はわからなかった。[17]従来の台湾解放プランは後退し、特有の「台湾問題」を抱えることになった。**朝鮮戦争後、アメリカをはじめとする西側資本主義国は、新中国に対して経済封鎖と貿易禁止を実施した。**[18]**その結果、西側先進国から資金援助・技術援助を得る道が閉ざされ、これが対外開放のプロセスにも大きく影響することになった。中国は「自力更生」の経済方針、「閉鎖自衛」の経済政策、「輸入代替」の経済戦略を余儀なくされたのである。**

経済成長戦略、経済体制、外交政策という三大テーマで建国初期の指導部がとった選択は、主観的願望に基づくものではなく、外的試練に対処するためにそうせざるを得なかったものであり、当時の内的条件と国際環境という客観的制約を

多分に受けたものだった。一度なされた選択には必ず「経路依存」が生じ、さらには「経路の固定」が生じてくる。重大な危機や大改革、国際情勢の激変が生じない限り、路線変更は不可能になる。こうして、相互に関連しながらも、画然と異なる二つの時代が生み出されることになった。すなわち、毛沢東時代と鄧小平時代である。

経済後発国として、中国の経済発展や体制には、後発国一般に共通する特徴があった（コラム４－１）。これらの特徴は、上述の選択の根拠をかなりの程度説明するものになっている。

コラム４－１ **後進国の経済発展および体制にみられる特徴**

アレクサンダー・ガーシェンクロンは以下のように考えた。

（一）後発国であるほど、その工業化のスタートは往々にして連続性を欠き、製造業の高度成長による突然の推進プロセスが出現する。

（二）後発国であるほど、その工業化プロセスにおける工場や大企業の強さもまた明確になる。

（三）後発国であるほど、消費財ではなく生産財と非消費財の生産がますます明確に強調されるようになる。

（四）後発国であるほど、人々の消費水準に対する圧力はますます大きくなる。

（五）後発国であるほど、新興工業への資金供給を増加させるため、集中的で明確な指導を与える制度の役割はますます大きくなる。後発の度合いが大きいほど、その強制力と広範さはますます顕著になる。

（六）後発国であるほど、労働生産性の向上をもってしても、拡大する工業製品市場において、農業が何らかの積極的な役割を果たすことはできなくなる。

資料出典：Alexander Gerschenkron, Economic Backwardness in Historical Perspective : A Book of Essays, Harvard University Press, 1962.

第二節　毛沢東の建国構想と実践

一九四九年一〇月の中華人民共和国成立から生産手段の私有に対する社会主義的改造がおおむね完了する一九五六年までが、新民主主義から社会主義への移行期である[19]。新中国成立前の中国経済は、深刻な危機の只中にあった。一九四九年の全国の生産額をそれまでのピークと比べると、工業生産額は半分に落ち込み、なかでも重工業は七〇％、軽工業は三〇％それぞれ減少し、農業は約二五％減少した[20]。建国後わずか七年間で新中国はこの危機を克服し、国民経済の急回復を成し遂げ、経済建設を計画的に推進したことになる。農村における土地改革と社会主義的な農業合作化運動の展開、都市における公私合営と国有化運動の大々的な展開および個人企業の集団化・合作化の推進、国家による工業化のスムーズな発動、さらに第一次五カ年計画の策定・実施と、政治・経済における社会主義制度の確立に向けて大きな一歩を踏みだしたのである。同時に、国内建設に集中できる国際環境、すなわち国際平和の実現に尽力し、平和五原則を提唱した。

一九四九年まで、中国共産党指導者は人民共和国の創建を最優先任務にしていた。独立、統一、平和、民主、富強の新中国の建設がその目的である[21]。しかし、劉少奇は先を見据え、建国後は経済建設を党の中心任務にすべきだと提起した[22]。中国共産党の指導者が目指したのは、新しい人民共和国、すなわち新民主主義社会の建設であって、新しい王朝ではない。そこが歴代封建王朝や民国政府との違いである。一九四〇年の時点で、毛沢東はすでに新民主主義の政治綱領、経済綱領、文化綱領の三本柱を提起し、新中国建国の理論的な礎を用意していた。一九四九年九月、毛沢東の直接指導の下で周恩来が中心になって策定した「共同綱領」が全国政治協商会議で正式に採択された。そこでは、「中華人民共和国は新民主主義、すなわち人民民主主義の国家である」ことが明記されている[23]。建国当初、劉少奇は新民主主義制度を盤石にする考えを提起した。混合型経済を確立し、拙速な社会主義への移行を戒める考えである。しかし、一九五三年、毛沢東は早々に路線を変更する。新民主主義の経済綱領を変更・放棄し、新たに過渡期の総路線、すなわち「一化、三改」を提起したのである。実質的には、ソ連式の社会主義国家工業化路線と、重工業を優先的に発展させる工業化モデルの選択である。同年三月には「選挙法」が公布・施行され、全国規模の選挙（全人代に参加する人民代表の選出）がはじめておこなわれた。翌年招集された第一期全国人民代表大会第一回会議では「中華人民共和国憲法」が採択され、社会主義社会の建設が明文化された[24]。人民代表大会制度という中国独自の制度が、ここに本格的にスタートすることになった。一九五六年の共産党第八回全国代表大会では、「一日も早くわが国を立ち遅れた農業国から先進的工業国にすること、これが党と人民の当面する中心任務である」ことが定められた[25]。この大会で採択された「中国共産党規約」は、党の集団指導体制の堅持、民主集中制の整備、党組織と党員に対する監督の強化、党内民主の発展を規定した政権政党にふさわしい規約であり、これによって中央政治局常務委員会の指導体制が確立した。それは同時に、毛沢東をリーダーとする、最初の中核指導部集団が形成されたことを意味するものだった。

一、毛沢東の建国構想――新民主主義社会

新民主主義社会の建設という毛沢東の当初の建国構想は、決して「思いつき」ではない。熟考の産物であり、入念に練り上げられたものである。毛沢東理論の実践的表現であり、新中国の社会構想としてきわめて重要なものであった。

新中国成立前の一九四〇年、毛沢東は「新民主主義論」の中で、新民主主義社会建設の構想と、それを実現するための三大綱領を提起した。三大綱領とは次のようなものである。(一)新民主主義の政治綱領。国家体制としては、革命的諸階級による連合独裁政権を樹立し、政治体制としては民主集中制を実行する。建設されるべき国家は、新民主主義の共和国である。(二)新民主主義の経済綱領。中国経済を以下の三つで構成する。(イ)官僚資本による大規模な銀行・工業・商業を国家の所有とし、国家が経営・管理する。国営経済の性質は社会主義であり、国家経済全体をリードする力である。(ロ)「国民生活をコントロールしない」限りにおいて資本主義的生産の発展を認める。(ハ)農村では地主の土地を没収し、土地をもたない、または土地が少ない農民に分配し、孫文の「耕す者がその土地を所有する」という主張を実現、土地を農民の私有財産に変える。(三)新民主主義の文化綱領。文化とは、すなわちプロレタリアートが指導する人民大衆の反帝国主義・反封建主義の文化であり、民族固有の性格を帯びたものである[26]。

歴史的に比較すると、毛沢東の建国構想は、経済基盤・政治制度・社会構造において歴代封建王朝とは根本的に異なり[27]、官僚資本・大地主の利害を体現した蒋介石率いる国民党政府の建国路線ともまったく異なるものである[28]。国際的に比較すると、私有制を基盤とする欧米資本主義経済でもなければ、公有制を基盤とするソ連や東欧諸国の社会主義経済とも異なる第三の路線、すなわち中国独自の新民主主義経済である。確実に言えるのは、資本主義的要素と社会主義的要素が共存する一種の混合経済だということである。これが、相当に立ち遅れた経済の現実、つまり当時の中国の基本的な国情に踏まえて、毛沢東が創造的かつ現実的に打ち出した新たな建国構想である。毛沢東のこの建国構想は、孫文が「国民党一全大会宣言」で提起した民主主義綱領の影響を多分に受けている[29]。この当時の毛沢東がソ連の社会主義経済理論やモデルの

影響を受けていた形跡はみられない。

抗日戦争勝利後、中国は決定的な岐路に直面した。プロレタリアートが指導する人民大衆の新民主主義国家を打ち立てるか、それとも、大地主やブルジョアジーが独裁する半植民地・半封建国家を打ち立てるか。このまったく異なる二つの建国目標のせめぎあいの中で、自己の命運と前途を決定しなければならなかったのである。

一九四五年四月、七大政治報告「連合政府を論ず」の中で、蒋介石の国民党一党独裁に対抗して、毛沢東はすべての民主階級の連合による統一戦線政府の樹立を提起した。毛沢東はこれを新民主主義の国家制度と名づけ[30]、新民主主義社会建設の建国構想をあらためて提起すると同時に、「三種類の経済要素論」という独創的提起をおこなった[31]。資本主義の広範な発展にわれわれが賛同して悪いことは何一つない、いいことばかりだ、と報告ではとくに強調された。孫文が言うところの「それによって国民生活がふりまわされることがない」資本主義の発展を主張したのである[32]。この資本主義の発展に関する毛沢東の理論は、新民主主義理論に重要な進展をもたらした[33]。中国革命は必然的に二段階の革命になる、新民主主義段階を経て、その後にようやく社会主義段階に至る、しかも新民主主義段階は相当長く、一朝一夕に社会主義へと至ることはできない、空想家ではないわれわれは、目の前の現実から乖離することはできない、おおむねこれが毛沢東の結論である[34]。「連合政府を論ず」は七全大会で正式に採択され、当時の党の一般的行動綱領、基本綱領あるいは最低限綱領になった。

当時の中国共産党の政治力はまだかなり弱かったが、毛沢東が提起した建国綱領（政治・経済・文化の三大綱領）は、かなり独創的かつ体系的なものだった。西側資本主義の二大政党制や複数政党制、議会制の模倣でもなければ、ソ連社会主義の一党独裁、ソビエト制に範をとったものでもない。多党合作、連合政府、政治協商会議と人民代表大会制という、中国独自の新民主主義社会の特色をもった建国綱領であった。

一九四七年一二月、毛沢東は「現下の情勢とわれわれの任務」の中で、新民主主義経済を構成する「三種類の経済要素論」について詳細に解説し、「生産を発展させ、経済を繁栄させ、公私ともに配慮し、労資ともに利する」ことを国民経済の全体目標とする指導方針を提起した。そこでは商工業者の財産を保護し、合法的営業を保障することがとくに強調されている。上記の全体目標から逸脱する方針・政策・方法はすべて誤りだと毛沢東は考えた[35]。この指導方針は一九四九年の「共同綱領」に包摂され、新中国経済建設の基本方針になった。

毛沢東は、一九四九年三月の七期二中全会報告と同年六月の「人民民主独裁を論ず」の中で建国構想をより理論的に展開し、新中国初の準憲法「共同綱領」[36]制定のための理論的基礎と制度的枠組を提供した[37]。毛沢東の念頭にあったのは、ま

もなく誕生する新中国はブルジョア共和国ではなく人民共和国だ、ということである。[38]

当時、毛沢東が目指していたのは、「生産の復興と発展を一日も早く成し遂げ、帝国主義に対抗する力をつけること、そうして中国を農業国から工業国へと着実に転換させ、偉大な社会主義国家を打ち立てる」[39]ことだった。工業化の達成を社会主義社会移行の前提条件とし、社会主義へ移行してから工業化をおこなう、あるいは移行と工業化を同時並行で進めるとは考えていなかったことは明らかである。

毛沢東は「五種類の経済要素」説（国営経済、合作社経済、農民および手工業者の個人経営経済、私的資本主義経済、国家資本主義経済）を打ち出し、五つの経済要素の共存が新民主主義の経済形態だとした。一九四七年の「三種類の経済要素論」から「五種類の経済要素論」へと変化したわけだが、おそらくそこにはレーニンの影響がある。レーニンは一九二〇年代の過渡期に、大家族制農民経済、小商品生産者、民間資本、国家資本、社会主義からなる五種の経済要素を打ち出した。毛沢東の新民主主義の経済政策には、レーニンの「新経済政策」との共通点も多い。**しかし、毛沢東とレーニンの違いは、成立間もない新中国はすぐに社会主義へ転換できず、さまざまな制約があり、過渡期は短くできない、と毛沢東が考えていたことである。社会主義への移行には二十年から三十年はかかる、と毛沢東は見込んでいた。**[40]**その後も、十五から二十年でようやく農業国から工業国へ転換できる、ということを繰り返し述べている。**

建国前の毛沢東は、社会主義社会ではなく、新民主主義社会の建設を構想していた。**新民主主義社会の建設は、きわめて重要な独自性を有する中国近代化論・発展論であり、「十月革命」後すぐに社会主義への移行を図り、プロレタリア独裁を確立したソ連とは大きく異なる。**社会主義的要素もあれば資本主義的要素もあり、近代的経済の要素もあれば伝統的経済の要素もある新民主主義社会は、経済要素混合型の新しい社会であり、プレ社会主義社会であり、社会主義へと徐々に移行する中間社会でもある。それは、中国のような経済的に立ち遅れた人口大国で、いかに近代化と工業化を推進するかという根本問題に対するひとまずの解答であった。新民主主義社会の経済綱領は、国営経済の指導の下、複数の経済要素の共存共栄を奨励する経済政策である。**ソ連の社会主義経済政策とは明らかに異なり、それだけ毛沢東を代表とする中国共産党メンバーが、中国の国情と現実的制約を十分に理解していたということである。**

毛沢東が提起した新民主主義の経済綱領と経済政策は、共産党指導部の政治的コンセンサスとなっただけでなく、民主党派を含む党外の人々の社会的コンセンサスにもなった。経済学者の馬寅初は一九四一年、「今後の中国の経済政策はロシア、ドイツ、英米の三方式の長所を採用し、よく検討し、新しいしくみにするべきだ」とし、そうした折衷案は「中国の目下の要求に最も合っており、将来勇敢に前進でき、理想世界に到達することも難しいことではない」[41]とした。一九四七年にはさらに論を進めて、「計画ある自由経済」理論を発表する。彼は、「われわれは米英資本主義の自由競争制度を全面的に採用するわけにはいかない。同様に、すべてを国営にするソ連社会主義の制度も採用できない。われわれはあくまでも混合経済制度を提起する。官営企業と民営企業を同時並行で発展させる。アメリカのやり方は時代の要求に合わず、ソ連のやり方は中国の背丈に合わない。ゆえに、混合制を採用せざるを得ない」[42]と主張した。これは最も早い「混合経済」モデルの構想であり、中国の国情に基づいたものであった。

二、新民主主義社会の建国綱領の制定――「共同綱領」

一九四八年九月、毛沢東は中央政治局会議において、新中国の国家体制はプロレタリアートが指導し、労農同盟を基盤とした、ブルジョア民主派が参加する人民民主独裁だと発言した。彼は「**われわれは人民民主独裁であり、各級の政府にはすべて『人民』の二文字を付さなければならない。各種政権機構にもすべて『人民』の二文字を付さなければならない……それによって蔣介石政権とは異なることを示す**」[43]と、とくに強調した。**毛沢東は、民主集中制に基づく人民代表大会制度の採用、人民代表大会による政府の選出という創意あふれる提起をおこなった**。[44]

一九四九年一月八日、毛沢東によって起草され、党中央政治局で採択された「現下の情勢と一九四九年の任務に関する決議」はこう指摘している。「反動派代表を排除し、中国人民の革命任務達成を目指す各民主党派・各人民団体の政治協商会議を招集し、中華人民共和国の成立を宣言すること、共和国中央政府を組織し、合わせて共同綱領を採択すること、これが一九四九年の任務である」[45]。ここから、新中国成立に向けた党の本格的準備が始まった。それは主に、新中国建設の青写真をつくるという政治上の準備と、新たな政治協商会議の開催および新中国成立の宣言という組織上の準備の二つであった[46]。

三月一三日、毛沢東は七期二中全会で、「われわれはブルジョア共和国の国会制度は採用せず、プロレタリア共和国のソビエト（農民・労働者・兵士の評議会を指す）制度を採用する。代表会議とはソビエトのことである。しかし、プロレタリア独裁ではなく労農同盟を基盤とする人民ソビエトであり、そこが内容上ソ連と異なる。したがって、『ソビエト』という外来語は使わず、人民代表会議と呼ぶ。**中国では、ブルジョア共和国の国会制度はすでに腐臭を放っている。それを採用することはしない。採用するのは社会主義国の政権制度である**」と総括し、中国共産党が発起する新しい政治協商会議の招集と民主連合政府樹立の建議を全会一致で採択した[47]。

六月一五日、新政治協商会議準備会の第一回全体会議がおこなわれた。中国共産党、各民主党派、人民団体や無党派メンバーなど二三団体の代表者一三四人が会議に参加した。毛沢東は講話の中で「この準備会の任務は以下の通りである。必要な準備をぬかりなくおこない、速やかに新しい政治協商会議を招集して民主連合政府を樹立すること。それによって全国人民を指導し、国民党反動派の残存勢力を一日も早く一掃し、中国統一を実現すること。全国規模の政治・経済・文化・国防建設を系統的かつ着実に進めることである」[48]と述べた。これが、新中国成立に向けた毛沢東の「四大建設」任務である。

同月、周恩来を組長、許徳珩を副組長とし、そのほか二二人のメンバーで構成された「共同綱領」起草グループが発足した。中国共産党の代表は四人だけで、そのほかは非共産党メンバーであった。[49]同月下旬、周恩来は一週間前後をかけて草案の初稿を書き上げ、その後、グループ内で七回にわたり検討・修正がなされた。[50]八月二二日の草案初稿のタイトルは「新民主主義の共同綱領」で、草案では、「新民主主義の遂行」を「長期合作の政治的基礎」とし、新民主主義が「統一戦線の綱領」であること、「新民主主義の国家制度は労働者階級が指導し、労農同盟を基盤とし、各民主階級および中国国内の各民族が団結した、人民民主独裁の国家制度」であること、**「新民主主義の政治制度とは、民主集中制の人民代表大会の政治制度」であること、「新民主主義制度を実施する期間全体を通じて、一つの階級による独裁（プロレタリア独裁）、一党（中国共産党）独裁をおこなわず」、新民主主義綱領のもとに結集する各民主党派と人民団体で構成される連合政府を樹立すべきであることが規定された。**[51]

九月三日から一三日にかけて、毛沢東は「共同綱領草案」に対して少なくとも四回の修正をおこない、書き直した個所は二〇〇カ所余りになった。

「共同綱領」は、「新民主主義すなわち人民民主主義を中華人民共和国建国の政治的基礎とすることに完全に同意する」としている。これは、新中国の性格を新民主主義国家と規定したものである。**国家の基本任務は新民主主義建設を進めること、すなわち「新民主主義の人民経済を発展させ、着実に農業国から工業国へと変わることである」とされた。**「共同綱領」第二六条では、毛沢東が打ち出した経済建設の根本方針があらためて提起され、国営経済の指導の下で「五種類の経済要素」を分業・協業させることが明確化された。さらに、労働者、農民、プチブルジョア、民族ブルジョアジーの経済的利益および私有財産の保護も提起されている。この第二六条は、中華人民共和国の経済建設方針を根本的に規定したものである。すなわち、公私双方への配慮、労資双方の相互利益、都市と農村の互助、内外交流の諸政策を通じ、生産の発展と経済の繁栄という目標を達成する、というものである。

国家は、経営に関わる領域・原料供給・販売・労働条件・生産設備・財政政策・金融政策などの分野で、国営経済、合作社経済、農民および手工業者の個人経営経済、私的資本主義経済、国家資本主義経済を動員し、国営経済の指導の下に各種社会経済要素の分業・協業を図り、各々その所を得させ、もって社会経済全体の発展を促進する。[52]毛沢東はこれを「両面に配慮する統一計画（統籌兼顧）[53]」の精神と呼んだ。

民族ブルジョアジーへの対処では、毛沢東は「違うところがあるが、平等に見る」という方針を打ち出した。[54]「違うところがある」とは、社会主義的性格をもった国営経済が指導的立場にあり、私的資本主義経済や合作社経済とは区別しなければならない、ということである。しかし、それ以外のテーマにおいては「共同綱領」に基づいて処理し、公私を同様にみなして差別しないこと、これが「平等に見る」ということだとした。毛沢東は、「両面に配慮する統一計画」方針の下、合理的に商工業を調整し、公私関係と労資関係を適切かつ妥当に改善しなければならないと述べた。一部には、前倒しで資本主義を消滅させて社会主義を実行できるという人もいるが、それは間違っており、わが国の情況にはふさわしくない、とした。[55]

「共同綱領」は人民民主制度の実行を定めている。第八条では「中華人民共和国公民は思想、言論、出版、集会、結社、通信、人身、居住、移動、信仰およびデモの自由と権利を有する」と規定された。これは一九四五年四月の七大政治報告にある中国共産党政策綱領に基づいている。[56]

さらに、「共同綱領」では、新中国の基本的政治制度は「民主集中の原則に基づく人民代表大会制である」と定めている。中国の政治制度におけるもう一つの重要な特徴は、人民民主政治協商制度である。「共同綱領」では政治協商会議を「人民民主統一戦線の組織形態」と定めている。

「共同綱領」は、**中国が目指すべきは新民主主義国家であり、四大階級が共同で連合政府を組織し、**[57]**多党合作と政治協商制度を共産党の指導の下に確立し、「人民民主独裁」を実行すると規定している。**[58]**中国の人民民主独裁はソ連のプロレタリア独裁とは異なる。政治協商制度もソ連の一党独裁の政治制度とは異なる。**[59]これにより、新中国の三大基本政治制度、すなわち全国人民代表大会制度（一九五四年）、共産党が指導する多党合作と政治協商制度（一九四九年）、民族地域自治制度（一九五二年）が打ち立てられたのである。

三、建国初期の政治的実践——多党合作の連合政府

人民政治協商制度の創建。それは新中国が始まってすぐに採用された重要な政治制度であり、そのほかの基本制度はここからつくられた。ここでは、毛沢東らがこれらの基本的政治制度をいかにつくったのか、また、その後の中国の政治制度をどのように左右し、影響を与えてきたのかを見ていく。

一九四九年六月一五日、北京で新政治協商準備会第一回会議が開かれ、中国共産党と各民主党派、無党派民主人士など二三の団体から一三四人が参加した。その主な任務は、新しい政治協商会議を速やかに招集して民主連合政府を樹立し、中国全土を統一することだった。

九月二一日から三〇日、全国政治協商会議第一回全体会議が北平（北京）で開かれ、六二二名（一四党派の代表、九つの解放区の代表、人民解放軍の代表、各民間団体代表、七五名の著名人を含む）が参加した。中国民主同盟と中国国民党革命委員会の席次は共産党と同等であり、代表メンバーの多様性と包括性を示していた。劉少奇は会議で中国共産党を代表し、「一つの政党の資格で人民政治協商会議に参加し、そのほかの民主党派、各人民団体、各少数民族、海外華僑、そのほかの愛国民主分子とともに、新民主主義の共同綱領の基礎に立って誠実に協力し、中国の一切の重要な問題を決定する」[60]と述べた。この会議は全国人民を代表する性格をもち、全国人民代表大会を招集する権限を有していた。中華人民共和国成立に関する一切の事柄がこの会議で決定された。そこには、新民主主義の原則に基づく中国人民政治協商会議組織法の制定、中華人民共和国中央人民政府組織法の制定、中国人民政治協商会議「共同綱領」の制定、さらには中華人民共和国の首都を北平とし、北京と即日改称することなど[61]も含まれていた。ほかにも、人民の大団結の象徴として五星紅旗を中華人民共和国の国旗とすること、国歌が正式に決まるまでは「義勇軍行進曲」を国歌とすること、西暦を採用し、本年を一九四九年とすることなどが決められた。また、中国人民政治協商会議全国委員会および中華人民共和国中央人民政府委員会のメンバーもこの会議で選出された[62]。

中国共産党が指導し、各民主党派が参加する民主連合政府が樹立され、中央人民政府が成立した。一〇月に成立した第一回中央人民政府のメンバーでは、毛沢東が主席を務め、六名の副主席のうち、党外メンバーは三名（宋慶齢、李済深、張瀾）と半分を占めた。さらに党外メンバーは、委員五六名中二七名、副総理四名中二名（黄炎培、郭沫若）、政務委員一五名中九名を占めた[63]。政務院は三四の部、会、院、署、行を所轄、その長を務める党外メンバーは一四名で四一％を占めた。当時、中央人民政府内の副部長クラス以上の高級幹部（兼職を含む）では、共産党以外のメンバーが三分の一以上を占めていた[64]。中央人民政府指導メンバーは、共産党と各民主党派による度重なる協議を経て候補者が正式に確定した後に、選挙によって任命された[65]。**中国共産党が実施した多党合作制の成果がここに十分に表れている。各民主党派は野党や反対党ではなく、与党、提携党として、中央人民政府や各部門で職務を担当し、国家の仕事に直接参与することで、一種の長期共存、相互監督の関係が成立した[66]。毛沢東は党外メンバーの権限をとくに重視し、共産党員に対して、自発的に党**

外メンバーと協力、相談するよう求めた。[67]

「共同綱領」の規定により、政治協商会議は全国人民代表大会に代わって暫定的に職権を行使した。一九四九年に成立した中央人民政府は、中国人民政治協商会議第一期全体代表が「共同綱領」と「中央人民政府組織法」に基づいて選挙をおこない、生まれたものである。新しく成立した中央人民政府は、全国で統一して国家権力を行使する中央政権であり、中国を代表する唯一の合法的政府である。中央人民政府は五つの機関から組織された。国家の最高政府機関である中央人民政府、国家の最高行政機関である政務院、全国の最高裁判機関である最高人民法院、全国の最高検察機関である最高検察署、そして、全国の最高軍事統率機関である人民軍事委員会である。のちの四つの最高機関は、中央人民政府委員会により任命され、指導を受けた。一一月一日、中央政府各機関は正式に業務を開始した。「中央人民政府組織法」では、中央人民政府主席は大きな権力を有し、その権力の使用を制限する規定はなかった。一九五四年制定の「憲法」では、中華人民共和国主席の権力使用に対し、一定の制限が設けられた。

新中国の建設過程は、分裂から統一へ、分散から集中へ、分権から集権への移行であった。[68]一九四八年から中央集権の強化が始まり、[69]**党が国家を、党が軍を、党が全国を指導する基本制度が徐々に形成され、実践の中で絶えず改善と改革がおこなわれた。**抗日戦争期に形づくられた党の一元的指導方式の継承という側面もあるが、各級組織の発展を通じて、全国レベルの政権を運営するに足る重要な組織的基盤・指導方法・実務制度を形成していったという側面もある。[70]

まず挙げられるのが、中央への政策決定権の集中である。この時期の中国共産党は最大政党であり、一九四八年には全国に三〇〇万人の党員がいたが、数十の根拠地に分散していた。党中央は思想上、政治上、組織上の統一を強化するため、一九四八年八月一四日に「報告制度の厳格な執行に関する指示」を出した。これは、各地で中央の路線と方針、政策がどれだけ実施されているかを中央が適時把握するため、節目節目でのつまびらかな報告を厳格に義務づけ、報告を怠った場合は厳罰に処するものだった。九月、中央政治局会議は「中央局、分局、軍区、軍委員会分会および前委員会が中央に対し指示を仰ぐ制度に関する党中央の決議」を採択した。この決議の主旨は、党中央の集中統一指導を強化し、集中可能かつ必要な一切の権力を、中央と中央代表機関に集中させることにあった。自身と中央を同列に置くことはできず、党内や軍内に対して、中央を超える影響を与えることはできない、とした。同月二〇日、毛沢東は健全な党委員会制度に関する決定を党中央のために起草した。この決定は、党委員会制度は集団指導を保証し、個人の独断を防止するものであるとし、一切の重要問題は必ず委員会で討論し、十分に議論を尽くして結論を明確にした上で、それぞれが任務を実行しなければならないとした。

次に、財政経済体制の統一である。 一九四八年七月初めに中央財政経済部が設立され、董必武が部長となった。九月には、華北人民政府の発足にともない、華北財経委員会が設立され、「華北財経工作統一に関する決定」が出された。一二月一日には元華北銀行、北海銀行、西北農民銀行が合併して中国人民銀行が誕生、即日人民元が発行され、各解放軍の貨幣を統一し、新中国の本位貨幣となった。[71]

さらに、人民解放軍の編制と指揮の統一である。 一九四八年一一月一日、中央軍事委員会は「全軍組織および部隊番号統一に関する規定」を公布、人民解放軍を野戦部隊、地方部隊、遊撃部隊に分けることを定めた。野戦部隊の「縦隊」は軍と改称され、旅団は師団に統一、軍以上には兵団・野戦軍の二つの指揮系統が置かれ、軍以下は一般に三三制による組織編成をおこなうとした。団以上の各レベルの番号は、全軍統一の順序で割り当てられた。地方部隊は旅団を最高戦闘単位とし、各軍区所属となった。軍区は一級、二級、三級および軍分区に分けられた。遊撃部隊には縦隊・支隊の名称が残された。「共同綱領」では、「中華人民共和国は統一した軍隊を設立する。すなわち人民解放軍と人民公安部隊であり、中央人民政府人民革命軍事委員会がこれを統率し、指揮・制度・編成・法規の統一を図る」と規定された。一〇月一日、中央人民政府人民革命軍事委員会の発足が宣言され、毛沢東が主席となった。

中央政府を設立し、中央集権と地方分権との関係を適切に処理した。「共同綱領」では、「全国各地の地方政府は、すべて中央人民政府に従う」と規定された。この制度が、国家統一の基本制度となった。

政府工作に対する党の指導責任を強化した。 一九四九年一一月九日、中央人民政府内に中国共産党党委員会が組織され、委員会の基本任務が規定された。[72] 一九五二年一二月、毛沢東は政府、財経工作、工業建設に対する党中央および各級党委員会の責任を以下の通り明確にした。(一)主要かつ重要な方針、政策、計画は、すべて党中央により統一的に規定されなければならない。党の決議や指示の制定、あるいは関係諸機関の責任者および党組織の建議に対し、中央は審査と検討を加えなければならない。中央の各代表機関と各級党委員会は、党中央および中央人民政府の決議、指示、法令の範囲内で、自身の決議または指示を制定し、中央と上級より与えられた任務の達成を担保しなければならない。(二)党の決議と指示の実施度合いを調査する。[73] **こうした基本制度により、党が政府を指導し、全党が中央に従う原則が形成された。その結果、「ばらばらの砂」「派閥林立」だった中国で政治的統一、政策決定の集中、中央集権体制が急速に実現することになった。**

党内監督システムを確立した。 一九四九年一一月、党中央は朱徳を書記、王従吾と安子文を副書記とする中央規律検査委員会の設立を決定した。この委員会は、中央政治局の指導の下で活動をおこなった。同時に、地方各級の規律検査組織を全国的に設置した。その主要な任務は、各級組織、党幹部、党員の党規律違反行為の検査と審査である。[74]

国家行政管理レベルで、大行政区制度を実施した。[75]新中国成立後、中央政府の設立は相対的に容易に運んだが、地方政府の設立には、まず制度的枠組みをつくる必要があった。当時採用された方法は、人民解放軍の体制をそのまま政府の行政組織に移行させるという、きわめて簡素なものだった。解放軍総本部、野戦軍、軍、師団、団という軍隊組織に照応するかたちで、中央、大区、省、地区、県の行政組織を編成したのである。**この方法は、新政府設立のコストを大きく引き下げると同時に、軍による管理から国家と地方政府による統治への転換を全国レベルでスピーディに実現した。しかし一方で、政府の管理が重層化することにもなった。**

一二月、中央人民政府は華北（中央直属）、東北、華東、中南、西南、西北の六大行政区の設立を決定、党・政・軍が一体化した大区分権体制を確立した。[76]政務院の「大行政区人民政府委員会組織通則」は、大区指導者の任命と罷免は中央政府がおこなうと規定した。当時、大区の指導者の多くは各大区野戦軍の責任者が就任していたが、東北行政区の責任者だけは高崗だった。しかし、高崗自身も東北軍区の指導者だった。地方行政組織の構成について毛沢東は、「政府のメンバーは、国内各地から選ばれた共産党と進歩的人士が半々になっているのがよい」と主張した。彼は、「非共産党の幹部が参加していない政府はほどなく問題が起こる。共産党は永遠に非共産党人士と提携しなければならない。そうすれば悪事も官僚主義も簡単には発生しない」[77]と述べた。中央人民政府委員会は各大行政区において、愛国民主人士を軍政委員会の副主席に任命した。[78]大区の政府は単独で行政権力を行使することが認められていた。

一九五一年一月、政務院は「地方人民政府通則」を公布、各級地方政府の従属関係、組織構成、職権、機構などを規定した。同年の統計では、中央人民政府直轄の一級行政区は、五大行政区（東北、華東、中南、西北、西南行政区）、華北事務部（華北五省二市を管轄）、二九の省と、省に相当する自治区、直轄市、行署区、地方、地区とされ、中央が直接管轄する一級行政区は合計五九であった。

同年九月までのわずか一年で、政権をとったばかりの共産党は全国に大区、省・直轄市・市、県（二一〇〇〇余）、郷（数十万）の四級地方政府を設立した。前年一二月、政務院は「郷（行政村）人民政府組織通則」を公布、郷は中国の最基層の行政権力とされた。中央から地方の最基層まで、全国規模で「共同綱領」に基づく権限の行使がスタートし、近代国家の政府機構が名実ともに確立することになった。これは、中国共産党のもつ圧倒的な政治的優位性、際立った組織構築能力と国家統治能力を示すものだった。

少数民族居住地区で自治制度を実施し、多民族で構成される単一の統一国家を建設した。人口大国、多民族国家として、いかに統一された国家を建設するか、いかに少数民族地区を管理するかは建国初期の指導者にとって熟考を要する問題だった。少数民族は人口が少なく、大部分は広大な辺境地区に居住していたが、内地にも居住地区が存在した。新中国成立前、少数民族地区の生産力は低く、経済・社会・文化は遅れており、工業・教育・医療は近代化されておらず、インフラ建設も遅れていた。少数民族は主に伝統的な農牧業に従事しており、一部地域ではまだ「焼き畑農業」をしている状態だった。消滅の危機に瀕している少数民族さえあった[79]。新中国成立初期には、五五の少数民族（約二八〇〇万人）がおり、総人口の六％前後を占めていた。

多民族で構成される統一国家・中国というものを考えた場合、どのような国家体制ならば政治的統一が維持でき、なおかつ各民族が仲睦まじく暮らせるのか。毛沢東はわざわざ党中央統一戦線部長の李維漢に、中国とソ連の民族問題の比較研究をおこない、意見を出すように求めた[80]。李維漢は、単一の国家機構の形成が中国の実情により合致しており、統一国家の枠内で民族地域自治を施行することが民族平等原則の実現に利すると考え、中央もこの意見に同意した[81]。毛沢東と周恩来は、連邦制や連邦共和国ではなく、民族自治区の設立を含む統一共和国の建設を明確にした[82]。

「共同綱領」は「中華人民共和国境界内の各民族は一律に平等である」と定め、少数民族居住地区における自治制度の施行を準備した。同時に、「人民政府は、各少数民族の政治・経済・文化・教育事業の発展を援助し」「中華人民共和国を、各民族が友好的に協力する大家族たらしめねばならない」と規定した。一九五二年八月、中央人民政府は「民族区域自治実施要領」を公布した。民族の居住人口や地域の大小によって、自治区や自治機関をそれぞれ設け、各民族の平等な地位を保証し、各々が決定権をもつとした。さらに、各民族自治区はすべて中華人民共和国の不可分の領土であり、各民族自治機関はすべて中央人民政府指導下の地方政権で、上級人民政府の指導を受けると規定、自治機関が自治権を有することを明確にした[83]。これは民族自治区と地域の自治を有機的に結合させた制度であり、国家領土の完全性と統一を保障するだけでなく、中央人民政府の指導の下、地方の少数民族が自治を通じて積極性を発揮するのにも役立った。

翌一九五三年三月には、県級以上の民族自治区が四七つくられ、その自治区内に居住する少数民族は約一〇〇〇万人を数えた[84]。

さらに、一九五六年九月までに、内モンゴル（一九四七年五月成立）と新疆の二つの自治区、二七の自治州と四三の自治県が設立された。**新中国の基本的な政治制度となった民族自治制度**[85]**は、指導者にとってはじめての試みだった。長期的に見ると、この制度により、ソ連やユーゴスラビアのように矛盾が激化して国家が分裂・解体してしまう危機を避けることができ、同時に、少数民族地区の飛躍的な経済成長と社会の発展を促した。**

「共同綱領」第二条の規定では、「中国全土を解放し、中国統一事業を完成させる」と定めている。人民解放軍は華南、西南地区に進軍し、白崇禧グループ、胡宗南グループを壊滅させ、海南島、舟山群島、万山群島などを次々と解放した。一九五〇年一〇月までに、中国人民解放軍は、大陸と島しょ部で残存していた国民党正規軍約一二八万人を殲滅、投降した一七〇万余は収容し、思想改造をおこなった。[86]

また、一九四九年五月から一九五三年末まで大規模な匪賊討伐をおこない、人民解放軍は四一軍部、一四四師団、二旅団、二一団の計一五〇万の兵力を振り向けて、国民党や匪賊武装勢力を殲滅、これにより二六〇万人余が投降、匪賊が跋扈し、長きにわたり甚大な被害をもたらしてきた歴史は終結した。人民の安寧な生活が保護され、党中央が求めてきた「悪を根こそぎ断ち、後に問題を残さない」方針が真に実現されたのである。[87]

一九五一年一月初め、党中央はチベット進軍を決定、党中央西南局、西南軍区でチベット進軍部隊を組織した。その後、数度の交渉を経て、同年五月、中央人民政府とチベット地方政府は、北京で「チベットを平和的に解放する方法に関する協議」に署名・調印、チベットの平和的解放を宣言した。同月、人民解放軍は協議に基づきチベットに進駐した。これにより、台湾と一部島しょを除き、祖国の統一が実現した。

「共同綱領」は、新中国の独立自主外交の原則、すなわち「本国の独立と自由、領土主権の完全性を保障するため、国際社会の恒久平和と各国人民間の友好協力を擁護し、帝国主義の侵略政策と戦争政策に反対する」方針を打ち出した。

毛沢東が示した新中国の三大外交方針の一つ目は、「一辺倒」方針である。すなわち、ソ連をリーダーとする社会主義陣営への傾倒である。毛沢東が国民党政府和平交渉代表の張治中に、今後の建国方針に対する意見を尋ねた際、**張治中は親米親ソで、反米でもなく反ソでもない、平時は米ソを同等に重視し、戦時は善意の中立を守る外交政策を提案した。彼はさらに、中国は国土があまりに広いので、来たるべき国家建設でソ連に頼るだけでは不十分である、米英などの援助を得るべきであり、すべての国家と商売をし、清朝時代のように国を閉ざして外来のものを一律に排除してはならないという考えを示した。**[88]しかし、毛沢東はこの意見を受け入れなかった。六月三〇日に毛沢東は「人民民主独裁を論ず」を発表、正式にソ連をリーダーとする社会主義陣営への参画を打ち出した。

二つ目は、「新規やり直し（別起炉竈）」、つまり国民党政府が過去に各国と樹立した外交関係を承認せず、新しい基礎の上に、新しい外交関係を築かなければならない、というものである。[89] 中央人民政府は、以下のようにはっきりと宣言した。「国民党反動派との関係を断絶し、中華人民共和国に対して友好的な態度をとるすべての外国政府と、平等、互恵、および領土主権の尊重を大前提に交渉をおこない、外交関係を樹立する」。一九五〇年一〇月の建国一周年までに、新中国は二五の国家と外交関係を樹立した。

三つ目は、「家をきれいに掃除してから客を招く」方針である。まず、中国における帝国主義の影響を排除し、中国と国交樹立交渉を希望する帝国主義国家に対しては、交渉するよりむしろ待たせておく、というものである。[90]

「共同綱領」第三条には、「中華人民共和国は、帝国主義国家の中国における一切の特権を取り消す」と規定している。一八四二～一九四九年まで、中国は英米など二二カ国と七五四の不平等条約を締結、各戦争の賠償金は銀数十億テールに及んだ。[91] このため、中央人民政府は旧条約および協定を審査し、内容に応じて承認、廃棄、修正、再締結に分類し、中国における帝国主義の一切の特権を速やかに取り消した。一九四九年一〇月二五日には中央人民政府税関総署が設立された。一九五一年三月、政務院は「中華人民共和国暫定税関法」を可決、帝国主義国家がかつて中国で有していた税関管理権を取り消し、「税関が独立しておらず、関税自主権がない」歴史を終結させ、独立自主の税関政策を制定した。同時に、帝国主義国家が中国で有していた司法権、自由貿易権、内河航行権、駐軍権などの特権もすべて取り消した。[92] 外国人による新聞・雑誌の発行継続は許可せず、外国資本や外国人が経営するラジオ局もすべて放送停止とし、中国と外交関係のない国の通信社や記者の活動も停止した。[93] また、対外貿易管制や外貨管理を実施した。

一九四九年一〇月一日、毛沢東は建国式典の際、以下のように宣言した。「本政府は、中華人民共和国人民の唯一の合法的政府である。本政府は、平等、互恵、そして相互に領土主権を尊重するなどの原則を遵守するいかなる外国政府とも、外交関係を樹立することを希望する」。翌日、ソ連政府は、新中国との外交関係樹立を決定した。翌々日、アメリカは周恩来の公式文書を受け取った後、中華人民共和国の承認を拒否し、台湾の国民党政府を中国の合法政府とする、とした。続いてアメリカは国連安全保障理事会で国民党政府の脱退に反対し、中華人民共和国が国連の合法的加盟国となることを妨害した。さらに、政治面では新中国の孤立を狙い、経済面では封鎖を実施、軍事面では包囲網を築いた。[94] アメリカ政府は、終始新中国を敵視し、対外開放を制限した。それは一九七九年の中米国交正常化まで続いた。

一九四九年一二月一六日、毛沢東はソ連を訪問し、二カ月の厳しい交渉の末、翌年一月二〇日にスターリンと「中ソ友好同盟相互援助条約」（有効期間三十年間）を締結した。条約の趣旨は、日本帝国主義の再興を共同で阻止し、日本のみならず、直接・間接に日本と結託するいかなる国家の侵略行為や平和破壊行為も阻止することにあった。両国は借款協定も結び、ソ連は中国に対し、機械設備を購入するため、三億ドルの第一期借款の供与に同意した。同時に、ソ連は大量の技術専門家を中国に派遣して技術支援をおこない、中国の工業化を援助することにも同意した。また、条約の秘密条項において、中国もソ連に対し、数十万人の労働者派遣に同意した。ソ連は新中国の最も重要な外部資金と技術の供給源となり、工業化と近代化を学ぶ唯一の手本となった。一九五〇年四月一一日、中国政府は「中ソ友好同盟相互援助条約」およびそのほかの協定を批准、「一辺倒」の外交方針が現実のものとなった。

以上述べてきたことから、建国前後における毛沢東の新中国建設の基本構想は新民主主義社会であり、社会主義社会ではなかったこと、共産党が指導する多党合作の連合政府であり、一党独裁の政府ではなかったこと、少数民族が自治をおこなう統一共和国であり、連邦制国家ではなかったこと、そして、複数の階級が連合して権力を行使する民主独裁政権であり、プロレタリア階級のみによる独裁ではなかったことがわかる。これらはソ連の政治モデルとは異なっており、毛沢東の偉大な創造的試みであった。

とくに注目に値するのは、中国共産党の最低限綱領は新民主主義であることを「共同綱領」で明記した点である。この綱領は全国の各民主党派に受け入れられ、一九四九年九月二九日の政協全体会議で一致して可決された。「共同綱領」は新中国の建国綱領であり、臨時憲法であり、はじめての人民民主憲章であったといえる。劉少奇は中国共産党を代表し、政協全体会議の席上、「中国共産党は一政党の資格で人民政治協商会議に参加する。『共同綱領』が政協全体会議で討議され、採択されたあかつきには、中国共産党はその一切の規定を完全に遵守し、全国人民にこの綱領の実現のため奮闘するよう呼びかける」[95]と厳かに言明した。当時の劉少奇は、五年後の第一期人民代表大会第一回会議で、まさか自分が「中華人民共和国憲法草案に関する報告」をし、新民主主義社会建設の「共同綱領」に代えて新たな社会主義憲法を制定することになるとは考えていなかったであろう。中国の社会主義社会への移行は、想定外の早さで進んでいくことになったのである。

第三節　建国路線をめぐる劉少奇と毛沢東の構想の違い

史料からはっきりとわかることだが、**新中国建国以来、指**

導部内には重大な問題において決して小さくない不一致が常に存在した。**その中心をなすのは、毛沢東や劉少奇といった指導部の、中国の基本的国情や経済成長段階に対する認識の相違であり、中国の工業化路線に対する考え方の違いであり、経済成長戦略と経済体制に対する選択の不一致である。**不一致の内容、形式、そして結果は、時期によって大きく異なる。

この節では、建国初期の以下の問題に対する指導者の考え方の違いを検討する。新中国成立後、いったいどのような国家をつくろうとしていたのか。すぐに社会主義社会をつくるのか、それともまず新民主主義社会を建設し、その後、徐々に社会主義社会に足を踏み入れていくのか。先に新民主主義社会を建設するのであれば、社会主義社会への移行にどれくらい時間が必要なのか、数年か、十数年か、数十年か。**建国当初から、劉少奇などほかの指導者たちは、毛沢東と異なる見解や構想をもっていた。しかし、最終的には毛沢東の考えに同意した**ことがわかる。当時は、劉少奇こそが毛沢東の後継者であった。一九四九年一一月二五日、党中央政治局は、毛沢東がソ連を訪問している間（約三カ月）は、劉少奇が党中央主席と中央人民政府主席を代行すると決定した。この期間は、劉少奇が中央政治局会議を主宰していた。

一、劉少奇の穏健な構想――「新民主主義制度を固める」

建国前後、中国共産党の主要な指導者の一人だった劉少奇は、中国の国情から出発し、民主革命に勝利した後はソ連のやり方を学ぶ必要はなく、拙速に社会主義政策を採用する必要もない、と明確に打ち出した。

一九四八年九月の中央政治局会議は、中華人民共和国成立前におこなわれた重要な政策会議であった。劉少奇は新民主主義経済とその基本的矛盾について、以下のような系統だった説明をおこなった。新中国の国民経済は新民主主義経済といわれるものである。新民主主義経済における基本的矛盾は、資本主義（資本家と富農）と社会主義の矛盾であり、反帝反封建主義の革命が勝利した後の新社会では、これが主な矛盾となる。闘争は経済競争であり、平和的な競争であるが、ここには「誰が誰に勝つのか」という問題がある。われわれが競争に勝利すれば、革命により社会を平和的に変えることができるが、競争に敗れれば、社会主義の性質をもつ経済は資本主義に打ち負かされ、政治的にも失敗となって、政権も代わるかもしれない、そうなれば再び流血を伴う革命が起こるだろう。経済文化が立ち遅れている中国の国情に鑑みるならば、経済建設は新しいテーマであり、問題をはっきりさせなければならない、そうでなければ、また「左」傾化や右傾化の誤りを犯す可能性がある、と強調した。劉少奇は、社会主義政策の拙速な採用は避けるべきであり、資本主義をあまり早く消滅させてしまうと、「左」傾化の誤りを犯すと考えていた。[96] それについて彼は三つの理由を述べ[97]、**同時に「同じ釜**

の飯」という論を提起した。**民族ブルジョアジーとは少なくとも十年から十五年は「同じ釜の飯を食って」やっていったほうがよい、もし、民族ブルジョアジーがあまりに早くいなくなってしまったら、戻ってきてくれるように頼むことになる、と考えたのである。**政治面から見ると、革命勝利後の政権は新民主主義であり、民族ブルジョアジーの代表に参加してもらう必要があった。そのため、「経済競争」を通じて資本主義経済の要素と社会主義経済の要素の間の矛盾を解決することを主張した。また、**零細農家には土地を与え、一歩進めて彼らを「小康（「まずまずの経済状態」という意味）家庭」に成長させる必要があること、**合作社は勤労大衆の集団経済であり、国家経済と緊密に同盟させ、社会主義へと前進していくことを提起した。この会議で周恩来は、「三つの区別」政策を打ち出した。一つは官僚資本と自由資本の区別で、前者は打倒し、後者とは提携する。二つ目はブルジョア階級と独立小生産者の区別であり、両者を混同してはならない。三つ目は、工業と商業の区別であり、独占的、投機的なものと、人民の生活に必要なものを区別しなければならない。これらの区別と、それぞれの特質に対する厳密な認識があれば、おのずと政策は出てくるとした[98]。

一二月、華北財政経済委員会での講話で、劉少奇は新民主主義経済の基本的性格を一種の混合経済に属するものと説明した[99]。**新中国の新民主主義経済はソ連の単一的な公有制に倣うべきではなく、私的資本主義を利用し、多様な経済要素の存在を許容すべきだと、中国の指導部の中で明確に提起したのが劉少奇だった。当時、毛沢東は劉少奇の考えにかなり肯定的で、七期二中全会での討論を望んだ[100]。**全会で毛沢東は、国民経済に害をもたらさず、逆に有利に働く資本主義的要素は、すべてその存在と発展を許容すべきだと明確に示した[101]。これは、私的資本主義経済を可能な限り利用することが毛沢東と劉少奇の共通認識、ひいては中国共産党全体の共通認識であったことを物語っている。

一九四九年四月から五月にかけて、劉少奇は天津で調査研究をおこない、公私両方に配慮する政策を貫徹し、四面八方への配慮が必要だと考えた[102]。彼は、国民経済全体の中で私営経済は最大で、目下の国民経済に不可欠であり、その適切な発展は国民経済を利する、したがって、積極的に資本家と連合し、提携すべきであるとした。国の経済と人民の生活に有益な私営商工業は保護し、その成長を認めなければならないが、害を与える投機的・独占的行為は阻止しなければならず、投機資本を生産型の工業企業に引きこまなければならないこと、また、民族ブルジョアジーが所有する生産手段を「平和的に買戻す」ことも提起した。

私営経済は国民経済全体の中で重要かつ必要不可欠である、という劉少奇の考えには大いに先見の明があった。一九五三年以降の中国経済の発展が証明しているように、**私営経済と、**

その国民経済全体における地位や役割をどう見るかについては、二種類の見方が存在していた。党内では「左」翼的、あるいは急進主義的な見解が一貫して主流であった。「左」翼的見解やその基本的な内容は時期によりいくらか違いはあるが、本質的には指導者の主観と客観が一致しておらず、掲げられた発展目標は中国の立ち遅れた国情から乖離したものであり、経済成長の段階を無視したものだった。一九七八年以降は党内実務派が再び主流の地位を回復、劉少奇の考えが中国経済改革の重要な歴史的ルーツであることを、経済の発展が証明することになる。

劉少奇は一九四九年六月の時点で、立ち遅れた産業とアンバランスな発展が中国の実情であると、おおむね認識していた。五種類の経済要素で構成される新民主主義経済はいわば移行期の経済であり、移行には東欧・中欧諸国よりも相当長い期間が必要であると考えた。中国の今後の経済建設は資本主義路線をとることはできないが、かといって準備のないまま、あまりに拙速かつ大量に社会主義のやり方を取り入れるわけにもいかない[103]。したがって、国際比較から見ても中国のとるべき道は第三の道、すなわち新民主主義路線である、と提起したのである。

当時の劉少奇の見解は、中国共産党指導部の多数を代表していた。一九五〇年四月、経済工作を主管する陳雲が立てた公私双方に配慮する（統籌兼顧）計画は、政府側だけではなく、資本家にも配慮したものだった。そうしなければ資本家の企業は崩壊し、共産党は失業した労働者から反感を買うことになると考えたからである。政務院総理の周恩来も、「ニワトリを殺して卵を取る（目先の利益を優先して将来を忘れる）やり方はだめだ」として、公私双方への配慮、労資双方の互利、都市と農村の互助、内外交流の四つの政策は放棄できない、とした[104]。

一九五一年の三月から七月にかけて、劉少奇は、新民主主義制度を強化し、新民主主義経済を建設していく構想を提起した。新民主主義革命は、通常、私有制を破壊するものではない。他方、社会主義はまず工業において、しかるのちに農業において、私有制を破棄するものである。したがって「今は新民主主義を制度的に固めるために闘う時だ」という主張である。「制度的に固める」という時、そこには以下の六つの内容が含まれていた。（一）新民主主義経済は、約十年から二十年にわたる過渡的性格をもった経済である。（二）この段階の中心的任務は生産力を発展させ、工業化を完成させることである。世界戦争が勃発しない限り、党の任務のすべては経済建設が中心になる。（三）新民主主義の五種類の経済要素は各々に意義があり、いずれの発展も怠ってはならない。（四）中国の工業化は、農業、軽工業、国防上必要な軍事工業をまず発展させ、その後に重工業の建設と発展を勝ち取り、最後に、重工業の力で農業と軽工業のさらなる発展を勝ち取る、という順序で進めていく。(五)「私有制を動揺させ、弱体化させ、あげくの果てには否定する」拙速な試みに反対し、社会主義への急進的移行に反対する。後進国である中国において拙速に工業の国有化を実施することは、私的資本主義経済や個人経営経済の積極的側面を否定することになり、生産の発展に不利だからであり、農村においては、機械や化学肥料などの工業製品を国が農民のニーズに応じて提供できない限り、集団化は実施できないからである。都市でも農村でも、「今日の中国は、まだ私有制を排除する段階にはない。むしろ生産力の発展にとって積極的な役割を有している」。(六)中国で社会主義を採用するタイミングは、社会経済の発展が現実にそれを求めた時であり、人民の大多数の要求に合致した時でなければならない[105]。平和的に社会主義に移行することは可能であり、それが歴史の必然的発展過程であることを、説得、法令の公布、議論、時には譲歩もしつつ、さまざまな方法を通じて民主人士に理解してもらうよう、今から啓蒙・啓発を始める[106]。

当時の劉少奇の基本的な考えは毛沢東とも一致していた。一九五〇年四月上旬の中央政治局会議において、ブルジョア階級との協力を否定すれば「共同綱領」は空文化し、政治上不利になり、経済上も損失を被る、と毛沢東も発言している[107]。

さらに、六月六日の七期三中全会で毛沢東は、公私の関係および労資の関係を適切に改善しようとするなら、社会主義的性格をもった国営経済の指導の下で各種社会経済要素の分業・協業を図り、各々その所を得させ、もって社会経済全体の発展を促進しなければならない、とあらためて強調した[108]。また、この全体会議で毛沢東は「四方に出撃してはならない」と題する講話をおこない、まわりに敵をつくりすぎるな、と各級指導部を戒め、民族ブルジョアジーはやがて消滅するだろうが、今はわれわれの下に団結させなければならないとわざわざ指摘している[109]。**以上のことから、少なくとも七期三中全会（一九五〇年六月）の時点では、私営商工業に対して毛沢東は穏健かつ寛容で、直ちにそれを無くすという立場はとっておらず、ほかの多くの指導者の考え方とおおむね一致していたことがわかる。**当時、政府は私営工場に対する加工品の発注を拡大し、農業副産品の買付けを大量におこない、税負担の面でも優遇したので、私営企業は大きく発展した。一九五〇〜一九五一年にかけて、私営工業の事業所数は一一%、生産総額は三九%それぞれ増加した。同じく、私営商業の事業所数は一一・九%、売上総額は三六・六%それぞれ増加した[110]。

しかし、毛沢東の考えは劉少奇らと完全に一致していたわけではない。毛沢東の民族ブルジョアジーに対する政策は、どちらかというと政治戦略上の考えから出たものであり[111]、経済発展の現状を考慮したものではなかった。「共同綱領」第二六条が「空文化」するのは時間の問題だった。それはまず、私営商工業に対する「五反」運動（贈賄、脱税、手抜きとごまかし、国家資材の横領、国家経済情報の窃取の五つに反対する運動）から始まった。重大な違法行為によって処罰を受けた事業所や、完全に違法な事業所は五％にも満たなかったとはいえ、[112]これまでの政治運動同様に拡大したこの運動によって公私および労資の関係に緊張が生み出され、市場は冷え込むことになった。とくに重要な点は、民族ブルジョアジーに対する毛沢東の考え方に大幅な変化が生じたことである。すなわち、民族資本に対して寛容な新民主主義経済から、排他的かつ急進主義的な「三大改造運動」への転換である。これに対して劉少奇は真正面からの反論を試みたが、結局は毛沢東の考えに同意したため、党内に重大な政治的不一致が生じることはなかった。

農業集団化については、それをおこなうことについて党内の認識は一致していたが、方法論での不一致があった。互助合作化運動を積極的に展開していた山西省の報告に対し、華北局が一九五一年五月四日、「積立金の蓄積や労働に応じた分配というやり方で私的所有の基礎を次第に揺るがせ、弱め、最後にそれを否定するというのは、党の新民主主義期の政策と共同綱領の精神に合致しないので誤りである」とする意見を中央に出した。これを支持した劉少奇は、合作社や互助組の単純延長線上に社会主義は実現できない、なぜならそれは、農業の基盤のみに依拠して社会主義をやろうというものだからだ、農業の社会主義化には工業の力が必要だ、という考えを提起した。[113]

また、農業において生産互助組織を生産合作社に引き上げ、これを新たな要素として「農民の自発性に勝るものだ」とする山西省党委員会の報告に対しても、七月三日、劉少奇はこれを誤った、危険な、空想的な農業社会主義思想だとして批判した。[114]これを知った毛沢東は、合作社経済は半社会主義的性格のものであるとした七期二中全会および「共同綱領」の規定になんら矛盾しないとして、劉少奇を厳しく批判した。[115]劉少奇は即座に批判を受け入れ、自らの考えを撤回した。毛沢東は農業互助合作会議を招集し、陳伯達を通じて自身の意見の周知徹底を図り、「農業生産の互助合作化に関する党中央の決議（草案）」を起草して、互助合作化推進の基本方針を明確化した。[116]これは、農村において半社会主義的性格をもった合作化と集団化を実行していこうとした毛沢東の決意を表している。

七期二中全会において毛沢東は、建国後の党は革命戦争から平和的建設へと任務の重心を移していかなければならないこと、とくに農村から都市工作への重点の転換を急がなければならないと提起した。**建国後の中心課題は経済の復興であるとした劉少奇の提起は、まさにこの毛沢東の提起を踏まえたものである。**[117]**第三次世界大戦が起こらない限り、経済建設と工業化は不変の課題であると考えた劉少奇は、党に課せら**

れた歴史的使命として「経済建設をすべての中心に据える」[118]**ことを明確にしたのである。**この精神は、のちの第八回全国代表大会（八全大会）決議にも盛り込まれた。しかし、毛沢東はほどなくしてこれを覆すのである。**以上のことは、後に重大な不一致として顕在化する意見対立が、毛沢東と劉少奇の間に存在していたことを物語っている。**[119]**遡ればそれは、中国の国情と発展段階に対する認識の相違であり、工業化実現に向けた路線選択上の不一致だった。**最高指導部内にこうした不一致が存在するのは、きわめて健全なことである。完璧な知識と情報をもった者などいないからだ。この不一致を解決するのが党の民主的運営であり、集団指導体制とそれによる政策決定メカニズムなのである。

　建国初期の歴史から見て取れるのは、経済発展について、党内には二つの異なる考え方が存在したことである。一つは、毛沢東の社会主義理論とその路線であり、もうひとつは、新民主主義理論とその路線である。前者は、ソ連の影響を多分に受けたものであり、やがてソ連よりもはるかに「左」傾化していくことになる。元来、毛沢東の思想は後者だった。そもそも新民主主義の提唱者は毛沢東である。しかし、後にそれを堅持したのは劉少奇だった。新民主主義のほうが中国の国情に合致した、正しい綱領だったと考えたからである。劉少奇は中国共産党のナンバーツーであり、中央人民政府の第二副主席（朱徳が第一副主席）だった。にもかかわらず、彼の思想は党内の主流派を形成することはできず、彼自身もこの思想を放棄せざるを得なかった。その理由はさだかではないが、中国の経済発展にとってみれば、非常に残念なことであった。

二、毛沢東の攻勢――「一化、三改」の総路線

　毛沢東が最初に「三年の準備を経て、経済建設の十年計画に着手する」という二段階戦略を打ち出したのは、一九五一年二月である。[120]すなわち、三年（一九四九～一九五二年）で国民経済の基本的復興を果たし、第一次五カ年計画（一九五三～一九五七年）実施と生産手段の私有制改造のための条件を準備するのが第一段階であり、その後の十年（一九五三～一九六二年）でまず工業の国有化を、その次に農業の集団化を実現し、経済を建設していくのが第二段階である。劉少奇は「第二段階もやはり新民主主義の段階である」こと、すなわち、社会主義への過渡期であることを強調した。社会主義への移行時期について、党の最高指導部から見解が出てきたのはこれが最初である。[121]そして、第一段階は、ことのほか成功裏に推移することになった。

　成功の要因として、**国民党政府の失敗を挙げることができる。国民党による統治政策、経済政策の失敗が、そのまま共産党政権が成功する条件となった。**それらについて、以下、見ていきたい。

なった。

（一）土地改革

中国共産党は、歴史的にみても、世界的にみても、かつてない規模の土地革命を農村で実行した。地主の私有財産だった土地を、農民個人の所有に転換するこの革命は、農民の広範な支持を獲得するとともに、その生産力を解き放つことになった。

土地改革を推進し、小作料と金利の引き下げや土地の分配などの各種施策を通じて耕作者による農地所有を実現することは、「共同綱領」にも明記されていた。中央人民政府は劉少奇を主任とする中央土地改革委員会を立ち上げ、全国の土地改革を指導した。一九五〇年六月二八日には「土地改革法」が成立し、第一条の「総則」では、「地主階級による封建的搾取を廃止し、農民による土地所有制を実現することで、農業における生産力の解放と生産の発展を勝ち取ることは、新中国の工業化の道を切り開くものである」という土地改革の基本目的が明記された。[122] **当時、劉少奇は土地改革を「数千年におよぶ中国の歴史において、これほど徹底した改革がおこなわれたことはない」[123]と称した。**数千年続いた封建制度の基盤、すなわち地主階級による土地所有制がここに消滅した。[124]こうして、農村の工業化と近代化のための障害が取り除かれ、農業近代化への道が切り開かれたのである。

土地改革は、農民の生産に対する積極性を最大限に引き出し、中国農業の急速な復興と発展をもたらした。一九四九年の全国の農業生産は、一九三六年と比べて二五％減少していたのに対し、[125]一九五〇〜一九五二年にかけて、全国の食糧生産量は毎年平均一二・九％増加している。土地改革がおおむね完了した一九五三年になると、農家の現金収入は一九四九年に比べて一二三・六％増加した。一人あたりにすると一一一・五％の増加である。これに伴い、農民の購買力も倍増した。貯蔵にまわせる余剰食糧も一九四九年に比べて二八・二％増加した。[126]農民による土地所有は実現したが、この段階では土地は依然として私有制だった。農民は、小作料を地主に払うかわりに、政府に税金を納める（現物方式による小額の農業税）独立自営の労働者になった。

（二）国民経済の復興

共産党は、都市における高インフレと高失業率の抑制にはじめて成功し、物価の安定と国民経済の急速な復興を実現したことで、都市住民の広範な支持を得た。国民経済は、二〇世紀前半のピーク時を上回るところまで急速に回復した。一九四九年にはピーク時の半分にまで落ち込んでいた農工業総生産額[127]が、一九五二年末には過去最高の水準に達している。一九四九年と比べると、農業総生産額が四八・四％、工業総生産額が七七・五％、それぞれ増加している。水利事業や鉄道建設などの交通インフラの整備も急速に進んだ。これは、国家の発展能力を示す顕著な例である。さらに毛沢東は、「合理的に商工業を調整し、失業問題を解決するために工場の操業を進め、二〇億斤の食糧を失業者救済にあてる」[128]ことを明確に打ち出した。これにより、一九五二年の時点で、すでに四〇〇万人を超えていた都市の失業者のうち、約二二〇万人が再就職している。このほか、貿易や国家財政の面でも急速な回復を実現した。このように、新中国の経済復興は、スピードといい、規模といい、目をみはるものがあった。同時に、これが第一次五カ年計画の基盤にもなったのである[129]。

以上のことは、中国共産党が、軍事的・政治的力量のみならず、経済政策の上でも力をもっていることを証明した。とくに、経済と財政の統一管理は、あらゆる財力・物力を国民経済復興に投入する上で重要な役割を果たし、集中と統一を基本とする経済財政管理体制が次第に形成されていった[130]。

（三）社会変革

中国共産党が指導する人民政府は、人民の支持と共感を得る新たな社会の創造という点でも、驚くべき統治能力を備えていた。フェアバンクはこれを高く評価している[131]。以下に重要な実例を三点だけ挙げておく[132]。

まずは、旧来の封建的婚姻制度の廃止である。「共同綱領」は、女性を束縛する封建的諸制度の廃止をはじめて明文化した。政治・経済・文化教育・社会生活の各分野において、女性は男性と対等の権利を有する、としたのである。この規定に基づき、一九五〇年四月三〇日に人民政府は新中国の基本法のひとつである「婚姻法」を制定、公布した。そこでは女性の人格や利害を否定する封建的婚姻制度の廃止と婚姻の自由、一夫一妻制、男女平等、女性や子供の権利擁護をうたった新しい民主的な婚姻制度の実施が明文化された。同時に、重婚、畜妾、「童養媳」、婚姻にからんだ金品の取り立てが禁止され、寡婦の再婚の自由も保障された。「婚姻法」の主眼は婚姻関係の是正だったが、その影響は事実上、家庭や社会における人間関係にも及び、女性解放と男女平等を制度的に担保するものになった。実際、国民の収入レベルがきわめて低く、農村人口が圧倒的多数を占める状況が続いた中国で、女性の就業率は上昇を続け、社会的地位の改善も目ざましい進展をみせた。また、社会を担う人材としての女性の育成も進んだ。こうしたことはすべて、この時期に確立した制度なしにはあり得なかったことである。

次に、徹底した売春の取り締まりと娼館の封鎖である。北京、上海、天津、武漢、南京といった大都市ではとくに徹底した取り締まりが実施された。また、女性たちの性病治療、教育や職業訓練を通じた技能習得にも積極的な援助と取り組みがおこなわれ、その結果、ほとんどの女性が自立した労働者として、あるいは妻として、普通の社会生活を営むことができるようになった。

最後に、麻薬の一掃と社会環境浄化への取り組みである。

解放当初、麻薬の製造と売買が全国に蔓延していた。おおよその統計でも、阿片などの麻薬中毒者が全国で二〇〇〇万人（当時の人口の四・四％）存在したという。政務院と党中央は矢継ぎ早に麻薬禁止の法令を施行し、三年にわたる麻薬撲滅運動を展開、一九五二年末までに、およそ百年続いた麻薬の栽培、売買、吸引を根絶やしにすることに成功した。[133]ほかにも、政府は賭博禁止の大衆運動を組織し、旧社会にはびこっていた悪習の打破に成功している。

共産党が指導する新政府は、その船出の当初から、世界有数の人口を擁する大国を統治し、未曾有の社会変革を推進していく力をもち合わせていたことを、以上の事実が物語っている。六億人民のこれ以上なく高い支持を得ることで自身の政権運営基盤を打ち固めた新政府は、それにとどまらず、「またたく間に反動政府が残した汚物を一掃すると同時に戦争の傷を癒し」[134]、わずか三年で国民経済の復興を実現した。これは、「三年から五年で回復」[135]という毛沢東の予想を上回るだけでなく、回復に八年を要したレーニン、スターリンの経験をも上回るものであり[136]、世界中を鼓舞するものだった。この成功に自信を得た毛沢東は、さらなる成功を夢見て国家の工業化に着手、新民主主義からの転換を開始していくのである。同時にそれは、社会主義への移行をできるだけ早く、しかも一気に実現したいとする希望の表れだった。

建国当初、新中国には戦略上の難関が三つあると毛沢東は考えていた。一つ目が戦争（抗日戦争、内戦）、二つ目が土地改革、そして三つ目が社会主義への変革である。これら三つを互いに区別しながらも、関連し合うものととらえていた毛沢東は、一九五〇年六月の時点で、戦争という難関はすべての人民が満足のいくかたちですでに突破し、今はまさに土地改革という難関に挑んでいること、このふたつの難関を突破すれば、残りの一つ、すなわち国家全体の社会主義への変革という難関は容易に乗り越えられる、と提起している。最後の難関を突破する時期については「まだかなり先のこと」[137]だと当初は考えていたが、土地改革が成功したとたん、この時期を前倒しで考えるようになった。しかし、それは容易ではなかった。一九五七年には、「帝国主義、封建主義、官僚資本主義の支配は、人民の手で覆された。問題はその後、中国はどこに向かうのか、ということだ」「これについて明確に回答できる者はほとんどいない」と指摘している。[138]この時、毛沢東はすでに党内の圧倒的多数と違い、新民主主義路線の堅持は資本主義への道だと考えていた。社会主義への道を選択することが正しいのは疑問の余地がない、その際に手本とすべきは、国有化・集団化を実現したソ連の社会主義経済モデルだと考えたのである。

当時の国民経済には多様な要素が共存していた。具体的な数字を示すと、社会主義的な国営経済が全体の一九・一％、半社会主義的性格の合作社経済が一・五％、国家資本主義経済が〇・七％、私的資本主義経済が六・九％、個人経営の農業と手工業が七一・八％を占めていた。[139] 言い換えれば、後進国としての中国の現実は何ら変わっておらず、旧来の零細的個人経済を主体に、雑多な経済要素が混在する状況が続いていたということである。

朝鮮戦争が休戦に向かうと、毛沢東の関心は社会主義への過渡期の問題に注がれるようになった。一九五五年一一月二四日、資本主義商工業の社会主義的改造に関する政治局主催の会議において毛沢東は、今の帝国主義に戦争をする力はない、この機会を利用して社会主義的改造と経済発展を加速させなければならない、と述べた。[140] 国際情勢の変化を利用して、いわゆる「二つの加速」を実現しようとする毛沢東の考えが非常によく表れた発言である。

ソ連モデル、とりわけ、工業の国有化を典型とする全人民所有制や、農業集団化を典型とする集団的所有制といったスターリンの実践に直接感化された毛沢東は、経済要素の多種共存を基盤とした新民主主義社会の建設という自身の路線を変更したのである。

一九四九年にソ連を訪問し、実地で入念な調査研究をおこなって得た確信（後発の優位性をもって発展を加速させることができるという確信）が、この路線変更をもたらしたといえるが、国内社会の矛盾の性質が変化しているという要因もあった。土地改革によって土地を分配された農民の中には、高利高額の借金のために土地を抵当に出したり、売りに出す者もいた。再び土地を失った彼らは、日雇いや小作でなんとか糊口を凌いでいる状況だった。こうした農村における貧富の差の拡大と二極化の出現を見て、毛沢東は、嵐のような社会主義革命を大々的に展開し、社会主義への転換を急ぐことを決断したのである。

一九五二年三月、民主建国会の工作に対する意見として、黄炎培との話の中で毛沢東は次の三点を述べている。（一）私有資本は、悪い方向に進まないようにさえすれば、新中国の建設に貢献できる。（二）資本家に対しては、私的利益のみを追求するのではなく、国家の利益や労働者の利益も同時に顧みるように仕向けなくてはならない。（三）彼らの団結を促し、教育と改造を施していく。そのためにはまず、「共同綱領」の学習と実践である。[141] **私有資本の両面性を熟知しながらも基本的には穏健なスタンスをとり、「共同綱領」の「労資両利」方針を実践しようとしていたことが見て取れる。** しかし、一部の違法行為により、党中央は「三反」「五反」運動の発動を余儀なくされ、それがそのまま、社会の主要な矛盾に対する毛沢東と党の認識の変更につながっていった。同年六月六日、毛沢東は、中国国内の主要な矛盾はプロレタリア階級と民族ブルジョアジーとの矛盾であると提起した。[142] これは、私的資本主義に対する七期二中全会と「共同綱領」の方針・政策の変更を意味すると同時に、新民主主義段階を終わらせ、二段階戦略の第二段階、すなわち「経済建設の十年計画」を前倒しで実施し、速やかに社会主義社会への移行を達成することを意味した。一九五六年二月の中央政治局会議では、「五反」運動によって、ブルジョアジーは労働者人民とプロレタリア階級が指導する国家の威力の前に打ちのめされ、階級としてもはや体をなさなくなった、と評している。[143] つまり、「三反」「五反」運動によって、私的資本主義の国有化を実施する前提条件が生み出されたということである。

　同年九月から、毛沢東は社会主義への移行について指導部内で根回しを始めた。二四日の中央書記処会議では、今から十年から十五年で社会主義への基本的移行を達成するのであって、十年後あるいはそれ以降になってから移行を開始するのではない、と述べた。さしあたりの見通しとして、第一次五カ年計画で工業における公私の比率が九対一に達し、農業の集団化を実現できれば、今から十五年で社会主義に到達できるとした。[144] 社会主義移行の条件が整うには二十年から三十年を要するとしていた建国当初の見通しからすれば、明らかな転換である。[145]

　これを機に、指導部内（主に中央書記処）で社会主義への移行についての議論がおこなわれるようになり、基本的には毛沢東の考えで意見の一致が図られていくことになった。もともと「新民主主義の秩序を固める」との意見だった劉少奇も、毛沢東の路線と主張に賛成している。

　ただ、この時点では、公然と社会主義への移行を打ち出すことに毛沢東は慎重だった。成立したばかりの新中国がすぐさま社会主義をおこなうか否かについては、ソ連（スターリン）の意見を聞く必要があったのである。一九五二年一〇月、**毛沢東は十五年かけて徐々に工業国有化と農業集団化を実現するための具体的計画についてスターリンに意見を求める手紙を、ソ連共産党第十九回党大会に参加する劉少奇に託した。スターリンがこれを肯定的に評価したことで、中国共産党の態度は固まった。翌一九五三年前半から、移行問題についての研究と議論が、毛沢東、劉少奇、周恩来らの間で盛んになり、[146] 社会主義への移行を前倒しするという毛沢東の構想は、次第に広範な党内世論になっていった。**[147]

　一九五三年六月一五日の中央政治局拡大会議で、毛沢東は過渡期の総路線について、まとまった内容の提起をおこなった。[148] さらに、（一）新民主主義の社会秩序を確立するという意見、（二）新民主主義から社会主義に向かうという意見、（三）私有財産の擁護、の三点を党内における誤った考えとし、集中的に批判の矛先を向けた。[149] 七月二九日の中央政治局拡大会議では、私営資本主義商工業に対する改造は、国家資本主義を経て徐々に社会主義に移行するというものでなければならないと提起した。これはまさしく、一九一八年におけるレーニンの急進主義的手法である。[150] だたし、レーニンの場合は、すぐに漸進主義的な「新経済政策（ＮＥＰ）」に転換している。

八月、毛沢東の過渡期の総路線は、正式文書として全党に下達された。九月七日、民主党派と商工業界代表との会談で毛沢東は、国家資本主義は商工業の改造と社会主義への移行を達成するために必ず通らなければならない道である、と正式に提起した[151]。翌八日の全国政協常務委員会拡大会議では、周恩来が過渡期の総路線について全面的な説明をおこない、次のように述べた。「建国当初から、新民主主義から社会主義への移行は前提認識としてあった。『共同綱領』には記されていないが、それはまだ機が熟していなかったからである。今、あらためて提起するのは、明確化と具体化のためである」。さらに、従来の主張を変更し、いくつか新しい主張もおこなった。すなわち、「今は、徐々に社会主義に移行する段階であり、社会主義的な経済要素が国民経済全体に占める割合も徐々に増加している。生産額における国営企業と私営企業の比率は一九四六年の四対六から、一九五二年末には六対四になった。絶対額はともに増加しているが、国営企業の方が高い伸び率を示している。これは、今まさに中国が社会主義への移行期にあるということの証しであり、これを隠ぺいしてはならない」[152]。こうして党は、段階を飛び越えて社会主義への移行を急ぐべく、漸進主義路線から急進主義路線へと転換していった。

一九五四年二月一〇日、七期四中全会で過渡期の総路線は正式に採択された。毛沢東の最初の提起からわずか八カ月である。ちなみに、新民主主義経済綱領の提起から実施までには九年（一九四〇～一九四九年）の歳月を要している。

毛沢東が打ち出した過渡期の総路線――「一化、三改」には二つの大きな目標があった。一つは国家の工業化を実現し、先進工業国に追いつくこと、もう一つは、資本主義と私有制を解体し、社会主義を実施することである。これは、一九一七年のロシア十月革命時に掲げられた目標と酷似している。

工業化の主体が個人ではなく国家である、というのが「一化、三改」の第一の核心である。国家の工業化の主要な特徴は、工業化を発動し、指導し、推進するのが国家であるという点にある。主要な発動者・推進者・実施者は政府であり、民間資本（民族ブルジョアジーや資本家）は排除され、社会全体の共同参画という形はとられなかった。たとえば、一九四九年の全国工業総生産額（手工業を除く）に占める私営企業の割合は五六・二％、国営企業は四三・八％だったが、一九五二年になると前者は三二・七％に低下し、後者は六七・三％に上昇している。三分の二を占めるというのは、決して小さなことではない。一九五二年一〇月に劉少奇が毛沢東と党中央を代表してスターリンに渡した手紙には、五年後（一九五七年）には、私的資本主義経済の割合を二〇％以下に低下させ、十年後（一九六二年）には一〇％以下に縮小し、国有経済が九割を占めるようにする、という構想が提起されていた。

しかし、工業化の定義と評価基準について、毛沢東を含む当時の指導者は、きわめて曖昧な認識しかもっていなかった。中国の指導者が進めようとしていた工業化はソ連式の工業化であり、主にソ連が採用した指標や方法を参考にしていた。すなわち、農工業全体の総生産額の七割以上を工業が占めるような、整った工業体系の構築である。一九五三年六月一五日の政治局会議において、毛沢東は次のように述べている。「工業化とは、国民経済において農業よりも工業の比率が高いということである。ソ連の経験に照らせば、工業の割合が経済全体の七割に達してはじめて工業化したとみなすことができる。われわれはまだ三割である。これを七割にするのがわれわれの工業化である」[153]。今日から見れば、工業化におけるソ連の理論と実践は、張培剛が一九四九年に提起した正確かつ科学的な工業化の定義とは大きな隔たりがある。それだけ当時の指導者が、工業化について限られた知識と情報しか有していなかったということである。

「一化、三改」の第二の核心は、重工業優先の工業化戦略という点である。一九五三年九月に「重工業、軽工業、農業」の順で発展させることを提起した周恩来は、第一次五カ年計画の基本任務として、重工業の発展に主力を注ぎ、国家の工業化と国防の近代化の基礎を打ち立てることが第一であり、それに応じて技術や人材を育成し、交通運輸業、軽工業、農業を発展させ、商業を拡大することを明確にした[154]。これもソ連を手本にしたものである。スターリンは「資本主義国では、工業化は通常、軽工業から始まる。……当然ながら、共産党はこの路線をとることはできない。われわれの工業化は重工業の発展から始めるべきである」[155]と述べている。「過渡期の総路線の学習と宣伝に関する提綱」（以下「提綱」と略す）においても、ソ連がかつて歩んだ道はわれわれの手本とすべきものである、それはすなわち、重工業を優先的に発展させる工業化路線である、と述べられている[156]。

「一化、三改」の第三の核心は、計画経済で国家の工業化を推進し、市場メカニズムの利用を放棄する点である。農村における集団化と都市における国有化を通じ、個人経営経済と私営経済を、全人民所有制と集団的所有を二本柱とする公有制経済に改造し、国有経済を経済全体の主体に据えるのが「三改」の中心的内容だった。一九五三年一一月四日、毛沢東は次のように述べている。「総路線とは、生産関係を徐々に変革していくものである。スターリンも述べているように、生産関係の基盤は所有制である[157]。この点を曖昧にしてはならない。現在のところ、私有制も社会主義公有制も合法だが、私有制は徐々に禁止していかなくてはならない」[158]。毛沢東が全面的にスターリンの考えを受け入れ、強引に私有制を解体して公有制を実施しようとしたことがよくわかる。

「提綱」では、**生産手段の社会主義的所有を国家と社会の唯一の経済的基礎とすることが、過渡期の総路線の本質として明確に提起されている。**現在の渾然雑多な経済構成を、単一の社会主義的構造に改めるということである。[159] **毛沢東と党中央は、ただ一つの、単一の社会主義経済モデルをここではじめて提起した。しかし、それは中国の国情から乖離したものであり、経済要素の多種共存という新民主主義経済モデルを根本から否定するものだった。**これを機に、毛沢東は「ソ連モデル」を受け入れただけではなく、徹底的に推進していくようになる。

「提綱」ではまた、農村合作社に関するスターリンの論も引用されており、中国における農業合作化の具体的道筋として、互助組から初級合作社の段階を経て、「さらに高次の農業生産合作社を実施する」[160]ことが提起されている。**過渡期の総路線がいかにソ連の影響を強く受けたものだったかということが見て取れる。**

「一化」は、世界有数の人口大国が、改めてアジアで自立していくための発展目標であり、「三改」は、その実現を保証するための経済体制だった。毛沢東は、農村については、「互助化・合作化を推進しなくてはならない。農村という陣地は、社会主義が占領しなければ、資本主義が占領する」「資本主義でも増産は可能だが、それは長く苦しい道のりである」と述べ、都市については、「国有制を拡大する。つまり、国営企業の創設と改建、拡大を図る。二種類の私的所有（勤労人民の所有とブルジョアジーの所有）を集団的所有と国営に（公私合営を経て）改め、社会主義に統一する。そうすることではじめて社会的生産力は高まり、工業化が達成できる」[161]とした。毛沢東は、過渡期の総路線を一羽の鳥にたとえて次のように説明している。「この鳥の胴体は社会主義工業の発展であり、翼は農業、手工業、私的資本主義商工業の社会主義的改造である。胴体がなければ社会主義への移行はできないが、翼も非常に重要である。胴体と翼を密に結合し、一体的に発展していくのでなければならない」[162]。中国の社会主義的改造をどのようなしくみで進めていくかという毛沢東の構想にはほころびがなく、論理的整合性があった。当時の党にこれを拒否する理由はまったく存在しなかった。

巨大な人口を擁し、極度の経済的貧困と文化的立ち遅れにあえいでいたアジアの大国が、わずか三年で新民主主義社会を建設し、間髪入れず社会主義への移行に舵をきるというのは、間違いなく壮大な社会変革の試みだった。しかし、国情にせよその変革にせよ、毛沢東の想像をはるかに上回る複雑さと困難が当時の中国にはあり、時には論争を必要とするような熟慮すべき重大問題が、未提起のまま数多く残されていた。社会主義への移行を可能にする社会的・経済的条件は整っているか、整っているとしたらそのメルクマールは何か、整っていないとしたら、いかにしてそれをつくり出すのか、どのタイミングで移行を開始すべきか、移行にはどれぐらいの時間が必要なのか、移行の形式はどのようなものかといった問題について、試験的試みもおこなわず、レーニンの学説と李維漢の報告だけを頼りに、重大な政策決定を先行させてしまったのである。

一九五四年二月の七期四中全会で、過渡期の総路線は正式に採択され、翌年三月の全国代表者会議の開会演説で、三期の五カ年計画内に（すなわち、一九六七年までに）総路線の任務をすべて達成すると、毛沢東は全党に向けて宣言した[163]。これを機に、「一化、三改」はさらに加速し、一九五六年末にはおおむねその任務を達成した。五カ年計画三回どころか、実際にはわずか三年しか要していない。それだけ嵐のような強制的社会変革だったということであり、上から下への強制だったということである。これについて薄一波は、のちに反省の弁を述べている。「一九五〇年代前半に提起された『一化、三改』の任務を達成するには、十五年、あるいはもっと長い時間が必要だった。実際には『一化』は実現できずに終わり、『三改』は三年余りの間にあわただしく達成された。しかし、国民経済の発展にダメージを与える大きな禍根を残した[164]」。つまり、国家の工業化だけではなく、社会主義の建設をも性急に求めた急進主義路線への転換は、中国の国情、すなわち毛沢東が七期二中全会の報告で総括した「近代的な工業が一割、農業と手工業が九割」という基本認識から完全に逸脱したものであり、極端に低い所得水準という現状認識をも無視したものだったということである。第十三回全国代表者大会（一九八七年）で提起された「社会主義の初期段階」論では、この急進的移行論は最終的に否定されることになる。歴史は常に「肯定―否定―肯定」のロジックに従って、曲折に富んだ発展過程をたどるのである。

三、「中華人民共和国憲法」の制定

二〇世紀以降の中国には多くの憲法が存在し、近代国家建設の綱領の違いがそれぞれに反映されている。

一九四九年九月に制定された「共同綱領」は、一貫して臨時憲法の役割を担い、第一回全国政治協商会議全体会議は全国人民代表大会と同じ権限を行使した。

「共同綱領」は新中国の未来を建設するための青写真であり、段階的かつ穏当で、党の伝統的な統一戦線戦略を反映したものである、とみなされていた[165]。共産党と民主党派との協議によって成立したため、それは両者の新たな契約でもあった。政権党となった共産党にとって「共同綱領」は国家統治のルールを定めたものであり、そのルールに同意し、遵守することは、重要な政治原則でもあった[166]。

一九五二年一一月、党中央は、全国人民代表大会の開催と新憲法制定のため、直ちに準備に入ることを決定した。一二月一日には「全国人民代表大会開催に関する通知」が出され、条件はすでに整ったので、開催時期を翌年九月とし、そこで新憲法を制定すること、合わせて五カ年計画の要綱を審議し、法改正に基づいて新たな中央人民政府指導部を選出することを決定した。

一九五三年一月一三日の中央人民政府委員会第二十回会議では、「全国人民代表大会および地方各級人民代表大会開催に関する決議」が採択され、毛沢東を主席、朱徳を副主席とする憲法起草委員会、周恩来を主席とする選挙法起草委員会の設立が決定された。会議の席上、毛沢東は「全国人民代表大会と地方各級人民代表大会を開催する条件はすでに整った。人民民主を大いに発揚し、国家建設と抗米援朝闘争を強化することがその目的である」と発言、周恩来は「われわれが制定しようとしている憲法は現段階の憲法である」と強調した。二月一一日の中央人民政府委員会第二十二回会議では、「中華人民共和国全国人民代表大会および地方各級人民代表大会選挙法」が可決された。国家の情況に基づいて現実に合った選挙制度をいかにして構築するか、が全体に貫かれた精神だった。政治、経済、文化の発展に伴い、実質的にも形式的にも民主的で瑕疵のない選挙制度を採用するとしたのである[167]。

党中央がこのように新憲法制定を急いだ最大の理由は、毛沢東が「一化、三改」の過渡期の総路線を提起したことである。「共同綱領」と過渡期の総路線には根本的な違いがある。前者は新民主主義の建国綱領であり、後者は社会主義の建国綱領である。したがって、社会主義建設のニーズに合わなくなった「共同綱領」に替わる、新たな憲法を制定する必要があったのである。

三月初めの「憲法草案初稿説明」には、憲法起草に対する毛沢東の考えがよく表れていた。すなわち、次の五点である。(一)過渡期の総路線における諸任務の達成を法的に保証するものであること。(二)国全体の民主化の発展を法的に保証するものであること。そのために「下から上へ」の人民代表大会制度を採用する。(三)各民族の平等、団結および融和を法的に強めるものであること。(四)「共同綱領」を土台にしながら、それを内容的に発展させたものであること。経済政策に関する「共同綱領」の原則には、今なお有効なものもあれば、すでに時代遅れのものもあり、新たな規定を設ける必要がある。なかでも、過渡期の総路線を実施するための諸規定を設けることがとくに重要である。(五)内容構成と文言をできるだけ簡潔明瞭にすること[168]。

たび重なる議論を経て、六月一一日の中央人民政府第三十回会議において、「中華人民共和国憲法草案」と「中華人民共和国憲法草案の公布に関する決議」が採択された。毛沢東は講話で次のように述べた。「団体があればそこに規約が存在するように、国家にも規約が存在しなければならない。憲法はおおもとの規約であり、ゆるがせにできない大原則である」「人民民主と社会主義、これが二つの基本原則である」「憲法という一大法規によってこの二つの原則を打ち固めることができれば、人民の前にきわめて鮮明な道筋が開かれることになる。迷いなく正しい道を歩んでいることを人民が実感できるなら、その積極性も高まるであろう」。さらにこうも述べている。「この憲法草案は、わが国の革命と建設の経験を総括したものであると同時に、自国の経験と国際的経験を結合させたものでもある。自身の経験を主体にしながら、ソ連をはじめとする人民民主主義国の憲法から優れた部分を参考にした。**中国の憲法は新たな社会主義憲法であり、ブルジョア憲法とは大きく異なる。革命の時期につくられたこれまでのどの憲法よりも進歩しており、それらを完全に乗り越えるものになっている**」[169]。毛沢東が意識していたのは、イギリス（マグナカルタ、一二一五年）、アメリカ（一七八七年）、フランス（一七九三年）、ソ連（一九三六年）の憲法である。**外国人であろうと中国人であろうと、後世の人間は先人よりも聡明である、先人の経験を総括し、そこから教訓をくみ取ることができるからだ、中国の新憲法がより進歩した優れたものである理由はここにある、というのが毛沢東のロジックだった。中国で新しい制度をつくりだすという「自覚」と「自信」が十分に見て取れる。**この憲法は、人民代表大会制度、多党合作および政治協商制度、民族自治制度という中華人民共和国の三つの基本的政治制度の礎となった。

　憲法は、新民主主義ではなく、社会主義の内容を規定したものであり[170]、そこが「共同綱領」との最大の違いである。憲法では国の義務として、国営経済の優先的発展を保証すること、合作社経済の発展を奨励し、指導と援助を与えること、資本主義商工業の各種国家資本主義経済への転換を奨励し、資本家所有制を段階的に全人民所有制に置き換えることが規定されている。また、公共の利益を損ない、社会経済の秩序に混乱をもたらし、国の経済計画を破壊する行為をすべて禁止する、という規定がわざわざ盛り込まれた[171]。こうして中国の指導者は、新民主主義の経済綱領を正式に放棄し、社会主義の経済綱領を採択、社会主義建設の道を歩み始めたのである。

　当時、引き続き新民主主義を打ち固めていくのか、それとも社会主義に転換するのかをめぐって、党内外で論争があった。「中華人民共和国憲法草案に関する報告」の中で、劉少奇は前者を厳しく批判したが、一九五一年の時点では彼自身も前者の側に立っていた。劉少奇の批判は次のようなものである。「前者は現状維持の思想の表れである。そんなことが果たして可能だろうか。社会主義と資本主義という相反する生産関係が、一つの国家内で互いに干渉せず、並行して発展していくことはできない。社会主義にならなければ、資本主義になる」「社会主義の道を進むというのは不動の方針であり、それ以外に選択の余地はない」[172]。

　これは、当時の指導者の「二分法」的思考をよく表している。これでなければあれ、社会主義でなければ資本主義、というわけである。たとえ資本主義であったとしても多種多様なモデルがあり、決して単一ではない、ということに対する無理解がそこにはあった。

憲法は中国共産党の指導的地位を明確に規定していたが、それは国家運営において党員が特権を享受するという意味ではない、劉少奇は報告でそのことを強調するのを忘れなかった。それだけ党員の責任は重いということであって、憲法およびそのほか一切の法規を遵守する上で、党員は模範的な役割を果たさなければならない、とした[173]。

憲法に基づき、国の機関や権力構造は大きく変化した。全国人民代表大会（全人代）は国権の最高権力機関となり、立法権を行使する唯一の機関とされた。全人代常務委員会には国務院・国防委員会・最高人民法院・最高検察署の監督責任が与えられ、全人代とともに国家運営にかかわる主要な権限を有するようになった。また、政策決定は集団的討議によっておこなわれるとされた。

国家元首としての職権を有し、軍隊を統率すると同時に、国防委員会主席および最高国務会議主席を務める国家主席の設立も、憲法によって規定された。これまでの中央人民政府主席との違いは、重大な決定をおこなう際には全人代常務委員会の意見を聴取し、その決定に従わなければならないとした点である。ただし、軍隊の指揮権を発動する場合はこの限りではない（第四二条）とされた。また、「全人代は国家主席を罷免する権利がある」という規定が、毛沢東の提案により盛り込まれた。これは、集団と個人の政策決定を結合したシステムであり、国家主席の権力に対する重要な歯止めになった。

国家主席の設置は、党と国家の安全を保障するための制度として、毛沢東によって入念に練られたものだった。それはまた、中央指導部を一線と二線に分割する考え方とも関連している。毛沢東は次のように説明している。「屋上屋を架して国家主席を置く目的は、中国という大国の安全を強化するためである。（全人代）議長と（国務院）総理がいて、さらにその上に（国家）主席がいれば、安全はより確かなものになる。三つのポストが同時に駄目になるようなことはないだろう。また、国家主席を設けることで、国務院と全人代常務委員会との間に緩衝作用をもたらすことができる[174]」。これは画期的な試みであり、国家制度の建設にも大きく寄与した。指導者個人の暴走を食い止めると同時に、国の長期的安定を保証するものだった。

国務院は行政の最高府として置かれ、中央人民政府の下に政務院を置いていた従来の二層構造が改められた。総理が主管する国務院全体会議と常務委員会を通じ、国務院は政府の業務全般に責任を負うことになった。また、地方各級の人民政府も国務院の統一的指導下に置かれ、地方政府の各部門も、国務院が主管する該当部門の指導を受けることになった。こうして、ある意味では中央集権と地方分権が混ざり合った行政機構が形成されることになった。

さらに、国の最高司法機関として最高人民法院が、同じく検察機関として最高検察署が、それぞれ設立された。

軍事面では人民軍事委員会に代わって国防委員会が設置され、国の最高国防諮問機関となった。中央政治局と書記処（政治局常務委員会に相当）の下には中央軍事委員会が置かれ、軍事全般を司ることになった。人民解放軍は必ず党が指導するという原則を十分に反映した制度である。

国家副主席は一人だけ置かれた。党中央書記処書記の朱徳である。中央人民政府の副主席だった党外人士の宋慶齢、李済深、張瀾は全人代副委員長になった。国務院副総理もすべて党員が占め、元副総理の党外人士、郭沫若と黄炎培は全人代副委員長に転じた。ポストの変更はあったものの、全体の人事構成は、創設時の中央人民政府からあまり変化していない（表4－1）。個別の党外人士を除く民主党派が、組織的にも実際の政策決定からも完全に排除されるのは、一九五七年の反右派闘争後のことである。

憲法第三条には「中華人民共和国は統一的多民族国家である」「各民族はすべて平等である」「少数民族が居住する各地域では自治をおこなう」「民族自治区もまた中華人民共和国の不可分な一部である」という規定がある。劉少奇は、これについて次のように説明している。「こうした規定は必要不可欠であり、各民族共通の利益に合致するものである。各民族は祖国の統一をより強固にすべく、密に団結し、ともに祖国建設のために努力しなくてはならない。同時に、憲法は各種規定を通じて、少数民族居住地域における自治権の行使を保証する。社会主義社会の建設は、各民族共通の目標であり、すべての民族が経済的にも文化的にも高度な発展を遂げるとしたら、それは社会主義の下でしかありえない。各民族が幸福の大道を一歩一歩進んでいけるように、国は援助する責任がある[175]」。

中国は「一体多元」構造の近代国家建設に成功した。「一体」とは、統一国家、単一国家という意味であり、「多元」

表4-1　国家指導部の構成の変化（1949年と1954年）

	第一回全国政協（1949）	第一期全人代（1954）
主席	毛沢東（中央人民政府主席）	毛沢東（国家主席）
副主席	朱徳、劉少奇、宋慶齢※、李済深※、張瀾※、高崗	朱徳（国家副主席）
総理	周恩来（政務院総理）	周恩来（国務院総理）
副総理	董必武、陳雲、郭沫若※、黄炎培※、鄧小平	陳雲、林彪、彭徳懐、鄧小平、鄧子恢、賀竜、陳毅、烏蘭夫、李富春、李先念

※は党外人士。
注：※のないメンバーはすべて中共指導部。

とは、多民族からなる、多文化、多言語国家という意味である。少数民族居住地域の自治を認める一方、国はその経済的・文化的向上を援助する。後者の援助が、少数民族の飛躍的発展をもたらしたことは疑う余地がない。これは、社会主義の制度的優位性を示すと同時に、「五六の民族で構成される大家族」という理念の優位性を体現するものでもある。

党中央の指導体制にも調整がなされ、中央秘書長が新たに設けられた。一九五四年四月二七日の中央政治局拡大会議で鄧小平が中央秘書長に任命され、譚震林、馬明方、宋任勇、劉瀾涛、林楓、李雪峰、楊尚昆、胡喬木が副秘書長となった。九月には、中央書記処の下に常設の秘書長工作会議が設置され、政治局と書記処の日常業務を手助けすることが決定された。

省および市レベルの行政を中央が直接指導する体制を強化するため、大行政区は廃止の方向で進んでいった。一九五〇年三月の「全国財政経済工作統一に関する決定」により、大行政区の財政権が部分的に中央に返上され、一九五二年一一月には、大行政区人民政府委員会がすべて行政委員会に改められた。この行政委員会は、中央政府の代理機関として指導と監督をおこなうものとされ、大行政区の行政権限は取り上げられるかたちになった[176]。大行政区の廃止が正式に決定されたのは一九五四年の四月である。これに呼応して、六つの中央局も廃止され、各省・自治区・直轄市の党委員会を中央が直接指導することになった。これは、党および政府の体制改革としてきわめて重要である。

人民解放軍の体制にも改革がおこなわれた。野戦部隊を基盤にした六大軍区制度は廃止され、代わりに中央軍事委員会が直接指導する一三の大軍区が設立された。

国家統治を全国に浸透させる必要性から建国初期に設立された党・政・軍三位一体の五大行政区制度は、五年で幕を閉じることになった。地方指導者の独裁を防ぎ、中央が地方を直接コントロールする体制を強化するため、党・政と軍が互いに独立しながらけん制し合う、新たな制度が採用されることになったのである。**党・政・軍の制度改革を毛沢東がこのように急いだ背景には、高崗・饒漱石事件があった。**この事件は、中央指導部の衝突と分裂を引き起こした最初の事件であり、毛沢東にとってまったく想定外のことだった。

建国後ほどなく、毛沢東は後継者問題の検討を始めた。一九五二年末から一九五三年の初めにかけて、党中央は、高崗（東北局）、饒漱石（華東局）、鄧子恢（中南局）、鄧小平（西南局）、習仲勛（西北局）の五人を相次いで中央に異動させ、中央政府の任務を分担させた。第一期全人代の開催過程では党と国家の指導体制の問題が議論されたが、党の副主席あるいは総書記のポストを増設するか否かという問題がそこには含まれていた。中央人民政府副主席で国家計画委員会の主任だった高崗は、毛沢東が指導部を一線と二線に分け、自らは二線に退くという考えを表明したのを聞き、劉少奇が中央の日常業務を主管することになると考えた[177]。前例に倣って毛沢東が休暇期間中の代行を劉少奇に託すと、高崗は公然と反対を表明し、総書記あるいは副主席のポストを独断で要求した[178]。さらには、不当な手段を使って大行政区の各指導者を誘い、陳雲にも劉少奇打倒を呼びかけた。しかし、支持を表明したのは饒漱石のみで、陳雲と鄧小平は断固反対すると同時に毛沢東に報告し、注意を促した[179]。毛沢東は事前心得のために陳雲を大行政区に派遣し、林彪にも高崗にだまされないように注意した。林彪は二度と高崗を支持しないと表明した。毛沢東は過渡期の総路線の「提綱」にも、集団指導はわが党のような組織にとっては最高の原則であり、分散主義や個人的野望を抱く者の不法活動はこの原則によって防ぐことができる、したがって、集団指導体制についてはとくに強調し、真摯に実行しなければならない、と書き入れた[180]。これは高崗の不法活動を暗示するものだった。一二月二四日の政治局拡大会議上で、毛沢東は高崗と饒漱石を「陰謀をめぐらす司令部」とみなし、厳しい警告を発した[181]。翌年一月、高崗は自身の「改心」を前面に立って援助してほしいとする手紙を毛沢東あてに書き、会談を申し入れたが、毛沢東はこれを拒否した。二月六日から二月一〇日にかけて北京で開催された七期四中全会では高崗、饒漱石の陰謀が暴露され、半年後の八月一七日に高崗は自殺した[182]。この高崗・饒漱石事件を処理する過程で、先に述べた党・政・軍の体制改革がおこなわれたのである。

高崗・饒漱石事件は、毛沢東個人にとってもかなり衝撃だった。彼は事件が起こった原因を高級幹部の驕りだと単純に結論づけ、全国代表者会議の総括でも、高級幹部の驕りは党の団結に対する最大の脅威であると述べた[183]。北京入城から政権党になる過程で、共産党幹部、とりわけ高級幹部には、容易に権勢欲に転化する強大な権限が付与された。それを制御・監督する体制が欠如している状況で、高崗のような人物が出てくる恐れがあることは、あまりにも明らかである。これに加えて、党内上層部で衝突や不一致が生じた際に、それを内的に解決する力をもった透明性のある制度が欠如していた、という問題もある。その結果、解決できるはずの矛盾が非和解的な対立に転化してしまったのである。さらに、毛沢東自身の過剰な反応も、こうした状況に輪をかけることになった。毛沢東は、全国代表者会議で次のように述べている。「高崗・饒漱石の反党同盟の出現は、決して偶然ではない。わが国の現段階における熾烈な階級闘争の鋭い表れである。反党同盟の罪状は、党を分裂させ、陰謀によって党と国家の最高権力を奪取しようとし、反革命復活の道を用意したことにある[184]」。新中国成立以降の党内闘争のひとつのパターンがここに形成された。すなわち、階級闘争、権力の簒奪、資本主義の復活と関連づけることで、人為的に闘争を拡大していくパターンである。高崗・饒漱石事件を皮切りに、以降の党内闘争はすべてこのパターンでおこなわれた。そこには、実事求是、罪を憎んで人を憎まず、という考え方が完全に欠如していた。劉少奇、鄧小平は後にこれを思い知ることになる。

この過程で、各部、各級ごとの幹部管理体制が確立していった。幹部人事は、すべて党が掌握することになり、軍幹部を除くすべての幹部が、中央および各級党委員会の組織部門によって統一的に管理されることになった。一九五三年一一月に出された「幹部管理工作強化に関する決定」では、中央および各級党委員会の統一的指導の下で、各部、各級ごとの幹部管理体制を段階的に確立していくことが提起された。各部ごとの管理というのは、計画工業・貿易財政・文化教育・交通運輸・農林水利・統一戦線・政治法律・党派および大衆団体といった各部門別に幹部の管理をおこなうことであり、各級ごとの管理というのは、中央と地方党委員会の間で幹部管理を分担し、全国各方面にわたる重要任務を担う幹部は中央が、それ以外の幹部は地方の党委員会がそれぞれ管理するというものである。

一九四八年から開始された、党が国家と軍隊を指導する基本的枠組みの構築は、新中国の成立を経て一九五四年になると、史上最強の中央集権体制として結実していった。かなり短期間のうちに、成功裏に確立されたといえる。主な特徴は以下の通りである。(一)政権政党への国家権力の集中、(二)人事権、財政権、物品および経済管理権の中央政府への集中、(三)人民解放軍をはじめとするすべての軍事権限の中央への集中、(四)政体の単一化と中央への立法権の従属化。新憲法は、こうした特徴を存分に反映すると同時に[185]、中央集権体制をさらに強化するものになった。これほど短期間のうちに、中央に権力を集中させることができたのはなぜか。そこには、**党内に形成されたいくつかの重要原則と制度が大いに関係している。すなわち、(一)全党が中央に従うという組織原則、(二)党が軍隊を指揮するという原則、(三)党が幹部を管理するという人事原則の三点である。これらすべてが堅持され続けることで、党・軍隊・国家の統一が保たれることになったのである。**

こうして、中国近現代史上（一八四〇年以降）、最大の権力集中時代が現出することになった。この強大な中央集権体制の下ではじめて、経済的貧困にあえぐ後進国という現実にありながら、各種の社会的資源と力量を動員することができたし、全国の力を結集して国家規模の大掛かりな事業を遂行し、工業化・都市化・近代化を発動することができたのである。ただし、**こうした中央集権的政治体制と個人の権限が強い政策決定メカニズムには、もって生まれた欠陥が存在した。まさにその欠陥をつく形で、「大躍進」「四清運動」「文化大革命」といった政治運動が引き起こされ、その結果、経済も「乱高下」を繰り返す不安定な状況に陥ったのである。**

第四節　工業化路線をめぐる取捨選択

一九四九年の中華人民共和国成立以降、いかにして工業化を実現するかという点で、指導部は重大な選択を迫られていた。戦略と路線はひとつではなかったのである。「共同綱領」の第三五条では次のように規定されていた。「鉱業、鉄鋼業、動力工業、機械製造業、電気機器工業および主要化学工業などの重工業を計画的・段階的に発展させることで、国家の工業化の基礎を創出しなければならない。同時に、人民の日常的な消費ニーズに応えるために、国民経済と国民生活に役立つ紡績業やそのほかの軽工業の生産を回復、増大させなければならない」。これは、重工業の発展を性急に求めるものではなく、重工業を優先的に発展させることで工業化を実現する方針でもない。重工業と軽工業をともに重視し、両者の調和のとれた発展によって工業化を実現する方針である。

指導部にとって、社会主義的工業化の実現は遠大な政治目標であり、その点でのコンセンサスは強固なものだった。中国に大工業を建設するというのは、毛沢東の悲願でもあった。一九五〇年の訪ソ時に自動車工場や航空機工場を視察した毛沢東は、大工業を基礎とした新中国建設の必要性を痛感すると同時に、中国もソ連のように自前の大工業をもたなくてはならないと考えた[186]。

一九五四年九月の第一期全人代第一回会議の開会演説で、毛沢東は「五カ年計画を何度か積み重ねるうちに、経済的・文化的後進国が高度に発達した近代的工業国に成長していけるよう、今から準備しなければならない[187]」という目標を提起した。この時点では公表しなかったが、のちの中央人民政府委員会第三十回会議の席上では、おおむね三期の五カ年計画、すなわち十五年前後で土台はできるはずだ、したがって、およそ五十年、すなわち一〇期の五カ年計画で偉大な社会主義国家に近づくことができるだろう、と述べている[188]。これは、毛沢東が打ち出した最初期の中長期計画（十五年間）であり、五十年先を見通した将来構想である。その目標は、工業化を通じて強大な社会主義国家を建設するというものだった。

しかし、中国の実際の国情を踏まえた上で、いったいどのようにして工業化を実現するのか、工業と農業、都市と農村、重工業と軽工業などの関係を、工業化の過程でどう処理していくのか。その答えを見出す力を、当時の指導部はもち合わせておらず、暗中模索の中で努力を続けていたと言わねばならない。

特筆すべきは、中国の国情に十分に見合った構想として、**劉少奇が提起した「農業、軽工業、重工業」の発展順序が、すぐに「重工業、軽工業、農業」の順番に逆転したことである。朝鮮戦争や、アメリカを盟主とする西側諸国による対中全面封鎖といった客観的要因ももちろんあったが、「ソ連モ**

デル」や『政治経済学教科書』の影響を色濃く受けていたという要因がそこにはあった。裏を返せば、中国の指導部、とりわけ毛沢東が、工業化理論に対する体系だった認識を欠いており、中国とソ連の国情の違いを無視していたということである。

一、劉少奇の「農、軽、重」工業化路線構想

劉少奇は中国の国情に合致した、ソ連とは異なる工業化モデルを最初に提起した指導者である。それは軽工業から順番に、着実に段階を踏んで工業化を達成していく構想だった。一九五〇年の時点で、彼は以下の段階を経て工業化を実現しなければならないと考えていた。すなわち、第一段階は、人民に益する経済事業の復興に全力を挙げること、第二段階は、農業と軽工業の発展に重点的に力を投入すると同時に、国防上必要な工業をある程度構築すること、第三段階は、重工業の土台づくりに力をシフトさせ、重工業発展の道を切り開くこと、第四段階は、発展軌道にのった重工業を基盤にして、さらなる軽工業の発展を勝ち取り、農業の機械化を実現すること、というものである。[189] こうして劉少奇は、「農、軽、重」という発展順序をはじめて提起したのである。これは、先進諸国や日本、韓国、台湾といった新興国・地域がかつてたどった工業化の道とほとんど変わりはないが、中国がこの道をたどれば、必ず中国の国情に見合ったものになっただろうし、よりスムーズな工業化を実現することができたであろう。また、工業化のために農業、あるいは農民や農村が支払うことになる代価も、より少なくなったであろう。**しかし、劉少奇の構想は指導部で主流の考えになることはなく、頓挫を余儀なくされた。朝鮮戦争の勃発によって、重工業優先という「ソ連モデル」が主導的地位を占めるようになったからである。**

こうした国際情勢の変化と外的圧力という状況は、ソ連が第一次五カ年計画時に置かれていた状況と酷似している。一九二七年五月、イギリスはソ連との国交断絶を宣言し、貿易協定を破棄した。同年七月の西欧六カ国による外相会議では「コミンテルンとの闘争」「反ソ反革命戦争」が呼びかけられた。これに対し、ソ連共産党は、「資本主義によるソ連包囲網との非和解的対決現下の情勢は、資本主義によるソ連包囲網との非和解的対決に向かって進んでいる」という決議を八月に出し、[190] スターリンは「重工業の発展を突破口に工業化を実現する」ことを明確にした。それは、資本主義に包囲された状況でも独立した経済を維持し、資本主義諸国の属国に成り下がらないようにするためであり、帝国主義の侵略に抵抗し、防戦一方にならないようにするためであった。[191]

一九二六年四月、重工業の発展を優先するというスターリンの方針提起[192]に基づいて、重工業発展を中心にした第一次五カ年計画が策定された。その結果、一九二六〜一九二八年には重工業への投資が全体の四分の三近くを占めるようになり、

空前の発展を遂げた重工業、ゆるやかに発展した軽工業、深刻に立ち遅れた農業という経済構造が形成されるようになった。

一九五六年の中国共産党第八回全国代表大会における劉少奇の政治報告は、こうしたソ連の影響を強く受けたものである。すなわち、社会主義社会の建設のためには社会主義の工業を発展させなければならず、なによりもそれは重工業の発展であり、後進農業国であるわが国はそれによって先進工業国へと生まれ変わらなければならない、というものである[193]。工業情勢の推移に伴って変化した劉少奇のこの見解は、党のエリート全体のコンセンサスを体現するものでもあった。

二、工業化に関する毛沢東と党外人士との論争

建国当初、政権党になって間もない共産党の指導部は、連合政府に参加していた党外人士にも工業化に関する広範な議論を呼びかけ、時には激しい論争を繰り広げることもあった。政策決定における当時の民主的気風を物語る事実である。

まずは、建国後直ちに工業化に着手するか否かをめぐる、党外人士・梁漱溟と毛沢東との激しい公開論争である。一九五三年九月一一日、梁漱溟は第一期全国政協常務委員会第四十九回（拡大）会議において、中国は貧しく、人民に休息を与えなければならない、工業化の資金はどこから調達するのか、工業化建設に重点を置けば労働者と農民に雲泥の差が生じる、工業化すれば農民は生活できなくなり、農民の負担がさらに大きくなる、と述べた。これに対する毛沢東の考えは、国家の大計からすれば、直ちに工業化を推進する以外にない、というものだった[194]。両者の考えには大きな隔たりがあったが、当時はまだ議論ができる状況だった。翌一二日の中央人民政府委員会第二十四回拡大会議で毛沢東は次のように発言している。「生活苦にあえぐ農民のことをもっと考慮すべきだとして、われわれの総路線に反対する人（梁漱溟）がいるが、これは仁政を施す孔孟の思想といってよい。しかし、仁政にも大と小があることを知らねばならない。農民のことを考慮するというのは、視野の狭い短絡的な『小仁政』であり、重工業を発展させ、アメリカ帝国主義を打倒するのが『大仁政』である[195]」。アメリカ帝国主義を打倒し、国家を防衛するためには今すぐ国の強大化にとりかからねばならないというのが、毛沢東が工業化推進を急いだ根本的理由だったことがはっきりわかる。

毛沢東にとっては、経済成長よりも国家の安全が、農業よりも工業の発展が、農村よりも都市の発展が、さらには農民よりも労働者市民の利益が、より重要だったのである。それに比べ、梁漱溟の意見には情理に適ったところがあった。それを全面的に受け入れることまではできなかったとしても、彼の提起に基づいて農民の広範な利益に関心を振り向けるべきだったし、工業化を推進することで人口の大多数を占める

農民の負担を重くし、工業の発展と引き換えに農業・農民・農村を犠牲にするような事態は絶対に避けるべきだったといえる。

次に、工業化の重点的課題をめぐる、党外人士と毛沢東との論争である。一九五三年七月に、党外有識者は次のような提起をおこなった。二十二年の内戦を経た今、待ち望まれているのは経済の復興であり、人々も二度と戦争のない安定した世の中を望んでいる。工業に力を入れるのは、生活の再建をいち早く実現するためである。民間の商工業者が軽工業を担い、国家は重工業に専念する、こうした分業が国にとっても民間にとっても利益になる。

これは、工業化における「分業と協業」の提案である。民間資本は最終消費財の生産を主とする軽工業（農業と緊密に結びついた労働集約型産業で、しかも輸出に有利）をおこない、国は中間材の生産を主とする重工業（国防と緊密に結びついた、資金・資源・技術集約型産業で、生産設備の輸入を必要とする）に注力し、それぞれが長所を活かし、短所を補い合うかたちで工業化を進め、国もしくは国営経済がすべてを引き受けるのではない、という考え方である。そうすることで公私両方を活かすことができるし、重工業と軽工業、資本集約型産業と労働集約型産業をバランスよく発展させることができる、という提案だった。今日から見れば、国家と国民にとって非常に有益な考え方であった。

しかし当時、この提案は、工業化の重点は重工業建設にあると考えていた毛沢東に厳しく批判された。重工業建設には資金がいる、人民の生活を改善しなければならないのはもちろんだが、一度にすべてのことを改善することはできない、というのが毛沢東の論であった。

重工業優先の工業化は、毛沢東のみならず、当時の党の主流を占めた基本的な考えであり、第一次五カ年計画の主導思想でもあった。一九五三年九月八日、周恩来は次のように指摘している。「第一次五カ年計画開始時のソ連は、われわれより重工業の基礎がしっかりしていたが、それでもその発展に注力した。基盤の弱いわれわれは、もっと注力する必要がある。国防工業の発展は、重工業が土台となる。われわれにはまだ、戦車、航空機、自動車、トラクター、高性能砲を製造する力がない。ソ連が計画を開始した一九二八年当時は、多くの資本主義国家がソ連に機器を売っていた。国際情勢も緊迫しておらず、ヒトラーが台頭する前だったので、順を追って計画を進めることができた。現在はそういう情況ではない。待ったなしに重工業の発展を加速させ、国防を強化しなければならない」。対外的脅威の存在と安全保障上の利益が、重工業優先の発展戦略をとった要因としてかなり大きかったことがここからもわかる。

一九五五年七月、第一次五カ年計画の説明で、李富春は次のように述べた。「われわれが実現しようとしている国家の工業化は、資本主義のそれとは異なる社会主義の工業化であり、ソ連を手本とし、その直接的支援（人民民主主義諸国の支援を含む）の下でおこなわれる。したがって、そのスピードは速い。生産手段製造部門はとくにそうである。計画によれば、生産手段製造部門への投資は基本投資の八八・八％を占めるが、消費財製造部門への投資は一一・二％である」[196]。のちに薄一波は、「遅れた経済の現実を変え、世界と肩を並べるには、重工業を優先的に発展させるしかないというのが、当時の党全体の認識だった」とふりかえっている[197]。

三、毛沢東らの「農、軽、重」の再認識

工業化をどのように理解し、実現のためにどのような路線を選択するのか、また、農業との調和をいかに図るか。これは、毛沢東世代からその後の世代まで、中国の指導者が一貫して解答と方針を迫られ、議論を必要としてきた重大なテーマである。

中国共産党第八回全国代表大会の準備のため、毛沢東、劉少奇ら中央指導部は、一九五五年一二月から一九五六年春夏にかけて、建国以来初となる大規模な「調査研究」活動をおこなった[198]。これは事実上、「ソ連モデル」の再検討作業であり、中国独自の発展戦略を模索する出発点になった。

この時、毛沢東が新たに示した「農、軽、重」の優先順位は、当時の中国の国情に対する基本認識を踏まえ、より適切な発展戦略を提起する内実をもっていた。一九五六年四月の「十大関係を論ず」で、毛沢東はまず、重工業、軽工業および農業の関係について、次のような検討と分析をおこなった。「現在、重工業を発展させる方法は二つある。一つは、農業と軽工業の発展をいくらか抑えること、もう一つは、逆にその発展に力を入れることである。長期的に見れば、前者は重工業の発展を鈍化させ、緩慢にする方法である。少なくとも強固な基盤を形成することはできず、数十年後の見通しが立てられない。一方、後者は、重工業の発展をより促進する方法である。しかも、人民の生活レベルの必要性を満たすので、重工業発展の基盤はより強固になる」[199]。

九月の第八回全国代表大会でおこなわれた劉少奇の政治報告では、当面の工業化の目標として以下の内容が提起された。「人口と資源に恵まれたわが国は、三期の五カ年計画（一九五八～一九七三年までの期間に）で整った工業体系をおおむね完成させなければならない。第二次五カ年計画の基本任務は、引き続き重工業中心の工業建設を推進し、社会主義的改造を完成させることだが、合わせて農業と軽工業をさらに発展させなければならない。運輸業や商業もそれに見合った発展が必要である」。報告は同時に「輸入代替」戦略の実施も打ち出しており、一九六二年までに機械設備の約七割の自給を求めるとした[200]。これは、ソ連が第一次および第二次五カ年計画で立てた目標と非常によく似ている。客観的な数字を見

ても、当時の中国の輸出額はかなり少ない。一九五五年はわずか一四億ドル（四八億七〇〇〇万元でＧＤＰの五・四％）に過ぎない[201]。外貨の不足によって、技術や設備の輸入が思うようにできない状況だった。

周恩来の報告では、「現在の中国の情況は、国際的に孤立無援の状態に置かれた建国初期のソ連とは明らかに異なる。しかし、多くの人口を養う必要がある中国にとって、自前の工業体系は不可欠である」と述べられている。二人による報告はともに、工業化の初期の目標を指導部がどのように認識し、構想していたかを集約したものだった。**八全大会で提起された社会主義近代化の目標と方針は、「わが国を近代的な工業、農業、交通運輸業、および軍隊を有する強国にするため、工業化の早急な実現と、系統的かつ段階的な国民経済の改造に全力を挙げる」[202]というものだった。具体的には二段階の戦略目標が設定された。五カ年計画を三度実施するうちに（十五年以内に）工業化の基礎を固めるのが第一段階、さらに数十年かけて最も発達した資本主義国家（アメリカ）に追いつき、追い越すのが第二段階である。**[203]この戦略目標はその後も繰り返し提起され、「大躍進」と「文化大革命」があったにもかかわらず、一九八〇年前後には第一段階の目標を達成、のちに続く改革開放政策の展開や工業化の飛躍的前進を可能にする基盤をつくり出したのである。

八全大会で周恩来は、重工業の発展を優先させると同時に、農業合作化を急ピッチで進める方針を提起した。農業の増産と、それに見合った軽工業の発展を促進させる方針である。これには、発展の過程で国民経済の主要各部門が互いにバラバラになるリスクを避ける狙いがあった[204]。

経済部門の責任者だった陳雲も、「国情制約」論と「総合的バランス」論を提起した。経済建設の規模は国力に見合ったものでなければならず、その規模を大きく左右するのが農業であること、したがって、農業の発展とのバランスを十分に考慮しながら建設を進める必要がある、というものである。

毛沢東は一九五七年の「人民内部の矛盾を正しく処理する問題について」で、「工業化を進めるにあたって一番問題になるのは、重工業、軽工業および農業の関係である」と述べ、重工業を経済建設の中心としながらも、軽工業と農業も同時並行で発展させていかねばならないことを強調した。農業や軽工業の立ち遅れは、重工業の発展にとって不利になる、という認識である[205]。

これを踏まえ、一九五八年五月の八全大会第二回会議の場で、劉少奇は次のように提起した。「重工業の優先的発展を前提に、農業と工業を同時並行で発展させる。集中的な指導、全体的な計画、分業と協業を前提に、中央と地方の工業、大企業と中小企業を、それぞれ同時並行で発展させる」[206]。この**「同時並行」「二本足で歩く」方針は、ソ連の工業化モデルの部分的修正であった。資源・資本集約型の重工業および中央**

直属の工業企業や大企業の建設に重きを置いたソ連の工業化モデルが中国の国情に合わないことは明らかであり、労働集約型の軽工業や地方企業、零細企業を発展させる必要があった。「一本足」よりも「二本足」のほうがよいという考え方である。しかし、あくまで部分的にソ連モデルの限界を突破しただけであり、総じて言えば、依然としてその影響下にあったことは否定できない。

第五節　中国工業化の第一黄金期
――「一五」計画とその成果

通常、「一五」すなわち第一次五カ年計画（一九五三〜一九五七年）の始まった一九五三年が、中国の社会主義工業化の出発点とされる。ソ連の援助の下、一五六の重点プロジェクトを中心に大規模な工業化を推し進め、計画指標を上回る成果をあげた。社会主義工業化の基礎を打ち固め、その第一歩を踏み出したと言える。[207] 筆者はこの時期を中国工業化の「第一黄金期」と呼んでいる。

本節では、中国がソ連の工業化に学び、それを手本としながら五カ年計画を進める際、有利に働いた条件と不利に働いた条件は何か、そうした条件におけるソ連との相違点と類似点は何か、計画の目標と超過達成ができた理由、この時期の経済成長の特徴と成長を後押しした要素、社会の発展と人的資本蓄積における特徴、社会変革を促した主な要因、といった諸点について、さらに理解を深めていきたい。

一、工業化の出発点
――有利に働いた条件と不利に働いた条件

第一次五カ年計画を推進する上で、有利に働いた条件は主に以下の点である。

（一）**巨大な人口と広大な国土、および豊富な資源。これらは軽工業と重工業の発展にとってプラスになった。**一九五二年の時点で、一四〇種類以上の鉱物資源が発見されていた中国は、世界でも有数の資源大国だった。この資源という土台があったおかげで、業種に偏りのない整った工業体系と国民経済体系を構築することができた。

（二）**巨大な内需を有する国内市場の存在。**農業にせよ鉱工業にせよ、生産物に対する需要は絶対量が多いだけではなく、さまざまな種類に及んでいた。これは、専門的分業や地域ごとに特色をもった経済を発展させる上で、また、スケールメリットを発揮する上で非常に有利であった。国内市場を利用すれば経済成長がもたらされるというのは、大国ならではの優位性である。

新中国にとって国内経済および国内市場の統一は、経済政策上の重要なテーマだった。ニコラス・R・ラーディは、一九四九年以前の中国経済は大きく三つのブロック（重工業の東北地区、紡績・軽工業の沿岸部、前近代的な内陸部）に分かれており、互いの結びつきもなかったとしている。[208] 新中国が成立して、ようやくこの三分割構造が打破されることになり、東北地区と沿岸部の経済が再編され、さらに内陸へと広がっていった。「一五」期には、内陸部に対する大規模な投資と工業拠点の建設がおこなわれ、沿岸部集中型の経済構造が改められることになった。

（三）国内投資率の顕著な上昇により、高度成長の条件がすでに整っていた。一九五〇年代の中国における資本形成は空前のスピードでおこなわれた、とラーディは分析している。内戦期の国内投資率はかなり低く、一九三〇年代はわずか五％だったのが、一九五二年には一〇％、一九五七年には二〇％にまで上昇した。後進国はもちろん、先進国と比べても高い投資率である。[209]「一五」期の基本建設投資は総額で五五〇億元と、史上最高の投資額だった。輸入総額に占める機械や設備の割合も、一九三〇年代にはわずか五〜七％に過ぎなかったが、一九五二〜一九五七年にかけては二〇〜四〇％に上昇している。[210] マーク・セルデンは、高度成長を支えるに足る資本蓄積と投資が新中国建国以降の一貫した特徴であり、多少の上下変動はあったものの、常に高水準を維持してきた、としている。[211]

（四）ソ連からの経済援助と技術援助が「雪中の炭」の役割を果たした。一九五〇〜一九五三年にかけて、ソ連は中国に三億ドルの借款を供与、一九五四年にはさらに五億五〇〇〇万ルーブルの長期借款を供与した。「一五」期、国外（主にソ連）からの借款は国の財政収入全体の二・七％にとどまったが、ソ連が援助した工業プロジェクトは一五六項目に上り、資金や設備の提供だけではなく、資源探査や工場の立地選択、技術設計、機械設備、設置工事、工員訓練や操業開始時のサポートに至るまで、具体的な指導と援助が与えられた。こうして、海外の先進技術をかつてない規模で導入することによって、「模倣と創造」を大々的に展開する下地が形成された。さらに、人的資本の形成においても、これまでにない成果を得た。ソ連は技術専門家三〇〇〇人以上を中国に派遣し、他方、中国も留学生七〇〇〇人、実習生五〇〇〇人をソ連に派遣した。[212] この万単位にのぼるソ連留学経験者は、今日に至るまで、中国の人的資本の核になっている。

（五）一九四九〜一九五二年にかけての国民経済の急速な復興が、「一五」計画実施の基礎になった。[213] まず、抗日戦争と内戦によるダメージからの回復である。たとえば、一九四九年の主要工業製品の生産量は、一九三〇年代のピーク時の一五〜八〇％にまで落ち込んでいたが、一九五三年にはピーク時を上回るほどの回復をみせている。交通インフラの回復も顕著で、修復された鉄道路線だけでも三〇〇〇キロメートル以上に達した。灌漑面積も、一九四九年には一九二四〜一九二九年の六割程度で、清代末期よりも事実上少ないレベルに落ち込んでおり、深刻な自然災害にも見舞われていた。しかし、各種水利施設の建設に国が力を入れた結果、大幅に回復した。耕地面積も一億五〇〇〇万ムー近くまで急速に拡大し、「一五」期にはさらに過去最高にまで達している。そのほかにも、物価の安定、一九五〇年から始まる財政集中と税制整備、公債発行による政府の財政収入の増加などが挙げられる。

以上の有利な条件を前提に第一次五カ年計画は成功したのだが、そこには経済建設における党の一貫した方針があったと見るべきである。すなわち、「自力更生を主とし、外国からの援助を従とする」方針である。[214] 対外開放と外国からの援助は工業化にとって必要かつ重要なものではあるが、あくまで「外的要因」であり、成功を決定づけた根本要因は、自力更生という内在的要因にあったということである。

一方、以下の諸点がきわめて不利に働いた条件だった。

(一)当時の中国政府には、長期発展計画を策定した経験も、正確な統計資料も無きに等しかった。このため「一五」計画は、最初から最後まで研究しつつ計画し、計画しつつ実施するというものになった。「一五」計画草案の作成は一九五一年に始まったが、その後大幅に手間取り、一九五三年に一五六項目の重点プロジェクトに対するソ連の援助が決まってからさらに度重なる修正を経て、一九五五年にようやく計画作成を終えた。

(二)国家経済を運営する能力や専門技術をもった人材が不足していた。このことを早くから自覚していた陳雲は、一九四九年八月に次のように述べている。「数億の人口を有する大国をどう運営するか、という問題に今われわれは直面している。経済発展の過程で生じる国内問題に対応しなければならないだけでなく、国際経済でも渡り合っていかなければならない。これは過去の経験（根拠地時代の経験）で対応できるものではない」[215]。陳雲はさらに、技術面の人材不足についても強い懸念を示している。「いくつかのプロジェクトはおそらく達成が遅れるかもしれない。技術力が弱く、提供される資料も不正確で、常に変更されるからだ。国内工業と交通運輸の二分野だけでも、技術者を三九万五〇〇〇人増やす必要があるが、大学や技術専門学校の卒業生は二八万六〇〇〇人しかおらず、一一万人近く足りない。技術力不足は計画の進捗に影響するだろう。生産量は上がらず、品質も悪くなるだろう」[216]。

(三)労働人口と生産に占める農業の割合が非常に高く、工業の発展にとって最大の阻害要因になった。一九五二年当時の中国は基本的に農業社会であり、GDPの七二%を農業生産が占め、労働人口の八二・五%が農業従事者だった。国が全国各分野の「人、モノ、カネ」を集めて、工業あるいは重工業の発展を促進することは比較的容易だったが、農業の比重が高いという基本構造を変革するのはかなり困難だった。

「一五」計画の策定当初に打ち出された年平均成長率は、工業生産が二〇％、農業生産が七％だったが、これは基本的にそれまでの二〜三年間を参考にした数字である。つまり、農業は復興期の成長率をベースにしていたことになる。高成長に対する期待が高かったのに比べて、マイナス要素に対する見通しが非常に甘かったことは明らかである。[217] まさに、この時期の工業あるいは重工業の急成長によって、工業と農業、都市と農村の不均衡と矛盾がより激化することになったのである。

（四）アメリカをはじめとする資本主義諸国の経済封鎖と敵視もまた、重要な阻害要因になった。[218] このため中国は世界最大の貿易市場（西側市場）に参入することができず、先進資本主義諸国から技術や知識を得ることも、留学生を派遣することもできなかった。部分的にせよ経済交流ができたのはソ連と東欧諸国のみであった。

二、「一五」計画の基本目標——国家の工業化

第一次五カ年計画（「一五」）の基本任務は工業化の土台づくりであり、それによって国防を強化し、人民の物質的・文化的な生活レベルを徐々に引き上げることだった。計画の重点は重工業に置かれた。ソ連の援助を受けた一五六項目の重点プロジェクトがその中心である。この重点プロジェクトで建設された企業は、工業体系全体の中核をなす、資本・資源集約型の大企業だった。計画作成の過程で陳雲は、「経験が少なく、資料も不足しているので、計画に統制データ〔訳注：原文は「控制数字」、ロシア語の直訳で「強制力をもったノルマ」というニュアンス〕の性格をもたせるためには、実施の過程で改善していく必要がある」[219] と述べている。一方、毛沢東は一九五六年一月二五日の最高国務会議で、計画完了の前倒しと目標の超過達成が可能であるとの見通しを述べている。[220] 実際、「一五」計画の主要任務は一九五六年にはすでに完了していた。[221]

「一五」計画は典型的な重工業優先の計画だった。これはその後の発展モデルとなり、毛沢東による度重なる調整にもかかわらず、維持され続けた。直接的に利益を得た計画経済体制の主管部門や主な重工業生産部門は、必然的にこのモデルを支持し、維持することになったからである。 このモデルから脱却して重工業と軽工業のバランスのとれた発展を追求し始めるのは、ようやく一九七八年になってからのことである。

重工業の発展にもてる力を投入し、国家の工業化と国防の近代化の土台をつくることが「一五」計画の指導思想だった。とくに力が投入されたのは、ソ連の援助による一五六項目のプロジェクトを核とする六九四項目の工業化プロジェクトだった。それによって、社会主義工業化の土台形成と工業全体の技術革新を目指したのである。ほかにも、生産技術の近代

化による農業の整備、近代的兵器の生産による国防の強化、消費財の増産による生活の安定と向上が目指された。一五六項目の重点プロジェクトの内訳を見ると、上述の指導思想が基本線として浮かび上がってくる。一番多いのがエネルギー産業（三三・三％）で、その次が軍事工業（二八・二％）である。両者は国防、科学技術を中心とする現代中国の工業体制の基礎になった[222]。三番目は機械製造工業（一五・四％）、四番目は冶金工業（一二・八％）となっており、以上の四つだけで全体の九割を占める。軽工業の割合はきわめて少なかった（表4－2）。

表4-2「一五」期計画重点プロジェクトの部門内訳

	重点プロジェクトの数	全体に占める割合（％）
軍事工業	44	28.2
冶金工業	20	12.8
化学工業	7	4.5
機械製造工業	24	15.4
エネルギー工業	52	33.3
軽工業	3	1.9
その他	6	3.9
合計	156	100

資料出典：董輔福主編『中華人民共和国経済史』上巻、269頁、北京、経済科学出版社、1999。

三、「一五」計画に対する評価――第一黄金期

「一五」期間中、工業総生産額は年平均一八％、農業総生産額は年平均四・五％、それぞれ増加した。かつてない高成長率であり、同時期の諸外国と比べても高かった。しかし、農業よりも工業の成長率が高いのは明らかだった。農工業の生産額全体に占める工業の割合は、四三・一％から五六・七％と、一三・六ポイント上昇した。同じ工業でも軽工業より重工業の成長率が高く、工業総生産額に占める重工業の割合は三五・五％（一九五二年）から四五％（一九五七年）に増えた。工業化を最終的に達成する前夜の先進諸国の割合にすでに匹敵していたことになる[223]。主要工業製品の生産量も大幅に増加し、一九五七年の生産量は一九五二年の二～四倍になっている（表4－3）。とくに驚くべき増加を示したのは鉄鋼業で、計画期間の生産量は一六六〇万トンに達している。ちなみに、一九〇〇～一九四九年までの期間の総生産量は七六〇万トンに過ぎない[224]。

「一五」期の中国の経済成長率についてはさまざまな推計があるが、国家統計局は約九・二％、アンガス・マディソンは約五・九％としている。ばらつきはあるものの、ＧＤＰ成長率六～九％という高成長を実現したことは確かである（表4－4）。

表 4-3 「一五」期の主要農工業品生産量

品目	①1952年の生産量	②1957年の計画生産量	②の①との対比（%）	1957年実質生産量の①との対比（%）
発電量（億kw）	72.6	159	219	264
原炭（万 t）	6649	11298.5	170	194
原油（万 t）	43.6	201.2	462	
銑鉄（万 t）	190	467.4	264	307
鋼鉄（万 t）	135	412	306	396
鋼材（万 t）	111	304.5	275	391
苛性ソーダ（万 t）	7.9	15.4	194	251
電動機（万 t）	91147	135515	149	
金属切削旋盤（台）	13734	12720	93	204
綿糸（万件）	361.9	500	138	
砂糖（万 t）	24.9	68.6	276	191
塩（万 t）	346	593.2	171	167
巻きタバコ（箱）	265	470	177	
綿布（反）	11163.4	16372.1	147	132
穀物（億斤）	3278.3	3856.2	117.6	119
綿花（億斤）	26.1	32.7	125.4	126

資料出典：『中華人民共和国発展国民経済的第一箇五年計画』30頁、32頁、北京、人民出版社、1955。孫健『中国経済通史（1949-2000）』下巻、1561頁、北京、中国人民大学出版社、2000。董輔福主編『中華人民共和国経済史』上巻、275～276頁、北京、経済科学出版社、1999。

表 4-4 「一五」期の GDP と各産業の年平均成長率　　単位：%

	中国政府の統計	アンガス・マディソンの推計
GDP	9.2	5.9
農業	3.8	3.7
工業	19.8	15.2
建築業	18.8	18.8
運輸と通信業	13	5.3
商業	8.5	3.5
サービス業	9.3	5.6
固定資産投資	20.9	20.9
就業人数	2.7	2.7

注：1987年の価格に基づいて計算。
出典：アンガス・マディソン『中国経済的長遠未来』中国語版、263頁、274頁、283頁、北京、新華出版社、1999。

特筆すべきは、世界銀行が分析した[225]、国営工業の発展における以下の特徴である。(一)純生産額の伸び率が高い。二一・六%は過去最高である。(二)生産要素の投入増加率が高い。労働力は八・〇%、資金は一七・七%、全体で一一～一三%の増加である。(三)労働生産性の伸び率が一二・七%と非常に高い。(四)全要素生産性の伸び率も七・五～九・三%という高水準である(**表4－5**)。いずれの指標もこの時期、過去最高レベルに達していたことがわかる。旧中国にはなかった一群の基礎工業部門がひとつひとつ着実に形成され、さしあたって四〇以上の製造系統と一九〇〇種類以上の製品生産能力をもつに至った。国内建設需要の半分をまかなう量である。かつて毛沢東が述べたように「自動車、航空機、戦車、トラクター、どれひとつとしてつくれなかった」中国が機関車、大型工作機械、電気機械、近代的採炭機、地質探査機などの大型設備を製造できるようになったのである[226]。また、基本建設投資の半分以上が内陸部に投入されたため、鉱工業企業群が内陸で興ることになった。その結果、沿岸部に工業が集中するという偏った構造が改善され始めた。鉄鋼、石炭、電気、石油、機械、航空機、戦車、トラクター、船舶、車両、国防、非鉄金属、基礎化学を含む工業体系が中国で形成されたのは、歴史上はじめてのことである。とくに、国防工業は飛躍的に発展した。胡縄の評価にあるように、それまでの百年をはるかに上回る成果を生み出した[227]。「一に貧窮、二に空白(経済的立ち遅れと文化的空白)」から出発した新中国は、工業の飛躍的発展を実現した。短期間のうちに近代的工業体系を構築すると同時にかなりのスピードで発展させ、先進諸国との差を縮めることに成功したのである。

表4-5　国営工業における生産量の増加と要素(1952～1957年)

単位:%

	1952	1957	1952～1957年の平均成長率
1. 純生産	37.6	100	21.6
2. 労働力投入	68.2	100	8
3. 資金投入	44.3	100	17.7
4. 総合要素投入(40%労働、60%資金)	53.9	100	13.2
5. 総合要素投入(60%労働、40%資金)	58.6	100	11.3
6. 労働生産性(1/2)	55.1	100	12.7
7. 資金生産性(1/3)	84.9	100	3.3
8. 全要素生産性(1/4)	69.8	100	7.5
9. 全要素生産性(1/5)	64.2	100	9.3

注:本表は1957年の数字を100としたものである。
資料出典:『中国統計年鑑(1983)』7頁、13頁、22頁、126頁、216頁、北京、中国統計出版社、1984。世界銀行経済調査団編著『中国:長期発展的問題和方案(主報告)』中国語版、145頁、北京、中国財政経済出版社、1985。不変価格に基づいて計算した純生産額(推定)＝時価計算による各業種の純生産額と総生産額の比率(13頁、22頁)×相対価格に基づいて計算した国営企業の総生産額指数(216頁)。「資金投入」の資金とは固定資産原価のこと。表中の4と5は二種類の方法で算出したものであり、労働力と資金の割合が異なる。これに対応して、8、9でも二種類の全要素生産性を算出した。

この時期は経済のみならず、社会の進歩という点でも中国の黄金期であり、社会の一大変革期だったといえる。**これは「千年来なかった大きな変化」**〔訳注：李鴻章の言葉〕**の端緒であり、近代化のうねりがはじめて中国の社会全体を覆い尽くし、すべての人民に恩恵が及ぶことになったのである。**

まず、**都市人口の大幅な増加である**（表4－6）。一九四九年の五七六五万人が、一九五七年には九九四九万人に増加した。毎年平均七・〇六％の高い増加率であり、人口全体あるいは農村人口の増加率よりも明らかに高い。人口に占める都市住民の割合も一〇・六％から一五・四％に伸びている（年平均〇・六％増）。こうした都市の発展のすさまじい勢いは、工業化の追い風になった。

教育事業も未曾有の発展を遂げた。一九四九年一二月の第一回全国教育工作会議では、教育とは国家建設に奉ずるものでなければならず、労農大衆に奉ずることを重視すべきであること、普及と向上を正しく結びつけ、当面は普及を主とすることが明確にされた。一九五〇年代には前例のない資金が教育に投入された。国の教育関連予算は八億一三〇〇万元（一九五一年）から二九億六〇〇万元（一九五七年）に増加し（約三・六倍）、教育人口も一九四九～一九五七年の間に平均一三・六六％増加している（人口比では五％弱から一一・一％に増加）。大学生数、中学・高校の生徒数、児童数も軒並み増加し、とくに技術学校や職業訓練校の在校生数は、工業

表4-6　人口の増加情況（1949～1957年）　単位：万人

年度	総人口	都市人口	農村人口	学齢人口	一般大学生	中高生	小学生
1949	54167	5765	48402	2577.5	11.7	126.8	2439
1952	57482	7163	50319	5443.6	19.1	314.5	5110
1957	64653	9949	54704	2180.6	44.1	708.1	6428.3
1949～1957年の平均増加率（％）	2.24	7.06	1.54	13.66	18.04	23.99	12.88

資料出典：国家統計局『中国統計年鑑（1983）』89頁、北京、中国統計出版社、1984。国家統計局『中国統計年鑑（1997）』404頁、北京、中国統計出版社、1998。

化を反映して飛躍的に増加した。

一九五六年九月の八全大会準備会議で毛沢東は、膨大な知識人の隊列をつくらなければならない、中央委員会の構成を変える必要さえある、将来（一九六八年以降）の中央委員会にはエンジニアや科学者が多く含まれるようであってほしい、と提起した[228]。

同年、毛沢東と周恩来は、科学技術のレベルを世界に追いつき、追い越すところまで引き上げなければならないと提起し[229]、党中央は国務院科学計画委員会の設立を決定、一九五六〜一九六七年までの科学技術発展長期計画を策定した[230]。**周恩来は、党中央を代表して「先頭に追いつく努力をしつつ、重点をはずさない」指導方針を提起した。世界の先進技術に照準を合わせながらも、中国の実情を無視して重点をおろそかにしない、というものである。典型的な国家主導による科学技術のキャッチアップ型計画であり、新中国の現実を踏まえた青写真だった。**計画は合わせて一三分野五七項目の重要任務と六一六の研究課題を定めた。コンピューター、半導体、無線、オートメーション化、遠距離操縦などの重要だが中国が弱い技術分野、ミサイルや原子爆弾といった非公開研究分野に対しては、緊急の施策がとられた。

しかし、ここで次の点を指摘しなければならない。国家が援助し運営する大規模な研究開発グループを立ち上げておきながら、技術革新を奨励する制度の整備は無視され、分野によっては後退するところさえあったということである。工業国有化の過程で、個人の発明や創造も「国有化」されてしまった。二〇世紀初頭から実施されていた特許制度は一九五四年に廃止され、代わりにソ連流の「生産における創意工夫や技術改良、合理化の提案を奨励する暫定条例」が採用された[231]。技術革新の奨励や、近代国家の指標のひとつである知的財産権の保護という点では、有効性に乏しい制度的処置だった。

医療衛生事業も大きく進展し、健康を示す主な指標に顕著な改善がみられるようになった。**一九五〇年八月に第一回全国衛生会議が開催され、「労農兵の要求に応える」「予防を主とする」「中医と西洋医学の融合」が三大原則とされた。**一九五〇年代には農業技術普及制度と医療衛生制度の整備が全国の農村で始まり、科学や知識を農村に広めるための機構も設立された。収入レベルの向上に伴い、食糧事情や栄養状態、医療環境も大幅に改善し、各種医療衛生機関や医療従事者の数も倍増した。伝染病や肺結核の流行も効果的に抑えられ、死亡率、とくに乳幼児の死亡率が大幅に低下した。**一九四九年まで三五歳だった中国人の平均寿命は、一九五七年になると五七歳まで延びた**[232]。

人民の暮らしにも顕著な改善がみられた。消費水準を見ると、一九五二年と比べ「一五」期には全国平均で三三％上昇している。都市部が三八・五％、農村部が二七・四％の上昇である。都市労働者の平均年収は四〇％増加し、農村世帯一人あたりの純収入は二八%増加した[233]。商品供給が増え、物価もおおむね安定した。財政赤字になったのは一九五六年だけで、それ以外の四年は収支均衡もしくは若干の黒字で推移した[234]。

社会経済の構造にも大きな変化がみられた。一九四九年と一九五七年を比較すると、都市人口は五七六五万人から九九四九万人に増加、増加率は年平均七・〇六%で、全国平均をはるかに上回った。全人口に占める都市人口の割合も一〇・六%から一五・七%に上昇、年平均〇・五九ポイント伸びた。就業人口を見ると、工業部門は一二%増加した。他方、農業従事者の割合は八三・五%から八一・二%に低下した。少数民族地区の経済と社会にも未曾有の変化が生じた。他地域や国家経済との結びつきが強まり、貿易や人的交流がかなり盛んになったことが、その促進要因である。

ラーディは以下のようにまとめている。一九四九年に中国共産党が国民党から政権を奪取した時、経済は崩壊寸前だった。久しい以前から存在した前近代的な経済特有の問題（低収入、短寿命、低貯蓄率、低投資率、遅れた生産方式など）と、二十年以上にわたる戦争がもたらした物的・人的資源の損失や極度のインフレが二重に襲いかかってきたのである。しかし、一九五〇年代半ばまでに後者の問題をほとんど解決した中国共産党は、前者の長期的構造問題の解決に有効な五カ年計画を策定した。貯蓄率と投資率は急速に上昇し、伝染病や寄生虫病の蔓延を防止する公共衛生計画の実施によって寿命も伸び始め、工業では近代的技術が大々的に採用されたのである[235]。

四、「一五」計画の歴史的限界――「ソ連モデル」の模倣

「一五」期には目をみはる成果と同時に、留意すべき重大問題も数多く存在した。「一五」計画の理論的根拠と基本的特徴は、「ソ連モデル」の「不均衡発展戦略」だった。そのため、中国は資源を工業と重工業に集中し、農業、軽工業、および労働集約型サービス業を置き去りにした。農業への投資は基本建設投資全体のわずか七・六%で、生産額の増加率は二～五%にとどまった。過去最高の増加率であることは事実だが、工業生産の伸びとは比べものにならない。これが社会経済の二大矛盾を招来することになる。すなわち、工業と農業の矛盾、都市と農村の矛盾である。当時、この問題をあらかじめ認識していたのが陳雲である。彼は、「総じて言うなら、計画の中で最も弱い部分は農業生産であり、計画通り達成できるかどうかはなんとも言えない」と述べている[236]。

「一五」期間中、基本建設投資総額の三八・七%を重工業が占めており、工業部門の基本建設投資の八五%を占めていた[237]。ソ連と同じく、典型的な重工業中心の投資モデルだった。

かなりの成果をもたらした「一五」計画だったが、ソ連の計画経済と重工業化のプロセスを手本にし、模倣したという側面は否めない。

第六節　経済体制の選択
――「ソ連モデル」の導入と模倣

一九四九～一九五七年は、「ソ連モデル」を取り入れ、模倣した時期と言われる。[238] 後に毛沢東が「解放後三年間の復興期は、（経済）建設について何もわかっていなかった。第一次五カ年計画が始まってもこの状況は変わらず、基本的にはソ連のやり方をまねるしかなかった。総じて不満であり、いい気はしなかった」[239]と述べている通りである。

本節では以下の諸点を見ていく。そもそも「ソ連モデル」とは何か。その特色、理論的根拠、および基本的性質はどのようなものか。「モスクワ宣言」の合意形成が実現できた理由は何か。第二次世界大戦後、東欧諸国とアジア諸国の多くが「ソ連モデル」を採用したのはなぜか。中国はどのようにして計画経済体制を確立したのか。どのようなプラス要素とマイナス要素が存在したのか。中国が「ソ連モデル」を模倣したのはなぜか。「ソ連モデル」が中国の国情に適さない理由は何か。ソ連の「全面集団化」と「国有化」を中国はどの程度学んだのか。国有化を実施した経済的要因と政治的要因はどのようなものか。

一、「ソ連モデル」の特色と「モスクワ宣言」

「ソ連モデル」とは中央集権的な計画経済モデルであり、自由競争に基づく市場経済モデルとは鮮明な対比をなすものである。自由市場における経済活動の主体は、投資家、企業、消費者もしくは家計であり、「見えざる手」と言われる市場メカニズムによって相互に作用し合っている。政府は直接それに関与しない。経済主体は自由市場を舞台に利益を最大限追求する。価格は市場が発する情報もしくはサインとなり、自動的に経済を調節する。市場経済の意志決定は分散化（分権化）する傾向があり、経済活動の主体が独自に決める。生産の自由が保証されているため、市場経済には深刻な欠陥が多く存在する。すなわち、「市場の失敗」と言われる問題である。収入の格差や貧富の差の拡大、独占や情報の非対称性の問題、負の外部性の問題（環境汚染や公害など）などがそこに含まれる。[240]

計画経済は、市場経済に代わってそれらの弊害をなくすことを試みる。生産手段の公有制、（市場原理ではなく）計画に基づいた強制的な性格を伴う資源分配、国家（人民）による企業所有と統一的・集中的管理、私有財産の廃止と労働に応じた富の分配、国家による貿易の独占などが主要な特徴である。つまり、計画経済は次のような仮定の上に成り立っていると言うべきであろう。計画策定者は全知全能に近い存在で、経済に関する情報をすべて網羅し、情報収集にかかる時間もコストもほぼゼロに等しい。生産要素は自由に投入することができず、計画策定者の裁量に委ねられる。すべての生産単位は上級の命令を完全に理解し、完全に達成できる能力を有している、[241]というものである。非現実的な仮定ばかりと言える。

ソ連モデルの特徴と基盤の中で最も重要なのは、公有制経済である。スターリンの考えでは、公有制経済には二種類の形式があった。一つは、国有企業に代表される全人民所有制であり、社会主義公有制の最高形式とされた。もう一つは、コルホーズに代表される集団的所有制であり、できるだけ早く全人民所有制に移行すべき低レベルの形式とされた。[242]この考えは毛沢東に大きな影響を与え、永遠の理論モデルとなった。

「ソ連モデル」は計画経済体制のモデルというだけでなく、「ビッグ・プッシュ論」に基づくキャッチアップ型成長モデルでもあった。いわゆる「ビッグ・プッシュ論」とは、全面的かつ大々的に資本を投入し、工業化をいち早く実現しようとするものである。このためソ連は、「不均等発展」を成長戦略として採用した。国力と資金を工業（主に重工業）の発展に集中させ、リンケージ効果を利用して工業全体の投資と成長を促すやり方である。[243]高蓄積と低消費、工業偏重の投資戦略、鋏状価格差（シェーレ）による農業余剰の搾取と農民の利益の簒奪、中間材の過多と消費財供給の深刻な不足、サービス業の停滞といったソ連モデルの主だった特質は、こうして形成されたものである。

要するに、中央集権的計画経済体制と重工業優先の発展戦略を組み合わせたものが「ソ連モデル」だった。

「ソ連モデル」が多くの後進国の手本になった理由としては、それが成功モデルだったから、と言うことができよう。マディソンの計算によると、一九二八〜一九三九年のソ連のGDP成長率は五・八％だったのに対し、同時期のアメリカは〇・八％で、一九三八年にはGDP世界第二位の経済大国になった。[244]現にある成功モデルとして、中国のような後進国にはきわめて魅力的に映ったのである。[245]一九五〇年三月にソ連を訪問した後、毛沢東は次のように述べた。「ソ連の同志はこんなふうに話してくれた。われわれの急成長は約束されている、と。社会主義国としてはじめて発展を勝ち取ったソ連の歩みは、われわれにとって活かすべき最良の経験である」。[246]

中国による「ソ連モデル」の模倣には、理論的根拠と国際的背景があった。その中心にあるのが「モスクワ宣言」である。当時、社会主義理論の「バイブル」だった『政治経済学教科書』（ソ連科学院経済研究所編纂）は、ソ連の経験とモデルを下地に、社会主義建設の普遍的原則を九項目にまとめた。この内容が一九五七年の「モスクワ宣言」にも盛り込まれ、社会主義諸国の共同綱領になったのである。内容をかいつまんで言うと、私有制の廃止と公有制の確立、個人経営経済の解消と国有化の実施、全面的集団化、計画経済の実施、プロレタリア独裁の実施である（コラム４－２）。また、社会主義への移行を達成するための基本任務として、（一）国有化を通じて国民経済の勘所を掌握すること、（二）社会主義工業と農民経済の商業的結合を実現すること、（三）国家の社会主義工業化を実現することによって、先進的な技術や設備を農村に供給し、都市と農村の生産的結合を実現すること、（四）農業集団化を実施し、農村に社会主義建設の経済的土台を築くこと、の四点が提起されていた。**上述の諸点は、東欧諸国だけでなく、ソ連とは国情が大きく異なる中国にも多大な影響を与えた。**

コラム４－２　「モスクワ宣言」九項目の普遍的原則（一九五七年）

一九五七年一一月一九日、モスクワで採択された「社会主義国共産党および労働党代表会議の宣言」（「モスクワ宣言」）は、ソ連をはじめとする社会主義国の革命と建設の経験を論じ、社会主義の道を歩む国々に適用できる普遍的原則を、以下の九項目にわたって提起したものである。

一、マルクス・レーニン主義の党を中核とする労働者階級は、多種多様なプロレタリア革命を指導し、多種多様なプロレタリア独裁を樹立する。
二、労働者階級と農民、およびすべての勤労大衆との同盟を確立する。
三、主要生産手段の資本主義的所有を廃止し、公有制を確立する。
四、農業の社会主義的改造を段階的に実現する。
五、社会主義と共産主義を確立し、労働者人民の生活水準を向上させるため、計画的に国民経済を発展させる。
六、思想文化領域の社会主義革命を推進し、労働者階級人民と社会主義事業に忠実な知識人の強大な隊列を創り出す。
七、民族抑圧をなくし、平等で友好的な民族関係を確立する。
八、内外の敵から社会主義の成果を守り抜く。
九、プロレタリア国際主義を実践し、全世界の労働者階級と団結する。

資料出典：Alexander Gerschenkron, Economic Backwardness in Historical Perspective : A Book of Essays, Harvard University Press, 1962.

毛沢東は、「モスクワ宣言」の九項目を重視し、その国が社会主義であるか否か、マルクス・レーニン主義の原則を堅持しているか否かの判断基準に据えた。[247]「モスクワ宣言」について毛沢東は、「修正主義や日和見主義の要素がなく、冒険主義の傾向もない、マルクス・レーニン主義の宣言として正しいものである」[248]と述べている。一九五八年の駐中国ソ連大使ユージンとの会談では、ソ連の経験は学ぶべきものであり、普遍的真理は守るべきものであること、それらがすべて「モスクワ宣言」の九項目に書かれている、とあらためて強調している。[249]

一九五八年一一月九日、毛沢東は中央、省・市・自治区、地区、県の党委員会メンバーあてに書簡を出し、時間の許す限り『政治経済学教科書』を学習するよう提案した。同月下旬、中国科学院経済研究所は『政治経済学教科書』第三版の重要な修正と補充をおこない、党中央宣伝部の内部刊行物に掲載した。毛沢東はこれを印刷して武昌会議の参加者に配布し、学習するよう指示した。以降もことあるごとに、スターリンの『ソ連社会主義の経済問題』とセットで学習するよう指示している。[250]相当強い影響を受けていたということである。

二、中国はいかに計画経済体制を構築したか

建国前後、毛沢東、劉少奇、張聞天らは、新民主主義経済は計画性をもった経済だとした。[251]毛沢東は自由貿易、自由競争に明確に反対した。[252]一九四八年一〇月から一二月にかけて、劉少奇は、新民主主義経済と一般の資本主義経済との違いは、組織性と計画性の有無にあると指摘した。彼は、国の命運を左右する経済（規模の大きい工業、運輸業、商業、銀行、信用機関や対外貿易など）は国がすべて掌握しなければならず、そのためには国民経済に組織性と計画性をもたせるべきだと考えた。同時に、計画経済を部分的に制限する必要性も提起している。[253]**これは「大きな計画、小さな市場」の混合経済モデルであり、大工業は計画経済、小工業は市場経済というかたちで相互に補完し、大が小を伴って相互に協調するというモデルである。**

「憲法草案についての報告」の中で劉少奇は、「社会主義の目標に照らし、わが国は一九五三年から計画経済の建設に入った」[254]と述べている。言い換えれば、中国は一九五三年に計画経済体制の構築を正式決定したということである。[255]

当時、計画経済体制が構築された直接の要因は、非常に緊迫した国内経済危機に効果的に対処するためであった。建国初期、指導部は悪性のインフレ、市場の混乱、主要物品の不足、高失業率、財政収支の不均衡、膨大な財政赤字といった問題に直面していた。一九四九年三月の七期二中全会において、中央財政経済委員会（以下「中財委」）を発足させ、全国の財政と経済を統一的に指導することが決定された。同年一〇月、中財委は中央人民政府政務院直属の委員会となり、

計画局などの下部機関を設けるとともに、一四の部を管轄することになった。

一九五〇年三月三日、政務院は陳雲の起草した「国家の財政経済工作を統一することについての決定」を採択した。基本的内容は、全国の財政収支を統一すること、同じく物資調達を統一すること、さらに現金管理を統一することの三点だった。政務院の発表から四カ月後の六月末、財政経済工作の統一は実現され、全国の財政収支は中央の統一管理の下に置かれることになった[256]。薄一波がのちにふりかえっているように、財政経済政策の全国統一は「集中と統一を基本とする財政経済管理体制構築の礎になった[257]」。

一九五二年一一月一六日、党中央は、中央人民政府の下に国家計画委員会（以下「国家計委」）を設置することを決定した。

国家計委は、長期計画と年度計画の編成に責任をもち、各部・委員会および地方の計画実施状況を調査する権限をもっていた。

重工業部の国営工業経済計画管理（一九五〇年）を例にとると（図4－1）、計画の編制過程は三段階に分かれていた。まず、上部から下部に対して計画、任務、統制データが割りあてられ、その後、下部から上部へと計画草案が報告され、最後に正式決定、下達されるというものである。

内容面を見ると、生産品計画、労働計画、材料供給計画、

図4-1　重工業部の計画管理体制

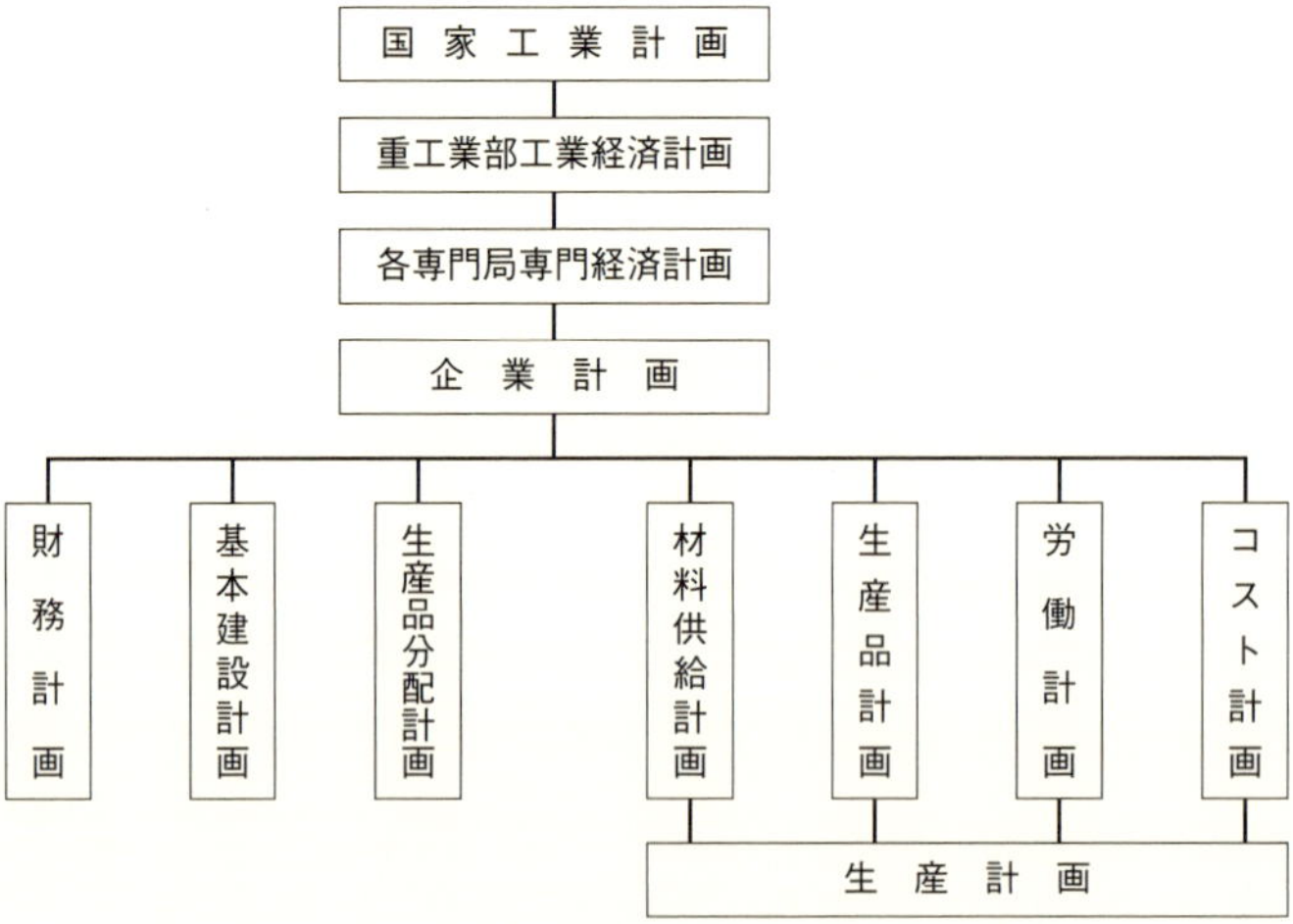

資料出典：中国社会科学院、中央档案館編『中華人民共和国経済档案資料選編（1949-1952）』（総合巻）、802頁、北京、中国城市経済社会出版社、1990。董輔福主編『中華人民共和国経済史』上巻、237頁、北京、経済科学出版社、1999。

コスト計画、生産品分配計画、基本建設計画、財務計画など、人・財・物のすべてを網羅する計画になっている。

中国の計画経済体制の特徴は、次の四点に要約される。（一）計画は資源分配の基本方式だったため命令的性格が色濃く、強制力を伴って国民経済のほとんどの分野に及んだ。（二）国の計画が企業を直接管理した。政府は国有資産の所有者であると同時に、管理者でもあった。国営企業は全人民の所有に帰し、国（主に中央と各級政府）が直接管理するとともに、各級政府主管部門が政策決定権を掌握していた。企業は政府主管部門の執行機関に過ぎなかった。（三）計画の中心は現物管理だった。（四）利益構成は一元化されていた。

逆に、その弊害についても四点に要約される。（一）管理運営の権限が中央政府と各部門に過度に集中していた。（二）公有制以外の経済を排除し、その発展に制約を加えた。（三）「大鍋飯」（一律待遇）と平均主義に貫かれた利益分配がおこなわれた。（四）閉鎖的（または半閉鎖的）な経済が長期化し、保護貿易と輸入代替政策が実施された。

工業部門や都市部での計画管理体制がおおむね整うと、農業部門における計画管理、すなわち、農産物の統一購入・統一販売制度が実施された。これは、食糧の買付けと供給がひっ迫していた情況に対応するために陳雲が提起した政策で、農村における強制買付けと都市における配給制を実施し、個人的売買を厳禁するものであった。[258] すなわち、「購入」と「販売」を計画管理することで国が食糧市場を独占し、中央が食糧を統一的に管理するものである。これにより、農業生産は国が直接コントロールすることになり、農民と市場、農産物と市場の直接的な結びつきは絶たれ、農民の積極性は大きく損なわれることになった。政策実施時には農民の反発があり、国と農民の関係が緊張するだろうということは陳雲も認めていた。[259]

それでも統一購入・統一販売制度を実施した理由を、陳雲は次のように述べている。「一九五二年までは、毎年三〇〇億から四〇〇億斤の食糧が上納され、市場も安定していた。一九五三年になると都市人口が急激に増加し、上納分に加えて余剰分を強制的に買い上げた（合計八三〇億斤）が、それでも需要を賄うことができなかった[260]」。

この政策は、計画経済のさらなる拡大を意味した。工業から農業へ、都市から農村へと、命令的性格をもった計画が広がり、生産だけでなく消費も統制されるようになった。[261] 統一購入・統一販売制度自体、国家の名の下におこなわれた不公平かつ強制的な取引であり、農民に対する収奪であった。それは経済の長期的発展にとって大きなマイナスであり、食糧市場の深刻な需給ひっ迫をもたらすものだった。[262]

統計によると、国が徴収した農産物（農業税）は、国民経済復興期（一九五〇～一九五二年）で四五九億キログラム（実生産量の一三％）、「一五」期（一九五三～一九五七年）で九三三億キログラム（実生産量の一一・六％）だった（表4－7）。統一購入・統一販売制度は、農民から余剰生産物を直接収奪する手段であり、いわば現物納税のようなものだったことがはっきりとわかる。

表 4-7　農業税の負担状況（1950 ～ 1957 年）

単位：億キログラム、税額は米と小麦に換算したもの

時期	農業実生産量	実物徴収農業税			実物徴収の割合（％）	
		合計	徴税	付加	合計	そのうち徴税
経済復興期	3806.5	494.53	443.87	50.66	13	11.7
「一五」期	8017.7	933.21	847.45	85.76	11.6	10.6

資料出典：財政部綜合計画司編『中国財政統計（1950-1991）』325 頁、北京、科学出版社、1992。

同時に、全国の都市では食糧配給制度が始まった。**この制度は、のちに実施される戸籍制度と合わせて都市・農村住民の自由な移動を不可能にするものだった。食糧をはじめとする商品から人口や労働力の流動までを国が独占的に管理統制するのは非効率で、不公平、不合理なしくみだった。**農民と農業の生産力を大きく解き放った土地改革は、国が制定した「土地法」に依拠したものだった。逆に、農民を束縛し、生産力を大きく損なうことになった統一購入・統一販売制度と戸籍制度は、政策をよりどころにした強制だった。

短期的、長期的という観点から見ると、当時の政策決定者の制度設計の中には「近視眼的」なところがあった。応急処置はあくまで応急処置であって、短期的効果はあるが、長期的に見ればかえって対策とコストを要することになる[263]。国家と人民のより深い関係から言えば、急速な工業化は農業の犠牲の上に成り立っていたということであり、農民からの過度な収奪を代償としていたということである。人口の大部分を占める農民の公民権や経済的自由に人為的に制限を加えることで、国家の工業化は進められたと言える。

従来の計画経済体制がどのようなロジックで構築されたかについては、蔡昉、林毅夫の分析がある（コラム4－3）。

コラム4－3

従来の計画経済体制の構築理論

図 4-2　従来の経済体制の形成ロジックと構成要素

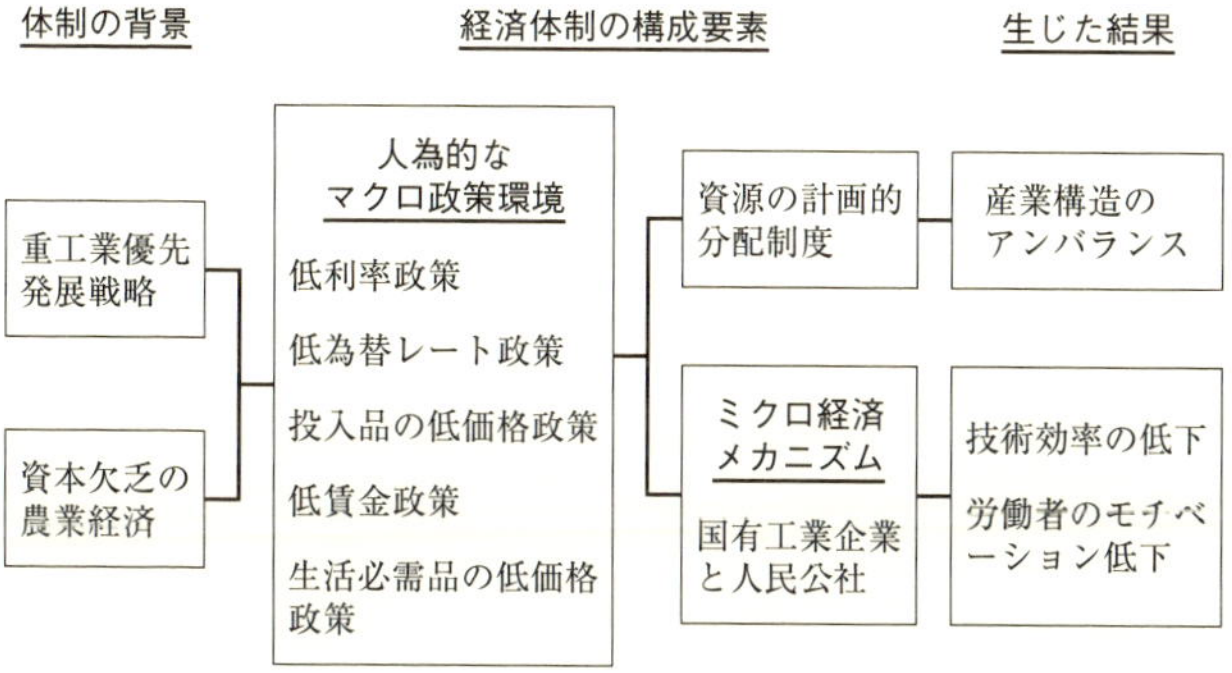

資料出典：蔡昉、林毅夫『中国経済』一四頁、北京、中国財政経済出版社、二〇〇三。

蔡昉と林毅夫は、重工業優先の発展戦略を選択したところから、従来の経済体制の形成が始まったとしている。そこには以下の三つの構成要素が含まれる。(一)人為的な価格操作というマクロ的な政策環境。(二)高度に集中した資源の計画的分配制度。(三)自主性が乏しいミクロ経営体制。

形成ロジックや機能から見ると、この三つの構成要素は相互に関連しており、有機的一体性をもった密接不可分な性質を有している。

従来の経済体制は重工業優先の発展戦略、先進国に追いつき追い越せという目標の実現に奉仕するシステムであった。しかし、自主性の欠如したミクロ経営体制は労働者のモチベーション低下を招き、市場メカニズムを排した資源の計画的分配制度は経済効率の低下の原因となった。また、人為的な価格操作は経済構造そのものの歪みをもたらすことになった。

図4－2は、この体制の形成ロジック、三つの構成要素と相互の関係、体制が生み出した結果をまとめたものである。

三、中国はなぜ「ソ連モデル」を模倣したか

（一）新中国の指導者は「一辺倒」外交を展開することで、「ソ連モデル」導入の外的環境と条件を整えた。「ソ連モデル」の模倣は、当時の国際環境からすれば、それしかなかったものであり、外交路線の選択によって必然的にもたらされたものである。一九四九年三月の七期二中全会で、毛沢東は「ソ連をリーダーとする反帝国主義陣営にいるわれわれは、真の友好的援助はこの陣営からしか求めることができない。帝国主義陣営からは求められない」[264]と提起した。新中国成立後、朝鮮戦争により、アメリカをはじめとする西側諸国は対中経済封鎖を全面的に実施した。工業化に着手しようとしていた中国は、必要な経済的・軍事的援助を当時世界第二位の経済大国だったソ連から得るしかなかった。国際協力においては、中ソ両国は相互に尊重し、配慮することができた。そのため、借款プロジェクトも経済にプラスに働き、デモンストレーション的効果ももたらされた。**しかし、借款は「フリーランチ」ではない。当然、得られた利益の中から代価を支払わなければならなかった。短期的には資本と技術という明確な利益を得たが、長期的には他国の制度を導入し、そのモデルを模倣するという目に見えない負の代償を支払うことになったのである。**

（二）国家を直ちに工業化し、比較的短期間のうちに社会主義強国を建設する——中国指導部のこの強烈な願望を実現する最重要手段が、ソ連に学ぶことだった。ソ連は遅れた経済を土台にしながら、社会主義国家として急速に発展してきた。計画経済を通じて各種社会資源を効果的に動員・分配し、重工業を優先的に発展させることで国家の工業化を実現した。そればかりか、第二次世界大戦ではナチスドイツに勝利し、戦後は経済大国・軍事大国になった。当時の中国の指導者は、「国の富強化」という抱負を抱いていたが、工業化についての知識と経験が不足していた。建国前に毛沢東が「われわれが熟知しているもの（農村革命）はまもなく手すきになるが、われわれがよく知らないもの（都市工作と工業化）が学習を迫ってくることになる」と述べた通りである。中国にとってソ連は唯一の学習モデルであり、ソ連の歩んだ道を進むことは、指導部全体および社会全体の共通認識だったため、ソ連追随は必然の流れだった。

（三）中国政府は重要な部や委員会、企業、軍事機関、科学研究および教育機関の顧問にソ連の専門家を招聘した。また、国内の優秀な学生、実習生、専門家を数千名選抜してソ連に派遣した。これらのメンバーは、ソ連の技術、管理、工業化だけでなく、計画経済体制も徹底的に学んだ。その結果、中国は工業化と計画経済体制構築に必要な人的資本を得ることになった。

（四）第一次五カ年計画（一九五三～一九五七年）を編制する際、経験不足だった中国は、ソ連側顧問の指導下で、ソ連

の五カ年計画をそのまま模倣した。ただし、計画の編制が完了したのは、着手後二年たった一九五五年だった。

（五）「ソ連モデル」**を模倣した重要な要因のひとつとして、工業化における本源的蓄積の問題があった。**十九世紀後半に近代工業が誕生してから一世紀近くを経ても、中国は自前の工業を発展させることができなかった。一九四九年の時点で、産業資本は総額で二〇〇億元強、人口一人あたり三七元に過ぎなかった。清朝末期と国民党政府から新中国が受け継いだ遺産はそれですべてだった。工業化の本源的蓄積を各種社会資源からくみ取るには、中央集権的な計画経済体制を構築するしかなかった。統一購入・統一販売制度や農産物と工業製品の鋏状価格差の導入も、そこまでしなければ工業化の財源を短期間に捻出することができなかったことを示している。

（六）「ソ連モデル」**イコール社会主義モデルであり、人類の「普遍的原則」であるという見方が中国指導部に存在した。**社会主義の内容・特質をどのように認識するか、どのようにして中国に社会主義を建設するかは、一九五〇年代半ばの毛沢東が思考と探求を重ねた重要テーマであり、同時に、理論と経験を必要とした喫緊の課題でもあった。「モスクワ宣言」（一九五七年一一月）に強く感化された毛沢東は、中国を代表して宣言に署名しただけでなく、これをマルクス・レーニン主義の宣言であると考えた。

影響を受けたのは毛沢東一人ではない。ほぼすべての指導部がこの宣言を受け入れ、計画経済実施の理論的基礎と考えた。

留意すべきは、高度に発達した生産力を土台に単一の公有制経済を建設するというマルクスの構想を実現する条件が、一九五〇年代の中国にはほとんど存在しなかったことである。自給自足が当たり前の、遅れた農村地区においてはなおさらのことだった。

国が違えば国情や条件は大きく異なる。歴史的変遷や背景も同じではない。どの国にも通用する典型的な社会主義モデルなどはじめから存在しない。さらに言えば、「バイブル」も「普遍的原則」も存在しない。『政治経済学教科書』や「モスクワ宣言」の類を指導原則にしたり、社会主義の判断基準に据えたりすれば、国情から乖離し、正しい発展段階を踏めなくなるのは当然であった。

四、「ソ連モデル」はなぜ中国の国情に合わないか

十月革命直後のロシアと比べて、一九四九年当時の中国にはどのような特殊な情況があったのか。

ロシアと同じく、中国も工業化建設にあたって多くの不利な条件に直面していたが、その内実は大きく異なっていた。一番の違いは、中国はほぼゼロから工業化をスタートさせなければならなかったことである。ほかにも、巨大な人口に比して極端に資源が少なく、一人あたりの耕地面積が世界平均

をはるかに下回る状態だったこと、工業の発展は以前から農業を置き去りにしており、都市と農村の二元的社会構造や格差が際立っていたこと（第三章参照）が挙げられる。いずれも農業の立ち遅れと関係がある。**これらの不利な条件は工業化にとっての最大の制約であり、指導部が直面した最大の試練だったと言える。しかし、さまざまな歴史的制約もあり**（表4－8には含まれていない基本情報も含む）、**当時の指導部は上述した中国特有の国情を無視して新民主主義の経済綱領を放棄し、直ちに社会主義的な「一化、三改」路線に転換しただけでなく、「ソ連式」重工業優先の工業化路線を採用したのである。**

工業化の初期条件と所与の資源を、中国、インド、日本、ソ連の四カ国で比較すると（表4－8）、建国直後の中国は、明治維新後の日本や同時期のインドに近く、一九二〇年代のソ連とは大きく異なっていることがわかる。

（一）中国は分母（基数）となる人口が非常に多い。これがソ連との最大の違いである。一九五〇年の中国の人口は五億四七〇〇万人で、一九二八年時点のソ連の三・二倍である。人的資本について言えば、かなり低水準だった。一九五〇年の非識字率は八〇％を超え、一人あたりの平均教育年数は一年余りに過ぎない。これはインドとほぼ同じレベルである。

（二）一人あたりの資源がソ連と比べてかなり少ない。ソ連の国土面積は中国の二・三倍、耕地面積は二・四倍である。一九五二年のデータを見ると、耕地一ヘクタールで一・九人を養わなければならない[265]中国に対して、ソ連はわずか〇・二人で、約一〇分の一である。

（三）中国の農業には人口を養う能力が不足していた。これは上述の（一）と（二）に関連する。一九五二年の人口一人あたりの食糧生産量は二八八キログラムで、一九二〇年代のソ連の半分である。基本的な食のニーズを満たすのもおぼつかない量であり、急速に発展する工業と都市を支えることは不可能だった。この問題を解決するため、統一購入・統一販売制度を採用せざるを得なかったのである。

（四）中国は典型的な農業大国であり、経済・社会の二元構造を顕著な特徴としている。これもソ連との大きな違いである。一九五二年当時の中国は、人口の八七％以上が農業人口だった。一九二〇年代のソ連よりも一一ポイント高い数字である。

（五）中国の工業化の基盤はかなり脆弱であった。人口一人あたりの重要工業製品の生産量は、一九五二年の時点でも一九二八年当時のソ連に遠く及ばない。なかには同時期のインドを下回る製品もあった。鉄道などのインフラも、ソ連とはかなりの差があった。

（六）一人あたりGDPの水準は、一九二〇年代のソ連の半分程度であった。

（七）一九二〇年代のソ連と比べると、中国をとりまく国際

表 4-8　中国、インド、日本、ソ連における工業化初期の主要発展指標の比較

主要指標	ソ連（1926～1928）	日本（1872～1882）	インド（1950）	中国（1950）
国内総生産（億ドル、1990年レートで換算）①	2319（1928）	341（1886）	2143	3355
一人当たりGDP（米ドル、1990年レート）①	1370（1928）	883（1886）	597	614
総人口（千人）①	169269（1928）	38622（1886）	359000	546815
出生率（%）③	43.5	39	38	37
死亡率（%）③	19.9	32	24	18
15歳から64歳の教育年数（年）②			1.35	1.6
農業人口の割合（%）③	76.5	84.8	68	87.5
耕地1haあたりの人口（人）③	0.2	2（1872）	0.6	1.9
水稲収穫量（t／ha）③	2.12（1934～1938）	2.16（1872）	1.33（1934～1938）	2.53（1931～1937）
小麦収穫量（t／ha）③	7.9（1934～1938）		0.68（1937～1939）	1.08（1931～1937）
一人あたり穀物量（kg）③	566			288（1952）①
一人あたり塊炭生産量（kg）③	279（1929）	17（1875）	34.9（1951）	120（1952）①
一人あたり銑鉄生産量（kg）③	22	0.20（1877）	5（1951）	2.75（1952）
一人あたり粗鋼生産量（kg）③	29		4（1951）	2.37（1952）
一人あたりセメント生産量（kg）③	13		9（1951）	5.03（1952）①
輸出額（億ドル、1990年レート）①	34.2（1929）	0.51（1870）	54.89	63.39
一人あたり輸出額（米ドル、1990年レート）②		0.44（1870）	15.29	4.57
鉄道敷設距離（km）②	70156（1913）①	2349（1890）	54845	22238

①アンガス・マディソン『世界経済二百年回顧』中国語版、北京、改革出版社、1997。
②Angus Madison, Chinese Economic Performance in the Long Run. Paris, OECD, 1998.
③Alexander Eckstein, China's Economic Development, the interplay of Scarcity and ideology, Table 7, University of Michigan Press, P214, 1975.
注：表の数字は、『中国統計年鑑（1991）』（北京、中国統計出版社、1992）関連データにより調整した。

環境はきわめて厳しかった。一九二〇年に諸外国の武力干渉と内戦がほぼ終息すると、ソ連は制約なしに西側諸国から資本・物品・先進技術・生産設備を大量に輸入することができた。他方、中国は、工業化が始動するや否や朝鮮戦争に巻き込まれ、アメリカは中国に対して全面的に経済封鎖を実施した。その結果、中国は国際的に孤立し、西側諸国の資金や技術、人材を導入できなかった。このように、工業化にとって非常に不利な外的要因が存在したため、ただでさえ少ない経済資源や優秀な科学者の大部分を、戦争と軍事工業に転用せざるを得なかった。

以上の点から、工業化開始当初の国情は、ソ連と中国で大きな違いがあったことがわかる。経済力の差がそもそも大きかった上に、ソ連よりも多くの障害と困難が、中国の前途には立ちふさがっていたのである[266]。

資本集約型産業としての重工業には次の三つの特徴がある。(一)建設周期が長い。(二)当初は設備の大部分を国外から導入する必要がある。(三)初期投資の規模が巨大である。一方、当時の中国経済にも三つの特徴があった。(一)資金が常に不足しており、資金調達コスト(金利)も非常に高かった。(二)輸出品が少ないため外貨が不足し、為替レートも中国にとってきわめて不利だった。(三)社会的余剰が少なく、資金動員力が脆弱だった。この相反する特徴のため、市場メカニズムを利用して重工業優先の成長を実現することは不可能だった。制度的措置を通して重工業発展のコスト(資本、外貨、エネルギー、原材料、農産品、労働力価格)を人為的に抑制し、資本形成のハードルを下げるしかなかったのである。重工業優先の発展戦略に適った一連のマクロ政策(内容的には製品価格や要素価格の人為的歪曲)が、こうして形成されることになった(コラム4－3)[267]。

一九八五年になって、鄧小平はようやく「ソ連モデル」の硬直性を自覚するに至った。彼は次のように述べた。「社会主義はいったいどのような具体的姿をとるのか。長年にわたるソ連の実践を通じても、完全には明らかになっていない。新経済政策(NEP)を提起したレーニンの考えはまだよかった。NEPとは、一九二一年に内戦から平和建設に移行した際に打ち出された過渡期の政策のことである。十月革命後の戦時共産主義に代わって打ち出されたNEPは、余剰農産物の徴収を食糧税に改め、商業を大いに発展させるとともに、一定限度内で私営経済の存在を認めるものだった。国営企業の独立採算制を実施し、労働義務制を廃止した。さらに、民間への譲渡や賃貸を通じて国家資本主義を発展させる、ということもした。しかし、一九二九年を境にNEPの諸政策は徐々に停止され、その後のソ連モデル(スターリンモデル)は硬直化していった[268]」。「ソ連モデルの硬直性」には二つの次元がある。一つは、スターリンその人の硬直化である。時代の変化に対応できず、改革を拒絶し、自己閉鎖的で経路依存があった。そのモデルはきわめて教科書的でスタティックなものだった。もう一つは、ソ連モデルとソ連の学説（スターリン主義）が「普遍の真理」「バイブル」とみなされ、逸脱も修正も許されなかったことである。そんなことをすれば、反革命、修正主義のレッテルを貼られた。[269] **鄧小平を含む当時の指導部は、「モデルの硬直性」ばかりか、それが中国の国情や現実に根本的に適さないものだということも、真に理解できていなかったのである。**

第七節　集団化と国有化の開始

一九五三年六月の時点で、毛沢東は「一化、三改」の過渡期の総路線をおよそ十五年かけて徐々に実現すると提起した。いわゆる「三大改造運動」（農業、手工業、資本主義的商工業に対する改造）」を、本書では「国有化」と「集団化」の二つにまとめているが、大方の予想に反して、この二つはわずか三年で実現した。

毛沢東が実施した、都市における国有化と公私合営化（公有制経済の確立）、農村における合作化と集団化（個人経済から集団経済への転換、後に人民公社へと至る）は、経済的に立ち遅れた中国に社会主義経済を打ち立て、私営経済を一掃し、資本主義を根絶やしにしようとするものだった。

一、農村の集団化

工業化の後に農業の集団化を実施したソ連（スターリン）と異なり、毛沢東は両者を同時並行で進めた。また、機械化を実現してから合作化するという当時の党内の意見とも異なり、まず合作化してから機械化することを主張した。[270]

建国初期の農村は、土地改革を経ても経済的性格に変化はなかった。土地の私有制、個人や家族を基本労働単位とする零細農業、手工業経済が続いており、全国に約一億二〇〇〇万の小規模農家と約三〇〇〇万の手工業者が存在していた。辺境地区には古来より続く宗法制経済（家父長的同族支配経済）が残っており、原始的な農業と遊牧業に従事しながら半自給自足的な生活を営む農民もいた。個々の需要を満たすだけの経済であり、市場との結びつきはきわめて弱かった。[271]

一九五〇年代初頭の中国と一九二〇年代末のソ連では国情が大きく異なるが、とりわけ差異が顕著だったのは、農村をめぐる状況である。小規模農家の戸数は中国がソ連の四・八倍だったが、逆に耕地面積はソ連が中国の二・四倍で、一戸あたりでいえば一〇倍以上である。**単位労働力あたりの耕地面積にせよ生産量にせよ、どの経済指標をとってみても中国とソ連の差は大きかった。**中国が採用すべき農業生産方式とはいったい何なのか。ソ連に倣った「全面的集団化」モデルなのか、それとも中国独自のモデルなのか。歴代の指導者は常に熟慮と解答を迫られた。とくに毛沢東世代の指導者の選択は重要だった。一度確定した制度は「路線依存」が生まれるため、変更するには膨大なコストを要するからである。

農業合作化を進めるにあたって、中国は急進主義的な路線をとった。大がかりな政治動員によって強制的に制度を変えていくやり方である。一九四九年九月の「共同綱領」では、合作経済は半社会主義的性格の経済とされ、人民政府はその発展に努めるとされた。一九五一年一二月、党中央は「農業生産の互助合作に関する決議（草案）」を制定し、土地改革が完了した地区で農業生産互助組を組織するよう、各級党委員会に求めた。全戸数の四〇％にあたる四二四二万戸の農家が一九五二年末までに互助組に参加し、合わせて八〇〇万以上の互助組が組織された。そのうち八万が通年互助組で、農業合作社はわずか三六〇〇余であった（五万九〇〇〇戸、全体の〇・〇五％）。農家単独の経営形態は、まず農業生産互助組へと変わり、その後、初級合作社、さらには高級合作社へと変化していった。その過程で、生産手段の所有形態は原則私有から集団的所有に変わり、労働形態も個別から集団へと変化していった。一九五三年二月の「農業生産の互助合作に関する決議」採択後は絶えず高い目標が提起され、高級合作社への転換を一九五八年までに実現することが求められた。

同年一〇月に毛沢東が提起した基本方針は、「社会主義の萌芽である互助組を組織することから始めて、半社会主義的な生産合作社へ、さらには完全な社会主義である生産合作社（集団農場）に発展させていく。こうして一歩一歩社会主義へと至る」[272]というものだった。その後は、おおむねこの考えに沿って進んでいった（コラム4-4）。毛沢東は、生産関係を絶えず変革することで伝統農業を改造し、主たる目標（時には唯一の目標）として社会主義を目指すことに重点を置いた。一方で、農業生産力の発展や貧困からの脱却、一日も早く豊かさを実現するという目標は、ことごとく軽視された。

コラム4-4　急進主義的な農業合作化運動（一九四九〜一九五六年）

一九四九年九月、「合作社経済は半社会主義的性格の経済」と「共同綱領」で規定。
一九五〇年七月三日、農業生産互助組を農業合作社に発展させた山西省党委員会を劉少奇が批判。
一九五一年七月下旬、毛沢東が劉少奇に反対し、山西省党委員会の支持を表明。劉少奇は自己批判を迫られ、毛沢東支持に転じた。
同年一二月、党中央は「農業生産の互助合作に関する決議（草案）」を制定。同月一五日、草案の形で各級地方委員会に送られた。

一九五三年二月、上記決議が正式に採択され、三月二七日の『人民日報』で公表される。同年一〇〜一一月、第三回農業互助合作会議において、一九五七年までに合作社の数七〇万前後、入社農家の割合一六％を目指すと提起。

同年一二月一六日、党中央は「農業生産合作社を発展させることに関する決議」を提出、一九五七年までに合作社の数八〇万前後、入社農家の割合二〇％を目指すと、目標が上方修正された。

一九五四年四月、第二回全国農村工作会議において、一九五七年までに合作社の数一三〇万〜一五〇万前後、入社農家の割合三五％と、さらに目標が上方修正される。一九六〇年頃まではおおむね合作化を完了させると提起。

同年一〇月、第四回農業互助合作会議において、一九五七年頃までに初級合作化を基本的に完了し、第二次五カ年計画期に大規模な農業機械化を実現すると提起。党中央もこの案を承認した。

一九五五年三月、毛沢東は「停、縮、発」（合作社化の発展停止と合作社の適切な「収縮」、新解放区における合作化の適度な発展）の方針を提起。

同年四月、第三回全国農村工作会議において、一九五六年秋の収穫期までに、農業生産合作社を全国で六五万から一〇〇万に増やすと提起。中央政治局会議でもこの案が了承された。

同年六月、毛沢東は、一〇〇万では少ない、一三〇万、すなわち二倍にすることを提起。鄧子恢が、拙速な発展はよくない、焦りは禁物としてこれに反対。

同年七月、毛沢東は「農業合作化問題について」の中で、一九五八年の春までに半数の農家が初級合作社に加入、一九六〇年までに半社会主義的改造を基本的に完了させ、それ以後は半社会主義から完全な社会主義へ段階的に移行する、と提起。

一九五六年一月、中央政治局が「一九五六〜一九六七年までの全国農業発展要綱（草案）」を可決、初級形式の農業合作社の設立任務を一九五六年におおむね完了させ、農業生産合作社加入率八五％前後を目指すとした。さらに、高級形式の農業合作社化を一九五八年に実現するとした。

資料出典：董輔礽主編『中華人民共和国経済史』上巻、一四五〜一六二頁、北京、経済科学出版社、一九九九。

一九五五年七月三一日の省・市・自治区党委員会書記会議の席で「農業合作社について」と題する報告をおこなった毛沢東は、「纏足の女性[273]」「右傾機会主義」「ブルジョア思想に対する敗北主義」という言葉で、（拙速な合作社の発展に反対した）鄧子恢を厳しく批判した。**党内における正常な論争が路線的不一致に誇張され、長年にわたって培われてきた健全な党内民主に暗雲がたちこめてきた。**[274]翌年一月に出版された『中国農村における社会主義の高まり』（毛沢東編）の序言や注釈では、「右傾機会主義」（鄧子恢を指す）を批判すると同時に、「右傾保守思想」があらゆる方面にわたって害毒をふりまいているとし、「反右傾保守」の対象範囲をさらに広げた。[275]**党内の漸進主義路線に対抗するあからさまな急進主義路線である。**同時期、毛沢東は自ら「農業発展要綱（草案）」を制定し、高級合作社を最終目標に、初級合作社を組織することを打ち出した。「大々的」政治動員の「持続的高揚」、「いや増しに高まる」政治目標と合作化の目標という情況の下で、党と国を挙げての取り組みが展開され、合作社と加入農家の数は急速に増加し（表4-9）、合作化はわずか数カ月間で完了した。同年一二月には、高級合作社に加入した農家の数は全体の八七・八％に達し、初級合作社加入数（全体の八・五％）と合わせて九六・三％が合作化された。一方、一九五三年末に一〇〇％近くあった個人経営農家の割合は三・七％にまで減少し、ほぼ消滅した。初級合作社と高級合作社は拡大し続け、初級合作社の一社あたりの平均加入数は、一九五六年六月に一一二・四戸に達した。高級合作社の平均加入数も同年一月に二六八・五戸に達し、一年を通じてこの水準が維持された。[276]胡縄が言うように、もともと毛沢東自身が十八年かかると言

表 4-9　農業合作社化の進展状況（1951 ～ 1956 年）

時期	合作社（社数）	加入農家（戸数）	入社率（%）	一社あたりの平均加入戸数
1951年	130	1618		
1952年 6月	3000～			
1952年 末	3600～	5.9万	0.05	16.2
1953年 末	1.5万～	27万	0.2	18.2
1954年 秋	11.4万			
1954年 10月	22.9万			
1955年 2月	58万			
1955年 3月	63万			
1955年 4月	67万			
1955年 6月	65万			
1955年 秋	63.4万	1692万	14.2	27
1955年 10月	128万	3813万	32	29.9
1955年 11月	158万	4940万	41.4	31.2
1955年 12月	190万	7545万	63.3	39.6
1956年 1月	153万	9555万	80.3	62.5
1956年 6月	99万	1億1171万	91.9	112.4
1956年 12月	76万	1億1783万	96.3	

注：筆者が以下の資料により整理。董輔福主編『中華人民共和国経済史』上巻、146 ～ 163 頁、北京、経済科学出版社、1999。

っていた合作化が、わずか七年で完了したことになる。[277] 中国の農村合作化は、毛沢東の当初の構想さえ凌駕する急進主義的な制度変革だったことがわかる。

党は互助組加入から合作社加入に至るまで、すべて「自由意志での加入と互恵」を原則とし、「模範的モデルには惜しみなく援助する」とする方針を個人経営農家に提示していた。しかし、実際におこなわれたことは、政治動員・大衆運動による強制であり、農民の自由意志は顧みられることがなかった。土地改革の地平からすれば一種の「後退」である。

なぜ、一九五三年を境に合作社運動は突然加速したのか。その経済的背景と直接的なきっかけは何だったのか。建国以来、指導部に突き付けられた最重要課題は、「全国人民をいかに食わせるか」ということだった。土地改革以降、食糧生産は過去最高水準（一九三六年）を超えるほど急速な回復をみせていたが、同時に、人口も数千万単位で増加していた。食糧生産が人口の増加に追いつかず、食糧需給のひっ迫が問題として顕在化し始めていた。これをいかに解決するかという巨大な圧力が、合作化運動発動の直接の要因である。

当時の中国指導部は、ソ連の集団化路線に活路を求めた。スターリンは、全面的集団化の目的の一つとして食糧増産を掲げた。一九二九年一一月には、「全面的集団化が全村全郷に普及すれば、わが国は二、三年後には世界有数の食糧大国になるだろう[278]」と述べている。一九五〇年代初頭、毛沢東は同じように集団化を提起したが、「農村が苦しむ」「妙案とは言えない」「小農経済に合っていない」などの反論も党内には存在した。一九五三年一一月四日、毛沢東は、「私有の確実な保護」「四大自由（雇用、金銭賃借、土地売買や借地、商品取引の自由）」はちっぽけな恩恵であり、富農と富裕中農に恩恵をもたらすものだと厳しく批判した。社会主義に依拠せぬままに小農経済から問題を立て、個人経営を前提にしたちっぽけな恩恵を頼みとしながら、一方で食糧増産を願い、食糧問題という国家と人民にかかわる最重要問題を解決しようとすること、それこそ絵に描いた餅である、と毛沢東は考えていた[279]。

合作化を進める真意について、毛沢東は次のように述べた。「三期の五カ年計画の間に農業合作化問題を基本的に解決できなければ、社会主義工業化は実現できない」。つまり、農業合作化は工業化の必要条件、言い換えれば、工業化に寄与するための生産関係の変革だということである。また、次のようにも述べている。「この期間（三期の五カ年計画の期間）に社会主義工業化と手工業および資本主義商工業の社会主義的改造を完成させると同時に、農業方面の社会主義的改造を完成させる。ソ連の経験は、これが完全に可能であることを教えている。ソ連の歩んだ集団化の道、これこそがわれわれの手本である[280]」。こうした発言からは、ソ連の全面的集団化の影響を強く受けていたことがうかがえる。数年後に人民公社化を決断し、より広範な集団化を強制していった理由も容易に察することができるだろう。

　しかし、中国とソ連では集団化のやり方が大きく異なった。ソ連は富農の土地と財産を没収するやり方をとった。そのためには、逮捕、流刑など独裁的権力の行使も辞さなかったが、その結果、大幅な減産を招いた。一方、中国は段階的に富農と地主の合作社加入を進めたが、そこには周到な政治的統制力が働いていた。一九五三～一九五六年にかけての合作化の期間に、農業生産量は年平均四・八％増加したのである。[281]

二、都市の国有化運動——私営経済の消滅

　建国当初から政府はすでに官僚資本の没収と国営経済の建設を進めており、経済の根幹を国の統制下に置いていた。筆者はこれを「第一次国有化」と呼んでいる。すなわち、官僚資本の国有化である。一方、第三回全国手工業生産合作社会議での朱徳の報告によると、個人経営の手工業者は一九五二年の時点で全国に約一〇〇〇万人存在し、総生産額も一〇〇兆元に達していた。一方、手工業合作社は一九五三年の時点で全国合わせて四八〇〇社余り、社員は約二九万人、総生産額は五兆元[282]に過ぎなかった。合作社加入割合は三％、総生産額の割合は五％前後である。この約一〇〇〇万人の個人経営手工業者は、いわば都市における非正規部門に従事する非正規労働者だった。当時の中国の国情と発展段階を考えれば当然の実態であり、ほかの発展途上国の特徴とも一致している。当時の指導部は、個人経営に対する社会主義的改造の強制が国情から乖離したものであること、発展段階にそぐわないものであることをまったく自覚していなかった。

　一九五四年から始まる国有化を、**筆者は「第二次国有化」と呼んでいる。すなわち、私的資本の国有化である。当初これを指導した陳雲は、比較的穏健なやり方をとった。**七月に党中央が出した「市場管理と私営商業の改造を強化することに関する指示」（陳雲が起草）では、急進主義的に進めてはならないことがわざわざ提起されている。[283] 一二月三一日の私営商工業問題についての座談会では、「国営、合作社、公私合営、私営のいずれに対しても配慮する合理的処置をとり、四種類の工業それぞれの利点を生かす」方針が陳雲から提起された。

　一九五五年七月、李富春は第一次五カ年計画の国有化目標を説明した際、私営工業の生産額の半分を五年以内に公私合営に転換させると述べた。このため、一九五七年になると、国営、合作社営（供銷［購買、販売］合作社と消費合作社の加工工場を含む。手工業生産合作社は含まない）、公私合営を合わせた生産額は全体の八七・八％に上昇し、私営工業は一二・二％に低下した。しかも、私営工業の主要部分は国からの加工発注という形で国家資本主義の枠内に組み込まれていた。五年間の社会主義的改造で、私営商業の半数以上が国

家資本主義形態の商業や合作社形式の小規模商業に転換した。**国は計画経済を武器に私営経済に制限を加え、強制的に国家資本主義の枠内に組み入れたのである。**

一九五五年一〇月の七期六中全会拡大会議では、資本主義商工業の改造を早める提起を毛沢東がおこなった[284]。一一月、中央政治局は資本主義商工業の社会主義的改造問題について会議を開き、陳雲が「資本主義商工業改造の新情勢と新任務」という報告をおこなった。また、この会議では七期七中全会に提出する「資本主義商工業の改造問題についての決議（草案）」についても議論がなされた。この決議草案で提起された目標は、さらに急進的なものだった。すなわち、一九五六年と一九五七年の二年間で公私合営の割合を九〇％前後にし、第二次五カ年計画期間内（一九五八〜一九六二年）に、公私合営企業を基本的に国有化に移行する、というものである。一九五六年二月二四日、中央政治局は修正の上、この決議を正式に採択した[285]。

こうして資本主義商工業の公私合営化が進められた。統計によると、一九四九年の時点では全国に約一二万三〇〇〇の資本主義工業企業が存在した。生産額は全国工業総生産額の五四・六％、就業者数は全国工業労働者総数の八二％を占めていた。一九五六年になると、その約九割が公私合営化されている。

これは都市・農村双方の私営商業に直接影響を与え、市場のひっ迫を生み出した。李先念の内部報告（一九五五年四月）では、一九五四年の秋以降、次のような深刻な状況が市場で生じたとしている。「まず、都市の個人商店は売り上げの大幅な落ち込みによって経営困難に陥り、失業者も増加し、借金がかさんで元金を切り崩してしのいでいる商店も少なくない。その数は上海だけでも一二万に達し、パニックと不安が広がり始めている。次に、農村の私営商業の多くが経営不能状態で、必需品の中には買えないものもある。国による農産品買付けも難しくなっており、農民の生産意欲も減退している。かなり緊迫した状況である。『合作社は死ぬほど忙しく、個人商店は死ぬほどヒマ』と農民の間では噂されている。公私の関係、国と農民の関係に緊張が走っている[286]」。この内部報告は、実態を如実に反映したものだと言える。

国有化運動によって経済構造には大きな変化が生じた。国民所得のうち、国有経済が占める割合は一九五二年末の一九・二％から一九五六年末には三二・二％にまで上昇した。経済の集団化率は一・五％から五三・四％に、国家資本主義経済の比率も七・三％に上昇した。他方、個人経営経済の比率は七一・八％から七・一％に、資本主義経済の比率は八％にまで低下した。

一九五八年末になると、工業総生産額に占める国有経済の割合は、八九・二％まで上昇（一九四九年は二六・二五％）し、集団経済の割合も一〇・八三％まで増加した。他方、個人経営経済と資本主義経済の割合はゼロである。工業分野においては、個人経営経済と私営経済は完全に消滅したことになる。財政収入の面でも同様の情況が生じている（表4－10）。

表 4-10　国家財政の財源別割合（1950 ～ 1957 年）

年度	全人民所有	公私合営	集団的所有	私営	個人経営	その他
1950	33.4	0.4	0.3	30.2	34.5	1.2
1951	47.8	0.8	0.5	28	21.7	1.2
1952	58.1	1.1	1.2	19.6	19	1
1953	64.2	1.5	2.6	14.5	16.6	0.6
1954	65.7	1.6	4.4	10.7	16.2	1.4
1955	71.3	2.1	6.1	6.5	12.9	1.1
1956	73.5	5.2	15.7	2.2	2.1	1.3
1957	70.6	8.6	16.7	0.8	1.9	1.4

注：全国財政収入を 100 とした割合。
資料出典：財政部総合計画司編『中国財政統計（1950-1991）』26 頁、北京、科学出版社、1992。

一九五七年三月、毛沢東は、社会主義経済制度が中国大陸において基本的に樹立されたことを全世界に向けて宣言した。[287]**国民党政府の手にあった官僚資本を没収する第一次国有化運動は、必要かつ正しいことであった。しかし、国有化を民間資本の領域に拡大した第二次国有化運動はそうではない。強制的な手段を用いて短期間のうちに個人所有の生産手段を没収し、私営経済と資本主義経済を消滅させ、全人民所有と集団所有の二種類の公有制だけで社会主義経済を建設するのは、明らかに中国の国情に合っておらず、新民主主義の経済綱領に背くものでもあった。**

中国が工業化を実現するためには、国家資本の累積を加速させるだけでなく、私営資本を保護し、その蓄積を援助する必要があった。資本の蓄積は国家と民間の両方から可能だった。蓄積源が二つあったほうが効率的なのは明らかである。資本の蓄積方式も転換型と創造型の二つがあった。一九五〇年代の国有化は転換型で、私営資本を強制的に国家資本に転換した。しかし、国にせよ民間にせよ、資本創出の積み重ねによって創造型を実現できたはずである。

「三大改造」運動の中では繰り返し「自由意思」の原則が強調されたが、実際には政治的強制がまかり通った。毛沢東本人も「三大改造」は疾風怒涛の階級闘争だったと述べている。[288]一九五六年四月、外国の賓客に対して毛沢東は次のように話した。「苦痛や闘争なしに資本家が社会主義の道を進むことはない。われわれは、社会の力を広範に動員することで改造を援助した。労働者と資本家の闘争だけでなく、資本家の家庭でも進歩的な子女が両親と闘争した[289]」。一九五八年一一月には次のように回想している。「一九四九年の七期二中全会の報告で、資本主義経済の諸要素を野放しにするのではなく、制限を加えるべきだと提起した。一九五〇年からの六年間、われわれは資本主義経済の要素を発展させてきたが、同時に、加工の発注、統一購入・統一販売制度の実施、公私合営化といった社会主義的改造の実施も忘れなかった[290]」。

三、国有化と集団化の理由——資本主義の絶滅[291]

ソ連、中国をはじめとする社会主義国家が国有化を実施した理由は何か。ソ連の『政治経済学教科書』による公式説明は以下の通りである。第一に、主要な生産手段の資本主義的所有を廃棄することで、ブルジョア階級の経済支配を消滅させるためである。第二に、プロレタリア独裁の経済的基礎を固めるために、国民経済の命脈、すなわち基幹経済部門を労働者の手中に収めるためである。大工業だけでなく、銀行、鉄道運輸業、商船、郵便電信、および国内の大商業も国有化しなければならない。対外貿易の国有化も含まれる。貿易の国有化は、建設途上の社会主義国家が資本主義に頼らず、経済上の自主独立を保つために必要である[292]。**これらは社会主義の「バイブル」「普遍的真理」とされ、毛沢東はじめ党指導部にとっても、疑義をはさむ余地のないものだった。**

国際比較の観点から言えば、国有化は後進国特有の制度選択である。ロシアの初期工業化（一八八五〜一九一四年）を研究したアレクサンダー・ガーシェンクロンは、後進国ほど工業化における特殊な制度的要素（新興工業に対する資本供給増加が共通目的とされること、情報に通じた集中的指導が企業家に与えられること）の役割が大きくなり、その強制的性格や内容の広範性も顕著になることを見出した（コラム4−1）。工業化は先進国に追いつき追い越すための戦略であり、国有化はその制度的保証なのである。

経済的観点から言えば、国有化は工業化資本を急速に蓄積するための手段だった。資本の蓄積と創造は工業化の推進力である。とくに、「本源的蓄積」は特別な意義をもっている。それが工業化を開始する元手になるからだ。建国初期の中国指導部が直面した最大の難問は、この「本源的蓄積」をどこから得るかということだった[293]。極度の後進的条件の下で工業化を推進するには、相当な資本蓄積能力が政府に求められる。国有ではない資源（リソース）を新たに獲得、運用するには、それらを国有化するしかなかった。商工業企業を国営化あるいは公私合営化することで新たなプロジェクトへの投資資金を得ることもできたし、それらの企業の収益を直接国家財政に組み込むこともできた。そうすれば、物的・人的資本への投資資金も簡単に用意することができる。国有企業は国家財政の主要財源なのである。一九五〇年代の中国では、財政収入に占める国有企業の上納額の割合が、工業総生産額に占める企業の生産額の割合を上回っていた。国有企業の財政的貢献度がきわめて高かったということである（図4－3）。

図4-3　全国工業総生産額と財政収入に占める国有経済の割合（1950～1992年）

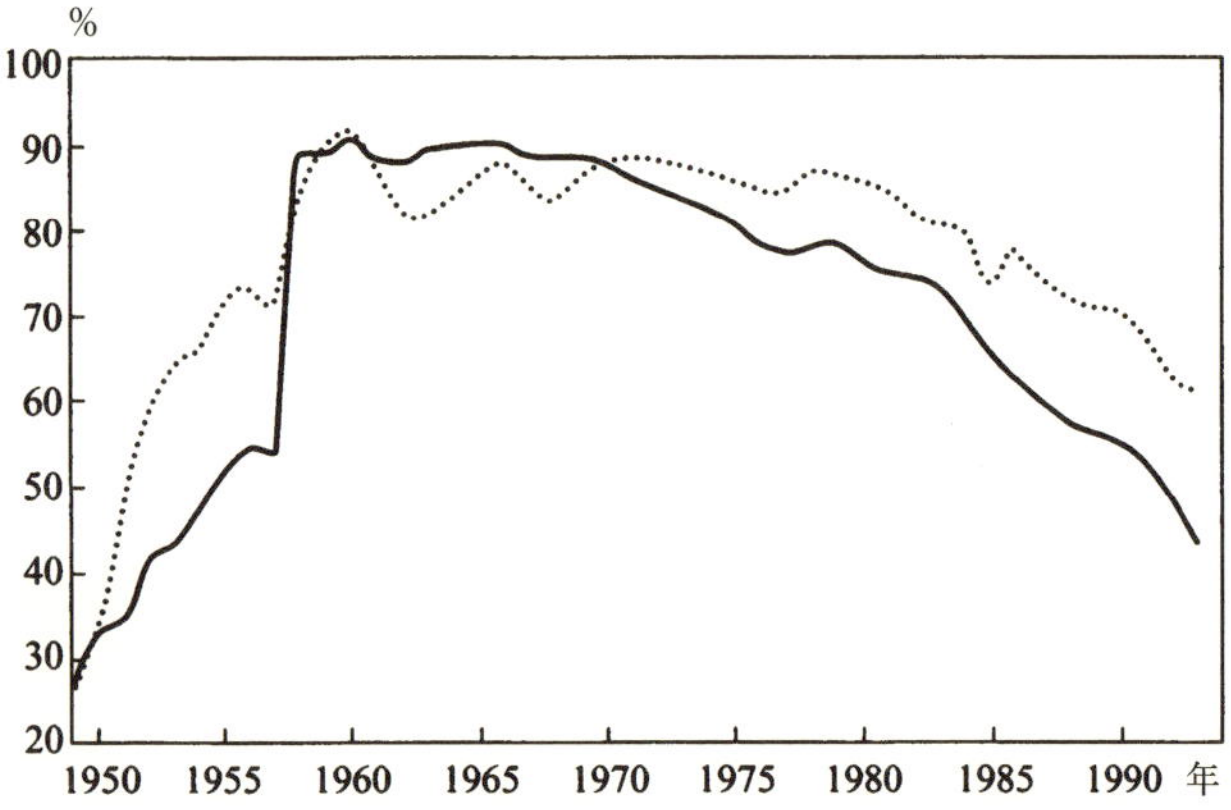

注：実線が全国工業総生産額に占める割合、点線が財政収入に占める割合。

農村の集団化は、農業余剰を効率的に工業化資金に転化するためにおこなわれた。同時に実施された鋏状価格政策は、工業資本の新たな財源になった。農産物や副産品を低価格で供出させるためには集団化を実行するしかなかったし、統一購入・統一販売方式による工業化資金の蓄積を保証するには、党、政府、および経済の力が一体になった集団経済組織をつくるしかなかったのである。実際、国の財政的支援を除けば、一九五〇～一九五七年の農業余剰はすべて流出したことになる。毛沢東は次のように述べたことがある。「社会主義工業化と同時並行で農業合作化を進めることに反対する同志がいるが、この方針の正しさはすでにソ連で証明されている」「国家の工業化と農業の技術革新を成し遂げるために必要な膨大な資金は、大部分を農業から蓄積しなければならない」[294]。毛沢東が農業集団化を堅持し、その実現を急いだ理由がよくわかる。**こうした工業化資金の蓄積方式はソ連工業化モデルの特徴の一つであり、その模倣である。しかし、両国の国情の大きな違いから、中国の数億の農民が工業化のために支払った代償はより大きなものになった。**

これ以外にも、国有化を実施した政治的理由が何点かあるが、そのうち、資本主義を根絶し、資本家を自活する労働者に変えようとした点について触れておく。

毛沢東は、一九五五年の第三回全国農村工作会議で、農業合作化の目標として農業生産の発展、資本主義の根絶、農業と工業の矛盾の根絶の三点を提起した。総括提起では次のように述べている。「農業合作化運動において、マルクス主義はかくも凶悪で、良心のかけらもないのかと言われるほど、われわれは無慈悲に徹する！　帝国主義、封建主義、資本主義を根絶し、小規模生産も絶滅させる。ブルジョア階級と資本主義を中国から一掃することはよいことであり、有意義なことである」。

一九五七年には、「三大改造」が終わっても社会主義制度を強化する闘争はまだ終わっておらず、社会主義と資本主義との勝負はまだ決していないことを毛沢東は強調した。[295]「文化大革命」になると、「資本主義を大いに批判し、社会主義を大いに進める」「私的経済と闘い、修正主義を批判する」「ブルジョア的権利を制限する」「資本主義復活を防止する」など、スローガンはさらに「左」傾化、急進化していった。

以上から、国有化と集団化を実施した理由を次のようにまとめることができる。(一)国有工業の本源的蓄積の財源確保、(二)計画経済体制実施のための経済的基盤づくり、(三)経済全体に対する統制、(四)資本主義復活の防止。一九六〇年代には、工業生産額全体に占める国有企業の比率が最高水準の約九〇％に達し、一九七〇年代を通じて、その比率は四分の三以上を維持し続けた。

四、国有化と集団化が中国の国情に合わなかった理由[296]

(一)**一九五〇年代初頭の中国は依然として後進国であり、伝統的な農村経済が主体だった。**都市の近代的工業は国民総生産の一〇分の一程度で、大部分を占める農村経済は、典型的な貧農経済、半自給自足の経済だった。生産力の後進性と水準のばらつきに応じ、生産関係も多様化せざるを得なかった。国有経済、社会主義経済、公有制経済だけでなく、非国有経済、非社会主義経済、私有経済も、同時に発展させる必要があった。一九四九年の「共同綱領」にも、一九五四年憲法にも、このことは盛り込まれている。

(二)**商品経済と市場経済の発展は、多様な経済要素が共存することで可能となる。**商品経済と市場経済が未発達だった一九五〇年代の中国で、国有化を推進し、計画経済体制を構築しても「現物経済」あるいは「命令経済」にしかならず、商品経済の発達はかえって阻害されることになった。農村における自給率の高止まりなどは、その例である。

(三)**多様な経済要素が共存することで就業機会も多様になる。また、労働集約型の非国有経済は失業問題の解決にも大きな役割を果たす。**人口過多と資源不足は、現代中国の社会的矛盾であり、豊富な労働力に比して工業資本の資源は常に不足していた（豊富な資源を活用し、不足している資源を節約もしくは代用するのが、経済発展の鉄則である）。また、新しい就業機会の創出という点では、国有企業は非国有経済に遠く及ばない。前者が新技術を多く採用する資本集約型企業だからである。

（四）国有化イコール工業化ではなく、既存の二元的経済構造が国有化によってより強化され、農民は工業化と近代化のカヤの外に置かれた。周知のように、巨大な農村人口の問題を抜きにして中国の工業化プロセスは語れない。建国後、国は農業経済余剰から大量の資金を国有経済に集中させたが、利益を得たのは少数の都市住民だけで、農民の生活はほとんど改善されなかったし、農村の工業化も進まなかった。都市と農村の一人あたりの名目収入格差は二〜三倍という状態が長く続いていたが、実質収入格差にはさらに開きがあった。国有化も計画経済も実質的には都市の工業化と近代化であり、社会全体に普及させることはできなかった。

（五）農業の労働集約レベルを強化した集団化によって実現できたのは、増産と土地の生産性の向上だけであり、その日暮らしの生活水準から農民を脱却させることも、労働生産性を引き上げることもできなかった。労働の供給量が増えただけで、構造そのものを変えることはできなかった。

「模倣は危険であり、成功事例はあくまでその国のものであって、国情が異なる国にそのままあてはめれば失敗を招く。模倣すれば馬鹿を見る、必ず騙される」[297]。これは毛沢東が一九五六年に述べた総括である。まさにその通りであったにもかかわらず、**中国は一九五〇年代はじめに新民主主義の経済綱領を放棄し、ソ連モデルの模倣と「一化、三改」路線に転換したのである。当時は、「馬鹿を見ている」「騙されている」という自覚はなかっただろうが、その限界とマイナス面は時間がたつにつれて顕在化していった。中国独自の発展路線への再転換を図るのは、ようやく一九七八年になってからである。**

第八節　建国後七年間の評価

一、指導部の自己評価

指導部の自己評価はほぼ一致している。

毛沢東は、中国の各種建設事業は八年（一九四九〜一九五七年を指す）という短期間に過去百年でも成し遂げられなかった成果をあげた[298]、とした。

鄧小平は、この時期の偉大な成果は誰もが認めるところであり、「社会主義的改造は成功裏に進み、素晴らしかった」[299]とした。一九五七年までの毛沢東の指導は正しかったとも指摘している[300]。

薄一波も建国以来最高の時期の一つであったとし、新中国はアジアの大国として、新しい生活、新しい制度、新しいイメージ、新しい力を伴って世界に登場したと述べている[301]。

十一期六中全会の「建国以来の党の若干の歴史問題に関する決議」（一九八一年）では次のように総括している。「全国各民族人民が新民主主義から社会主義へと着実に歩を進めていく上で、わが党はいかんなく指導力を発揮した。国民経済を急速に復興させ、計画的な経済建設を推進し、生産手段所有制の社会主義的改造をほぼ全国で成し遂げた」。決議は建国後七年間を「社会主義的改造を基本的に達成した七年間」とし、党の定めた指導方針と基本政策は正しく、輝かしい勝利を得たとしている[302]。

二、海外の専門家の評価

ロバート・ロールは次のように述べている。「一九五〇年代初期の土地改革運動は農村収入の均等化を大きく促し、トップクラスの収入は二〇％減少したが、最低クラスの収入は逆に五〇％増加した。合作化はこれをさらに加速させ、土地の所有規模や質によって生じていた収入の不平等がなくなった。同様に、都市での国有化運動は所得と財産の再分配を大きく変え、基本的に財産収入は消滅した。都市と農村の所得格差は建国前と比べて大きく改善され、労働者の実質賃金は上昇し、農産品の買い上げ価格も六五％上昇した。一方、農村での工業品販売価格は一五％増にとどまったため、農村人口の実質収入が増加し、都市と農村の所得格差を縮めることになった[303]。

大きな成果だけではなく、多大な犠牲もあったとする専門家もいる。ラマン・マイヤーズは次のように指摘している。「土地改革と集団化は過酷な階級闘争を引き起こし、長きにわたる無慈悲な政治運動は人民の積極性と創造性を抑圧した。高度に集権化された経済モデルは社会経済の発展スピードを鈍らせ、長く続く経済成長の過程でも、人民の生活水準はなかなか上がらなかった。こうしたマイナス面を考慮に入れた評価をおこなうべきである[304]」。

三、筆者の評価——最初の黄金期

建国後の七年間は中国近代化の最初の黄金期である、というのが筆者の評価である。それまで一三〇年間下落し続けていたGDPの世界比率が、この時期はじめて上昇に転じた。

同時期のインドと比べても、その好調ぶりは明らかである。マディソンによる統計（一九九〇年国際ドルベースで計算）では[305]、この時期の中国のGDP成長率は年平均七・八％で、世界平均の四・八％を上回っており、インドの三・二％より明らかに高い。中国のGDPの世界比率は、四・五％から五・五％に上昇している。インドは逆に、四・二％から三・七％に下落している（図4－4）。

中国の工業化の本源的蓄積は主に農業からおこなわれた。農業の方がGDPに占める割合も国民所得全体に占める割合も高く、国が農業部門に用いる資金の割合は逆にかなり低かったからである（表4－11）。農業の余剰を、国の財政収入に占める農業部門の割合から財政支出に占める農業援助費の割合の差と定義するならば、農業部門から非農業部門に移転された財政純流出額は、一九五〇年は財政支出全体の約四〇%、一九五一年は約二五%、一九五二年は約二〇%、一九五三年は一五・四%、一九五七年には一〇・二%と推計される。量だけではなく、比率の上でも高収奪である。都市と農村の矛盾、工業と農業の矛盾は人為的に激化させられたのである。割合からすれば全体のごく一部に過ぎなかった都市と工業部門の急速な発展は、農業余剰の収奪の上に成り立っていたことがわかる。ソ連工業化モデルの典型だったといえよう。

図 4-4　全世界の GDP 総量に占める中国とインドの割合（1950 ～ 1957 年）

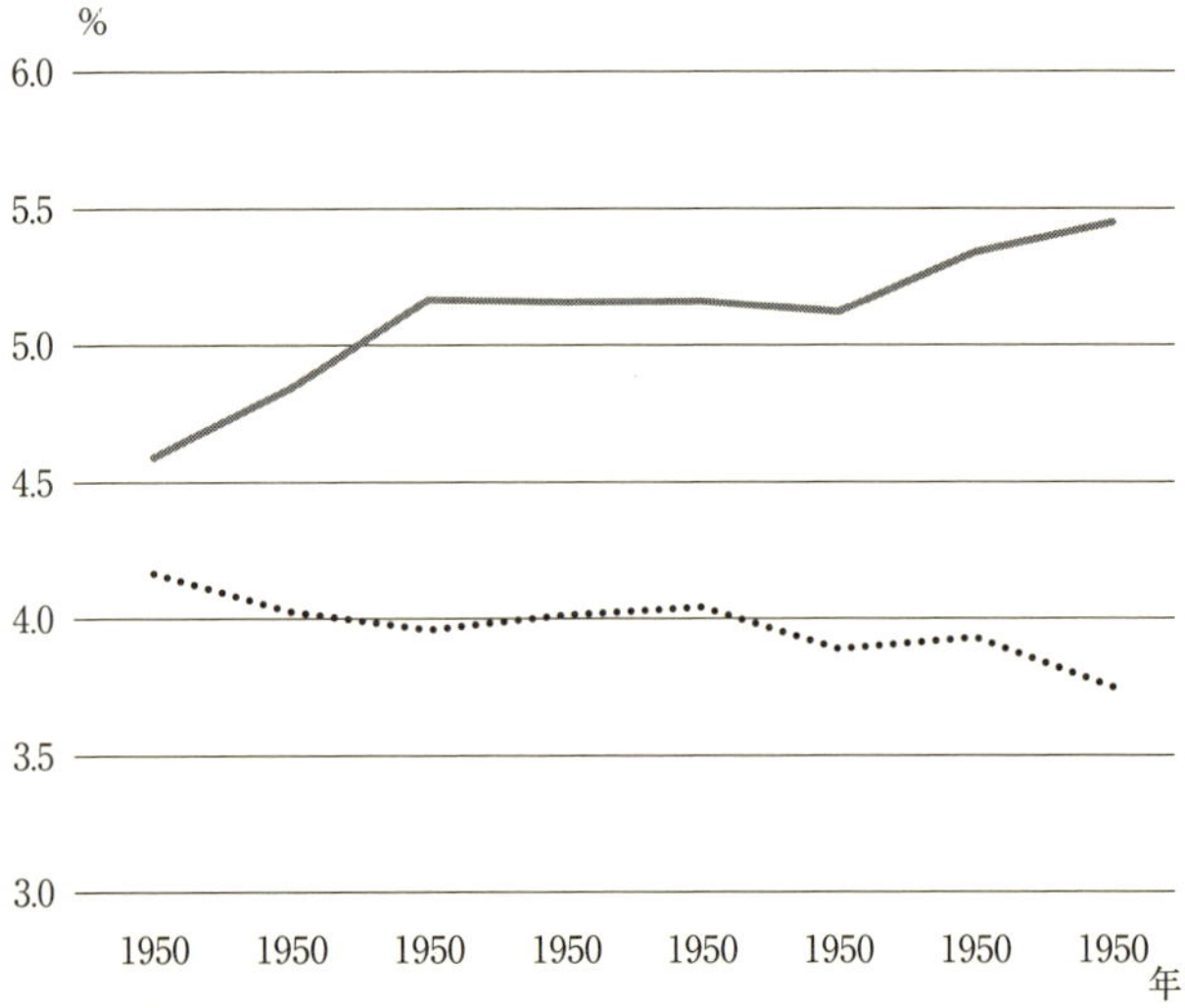

注：実線が中国、点線がインド。

表 4-11　農業部門の財政収支比較（1950 ～ 1957 年）　単位：%

年度	農業部門収入の国家財政収入に占める割合（a）	農業支援財政支出の国家財政支出に占める割合（b）	農業剰余差額（c）＝（a）－（b）
1950	39.2		
1951	25.3		
1952	20.2		
1953	16.7	1.3	15.4
1954	16.8	1.6	15.2
1955	15.1	2.2	12.9
1956	13.9	2.5	11.4
1957	12.8	2.6	10.2

資料出典：財政部綜合計画司編『中国財政統計（1950-1991）』34 頁、117 頁、北京、科学出版社、1992。

四、成長達成の政治的要因

スタート時の条件は最悪だったにもかかわらず（第三章参照）、最初の黄金期とさえいわれる成功をもたらした要因は何か。鍵となったのは、党内制度の確立と、党の民主的運営だったと筆者は考える（コラム４－５）。

コラム４－５　一九四九～一九五七年の中国経済が成功した理由

以下は、アメリカの中国問題専門家フレドリック・C・ティーブスの見解である。

第一に、党指導部の結束力が根底にあったことである。国家の工業化と社会改造に対して、指導部内で広範なコンセンサスが形成されていた。これは、巨大な政治的財産と言える。政策の不一致は、正式な党内討議（時には熾烈な論争になることもあった）によって解消された。政権基盤にリスクをもたらさないやり方である。

第二に、革命に勝利した結果、党や軍の幹部および社会のエリート層に広く政治権力（職権）が行きわたり、全員が何らかの利益を直接得たことである。革命に重要な役割を果たしたグループが冷遇されることもなく、毛沢東に反対した人々にも、それなりに名誉ある地位と権力が与えられた。

第三に、マルクス主義に対する共通の信念と、工業化と社会主義的改造を一丸となって進めるという意気込みがエリート層の結束を促したことである。この団結は、有効かつ成功裏に問題を解決する力になり、指導部の結束をさらに強めることになった。

第四に、経験と知識の不足をソ連の成果と経験が補ったことである。また、ソ連から学ぶことに反対する人間がほとんどいなかったことである。

第五に、党内の団結維持とコンセンサスの形成に、毛沢東がキーマンとしての役割を果たしたことである。

この時期の中国共産党が、最高の結束力を誇っていたことは確かである。しかし、指導部内に不一致が存在しなかったわけではない。実際に、中国の国情認識には違いがあり、工業化推進の方法、社会変革のテンポなどでは異なった意見が存在した。しかし、致命的な不一致には至らず、議論を通じてそれを解決することができた。意見を硬直化させず、情勢の変化と物事の進捗に合わせて常に改めるスタンスを、彼らはもっていた。

資料出典：フレドリック・C・ティーブス「新政権の樹立と強化」、ロデリック・マクファーカー著、ジョン・フェアバンク編訳『剣橋中華人民共和国史：革命的中国的興起（一九四九－一九六五）』中国語版、五六～六四頁、北京、中国社会科学出版社、一九九八。

（一）毛沢東をリーダーとする第一世代は、有能かつ成熟した指導部を形成していた。「党の歴史において真に成熟した（集団）指導は、毛沢東、劉少奇、周恩来、朱徳の代から始まった[306]」と鄧小平も評価している。

有能なだけではない。学習にも非常に熱心だった。北京入城前から学習の重要性を自覚していた毛沢東は、「人民民主独裁を論ず」の中で、「経済建設という重大任務を前にすれば、われわれがよく知っている得意分野ではなく、未知のことがらへの挑戦を迫られるだろう」と述べ、全党に向け、誠実に学習に打ち込むよう提起した。「十大関係を論ず」（毛沢東、一九五六年）、「八大政治報告」（劉少奇、一九五六年）、「近代的工業をもった強大な社会主義国家を建設するために」（周恩来、一九五四年）、「党規約改正についての報告」（鄧小平、一九五六年）、「社会主義的改造達成後の新たな問題」（陳雲、一九五六年）などは、すべてこの時期の重要文献であり、毛沢東世代の指導者たちが社会主義近代化を実現するためになした努力と探求が凝縮されている[307]。

（二）党内指導制度と政策決定メカニズムに関する三つの重要な決定により、健全な指導体制が確立した。一つ目は、七期二中全会で採択された党委員会の民主的運営についての決議である。二つ目は、八全大会の講話で毛沢東が提起した、高崗・饒漱石事件の総括である。毛沢東は次のように述べた。「さまざまな歴史の教訓に鑑みるならば、また、個人の英知は集団の英知と結びついてはじめて力を発揮し、誤りを減らすことができる、ということに鑑みるならば、中央と各級党委員会は集団指導の原則を堅持し、引き続き個人独裁と分散主義の二つの傾向に反対していく必要がある。**集団指導と個人の責任は互いに対立するものではなく、互いに結びついたものであることを理解しなければならない。個人が責任を負うことと、集団指導の原則に背反する個人独裁とはまったく別のものである**[308]」。三つ目は、劉少奇の「八大政治報告」と鄧小平の「党規約改正についての報告」である。劉少奇の政治報告の「党の指導」という節では、党内各級組織は例外なく集団指導の原則と党内民主の拡大を貫徹しなければならない、と繰り返し強調されている[309]。**党の集団的英知と人民大衆の英知を結集し、部分的な誤りを適時是正できるようにするのが集団指導と党内民主であり、その結果、「誤りは芽のうちに摘み取られ、全国に広がることも長期化することもない。また、人民に災厄をもたらす重大な誤りに転化することもない」のである**[310]。

（三）制度的に個人崇拝を否定した。憲法草案について議論がおこなわれた際、「スターリン憲法」に照らして新憲法を「毛沢東憲法」と名づけることを提案した者がいたが、毛沢東は自身の名前をつけるのは不適切であり、非合理的かつ非科学的であるとしてこれをきっぱりと拒絶した[311]。

以下は、一九五四年六月の中央人民政府委員会臨時会議における毛沢東の講話である。「わたしを**偶像化してはならない。特定の誰か（毛沢東を指す）を批判の対象外にしてはならない。**ただし、批判は正しくなければならず、批判に対する分析も必要である。誰にでも欠点はある。人は誤りを犯すものである。わたしも例外ではない。共産党の指導者たる者が誤りに対して沈黙を決め込むとすれば、それはよくない。**昔から『人非聖賢、孰能無過（人は聖人でも賢人でもなく、誰にでも誤りはある）』と言われるが、この箴言は少し修正すべきである。『人は、たとえ聖人や賢人であっても過ちを犯す。ただし、それを改めればよい』**と[312]」。

一九五六年九月一六日、八全大会で「党規約修正についての報告」をおこなった鄧小平は、ソ連を教訓にして個人崇拝に反対すべきだとし、「**指導者の生誕を祝ってはならない。地名、通りの名前、企業名に指導者の名前を使ってはならない。艱難辛苦に耐えて闘う作風を維持し、個人の功績や徳をむやみに称揚してはならない**[313]」とした七期二中全会の決定を重ねて提起した。

一九四九年当時、ほとんどの指導者は軍隊の指導経験があった。比較的若かった彼らは建国後数年で、差し迫った現実問題に直面した。すなわち、革命家（百戦錬磨の戦時型指導者）から政治家（統治型、建設型の指導者）への転換という問題である。同時に、彼らの「引き際」を制度的に用意する必要も生じていたし、新陳代謝を徐々に進めていく必要もあった。

党内で最初に指導者の退任制を主張したのは劉少奇である。**一九五六年一一月の八期二中全会で、国家指導者の引退制度など、ブルジョア制度の中には参考にすべきものがある、と提起した。**この将来を見据えた提案は、残念ながら一九八七年まで制度化されることはなかった。

とくに指摘が必要なのは、一九五七年四月三〇日の最高国務会議において、毛沢東が次期全人代で国家主席を辞任する意向を示したことである。同年五月五日には、辞任の理由を次のように説明している。（一）中央人民政府主席と国家主席を合わせると任期はすでに八年になる。これ以上務めることはできない。（二）憲法制定時から数えれば一度だけ再任が可能だが、再任しなければ残りの任期四年を将来必要となった時に使うことができる。一九五八年を機に一時的に主席の任を離れ、重要問題の研究に精力を傾けたい、その方が国家に貢献できる、今は雑事が多すぎてそれができない[314]。毛沢東は、中国が直面している重大問題の研究を重視し、「十大関係を論ず」や「人民内部の矛盾を正しく処理する問題について」を著したように、理論活動に専念することを望んだのである。しかし、任期や退任制を制度として設けることはしなかった。もしそれができていれば、彼の晩年の誤りはなかったであろう。

（四）党の集団指導体制を制度的に強化し、最高指導者の権

力に制限を加えた。ソ連の「ベリヤ事件」[315]に鑑み、一九五三年一二月、毛沢東は「わが党のような組織にとって集団指導は最高の原則であり、分散主義を防止すると同時に、（中国の張国燾、ソ連のベリヤのような）野心家の非合法活動を阻止することもできる」[316]と強調した。一九五六年、党中央は、**最高指導者個人の権力を制限し、集団指導と民主的政策決定の要素を一段と強化する体制改革をおこなった。国家と党の安全に対する考慮から、党中央に副主席と総書記を新たに設け、指導を分担することを毛沢東自身が積極的に提起した。**[317]**客観的に見れば、毛沢東個人の権力に対する分散化であり、制約の強化である。**六人のメンバーで組織された中央政治局常務委員会は[318]集団指導の核であって、個人の指導力を強めるものではない。重大問題は常務委員会の集団討議を経て決定されることとなり、中央政治局から中央政治局常務委員会に政策決定権が移行した。総書記の設立は、中央書記処の指導系列を明確にするものだった。[319]七期中央委員会で設立された中央書記処は、中央政治局と政治局常務委員会の指導の下、中央の日常業務を担当し、主席に対してではなく、中央政治局と政治局常務委員会に対して責任を負うとされた。毛沢東の言葉で言えば、「政治の大方針は中央政治局が決定し、具体的任務を手配するのが中央書記処である」[320]ということである。拡大政治局委員会は一三人から一七人に増加し、六人の候補委員と合わせて二三人のメンバーで政治局が構成されることになった。[321]党中央主席本人を含めて議決権は一人一票であり、誰であれ独断専行は認められなかった。八全大会後、中央指導部内で「一線」「二線」の分担が始まった。毛沢東は理論活動に専念するべく、積極的に「二線」に退いた。党中央の業務は劉少奇が主管し、中央書記処の業務は鄧小平が主管した。[322]後継者問題に対する毛沢東の配慮を含んだ人員配置である。ソ連の教訓から、自身の死後、党が動揺をきたさないようにするための措置だった。[323]しかし、これは政策決定の「二元化」を生み出した。毛沢東個人とそのほかの指導者との間で情報と権力の非対称性が生じ、両者の不一致、ひいては分裂を生み出す根本的要因の一つになった。

（五）党の代表大会の政策決定権と監督機能を制度的に強化し、常任制を実施した。毛沢東は、党の代表者会議を毎年開催するため、常任代表制度の実施を主張した。[324]鄧小平は党の各級代表大会がコンスタントに開催されないことを問題視し、定期開催を制度化する提案をおこなった。八全大会で採択された「中国共産党規約」では次のように規定された。中央委員会の主催で党の全国代表者会議を年に一度開催し、やむを得ない事情で延期もしくは前倒しする場合も、その決定は中央委員会がおこなう（第三一条）。中央政治局の主催で中央委員会全体会議を少なくとも年二回開催する（第三六条）。[325]しかし実際には、一九五六〜一九六八年までの十三年間に代表者会議は二回、中央委員会全体会議は一二回しか開催されていない。制度が形骸化され、踏みにじられていたことの表れである。

（六）党の団結の維持とコンセンサスの形成において、毛沢東が中心的な役割を果たした。彼の主な手法は、集団指導についての党中央の決定（一九四八年、一九四九年）に基づいている。つまり、広範な議論を通じて集団的に政策を形成していく作風、指導者各々が自分の意見をもつことができ、どのような意見でも尊重され、発言することが大いに奨励される作風である。スターリンと違い、毛沢東はほかの指導者との討論を重視し、集団指導体制と党内民主の維持にこだわった。八大政治報告の起草過程では頻繁に会議を開き、劉少奇らと意見や信書を交わした[326]。党内での批判や自己批判の作風を一貫して強調し、党内の政治的活性化を訴えた。

政権初期の中国共産党があげた目を見張る成果について、アメリカの専門家（ハーバード大学のフェアバンクら）は、指導部の団結を一貫して維持できたことが大きく、これがほかの成功をもたらす基礎になった、という見方をしている。**党の団結と安定した指導体制は大きな政治的財産であり、毛沢東はキーパーソンとして決定的役割を果たした。**[327]

八全大会で採択された諸制度は党の歴史の中でも最良のものであり、民主的な政策決定のシステムを確立し、議論を通じてコンセンサスを形成する可能性を最大限引き出すとともに、党の団結と安定を保証するものだった。残念ながら、この諸制度は一九五七年以降深刻なダメージを被り、維持することができなくなった。その代償はきわめて甚大なものだったといえる。

経済成長の「黄金期」は十分な成果をもたらしたが、わずか数年で幕を閉じることになった。最高指導者の政策決定が近代化を促進する正しいものだった期間はきわめて短かった。逆に、その誤りは長期的なダメージと影響をもたらすことになった。のちの「大躍進」と「文化大革命」がそれである。

五、毛沢東の探求と誤り

中国における社会主義発展の道筋について毛沢東がこの時期におこなった探求は、大胆かつ独創的なものだった。毛沢東が強調したのは「自分の頭で考える」ことだった。中国革命の具体的・現実的課題とマルクス・レーニン主義を結びつけ、ソ連モデルを盲信せずに独自の路線を模索することである[328]。なかでも、「十大関係を論ず」（一九五六年）は、最も歴史的価値のある重要文献である。そこには毛沢東自身の理論的成果とともに、中国共産党の集団的英知が凝縮されている[329]。前半の五つは主に経済、後半の五つは主に政治に関するものであり、全体を通じて中国の現実と国情に対して系統的かつトータルな分析をおこなっている。十大関係を正しくつかみ、党内外、国内外のあらゆるプラス要素を、間接的なものも含めてすべて動員し、強大な社会主義国家を建設することを、毛沢東は明確に提起した。[330] 一九七五年に鄧小平は、往時も今もきわめて正鵠を射た指導理論であり最重要文献であるとして、この「十大関係を論ず」を高く評価している。[331]

　では、当時の中国社会にはどのようなプラス要素、マイナス要素があったのか。また、いかにしてプラス要素を活かし、マイナス要素をプラスに転化したのか。そこには中国社会を構成する各階級、各階層、各集団、各組織に対する客観的かつ全面的な分析というテーマが横たわっている。しかも、階級的視点に基づく分析だけではなく、経済学、社会学に根差した分析も手法として必要になってくる。社会主義建設にとって、労働者階級・農民以外の階級あるいは階層は、プラス要素なのかマイナス要素なのか。分析方法が違えば見方も違ってくるだろうし、政策設計もおのずと異なってくる。

　（一）私的資本主義経済や資本主義商工業の役割をどう見るか。この点で毛沢東は矛盾していた。彼は商工業の社会主義的改造すなわち国有化を通じて、私的資本を国有資本に、私営経済を国有経済に強制的に転換し、資本家は一定の利息を受け取るだけにした。当時の中国で、私的資本主義が隆盛をきわめていたわけではない。むしろ存在感は微々たるもので、未発達の状態だったのが実情である。毛沢東自身が語っているように、中国は人口が多く、基盤が弱かった。「基盤が弱い」とは、工業化のための本源的蓄積が極端に少なかったことを指す。国だけではなく、私的資本による投資と蓄積も不可欠だったのである。しかし、国有化はそれを促すシステムを途絶させてしまった。つまり、プラス要素をマイナス要素にしてしまったのである。

　（二）国民経済の大部分を占めていながら、極度に分散化していた個人経営経済（都市の手工業者と農村の農家）をどう見るか。毛沢東は、ここでも手工業の社会主義的改造、すなわち集団化を通じて、都市の個人経営経済を強制的に集団経済に転換し、半社会主義的な合作化と社会主義的な人民公社化を通じて、農業集団化を強行した。これも個人資本による投資と蓄積を阻害するシステムであり、プラス要素をマイナス化するものだった。

　（三）圧倒的に不足していた人的資本——知識人をどう見るか。建国初期の中国は、非識字者（半非識字者を含む）の割合がきわめて高く、人口の大多数が低学歴で、知識人が圧倒的に不足していた。一九四九年の大卒者は一八万五〇〇〇人で、全人口のわずか〇・〇三四％である。中国の工業化と近代化に一番欠けていた貴重な人的資本、それが知識人であり、プラス要素としてこれほど価値のある存在は他になかった。一九五六年一月、毛沢東は大量のエキスパート（高級知識人）と、さらに大量の一般レベルの知識人をできるだけ短期間のうちに育てる必要がある、[332]と述べた。しかし、反右派闘争を通じて党外のハイレベルな知識人集団は無残な打撃を被ることになり、プラス要素であるはずのものがマイナス要素に変質していった（次章で詳述）。

「三大改造」と反右派闘争が始まると、毛沢東が集中と活用を主張したプラス要素はすべて動員されなくなり、マイナス要素をプラスに転化することもなくなった。すでに存在していたプラス要素は排斥され、マイナス要素が拡大していった。

興味深いのは、国有化と集団化がおおむね完了した一九五六年末、私営経済がほぼなくなり、個人経営経済が大幅に減少したタイミングで、毛沢東が「新経済政策」、すなわち「資本主義をなくし、なおかつ資本主義をやる」と提起したことである。[333] これに沿って、劉少奇は私営資本主義経済「補充論」[334]を、周恩来は「国有と私有の分担論」や「主流と支流論」[335]を、それぞれ提起した。しかし、これらが主流を占めることはなく、ましてや政策の主導権を握ることはなかった。

総じて言うなら、「ソ連に学び」つつ「中国の道」を独自に追求した毛沢東だったが、胡縄の指摘するように「**基本的にはスターリンモデルの全体的枠組みからスタートし、それを突き破ることはできなかった**[336]」。毛沢東の社会主義理念とモデルは、「モスクワ宣言」の影響を知らず知らずのうちに受けており、経路依存にのっとって、公有制と純粋な社会主義の方向へと進んでいったのである。

第九節　まとめ——黄金期の成功と発展

一九四九〜一九五六年は、経済復興期であったと同時に、新民主主義から社会主義への転換期であった。また、第一次五カ年計画の時期であったと同時に、「ソ連モデル」模倣の時期でもあった。生産手段私有制の社会主義的改造がおおむね達成され、国民経済は急速な復興を遂げた。経済建設は計画的におこなわれ、軍事面でも抗米援朝（朝鮮戦争）や国の防衛が推し進められた。農村では土地改革がおこなわれ、社会主義合作化運動が始まった。都市では大規模な国有化が推進された。国家の工業化は成功裏に進み、経済的にも政治的にも社会主義経済制度の第一歩が築かれた七年間だった。建国以来、最良の時期であり、筆者は最初の「黄金期」と呼んでいる。

巨大な人口を抱え、経済的に立ち遅れ、発展も不均衡という国情の現実的制約と、指導部が掲げた主観的な発展目標や戦略との間には常に矛盾が存在した。この矛盾が工業化モデルの最初の選択とその後の調整に大きく影響するとともに、政策決定を左右することになった。中心テーマは、貧困と後進性から脱却し、先進諸国に追いつく道を中国の国情に適した形で見出すことだった。しかもそれは、資本主義とは異なる社会主義近代化の道でなければならなかった。近代化に立ち遅れた後進国として中国が選択したのは、先進国に追いつき追い越すことを最優先目標にしたキャッチアップ型の発展戦略だった。そのため、社会主義制度を選択すると同時に計画経済体制を選択した。アメリカをはじめとする西側諸国の経済封鎖により、先進資本主義諸国からの経済援助や技術援助は大きく制限されていた。これは、対外開放のプロセスにも大きな影響を与えた。

「一五」計画は相当な成果をあげたが、ソ連の五カ年計画をほぼそのまま模倣したものだった。ソ連で計画経済と重工業化が確立されていく過程を手本として学び、模倣したものと言える。計画期間中、工業部門の全要素生産性は最高の伸び率を示したが、まったく問題がなかったわけではない。「一五」計画の理論的根拠は、「ソ連モデル」の「不均等発展戦略」であり、それが計画全体の基本的特徴にもなっていた。各種資源を工業と重工業に集中させる一方、農業、軽工業および労働集約型サービス業は放置された。その結果、工業と農業の矛盾、都市と農村の矛盾は、より拡大することになった。

中国が一九五〇年代に重工業優先の発展を特徴とする工業化路線を選択したのには、相応の国際的背景と理論的源泉が存在した。「一五」計画は典型的な重工業優先の発展モデルであり、後にある種の経路依存を帯びることになった。毛沢東による度重なる改変の試みにもかかわらず、この発展モデルから抜け出すことはできなかった。中国独自の国情は、工業化が直面する最大の問題であり、一九五〇年代の工業化初期に指導部が直面した最大の試練でもあった。しかし、さまざまな歴史的原因により、当時の指導者は中国の国情と一九二〇年代末から一九三〇年代初頭のソ連の国情との違いを無視し、ソ連の「一五」計画や「二五」計画を手本にして中国の「一五」計画を策定し、「ソ連モデル」、すなわち重工業優先の工業化路線を選択した。「かつてソ連が歩んだ道をわれわれも歩む」[337]と毛沢東が一九五四年に語ったように。

「ソ連モデル」は、計画経済体制にとどまらない、追いつき追いこせ式の発展を「大々的に推進する」モデルだった。中央集権的計画経済体制に重工業優先の経済発展モデルを重ねたものだったともいえる。計画経済体制を構築した直接の原因は、当時の差し迫った経済危機を解決する上で有効だったからである。中国の計画経済体制の特徴は、簡潔に以下の四点にまとめられる。(一)資源の差配は基本的に計画に基づいておこなわれ、上からの指示と命令を基本にしていた。そのため、行政的な強制力が非常に強くなり、それが国民経済の各分野を網羅することになった。(二)国が企業を直接管理し、政府は国有資産の所有者であると同時に管理者でもあった。(三)現物管理を基本としていた。(四)利益構造の一元化を特徴としていた。一九五三年に実施された統一購入・統一販売制度は、計画経済のカバーする領域をさらに拡大し、計画による指示と命令が工業から農業へ、都市から農村へ、生産分野から消費分野へと拡大していった。同時に、全国の都市では食糧配給制度が始まった。この制度は後に実施された戸籍制度とともに、人口の自由な移動を実質的に不可能にした。食糧をはじめとする主要生産品から人口や労働力の移動に至るまで、すべてを国が独占することによって、「一国二制度（都市と農村の二元構造）」がもたらす非効率、高コスト、不公平、不公正は、ますます激化することになった。

建国当初の新民主主義路線は、革命後直ちに社会主義を目指したソ連とは異なる中国独自の発展理論であり、きわめて創造的な試みだった。毛沢東をはじめとする中国共産党指導部は、中国の国情とそれがもたらす制約を十分に認識していた。選択した路線は創意にあふれ、採用した政策はきわめて実際的であり、発展の段取りも適切だった。しかし、国際環境やソ連の社会主義モデル（「モスクワ宣言」）の影響を強く受けた毛沢東は、一転して社会主義への移行を前倒しし、疾風怒涛の社会主義革命を大々的に展開することを決定した。一九五〇年代における強引な制度変革、国有化と集団化の大々的推進は、政治闘争上の必要性からのみ出たものではない。従来の社会主義理論に対する毛沢東の認識と理解、およびそのイデオロギーから必然的に生み出されたものでもあった。中国の国情や経済の発展段階にまったく合致していない、ソ連の計画経済モデルと毛沢東の社会主義構想が結びついてできた社会的産物だったと言えるだろう。

注

1　毛沢東「四方に出撃してはならない」一九五〇年六月六日、『毛沢東文集』第六巻、七三頁、北京、人民出版社、一九九九。一九五三年、毛沢東は次のように書いた。「この勝利は、ソ連の十月社会主義革命を引き継ぐものであり、第二次世界大戦の勝利に次ぐ二度目の偉大な勝利である。第二次世界大戦の勝利は、多くの人民民主主義国家を誕生させた。中国革命の勝利は、東方世界の情勢を変えた。この三つの勝利はソ連をリーダーとする社会主義陣営・民主陣営を誕生させた。八億人を擁する、強力な政治・経済陣営である。資本主義陣営は大いに脆弱化した」。毛沢東「党の過渡期における義務について」一九五四年、『建国以来毛沢東文稿』第四巻、四一三頁、北京、文献出版社、一九九〇。

2　『毛沢東文集』第五巻、一二三六頁、北京、人民出版社、一九九九。

3　鄧小平「『建国以来の党の若干の歴史問題に関する決議』起草に対する意見」一九八一年三月一八日、『鄧小平文選』第二巻、三〇二頁、北京、人民出版社、一九九四。

4　薄一波『若干重大決策与事件的回顧』上巻、五六五頁、北京、中共中央党校出版社、一九九三。

5　董輔礽主編『中華人民共和国経済史』上巻、二頁、北京、経済科学出版社、一九九九。

6　「トルーマン・ドクトリン」とは、アメリカの共産主義抑止政策であり、第二次世界大戦後の対外政策を指す。これは一九四七年三月一二日、ギリシャとトルコへの経済援助に関するトルーマン大統領の教書演説で打ち出された。演説では、世界はすでに二つの敵対する陣営に分かれているとし、一つは「全体主義国家」、もう一つは「自由主義国家」で、国々は二つの生活様式の選択に直面しているとした。トルーマンは共産主義封じ込めを国家の政治イデオロギーと対外政策の中心思想にすえた。「マーシャル・プラン」とは欧州復興計画を指し、アメリカの国務長官であったマーシャルが一九四七年六月五日、ハーバード大学での演説で、この計画の基本構想を発表した。マーシャル・プランの主な内容は、アメリカが西欧各国に対して財政援助をおこなうことで、西欧の戦後再建を加速させるというものだった。一九四八年、トルーマンは一七〇億ドルの「一九四八年対外援助法」を打ち出した。その九〇％は供与、一〇％が貸与で、同年四月から一九五一年末までに一二九億ドルを支出した。当時、スターリンはこの計画に強い不満を表明し、「モロトフ・プラン」を打ち出して対抗した。

7 毛沢東「対ソ貿易条約締結準備に関する中央あて電報」一九四九年一二月二二日、『毛沢東文集』第六巻、三五頁、北京、人民出版社、一九九九。

8 中共中央党史研究室『中国共産党歴史 第二巻（一九四九－一九七八）』上冊、六七頁、北京、中共党史出版社、二〇一一。

9 中央档案館、中共中央文献研究室編『中共中央文件選集（一九四九年一〇月－一九六六年五月）』第一冊、二三五～二三六頁、北京、人民出版社、二〇一三。

10 鄒讜『美国在中国的失敗（一九四一－一九五〇年）』中国語版、四二一頁、上海、上海人民出版社、二〇一二。

11 葉永烈『毛沢東与蒋介石』四二五～四二六頁、合肥、安徽教育出版社、二〇〇九。

12 中共中央党史研究室『中国共産党歴史 第二巻（一九四九－一九七八）』上冊、六四～七四頁、北京、中共党史出版社、二〇一一。

13 『建国以来毛沢東軍事文稿』上巻、二二六～二二八頁、北京、軍事科学出版社、中央文献出版社、二〇一〇。

14 『建国以来毛沢東軍事文稿』上巻、二三五～二三六頁、北京、軍事科学出版社、中央文献出版社、二〇一〇。

15 『建国以来毛沢東軍事文稿』上巻、二三七頁、北京、軍事科学出版社、中央文献出版社、二〇一〇。

16 軍事科学院軍事歴史研究部『抗美援朝戦争史』第三巻、四六一頁、北京、軍事科学出版社、二〇〇〇。一九五二年一一月一五日、毛沢東は中央人民政府委員会第十九回会議で、戦争によりいくら死傷者を出し、金を使ったとしても、われわれの死傷者はアメリカよりも少なく、戦費もアメリカより少ない。アメリカ帝国主義が戦争をしたければやらせておけばよい、失敗するだけだ、と述べた。中共中央文献研究室編『毛沢東思想年編（一九二一－一九七五）』七四〇頁、北京、中央文献出版社、二〇〇九。

17 龐松『毛沢東時代的中国（一九四九－一九七六）』（一）、九八頁、北京、中共党史出版社、二〇〇三。

18 一九五一年五月、アメリカは国連で「対中国貿易禁止の決議」を通過させ、参加国にアメリカの一七〇〇項目以上の対中禁輸品リストを参考にするよう迫り、四五カ国が相次いで禁輸に参加した。アメリカ政府は中国政府の在米資産、中国の在米銀行の預金およびそのほかの財産を凍結すると宣言した。中共中央党史研究室『中国共産党歴史 第二巻（一九四九－一九七八）』上冊、一二〇頁、北京、中共党史出版社、二〇一一。

19 曽培炎主編『新中国経済五十年（一九四九－一九九九）』三頁、北京、北京計画出版社、一九九九。

20 逢先知、金沖及主編『毛沢東伝（一九四九－一九七六）』上巻、六〇頁、北京、中央文献出版社、二〇〇三。

21 「中国人民政治協商会議共同綱領」（一九四九年九月二九日、中国人民政治協商会議第一回全体会議にて採択）。

22 劉少奇は、今後中心となる問題は、いかに中国経済を回復させ、成長させるかだと述べた。『劉少奇選集』上巻、四二六頁、北京、人民出版社、一九八五。彼はさらに、第三次世界大戦が勃発しない限り、経済建設の任務は変わらない、二十年から三十年戦争が起きなければ、われわれの任務は一貫して経済建設であり、中国の工業化である、とも述べた。「党中央東北局幹部会における劉少奇の講話」一九四九年八月二八日、金沖及主編『劉少奇伝』（下）、六八七頁、北京、中央文献出版社、一九九八。

23　「共同綱領」とは、一九四九年九月二九日に全国政治協商会議第一回全体会議で採択された「中国人民政治協商会議共同綱領」を指す。一九五四年に「中華人民共和国憲法」が発布されるまでは臨時憲法の役割を担っていた、当時の建国綱領である。

24　「中華人民共和国憲法・序言」では、この憲法は「（社会主義の）過渡期にある国家の根本的な要求と、社会主義社会を建設するという広範な人民の共同の願望を反映している」と述べている。また、第四条では、「中華人民共和国は国家機関と社会の力により、社会主義工業化と社会主義的改造を通じて、徐々に搾取制度を消滅させ、社会主義社会を建設することを保証する」と規定している。「中華人民共和国憲法」（一九五四年九月二〇日、第一期全国人民代表大会第一回会議で採択）、中共中央文献研究室編『建国以来重要文献選編』第五冊、五二一～五二二頁、北京、中央文献出版社、一九九三。

25　『中共中央文件選集（一九四九年一〇月－一九六六年五月）』第二四冊、二四八～二四九頁、北京、人民出版社、二〇一三。

26　毛沢東「新民主主義論」一九四〇年一月、『毛沢東選集』（合訂一巻本）、六二三～六四〇頁、六五七～六五九頁、北京、人民出版社、一九六七。

27　金春明主編『評「剣橋中華人民共和国史」』八頁、武漢、湖北人民出版社、二〇〇一。

28　詳細な分析は以下を参照。毛沢東「連合政府を論ず」、『毛沢東選集』第三巻、一〇四七～一〇四九頁、北京、人民出版社、一九九一。

29　毛沢東「新民主主義論」の中ではとくに、国民党第一回全国代表大会（一全大会）宣言の中の主張「すべての本国人および外国人の企業、あるいは独占的性質をもつ、あるいは規模が大きすぎて私人の力ではできない銀行・鉄道・航空などは、国家が経営・管理する。私有資本制度に国民の生計をコントロールさせない。これはすなわち資本を制限することが要旨である」が重ねられて述べている。毛沢東は孫文の「耕す者がその土地を所有する」や「平均地権」の主張に共鳴していた。毛沢東「新民主主義論」一九四〇年一月、『毛沢東選集』（合訂本一巻本）、六三八～六三九頁、北京、人民出版社、一九六七。

30　毛沢東は次のように提起している。「ひとつは、中国の農民が民主・民生問題を解決することに絶対反対し、自身を腐敗させ無能化し、抗日を無力化すること。もうひとつは、農民が民主・民生問題を解決することを支持し、人口の八割を占める最も偉大な同盟軍を自身の味方として獲得し、勇敢な戦闘力を組織すること。この二つの路線のうち、前者は国民党政府の路線であり、後者は中国解放区の路線である」。毛沢東「連合政府を論ず」、『毛沢東選集』第三巻、一〇七七頁、北京、人民出版社、一九九一。

31　毛沢東は次のように指摘した。新民主主義制度の実施期間を通じて、一つの階級（労働者階級）と一つの党（共産党）が政府機関を独占することがあってはならない。新民主主義政権は、民主集中制を実行し、政策方針は各級人民代表大会で決定し、政府も大会により選出される。各級人民代表大会に高度な権力を付与し、各級政府が人民代表大会から委託されたすべての任務を集中的に処理し、合わせて人民が必要とする民主活動をすべて保証できるようにしなければならない。新民主主義経済は国家の経営、民間の経営、合作社の経営の三者によっておこなわなければならない。国家経済と国民生活に役立つ私的資本主義経済の自由な発展を認め、一切の正当な私有財産を保証する。プロレタリアートの指導の下で、全人民共通の利害を体現した新民主主義国家を建設する。さらに毛沢東は、国民党第一回全国代表大会宣言の中の主張を繰り返した。毛沢東「連合政府を論ず」一九四五年四月二四日、『毛沢東選集』（合訂一巻本）、九五七～九五九頁、北京、人民出版社、一九六七。毛沢東は以下のように考えた。制度は歴史の発展段階に応じて形成される。中国にとって最も必要で合理的な形態、ロシアの制度とは異なる特殊な形態、すなわちいくつかの民主階級の同盟による新民主主義の国家形態と政権形態が、長い年月をかけて生み出された。「これは、中国の最大多数の要求に真に合致する国家制度である」と毛沢東は強調した。毛沢東「連合政府を論ず」一九四五年四月二四日、『毛沢東選集』（合訂一巻本）、九五七頁、九六三頁、北京、人民出版社、一九六七。

32　毛沢東「中国共産党第七回全国代表大会における口頭政治報告」一九四五年四月二四日、『毛沢東文集』第三巻、三二一―三三三頁、北京、人民出版社、一九九九。

33　中共中央党史研究室『中国共産党歴史　第一巻（一九二一～一九四九）』下冊、六四五頁、北京、中共党史出版社、二〇一一。

34　毛沢東「連合政府を論ず」一九四五年四月二四日、『毛沢東選集』（合訂一巻本）、九五一頁、北京、人民出版社、一九六七。

35　毛沢東が打ち出した新中国の三大経済要素とは、（一）国営経済、これは指導的要素、（二）個人から徐々に集団の方向に発展する農業経済、（三）独立した小規模商工業者の経済と中小の私営資本主義経済を指し、これらが新民主主義の国民経済のすべてであるとした。毛沢東「現下の情勢とわれわれの任務」一九四七年一二月二五日、『毛沢東選集』（合訂一巻本）、一一五一頁、北京、人民出版社、一九六七。

36　「中国人民政治協商会議共同綱領」（一九四九年九月二九日、中国人民政治協商会議第一回全体会議にて採択）、『人民日報』一九四九年九月三〇日。

37　胡喬木は、一九四九年三月に招集された党の第七期二中全会と六月末に毛沢東が発表した文章「人民民主独裁を論ず」で、中国共産党の革命と建国に関する理論がさらに豊富になり、これにより「共同綱領」制定のための確かな理論的基礎と政策的基礎が固められた、としている。

38　毛沢東は次のように指摘している。「西側のブルジョア文明やブルジョア民主主義、ブルジョア共和国の構想は、中国人民の印象では一様に破産している。ブルジョア民主主義は労働者階級が指導する人民民主主義に場所を譲り、ブルジョア共和国は人民共和国に場所を譲る」。毛沢東「人民民主独裁を論ず」一九四九年六月三〇日、『毛沢東選集』第四巻、北京、人民出版社、一九九一。

39　毛沢東「中国共産党第七期中央委員会第二回全体会議での報告」一九四九年三月五日、『毛沢東選集』（合訂一巻本）、一三二七頁、北京、人民出版社、一九六七。

40　中国人民政治協商会議の期間中、党外メンバーが毛沢東に、社会主義への過渡期はどのくらいの時間がかかるのかと聞いたことがある。毛沢東は、だいたい二十年から三十年だろうと答えた。胡縄主編『中国共産党的七十年』三三〇頁、北京、中共党史出版社、一九九一。

41　中国経済学社『戦時経済問題』四一九頁、重慶、商務印書館、一九四一。

42　馬寅初「中国経済の道」、『経済評論』一九四七。

43　『毛沢東文集』第五巻、一三六頁、北京、人民出版社、一九九六。

44　胡喬木『胡喬木回憶毛沢東』五四一～五四三頁、北京、人民出版社、一九九四。

45　『毛沢東文集』第五巻、一三四頁、北京、人民出版社、一九九九。

46　沙健孫主編『中国共産党与新中国的創建（一九四五―一九四九）（下）』、五五二頁、北京、中央文献出版社、二〇〇九。

47　中共中央文献研究室編『毛沢東思想年編（一九二一―一九七五）』六四六～六四七頁、北京、中央文献出版社、二〇一一。

48　『毛沢東選集』第四巻、一四六三頁、北京、人民出版社、一九九一。

49　「共同綱領」起草担当の第三グループは、周恩来、許徳珩がそれぞれ組長、副組長を務めた。そのほかのメンバーは、陳劭先、章伯鈞、章乃器、李達、許広平、季方（厳信民の代理）、沈志遠、許宝駒、陳此生、黄鼎臣、彭徳懐（羅瑞卿の代理）、朱学範、張曄、李燭塵、侯外廬、鄭初民、廖承志、鄧穎超、謝邦定、周建人、楊静仁、費振東。

胡喬木『胡喬木回憶毛沢東』五五九頁、北京、人民出版社、一九九四。

50　金沖及主編『周恩来伝（一八九八－一九七六）』下巻、八五九頁、北京、中央文献出版社、二〇〇八。

51　胡喬木『胡喬木回憶毛沢東』五五九～五六一頁、北京、人民出版社、一九九四。

52　「中国人民政治協商会議共同綱領」（一九四九年九月二九日、中国人民政治協商会議第一回全体会議にて採択）、中共中央文献研究室編『建国以来重要文献選編』第一冊、七頁、北京、中央文献出版社、一九九九。

53　毛沢東「私営商工業に対しては違うところがあるが、平等に見る」一九五〇年五月二五日、『毛沢東文集』第六巻、六二頁、北京、人民出版社、一九九二。

54　一九五〇年五月二五日、毛沢東は中央政治局会議で、私営商工業に対しては違うところもあるが、平等に見る、と発言した。『毛沢東文集』第六巻、六一～六二頁、北京、人民出版社、一九九九。

55　毛沢東「国家財政経済状況の基本的好転を勝ち取るための闘争」一九五〇年六月六日、『毛沢東文集』第六巻、七一頁、北京、人民出版社、一九九九。龐松『毛沢東時代的中国（一九四九－一九七六）』（一）、五三頁、北京、人民出版社、二〇〇三。

56　一九四五年四月、毛沢東は「連合政府を論ず」第四章「中国共産党の政策」の中で、蒋介石国民党政府の独裁政治に対して、「われわれの具体的綱領」を打ち出し、「人民の言論、出版、集会、結社、思想、信仰と人身などの自由を抑圧するすべての反動的法令を廃止し、人民に十分に自由と権利を獲得させるよう要求する」とした。毛沢東「連合政府を論ず」一九四五年四月、『毛沢東選集』（合訂一巻本）、北京、人民出版社、一九六七。

57　「共同綱領」の「序言」には、中国の人民民主独裁とは、中国の労働者階級、農民階級、プチブルジョア階級、民族ブルジョアジーおよびそのほかの愛国民主分子の人民統一戦線の政権であり、労農同盟を基礎とし、労働者階級が指導する、という明確な規定がある。「中国人民政治協商会議共同綱領」、中共中央文献研究室編『建国以来重要文献選編』第一冊、一頁、北京、中央文献出版社、一九九二。

58　劉少奇は次のように考えた。帝国主義の脅威に対抗するためには、中国のブルジョアジーはわれわれと協力するだろうし、われわれも相当長期にわたってブルジョアジーと協力しなければならない。ゆえにプロレタリア独裁を樹立することはできず、人民民主独裁しかできない。この独裁はプロレタリアートが指導し、労農同盟を基礎とし、プチブルジョア階級、民族ブルジョアジーとも団結した人民民主独裁である。金沖及主編『劉少奇伝』六五五頁、北京、中央文献出版社、一九九八。

59　周恩来は「『中国人民政治協商会議共同綱領』草案の起草に関する経過と特徴」報告で、「新民主主義の政権制度は民主集中制の人民代表大会制度であり、古い民主議会制度とは異なり、社会主義ソ連に代表される代表大会の範疇に属するものである。しかし、ソ連の制度とまったく異なる点は、ソ連では階級が消滅したが、われわれは各革命階級の同盟であることだ」、と指摘している。周恩来「『中国人民政治協商会議共同綱領』草案の起草に関する経過と特徴」一九四九年九月二二日、中共中央文献研究室編『建国以来重要文献選編』第一冊、一七～一八頁、北京、中央文献出版社、一九九二。

60　『劉少奇選集』上巻、四三一～四三三頁、北京、人民出版社、一九八一。

61　当時の主な理由は以下の通り。政治的には、北京は華北旧解放区内にあり、大衆的基盤もあること。経済的には、重工業地区の東北各省に近く、工業の発展に都合がいいこと。歴史的には、七百年余り中国の首都であったこと。文化的には、数百年の蓄積があり、また新文化運動の発祥の地でもあること。交通上は、四方に延びる鉄道網があり、全国各地への連絡がよく、近くに天津の海運ルートもあり簡便であったことが挙げられる。沙健孫主編『中国共产党与新中国的創建（一九

四五－一九四九)』(下)、六〇四頁、北京、中央文献出版社、二〇〇九。

62 「中国人民政治協商会議第一回全体会議宣言」一九四九年九月三〇日、『人民日報』一九四九年一〇月一日、のちに『毛沢東文集』第五巻、三四七～三四九頁、北京、人民出版社、一九九九。

63 毛沢東が中央人民政府主席、朱徳、劉少奇、宋慶齢、李済深、張瀾、高崗が副主席、陳毅、賀竜、李立三、林伯渠、葉剣英、何香凝、林彪、彭徳懐、劉伯承、呉玉章、徐向前、彭真、薄一波、聶栄臻、周恩来、董必武、賽福鼎、饒漱石、陳嘉庚、羅栄桓、鄭子恢、烏蘭夫、徐特立、蔡暢、劉格平、馬寅初、陳雲、康生、林楓、馬叙倫、郭沫若、張雲逸、鄧小平、高崇民、沈鈞儒、沈雁氷、陳叔通、司徒美堂、李錫九、黄炎培、蔡廷鍇、習仲勛、彭沢民、張治中、傅作義、李燭塵、李章達、章伯鈞、程潜、張奚若、陳銘枢、譚平山、張難先、柳亜子、張東蓀、竜雲が委員として中央人民政府委員会を組織し、中華人民共和国の成立を宣言した。「中華人民共和国中央人民政府公告」一九四九年一〇月一日、『毛沢東文集』第六巻、一～二頁、北京、人民出版社、一九九九。

64 何沁主編『中華人民共和国史』二二頁、北京、高等教育出版社、一九九七。

65 陳述『中華人民共和国史』三六頁、北京、人民出版社、二〇〇九。

66 中共中央党史研究室『中国共産党歴史　第二巻(一九四九－一九七八)』上冊、一三七～一三八頁、北京、中共党史出版社、二〇一一。

67 一九五一年一一月一七日、毛沢東は中央財経委員会党組織の民主人士と団結することに関する通知に指示を書いた。この通知では、民主人士やそのほかの党外人士とうまく提携しなければならないとしている。(一)党外人士に職権をもたせる。これは空論ではなく、共産党員はこれを掛け値なしに実現することを保証しなければならない。上級、同級、下級を問わず、自己の職分内の責任を果たし、党内で決定したからといって党外人士に意見を求めないということはしてはならず、相談すべきは相談し、指示すべきことは指示し、通すべきことは通さなければならない。党外人士との意見の違いが生じた際には、融通のきかない決定をしてはならず、自己の意見に妥当でない部分がないか検討し、党外人士を納得させてから、決定すべきである。(二)一切の重要な決定は、決定権を有する党外人士(部長、副部長等)抜きに決定してはならない。形式的にではなく、実際に彼らの同意を得なければならない。そうすることで重大な決定に参加する権利を真に有しているという実感を彼らにもたせなくてはならない。(三)日常で処理する重要事項(電報、公文書)、上級から下級への指示や下級が上げる報告で、党外人士が見る必要のあるものはすべて見せなければならず、日々の業務内容も彼らに知らせなければならない。(四)人事についても党外人士と相談しなければならない。党外人士が推薦する人物は慎重に検討しなければならず、採用できる者はできるだけ採用すべきである。毛沢東「中央財経委員会に転送した交通部党組織が民主人士と団結する問題の検討に関する通報に対する批評」一九五一年一一月一七日、『建国以来毛沢東文稿』第二巻、五〇五～五〇七頁、北京、中央文献出版社、一九八八。

68 これについて周恩来は、こう説明している。「現在、われわれはまさに国民党をほぼ打倒した段階から完全に打倒する段階への過渡期にあり、分散から統一へ至るところだ。これは数カ月間のことではない、数年間かけて終わるものだ。過渡期には過渡期特有の問題があり、これをしっかり把握しないと間違いを犯すだろう。統一は、分区管理を基本に、段階的・重点的に進めていく」。「第七期二中全会における周恩来の発言記録」一九四九年三月一三日、金冲及主編『周恩来伝(一八九八－一九七六)』下巻、八二六頁、北京、中央文献出版社、二〇〇八。

69 王紹光「新中国的中央地方関係」二〇〇九年一〇月一四日の講座、清華大学公共管理学院。

70 中共中央党史研究室『中国共産党歴史　第二巻(一九四九－一九七八)』上冊、一七三頁、北京、中共党史出版社、二〇一一。

71 中共中央党史研究室『中国共産党歴史　第一巻(一九二一－一九四

九）』下冊、七七一頁、北京、中共党史出版社、二〇一一。

72　中央档案館、中共中央文献研究室編『中共中央文件選集（一九四九年一〇月－一九六六年五月）』第一冊、七四～七五頁、北京、人民出版社、二〇一三。

73　毛沢東「政府工作に対する党の指導責任」一九五二年一二月、『毛沢東文集』第六巻、二五二頁、北京、人民出版社、一九九九。

74　『中共中央文件選集（一九四九年一〇月－一九六六年五月）』第一冊、七二～七三頁、北京、人民出版社、二〇一三。

75　一九四九年一二月二日、毛沢東は中央人民政府委員会第四回会議で、大行政区設立について次のように説明した。「中国は大国で、大行政区軍政委員会のような強力な地方機関を設立せねばならず、それができてこそ物事はうまく処理できる。統一すべきは統一し、各自が勝手にふるまってはならない。しかし、統一はその土地に適した制度は結合しなければならない。人民政権下において、過去のような封建割拠を生んだ歴史的条件はすでに存在しなくなった。中央と地方の適切な分業は有利かつ無害である」。「会議で二六項の任命を討論・可決、毛主席が統一の必要を説明」、『人民日報』一九四九年一二月四日第一版。同年一二月一六日、政務院は「大行政区人民政府委員会組織通則」を可決、「各大行政区人民政府委員会は、当該区の所轄省（市）より一レベル高い地方政権機関であり、同時に中央人民政府政務院が指導する地方政府業務の代表機関でもある」と規定した。龐松『毛沢東時代的中国（一九四九－一九七六）』（一）、二一〇頁、北京、中共党史出版社、二〇〇三。

76　各区は若干数の省級単位を管轄し、各区に党中央地方局を設置、大区には人民政府または軍政委員会を設置し、中央の省レベルに対する指導は大区を経なければならない、とした。王紹光「新中国的中央地方関係」二〇〇九年一〇月一四日の講座、清華大学公共管理学院。

77　「毛沢東と綏遠責任者との談話」一九四九年一〇月一四日、『毛沢東文集』第六巻、一三～一四頁、北京、人民出版社、一九九九。

78　中共中央党史研究室『中国共産党歴史　第二巻（一九四九－一九七八）』上冊、三九頁、北京、中共党史出版社、二〇一一。

79　国務院新聞弁公室『中国的民族区域自治』（白書）、二〇〇五年二月、北京、新華社北京二〇〇五年二月二八日電参照。

80　李維漢が提出した意見は以下のようなものである。中国とソ連の国情は異なる。（一）ソ連の少数民族人口は総人口の四七％を占めるが、わが国では六％を占めるにとどまる。さらに、分散した各民族が、まとまって住んでおり、漢族と少数民族間や、いくつかの少数民族間での雑居がみられる。（二）マルクス・レーニン主義の民族理論は、基本的に統一された（単一の）国家内での地方自治と民族地域自治の実施を主張しており、例外的な情況の下でしか連邦制を許さない。ロシアは二月革命と十月革命を経て、ロシア民族以外は実質上分離して違う国家となっていたので、連邦制により各国を連合し、完全統一に向けた過渡的な形式を採用せざるを得なくなった。中国の情況は異なり、国内の各民族が中国共産党の指導の下、平等に連合して革命を進め、平等な連合で統一された人民共和国を打ち立てたため、民族は分離しておらず、終始統一国家であった。よって、中国は連邦制を実行すべきではない。中共中央党史研究室『中国共産党歴史　第二巻（一九四九－一九七八）』上冊、一二頁、北京、中共党史出版社、二〇一一。

81　中共中央統戦部『民族問題文献匯編』一〇頁、北京、中央党校出版社、一九九一。

82　「共同綱領」の起草時、毛沢東は、連邦制をとるか、統一共和国で少数民族自治をとるかについて、徹底的に検討するよう提起した。毛沢東と党中央は民族地域自治を実行し、連邦制はとらないことを決定した。逢先知、金沖及主編『毛沢東伝（一九四九－一九七六）』上巻、二二頁、北京、中央文献出版社、二〇〇三。一九四九年九月七日、周恩来は党中央が民族地域自治制度構想を実行する理由について紹介した時、次のように述べている。「われわれは民族自治を主張するが、帝国主義が民族問題を利用して中国統一を妨げることを防がなければならない。各民族は団結して一つの大きな家族を築かなければならない。今日、帝国主義はわれわれのチベット、台湾、果ては新疆までを分離しようとしている。このような情況の下で、われわれは各民族が帝国主義の挑発に乗らないよう希望する。このため、われわれの国家の名称を中華人民共和国とし、連邦とはしない。われわれは連邦ではないが、民族地域の自治を主張し、民族自治の権力を行使する」。『周恩来統一戦線文選』一三七頁、北京、人民出版社、一九八四。一九五八年三月、毛沢東は、ソ連の総人口中、ロシア民族は五〇%強、少数民族は五〇%弱であるが、中国では漢族が九四%、少数民族は六%であるから、中国はソ連のような連邦共和国はできないと述べた。毛沢東「成都会議での講話」一九五八年三月、『毛沢東文集』第七巻、三七一頁、北京、人民出版社、一九九九。

83 「共同綱領」には、国家の法令が規定する範囲内で自治区内の単独法規を制定できること、大多数の人民および人民と結びついたリーダーの意思によって内政業務の改革を決定できること、権限区分に関する中央の規定によって自治区の財政を管理し、全国統一の経済制度と計画の下で自由に自治区の経済事業を発展させ、適切な方法で各民族の文化・教育・芸術・衛生事業を発展させることができること、などが含まれている。

84 陳述『中華人民共和国史』四三頁、北京、人民出版社、二〇〇九。

85 一九八四年五月、第六期全国人民代表大会第二回会議で正式に「民族地域自治法」が可決された。二〇〇一年に全人代常務委員会が修正をおこない、民族地域自治制度は、国家の基本的な政治制度であると明確に規定された。国務院新聞弁公室『中国的民族区域自治』(白書)二〇〇五年二月、北京、新華社北京二〇〇五年二月二八日電。

86 中共中央党史研究室『中国共産党歴史　第二巻(一九四九-一九七九)』上冊、三七頁、北京、中共党史出版社、二〇一一。

87 軍事科学院軍事歴史研究部『中国人民解放軍七十年』三六七頁、北京、軍事科学出版社、一九九七。中共中央党史研究室『中国共産党歴史　第二巻(一九四九-一九七九)』上冊、四六頁、北京、中共党史出版社、二〇一一。

88 余湛邦『張治中与中国共産党』九六~九七頁、北京、中共中央党校出版社、一九九一。

89 周恩来はかつて、「この『新規やり直し』方針は、わが国の半植民地的地位を転換し、独立自主の外交関係を確立するものであり、旧中国の政府が百年来なしえなかったことだ」と説明している。周恩来「われわれの外交方針と任務」一九五二年四月三〇日、『周恩来選集』下巻、八五~八六頁、北京、人民出版社、一九八四。

90 逢先知、金沖及主編『毛沢東伝(一九四九-一九七六)』上巻、五六~五八頁、北京、中央文献出版社、二〇〇三。

91 陳述『中華人民共和国史』三頁、北京、人民出版社、二〇〇九。

92 陳述『中華人民共和国史』三八~三九頁、七八頁、北京、人民出版社、二〇〇九。

93 中共中央党史研究室『中国共産党歴史　第二巻(一九四九-一九七八)』上冊、二九頁、北京、中共党史出版社、二〇一一。

94 胡縄主編『中国共産党的七十年』二九四頁、北京、中共党史出版社、一九九一。

95 劉少奇「全国人民の革命的大団結を強化しよう」一九四九年九月二一日、『劉少奇選集』上巻、北京、人民出版社、一九八一。

96 「党中央政治局会議における劉少奇の発言記録」一九四八年九月一三日、金沖及主編『劉少奇伝』(下)六一〇~六一三頁、北京、中央文献出版社、一九九八。

97 劉少奇が述べた、拙速に社会主義政策を採用すべきではない三つの理由とは以下のようなものである。(一)条件が熟していない。国営経済の比率が小さく、多くても一〇~二〇%しかない。(二)社会主義とは公有制の実施を意味し、この分野で中国は、ロシアがブルジョア民主革命成功後、直ちに社会主義革命を開始した経験を模倣することはできない。(三)客観的に見て、資本主義商業を利用して経済を発展させる必要があり、その適切な発展は、国民経済にとっても有利である。薄一波『若干重大決策与事件回顧』上巻、四七～四九頁、北京、中共中央党校出版社、一九九一。

98 「周恩来の党中央政治局会議での発言記録」一九四八年九月一三日、金沖及主編『周恩来伝（一八九八－一九七六）』上巻、八〇八頁、北京、中央文献出版社、二〇〇八。

99 劉少奇は、「現在、わが国の革命の性質はやはり民主革命であるが、それはプロレタリアが指導する新民主主義革命であり、経済も新民主主義の経済である」と指摘した。また、「この革命は、われわれが主観的にどう考えようとも、客観的には資本主義への道を閉ざすものではない。新民主主義経済は資本主義だろうか、それとも社会主義だろうか。どちらも違う。そこには社会主義的要素も資本主義的要素もある。特殊な歴史形態であり、その特徴は過渡期の経済であって資本主義へ行き着くこともできれば、社会主義へ行き着くこともできる」と述べた。「華北財政経済委員会における劉少奇の報告」一九四八年一二月二五日、金沖及主編『劉少奇伝』（下）六一四～六一五頁、北京、中央文献出版社、一九九八。

100 毛沢東は、劉少奇のこれらの分析に対しては基本的に肯定的だった。彼は、「新民主主義と社会主義の問題についての劉少奇の分析は具体的で良く、それぞれの過渡期としての性格もうまく説明できている。各同志は中央局に戻ったら、この点について宣伝するように」と発言した。毛沢東はさらに、劉少奇に文書の草案を準備するよう依頼、党の七期二中全会で討論をおこなうよう提起した。薄一波『若干重大決策与事件的回顧』上巻、四九頁、北京、中共中央党校出版社、一九九一。

101 毛沢東「中国共産党第七期中央委員会第二回全体会議での講話」一九四九年三月五日、『毛沢東選集』第四巻、一四三一頁、北京、人民出版社、一九九一。

102 これについて、劉少奇は詳しい説明をおこなった。「毛主席は、われわれはこの問題を全面的に考慮し、四面八方へ配慮すべきだと言った。四面とは公私関係、労資関係、都市農村関係、内外関係である。八方とは都市と農村の両方、内と外の両方、公と私の両方、労と資の両方を指す。それらすべてに配慮すること、それが全面的配慮である」。「天津市党委員会会議における劉少奇の講話記録」一九四九年四月一八日、金沖及主編『劉少奇伝』（下）六二七～六二八頁、北京、中央文献出版社、一九九八。

103 劉少奇「新中国の経済建設方針について」一九四九年六月、『劉少奇選集』上巻、四二六～四三一頁、北京、人民出版社、一九八五。この文章は、劉少奇がソビエト共産党中央の指導者（スターリンを含む）との会談に向け、新中国の経済建設方針に関する報告要旨として準備したものである。中共中央文献研究室編『劉少奇年譜（一八九八－一九六九）』下巻、二二五～二二七頁、北京、中央文献出版社、一九九六。

104 一九五〇年四月一三日、周恩来は全国統一戦線工作会議で次のように指摘している。今日の中心的問題は、ブルジョア階級の転覆ではなく、彼らといかに提携するかということだ。現在、資本家の中には政策に疑問をもち、資金を海外に移して様子見を決め込んでいる者もいる。現在は条件が整っておらず、急速に社会主義に転換しようというのであれば、それは新民主主義に対する適切な認識の欠如を表している。社会主義は、社会が必然的に発展するという法則に基づいて実現するものであり、強制的に実現するものではない。公私双方への配慮、労資双方の互利、都市と農村の互助、内外交流の四つの政策は取り消してはいけない。さもなければ生産の発展と経済の繁栄という目的は実現できない。周恩来はさらに、私営企業の発展の奨励は、すでにわれわれの議事日程に上がっている、と強調した。中共中央文献研究室編『周恩来統一戦線文選』一六八～一七〇頁、北京、人民出版社、一九八四。龐松『毛沢東時代的中国（一九四九－一九七六）』（一）、一五九頁、北京、中共党史出版社、二〇〇三。

105 薄一波『若干重大決策与事件的回顧』上巻、五八～六一頁、北京、中共中央党校出版社、一九九一。

106 「全国政協主催の民主人士学習座談会における劉少奇の講話」一九五一年五月二一日、中共中央文献研究室編『毛沢東思想形成与発展大事記』五三〇～五三一頁、北京、中央文献出版社、二〇一一。

107 薄一波『若干重大決策与事件的回顧』上巻、九八～九九頁、北京、中共中央党校出版社、一九九一。中共中央文献研究室編『毛沢東思想形成与発展大事記』五〇五～五〇六頁、北京、中央文献出版社、二〇一一。

108 毛沢東「国家財政経済状況の基本的好転を勝ち取るための闘争」一九五〇年六月六日、『建国以来毛沢東文稿』第一巻、三九四頁、北京、中央文献出版社、一九八七。

109 毛沢東「四方に出撃してはならない」一九五〇年六月六日、『毛沢東文集』第六巻、七五頁、北京、人民出版社、一九九九。

110 胡縄主編『中国共産党的七十年』三一五頁、北京、中共党史出版社、一九九一。

111 呉敬璉『当代中国経済改革』三六頁、上海、上海遠東出版社、二〇〇四。

112 胡縄主編『中国共産党的七十年』三一六～三一七頁、北京、中共党史出版社、一九九一。

113 劉少奇「準備は三年、建設は十年」一九五一年五月七日、中共中央文献研究室編『劉少奇論新中国経済建設』一八三頁、北京、中央文献出版社、一九九三。

114 劉少奇「山西省党委員会『旧解放区の互助組織を一段階発展させることについて』に対するコメント」一九五一年七月三日、中共中央文献研究室編『劉少奇論新中国経済建設』一九二頁、北京、中央文献出版社、一九九三。

115 毛沢東は、互助組は農業生産合作社に成長できないとする考えや、現段階では私有制の基礎を揺るがすことはできないとする考え方を批判し、中国の合作社は、統一された経営に依拠して新たな生産力を形成するので、私有制の基礎が崩れてもかまわないと提起した。合わせて次のような問題提起もおこなっている。「私有制を揺るがすことができないのはなぜか。すなわちこれを擁護するということではないか」。龐松『毛沢東時代的中国（一九四九－一九七六）』（一）、二〇四頁、北京、中共党史出版社、二〇〇三。

116 中共中央党史研究室『中国共産党歴史　第二巻（一九四九－一九七八）』上冊、一三三～一三四頁、北京、中共党史出版社、二〇一一。

117 『劉少奇選集』上巻、四二六頁、北京、人民出版社、一九八五。

118 劉少奇「中国共産党の今後の歴史的任務―中共中央マルクス・レーニン学院での講義レジュメ」一九五一年七月五日、『党的文献』一九八九年第六期。

119 薄一波は、劉少奇の構想は実際には毛沢東の理論から生まれたものだとしている。大きな問題で両者は基本的に一致していたが、具体的な問題では部分的に不一致もあった。薄一波は以下の不一致点を挙げている。私営商工業に対する態度の違い。毛沢東は利用よりも制限に、制限と反制限の闘争面に重点を置いていた。劉少奇は制限には賛成しつつも、発展と利用の方に重点を置いていた。合作化についても、劉少奇は、農民の私有制を拙速に動揺させることはできないとし、まず機械化してから合作化すること、農民が豊かになることを恐れてはならず、党員も富農になってよい、と提起した。工業化の推進については、毛沢東が重工業を優先的に発展させるという前提で、農業、軽工業、重工業のバランスを保つと主張したのに対し、劉少奇は正反対の主張をした。社会主義への転換については、一九五二年に社会主義への移行を打ち出し、翌年に過渡期の総路線を正式に提起した毛沢東に対し、劉少奇はしばらく新民主主義を続け、社会主義への転換の条件が熟すのを待つべきと主張した。薄一波『若干重大決策与事件的回顧』上巻、六一～六二頁、北京、中共中央党校出版社、一九九一。

120 毛沢東「党中央政治局拡大会議の決議要点」一九五一年二月一八日、『毛沢東文集』第六巻、一四三頁、北京、人民出版社、一九九九。

121 中共中央党史研究室『中国共産党歴史　第二巻（一九四九－一九七九）』上冊、一二三～一二四頁、北京、中共党史出版社、二〇一一。

122 一九四七年九月に中国共産党全国土地会議で可決された「中国土地法大綱」と比べると、「土地改革法」には、いくつかの政策で大きな変更があった。一つ目は、富農から余分な土地と財産を強制的に没収するとしていたものを、富農経済の維持に変更した点である。二つ目は、農村における地主の財産をすべて没収するとしていたものを、「五大財産」のみの没収、すなわち、土地、家畜、農具、余剰作物、余剰家屋の没収に変更した点である。三つ目は、小規模の土地貸し出し者に対する政策規定を増やした点である。「土地改革法」は、中農の保護と団結に注力する必要があること、比較的進歩的な思想をもった地主階級に対しては獲得と団結の方針で臨み、土地と財産を提供すれば適切な優遇措置をとること、などを提起している。龐松『毛沢東時代的中国（一九四九－一九七六）』（一）、一〇五～一〇七頁、北京、中共党史出版社、二〇〇三。

123 『劉少奇選集』下巻、三二一～三三三頁、北京、人民出版社、一九八五。

124 胡縄主編『中国共産党的七十年』三〇六頁、北京、中共党史出版社、一九九一。

125 孫健『中国経済史―近代部分』七四八～七五〇頁、北京、中国人民大学出版社、一九八九。

126 龐松『毛沢東時代的中国（一九四九－一九七六）』（一）、一一九頁、北京、中共党史出版社、二〇〇三。

127 胡縄主編『中国共産党的七十年』三一二頁、北京、中共党史出版社、一九九一。

128 毛沢東「四方に出撃してはならない」一九五〇年六月六日、『毛沢東文集』第六巻、七四頁、北京、人民出版社、一九九九。

129 陳述『中華人民共和国史』五一頁、北京、人民出版社、二〇〇九。

130 中共中央党史研究室『中国共産党歴史　第二巻（一九四九－一九七六）』上冊、五九頁、北京、中共党史出版社、二〇一一。

131 フェアバンクは次のように評価している。「一九四九年以降、都市における初期の大衆心理は、中国共産党に対する信頼がますます強まり、喜びと活力に満ちたものになっていった。勝利した農民兵は規律を厳守し、礼儀正しくふるまった。いたるところで強姦と略奪を繰り返したかつての軍閥部隊や去ったばかりの国民党軍に比べると、その違いは歴然としていた。現在の政府は誠実に責任を果たし、あらゆる汚物を一掃した。道路や溝をきれいにしただけではない。物乞い、娼婦、こそ泥、スリを一堂に集めて改造（更生）した。誰もが新中国を誇りに感じている。インフレは抑制され、外国人の特権は廃止され、腐敗は一掃された。公共施設の改修、識字運動、疫病予防といった公益活動にすべての市民が参加している。同様に、女性たちは家庭の束縛から解放された。新たな婚姻法によって夫婦は対等になった。女性にとってこれは画時代的なことであった」。フェアバンク『偉大的中国革命：一八〇〇－一九八五年』中国語版、三三一頁、北京、世界知識出版社、二〇〇〇。

132 龐松『毛沢東時代的中国（一九四九－一九七六）』（一）、一三八～一五四頁、北京、中共党史出版社、二〇〇三。

133 全国各地の阿片禁止運動で、各種講演会がのべ七六万回以上開かれ、七四五九万人が啓発を受けた。また、大衆の暴露により、密売品一三一万件余りが押収され、二二万人が検挙された。おおよその統計によると、東北、華北、華東、西北地区で二年間に没収された麻薬は、阿片に換算すると二四四七万斤（一斤は五〇〇グラム）を超えた。人民政府が阿片禁止を打ち出し、大規模な大衆運動が発動された三年後の一九五二年末には、およそ百年続いた麻薬の栽培、売買、吸引がほぼ一掃されることになった。龐松『毛沢東時代的中国（一九四九－一九七六）』（一）、一四七～一五三頁、北京、中共党史出版社、二〇〇三。

134 『毛沢東選集』第四巻、一四六七頁、北京、人民出版社、一九九一。

135 一九四九年一一月、国民経済の復興と発展について、毛沢東は「復興に三年から五年、その後八年から十年かけて発展させる」との構想をはじめて提起した。一九五一年二月になると、「三年の準備期間を経て、経済建設の十年計画に着手する」に改められた。逢先知、金沖及主編『毛沢東伝（一九四九－一九七六）』上巻、六六頁、北京、中央文献出版社、二〇〇三。

136 一九二五年、ソ連は国民経済復興期の終了を宣言し、同年一二月のソビエト共産党第十四回大会で、国の工業化建設構想を正式に打ち出した。

137 毛沢東「全国政協第一期第二回会議での講話」一九五〇年六月二三日、『毛沢東文集』第六巻、八〇頁、北京、人民出版社、一九九九。

138 毛沢東「人民内部の矛盾を正しく処理する問題について」一九五七年二月二七日、『毛沢東文集』第七巻、二一四頁、北京、人民出版社、一九九九。

139 孫健『中国経済通史（一九四九－二〇〇〇）』下巻、一五五一頁、北京、中国人民大学出版社、一九九二。

140 龐松『毛沢東時代的中国（一九四九－一九七六）』（一）、五三四頁、北京、中共党史出版社、二〇〇三。

141 『毛沢東文集』第六巻、二三八頁注釈（二）、北京、人民出版社、一九九九。

142 党中央統一戦線部の「民主党派工作に関する決定（草稿）」に毛沢東は次のようにコメントした（一九五二年六月六日）。「地主階級と官僚階級を打倒した後の中国内部の主要な矛盾は、プロレタリア階級と民族ブルジョアジーの矛盾である。したがって、民族ブルジョアジーを中間階級と呼ぶことはできない」。「現段階の国内の主要な矛盾」一九五二年六月六日、『毛沢東文集』第六巻、二三一頁、北京、人民出版社、一九九九。

143 「資本主義商工業改造問題に関する党中央の決議」一九五六年二月二四日、中共中央文献研究室編『建国以来重要文献選編』第八冊、一五〇頁、北京、中央文献出版社、一九九四。

144 龐松『毛沢東時代的中国（一九四九－一九七六）』（一）、二八二～二八三頁、北京、中共党史出版社、二〇〇三。

145 この転換の理由については、胡縄らの詳細な分析がある。胡縄主編『中国共産党的七十年』三二一～三二七頁、北京、中共党史出版社、一九九一。しかし、スターリンとソ連モデルに強い影響を受けていた点は述べられていない。

146 金沖及主編『劉少奇伝』（下）、七二四～七二五頁、北京、中央文献出版社、一九九八。

147 朱佳木「新民主主義から社会主義への移行の前倒しと重工業の優先的発展戦略の選択」、『当代中国史研究』二〇〇四年第五期。

148 毛沢東は次のように指摘した。総路線はすべての工作を照らす灯台である。中華人民共和国の成立から社会主義の基本的完成までは過渡期である。十年から十五年、あるいはさらに長い時間をかけて、国家の工業化と農業・手工業・資本主義商工業の社会主義的改造をおおむね達成すること、これが過渡期の総路線であり、任務のすべてである。中共中央文献研究室編『毛沢東思想年編（一九二一－一九七五）』七四九頁、北京、中央文献出版社、二〇〇九。

149 「党中央政治局会議における毛沢東の講話要旨」一九五三年六月一五日、逢先知、金沖及主編『毛沢東伝（一九四九－一九七六）』上巻、二五三～二五五頁、北京、中央文献出版社、二〇〇三。

150 毛沢東は次のように述べている。「過渡期における私営資本主義商工業に対する改造は、国家資本主義を経て徐々に社会主義へ移行するというものでなければならない。われわれの国家資本主義は、本質的にはソ連と同じものであるが、実行のための具体的方法には異なる点が多い。レーニンが一九一八年に提起したやり方でいくべきだ。つまり、国家資本主義を受け入れないブルジョアジーに対して、受け入れざるを得ない情況に追い込むのである」。毛沢東は、「これは一つの攻撃だ」と見ていた。「自由市場を有し、独立した、無制約な資本主義を、自由市場をもたず、独立もしていなければ、制約も受ける資本主義、すなわち国家資本主義に変えるのが第一段階。さらにそれを社会主義に変え、階級をなくすのが第二段階である」。毛沢東「中央政治局拡大会議における講話」一九五三年七月二九日、『毛沢東文集』第六巻、二八五～二九〇頁、北京、人民出版社、一九九九。

151 毛沢東「資本主義商工業改造のために必ず通る道」一九五三年九月七日、『毛沢東文集』第六巻、二九七頁、北京、人民出版社、一九九九。

152 周恩来「過渡期の総路線」一九五三年九月八日、『周恩来選集』下巻、一〇四～一〇六頁、北京、人民出版社、一九八四。

153 中共中央文献研究室編『毛沢東思想年編（一九二一－一九七五）』七四九～七五〇頁、北京、中央文献出版社、二〇〇九。

154 周恩来「過渡期の総路線」一九五三年九月八日、『周恩来選集』下巻、一〇九頁、北京、人民出版社、一九八四。

155 『スターリン文集（一九三四－一九五二）』中国語版、四八〇頁、北京、人民出版社、一九八五。『政治経済学教科書』では、優先して重工業を発展させることは社会主義的工業化の方法、軽工業を優先して発展させるのは資本主義的工業化の方法とされている。ソ連科学院経済研究所編『政治経済学教科書』（修訂第三版）中国語版、三六七頁、北京、人民出版社、一九五九。

156 龐松『毛沢東時代的中国（一九四九－一九七六）』（一）、三〇五頁、北京、中共党史出版社、二〇〇三。

157 スターリン「弁証唯物主義と歴史唯物主義を論ず」『スターリン選集』下巻、四四六～四四九頁、北京、人民出版社、一九七九。

158 毛沢東「農業互助合作に関する二回の談話」一九五三年一一月四日、『毛沢東文集』第六巻、三〇五頁、北京、人民出版社、一九九九。

159 「すべての力を動員し、わが国を偉大な社会主義国家とするために闘争する―過渡期の総路線の学習と宣伝に関する提綱」（一九五三年一二月、中央宣伝部発表、党中央批准）、中共中央文献研究室編『建国以来重要文献選編』第四冊、六九五頁、北京、中央文献出版社、一九九三。毛沢東「革命の転換と過渡期における党の総路線」一九五三年一二月、『毛沢東文集』第六巻、三一六頁、北京、人民出版社、一九九九。

160 国家農業委員会弁公庁編『農業集体化重要文献匯編』二〇一頁、北京、中共中央党校出版社、一九八一。

161 毛沢東「農業互助合作に関する二回の談話」一九五三年一一月四日、『毛沢東文集』第六巻、三〇一頁、北京、人民出版社、一九九九。

162 龐松『毛沢東時代的中国（一九四九－一九七六）』（一）、二九八～二九九頁、北京、中共党史出版社、二〇〇三。一九五三年一〇月二日の中央政治局拡大会議で、毛沢東は次のように述べている。「わが国の経済主体は国営経済で、二つの翼をもっている。ひとつは国家資本主義（私的資本主義の改造）、もうひとつは合作社と食糧の強制買付け（農民の改造）だ」。毛沢東「食糧の統一購入・統一販売」一九五三年一〇月二日、『毛沢東文集』第六巻、二九五頁、北京、人民出版社、一九九九。

163 毛沢東「中国共産党全国代表者会議での講話」一九五五年三月、『毛沢東文集』第六巻、三九二頁、北京、人民出版社、一九九九。

164 薄一波「中国計画学会第二回会員代表大会での講話」一九九一年五月四日、『薄一波文選（一九三七－一九九二）』四〇三頁、北京、人民出版社、二〇〇八。

165 ロデリック・マクファーカー著、ジョン・フェアバンク編訳『剣橋中華人民共和国史：革命的中国的興起（一九四九～一九六五）』中国語版、七九頁、北京、中国社会科学出版社、一九九八。

166 劉少奇「中華人民共和国憲法草案に関する報告」一九五四年九月一五日、『劉少奇選集』下巻、一三三頁、北京、人民出版社、一九八五。

167 中共中央文献研究室編『鄧小平年譜（一九〇四－一九七四）』中巻、一〇九六頁、北京、中央文献出版社、二〇〇九。

168 逄先知、金沖及主編『毛沢東伝（一九四九－一九七六）』上巻、三二二～三二七頁、北京、中央文献出版社、二〇〇三。

169 毛沢東「中華人民共和国憲法草案について」一九五四年六月一四日、『毛沢東文集』第六巻、三二六頁、北京、人民出版社、一九九九。

170 「中華人民共和国憲法草案に関する報告」（一九五四年九月一五日）で劉少奇は、「われわれの制定した憲法は社会主義憲法に属するものであり、ブルジョア憲法ではない」と説明している。『劉少奇選集』下巻、一三三頁、北京、人民出版社、一九八五。
171 劉少奇「中華人民共和国憲法草案に関する報告」一九五四年九月一五日、『劉少奇選集』下巻、一四九〜一五〇頁、一五二頁、北京、人民出版社、一九八五。
172 劉少奇「中華人民共和国憲法草案に関する報告」一九五四年九月一五日、『劉少奇選集』下巻、一四三〜一四四頁、北京、人民出版社、一九八五。
173 劉少奇「中華人民共和国憲法草案に関する報告」一九五四年九月一五日、『劉少奇選集』下巻、一六七〜一六八頁、北京、人民出版社、一九八五。
174 逢先知、金沖及主編『毛沢東伝（一九四九－一九七六）』上巻、三二三〜三二四頁、北京、中央文献出版社、二〇〇三。
175 劉少奇「中華人民共和国憲法草案に関する報告」一九五四年九月一五日、『劉少奇選集』下巻、一六四頁、北京、人民出版社、一九八五。
176 龐松『毛沢東時代的中国（一九四九－一九七六）』（一）、二二二頁、北京、中共党史出版社、二〇〇三。
177 龐松『毛沢東時代的中国（一九四九－一九七六）』（一）、四三四頁、北京、中共党史出版社、二〇〇三。
178 胡縄主編『中国共産党的七十年』三四三〜三四四頁、北京、中共党史出版社、一九九一。
179 鄧小平「『建国以来の党の若干の歴史問題に関する決議』の起草に対する意見」一九八〇年三月〜一九八一年六月、『鄧小平文選』第二巻、二九三頁、北京、人民出版社、一九九四。
180 逢先知、金沖及主編『毛沢東伝（一九四九－一九七六）』上巻、二八〇頁、北京、中央文献出版社、二〇〇三。
181 毛沢東は次のように述べている。「北京には二つの司令部がある。一つはわたしがトップの司令部で、正義の炎をともす公明正大なもの、もう一つは別の者が指揮する司令部で、陰で陰謀をめぐらしている。正当な火を消そうとする汚水が地下に流れている」。龐松『毛沢東時代的中国（一九四九－一九七六）』（一）、四三五頁、北京、中共党史出版社、二〇〇三。
182 龐松『毛沢東時代的中国（一九四九－一九七六）』（一）、四三六〜四三七頁、北京、中共党史出版社、二〇〇三。
183 毛沢東「中国共産党全国代表者会議での講話」一九五五年三月二一日、『毛沢東文集』第六巻、四〇一〜四〇三頁、北京、人民出版社、一九九九。
184 毛沢東「中国共産党全国代表者会議での講話」一九五五年三月二一日、『毛沢東文集』第六巻、三九一頁、北京、人民出版社、一九九九。
185 劉少奇は、「われわれは高度に統一された国家指導体制を確立しなければならない」と述べた。「中華人民共和国憲法草案に関する報告」一九五四年九月一五日、『劉少奇選集』下巻、一四四頁、北京、人民出版社、一九八五。
186 逢先知、金沖及主編『毛沢東伝（一九四九－一九七六）』上巻、五三〜五四頁、北京、中央文献出版社、二〇〇三。
187 毛沢東「偉大な社会主義国家建設のために奮闘しよう」一九五四年九月一五日、『毛沢東文集』第六巻、三五〇頁、北京、人民出版社、一九九九。
188 毛沢東「中華人民共和国憲法草案について」一九五四年六月一四日、『毛沢東文集』第六巻、三二九頁、北京、人民出版社、一九九九。
189 劉少奇「国家の工業化と人民の生活水準の向上」一九五〇年、『劉少奇選集』下巻、四頁、北京、人民出版社、一九八五。
190 陸南泉等主編『蘇聯興亡史論』（修訂版）、四三二頁、北京、人民出版社、二〇〇四。
191 『スターリン全集』中国語版、第八巻、四八〇頁、北京、人民出版社、一九五五。

192　スターリンは、「いかなる種類の工業の発展も工業化であるというのではない、工業化の中心、工業化の基礎は重工業（燃料、金属）の発展であり、つまるところ、生産手段の生産、ソ連の機械製造業の発展である」とした。『スターリン全集』中国語版、第八巻、一一二～一一三頁、北京、人民出版社、一九五五。

193　劉少奇「中国共産党第八回全国代表大会での政治報告」一九五六年九月一五日、『劉少奇選集』下巻、二〇六頁、北京、人民出版社、一九八五。

194　胡喬木『胡喬木回憶毛沢東』一三頁、二二頁、北京、人民出版社、一九九四。

195　林蘊暉等『凱歌行進的時期』三六〇～三六四頁、鄭州、河南人民出版社、一九八九。

196　李富春「国民経済発展のための第一次五カ年計画に関する報告」一九五五年七月五日、六日、中共中央文献研究室編『建国以来重要文献選編』第六冊、二九九頁、北京、中央文献出版社、一九九三。

197　薄一波『若干重大決策与事件的回顧』上巻、二九二～二九三頁、北京、中共中央党校出版社、一九九一。

198　劉少奇は八全大会政治報告の準備のため、一九五五年一二月から一九五六年三月にかけて、中央の三〇を超える部門の報告をそれぞれ聴取した。一九五六年二月中旬から四月中旬にかけては、毛沢東が国務院の三四の部局・委員会から工業生産と経済工作全体に関する報告を聴取した。それらの調査に基づき、毛沢東は四月二五日の中央政治局拡大会議で「十大関係を論ず」を提起した。五月二日の最高国務会議では、「十大関係を論ず」についてより詳細な説明をおこなった。何蓬『毛沢東時代的中国（一九四九－一九七六）』（一）、九頁、北京、中共党史出版社、二〇〇三。

199　毛沢東「十大関係を論ず」一九五六年四月二五日、『毛沢東選集』第五巻、二六九頁、北京、人民出版社、一九七七。

200　劉少奇「中国共産党第八回全国代表大会での政治報告」一九五六年九月一五日、『劉少奇選集』下巻、二二四～二二五頁、北京、人民出版社、一九八五。

201　国家統計局国民経済総合統計司編『新中国五十年統計資料匯編』六〇頁、北京、中国統計出版社、一九九九。

202　「中国共産党規約」一九五六年九月二六日、中共中央文献研究室編『建国以来重要文献選編』第九冊、三一五～三一六頁、北京、中央文献出版社、一九九四。

203　中共中央党史研究室『中国共産党歴史　第二巻（一九四九－一九七八）』三九七頁、北京、中共党史出版社、二〇一一。

204　周恩来「第一次五カ年計画の実施情況と第二次五カ年計画の基本任務」一九五六年九月一六日、『周恩来選集』下巻、二一九～二二〇頁、北京、人民出版社、一九八四。

205　毛沢東「ソ連『政治経済学教科書』を読んでの談話（抜粋）」一九五九年一二月～一九六〇年二月、『毛沢東文集』第八巻、一二一頁、北京、人民出版社、一九九九。

206　劉少奇「第八回全国代表大会第二回会議に向けた党中央委員会の工作報告」一九五八年五月五日、中共中央文献研究室編『建国以来重要文献選編』第一一冊、三〇八～三一二頁、北京、中央文献出版社、一九九五。

207　董輔福主編『中華人民共和国経済史』上巻、二六六頁、北京、経済科学出版社、一九九九。

208　ラーディ「経済復興と第一次五カ年計画」、ロデリック・マクファーカー著、ジョン・フェアバンク編訳『剣橋中華人民共和国史：革命的中国的興起（一九四九－一九六五）』中国語版、一五四頁、北京、中国社会科学出版社、一九九八。

209　Lardy, Nicholas, R. Economic Growth and Distribution in China, New York Cambridge University Press, pp.117~118, 1978.

210　Chen Nai-ruenn, China's Foreign Trade, 1950-1974, in Joint Economic Committee of Congress. China: A Reassessment of The

Economy. Washington : USGPO, pp.617~652, 1975.

211 マーク・セルデン『中国社会主義的政治経済学』中国語版、二二頁、台北、台研季刊社、一九九一。

212 龐松『毛沢東時代的中国（一九四九－一九七六）』（一）、三三三頁、北京、中共党史出版社、二〇〇三。

213 ラーディ「経済復興と第一次五カ年計画」、ロデリック・マクファーカー著、ジョン・フェアバンク編訳『剣橋中華人民共和国史：革命的中国的興起（一九四九－一九六五）』中国語版、一五六頁、北京、中国社会科学出版社、一九九八。

214 胡縄主編『中国共産党的七十年』三三〇～三三一頁、北京、中共党史出版社、一九九一。

215 陳雲「目下の財経工作において注意すべき問題」一九四九年八月一五日、『陳雲文選』第二巻、一九頁、北京、人民出版社、一九九五。

216 陳雲「第一次五カ年計画に関する何点かの説明」一九五四年六月三〇日、『陳雲文選』第二巻、二四一頁、北京、人民出版社、一九九五。

217 胡縄主編『中国共産党的七十年』三三〇頁、北京、中共党史出版社、一九九一。

218 胡縄主編『中国共産党的七十年』三三〇頁、北京、中共党史出版社、一九九一。

219 陳雲「第一次五カ年計画に関する何点かの説明」一九五四年六月三〇日、中共中央文献研究室編『建国以来重要文献選編』第五冊、三三五頁、北京、中央文献出版社、一九九三。

220 毛沢東「社会主義革命の目的は生産力の解放である」一九五六年一月二五日、『毛沢東文集』第七巻、二頁、北京、人民出版社、一九九九。

221 柳随年、呉群敢主編『第一箇五年時期的国民経済』一七～一九頁、ハルビン、黒竜江人民出版社、一九八四。

222 姜魯鳴、王文華『中国近現代国防経済史（一八四〇－二〇〇九）』三三一頁、北京、中国財政経済出版社、二〇一二。

223 国家統計局編『新中国五十年：一九四九－一九九九』二三頁、北京、中国統計出版社、一九九九。

224 ソ連科学院経済研究所編『政治経済学教科書』（修訂第三版）中国語版、三八二頁、北京、人民出版社、一九五九。

225 世界銀行経済調査団編著『中国：長期発展的問題和方策（主報告）』中国語版、一六頁、北京、中国財政経済出版社、一九八五。

226 中共中央党史研究室『中国共産党歴史　第二巻（一九四九－一九七八）』上冊、二一八頁、北京、中共党史出版社、二〇一一。

227 胡縄主編『中国共産党的七十年』三六四頁、北京、中共党史出版社、一九九一。

228 毛沢東は次のように述べている。「知識人を養成しなければならない。現在はきわめて少ない。旧中国から引き継いだハイレベルな知識人は一〇万人しかいないが、三期の五カ年計画の間に一〇〇万～一五〇万人の同レベルの知識人（大学卒業生と専門学校卒業生を含む）を養成する計画である。そうなれば党中央委員会のメンバーにも変化があるだろう。中央委員会にエンジニアや科学者が多数いなければならない。現在の中央委員会は政治的な中央委員会であって、科学的な中央委員会ではない。エンジニアも科学者もほとんどいないというのは明らかな欠点である」。毛沢東「第八期中央委員会選挙について」一九五六年九月一〇日、『毛沢東文集』第七巻、一〇一～一〇二頁、北京、人民出版社、一九九九。

229 一九五六年一月、知識人問題についての党中央の会議で、毛沢東は次のように述べている。「中国は大国である。人口も多く、資源も豊富で、地理的にも恵まれている。科学・文化・技術・工業の各方面でも、世界有数の国家となるべきである。一群の知識人を養成し、計画的に科学技術水準の向上を図り、世界のトップレベルに追いつかねばならない」。薄一波『若干重大決策与事件的回顧』上巻、五〇七頁、北京、中共中央党校出版社、一九九一。また、一九五六年五月二四日、周恩来は、科学技術の発展計画に携わる三〇〇名余りの科学者を招待し、次のように激励した。「科学研究の発展に力を尽くし、ソ連をはじめとする諸外国の科学技術を習得し、重要かつ緊急を要する科学技術部門の水準を、十二年以内に世界のトップに追いつき追い越すところまで高めていこう」。『人民日報』一九五六年五月二七日、何蓬『毛沢東時代的中国（一九四九－一九七六）』（二）、七頁、北京、中共党史出版社、二〇〇三。

230　一九五六年二月二四日の中央政治局会議では国務院科学計画委員会の設立が決定され、陳毅が主任、李富春、薄一波、郭沫若、李四光が副主任、張勁夫が秘書長に、それぞれ任命された。各専門分野から六〇〇名余りの科学者が委員会に招集され、計画編制の実務には一〇〇名近くのソ連の専門家が参加を要請された。同年一一月、陳毅が外交部門に異動したため、党中央は聶栄臻を主任に任命した。周恩来の直接指導の下、科学計画委員会の責任者である陳毅、聶栄臻、李富春らが陣頭指揮に立ち、各分野の努力と幾度もの検証を経た半年後の一二月に「一九五六～一九六七年　科学技術発展長期計画要綱（修正草案）」が策定された。何蓬『毛沢東時代的中国（一九四九－一九七六）』（二）、七～八頁、北京、中共党史出版社、二〇〇三。

231　房維中主編『中華人民共和国経済大事記（一九四九－一九八〇）』一四五頁、北京、中国社会科学出版社、一九八四。

232　『当代中国的人口』一四六～一四七頁、北京、中国社会科学出版社、一九八八。

233　国家統計局編『建国以来社会主義建設的成就及国際比較』付表五、北京、中国統計出版社、一九九一。

234　何沁主編『中華人民共和国史』一四二頁、北京、高等教育出版社、一九九七。

235　ラーディ「経済復興と第一次五カ年計画」、ロデリック・マクファーカー著、ジョン・フェアバンク編訳『剣橋中華人民共和国史：革命的中国的興起（一九四九－一九六五）』中国語版、北京、中国社会科学出版社、一九九八。

236　陳雲「第一次五カ年計画に関する何点かの説明」一九五四年六月三〇日、中央文献研究室編『建国以来重要文献選編』第五冊、三三七頁、北京、中央文献出版社、一九九三。

237　国家統計局編『中国統計年鑑（一九八一）』二九八～二九九頁、北京、中国統計出版社、一九八二。

238　ロデリック・マクファーカー著、ジョン・フェアバンク編訳「第一編　ソ連モデルの模倣　一九四九－一九五七年」、『剣橋中華人民共和国史：革命的中国的興起（一九四九－一九六五）』中国語版、北京、中国社会科学出版社、一九九八。

239　毛沢東「ソ連の『政治経済学教科書』を読んで」一九五九年一二月～一九六〇年二月、『毛沢東文集』第八巻、一一七頁、北京、人民出版社、一九九九。

240　鄭竹園「経済制度の比較」、『中華学報』一九八〇年二月、第七巻第二期。

241　Gary M. Pickersgill, Joyce E Pickersgill, Contemporary Economic System, Prentice Hall, 1974 : John E Eliott, Comparative, Economic Systems, Prestice Hall, 1973.

242　陸南泉「スターリンモデルのいくつかの重要問題に関する再考」、『社会科学報』二〇〇七年八月二日、第三版。

243　楊君実『現代化与中国共産主義』五三頁、香港、中文大学出版社、一九八七。

244　アンガス・マディソン『世界経済二百年回顧』中国語版、三八頁、一〇〇～一〇六頁、一二六頁、一二九頁、北京、改革出版社、一九九七。

245　ロデリック・マクファーカー著、ジョン・フェアバンク編訳『剣橋中華人民共和国史：革命的中国的興起（一九四九－一九六五）』中国語版、六五頁、北京、中国社会科学出版社、一九九八。

246　逢先知、金沖及主編『毛沢東伝（一九四九－一九七六）』上巻、五三頁、北京、中央文献出版社、二〇〇三。

247　逢先知、金沖及主編『毛沢東伝（一九四九－一九七六）』上巻、七四三頁、北京、中央文献出版社、二〇〇三。

248 毛沢東は次のように述べている。「この宣言（モスクワ宣言）は、数十年の経験、とりわけここ数年の経験を総括したものである。なかには苦痛を伴った経験もある。こうした苦い経験は、われわれを打ち鍛えた。感謝しこそすれ、腹立たしく思ってはならない。苦痛から逃れるために、必死になって頭を働かし、思考をめぐらせたからである。はたせるかな、われわれは苦痛を逃れることができた」。「社会主義国の共産党および労働者代表会議における毛沢東の講話」一九五七年一一月一六日、逢先知、金沖及主編『毛沢東伝（一九四九－一九七六）』上巻、七四一頁、北京、中央文献出版社、二〇〇三。

249 「駐中国ソ連大使ユージンとの談話」一九五八年七月二二日、『毛沢東文集』第七巻、三八七頁、北京、人民出版社、一九九九。

250 栄長等編著『評説毛沢東』三一三～三一五頁、長沙、湖南人民出版社、一九九九。

251 董輔福主編『中華人民共和国経済史』上巻、二二八～二二九頁、北京、経済科学出版社、一九九九。

252 一九四九年一月の中央政治局会議で毛沢東は次のように述べている。「新民主主義は計画経済でもなければ社会主義へと発展していくものでもない、自由貿易と自由競争を旨とし、資本主義へ向かっていくものだ、と考えてはならない。それは極端な誤りである。その反面、注意する必要があるのは、社会主義化を焦ってはならないことだ。ここは慎重を要する」。薄一波『若干重大決策与事件的回顧』上巻、二四頁、北京、中共中央党校出版社、一九九一。

253 中共中央文献研究室編『劉少奇論新中国経済建設』三〇頁、北京、中央文献出版社、一九九三。

254 劉少奇「中華人民共和国憲法草案に関する報告」一九五四年九月一五日、『劉少奇選集』下巻、一四四頁、北京、人民出版社、一九八五。

255 董輔福主編『中華人民共和国経済史』上巻、二三〇～二四五頁、北京、経済科学出版社、一九九九。

256 龐松『毛沢東時代的中国（一九四九－一九七六）』（一）、四六頁、四八頁、北京、中共党史出版社、二〇〇三。

257 薄一波『若干重大決策与事件的回顧』上巻、八四頁、北京、中共中央党校出版社、一九九一。

258 陳雲「食糧の統一購入・統一販売の実施」一九五三年一〇月一〇日、『陳雲文選』第二巻、二〇八頁、北京、人民出版社、一九九五。

259 陳雲は次のように述べている。「わたしは今、前後に火薬を抱えている。前は黒色火薬、背中は黄色火薬だ。食糧の管理調達に失敗すれば市場全体が動揺する。強制買付けをやれば、おそらく農民は反対する。これほど危険な二者択一はない」。陳雲「食糧の統一購入・統一販売の実施」一九五三年一〇月一〇日、『陳雲文選』第二巻、二〇八頁、北京、人民出版社、一九九五。

260 陳雲「都市住民の農村への動員」一九六一年五月三一日、『陳雲文選』第三巻、一六二頁、北京、人民出版社、一九九五。

261 師吉金『構建与嬗変—中国共産党与当代中国之変遷』四八頁、済南、済南出版社、二〇〇三。

262 房維中主編『中華人民共和国経済大事記（一九四九－一九八〇）』一一六頁、一二一頁、一三九頁、一五二頁、北京、中国社会科学出版社、一九八四。

263 人口と労働力の自由な移動が不可能になったことにより、一九五七年以降、農村の余剰労働力が急増した。これが生産コスト、消費コストなどの各種機会費用を形成することになった。詳しくは胡鞍鋼他著『拡大就業与挑戦失業——中国就業政策評估（一九四九－二〇〇一）』（北京、中国労働社会保障出版社、二〇〇二）を参照。

264 毛沢東「人民民主独裁を論ず」一九四九年六月三〇日、『毛沢東選集』第四巻、一四七五頁、北京、人民出版社、一九九一。

265 当時のソ連科学院経済研究所が編纂した『政治経済学教科書』も、一九二六～一九二八年のソ連は経済後進国、技術後進国だったにもかかわらず、広大な領土と数億の人口、各種の豊富な資源に恵まれていたことを認めている。ソ連科学院経済研究所編『政治経済学教科書』（修訂第三版）中国語版、三七五頁、北京、人民出版社、一九五九。

266　胡鞍鋼『胡鞍剛集 中国走向二十一世紀的十大関係』一八八〜一九〇頁、ハルビン、黒竜江教育出版社、一九九五。

267　林毅夫、蔡昉、李周『中国的奇跡：発展戦略与経済改革』上海、上海人民出版社、一九九四。

268　鄧小平「改革は中国の生産力発展のために避けて通れない道」一九八五年八月二八日、『鄧小平文選』第三巻、一三九頁、北京、人民出版社、一九九四。

269　陸南泉等主編『蘇聯興亡史論』（修訂版）「第一八章　スターリンモデルの停滞とその歴史的影響」、北京、人民出版社、二〇〇四。

270　『歴史巨人毛沢東』上巻、一三〇頁、一三五頁、北京、当代中国出版社、二〇〇三。

271　ソ連科学院経済研究所編『政治経済学教科書』（修訂第三版）中国語版、三六〇頁、北京、人民出版社、一九五九。

272　毛沢東「中央文書『統一購入・統一販売の宣伝要綱』に対する修正意見」一九五三年一〇月三一日、『建国以来毛沢東文稿』第四巻、三八〇〜三八一頁、北京、中央文献出版社、一九九〇。

273　毛沢東は次のように述べている。「われわれのある同志は纏足している女性のようにふらふらし、いつも周りの人に歩くのが速すぎると言う。過剰な批評、不適切な不平不満、尽きることのない憂慮、煩わしい決まりごとの数々、こんなものが農村の社会主義大衆運動を指導する正しい方針だろうか。否である。正しくない方針、つまり間違った方針である」。毛沢東「農業合作化に関する問題」一九五五年七月三一日、『毛沢東文集』第六巻、四一八頁、北京、人民出版社、一九九九。この報告は、一九五五年一〇月一七日付の『人民日報』に掲載された。

274　胡縄主編『中国共産党的七十年』三五七頁、北京、中共党史出版社、一九九一。

275　胡縄主編『中国共産党的七十年』三五七頁、北京、中共党史出版社、一九九一。

276　沙健孫主編『中国共産党与新中国創建（一九四五－一九四九）』（下）、六九六〜六九七頁、北京、中央文献出版社、二〇〇九。

277　胡縄主編『中国共産党的七十年』三五八頁、北京、中共党史出版社、一九九一。

278　『スターリン全集』中国語版、第一二巻、一一八頁、北京、人民出版社、一九五五。

279　毛沢東「農業互助組合作に関する二回の談話」一九五三年一一月四日、『毛沢東文集』第六巻、三〇二頁、北京、人民出版社、一九九九。

280　毛沢東「農業合作化に関する問題」一九五五年七月三一日、『毛沢東文集』第六巻、四三一頁、四三四頁、北京、人民出版社、一九九九。

281　『歴史巨人毛沢東』上巻、一三〇頁、一三六頁、北京、当代中国出版社、二〇〇三。

282　朱徳「手工業者を社会主義の道に組織せよ」一九五三年一二月四日、『朱徳選集』、北京、人民出版社、一九八三。

283　党中央は次のような指示を出した。「私営商業には、七〇〇万〜八〇〇万人と言われる膨大な数の人間が従事している。やみくもに排除することはできない。今後の生活を一律に保証しなければ、失業者の増加と社会的混乱を招くことは必至である。これは防がなければならない。是正が必要である」。龐松『毛沢東時代的中国（一九四九－一九七六）』（一）、三七六頁、北京、中共党史出版社、二〇〇三。

284　毛沢東は次のように述べている。「原料があれば、資本家は国家に売るための製品をつくることができる。そうなれば国家資本主義だ。協力しない資本家には原料を与えなければよい。すぐに野垂れ死にするだろう。つまり、ブルジョアジーが自由市場で好き勝手に原料を調達したり、製品を販売したりする資本主義の道を塞ぎ、彼らを政治的に孤立させることだ」。龐松『毛沢東時代的中国（一九四九－一九七六）』（一）、五二九頁、北京、中共党史出版社、二〇〇三。

285 龐松『毛沢東時代的中国（一九四九－一九七六）』（一）、五三五頁、北京、中共党史出版社、二〇〇三。
286 『李先念文選（一九三五－一九八八）』一七三～一七五頁、北京、人民出版社、一九八九。
287 毛沢東「中国共産党全国宣伝工作会議での講話」一九五七年三月一二日、『建国以来毛沢東文稿』第六巻、三七八～三七九頁、北京、中央文献出版社、一九九二。
288 毛沢東「人民内部の矛盾を正しく処理する問題について」一九五七年二月二七日、『毛沢東選集』第五巻、三七五頁、北京、人民出版社、一九七七。
289 毛沢東「可能な限りすべての力を結集させよ」一九五六年四月二九日、『毛沢東文集』第七巻、六二頁、北京、人民出版社、一九九九。
290 毛沢東「社会主義における商品生産の問題について」一九五八年一一月九日、一〇日『毛沢東文集』第七巻、四三九～四四〇頁、北京、人民出版社、一九九九。
291 胡鞍鋼「国有化から非国有化へ」、『胡鞍剛集：中国走向二十一世紀的十大関係』四〇五～四四〇頁、ハルビン、黒竜江教育出版社、一九九五。
292 ソ連科学院経済研究所編『政治経済学教科書』（修訂第三版）中国語版、三三四～三三五頁、北京、人民出版社、一九五九。
293 郭慶、胡鞍鋼『中国工業化問題初探』「第四章 中国工業化過程における工業資本の蓄積と創出」、北京、中国科学技術出版社、一九九一。
294 毛沢東「農業合作化に関する問題」一九五五年七月三一日、『毛沢東選集』第五巻、一八一～一八二頁、北京、人民出版社、一九七七。
295 毛沢東「中国共産党全国宣伝工作会議での講話」一九五七年三月一二日、『毛沢東選集』第五巻、四〇四頁、北京、人民出版社、一九七七。
296 胡鞍鋼「なぜ国有化は中国の国情に合わないのか」、胡鞍鋼『胡鞍鋼集：中国走向二十一世紀的十大関係』四一五～四一九頁、ハルビン、黒竜江教育出版社、一九九五。
297 毛沢東「可能な限りすべての力を結集させよ」一九五六年四月二九日、『毛沢東文集』第七巻、六五頁、北京、人民出版社、一九九九。
298 毛沢東「ソ連最高会議主催十月革命四十周年祝賀会における講話」一九五七年一一月六日、『毛沢東文集』第七巻、三一七頁、北京、人民出版社、一九九九。
299 鄧小平「『建国以来の党の若干の歴史問題に関する決議』起草に対する意見」一九八一年三月一八日、『鄧小平文選』第二巻、二六六頁、北京、人民出版社、一九九四。
300 鄧小平「『建国以来の党の若干の歴史問題に関する決議』起草に対する意見」一九八一年三月一八日、『鄧小平文選』第二巻、二五八～二五九頁、北京、人民出版社、一九九四。
301 薄一波『若干重大決策与事件的回顧』上巻、五六四～五六五頁、北京、中共中央党校出版社、一九九一。
302 中共中央文献研究室編『三中全会以来重要文献選編』下冊、七九八頁、北京、人民出版社、一九八二。
303 王景倫『毛沢東的理想主義和鄧小平的現実主義：美国学者論中国』二六～二七頁、二九頁、北京、時事出版社、一九九六。
304 Myers, Ramon, Chinese Economy : Past and Present, Belmont : Wadsworth Press, 1980.
305 アンガス・マディソン『世界経済千年史』中国語版、二九六頁、三二七頁。北京、北京大学出版社、二〇〇四。
306 鄧小平「改革を断行する有望な指導部を組織せよ」一九八九年五月三一日、『鄧小平文選』第三巻、二九八頁、北京、人民出版社、一九九四。
307 『建国以来重要文献選編』第九冊、北京、中央文献出版社、二〇一一。
308 毛沢東「中国共産党全国代表者会議での講話」一九五五年三月二一日、『毛沢東文集』第六巻、三九一～三九二頁、北京、人民出版社、一九九九。
309 劉少奇は次のように述べている。「党の指導任務を客観的現実に適合させ、大衆の経験と意見をより効率的に集約し、誤りを犯す機会を減らすためには、各級党組織で例外なく集団指導の原則を貫徹し、党内民主を拡大しなければならない。重大な問題は、適切な集団討議、異なる意見を排除しない自由な討議を経て決定されなければならない。そうすれば党内外のさまざまな意見をトータルに反映させることができる。同時に、ものごとの客観的発展のプロセスにおけるさまざまな側面もまた、逐次反映される。一人一人の指導者は、反対意見に粘り強く耳を傾ける寛容さをもたなければならない。理に適った反対意見や反対意見の中の合理的な部分は、断固として受け入れなければならない。正しい動機と正しい手順にのっとって反対意見を提起する同志とは、引き続き手を携えて歩んでいかなければならない。間違っても排除するような態度をとってはならない。形式的ではない真の集団指導、真の団結はこうしてはじめて実現される。そうすれば党の組織と事業もますます盛んになるだろう」。劉少奇「中国共産党第八期全国代表大会での政治報告」一九五六年九月一五日、『劉少奇選集』下巻、二七〇頁、北京、人民出版社、一九八五。

310　毛沢東「共産党員は誤りに対して分析的態度をとらなければならない」一九五六年四月、『毛沢東文集』第七巻、一九〜二〇頁、北京、人民出版社、一九九九。

311　毛沢東は「中華人民共和国憲法草案について」で次のように述べている。「憲法草案の文言削除について、当人（毛沢東本人）が非常に謙虚だからだ、と言う人がいるが、そうではない。不適切、非合理的、非科学的だから削除したのであって、謙虚云々は関係ない。人民民主主義国家にふさわしくないから削除したのであって、本来書くべきものを、謙虚さゆえに削除したということではない。科学に謙虚か否かという命題は存在しない。憲法作成は科学的にやるものだ。科学以外を信じてはならない。要は、迷信にとらわれるなということだ」。毛沢東「中華人民共和国憲法草案について」一九五四年六月一四日、『毛沢東文集』第六巻、三三〇頁、北京、人民出版社、一九九九。

312　毛沢東「辛亥革命の評価について」一九五四年九月一四日、『毛沢東文集』第六巻、三四六〜三四七頁、北京、人民出版社、一九九九。

313　鄧小平「党規約改訂に関する報告」一九五六年九月一六日、『鄧小平文選』第一巻、二二二〜二五六頁、北京、人民出版社、一九九三。

314　「次期国家主席に再任しないことについての毛沢東の指示」手稿、一九五七年五月五日、逄先知、金沖及主編『毛沢東伝（一九四九－一九七六）』上巻、六七四頁、北京、中央文献出版社、二〇〇三。

315　ソ連の第一副首相兼内務委員会長官であったベリヤは、一九五三年六月に党を除名され、同年一二月に処刑された。

316　『建国以来毛沢東文稿』第四巻、四〇七頁、北京、中央文献出版社、一九九〇。

317　一九五六年九月一三日の七期七中全会第三回会議で、毛沢東は次のように述べている。「天に不測の風雲あり、人に旦夕の禍福あり、と言うが、われわれのような大きな党と国家ならば、その安全のために、あと数人（最高指導者が）多いほうがいいだろう。主席が一人、副主席が四人、さらに総書記が一人というふうに「防風林」はいくつかあったほうがよい。われわれの国家が不測の事態に影響されないよう、ソ連のようにスターリンの後釜がいないという事態に陥らないよう、あらかじめ手を打たねばならない。複数指導体制は任務をおこなう上でも利点がある」。こうして毛沢東は、劉少奇、周恩来、朱徳、陳雲を副主席に、鄧小平を総書記に任命した。毛沢東「中央に副主席と総書記を設ける問題について」一九五六年九月一三日、『毛沢東文集』第七巻、一一〇〜一一三頁、北京、人民出版社、一九九九。

318　中央政治局常務委員会は、毛沢東、劉少奇、周恩来、朱徳、陳雲、鄧小平の六人で構成された。一九五八年五月の八期五中全会で林彪が加わり、一九六六年八月まで七人体制で運営された。

319　一九五六年九月二八日の八期一中全会で、鄧小平が中央書記処総書記に選出された。鄧小平、彭真、王稼祥、譚震林、譚政、黄克誠、李雪峰の七人が中央書記処書記、劉瀾涛、楊尚昆、胡喬木が候補書記だった。一九五八年五月の八期五中全会で、李富春、李先念が書記に加わった。同年一〇月九日の中央書記処会議で、書記処の任務領域と分担が定められ、鄧小平―彭真の責任体制と、統一戦線、政法、香港・マカオ担当の各部門との連携が明確にされた。『彭真伝』編纂組編『彭真伝』第三巻、九二六頁、北京、中央文献出版社、二〇一二。

320 『彭真伝』編纂組編『彭真伝』第三巻、九二六頁、北京、中央文献出版社、二〇一二。

321 一九五六年九月二八日の八期一中全会で政治局員に選出されたのは、毛沢東、劉少奇、周恩来、朱徳、陳雲、鄧小平、林彪、林伯渠、董必武、彭真、羅栄桓、陳毅、李富春、彭徳懐、劉伯承、賀竜、李先念の一七人。さらに同候補委員として、烏蘭夫、張聞天、陸定一、陳伯達、康生、薄一波の六人が選出された。

322 一九五六年一〇月五日、鄧小平の主宰で中央書記処会議が開かれ、中央書記処の任務領域と分担について議論がおこなわれた。その結果、任務は中央政治局と政治局常務委員会の指導の下でおこなうこと、原則、方針、政策および重大な政治問題は政治局と政治局常務委員会が決定し、書記処はその決定に基づいて日常の実務を主管することが確定された。また、鄧小平を全体の責任者とし、彭真がそれをサポートすることも決められた。中共中央文献研究室編『鄧小平年譜（一九〇四〜一九七四）』中巻、一三二八頁、北京、中央文献出版社、二〇〇九。

323 一九六六年一〇月二五日の中央工作会議で毛沢東は次のように述べている。「スターリンの死後、マレンコフがもちこたえることができず、問題が生じて修正主義が生まれたことに鑑みるならば、国家の安全のためには一線、二線をつくるべきだと考えた。今思えば、あまり良い考えではなかった。十一中全会まで、わたしは二線にいて日常業務を主管せず、多くのことはほかの者にやらせた。そうやって彼らに大衆の信頼を勝ち取ってもらいたかった。わたしがマルクスに会う時（死んだ時）、国家の動揺を引き起こさないためである」。逢先知、金沖及主編『毛沢東伝（一九四九－一九七六）』上巻、一四五〇頁、北京、中央文献出版社、二〇〇三。

324 一九五六年四月二八日の中央政治局拡大会議の総括演説で毛沢東は、人民代表大会の方法に倣い、党の常任代表を置いたらどうかという、党規約の改正を提案した。「人民に国会があるように、党にも国会がある。すなわち、党の代表大会である。党の代表大会を開催しなくなってすでに十年になる。常任代表制があれば、必然的に毎年開催するようになる」。「中央政治局拡大会議における毛沢東の講話」一九五六年四月二八日、『毛沢東文集』第七巻、五四頁、北京、人民出版社、一九九九。

325 『中国共産党規約』（一九五六年九月二六日、中国共産党第八回全国代表大会可決）、中共中央文献研究室編『建国以来重要文献選編』第九冊、三二九〜三三〇頁、北京、中央文献出版社、一九九四。

326 一九五六年七月六日から一四日にかけて、毛沢東は政治報告起草委員会を三度にわたって招集し、続く一五日から一九日まで、中央政治局拡大会議を主宰した。さらに、七月二三日から八月末にかけては政治局会議や起草委員会などの各種会議を北戴河で主宰し、同時に、劉少奇、周恩来、鄧小平らと頻繁に意見交換をおこなった。劉少奇、周恩来、陳雲とは手紙のやりとりを通じても議論しており、八月二四日から九月一四日までの間に、計一四回のやりとりがおこなわれた。逢先知、金沖及主編『毛沢東伝（一九四九－一九七六）』上巻、五一二〜五一八頁、北京、中央文献出版社、二〇〇三。

327 フレドリック・C・ティーブス「新政権の樹立と強化」、ロデリック・マクファーカー著、ジョン・フェアバンク編訳『剣橋中華人民共和国史：革命的中国的興起（一九四九－一九六五）』中国語版、北京、中国社会科学出版社、一九九八。

328 一九五六年四月四日、「プロレタリア独裁の歴史的経験について」という一文の議論の際に、毛沢東は次のように述べている。「最も重要なのは独立した思考であり、マルクス・レーニン主義の基本原理と、中国の革命と建設に関わる具体的実践とを結合させることだ。民主革命の時期、大きな損失を出してからようやくこの結合を実現し、新民主主義革命を勝利させることができた。社会主義革命と建設の時期である今、再びこの結合を実現し、社会主義建設の道筋を見出さなければならない。わたしは数年前から検討を始めている。われわれは、これまでも迷信にとらわれず、自分たち独自の考えをもってきた。今後はいっそうの努力をもって、中国の社会主義建設の具体的道筋を探り当てなければならない」。呉冷西『憶毛主席――我親身経歴的若干重大歴史事件片断』九～一〇頁、北京、新華出版社、一九九五。

329　一九五五年末から一九五六年はじめにかけて、劉少奇は八大政治報告の準備のため一連の調査研究をおこない、毛沢東もこれに多大な関心を寄せた。一九五六年二月一四日から四月二四日にかけて、今度は毛沢東自身と中央政治局および国務院の指導者が経済建設に対する系統的な調査研究を展開し、三四の部門からの報告と、国家計画委員会の第二次五カ年計画に関する報告（劉少奇、周恩来、鄧小平らが参加）を相次いで聴取した。前者は専門的な報告であり、後者は総合的な報告である。議論や総括の作業も報告聴取と並行しておこなわれ、中央政治局でも繰り返し討論がおこなわれた。これらを踏まえて、毛沢東は問題を十大項目（十大関係）にまとめ、一九五六年四月二五日の中央政治局拡大会議で「十大関係を論ず」を発表したのである。毛沢東は当時、文章化を急いでいなかったため、胡喬木が何度も手を加えた後、一九六六年になってようやく正式な中央文書として公表された。一九五八年五月の中央政治局拡大会議で毛沢東は次のように述べている。「経緯を言うと、十大関係は、（一九五六年二月から）一カ月半、北京で一日一部局、合計三四部局の同志と討論を重ね、徐々につくり上げたものである。彼らとの討論がなかったとしたら、あの十大関係は出来ただろうか。答えはノーである」。許全興『毛沢東晩年的理論与実践（一九五六－一九六六）』一九頁、北京、中国大百科全書出版社、一九九五。

330　毛沢東「十大関係を論ず」一九五六年四月二五日、『毛沢東選集』第五巻、二八八頁、北京、人民出版社、一九七七。

331　「鄧小平が毛沢東にあてた手紙」一九七五年七月一三日、逢先知、金沖及主編『毛沢東伝（一九四九－一九七六）』上巻、四八六頁、北京、中央文献出版社、二〇〇三。

332　「党中央主宰の知識人問題に関する会議における毛沢東の講話記録」一九五六年一月二〇日、逢先知、金沖及主編『毛沢東伝（一九四九－一九七六）』上巻、四六九頁、北京、中央文献出版社、二〇〇三。

333　一九五六年一二月七日、黄炎培（中国民主建国会責任者）、陳叔通（商工連合責任者）らとの会談で、毛沢東は次のように述べている。「私営大工場をつくってもよい。今後十年、二十年の間に没収することはない。華僑の投資は二十年間あるいは百年間没収しない。投資会社をつくって元本利払いの資金運用をおこなってもよい。国営（企業）でやるのもよし、私営（企業）でやるのもよし、である」。これを「新経済政策」と称した毛沢東は、資本主義をなくし、なおかつ資本主義をやる、という考えを提起した。許全興『毛沢東晩年的理論与実践（一九五六－一九六六）』二七頁、北京、中国大百科全書出版社、一九九五。

334　一九五七年一二月二九日、全国人民代表大会常務委員会の第五十二回会議で劉少奇は、商工連合会議における毛沢東の講話「違法でさえなければ、非公然操業の工場を公然化し、承認を与え、管理しなければならない」を紹介した。さらに劉少奇は次のように述べている。「わが国には社会主義（経済要素）と資本主義（経済要素）が存在するが、前者が九十数％で後者はわずか数％である。資本主義が存在するからといって恐れることはない。社会主義を補充するものなのだから」。許全興『毛沢東晩年的理論与実践（一九五六－一九六六）』二七～二八頁、北京、中国大百科全書出版社、一九九五。

335　一九五七年四月六日、国務院全体会議で同年の国民経済計画草案について議論をおこなった際、周恩来は次のように述べている。「大炭坑は国家が経営するが、小規模な炭坑は合作社や私人（経済）が経営してもよい。主流（経済）は社会主義（経済要素）だが、小規模なものにはいくらか自由を与える。そうすれば社会主義（経済）の発展にとってプラスになる。工業、農業、手工業のすべてに適用できるやり方である。私立の小学校はそのまま経営させておけばよい。工業、農業、商業、教育、軍事のうち、軍事（国防工業）を除いては、おおむねどの分野にも経済的自由をいくらか認めることができるし、私営の存在も多少は認めてよい。社会主義建設の過程で、私営（経済要素）を部分的に認め、それを活用することは、決して悪いことではない。外貨不足についても、香港や外国から工場建設資金を借り、利息を払ったとしても、工場をつくることで潜在力を掘り起こせる」。許全興『毛沢東晩年的理論与実践（一九五六―一九六六）』二八頁、北京、中国大百科全書出版社、一九九五。

336　陸南泉「スターリンモデルのいくつかの重要問題に関する再考」、『社会科学報』二〇〇七年八月二一日、第三版。

337　毛沢東はさらに、「ソ連の道は、歴史の発展法則にのっとったものであり、人類社会が必ず通る道である。このことにわれわれはまったく疑問がない」とした。『建国以来毛沢東文稿』第四巻、五四八頁、北京、中央文献出版社、一九九〇。

The Political and Economic History of China
1949-1976

第五章

「大躍進」から経済再建まで
(一九五七〜一九六五年)

中華人民共和国の経済史上、一九五六〜一九六五年は「全面的な社会主義建設に着手した十年」と言われる。一九五六年の第八回全国代表大会（八全大会）をひとつの重要なメルクマールとして、中国は全面的で大規模な経済建設の段階に突入した。[1]しかし、この時期の党と国家の指導方針には重大かつ深刻な誤りがあった。そのため、中国の発展は極端な曲折を経ることになる。[2]

　一九五六年九月二七日、八全大会閉会式で採択された決議は、中国社会の主要な矛盾を正確に分析していた。「先進工業国を建設せんとする人民の要求は、遅れた農業国という現実との間に矛盾をきたすようになった。同じく、経済と文化の速やかな発展を求める人民の願いと、それが満たされない現状との間にもすでに矛盾が生じている。これがわが国の主要な矛盾である。こうした矛盾の本質は、社会主義制度がすでに確立した中で、先進的な社会主義制度と立ち遅れた生産力の間に生じる矛盾なのである。これらの矛盾の解決に力を集中し、わが国を遅れた農業国から先進的工業国へと生まれ変わらせることが、党と人民に課せられた目下の重要な任務である」「社会主義革命はおおむね完了した。したがって、国家の主要任務は、生産力を『解き放つ』ことから『守り育てる』ことへとすでに変化している」[3]。これがいわゆる八大路線であり、全党のコンセンサスを得た政治方針だった。中国共産党にとってそれは、革命を主要任務とする革命党から国家建設を主要任務とする政権政党への転換を意味した。

　八全大会では、「四つの現代化」という戦略目標を実現することが党の任務として確認された。すなわち「国家の工業化をできるだけ早く実現し、系統的・段階的に国民経済の技術革新を推進することで、**高度に近代化された工業・農業・交通運輸・国防を有する国家を建設すること**」である。[4]毛沢東は、十五年でおおむね整った工業体系を構築し、五十年、百年かけて、強大な社会主義工業国を建設するという壮大な構想を打ち出した。

　八全大会招集前に毛沢東は、「社会主義革命の目的は生産力の解放である」と明言した。大会直後の談話でも改めて次のように指摘している。「社会主義革命とは、社会主義建設のために道を整えることである。新しい政府、新しい生産関係をつくることが革命の目的ではない。生産を発展させることがその目的である」[5]。さらに、現在の党の中心任務は経済建設である、という点も明確にした。二〇世紀の後半は革命ではなく経済建設をおこなう、これがそもそもの毛沢東の構想だった。[6]しかし、一九五七年の反右派闘争を機にこの構想は変質し、八大路線から乖離していった。その結果、革命党から政権政党への転換も先延ばしにされた。

　劉少奇は、党中央を代表しておこなった八大政治報告において、**党指導部の任務は、起こりうる誤りを減らし、同じ誤りを繰り返さず、小さな誤りが大きな誤りにならないように**

過去の誤りを研究・分析し、教訓を引き出すことである、と明言した。[7]毛沢東も政権政党としての威信を自覚していた。「大勢の党幹部が国を指導する立場にある。**中国でいちばん大きな誤りを犯す可能性があるのは、ほかでもない中国共産党だ。誤りがもたらす影響も一番大きい。だからこそ、わが党には緊張感が必要だ**[8]」。経済建設における党の経験不足、それゆえの徹底した学習と総括作業の必要性を毛沢東はとくに強調した。誤り、とりわけ全国規模の誤りを少しでも減らしたいという真摯な願いである。毛沢東は、全党が「第二次五カ年計画」「第三次五カ年計画」の実践を通じてさらに多くのことを学んでほしいと願っていた。[9]一九五七年四月、鄧小平はこの毛沢東の考えを全党に伝えた。鄧小平もまた、経済建設については党全体が小学生レベルでしかなく、徹底した学習と経験の総括をおこなわなければ失敗する、と考えていた。[10]ここでの毛沢東、劉少奇の「思い」に嘘はない。きわめて真摯なものである。鄧小平の警鐘にも先見の明がある。しかし、一年後の「大躍進」、すなわち経済政策の「大失敗」を、彼らの誰ひとりとして予想も想像もできなかった。

一九五七年以降、国内外の政治・経済に生じた一連の重大な事態により、建国（一九四九年）後七年間続いた経済発展の趨勢は途切れ、そればかりか、八大路線も完全に頓挫することになった。第二次五カ年計画（一九五八～一九六二年）期において党の重点課題を経済建設にシフトし、大規模な経済建設に着手するとした路線[11]、経済を段階的かつ着実に発展させていくという指導方針が、大きく変質したのである。[12]こうした毛沢東の突然の方針転換と「大躍進」の安易な発動は、ほかの指導者が毛沢東支持に転じ、全党全国が根こそぎ動員されたこととあいまって、中国経済の発展にはかりしれないダメージをもたらした。

この一九五七年以降の大転換は、以下の内容を含んでいる。**政治面では、一九五七年の反右派闘争がもたらした国内階級闘争の拡大に、一九五九年の廬山会議と「反右傾」闘争が引き起こした党内闘争の拡大が重なり、政治の要が階級闘争になってしまったことである。**[13]**経済面では、一九五八年に毛沢東が同時に発動した「大躍進」と「人民公社運動」**[14]**である。前者は発展の不均衡を極限化するものであり、いわば生産力の「大躍進」であったが、成果とスピードを焦りすぎた。後者は急進的で強制的な社会変革であり、生産関係の「大躍進」とも言うべきものだったが、「大」（規模の拡大）と「公」（公有化）を性急に追い求めすぎた。**鄧小平は後に次のように評している。一九五七年以降、「左」の思想が台頭し、次第に主流を占めるようになった。一九五八年の「大躍進」では一気に人民公社化を強行したが、規模の拡大と共有化、平等な待遇のみが強調され、大災難をもたらした。[15]「大躍進」の誤りを最初に是正しようとしたのは一九五九年五月、陳雲が毛沢東に鉄鋼生産指標の調整を提案した時だったが、当時、毛沢東はそれを受けつけなかった。七月の廬山会議では彭徳懐が毛沢東に書簡を送り、二度目の「大躍進」失政の修正を試みたが毛沢東の拒絶に遭い、さらに第二次「大躍進」が発動された。一九五九～一九六一年には世界を震撼させた「大飢饉」が猛威をふるい、一〇〇〇万人以上が餓死する事態を招いた。ジョン・フェアバンクによれば、死亡者数から見て、人類史上最悪の災厄に数えられるという。[16]これは、毛沢東が「正」から「誤」へと転落していく転回点であり、また、歴史上最大の汚点にもなった。一九六二年初めの「七千人大会」では自己批判を迫られたが、急進的な誤った路線を根本から改めることはなく、むしろ階級闘争・路線闘争をより先鋭化させていった。第八期十中全会では「階級闘争永続論」を打ち出し、「文化大革命」の政治的準備ともいえる一連のイデオロギー闘争を発動していく。一九六三年の「四清運動」も一九六五年の社会主義教育運動も、「文化大革命」の予行演習であった。そして一九六六年、毛沢東は正式に「文化大革命」を発動するのである。

後年、鄧小平がふりかえっているように、総じて言えば一九五七年までの毛沢東の指導は正しかったが、一九五七年の反右派闘争を機に誤りがどんどん増えていった。[17]この極「左」化が始まった一九五七年から数えるならば、中国の経済発展は二十年もの時を無駄にしたことになる。[18]

建国直後の七年間で大きな成功と発展を成し遂げながら、一九五七年以降、深刻な挫折と曲折を味わうことになったのはなぜか。国際的要因を別とすれば、主な要因は国内にあった。前章で分析したように、新中国成立以来、中国共産党の指導者間（毛沢東とほかの指導者の間）には不一致が存在していた。それは、中国の国情と発展段階に対する認識の違いであり、どのような社会主義をどのように建設すべきかということをめぐる考え方の違いに根差した政治的不一致であった。一九四九～一九五六年の間は、この不一致は顕在化していなかった。不一致があったとしても、党内民主の原則と重大テーマにおける集団的政策決定システムを通じて一致点を見出すことができた。しかし、一九五七～一九六五年になると、この協調システムは機能不全に陥り、正規のシステムからはずれたところで物事が決められていく状況が顕著になった。一九五七～一九五八年にかけて繰り返しおこなわれた周恩来や陳雲ら「反盲進」派に対する毛沢東の批判は、（中央）政治局の外側から振り下ろされたところがある。この結果、党内の民主的運営が次第に損なわれていった。[19]「大躍進」で中央指導部の不一致は決定的になり、時には公然たる分裂に発展することもあった。彭徳懐を処分した一九五九年「廬山会議」の誤りはその典型である。一九六二年の「七千人大会」で毛沢東は自己批判し、責任をとることを余儀なくされたが、それにもかかわらず劉少奇らとの路線上の不一致は収束せず、のちの北戴河会議では「三自一包制」を厳しく批判することになる。一九六三年以降、毛沢東はますます非制度的な手段を用いて党内に「不意打ち」をかけ、「文化大革命」の準備を進めるようになった。[20]アメリカの中国問題専門家であるロデリック・マクファーカーは、農業合作社の完成から最初の「躍進」（盲進）、「百花斉放」方針の制定から整風運動、整風運動から反右派闘争、さらに第二次「躍進」（大躍進）および「人民公社運動」・廬山会議・中ソ論争といった一連の重大事件において、中国指導層の意見の食い違いと論争は日を追うごとに激しさを増し、次第に「二つの路線闘争」（毛沢東と劉少奇の間の路線闘争）へと発展、人民内部の矛盾が敵味方間の矛盾へと転化してしまった、これこそある階級が別の階級を覆す政治大革命（文化大革命のこと）を毛沢東が発動するに至った重要な、あるいは根本的な原因の一つである、と述べている。[21]

経済統計データと、政策がもたらした結果から判断すれば、中華人民共和国の経済発展史において、この時期の成長率は最低で、経済の振れ幅も一番大きい。生産率は横ばいで、実質GDPは「大躍進」が発生しなかった場合に比べて四〇％も低下した。現代史上最大規模の飢饉も発生し、その経済的・人的損失は、一九二〇～一九三〇年代に資本主義諸国が直面した「大恐慌」を上回る規模であった。この時期は「全面的建設」とは到底呼べず、実際のところ「大躍進」から「大災難」へ、さらに「大調整」へと推移した時期であった。

本章で検討する主なテーマは以下の通りである。なぜ毛沢東は一九五七年に前年の八全大会で提起された「現中国の主要矛盾」論を否定し、「プロレタリアートとブルジョアジーの階級闘争」を唱えたのか。毛沢東はどのように「ソ連モデル」と対決したか。党中央が計画した最初の「大手術」（分権化）はどのように実行されたのか。毛沢東の提起した「大躍進」は、フルシチョフの「十五年でアメリカに追いつき追い越す」という目標にどの程度影響を受けているのか。「大躍進」はどのように始まり、どのようにして「大変動」のプロセスに転化していったのか。それはどのような損失と深刻な結果をもたらしたのか。陳雲はなぜ毛沢東を止められなかったのか。毛沢東はなぜ彭徳懐の建議を拒絶したのか。両者の論点は何だったのか。「大躍進」の深刻な教訓とは何だったのか。毛沢東はなぜ「人民公社運動」を発動したのか。「大躍進」と「人民公社運動」後の国民経済はいかにして回復したのか。一九六二年の「七千人大会」において毛沢東らはどう反省したのか。毛沢東とほかの指導者ではどのような考えの違いがあったのか。なぜ農村の「三自一包」改革案を断固拒否し、「階級闘争を要とする」方針に向かったのか。そして最後に、われわれはこの特殊な経済発展時期を客観的にどう評価すべきか。

実践は真理を確かめるための指標であり、それ以上に誤りを確かめるための指標である。「大躍進」の「大災難」は、中華人民共和国の歴史に刻まれた事実というだけでなく、毛沢東は「一〇〇％正しい」という神話をも打ち砕いた。しかし、より重要なのは、政策決定の誤りを分析するのに最適な事例を後世に残したことである。われわれはさらに一歩進んで次の諸点を理解しなければならない。この時期の毛沢東の誤りはどこにあったのか。彼の誤りをあらかじめ防ぎ、是正することはできなかったのか。なぜこのような誤りが生じたのか。なぜ再三再四同じような誤りが発生したのか。われわれは毛沢東の誤りをどのように定性的に、そして定量的に評価すべきか。また、どのような歴史的教訓を読み取るべきか。なぜ「大躍進」の失敗が党内の政治的分裂の原因となり、「文化大革命」を引き起こす原因になったといえるのか。**歴史は最高の教科書である。とくに苦い記憶と共に心に刻み込まれた歴史の失敗と教訓は、何よりも貴重な財産である。**

第一節　党内整風から「反右派」闘争まで

一、国内外の政治事件が毛沢東に与えた衝撃

一九五〇年代中期の国際情勢は比較的平穏で、中国が国内経済建設を進めるのに都合がよかった。八大決議で述べられているように、「世界の情勢は緊張緩和に向かっており、世界平和を保つことは夢ではなくなってきた」[22]。

一九五三年の朝鮮戦争終結後、党中央は長期間にわたる国際的な平和環境を築くため、積極的な外交活動を展開した。一九五四年四月二九日、中国とインドは「中国チベット地方とインド間における通商・交通に関する協定」を締結、そこには五つの原則が記された。すなわち、領土および主権の相互尊重・相互不可侵・相互内政不干渉・平等互恵ならびに平和共存である[23]。六月にはイギリスと相互に代理大使を派遣する半外交関係を樹立した。四月二六日には、周恩来率いる中国代表団がジュネーブ会議に出席、中華人民共和国にとって世界の五大国の一員として参加したはじめての国際会議となった。七月二一日には「ジュネーブ協定」が成立し、フランス政府はインドシナ三国（ベトナム・ラオス・カンボジア）から撤退することを表明、各国と停戦協定がそれぞれ結ばれ、ベトナムでは臨時軍事境界線（一七度線）が設けられて全面的停戦が実現、帝国主義による中国南部への圧力は大幅に減少した。

そして、**平和五原則の積極的提唱である。**毛沢東は「国際的緊張を緩和し、異なる制度の国家が平和共存できること、これはソ連が提案したスローガンであり、われわれのスローガンでもある」と主張した。彼はまた、「われわれに有利な状況をつくり出すためには、われわれ自身が働きかけなければならない」とも考えていた[24]。毛沢東と周恩来は、中国の外交方針は国際平和統一戦線の樹立である、とはっきり打ち出した[25]。イギリス労働党党首であるアトリーに毛沢東は次のよ

うに語った。「非社会主義的な、たとえば資本主義・帝国主義・封建制王国などと共存できるのか。わたしはできると考えている。ただし、双方が共存を願うという条件の下で」。また彼は「アメリカも平和共存政策をとることを期待する」とわざわざ言及している。[26]

一九五五年四月二四日、アジア・アフリカ会議に周恩来率いる中国政府代表団が参加、全会一致で「世界平和と協力の推進に関する宣言」を採択、各国の平和共存と友好協力をうたった十項目の原則（バンドン精神とも呼ばれる）を打ち立てた。

資本主義国との関係改善も積極的におこなった。一九五六年四月二五日、毛沢東が命令を発して「拘留中の日本人戦犯の処理に関する決定」を公布し、一〇一七名の日本人戦犯を釈放、これは日本各界から歓迎され、中日民間友好交流を後押しした。しかし、両国関係の正常化交渉、および鳩山首相への訪中要請は実現しなかった。一〇月二三日、中国とパキスタンは共同声明を発表した。

西側の大国との貿易交流も徐々に発展し始め、中国と西側諸国との関係も改善された。中英両国の貿易関係は以前にも増して盛んになり、フランスとも関係改善をおこなった。アメリカはイギリスを通じてメッセージを送り、はじめて新中国と接触を図ろうとした。一九五五年八月一日より中米大使級会談がジュネーブでおこなわれ、公式の連絡チャンネルを確立、後にジュネーブからワルシャワに移ったものの、十五年にわたって続いた。毛沢東は、西側諸国は「一枚岩」ではなく、アメリカのような国ですら交渉の余地が無いわけではない、と考えていた。[27]

国際関係の中でもとくにソ連は、中国内部の政治的変化に一貫して最も大きな影響を与える外部要素の一つであった。毛沢東はこの要素に対して非常に敏感で、かつ警戒していた。

一九五六年二月、ソ連共産党は第二十回代表大会を開催、会議の主要議題が終了した後で、ソ連共産党中央第一書記フルシチョフが全代表に対して「個人崇拝とその諸結果について」と題した秘密報告をおこない、スターリンがソ連の社会主義建設を指導する中で犯した重大な誤りや、彼への個人崇拝が招いた深刻な結果を暴露した。この報告は迷信を破り、思想を解放する上で一定の効果があったが、[28]一方でスターリンの歴史的地位や役割を全面的に否定したため、国際共産主義運動に大きな衝撃を与えた。[29]三月三日、大会に出席していた党の代表団団長だった鄧小平は、帰国後直ちに毛沢東、劉少奇、周恩来らに報告した。中央政治局と書記処は三月から四月にかけて一連の会議を開き、その影響について話し合った。[30]四月五日、『人民日報』は「プロレタリア独裁の歴史的経験について」と題する文章を掲載した。この文章は陳伯達が執筆し、毛沢東自らがチェックして七度も修正をおこない、中央政治局拡大会議で採択されたものである。文章では、ソ連の第二十回代表大会の個人崇拝批判に対しては積極的に評価しつつ、スターリンの功罪については歴史的・客観的視点から論ずるべきであり、事実に基づいて彼の失敗に向き合い、有益な教訓を得るべきだとした。

四月二五日、毛沢東は「十大関係を論ず」の中で、ソ連は以前、スターリンを一万丈もの高さに持ち上げ、今度は急に地下九千丈までたたき落とした、そのようなやり方には賛成できないと述べた[31]。

一一月一五日、毛沢東は八期二中全会において次のように述べた。「われわれは、まずスターリンを守り、次にスターリンの誤りを批判するため『プロレタリア独裁の歴史的経験について』を書いた。われわれは、一部の人間（フルシチョフのこと）のようにスターリンをけなしたり貶めたりするのではなく、実情に照らして事をおこなう[32]」。

ソ連共産党第二十回大会開催後、「ポーランド暴動」「ハンガリー動乱」が相次いで発生、毛沢東はこれを警戒するとともに憂慮し、一九五六年と一九五七年を「多事之秋」と称した。これは毛沢東が党内整風を進め、「反右派」闘争を発動する国際的背景となった。

一九五六年六月、ポーランドのポズナニでストライキに伴う流血事件が発生、一〇月にはワルシャワで学生デモがおこなわれ、これに応じる形で統一労働者党は政治局を改編してゴムウカを第一書記に選出、経済と政治の自由化をおこない、ソ連のコントロール下から脱しようと図った。両国関係は緊張の度合いを増したが、その後、中国の仲介の下でソ連軍は撤退し、ゴムウカを筆頭とするポーランド統一労働者党中央およびその政府の正当性を認めた。

ポーランドでの暴動が収まらないうちに、その影響を受けて、一〇月二一日にはハンガリーの首都ブダペストで二〇万人が参加した反政府デモが発生した。これがラジオ局の占拠やハンガリー勤労者党および政府機関の襲撃、官僚の殺害といった反政府的な暴力事件へと発展したため、ハンガリー勤労者党中央は緊急会議を招集して中央指導機構を改編、ナジが中央政治局入りして、政府首脳（部長会議主席）としてナジ政府を樹立し、ワルシャワ条約機構からの脱退と複数政党制の導入を宣言した。しかし、保安組織を解散させたため、ハンガリー全土は無政府状態に陥った。毛沢東はフルシチョフに二つの建議をおこない、どちらかを選択するべきだと説いた。一つ目は出兵し干渉すること、二つ目はハンガリーからソ連軍を撤退させること。さらに、しばらくは決定を下さず、状況の推移を見守ってから決めるべきだとも述べた。フルシチョフは出兵を決定、一一月四日、カーダールを総理とする新政府の成立を宣言した。同日、カーダールの求めに応じてソ連軍をブダペストに進軍させ、またたく間に動乱を平定した[33]。

ポーランドとハンガリーで起こったこれらの事件は、中国共産党と毛沢東にも大きな衝撃を与えた。毛沢東は次のように述べている。「ポーランド・ハンガリーの事件を受け、われわれは中国の問題をさらによく考えなくてはならない。これらの教訓をしっかりと生かすため、社会主義は何をなすべきなのか。矛盾は常につきものであり、この矛盾をいかに処理すべきか、われわれは真剣に取り組まなければいけない」[34]。事件収束後の一〇月二一日から一一月九日にかけて、中央政治局常務委員会と政治局はこれらの問題を討論する拡大会議を連続して開いた[35]。一一月一〇日から一五日にかけて召集された八期二中全会では議題が追加され、中国共産党がこれらの事件においてとるべき方針について重ねて議論がおこなわれ、事件発生の原因やそこからくみ取るべき教訓について分析がなされた。劉少奇は国際情勢について報告をおこない、東欧の情勢ならびに彼が率いた中共代表団がソ連を訪問した時の状況について説明した。さらに彼は「**プロレタリア階級が支配する国家において、つまりわれわれ社会主義国家において、ある条件の下で、プロレタリア貴族とでもいうべき階層が出現する可能性があるのではないか**」と提起し、「**わが国が発展していく中で一種の特権階級が発生し、人民から離れ、その頭上に君臨するようなことがないよう、制度を整える必要がある**」と述べた[36]。しかし毛沢東は、事件の根本的教訓は、これらの国々の共産党政府が階級闘争を十分おこなっていなかったということであり、自業自得の結果だと考えた[37]。毛沢東は中国国内については階級間の矛盾は基本的に解決済みであるが、ごく少数の反革命分子が存在しており、その活動に注意しなければならないと判断し、反革命は鎮圧しなければならないと主張した。「小蔣介石」を抹殺し、反革命を鎮圧しなければ、労働者の不興を買うことになる、反革命はまとめて粛清するか、まとめて捕らえて監視しなければならない、と述べた[38]。一九五六年のソ連共産党第二十回大会におけるスターリン批判、そしてポーランド・ハンガリー事件、いずれも毛沢東に与えた衝撃は大きかった。彼は、ソ連はすでにマルクス・レーニン主義ではなくなったとおおむね断定した[39]。同時に、**人民から乖離した貴族階級が中国共産党や政府内部から生まれるのではないかという懸念をもち始めた。県委員会以上の幹部は数十万人もおり、国家の命運は彼らの掌中に握られている。**もし、人民から離れ、人民の問題を解決しないようになったら、農民は一揆を起こし、労働者は街頭デモをおこない、学生は学生運動を起こすであろう[40]。加えて次のように提起した。「一大事に備えなくてはならない。国際情勢では世界大戦が勃発し、原子爆弾が落とされるかもしれない。国内的には全国的な騒乱が起こり、『ハンガリー動乱』が中国でも発生し、数百万人がわれわれに反旗を翻し、数百の県を占拠し、北京に攻め寄せてくるかもしれない。そうなったらわれわれはまた延安に戻るしかない。われわれはそこから来たのだから[41]」。

ここには、中国の政治問題に対する毛沢東独特の見方がよく表れている。彼は国際問題を国際問題として、国内問題を国内問題として語るのではなく、国際問題を語る際には国内問題を念頭に置き、国内問題を語る時には国際問題を考慮していた。**一九五七年一月に毛沢東が唱えた「台風説」は、国際台風と国内台風について述べたものである。**[42] 神輿に乗って担ぎ上げられたばかりの共産党を引きずり下ろそうと、右派勢力がしかけてくるであろう奪権闘争は、国内反革命分子・右派勢力と国際的敵対勢力とが呼応し合うことで生まれてくる、と毛沢東は考えていた。[43] **一九八九年には鄧小平も「気候説」、つまり国際的な「大気候」と国内の「小気候」が結びついて嵐になるという考え方を唱えた。**[44] 二人とも国内と国外の二元的視点をもって中国の問題を洞察していた。しかし、両者は完全に同じではない。敏感な毛沢東は、その敏感さが時に度を越えることがあった。関心の矛先が国外から突如国内へと転じ、国内の闘争を国外における闘争の必然的反映とみなした。それが経済建設を中心に進んでいた中国政治の方向性をねじ曲げる結果につながった。他方、鄧小平も敏感なことは敏感だったが度を越えることはなく、具体的問題を具体的に分析した。したがって、改革開放という政治的方向性は、国内外の重大事件によって左右されることがなかった。

中央政治局拡大会議での議論に踏まえ、『人民日報』編集部は「再びプロレタリア独裁の歴史的経験を論ず」を発表した（一九五六年一二月二八日）。[45]「多事之秋」を反映したこの文章は、一九五〇年代中期の内外情勢、その複雑きわまりない矛盾の様相に対する毛沢東らの基本認識と理論で全編が貫かれている。つまり、二種類の矛盾、すなわち敵味方間の矛盾と人民内部の矛盾を正しく区別して処理する、という毛沢東の提起に根差した立論になっていた。これは「社会主義矛盾論」ともいうべき毛沢東の理論的営為であり、党指導部の政治的英知の結晶でもあった。この論文は、国際階級闘争だけでなく、国内階級闘争をも対象にしており、国内におけるどんなに小規模な「争い」も、すべて階級闘争の表れとみなしていた。

ちなみに、毛沢東は一二月四日に黄炎培にあてた書簡の中で、中国の政治的国情に対する概括的判断として、「わが国の階級矛盾はおおむね解決した」と述べている。また、「敵味方間の矛盾は力で解決するが、人民内部の矛盾は説得、すなわち批判で解決する」と明言している。[46]

この「二種類の矛盾の区別」は、のちの反右派闘争をはじめとする政治運動の中で繰り返し強調された。しかし、何が敵味方間の矛盾で何が人民内部の矛盾なのかは、恣意的に解釈され、変化し、エスカレートしていった。時には、一〇%、五%、二%といった具合に敵の数を数量的割合で規定することもあった。しかも、これらの「敵」に対する闘争を階級闘争と言いなした。「反右派」闘争は政治闘争であると決めつけ[47]、法も人道も人権も踏みにじり、「右派」に対する強権的圧殺をおこなったのはまさにこのやり方である。この「恐怖政治」により、党内外を問わず多くの人が甚大な被害を受けた。一九五七年には五五万人が「右派分子」というレッテルを貼られて激しい迫害を受け、九年後には劉少奇や鄧小平といった中央指導者さえも同様に迫害を受けることになった。

　毛沢東がポーランド・ハンガリー事件に強い衝撃を受けた一九五六年の後半には、中国においてもさまざまな社会矛盾による衝突が生じていた。全国各地で一万人以上の労働者がストライキをおこない、学生も一万人以上が授業をボイコットした[48]。全体から見ればそれらの活動に参加した人数はごく少数で無視することもできたが、毛沢東はじめ指導部全体にとって、それはこれまで対処したことのない予想外の事態であった。毛沢東は社会問題に直面すると、自身が一貫して提起してきた社会矛盾学説に基づいて解釈した。すなわち、「世界は矛盾に満ちており、古い矛盾が解決されれば、新しい矛盾が発生してくる」というものである。ストライキやボイコット、農民の合作社からの脱退など、問題の根源はすべて官僚主義にあると彼は結論づけた[49]。劉少奇も、人民が騒動を起こす主な原因は二つあり、一つはわれわれ指導機構の官僚主義であり、もう一つはわれわれの政策の誤りであると考えていた[50]。人民の内部から擾乱が生じるという新たな事態に直面し、毛沢東は八期二中全会で次のように宣言した。「一九五七年後半に党内整風運動を展開する。整風とは、主観主義・セクト主義・官僚主義を矯正することである」[51]。毛沢東は、整風は小民主的なやり方を用い、批判と自己批判を通じて解決するとして、さらに次の点を強調した。「**以後は人民内部の問題であれ、党内の問題であれ、すべて整風の方法、すなわち批判と自己批判という方法で解決し、武力を用いたり、群衆を扇動したりするようなやり方はとらない**」[52]。党内の矛盾、党と党外の矛盾、官と民の矛盾を解決する具体的な方法を毛沢東が見出したと言うべきであろう。

　毛沢東の懸念は決して根拠のないものではなく、劉少奇や鄧小平も同じような見方をしていた。**共産党が革命党から政権政党に立場を変えて以来、党員は急速に増え、一九四九年の四五〇万人から一九五七年には一二七〇万人と、二・八倍に増加した。そのうちの相当数の党員が各級で指導的職務に就いており、国家は大量の公共資源を掌握し、党幹部は多大な行政権力を手にしていた。そのため、人民に公共サービスを提供する「人民の公僕」「奉仕の手」となる可能性もあれば、「官老爺（お役人様）」「略奪の手」となって人民から乖離し、わがもの顔で君臨する可能性もあった**[53]。

　劉少奇も次のように厳しく指摘している。「**国家と国家機関が社会の公僕から社会の主人になってしまうのを防がねばならないと、エンゲルスも述べている。わが党・政府・国家・経済機関の指導者は、本来は人民大衆の公僕であり、社会の**

公僕である。われわれの同志の中にはすでに『旦那様』となり、人民大衆を使用人扱いしていながら、まだそれに気づいていない者がいるが、これは誤りである」[54]。

毛沢東は官僚主義の様を、大衆を罵り、抑圧し、大衆から遊離してお高くとまっていると表現し、「**誰であれ官僚主義の誤りを犯し、一向に改めないなら、大衆はその者を引きずり下ろす権利がある」と警告した**[55]。一九五七年四月二七日、党中央は「整風運動に関する指示」を発して次のように指摘した。数年来、わが党内において、大衆から遊離した官僚主義と主観主義が新たに芽生えつつある。そのため、全党においてあらためて反官僚主義・反セクト主義・反主観主義の整風運動をおこなう必要があると党中央は考えている[56]。**五月に毛沢東は指示書の中で「整風をおこなわなければ党は壊れてしまう」と警告し、「人民内部の矛盾とわが党の整風の状況を注視すること、それが目下の一番の大事である」と述べた**[57]。

共産党指導部に対する人民の信望や、党の指導能力と国家統治能力に対し、当時の毛沢東は非常に自信をもっていた。一九四九年に新中国が成立して以降、経済が急速に回復したのみならず、史上かつてないほど社会の安寧と進歩がもたらされ、物乞い・娼妓・ならず者・泥棒などはほとんどいなくなったと言ってよく、賭博・売淫・麻薬などの社会悪もほぼ一掃された。一九五〇年代初期の中国は「道に誰かの物が落ちていても誰もくすねず、夜は鍵をかける必要もない」理想的な社会になっていた[58]。中国共産党は広範な人民大衆の支持を得ており、一部の人間が「騒いだ」からといって、毛沢東は気にかけていなかった。ハンガリー動乱のように人民政府が打倒されるなどという事態はまったく考えていなかったのである。ハンガリーと違い、中国共産党も人民政府も人民から厚い信望を得ているというのが彼の認識だった[59]。**整風運動を全国で展開しても党の威信が失われることはなく、むしろ高まることになると確信していた**[60]。**これが「百花斉放・百家争鳴」（双百）方針の背景にある毛沢東の考えだった。**

毛沢東はこの「双百」方針の生みの親である[61]。**「双百」は社会主義文化の向上と隆盛を目指したものであると同時に、思想対立をはじめとするイデオロギー闘争に対処する政策でもあった。「説得と議論が唯一の解決方法であり、決して強制的な方法で解決してはならない**[62]」**ということである。毛沢東は次のように語っている。「この方針で、文学・芸術・科学技術は必ず盛んになる。間違いなく党の活力は維持され、人民の事業はますます勢いよく発展するだろう。中国は強靭さと親しみやすさを兼ね備えた国になるに違いない**[63]」。

劉少奇は、「百花斉放・百家争鳴」はわが国の科学・芸術の隆盛をもたらす方針である、と八大政治報告ではっきりと認めた。加えて、次の点をとくに強調した。「学術上、芸術上の問題に対し、党は行政上の命令によって指導をおこなうべきではなく、自由な議論と競争を提唱し、科学と芸術の発展を推し進めていかなくてはならない」[64]。周恩来も同じく、「われわれは百花斉放・百家争鳴を呼びかける。政治において意見が一方に偏るのは非常に危険である」という認識をもっていた。当時、毛沢東や周恩来ら中央指導部は、政権政党（共産党）批判がタブー視される風潮を打破し、寛容な政治環境をつくり出すことに心血を注いでいた[65]。「ハンガリー動乱」を十分に教訓化していたともいえる。強権的圧殺は人民内部の矛盾を激化させるだけで、結果的に敵味方の矛盾に発展してしまう、ということである[66]。

毛沢東の主観的願望から言えば、百花斉放・百家争鳴は基本方針であると同時に長期的方針でもあり、一時的なものにするつもりは毛頭なかった[67]。毛沢東はスターリンの手法についても多くを批判し、同じ手法をとることはできない、われわれは先頭に立って百花斉放・百家争鳴を提唱すべきだ、と述べた[68]。当時、毛沢東の「双百」方針は党内外で物議をかもした。党内では九割方の高級幹部が反対した。党外では、陳其通ら多くの者が不安にさいなまれ、世の中が乱れることを大いに恐れた[69]。これに対して毛沢東は、「放（解き放つ）」と聞いただけでびくびくするのは、人民とその眼力を信用していない証拠だとした。なぜ毛沢東は「双百」方針をとったのか。マルクス主義に賛同する者や逆に反対する者が少なく、大多数がその中間であるという知識人の情況に、彼は根拠を見出していた。なぜ「放」を恐れる者がいるのか。「それはつまり、知識人の大多数が社会主義の道を歩み、国家の富強や生活・文化の向上を望んでいる、という事実が見えていないからであり、こうした知識人を媒介にして数億の人民を啓蒙しようと考えていないからである」[70]。これは、知識人に対する毛沢東の基本的な見方である。知識人をかなり信用していたともいえる。とくに強調されたのは、強制的・高圧的な方法で思想問題は解決できない、人を説得しようと思えば文字通り説得するしかなく、強引にねじ伏せることはできない、という点である[71]。しかし、毛沢東の「双百」には守るべき一線があった。その一線を越えることを彼は決して許さなかった。たとえそれがほんの一握りの者であっても、である。したがって、いずれの政治運動でも、党内外の反対意見に対して批判と啓発を試みるのは最初のうちだけで、結局最後には過酷な階級闘争を発動した。「反右派」闘争とその激化が何よりの証左である。整風運動を開始した当初、思想解放を願う毛沢東の考えに嘘はなかった。自由と民主を提唱さえした。しかし、後に百花斉放は一花独放に、百家争鳴は一家独鳴に変質し、多様性の許容から排他主義へと変質していく。それが頂点に達したのが「文化大革命」期であった。

二、「反右派」闘争の拡大とその影響

一九五七年に毛沢東自らが発動し、指導した整風運動とそ

の後に続く「反右派」闘争は、彼の「社会主義下の階級闘争論」の実践であると同時に、これまでの正しい指導から誤った方向へと進んでいく重要な転換点にもなった。毛沢東が八大決議を放棄し、「階級闘争を要とする」方針に転換したのはこの時からである。その後、中国国内の階級闘争は次第にエスカレートし、党外から党内へ、中間層から幹部層へと二十年近くにわたって延々と続くことになった。毛沢東本人も含め、誰も想像だにしなかったことである。

歴史的文献や資料に基づくと、「反右派」闘争は、おおよそ以下の六つの段階に分けることができる。[72]

第一段階は、整風運動への政治的動員段階である。この段階において、毛沢東は二つの重要な講話をおこなっている。一つは、二月二七日の最高国務会議第十一回拡大会議での講話「人民内部の矛盾を正しく処理する問題について」である。この会議は二月二七日から三月一日にかけて中南海の懐仁堂でおこなわれ、のべ一八〇〇人余りが参加、党および国家の指導者層では、海外視察中の劉少奇を除いて全員が出席した。毛沢東は「人民内部の矛盾をどのように処理するか」というテーマで、午後三時から七時近くまで講話をおこなった。三月三〇日に胡喬木が講話記録を整理し、四月二四日より毛沢東が原稿の修正を開始、講話から二カ月近くたった六月一九日に「人民内部の矛盾を正確に処理する問題について」と改題され、『人民日報』に全文が発表された。もう一つは、三月一二日の全国宣伝工作会議での講話である。毛沢東の発案により、党中央は三月六日から一三日にかけて全国宣伝工作会議を招集し、科学・教育・文学芸術・マスコミ・出版など各界の党外関係者一六〇人余りを異例に招待した。この二度の講話はいずれも整風問題について語っており、党の教条主義・官僚主義と人民大衆との矛盾は「団結—批判—団結」の方法で解決すること、六億人民すべてがこの方法を実践することを主張し、それを望む、というものであった。

三月一六日、党中央は全国宣伝工作会議についての指示を出し、党の知識人は今いささか不正常な状態にあるが、その原因は教条主義・右翼日和見主義であると指摘した。そのため、大いに民主を発揚し、とりわけ党外人士には思っていることを忌憚なく発言してもらわなければならないとした。

同月二五日、党中央は「ストライキ、授業ボイコット問題に関する指示」を出し、この種の「騒ぎ」を防ぐ根本的な方法は、社会主義内部の利害関係を適時調整し、現にある問題を解決することであり、なにりもまず官僚主義を克服し、民主を拡大しなければならないと提起した。四月七日には「労働者階級について検討すべきいくつかの重要問題に関する通知」を出し、各地で頻発するストライキについて、このような問題が発生する根本原因は、われわれの国家機関や企業・事業単位の指導者に主観主義・官僚主義・セクト主義の作風が根深く存在するからであるとした。同時に、労働者人民に対する思想工作が弱い点を指摘、系統だった調査研究を実施し、現状・分析・具体的意見を明記した報告を作成するよう各単位に求めた。

四月四日から六日にかけて、毛沢東は上海・江蘇・浙江・福建・安徽の四省一市の思想動向に関する報告を聴取し、次のように指摘した。騒動と聞くとすぐに敵だと思い、強権発動する。階級闘争が習慣化し、反革命に対処するのと同じ方法で騒動を起こした人民にも対処する。勝利し、政権を手にしたわれわれは、独裁を強調し、民主を軽んじる側面がある。**政権政党としての共産党が、階級闘争の習慣化**（**経路依存**）**から人民民主独裁ばかりを強調し、民主を軽視する致命的な弱点があることを、毛沢東はすでに自覚していたのである。**江華（当時の浙江省党委員会書記）が、基層幹部から最高指導者まで誰でも批判の対象にできるのか、国の最高決定を批判してよいのか、という党外人士の疑問を紹介した際、**毛沢東は次のように答えた。**「**憲法でも定められているではないか。批判させるべきだろう。六億人民の誰もが欠点をもっている。地位にかかわらず、誰でも批判の対象になる。批判が正しければ受け入れ、間違っていても害がなければそれでよい**」[73]。この時の毛沢東は開放的かつ民主的で、他人の批判を恐れず、自信にあふれていた。省委員会書記にも、仕事をする際は党外民主人士や知識人の意見に耳を傾けるのがよい、開放的かつ民主的な態度、包容力と自信にあふれた態度を示そうではないか、と鼓舞した。一方で彼は、党外よりも党内の人間の方が、腰が重いことも知っていた。党中央の機関誌である『人民日報』でさえ、最高会議の講話や全国宣伝工作会議の講話に反応しないという慎重ぶりだった。これに不満を抱いた毛沢東は、全党の整風運動を前倒しで発動することを（一人で）決定した。

四月二七日、党中央は正式に「整風運動に関する指示」を発し、五月一日付『人民日報』で公表した。そこでは整風運動の背景が次のように分析されていた。党はすでに政権の座にあり、行政命令で問題を処理することに慣れている党員が多い。なかには大衆に対して強権発動をする者もいる。ここ数年来、大衆から遊離し、実情から乖離した官僚主義・セクト主義・主観主義が増長している。したがって、反官僚主義・反セクト主義・反主観主義の整風運動に全党を挙げて取り組む必要がある。整風運動は大民主の方法をとらず、穏やかなやり方でおこない、自発的参加の原則に従って、党外人士の参加を歓迎する。今回の整風運動は、厳粛かつ穏健な思想教育運動であり、適切な批判と自己批判の運動だといえる。「知っていることはすべて話す。言う者には罪はなく、聞く者はそれを戒めとする。誤りがあれば改め、なければよりいっそう努力する」、これが原則である。毛沢東の二つの重要講話を思想的指針とし、人民内部の矛盾を正しく処理することを当面の課題とする[74]。以上から、党中央と毛沢東が展開しようとしていたのはあくまで整風運動であり、反右派闘争ではなかったことがわかる。人民内部の矛盾の解決が目的で、階級闘争を大々的にやることが目的ではなかった。三反（反官僚主義・反セクト主義・反主観主義）は党内を対象にしたものであり、党外民主人士や知識人を対象にしたものではなかった。公明正大かつ寛容な運動だったといえる。

中央の差配により、関係部門は七つの分野に分かれて会議を招集した。毛沢東は四月三〇日、自ら民主党派の責任者と無党派人士から意見を聴取した。いわく、「現在、新聞では毎日のように矛盾が取りざたされている。人民政府が打倒されるのではないかと心配する声もある。しかし、すでに二カ月が経過しているのに、政府は転覆されていない。それどころか、討論はますます盛んになり、人民政府はより強固になった」。彼は、党外人士が共産党の整風に協力してくれることを心から歓迎していた。五月三日、毛沢東はブルガリアの軍事代表団との会談で、整風運動について次のように述べた。共産党の欠点は公に批判してかまわない。人民の欠点も公に批判してかまわない。公に批判することを習慣とし、発言者を責めることはしない[75]。翌四日、毛沢東は「党外人士に党内整風への協力を要請することについての指示」を起草した。これはもっぱら党中央に向けた指示だった。中央は各民主党派および無党派人士とよく協議すること、少なくともこれから数カ月間は、民主党派や社会全体に整風を呼びかけてはならず、引き続き党内の欠点や誤りについての批判を展開し、党内整風をよりいっそう進めること、党外人士を招いて座談会を開催し、わが党の欠点について彼らに思うところを余さず述べてもらうことを指示した[76]。これは、毛沢東が党中央を代表して民主諸党派と取り結んだ政治上の契約であり、整風への協力を正式に依頼したものである。

第二段階は、党外人士による自由闊達な発言の段階である。毛沢東自らの呼びかけにより、整風運動は積極的に党外人士の意見を求める段階に入った。毛沢東はこれを非常に重視し、整風をおこなわねば党は滅びる、とまで言い切った[77]。五月八日および二五日、中央統戦部・国務院第八弁公室は、民主党派の責任者および商工業界の代表を集め、五つの問題について座談会をおこなった。一つ目は、共産党と無党派の関係について[78]。二つ目は、民主党派の地位と役割について[79]。三つ目は、これまでの政治運動と政策について[80]。四つ目は、現行の商工業政策、主に公私合営における官と民の関係[81]と、中国の民族ブルジョアジーをどのように評価するかという問題について[82]。五つ目は、国家の法制度建設について[83]。座談会の参加者の中には、「以党代政（党組織が行政組織に代わって政務をおこなう）」というデリケートな問題に言及する者もいた。陳叔通は次のように語った。「党中央と国務院が連名で出した指示を見たが、なぜそうしなければいけないのかがわからない。もちろん、国家は党の指導下にあり、政策と方針を決めるのは党である。しかし、国務院は最高行政機関であり、行政の問題は国務院が指示を発するべきである」。また章伯鈞は次のように述べた。「現在、工業関係には多くの設計院があるが、政治機構については一つもない。政治協商会議・人民代表大会・民主党派・人民団体は政治上の四つの設計院として、その役割を大いに果たさなくてはならない」。劭力士も「以党代政」を批判したが、党組織の指導は肯定し、次のように述べた。「党が政府部門を指導するにあたっては、党組織を通じておこなうのが一番いい。あらゆる重大問題は、党組織が決定した後、党員を経て実行されることで、一貫した遂行が可能になる。党が直接号令をかけるのは、それにやや劣る」。

党の整風に協力してほしい、党の欠点と誤りを指摘し批判してもらいたい、毛沢東のこうした積極的な懇願に勇気づけられた党外人士は、タブーを破ってどんどん発言するようになった。

張奚若は、四種類の偏向について厳しく批判した。「第一に、大を好み、功を喜ぶこと。社会主義とは大きいことだと勘違いし、人民の生活や消費者の需要に関係なく、組織の規模が大きければ、それで満足している。第二に、功を急いで目先の利益を求めること。成果達成のスピードのみを強調し、長期的テーマに対して腰を据えて取り組むことをしないのは、その典型である。第三に、伝統の蔑視。伝統的要素を無視して外来思想をすべてにあてはめ、わが国の歴史的遺産を一律に封建的な打倒対象とする傾向が多々ある。第四に、未来への妄信。将来すべてがよくなる、何もかもが等しく急速に発展すると根拠なく信じている[84]。これは、共産党にしてみれば非常に「痛いところ」をつかれたものだったが、同時に建設的な提起でもあった。毛沢東も深刻に受け止めるほどの痛烈さを有していた[85]。

党外人士の自由な発言について、党中央はかなり肯定的にとらえていた。五月には党内指示の中で、「ここ二カ月ほど、党外人士が参加した会議や新聞・雑誌などにおいて、人民内部の矛盾についての公開討論がおこなわれ、各方面の矛盾が急速に明らかになってきている。これらの矛盾の詳しい内容については、かつてはほとんど知るところがなかったが、このように明らかになってきたのは非常に良いことである。党外人士による批判の九割方は、内容の如何を問わず、基本的に真摯で正しいものである。党の整風にとって、また、党が欠点や誤りを正し、仕事を改善する上で、非常に有益なものである。こうした社会的プレッシャーがなければ、整風はいつまでたっても終わらない」と重ねて指摘している[86]。以上からはっきりすることは、党外人士による批判はおおむね正しく、「陰謀」ではなく「陽謀」であり、これまで党中央が無自覚だった問題、毛沢東も想定していなかった問題が指摘されたということである。

第三段階は、「敵を誘い込み、蛇を穴からおびき出し、一挙に殲滅する」段階である。これは国民党およびその軍隊に用いた作戦を右派のインテリに適用したものである。三月一二日に毛沢東はこう述べている。共産党と国民党、批判を恐れるのはどちらか。国民党である。彼らは批判を禁じ、結果、その失敗を挽回することができなかった。そして、次のように断言している。「共産党は批判を恐れない。われわれはマルクス主義者であり、真理はわれわれにあり、労働者農民もわれわれの側にいるからである」。しかし、実際には毛沢東も批判を恐れており、しかも過剰に反応した。党外人士による数々の批判は、毛沢東や指導者たちが新中国成立後はじめて耳にした、公然かつ大規模な共産党批判であった。一部には非常に厳しい論調もあり、それに対する心構えが毛沢東にはできていなかった。予想外のことに衝撃を受けたのである。それでも落ち着いて、党外人士が何を考え、何をしようとしているのか見極めようとした。しかし、整風運動から「反右派」闘争へ、「大鳴大放」から「大批（判）、大闘（争）」へ、大民主から大進攻への方針転換は、すでに毛沢東の中で決断されていたのである。

五月一四日午後九時、毛沢東は頤年堂で中央政治局常務委員会拡大会議を招集した。会議は翌日の午前一時まで続いたが、その具体的な内容は不明である。[87]毛沢東は党中央統戦部長・李維漢の報告を聞き、それは敵味方間の矛盾である、と激怒した。[88]これは毛沢東の「自己否定」であり、一八〇度の「方針の大転換」であった。

翌一五日、毛沢東が執筆した「事態は変化しつつある」と題した文章が党内幹部に配られた。[89]この文章において毛沢東は、右派に対して反撃をおこなう決心を固めたことを明らかにしている。一六日、毛沢東は「目下の党外人士の批判への対応に関する指示」を起草した。[90]

五月中旬から六月初めにかけて、中央政治局と書記処は何度も会議を開き、右派に対する反撃作戦を練った。[91]なかでも最も重要なのは、右派の正体を明るみにし、しばらくは自由に議論させ、その間党員は沈黙を守る、そして、機が熟したら彼らを制するというものであった。

中央統戦部は五月一六日から六月三日にかけて、七度の民主党派代表座談会を開催した。中央統戦部と国務院第八弁公室は共同で、五月一五日から六月八日にかけて、二五回の商工界座談会を開催した。この時、党外人士たちは毛沢東と党中央のスタンスに抜本的変化が生じていたことに気づかず、「大鳴大放」を続けた。

五月二三日、劉少奇は中央政治局拡大会議を開き、整風の現状と戦略配置に関する鄧小平の報告を聞いた。中央政治局常務委員の周恩来、朱徳、陳雲および陸定一、康生らも状況を報告した。劉少奇は鄧小平の報告を非常に良いとし、（毛）主席が五月一四日に召集した政治局常務委員会で確定した内容とも一致する、この方針に沿って現在の運動を段階的に指導していくべきだとした[92]。これは、「反右派」闘争とその戦略が中央指導部の集団討議によって決定されたものであり、中心的役割を果たしたのが当然ながら毛沢東であったことを示している。同月二五日、毛沢東と中央政治局常務委員は、中国新民主主義青年団第三回全国代表大会の代表に接見し、次のようにはっきりと宣言した。「中国共産党は、中国全人民を指導する核である。核がなければ社会主義事業が勝利を収めることはできない」。同時に、社会主義から乖離した一切の言論および行動は、まったくの誤りである、と強く警告した[93]。これは、毛沢東が全党と全国へ向けて発した重要な政治的メッセージであった。「右派」の「大鳴大放」が中国共産党に対する重大な政治的挑戦となっており、絶対に反撃しなければならないと認識する理由が毛沢東にはあったのである。

はたせるかな、正真正銘の右派が現れ、ごく少数ではあったが、その矛先を中国共産党と社会主義制度に向けてきた。

六月一日、『光明日報』編集長の儲安平は『毛主席と周総理に意見する』と題して発言した。彼は章乃器の「各党が互いに助け合う」意見から話を起こし、「党の天下」の問題について取り上げた。彼は、「党の天下」の思想はあらゆるセクト主義現象の最終的根源であり、党と党外の間にある矛盾は基本的にここにあると考えた。今日、セクト主義が突出し、党と大衆の関係がよくないのは全国的な現象である。共産党は高度に組織化され規律化された党であり、このような全国的に見られる特徴が党中央の指導と関係があるのかどうか、考慮すべき問題であるとした[94]。

翌二日、『人民日報』『光明日報』『文匯報』は、センセーショナルな見出しとともに上記の全文を目立つ位置に掲載した。毛沢東にとって、これが「右派」に反撃する格好の契機となった。儲安平ら「大右派」は、まさに飛んで火に入る夏の虫だったのである。

六月七日、毛沢東は胡喬木と呉冷西に興奮して語った。「国務院秘書長・習仲勛主宰の党外人士座談会で、盧郁文（民革中央委員・国務院秘書長助理）が発言した内容が今日の新聞に載っている。彼を攻撃し、侮辱し、脅迫する匿名の手紙を受け取ったということだ。これぞまさに反動右派に反撃する絶好の機会だ。ここ数日、わたしはいつ反撃を開始するか、ずっと機会を狙っていた。今がまさにその時である。この機会を逃さず、『人民日報』の社説で右派に反撃する闘争を開始する[95]」。

第四段階は、「右派」に対する反撃闘争への方針転換である。六月八日、毛沢東は「力を結集して右派分子の狂気じみた攻撃に反撃を加えよう」と題する党内指示を起草し、その中で次のように指摘した。一部の悪質な資本家や知識人、および社会の反動分子がプロレタリア階級と共産党に狂気じみた攻撃をしかけ、プロレタリア階級が指導する政権を転覆させようと企んでいる。各省市級機関・高等教育機関および各級の党機関誌は、右派分子の攻勢に対して積極的に反撃する準備をしなければならない。これは党の枠を超えた大戦争であり、この戦いに勝たなければ、社会主義建設は成し遂げられず、それどころかハンガリーのような動乱が発生する危険がある。これは偉大な政治闘争であり、思想闘争である。このような闘争をおこなうことで、わが党が主導権を握り、人材を鍛え、大衆を教育し、反動派を孤立させ、彼らを受け身に立たせることができる。[96] この時すでに毛沢東は、厳しくも鋭い批判を提起した党外人士を反動派、党外人士の党に対する批判を政治闘争・思想闘争とみなし、運動の性格に重大な変化が生じた、と考えていた。同日、『人民日報』は社説「これは一体どういうことか」を発表、盧郁文事件を挙げ、この手紙は間違いなく広範な人民への警告であり、一部の者が党の整風運動を利用して階級闘争をおこなおうとしていることの証である、国内の大規模な階級闘争はすでに終わったとはいえ、階級闘争自体は終息しておらず、とくに思想面においてはそれが顕著であることを示す証拠だとした。社説では、少数の右派分子が共産党の指導と社会主義制度を覆そうとしているが、大多数の人民は決してそれを許さないと述べた。[97] ごく少数の右派分子による共産党と社会主義制度への攻撃や階級闘争全体の形勢に対し、あまりにも深刻に見積もりすぎていたことは明らかである。[98]『光明日報』と『文匯報』を除く全国の主要紙はすべてこの社説を転載した。「反右派」闘争を公然と開始し、それを全国に知らせる決意を毛沢東が固めた、ということである。

六月一四日、『人民日報』は、毛沢東自らが起草した「『文匯報』のある時期におけるブルジョア階級的方向」を発表し、『文匯報』と『光明日報』が「ある時期、百家争鳴のスローガンと共産党の整風運動を利用して、ブルジョア階級の観点を無批判に表明する文章や扇動的な報道を大量に掲載し」、資本主義国家の新聞と社会主義国家の新聞の原則的区別をないがしろにした、と批判した。これは、いわゆる社会の「右派分子」をあぶり出し、「秀才造反」の世論を醸成して社会全体を混乱に陥れるものだった。毛沢東自らが発動した民主化・自由化・公開化の運動と、そこに込められた主観的願いに相反するものであり、本来、毛沢東自身も決して許すはずのないものであった。

同月一九日、毛沢東は重要な補足・修正を施して「人民内部の矛盾を正確に処理する問題について」を『人民日報』に掲載した。毛沢東は次のように指摘している。社会主義への改造は基本的に完成しているが、階級闘争はまだ終わっていない。プロレタリア階級とブルジョア階級の間の階級闘争、各政治勢力間の階級闘争、プロレタリア階級とブルジョア階級のイデオロギー分野における階級闘争は、長期的かつ困難を伴うものであり、時には非常に激しい闘争となる。

二六日、党中央は「ブルジョア右派分子に打撃を与え、孤立させることに関する指示」で、右派分子はすでに人民に対し、人民内部の矛盾の範囲を超えているとし、全党および全国人民に対し、ブルジョア右派分子を内外から挟撃して壊滅的打撃を与え、政情が安定したあかつきには二度とこうした大規模な反共運動を起こさせないようにしよう、と呼びかけた[99]。これは、整風運動で意見を表明した党外人士を「ブルジョア右派分子」と決めつけ、「打撃を与え」「孤立させる」闘争方針を正式に定めたものである。この新たなレッテルは、数万、数十万、その家族も含めれば数百万の人々を攻撃し、孤立に追いやる政治運動を意味した。入念な調査研究、多方面への意見聴取、慎重な検討などをすべて省略して党中央は政策決定を急いだ。そのため、右派の言論に対して過剰に反応し、国家の強権で押さえつけるやり方をとった。結果、政治的にも社会的にもきわめて重大な悪影響がもたらされ、中国のその後の方向性にも大きな影響を与えることになった。

二八日、党中央は「一群の高級知識人の入党を一、二カ月後に受け入れることに関する通知」を出し、「大鳴大放」で高級知識人を左派、中道、右派に大きく分類することができた、これに踏まえて運動中の言動が良好だった知識人を積極的に入党させる、とした。これが毛沢東の「両手」政策、すなわち片方の手で右派知識人に打撃を与えて孤立させ、もう片方の手で左派知識人を取り込み、利用しようとするものであった。

七月九日、毛沢東は上海幹部工作会議において「ブルジョア右派の攻撃を撃退すること」を明確に打ち出した[100]。加えて、北京の費孝通のような一部の大物知識人は取り込む価値があると指摘した。**さらに、核心問題として次の三点を提起した。㈠社会主義革命、および社会主義建設の成果を、結局のところ肯定するのか否か。㈡社会主義の道を歩むのか、それとも資本主義の道を歩むのか。㈢共産党の指導を必要とするのか否か。**これは、党外人士や知識人の批判に対する毛沢東の回答という側面がある。整風に際しては、この三点について態度を明確にするよう民主党派に要求した。**この三点は、新中国の歴史から見れば、共産党政権と社会主義路線が常に直面してきたテーマである。**問題はいかにして正しい解答を見出すかということである。当時この三点は目新しいテーマだったが、歴史的に見れば根本的なテーマであった。「中国の道」を自ら選択した以上、疑問と挑戦はつきものであり、それらがまったくない方がおかしい。正否は事実に基づき判断されるものであり、歴史が証明することである。

七月一三日、儲安平が第一期全人代第四回会議で「人民に投降する」との発言をおこない、同月一五日の『人民日報』に全文が掲載された。いわく、「わたしは六月一一日の(中央)統戦部座談会での発言ならびに『光明日報』での仕事において、反党・反社会主義的な重大な誤りを犯した。全国人民の批判を受け、今では自分の誤りを認識しており、誠心誠意、全国の人民に向かって謝罪したい。自分の誤った言論が、アメリカや蔣介石といった敵に利用され、中国では多くの知識人が党や政府に反対しているという誤った理解を与えてしまった[101]」。儲安平が人民に罪を認めたのはおそらく本意ではなかっただろうが、「敵に利用され」ていることを認めたのは問題の本質を突いている。これは、アメリカ主導の「国際台風」と民主的個人主義者による「国内台風」が互いに共鳴し、影響し合っていることを示すものであった。

同月一七日から二一日まで、党中央は青島で省・市党委員会書記会議を開き、毛沢東は「一九五七年夏季の情勢」を発表した[102]。この文章は、毛沢東自身が十一度の修正を加えて、八月三日に党内文書として正式に配布された。

一〇月九日の八期三中全会において毛沢東は、「プロレタリア階級とブルジョア階級の矛盾、社会主義の道と資本主義の道の矛盾が、目下わが国と社会における主要な矛盾であることは疑いの余地がない」と宣言した。客観的に見れば、これらの矛盾が存在しているのは事実だが、だからといって主要な矛盾であるとは限らない。毛沢東の発言は、一年余り前に八大決議で提起された「中国社会の主要矛盾」論を否定、訂正するものであった[103]。

八期三中全会の主な任務は、整風運動と「反右派」闘争の総括であった。鄧小平が整風運動に関する報告をおこない、同時に「右派分子を区分するための基準[104]」を発表、「反右派」の拡大防止を図った。しかし、闘争はすでに拡大しており、省・市以上の機関および大学・大学院などの単位における反右派闘争は八月末までに基本的に終結していた。「基準」はすでに「後の祭り」であった。

「反右派」闘争を拡大した毛沢東の手法は、重大な誤りとして彼が批判したスターリンのそれと酷似していた。中央政治局拡大会議の討論に基づいて『人民日報』が発表した「プロレタリア独裁の歴史的経験について」と「再びプロレタリア独裁の歴史的経験を論ず」の二編で毛沢東はスターリンの重大な誤りを指摘したが、その一つは敵味方間の矛盾と人民内部の矛盾を混同し、敵に対処するやり方で人民に対したこと、であった。長きにわたって政権の座にあったスターリンは、人民が党と政府に不満を表明することを許さず、批判など論外であった。批判する者は誰でも敵とみなし、監獄送りになるか殺される恐れがあった。一九三〇年代後半のソ連における反革命粛清は、このようにして拡大していったのである[105]。

第五段階は、「反右派」の拡大段階である。全国で「右派分子」とされた五五万人のうちのごく少数の本当の「右派」を除き、圧倒的大多数は冤罪であった。これらの「右派」の中には、後に中央政治局常務委員・国務院総理となる朱鎔基をはじめ、多数の優秀な政治家・知識人が含まれていた[106]。

一九八一年、十一期六中全会で採択された「建国以来の党の若干の歴史問題に関する決議」では、「反右派」闘争の拡大により、一部の知識人や愛国人士および党幹部を誤って「右派分子」と認定し、不幸な結果を招いたことを認めている。[107]これは、彼ら個人やその家族にとっての不幸にとどまらず、党と国家にとっても大きな不幸であった。

なぜ「反右派」闘争はこれほどまでに拡大したのか。そこには、毛沢東による右派の性格規定の問題があった。七月一一日に党中央が批准した中央統戦部の建議は、右派の一部は極右分子であり、さらにその一部は、政治的にすでに敵味方の境界線上に位置しているとした。数日後、毛沢東は「反右派」闘争の性格を敵味方間の矛盾、対抗的かつ非和解的な、倒すか倒されるかの矛盾であると定義した。社会主義革命を遂行するわが国にあっては、反共・反人民・反社会主義的なブルジョア右派と人民との矛盾は、敵味方間の矛盾である、というのが毛沢東の認識であった。[108]一〇月、毛沢東は反右派闘争は敵味方間の矛盾の闘争であると重ねて提起した。[109]これ以降、毛沢東は対立する意見をことごとく二つの階級・二つの路線の闘争であるとみなし、階級闘争の拡大に突き進んでいったのである。

「右派分子」の人数を判断する際に毛沢東が用いたのは単なる類推である。いったいどれぐらいの人数なのか、ということについては決まった数字に落ち着いたことはなく、しかも歯止めなく増えていった。あまりにも主観的、恣意的であり、厳格な事実を根拠にしたものではまったくなかった。[110]当時、党外知識人は全体で約五〇〇万人おり、そのうちの一％を「右派分子」と仮定すれば五万人、五％と仮定すれば二五万人、一〇％とすれば五〇万人になる、といった具合である。

五月一五日の「事態は変化しつつある」では、右派を批判する際、一部の例外を除いて具体的に名指しする必要はなく、適当な条件の下で和解できるよう改心の余地を残しておく、というのが毛沢東の認識だった。しかし、六月二九日になると、各種制限つきで「右派」を名指し批判する必要があると考えた。北京で約四〇〇人、全国では約四〇〇〇人の「右派」がいると毛沢東は推計していた。ところがわずか十日後の七月九日には、全国の中心的右派は八〇〇〇人、北京では八〇〇人と、その数を倍増させた。[111]八月一日には隠れた「右派分子」を引き続き見つけ出すよう指示を出し、人数はさらに増えていった。「右派」中の極右分子、つまり中心的右派の数も、批判対象も、それにつれて増加していった。その数は全体の一割程度といったものではなく、状況に応じて二割、三割、あるいは五割に増えていった。[112]八期三中全会の時期になると、全国で右派と認定された者の数は六万二〇〇〇人を超えた。しかし、会議での「徹底した」推計では約一五万人の「右派分子」がいるとされ、闘争全体が終息する一九五八年には全国で五五万人が「右派分子」に区分された。[113]一〇月一三日の毛沢東の推計は、全人口（六億）の約一割が社会主義に否定的か反対しており、なかでも強固に反対している頑迷な連中は二%、すなわち一二〇〇万人である、というものだった。[114] 反右派闘争がきわめて恣意的なものであり、政治的災厄であったことは明らかである。

「反右派」闘争の直接的な結果として、中央政府の権力機構から党外人士が大幅に排除された。一九五四年の第一期人民代表と一九五九年の第二期人民代表を比較してみると、次の通りである。第一期全人代常務委員会メンバー七九人のうち、党外人士は三九人で四九%を占めており、三五人の部長・主任のうち、党外人士は二九人だった。しかし、第二期になると、三八人に増員した部長・主任のうち、党外人士は九人にまで減少した。第一期国防委員会メンバー七九人中、党外人士は二九人だったが、第二期は一一四人中二六人にまで減少した。[115]

中央のみならず地方機関（省・市・自治区政府）においても、正・副局長を務める党外人士の数は明らかに減少した。北京・山東など一九の省および市の統計では、一九五五年には三八〇人の党外人士の局長がいたが、一九六〇年には二七〇人と三〇%近く減少している。[116]

一九五七年の「反右派」闘争開始から九年後の「文化大革命」勃発まで階級闘争は拡大し続け、被害を受けた人もますます増えていき、その数は数十万人から数百万人、さらには数千万人にも上った。階級闘争が泥沼化するほど、階級の敵も多くなり、階級の敵が多くなれば、階級闘争はさらに泥沼化する。これが「階級闘争を要とする」政治の拡大ロジックであり、経路依存を超えた経路の固定化、つまり後戻りできない状況に陥っていったのである。

第六段階は、「右派」に対する名誉回復段階である。中国における大規模な大衆運動や政治運動は、往々にして打倒対象が拡大していく。「反右派」闘争も例外ではなかった。こうした拡大に対して事後に「是正」がおこなわれるのは、中国の政治運動に共通する特徴と言ってよい。

「右派」のレッテルを外すことを最初に提起したのは、江西省党委員会第一書記の楊尚奎であった。楊尚奎は一九五九年夏の廬山会議の期間、この件について劉少奇と討論し、「重要な政策課題」であるとして毛沢東にも提起した。廬山会議後一週間足らずの八月二四日、毛沢東は劉少奇に手紙を送り、この問題の解決について「月日が経てば少なくとも七割の右派分子が思想を改めるだろう」とし、政治局常務委員会と書記処での議論を中央から指示するよう提案した。「確実に悔い改めた右派分子のレッテルを外すことに関する党中央の決定」では、「右派」のレッテルを撤回するための三条件が規定された。一つ目は「真に誤りを認め、心から確実に悔い改めること」、二つ目は「言論・行動において積極的に党の指導と社会主義路線を支持し、『大躍進』と人民公社の総路線を支持すること」、三つ目は「職務および労働中の態度が良い、あるいは職務・労働において一定の貢献をしていること」である。これにより名誉回復がなされたのは、全体の一割程度であった[117]。

一九七八年四月、党中央はすべての「右派分子」の認定を取り消すことを決定し、同年九月、「右派分子」とされた人に対して再審査をおこない、誤って「右派分子」と認定された人は、一九八一年末までに基本的にすべて名誉回復がなされた[118]。

政治運動の発動は簡単であるが、その政治上・経済上の代価はきわめて大きく、その精算も長期にわたることは、ここからも明らかである。代価を帳消しにするには多大なコストと時間がかかるのである。

整風運動と「反右派」闘争における毛沢東は、典型的な自家撞着に陥っていた。一方では「百花斉放、百家争鳴」を提唱し[119]、少数の人間による騒ぎや、学生運動、農民の合作社離れを恐れる必要はないと主張したが、他方ではこれらの動きを批判し、鎮圧した。法の順守、法制度の護持を主張しながら、法規を逸脱した大規模な粛清を強行し、『粛清がまだ完了していないなら、今年中に完了させなければならない。もしほんの少しでもやり残しがあれば、来年には必ず完了しなければならない」と各地方に命じた[120]。人民内部の矛盾を正しく処理することを主張し、非情な闘争や攻撃によってではなく、「団結―批判（自己批判）―団結」で対処することを求め、今まで以上に積極性を引き出して団結すべき人をすべて団結させ、ネガティブな力をポジティブな力へと転化し、偉大な社会主義国家建設に向けて奮闘しようと呼びかけた。しかし、その一方で、五五万もの人に「右派分子」のレッテルを貼ったのである。毛沢東が創造しようとしたのは、**集中と民主、規律と自由、強固な意志の一致と個人の意見の自由活発な提起、それぞれが両立する政治局面であった[121]。にもかかわらず、中国社会の性格を階級社会と規定し、嵐のような階級闘争を展開した。しかも、その階級闘争をますますエスカレートさせていったのである。**

第二節　計画経済体制に対する最初の改革

一、中央集権と地方分権モデル

中央と地方の関係をいかに処理するかは、世界のどの大国にも普遍的に存在する重要な問題である。**とくにわが国は人口が多く、国土も広く、地域間の経済格差が非常に大きい。そのため、中央と地方の関係をうまく処理することは、歴史上常に難題であった。**

一九四九年に武力で権力を奪取した中国共産党は、直ちに全国の統一を成し遂げ（台湾などの地域を除く）、国民経済を急速に回復させるとともに、第一次五カ年計画を策定・実施し、ソ連の援助下で中央集権的な計画経済体制を確立させた。また、近代の歴代政府に比べ、中国共産党政府は国家財政の徴収力に優れており、財政と税収という近代国家にとって最も重要な機能を備えることができた。工業化を開始し、工業体系を速やかに構築する上で、これが重要な前提条件になった。

　世界最多の人口を擁するとともに経済的後進国でもあった中国で、中国共産党は世界に類のないスピードで国家運営能力を強化していった。まず、国民所得全体に占める政府の財政収入の割合を急速に上昇させた。国民党政府時代より三〜四倍も高い三分の一にまで、またたく間にその割合を上昇させた。一般的に、農業国は農業経済から安定した経済収益を得ることは難しいとされている。一九五〇年代初めの中国は典型的な農業国であり、中央集権的な計画経済体制がなければ、財力と資源を強力に動員することはできなかったであろうし、発展にとって最悪の条件下で工業化・都市化・近代化を遂行することも難しかったであろう。**次に、経済成長率を急速に高め、近代的な経済成長段階に入ったことで、長きにわたって続いてきた停滞あるいは衰退局面を完全に抜け出した。**徴収能力の低い国家から高い国家へ、弱い政府から強い政府へ、この転換が急速な経済成長をもたらした主要因の一つである。[122]

　一九五〇年に実施された「統収統支」の財政管理体制は、財政収入はすべて中央に納め、財政支出も中央が枠を定めるというものであった。一九五一〜一九五七年には、「画分収入、分級管理」体制の下、中央・省（市）・県の三つのレベルによる財政管理と収入分類分成方式が実施され、中央と地方の収入・支出範囲が分けられた。「一五（第一次五カ年計画）」期の財政収入は国民所得の三二・七％を占めており、このうち中央の財政収入は国民所得の一四・八％であった。中央の財政支出は、総財政支出のおよそ四分の三（七四・一％）を占めていた（図5−1）。「統収統支」の財政体制は、ソ連の財政体制に倣ったものであった。当時、ソ連の国家予算は国民所得の五〇％以上にも達しており、中央の財政予算は国家予算の七〇％以上を占めていた。企業の財政自主権は非常に限られており、予算の割り当てに応じて拡大再生産をおこなう程度であった。[123]

　計画経済体制の下では権力が過度に集中し、中央による統制がきつくなるため、経済においても政治においても民主が欠如する。一九五七年以降、中国は行政の分権を中心とした分権時代に入り、財政収支に占める中央の割合も収入が三〇％、支出が五〇％と大きく下落した（図5−1）。これは中央集権的計画経済モデルの最初の重大な転換であった。**厳密に言えば、中国はこの時点ですでに中央財政集権型ではなく、地方財政分権型に近くなっていた。一九六〇年代初期に再び集権の動きがあったものの、基本的な構造は変わることがなかった。**これは制度変化の経路依存によるものであり、一旦

図 5-1　財政収支における中央の割合（1952 ～ 1978 年）

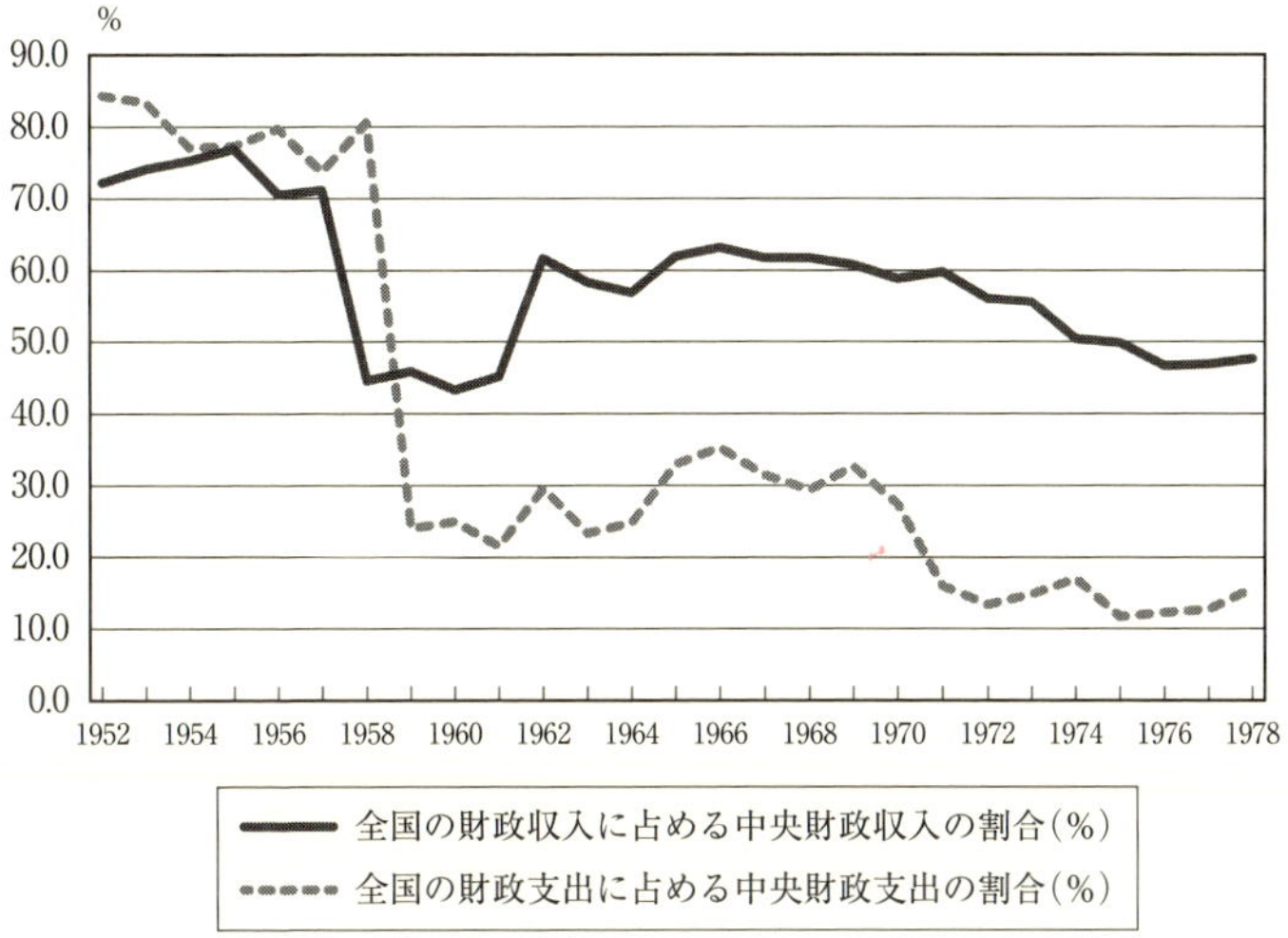

注：国家統計局ホームページ「国家数据 National Data」（http://data.stats.gov.cn/index.htm）
　　掲載のデータを基に、筆者が作成。

新しい利益構造が形成されるとそれを打破するのは難しく、局部的に調整を図るしかなかったのである。この時から中国の財政体制は、ソ連のような中央財政集権型ではなくなった。しかし、それは市場経済体制に基づくものではなく、依然として計画経済体制の枠組みの下にあった。

二、「ソ連モデル」に対する毛沢東の挑戦

一九五〇年代、毛沢東をはじめとする中国の指導者は、一貫して「ソ連を参考にしながら、中国の国情に合った社会主義建設路線を探る」ことに心血を注いできた。本書ではこれを「批判的模倣」または「選択的模倣」と呼ぶが、これは当初の「学習型模倣」に比べると大きな進歩である。当時の社会主義陣営において「ソ連モデル」に本当の意味で挑戦できたのは、ユーゴスラビアのチトーと中国の毛沢東の二人だけだった。チトーは公然と「ソ連モデル」に対抗した。一九五六年一一月の演説では、スターリンの誤りの原因は個人崇拝だけでなく、個人崇拝を生み出した制度、すなわち官僚主義的な組織構造にあると指摘した。[124]一方、毛沢東の場合はチトーのように表立ったものではなく、その行動原則は「実事求是」「中国の実情と向き合う」であった。新中国成立後、どれほど工業化の経験が不足していようとも、毛沢東はこの原則を守り続けた。七年の実践を経て、毛沢東本人は社会主義の実現に確信をもち、「ソ連モデル」からの脱却を目指した。

とくに農村においては独自路線を実践しようとした。

一九五六年、毛沢東は「十大関係を論ず」において、ソ連と同じ誤りを犯してはならないこと、同じ轍を踏むことは許されないことを執拗に提起した。[125]党内にはびこるソ連への盲信を厳しく批判して、次のように言った。「後になって『ソ連の先進的経験に学べ』というスローガンを掲げたが、誰が遅れた経験など学びたがるのか。一部の者は、ソ連のものであれば委細かまわず、たとえ屁であってもありがたがるが、これも主観主義である」。[126]彼はさらに、ソ連に学ぶのはよいが、盲信はするな、資本主義国に人を派遣して技術を学ばせることも必要だと説いた。ソ連一国に人を派遣して学ぶだけでは他国、とくに資本主義諸国の状況を理解できないこと、それどころか「ソ連神話」への盲信が生まれやすくなることに気づいていたのである。西側諸国に人を派遣し、先進国の技術や知識を習得したいという願いがそこにはあったのだが、残念ながらその願いはアメリカによる対中封鎖政策などにより、成就には至らなかった。

一九五八年三月、毛沢東はソ連モデルの模倣を厳しく批判した。[127]毛沢東は言う。「ソ連の経験は、「其の善なるものを択びて之に従ひ、其の不善なるものは之を改む〔訳注…論語〕」とすべきである。学習には一種類ある。一つは模倣だけのもの、もう一つは独創精神があって学習と独創が結合したものである。かたくなにソ連の制度を取り入れるのは、独創精神の欠如である。[128]

同年五月に毛沢東は、ソ連や東欧諸国よりも速く、うまく社会主義建設をやる、これが「十大関係」の主要な観点であると述べた。それまでの八年間（一九四九〜一九五七年）はソ連の経験をそっくりまねているだけであったが、[129]一九五八年になると、「ソ連モデル」からの脱却と中国に適した独自の発展路線の探求を始めたのである。

中国の指導者の中で、社会主義の典型とされた「ソ連モデル」に最初に挑戦状をたたきつけたのは毛沢東であり、その勇敢さにおいても随一だった。しかし、主体的・批判的・選択的模倣を望んだとはいえ、当時の毛沢東が得られた情報と知識には限界があり、実際に「ソ連モデル」を突破し、そこから脱却することはできなかった。とくに所有制度については「モスクワ宣言」の影響が根深く、「純粋な上にも純粋な」公有制経済の導入に固執した。**総体的に見れば、中国はやはりソ連モデルを模倣していた。農業社会の基盤の上に計画経済体制を築いたことのみならず、疾風怒濤の革命と大衆運動方式によって農村の集団化と都市の国有化をまたたく間に実現したことや、工業化における「工業重視と農業軽視」「重工業優先の発展戦略」の選択などがその典型である。ただ、それらをソ連よりも短期間のうちに成し遂げた。**一九五八年に毛沢東は「大躍進」と「人民公社運動」を同時に発動、中国独自の発展路線を切り開き、工業化の推進と農村の体制構築においてソ連とは異なるモデルを創り出そうとした。しかし、当初思い描いた通りの成果を得ることはできず、「大躍進」はほどなくして毛沢東の予想を超える「大飢饉」と「大失敗」を出来することとなり、それにより、「壁にぶつかってはじめて方向を変える」、つまり方針転換を余儀なくされたのである。

三、行政分権改革

一九五五年に毛沢東が各地を視察した際、現地の責任者から、中央の経済統制が厳しすぎて企業の発展に大きな足かせとなっているので、地方に権限を委譲してほしい旨の要望を受けた。毛沢東はこれを非常に重く見て、北京に戻った後、中央の会議で経済管理体制改善の必要性を繰り返し唱え、中央と地方どちらの積極性も発揮できるようにすべきであり、もっと多くのことをさせるべきだと述べた[130]。毛沢東はさらに、中央と地方の関係を処理する上で、資本主義国家の経験と手法を参考にすることとさえ提案した[131]。

一九五六年四月から五月にかけて中央と地方の関係について議論する中で、、毛沢東はソ連の中央集権モデルに学ぶのではなく、アメリカの分権式連邦制モデルにより関心を払うべきだと考え、権力の集中と地方権力の弱体化が過度に進めば、社会主義建設にとってマイナスであると主張した[132]。さらに、省・市・自治区の党委員会に、中央から出される非現実的で主観主義的な命令・訓令・指示・統計などをすべて拒否し、「五多（任務・会議・文書や図表・組織・積極分子の兼職の五つが過多である）」な状況をもたらすものは、すべて拒絶するよう求めた。

毛沢東主導の下、党中央と国務院は、六月に経済管理体制改善の検討に着手した。しかし、これは計画経済体制を抜本的に変えるものではなく、現体制の枠組みの中で中央と地方の関係を調整し、権限を地方に委譲し、権力の過度の集中による弊害を取り除くことに重点が置かれていた。

九月の八全大会では、「統一的な指導、等級ごとの管理、地方や事象に応じた処置の原則に基づき、国家行政体制を改善すること。企業、事業、計画および財政の管理範囲を区分し、各省・自治区・直轄市の管理権限を適宜拡大すること。中央各部門の業務を逐一改善・強化すること」が決定された。

一九五七年一月、中央・省・市・区党委員会書記会議において毛沢東は、地方は中央（部門）に対してどんどん予算を要求し、権限の委譲を求めるべきだとした。陳雲は、企業の管理権限の委譲や、より柔軟な財政運用権限などを求める地方に対し、中央が全国を一手に引き受けることはできない、適切な権限委譲が必要だと明確に回答した。毛沢東はじめ劉少奇・周恩来・朱徳・鄧小平など中央指導部も、地方が主体性を発揮することを支持し、陳雲の見解に賛成した。そして、直ちに陳雲以下五人のグループに経済管理体制改善の具体案策定を委任した。[133]この中央経済工作五人小組が提起した主な改善方針は、国務院、中央部門と省市、基層単位という三段階の管理体制の実施、管理権限の段階的委譲、ヒト・モノ・カネおよび生産・供給・販売など各部分の協調とバランスを重視する、というものであった。

九月二〇日から一〇月九日にかけて八期三中全会が召集され、工業管理体制の改善・商業管理体制の改善・財政管理体制の改善に関する三つの規定草案が採択され、地方と企業に管理権限を委譲することが承認された。

一一月の第一期全人代常務委員会第八十四回会議では、国務院の管理体制改革に関する文書がおおむね承認され、翌一九五八年から正式に施行するとされた（コラム5－1）。この国務院文書は陳雲をリーダーとする中央経済工作五人小組によって主に起草され、[134]周恩来、陳雲らが実行の段取りを整えたものである。

コラム5－1　**計画経済体制下における権限委譲改革（一九五八年）**

一九五八年の権限委譲改革は、以下の六つからなっていた。

一、計画権の下部組織への委譲。地方が主体となり、下から上に各級ごとの編成とバランスを調整し、地方経済に自前の体系を構築させる。

二、企業の管轄権の委譲。引き続き中央が管理する、ごく少数の重要で特殊かつ実験的な企業を除き、その他の企業は地方政府が一律管理する。

三、物資配分権の委譲。国家計画委員会による統一的分配と、各部が管理する物資の種類および数量を減らすこと。中央に残された統一分配・部門管理物資も「地区のバランスをとり、差額を調節」することとし、中央は各地区間の需給の調整のみをおこなうようにする。供給方面に関しては、鉄道・軍事・外貨・国家備蓄などを除き、中央企業か地方企業かを問わず、必要とする物資はすべて省・市・自治区に申請し、そこから分配と供給を受ける。

四、基本建設プロジェクトの審査権と、投資および信用貸付の管理権の委譲。地方の事業振興限度額を超える大型建設プロジェクトについては、国家計画委員会に簡潔な計画趣意書を提出して許可を得るだけでよく、そのほかの設計・予算文書などは一律地方で審査・許可をおこなう。限度額以下のプロジェクトについては、地方がすべてを決定する。高度に一極集中化された元来の信用貸付制度を改め、「預金・貸出の権限を委譲し、差額を管理」する方針に移行する。

五、財政権と税収権の委譲。「一年ごとに収入によって支出を決める」方針から、「収入によって支出を決めるが、各級ごとに管理・分類して、五年間は変えない」方針への転換。都市部の不動産税など七種類の税収を地方の固定収入とし、商品流通税・営業税・所得税など中央が管理する大口の税収については、中央と地方の収入に分ける。また、中央企業の利潤はこれまで地方に落ちなかったが、利潤の二〇％はその所在地の省（市）の地方政府の収入とする制度を実行する。同時に、地方政府に広範な減税・免税および課税の権限を与える。

六、労働管理権の委譲。各地の労働者募集計画は、省（直轄市）が確定後、中央部門の許可を得る必要はなく、直ちに実施しても構わない。

一九五八年の改革では、企業への権限委譲については公開された綱領からは削除されたが、実際には地方政府への権限委譲のほか、企業に対する以下のような権限委譲措置も含まれていた。

一、指令的な計画指標の減少。国家計画委員会による工業企業への指令的な指標を、一二項目から四項目（主要製品生産量・職員総数・賃金総額・利潤）に減らす。

二、元来は業種ごとに利潤から一定の比率で積み立てられていた「企業奨励金」（廠長基金）制度を、企業ごとの「全額利潤留保」制度に変える。

三、企業の人事権の拡大。企業を主管する人員および主要技術人員を除き、すべての職員の管理を企業が責任をもっておこなう。企業は労働者総数を増やさないという条件下で、組織・機構・人員の調整を自らおこなうことができる。

四、企業は資金の一部を自ら調整して使用することができる。また企業は、固定資産の追加や廃棄をおこなうことができる。

資料出典：呉敬璉『当代中国経済改革』四七～四八頁、上海、上海遠東出版社、二〇〇四。

一九五八年二月、毛沢東は中国における「虚君共和制」を提起し、権力委譲をさらに進めて、中央と中央部門による「過剰管理、過剰統制」の現状打開を主張した。[135]「虚君共和制」構想は、高度な中央集権を求める計画経済体制とは大きく異なり、歴史的実績も十分あり、きわめて重要な現実的意義を備えていた。しかし、毛沢東はこれをより深く検討し、内容的肉づけをおこなうには至らなかった。

同年三月、毛沢東は中央集権と地方分権の共存について言及し、集中できるものは集中し、分割できるものは分割するとした。[136] しかし、多岐にわたる行・財・政の権力のどれを中央集権にしてどれを地方分権にするのか、中央と地方が共有すべき権限は何かについて、具体的な説明まではしなかった。それを説明するためには、公共経済学や公共財政学の知識、さらには、世界各国が中央と地方の関係をどのように線引きし、中央集権と地方分権をどのように区分しているかを理解している必要があるのだが、毛沢東にせよ、周恩来や陳雲にせよ、そうした知識に乏しかった。

この改革は、中国における計画経済体制改革の初の試みというべきものだったが、[137] 成功を収めたとはいえなかった。一九五八年、党中央と国務院は何度も会議を開き、経済対策と経済管理体制改革について議論を重ねた。その基調は、経済発展のスピードアップと管理権限委譲のペースアップおよび拡大であった。[138] 同年の経済管理体制改革は、各級地方政府への権限委譲に重点が置かれた。六月二日、党中央は通知を出し、紡績部のすべて、軽工業部の九六%、科学工業部の九一%、機械部民用部門の八二%、冶金部の七七%、煤炭部の七四%、水利部の七三%、そのほかの部門については六〇%以上を権限委譲するよう定め、同月一五日までに委譲を完了させるよう求めた。[139] これにより、もともと中央の各部門に所属していた企業や事業単位のうち八八%が各級地方政府に委譲され、中央直属企業の工業生産額が全工業生産額に占める割合は、一九五七年の三九・七%から、一九五八年には一三・八%にまで減少した。

しかし、このラディカルな改革もまた、「大躍進」の失敗により挫折した。改革の中心的役割を担った陳雲は、当初「川底の石を探りながら川を渡る」ように慎重に進めるよう主張していた。[140] ところがそれは、毛沢東による「一歩で目的地に達する」急進主義的手法にすぐに取って代わられ、体制改革は「大躍進」式の政治運動に包摂されてしまった。

この体制改革失敗の根本的要因は、改革が依然として計画経済体制の枠内でおこなわれ、中央による計画経済が、地方政府による計画経済へ移行しただけのものだった点にある。毛沢東が「大躍進」への総動員を展開すると、地方政府は地域の利益を求めて「嵐のような経済躍進」を追い求めた。しかし、それは本来の意味での市場経済ではなく、地域間で繰り広げられた実情を無視した競争に過ぎなかった。これによ

って中国は、「統制すれば活力が失われ、活力が失われれば統制を弱め、自由にすれば乱れ、乱れればまた統制をかける」という悪循環に陥ってしまったのである。[141]

中国の指導者は、急進主義的な毛沢東であれ、漸進主義的な陳雲であれ、計画経済体制の弊害と改革の必要性については十分認識していたが、西側の市場経済理論と実情に対する無知や無理解があり、他国（とくに大国）の財政体制についての調査・研究も不足していた。彼らにとってはソ連の経済理論と「ソ連モデル」の経済体制が結局のところ唯一の知識源であり、「手本」であった。そのため、当時の経済体制改革は「修正」の域を出ず、根本的変革には程遠いものになってしまったのである。

四、政治上の高度な集権化

ここで指摘しておかねばならないのは、**経済体制改革の基本方針は中央集権から地方分権だったが、政治体制についてはむしろ権力集中へと向かい、政府から党組織系列への多岐にわたる行政権力の集中が進み、「以党代政、党政合一、党政不分」という基本的な政治的枠組みが形成されたことである。**直接の導因は、おそらく一九五七年の「反右派」闘争であろう。「右派」のいわゆる「反党・反社会主義」的言動や、共産党から権力を奪い取る「政治設計院」構想といった「挑戦」に対し、毛沢東をはじめとする党中央は一連の制度的措置で対抗した。つまり、党の国家に対する指導、党中央の国務院に対する統制、党中央内各指導小組の国務院各部門に対する統制を強化し、経済は分権、政治は集権という状況をつくり出したのである。正反対の方向性をもち、経済の分権が進めば進むほど、政治の集権が求められる関係にある。前者は大国ならではの活力を生み出し、後者は大国ならではの統率力と実行力を生む。両者がある種のバランスを保ち、衝突のリスクを回避しながら協調することで、はじめて中国の政治的統一が保たれ、経済にも活力が生まれる。国家統治の観点で言えば、これこそが政治に求められる芸術的手腕であり、実践力である。

まず、地方の政治・司法・文教部門に対する党の系統的指導が、省レベルで強化された。毛沢東は「一九五七年夏季の情勢について」で、「中央の政策・法令に違反するものでないかぎり、地方の政治・司法・文教部門は、省・自治区党委員会および省・市・自治区の人民委員会の命令に従わなければならない」と提起した。[142]党の命令に従うというこの規定は、その後すぐに中央の政治・司法部門にも拡大した。一九五七年一一月三〇日、最高人民法院・司法部党組は党中央に次のように報告した。各級人民法院を必ず党委員会の指導統制下に置く必要がある。政策方針はもちろんのこと、裁判活動すべてにおいても、党委員会の指導と監督に従わなければならない。また、人民法院の党組織は自ら進んで党委員会に指示を仰ぎ、報告することを習慣化しなければならない[143]。

次に、党中央による国家権力機構に対する系統的な指導の強化である。一九五八年一月一一日、毛沢東は南寧会議において分散主義に反対するスローガンを提起した。すなわち「**大権独攬、小権分散（大きな権限を握り、小さな権限を分散させる）**」「**党委決定、各方去弁（決定は党委員会、実行は各地方）**」「**弁也有訣、不離原則（実行にも奥義があり、原則を離れてはならない）**」「**工作検査、党委有責（仕事の点検を怠らず、責任は党委員会が負う）**」というものである。さらに毛沢東は、**集中と言っても、党委員会、政治局、書記処、常務委員会への集中であり、それ以外はない。指導の核は一つでなければならない、と強調した**[144]。毛沢東の指示に基づき、六月一〇日、党中央は「財務経済・政治司法・外交・科学・文教各小組設立に関する通知」（以下「通知」と略す）を出した。「通知」では、大局的な方針は政治局が定め、具体的な差配は書記処がおこなうとされた。これは国務院に向けられたものであり、**大方針を決定するのは党中央であって、国務院は党中央の直接指導を受ける執行機関であることを明確にするものだった。**「党が政府を指導する」制度がここから本格的にスタートすることになった。

さらに、地方に対する中央の指導・監督も強化された。党中央は全国に六つの中央局を新たに設立することを決定し、中央の出先機関として各省・市・自治区党委員会の指導にあたるとした。こうして一九六〇年九月、華東局・中南局・東北局・西南局・西北局・華北局が相次いで設立された[145]。

以上述べてきた政治権力の高度な集中には、当初から弊害も見え始めていた。一九六二年になると劉少奇や周恩来は弊害を自覚し、「以党代政」の指導方式を厳しく批判した。同年一月、劉少奇は「七千人大会」において次のように指摘している。一部の党委員会では、行政機関の日常業務をすべて党が代行するという問題が生じている。日常業務に対応するため、党委員会が過剰に書記を増員したり、党委員会が引き受ける業務がますます増えたりという事態が発生している。その結果、行政機関は本来の役割を果たせていない[146]。「わが党は国家を指導する役割を担っているが、いかなる時であれ、党組織が人民代表大会や大衆組織の代わりになることはない。そんなことをすれば全人代は有名無実化してしまう。すなわち、人民民主制度に対する背反である[147]」。周恩来も「七千人大会」後に次のように述べた。「党が一切を指導するというのは、党が大方針・政策・計画を定め、（政府）各部門に対して指導するということであって、すべてを党組織がおこなうということではない。具体的な業務について、党は干渉してはならない。小さな権力が多すぎると、大きな権力が失われ、党委員会に官僚主義がはびこり、事務主義的機構に成り下がってしまう[148]」。

「党が政治を指導する」は、中国の政治制度における重要な特徴である。巨大な人口を擁する国を治める上で必要であるばかりでなく、政治的メリットも非常に多い。しかし、一方で「党政不分」「以党代政」という指導方式や体制上の弊害を生じやすい。一九八〇年、鄧小平はこの弊害を中国政治体制上の重大欠陥とし[149]、改革に着手した。以来、中国政治は、一方で毛沢東が創り出した体制的枠組みを堅持しながら、他方で絶えず弊害の解消に努めるという形で発展していくことになる。

第三節　「大躍進」の発動とその過程

一、中国の経済サイクルと政策サイクル[150]

中国に経済サイクルが存在することは、経済統計データから見れば疑いようのない事実である。問題は、この経済サイクルに影響を及ぼしているのは何か、また中国には「政策サイクル」が存在するのか、もし存在するのであれば、どのような特徴があり、中国の経済成長と経済変動にどのような影響を及ぼしているか、ということである。

アレクサンダー・エクスタインは、中国には「政策サイクル」が存在すると早くから指摘していた一人である。彼は言う。中国の経済変動は、農業収穫サイクルと政策サイクルの相互作用の結果である。**この二つのサイクルの変動は、毛沢東の主観的願望と中国経済の後進的現実との衝突を示す一種の関数と見ることができる。中国の政策サイクルは、その政策決定機構と価値体系に由来するものである。**[151]

中国には、明確な政策サイクルが存在する。それは、動員期、貫徹期、応変期に分けられる。中国は国土が広い上に地域差も大きく、発展も不均衡である。ここから二つの問題が生じることになる。一つは、中央政府の政策転換が経済変動にストレートに影響せず、停滞期が生じること。もう一つは、中央の政策決定に対する地方政府の呼応・一致の度合いが低く、応変期が存在することである。

動員期とは、通常「伝達動員」と呼ばれる段階を指す。伝達動員の形式には二種類あり、一つは上から下への組織内伝達で、中央文書、中央指導者の講話および指示、中央全会の決議内容などが含まれる。もう一つは全国的な公開動員で、中央全会コミュニケの発表、中央指導者の正式報告、中央機関紙の社説などが含まれる。前者は共産党の組織系統、後者は一般の情報流通手段が伝達に利用される。多くの場合、まず内部伝達があり、その後に公開動員がかけられる。経済躍進にせよ経済調整にせよ、その実施に際してはメディアが利用され、知らぬ人がいないぐらいまで大々的にその機運を盛り上げる、ということがおこなわれた。中央の指導者が意欲的な発展目標を掲げる際にはこの種の政治動員は非常に有効であり、社会の各勢力を広く動員して全民族の力を結集し、短期間に各種資源を集中させることができた。

一九五七年一二月二日、劉少奇は中華全国総工会において、十五年以内に鋼鉄およびそのほかの主要な工業製品生産量でイギリスに追いつき追い越すという毛沢東の目標を公式に宣言した。これが「大躍進」開始の合図になった。

一九五八年元旦、『人民日報』は「風に乗り波を越える」と題する社説を掲載、これは毛沢東のモスクワ会議での講話に基づいて書かれたものであった。社説では、一九七二年以降も生産力をいっそう発展させ、さらに二十年から三十年かけてアメリカに追いつき追い越し、社会主義から共産主義社会への移行を徐々に進めていくという構想が示されていた。「多く、速く、立派に、無駄なく」という方針が強調され、「大いに意気込み、高い目標を目指す」というスローガンが掲げられた[152]。毛沢東はこの社説を絶賛した[153]。同日、『光明日報』は王佩琨の「十五年後にイギリスに追いつき追い越そう」を掲載、主要な工業製品生産量において十五年でイギリスに追いつき追い越すことは可能であると論じた。毛沢東は一月三日の指示で「この件はたいへん良い」と述べている[154]。一月二日から四日にかけて、毛沢東は杭州で一部の中央指導者と地方の責任者を招集して会議を開いた。同月一一日から二二日には南寧で同様の会議を開催した。二つの会議は毛沢東が「大躍進」を発動するための重要な会議であった。南寧会議において毛沢東は、地方の工業生産額が期限までに農業生産額を上回り、「農業発展要綱四十条」を前倒しで実現し、三年以内に大部分の地域を一新させることを目指すよう要求した[155]。同時に、周恩来、陳雲らが一九五六年にとった「反盲進」の方針を厳しく批判し、周恩来と劉少奇の両者は責任を取るべきだとした[156]。のちに胡喬木は、「南寧会議において、中央政治局委員はすでに毛沢東と対等に議論をおこなうことができなくなっていると感じた」と述べている。毛沢東は事実上、政治局の上に立つ存在になっていた。これは、「大躍進」がきわめて速やかに発動された要因の一つである。この時、あらゆる功績はただ一人（毛沢東）の手に帰する状況であり、そのような条件下においては、誰であれ毛沢東の主張に反対することは難しかった。これが当時の実情である[157]。

一月三一日、毛沢東は「工作方法六十条（草案）」を発表し、「大躍進」発動の二大理論を打ち立てた。すなわち、「継続革命論」（二一条）と「不均衡絶対論」（二二条）である[158]。彼は次のような予測を立てた。五年から八年以内に農業発展要綱四十条は達成される。三年以内に（全国）大部分の地域の様相は様変わりする。十五年、あるいはもう少しかかるかもしれないが、鋼鉄およびそのほかの主要工業製品生産量でイギリスに追いつき追い越す。このスローガンに全国の人民は絶大な勇気を得ており、生産意欲の高揚が新たに形成されつつある、というものである。しかし、これらの重要な予測と目標は、入念な調査研究や科学的論証を経ておらず、あくまで毛沢東個人の独断に基づく政治スローガンでしかなかった。

二月一日から一一日にかけて第一期全人代第五回会議が北京で開催され、一九五八年の国民経済計画が可決された。この計画は「大躍進」の精神を体現したものだった。会議の期間中、『人民日報』では「われわれの行動スローガン――浪費に反対し、国家建設に奮闘しよう」「大いに意気込んで、競って高い目標を目指そう」「生産力の高い地域と更なる発展を目指し、低い地域は飛躍しよう」「大衆の力を結集して旧規を打ち破ろう」といった社説が続けざまに掲載され、「わが国は今まさに国を挙げての大躍進という新しい状況に直面している」との見解を打ち出した[159]。この会議は「大躍進」動員大会の様相を呈し、その本格的開始のメルクマールとなった。

三月の成都会議では、周恩来、陳雲らが「反盲進」問題について再度自己批判をおこない、その誤りを認めた。「大躍進」がすでに既定方針となったことで、毛沢東は終始興奮状態にあった。議題の中心は、「反盲進」批判から「大躍進」発動へと移り、生産目標は次々と引き上げられ、期限もどんどん前倒しとなった。そこでは客観的法則を軽視した「感情的突っ走り」が煽り立てられた[160]。

政策サイクルにおける貫徹期とは、「貫徹実施」と呼ばれる段階のことである。中央の見解が伝達された後、各地では具体的な発展目標やその実現のための政策、および施策の制定が始まる。地方政府はその地域の人民の「父母官（地方を治める長）」として、経済状態を改善してほしいという人民の強い要望を受け、「その地方のために政治をおこない」、「その地方に利益をもたらす」ことが求められていた。地方の指導者は皆、中央の発展目標は周知のことであり、それより低めの経済成長率目標を設定したならば、たとえそれが地域の状況に合ったものだとしても、人民および官僚から無能とみなされることをわかっていた。そのため、高い経済成長率を目標として設定するほかなかったのである。中央の掲げた発展目標は、地方の発展目標の下限を示したに等しく、中央がさらに高い目標を掲げたならば、地方もそれにつれてさらに高い目標を掲げざるを得なかった。中央の経済成長率指標が六％から八～九％に引き上げられると、各省・自治区の経済成長率指標は少なくとも一〇％以上に引き上げられ、地区・市・県の経済成長率指標はさらに高いものとなった。ノルマの上にノルマが課せられ、下部組織になるほどそれが大きくなる。結果、互いが競い合う中で、数字が一気に膨らんでいく状況が出現した。この現象は、中央政治の動員が地方政府に及ぼす膨張・拡大効果を表している。

政策サイクルにおける応変期とは、「上に政策あれば、下に対策あり」と言われる段階のことである。中央の政策決定者にとって常に悩みの種となるのは、予想通りの効果を生むと信じた政策が、現実にはまったくそうならないことである。つまり、「政策が原型を見失ったような状況」、時には「正反対の結果が生じている状況」の出現である。これは、地方政府が中央の政策に対応する過程でゆがみが生じていることを意味する。中央が地方の暴走を止めるべく各種措置をとっても、地方は地域の利益のためにさまざまな方法を編み出してこれに対抗し、経済変動をより激化させることになる。経済調整を余儀なくされた中央が緊急会議を開き、新しい経済政策を策定しても、結局は動員期から貫徹期、そして応変期というサイクルを再度繰り返すだけである。

経済の拡張政策と緊縮政策の目標・方針・内容は、経済サイクルの段階に応じて大きく異なる。その違いは以下の七つの項目に表れる。すなわち、経済成長と経済の安定、工業の発展と農業の発展、社会の総需要と総供給、財政政策、通貨政策、計画と市場の関係、および中央と地方の関係である。二種類の経済政策の違いは**表5－1**の通りである。

表5-1　拡張経済政策と緊縮経済政策

内容	拡張経済政策	緊縮経済政策
経済成長と経済の安定	経済成長率の追求 高い経済指標の追求	経済成長率の安定 インフレ率の抑制
工業発展と農業発展	重工業＞軽工業＞農業 工業生産増 工業投資比率の拡大	農業＞軽工業＞重工業 工業生産増の抑制 農業生産増の支援 農業投資比率の拡大
社会総需要と社会総供給	社会総需要拡大を喚起 投資拡大 消費拡大 集団購買増加 給与総額増加	総需要拡大を抑制 投資の圧縮 消費抑制 集団購買抑制 給与総額抑制
財政政策	財政支出増加 派手な支出・浪費 減税・免税	財政支出削減 節約奨励、財政および税制の監査 税収増加策
貨幣政策	成長促進 インフレ 通貨の超過発行 超過貸付	通貨の安定 通貨供給量の抑制 信用貸付規模の抑制 預金・貸付利率の引き上げ
計画と市場の関係	市場メカニズムの拡大 価格の自由化 企業への権力委譲	計画手段の強化 価格の統制 企業からの権力回収
中央と地方の関係	地方への権力委譲 地方の積極性強調 財産権および物権の委譲 予算外資金の増加	地方からの権力回収 中央の権威強調 財産権および物権の集中 予算外資金の抑制

資料出典：胡鞍鋼『中国経済変動報告』207～208頁、瀋陽、遼寧人民出版社、1994。

中央政府の経済政策は一度決めたら変えられない、というものではない。むしろ、経済状況の変化に応じて拡張政策と緊縮政策を絶えず使い分けていくものである。経済政策の周期的変化は、経済の成長や衰退に直接影響し、経済の変動およびその変動幅を左右する鍵となる。

中国の経済発展の歩みを見れば、政策サイクルが経済サイクルに影響を与え、経済サイクルもまた政治のサイクルに影響を及ぼしていることがわかる。経済政策の誤りは指導者層の分裂や人事の変動を引き起こす主な要因であり、政治闘争も経済発展に深刻な影響を及ぼす。経済成長の加速は、国内政治の急変や揺り戻しをしばしば誘発した。経済拡大期には、指導者は急速な成長を望み、一時的な経済繁栄は指導部内部の方針の違いを覆い隠してしまう。現下の経済状況に対する判断や経済政策の実施に反対意見があったとしても、最高指導者の受け入れるところとはならない。一方、緊縮経済期には政策の誤りが重大な損失を招き、主要な責めを負うべきは中央なのか地方なのか、最高指導者なのかほかの指導者なのかということも含め、必然的に指導者の責任が問われることになる。いったん指導者の責任が問われだすと、党内指導者層の対立も激化する。少なくとも二つの異なる、あるいは相反する意見が存在する時、党内指導部で妥協点を見出すことができなければ、互いに疑念を抱いて対立するようになり、ついには公然たる分裂に発展し、政治的罪名を着せて相手を死地に追い込むまでに至る。「大躍進」はその典型的な事例であった。一九五九年には、廬山会議で毛沢東と彭徳懐の政治闘争と決裂があり、一九六二年の「七千人大会」では、毛沢東と劉少奇の路線の違いが解消されず、「文化大革命」において両者の政治闘争と決裂がもたらされる原因となった。これには毛沢東個人の政策決定の誤りが関係していると同時に、猜疑心と政治闘争を拡大していく彼個人の思想傾向、さらには個人独裁ともいえる過度の権力集中の問題が関係していた。

政治的・イデオロギー的要因による対立を別とすれば、**新中国成立以来の党内闘争は、経済政策上の不一致に起因している。経済変動が政治闘争の直接的導因となり、政治サイクルを左右すると同時に、政治闘争と政治的衝突もまた、経済変動をエスカレートさせていく。つまり、政治運動・政治闘争と経済の衰退は呼応関係にあるということである。**

毛沢東が発動した「大躍進」は、経済「乱高下」の典型であり、中国における経済サイクルと政策サイクルの相互作用を顕著に反映したものである。「大躍進」開始時、中国経済の立ち遅れた現実は改善されておらず、「大躍進」発動の条件はまったく整っていなかった。ロデリック・マクファーカーは当時の中国の指導者について、中国の国情に関する情報が不足しており、自分たちが直面している状況の歴史的本質を理解できなかったに違いない、と述べている。[161]

一九五八年に毛沢東が「大躍進」を発動した時点で、中国の経済発展を短期的にも長期的にも阻害する制約条件がいくつか存在していた。これらの制約を毛沢東がすべて無視、あるいは軽視したことが、「大躍進」の失敗につながった。第一に、中国の人口が史上空前の高成長を遂げており、人口の急速な増加と人口規模の巨大化という二重の圧力を形成していたことである。二〇世紀前半の中国の人口成長率は一%にも満たなかったが、一九四九～一九五七年には総人口が五億四一六七万人から六億四六五三万人に増え、増加率は一九・四%、一年あたりの増加率も二%を超えていた。人口統計学的に見て、「高い出生率と、死亡率の比較的急速な低下による自然増加率上昇」段階にあった。第二に、食糧需要が大幅に増えたため供給不足になっており、「大躍進」の無謀な推進によって食糧需給の矛盾がさらに拡大したことである。一九五七年の全国食糧総生産量は前年比一・三%増に過ぎず、すでに食糧不足の黄信号が出ていた。国際的な比較では、一九五七年における中国の一人あたり食料生産量（二九〇キログラム）は、一九二八年のソ連（五六六キログラム）のわずか半分であり、一人あたりの植物油生産量（一・七キログラム）もソ連（三キログラム）の約半分であった[162]。第三に、農村人口が依然として総人口の八〇%以上を占めていたことである。「鋼鉄を要とする（以鋼為綱）」重工業路線は、農村の発展を後押しすることはできず、むしろ衰退を加速させる結果となった。のちの結果を見ても、重工業の高成長と農業生産の大幅な減少が同時に出現している。こうした特徴が、中国の工業化と都市化を停滞させる要因になったのである。

「一五」期に中国経済は急成長を遂げたが、工業と農業の発展には差があった。生産額の伸び率はそれぞれ一八・七%と三・八%で、五倍の開きがあった。この事実は毛沢東の最大の関心事になっていた。中国の基本的状況を前にして、当時の指導部内には発展に対する二つの異なる見解と路線が存在した。一つはバランスのとれた発展と適度な成長を目指す漸進式の戦略であり、もう一つは引き続き「一五」期同様のアンバランスな発展と超高成長率を目指す急進的な戦略である。「一五」期に生み出された農業発展の相対的な遅れという大問題を解決できるのは前者である。それは工業と都市の急速な発展のみを追い求めるのではなく、農業と工業、農村と都市の格差と矛盾を解消することに注力するものだった。毛沢東は考慮の末、バランス重視の発展戦略をとることを決断し、一九五七年一月の各省・市・自治区書記会議では、もっぱらこの問題の正しい処理について語った[163]。

第二次五カ年計画（一九五八～一九六二年）の準備検討段階において劉少奇は、党中央が提案する成長速度は「積極的であると同時に、確実で信頼できるものである」と述べ、第二次五カ年計画（「二五」）終了時の国民所得は第一次五カ年計画終了時に比べ、五〇%程度の伸びになることを求めた[164]。

周恩来、陳雲（国務院副総理）、李富春（国務院副総理兼国家計画委員会主任）、李先念（国務院副総理兼財政部部長）、薄一波（国務院副総理兼国家経済委員会主任）らは、より穏当で緩やかな経済発展戦略を採用し、農業生産の成長率を引き上げ、国家の農業投資比率を高め、化学肥料工業や農業機械化工業への投資比率も高めるべきだと考えていた[165]。この考えは、重工業および資本集約型の工業発展を優先し、農業や労働集約型産業を軽視していた「一五」期の考えを修正したものであり、実際にこの考えに沿って進めば、「大躍進」の「大失敗」は完全に避けることができ、「二五」期は「一五」期よりも良いか、悪くても同等の発展を実現することができたであろう。

しかし、毛沢東は一九五七年後半に突然考えを変えて「反盲進」を厳しく批判[166]**、「大躍進」路線を選択し、「英米に追いつき追い越す」ことを決意した。中央の指導者はほぼ全員一致でこれを受け入れ、毛沢東の選択を支持した。これは、積極性と妥当性を兼ね備えた漸進主義路線、すなわち八全大会路線の変更を意味した。**八大決議では次のように指摘されていた。第二次五カ年計画の草案作成に際しては、積極的かつ実現可能な数字をベースに各計画指標を策定し、有利な条件を十分考慮に入れるとともに、潜在力に目をふさぎ、社会主義に対する大衆の積極性を低く見積る右傾保守の傾向に反対しなければならない。同時に、不利な要素や生じ得る困難も十分考慮に入れ、現実的根拠に乏しく、実現可能な条件の検討を怠り、国民経済の計画性や発展比率を軽視する冒険主義・急進主義的傾向にも反対しなければならない。

事実が証明している通り、「大躍進」路線は中国の基本的国情に反していただけでなく、自然法則や経済発展の法則にも反しており、歴史の報いを受けるのは当然だったと言わねばならない。**最大の失敗は間違った戦略決定である。戦略決定の間違いが生じたのは、政策決定が最高指導者個人の判断に委ねられていたからである。**

二、「大躍進」に関連する毛沢東の構想と政治的発動

「大躍進」は毛沢東が常に追い求めてきた「強国」の夢を実現する重要な手段であった。一九四九年の新中国成立前、毛沢東は次のように指摘している。中国の経済は依然として立ち遅れているが、人民は勇敢かつ勤勉であり、党の指導にソ連の援助が加われば、経済建設の速度はこれまでのようにゆっくりしたものではなく、かなり速いものとなるだろう。中国の興隆は遠からず実現するはずである[167]。革命にはすべてを変える力があると毛沢東は信じていた。何億という人々が豊かな暮らしを営む文化的国家・新中国の実現は、そう遠い将来のことではないと確信していたのである[168]。九月二一日、**毛沢東は中国人民政治協商会議第一回全体会議において、「中国人民はすでに立ち上がった。勝利の後、中国の繁栄は**

約束されている」と宣言した。これこそが毛沢東の「中国の夢」であった。

第一次五カ年計画（一九五三〜一九五七年）期に、中国経済は驚くほど急速な発展を遂げ、この事実により、毛沢東は中国経済のさらなる急速な発展に自信を深めた。一九五六年末、毛沢東は農業合作化の目標を前倒しすることを発表、これは中華人民共和国の歴史的転換点であり、これを契機に中国経済の「大躍進」を開始する、と宣言した。[169]

一九五六年、合作化が最高潮に達する中、毛沢東は「農業大躍進」構想を打ち出し、五年以内に一人あたりの食糧生産量を一〇〇〇キログラムにまで引き上げ、半世紀以内に一ムーあたりの生産量一〇〇〇キログラムを実現することを求めた。[170] 一九五七年七月、毛沢東は十年から十五年かけて工業化のための物的・人的基礎を固め、八〜十期の五カ年計画（四十〜五十年）でアメリカ経済に追いつき追い越すという構想を提起した。[171] 同年九月から一〇月に開かれた第八期三中全会では、周恩来、陳雲らが（一九五六年初頭から一九五七年初頭にかけて）とった「反盲進」を厳しく批判した。「反盲進」は、「多く、速く、立派に、無駄なく」の方針を否定するものであり、「農業発展要綱四十条」や促進委員会を反故にするものである、というのが毛沢東の考えだった。[172]

一九五七年一一月、毛沢東はモスクワで開かれた各国共産党・労働者党代表会議に出席、**参加した社会主義諸国の代表が「資本主義国家に追いつき追い越す」ムードを醸成するなか、フルシチョフの発言に触発され、中国も十五年前後で鋼鉄など主要工業製品生産量においてイギリスに追いつき追い越すという目標を打ち出した。**

毛沢東が発動した「大躍進」は党内で支持されると同時に、地方の指導者層にも支持された。前者と後者は互いに影響し合う関係にあった。上海市党委員会第一書記の柯慶施は、小中学校、高校を十五年程度で普及させ、広大な農村にもあまねく大学や専門学校を設立することを提案した。[173] 一九五八年三月の成都会議で毛沢東は、三年（一九五八〜一九六〇年）の苦闘で省の現状をおおむね一変させ、七年（一九五八〜一九六四年）以内に「農業発展要綱四十条」を実現し、農業の機械化を五年（一九五八〜一九六二年）で実現するという構想を打ち出した。一方、河南省からは一年で「四・五・八」[174]を実現し、水利事業の完成、四害の駆除、非識字者の一掃を実現する提案がなされた。毛沢東は詳細に検討することなく河南省の提案に賛成し、一年間の試行を許可した。もし素晴らしい成果を収めたなら、翌年各省で再度運動をおこない、大躍進を実現する、という目算であった。

三月二六日、毛沢東は八全大会第二回会議で劉少奇がおこなう報告草案に以下の内容を正式に書き入れた。「われわれの今後の任務は、党中央と毛沢東同志が打ち出した『あらゆる積極的要素を動員し、人民内部の矛盾を正しく処理し、大いに意気込み、常に高い目標を目指し、多く、速く、立派に、無駄なく社会主義を建設する』総路線を貫徹し、技術革命および文化革命のために奮闘することである[175]」。

四月一五日、毛沢東は、劉少奇・鄧小平・周恩来・陳雲・胡喬木・呉冷西らへの書簡で次のように述べた。「イギリスには十年で追いつくことができ、さらに次の十年でアメリカにも追いつけるだろう。『二十五年程度でアメリカに追いつく』という目標まで五年から十年の余裕があることになる。ただし『十五年でイギリスに追いつく』というスローガンを変える必要はない[176]」。

同月二七日から二九日にかけて、毛沢東は広州で李富春および各部長と工業問題について討論をおこなった。参加者は冶金工業部部長の王鶴寿、化学工業部部長の彭濤、鉄道部部長の滕代遠、水利電力部副部長の劉瀾波、李葆華、李鋭、地質部副部長の劉景范であった。毛沢東は、水利電力部と冶金部が提案した十五年でアメリカに追いつくという構想に対し、「十五年でアメリカに追いつくことは決して不可能ではないが、十五年でイギリスを追い抜くというスローガンを当面（数年間）変える必要はない。アメリカをいつ追い越すかというのは、その後の話である[177]」と述べた。後に毛沢東が「十五年でアメリカに追いつく」と構想をエスカレートさせたのは、この会議の影響が大きかった。五月八日の八全大会第二回会議で毛沢東は次のように語った。「わたしは工業のことはよくわからないが、工業が高度に難解なものだとは思わない。工業担当の同志と話をしたことがあるが、最初はわからなくても、数年学べばわかるようになった。思うに、十五年でイギリスに追いつくのも、アメリカに追いつくのも大して違いはない。李富春同志の話によれば、もう少し、たとえば二十年ほどの時間が必要とのことだが、それはかかりすぎだ[178]」。

以上のことから、毛沢東が「イギリスを追い越し、アメリカに追いつく」構想を提起するに至った経緯、そして誰が鍵となる情報を提供し、その情報の内容はどのようなものだったのか、一目瞭然であろう。

毛沢東の号令一下、八全大会第二回会議では、各部門から以下のような目標が提出された。機械部門は第二次五カ年計画期に、機械工業製品生産量の平均成長率を五〇％にまで高める。冶金部門は鋼鉄生産量において五年でイギリスを追い越し、十五年でアメリカに追いつく。石炭部門は石炭産出量において二年でイギリスに追いつき、十年でアメリカに追いつく。紡績部門は主要紡績製品生産量において五年以内にイギリスを追い越し、アメリカに追いつく。軽工業部門は紙製品生産量において五年でイギリスを追い越す。鉄道部門は五年で三万キロメートルの鉄道路線を整備し、十五年以内に総延長一二万キロメートルを達成する。水利電力部門は五年以内に全国レベルでの基本的な電化を実現する[179]。

六月一六日、国務院副総理兼国家計画委員会主任の李富春

は、党中央に「第二次五カ年計画の要点」を提出し、**第二次五カ年計画の任務を次の通りとした。「農業発展要綱四十条」の前倒しでの実現、基本的に整った工業化体系の確立、五年でイギリスを追い越し、十年でアメリカに追いつくこと、技術革命および文化革命を大々的に推進して十年以内に世界最先端の科学技術水準に追いつくための基礎を固めること。**毛沢東はこれに対し、「真に読むに値するものだ。視野を大いに広げることができた」と評価した。[180] 翌一七日、国務院副総理兼国家経済委員会主任の薄一波は、中央政治局への報告の中で、一九五九年のわが国の主要工業製品は、電力以外すべてイギリスの生産水準を上回る見込みである、と述べた。この報告は毛沢東をことのほか喜ばせた。二二日には「イギリスを追い越すには十五年も必要なく、七年でもなく、二、三年もあれば十分だ。重要なのは鉄鋼である。一九五九年に鉄鋼生産量が二五〇〇万トンに達すれば、イギリスを追い越すことができる」と自らコメントを記している。[181] 同日、毛沢東は冶金工業部部長・王鶴寿の報告（六月七日）にも次のようにコメントした。「一九六二年に鉄鋼生産量六〇〇〇万トンを達成すれば、アメリカを追い越すのは難しいことではない。まずはなんとしても一九五九年に鉄鋼生産量二五〇〇万トンを達成し、イギリスを追い越さねばならない」[182]。同じく、冶金部党組の鉄鋼生産計画報告に対しても次のようにコメントした。「報告によると、華東地区は一九五九年に同地区の鉄鋼生産能力八〇〇万トンの実現を目標にしている。各経済協作区の状況を鑑みるに、一九五九年の鉄鋼生産量は三〇〇〇万トン以上、一九六二年には八〇〇〇万～九〇〇〇万トンに以上に達する見込みである」[183]。二五日、党中央農村工作部部長兼国務院副総理・鄧子恢の夏季収穫増産統計報告に対する毛沢東のコメントは以下の通りである。「これは良い報告なので、軍事委員会のメンバーに直ちに知らせるように」「報告には、夏季収穫量から推計した年間の食糧総生産量が二六〇〇億キログラムを突破し、増産量は一〇五〇億キログラムに達するとあったが、そうであれば、八全大会で定めた第二次五カ年計画の食糧生産目標を、今年達成できることになる」[184]。こうして毛沢東と各部門の責任者の間に主観主義的な相互依存関係が形成され、目標はますます高くなり、現実離れしたものになっていった。

　一九八一年の第十一期六中全会における「建国以来の党の若干の歴史問題に関する決議」は次のように指摘している。「一九五八年、八全大会第二回会議で採択された社会主義建設の総路線は、一方では経済的・文化的に立ち遅れているわが国の状況をなんとかしたいという、広範な人民大衆の切実な要望を反映したものであったが、他方では客観的な経済法則を無視したものであった」[185]。事実が証明しているように、客観的な経済法則に反すれば必然的に失敗し、その報いを受けることになる。

ロデリック・マクファーカーが述べているように、中国の一九五七年の食糧生産量は前年比わずか一・三％増であった。平和と統一および公共衛生の発達により、十九世紀に毎年一％だった人口増加率は、一九五〇年代には二％に上昇した。人口成長率の倍増と大規模な工業化計画という二重の負担の下で、中国の農業は需要を十分に満たすことができなくなっていた。指導者が発展戦略を一から新たに練り直す必要があったのは明らかであった。しかし、毛沢東とその支持者は自然と経済の法則を無視し、その急進的・冒険主義的な行動により、大災難をもたらすことになったのである。[186]

三、「大躍進」の経過――「急成長」から「大転落」へ

「大躍進」のきわだった特徴として、高い計画指標（高指標）が挙げられる。 一九五八年二月、第一期全人代第五回会議が北京で開かれ、同年の国民経済計画が承認された。計画が提起した一九五八年の指標は、農業総生産額が前年比六・一％増、工業総生産額が同一四・六％増、鉄鋼生産量は同一九・二％増、投資額は同一七・八％増、というものだった。[187]

半年後の北戴河会議では、同年の食糧生産量の見込みとして、三億～三億五〇〇〇万トンで前年比六〇～九〇％増、一人あたりの穀物保有量は五〇〇キログラム前後（全国平均）、綿花の生産量は前年の倍、が提起された。[188] また、翌一九五九年の食糧総生産量は四億～五億トン、綿花の総生産量は四五億～五〇億キログラムという数字が提起された。会議ではこれを受けて、各省および自治区の党委員会は、政策的重点を農業から工業に移すべきであるとされた。一九五八年一〇月の西安会議ではさらにエスカレートし、一九五九年の全国食糧生産量は七億五〇〇〇万トンに達することは確実で、一〇億トン達成に向けて努力することが提起された。

六月二五日、当時農業担当の中央政治局員でもあった中央書記処書記の譚震林は、華東地区における講話で次のように語った。華東四省一市の一人あたり食糧生産量は五〇〇キログラムに達しており、本来なら四、五年かけてようやく実現できるとしていた目標を一年で達成した。全国の食糧生産量は、二億五〇〇〇万トンを超える見込みである。農業生産戦略における主要任務は、今年の秋および来年の収穫量をさらに増やし、二、三年以内に衣食が満ち足りた状況を実現すべく、積極的に取り組むことである。[189] 八月一六日には『紅旗』誌に「二、三年以内に衣食が満ち足りた状況を実現すべく奮闘する」と題した一文を発表し、その中で次のように宣言した。「一九五八年夏の食糧生産量は六九％増加した。この数字から、わが国の食糧増産の速度は十数％や数十％増はもちろんのこと、倍増させることも可能であることがわかる」。さらに、「人有多大胆、地有多大産（人が大胆な決意をもてば、それだけ大地の生産量が上がる）」というスローガンをはじめて引用し、「腹を満たすのに金の心配はいらない」「存分に

食べよう」というスローガンを提起し、広めようとした。同月二九日、党中央は「人民公社の設立問題に関する決議」において、右傾保守化思想を克服し、農業技術上の通念を打破して以降、農業生産量が倍、数倍、十数倍、数十倍に増加する新たな状況が出現した、と指摘した。広東省党第一書記の陶鋳は『紅旗』誌第五期（一九五八年八月一日）に『食糧増産有限論』に反論する」を発表し、今年の春季のみで食糧生産は六〇％も増加しており、広東省では一年三期の水稲栽培により、一ムーあたりの生産量が五〇〇〇キログラムに達することも不可能ではない、と宣言した。[190] これに対し、毛沢東は疑うこともなく、「過去九年間（一九四九～一九五七年）の食糧生産量の伸びはきわめて緩やかだったので案じていたが、今年（一九五八年）一年で数千億斤（一斤は五〇〇グラム）も増えた。今年倍になり、来年（一九五九年）はおそらくさらに倍になるだろう。そうなればわれわれの食糧は有り余るほどになる」[191]と述べた。

実際には、一九五二～一九五七年の全国穀物総生産量は一億一〇〇〇万トンから一億九五〇〇万トンに増え、年平均の増加率は三・五％と史上最高の水準にあり、同時期の諸外国の中でもトップの増加率であった。同じく穀物の単位面積あたり生産量の平均増加率は二・一％、穀物栽培面積の増加率は一・五％で[192]、この二つも史上最高を記録している。しかし、李先念は人口増加のペースが早すぎることを自覚しており、わが国は人口の多さに比して土地が少なく、生産技術も遅れており、食糧増産は最重要事項であって、決して油断してはならない、と考えていた。[193]

一九五八年二月に薄一波は、同年の鉄鋼生産指標を前年比一九％増の六二〇万トンとすることを提案した。五月に中央政治局はこの目標を八〇〇万～八五〇万トンに引き上げた。六月七日、冶金工業部は一九六二年の主要冶金製品生産水準に関する計画を中央政治局に提出した。毛沢東は、この報告を開催中の軍事委員会拡大会議に回し、「一九六二年に鉄鋼生産量が六〇〇〇万トンに達しさえすれば、アメリカを追い越すことも難しいことではない」とのコメントを記した。[194]

六月一八日、毛沢東は中央政治局常務委員と彭真らを召集し、農業には「食糧生産を中心とし、それによって全体の発展を図る」という基本方針があるが、工業はどうするか、と薄一波に問いかけた。薄一波が、工業は「鉄鋼生産を中心とし、それによりすべてを引っ張っていく」という方針を提案すると、毛沢東はそれに同意し、七月一日の『人民日報』に「鉄鋼生産を中心とする」が正式に発表された。六月二二日、毛沢東は薄一波の「報告概要」に対して次のようにコメントしている。「イギリスを追い越すには十五年もかける必要はなく、七年すら不要であり、二、三年あれば十分で、二年で追い越すことも十分可能である」[195]。

八月になると、毛沢東の指示に基づき、中央政治局は鉄鋼生産量の指標を一〇七〇万トンに引き上げることを承認した[196]。数週間後、毛沢東は指標を一二〇〇万トンに引き上げることを打ち出した。同月の北戴河会議では、一九五九年の鉄鋼生産量を一九五八年の一〇七〇万トンから倍以上上積みして三〇〇〇万トンに、一九六〇年は五〇〇〇万トン、一九六二年の第二次五カ年計画終了時には八〇〇〇万～一億トンを到達目標にするとの構想が提起された[197]。

鉄鋼生産の目標達成が危ういと感じた毛沢東は、大規模な大衆運動の発動を決定し、書記を旗振り役とする全党全人民挙げての鉄鋼増産運動を推進した[198]。北戴河会議の中央決議では、工業は「鉄鋼生産を中心とする」指導方針がとくに強調された[199]。全国の都市や農村にある小規模な溶鉱炉やコークス炉は七月には三万基あまりだったが、八月には一七万基に増え、九月には六〇万基にも達した。当時、全国で稼働していた小規模炭坑は一〇万あまりあった[200]。この年全国で創設された、昔ながらの手作業による（いわゆる「土法」生産）小規模工業企業は一二一万五〇〇〇、そこで働く労働者（大部分は農民）は二四八九万人であった。また、主に作業用機器による（いわゆる「洋法」生産）小規模工業企業は七万五〇〇〇、労働者は八四〇万人であり、両者を合わせると企業数一二九万、労働者の数は三三二九万人に上った。「小型、旧式、大衆的」な農村製鉄業も投入され、ピーク時には六〇〇〇万人以上が鉄鋼生産に動員された[201]。一二月二二日、『人民日報』は全国の鉄鋼生産量が一〇七三万トンに達したとのニュースを伝え、中国は一年で鉄鋼生産量を倍増させ、世界の鉄鋼史上に輝かしい一章を加えたと称えた[202]。しかし、薄一波が後に公表したデータによると、品質基準に達していたのは八〇〇万トンのみであった[203]。高い指標は虚偽の報告を必然化し、低品質のものが大量生産される事態を引き起こした。投入量と産出量から見れば、「割に合わない」典型例である。このような現象は、「大躍進」期間中、ありとあらゆる場面で見られた。

当時、社会の発展においても高い指標が掲げられ、やはり「大躍進」が目指された。

教育界でも「大躍進」運動が大々的におこなわれた。九月一九日、党中央と国務院は「教育工作に関する指示」を出し、「非識字者をなくし、小学校教育を普及させ、農村合作社に中学校（中学と高校）と、就学年齢前の子供を預かる託児所・幼稚園を設置する。全国でこの任務を三年から五年以内におおむね完了させる。中等教育と高等教育についても大いに発展させ、十五年前後で、全国の青年および成人で、条件を満たしていて自ら学びたいと望む者は誰でも高等教育を受けられるようにする。十五年前後で高等教育の普及に成功したら、その後の十五年前後は質の向上に努める」ことを提起した[204]。これに先立つ八月二三日、指示の草案に対して毛沢東は次のようなコメントを加えている。「これは使える。本件は直ちに主だった民主的人士にも知らせ、彼らと話し合いの機会をもち、しかるのちに公布するのがよいだろう」[205]。

科学界でも「大躍進」運動が展開された。中国科学院院長である郭沫若は毛沢東の指示を受け、科学者に「乳を吸うように力を振り絞って」科学事業の「大躍進」を成し遂げるよう号令を発した。五月一五日、中国科学院党組は八全大会第二回会議に全院の躍進計画を提出した。この計画には二四の任務が盛り込まれ、そのうち農工業に直接役立つ項目は一八、さらに世界の先端水準に追いつき追い越すことをはっきり打ち出したものも四項目あった。七月初めには中国科学院に属する四三の組織が党の創立記念に捧げるとして九二七項目の成果を挙げ、そのうち一〇七項目はすでに国際的水準に達しているか、超えているとした[206]。中国科学院学部委員の銭学森は「一ムーあたりの食糧生産量はどこまで増やせるか」を発表し、地表に届く太陽光の三〇％を利用できるようになるだけで、一ムーあたりの生産量は「二〇〇〇キログラムあまり」どころか、その二〇倍以上に達すると主張した[207]。ただし、いつ、どのような条件が揃えばこの生産量に達することができるのかについては、一言の説明もなかった。

文化界でも同様に「大躍進」がおこなわれた。文化部は八月に省・市・自治区の文化局局長会議を、一〇月に全国文化行政会議を相次いで開催し、文化工作における「大躍進」の布石を打った。誰もが本を読み、計算ができ、映画を見ることができ、歌が歌え、絵が描け、踊りができ、演劇ができ、創作ができるようになることを目指すとされ[208]、さらに、文芸分野においてもめざましい成果を上げ、どの県からも梅蘭芳や郭沫若を輩出することが目指された[209]。

二月に『人民日報』は南寧会議の精神に基づいた社説「われわれの行動スローガン」を発表し、次のように述べた。「わが国は現在、全国的大躍進の新たな情勢に直面している。工業建設および工業生産の『大躍進』、農業生産の『大躍進』、文教と衛生面における『大躍進』を成し遂げなければならない」。劉少奇は八全大会第二回会議の場で毛沢東のスローガンを伝え、第一次五カ年計画を上回る成長スピードを求めた。その理由を彼は次のように説明した。「建設スピードの問題は、社会主義革命の勝利後、われわれが直面している最重要の問題である。そもそも革命は、社会の生産力をこれ以上ない速さで高めるためにおこなわれた。わが国の経済はきわめて立ち遅れており、しかも帝国主義勢力に包囲されている。したがって、社会主義国家の基礎を固め、人民の生活水準を高めるには、できるかぎり経済建設のスピードを上げる必要がある」[210]。『人民日報』は六月二一日の社説「全力を尽くして速度を上げよう」で次のように主張した。「社会の生産力をこれ以上ない速さで発展させ、国家の工業化と農業の近代化を実現することは、総路線の基本精神である」「スピードこそ総路線の神髄である」「『多く、速く、立派に、無駄なく』のポイントは『速く』にある」[211]「スピードを上げ、時間を急ぐことは社会主義建設の基本方針である」[212]。経済成長の速度を高度に政治化、イデオロギー化するこうした手法は、スターリンのそれに非常に酷似している[213]。

水増し作風（浮誇風）や成果のねつ造も横行した。譚震林は安徽省党委員会三級幹部会議において、一ムーあたりの収穫量一万斤（五〇〇〇キログラム）も、恐らく実現するであろうと述べた[214]。八月二七日の『人民日報』は、山東省寿張県で「一ムー一万斤」が達成されたと報じた。編集者がつけた見出しは「人有多大胆、地有多大産」のスローガンだった。『人民日報』はその後も絶えず農業生産に関する同様の報道を垂れ流し、でたらめの発信源になった。一〇月一日には社説「新記録続出、躍進からさらなる大躍進へ」を掲載した。

「大躍進」は一九四九年以降の中国で最大規模の経済変動を引き起こし、社会全体の生産力に最大級のダメージを与えた。国民経済の受けた損失は計り知れず、大成功から大失敗への要素がほぼすべて揃った経済危機の過程をたどった。

まず、経済上昇期（一九五七～一九五九年）。一九五七年に毛沢東は「十五年程度をかけて、鉄鋼およびそのほかの主要工業製品生産量においてイギリスに追いつき追い越す」というスローガンを掲げた。一九五八年初め、周恩来は第一期全人代第五回会議で次のように報告した。ソ連は主要工業製品生産量において、十五年でアメリカに追いつき追い越すことを決定した。中国人民も十五年程度でイギリスに追いつき追い越すつもりである。八全大会第二回会議では「大いに意気込んで高い目標を目指し、多く、速く、立派に、無駄なく社会主義建設をおこなう」総路線が正式に打ち出され、全国経済が急速に高揚期に突入した。

（一）**経済の急成長。**一九五八年の国民所得は前年比で二二％、工業総生産額はおよそ五四・八％、建築生産額は七〇・三％、運輸生産額も五一・七％、それぞれ増加した。ただし、農業総生産額の成長率はわずか二・四％にとどまっていた[215]。工業総生産額と農業総生産額の成長率を比べると、その比率は一九五七年の三・二対一から二三・八対一にまで広がっていた。内訳を見ると、鉄鋼生産量は四九・五％、銑鉄生産量は一三〇・五％、発電量は四二・五％、石炭は一〇六・一％、セメントは三五・六％それぞれ増加したが[216]、食糧生産はわずか二・五％増だった[217]。一九五九年の国民所得は前年比八・二％増、工業総生産額は三六・一％増で、建築業は九・〇％増、運輸業は三四・一％増であった。しかし、農業総生産額が突然マイナス成長に転じた結果、同年の農業総生産額は一九五五年の水準にすら達しなかった[218]。

（二）**投資の急速な拡大。**一九五八年の全民所有制単位（国営企業）の固定資産投資は八四・五％増、翌一九五九年も三一・九％増で[219]、投資総額は一九五七年の二倍以上となった。

（三）**労働者の急増。**一九五八年の全国の労働者数は六七・五％増、そのうち全民所有制単位の労働者は二〇〇〇万人以上増加し、前年比八四・九％の伸びを示した。[220] 一九五九年と一九六〇年には、それぞれ二〇〇万人、五四〇万人の増加となり、労働者の数は一九五七年の二倍以上となった。一九五八年には全国の都市の総人口も七七二万人増となり、一九六〇年には三一二四万人増となった。

　一九五八年の各経済指標の伸び率や国民経済の内訳を見ると、いずれもきわめて異常な、あるいは不均衡な伸び方をしており、国民経済はまれに見る深刻なアンバランス状態に陥った。**毛沢東は「大躍進」が「大災難」になろうとしているとは夢にも思わず、ましてそれを防ぐための措置をとろうともしなかった。当時、陳雲と彭徳懐以外の指導者、劉少奇・周恩来・鄧小平らは皆「熱に浮かされ」、毛沢東の政策決定に賛同していた。もし「大飢饉」が起こらなければ、毛沢東が考えや態度を改めることはなく、ほかの指導者も状況を変えることは難しく、毛沢東の重大な失策を正すことも難しかっただろう。陳雲が反対意見を表明した「廬山会議」は、誤りを正す絶好の機会を提供した。しかし、毛沢東は陳雲の意見を顧みず、彭徳懐の提起も拒絶した。毛沢東が自らの誤りを正すことを拒否したことで、「大躍進」の失敗は、ほぼ決定づけられたのである。**

　次に、経済急落期（一九六〇～一九六二年）。**人為的かつ不正常な経済の高揚は、必然的に経済の急降下をもたらす。いびつな高成長の後、中国経済は深刻な衰退期に入り、新中国成立以来、最も深刻な経済危機を迎え、同時に深刻な飢饉も発生した。**

　経済成長率は大きく下落した。一九六〇年の国民所得は一・六％下落、一九六一年は二九・三％、一九六二年も六・五％それぞれ低下した。一九五二年の国民所得を一〇〇とした場合、一九六二年の国民所得の水準は一九五五年をわずかに上回る程度であった。[221] 一九六〇年の工業総生産額は前年比マイナス四二・八％、建設業の総生産額はマイナス六四・二％、運輸業はマイナス四二・一％で、翌一九六二年になると、それぞれさらにマイナス一六・六％、マイナス一四・八％、マイナス一九・五％となった。[222] **危機と衰退が中国経済全体を覆っていた。**

　食糧生産の減少も止まらなかった。一九五八年は二億トンだった食糧総生産量が、翌一九五九年には一億七〇〇〇万トンに減少、一九六〇年には一億四三五〇万トンにまで落ち込み、一九五一年の一億四三六九万トンを下回った。減産の主な要因は深刻な自然災害であった。一九五九年の全国耕地面積は一九五七年より一〇％も減少しており、なかでも食糧作付面積は一三％減少していた。単位面積あたりの生産量にはさしたる変化がなかったことを考えると、この耕地面積の減少が生産量の減退をもたらした重大要因だったといえる。耕地面積の減少は農業労働力の減少とかなりの程度関係があった。一九五七～一九六〇年の間に、農業労働力は二二九〇万人減少した（約一割減）。家畜も同様で、一九六一年の豚の飼育数は、一九五七年の約半数にまで減少していた（七〇〇〇万頭以上の減少）。ソ連の農業全面集団化によって発生した「大飢饉」時の家畜の損失に匹敵する数字である。[223]

一人あたりの食糧消費量で見ると、一九五七年に新中国成立後の最高値を記録したが、一九六一年には最低を記録するまでに落ち込んだ（表5－2）。「大飢饉」の危機的情況の中で政府が優先的に確保したのは、全人口の一割～二割程度を占める都市住民の食糧であり、そのために食糧の買付けを大幅に増やした。犠牲になったのは農村である。実際、「大飢饉」は主に農村で発生し、とくに深刻な被害を被ったのも極貧にあえぐ農村地区だった。

一九五九年にはすでに飢饉による大量の餓死者が発生していた。しかし、この年の食糧純輸出量は四一六万トンにも達していた。食糧総生産量の二・四％、食糧買付け量（六七四〇万五〇〇〇トン）の六・二％に相当する量である。翌一九六〇年にも二六五万トンの食糧を輸出している（表5－2）。「大飢饉」の渦中にある中国にさらに追い打ちをかける致命的失策である。のちに李先念は、一九五九年の輸出額は過去最高に達したが、これはわれわれが犯した誤りである、八〇億斤（約四〇〇万トン）を超える食糧を輸出したのだから、と認めている。[224]

彭徳懐が廬山会議において、中国の食糧生産量がすでに五億トンを超えたというデータに疑問を呈した時、毛沢東は三

表5-2 都市部および農村地区における一人あたり食糧消費量と死亡率（1952～1965年）

年	一人あたり食糧消費量 /kg①			死亡率 /‰②			食糧純輸出量 /万t①	粮食買い上げ量 /万t③
	全国	都市	農村	全国	都市	農村		
1952	197.5	240.4	191.7	17			153	
1957	203	196	204.5	10.8	8.47	11.07	193	4597
1958	198	185.5	201	11.98	9.22	12.5	266	5183
1959	186.5	200.9	183	14.59	10.92	14.61	416	6412
1960	163.5	192.5	156	25.43	13.77	28.58	265	4654
1961	158.8	180.8	153.5	14.24	11.39	14.58	-445	3655
1962	164.5	183.8	160.6	10.02	8.38	10.32	-389	3242
1963	164.6	189.9	159.5	10.04	7.13	10.49	-446	3699
1964	182	200	178.5	11.5	7.27	12.17	-475	4014
1965	184	210.7	177	9.5	5.69	10.06	-399	3922

資料出典：①国家統計局貿易物価統計司編『中国貿易物価統計資料』27頁、北京、中国統計出版社、1984。②国家統計局編『中国統計年鑑』（1983）103頁、北京、中国統計出版社、1984。③農業部計画司「農業統計資料（1949-1983）」443頁、北京、1984、林毅夫『再論制度、技術与中国農業発展』（290頁、北京、北京大学出版社、2000）掲載。

億七五〇〇万トンには達していると述べたが、実際の数字は一億七〇〇〇万トンに過ぎなかった。上から下まで虚報にあふれ、それが食糧買付けの増量にもつながった。高すぎる生産量の見積もり、水増し作風の横行は目に余るものがあった、と李先念ものちに認めている。通常であれば年間の食糧買付け量は四三〇億キログラムであったが、一九五八年は五〇〇億キログラム近く、翌一九五九年には六〇〇億キログラムにも上った。[225]

ニコラス・ラディは次のように分析している。「大躍進」が引き起こした危機は、一九四九年以来最も深刻な課題を中国共産党に突きつけた。政治的事象に対処する方法・手順に問題があったため、中国共産党のやり方では危機の重大性をあらかじめ予測することが難しく、しかも、危機発生後、速やかに有効な手立てを打つこともできなかった。広範囲わたって飢饉が発生している事実に疑問の余地がないとわかっても、党は依然として無為無策だった。二〇世紀最大の飢饉に対して、党の総力を結集して時宜に適った明確な対策をとることができなかった、あるいは積極的に対策をとろうとしなかったのである。[226]

四、「大躍進」の行き過ぎを正す最初の試み——陳雲

「大飢饉」が猛威を振るう前に少なくとも二度、その誤りを是正し、さらなる損失拡大を防ぐ機会があった。当時経済政策を担当していた党中央副主席兼国務院副総理の陳雲と政治局員で国務院副総理の彭徳懐は、それぞれ毛沢東に対して面と向かって、あるいは手紙で直接自らの意見を述べた。毛沢東も「大躍進」に問題があることは自覚していた。「トーンダウン」「引き締め」「冷静な推進派」を提起したこともあった。しかし、本筋において「大躍進」は正しく、問題があるとしても些末なことに過ぎないという信念を変えることはなかった。したがって、毛沢東自らが「大躍進」の是正に乗り出すことは、ほぼありえないことだった。

一九五八年の秋から冬にかけて、「大躍進」および「人民公社化」に起因する問題が中央に報告された。家畜をすべて殺し、木を切って食糧としている農村もあれば、災害に見舞われてもなお嘘の生産報告を上げてくる地方もあった。政府が食糧の買付け量を増やしたことにより被害はさらに拡大し、餓死者が出るまでに至った。[227] 毛沢東はこの状況を知ると、田家英（毛沢東の政治秘書・中央政治研究室副主任）と呉冷西（『人民日報』編集長・新華社社長）を河南に派遣して調査にあたらせた。**この時点で毛沢東は「大躍進」と「人民公社化」がうまくいっておらず、大きな被害をもたらす恐れがあること、「大躍進」が中国大乱の火種になるかもしれないことを自覚していた。**[228] 一一月の**中央政治局拡大会議（武昌会議）**[229]**では、共産主義社会への移行の問題はもっと慎重に論ずるべきだとし、自分を「粗忽者」だったと認めた。**会議で毛沢東は

次のように述べている。ソ連は共産主義への移行の問題について非常に慎重であった。何年もかけて移行しようとしたが、それでも条件が整っていないとして移行には踏み切らなかった。われわれ中国人はわたしを含め、たいていがあわて者である。たった九年（一九四九～一九五七年）で欲を出してしまった。中国人はそんなにすごいのか？　中国全体が共産主義になるまでにどれくらいかかるのか、それは誰にもわからない[230]。

毛沢東は、ごまかしが蔓延している[231]、虚偽の報告は生産量をごまかすよりもはるかに危険である[232]、と武昌会議で厳しく批判した。これは、ごまかしや虚偽の報告が組織の底辺にまで蔓延していたことを毛沢東が把握していたということであり、中央・省・地区の各級組織がこのことを十分に自覚し、冷静さと現実を割り引いてとらえる謙虚さを取り戻すよう望んでいたということである。

「大躍進」と「人民公社」の「冒進（冒険主義）」についてすでに自覚していた党中央は、一九五八年末から翌一九五九年七月にかけて部分的な調整を開始した。「大躍進」と「人民公社」は正しいという前提を崩さずに、経済指標の修正や手法の手直しを図ろうとしたのである。毛沢東は、農業生産に見られる水増し作風や虚偽の報告に対し、生産量の過剰見積りをやめて事実をありのまま語るよう、各級幹部に通達を出した。また、「一吹、二圧、三許願（大風呂敷を広げ、下部組織に圧力をかけ、できもしないことを約束する）」という上級組織のやり方を厳しく批判した[233]。

一九五九年四月末、毛沢東は「党内通信」を書いた。上は省委員会から下は三級（公社、管理区、生産隊）に至るまで、幹部に向けて守るべき六カ条をもっぱら説いたものである。とくに強調されたのは次の点であった。「食はきわめて重要な問題であり、大風呂敷を広げることは危険であり慎まねばならない。実情に基づかない絵空事を語る者は、人民を害すると同時に自分自身をも害しており、あらゆる点で損をしている[234]」。各地から虚偽の報告を受けた毛沢東は、社会主義とは何か、労働に応じた分配とは何か、等価交換とは何か、まったくわかっていない幹部があまりにも多い、と一喝した[235]。

経済統計データのごまかしは、中国における計画経済体制の大きな特徴になっていた。各地方・各部門の責任者は、程度の差こそあれ、例外なく虚偽の報告をおこなう動機をもっていたからである。「大躍進」の時期はそれがとくに目立っており、経済の「大躍進」と言うよりは、経済統計の「大躍進」とでも言うべき状況であった。下部組織や担当者レベルでの偽りだけでなく、中央を含む上層機関がその虚偽を信じたことも問題だった。毛沢東はこのことを明確に自覚していたが、虚偽の報告に反対しながらも、成果のねつ造を好むという矛盾した側面をもっていた。しかも、水増しされた成果に基づいて政策を決定したのである[236]。そのような政策は必ず失敗する運命にある。

「大躍進」期の統計データに対して、陳雲は毛沢東らとは異なる見方をしていた。一九五九年四月、陳雲は前年の食糧生産高は実際よりもはるかに水増しされていると考えた。[237]そして、中国が深刻な食糧危機に直面していることを執拗に訴え、労働者人口の管理の徹底を提起した。

当時、中国では一五の省と自治区（河北・山西・内蒙古・陝西・甘粛・寧夏・青海・山東・江蘇・安徽・福建・河南・湖北・湖南・江西）にわたって大規模な自然災害が発生し、約二五一七万人が食糧不足に苦しんでいた。とくに河北や山東など五省の状況は深刻で、周恩来は四月一七日に中央救災委員会弁公室からの報告二通を受け取ると、すぐ毛沢東にも見せた。毛沢東はこの報告に「一五省二五一七万人が食糧不足に直面している大問題」という表題をつけ、三日以内に該当各省の党第一書記に届けるよう命じた。周恩来は各省党第一書記への書簡で、この文書を受け取ったら直ちに実情を調査し、必要な措置を講じて食糧を調達、二五一七万人の食糧不足という緊急事態を解決するよう求めた。[238]**周恩来はすでに春の食糧不足を「緊急事態」とみなし、これは「大災害」「大飢饉」の前兆であり、現実を直視して至急正しい対応をとらなければ、「大飢饉」の発生は避けられないと考えていた。**

以上は、鉄鋼生産量指標の下方修正を求めた五月の陳雲の提起や、彭徳懐らが「大躍進」の是正を求めた七月の廬山会議以前に、深刻な自然災害と飢餓がすでに発生していたことを示す重要な事実である。毛沢東と党中央が「大躍進」の誤りを正すとすれば、この時をおいてほかになかった。しかし、危機のサインは「大躍進」運動における党中央と毛沢東の誤りを根本から正す契機にはならなかった。一月に毛沢東が陳雲らと会談した際、陳雲が一九五九年の生産計画は実現が難しいと述べたところ、毛沢東は非常に立腹し、[239]即座に省・市・自治区の党委員会第一書記会議を開いて議論するよう陳雲に要求した。陳雲は毛沢東の意図をつかみきれず、結局会議では指標の下方修正がもち出されることもなかった。逆に「反盲進」問題で自己批判させられる結果となった。とはいえ、毛沢東にも動揺はあった。経済建設の経験もなく、世界に挑戦状をたたきつけたものの、戦略や戦術については未熟だったこと、適切な指標が提起できず、いくつかの分野でアンバランスが生じてしまったことを会議の席で認めている。しかし、八期六中全会で決められた指標が会議で修正されることは基本的にはなく、総じて言えば「基本線に変更なし、個別問題で調整」であった。[240]

四月二日から五日にかけて八期七中全会が開催され、そこで毛沢東は「海瑞に学べ」と呼びかけた。いわく、「海瑞が皇帝に書いた手紙は非常に鋭く厳しいものであり、包公よりはるかに優れている。われわれの同志にも海瑞ほど勇敢な者はいるだろうか。わたしは『明史・海瑞伝』を彭徳懐に送り、君（周恩来）にも読むよう勧めたが、もう読んだだろうか」[241]。毛沢東は、高い指標設定をめぐって常に正しい意見を貫いたとして、陳雲をたびたび賞賛した[242]。

陳雲は当時、党内序列第五位であり、経済建設のエキスパートと称された。中央書記処の委託を受けて中央財経指導小組を率い[243]、五月には、正式に鉄鋼生産指標の下方修正を提起した。生産と建設は「実事求是」に基づいて計画的におこなわれるべきことを明確にした提起だった。陳雲は合わせて毛沢東、政治局、書記処への報告も準備した[244]。中央財経指導小組は陳雲の主宰で六度にわたって冶金部からの報告を聴取した。

五月一一日、陳雲は中央政治局会議において、一九五九年の鉄鋼生産量を一三〇〇万トンに、鋼材生産量を一一五〇万トンから九〇〇万トンに下方修正する提案をおこなった。政治局常務委員の劉少奇、周恩来、鄧小平は陳雲に賛成した[245]。**既存の事実となっている「大躍進」の弊害に対して適時必要な是正をおこなうべきだとする陳雲を、中央政治局常務委員の多数が支持していた。**

同月一五日、陳雲は鉄鋼生産指標の問題に絞って、自らの意見を手紙で毛沢東に提起した。鋼材の生産指標が低すぎると主張した当時の冶金部責任者・王鶴寿に対しては、「わたしはそうは思わない」と反論した。さらに、劉少奇の意見も引用し、「達成できない高指標はかえってやる気をそぐ」とした。**つまり、毛沢東一人が高指標を好んだのではなく、重工業部門も毛沢東以上に高指標を好んでいたのである。彼らにとって、高指標イコール高予算であり、高予算の獲得はどの部門・利益集団にとっても重要な目標であった。**また、小高炉で精製された九〇〇万トンが品質基準を満たしていないことを陳雲は危惧し、「これは『労民傷財』（人力と財力の浪費）である」と指摘した[246]。

「労民傷財」という言葉は『周易・節』の「財を傷つけず、民を害さず」という一節に由来する。**中国史をひもとけば、業績を追求するあまり人民を酷使し、結果、人民と資源両方に損失を与えた事例が数多く見られる。その典型が秦の始皇帝と隋の煬帝であり、秦王朝と隋王朝が短命に終わった主因となった**[247]。**残念ながら、中国共産党の指導者、とくに毛沢東は中国の歴史に精通していながら、治国失敗の悲惨な教訓から学び、肝に銘じることがなかった。**

これは陳雲が廬山会議より前に提案した「大躍進」の「労民傷財論」であり、毛沢東の「熟慮と英断」を切望していた。陳雲の意見はほかの中央政治局常務委員を代表したものでもあり、彼らの間では共通認識となっていた。陳雲はさらに次のように具体的な調整措置を提案した。たとえば、食糧の倹約、一部の原材料を生活必需品の生産にまわし、購買支出を減らす、前年度に募集した一〇〇〇万人以上の工場労働者の削減、市場に物資を提供するのに必要な輸送力と労働力を優先的に配分する、といったものである。

陳雲の意見は中央政治局常務委員の多くから支持を得た。五月一一日、劉少奇は中央政治局会議において、「達成できない高指標はかえってやる気をそぐ」と発言した。[248] 鄧小平も鉄鋼生産指標の下方修正に賛同した。彼は五月二八日の中央書記処会議において、「工業だけでなく、国民経済全体に注意を払わなければならない。現在の問題は、一八〇〇万トンの鉄鋼生産が実現するかどうかではなく、やはり国家の経済と人民の生活、そして市場である」と述べ、全面的な調整を提案した。

周恩来も陳雲が提案した「まず（銑鉄と鋼鉄の）品質を保証し、それから生産量を競う」方針に賛成していた。五月一七日、周恩来は中央書記処に対して、国務院総理と八名の副総理をそれぞれ九カ所の重点地区に派遣し、調査させるよう提案した。そして、半月の調査を経た六月一一日、中央書記処が召集した会議において、周恩来は自らが実地調査した体験に基づき、現在重要なのは総合的なバランスをとり、質を向上させることであると主張した。彼は「大躍進」で掲げられた「迷信を打破する」というスローガンを用いてその必要性を説明し、異なる意見に耳を傾けるべきであると述べた。昨年（一九五八年）の「大躍進」は本来迷信を打破するものであるはずだったが、時間・空間・条件を問わず「客観的法則を無視し、主観主義がはびこり、それ自身が迷信となってしまった。このような中で下部組織は反論が許されないため非常に緊張している。今後は対立が存在することを認め、異なる意見にも耳を傾けなければならない」と主張した。[249]

六月一三日、毛沢東は中央政治局会議で高指標などの問題について次のように語った。「一時期、われわれの頭はどうかしていた。来年（一九六〇年）の工業指標は高く設定しないよう、しっかり覚えておこう。わたしの考えるところ、だいたい今年（一九五九年）と同じか、やや低くてもいいくらいだ」。[250] これは陳雲の意見を認めたに等しい。毛沢東は陳雲のことを評価しており、廬山会議の前にも王任重に対し「国難にあれば良将を思い、家貧しければ賢妻を思う。陳雲同志は経済政策について造詣が深く、彼に経済計画・財政政策を担当させるのがよいだろう」と語っている。[251]

その後、陳雲は病気のため休暇に入り、廬山会議にも出席せず、会議の文書を療養地で読むだけであった。廬山会議の決議事項について、彼はいかなる意見も発していない。[252] 一九六一年、毛沢東は「大躍進」がもたらした破局の収拾を図るため、再度、陳雲を登用することになる。

五、二度目の「大躍進」是正——彭徳懐

党中央は、一九五九年七月初めに江西省廬山において中央政治局拡大会議（廬山会議）を開催することを決定した。この会議では「大躍進」以降の経験と教訓について総括がおこなわれることになっていた。毛沢東は、廬山会議では皆が冷

静に経験と教訓を語り、互いに心を通じ合わせようと語った。[253]この発言からもわかる通り、毛沢東は真剣に「大躍進」の教訓を総括し、互いに意思疎通を図り、党内の政治的共通認識を固めようとしていた。廬山会議は本来、毛沢東が「大躍進」の失敗を正す二度目の機会となるはずであった。

六月二九日と七月二日、毛沢東は中央指導者および各経済協作区主任と会談し、廬山会議の準備を進めた。彼は「大躍進」の重要な教訓の一つであり、またその主な欠点は、全体的なバランスを欠いていたこと、「二本脚で歩く」と言いながら実際は一方に偏重していたことである、と述べた。[254]毛沢東は、陳雲が提案した「先に市場を整備し、その後で基本建設をおこなう」方針が正しかったことを認め、六億五〇〇〇万の人民の安定を図るため、衣・食・住・用（生活必需品）・行（交通）の五分野を整えるべきだとした。[255]また、優先順位を農業・軽工業・重工業の順とする方針をはじめて打ち出した。さらに、目下の経済状況をどのように見るか、「大躍進」の教訓をどのように認識し、今後どのように調整すべきかなど、廬山会議で討論すべき一八の問題を挙げた。[256]毛沢東は、「共産風」など「大躍進」期間中に生じた問題について、次のように指摘した。本来、一九五八年の状況は良かったが、一部盲目的な部分があった。四大指標が水増しされ、高く設定されてしまった。偉大な成果を上げたが、少なからず問題もあった、しかし、多くの問題は長い時間をかけてはじめてわかるものであり、欠点は片手で数えられる程度であった等々。[257]明らかに、毛沢東は廬山会議の目的を最高指導部の意思統一に置いていた。すでに発覚している誤りを正す出発点にするということである。ほかの指導者が「大躍進」そのものに異論をもっているとは考えていなかった。彭徳懐らによる批判は、まったくの想定外だったのである。

七月四日、劉少奇は中南組での討論において次のように語った。「一九五八年の最大の成果は教訓を得たことであり、躍進の経済的意義よりも大きい。一方では全党全人民が深い教訓を得ると同時に、大躍進が可能であるということも証明した。しかし、他方では破滅的な問題が多数発生した」。[258]劉少奇は「大躍進」がすでに破滅的な結果をもたらしつつあることを強く認識しており、速やかに修正する必要があると感じていた。

朱徳は七月九日、陶鋳（広東省党委員会第一書記）に対して次のように語った。「公共食堂での食事について、わたしはずっと心配している。これほど人の多い家（中国のこと）をうまく切り盛りすることは難しい」。[259]また、中南組では次のように述べた。「農民にはまだ私有者の一面があることを認識し、それを重く見る必要がある。われわれは農民を豊かにするべきで、決して貧しくしてはいけない。農民が豊かになって何が悪いのか。日々つつがなく暮らし、所帯をもって生計を立てていける方法を彼らに考えさせなくてはならない。

家族制度を強固にしなければ、金がいくらあっても足りなくなってしまう。原則として、農民は家族制度の下で暮らすようにすべきだ。いずれにせよ、農民を豊かにすることは、富農路線にはなり得ない」[260]。農民は労働者であると同時に私有者でもあり、この点を推し量らず、拙速に「共産主義」を求めたのが間違いであるという意見である。朱徳はまた公共食堂も厳しく批判し、**公共食堂がすべてつぶれてしまったとしても、決して悪いことではない**と考えた[261]。六月一五日と一六日に董必武（中央政治局員・中央監察委員会書記・中華人民共和国副主席）とともに吉林省を調査した時にも次のように述べている。「**『飯を食うのに金はいらない』ではだめだ。過去に食糧問題はたいした問題ではないと言ったことがあるが、それは食糧が公社員の家に分配され、自己管理に委ねられていたからだ**[262]。**公共食堂のせいで浪費が増えた。**『大鍋方式』をやめれば、かなりの節約になる。この政策は十年や二十年は変える必要はない。農民が豊かになると資本主義に走ってしまうと心配する人もいるが、余計な心配である。生産手段は集団や国家が所有しており、**農民が豊かになったところで資本主義は発生せず、大衆の生活がますますよくなるだけである**」。朱徳、董必武、林楓の三人は、連名で党中央と毛沢東に報告書を書いた[263]。朱徳の考え、すなわち農民を豊かにするという考えは、当時の中央政治局常務委員および政治局のメンバーにおいても主流であったが、毛沢東はこれを「富農路線」とみなし、資本主義化につながるとして警戒していた。しかし実際のところ、膨大な数に上る当時の中国の農民は世界の最貧困層に属しており、一九五七年の全国農村家庭のエンゲル係数は九八％[264]と、世界最貧レベルであった。これが当時の中国の国情であったが、党内にはこの点に対する基本認識や統治方針をめぐって常に争いが存在していた。それは中央指導部における多数派と少数派（主に毛沢東本人）との争いであった。しかし、毛沢東の力が勝っていたため、全員が毛沢東の意見に従わざるを得なかったのである。

彭徳懐は、西北組の討論で次のように指摘した。「一九五七年の整風・反右派闘争以降の政治的および経済的な一連の勝利によって党の威信は高まったが、それによりいささか天狗になってしまった。大勝利は熱狂を呼び、その一方で熟知していた経験も容易に忘れ去られた。大勝利の渦中では、負の側面が目にも耳にも入らなくなりがちである」「北戴河会議以降の『左』路線が生み出したもの、『全人民で鉄を鍛えよ』というスローガン、これらは正しかったのか。食事の無償化という大きな試みが実験もせずに実施された。重要なのは経験を総括することであり、責任を追及することではない。**責任は全員が共有するものだ。毛沢東同志も例外ではない。一〇七〇万トンの鋼鉄生産は毛主席が決めたことである。彼に責任がないなどと言えるだろうか！　人民公社の実施はいささか早すぎた。高級合作社の成果が十分に出る前に人民公**

社化が進められ、しかも試験的運用を経ていない。政治と経済の法則は異なっており、思想工作を経済工作の代わりにするわけにはいかない。中国人民に対する毛主席と党の威信は世界に類を見ないほど高いが、毛主席の威信を濫用してはならない。**現在は、党委員会による集団指導や集団的政策決定に関係なく、個人が政策を決定している。第一書記が決定すればそれで決まりというのでは個人の威信を高めるだけで、集団の威信は高まっていない。これは非常に不正常なことであり、危険である。算帳派（大衆の力を考慮せず、一般条件のみを計算する一派）・観潮派（日和見主義者）などのレッテルを貼ることは、開かれた議論の道を閉ざしてしまう**[265]」。彭徳懐は毛沢東による海瑞精神称揚を受けて、あるいは自身の公徳心から、反対意見に耳を貸さない毛沢東を最高指導部内で批判したのである。しかも、その論調はかなり厳しいものだった。彭徳懐は以前に湖南省湘潭などを視察した際、「鉄鋼大増産運動」によるダメージや、農業生産の水増し報告の事実を把握していた。

七月一〇日、毛沢東は会議を招集し、劉少奇・周恩来・朱徳・李先念・李富春・彭徳懐・譚震林および各小組組長が参加した。そこで毛沢東が述べたのは、党内の不一致に対する不満である。情勢認識が異なっていては団結はできない、団結するにはまず思想の統一が必要だという意見である。さらに、多少の欠点や誤りがあったことは認めつつも、「総路線は間違いだとして、大躍進、すなわち総路線を根底から否定する者がいる。しかし、一九五八年をふりかえった時、損失のほうが多かったとは言えない。経験を得るには学費を払う必要がある。鉄鋼生産に、二〇億（元）以上つぎ込んだが、その結果、全党全人民が製鉄を学んだ。つまり、学費を払ったということだ」と述べた。また、いわゆる「一本の指と九本の指」という考え方[266]を提起し、次のように強調した。「業績は偉大であり、問題は少なくないが、前途は明るい」。この認識をベースに中央指導部の意思統一を図ろうとしたのである。

明らかに毛沢東は彭徳懐らの批判に対して不満を表していた。彼はいかなる指導者であれ、一線を越える、すなわち総路線を否定することを決して許さなかった。のちの「文化大革命」期においても、「文化大革命」に同意しない、あるいは否定する者は誰であっても徹底的に打倒した。これが毛沢東理念の原則であり、彼自身の執念深さの現れであった。これは毛沢東の成功の源であると同時に、失敗の根源でもあった。

名指しこそ避けたものの、毛沢東が彭徳懐の批判にはっきりと反論したにもかかわらず、彭徳懐は自身の意見の提起、あるいは毛沢東との個人的討論を執拗に求めた。彼自身の言葉を借りれば、「どのみち毛主席の参考になる。無下に扱うことはないはずだ」との考えである[267]。七月一二日、彭徳懐は毛沢東の宿舎を訪れ、自身の考えについて語ろうとしたが、毛沢東がすでに休んでいたため実現しなかった。同月一四日には長文の私信（コラム5－2）を書き、「大躍進」の問題点について批判し、その原因として「水増し作風」の蔓延を指摘した。さらに、プチブル的熱狂から「左傾主義」の誤りを犯しやすいこと、「大躍進」中に「左」傾化が極度に進み、一足飛びに共産主義を実現しようとして「われ先に」という考え方が優勢を占めてしまったこと、わが党の歴史からも明らかなように、これを是正するのは右傾保守主義思想に反対するよりも普通は難しいこと、を指摘した。[268]

コラム5－2　彭徳懐から毛沢東への手紙（一九五九年七月一四日）

彭徳懐が毛沢東にあてた手紙では、一九五八年後半からの成果と教訓を系統立ててまとめることが提案されていた。この手紙は甲・乙の二つの部分に分かれており、その内容は次の通りである。甲：一九五八年の「大躍進」の成果は前向きなものである。この部分で彭徳懐は国民経済成長の数字を列挙し、このような急速な成長は世界でも類を見ないものであり、総路線が基本的に正しかったことを証明している、とした。人民公社についてもその意義を認め、農民を貧困から完全に脱却させ、社会主義建設を加速させて共産主義へと向かう正しい道のりであると述べた。全民錬鋼については、土高炉をつくりすぎ、資源（物資と財力）と人的資源を浪費することになったと考えていたが、全国で大規模な地質調査をおこない、技術者を養成した側面を挙げ、得失両面があったとした。乙：経験と教訓をいかに総括するか。この点について、彭徳懐は「大躍進」の誤りを指摘することに重きを置いた。各方面のバランスが崩れたことにより問題が表面化したが、本質的には「政治的性格が高い」ものであったとした。また、誤りの原因は、客観的部分では経験不足、主観的な部分では思想や取り組み方に少なからぬ問題があったとし、次の二点を指摘した。一つは水増しや大風呂敷がはびこったことで、「事実に即さず真実を求めない」悪習が広がったこと。二つ目はプチブル的熱狂である。彼は「一九五八年の『大躍進』中、ほかの同志と同様にその成果と熱狂的な大衆運動に惑わされてしまいました。『左』傾化が強まり、一気に共産主義を実現しようとし、常に急いで先を争うことがよいとされ、党が長い間かけて培ってきた大衆路線と、事実に即して正しく事をおこなうやり方は忘れ去られてしまったのです」と指摘した。さらに、「左」傾現象を修正するのは右傾保守思想に反対するよりも困難であることは、わが党の歴史経験が証明している、とも述べた。

「昨年後半以来の成果と教訓を系統的にまとめ、全党員を教育することは非常に有益なことです。その目的は善悪の見きわめをつけ、思想を高め、個人（毛沢東のこと）の責任を追及しないことにあります。さもなくば、団結が困難になり、事業の実現も難しくなってしまうでしょう」。
「わたしは張飛のように単純な人間で、粗忽で細かいことは苦手です。ゆえに参考とする価値があるかどうか、ご判断ください。また不適当な箇所がありましたら、ご指摘いただけましたら幸いです」。

資料出典：「彭徳懐同志の意見書」一九五九年七月一四日、中共中央文献研究室編『建国以来重要文献選編』第一二冊、四四一～四四七頁、北京、中央文献出版社、一九九六。

盧山会議は本来、七月一五日前後に終了する予定であったが、七月一四日に毛沢東が彭徳懐の手紙を受け取ったため、予定が変更された（本来は、胡喬木らが起草した『盧山会議における諸問題の議事録（草稿）』を承認する予定であった）[269]。毛沢東は彭徳懐の手紙に対してすぐには態度を示さず、各方面の意見や反応を見るため、手紙を会議の参加者に配り、議論を求めた。

同月二二日、毛沢東と柯慶施、李井泉（中央政治局員・四川省党委員会第一書記）が会談をおこなった[270]。柯慶施は、彭徳懐の手紙は総路線と毛主席に反対するものであるとみなし、講話を発表してこの風潮を押さえつけるよう献策した。李井泉も彭徳懐が「左」傾路線を糾弾したことに不満を表明した[271]。

毛沢東は彭徳懐を「右派の海瑞」であり、「よからぬ企みがある」と考えた。彭徳懐・黄克誠・張聞天・周小舟（湖南省党委員会第一書記）は「軍事倶楽部」を結成していたが、彼らによる「大躍進」批判は、「大躍進」に対する国際的な風当たりの強さと直接関係があるとして、八月一日に次のように指摘した。「百花斉放、人民公社、大躍進、この三点について、フルシチョフたちはわれわれに反対または懐疑的であった。この三点は、党内の反対派や懐疑派も含めた全世界に対して戦いを挑むものである」[272]。毛沢東は党が国内外から挟み撃ちにされていると思い込み、彭徳懐に反撃することを決意した[273]。

二三日、毛沢東は会議を招集して次のように語った。わたしは以前、「英明な指導者」などと書かないようにと言った。満足に対処しきれていないのに、何が英明なのか。しかし、一九五八年と一九五九年についての主要な責任はわたしにあり、責められるべきはわたしである。大錬鋼鉄の発明者は柯慶施か、それともわたしか。わたしである。**わたしには二つの罪状がある。一つは一〇七〇万トンの鋼鉄生産目標で、わ**

たしが決断したのであり、張本人はわたしであり、主な責任もわたしにある。もう一つは人民公社であるが、これについてわたしには発明権はない。北戴河会議の決議はわたしが書くように意見を出した。[274]これにより、廬山会議の主題は、「大躍進」の経験と教訓の総括および「左」傾の誤りを正すものから、彭徳懐らの批判に変わっていった。反対意見に対する毛沢東の過剰な反応と激昂、党内の同志に対する誤った認識と判断がもたらした必然的結果であった。

中央弁公庁は毛沢東の命により林彪を廬山に召集、林彪の到着後（七月二五日）、毛沢東は直ちに彼と長時間会談をおこなった。

七月三一日から八月一日にかけて、毛沢東は中央政治局常務委員会を開催し、彭徳懐らは党を計画的・組織的に瓦解させようとしており、これは正しい路線への右からの攻撃であると断じた。

八月二日から一六日にかけておこなわれた八期八中全会では、彭徳懐の意見書と発言は「右傾機会主義分子による党を攻撃するための綱領」であり、「党の総路線と党中央および毛沢東の指導に対してしかけられた凶暴な攻撃」であると正式に認定、「右傾機会主義は、党内における目下の主要な危険である」と明言した。[275]

しかし、この時の毛沢東の最大の敵は彭徳懐や右傾機会主義ではなく、日々その被害が深刻化している「天災」であった。八月三〇日、李先念が周恩来に次のような報告をしている。同月二〇日の農業部の統計によれば、干ばつの被害を受けた耕地のうち、まったく収穫がない耕地が六〇〇万ムー、甚大な被害（収穫量が六、七割減）を受けた耕地が四〇〇〇万～五〇〇〇万ムー、一般的な被害（同三、四割減）を受けた耕地が約五〇〇〇万ムーで、合計およそ一億一〇〇〇万ムーが被害を受け、食糧減収は一〇〇億キログラムに上ったという。[276]周恩来が毛沢東と党中央にこの深刻な「天災」を報告し、対応をとったかどうかは定かではない。同日、毛沢東は次のようなコメントを残している。「右傾機会主義分子および反党分子は、わが国の社会主義事業の主流が何であるか、まったく見えていない。彼らは取るに足らない些事をつまみ上げて旗印とし、偉大な党と偉大な人民の事業に対し凶暴な攻撃をしかけてきた。まさにアリが大木を動かそうとするようなものであり、身の程知らずである」[277]。

九月六日、毛沢東は陳伯達に手紙を書き、座談会を開催して「『国民経済比率失調』のでたらめに反論する」（『紅旗』誌第一八期社説）について討論するよう求めた。同月八日、陳伯達は毛沢東に国家統計局の五人ならびに経済専門家を招いて開催した座談会の報告をおこなった。いわく、一九五八年の国民経済の発展比率は妥当なものであり、一部の者が言うような「バランスが崩れた」ものではない。局部的にバランスが崩れた部分はあったが、大きな進歩を遂げる中での一時的な現象に過ぎず、すでに大きく改善されている。毛沢東は専門家の意見に満足し、廬山会議で決定した反右傾政策は必要不可欠で正しかったという信念をさらに強くした[278]。座談会に参加した専門家が誤った経済情報に加え、誤った経済判断を提供したのは明らかである。国家統計局も不正確な統計資料を提供しており[279]、党中央と毛沢東の政策の誤りについては、彼らにも責任がある。

党と軍の組織内闘争の激化は、彭徳懐が当時心配していた問題であった。彼は廬山会議をふりかえって次のように語った。「『軍事倶楽部』の組織・綱領・目的・名簿をむやみに提供したならば、深刻な結果を招くだろう。たとえわが身が滅びようとも、党が指導する人民の軍隊に損害を与えることはできない[280]」。

廬山会議後、八月一八日から九月一二日にかけて中央軍事委員会拡大会議が開かれ、師団長以上の幹部一〇〇〇人あまりが参加、それ以外にも五〇〇余人が列席した。九月一一日、毛沢東・劉少奇・周恩来・朱徳・陳雲・林彪・鄧小平の中央政治局常務委員七名および彭真・賀竜・陳毅・徐向前・葉剣英・羅瑞卿・楊尚昆らが参加した拡大会議において、毛沢東は次のように語った。わたしから見れば、彼ら（彭徳懐ら）はいまだかつてマルクス主義者であったことはなかった。では何か？　マルクス主義の同行者である。ブルジョア革命家が共産党に入ったが、依然としてブルジョア的世界観のままで、彼らの立場に変化はなかった。このような同行者は、重要な瀬戸際において間違いを起こさずにはいられない[281]。林彪も彭徳懐らの「右傾機会主義的誤り」を批判し、劉少奇も中国共産党内で「外国と通じる」行為が発生しているとして厳しく批判した[282]。翌一二日、「中央軍事委員会拡大会議決議」が採択され、彭徳懐、黄克誠が与えた悪影響を全軍から一掃することを求めた[283]。一五日、毛沢東は中央軍事委員会拡大会議に出席して彭徳懐らを再度批判し、彼らが共産党内でおこなった分裂活動は党の規律に反しており、その目的は、プロレタリア独裁を破壊し、別の独裁体制を打ち立てることにあったと断言した[284]。

九月一七日、第二期全人代常務委員会第九回会議は、彭徳懐の国務院副総理兼国防部部長の任を解き、国務院副総理の林彪が国防部部長を兼務するとした。また、黄克誠を国防部副部長・人民解放軍総参謀長から解任し、国務院副総理の羅瑞卿を人民解放軍総参謀長に任命した。

八月七日、党中央は「反右傾思想についての指示」を出し、全国の党組織および政府機関で「反右傾」運動を展開した。最初に政治動員、すなわち中央文書の宣伝と学習、認識の強化が図られた後、「右傾」が深刻な者に対する組織的処断がおこなわれた。「反右傾」運動は全国で半年近く続き、一九六〇年春にほぼ終息した。一九六二年の名誉回復作業時の統計によれば、右傾機会主義分子として重点的に批判された幹部や党員は三百数十万人にも上った。[285]

盧山会議後、毛沢東の指示により、中央政治局候補委員で書記処書記の康生は、『紅旗』誌第一九期に「共産党員はすべからくマルクス主義者であるべきで、党の同行者であってはならない」を発表、[286]また中央候補委員で『紅旗』編集長の陳伯達は『紅旗』誌第二二期に「プロレタリア階級とブルジョア階級の世界観をめぐる闘争」を発表し、[287]名指しを避けつつも彭徳懐らを批判した。この二人はのちに毛沢東が劉少奇、鄧小平をはじめとする「党内ブルジョア司令部」を批判し打倒する際の重要な助手を務め、八期十一中全会において中央政治局常務委員に昇格した。

六、盧山会議が招いた深刻な結果

盧山会議での彭徳懐らに対する誤った処置は、経済的に深刻な結果をもたらしただけでなく、中国の将来の発展に対しても重大な政治的悪影響を及ぼした。

第一に、これを機に共産党指導部内の政治的分裂が始まった。一九五九年八月一六日、毛沢東は八期八中全会閉会式の講話の最後に林彪の言葉を引用した。「盧山会議では大きな落ち込みを回避し、党の（政治的）分裂を回避することができた」。[288]しかし実際には、中国共産党の政治的分裂はこの盧山会議から始まったのである。一九六五年一一月、姚文元の「新編歴史劇『海瑞罷官』を評す」に毛沢東が支持を表明したことで「文化大革命」が始まったが、これも一九五九年の盧山会議が遠因である。さらに、一九七〇年八月三一日の盧山会議で毛沢東が「わたしのわずかな意見」を出し、批陳（伯達）整風運動、批林（彪）整風運動の導火線になったが、これも同じことが言える。[289]これらはいずれも毛沢東の階級闘争理論に端を発していた。

党内にさまざまな意見があることは健全なことであり、党内論争も「党規約」で認められていることであった。しかし、盧山会議での毛沢東は、党内の反対意見、とくに党中央主席への反対意見を党内闘争・階級闘争とみなし、[290]対立を公にして反対意見を圧殺し、民主的・集団的政策決定を経てコンセンサスを図る党のシステムを破壊した。[291]薄一波は、階級闘争に関する毛沢東の観点は、党内闘争と階級闘争の境界を曖昧にし、社会主義下の階級闘争・政治闘争の主戦場を徐々に党内へ移していく種をまくものであり、盧山会議後に党内闘争がますます激しくなった根源はまさにここにあった、[292]としている。

第二に、彭徳懐が中央政治局員として党中央主席に自らの意見を提起する手紙を送ったのは、党の組織原則や「党規約」に照らしてなんら矛盾するものではなく、[293]支持と保護を得られて当然の行為であった。一九八〇年四月、鄧小平は彭徳懐の意見は正しく、毛沢東に手紙を書いたことも何ら問題はない、彭徳懐に対する処分は完全に間違っていた、と盧山会議をふりかえっている。[294] 彭徳懐が手紙を書いたのは毛沢東と個人的に意見を交換したかったからであるが、毛沢東はこれを拒絶したのみならず、階級闘争問題へとすり替えた。彭徳懐は、このような毛沢東のやり方は誤りの上に誤りを重ねることであり、さらに大きな誤りを生み、大きな損失をもたらすことになるだろうと考えていた。[295] 残念ながら、歴史は彭徳懐の予想通りの悲劇を生んでしまった。

第三に、廬山会議の結果、毛沢東の権力が中央委員会を凌駕し、個人が党の上に君臨する状況がさらに進行、個人独裁と個人による政策決定の先例をつくることになった。廬山会議後、真実を語り、毛沢東に意見を提起し、その誤りを正そうとする者は党内から姿を消した。[296] その結果、短期的には「大躍進」の誤りを是正する努力が頓挫し、「大躍進」の新たな高揚によって経済は取り返しのつかない状態に陥っていった。長期的には、党内の民主制度および政策決定制度が破壊され、毛沢東個人の独裁が民主集中制に取って代わり、のちの「文化大革命」を引き起こす条件を整えることになってしまった。

毛沢東は典型的な「矛盾体」あるいは「自己矛盾体」とでも言うべき存在であった。一九五八年四月、彼は賈誼が漢の武帝に上奏した『治安策』を「漢代最高の政治論」として称賛した。しかし、廬山会議では彭徳懐の手紙を「反党的意見書」とみなした。[297] 毛沢東は青年時代、明の楊継盛の詩にある「遇事虚懐観一是、与人和気察群言（事に直面した時は一歩ひいて虚心坦懐に事物の本質を見きわめ、自己主張せずにさまざまな意見から共通点を見出すべき）」という「自己反省・自己制約」の一節を好んだ。七月四日に王任重らと会談した際にもこの詩を思い出している。毛沢東はかねてより党内で真理を堅持し、誤りを修正することを呼びかけていた。しかし、自分に誤りがあった場合、他人がそれを指摘し、修正することは許さなかった。毛沢東が党内で「特殊な人物」になるにつれ、党内でその誤りを正すすべはなくなっていったのである。

第四に、毛沢東は党内の反対意見を「階級闘争化」し、「闘争哲学」路線へと本格的に舵をきった。七月二三日、毛沢東は廬山会議の全体会議の場で次のように述べた。「人われを犯さずば、われ人を犯さず。人若しわれを犯せば、われ必ず人を犯さん。人先にわれを犯せば、われ後に人を犯さん。この原則を放棄することはできない[298]」。もともとこの原則は毛沢東が国民党との闘いにおいて掲げたものであったが、それを党内闘争にまで拡大して適用した。後に鄧小平は、次のように的確に指摘している。「彼（毛沢東）は言うことを聞かないものは誰であろうと処分しようとした。しかし、どの程度の処分にするかということについては、彼なりの考えがあった[299]」。

八月一〇日、毛沢東はある報告書へのコメントで次のように述べた。「この中に日和見主義者が混じっているのではないか。彼らは資本主義から社会主義への過渡期においてはブルジョア階級側に立ち、プロレタリア独裁を破壊して共産党を分裂させ、党内に派閥を形成して影響を広め、プロレタリア階級の先鋒隊の矛先を鈍らせて日和見主義の党をつくろうとしている。この集団が主に高崗反党陰謀集団の元メンバーであることが何よりの証拠である」[300]。明らかに毛沢東は彭徳懐らに対して主観的憶測に基づいた判断を下しており、その判断は極端に誤っていた。

同月一六日、毛沢東は八期八中全会の閉会式で、廬山会議での闘争は、過去十年間の社会主義革命において繰り広げられてきたプロレタリア階級とブルジョア階級の生死をかけた闘争の延長線上にある、と述べた。彼はさらに次のように予言した。わが党はおそらくこの闘争を、少なくともあと二十年(一九七九年まで)はやらなければならない。階級が完全に消滅しなければ、この闘争が止むことはないだろう。古い社会の闘争は終結したが、新しい社会の闘争がまた始まっている。この時の毛沢東は過去の記憶を引っ張り出し、「共産党の哲学は闘争哲学である」ことを再び表明した。いわく、ブルジョア階級は、共産党の哲学は闘争哲学だと言う。その通りである。しかし、闘争の形式は時代によって異なる。党内闘争は社会における階級闘争を反映したものであり、なんらおかしいものではない。このような闘争がないほうがよほど不思議なことである。[301]これを機に、中国共産党の政治理念は「人民民主」から「階級闘争」へと転換していき、「経済建設」を理念として取り戻す十一期三中全会までそれが続くことになった。

廬山会議後、党中央と毛沢東は再び大躍進の旗印を掲げた。それは一九六〇年上半期まで、すなわち誤りが致命的となり、失敗が取り返しのつかないものになるまで、「大躍進」が「大飢饉」「大災害」へと変わるまで続いたのである。

一九五九年の廬山会議から一九六二年の八期十中全会、さらに一九六六年の八期十一中全会までの期間は、毛沢東の部分的な誤りが全面的な誤りへと拡大していく過程でもあった。中国の発展にとって、廬山会議は大きな転換点になった。一九八一年の「建国以来の党の若干の歴史問題に関する決議」では、次のように指摘している。廬山会議の後半で、毛沢東は彭徳懐に対する誤った批判をおこない、全党で誤った「反右傾化」闘争を展開することとなった。八期八中全会でのいわゆる「彭徳懐・黄克誠・張聞天・周小舟反党集団」に関する決議は完全に誤りであった。この闘争は、政治的には党中央から末端に至るまでの民主的なプロセスを破壊し、経済的には「左」傾化の誤りを正そうとする動きを断ち切り、誤りがさらに長期間にわたって続くことになった。[302]三年間にわたる経済的困難の直接的原因もここにあった。

第四節 「大躍進」の被害と教訓

一、「大躍進」がもたらした被害の実態

「大躍進」と人民公社は、それぞれ生産力における「大躍進」と、生産関係における「大躍進」とみなすことができるが、この二つの「大躍進」は中国に空前の被害と危機をもたらした。鄧小平は次のように述べている。「一九五八年、われわれは誤って『大躍進』を発動し、経済法則を無視するようになり、生産力を低下させた。その後三年間の調整期間を経て、状況は好転してきた。しかし、続いて発動された『文化大革命』はまさに大災難であり、経済は完全に混乱してしまった」[303]。また、一九八五年には次のように回想している。「一九五七年以降、「左」傾思想が台頭し始め、次第に主流を占めるようになっていった。一九五八年の「大躍進」および同時に実行された人民公社化では、「一大二公（一に大規模化、二に公有化）」「喫大鍋飯（全員が同じ待遇を受ける）」といった側面ばかりが強調され、大きな被害をもたらした」[304]。われわれに求められているのは、「大躍進」の誤りがもたらした経済的、人的、およびそのほかの損失を客観的データに基づいて分析することである。

「大躍進」は新中国成立以来、最大の経済変動であり、経済の乱高下が非常に顕著であった。一九五七〜一九六五年における、GDP成長率の変動係数は二八五%にも達しており、最高値は一九五八年の二一・三%、最低値は一九六一年のマイナス二七・三%で、両者の差は四八・六ポイントもあった。この経済の大変動は、国民経済全体はもちろんのこと、各産業の成長変動にもはっきりと表れていた。たとえば、農業付加価値の変動係数は八八三%、工業付加価値の変動係数は二一三%、建築業付加価値の変動係数は四一二%であった（表5-3）。

表5-3 GDPおよび各産業成長率と変動係数（1957〜1965年） 単位：%

年	GDP	農業付加価値	工業付加価値	建築業付加価値
1957	5.1	3.1	11.4	-7.1
1958	21.3	0.4	53.4	50
1959	8.8	-15.9	29.1	5.7
1960	-0.3	-16.4	6.1	1.4
1961	-27.3	1.4	-39	-65.4
1962	-5.6	4.5	-13.3	23.8
1963	10.2	11.3	13.3	25.9
1964	18.3	12.9	25.6	25.6
1965	17	9.7	25.8	10.6
1957~1965平均	5.28	1.22	12.49	7.83
同標準偏差	15.05	10.77	26.59	32.24
同変動係数	285	883	213	412

注：変動係数は標準偏差と平均値の比率（%）。
資料出典：国家統計局編『中国統計年鑑（2002）』53頁、北京、中国統計出版社、2002。

「大躍進」は経済の大変動をもたらしただけではなく、産業構造のバランスも大きく崩した。それはまず、工業と農業の生産量の伸び率の差という形で顕在化した。工業は一九五八～一九六〇年の間に九八％の成長を遂げたが、農業生産量の伸び率は大きく落ち込み、同期間に二九・六％も減少した。次に、農業に対する工業の比率が、総生産額でも付加価値でも、いったん拡大した後に減少するという変化が見られた（表5－4）。「大躍進」後に経済調整を余儀なくされ、工業の生産成長率が低下する一方で、農業の生産成長率が上昇したのである。一九六一～一九六二年の工業生産は二年連続マイナス成長となり、二年間で四七％も減少した。

消費と投資のバランスも大きく崩れた。「大躍進」は投資を促進し、それは投資額（資本形成総額）の倍増という形で表れた。一九五九年の投資額は一九五七年から一二二％増加していたが、消費額（最終消費額）はわずか〇・六％増に過ぎなかった。投資率（GDPに占める資本形成の割合）は一九五七年の二五・四％から一九五九年には四二・九％へと急増した。しかし、消費率（GDPに占める最終消費の割合）は、一九五七年の七四・一％から一九五九年には五六・六％にまで急落した。総資本が増加する中で、固定資本形成額は一九五七～一九五九年の間に一三三％増となっており、資本ストックの増加額は倍増し、GDPに占める割合は一二・八％に上っている（表5－5）。このことから、ストック効果のない

表 5-4　農工業総生産と成長率の比率（1957～1965年）

年	工業と農業の総生産額の比率（農業＝1.00）	工業と農業の付加価値の比率（農業＝1.00）
1957	1.31	0.63
1958	1.91	0.93
1959	2.98	1.4
1960	3.58	1.67
1961	1.9	0.82
1962	1.57	0.72
1963	1.55	0.73
1964	1.62	0.82
1965	1.68	0.84

資料出典：国家統計局編『中国統計年鑑（1983）』16頁、北京、中国統計出版社、1984。国家統計局編『中国統計年鑑』（2002）51頁、北京、中国統計出版社、2002。

表 5-5　GDPにおける支出割合（1957～1963年）　単位：％

年	最終消費率	住民消費	政府消費	資本形成総額	固定資本形成	ストック増加
1957	74.1	62.3	11.8	25.4	17	8.4
1958	67	56.1	10	33.5	25.8	7.7
1959	56.6	47.6	8.9	42.9	30	12.8
1960	61.8	49.2	12.7	38.1	31.3	6.7
1961	78.0	64.0	14	21.5	17.8	3.7
1962	83.4	71.3	12.5	15.1	14.9	0.3
1963	78.4	65.3	13.2	20.5	16.6	3.9

資料出典：国家統計局国民経済総合統計司編『新中国五十年統計資料匯編』6頁、北京、中国統計出版社、1999。

資本が大幅に増加したことがわかる。

一九五八～一九六一年の間に強制的に人民公社化をおこなったことで、農業総生産および全要素生産性は大幅に下落した[305]。一九五二年を基準とした不変価格で計算すると、一九六一年の農業総生産額は一九五八年から三二・七ポイント下落し、アメリカが一九二八～一九三四年に記録した農業生産量の下落幅（約二九・三ポイント）よりも落ち込み幅が大きかった。文貫中の計算によると[306]、一九六一年の農業の全要素生産性は、一九五八年に比べて二六・七ポイント下落していた。

「大躍進」によって中国の経済発展が受けた損失は甚大であった。ロス・テリルは、**「大躍進」の失敗により、中国の近代化への取り組みは八年という時間を失うことになった、**と述べている[307]。統計によれば、一九五二年を基準とした不変価格で計算した場合、一九六五年になってようやく国民所得成長指数は一九五八年の水準を超えたが、一九五九年と比べるとやや低く、工業総生産額も一九五九年の水準までは回復していなかった。同年の農業総生産額は一九五八年の水準をやや上回ったものの、食糧総生産額は一九五七年の水準にも達していなかった。商業生産額は一九五八年の水準より大幅に低く、建築業生産額のみが一九五八年の数字に比較的近かった。ここからもわかる通り、「大躍進」は中国の生産力を少なくとも七～八年は遅らせた。

鄒至荘らによる研究（一九九六年）によると、「大躍進」は中国の一九五〇年代初頭から始まった経済発展を中断してしまったという。のちの文化大革命を加えれば、中国経済が被った損失はさらに巨大なものとなるであろう（図５－２）。

図 5-2 「大躍進」の中国経済に対する影響（1952 ～ 1992 年）

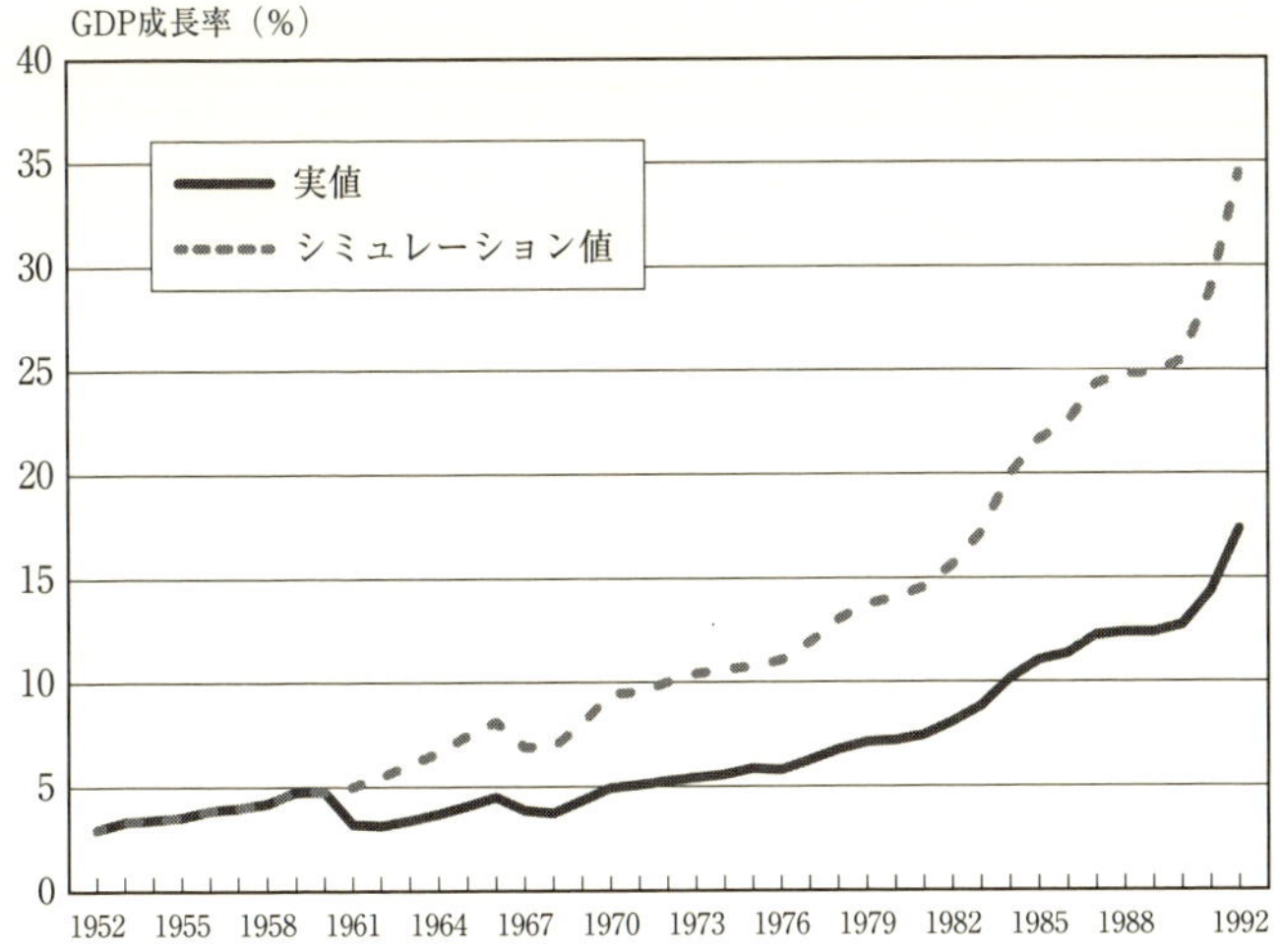

資料出典：Y. Kwan and G. Chow, Estimating Economic Effects of Political Movements in China, Journal of Comparative Economics : 23, 1996.

「大躍進」の影響があった場合となかった場合のGDP成長曲線を試算することにより、「大躍進」が引き起こした経済的損失を見積もることができる。「大躍進」があった場合というのは実際の値、すなわち国家統計局が公表しているGDP成長曲線であり、一九八七年を基準とする不変価格で計算されている。筆者は対数を用いた計算により、一九五二〜一九六五年の年平均GDP成長率を四・一%、一九五二〜一九五七年の年平均GDP成長率を八・六%とした。「大躍進」の損失は、主に一九五七年以降の成長曲線の差から測ることができる。結果、一九五九〜一九六〇年のシミュレーション値（「大躍進」の影響がない場合の予測値）の曲線は実値の曲線より低く、この三年間（一九五八〜一九六〇年）の経済成長が不正常なものであったことがわかる。一方、一九六一年以降の実値の曲線はシミュレーション値の曲線よりも大幅に低く、一九六五年時点の実値の曲線はシミュレーション値の曲線より四〇%も低い。これは、回復後のGDPが、「大躍進」がなかったと仮定した場合のGDPより依然四〇%も低いことを表している（図5-3、表5-6）。

一九五七〜一九六六年における中国の経済成長実績をどのように評価すべきか。中国のGDPが世界の総GDPに占める割合の変化を三つの状態に分けて検討してみたい（表5-7）。

まずは、「実際の状況」、すなわち「大躍進」の発生により、中国のGDPが世界に占める割合が減少した状況である。一九五八〜一九六二年の間、中国のGDPが世界に占める割合は大きく落ち込んだ。マディソンによる世界および中国のGDP（一九九〇年国際ドル換算）に基づいて筆者が計算したところ[308]、一九五八年の五・九%から一九六二年には四・〇%まで減少しており、これは一八二〇年以降で最低であった。一九五〇年の数字は四・五%で、そこから少しずつ上昇していたが、一九六五年の数字は四・七%で、これは一九五一年と同程度でしかなかった。

二つ目は「中間的な状況」、すなわち「大躍進」が発生せず、中国のGDPが世界に占める割合が変わらなかったと仮定した場合である。一九五七年の比率（五・五%）を保ち続けると仮定して計算すると、一九六五年の中国のGDPは五九二四億米ドルで、実際の数字（五〇五一億米ドル）より一七・三%多くなる。

三つ目は「よい状況」である。仮に一九四九〜一九五七年の政策を引き続き実施していたとすると、中国のGDPが世界に占める割合は、引き続き上昇傾向にあったと考えられる。一九五〇〜一九五七年の中国のGDPが世界に占める割合の平均変化率（〇・一四%）に基づいて計算すると、一九六五年の割合は六・六%、GDPは七一〇九億米ドルで、実際より四〇・七%も多いことになる。

図 5-3 「大躍進」の GDP への影響（1957 ～ 1965 年）

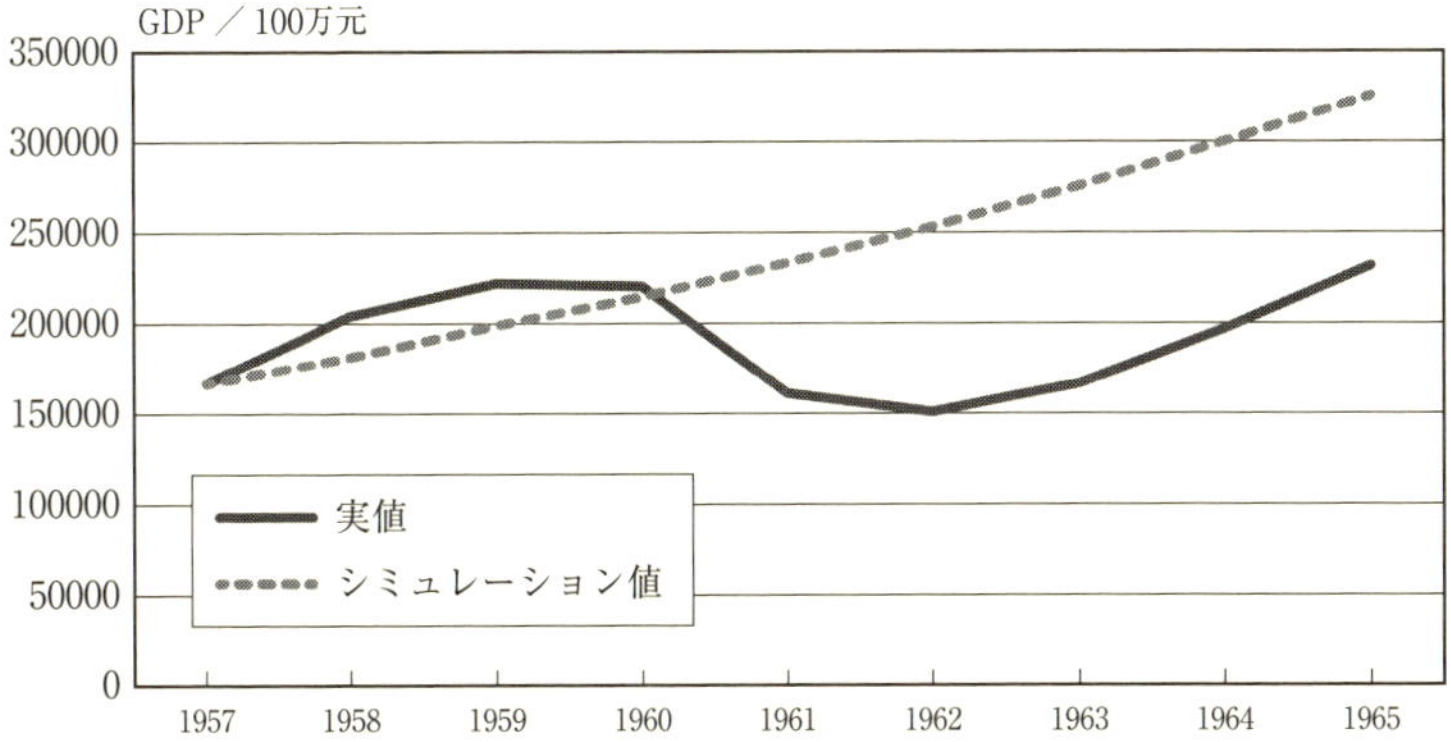

表 5-6 「大躍進」による GDP の損失（1957 ～ 1965 年）

年	実値／100万元	シミュレーション値／100万元	両者の比率（実値を 1 とする）
1957	168556	168556	1
1958	204304	182052	0.9
1959	222394	198794	0.89
1960	221636	215891	0.97
1961	161082	234457	1.46
1962	152090	254620	1.67
1963	167581	276518	1.65
1964	198129	300298	1.52
1965	231927	326124	1.41

注：実値は「大躍進」の影響を受けた GDP、シミュレーション値は「大躍進」の影響がないと仮定した場合の GDP で、1952 ～ 1957 年の年平均成長率（8.6%）に基づいた値。シミュレーション値と実値の比率は、「大躍進」による経済損失を表している。1987 年の価格換算で計算。

資料出典：国家統計局国民経済総合統計司編『新中国五十年統計資料匯編』3～4 頁、北京、中国統計出版社、1999。

表 5-7 異なる状況下における中国の GDP が世界の総 GDP に占める割合（1950～1966年）

年	実際の状況	中間的な状況	よい状況	年	実際の状況	中間的な状況	よい状況
1950	4.5	4.5	4.5	1959	5.8	5.5	5.8
1951	4.7	4.7	4.7	1960	5.3	5.5	5.9
1952	5.2	5.2	5.2	1961	4.2	5.5	6.1
1953	5.2	5.2	5.2	1962	4	5.5	6.2
1954	5.2	5.2	5.2	1963	4.2	5.5	6.3
1955	5.1	5.1	5.1	1964	4.4	5.5	6.5
1956	5.4	5.4	5.4	1965	4.7	5.5	6.6
1957	5.5	5.5	5.5	1966	4.9	5.5	6.8
1958	5.9	5.5	5.6				

注：表中のデータは、マディソンによる1990年国際ドル換算の世界および中国の GDP に基づいて筆者が計算したもの（単位はすべて％）。アンガス・マディソン『世界経済千年史』中国語版、296頁、327頁、北京、北京大学出版社、2004。

「大躍進」による最大の被害は、死亡率が大幅に上昇し、餓死者が約一五〇〇万人にも上ったことである。[309]「大躍進」と「反右傾化」によって「左」傾化の誤りを是正する動きが頓挫し、そこに自然災害の発生やソ連政府の背信行為が重なったことで、国民経済は深刻な打撃を受けた。経済は衰退し、食糧生産は大幅に減り、一九五九年の初春には全国の多くの地域で大飢饉が発生した。このため出生率は大幅に下がり、死亡率は大きく上昇した。全国の死亡率は一九五七年の一〇・八‰から一九五八年の一二‰、翌一九五九年には一四・六‰、そして一九六〇年には二五・四‰まで上昇した。国家統計局のデータによれば、一九六〇年の全国総人口は一九五九年に比べて一〇〇〇万人減少、一九六一年は前年よりさらに三四八万人の減少となっており、二年間で合わせて一三四八万人の減少となった。[310]筆者が『中国統計年鑑』のデータを元に推計したところでは、一九五八～一九六〇年の三年間で、死亡者数は正常な年に比べて合計一五〇〇万人増加、そのうち一九六〇年だけでおよそ一〇〇〇万人（九九五万人）に達しており、同年の人口自然増加率はマイナス四・六‰であった。[311]農村部の死亡率は一九五九年が一四・六一‰、一九六〇年が二八・五八‰、一九六一年が一四・五八‰となっている。筆者の推計では、農村部の不正常な死亡者数は一三三五万人に達し、不正常死亡者総数の八九％を占めていた。

各地の死亡率分布を一九六〇年を例にとって見ると、安徽省が六八・六‰で一位、次いで四川省五四・〇‰、貴州省四五・四‰、甘粛省四一・三‰、青海省四〇・七‰、河南省三九・六‰であった。なかでも安徽省の農村人口は、一九五七年末の三〇六四万人から一九六〇年末には二五五七万人と、四八七万人も減少した。[312]一九六〇年には河南省信陽地区の九つの県で死亡率が一〇〇‰を超え、通常の年の数倍にもなった。[313]一九六二年二月七日、劉少奇は「七千人大会」終了時に安徽省の三級幹部会議に出席し、次のように述べた。「全国でも河南・甘粛・青海・山東・安徽の五省が（餓死者の）被害が最も深刻であった。安徽省でこれほど多くの人が死んでいたのに、省委員会は中央に報告したのか」。さらに劉少奇は安徽省党委員会の二通の報告書を手にして、「これは真実ではない、安徽省ではこれほど多くの人が亡くなり、生産力も大きく損なわれた。このような被害を受けながら、歴史にも省の記録にも残さないというようなことはありえない」と語った。[314]餓死者数を偽り、隠し、少なくした報告が各地から上がっていたことが、ここからうかがえる。

「大飢饉」による非正常死亡者は農村部で多かった（図5－4）。「大躍進」期には各地で競い合って食糧生産量を高く報告していたため、国家が農民から買い上げる食糧は、一九五八～一九六〇年まで三年連続して五〇〇億キログラムを超え、毎年の食糧生産量の三〇～四〇％にもなっていた。[315]「大躍進」は農村の犠牲の上に成り立っていたのである。一九五七年における全国の農村の食糧は一四七〇億キログラムであったが、一九五九年には一〇二六億キログラムに減少し、一九六〇年にはさらに九二三億キログラムに減少、一九五七年からは一七・二％も減少していた[316]。農村の一人あたりの食糧消費量は、一九五七年の二〇三キログラムから一九六〇年には一六三・五キログラムに減少していた（**表5－2参照**）。

図 5-4　全国および農村部の死亡者数（1957〜1963年）

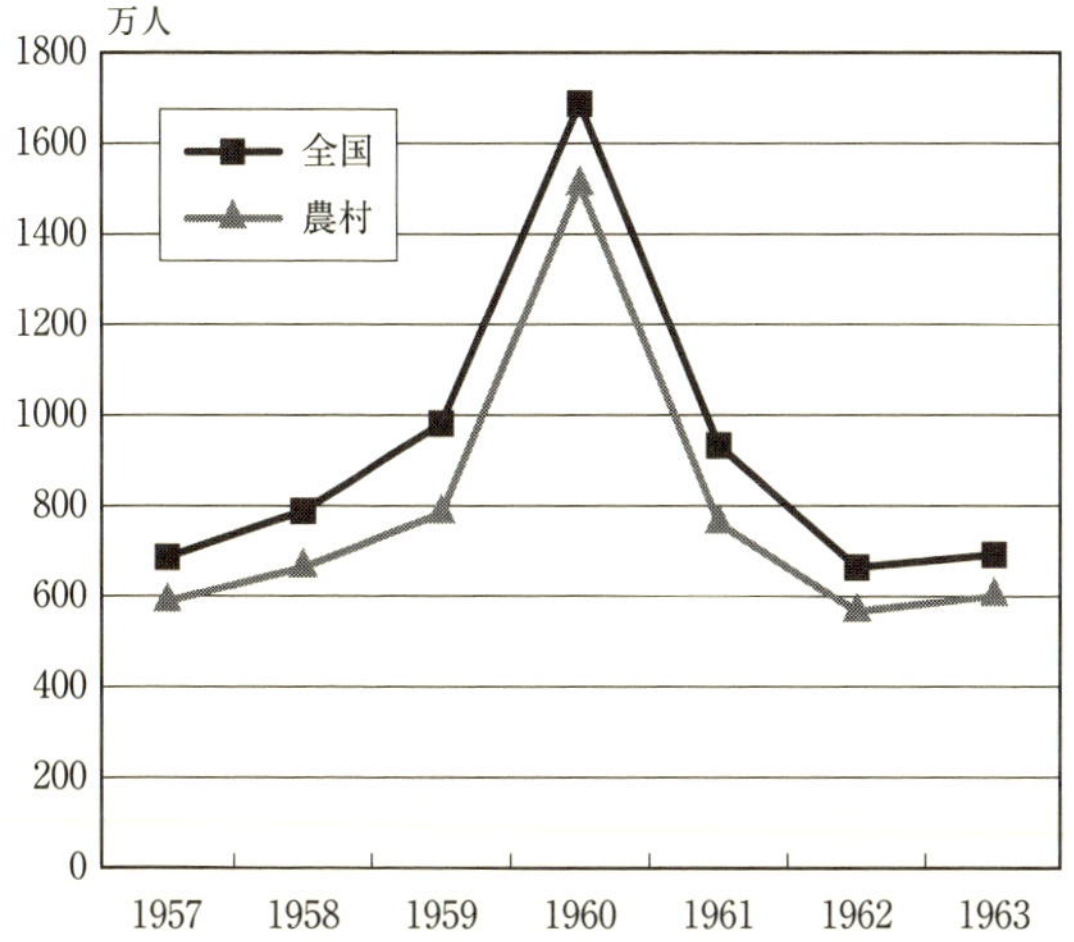

注：グラフは、国家統計局編『中国統計年鑑（1984）』82頁、89頁（北京、中国統計出版社、1985）記載のデータを基に筆者が作成。

林毅夫は、飢饉の主な原因は制度的な要素にあると考えた。彼は全国八つの省・市・区を横断的・時系列に並べたデータを分析し、一九五九〜一九六一年の深刻な食糧供給不足下では、省の一人あたり食糧生産量（すなわち食料供給量）と農村人口比率がその省の死亡率を決定づける要因であることを発見した。一人あたり食糧生産の減少幅が大きいほど死亡者も多くなり、都市人口比率が高いほど、その省の飢餓による犠牲者は少なくなる。人口の都市偏重による影響力は、食糧供給の影響力の二倍であった[317]。

一九五九年の全国農業総生産額は前年比一三・六％減となり、これは新中国成立以来、はじめての大幅な減少であった。食糧総生産量は前年比一五％減であったが、一方で食糧買付け量は一四・七％も増えていた[318]。一九六〇年三月二九日、周恩来は人民からの手紙を受け取り、安徽省で餓死者が発生していることをはじめて知った。彼はすぐさま安徽省党委員会第一書記の曾希聖に手紙を転送し、調査にあたらせた[319]。同年四月、山西省太原市党委員会第一書記で元総理弁公室副主任の李琦は、周恩来に深刻な食糧不足と飢餓による死亡者の発生を報告している[320]。

六月一〇日および一一日、劉少奇は各大地区の責任者や各省・市・自治区の党委員会第一書記、国務院各部・委員会の責任者が参加した座談会において、中国で「大飢饉」が発生していることをはじめて認めた。いわく「ここ半年（一九六〇年）、われわれの工作においてさまざまな問題が発生している。これらの問題には、食糧問題・浮腫問題・非正常死問題・事故問題・計画達成状況の問題といった深刻なもの、さらにそのほかの問題がある」[321]。しかし、餓死者がどのくらいであったかについて劉少奇は語っておらず、まして社会に向けて公表もしなかった。

毛沢東も一九六〇年夏になってようやく餓死者が出ていることを知った。一九六一年三月一九日に陳伯達らと会談した際、次のように語っている。「農村問題は一九五九年にはすでに発生しており、廬山会議の反右派により問題が拡大し、一九六〇年にはさらに深刻になった」。餓死者については一九六〇年夏になってようやく中央の耳に届いたが、農業の問題を把握するのが遅すぎたことを毛沢東は非常に悔やんだ[322]。明らかに、毛沢東は廬山会議の反右傾闘争が「小飢饉」を「大飢饉」に発展させた直接の原因であることに気づいていた。

夏になると、北京・天津・上海・遼寧などの大都市や工業地域でも深刻な食糧在庫の不足が発生した。六月の国務院財政貿易弁公室の報告によると、当時の北京の食糧在庫はわずか七日分しかなく、天津は十日、上海では米の備蓄はすでに底をつき、遼寧省でも十数カ所の都市で七～八日分の在庫しかない状況であった。当時、周恩来の秘書を務めていた李岩によれば、各省市から日々中央に急を告げる報告が入り、周総理は食事ものどを通らず、睡眠もとらずに自ら食糧調達を指揮したという[323]。

一〇月二九日、周恩来は中央政治局拡大会議で毛沢東らに状況を次のように説明した。全国で干ばつの被害を受けた耕地だけで六億ムー以上で、水害被害の約一億ムー、虫・風・ひょうなどの被害まで加えると合計約九億ムーとなり、全国一六億ムーの耕地面積の半分以上にもなる。「このような大規模な災害は建国以来十一年間いまだかつてなく、二〇世紀が始まってからも聞いたことがない」[324]。

一一月一四日、党中央は「大飢饉」の危機に対処するため、「代用食品の大規模な収集と製造運動の即時展開に関する緊急指示」を出し、さらに周恩来を長とし李富春・李先念・譚震林・習仲勛からなる「瓜菜代」指導小組を組織、同時に各地方にも同様の工作指導小組を組織することを決定した[325]。毛沢東ははじめて全党に対して自らの誤りを認め、今こそ誤りを修正すべき時であると述べた。ある文書へのコメントとして「毛沢東同志は、誤りを正したいと考えるすべての同志と命運を共にしている」と自ら記している。彼は自己批判をおこない、誤りを正す決断をするのは今であることを、多くの幹部に認識してもらいたいと願った[326]。これは、毛沢東が「大躍進」を放棄し、「大飢饉」に対処するため、経済調整へと方針転換を余儀なくされたことの表れであった。

二、「大躍進」の痛切な教訓

一九五八年三月の「大躍進」発動時、毛沢東は、誤りは避けられないが、肝心なのは誤りをできるだけ少なく、最小限に抑えることであると考えていた。彼は自信をもってこう述べた。「間違いをできるだけ小さく抑えること、これは可能であり、ぜひやらねばならない。マルクスやレーニンもそうしてきた」[327]。「だから自分にもできる」というのが言外の意味である。しかし、「大躍進」の結果は「大飢饉」「大失敗」であった。毛沢東の主観的動機は決して否定すべきものではない。にもかかわらず、なぜ甚大な被害をもたらす結果に終わってしまったのであろうか。

一九八一年六月、十一期六中全会で採択された「建国以来の党の若干の歴史問題に関する決議」は、「大躍進」の教訓を次のように総括している。社会主義建設の経験不足と、経済発展法則および中国経済の基本的状況に対する認識不足、そしてなにより毛沢東同志をはじめとする中央および地方の少なからぬ指導者が勝利を前にして自信過剰となり、功を焦って主観的意思と努力の役割を過大評価し、調査研究や試験的運用を経ることなく、総路線確定後に軽率にも「大躍進」運動と農村人民公社化運動を発動、高すぎる指標を掲げて盲進し、結果、誇大報告と「共産風」に代表される誤った「左」傾化が蔓延することになった[328]。

薄一波の評価と総括[329]や金春明の分析[330]も、客観的で公正なものである。

毛沢東にしても、決して思いつきで「大躍進」を発動したわけではない。彼の認識としては十分な根拠があった。逄先知らはそれを次のようにまとめている。客観的条件から言うと、第一に、六億の人口を擁していたこと。これが決定的な要素であった。第二に、すでに社会主義的改造が進行しており、生産関係が改善され、生産力急成長のための条件が整っていたこと。第三に、「整風」や「反右派運動」を通じて生産と労働における平等な関係が築かれ、労働者の積極性を最大限発揮できるようになったことである。一方、主観的条件から言うと、党はすでに社会主義建設の総路線を定めており、しかもすでに「大躍進」に適応し、かつ「大躍進」が大きな混乱とならないような一連の方法論を確立していた、という認識である。毛沢東はソ連の社会主義建設を発展速度が遅すぎるとして不満に感じており、中国の国情に合った、急発展を遂げることができる社会主義建設の道を見つけようとしていた[331]。逄先知らは、「大躍進」の最大の教訓は、功を焦ったことで経済発展の客観的法則に背いたことだった、と結論づけている。

新中国成立以来、中国の指導者の経済発展に対する指導思想は何度も変わったが、功を焦り性急に結果を求める指導思想が長期にわたって党内で主導的地位を占めてきた。なぜ中国の指導者、とくに毛沢東は、いつも成果を焦る誤りを繰り返すのだろうか。「大躍進」の失敗は、われわれにどのような教訓を与えているのだろうか。

最初に、中国の国情における制約的要素やその影響を軽視していたことが挙げられる。毛沢東が社会主義建設の総路線を提起した主な動機は、「ソ連モデル」からの脱却であった。彼は、第一次五カ年計画は基本的にソ連のやり方をまねたものであると考えており、一九五六年には「ソ連モデル」とは異なる中国発展の道について考えるようになっていた（コラム5－3）。[332]

コラム5－3　社会主義総路線形成の原因とその過程

毛沢東は「ソ連『政治経済学教科書』を読んでの談話記録」において、社会主義総路線の形成過程を述べるにあたり、次のように指摘している。「われわれには全国の経済を管理した経験はない。そのため、第一次五カ年計画においては、基本的にソ連のやり方を模倣するしかなかった。生産手段私有制の社会主義的改革が基本的に完成した後、社会主義建設に対する二種類の方法論の問題がもち上がり、一九五八年に社会主義建設総路線として結実した。

一九五六年の「十大関係を論ず」では、「多く、速く、立派に、無駄なく」社会主義建設をおこなうという考えを提示し、これが総路線形成の始まりとなった。同年の高成長は、反盲進により曲折を経験したが、翌一九五七年九月の（第八期）三中全会にて再度この路線が復活した。一九五八年春の南寧および成都での会議では反盲進批判がおこなわれ、大いに意気込み、高い目標を目指し、多く速く立派に無駄なく社会主義を建設するという総路線が提唱され、五月の第八期全国代表大会第二回会議で正式に採択された。

資料出典：毛沢東「ソ連『政治経済学教科書』を読んでの談話記録（抜粋）」一九五九年一二月～一九六〇年二月、『毛沢東文集』第八巻、一一七頁、北京、人民出版社、一九九九。薄一波『若干重大決策与事件的回顧』下巻、六五九頁、北京、中共中央党校出版社、一九九三。

一九五六年、毛沢東は「十大関係を論ず」の中で、中国の基本的国情を「一窮二白（一に貧しく、二に何もない）」という言葉でまとめた。「窮」とはすなわち、工業がほとんどないに等しく、農業も発達していないという意味であり、「白」とは文化や科学技術の水準が低いことを指していた。これについて毛沢東は楽観的であり、貧しければ革命を求めるが、

豊かな者が革命をおこなうのは困難であると考えていた。われわれは白紙の状態であり、どんな字でも書ける、と考えたのである。[333] 一九五八年にはこの考えをさらに進めて、次のように述べた。「貧しさをきわめれば考えが変わり、革命を求めるようになる。白紙は背負っているものがない。最も新しく美しいものを書くのにちょうどいい[334]」。

毛沢東は中国の国情のマイナス面、とくに制約的要素に対する認識がきわめて甘かった。研究も十分なものではなかった。次々と巨大な勝利を勝ち取ってきたこれまでの経験があだとなった。彼は常々こう語っていた。三年半で解放戦争に勝利を収めたことは予想外であった。農業合作社化も予想以上に早く完了した。[335] しかし、「一窮二白」という基本的状況は、中国経済が急成長を遂げつつあった時点でも変わっていなかった。ところが第一次五カ年計画の目標を前倒しで達成したため、毛沢東は中国工業化の規模と建設速度は当初の想定よりも大規模かつ急速におこなうべきであると考えた。[336] 薄一波は、南寧会議後に「反右傾」がエスカレートし、指標が高いことが「速い」、すなわちマルクス主義的であり、現実に即した目標は「遅い」、すなわち非マルクス主義的、果ては反マルクス主義的とさえされるようになった、としている。[337]

毛沢東は「大躍進」が深刻な失敗に終わったことを受け、ようやく冷静に考えるようになった。一九六二年、「七千人大会」において彼は次のように語った。「中国は人口が多く、基盤は弱く、経済は立ち遅れている。生産力を大々的に発展させ、世界の最先端を行く資本主義国家に追いつき追い越すには、百年はかかるだろう[338]」。

第二に、経済発展の客観的法則を無視し、主観的意志の力を過信したことである。

毛沢東の「大躍進」には、どのような理論的裏づけがあったのだろうか。一つは「永続革命論」である。「工作方法六十条（草案）」（一九五八年一月）の第二一条は、この観点についてわざわざ論証している。「永続革命。われわれの革命は、次から次へと続いていくものである。一九四九年に全国で政権を奪取した時から始まり、続いて土地改革、土地改革が終了すると農業合作化、さらに私営商工業および手工業の社会主義的改造をおこなった。社会主義の三大改造、すなわち生産手段の所有をめぐる社会主義革命は一九五六年に基本的に完了し、続いて昨年（一九五七年）、政治戦線および思想戦線における社会主義革命をおこなった。しかし、問題はまだ終わっていない。現在は技術革命を開始し、十五年あまりでイギリスに追いつき追い越すことを目指している。この八年間、ひとつの革命の完了は、次の革命の始まりであった[339]」。第二の理論的裏づけは「波状前進論」である。一つの波が収まる前に次の波が起こるように緩急の対立を弁証法的に統一し、「多く、速く、立派に、無駄なく」社会主義を建設する総路線の下、波状的に前進していくという論である。[340]

第三の理論的裏づけは、「不均衡絶対論」である。一九五八年一月の南寧会議において、毛沢東はその要点をまとめる中で次のように記した。「不均衡―均衡―さらなる不均衡―さらなる均衡というサイクルに終わりはない、これが法則である」。「工作方法六十条（草案）」ではこの考えをさらに発展させ、不均衡こそが普遍性のある客観的法則であるとした[341]。

　この「不均衡と均衡」の考え方は哲学的には正しいといえるが、経済発展の指導方針としては必ずしも適当ではなかった。毛沢東はこの哲学を普遍的真理とし、時間や場所、条件を問わず推し進めたため、大きな誤りを引き起こした。人の知識には限りがある。毛沢東は哲学、とくに弁証法について深く理解していたが、現代経済学のマクロ経済理論やその分析方法についてはあまり理解していなかった。また、各国のマクロ経済政策、とくにマクロ経済を安定させるには経済的不均衡を積極的に是正し、経済の大きな変動を防ぐ必要がある、ということも知らなかった。これが中国経済の独自の発展に対する毛沢東の認識に制約をもたらし、マクロ的な経済政策決定にも大きく影響した。**のちの事実が証明しているように、毛沢東の哲学思想は正しかったが、その思想を経済に応用しようとしたのが間違いだったのである。**

　毛沢東が「大躍進」を発動したことにより、八全大会で提起された「総合的均衡」という経済方針は変更を余儀なくされた。一九五六年の八全大会では、総合的な均衡を保ち、着実に前進していくという経済建設方針が正式に採択された[342]。周恩来、陳雲らはこの方針を堅持し、同年の経済「盲進」時にも適時調整をおこなった。毛沢東も同年四月の政治局拡大会議で「全国均衡」の必要性を強調した[343]。しかし、一九五七年九月以降、毛沢東は考えを改め、周恩来や陳雲らを厳しく批判し、「絶対不均衡論」を強調するようになった。そればかりか「鞍型理論[344]」まで唱えるようになった。これは典型的な「自己否定」である。

　一九五八年一月の南寧会議、三月の成都会議、五月の八全大会第二回会議のいずれにおいても、毛沢東は「反盲進」問題に厳しい批判を加えた。それは社会主義建設をめぐる思想・方法・路線の対立であり闘争であると考え、大衆を動員する「盲進」はマルクス主義、大衆に依拠しない「反盲進」は非マルクス主義とした[345]。毛沢東が述べた通り、一九四九年の新中国成立以来、急進主義か漸進主義かをめぐる路線闘争が党内に存在していたことは事実である。それは、国情および発展段階に対する指導者の認識の違い、とるべき方針や政策の違いを反映したものである[346]。毛沢東と多数の指導者との間に意見の違いが発生した時、多くの場合において、ほかの指導者が自分の考えを放棄し、毛沢東の急進主義路線を受け入れることを余儀なくされた。

　五月、毛沢東は「躍進」という言葉を最初に編み出した人を「その功績は禹にも勝る」と称賛し、最初の博士号を贈呈することまで発案した[347]。周恩来も以前、「一九五六年の建設は『躍進』的発展であり、『盲進』であるという誤った評価を放棄する」という文脈で「躍進」という言葉を使っていた[348]。つまり、周恩来も毛沢東の「大躍進」に賛同し、緩やかな発展と総合的均衡という従来の正しい主張を放棄したということである。

経済成長は決して無限に拡大していくものではなく、必然的に資源の制約を受ける。では、いかにその制約を突破するべきか。毛沢東のやり方は、大々的に大衆を動員するというものであった。大衆を動員しさえすればできないことはなく、国民経済も急速に発展させることができると考えていたのである。戦時中の人民戦争の手法に慣れ親しんだ中国の指導者は、大規模な大衆運動によって経済建設を進め、経済発展の法則を無視した。「大躍進」期に「人海戦術」を用いて「白旗を抜き、赤旗を挿す（資本主義的な考え方や行動を改め、マルクス・レーニン思想を身につけ、行動する）」「迷信を破り、思想を解放する」ことを求め、人々の主観的能動性に頼って生産力を急速に発展させようとしたことなどは、その典型的な例である。「人が大胆な決意をもてば、それだけ大地の生産量が上がる[349]」「できないことは何もなく、ただ思いつかないだけである」「高山に頭を下げさせ、河川に道を譲らせる」といった人心を鼓舞するスローガンが大いにもてはやされた。毛沢東も一九五八年に次のように語っている。「高山よ、頭を下げよと言っているのに、まだ頭を下げないのか。河川よ、道を譲れと言っているのに、まだ譲らないのか！このような考えは常軌を逸しているだろうか。いいや、われわれは狂っているのではない[350]」。同年、武漢大学学長で哲学者の李達と毛沢東との間で、人間の主観的能動性をめぐって論戦が繰り広げられた。李達は人間の主観的能動性は無限大であるというのは間違いであり、一定の条件から離れることはできないとした。彼は毛沢東が熱に浮かされているとして、「このままでは大変なことになる。四〇度、四一度、四二度と熱が上がっていけば、中国は災難に見舞われることになる。主席はそうは思われませんか」と厳しく非難した[351]。哲学者の楊献珍も、「大躍進」における一部の人々を「頭がのぼせ上がっている。条件を問わず『できないことは何もなく、ただ思いつかないだけである』などと言うのは、唯心主義論者である」と厳しく批判した[352]。

「大躍進」と人民公社を推進していた時期、毛沢東は中央、省・市・自治区、地区、県の党委員会委員に三冊の本を勧めている。スターリンの『ソ同盟における社会主義の経済的諸問題』、『マルクス・エンゲルス・レーニン・スターリン共産主義を語る』（一九五八年八月、人民出版社刊）、ソ連科学院経済学研究所編纂の『政治経済学教科書』である。彼はこのような本を読むのがいちばん興味をそそられると言い、皆がそれぞれの本を入念に三回ずつ読み、二～三カ月で読み終えるよう求めた。[353] これら社会主義理論の「バイブル」の影響は、毛沢東はもちろんのこと、全党にまで及んだ。一九五九年一二月一〇日から一九六〇年二月九日にかけて、毛沢東は『政治経済学教科書』を学ぶ読書小組を組織し、中国の経済発展法則について新たな認識を得ることを目指した。[354] 毛沢東は、「われわれの『大躍進』は、価値法則から自由である」とした。得るものより失うものの方が多いとする「大躍進」批判に反論し、断固としてやることに価値があるとしたのである。[355]

　中国の指導者は革命戦争のやり方に慣れ親しんでおり、それを経済建設にも応用しようとした。軍事で「天下を取る」革命党から、科学で「天下を治める」政権政党へと完全に転換しきれていなかったのである。薄一波は後に、「大躍進」戦略の基本的な方向性は、戦争や土地改革において大衆運動を動員した党の伝統的方法を、経済建設にも適用しようとするものであった、と述べている。[356] 毛沢東自身も、自分が得意なのは政治であって経済ではない、と認めている。実際には彼一人ではなく、党全体がそうであった。また、中国の指導者には近代経済発展史の知識も不足しており、近代における経済成長は、漸進的・長期的なものであることを理解していなかった。一九五〇年代の中国の経済成長スピードはかなり速かったが、指導者はそれでも遅いとして、常に高い目標を掲げて人心を鼓舞しようとした。ことあるごとにさまざまな理由をつけて経済発展の「特急列車」を運行しようとし、その結果、正常な発展の道から外れていったのである。

　第三に、後進国の現状をなんとしても打破しなければいけないという、大国の指導者としてのひっ迫感と責任感があったことである。経済の立ち遅れは経済躍進の原動力であった。中国は長きにわたって経済的に立ち遅れ、世界から軽蔑される状況に置かれていた。解放後、国際的圧力や日増しに高まる人民の物質文化への要求、さらには一日も早く貧しく立ち遅れた状況を変えたいという切実な願いに突き動かされ、指導者は経済の急速な発展を追い求めたのである。[357]

　資本主義国家に「追いつき追い越す」ことは、レーニンやスターリンが最も重要な発展目標として一貫して掲げてきたが、それは毛沢東にきわめて強い影響を与えた。レーニンは「十月革命」の前に「滅びるか、それとも先進資本主義国家に追いつき追い越すか」と語り、スターリンは「われわれは先進国に比べて五十年から百年も遅れているが、十年以内に追いつかなければならない。追いつくか、さもなければ打倒されるかである」と述べた。さらに、発展速度を緩めるということは時代に取り残されるということであり、時代に取り残されれば他国から攻撃される、という有名な理論を展開した。[358] 一九三〇年代、スターリンは「経済・技術方面において資本主義国家に追いつき追い越す」というスローガンを掲げ、その目標をソビエト政権の死活に関わる歴史的任務と位置づけた。

毛沢東は、アメリカに追いつき追い越すという戦略構想を一九五五年三月に打ち出した。中国共産党全国代表大会で、三期の五カ年計画のうちに基本的な工業化と農業・手工業および商工業の社会主義的改造を完成させ、数十年以内に世界最強の資本主義国（アメリカ）に追いつき追い越すことを目指すと語った[359]。当時、毛沢東は「数十年」が具体的にどのくらいか説明していなかった。一九五六年一月二五日の最高国務会議第六回会議では、数十年以内に経済・科学・文化面での立ち遅れた状況を変え、速やかに世界最高水準に到達させると語った[360]。同年八月三〇日の八全大会準備会議第一回全体会議では、五十～六十年以内にアメリカに追いつくという具体的な考えをはじめて示した[361]。**毛沢東のこの長期構想は、戦略的に将来を見通したものであり、壮大なビジョンだった。このような遠大な任務は一世代だけでは到底完成し得ない。後世のために歴史的基礎を固め、歴史的条件を整えるのが精いっぱいである。世代に託された歴史的使命には限りがあり、時代を飛び越えて後世の事業に取り組むことはできないのである。**

毛沢東は一九五七年一一月にモスクワを訪問した際、フルシチョフの「十五年でアメリカを超える」という目標に直接影響を受け、前年の戦略構想をあっさり変更し、「十五年でイギリスを追い越す」という目標を打ち出した。一一月一七日、毛沢東は共産党および労働者党代表者会議での演説で正式にこの目標を掲げ、次のように述べた。「現在、世界は転換期にさしかかっており、社会主義陣営の力が強まり、帝国主義陣営の力は弱まってきている。この情勢下で十～十五年間の平和がもたらされるだろう。十五年間奮闘し、ソ連がアメリカに、中国がイギリスに追いつき追い越せば、戦争が起こる可能性はさらに低くなるだろう[362]」。同日、モスクワ大学の講堂で三五〇〇人余りの中国人留学生に接見した際にも、この構想を披露した。この時のソ連訪問が、落ちぶれた中国の状況を一刻も早く変革しようという毛沢東の決意をより強固なものにし[363]、五十～六十年かけて鉄鋼生産量でアメリカを追い越すという八全大会で提起された構想の放棄につながった。毛沢東の帰国後、党中央は十分な調査研究や専門的検証を経ることなく、彼の構想を受け入れた。一二月二日、劉少奇は中華全国総工会第八回大会の祝辞において、党中央を代表し、はじめて全国に向けてこの目標を公表した[364]。一九五八年一月、毛沢東は『工作方法六十条（草案）』において、現在は技術革命が起ころうとしており、十五年余りでイギリスを追い越す助けとなるだろうとの考えを示した。**加えて、中国の経済は立ち遅れ、物質的基盤が貧弱なため、われわれはいまだに精神的に束縛された受け身の状態にあり、この点においてはまだ解放がなされていない、と説明した[365]。以上がまさに、毛沢東による「大躍進」発動の政治的・国際的要因である。**

一九五八年八月、「大躍進」が最高潮に達する中、毛沢東は訪中したフルシチョフに次のように語った。「一九四九年の解放は大変喜ばしいことでしたが、中国の問題はまだ完全に解決していないと感じていました。なぜなら中国は落ちぶれて貧しく、何もない国だったからです。その後、（資本主義的）商工業の（社会主義的）改造や、朝鮮戦争の勝利についても満足した部分とそうでない部分がありました。今回の『大躍進』で、はじめて完全に満足したのです！　このような速さで発展し続けていけば、中国人民の幸福な生活も完全に実現できるでしょう[366]」。毛沢東の主観的願望に非はない。理解もできる。しかし、残念ながら願望と実際の結果はまったく逆のものになってしまった。

アメリカを始めとする西側諸国が中国に対して輸出禁止措置をとっていたことも、毛沢東が「大躍進」を決心するに至った重要な外的要因であった。「禁輸はわれわれにとってメリットがきわめて大きい。彼らが禁輸をおこなったおかげで、われわれは自分たちで『大躍進』をおこない、外部への依存を捨て去り、迷信を打破することができたのだ[367]」。

毛沢東は「英米に追いつき追い越す」という目標を打ち出すにあたってソ連の指導者からの影響を多分に受けていたが、中国とソ連の国情の違いや経済発展段階の違いについてはほとんど注意を払わなかった。また、中国の後進性や特有の制約について詳細な研究や議論をおこなうこともほとんどなく、そのため、主観的な発展目標と客観的な発展基盤は次第に乖離していった。新民主主義時代には国情を認識し、研究し、適応させるという方法をとっていたが、それとは大きく異なるものであった。革命期の手段を用い、大衆運動を通じて経済発展の制約条件や資源の制約を突破しようというやり方は、急進的な目標と現実との間の矛盾をかえって増大させるだけであった。

第四に、社会主義制度の優位性を証明しようとしたことである。工業化を実現し先進国に追いつくことは、社会主義国家の指導者として、社会主義制度の優位性を示す重要な指標であった。一九五六年八月三〇日、毛沢東は八全大会出席者に対し、英米に追いつき追い越すことの政治的重要性を説明している。その中で、巨大な人口を抱える社会主義国家としてその優位性を具体的に示さねばならないことをとくに強調し、有名な「開除球籍論[368]」を展開した。一九五七年、二度目のソ連訪問時に署名した「モスクワ宣言」では次のように述べられている。「われわれのこの時代においては、二つの対立する社会制度による競争によって、世界の発展の行く末が決まってくる。四十年来（一九一七年の「十月革命」以来）、社会主義は資本主義よりも優れた社会制度であることが証明されてきた」。

しかし、毛沢東が望んだのはソ連の上をいくことだった。のちに彼自身が語ったところによると、一九五六年に「十大関係を論ず」を記した時、ソ連も中国も社会主義国家であるが、ソ連よりも「多く、速く、立派で、無駄のない」方法で社会主義建設をおこなうことはできないか考えたという。それが社会主義建設の総路線の提起につながったのである。

　国家計画委員会も、アメリカを追い越し、ソ連を上回るという観点から情報を提供した。一九五九年一二月、国家計画委員会弁公庁が配布した「計画工作簡報」特刊第一号では、「わが国の鉄鋼業の発展速度は、アメリカを大きく上回るのみならず、ソ連よりも速い」と報告された。さらに、特刊第二号の内容は以下のようなものであった。第一に、八年（一九六〇～一九六七年）計画の実現により、主要工業製品の生産量において一九五八年のソ連の水準を上回る。第二に、八年計画実現を基盤とし、第四次五カ年計画を経て、一九七二年までにソ連の主要工業製品生産量に追いつく。第三に、同年にはアメリカの生産量にも追いつき、あるいは追い越す。これらの情報が毛沢東の意思決定に影響を及ぼしていたのは明らかであろう。

　第五に、政策決定メカニズムに重大な欠陥が存在していたことである。戦時の中国共産党では有効かつ民主的な政策決定メカニズムが機能しており、それが政策決定の独立性と適時修正能力を担保していた。**しかし、新中国成立後に政権政党となった共産党は、新たな集団政策決定メカニズムを構築できなかった。従来のメカニズムは次第に形骸化し、指導者の権力を制御し、誤りを是正する機能が弱体化し始めた。これは最高指導部の集団指導体制が効力を失い始めたこととも関係している。**半年間にわたって続いた毛沢東の「反盲進」に対する批判は、その象徴的な出来事であった。「大躍進」を展開するかどうかを決定するに際しても、毛沢東がすでに決定権を握っており、ほかの指導者は反対意見を主張することはできず、心ならずも同意するか、長いものに巻かれるほかなかった。毛沢東は重大な問題は集団で決定するという原則に対して、都合のいい時のみこれに従い、不都合な時には従わないという恣意的な態度をとった[369]。

　毛沢東を含むすべての指導者が、情報の非対称性・不確実性・不完全性という問題に悩まされていた。毛沢東はほかの指導者よりも多くの情報を手にしていたわけではなかったが、性急に結果を求める考え方が党内で優勢だったため、「経済躍進」に少しでも疑念を示す者は、「右傾機会主義者」あるいは「保守派」とみなされた[370]。党内における経済政策論争は政治化・イデオロギー化・階級闘争化され、異論は封殺され、個人による独断専行が横行するようになった[371]。

　当時、「大躍進」の現状に対する否定的な見方は党内外に存在しており、関係部門から毛沢東にも報告された。これに対して毛沢東は矢継ぎ早に指示を出している。いわゆる「マイナス材料」である。たとえば七月五日に毛沢東が書面で指示を出した中央統戦部収集の「マイナス材料」では、一部の国家機関および党外人士の次のような見解を報告している。(一)昨年の大躍進の成果には疑問が残る。(二)「全人民が鉄を鍛えよう」のスローガンは正しくなかった。[372]また、同月一九日に書面で指示を出した党中央宣伝部による文書は、天津市の一部の党幹部の次のような見解を紹介している。(一)「全人民が鉄を鍛えよう」では、工業における損失が利益を凌駕した。農業では食糧不足、市場では空前の供給不足が発生し、党の威信も低下した。(二)工業は躍進したが、農業は停滞した。国家は工業を重視したが、農業を軽視した。(三)政治は躍進したが、経済は停滞した。そして最後に、同月二七日に書面で指示を出した国務院秘書庁党委員会弁公室の学習簡報である。そこで報告されていた内容は以下の通りである。人民公社は設立の条件が整っていない。供給制と賃金制を融合させた公社の分配制度も、現時点の生産力水準と大衆の意識に合致していない。共同食堂における無償の食事提供も、労働に応じた報酬という分配原則から外れている。人民公社の展開は拙速だった。「全人民が鉄を鍛えよう」も間違っている。土法炉による製鉄はすべきでなかったし、一〇七〇万トンという目標も掲げるべきではなかった。「鉄鋼を要とする」というスローガンにも問題があった。鉄鋼だけでは多方面の需要を満たすことはできないからである。[373]

政策決定は非民主的だっただけでなく、非科学的で専門性にも欠けていた。メンバー構成から見ても中央委員会は政治家集団であり、科学的見識を備えた専門家集団ではなかった。一九五六年九月一〇日の八全大会予備会議第二回全体会議で陳雲が説明した八期中央委員会のメンバー候補に毛沢東は決して満足していなかったが、[374]「大躍進」の失敗後も状況に変化はなかった。中央委員会のメンバー構成が根本的に変化するのは、ようやく一九八二年の十二全大会になってからである。以降は、政策決定の科学性、専門性が絶えずアップしている。

「大躍進」の失敗により、毛沢東が「一〇〇%正しい」という神話がはじめて打ち砕かれた。毛沢東自身も次のように述べている。「自らを全知全能だと考えるような思想は不適切である」。[375]しかし、毛沢東の急進主義的路線を正し、「大躍進」の反省を生かして経済改革に着手できる者が党内には存在しなかった。一九六二年の「七千人大会」はそのチャンスであったが、党の権力がすでに指導者個人に高度に集中している状態だったため、「大躍進」批判も形式的なものにとどまった。本当の意味での経済改革は、一九七八年を待たねばならなかった。

第五節　人民公社運動[376]

一、人民公社運動の始まり

一九五五年一〇月時点での毛沢東の認識では、農民は一九六〇年までは半社会主義的な農業生産合作社をやるのが精一杯なので、唐突な印象を与えないように着実に（社会主義への移行を）やる必要がある、[377]というものだった。ところが実際は、まさに「唐突な印象を与える」決定をおこなった。それが「人民公社運動」である。

「大躍進」が経済発展上の政策だとすれば、同時期の「人民公社運動」は生産関係上の「大躍進」ともいうべき一大変革だった。「大躍進」と「人民公社運動」は、社会主義建設の総路線と合わせて「三面紅旗」と称された。高級合作社から人民公社への転換はきわめて短期間のうちにおこなわれたが、共産主義の要素たる「供給制」がかろうじて実施されたのは最初の数カ月だけであり、すべてを共同所有する強制的な「共産風」は、農民の自主性を大きく損なうことになった。「人民公社運動」は全国レベルの「大飢饉」をもたらした制度的要因でもある。「七分の人災」と言われた「大飢饉」の要因は、「大躍進」のみで説明しきれるものではない。

「人民公社運動」の萌芽は、一九五八年三月の成都会議における毛沢東の提起をきっかけに全国で巻き起こった併社（小型の農業生産合作社を合併する）運動と、それによって生じた「集団農場」「共産主義合作社」「国営農場」等の各種大型合作社である。しかし、農民の希望に反し、その利益を損なう傾向はそれ以前からすでに見られており、合作社からの退社要求や不満も表面化していた。党中央が一九五七年九月一四日の指示で、巨大合作社は目下の農業生産の条件に適しておらず、あくまで生産隊を合作社の基本単位とし、合作社と生産隊の組織規模は一度決めたらその後十年は変えてはならない、としたのもそのためである。しかし、毛沢東はわずか半年余りでこの指示を覆した。[378]譚震林はその理由を次のように説明している。「大豊作によって農村では新しい変革が始まっており、合作社は組織・経営管理・規模の面で、従来の方法や制度、形態ではもはや発展できなくなっている。そのための改革が求められていた[379]」。

最高指導者たちの公社化熱も高まっていた。一九五八年四月下旬、劉少奇、周恩来、鄧力群らは「やれ託児所だの、集団化だの、また、工場が学校となり学校が工場となるだの、半工半読（働きながら学ぶ）だのと、空想的社会主義について吹きまくった[380]」。また、同年五月の八全大会第二回会議では、陸定一が「進化するマルクス主義」と題して次のような発言をした。「劉少奇同志との会談で数十年後のわが国の様子について話が及んだ時、毛主席はこう言われた。『その頃になると、わが国の農村にはたくさんの共産主義公社ができていて、そのどれもが農業もやれば工業もやり、大学や中学校、小学校もあれば、病院、科学研究機関、商店やサービス業、交通事業、託児所や公共食堂、倶楽部まであり、さらには治安を維持する民警なども備えているだろう。大規模な共産主義公社になって都市を包囲する農村公社も出てくるだろう。

先人が描いたユートピアが実現されるばかりか、それをも超えることになる』と」。

劉少奇が、中国が共産主義社会に到達するのはそう遠い将来のことではなく、十五年（一九七三年）でアメリカに追いつき、さらに十五年（一九八八年）もすればアメリカの三倍から四倍の大国になるだろう、そして四十年、もしくは五十年後には共産主義社会に突入するだろう[381]、と発言したものこの頃である。劉少奇のこの構想は、毛沢東のそれと重なる。劉少奇のほうがより大胆だっただけで、この点での両者の認識はかなりの程度一致していた。

六月、毛沢東は「工業、農業、商業、文化教育、軍事を段階的かつ計画的にひとつの大公社に組織し、これをわが国の基本社会単位とする」として、人民公社構想を正式に提起した。

七月には陳伯達が『紅旗』誌第四期に、「毛沢東同志の旗の下」という論文を発表し、毛沢東の構想を公にしている。「人民公社を提案したのはわたしだが、発明したのはわたしではない」と言う毛沢東だが、彼の政治秘書であり理論的支柱でもあった陳伯達は、毛沢東自身が人民公社の生みの親であることをのちに認めている。この論文で陳伯達は、「あまりにも明らかなこと」として、次のように述べている。「経済という経済、文化という文化が、一日が二十年に匹敵するような目覚ましい進歩を遂げている只中にあって、わが国は毛沢東思想を導きの糸とし、毛沢東同志の旗の下、遠くない将来に社会主義から共産主義への移行を実現しようとしている。そして、人々はその歴史的光景の目撃者になることが約束されているのだ」。党中央の政治研究室主任として、あるいは毛沢東の政治秘書として、毛沢東の考えを十分知る立場にあった陳伯達は、毛沢東流共産主義のイデオローグであり、最大のシンパでもあった。人民公社化の運動がこれほど一気呵成に進んだ背景には、彼の特殊な役割があったと言わねばならない。

六月末、一部の省および市の農業協作会議が鄭州で開催された際、中央書記処書記兼国務院副総理であった譚震林は、「遂平県嵖岈山衛星農業社はすでに農業合作社ではなく、共産主義公社だ」と発言した。さらに、『紅旗』誌（陳伯達、李友九）と河南省党委員会（史向生、趙定遠、路憲文ら）は共同で「嵖岈山衛星人民公社試行要項」を起草し、公社の目的、性格、任務について定めた。後に毛沢東は、「宝物をみつけたと言っても過言ではない」としてこれを重要視し、八月一七日に北戴河会議に出席した幹部には指示書として、各省・市には参考資料として、それぞれ配布・通達した[382]。この試行要項の全文は九月一日の『紅旗』誌第七期に掲載された（コラム5－4）。『紅旗』誌はさらに、「人民公社化運動の高まりを歓迎する」と題する社説を発表、人民公社化運動が本格的にスタートすることになった。

八月の初めに毛沢東は河北省の徐水県を視察し、「組織の軍事化、行動の戦闘化、生活の集団化」という人民公社の「三化」を強調した。これを受け、徐水県の各村で人民公社が正式に設立され、合わせて樹木の集団所有、家屋の公社による統一的分配、公社員の賃金制の実施が宣言された。これはほどなく全県に広がり、年内には公共食堂、裁縫所、幼稚園、託児所、養老院などが全県に普及した。同月二二日に徐水県党委員会は「社会主義建設を加速させ共産主義へと邁進することに関する計画（草案）」を策定し、一九六三年に共産主義を実現するとした。いわく、機械化、電化が高度に発達し、肉体労働はすべて機械がやることになり、労働は生活の糧を得るためのものではなくなり、主な生活必需品は各人の必要に応じて得られるようになる。三〇歳までの青年男女はすべて単科大学レベルの知識を有する専門家になる[383]、というものである。

八月六日に河南省新郷県の七里営人民公社を視察した際、毛沢東は「人民公社というのはいい名前だ。工、農、商、学、兵すべてを含み、生産と生活を管理し、行政もおこなう。まさに政社合一だ」と語った。さらに、同月九日の山東省視察時にも、「やはり人民公社をやるのがいい。公社のよいところは、工、農、商、学、兵を一体化することができ、指導にも便利なところだ」と述べた。一七日の北戴河会議では、人民公社の特徴を「一大二公（第一に集団の規模が大きく、第二に集団所有制の程度が高い）」という言葉でまとめ[384]、二一日には「共産主義の萌芽」と称した。二四日には、衣食には金が必要でなくなる、おそらく第三次五カ年計画終了（一九六八年）を待たずともそうなるであろう、と自身の見通しを述べ、続く三〇日には住居の個人所有の廃止、すなわち公有制も提起した。毛沢東はさらに言う。「供給制を実施すれば人は怠惰になり、創造性も積極性も減退する、などということをわたしは信用しない[385]」。

何をもって人民公社と定義するのか。河南省党委員会による八月二二日の党中央への報告では次のように述べられている。「小社を併合した大社、自留地の集団所有、公共食堂の運営、社会主義的な共同作業の広範な実施……これは事実上、（人民）公社のひな形である。毛主席の指示を引用した陳伯達論文により、人民公社設立の方向性が明確になった[386]」。

八月二九日、党中央は「農村において人民公社を設立する問題に関する決議」（以下、「決議」）を採択した（コラム5－4）。これは人民公社設立の綱領的文書であると同時に、**中国共産党が人民公社の採用により、社会主義から共産主義へと至る道筋を見出した**ことを打ち出したものでもあった。中央政治局拡大会議で、劉少奇は次のように発言している。「人民公社は社会主義から共産主義へと至る最良の形式であり、政治を担う基層組織でもある。集団的所有はおのずと全人民所有へと移行するだろうが、全人民所有がすなわち共産主義であるとは言いきれない。毛主席の言うように、共産主義へと至るには条件が三つある。すなわち、社会的富が十分に豊富であること、共産主義的自覚と思想および共産主義にふさわしい品格と道徳が十分に高まっていること、教育が普及し、そのレベルが高まっていることである」。まさに、**この三つの条件を達成するための最良の形式として人民公社があるというのが、毛沢東のみならず、当時の党中央全体に共通する認識だった。毛沢東一人が共産主義熱におかされていたわけではない。劉少奇も鄧小平もその点では同じだった。**

コラム5-4 **党中央「人民公社建設の必要性」**（一九五八年八月二九日）

資本主義に対して政治的、経済的、思想的勝利を収めると、農地の基本建設が空前の規模で推し進められ、水害や干ばつの脅威に苦しむことが基本的にはなくなり、農業の安定的な発展基盤が形成された。右傾保守主義に打ち克ち、農業技術施策に対する従来の型にはまった考え方を打破すると、農業生産は堰を切ったように発展の勢いを増し、生産量は数倍、十数倍、数十倍へと飛躍的に拡大し、人民の思想解放もこれによっていっそう前進した。また、農地の基本建設が大規模に推し進められ、先進的な農業技術が導入されると、より多くの労働力が求められるようになった。同時に、農村における工業の発展は、一部の労働力を農業生産から移転させる必要性を生んだ。わが国の農村における機械化、電力化への要求はますます切実なものになってきている。さらに、農地の基本建設と豊作による収穫量増大を勝ち取る闘いの中で、工作社・郷・県の垣根を越えた協力がおこなわれ、組織の軍事化、行動の戦闘化、生活の集団化は大衆的規模の運動になり、五億農民の共産主義的自覚はよりいっそう高まった。公共食堂、幼稚園、託児所、裁縫所、理髪室、公衆浴場、養老院、農業中学、幹部養成学校などは、農民をより幸福な集団生活へ導くと同時に、より強固な集団主義思想を農民大衆の中に育んでいる。以上のことは、数十戸、数百戸単位の農業生産合作社では情勢の進展に対応できないことを意味している。現下の情勢では、農業・林業・畜産業・副産業・漁業を全面的に発展させ、工業・農業・商業・軍事・教育を互いに結合した人民公社を建設することが、社会主義建設を加速させ、その後、徐々に共産主義へと移行していくためにとるべき基本方針である。

人民公社の基本的な方向性は以下の通りである。**公社設立後は全人民所有への移行を無理に急いではならない。所有**

制への改革過程で生じる問題を避けるには、今はまだ集団所有制のほうがよい。しかしながら、人民公社の集団所有制の中には実質上、全人民所有の要素がすでにいくつか含まれている。それらを発展過程で増やしていくことで、徐々に全人民所有へと変えていく。全人民所有への移行は過程を経るものであり、そのペースは地方によってさまざまである。三、四年でできるところもあれば、五年、六年、あるいはもっと長い時間を要するところもあるだろう。全人民所有へ移行しても、たとえば国営企業などは依然として社会主義の性質を有しているため、各人の能力に応じて、労働に応じて分配がおこなわれる。やがて何年かすれば、社会に生産物があふれるようになり、人民の共産主義的自覚と品格はこれ以上ないぐらいにまで高まるだろう。教育の普及と向上が進み、社会主義の時代にはなくすことができなかった工業と農業の格差、都市と農村の格差、頭脳労働と肉体労働の格差といった旧社会の遺物が消滅し、こうした格差の反映であるブルジョア的権利の残滓もなくなるだろう。国家の機能は外国の侵略への対処に限定され、内政的にはもはや必要がなくなるだろう。そうなった時に、はじめてわが国は「各人の能力に応じて、必要に応じて」という共産主義の段階に突入するのである。

現段階のわれわれの任務は社会主義の建設である。人民公社建設の目的は、何よりもまず社会主義建設を加速させることであり、そうすることで共産主義への移行を積極的に準備していくことである。わが国で共産主義が実現するのはそう遠い将来のことではないだろう。人民公社という枠組みを大いに活用し、共産主義へと至る具体的道筋を探り出していかなければならない。

資料出典：「農村において人民公社を設立する問題に関する決議」一九五八年八月二九日、中共中央文献研究室編『建国以来重要文献選編』第一一冊、四四六～四五〇頁、北京、中央文献出版社、一九九五。

※太字は毛沢東自身が書き加えた部分。『建国以来毛沢東文稿』第七巻、三六〇頁、北京、中央文献出版社、一九九二。

こうして「人民公社」運動は、毛沢東の提起から党中央の正式決議までわずか三～四カ月、その間、河南省などいくつかの省で調査がおこなわれただけで、まともな試験運用や総括もほとんどなされず、全党全人民を動員する形で大規模かつラディカルに展開されていった。一見すると偉大な創造的営みのように見えるが、実際はきわめて現実離れした、指導者による農業社会主義的「ユートピア」に過ぎなかった。決定的役割を果たしたのは、その一言が全国を動かすほどの毛沢東の指導力と影響力の大きさであり、それ自体が「人民公社運動」の開始からピークに至るまで、さらには強制的維持から解体へと至るまでの全過程を貫く要因になった。

当時の毛沢東の最大の関心事は、共産主義への移行時期の問題だった。中央政治局拡大会議が「決議」を採択した翌日(八月三〇日)、最後の会議の場で毛沢東は次のように述べた。「第三次五カ年計画時に共産主義段階へ移行するという文書があったが、『第四次』の三文字を加えた。すなわち、第三次・第四次五カ年計画時に共産主義へ移行していく、とした。そうでなければ、あまりにも時間がなさすぎる」。劉少奇は「第五次五カ年計画からでも遅くない」と補足した。また、毛沢東は、『マルクス、エンゲルス、レーニン、スターリン共産主義社会を論ず』[387]を指導部全体に勧め、この本の出版と普及を指示し、次のように述べた。「この本には教えられるところが非常に多い。これが第一。ただし、不十分な部分も相当ある。当時は経験自体がなかったので、不鮮明な記述も多々ある。これが第二[388]」。

また、人民公社の出現について、一二月九日の八期六中全会で毛沢東は「まったく予想していなかった」「きわめて重大な出来事」として、次のように述べた。「どのように社会主義を建設していくか、集団的所有制から全人民所有制へ、社会主義的な全人民所有から共産主義的なそれへとスムーズに移行していくにはどうすればよいか、工・農・商・学・兵すべてを兼ね備え、すべてを賄う大規模な共同体をいかにしてつくり上げていくか、ここにひとつの答えを見出したということだ[389]」。

もちろん、毛沢東ら指導者のこうした政治的願望それ自体が悪かったわけではない。ただし、それは実践的にも理論的にも「ユートピア」式の理想主義だった。実際、毛沢東の政策決定は捏造された虚偽の情報を基にしていた。たとえば八月一〇日、河北省省長の劉子厚は、「今年(一九五八年)の省の収穫量は一人あたり五〇〇キロ、来年は一〇〇〇キロに達する見込みで、目標は一五〇〇キロです」と報告している。「食糧が増えると備蓄にも困るだろう」と心配した毛沢東は、中国の食糧問題はすでに解決したと信じて疑わなかった。ただし、一一月の鄭州会議では、全人民所有への移行、共産主義への移行を急いではならない、との批判もおこなっている。

二、人民公社運動の高揚

毛沢東の直接指導の下、一九五八年八月から一気に高揚局面に突入した「人民公社運動」は、典型的な上から下へのラディカルな社会変革運動であり、人々の予想を超えた共産主義への「大躍進」だった。

先陣をきったのは河南省である。四二〇〇あまり存在した省内の農業生産合作社のうち、八月二二日の時点ですでに合併して公社となったものが一一七二、公社への移行途上にあったものが三〇〇、各公社の平均戸数は七〇〇〇戸前後という状況だった。当時の河南省党委員会は、以下の三種類の公社のタイプを中央に報告している。（一）生産手段はすべて全人民所有と宣言し、生産物は国家が一元的に振り分け、余剰分はすべて上納し、生産費用や社員の消費も国家が統一的に決定するもの。このタイプの公社は、数としては非常に少ない。（二）公に宣言はしていないが、事実上、生産手段を全人民所有とし、生産物については国家への上納分や統一購入分を確保した上で、それ以外の部分を公社独自で分配するというもので、大多数の公社がこれに属する。（三）国営農場と農業合作社が合併してできた公社で、統一経営、個別採算を実施し、元国営農場の労働者の賃金を維持し、元農業合作社の社員の賃金を下げるというやり方をとっているもの[390]。ただ、いずれにしても国家による大規模な農民「収奪」であることに変わりはなく、土地や生産手段といった農民の私有財産および自由な消費の権利を国家の名において強制的に奪うものであった。九月二日、河南省の全農村で人民公社化が実現したというニュースが『人民日報』に掲載されたが、ほどなく同省は「大飢饉」による非正常死亡者が最多を数える地域となってしまうのである。

九月六日、譚震林から送られてきた全国の「人民公社運動」に関する情況報告に毛沢東は次のようなコメントをした。「鄧小平同志へ。この件は在京中央委員各メンバーに印刷してまわしてもよい。報告によると、現在ほとんどの地区で人民公社建設がピークに達している。河南省では早くも全省で公社化が実現している。今月一〇日までには河北省や北京市郊外地区、半ばまでには山西省、山東省、上海市郊外地区が続くだろう。ほかの大部分の省も試験的運用の総括をおこなっており、着実に公社化に向かって進んでいる。おそらく今月末までにはすべて公社化が実現するだろう。試験段階が続くのは内蒙古自治区、福建省、新疆ウイグル自治区の三地域だけだが、それらの地域も秋以降には公社化が広がっていくだろうし、冬までには実現する見込みである。統計によれば、全国の農村ですでに九〇三四の人民公社が設立されている[391]」。

九月の末までに、チベットを除く全国に合わせて二万三四〇〇の人民公社が設立され、九〇・四％の農家がこれに加入した。一〇月末には九九・一％の農家が公社に組織化された。数にして一億二六九二万戸である。二年前にできたばかりの高級合作社七〇万余りが人民公社にかわり、平均するとおよそ二八の農業生産合作社が合併してひとつの人民公社になった計算になる[392]。これに伴い、全国で二六五万を超える公共食堂、四七五万を超える託児所や幼稚園、一〇万以上の養老院ができた。また、二〇の省・直轄市・自治区では不完全な統計ではあるが、民兵師団が一〇五二、民兵団が二万四五二五組織され、民兵の数は四九〇五万七〇〇〇人に達している[393]。一九五九年二月、中央政治局が人民公社の規模縮小を決定したことで、公社の数は二万六〇〇〇から七万五〇〇〇に一挙に膨れ上がった。河南・山東・河北・遼寧・安徽五省の一九五八年一〇月末の統計によると、公社の数は合計で五二五四四、供給制の計画率・実施率を見ると、「糧食供給制（主食の無償提供）」が六一・三％、「夥食供給制（食事の無償提供）」が二一％、「生活必需品供給制」が一五％、食事に加えて生活必需品を無料で提供する「生活必需品供給制」が一五％、衣食住に加えて医療・出産・養老も無償で提供し、婚姻も含めて生まれてから死ぬまでのすべての生活を公社が請け負う「全面的供給制」が二・七％であった。[394]

人民公社の特徴である「一大二公」の理念に基づき、分配制度上は徹底した小農経済式の平均主義が実施された。当時、人民公社での「賃金制」は集団的所有から全人民所有への、「供給制」は社会主義社会から共産主義社会への過渡的形態であるというのが人々の一般的な考え方だった。毛沢東は「供給制」による共産主義的生活の実施を主張した。[395] 劉少奇も「供給制」の実施こそが農民の生産意欲をより高めるという認識だった。一九五八年の「決議」でも、供給制の実施は必要に応じて分配する共産主義の萌芽であると指摘している。初期の人民公社では「一級採算」、すなわち単一の公社所有制がとられ、高級合作社が所有していた土地やそのほかの生産手段はすべて無償で公社の所有となり、公社の統一的管理の下におかれた。労働力の分配も民兵組織の編成に沿うかたちで、公社によって統一的におこなわれた。こうした公社による一元的管理の下で、農民は食事さえ必ず公共食堂でとらなければならないほど、厳格な組織的規律の下に置かれた。[396]

また、当時、国家（政府）と人民公社との間で契約に基づく請負制から直接的な割当・分配制へと段階的に移行していくことが党中央で検討されたことがある。「十五年社会主義建設要綱四十条（一九五八～一九七二）」第一回修正稿の第三六条には次のような規定があった。「人民公社は必要とされる分業に基づいて生産を発展させるべきであり、自給のための生産拡大とともに、交換に用いられる商品の生産を拡大させなければならない。また、商品交換において、公社間では引き続き契約に基づく請負制（売買取引）をとってもよいが、国家と公社の間では直接的な割当・分配制へと段階的に移行していくべきである」。ただし、この「要綱」は正式文書として公表されることはなかった。

地方の人民公社によっては、いわゆる組織の軍事化、生産の戦闘化、生活の集団化（三化）がおこなわれた。青年男女民兵を核に、全公社員を軍隊組織に倣って団（連隊）―営（大隊）―連（中隊）―排（小隊）―班（分隊）に組織した。これが組織の軍事化である。生産の戦闘化とは、公社の一元的采配により労働力を動員し、堆肥づくりや害虫駆除、除草といった作業を一気におこなうやり方で、大規模な水利事業などでは、県レベルで労働力を動員する大兵団作戦が展開された。生活の集団化とは、上述の軍隊方式の組織を単位とする日常生活（食・住）の集団化である。いずれにしても、きわめて現実離れしたやり方であり、長続きしなかったばかりか、必然的に深刻な結果を招くことになった。[397]

人民公社制度の最大の弊害は、「都市と農村の格差」を極限まで拡大し、農民の積極性や社会的生産能力を大きく損なったことである。社会的地位の面でも、教育や就職の面でも、公共衛生や財産移転支出といった面でも、都市と農村はまったく異なる制度の下に置かれた。農村労働力の自由な移動は固く禁じられ、これが中国の都市化の発展を著しく阻害した。都市人口の割合は、一九五七年が一五・四％、一九六二年が一七・三％、一九六五年が一八％であった。[398]一方、農村労働力の割合は、一九五七年が八六・五％、一九六二年が八二・五％、一九六五年が八二・一％となっている。[399]筆者らの推計によると、一九五七～一九六五年の期間に、全国の農村余剰労働力は五八〇〇万人（全国の就業人口の五分の一に相当する）増加している。この余剰労働力が生み出す機会費用を総産出量で見た場合、一九六二年はＧＤＰの約一六～五八％に、一九六五年は二〇～六八％に相当する。同じく消費量で見た場合、一九六二年はＧＤＰの一・二～五・五％、一九六五年は一・〇～五・二％になる。[400]

また、農業生産合作化や高級農業生産合作社のころには規定によって認められていた退社の権利も、一九五八年を境にその規定自体がなくなり、実質上認められなくなった。人民公社は事実上、政治組織としての強制力をもっていたということであり、農民は入社を強制されたばかりか、退社の自由さえも認められなかったのである。

当然ながら、全国各地に広がった供給制は長続きせず、きわめて短命に終わった。一九五九年二月の第二次鄭州会議で毛沢東は、人民公社の欠陥とそれが多くの農民の不満[401]を引き起こしていることについて、「共産風が吹いている」という言葉で表し、次のように言及した。「主な内容は三点、すなわち貧困をならして平均化したこと、蓄積が多すぎた上に義務労働が多すぎたこと、本来共有すべきでない家畜など各種の物財までも共有化したことである。この結果、共産風が吹く、すなわち一部で他人の労働の成果にただ乗りするという状況を引き起こした。『一平、二調、三収款（一に平均分配、二に無償調達、三に貸付金の一律回収）』が農民に大混乱をもたらしている。これが今、われわれと農民との間に横たわる深刻な問題である[402]」。当時の毛沢東には、三月前半までにこうした深刻な問題を解決できずに春の耕作期を迎えれば多大な損失を招き、ソ連の合作化の過程で生じた大混乱が中国でも発生する恐れがあるという相当な危機感があった。この鄭州会議での講話は初期公社化方針の転換、つまり整社方針として胡喬木によってまとめられたが、いわば毛沢東による「自己修正」「（部分的な）自己否定」だった。三月五日、各省・市・自治区の第一書記に向けて毛沢東は、「わたしは今、五億農民と一〇〇〇万人を超える基層幹部を代表して話をしている。『右傾機会主義』をやるなら断固としてやるべきである。中途半端は許されない」[403]とまで言っている。この会議に彭徳懐も参加していたことは明記しておくべきであろう。同月一五日に毛沢東から各省・市・自治区党委員会第一書記に送られた手紙には、「三〇〇〇万人を下らない生産隊小隊長などの基層幹部と数億の農民の利害に直接かかわるほど、この問題は重大である」という文言がある。この時期に生産隊の小隊長といった基層幹部、ひいては数億の農民から離反してしまうことはきわめて危険であるという警告である。毛沢東は、いわゆる「生産隊を基礎とする」方針、すなわち、生産大隊（管理区）ではなく、一級下の生産隊を基本採算単位とする公社権力の下放を明確に打ち出した[404]。

社会主義建設を急ピッチで推し進め、共産主義社会への突入を一日でも早く実現しようとした毛沢東にとって、「人民公社化運動」とすべてを共同所有とする「共産風」を推し進めることは、最初にして最大の試みであった。ただし、当時の党内は決してひとつの意見で統一されていたわけではない。以下は一九五九年七月、江西省党委員会宣伝部編『思想動態』第三〇期に見られる、同省中級党学校生の人民公社に対する一連の見解である。「人民公社に優位性はない。それは生産力発展の必要性から生まれてきたものではなく、上級の指示によってできたものだ。まさに主観的願望の上意下達であり、人為的産物である」「人民公社の設立は拙速だった。まさに『早産』といえる」。「人民公社に関する党中央の二つの決議は『思いつき』であり、極『左』思想の復活である。ほとんどが間違っており、下部組織に多大な困難をもたらしている」「『共産風』は上から吹いてきたものであり、党中央・省委員会・地区委員会に責任があるとする意見もあれば、下部組織にも責任がある、賃金制と供給制の結合は拙速に過ぎたし、公共食堂も共産主義の要素などではなく、百害あって一利なしだった、とする意見もある」「三級所有制はこれまでの公社の行きすぎた部分を正すものだとする意見もあれば、公社の空洞化をもたらす後退であり、権力の下放は容易に資本主義化につながる、とする意見もある」[405]。**これらの意見には、基層幹部全体の「本音」、その透徹した見解がよく表れている。裏を返せば、毛沢東が直接耳を傾けることがなかった意見である。**関係部門からの情況報告に対して指示を出していたとはいえ、毛沢東はあくまで自身の考えに固執した。後退と自己否定を余儀なくされるのは、「大飢饉」に直面してからのことである。

一九五九年一〇月、党中央は全国農業書記会議を招集し、生産隊所有制から公社所有制への移行をいかに実現していくかについて、いくつかの規定を設けた。一二月下旬には、浙江・安徽・江蘇各省と上海市の党委員を招集して座談会を開き、「人民公社における移行問題について」と題する座談会紀要を採択した。そこでは、生産隊所有から公社所有を基本とする段階へ移行する条件として、社員の平均年収が二〇〇元前後に達し、公社所有経済がさらに発展して生産隊間の格差が解消に向かっていること、各地区の経済的条件に応じて移行に要する時間も異なり、上海市では三年から五年、そのほかの省は五年前後かかること、などが提起された。翌一九六〇年一月の中央政治局拡大会議では「三年構想」「八年構想」が提起され、今後八年で、時期や組織に応じたやり方で、所有の基本を生産隊から公社に完全に移行させるだけでなく、集団的所有制から全人民所有制への移行もおおむね完了させる、とされた。同年四月の第二期全人代第二回会議では、「**将来、生産隊所有から公社所有を基本とする段階へ移行した後に、さらに公社所有から全人民所有へと進んでいく**」ことが提起された。

しかし、一九六〇年一一月、党中央は生産大隊を基本採算単位（生産と分配の権限を有する基本単位）とする三級所有制の実施を提起し、さらに、一九六二年二月に党中央が出した「農村人民公社の基本採算単位変更問題に関する指示」では、基本採算単位が生産隊に引き下げられた。こうして人民公社制度の根幹（「政社合一、三級所有制、隊を基本とする」モデル）は維持されることになった。すなわち、公社・生産大隊・生産隊の三級による生産手段の集団所有と、それに基づく三級管理システムの確立である。生産と所有の基本単位は生産隊とされ、重要な生産手段、すなわち土地や家畜、農作業機、さらに山林や社隊企業は生産隊の所有になった。

一九六一年四月一四日、胡喬木は毛沢東の命を受けて湖南省韶山市（毛沢東の故郷）の人民公社の調査をおこない、毛沢東あてに報告の手紙を書いた。胡喬木は、幹部と社員にとって最も深刻な問題は公共食堂であること、ほとんどの公共食堂が生産の重大な阻害要因になっており、党と大衆の関係にわだかまりが生じていることを包み隠さず報告した。公共食堂は即座に解体すべきであるとの提言である[406]。

五月七日、周恩来は河北省武安県の調査結果として、ほとんどすべての社員が自分の家で食事をしたがっており、供給制にも反対している、と毛沢東に電話で報告した[407]。

これらを受けて五月二一日から六月一二日にかけて開かれた中央工作会議では、第一に「供給制」を停止すること、第二に公共食堂をやるかどうかは社員の討議によって決めることとした「農村人民公社工作条例（修正草案）」がつくられた。事実上、公共食堂の解体である。

制度上から言えば、人民公社は非効率な経済組織だった。第一に、いくら労働してもそれに応じて多くを得ることができず、逆にいくら怠慢であっても罰せられることがなかった。**朱徳は当時、この点を非常に問題視していた**[408]。第二に、社員に「退社の権利」がなかったことが、労働に身を入れないという消極的な抵抗手段を生み出す十分な可能性を用意したことである。この二つの理由によって、公社の集団労働は熱意も積極性も非常に乏しいものになった[409]。

人民公社運動は、毛沢東の社会主義理論を実地でおこなう重大な試みだった。自身で何度も言及しているように、毛沢東は「農村が一つになる」ところから共産主義は生まれるという理想を抱いていた。「文化大革命」期にこの平均主義と平等社会の理想論はさらに発展し、「共産主義の大きな学校」という理論になっていく。ただし、人民公社運動の高揚期に、毛沢東はすでに二つの可能性を予見していた。つまり、公共食堂も託児所も一見すると強固だが崩壊の兆しもある、どちらに行く可能性もある、というものである[410]。一九五九年七月二九日、人民公社問題の研究に関するコメントでは次のように述べている。「人民公社は失敗するのか、それとも成功するのか、考えなければならない。失敗するとしたらその原因は何か、成功するとしたらそれは何によるものか。歴史の要求に合致しないものは、人為的に解体しなくても必ず崩壊する。それが唯物史観の大原則である[411]」。

実際には、毛沢東の予想よりもかなり早く、一九六一年に公共食堂制度は崩壊し、人民公社そのものも、一九八四年には正式に解体されることになった。中国の農村に新たな試みとして登場した人民公社は、二十六年でその幕を閉じることになった。

いかなる制度の変遷も、すなわち歴史の変遷であり、その存廃とライフサイクルを規定するのは時代への適合性と柔軟性である、というのが史的唯物論のロジックである。富の創造を後押しする制度のみが存続し、逆に「ただ乗り（フリーライド）」を「奨励」するような制度は長続きしない。毛沢東の大胆な創造的試みは敬意に値する。しかし、その失敗はすべての人々に熟考を迫るものである。

第六節　「大躍進」に対する毛沢東らの自己批判

社会主義発展モデルに関する指導部内の不一致は、「大躍進」の時期にすでに表面化していたが、「大躍進」の誤りを是正する調整期になると、それが徐々に拡大していった[412]。とくに、劉少奇ら主な政治局常務委員と毛沢東との溝はどんどん深まっていき、後に毛沢東が「文化大革命」を発動する要因の一つになった。

毛沢東の誤りには、いわゆる経路依存という特徴が見られる。なぜなら、一九六二年の「七千人大会」ではじめて公に自己批判をおこなったにもかかわらず、その誤りを根底から正すことができなかったからである。党もほかの指導者も毛沢東に対して寛容で、日ごと増大する独裁的権限に歯止めがかかることはなかった。このため、党と国家は多大な犠牲を被り、多くの時間が無駄になった（一九七八年に至るまで、毛沢東の誤りは正されることがなかった）。

「大躍進」政策の決定過程を見れば、毛沢東を筆頭とする党中央にその主要な責任があることは明らかである。一九八〇年には、毛沢東個人のみならず、中央指導部全体が「大躍進」の責任を負うべきだ、と鄧小平も提起している。[413]

一、自己批判の先頭に立つ毛沢東

「大躍進」失敗の後、毛沢東をはじめとする指導部はどのように自己批判をおこなったのか。あるいは、どのように責任をとり、誤りの根源を認識したのか。

まず、毛沢東自身が「大躍進」をどう総括し、その失敗に対してどのような自己批判をおこなったかを見ていく。「大躍進」も「人民公社運動」も、毛沢東自身が見出した社会主義発展の道筋であり、同時に重大な誤りだったからである。毛沢東は現代社会科学、とくに現代政治学や経済学の理論に答えを求めようとはしなかった。あくまでスターリンのソ連社会主義経済理論から答えを導き出そうとした。

一九五八年一一月、毛沢東は中央、省・市・自治区、地区、県の各級党委員あてに手紙を書き、各級指導部の必読書としてスターリンの『ソ連社会主義経済問題』（一九五一年）[414]の学習を要求した。毛沢東自身、このスターリンの著作を繰り返し読んでおり、四冊の注釈ノートを作成している。

同年一一月二日から一〇日にかけておこなわれた第一次鄭州会議で毛沢東は、人民公社が集団所有制から全人民所有制への移行や社会主義から共産主義への移行、および商品生産の廃止を性急に追い求めすぎたことなどの誤った考えを批判した。共産主義への移行は段階的なものでなければならず、一方で自給生産を発展させつつ、他方では商品生産も発展させなければならない、商品交換と価値法則のポジティブな役割を認め、これを社会主義のために利用しなければならない、[415]というのが毛沢東の認識だった。

続く一九五九年二月から三月にかけておこなわれた第二次鄭州会議では、「中央が話せなくても、わたし個人は話せる。話すことで心中のわだかまりが解けた」として、前年九月から党内が極「左」冒険主義に傾いていたこと、その誤りの責任は自分にあることを認めた。[416]また、次のようにも述べた。「わたしは今、五億の農民と一〇〇〇万人を超える基層幹部を代表して話をしている。『右傾機会主義』をやるなら断固としてやるべきである。中途半端は許されない。諸君がわたしとともに『右傾』しないなら、わたし一人でも、党籍をはく奪されるまで徹底的に『右傾』する」。この会議には、周恩来、陳雲、彭徳懐も参加していた。[417]

七月二三日の廬山会議の席上、彭徳懐の手紙に答える形で毛沢東は次のように述べた。「わたしの罪状は二つである。一つは鉄鋼生産一〇七〇万トンという目標を設定したことである。**言い出したのも決定したのもわたしであり、主要な責任はわたしにある。**もう一つは人民公社である。発明したのはわたしではないが、推し進めたのはわたしである。北戴河決議はわたしの提案でつくったものだ」。しかし、毛沢東はこのふたつの罪状について根本的な反省をしていたわけではない。彭徳懐の「右傾機会主義」を一掃する布石を打っていたに過ぎない。

「『大躍進』はいったいどこが間違っていたのだろうか。これではスターリンの晩年と同じ末路をたどっているのではなかろうか」。一一月に毛沢東は警護スタッフにこうもらしている。[418]**自分が一〇〇%正しいとは言い切れない、という廬山会議後の心情をよく表している。同時に、警護スタッフにしか本音を語らないということは、中央指導部内でこうした問題を討議し、自分と異なる意見を聞き入れる心づもりもなかったことの表れである。**

一九六〇年一月二九日、新華社が発表した「一九五九年の国民経済発展情勢に関するニュース広報」は、第二次五カ年計画（一九五八～一九六二年）が三年前倒しで目標達成を勝ち取った、と宣言した。しかし、実情はこれとは異なっていた。一九五九年の食糧生産量は前年より三〇〇〇万トン減、当初計画の六四%しか達成できず、綿花、食用油、ブタなどの主要産品は大幅な減産だった。にもかかわらず、食糧買付け量は前年よりも一四%増えていたのである。同年冬になると、食糧危機が全国的に蔓延し始めた。[419]

一九六〇年二月一八日、李先念は毛沢東と党中央に「北京市、天津市、上海市、遼寧省の食料在庫は底をつきかけている。この補充が喫緊の課題である」との報告をしている。これは明らかに「大飢饉」に関する重要な情報だった。そのため、李先念は「これらの地区への速やかな食糧補充のため、即刻総力を挙げて緊急調達に取り組むべきである」と提起した。彼はさらに「中央の指示に従って、食糧、食用油、綿の調達をおこなう指揮系統をすでに立ち上げた」と報告、党中央は李先念を責任者に、経済委員会、鉄道部、交通部、食糧部の責任者で構成される緊急対策本部を設置した。[420]**「大飢饉」に対して党中央がとった緊急措置としてはおそらくこれがはじめてのものであり、上記三市一省への食料供給確保が主要な目的だった。**

三月二六日、五カ月間にわたる全国視察を終えた毛沢東は北京に戻ると、「肉を食べない、卵を食べない、決められた量以上の食事をとらない」と宣言した。[421]未曾有の「大飢饉」の現実を知った毛沢東は、自ら率先して食事制限することを決意したのである。

毛沢東は「壁にぶつかるまでは方向を変えない」と言われたほど自分の意志を曲げない指導者だったが、この時はまさに「壁にぶつかって」方針を転換し始めた。三月だけで二〇近くの指示を文書で出したが、そのほとんどが各地で吹き荒れる「共産風」や水増し報告、汚職や浪費といった幹部の腐敗に対するものだった。[422]三月二四日と二五日の中央政治局拡大会議（天津会議）では問題を一七点にわたって提起し、「一平二調（一に平均分配、二に無償調達）」「共産風」に反対した[423]。

同月二八日、劉少奇は河北省党委員会の報告を聞いて次のように話した。「一平二調や『共産風』、つまり、批判の的になっているわれわれの平均主義と共産主義は、好ましいものではない。社会主義段階を飛ばして共産主義に進もうとする考え方、革命の発展段階論を念頭に置かず、ただひたすら革命をおこなうという主張、これらもよくない。必要な段階を飛ばすことはできない。飛ばしたいから飛ばすという主観的願望にのみ依拠してはならない。拙速な移行は生産力の発展を促進することができないどころか、かえって阻害、破壊することになる。手順を踏まえない、でたらめなやり方では駄目だということを、公社の同志たちにははっきりと説明しなければならない[424]」。

二九日、「匿名希望の政協委員」からの手紙により、安徽省で「餓死事件」が発生していることをはじめて知った周恩来は、即座に手紙を安徽省党委員会第一書記の曾希聖に転送し、現地に人を派遣して調査するよう求めた[425]。この手紙は、安徽省和県の桐城閘鎮と無為県の深刻な飢饉の現状や、すでに餓死者が出ていること、農民の中には逃亡したり子供を遺棄したりする者がいること、幹部の劣悪な作風などを報告したものだった。周恩来は、「手紙を転送するので、読んだら両県の調査に人を派遣すること。事実かもしれないし、おおげさに言っているだけかもしれない。ただ、この種の現象はどの省でも起きている。とくに昨年、災害に見舞われた省については、いっそう注意を払う必要がある[426]」と指示した。「大飢饉」で餓死者が発生していることを中央指導部が知ったのは、おそらくこれが最初であろう[427]。

四月、山西省太原市党委員会第一書記で元総理弁公室副主任の李琦が北京に立ち寄った際、周恩来に深刻な食糧不足と「非正常死亡者」の存在を報告した[428]。しかし、各地ですでに発生していた「大飢饉」について、各大区、省・市・自治区の党委員会が適時、正式な報告を中央に上げていたことを示す資料は存在しない。当時、周恩来は非正規のルートを通じて、ようやく上述の情報を得ることができたのである。

それどころか、三月三〇日から四月一〇日にかけて開かれた第二期全人代第二回会議では、「一九五六年から一九六七年までの全国農業発展要綱」と「一九六〇年国民経済計画」が採択され、食糧生産については前年（一九五九年）から一割増の五九四〇億斤という目標が立てられた。また、綿花の生産目標も前年比で約一割増の五三〇〇万トンとされた。

四月三〇日、毛沢東が譚震林、廖魯言（農業部部長）、劉子厚（河北省省長）の報告を聴取した際、譚震林は全国の食糧情勢は良好であり、安徽省阜陽専区で調査がおこなわれた餓死は個別事例に過ぎないと報告した。また、河南省の食糧統一購入の数値に対する毛沢東の疑問については、農民に食糧がまわっていると個人的には認識している、と説明した。

毛沢東はこの報告を聞いて安堵した。[429] 実際には、河南省信陽地区で大量の餓死者が出ていたにもかかわらずである。廖魯言が提起した一九六〇年の食糧生産目標六〇〇〇億斤に対して毛沢東が疑問を呈した際には、譚震林も廖魯言もこれを認め、目標数値を半分以上削減した。

五月二日、毛沢東は自ら山東省の干ばつ被害の視察に行き、舒同、白如氷、裴孟飛ら山東省の幹部と会談した。その際、毛沢東に対して正確な餓死者の報告はなされなかった。同月六日には河南省に出向き、呉芝圃、楊蔚屏、史向生、趙文甫ら幹部の報告を聴取した。呉芝圃は、浮腫病が多発しているが、それは主に信陽専区に集中しており、周辺の専区でも若干見られるものの、それほど深刻ではないと報告した。さらに、信陽専区の罹患者はざっと一〇万人と言われているが、浮腫病による死亡と通常の死亡は区別が難しく、死亡率は上昇しているが、数にすれば数万人であろうと述べた。この報告に不信感を抱いた毛沢東だったが、深刻な餓死者を出している信陽専区に自ら足を運んで実態を把握することはせず、鄭州で人民公社をひとつ視察しただけで武漢に移動した。途中で会談した地方幹部はみな毛沢東に「聞こえのいい」報告をおこない、「都合のいい」ものだけを見せた。「上層部が好むところに下部が迎合する」典型である。後に毛沢東は地方幹部に騙されていたことを知り、怒りもあらわに山東省、河南省の幹部を更迭している。一九六一年三月五日の中央政治局常務委員会拡大会議では、四〇〇億斤以上と報告されていた河南省の一九六〇年の食糧生産量が実際には二四〇億斤でしかなかったと述べた。毛沢東自身も認めているように、これらは「反右傾化闘争」の反動である。実際のところ、蔓延する水増し作風の原因をつくり出したのは毛沢東自身だったのである。

七月二五日、鄧小平と毛沢東および党中央に対して李先念は次のように報告した。「五月以降、北京市、天津市、上海市、遼寧省では食糧品在庫が底をつきかけており、供給不能目前の危機的状況である。悠長な対応はしていられない」。「大飢饉」はすでに猛威をふるっており、党中央はこれまでにも相次いで緊急指示を出し、電話会談を重ねながら、物流はすべて食糧優先でおこなうよう指示していた。[430] 五月下旬には、都市住民に対する主食および食用油の供給基準の引き下げが始まり、ほとんどの商品や一部の工業製品は、配給証明書や「工業券」なしに購入できなくなった。

五月二八日に党中央が出した「食糧調達に関する緊急指示」では次のように指摘されている。「北京市、天津市、上海市、遼寧省では食糧の内部調達が二カ月連続で販売供給分に足りておらず、貯蔵分もほぼ底をついた状態である。当該省・区は外部から早急に調達しなければならない」。六月六日、党中央は、この三市一省に向け、食糧調達について再度「緊急通知」を出している。

六月一〇日から一八日にかけて上海でおこなわれた中央政治局拡大会議では、国家計画委員会の「一九六〇年国民経済計画に関する報告」について検討がなされた。同月一四日、周恩来は「本年を含めたここ三年（一九五八～一九六〇年）の食糧生産量の見積もりが高すぎた。そもそも一九五九年の見込みが高いから、本年の予測がその一割増（五九四〇億斤）と高くなるのは当然だ」と発言し、次のように率直に提起した。「今年（一九六〇年）は抜き差しならない状況に陥る。しかもそれだけではすまない。来年も再来年も計画倒れになるかもしれない」「農業における高すぎる指標は人民の生活を直接脅かすだけではすまない。軽工業の原料にも悪影響を及ぼし、それが間接的に人民の生活を苦境に追い込むことになる。その点は重工業の比ではない。だからこそ、農業が三年間も抜き差しならない状況に陥るというのは、工業がそうなるよりも実感レベルとしてかなり深刻である」[431]。毛沢東を含む出席者全員に危機意識を促す提起である。同日、毛沢東は一九六〇年の水利事業について、「計画では案件の数は一〇〇だったが、結局三六〇にまで膨れ上がった。これだけの数になると、動員人数も膨大になるが、工事の質は基準を下回っている。一度の洪水で決壊してしまうありさまだ」と発言している。とはいえ、これは「大いに水利事業をやろう」という毛沢東の「偉大な呼びかけ」に各地が応えた結果であった。

同月一八日、毛沢東は「十年の総括」という文章を発表し、その中で、達成不可能な高い指標を農業で設定した誤りを認めた。さらに、今年（一九六〇年）七月の党の全国代表会議で必ずこれを改めなければならない、と決意を表明した。毛沢東が農業生産指標の調整に同意したことにより、六月の中央政治局拡大会議では中央の主要な指導者間で政治的コンセンサスが得られ、当初計画の調整（指標の下方修正）が決定された。この会議で毛沢東は、「わたし自身にも多くの誤りがあった。当事者とともに犯してしまったものもあった」とし、社会主義期の革命や建設についてあまりにも盲目的であったこと、いまだ認識されざる「必然の王国」（共産主義によってもたらされる「自由の王国」の対極にある状態）があるということについて十分理解していなかったことを認め、はじめて党中央内で自己批判をおこなった。同時に、「大躍進」期に「実事求是」の原則を忘れていたとして、農業・工業・商業の各責任者（それぞれ譚震林、薄一波、李先念を指す）を批判している。これは、「大躍進」が毛沢東個人の誤りではなく、主だった指導部にも相応の責任があることを意味している。毛沢東が「大躍進」の展開を望めば、幹部は迎合して高い指標を提起し、毛沢東もそれを信頼する、こうした「相乗効果」が両者の関係それ自体にあったということである。毛沢東もこの点を認めており、中央政治局拡大会議でも提起し、劉少奇、周恩来、鄧小平らの賛同を得ている。

七月五日から八月一〇日にかけて開かれた中央工作会議（北戴河会議）では、周恩来の主宰で最も深刻な食糧問題について議論がおこなわれた。会議で採択された「全党挙げて大いに農業・食糧問題に取り組むことに関する指示」は、食糧問題の深刻さを認めたものだった。[432] 会議ではさらに「食糧と鉄鋼の確保を中心とする増産節約運動に関する指示」が採択され、基本戦線を縮小して食糧と鉄鋼の確保に集中すること、労働力の整理により最前線の農業戦線を強化して農業生産を確保すること、今後の国民経済に関しては「二種類の帳簿」方式（必要最低限のノルマと高い目標ノルマが別々に存在すること）を一本化し、計画外のことはやらず、ギャップを生じさせないことが決定された。李富春は工業の整頓、強化、向上を提起した。しかし、議論はきわめて不十分なものに終わっており、具体的な政策決定にまでは至らなかった。[433] 会議の最後に、毛沢東はしばらく完全休養し、劉少奇が中央の日常業務を主管すること、毛沢東もこれに同意したことが鄧小平から発表された。[434] これは、毛沢東が休養のため一時的に第二線に退くことを党中央が正式決定したものである。さらに、会議では中央局の設立が決定された。

七月一三日、李先念は周恩来に次のような緊急報告をおこなった。「全国的に食糧はこれまでよりも不足しているが、北京・天津・上海・遼寧はほとんど底をついた情況である」「北京、天津は四日分、上海は二日分、遼寧は六日分の備蓄しかない。補充が早急にできず、この状況が続くならば、暴動が起こるかもしれない」。李先念は各省・市・自治区の党第一書記を招集してこの問題を議論するよう周恩来に提案した。[435] これを受けて同月一五日、周恩来は各省・市・自治区党委員会の第一書記と中央の関係各部門の責任者を招集し、食糧調達や綿花・綿布問題について議論をおこなった。[436]

二五日、李先念は鄧小平ならびに毛沢東と党中央に対して再び緊急報告をおこない、「事態はすでに恐慌を来す地点に至っている」「北京・天津・上海・遼寧で広範囲にわたる品切れを生じさせないよう、緊急措置をとらなければならない」と提起した。「食糧輸出はほぼ停止状態になった」ことも、同時に報告されている。[437]

八月一〇日、党中央は「全党を挙げて対外買付けと輸出に取り組む緊急指示」を出し、周恩来、李富春、李先念による三人小組の結成、さらに対外貿易指揮部を発足させて全国の買付け・輸出・調達の指揮と厳格な輸入統制にあたらせることを決定した。[438] 周恩来は毎週、食糧部門の責任者と会談を重ね、各省の食糧の備蓄量、必要量、日々の販売量、放出可能な量などを自ら計算し、適時状況把握に努めた。さらに、いわゆる「食糧列車」を準備し、火事の際の消防車よろしく、深刻な事態が生じた地域があれば、そこに食糧を積載した列車を派遣し、難局を乗りきる援助をおこなった。[439] **周恩来が「大飢饉」対策の総指揮官、李富春と李先念が副指揮官となって**

陣頭指揮に立ったことで、ようやく全国の食糧危機の実情が正しく把握されることになった。

同月一五日、党中央は「確実な食糧調達計画遂行に関する指示」を出し、省・市・自治区の党委員会第一書記が自身で点検をおこない、「食が第一」の精神を断固として貫徹し、八月以降毎月の食糧調達計画を確実に履行するよう求めた。[440]

李富春は、鄧小平、周恩来と国民経済の調整について意見を交わし、彼らの支持の下、次第に「調整、強化、充実、向上」の八字方針を固めていった。この方針は、九月三〇日に党の正式決定となり、経済調整政策の指導的思想となった。

一〇月になると、農村における餓死者の大量発生という深刻な状況は、すでに毛沢東の知るところとなっており、同月二三日から二六日にかけて、華北・中南・東北・西北の四つの大区の省・市・自治区党委員会の主だった責任者を自ら招集して会議をおこなった。これには劉少奇、周恩来、李富春、譚震林、李先念らも出席している。席上、河南省党委員会の責任者・呉芝圃から大量の餓死者を出した信陽専区の惨事が明らかにされると、毛沢東らは愕然とした。[441]毛沢東らが中国全土を襲っている「大飢饉」について、とりわけ深刻な河南省の惨状について真に理解したのはこの時がはじめてだった。五月に河南省を視察したばかりだったにもかかわらずである。

一一月三日、周恩来が中心となって起草した「農村人民公社の目下の政策問題に関する緊急指示書簡」が毛沢東による修正を経て全党に発せられ、「生産隊を基礎とする三級所有制」をはじめ、十二条の政策が決定された。[442]ただ、この十二条では、公共食堂制度は依然堅持しなければならない、とされていた。「供給制」とともに「共産主義の萌芽」とみなされていた公共食堂制度は、「大飢饉」をもたらした重要な要因の一つである。公共食堂という「新しい事物」に対する毛沢東の未練がこの緊急指示からはうかがえる。党中央はこの「緊急指示書簡」を隅から隅まで熟読するよう、すべての党員、幹部、農民、労働者に要求した。

同月一五日、党中央は万単位の中央機関の幹部を基層組織に下放することを決定した。同日、毛沢東は各中央局、省・市・自治区党委員会向けの中央指示の中で、「共産風」、水増し作風、命令的作風、幹部を特殊扱いする作風、生産に関するでたらめな作風（五風）を数カ月以内に一掃しなければならず、その要は「共産風」をなくすことにあり、そのほか四つの悪しき作風は「共産風」一掃の力で正すという提起をおこなった。合わせて、今こそ誤りを正す時だ、という決意を強調している。[443]

廬山会議後の一九六〇年に吹き荒れた「共産風」は、その範囲、被害の甚大さ、続いた期間のいずれをとっても一九五八年をはるかに上回るものだった。[444]「大躍進」のさなかに陳雲が薛暮橋に語った通り、毛沢東のみならず、全国の指導部の大多数が熱に浮かされ、辛酸をなめたくないあまりに、現実の声に耳を傾けることをしなかったのである。[445]毛沢東が「自己否定」「自己批判」を余儀なくされるのは、「大飢饉」の真の実態を知らされてからのことである。一一月一八日の「中央緊急指示書簡の徹底に関する甘粛省党委員会に転送した第四回報告」に対するコメントの中で、自分も誤りを犯したことを全党に対して真摯に認め、それを改めなければならない、[446]として次のように述べた。「北戴河決議で人民公社の全人民所有への移行をあまりにも性急に設定しすぎた（コラム5－4、**太字部分参照**）。決議の該当部分はわたしが書いたものだ。原則的には正しく、マルクス・レーニン主義の社会主義から共産主義への移行の原則と条件に従ったものだった。しかし、移行の時期が早すぎた。『一平二調』を今後認めてはならない」。しかし、彼自身が犯した誤りによってどれだけ深刻な被害がもたらされたか、その根本的原因は何かについて言及することはなかった。これは「ファジィゲーム」の典型であり、一年前の廬山会議では「政治というゲームの勝者」だった毛沢東は、またたく間に「敗者」へと転落してしまった。

一九六〇年一二月二四日から翌年一月一三日にかけて北京で開かれた中央工作会議では、農村の「整風整社」と「五風」問題が主要議題になった。毛沢東は四度の報告を相次いで聴取した。[447]一二月二七日、毛沢東は次のように述べた。「廬山会議（一九五九年）後、『共産風』が吹いた。これは想像していなかったことだ。去年のいくつかの『大いにやる』、たとえば水利事業、交通、養豚、商品作物基地建設などの『大いにやる』を提起したのは党中央だ」。同月三〇日には、「共産風」の責任は自分にあると認めている。また、この時はじめて「人災論」を提起した。[448]さらに、第一に指標の引き下げと代用食品の拡充、第二に人にも家畜にも休息を与えること、第三に食糧の輸入、という陳雲の提起にも賛成した。毛沢東は「五風」の中でもとくに蔓延し、害が大きいのは「共産風」とでたらめな指揮の作風であると痛感するに至り、「共産風」と対決し、農民からの略奪を許さない、との決意を固めた。さらに「食べることが第一、建設はその次」という陳雲の提起を、「第一に食、第二に市場、第三に建設」[449]というスローガンにまとめた。

一月三日の会議で、毛沢東らは政策決定上の誤りについて議論をおこなった。毛沢東は、この三年（一九五八～一九六〇年）、鉄鋼生産に注力して農業をなおざりにし、工業戦線をあまりにも広げ過ぎたと提起、劉少奇は鉄鋼生産の指標引き上げは誤りだったとした。また、鄧小平は、「大いに」水利事業をやるために大々的に労働力を動員し、農業をおろそかにしてしまったとの認識を示した。[450]この会議で毛沢東は、ほかの指導者の意見に耳を傾けるようになった。同時に、危機を打開する方策をなんとしても見出そうとしていた。李富春の意見を聞いて「八字方針」を承認し、鄧小平らとの議論を通じて一九六一年元旦の『人民日報』の社説では「大躍進」

というスローガンを掲げず、「地に足をつけて、鋭気を養う年」にすると述べた。

同月一三日の会議の席上、毛沢東は「やはり、われわれ（毛沢東本人と党中央）は国内の情況をあまり理解していなかった。覚悟も足りず、対策も正しいとは言えなかった」と認めた。さらに一九六一年を「実事求是」の年にするとし、次のように提起した。「班固の『漢書・河間献王伝』にある『実事求是』という言葉は、現在にまで語り継がれている。今年は『実事求是』の年にしようではないか。建国以来、とりわけここ数年、われわれは客観的な状況把握をおろそかにしてきた。総じて官僚主義であり、わたし自身がそうだった。かつて江西省でおこなったような調査研究を、最近ではほとんどやらなくなった」[451]「原点にかえって、調査研究の作風を大いに発揚し、事実からすべてを始めようではないか。社会主義の建設をあまり焦ってはいけない。おそらく半世紀は必要だ。向こう数年はスローペースでいく。指標も高すぎてはいけない。『虚名を求めて実禍を招く』ではだめだ」。こうして会議では一九六一年の計画指標の調整がなされ、鉄鋼生産量は一九〇〇万トンに下方修正、逆に原炭は四億三六〇〇万トン、食糧は四一〇〇億斤にそれぞれ引き上げられた。また、大型・中型の工事プロジェクトは九〇〇案件に減少（マイナス三〇〇件）させた。ここから国民経済は調整期に突入することになった[452]。

一九六一年一月一四日から一八日にかけて開かれた八期九中全会では、同年の経済工作が議題になり、会議の締めくくりに毛沢東は「調査研究」を大々的におこなうよう提唱した。一九六一年を「調査の年」とし、「調査研究」の作風を大いに盛り上げることを望んだのである。

八期九中全会の「コミュニケ」は、一九五九年は深刻な自然災害に見舞われ、続く一九六〇年には百年に一度と言われるさらに深刻な自然災害に見舞われたため、農業生産計画の目標が未達成であったとはじめて公式に認めたものである。しかし、過去三年の偉大な成果を見れば、社会主義建設の総路線、「大躍進」、「人民公社」が中国の実情に合致していたのは明らかである、との認識は変えていなかった。「コミュニケ」が提起した一九六一年の主要任務は、農業戦線の集中的強化、農業を基盤とする国民経済建設の徹底、全党全人民挙げて大いに農業・食糧生産をやり、各業種による農業支援を強化して農業生産のさらなる成果を全力で勝ち取る、というものだった。

「コミュニケ」ではまた、階級闘争情勢の厳しさがとくに強調されていた。「『モスクワ宣言』にある通り、『改造』が不十分な地主階級・ブルジョア分子が人口のごくわずかではあるが存在しており、資本主義の復活を企んでいる。連中は、自然災害による困難や現場工作のなにがしかの不備をついて破壊活動をおこなう。党と政府の人員の九割九分は誠心誠意人民に奉仕しているが、革命の隊列や各種経済組織にまぎれこんでいる悪質分子、すなわち改造が不十分な地主階級・ブルジョア分子や、反動階級の影響に蝕まれた転向分子がごくわずかとはいえ存在している。そうした連中が農村・都市のいたるところで秩序と規律を攪乱し、人民の利益に危害を加えている」[453]。

八期九中全会が終わると、毛沢東はすぐに三つの調査組を組織した。調査組は田家英、胡喬木、陳伯達をリーダーとし、それぞれ浙江省、湖南省、広東省に派遣された[454]。劉少奇、周恩来、朱徳、陳雲、鄧小平、彭真らも各地の現場に赴き、調査研究をおこなった。なかでも劉少奇は四十四日の調査期間中、三十日間湖南省の農村に滞在し、公共食堂、家屋、山林の問題や弁済問題などについての調査をおこなった。各中央局、省・市・自治区の党および政府各部門の責任者も陸続と調査研究に取り組んだ。この全党挙げての調査の作風が、農村政策の調整を後押しするかたちになった[455]。

三月五日、毛沢東は中央政治局常務委員会拡大会議を主宰し、周恩来、朱徳、林彪、鄧小平、さらには彭真、陳伯達、胡喬木、陶鋳も参加した。この場で毛沢東は、廬山会議の反「右傾」の作風は、元来反「左」だったものを断ち切ることになってしまったと、はじめてその誤りを認めた。

同月一三日、毛沢東は劉少奇、周恩来、陳雲、鄧小平、彭真および華北・東北・西北の各局責任者、各局に属する省・市自治局党委員会の責任者あてに手紙を書き、二つの平均主義との対決を主張した。一つは生産大隊内の生産隊間の格差を無視した平均主義、もう一つは生産隊の人員をすべて一律に扱う平均主義である。毛沢東は言う。「わたしの見たところ、諸君らはこの二つの平均主義について、今に至るも理解していない」「わたし自身の誤りについても断固として改める決意である」。この時、毛沢東が中央指導部に望んだのは、旧来のやり方ではなく、自ら調査をおこない、系統的に現実を把握することである。同日、毛沢東は中南・西南・華東の各局責任者および各区に属する省・市自治局党委員会の責任者と会談し、相次ぐ失敗の原因は現状把握の不十分さにあり、それによって支払った代償はあまりにも大きい、誰もが官僚主義に陥り、調査研究を怠った、過去から現在に至る状況を系統的に調査研究しなければならない、と提起した[456]。

一九日、毛沢東は廬山会議の反「右傾」が「大飢饉」をいっそう深刻化させたことをはじめて認め、さらに重要なのは、あれだけ多くの餓死者がいながら、中央にまったく報告されなかった虚偽報告システムの存在であると述べた[457]。しかし、その責任が地方ではなく中央に、もっと言えば自分自身にあるというところまで突き詰めた反省はしていない。

二一日、広州でおこなわれた中央工作会議で「農村人民公社工作条例（草案）」（通称「六十条」）が採択された。

二三日の会議の席上、毛沢東はここ数年の高指標問題の責任は当然のこと自分自身にある、自分が主席なのだから、と率直に認めた上で次のように述べた。「わたしの責任はどこにあるのか。なぜ今頃になって調査研究を提唱しているのか。もっと早い時期に提唱できなかったのはなぜか。この反省に踏まえて今日の提起があるのだ」[458]。同日、毛沢東の修正とチェックを経て採択された「調査研究の真摯な実行について――中央各局、各省・市・自治区党委員会あて書簡」では、調査研究に際し、異論・反論も中身と根拠があるならば恐れずに耳を傾けなければならず、実地検証によってこれまでの判断や決定が覆されることを絶対に恐れてはならないことが提起された[459]。この書簡は、党内で異論を出してもよい、もっと言えば、自分の出した判断や決定を覆してもよいという全党に向けた毛沢東のメッセージだった。政策決定の重大な誤りに直面して、やむを得ず下した毛沢東の決断であり、そうする以外に全党の理解を得ることはできなかったのである。真摯な態度と、「追いつめられてそうした」という二つの側面がそこにはあった。

五月一四日、毛沢東は、人々に苦痛をもたらす主観主義的政策の厳禁を提起した[460]。

同月一七日、李先念は食糧問題について詳細な状況を毛沢東に直接報告し、食糧の欠損が拡大していること、中央の責任で供給をおこなっている北京・天津・上海・遼寧の二四〇〇万人に加えて、各省が供給の責任を負っている一億一〇〇〇万人の都市人口にも影響が及んでいることを知らせた。李先念は熟考の末に、より利益の大きい方、より損害の軽い方を取るという観点から、農民の積極性を引き出し、農業生産の発展を最優先に置くこと、農業生産が向上して食糧や原料が充実してくれば、工業生産もおのずと上昇すること、農業の現状を打開すれば局面全体が開けることを提言している[461]。

二一日から翌六月一二日にかけて開かれた中央工作会議では「農村人民公社工作条例（修正草案）」が採択され、「供給制」の廃止と、公共食堂をやるかやらないかは公社員の討論により決定されることが規定された。この修正草案は毛沢東の提起に基づき、鄧小平が起草したものである。会議の席上、毛沢東は「一九五九年と一九六〇年は壁にぶつかった」ことを認め、次のように述べた。「壁にぶつかって頭から血を流していると言う人もいるが、わたしに言わせれば血を流すところまでいっていない。これは比喩ではない。単に苦痛を味わっただけである」。また、自身の誤りについて言及した際には、「廬山会議で反『右傾』をやった途端、見せかけの敵をつくってしまった[462]」と述べた。しかし、廬山会議で彭徳懐らの処分を決議したことは正しかったとして譲らず、八期九中全会でもこの決議を承認している。ただ、公共食堂と「供給制」の誤りについては認めた。また、当時、五つの「大いにやる」（水利事業、県公社工業、養豚場、交通、文教を大いにやる）を提唱したことが、「五風」（「共産風」、水増し作風、命令的作風、幹部を特殊扱いする作風、生産に関するでたらめな作風）の蔓延を再び助長する結果になったことも認めた。しかし、「共産風」は事実上、毛沢東の「傑作」である。一九五九年の「十年の総括」で人民公社の規約を称賛したことが重要な契機となって、「共産風」は吹いたのである。

この工作会議で**劉少奇は、「大飢饉」で餓死者が生じたのは「三分の天災、七分の人災」だとあらためて認めた。**「今はふりかえって考え、経験を総括する時であり、これまでのやり方を続けるわけにはいかない」として、毛沢東の「九本の指と一本の指」のたとえ（誤りは全体の一割に過ぎないという意味）に反対を表明した[463]。党内の公の議論の場で劉少奇が毛沢東の意見に異議を唱えたのは、これがはじめてだった。しかし、毛沢東は反論せず、この三年、われわれは大きな罰を受けた、壁にぶつかって血を流した、と認めた[464]。

「農村人民公社工作条例（草案）」の公共食堂と「供給制」に関する規定に重大な改定がおこなわれ、修正草案の第三六条で「生産隊が公共食堂をやるかどうかは、公社員により決定される」としたのは、中央工作会議の重要な成果の一つであった。つまり、毛沢東や党中央、地方組織の幹部に決定権はないということである。また、公社員への分配を、供給三割、労賃七割とするとの草案の規定も、修正草案では、公社員の収入はすべて「労働点数に基づいて分配する」と改められた。こうして「農村人民公社工作条例」の修正草案が可決された。「大飢饉」の現実を突きつけられて、公共食堂の解体と「供給制」の廃止を認めざるをえなかったのである。これは、毛沢東の農村共産主義が失敗し、歴史の舞台から退場したと言うに等しい。

七月の初め、毛沢東は湖南省の親戚から話を聞く機会をもち、故郷の農村の情況を知ることができた。毛沢東は「農民の生活は今、非常に苦しく、国家も一時的に困難な状況にあるが、数年でよくなるだろう」と話した。さらに「人民公社はうまくいかなかった。大衆に意見があっても上に伝わらなかった。われわれは官僚主義の深刻な誤りを犯した」と認め、「故郷に戻ったら、手紙で農村の情況を適時教えてほしい」と話したという。情報から疎外されていた毛沢東の苦境を物語る事実である。党中央主席として「雲の上の存在」だった毛沢東は、故郷も含めて現場から隔絶された状態だった。それは、正規の方法とルートを通じて農民生活の実情を正確に把握することが困難だったことを意味している。親戚から個別に実情を聞くという非正規のルートに頼らざるを得なかったのである。

この親戚との会談の後、毛沢東は農村教育に対する認識不足があったこと、長い歴史をもつ文明国でありながら、旧社会で人々は教育を奪われ、抑圧されてきたこと、この教訓を肝に銘じて農村教育の普及に努めなければならないことを認め、次のように表明した。「夜間学校をやれば大衆は夜に勉強ができる。条件が整ったら初等教育、中等教育も普及させていく。われわれの世代で、農民のためになることはやるべきである」[465]。

八月二三日、毛沢東は中央局第一書記を加えた中央政治局常務委員会拡大会議を開き、社会主義革命に議論が及んだ際、次のように述べた。「曖昧模糊としている。公社工作条例六十条では所有制、分配、人間関係はすべて社会主義であると言っているが、結局それはどういう意味か。諸君の説明を一通り聞いても確信がもてない。さらに三年、大きな壁にぶつかる必要があるのかもしれない。もちろん国を滅ぼすことはできない。ただ、失敗や挫折はもっと経験するべきだ。まだまだ足りない。さらに二、三年やってみてどうなるかだ。社会主義について、われわれはいくばくか理解しているつもりだが、まだ曖昧である。建設と学習を同時並行で進めなくてはならない。実践してはじめて経験が蓄積される。『未だ子を養うことを学びて而して後に嫁する者あらざるなり（子育てを勉強してから嫁ぐ女性はいない）』[466]である」「まだまだと言わねばならない。すでに十二年（一九四九～一九六一年）の経験があるが、それでもたった十二年に過ぎない。社会主義について一通りのことを経験していないし、理解もしていない。わたしが良い例だ。どのように任務を計画してやるべきか、今もってすべてにおいてまだまだである」[467]。

九月の廬山での中央工作会議でも、毛沢東は一九五九年の廬山会議で犯した深刻な誤りを認めようとはしなかった。一九六一年末には再び次のように述べている。「国内情勢は総じて悪くない。ここ数年、鬱々とした状況で、気持ちもそれほど高まらなかったが、一九六一年になって気分が高揚してきた」[468]。

九月一五日の中央政治局常務委員会拡大会議で毛沢東は、経済情勢は底を打った、これからゆっくりと上昇していくだろう、との認識を示した[469]。しかし、統計データを見ると、一九六一年の国民所得は不変価格で計算した場合、一九五八年より四六・七％下落しており、工業と農業の総生産額は二九・四％低下している。一九五九～一九六一年の三年間の餓死者の数は一五〇〇万人以上という歴史上まれにみる深刻な状況だったことも考え合わせると、**毛沢東の情勢認識の誤りは明らかであろう。しかし、毛沢東は自身の判断に固執し、劉少奇や陳雲らとの間に不一致が生じていく。**とはいえ、会議の席上では自分の判断を押しつけることはしなかった。毛沢東が劉少奇や陳雲らに対する「恨みを晴らす」のは、のちの話である。

二、七千人大会の開催

一九六一年一一月一二日、毛沢東は中央局第一書記を加えた中央政治局常務委員会拡大会議を開き、鄧小平らによる中央局第一書記会議の報告を聴取した。この会議で、第二期全人代第三回会議を延期し、一二月二〇日に北京で中央工作会議をおこない、その後に県・地区・省・中央局の四級会議を開催することが決定された。毛沢東は講話で次のように述べた。「県の党委員会書記を招集して会議をおこなう。各県から二名、地区の党委員会から三名、省・市からは四名、中央局からも四名、それぞれ参加してもらう。この会議（拡大中央工作会議）を小整風の場とする。党中央がここ数年で犯した誤りについて討議しなければならない。わたしも講話をおこない、自己批判の先頭に立つつもりだ。中央および中央局の同志にも発言してもらう。各省の代表は、中央の誤りにふれる必要はなく、自らの誤りについてのみ発言し、この会議を機に誤りをはっきりさせてもらいたい。恐れは禁物である。勇気をもたなくてはならない。大いなる意気込みで経験の総括をやる。経験の総括とは、原因をはっきりさせるということであり、成功、失敗いずれの経験からもその原因を探るということだ[470]」。

翌一三日、鄧小平は中央書記処会議で毛沢東の講話、食糧買付け、中ソ論争、中央工作会議などについての意見を伝え、次のように指摘した。「中央工作会議に続いて、県・地区・省・中央局の四級会議をおこなう。この会議を小整風の場とし、大いなる意気込みで経験の総括をおこなう。主席も講話を予定している。中央が犯したここ数年の誤りについて提起があるだろう。中央の誤りについて『決算』をする。誤りは第一に中央にあり、省はその次だ。われわれ中央が心を開いてはじめて、省レベルの同志にも同じことを求めることができる。大局的な考えに立ち、規律という観点から、まず全体を問題にし、その後に細部を問題にしなければならない。主席はこのようにおっしゃっている。また、現在の心境は意気阻喪、鬱々として、買付けもままならない、勇気を奮い起こして思想の一致を勝ち取り、所狭しと存在する諸問題を解決する、というのが主席の考えだ[471]」。

一六日、毛沢東の指示により、党中央は「拡大中央工作会議開催に関する通知」を出した。この通知では、一九五八年以降、中央と地方の取り組みの中にいくつかの欠点と誤り、さらには間違った考え方や作風が生じていること、これらが困難を克復する妨げになっていること、大規模な会議を開いて思想の統一を図る必要があることが指摘されている[472]。

ここでとくに指摘しておく必要があるのは、一九六一年が八大規約第三三条に基づく八期中央委員会の任期五年（一九五六～一九六一年）満了の年であり、同規約第三一条に基づいて第九回全国代表大会を開催し、新たな中央委員会を選出しなければならなかったにもかかわらず、党中央はそれをしなかったことである。党規約第三三条と三一条の不履行について、毛沢東および党中央は何の説明もおこなわず、**いわゆる「七千人大会」の開催をもって代表大会に替えるだけですませた。毛沢東は「戦略的後退」を狙ったが、自身の権力を**

放棄する考えはなく、ましてや従来の路線を改める気はさらさらなかった。引き続き自身の考え方に沿って、中国発展の舵取りをおこなおうとしたのである。

一二月一八日、中央書記処会議で鄧小平は、来年初めに「七千人大会」を開催すること、全党の思想統一を図り、大いなる意気込みをもってひとつの目標（長期計画）を掲げ、意気軒昂と突き進むことが大会の目的であり、ばらばらな思想で意気阻喪していてはならないことを提起した。

同月二〇日から翌一九六二年一月一〇日にかけて、拡大中央工作会議（七千人大会）を準備する工作会議がおこなわれた。そこでは主に国際情勢、国内情勢、一九六二年度の計画ならびに長期計画、商業、農村における基本採算単位の改訂問題、党の任務の六点が議論された。

一二月二〇日、毛沢東は中央政治局常務委員会および中央局第一書記会議を招集し、中央工作会議の日程と議題について議論をおこなった。周恩来が情勢の見通しについて、「たしかに好転しており、成果もあがっているが、困難も多く、任務は決して簡単ではない」とした際、毛沢東は次のように述べている。「情勢は昨年よりも良く、誤りはすべて改められており、良い方向に進んでいる」「これまでの回り道に対して、まず責任を負うべきは中央であり、その次に省委員会、地方委員会、県委員会という順番である。主要な責任は自分たちにあって、中央は常に正しい指導をしていたという意見も省レベルではあるようだが、どう考えても事実ではない。それでは正しい経験や教訓は得られない。ここ数年の高い指標設定、過大な見積もり、行き過ぎた買付け、高分配はすべて党中央の責任であり、いくつかの『大いにやる（水利事業など）』も、『供給制』も、公共食堂もみな誤りだった。人民の利益を損ない、間違った奉仕をしてしまった[473]」。こうした毛沢東の自己批判は、悲惨な代償を払うまでは「自知之明（己を知りつくす能力）」をもちえないことの表れであったが、それが「七千人大会」開催の契機になったのも事実である。

この意味で、「七千人大会」は自己批判の大会だったといえる。

しかし、毛沢東は「この十二年間（一九四九〜一九六一年）は、おそらくおおむね正しかった。やはり正しかったことが主であり、誤りは従である。プラスとマイナスの両方を経験した十二年間は、われわれをより強くしたのであって、弱体化したということはない[474]」とも述べている。毛沢東のこの発言のトーンが事実上、「七千人大会」の基調になった。

同月二一日、中央工作会議全体会議を主宰した鄧小平は、次のように指摘した。「ここ数年、われわれがおこなったことはおおむね良かったが、欠点や誤りもあった。その責任はまず中央にあり、その次に省・市委員会にある。中央書記処の誤りと欠点は主に次の点に表れている。その時々の研究を怠り、各方面の政策を具体的に提起することがなかったか、提起したとしても間違っていた、もしくは完全に正しいとはいえなかった。計画指標が高すぎ、しかもめまぐるしく変化した。いくつかの『大いにやる』はその土地の実情に合っておらず、実事求是に反していた。権力の委譲をやりすぎた。今後、実情に合致した政策をつくり出していくためは、これらを総括しなければならない。過去のいくつかの核心的教訓と厳格に向き合う姿勢をとるのはそのためである[475]」。

政治の大局に対する考えから、鄧小平は積極的に自身の政治的責任を認めた。「まず中央に責任がある」と言う時の中央とは中央書記処のことであって毛沢東ではない、鄧小平はこの政治的表現をもって中央工作会議、ひいては「七千人大会」におけるコンセンサスを勝ち取りたかった。しかし、鄧小平が毛沢東に代わって「第一の責任は自分にある」と言うのは、実際には無理であった。やはり毛沢東自身が「第一の責任」を党内で公然と認める以外になかったのである。

中央工作会議で「七千人大会」を成功裏に開催することについて議論が及んだ際、鄧小平は次のように述べた。「今回の七千人大会で何をするのか。中央の通知の核心は八字方針、すなわち『鼓足干勁、統一思想（大いに意気込んで思想の統一を図る）』である。思想の統一を基盤に行動の一致を勝ち取る。大会に向けて報告を準備する」。この報告がすなわち「七千人大会」における劉少奇の報告であり、劉少奇と鄧小平が中心になって起草したものである[476]。

一九六二年一月一〇日、毛沢東は鄧小平、陳伯達、田家英との会談の場で、「この報告の中心テーマ（反分散主義）は変えてはいけない。堅持しなければならない」と述べ、劉少奇の報告原稿について、政治局で事前に議論する必要はない、すぐに印刷して「七千人大会」で配布し、三日間のグループ討論で忌憚のない意見を募る、との決定を下した。皆から出された意見に基づいて修正をおこない、修正されたものを政治局で議論・採択し、正式な報告とするのである。こうすることで、民主の大いなる発揚、各方面からの英知の結集、さまざまな意見の比較検討が可能となり、会議も活性化される、との考えである。今回の会議では報告（劉少奇の報告）一本に絞ってやる、ほかの議題はしない、と毛沢東はわざわざ強調した。

一月一一日から二月七日まで開催された「七千人大会」の主目的は、経験を総括し、党内の認識の一致を勝ち取ることにあった[477]。会議の前半は主に劉少奇の報告書の討論と修正にあてられた。報告書は、現下の国内経済情勢と困難を生み出している要因を分析し、「大躍進」以降の経済建設における主要な経験と教訓を総括しており、党中央の責任をはっきりさせ、誤りを正し、調整任務の成功を勝ち取るよう全党に求めていた。

一月一一日、鄧小平は中央書記処会議を主宰し、前日の毛沢東の指示（電話）を伝えた。「ここ数年の任務で生じた欠点と誤りの責任はどこにあるのか、今こそはっきりさせなければならない。革命を成功に導いたわれわれが、自己の欠点を明らかにすることに臆病であってはならない、信念をもたなければならない。優れた点と欠点とは弁証法的に統一されている。報告書を見ると、諸君はわたし（毛沢東）を聖人だと思っているようだ」[478]。また、彭真は次のような意見を述べた。「経験を総括すると言った場合、党中央、政治局、一部の常務委員もそこに含まれる。中央で一番責任があるのは書記処で、次が一部の常務委員会である。書記処の責任は常務委員会よりもはるかに重いが、どちらにも相応の責任がある。自分も責任を免れえないという毛主席の意見には賛成する。まったく何も知らなかった、関わらなかった、ということはないのだから、常務委員会を批判の対象からはずせば、何より事実と異なってしまう。さらには、およそ指導部たるもの誤りを犯すことはない、という錯覚を生み出してしまう。実事求是が奨励されているのだから、指導部に誤りや欠点があるならば、事実に基づいて追求されなければならない。沈黙は範とはならない。指導部の信頼が損なわれてしまうというのは杞憂だ。かえってその威信が高まるだろう。今回の会議で出されるさまざまな意見について、くみ取るべきものはくみ取り、間違った意見は小会議で指摘すればよい。『三ない主義』（あら捜しをしない、攻撃しない、レッテルを貼らない）でいくべきだ」[479]。

同日、「七千人大会」が正式に開幕した。劉少奇の報告書は全体に配布され、グループ討論では、白熱した議論がおこなわれた[480]。

同月一三日の午前、劉少奇の報告書を十分に討議するため、毛沢東は会期の延長を提案した[481]。同日午後、鄧小平主宰の中央書記処会議に劉少奇も参加し、報告書の修正がおこなわれた。合わせて、毛沢東の提案に踏まえ、会期を二八日まで延長し、グループ討論を中心におこなうことが決定された。また、劉少奇による報告は、報告書を読み上げるのではなく、報告書が言及している諸テーマについて口頭で詳細な説明をおこなうことも決められた[482]。

一六日の夜、毛沢東は、劉少奇、鄧小平、陳伯達、田家英らと会談し、報告書の第一稿に多数の意見が出ていることに鑑み、報告書起草委員会の立ち上げを提案した。「中央局第一書記と幾人かの中央の同志で十分な議論を尽くすのがこの委員会だ。まず、何が主要な矛盾なのかについて議論し、意見の一致を見てから文章化する。現報告書の不十分なところは書き換えてよい。全部書き換えてもかまわない。不合理な部分や真理にもとる部分も書き換えてよい。正しい部分は変えてはならない。できあがった修正稿は、もちろん再修正があってもかまわないが、できれば決定稿とするのに越したことはない」[483]。

一八日、起草委員会の場で彭真が次のような提起をした。「一九六〇年は高すぎる計画指標、過大な見積もり、行き過ぎた買付けがあった。また、基本建設があまりにも多く、農村の悲惨な情況に対する認識も不十分だった。一九六一年の初めに『八字方針』が出されたが、指標は引き下げられず、実際の調整は一年遅れた。悪癖は調査研究を怠ったことにも表れている。中央書記処は誤りの責任を率先して負うべきだ」「われわれの誤り（「大躍進」の誤りを指す）と言う時、そこに毛主席や劉少奇同志、中央常務委員のほかの同志を含むか含まないのか。含むべきは含み、誤りがあれば誤りとするまでのことだ。三年から五年で共産主義へ移行するというのも、公共食堂をやるというのも毛主席が決裁したことだ。主席の威信はチョモランマではないが、やはり泰山である。多少土を削りとったところでなお高い。あえて意見を言わない、誤りを批判しないという風潮が今の党にはあるが、主席の誤りの百分の一、千分の一さえも批判できないならば、党の将来に禍根を残すことになる[484]」。

また、鄧小平は、直に聞いたこととして、次のような毛沢東の話を紹介した。「諸君の報告書はわたしを聖人扱いしている。聖人などいない。誰にでも誤りや欠点はある。程度の違いがあるだけだ。わたしの誤りを恐れずに指摘してほしい。（社会主義）革命は陳独秀や王明がやったのではない。わたしと諸君がともに闘ったものなのだ[485]」。

劉少奇も次のように述べた。「河南省や甘粛省のように、（大飢饉は）天災とはいえない、あるいは三分は天災であっても七分は人災であるというところもある。責任はまず中央、次に省、その次に自分たちにある、と言う地方の同志もいる。口にしないだけで、内心ではみなそう思っていたのではないか。今、彼らがこうした話をするようになったのは、まさに進歩だ[486]」。

周恩来は、「主観における誤りは、毛沢東思想に背いた点に重きを置いて論ずるべきだ。個別の問題については、そのもとになるものを提供したのはわれわれであり、問題のある状況を生み出した責任はわれわれにある。早くから問題に気づき、準備をしていた毛主席に責任を負わせることはできない。誤りを犯したのはわれわれだ。現在の根本的問題は、党中央に権限が集中していないことだ。農民は党中央と毛主席を信頼している。ひとしきりでたらめをやるというのは主席の政策ではない[487]」と意見を述べた。

一九日午後、陳伯達が委員会の場で、「彭真同志の毛主席に対する言及は『考慮に値する』」として、「われわれがでたらめをやったからといって、毛主席が責任を負う必要があるのだろうか[488]」との疑問を提起した。これに対して彭真は、「その問題については、はっきり言っておく。わたしが毛主席を批判してよいと言っているように聞こえたとしたら人心を得ないだろう。わたしが言いたいのは、ほかの者は誰であれ批判していいのに、主席一人が批判の外にある印象を与えるのはよくない、ということだ[489]」と即答した。

二四日、劉少奇と鄧小平は毛沢東のところに出向き、相談の上、拡大中央工作会議は今月(一月)末までとすることを決めた。起草委員会が提出した報告書の修正稿に対し、毛沢東は第一章に何カ所か修正コメントを加えた。一例としては、「集団的所有制から全人民所有制への移行は、社会主義建設の全過程を通じて徐々に段階的におこなわれるものであり、非常に長い時間(たとえば数十年)を要する。短期間のうちに完了することはできない」などである。この日、毛沢東は、まだ報告書を読み終わっていなかったが、全体の方向性には賛成し、部分的な修正をおこなった。

二五日、劉少奇主宰の政治局拡大会議で起草委員会の修正稿が可決された。

さらに翌二六日、毛沢東主宰の政治局常務委員会で、大会の進行予定と劉少奇による口頭報告の要綱が議論された。

こうしてできあがった報告書に基づき、二七日、毛沢東主宰の全体会議の場で劉少奇による口頭での報告、すなわち「拡大中央工作会議の報告」が党中央を代表しておこなわれた。ここではじめて、一九六一年の工業生産額が四〇%以上も低下したこと、原料や燃料の不足により操業停止もしくは半停止状態に陥っている企業が少なからずあること、商品供給がひっ迫し、人民は衣食にもこと欠く状態であること、さらには国家財政収入の大幅減、深刻なインフレ、農業大国でありながら五二五万トンの食糧を輸入せざるをえない現実など、経済危機の実態が明らかにされた[490]。これは、党中央が「大躍進」の失敗がもたらした深刻な現実について客観的に認識していたことを示している。ただし、報告では、すでに一〇〇〇万人に達していた餓死者については認めていなかった。

劉少奇は次のように率直に表明した。「こうした状況は多くの同志にとって予想外のことだった。二、三年前(一九五八〜一九五九年)には、農業も工業も『大躍進』していると考えていた。今の現実はどうか。『躍進』どころか重大な後退である。U字型の落ち込みである」。この報告の中で劉少奇は、あらためて「三分の天災、七分の人災」に触れ、誤りと成果の比は三対七であり、地域によっては誤りがもっと多いと述べ、毛沢東の「一本の指と九本の指」のたとえに反論している。その上でこう付け加えた。「三面紅旗は取り消さない。引き続き堅持し、その旗の下に奮闘を続ける。現在はまだいくつかの問題について曖昧なところがあるが、五年後、十年後に再び経験を総括する際には、より鮮明な結論を得ることができるだろう」。

毛沢東はこの劉少奇の報告に対し、露骨に不快な表情をした。のちの一九六六年八月五日、「司令部を砲撃せよ——わたしの大字報」で、毛沢東はこの報告を「一九六二年の右傾化」、すなわち「歴史的誤り」と言いなし、同年一〇月二三日の中央工作会議で厳しく自己批判するよう迫っている。同時にその矛先は陳雲の「右傾主義的錯誤」にも及んだ。「七千人大会」の時点では、劉少奇は実事求是の考え方を堅持することができた。それはきわめて貴重な一時期だったが、のちの「文化大革命」で重大な代償を払わされることになる。

劉少奇は自身も「大躍進」を支持し、それを推進した人物である。しかし、その破たんの後、とりわけ「大飢饉」の後、即座に政策決定上の誤りを認め、自己批判をおこなった。「口頭報告」では党中央を代表して次のように述べている。「ここ数年の取り組みで生じた欠点と誤りは、わが党の幹部や党員全体、ひいては圧倒的多数の人民にとって身を切るような経験となった。誰もが例外なく胸をえぐられるような痛みを感じている。飢えは二年にわたって続いた。一九五八年以降の『大躍進』は偉大な成果をもたらした面もあるが、相当なダメージを被った面もある」[491]。ただし、「相当なダメージ」の具体的内容については言及されなかった。さらに報告書では、ここ数年の誤りと欠点について四点の指摘をおこなっている[492]。また、そうした欠点と誤りを生んだ原因についても次のように述べている。「一方で経験不足、他方で少なからぬ同志が謙虚さを忘れたことで、党の実事求是と大衆路線という伝統的作風に反した。それによって程度の差こそあれ、党、国家、大衆組織における民主集中制の原則を弱めることになってしまった。加えて、高すぎる指標や性急な要求が、現実からの乖離、大衆からの乖離、非民主という誤った作風を助長することになり、速やかに問題点を認識し、誤りを是正することを妨げてしまった」。

劉少奇は誤りの責任について論じる際、一番責任が重いのは党中央であり、まず中央政治局が責任をとるべきだとした[493]。毛沢東自身の責任については言及せず、むしろ弁護する立場にまわった[494]。

さらに劉少奇は口頭での報告時に次のように述べた。「**人が人を食うなどというのは、歴史の書物に出てくる出来事だ。国家主席としてそのような事態を招いてしまったとは！　あまりにも大きな誤りを犯し、人民に多大な被害をもたらしたのに、これがはじめての総括だとは！　一度きりの総括で足りるものではない。むこう十年総括し続けてやっと事実に見合った、二度と『大躍進』の誤りを犯さないための真の教訓を得ることができるだろう**」[495]。また、この教訓について、二月八日には次のように発言している。「ここ数年、われわれは調査研究を怠り、民主をおこなわなかったことで打撃を被った。民主を発揚し、他者の意見に耳を傾け、人民の中に分け入って議論をおこない、人民の賛意を得るため真摯に取り組むこと、これらをおろそかにしたことが最大の経験であり、教訓である」。報告書の中でもこの点について言及し、誤りの根本原因、あるいは原因のすべてはそこにあったとしている。しかし、「七千人大会」では民主集中制を実現するための有効な方策は出されなかった。むしろ、毛沢東の権力に対する制度上の縛りをつくることができなかったため、党内民主制度はさらに有名無実化していくことになった。

劉少奇は報告の中に、社会主義における経済建設の基本的な経験と教訓の総括をわざわざ盛り込んだ。たとえば、国民経済の指導方針において農業を基盤とすること、社会主義イコール平均主義ではなく、社会主義段階の分配原則は労働に応じた分配であり、交換の原則は等価交換であること、新しい試みには例外なく試験的運用が必要であること、勤勉節約を旨とする建国方針を長期にわたって堅持することなど、主に一九五八年の「大躍進」以降の経験と教訓を形にしたものだった。

毛沢東は、劉少奇の口頭報告にたびたび口をはさんだ。ここ数年に出されたスローガンの見直しの提起に対しては、「中央書記処がすでに一度見直しをおこなっている。ただ、まだ整理しきれていない。『人民日報』、新華社、『紅旗』誌、放送事業局がいまだに人民の利益を損なう言動をしているならば、それは整理すべきだ」と発言した。党中央が提起した一九六三〜一九七二年の「十年の奮闘目標」に対して「目標が低すぎる、もう少し引き上げるべきだ」という声があったと劉少奇が報告した際には、「なかには達成不可能なものもあるだろう」とコメントした。また、一般党員と生産現場に根差した幹部の中では分散主義反対をやるべきではない、と提起した時には、「分散主義のないところで闘争をしてはならない」と発言、さらに正直者が損をし、不誠実なものがかえって利益を得た状況が過去にあったと劉少奇が言及すると、「いつか報いがくるだろう」と口をはさんでいる。

一月二九日、毛沢東は拡大中央工作会議全体会議を主宰し、林彪が講話をおこなった。「わが党が提起した総路線・大躍進・人民公社の三面紅旗は正しい。ここ二、三年、いくつかの分野で生じた困難が多方面に広がりつつある。大規模な自然災害、立て続けに起こった自然災害、地方によっては壊滅的な被害をもたらした自然災害、これらはわれわれに避けることができない困難をもたらした。われわれの取り組みにはたしかにいくらかの誤りがあったが、そこから教訓を得て、全国的に大いに学習している」。林彪はさらに「学費を支払う」という喩えをひねり出して毛沢東を擁護した。「学費を支払って得たものがあると見なければならない。こうした困難は、ある面、ある程度において、われわれが毛主席の指示と警告に従わず、その思想に忠実でなかったことによって生じたものである。毛主席の話をよく聞き、その精神を体現していれば、回り道はもっと少なく、困難は今日よりもはるかに小さいものだったろう。毛主席の思想の正しさは、当時も今も証明されている。毛主席の意見がないがしろにされた時に事態は悪化するのである。困難な時に必要なのはさらなる団結であり、われわれはこれまでにも増して毛主席に従って進まなければならない」[496]。これに対して毛沢東は、「党の路線、軍事方針に関するすばらしい講話だ。一、二週間あたえるので、整理して文書にしてほしい」[497]と言った。また、楊尚昆、羅瑞卿には、「林彪の講話は非常にレベルが高い。凡人にはとてもできない内容だ」[498]と称賛している。

続いて毛沢東が講話をおこない、地方・県クラスの責任者は思っていることがあってもなかなか言えない、という状況に鑑みて、「中央政治局常務委員の同志と相談の上、会期の再延長を提起することにした。一同、北京で春節を迎え、『鬱憤晴らし座談会』をやり、上部・下部の風通しをよくしよう」[499]と語り、「三ない主義」（根にもたない、攻撃しない、報復しない）を提起した。[500]毛沢東がとくに指摘したのは次の点である。「数十年マルクス主義を語ってきたが、党内民主はいまだ確立されていない。民主集中制という思想そのものが欠落している同志もいるから、民主もできない。これはわたし自身の誤りであり、改めなければならない。中央が犯した誤りは、そのいくつかは直接的にわたしが責任を負うべきものであるし、間接的にも相応の責任がわたしにはある。自らの意志で党中央主席を担当しているのであって、誰かに頼まれてやっているのではない。わたしはどんなふうに官僚主義だったか。これだけたくさんの文書があることも、石炭部があのような指令を出したことも、劉少奇同志の報告を聞くまでは知らなかった。わたしも相当な官僚主義だったことがわかる。とにかく、これから五級（県委員会、地区委員会、省委員会、中央局、中央）幹部会議をおこなう」。

大会の後半は、一月二九日の午後から始まった。毛沢東の提案により、通常ならまず中央政治局常務委員会、政治局、書記処で議論すべき報告書が、大会参加者に直接配布されることになった。大会期間中、党中央は二一人からなる起草委員会を立ち上げ、議論と修正をおこなった。メンバーには中央局の責任者や中央部門の責任者も一部含まれていた。大会のメインテーマは「反分散主義」から「経験の総括」に改められた。毛沢東はじめ、政治局常務委員会のメンバーが大会で講話をおこなった。

翌三〇日午後、毛沢東が講話をおこない、自身が進めた「大躍進」政策の失敗をある程度認め、自己反省を展開した。講話の中で毛沢東は、「およそ中央が犯した誤りは直接的にはわたしが責任を負うことになるし、間接的にもそれ相応の責任がわたしにはある。中央委員会の主席はわたしだからだ。誰かに責任を転嫁しようとは思わない。責任を負うべき同志もいるだろうが、真っ先に責任を負うべきはわたしだ」と、自己批判をおこなった。この時、毛沢東は「誤りは避けがたい」という論[501]を同時に提起した。誤りの大小や避けられない誤りと避けられる誤りの区別を意図的に回避し、すべてを「避けがたい」の一言で片づける考え方である。廬山会議前の陳雲の提起、廬山会議における彭徳懐の提起と、少なくとも二度、「大躍進」の誤りを正す機会があったことには触れなかった。それらを受け入れていれば、「大躍進」の誤りは避けることができたのである。

毛沢東は、民主集中制についても重点的に提起した。「党の内外を問わず、民主的な運営が十分におこなわれる必要がある。つまり、民主集中制を誠実に実施するということである」。さらに一九五七年に提起した政治目標をあらためて繰り返した。「目指すべきは『集中と民主、規律と自由、統一された意志と個人の自由活発な提起、それぞれが両立する』ような政治の状況である」[502]「民主がなければ正しい意味での集中はできない。みなの意見がバラバラで統一の認識がなければ、集中制は成り立たない。集中制とは民主を基盤にして成り立つものであり、個人独裁は許されず、少数は多数に従い、主体的に責任を負うべきである」[503]。しかし、一九五九年の廬山会議では、毛沢東は重要な問題について独断を先行させた。「七千人大会」後も民主集中制を真に実行しようとはせず、この原則に背反するようなことをするのである。

この大会で、毛沢東は自身の中国認識をあらためている。「人口が多く、経済的基盤もぜい弱で立ち遅れたわが国が、速やかに生産力を発展させ、先進資本主義諸国に追いつき追い越そうと思ったら、百年は必要だ」。社会主義社会はかなり長期にわたる歴史的段階であり、「認識されざる必然の王国」が相当程度あるということ、これについての「理解が不十分」であったという認識である。[504]毛沢東は、党全体で言えば、社会主義建設に対する理解がかなり不足していたこと、自分に即して言えば、経済建設工作におけるさまざまな問題への無理解が多々あり、農業はまだしも、工業や商業については理解していなかったことを認めた。[505]経験を積み、必死に学習し、実践を通じて理解を深め、それらの客観的法則を明らかにしなければならないとし、次のように述べた。「ひたむきな努力が必要だ。本腰を入れて調査研究に打ち込まなければならない。以前のわれわれは調査研究をよくやったが、北京入城後、おろそかになってしまった」。

この時の毛沢東に一九五八年の成都会議の時のような自信はもはやなかった。当時、建国からわずか八年で、毛沢東は社会主義建設の総路線を提起した。新民主主義路線の提起まで二十一年（一九二一〜一九四二年）かかったのとは対照的である。八年という時間の短さを自分でも訝しく思っていたのだろう、さらに五年（すなわち一九六三年まで）は必要であり、五年たったとしても総路線に対して完全な確信はもてないと考えていた。今回の「一か八かの賭け」で毛沢東は敗者になってしまった。中国の国情の後進性や制約条件に対する「あいまいな理解」と「認識不足」が「賭け」に敗れた要因である。

毛沢東は、劉少奇、周恩来、鄧小平ほど経済建設に精通していないこと、とくに陳雲とは比べものにならないことを自覚していた。毛沢東の知識構造とその源泉には明らかに「経路依存」、硬直性があった。闘争哲学に対する盲信から、百戦百勝の将になれるほど闘争には精通していたが、建設哲学に対する苦手意識はまったく変わらなかった。政権を取ってから十二年たってもなお、毛沢東の知識構造とその源泉は闘争哲学から建設哲学に転換することがなく、同時代の指導部集団の中で最も建設哲学の知識が少ない指導者だった。毛沢東のこのくだりは、「大躍進」と「大飢饉」後の痛苦に満ちた省察を経て、「己を知ることの大切さ」を知ったものだったといえる。

　毛沢東が提起した「知識と経験の不足」論には一理ある。しかし、「七千人大会」では「経験不足を強調するだけでは説得力がない。第一次五カ年計画の時は経験が少なかったにもかかわらず、大きな誤りを犯さなかったではないか[506]」と指摘されている。**根本原因は、集団から個人へと、政策決定メカニズムが変質したことにある。個人による政策決定は誤りを犯しやすいというだけではない。それを適時是正することも不可能になってしまうのである。**

　毛沢東には、自らの重大な誤りについての根底的な分析と反省がまったくなかった。ましてや、自ら職を辞するということもなかった。そして経路依存にのっとり、その誤りをさらに全面的なものへと拡大させていったのである。**党中央は毛沢東の指導責任を追及しなかったばかりか、任期を超えて引き続き八期中央委員会主席に任命した。**後日、鄧小平は、ここに「文化大革命」の根本原因があったと述べている[507]。

　一月三〇日の夜、毛沢東は中央局第一書記と政治局常務委員を招集し、「鬱憤晴らし」座談会の段取りを話し合った。会議では政治局常務委員のメンバーがいくつかの省の会議に分かれて参加すること、三日間グループ討論をおこない、思う存分意見を出してもらうことが決められた[508]。そこで毛沢東は以下の提案をおこなった。「上級の者は自己批判のことばかり考えないで、まず皆に意見を自由に出してもらう。彼らから口火をきってもかまわない。省委員会書記が下部の同志の発言を妨げるようであれば、まずそれをやめさせるようにする。夜は、省委員会が地区委員会の書記を集めて会議をおこなう。省委員会は誠実な態度で、簡潔明瞭に的を射た自己批判をしなければならない。『左傾』なら『左傾』、『右傾』なら『右傾』と、誇張せず、かといって割り引くことなく提起しなくてはならない。人の意見に対しては、たとえそれが間違っていも問い詰めてはならない。自分には責任があると言った後で、その時は現場にいなかったと言うとすれば、それは不誠実である。どうやって会議をおこなうか。つまるところ民主だ。プロレタリアの民主なくして集中はない。プロレタリアの集中なくして社会主義の建設はない[509]」。

　「大躍進」の誤りとその原因について、当時の最高指導部内ではその認識が分かれていた。明らかな構図として言えるのは、中央政治局常務委員会で「大躍進」を誤りと考えていたのは五人、唯一、林彪だけが全力で毛沢東を擁護した。大会における彼らの発言からは不一致が読み取れる。この不一致が、のちに党が政治的に分裂していく根源になったわけだが、実質的にそれは「大躍進」の失敗の原因は何かという問題だった。天災なのか人災なのか、階級の敵のせいなのか、党中央の政策決定上の誤りのせいなのか、主な責任を負うべきは誰なのか、毛沢東なのか、中央指導部のほかのメンバーなのか、が問題だったのである。

二月六日、山東省のグループ討論で朱徳が党内の「左」の傾向を正す必要があるとの講話をおこない、鋭くも次のような指摘をした。「『反右』のさなかには高すぎる指標が正しいとされ、それに反対することは『右』だとされた。『右』を見抜くのは容易だが、『左』はそうではない」「反『左』傾は『右』を生み出しやすいし、その逆もまたしかりである。指導部としてこのことを自覚する必要がある。『左』があればそれに反対し、『右』があればそれに反対する。何かが出てくれば常に反対して、反対しないということがない。何かに反対すると言えば上から下までそれに倣えというのではだめだ」。簡潔な言い方で核心をつく朱徳には先見の明があった。朱徳はさらに、ここ数年の党内闘争の激化や「大躍進」のような一斉動員型のやり方を批判し、組織的かつ計画的にものごとを推し進め、農民が労働を楽しみ、落ち着いた生活を送れるようにしなければならないと訴えた。できもしないことを強引に貫徹しようとして、結局失敗する。その結果、党員はダメージを受け、大衆は離反していく。朱徳がとくに反対したのは、こうした「大躍進」のやり方である[510]。

同日、毛沢東主宰の拡大中央工作会議全体会議で、鄧小平は次のように発言した。「現在の党運営には深刻な欠陥がある。ここ数年の高すぎる指標、すぐに成果を求めるやり方は、分散主義や命令主義を助長し、一方で党の民主集中制はかなり形骸化してしまった。形式上は以前より集中が進んでいるように見えても、実際は分散主義的現象がより深刻になっていることが多々ある。以前より民主的に見えて実際は命令主義や、少数もしくは個人の独裁という現象も多い。民主集中制の強化、民主の発揚、分散主義との対決による集中と統一の強化を提起したい」[511]。指導責任について鄧小平は、一九六一年三月一九日の中央工作会議の中南・華北分科会で中央書記処を代表してその責任を認めている。「欠点は中央から地方にいたるまで普遍的に存在するが、主要な責任は中央にある。一九五七年以降、中央の具体的取り組みは書記処が主管してきた。中央常務委員会や主席の助手として十分な役割を果たせなかった。日常的な仕事に瑕疵はなかったが、政策・方針という点では良案をあまり出すことができなかった。鉄鋼生産の「二つの帳簿（最低限ノルマと理想的目標の二つの指標を立てる）」、食糧生産、公社の規模などは、われわれが意見を出して賛同を得たものだ」。一九六一年末、中央書記処は毛沢東、劉少奇および党中央に対して自己批判書を提出、会議資料として「七千人大会」で配布された[512]。

鄧小平は二つの要因について言及している。一つ目は、調査研究を怠ったこと。そのため、提起された任務は往々にして実事求是からはずれ、スローガンも現実離れしたものが多かった。二つ目は、ここ数年の過剰な闘争により、党内外の多数の幹部にダメージを与えたこと。結果的にそれが事実とは異なる報告、真実を語らず、語ることを恐れる悪しき風潮を党内に醸成することになった。鄧小平が強調したのは、十分な党内民主の必要性である。すなわち、党員は、党・任務・課題・指導部のいずれに対しても組織原則にのっとり、党の範囲を超えない限りにおいて批判と意見を提起する権利を有し、かつ自身の意見を留保する権利も有する、ということである[513]。

二月七日、「七千人大会」の最終日に周恩来は、現下の国民生活における最大の問題は依然として食糧問題であることを参加者に明らかにした。ただし、「大飢饉」の詳細については報告しなかった。一九五八年以降の誤りについては次のように述べた。「計画においては見積もりや指標が高すぎ、しかもめまぐるしく変化し、ギャップも大きかった。基本建設戦線は過度に間延びし、権限の委譲、分散もやりすぎた。『大いにやる』は現実離れしており、量とスピードを追い求めすぎた。これらはすべて国務院および所属各部門の責任である」。また、「大躍進」、「超大躍進」の基準[514]が現実の力量を大幅に超えていたことなどを自己批判した。この時、周恩来はかなり深刻に「大躍進」のやり方を反省している。「定められた躍進のスピードは現実離れしたものだった。その結果、『多（量）』と『快（スピード）』ばかりに注力し、『好（質）』と『省（効率）』を怠ることになった。量に意識がいって品種や質がおろそかになり、速さばかりを求めて計画性を軽視した。主観的要求だけに依存し、客観的力量を無視した。短絡的な要求だけで長期的な見通しがなかった。これまでの歩み全体を総括した上で『大躍進』のスピードを定めるのではなく、単純に毎年同じスピードを求めた。結果は、『欲すれど達せず』であった[515]」。また、これが「過度な権限の委譲と拡散、分散主義を招いた根本原因の一つである」とし、「これはわたしの『債務』であり、支払わなければならない[516]」と認めた。

陳雲は大会で発言をしなかったが、陝西省の幹部全体会議でここ数年の正常さを欠いた党運営を厳しく批判し、警鐘を鳴らした。**「その時は正しくても時期が過ぎれば正しくない、あるいは完全に間違いだったとわかることがある[517]」。「大躍進」のいったいどこが「正しい」「完全に正しい」などと言えるのか、という鋭い指摘である。後に陳雲は次のように話している。「毛主席に大会で発言するよう求められたが断った。節操なく妥協することはわたしの性分ではないし、かといって毛主席に恥をかかせることもできなかった[518]」**「困難の度合い、その克服にかかる時間について、わたしと毛主席の考えは一致していなかった。こうした不一致は避けられないし、間違いでもない。転換期には各自がそれぞれの情勢認識を包み隠さず明らかにすべきだ。認識の一致には時間がかかるし、事実をもって証明する必要がある」[519]。毛沢東が、最も困難な時期は過ぎ去った、二、三年で国民経済は回復できる、そのために十年計画を策定するとしたのに対し、陳雲は、最も困難な時期はまだ過ぎ去っておらず、農業の回復には少なくとも五年はかかる、十年計画の策定を急ぐべきではない、回復に五年、発展に五年の計画を策定したほうがよいとした。周恩来はじめ国務院のメンバーは、陳雲の意見に賛成していた。

中央政治局と常務委員会で、あくまで毛沢東の「大躍進」を支持したのは次の三人である。

一人は林彪。彼は一九五八年五月の八期六中全会で中央政治局常務委員に加えられ、中央副主席の一人となった。一九五九年の廬山会議以降は中央軍事委員会を主管していた。「七千人大会」では「総路線、大躍進、人民公社の三面紅旗」にもろ手を挙げて賛同する講話をおこなった。二人目は柯慶施。同じく八期六中全会で中央政治局員に加えられ、「大躍進」と「人民公社運動」に率先して賛同した人物である。「七千人大会」で劉少奇報告書に対して、「『農業発展要綱四十条』はいらないのか。何年たったら衣食の問題は解決するのか。十五年でイギリスに追いつくという目標、意気込みはどこにいったのか。どうやって大いなる意気込みを発揮するのか」と矢継ぎ早に疑問を提起し、報告書を「読めば読むほどつまらない」とまで言った[520]。三人目は、当時中央政治局候補委員だった康生。毛沢東の階級闘争理論の最大の支持者で、その理論的権威になった人物である。また、「個人崇拝」の扇動でも重要な役割を果たした。

「大災難」「大飢饉」にみまわれたこの異常な時期においても、毛沢東は依然として政治局常務委員会では少数派であり、常務委員一人、政治局員一人、同候補委員二人（康生と陳伯達）の支持しか得られない孤立した状況にあった。このことを十分に自覚していた毛沢東は、政治的退却と我慢を強いられたわけだが、同時に主導権を奪回するための準備もしていた。毛沢東とほかの中央指導者との政治闘争は終わったのではなく、ようやく始まったばかりだったのである。

二月七日に拡大中央工作会議は閉会し、周恩来の講話の後、「劉少奇同志の報告に関する党中央拡大工作会議の決議」が全体の拍手で採択された[521]。毛沢東は閉会の辞で次のように述べた。「大会はここに幕を閉じる。非常に充実した会議だった。ほぼ一カ月という長い期間にわたったが、この一カ月で、上部・下部の意思疎通が図られ、経験を総括し、方針・政策とその実現方法を策定することができた。実現方法についてはまだまだだが、一度の会議では現時点で機が熟している問題を解決するのが精一杯で、すべてをやるのは不可能である」。

「七千人大会」はたしかに民主的な大会だった。まず、劉少奇の報告書がグループ討論で議論され、「三ない主義」の下で忌憚のない意見が出され、すべてを語りつくすことができた。そこで出された意見に基づき、報告書の修正がおこなわれ、大会の場では口頭での報告が劉少奇によってなされた。形式的にも柔軟なこの口頭報告は、報告書と互いに補い合う役割を果たした。毛沢東は自己批判の先頭に立ち、率先して民主集中制を論じた。ほかの政治局常務委員もすべて発言し、「ワンマン大会」になることを防いだ。しかし、制度上の観点から言えば、「七千人大会」には先天的な欠陥があった。党の全国代表大会でもなければ中央委員会全体会議でもなかったため、劉少奇の報告書は党規約に基づく「合法性」もしくは権威をもちえなかったのである。このため、毛沢東に挽回の余地を多く残すことになった。毛沢東は党中央主席の座にとどまっただけではなく、八期十中全会の招集を可決し、引き続き自身の治国路線、すなわち「階級闘争を要とする」を実践した。**歴史的に見ても、「七千人大会」は毛沢東路線を中断させることができなかったばかりか、毛沢東と劉少奇との政治的不一致を拡大するきっかけになってしまった。それが同時に「プロレタリア文化大革命」の火種にもなっていったのである。**

「七千人大会」が終わるやいなや、毛沢東は中央政治局常務委員会拡大会議を招集し、「緩急のメリハリをつける必要がある。今は『緩』の時で、あまり詰め込みすぎてはいけない。七月の北戴河会議までは会議を開かない」とし、北京を離れた。中央の仕事は例によって劉少奇が主管することになったが、その主な任務は、政策を調整し、国民経済を回復させることにあった。「七千人大会」で意思統一が図られたとはいえ、党内の不一致は事実上拡大する傾向にあった。目下の国民経済の状況をどう判断するかをめぐってはとくにそうだった。一九六一年八月の廬山会議で、経済情勢は底を打った、これから上昇に転ずるとした毛沢東は、一貫してこの認識を崩さなかった。しかし、そこに経済データ上の根拠があったわけではない。「膿は出しきった、だから状況は逆転する」と哲学的に判断していたのである。しかし、劉少奇や陳雲は決してそのような見方をしなかった。彼らは常に経済の基本的現実に依拠し、事実に基づいて判断した。これが毛沢東との溝を必然的に深めることになった。

二月二一日から二三日にかけて、劉少奇の主宰で中央政治局常務委員会拡大会議（西楼会議）が中南海西楼で開かれ、国内経済情勢と一九六二年の国家財政予算が討議された。劉少奇と陳雲は、最も困難な時期はまだ過ぎ去っていない、果敢な措置をとらなければ国民経済はより悪化するとの見方で一致していた。周恩来もこれに賛成し、国民経済の大幅な調整をおこなうことを提案した。工業生産の指標を引き下げ、基本建設投資を縮小する以外に財政収支を健全化する道はなく、それなしで経済の正常な回復もありえないとの認識で全体が一致していたのである。二三日、陳雲は発言の中で経済危機を次の六点にまとめた。(一)ここ数年、農業は大幅な減産を記録している、(二)すでに展開されている基本建設の規模は、国家の財力・物力を超えている、(三)工業と農業の現在の生産レベルが釣り合っていない、(四)紙幣の乱発がインフレを招いている、(五)大量の紙幣が都市から農村に、さらに一部の農民の手から投機相場に流れている、(六)都市人民の生活レベルが低下している[522]。一九五八年から四年間の国家財政の帳簿がまったくのでたらめで、実際は二〇〇億元以上の財政赤字であることがさしあたりの調査で判明した時、会議に出席していた指導者は全員驚愕した。劉少奇は次のように述べている。「先の『七千人大会』は困難をさらけ出すという点でまったく不十分だった。問題を隠ぺいしようとしていた。問題について『何もわかっていない』と言うのを恐れていたのだ。本来の立場に返れば、何を恐れることがあるのか。『何もわかっていない』と言うことで人々を悲観的にさせるかもしれないが、困難に立ち向かう勇気を奮い立たせることもできる[523]」。劉少奇・陳雲と毛沢東との間に、当時の国内経済情勢に対する根本的な認識の違いがあったのは明らかである[524]。毛沢東の考えは基本的に「一本の指と九本の指」であり、劉少奇が報告書で引用した湖南省の農民の言葉「三分の天災、七分の人災」には決して同意しなかった。**のちの一九六八年八月五日、毛沢東が出した「司令部を砲撃せよ――わたしの大字報」で言うところの「一九六二年の右傾」とは、この頃の劉少奇と陳雲の言動を指している。**

劉少奇の認識は、現在は回復期であり非常時である、非常時には非常時のやり方があり、経済調整政策を徹底させなければならない、というものだった。劉少奇の提起に基づいて、二月二六日、国務院は各部・委員会の党員メンバーを招集して拡大会議を開き、陳雲に講話を要請した。「目下の財政経済状況と困難克服のためのいくつかの方法」と題する陳雲の報告は熱烈に受け入れられた。会議では同時に李富春が「工業の情況と建設速度の問題について」、李先念が「目下の財政・信用取引・市場の分野に存在する問題およびとるべき対策について」と題する報告をそれぞれおこなった。この三本の報告は、中央政治局常務委員会で繰り返し議論されて承認を得た後、三月一六日に劉少奇、周恩来、鄧小平の三人が武漢の毛沢東のところに出向いて報告した。毛沢東は熟読の上で同意し、省、軍の回覧にまわした[525]。毛沢東はこの時まったく反論しなかった。同月一八日には劉少奇の提起により、党中央がこの講話を関係機関に転送している[526]。のちの一九六六年一〇月二三日、中央工作会議で自己批判をおこなった際、劉少奇は次のように語っている。「当時、毛主席は北京を離れており、わたしと幾人かの中央の同志が主席のところに赴いて北京での議論の情況を報告した。陳雲同志の講話を文書化したものも主席のところに送付していた。われわれの情勢認識や方針に毛主席がまったく同意していなかったのを知ったのは、後になってからである」。三月八日、周恩来は中央財経小組の会議で次のように述べた。「財政、経済における困難はかなり深刻である。まだ認識、予測できていない問題もいくつかある。今年の計画には大がかりな調整が必要だ。徐々に転換していけばよいと思っていたが、それではだめだ。一八〇度の転換が必要だ[527]」。しかし、周恩来も一番困難な時期は過ぎたと考えていた。以上を見れば、毛沢東は自身と異なる見解をまったく容認しておらず、多数の意志をたった一票で否定していたことがわかる。これが党指導部における不一致の根源的要因だった。「階級闘争を要とする」という理論の下、党内の異論を政治・イデオロギー・階級闘争の問題に転化したのである。しかも、この時期に生み出された不一致がのちの政治闘争の出発点になった。毛沢東は、自身の戦友のこれまでの「罪」を、すべてはっきりと記憶に刻んでいた。「七千人大会」と西楼会議は、毛沢東に拭い去れないわだかまりを残した。一九六四年八月二〇日、李雪峰（当時の華北局第一書記）らとの会談における毛沢東の言葉はその一例である。「七千人大会には大綱もあり、細目もあったが、誤りと欠点をことさらに強調したきらいがある。四月、五月になると、その傾向はますます強まった[528]」。

三月二一日、劉少奇主宰の第十八回最高国務会議第一回会議で、民主党派や無党派人士に「七千人大会」の主旨が報告された。劉少奇は、数年来の国内工作の欠点と誤りの責任は中国共産党、とくに党中央にあることを率直に認めた。

四月九日、毛沢東は同会議の第二回会議に出席し、「七千人大会」の情況および自身の講話の主旨、とくに民主集中制の問題を説明した。「昔から『言う者に罪はなく、聞く者は戒めとする（批判が間違っていてもそれを受けた者は戒めとする）』と言われているが、実際には『言う者』が罪を着せられてきた。右派の跋扈には反対せざるを得なかった。反対せずにどうしようというのか。しかし、その結果、誰ももを言わなくなってしまった。さきほどある同志が発言したように、政治における沈黙、工作における責任逃れ、学術における沈滞があった。民主集中制の実行は容易ではないが、そういう空気をつくり出していかなくてはならない。今は次第にそうした空気がつくられつつある[529]」。

同月三〇日、中央政治局常務委員会拡大会議の場で劉少奇は、国内経済情勢に対する基本認識についてわざわざ触れている[530]。

「七千人大会」は、毛沢東をはじめ中央指導部全体に対し、「大躍進」のもたらした災厄についての再認識を促した大会だったといえる。全員がさまざまな角度から教訓を引き出し、社会主義建設に対する経験不足を指摘する者もあれば、民主集中制の破壊が誤りの原因であると指摘する者もあり、「人災論」も提起された。しかし、「大躍進」の失敗を招いた根本的要因はいったい何だったのかという点について、指導部には明らかな考えの不一致があった。毛沢東はやむなく自己批判したとはいえ、決してそれは「苦しみを経た後の反省」というものではなかった。自己批判はしても、他人が自分を批判することは許さなかった。実際、彭真を除けば、中央常務委員を含めて毛沢東を批判しようとする者はいなかった。中央常務委員全員が批判と自己批判という党の良き伝統の復活と発揚を認めながら、誰一人として毛沢東を批判する勇気をもたなかったのである。

とはいえ、毛沢東はこの「七千人大会」では「内心を腹にしまいこんでいた」（江青の言葉）。**「経済建設がうまくいかなかったのは階級闘争をしっかりやらなかったからだ」という提起で毛沢東が反撃に打って出るのは、のちの北戴河会議のことである。「七千人大会」でまかれた種が、「北戴河会議」の結果をもたらしたともいえるだろう。**

三、「包産到戸」——農村改革とその圧殺

重大な危機は例外なく重要な調整を招来し、改革の重要な契機となる。中国でも、世界を震撼させた「大飢饉」の後、重要な改革の機会が生じて然るべきであった。仮に一九五九年の廬山会議が「大躍進」に対してあらかじめ調整をおこなう機会だったとしたならば、一九六二年の「七千人大会」は、事後の調整をおこなう二度目の機会になったであろう。しかし、党中央はいずれの機会もつかみ損ね、毛沢東路線の修正を真に成し遂げるには至らなかった。党中央は本当の意味で「大躍進」から教訓をくみ取ることはできなかった、というのが実際のところである。そして、毛沢東は、農村で起こった重大な改革に断固として反対し、力ずくで阻止した。それがすなわち「包産到戸」である。

合作社の設立以来、農業における集団組織内の生産関係の調整を党が提案するたびに、農民は自発的に「包産到戸（個別農家による生産請負制）」をおこなってきた。いくたび禁止されても、機会があるごとに復活した。中国の大多数の農民のニーズにそれだけ合っていたということである。一九六一年、安徽省党委員会は個別農家による生産請負というやり方について支持し、指導していくべきであると主張した。それは、土地などの主要生産手段の集団所有や計画生産など、いくつかの「統一」条件を確保した上で、「耕地ごとの生産量の決定と個人責任（定産到田、責任到人）」の制度を実施するというものであった。鄧子恢は広範な調査研究をおこなった上で、社員の積極性を引き出すには厳格な責任制が必要であり、農作業の生産責任制は生産量につながらないとする考えは許容できないとし、安徽省のやり方を支持した。[531] 五月七日から一一日にかけて開かれた劉少奇主宰の中央工作会議の場で、鄧子恢ははじめて「包産到戸」案を提起した。公社

員の自留地や飼料地、借地などを拡大して「小さな自由」を認めるべきだとの主張は即座に党内の批判と反対にあったが、鄧子恢は「二割の小さな自由を認めたら資本主義に変質するとでも言うのか。それは資本主義を誇大視するものだ」とし、自身の主張を貫いた。同月二四日には毛沢東あてに「現在の農村人民公社における若干の政策についての意見」という報告書を提出し、次のような提起をした。「集団所有制を強化するという前提で、公社員の自由を一定程度奨励すべきだ。全国の公社・生産隊の約二割前後では、形式はさまざまだが『単幹（単独経営）』がおこなわれている。農民の積極的な生産意欲はまだ十分に発揮されていない。一定の範囲で、わずかでも経営の自由や私有を認めるべきだ。農民が個人の労働に依拠し、自分でつくったものを自分で売るとしても、それを資本主義だとみなすことはできない[532]」。

　六月から七月にかけて、陳雲は「包産到戸」よりも「分田到戸（個別農家に耕地を分け与える）」の方がよいと提起した。六月下旬、陳雲は劉少奇、林彪、鄧小平、周恩来と相次いで意見交換したが、全員が「分田到戸」に賛成した。

　七月二日、中央書記処会議で議論が農業生産の回復に及んだ際、鄧小平は「包産到戸」「責任田到戸（戸別の生産責任制）」「五統一[533]」など、新たな状況が農村に出てきていることにふれ、次のように述べた。「形式はさまざまだが、『包産到戸』を実施しているところはおそらく全体の二割を超すだろう。これは大きな問題だ。いかにこの問題を解決するか、八月の会議（北戴河会議）での討議に向けて準備しなければならない」「農業生産の回復には『分田（田畑の分配）』がよいとするのが大衆の多数意見だ。陳雲同志の調査でも裏づけられている。『分田』の要求を一蹴してはいけない。否定を前提に、ものごとをおこなうというのではだめだ。皆が議論を戦わせ、アイデアを出して、最善の方策を見出すべきだ[534]」。こうした主張が党内で大論争を引き起こすことを自覚していた鄧小平は、いわゆる「白猫黒猫論――白猫だろうと黒猫だろうと、ネズミを捕まえる猫がいい猫だ」を提起した。農業生産を無理なく速やかに回復・発展させるため、その地域で最良の形式があるならば、それを採用すべきであり、農民大衆が望むやり方を採用すべきだという考え方である。鄧小平はさらに、体制面からも農村問題を解決すべきだとし、公社・生産大隊・生産隊という現在の体制を「生産隊を基礎とする」体制に改めるべきだと主張した[535]。こうした鄧小平の提起は、農業生産を回復させ、農民を豊かにすることができるならば、どのような生産関係であろうがそれを採用すべきだとする党内世論の基盤を固めていった。しかし、毛沢東の考えを聞くまでは、さしあたっての意見に過ぎず、無効になる恐れもあるので、党中央は八月の北戴河会議での検討を準備すべきだとした[536]。

　毛沢東の秘書だった田家英も「包産到戸」や「分田到戸」を主張していた。六月に湖南省の調査から帰京すると、劉少奇に直接提案している。劉少奇は毛沢東への報告が必要だと考えた。七月六日早朝、帰京した毛沢東の呼び出しに応じて、田家英は自分の意見を次のように述べた。「全国各地で『包産到戸』や『分田』を実施している農民の数は三割に上ります。こうした状況を踏まえるならば、農民の自発性にまかせるより、党の指導の下でおこなう必要があります。このままいけば、『包産到戸』などの個人経営が四割、集団あるいは半集団経営が六割という状況になるでしょう。『包産到戸』『分田単幹』はあくまで便宜的で一時的な措置とし、生産が回復したらあらためて集団経営の方向に導くのです」。毛沢東は、「集団経営が主なのか、個人経営が主なのか、きみの主張はどちらだ?」「それはきみ個人の意見なのか、それとも誰かの意見なのか」と問いただしたという。田家英は「わたし個人の意見です」と答えた[537]。

同日、陳雲は毛沢東あてに「農業回復について意見があります。一度、相談したいと思っています」という手紙を送った。これに先立って、陳雲は姚依林、陳国棟らと農業生産回復について話し合い、再「分田」という方法を講じれば農民の生産意欲を刺激でき、それにより農業生産は回復するとし、「包産到戸」ではまだ不十分で「分田到戸」の方がよい、と考えていた。毛主席はこの考えを容認しないだろうという姚依林の率直な意見に対しては、「毛主席は実事求是の人だ。だからわたしは提起する。まずは『分田到戸』を徹底的にやる。集団化はその後だ[538]」と述べた。

同日午後に毛沢東と会見した陳雲は、「分田到戸」を実施しても二極化が生じることはないし、買付けにも影響はない、四年もあれば農業は回復するが、これを実施しなければ八年かかる、との提起をおこなった。陳雲のこの主張に毛沢東は激怒した[539]。

中央指導部の面々が率先して「包産到戸」実施を主張したことは、毛沢東にとってまったく予想外のことだった。彼はそうした流れに反対する決意を固めた。

七月八日、劉少奇、周恩来、鄧小平、陳伯達、田家英らを召集した毛沢東は、「包産到戸」に反対であることをはっきりと示し、厳しく批判した。「『分田到戸』などをすれば農村の集団経済は瓦解する。これは中国版の修正主義であり、路線問題だ[540]」とし、陳伯達に人民公社の集団経済を強化し、農業生産を発展させる決定の起草を命じた。毛沢東の強硬な反対により、同月一八日、党中央は「紙面で『包産到戸』などの宣伝を禁止することについての通知」を急遽出すことになった。

同日、劉少奇は、中央や国家直属機関から地方に下放した幹部向けの講話で、「現在、集団経済の多くに動揺が見られる。下手を打つと分散化の危険がある。この問題については中央が現在討議をおこなっており、間もなくいくつかの政策措置をとる予定である」と発言、すでに毛沢東の側に「寝返った」

態度を示している。

二五日、鄧子恢は毛沢東に会い、安徽省の「包産到戸」制、すなわち「責任田」の推進について説得を試みたが、毛沢東の賛同は得られず、集団経済を動揺させ、人民公社の解散を奨励するようなものだと、逆に批判された[541]。

七月下旬から八月上旬にかけて開かれた中央工作会議（北戴河会議）で毛沢東は、「包産到戸」をはじめとする生産請負制を繰り返し批判した。九月の八期十中全会でも、再度「単幹」の風潮を批判している。この批判はほかの中央政治局常務委員および鄧子恢に直接向けられたもので、この結果、農村改革は早々に挫折を余儀なくされた。鄧小平の「白猫黒猫論」が改革の理論的支柱となり、「包産到戸」が中国改革の起点となるのは一九七八年になってからである。

毛沢東が、西楼会議と五月の中央工作会議で示された情勢認識や困難に対する事実に基づいた見通しを「暗黒風」と非難したのは、まさに、この二度にわたる会議においてである。その矛先は劉少奇、陳雲、さらには周恩来に直接向けられていた[542]。わずか半年の間に、中央指導部の不一致がこれほど拡大したことは、これまでになかったことである。

調整政策に対する毛沢東の同意は、あくまで仕方なくというものであり、条件つきの賛成だった。一九五八年以降、彼が提起してきた「大躍進」の路線・方針・政策や「三面紅旗」について、その正しさに疑義を差しはさむことは許さない、ということが大前提にあった。

毛沢東はなぜかたくなに「単幹風」に反対したのか。彼が最も懸念していたのは、農村に階級分化が生じ、貧富の格差が生まれることだった[543]。「包産到戸」や「分田到戸」を資本主義とみなしていたのである[544]。すでに「雲の上の存在」になっていた毛沢東は、一般農民の訴えにも、指導部メンバーの政策提言にも耳を貸さず、思いのまま排他的な政治をおこなっていた。そこにはスターリンの「全面的集団化」や「モスクワ宣言」の潜在的影響もあった。八月一二日、情勢認識は暗黒一辺倒だ、と鄧子恢を再度厳しく批判し、「包産到戸」を全力で主張するのは、以前に「四大自由」を力説し、いわゆる「言、義に及ばず、好んで小恵をおこなう（枝葉末節の議論に終始して、小賢しい知恵をふりまく、『論語』）」と一脈通じるところがある、とした。柯慶施も、個人で農地を耕す方法が先進的だと考える鄧子恢の主張は、「二十年前から変わらない」「富農・中農の代表だ」と批判した。陳伯達は、「人民公社よりも高級合作社、高級合作社よりも初級合作社、初級合作社よりも単幹」という「荒唐無稽な主張」は、事実上、資本主義の道を歩むのを求めるものだ、と批判した。鄧子恢は自己批判を迫られ、自身の意見は「毛主席および党中央の方針に背いたものであり、方向性が間違っていた[545]」ことを認めた。九月二五日の八期十中全会で劉少奇、周恩来が鄧子恢の件で釈明をした際、毛沢東は、提案するのはかわまないが聞く耳はもたない、と繰り返した。毛沢東はあらためて鄧子恢を「資本主義農業の専門家」と言いなし、中央農村工作部は資本主義をやっていると批判した。その後、鄧子恢を部長とする中央農村工作部は解体されることになった[546]。一九六五年の第三期全人代第一回会議で鄧子恢は国務院副総理に再任されず、全国政協副主席に転任となった。

　ここで見ておかなければならないのは、「大飢饉」による非正常死亡者の数が一〇〇〇万人を超えていた当時、大多数の中央政治局常務委員（林彪を含む）が「包産到戸」に賛成していたことである。

　当時、全国の農村の約二割で「包産到戸」が実施されていたが、一九六〇年の死亡率が最も高かった安徽省では実施率が八割に達していた。死亡率が高く、中国で最も貧しいとされた貴州省でも四割に達していたのである。しかし、毛沢東一人の反対により、「包産到戸」は修正主義とされてしまった。最終的に毛沢東の意見が主流となり、八期十中全会で「単幹風」と批判された「包産到戸」は間もなく全国的に禁止され、中国農村改革初の試みは挫折した。

　しかし、「包産到戸」という革新的な制度は、農民および実務派指導者の中に「制度的記憶」として刻まれ、十六年後に「生産責任制」という形で日の目を見ることになる。この「遅れてやって来た」農村改革が、中国の経済改革の出発点になるのである。一九八一年三月、党中央は鄧子恢の名誉回復をおこなっている[547]。

　一九六〇年代初頭の政治経済政策をめぐる論争の中で「包産到戸」に反対していなければ、毛沢東は中国経済改革の父となりえたであろう。それは後の実践からも明白である。しかし、彼はまたしても指導部内の多数派の意見を受け入れず、誤った側に立ってしまった。それだけ当時の毛沢東が人民、とくに農民から遊離していたこと、ひいては中国の（とくに貧しく立ち遅れた農村の）実情や、党中央の集団的意志からも乖離していたことを示している。

　八期十中全会では、「七千人大会」後の「翻案風（反右傾闘争で批判された者を再評価する気運）」についても批判がなされ、彭徳懐に対する間違った批判があらためて展開された。本来、「大躍進」の失敗は、毛沢東の誤り、しかもきわめて重い誤りを示すものであり、彭徳懐の正しさと先見の明を証明するものである。しかし、当時中央委員だった彭徳懐は「七千人大会」には参加していない。劉少奇は大会で次のように述べている。「廬山会議における反彭徳懐の闘争は、彼が書いた手紙（一九五九年七月一四日の毛沢東あての手紙）だけが原因ではない。彭徳懐・高崗同盟とその国際的背景（外国と通じていること）、彼らの反党活動、某外国人（フルシチョフを指す）と通じて中国の転覆を企んだこと、こうしたことが関係している[548]」。大会後の六月一六日、彭徳懐は毛沢東と党中央に八万字にもなる上申書を提出したが、北戴河会議で毛沢東は彭徳懐の名誉回復に反対した。[549] 八月二二日に彭徳懐は再度上申書を提出し、正当な審査と正しい処理を願い出たが、毛沢東は再びそれを退けた。

九月二四日、八期十中全会で毛沢東は、彭徳懐の名誉回復はしない、また、彭徳懐ら五人の中央委員の全会出席を許可しないと述べた。同月二七日には正式に決議が採択され、彭徳懐に対する査問委員会を立ち上げ、さらに追及していくことが決定された。この彭徳懐に対する毛沢東の「残酷かつ無慈悲」なやり方自体、八大「党規約」に違反するものであり、[550] 数カ月前の「七千人大会」での自己批判、「責任はまず自分にある」という言説を否定するものだった。

「大躍進」における彭徳懐と毛沢東の争いは個人の争いではなく、その正否をめぐる争いだった。したがって、彭徳懐の名誉回復をおこなうか否かという問題は、毛沢東にとって個人のメンツの問題ではなく、自身の誤りを修正するかどうかという問題だった。しかし、八期十中全会では毛沢東個人の意志、すなわちメンツが優先されてしまったのである。

特筆すべきは、一九六五年九月二三日、毛沢東が彭徳懐と会談した際、「真理は君の方にあるかもしれない」とはじめて認めたことである。しかし、正式な会議の場で公に「大躍進」の誤りを認めることは一度もなかった。ましてや、彭徳懐の名誉回復をおこなうこともなかった。この時、毛沢東はすでに呉晗の『海瑞免官』批判を準備しており、彭徳懐の名誉回復を認めることはできなかったのである。「文化大革命」中、彭徳懐は残酷な迫害に遭い、肉体的自由を奪われ、長期間の「特別審査」にかけられて、失意のうちに世を去った。

この八期十中全会で毛沢東は、「七千人大会」とはうってかわって自己の主張を全面的に展開した。「毎年、毎月、全体会議ごとに、あるいは全国代表大会のたびごとに」[551] 階級闘争を提起する、というものである。この会議を機に、中国政治はその方向を再び転ずることになる。それは中国の経済成長の発展過程にも非常に大きな影響をもたらした。

第七節　国民経済と経済管理体制の全面的調整

一、経済政策の全面的調整[552]

「大躍進」と「人民公社運動」は、新中国建国以来最大の経済危機を招来した。国民経済のバランスは全面的不調をきたし、深刻な経済的苦境に陥った。ソ連による専門家の撤退や対中援助の一方的打ち切りという外部要因も重なり、苦境を脱するには「大躍進」政策を放棄するしかない、というところにまで党中央と毛沢東は追い込まれた。こうして国民経済の全面的調整の実施、拡大政策から全面的緊縮政策への転換を余儀なくされたのである。

実際には一九五八年一〇月の時点で、毛沢東は視察を通して問題の所在に気づいており、翌一一月の第一次鄭州会議では高級幹部に対し、「人民公社運動」における行き過ぎの是正を指示していた。同月の八期六中全会で採択された「人民公社をめぐるいくつかの問題に関する決議」では、農業生産合作社から人民公社への転換は社会主義から共産主義への転換ではない、農村人民公社が「即座に全人民所有を実行する」と根拠もなく宣言するのは不適切であり、ましてや「即座に共産主義へ突入する」と宣言するのはもってのほかである等々、理論的修正も始まっていた。この決議では社会主義段階においても商品生産と商品交換は存在し、価値法則と通貨の役割も失われないことが確認された。さらに、労働に応じた分配原則を認め、平均主義と「共産風」の誤りを指摘している。全体会議では、一九五九年の国民経済計画における主要指標の大幅な下方修正が決議された。

一九五九年四月の八期七中全会では、自留地制度と市場取引の復活が提起され、毛沢東の指示により、同年の国民経済計画の主要指標のさらなる下方修正もおこなわれた。六月になると毛沢東は、「大躍進」はバランスを欠いていた、権限の委譲もいくぶんやりすぎた、スピードも少し速かった、それにより混乱が生まれ、半無政府状態がもたらされた、これは重要な教訓である、と認めた。七月から八月に開かれた廬山会議では、「左」傾是正を図り、「農・軽・重」の優先順位をはじめて提起した。**「これまでの重工業、軽工業、農業という優先順位を逆転させせなければならない」「農・軽・重、すなわち重工業を三番目に置く」「重工業は軽工業、農業を資するものでなければならない」**[553]。しかし、この後すぐに彭徳懐への対抗上、反「右」に転換し、再び新たな「躍進」を発動した。一九六〇年になると、「六〇年代を展望する」「素晴らしいスタートをきり、一年を通じて徹底した素晴らしい成果をあげよう」といった社説が『人民日報』に相次いで掲載され、「全業種全業態に躍進が必要である。スタートはもちろん、どの月も、どの季も素晴らしい成果をあげよう。生産量だけでなく、品質や品種、コストや安全面でも絶大な成果をあげ、全面的な躍進を実現しよう」と、「躍進」が終始声高に叫ばれるようになった。しかし、人間の予測は天の予測に勝てず、わずか半年で深刻な自然災害に直面し、農業は大幅な減産、国民経済は急速に悪化し、毛沢東は大躍進と人民公社の再検討を余儀なくされるのである。

一九六〇年六月、毛沢東は「十年の総括」の中で、「大躍進」期の高すぎる指標、「人民公社運動」において公社内部の三級所有制を認識していなかったことなどを教訓に、すでに調整をおこなう構想をもっているとした。しかし、国民経済の調整を真に促した要因は次の二つである。一つは、同年七月から八月の北戴河会議開催期間中に、ソ連が突如すべての専門家の撤退と、あらゆる建設契約・契約議定書の破棄を一方的に宣告し、科学技術提携プロジェクトの廃止や進行中のプロジェクトへの援助中断、さらにすべての物資や設備の供給を打ちきったことである。もう一つは、三年連続で深刻な自然災害にみまわれ、農業生産が大打撃を被ったことである。一九五九年、一割以上の農作物が被害を受けた面積は全国で四四六三万ヘクタール以上に達し、三割以上の被害を受けた面積は一三七四万ヘクタールを超えた。翌年この数字は、それぞれ六五四六万ヘクタール、二四九八万ヘクタールに増大している。[554] 一九六〇年の全国食糧総生産量は、一九五七年比で五一五五万トン減少（二六・四％減）し、一九五一年の水準にも及ばなかった。

七月から八月にかけての北戴河会議で可決された「全党挙げて農業・食糧生産に大々的に取り組むことについての指示」では、農業は国民経済の基盤であり、食糧は基盤中の基盤であること、工業部門は農業支援を最優先事項として取り組むべきであること、削減できる労働力は削減し、最前線である農業に振り向け、農業生産を確保する必要があることが提起された。

八月、李富春は翌年（一九六一年）の国民経済計画は「整頓、強化、向上」を主とし、生産力の新増を従とすべきとする「一九六一年の国民経済工作における統制数字の報告」を国務院に提出した。同月三〇日から翌九月五日にかけて国務院でこの報告が審議された際、周恩来は、「整頓」を「調整」に改め、「充実」の二文字を加えるべきだとした。こうして「調整、強化、充実、向上」の八字方針が形成された。これは、調整を軸にしながら国民経済各部門の不均衡を是正し、生産と建設による成果を打ち固め、新興産業や不足物品の充実を図り、製品の品質と経済効率を向上させる、というものである。[555] 九月三〇日、党中央はこの方針を承認し、各部・各地区での実行を指示した。

一九六〇年一一月、全国計画会議は「調整、強化、充実、向上」の八字方針実施に関する党中央の決定を通達した。これもまた「下馬（従来の成長戦略を中断して調整をおこなう）」の方針だった。

一二月三日、党中央は「鉄鋼生産を確保する問題に関する緊急指示書簡」を出したが、これは一八六〇万トンの鉄鋼生産達成を従来通り要求し、工業躍進を確保するものだった。八字方針と相反する政策方針であり、「上馬（工業の成長を積極的に推し進める）」しながら「下馬」するか、あるいは全面的に「下馬」するかで揺れ動く指導部内の矛盾した心理を映している。実際、同年の農業生産額は一六・四％のマイナスであり、仮に一九五九年のマイナス一五・九％を含めるならば、一九五七年のわずか七四・一％の水準となる。工業の躍進を引き続き確保しようとすれば、農業の被害はさらに拡大する可能性があった。

同月二四日から翌年一月一三日にかけて開かれた中央工作会議でも、鉄鋼生産量一九〇〇万トン、石炭同四億三六〇〇万トン、食糧同四一〇〇億斤、財政収入六三〇億元などの目標が依然提起されており、「大躍進」においては「下馬」は「上馬」のように容易ではないこと、「下馬」は強いられておこなう以外に方法がないことがよく表れている。当時、中国経済の危機は限界に達しており、「下馬」しなければ崩壊は不可避だった。党中央はやむなく「全面的下馬」、すなわち「国民経済の全面的調整」を決定した。

一九六一年一月の八期九中全会において、ようやく八字方針が決定され、この会議が「大躍進」と「鉄鋼中心」の方針を全面的に放棄し、国民経済の調整に転換していくメルクマールとなった。

八月二三日から九月一六日にかけて廬山でおこなわれた中央工作会議では、「工業生産と工業基本建設の指標を、確実に、あるいは余裕をもって達成できるレベルにまで引き下げる」ことが強調され、最大の決意をもって、各主要産品の生産指標設定に再度取り組むことになった。会議で決議された工業問題に関する指示では次のように述べられている。「必ず事実から出発し、全面的な見通しをもって始めなければならない。後退すべき局面では断固として後退し、しかも十分に後退しなくてはならない」「これから七年間、すべての工業部門は調整・強化・充実・向上の八字方針を揺るぐことなく貫徹しなければならない。むこう三年のこの方針の実行は、調整を中心に据えなければならない」。

「七千人大会」後の一九六二年二月二一日から二三日にかけて、劉少奇は中南海の西楼会議室で中央政治局常務委員会拡大会議（通称「西楼会議」、毛沢東は欠席）を主宰した。この会議では、さらに踏み込んだ国民経済の分析がおこなわれ、一連の経済調整政策が提起された。陳雲は次のように発言した。「国民経済の回復には、一九六〇年から数えても五年程度を要する。農業生産の回復と衣食、つまり最低限の生活の保障を最優先にしなければならない。基本建設と若干の重工業の計画指標は将来的に引き上げるにしても、今は断固引き下げなければならない。都市人口を大幅に減らし、インフレを防止するためのあらゆる措置をとらなければならない」[556]。

この「西楼会議」の後、党中央は中央財経小組の復活を決定し、陳雲を組長に、李富春と李先念を副組長に任命、メンバーに周恩来、譚震林、薄一波、羅瑞卿、程子華、穀牧、姚依林、薛暮橋（秘書兼務）を選出した。三月七日と八日に第一回会議が開かれ、陳雲はこの年の国民経済計画の調整を重点的に訴えた。周恩来は陳雲を支持し、陳雲の主張を対聯（上聯が「先抓喫穿用（まず衣食の用を満たし）」、下聯が「実現農軽重（農業、軽工業、重工業の優先順位で取り組む）」、横額が「総合平衡（総合的バランス）」）にまとめた[557]。また、八カ条の転換方針を提起し、その中で「工業、交通に力点を置いた経済計画から、農業と市場に力点を置いたものに改めなければならない。今、何が最も必要かというところに照らして生産計画を立てなければならない。全体的なバランスを重視し、基本建設の規模や投資はさらに削減しなければならない」と述べた。

五月七日から一一日にかけて開かれた劉少奇主宰の中央工作会議では、劉少奇、周恩来、朱徳、鄧小平ら四人の中央政治局常務委員が講話をおこない、李富春、李先念、薄一波がそれぞれ一九六二年の計画に関連する問題について説明した。その後、中央財経小組は周恩来の主管の下で「一九六二年の調整計画についての討論に関する報告」を起草した。そこで経済の好転を勝ち取る指導思想として提起されたのが、「十分に退却し、成果はできるだけ早く、準備はできるだけゆっくりと」というものである。これに基づき、引き続き工場労働者と都市人口を削減し、工業に対しては、閉鎖・停止・合併・転業の措置をとること、人力・物力・財力などの面から農業を重点的に強化していくことが決定された。同月二六日、毛沢東は中央財経小組の報告を認可し、全国で貫徹するよう指示した。こうして国民経済の調整政策が大々的に展開されることになったのである。[558]

「大躍進」期に最もダメージを受けたのは農業だったため、国民経済の重大な調整は、まず農業から始められた。その中には、農業労働力の強化拡充（一九六一年春までに二九一三万人増員）、食糧買付け量の削減（食糧総生産額に占める買付け量の割合を一九六〇年の三九・六％から一九六一年は二七・四％に、翌一九六二年は二三・八％に引き下げる）[559]、国外（オーストラリア、カナダなど）からの食糧の緊急輸入による国内市場の安定化[560]（一九六一年の食糧輸入を前年の六万六〇〇〇トンから五八一万トンへ、一九六二年は四九二万トン、一九六三年は五九五万トンにそれぞれ増加させる）[561]、農業副産品買取り価格の引き上げ（これにより、一九六一年の農民の副産品収入は六〇億元増加した。一九六二年の買い取り価格は一九五七年比で平均三三・二％、一九六六年は平均四〇・六％それぞれ引き上げる）[562]、農民の税負担の軽減（一九六一年六月には農業税が一九五七年の一一・六％から一〇％に引き下げられた）といった政策が含まれていた。

当時、中央農村工作部部長だった鄧子恢は、工作組による農作業の請負を提起し、とくに細かな作業については個人による請負や戸別による請負（「包産到戸」）を実施してもよいと提起した。「責任制は生産量につながるものであり、所有制に影響しなければ実施可能である」とする意見である。[563] 劉少奇も「農業においては十分に『後退』する必要がある。地方によっては『包産到戸』を実施してもよい」と提起した。一九六二年の初めになると、広西・安徽などの省で「包産到戸」が提起された。同年九月の八期十中全会で採択された「農村人民公社工作条例（修正草案）」（通称「六十条」）ではさらに、生産隊耕地面積の通常五～七％を占める自留地については、今後長期間、社員家族が所有し、使用すること、荒れた山地や傾斜地を自留山として社員に分配し、経営を委ねることができること、条件と必要性がある地方は、適度な面積の飼料地を社員に提供してもよいこと、こうした自留地・自留山・飼料地から得られる収入は社員に帰するものとし、その割り当てに基づいて国家は農業税を徴収したり、買付け量を計上したりしないことなどが規定された。

党中央は、人民公社の所有制と分配関係の調整に乗り出し、生産隊（地方によっては生産大隊）を基礎とする三級所有制の実施と、少なくともむこう七年間はこれを変更しないことを決めた。生産隊（大隊）の経営については、相談とアドバイス以外、公社は一切関与できないことになった。生産大隊間で生産協力をおこなう際には、自由意志と相互利益、等価交換の原則を守ることが求められた。また、生産小隊が所有・管理する資金、物資、農具、設備、山林、家畜等を公社や生産大隊が徴用することも禁じられた[564]。

この時、党中央は機関職員と工場労働者、都市人口の削減にも着手している。一九六〇年、全国の工場労働者の総数は五〇〇〇万人を突破し、そのうち県以上が運営する工業労働者は二一四四万人で全体の五分の二を超えていた。党中央は労働者の削減と整理による都市人口の削減を決定した。翌一九六一年五月三一日、「都市人口削減および都市の食料販売量圧縮に関する九カ条の方策」が中央工作会議で策定され、六月二八日には「職員、労働者削減をめぐる若干の問題についての通知」を党中央が出している。そこでとくに求められたのは、一九五八年以降に農村から招集した職員と労働者が、農村に戻って農業支援に携われるよう、各機関・企業・事業所単位で措置をとることだった。この結果、一九六一年末までに全国で合わせて八七二万人の職員・労働者が削減され、都市人口は一〇〇〇万人前後減少した[565]。一九六二年二月二四日、党中央は同年前半も引き続き七〇〇万人の都市人口を削減することを決定し、一九六二年と一九六三年の二年間で合わせて二〇〇〇万人の都市人口を削減した。そのうちの半分が職員および労働者であった。一九六一年を合わせた三年間で、都市人口三〇〇〇万人、工場労働者一八七〇万人が削減されたことになる[566]。

党中央はまた、基本建設投資の大幅な縮小も決定した。この結果、一九六一年は六七・九％、一九六二年は四五・二％の投資額を削減している。推進中だったプロジェクトの多くが中断され、一九六一年は五七％（そのうち大型・中型プロジェクトは二二％減少）、一九六二年は二九％（同二九％減少）それぞれ減少した。

同時に、工業の発展スピードを落とし、工業の内部構造の調整が実施された。一九六二年の工業総生産額は前年比で四七％減り、重工業は五七％減、そのうち鉄鋼生産量は六八％、軽工業は二六％、それぞれ減少した。「大躍進」で勃興した地方小企業に対しては、閉鎖・操業停止・転業などの処置がとられ、九六六万人の労働者が削減された。同年の県以上が経営する工業企業数は一九六〇年比で五五％減少し、多くの地区で企業数は一九五七年の水準にまで減少した。

インフレ抑制のための施策も実施された。一九六二年三月と四月、党中央は銀行に委譲したすべての権限の回収、銀行業務に対する直接指導、信用取引と現金管理の厳格化を決定した。一八品目の生活必需品の価格を安定させると同時に、高級品（高級なタバコ、酒、菓子類、高級旅館、自転車、腕時計、ミシンなど）の高価格政策を実施し、通貨還流を積極的に促した。その結果、物価上昇幅は急速に縮小し、安定に向かった[567]。

こうした結果、一九六二年末から一九六三年初めにかけて、国民経済は上昇の兆しを見せ始め、その後急速に回復していくことになった。一九六三年の経済成長率（GDP成長率）は一〇・二％に達した。これは回復を示す高成長である。一九六〇～一九六二年のマイナス成長により、一九五七年の水準の一歩手前にまで落ち込んだ実質GDPは、一九六四年には再び一五・三％のプラス成長に転じ、一九五八年の水準に近づいた。一九六五年は引き続き一七％のプラス成長を実現し、実質GDPは一九五九年を凌駕した。三年間で驚くべき回復と成長、急発展を実現したことになる。加えてこの時期に大慶油田が開発され、一群の新興工業が生まれた。また、ミサイルや原子爆弾の研究製造に成功し、独立した国防工業体系が確立された。

二、経済体制の調整

この時期の経済体制の調整は、国民経済強化のための集中的・統一的管理という方向で進められていった。「大躍進」期の分権化から集権化への転換である。「大躍進」がもたらした経済危機を計画経済体制の枠組みの中で収束させるという点で、この方法は有効だった。

一九六一年一月、党中央は「管理体制の調整に関する若干の暫定的規定」を公布し、経済管理体制の調整を決定した。主な内容は次の通りである。（一）経済の管理権限を中央、中央局、省（直轄市、自治区）委員会の三級に集中させ、今後二、三年以内に中央と中央局への集中をさらに進める、（二）一九五八年以降に各省・自治区・直轄市および中央各部から各行政区・県・企業・公社に委譲された人事権、財政権、事業運営権のうち、委譲が不適切だと認められるものをすべて回収する、（三）中央各部委員会直属企業の運営管理、生産指揮、物資調達、幹部人事などの権限はすべて中央が主管する各部に帰するものとし、これまで地方に委譲された国防工業企業はすべて中央に回収、全国の鉄道は鉄道部の統一的管理下に置く、（四）全国にバランスよく行きわたる必要のある重要物資については中央が統一的に管理・分配する、（五）財政は中央集権を必須とし、各級の予算収支が赤字になることを許さず、通貨の発行はすべて中央がおこなう、（六）生産、基本建設、文化教育、労働、買付け、財務など、すべての任務は国家計画の達成のため、全国共通の基盤でおこなわなければならず、上から下まで同じひとつの方針で動かなければならない。[568]

一九六一年からは、企業による利潤留保制度が廃止され、かわって企業基金制度が実施されるようになり、企業の財政権が縮小された。企業が自己資金を基本建設に投資することについては行政管理上の点から厳格な審査がおこなわれ、徹底的にメスが入れられた。建設プロジェクトは国家計画に基づいておこなうこととされ、生産活動と関係ない大規模な高級施設の建設は厳しく禁じられた。また、建設規模にも制限が設けられ、衣食住を解決する小規模なプロジェクト以外に自己資金を投入することは基本的に禁止された。また、大規模プロジェクトについては例外なく中央の認可が必要になった。九月、党中央は「国営工業企業工作暫定実施条例」を公布し、工場長責任制度、技術責任制度、財務責任制度など、厳格な責任体系の確立を求めた。[569]

一九六二年になると、党中央と国務院は、銀行と金融制度の集中・統一を徹底し、信用取引の統制、金融の引き締め、監督の強化に着手した。[570]四月には「財政管理の厳格な統制に関する決定」を出し、高度な財政集権を実施した。[571]

国民経済においては、「五カ年計画」のみならず、各年度の計画、さらには四半期ごとの計画も中央が主管するようになり、計画全体はもちろん、工業、農業、商業、財政それぞれの個別計画も中央が管轄するようになった。時には食糧の生産指標の振り分け、家畜の管理といった具体的なことがらまでも中央が管理した。文化・教育・科学の面でも、政策決定のみならず、事業計画や機関の設置、人事にいたるまで、すべて中央が決定した。高等教育機関の学生募集計画でさえ、中央の審査が求められた。政府部門の業務の大部分は、党中央から下達された文書をもとにおこなわれるようになり、党中央と国務院が共同で作成した文書に基づいて決定される業務は、ごくわずかなものとなった。

国務院やその所属各部門、省・市・自治区の人民政府に属していた管理権限も、同級の党指導機関に移された。

中央局の発足に合わせて同級の政府出先機関（一九五〇年代初めの各大区行政委員会に相当する）が設立され、大区の政治・経済・文化に関わるすべての業務および各大区が管轄する省・市・自治区の党機関、政府機関、大衆団体の指導を、各大区の中央局が直接担当するようになった。各省・市・自治区の政策実務の決裁は、中央局を経てから党中央に転送後決裁され、行政の実務は党中央が直接決裁することになった。

経済管理の人事権限も党中央、中央局および省（市・自治区）委員会の三級に集められ、二、三年以内に中央および中央局への集中をより進めることが求められた。

こうして一九六〇年代半ばごろまでには、横方向の権限は党の同系列に、縦方向の権限は中央に集中することになり、最高指導者個人を頂点とする一種のピラミッド型の権力構造が構築されることになった[572]。

数年の調整政策を経て、国民経済は回復し、全体のバランスも正常な状態に復しつつあった。まず、工業と農業の比率の変化である。総生産額の比率で見ると、一九六〇年の七八対二二（工業対農業）が、一九六五年には六三対三七になった。次に、重工業と軽工業の比率を総生産額で見ると、三三対六七（軽工業対重工業、一九六〇年）から五二対四八（同、一九六五年）に変化している。貯蓄と消費のバランスも変化し、貯蓄率は三九・六％（一九六〇年）から二七％（一九六五年）にまで低下した。

一九五九年から三年連続で赤字だった国家財政も、一九六二～一九六五年の期間は毎年黒字だった。人民の生活も目に見えて好転し、一九六五年には最悪の時期はすでに通り越していた。再集権化は経済秩序の回復と経済の復活に効果を発揮した。とはいえ、計画経済体制の弊害が再び出てきたことも事実だった。「統制すれば硬直化し、開放すれば乱れる」という計画経済体制につきものの堂々巡りが、ここにも表れていた。

一九六四年末、経済の大転換が形になってすぐに毛沢東は、再び「大躍進」の構想を提起した。それは、「飛躍的」発展論の工夫を凝らした提起だった[573]。一二月、周恩来は毛沢東の提起に基づき、第三期全人代第一回会議で国民経済発展の長期的展望と構想を提起した。「第三次五カ年計画からの十五年を第一段階とし、一九八〇年までに独立完備の工業体系および国民経済体系を構築する。そして、第二段階として二〇世紀のうちに、農業・工業・国防・科学技術の近代化を全面的に達成する」。

周恩来は毛沢東になり代わり、国民経済発展の方針を四点提起した。（一）農業、軽工業、重工業の関係を正しく処理すること。国民経済発展の計画は農業、軽工業、重工業の順に沿って立て、農業を基盤とし、工業を主導とすることを国民経済発展の全体方針とする。（二）自力更生と国際協力の関係を正しく処理すること。自力更生の方針を堅持し、自己の力に依拠して、独立完備した近代的国民経済体系を構築する。（三）技術改革を実行すること。世界各国の技術発展を後追いするようでは駄目であり、常識を打ち破って、可能なかぎり先進的な技術を取り入れなければならない。外国に学ぶことと、自分たちで創造することを結びつけなければならない。（四）指導の集中と大衆運動を結びつける。

これが当時の中国指導部が出した工業化の基本路線である。従来の「ソ連モデル」に修正が加えられると同時に、もともとの中国工業化路線にも調整が施されている。この路線に沿って進んでいけば、中国は一九六五年から、アジアの「四小

龍（韓国、香港、台湾、シンガポール）」とともに高度経済成長期に突入していたであろう。しかし残念ながら、実際には「文化大革命」という、十年の長きにわたる政治的動乱に陥ってしまったのである。

三、平和時の経済方針から戦時の経済方針への転換

経済の急速な回復過程は人口の増加を伴っており、建国以来二度目のベビーブームを招来した。これは、発展に重くのしかかるプレッシャーとなり、党中央は人々の暮らしの問題を主眼に据えた経済成長方針を定めることになった。一九六三年八月、鄧小平は次のように提起した。「昨年（一九六二年）の人口は一三〇〇万人の純増、今年はおそらく二〇〇〇万人の純増となり、一九七〇年に人口は八億に達する見込みである。衣食はじめ、日常生活の保証に求められる期待は年々大きくなっている。農、軽、重の優先順位にしたがい、発展のスピードと内実を長期的視野に立って向上させていかなくてはならない。一定期間、われわれの工作の重点は、農業を基盤とする方針に基づき、衣食および日常生活における課題（当然それは水準の低さが問題となる）の適切な解決に置かなければならない。工業それ自体は、基礎工業の脆弱性解決に注力しなければならない[574]」。

　九月の中央工作会議では、「衣食および日常生活の問題の解決、基礎工業の強化、国防の同時的配慮、そして最先端を追い越すこと、この順序に沿って組まれた経済計画」の実行を経済工作の方針とすることが決定された。

　一九六四年からソ連が中ソ国境に大量の兵力を投入するようになり、これに敏感に反応した毛沢東は、ソ連との間に戦争が勃発する可能性をはじめて示唆した。同年五月二七日の政治局常務委員会で、毛沢東は次のように指摘した。「フルシチョフの反中の勢いから見れば、われわれに対して戦争をしかけるという大悪を犯す可能性を考慮しておかなければならない。したがって、全力で武力による侵略に備えなければならない」。六月一六日、十三陵ダムでおこなわれた会議では戦争準備の新たな戦略構想が打ち出され、敵がどこから攻めて来ようともそれに備え、警戒を高めなければならないこと、準備をしても攻めてこない可能性はあるが、準備をしなければ必ず攻められること、攻めてきたらこれと戦わなければならず、戦うからにはあらゆる犠牲を恐れてはならないことなどが提起された[575]。

　八月二日から五日にかけて、アメリカはベトナムでいわゆる「トンキン湾事件」をでっち上げ、北ベトナムに大規模な空爆をおこなった。六日、中国政府は声明を発表し、アメリカの侵略行為に警告を発した。同日、毛沢東は黄河視察の予定をやむなくキャンセルした。一二日には、人民解放軍総参謀部作戦部の「敵の急襲に備えた国家経済建設のあり方に関する報告」に、念入りな研究と段階的実施が必要とのコメン

トを出した。毛沢東の求めに応じ、一九日に国務院は李富春ら一三人で構成される特別対策小組を発足させ、李富春を組長、薄一波、羅瑞卿を副組長に任命した。一〇月二二日、毛沢東は次のような指示を出した。「戦争に立脚点を置く必要がある。大規模な戦争や早期戦に備えることから始めて、積極的に戦争準備を進めなければならない。核戦争も考慮に入れなければならない。ことは一刻を争う問題であり、時間もまた戦略問題の一つである」。一二月、アメリカは中国の核兵力への対抗を理由に、原子力潜水艦を大陸沿岸に派遣し、香港に停泊させた。同時に、インドシナ全体に戦線を拡大した。一二月二九日、核ミサイル「ポラリス」搭載の原子力潜水艦を大陸沿岸に派遣したアメリカに対し、中国政府は、戦争挑発行為として強く抗議する公式声明を出した。この時点での党中央の国際情勢認識はかなり深刻であり、戦争は不可避であると考え、戦争準備の強化を決定した。一九六五年四月には毛沢東の提案に基づき、最悪の事態への対応準備から始めること、つまり「帝国主義の早期奇襲攻撃、大規模攻撃に備えるところから始めなければならない」ことを党中央が提起、国防を第一とし、ある程度の規模をもった戦略的大後方として「三線（内陸）」建設を急ぐことを決定した。また、経済工作の力を大至急結集し、内陸建設を急ピッチで進めることとした。当時の「三線建設」の基本方針は「多く、速く、立派に、無駄なく」で、工業と農業を結びつけ、国防と農業に奉仕する戦略的後方工業基地を内陸部に建設するというものであり、とくに西南地区の建設に重点が置かれた。

九月に修正された第三次五カ年（「三五」）計画は、明らかに国防建設を軸としたものになっており、内陸建設が極端に強調されていた。五年間で新規、継続、拡大合わせて一四七五項目の大型・中型建設プロジェクトが計画され、そのうちの三八三項目（二六％）が国防関連であり、六八六項目（四六・五％）が重工業関連だった。交通、鉄道、逓信関連は一五六項目（一〇・六％）、軽工業関連は九八項目、農業文教関連は四一項目と、それぞれ全体の一割程度か、それに満たない割合だった。

これは明らかに平時の経済建設から戦時の経済指導方針への転換であり、「農業、軽工業、重工業」の優先順位は、「重工業、軍事、軽工業、農業」に改められた。

一九六六年七月、毛沢東は「戦争に備え、凶作に備え、人民に服する」経済方針を本格的に提起した。劉少奇あての手紙には次のように書いた。「第一に戦争に備えることである。人民と軍隊は衣食足りてはじめて戦力たりうる。そうでなければ銃剣は無用の長物になってしまう。第二に凶作に備えることである。凶作の年に、穀物、綿、油の貯蓄がなく、ほかの省からの援助に頼る地方があるようでは長期計画とは言えない。ひとたび戦争となれば、困難はさらに大きくなる。局地的凶作は、どの省でも起こりうる。複数の省単位で見れば、可能性はさらに高くなる」。加えて、「池を干して魚をとる（農村に余剰を残さない大量の買付け）といった情況、凶作の年に多くの地方で単純再生産すら維持できない情況を、ここ数年われわれも経験してきた。これらをすべて戒めとしなければならない」と強調した。[576] のちに、この方針が「三五」期の主要経済方針となった。

第八節　「文化大革命」を準備する毛沢東

一九六六年に毛沢東が自らの手で引き起こし、指導した「文化大革命」は、偶然の産物でもなければ、短絡的な思いつきでもない。入念に準備、計画されたものであると同時に、毛沢東にとってやむを得ない政治的選択だった。**「文化大革命」とは、一九六〇年代初頭から顕在化した劉少奇、鄧小平ら大多数の指導部と毛沢東との国情（国内の主要矛盾など）認識の相違に端を発するものであり、そこから生じた不一致、衝突、闘争であった。**

一、毛沢東の階級闘争理論とその背景

一九五六年九月の八全大会では、国内情勢および主要な矛盾の変化について、正しい分析がおこなわれた。また、この分析に基づいて、党の任務の軸足をシフトさせる重大な政策決定がなされ、中国の正しい発展の路線が確立された。この路線が堅持されていれば、中国の社会主義近代化はより大きな成果を勝ち取っていたであろう。しかし、予想に反し、大会後ほどなくして党中央は八大路線を変更してしまった。

一九五〇年代半ば以降、ソ連および東欧の社会主義国家で生じた重大な変化に対して、毛沢東は相当な危機感を抱いていた。そしてこれが、経済建設中心から階級闘争中心へと舵をきっていく国際的背景にもなった。

一九五七年五月の党内整風運動は「反右傾」闘争に転化した。同年九月に毛沢東は、過渡期全体の主要矛盾は社会主義と資本主義との矛盾であり、プロレタリア階級とブルジョア階級との矛盾であるという、八全大会決議とはまったく異なる見方を提起した。一〇月の八期三中全会で、毛沢東は再びこの考え方を提起し、翌一九五八年には八大決議を正式に改変している。**一九五七年を境に始まったこうした事態は、毛沢東個人の意見が全党で可決した決議とぶつかった時には前者が優先され、指導者個人が党を凌駕し始めたことの表れである。**

一九六〇年、ソ連が一方的に経済技術援助協定を破棄し、専門家の引き揚げを決定したのを機に、中ソ両党の公開論戦が勃発した。一九六一年、ソ連共産党の第二十二回大会でフルシチョフが提起した「平和共存、平和競争、平和的移行」「全人民の国家、全人民の党」という「三和両全」路線は、国際共産主義運動の思想的混乱と社会主義国家の動揺をもたら

した。
一九六〇～一九六二年にかけて、インドがまず国境での衝突をつくり出し、一九六二年一〇月、インド軍が「マクマホンライン」を超えて中国領に侵攻、大規模な軍事衝突が引き起こされた。やむなく自衛の反撃に打って出た中国軍は、インド軍二個旅団を壊滅させた。死傷、または捕虜になったインド軍兵は合計八七〇〇人を超え、後に解放されたインド兵捕虜は三九四二人を数えた。同年一一月、フルシチョフは反中演説を繰り返し、インド政府を支持した。

一九六一年、アメリカは南ベトナムに大量の軍隊を投入し、いわゆる「特殊戦争」を展開した。これは中国南部に直接的に戦争の危機をもたらした。

一九六二年四月から五月にかけて、新疆ウイグル自治区で「イリ事件」が勃発した。

同年夏には、同じく新疆ウイグル自治区の塔城、裕民、霍城地区の住民六万人が国境を越え、ソ連に逃亡するという事件が相次いで発生した。

また同年、台湾の蒋介石は大陸の経済的混乱を利用して積極的な「大陸反攻」を展開し、武装スパイを中国大陸に潜入させた。

毛沢東は、こうした国外の大きな情勢と国内の小さな変化、およびそれらがもたらす相互作用にきわめて敏感であり、激甚に反応した。典型的な「挑戦―応戦」タイプといえる。毛沢東の憂慮と危機感は、当時発表された多くの詩詞にもはっきりと表れている。一九六一年一一月一七日の『七律・和郭沫若同志（郭沫若同志に和す）』[577]では、当時の内外情勢を「一従大地起風雷、便有精生白骨堆（一たび大地に風雷《あらし》起こりしより、すなわち精《まもの》有り　白骨の堆《やま》を生ず）」と形容している。一九六二年一二月二六日の『七律・冬雲』には、「高天滾滾寒流泄、大地微微暖気吹（高き天には　滾滾《こんこん》と　寒き流《かぜ》急なれど、大地には　微《かす》かに微《かす》かに　暖気吹く）」[578]という描写がある。いずれも当時の毛沢東の情勢認識と沈鬱な心情を映し出している。

「七千人大会」の講話で毛沢東は次のように述べている。「社会主義社会においても、ブルジョア分子は新たに生み出される。社会主義段階全体を通じて階級と階級闘争は存続する。こうした階級闘争は長期にわたり、複雑で、時にはかなり激しいものになる」。さらに、「階級の敵（地主、富農、反革命分子、悪質分子、右派分子）は人口全体の四％から五％を占めている」[579]とする「区分論」を提起している。

この割合が何を根拠にしたものなのか毛沢東は一切説明しておらず、不明である。中国のような人口大国では、その一％といえども、絶対値は膨大になる。当時の総人口（六億七二九五万人）にあてはめて計算すれば、四％から五％は、二六九二万人から三三六五万人になる。これだけの数の「階級の敵」が存在するということ自体、その階級区分の恣意性、主観性を説明するものにならないだろうか。しかも、毛沢東は階級闘争のたびにこうした曖昧な数字を出したのである。

「七千人大会」後、鄧小平はわざわざ名誉回復についての研究をおこない、階級闘争の拡大を防ごうとした。四月、党中央は「党員、幹部の名誉回復を早急におこなうことに関する通知」を出し、「大躍進」中の「白旗引き抜き運動」や「反右傾闘争」、「整党整社運動」で誤った批判にさらされ、処分された党員幹部の早急な名誉回復を求めた。同月、中央統戦部は全国統一戦線工作会議を開き、非党員人士との協力強化を決定した。五月下旬には、相次ぐ政治的査問の過程で、海外とのつながりを理由に濡れ衣を着せられた帰国華僑の名誉回復を党中央が決定した。さらに九月、中央統戦部は第二回工作会議を開き、「改造右派分子」の汚名返上の取り組みを進めた。

これは、国内外をとりまく環境がきわめて特殊だった時期に党がおこなった「自己修正」の試みであり、階級闘争拡大の誤りを正し、その後遺症を和らげようとするものだった。にもかかわらず、党中央は結局、毛沢東の階級闘争拡大を阻止することができず、逆にその理論を受け入れることを余儀なくされ、階級闘争理論の急進主義路線を正式に採択することになってしまったのである。

八月二三日の北戴河会議で、毛沢東は党内で見られる修正主義の問題をもち出し、九月二四日から二七日にかけて開催された八期十中全会では「階級闘争を決して忘れてはならない」と提起した。この八期十中全会はコミュニケという形で社会主義期における階級闘争という毛沢東の理論を正式に承認し、「文化大革命」発動の理論的根拠を用意することになった。[580]

「七千人大会」で毛沢東の路線的誤りを正すことができなかったばかりか、八期十中全会では毛沢東路線を全面的に承認し、「合法的手続きによるお墨つき」まで与えてしまったのである。毛沢東は階級闘争を拡大しただけではなく、それを党内にもち込み、党内闘争拡大のための政治的根拠をつくり出したのである。異なる意見や観点が党内に存在するのはきわめて正常なことである。しかし、それらを修正主義あるいは国内外のブルジョア思想の表れとみなすことは正常とは言えない。党内の不一致を解決するための民主集中制は形骸化し、「残酷な闘争、無慈悲な攻撃」という階級闘争がそれに取って代わることになった。

毛沢東の階級闘争理論は八期十中全会のコミュニケにも盛り込まれ、のちの「四清」運動のさなかに、多くの人が自殺に追い込まれる事態をもたらす直接的引き金になる。[581]

「文化大革命」は、この理論の破壊性をさらに証明するものになった。**毛沢東は階級闘争理論を用いて、自ら創設し、後に指導した中国共産党のほかの指導者と闘ったのである。鄧小平は問題の深刻さを痛苦の思いでふりかえっている。**[582]

八期十中全会以降、「左」の路線的誤りを正さなかった毛沢東は、むしろ積極的に「階級闘争を要とする」路線を推し進め、全国規模での階級闘争の展開を決めた。それが「社会主義教育運動」である。

一九六三年五月一八日、党中央は「当面の農村工作における若干の問題に関する決定（草案）」（通称「前十条」）を策定し、「反革命の両面政権」を樹立するのは階級の敵の常とう手段であり、今回の運動は土地改革の時よりも広範で、複雑かつ内容の深い大規模な大衆運動であるとし、「階級闘争を要とする」ことを明確に打ち出した。

こうして始まった「社会主義教育運動」について、一九六四年三月に毛沢東は「徹底的にやる必要がある。やり遂げるには数年かかる。各級指導部の中にある官僚主義、修正主義、教条主義を一掃することがその目的である」[583]と提起している。

運動の本格化に伴い、一九六四年末から一九六五年初めにかけて、党中央は「農村の社会主義教育運動において現在提起されているいくつかの問題」（通称「二三条」）を制定した。運動の当初、農村では、帳簿、倉庫、財物、労働点数の面で幹部の不正がないかを点検する運動、すなわち「四清」運動が展開され、都市では「五反」運動（汚職窃盗、投機買占め、派手な浪費、分散主義、官僚主義に反対すること）が展開されたが、この「二三条」は「社会主義教育運動」の内容を一律に「政治、経済、組織、思想を清める」（「四清」）ものと規定した。[584]この「社会主義教育運動」は発動から四年近くが経過した一九六六年の春までに、全国の三分の一の県、公社に広がった。

毛沢東が自ら発動・指導したこの「四清」運動は、「文化大革命」の予行演習と見ることができる。「四清」運動を実践していく中で、自身の階級闘争理論に磨きをかけていったのである。

すでに一九六一年一月の時点で、毛沢東は「われわれの党には地主階級、ブルジョア階級を代表する者がいる。各地の党組織のおよそ三割が腐敗しており、指導権は敵の手に落ちている」（八期九中全会の講話）[585]と述べていた。一九六三年五月の杭州会議でも、階級闘争重視の姿勢を打ち出していた。[586]

中央組織部によると、当時、全国で「四清」運動、「五反」運動を展開した各種工作隊の人数は一五〇万～一六〇万人で、一九六四年に工業・交通部門系列で組織された工作隊は一三万人、一八〇〇の全人民所有制企業で運動が展開され、一八の部門・委員会にわたる四五人の正副部長が、二万二〇〇〇人の幹部を率いて出向したという。[587]

アメリカによるベトナム侵略戦争もまた、対外的には戦争に備え、対内的には「和平演変」を阻止するという毛沢東の政策の重要な根拠になった。一九六四年八月、アメリカはいわゆる「トンキン湾事件」を口実に北ベトナムに次々と海軍・

空軍を差し向け、中国南部国境地帯に直接的な脅威をもたらした。これに激甚に反応した毛沢東は、ベトナム人民を支持し、アメリカ帝国主義を全世界人民の侵略に反対する声明を幾度も出した。アメリカ帝国主義を全世界人民の最も凶悪な敵とみなしたのである。こうして「反帝国主義」「反修正主義」が「文化大革命」のスローガンとなり、その起爆剤になったのである[588]。

二、毛沢東と劉少奇、鄧小平の政治的不一致と衝突

劉少奇、鄧小平らと毛沢東との政治的不一致は絶えず拡大し、顕在化した両者の争いは、党の最高指導部の分裂というところまで、とどまることなくエスカレートしていった。

一九五九年の廬山会議で「右傾機会主義批判」がなされて以降、党内であえて指導部を批判する者はいなくなった。各級党委員会の書記の多くは「家長」となり、毛沢東は全党の大「家長」になった[589]。廬山会議を境に、毛沢東とほかの指導部との分裂は公然化し、鄧小平のように、それまで毛沢東を支持していた人物も離れ始めた。「文化大革命」期に毛沢東は、一九五九年以降、鄧小平は自分の話を聞かなくなった、いつも離れたところにいて「敬遠」していた、と恨みを吐露している。一九八〇年七月、イタリア人記者オリアーナ・ファラーチのインタビューに答えて、鄧小平は次のように話している。「わたしが毛主席の話を聞かなくなったというのは、当たらずとも遠からずだ。わたしだけではない。ほかの指導部全体が似たような状況だった。これは、毛主席の晩年の考え方がいくらか不健全だったこと、家長的で封建主義的なところがあったことの裏返しである。異なる意見に進んで耳を貸すということがなかった。毛主席が批判した事柄がすべて間違っていたというわけではない。しかし、わたしであれ誰であれ、正しい意見をもっていたとしても、積極的に聞こうとはしなかった。民主集中制も集団指導体制も破壊されていた。そうでなければ、『文化大革命』が引き起こされた理由を説明できない[590]」。

一九六二年の八期十中全会で毛沢東は、「北京には二つの司令部が存在する。しかも両者の対立はかなり先鋭化している[591]」と語った。

一九六三年五月に毛沢東が中心になって杭州で策定した「前十条」は、主に基層幹部の特権的作風、横領、略奪、汚職、腐敗に的を絞ったものだったが、後に路線闘争へと発展していく。中国には現在、深刻かつ非和解的な階級闘争が存在しており、「四清」「五反」運動は跋扈する資本主義勢力を打倒し粉砕するための社会主義革命闘争である、というのが毛沢東の認識だった。

毛沢東は、ある報告書へのコメントの中で、次のような警告と予言を発している。「階級闘争をやらなければ、少なくとも数年、十数年、長く見積もっても数十年で、反革命が全国レベルで復活することは避けられない。マルクス主義の党

が修正主義の党、ファシズムの党に変質すれば、中国の色はたちまち変わってしまう。これがどれほど危険な情況か、同志諸君、想像してみたまえ」[592]。

劉少奇と鄧小平は、「階級闘争」という表現が過激すぎるとして「前十条」に同意しなかった。そのため党中央は、「農村の社会主義教育運動におけるいくつかの具体的政策問題に関する党中央の決定（草案）」（通称「後十条」）を鄧小平と譚震林が中心になって起草することを決定した。一一月一四日、劉少奇主宰の中央政治局拡大会議で「後十条」は採択され、直ちに毛沢東の批准を経て公布された。この決定は、「階級闘争を要とする」ことを提起しつつも、具体的政策との間に明確な線引きをおこなおうとするものだった。(一)敵味方間の矛盾と人民内部の矛盾を混同してはならない、(二)中農の団結は必須である、(三)地主、富農、反革命分子、悪質分子に正しく対応する、(四)地主、富農の子女たちを正しく取り扱う、という四点に加え、「意図的に復活をたくらむ階級の敵」と、無自覚に利用されているだけの者とを区別すること、投機的な商売と正常な市場取引とを混同しないことなどが提起されている。

一九六四年五月一五日から六月一七日にかけて開かれた中央工作会議で毛沢東は、「帝国主義と修正主義による『和平演変』という反革命戦略が威力を発揮するのを阻止し、マルクス・レーニン主義のれっきとした後継ぎを保証するため、プロレタリア革命の事業を継承する後継者を育てなければならない」と提起し、後継者の条件として五点を挙げた[593]。

六月八日の中央工作会議では、修正主義をいかに防止するかをめぐって議論がおこなわれた。劉少奇は、将来、修正主義が発生するか否か、注意を怠れば必ず発生するだろう、との認識を示した。しかし、修正主義はすでに発生しているというのが毛沢東の意見だった。周恩来と彭真は、下部では少なからず敵の手に権力が落ちていると説明した。この時の毛沢東の基本認識は、「わが国の権力の三分の一はわれわれの手ではなく、敵の手にある」というものだった。さらに次のような提起もおこなっている。「中国にフルシチョフのような人物が出てきたらどうするのか。党中央に修正主義が出てきても中国はもちこたえなければならない」。毛沢東は中央でこの問題を議論するだけでは不十分であり、県級組織まで下ろして議論する必要があると考えていた[594]。

同月一六日、中央政治局常務委員と中央局第一書記が参加した会議の席上、毛沢東は革命の後継者を育てる問題について再び言及した。「ソ連と同様、われわれにも修正主義が生じる恐れがある。いかにそれを防ぐか。必要なのはプロレタリア革命の後継者を育てることである」[595]。

七月、「フルシチョフのエセ共産主義とその世界史的教訓について」の修正稿でも毛沢東は、「政治思想の範疇における、社会主義と資本主義の勝つか負けるかの闘いは、決着がつくまでに長い時間を要する」[596]と指摘した。

一九六四年末、毛沢東が中心となっていわゆる「二三条」を策定し、このたびの社会主義教育運動は、社会主義と資本主義との矛盾を解消するための運動であり、「資本主義の道を歩む党内の実権派」を「整理」することにその重点がある、とあらためて強調した。この時点ですでに毛沢東は、劉少奇をマルクス主義者ではなくブルジョア分子とみなしていた。自らの権威と権力の後退を痛感していた毛沢東は、劉少奇に対する不満を日増しにつのらせていたのである。[597]

一二月の中央工作会議で劉少奇は、「資本主義の道を歩む党内の実権派」を「整理」するという毛沢東の考えに対して、「状況はもっと複雑である。どのような矛盾があって、それをどのように解決するのがよいか、現実に即して考えていかなければならない。何もかもを『敵対階級との矛盾』にしてはいけない」と異議をとなえた。劉少奇がこのように毛沢東と異なる意見を出すことはきわめて正常であり、党の民主集中制の原則にもかなっている。しかし、毛沢東は劉少奇の発言に激怒し、「ひとり（鄧小平）は、わたしを会議から締め出そうとし、もうひとり（劉少奇）はわたしに発言させようとしない」[598]とまで言い放った。さらに、毛沢東は「憲法」と「党規約」をもち出し、会議の席上で次のように疑問を投げかけた。「われわれは中華人民共和国の公民とみなされていないのか、みなされているのなら、言論の自由はないのか、諸君と語る権利も認められていないのか」[599]。

毛沢東は、劉少奇と鄧小平に警戒心をもつようになったのは、「二三条」をめぐる議論の頃からだったと一九六六年一〇月に認めている。また、「一線」と「二線」に指導体制を分けたことがよくなかったとして、同年八月の八期十一中全会でこの制度を改めた。[600] 一九六七年八月一七日付『紅旗』誌社説は、「二三条」で提起された資本主義の道を歩む実権派の最大の頭目は中国版「フルシチョフ」（劉少奇を指す）である、と公然と指摘した。[601] 毛沢東が劉少奇をこのように規定するのはこれが最初だったが、当の劉少奇はそれが自分を標的にしたものだという自覚がまったくなかった。中央政治局常務委員会および党中央副主席に矛先を向けたこの「二三条」は、中央工作会議で正式に採択された。

その後、毛沢東は、北京（劉少奇、鄧小平、彭真らを指す）では独立王国をやる動きがある、と繰り返し指弾した。これは、劉少奇、鄧小平と毛沢東との衝突が党の最高指導部レベルですでに公然化・先鋭化しており、「文化大革命」発動の直接的引き金になったことを物語っている。

劉少奇、鄧小平と毛沢東との間には、中国の国情、発展段階、建国路線などをめぐって重大な不一致が以前から存在しており、対立の根は深かった。生産手段の私的所有を廃絶してもなお階級闘争は存在するし、社会主義社会においても新たな階級分化が生じる、というのが毛沢東の建国以来の認識

だった。そうして新たに生じた階級は党内にその手先を見出す、それがすなわち「資本主義の道を歩む実権派」というわけである。その根底には、平均主義的理想へのこだわりと、三大格差（工業と農業の格差、都市と農村の格差、肉体労働と頭脳労働の格差）を可能なかぎり解消したいとする毛沢東の願いがあった。

一方、劉少奇と鄧小平をはじめとする指導部の大多数は、社会主義的改造がおおむね完成すれば、階級の敵は国内からいなくなり、階級闘争もまた終息する、したがって生産力の発展が党の主要な任務になる、という考えだった。毛沢東は、こうした党内の多数派、すなわち「党内の走資派」を一掃するため、より広範な社会革命を引き起こそうと考えていた。一九六六年、毛沢東が「文化大革命」の火ぶたをきって落としたことで、党内の政治的不一致はまたたく間に公然化した[602]。「共産党の哲学は、すなわち闘争哲学である」という考え方が復活したのである。

三、「文化大革命」に向けた毛沢東の世論づくり

毛沢東は「文化大革命」を準備するため、文芸や学術に対する一連の批判運動を展開し、この領域における問題や論争をイデオロギー化・政治闘争化していった。毛沢東がこうしたやり方をとったのは、党の最高指導部の中で非主流派・少数派として孤立していたため、非制度的な手法をとらざるを得なかったからであり、指導部の集団的討議によって自身の政策を党の決定としていく正当な手段をとることができなかったからである。

発端は、一九六二年に康生が画策した小説『劉子丹』と習仲勲への批判だった（高崗事件の再評価を狙ったものという批判で、習仲勲はその首謀者とされた）。九月二四日の八期十中全会で康生は、「小説を利用して反党活動をおこなうというのは大発明である」と書いたメモを毛沢東に渡し、毛沢東はこれを読み上げ、次のように発言した。「およそ政府を覆そうとすれば、まず世論をつくり出し、イデオロギー領域における闘争をしなければならない。革命をやるにもそうするし、反革命をやるにもそうする[603]」。この会議では習仲勲らに対する特別査問委員会の設置が決められた。また、康生は中央書記処書記に任命され、毛沢東の厚遇を受けることになった。

一九六三年三月には江青（当時、毛沢東の秘書で中央宣伝部映画処処長）の画策により、新編歌劇（昆曲）『李慧娘』批判が繰り広げられた。のちの一九六七年一月一日付『人民日報』『紅旗』誌に掲載された社説「プロレタリア文化大革命を最後まで推し進めよう」では、こうした戯曲批判に代表される文芸革命が「文化大革命」の事実上の出発点になったとしている。文芸革命は毛沢東個人の政治的意図に貫かれた政策であり、党中央の集団的討議に基づいたものではなかっ

た。ほかの指導部メンバーが賛成するはずがないことを十分知っていたのである。江青を重用したのもそのためである。

五月、孟超の新編昆劇『李慧嬢』と廖沫沙（当時の北京市党委員会統戦部部長）の「亡霊無害論」を批判する江青署名の文章が上海『文匯報』に掲載された。これは「亡霊」の名を借りて共産党の指導に反対するものだという批判だったが、イデオロギー分野における階級闘争の重要な表れだった。江青はのちに、これは上海の柯慶施の支持を得て、彼のグループの人間が書いたものだ、と言った。しかし、陳丕顕（当時の上海市党委員会第二書記）は、これは江青がはじめて表舞台に頭角を現したものであり、「観測気球」ともいえる、との認識を示している。[604]

一二月、毛沢東は、「大衆演芸工作における柯慶施同志の全力を挙げた取り組み」に対する重要コメントとして、封建主義・資本主義芸術を熱心にもち上げておきながら、社会主義芸術の提唱には力を入れない共産党員が多すぎる、と厳しく批判した。[605]同時に、このコメントと資料を彭真と劉仁にも送った。これは、北京市の文芸工作に対する毛沢東の不満の表れである。さらに、文化部のことを「皇帝部」「才子佳人部」「海外の死人部」だと批判した。[606]これは毛沢東の文芸部門に対する最初の激しい警告であった。

一九六四年二月、毛沢東は教育革命に関する講話の中で、古い教育制度が人材や若者を台無しにしていると述べ、教育を革命する必要がある、学制を短縮しなければならない、と提起した。これが後の「文化大革命」期における「教育革命」の下準備になった。[607]

六月、海外からの賓客との会談の中で、毛沢東は秦の始皇帝を大いに称賛した。[608]彼はまず始皇帝の歴史的役割を称賛してから「焚書坑儒」を擁護した。これは「文化大革命」に向けた事実上の世論工作であり、やがて始まる「文化大革命」が現代版「焚書坑儒」であることの伏線であった。[609]

同月二六日、現代京劇公演観劇座談会での江青の講話を毛沢東が称賛した。[610]毛沢東が階級闘争・イデオロギー闘争へ全力で取り組もうとするのに乗じて江青は文芸界に積極的に介入し、毛沢東に直接報告を提出した。毛沢東もまた、自分の意図を全党に伝達する上で江青を利用し、その政治的台頭にゴーサインを出した。これ自体、党の組織規律に反するものであるが、党中央はこの非制度的手法を黙認した。ただし、のちに江青が「文化大革命」の「旗手」になるとは誰も想像していなかった。

同月、毛沢東は、全国の文化芸術界連合会および各協会の整風情況に関する中央宣伝部の報告を厳しく批判した。[611]これは、ハンガリーのペテーフィ倶楽部（ハンガリー動乱で重要な役割を果たした知識人や学生のクラブ）のような団体が中国にも出現することを危惧し始めていた毛沢東の、文芸界、ひいては全党に向けた最も厳しい警告だった。

七月、毛沢東は再び教育制度改革を提起し、階級闘争を大学における「主要科目」にするよう主張した。[612]

学術分野では、八月に中央宣伝部弁公室が出した二編の文章「思考と存在の同一性否定に関する楊献珍ら同志の論点」「ブルジョア教育思想と唯心主義思想をばらまき続ける馮友蘭」に対するコメントというかたちで、毛沢東は楊献珍の「二が合して一となる（合二為一）」論、孫冶方の経済論を批判した。いずれも康生、陳伯達が主導的な役割を果たした。

一一月、毛沢東は次のような発言をおこなった。「いったい文化領域のどれぐらいがわれわれの手中にあるのか。二割か、三割か、あるいは半分か。やはり大部分、少なくとも半分はわれわれの手中にないのではないか」。この時、毛沢東は、文化部は崩壊したとまで言っている。[613] **毛沢東のやり方には、はっきりとした特徴が二点あった。**一つは「二割か、三割か」という言い方に見られるような、調査や研究もなしに判断を下す**恣意性**であり、もう一つは、「文化部はすべて崩壊した」というような**事実の誇大化**である。これらは毛沢東自身が一貫して提唱してきた「調査や研究をしない者に発言権はない」「実事求是」「凄惨な闘争や無慈悲な攻撃をしてはならない」という考え方に反している。毛沢東が極端に走り始めたことで、その攻撃範囲もどんどん拡大していった。一九六五年四月、党中央は文化部党組織の改編と各協会指導者の更迭を決定した。

こうした毛沢東のやり方に抵抗を示したのが彭真だった。彭真は「党と国家の指導者であれ、文芸工作者であれ、一般庶民であれ、真理の前では誰もが平等である」[614]と発言した。「党と国家の指導者」が毛沢東を指していることは明らかであり、この発言は毛沢東の逆鱗に触れることになった。一九六四年、毛沢東は彭真を次のように問い詰めた。「思想文化領域の階級闘争をどのようにやるつもりか。北京は首都ではないか。全国の各省各市が君のやり方を見ているぞ」。江青は毛沢東の指示により、彭真はじめ、陸定一、周揚らに何度も説得を試みたが、彼らは度を越した階級闘争をやることに同意しなかった。[615]

一九六五年一一月、『文匯報』に姚文元の「新編歴史劇『海瑞免官』を評す」が掲載された。『海瑞免官』の作者は明代史の専門家で北京市の副市長だった呉晗である。最大の問題は罷免である（海瑞が皇帝によって罷免されたことを彭徳懐の罷免になぞらえたものだとする批判）、というのが毛沢東の考えだった。[616]この姚文元の文章が「文化大革命」の本格的発動の起点になった。毛沢東は『海瑞免官』批判を突破口に、彭真ら北京市の幹部打倒に照準を合わせたのである。

劉少奇、周恩来、鄧小平らは姚文元の文章に反対し、彭真は北京の各誌への転載を禁じた。これに激怒した毛沢東は「彭真は独立王国をやるつもりか、望むところだ」として、この文章を単行本として上海で発行する命令を出した。同時に、周恩来を通じて北京に圧力を加え、北京の各誌も結局はやむなく掲載することになった。ただ、周恩来と彭真は『人民日報』の編者の言葉を改筆し、これは学術分野における議論であって、政治問題として扱うものではない、とした。

一九六六年二月、彭真は中央「文革」五人小組を招集し、「当面の学術討論に関する報告提綱」（通称「二月提綱」）を策定した。今回の論争を党中央の指導の下に置き、本当の意味での「百家争鳴、百花斉放」になるよう、クールダウンさせるのが目的だった。当時、在京の中央政治局常務委員だった劉少奇、周恩来、鄧小平は会議を開いて「二月提綱」を承認し、彭真ら五人小組は武昌の毛沢東のところに報告に出向き、同意を得た。同月一二日、党中央はこの『報告提綱』を正式に採択した。

「二月提綱」は正当な手続きにのっとって全党に回覧され、毛沢東もこれに同意していた。しかし、「提綱」下達後ほどなく、毛沢東は「『二月提綱』は誤りだ」とし、北京市党委員会と中央宣伝部は「針一本刺せない、水一滴通さない独立王国」だと発言した。こうして毛沢東は、一九六六年五月までに「文化大革命」の世論づくりを終え、以後の道を掃き清めていったのである。[617]

イデオロギー・文化領域における毛沢東のやり方は、スターリンのそれと酷似している。スターリン時代、ソ連共産党は思想文化を独占的に支配するやり方を採用した。すなわち、（一）高度な世論統制。党と社会全体の世論が党（ソビエト）中央、最終的にはスターリンその人に高度に統一された。（二）学術問題の政治化。このやり方を通じて、各イデオロギー分野で「資本主義に対する全面的攻勢」が展開され、政治経済学に始まり、その後、哲学、歴史学、文化芸術領域へと拡大し、ほぼすべての人文社会科学分野を網羅することになった。社会主義か資本主義かでふるいにかけられ、階級闘争のレッテル貼りがおこなわれたことにより、共産党および共産党外の社会科学関連の大量の著作が「資本主義イデオロギーに属するもの」とされた。（三）行政介入を主要な管理手段とすること。スターリンによって指導された学術批判は最終的にすべて政治化され、政治目的の実現に利用された。大々的な学術批判が繰り返された結果、一九三〇年代末には、人文社会科学団体の九五・五％、文芸創作団体の九一・九％、一般文化教育団体の六九％、自然科学団体および技術学会の四八％が活動停止に追い込まれた。[618]

「文化大革命」期、中国でも文化芸術団体、科学技術学会、教育機関などはおおむね活動停止に追い込まれた。これにより、中国の文化、芸術、教育、科学、技術の健全な発展は著しく阻害されたのである。

四、毛沢東の「文化大革命」発動の政治的要因

一九四九年の新中国成立以来、毛沢東は権力掌握後の党の

変質をいかに防ぐか、という問題に常に関心を注いできた。北京入城を前にした一九四九年三月二三日、ほかの指導部に対して「北京に『試験を受けに行く』」と語っている。周恩来が「必ず合格できる。後戻りしてはいけない」と言うと、「後戻りは要するに失敗だ。李自成の二の舞にはならない」[619]と答えた。毛沢東が権力奪取後の党の腐敗、内部分裂、大衆からの離反を絶対許さない決意でいたことは、この発言からも明らかである。毛沢東は一貫してこの考えを堅持すると同時に、世を去るまで党内腐敗分子、特権層との非妥協的闘いを進めてきた。共産党から李自成が出てくることをいかに防ぐか、出てきた場合いかに解決を図るかが、毛沢東が一貫して追求してきた主要テーマの一つであった。**それ自体は正しい考え方であり、そのために多大な労力を費やしたことも尊敬に値する。しかし、それをいかにやるかということに関して、客観よりも主観がまさり、民主よりも独断が、法治よりも独裁がまさることが多かった。そのため、成功よりも失敗が多くなってしまったのである。**

広範な大衆運動によって党と政府の「暗黒面」を暴き、大衆から離反した「官僚」もしくは「官僚的特権」を党や政府内から一掃しようとした、それこそが「文化大革命」を引き起こした重要な政治的要因であった。

一九六一年一一月九日、中央工作会議報告会の席上で毛沢東は、県・公社・生産隊は従来の幹部を信頼することができない、これらの幹部は「エセ共産党、正真正銘の国民党」だからだ、と語った。これより二年前、一九五九年の廬山会議では、「気づいてみれば二割の県・公社・生産隊が腐敗し、指導権が簒奪されてしまった」[620]と発言している。毛沢東のこの判断は、きわめて主観的、独善的なものであり、調査研究はおろか、基本的な事実認識にさえもとるものだった。

一九六四年一二月、毛沢東はある報告書へのコメントで、中国には官僚階級がすでに形成されており、この層が労働者の生き血を吸うブルジョア分子になるか、なりつつあること、したがって闘争と革命の対象である、と表明した。[621]彼は「文化大革命」が有効な手段たりうると考えていた。[622]これは、劉少奇や鄧小平らとの闘いが、彼らが体現している官僚分子と毛沢東が体現する人民との対立、あるいは「官」と「民」との対立であると、毛沢東が認識していたことの表れである。毛沢東はこの対立を敵味方間の矛盾とみなし、その解決には民主的な方法や法治にのっとったやり方ではなく、「階級闘争」と「文化大革命」に依拠すべきである、と考えたのである。

毛沢東が絶えず階級闘争をやり、「文化大革命」発動を準備したのには、「和平演変」を中国で生じさせないため、という理由もあった。一九五三年にアメリカのダレス国務長官が提起した社会主義国家の「和平演変」戦略を、毛沢東はかなり警戒していた。一九五七年、アイゼンハワー大統領は、平和的手段によって社会主義陣営内部の変質を促す戦略を吹聴した。

一九五八年一〇月二四日、ダレスは次のように言っている。「共産主義は、より発達した福祉制度をもった国に次第に席をゆずることになるだろう。現在のソ連や中国共産党は人民の福利厚生のためにまったく努力をしていない。そのような共産主義社会は必ず変質する」。毛沢東は翌一九五九年一一月の杭州会議でダレスの三篇の文章をまとめたものを参加者全員に印刷して配布し、「アメリカは欺瞞に満ちた策略によって侵略の野望を果たそうとしており、和平演変によってわれわれを堕落させようとしている[623]」と繰り返し批判を加えた。

一九五九年の廬山会議後、「和平演変」阻止の警告は、党内闘争へと矛先を変えていった。一九六〇年五月、毛沢東は、「われわれの中にも修正主義者がいる。彭徳懐を頭目とする修正主義者が、昨年の夏、攻撃をしかけてきた。われわれの批判の前に、彼は敗北した[624]」と述べた。

一九六四年一月一二日、毛沢東は次のように指摘した。「アメリカ帝国主義の侵略政策および戦争政策は、ソ連、中国をはじめとする社会主義国にとっても深刻な脅威となっている。さらに、アメリカは社会主義国に対する『和平演変』政策を全力で推し進め、資本主義の復活と社会主義陣営の崩壊を実現しようとしている[625]」。

さらに、中ソ対立の公然化もまた、「修正主義に反対し、それを阻止する（反修防修）」ことを旨とする「文化大革命」へと毛沢東を駆り立てることになった。毛沢東個人の願望という点から見れば、スターリンの死後、フルシチョフがスターリンのやり方を攻撃し、中傷ともいえる非難を展開したのと同じ事態を中国で生じさせない、という狙いがそこにはあった。しかし、政治的には、中ソ対立の公然化をマルクス主義と修正主義との闘いと考えていたのである。

中ソ対立が公然化するきっかけは、一九六三年七月一四日、ソ連が出した中国共産党を攻撃する公開書簡だった[626]。中国共産党の指示により、『人民日報』『紅旗』誌は合わせて十編の論文[627]を発表し、これに反論した。こうした中ソ論争の激化は、フルシチョフ修正主義反対という中国共産党の態度を明確にすると同時に、「修正主義反対、修正主義防止」の「文化大革命」へと毛沢東を駆り立てていったのである[628]。

一九六四年七月一〇日、『人民日報』『紅旗』誌は共同で「フルシチョフのエセ共産主義とその世界史的教訓」（上述の十篇の論文の九番目）を発表した。この中で、毛沢東はあらためて、社会主義社会においても階級闘争は存在するという持論を展開した[629]。さらに、ソ連にはすでにブルジョア特権層が出現しており、彼らと人民との間の矛盾は目下のソ連における主要矛盾、和解不可能な敵対的階級矛盾になっているとの認識を示した。

中国にもブルジョア特権層が現れることを危惧した毛沢東は、ソ連社会の階級分析を中国に直接もち込み、劉少奇と鄧

小平のやり方を、そのままスターリン死後のフルシチョフのやり方になぞらえたのである。

毛沢東はさらに先の論文において、「帝国主義の預言者ども（アメリカのダレス国務長官を指す）は、ソ連の変質を根拠に、『和平演変』の期待を中国共産党の第三世代もしくは第四世代に託している」と強調し、「帝国主義のこの種の予言は完全な破産に追い込まれるだろう」ときっぱりと回答した。その方法が、すなわち革命の後継者を育てることだった。

たしかに、ソ連の「修正主義的変質」は「文化大革命」の国際的背景になった。毛沢東は「文化大革命」を通して「修正主義反対、修正主義防止」の闘いをやることを決断したのである。十一期三中全会のコミュニケは、「毛沢東がこのような一大革命（「文化大革命」）を引き起こしたのは、ソ連の修正主義的変質に鑑みてのことであり、『修正主義に反対し、修正主義を防止する』ためにおこなわれたものである」と、毛沢東の意図を庶民向けにかみくだいて説明している。[630]しかし、修正主義に対する毛沢東の認識はきわめて曖昧なものであり、自家撞着にも陥っていた。「修正主義分子とは資本主義の道を歩む者のことだ」「修正主義は資本主義のものだ」「修正主義とは何か。それはブルジョア階級の思想であり、政治、経済、文化である」[631]といった発言からもそれは明らかである。

五、個人崇拝と「文化大革命」

一九六〇年代から毛沢東に対する個人崇拝熱が高まり、「文化大革命」に有利な状況を提供することになった。**個人崇拝がなければ「文化大革命」はありえなかったし、ましてや十年も続くことは決してなかっただろう。**では、毛沢東に対する個人崇拝はどのようにして発生し、どのような経緯で「文化大革命」に結びついていったのだろうか。

個人崇拝反対から積極的鼓吹への毛沢東の転換は、以下のような一連の過程を経ている。

新中国成立以前から、毛沢東は個人崇拝に反対していた。七期二中全会では毛沢東の提起により、個人崇拝を禁ずる規定が設けられたし、一九五六年四月の中央政治局会議ではこの規定にあらためてふれ、「馬恩列斯毛」（マルクス、エンゲルス、レーニン、スターリンの中国語表記の一文字目と毛沢東の姓を並列させる）などの表現をしてはならず、民主集中制と集団指導制度を堅持しなければならない、と主張している。

さらに、一九五六年四月一日から四日にかけて、「プロレタリア独裁の歴史的経験について」[632]の修正稿で毛沢東は、「スターリンはその後半生で、個人崇拝への欲望をつのらせ、民主集中制に背き、集団指導と個人責任の関係を正しく結びつけた制度に背反する誤りへと沈んでいった。この点でスターリンは主観的・一面的認識に陥り、客観的事実から乖離し、大衆から遊離した。驕りに走り、謙虚さを忘れ、主観主義と偏った考えが自身の思想を覆うようになり、いくつかの重大問題について誤った決定を下し、深刻な結果を招くことになった」と批判した。さらに、「『眼中人なし』という状況に陥り、己れへの過信や他人への盲目的崇拝という誤りを犯しやすい人間はいくらか存在する。だからこそ、大衆から遊離した個人の突出や個人的英雄主義、個人崇拝に反対することは、常に注力すべきテーマなのである」と、わざわざ強調している。また、大衆路線と集団指導に対する制度的保証の必要性も提起した[633]。惜しむらくは、党中央が党内における個人の突出と個人崇拝を防止する有効な制度的手だてをこのタイミングで確立することができなかったことである。

こうした毛沢東の主張に変化が見え始めたのは、一九五八年三月の成都会議においてである。ここで毛沢東は次のように提起した。「個人崇拝には二種類ある。一つは、マルクス、エンゲルス、レーニン、スターリンの正しさに対する崇拝であり、正しい個人崇拝である。これは必要であり、これからもずっとしなければならない。もう一つは、分析をせず、ただ盲目的に崇拝する間違った個人崇拝である。個人崇拝に反対する目的にも二種類ある。一つは間違った個人崇拝に反対するため、もう一つは、他人ではなく自分を崇拝するように要求するものである」。こうした態度の変化の理由を毛沢東は、フルシチョフによるスターリン批判がかなりのプレッシャーになった、スターリン批判には多くの同志が反対していたが、なかには反個人崇拝という点で興味をもつ者もいたからだと説明している[634]。これはおそらく、鄧小平を意識していたと想像される。一九五六年の八全大会における党規約改訂の報告で、個人崇拝を徹底的に批判したのは鄧小平だったからである[635]。

一九六五年になると、毛沢東は個人崇拝の必要性を説き始めた。エドガー・スノーとの会見でも、中国に個人崇拝が存在することを認め、それがもっと必要だと話している。ここで言う個人崇拝とは、事実上、毛沢東に対する崇拝であり、「文化大革命」を引き起こした政治的要因という点から言えば、劉少奇を打倒するために自身に対する個人崇拝を必要としたということである。一九七〇年一〇月のエドガー・スノーとの会見では、個人崇拝をやったのは劉少奇と対決するためだったと明言している。

林彪をはじめとする幾人かは、大々的に毛沢東崇拝を展開した。これはいわゆる「上の好むところに迎合する」というものである。一九五八年の成都会議の席上、上海市党委員会第一書記の柯慶施は、「盲信と言われるまでとことん毛主席を信じる。盲従と言われるまでとことん毛主席に従う」と吹聴した。同年夏、康生は「毛沢東思想はマルクス主義の最高峰」と提起した[636]。

一九五九年の廬山会議以降、彭徳懐に代わって林彪が国防部部長に就任し、中央軍事委員会を主管するようになったのを機に、大々的な毛沢東の神格化運動が始まる。一九六〇年に「一本万利（わずかな資本で多くの利益を生む）」論を提唱し、毛沢東の著作は「一本万利」であると言った林彪は「七千人大会」でも「現在の困難は、われわれが毛主席の指示を守らなかったからだ[637]」と発言し、「大躍進」の失敗を自己批判した毛沢東を擁護した。さらに林彪は人民解放軍総政治部を指導して、『毛主席語録』や『毛沢東著作選』の編纂を推し進め、未曾有の個人崇拝熱をつくり出した。こうして毛沢東個人の権威が党や国家指導部の集団的権威を凌駕する状況を地ならししていったのである。

一九六五年九月三日、林彪の「人民戦争の勝利万歳」が『人民日報』に掲載され、毛沢東の人民戦争論を最大級に称賛し、絶対的な権威を付与する解説を施した。この一文により、林彪は、党内における毛沢東思想のイデオローグ兼公認スポークスマンとなった。林彪の毛沢東崇拝は自身の個人的台頭との相乗効果をもたらしたが、一年後にその個人崇拝が極限まで高まり、毛沢東による「文化大革命」発動の政治的世論醸成に重大な役割を果たすまでになるとは、当時は誰も予測できなかった。

毛沢東は個人崇拝の力を借りて、政治的にも思想的にも権威と権限が自身に集中する体制を打ち立てていった。その結果、憲法や党規約、集団指導体制や民主集中制の制約を逃れ、一元的な指導メカニズムを利用して、各級党組織、国家機構、宣伝機関、さらには人民解放軍までを支配していったのである。こうして毛沢東は、「文化大革命」発動を可能にするすべての条件を整えていった[638]。党・政・軍の最高権力を一手に掌握した絶対的権威として毛沢東は党の「特別な人物」になり、その「鶴の一声」は、政治的内乱を招来する根源になったのである。

六、党内民主制度の形骸化

一九五六年の八全大会で決議された「党規約」は党の制度、とりわけ党内民主と、重大なことがらは集団的討議によって決定するという制度を保証するものだった。しかし、この素晴らしい制度は、早々に深刻なダメージを被ることになった。制度形骸化の主要な責任は毛沢東にある。南寧会議および一九五九年の廬山会議から一九六六年の「文化大革命」発動に至るまでの過程で、党の民主的運営と集団的政策決定システムは手ひどい破壊を受け、党の運営システムは制度化から非制度化へと転落していった。これが「文化大革命」発動を可能にした前提条件である。

ここでは、党内民主制度がいかにして「非制度化」へと向かっていき、「党規約」の重要規定に反するまでになってしまったかを見ていく。

第一に、八大「党規約」で定められた全国代表大会と中央委員会の任期（五年）や、少なくとも年二回は中央委員会全

体会議を開催するとした明文規定に違反したことである（コラム5－5）。

コラム5－5　党内民主制度形骸化の過程（一九五七～一九六五年）

一九五七～一九六五年の党の全国代表大会と中央委員会全体会議の開催状況から、次のようなことがわかる。

（一）第八回党大会（八全大会）と八期中央委員会の任期は事実上、十三年の長きにわたった（一九五六～一九六九年）。これは、通常の任期の二倍半に相当し、「党規約」第三一条と第三三条の規定に違反する。

（二）一九五七～一九六五年の間に、党の全国代表大会と代表者会議は二回しか開かれていない（一九五六年の第八回大会と、一九五八年の八回大会第二回会議）。これは「党規約」第三一条の規定に違反する。

（三）中央委員会全体会議が年に二度開催されたのは一九五八年だけで、あとは年に一度だけ、さらに一九六〇年および一九六三～一九六五年にかけては一度も開催されていない。これは「党規約」第三六条の規定に違反する。

「文化大革命」発動前から、規約に基づく党の制度はすでに踏みにじられ、有名無実化していた。規約の「失効」が先で、「文化大革命」が後だということである。仮に制度が有効に機能し、すべてが党規約にのっとっておこなわれていたならば、毛沢東の「文化大革命」発動の決定は、党大会もしくは中央委員会全体会議で否決されていたであろう。

一九六〇年、および一九六三～一九六五年には、中央委員会全体会議は一度も開かれていない。本来、毛沢東を主席とする八期中央委員会の任期は一九六一年までである。当時は三年にわたる「大飢饉」（一九五九～一九六一年）のさなかにあったため九全大会は開催されなかったが、これについて説明している党中央文書は存在しない。また、全国代表大会の延期に関する決議もない。こうして八期中央委員会の任期は、正当な理由なく引き延ばされた。第九回全国代表大会が開催され、新しい中央委員会が発足したのは、ようやく一九六九年になってからである。言い換えれば、一九六一年以降の中央委員会、中央政治局および政治局常務委員会は、「超期服務」の状態にあったことになる。これは党規約違反であり、党規約で定められた制度を破壊した典型例である。

この種の非制度化の傾向は、規定通りに党の代表大会を開催しなかったスターリン時代のソ連に酷似している。ソ連共産党の第十七回大会（一九三四年）から十八回大会（一九三九年）までは五年、十八回大会から十九回大会（一九五二年）までは実に十三年の期間があいている。また、一九四一～一九四九年の間、中央委員会全体会議は一度も開かれていない。[639]

第二に、指導者の任期についても定めがなく、事実上、終身制だったことである。これは社会主義国家に見られる普遍的な現象であり、ほとんどの指導者が在職したまま世を去っている。実際には、一九五六年九月の七期七中全会第三回会議で毛沢東は、適当な時期に（党中央）主席を退任し、名誉主席に任命してもらうよう求めている。[640]このため、八大全会で採択された「党規約」第三七条では、「中央委員会は、必要と認められた時に中央名誉主席一名を設けることができる」と定められた。翌一九五七年一一月一七日、モスクワ大学講堂で中国人留学生と接見した際、毛沢東は「わたしには五カ年計画がひとつある。あと五年仕事をする」と明言した。この時には、鄧小平、彭徳懐らが同席している。一九六一年に八期中央委員会が任期満了を迎えると同時に、中央委員会主席の任期も終わるということである。しかし、毛沢東はこれを政治上の契約とはしなかった。自分から言い出さないかぎり、毛沢東に約束を果たす（主席を退任する）よう要求できる者は党内に誰もいなかった。したがって、一九六六年の時点で、毛沢東は十七年の長きにわたって政権党指導部の地位にとどまることになったのである。任期制もしくは名誉主席就任が実現していたならば、「文化大革命」は引き起こされなかったかもしれない。しかし、歴史には、仮定もやり直しも許されない。

第三に、重大問題の決定にあたり、最高指導者が「党規約」で定められた集団的討議によらずに最終的な政策決定を下す、非正規の内部制度がまかり通っていたことである。八大「党規約」第一九条では、いかなる重要問題も集団討議によって結論を出すことが規定されている。一九六二年の「七千人大会」で毛沢東は、党委員会内で実行すべきは民主集中制のみであること、第一書記とそのほかの書記および委員との関係は、少数が多数に従う関係であること、中央政治局常務委員会や政治局では日常的に見られることだが、たとえば自分の提起が正しくても間違っていても、皆が反対すれば、自分はそれに従う、なぜなら皆が多数だからだ、と語った。[641]しかし、実際は一九五七年以降、重大な政策のほとんどは集団的討議を経ずに、毛沢東個人が決定していた。「七千人大会」以降になると、毛沢東の意見にそぐわないものは、そのほとんどすべてが修正主義とみなされ、批判と攻撃の対象にされた[642]。「文化大革命」期になると、毛沢東の誤りは、よりはっきりとした形をとるようになり、マイナスの影響もますます拡大していったが、毛沢東個人の権力を制御する力は党内にはすでになく、その誤りを批判できる者も存在しなかった。毛沢東はすでに党の「特別な人物」になっていたのである。

ここで説明を要するのは、**一九四三年三月に最高指導者の役職名が総書記から主席に改められ、毛沢東が中央政治局と中央書記処の両方の主席に任命されたわけだが、当時の党内の規定では、主席は書記処で議論される問題の最終決定権を有するとされていたことである**[643]。当時、劉少奇が提起したように「二人の書記（劉少奇と任弼時）は、主席（毛沢東）の助手[644]」だった。つまり、毛沢東が党中央全体の「トップ」だったということである。この内部規定が後に廃止も改正もされず、そのまま引き継がれたことが、重大問題は集団的討議によって決定するという正式な制度をかなりの程度弱めることになってしまったのである。

これはスターリン時代のソ連によく似ている。レーニン在任中は、個人独裁はおこなわれず、党・政・軍の三権を別々の指導者が掌握する「トロイカ方式」がとられていた。スターリンはこれを廃止し、三権を自分一人に集中させた[645]。スターリンはかつて、「中央政治局はすべての権力を有する機関である」と述べたことがある[646]。共産党中央政治局と書記処においては、権力は最終的にスターリンに集中し、事実上、スターリンの一票に全体の否決権と最終決定権があった[647]。これについて、鄧小平は一九五六年の八全大会における「党規約改訂に関する報告」の中で、「重大問題を個人が決定するというのは、共産主義政党の建党原則に背反するものであり、必ず誤りを犯すことになる」と、わざわざ論じている[648]。

ソ連の教訓を十分にくみ取っていたはずの中国共産党だったが、のちの実践の中で同じ誤りを犯してしまった。毛沢東個人による政策決定と非制度的なやり方を容認し、「文化大革命」という全面的な誤りをたぐり寄せることになってしまったのである。

個人による政策決定は誤りを犯しやすい。情報と知識の非対称性、不完全性の影響から自由な者はいないからである。集団的政策決定は、この影響が個人に比べてきわめて少ない。総じて言えば、**正式な制度を実施できなかったことが、最高指導者・毛沢東の独断専行を可能にしてしまったということである。**長い歴史をもった政党が指導者の任期制を実施できず、最高指導者の誤りを是正することもできないというのは、要するにその党が政治的に未熟だということであり、制度的に整備されておらず、政策決定の仕組みが非民主的であったということである。

一九八〇年、改革開放以前の党と国家の指導体制について、鄧小平は次のような評価をしている。「一九五八年の『反盲進』批判、一九五九年の『反右傾』以降、**党と国家の民主的運営は次第に不正常になっていった。ワンマン体制、個人による重大問題の決定、個人崇拝、個人が組織を凌駕する家父長制的な現象、こうしたことがはびこっていた**[649]」。第一世代指導部の一員として、鄧小平は、当時の集団指導体制の形骸化と毛沢東の個人独裁に対し、痛苦の念を抱くだけにとどまらず、反省的総括を積極的におこなった。毛沢東の経験と教訓に踏まえ、鄧小平は国家指導者の終身制を廃止した。

第九節　この時期の経済発展に関する基本的評価

第十一期六中全会で採択された「建国以来の党の若干の歴史問題に関する決議」（一九八一年）では、一九五七〜一九六六年を「中国共産党の指導により、各民族人民が全面的かつ大規模な社会主義建設に着手した時期」としている。

この時期の経済建設上の成果としては、次の四点が挙げられる。

（一）**独立し、ある程度整った工業体系の建設にひとまず成功した。**工業各部門が揃い、それぞれが相応の規模と一定の技術水準を有していた、という評価である。電力生産能力と発送電網が全国的に構築され、石油の自給も実現した。一九五七年と一九六四年の数字を比較すると、鉄鋼自給率が八五%から九五%に、主な機械設備の自給率は六〇%から九〇%にそれぞれ上昇、工作機械の種類も三五〇種類から五四〇種類に増加した。電子、原子力、航空宇宙といった新興産業も発展した。全国の工業生産額全体に占める内陸部の割合は、三二・一%から三五%（一九六五年）まで上昇した。少数民族地域の工業も大いに発展した。

（二）**農業の基本建設に成果が見え始め、生産条件が改善した。**大型・中型の水利工事プロジェクト二九〇件のうち、一五〇件以上が落成し、淮河、黄河、海河などの大水系の治水能力が明確に向上した。全耕地面積に占める灌漑面積の割合は、二四・四%（一九五七年）から三二%（一九六五年）に上昇し、世界でもトップレベルの水準になった。農業の機械化も進み、機械化耕作地面積は二六三万六〇〇〇ヘクタールから一五五七万九〇〇〇ヘクタールにまで増加し[650]、全耕地面積に占める機械化の割合も四・四%から二四・五%に上昇した。化学肥料や電力投入量など、単位耕地面積あたりの近代的要素も大幅に増加した。品種改良、土壌改良、新たな栽培技術の導入なども進んだ。

（三）**交通運輸、電信事業も大きく発展した。**全国で新たに敷設された鉄道は総延長七二〇〇キロ強に及び、一二の幹線が完成、あるいは部分的に完成した。その大部分が西南部、西北部に集中している。車道整備も進み、総延長距離が二倍以上に延びた。各種輸送トラックの台数も二・六倍に増えた。

内陸河川の船舶輸送も発達し、船舶数は二・九倍に、貨物輸送量は五〇%近く増加した。遠洋貨物輸送量も四倍に増加、民間航路の総延長も一九五七年に比べて五〇%延びた。通信網も飛躍的に発達し、九四%以上の農村に電話が通るなど、広大な地域を網羅するまでになった。

（四）教育、科学事業も目に見える進歩を遂げた。 一九六五年の全国の高等教育機関（大学、高専など）の数は四三四で、学生数は六七万四〇〇〇人に達した。一九五七～一九六五年までの大学などの卒業者数は一一九万五〇〇〇人で、建国後八年間の数の三・六倍であった。学齢児童の入学率は六一・七%（一九五七年）から八四・七%（一九六五年）に上昇した。小学校卒業後の中学進学率は四四・二%（一九五七年）から八二・五%（一九六五年）に、高校進学率も三九・七%（一九五七年）から七〇%（一九六五年）にそれぞれ上昇した。[651] 一九六四年の国勢調査によると、一五歳以上の平均教育年数は二・三四年となっており、一九五〇年の一年から二倍以上延びた。科学技術に携わる人員も約一二〇万人（一九五七年）から二三〇万人あまり（一九六五年）へ、二倍近く増加した。こうしたデータは、各分野の人材資源が明らかに充実したことを示している。一九六四年と一九六五年の二度にわたる原爆実験の成功は、こうした科学技術の進歩を集約的に表している。

ほかにも、ソ連に対する債務（主に、朝鮮戦争期の軍事関連債務）をすべて返済したことが挙げられる。[652]

総じて言うと、この時期に近代化建設の物質的・技術的基盤の大部分が形成され、それがのちの改革開放による成長の原資になったということである。全国の経済建設、文化建設の中核となる人員や経験もまた、ほとんどがこの時期に培われた。中国の近代化発展は依然、大きく進歩していたというのが、この時期全体を貫く基調である。

歴史的に見れば、この時期の経済成長は決して一筋縄ではいかない、複雑な過程をたどった。**「大躍進」がもたらした「大不況」は、一九二九年の世界恐慌にも匹敵する。** 経済的にボトムの年（一九六二年）のGDPは、ピークの年（一九五八年）より二三・九%低い。[653] 一方、世界恐慌期のアメリカの場合、ボトムの年（一九三三年）のGDPはピークの年（一九二九年）より二八・五%低かった。[654] アメリカの世界恐慌が資本主義経済の危機であったとするなら、「大躍進」は中国社会主義経済の危機だったといえる。また、アメリカの一九三〇～一九三四年の加工業の稼働率が六割にまで低下し、[655] 一九三三年の失業率が二五%に上昇した[656]ように、経済危機が企業の低稼働率と大量の失業者に体現されていたとすれば、中国の経済危機は農業の深刻な衰退と農村人口の大量死に突出した形で表れていた。しかし、当時のアメリカと比べ、中国共産党の危機対応能力、自己調整能力と自己修正能力は非常にすぐれていた。経済をどん底からピークにもっていくのにわずか四年しか要していない。ちなみに、アメリカは世界恐慌による低迷期を脱するのに七年かかっている。

経済成長率の面で見ると、一九五七～一九六六年は新中国建国以来、経済成長率が最も低かった時期であり、上下の変動幅も大きく、労働生産性も最低だった。**表5－8**からもわかるように、この時期のGDP成長率は年平均三・三％と、第一次五カ年計画（「一五」）期の六・九％に比べると明らかに低い。一人あたりGDP成長率もわずか一・七％で、「一五」期の水準（四・五％）を下回っている。一方、資本投入量は高い水準を保っており、資本ストックの増加率は一一・二％と、資本深化の過程がはっきりと見て取れる。労働人口一人あたりの資本ストックも九・一％と高水準である。しかし、生産性は大幅に低下した。労働生産性は「一五」期の四・一％から一・二％に下落し、史上最低水準となった。資本生産性もマイナス七・九％と、同じく史上最低レベルである。全要素生産性（TFP）を見ると、マイナス四・二六～マイナス二・四四％の間を推移しており、これも史上最低の水準（**表5－8**）である。総じて生産性の停滞が目立つ数字となっている。海外の専門家は、この時期の中国の全要素生産性の低さは期待外れであったとの認識を示している。中国の統計資料では同様の推計を十分におこなうことはできないが、一九五〇年代半ばから一九七〇年代半ばにおいては、生産性が最良の状態でも、全体としては停滞状態にあったことは間違いないだろう。[657]工業部門の成長源に関するカール・リスキンの計算（一九八七年）[658]によると、一九五二～一九五七年は、工業部門の全要素生産性の伸び率が三・七～五・五％と最も高かったが、一九五七年以降、停滞もしくは下降局面に入り、マイナス〇・一～プラス〇・一％にまで落ち込んだ。一九五七～一九六五年の期間でも、全要素生産性はやはり低下しており、マイナス一・一～マイナス二・五％であった。ニコラス・ラディも同様の結論を出しており、一九五七年以降の国営工業部門の全要素生産性の伸び率は、マイナス〇・四％を下回る可能性があるとしている。[659]この時期のGDP成長率の変動係数は二四五％にも達し、成長率の最大値は二一・三％、最小値はマイナス二七・三％で、その差は四八・六ポイントであった。投資増加率の変動係数も二四二％と高く、最大値は四八・五％、最小値はマイナス六二・五％で、両者の差は一一一ポイントにもなる。これらの要素は、この時期のGDP成長率に直接影響し、しかも、改革開放が始まる一九七八年まで、長期にわたって影響し続けたのである。

表5－9、**表5－10**からもわかるように、この時期（一九五七～一九六六年）は工業だけでなく、農業の全要素生産性もマイナス二・〇％となり、新中国成立以来最低を記録した（ちなみに、一九五二～一九五七年は〇・五％）。林毅夫はゲーム理論の観点からこの原因を説明している。つまり、「人民公社化運動」後、農民は退社の自由を奪われ、合作社の「繰

り返しゲーム」的性格が「一回限りのゲーム」的性格になってしまった。そのため、「自己執行的な」規約が維持できなくなり、労働に対する農民の積極性が低下、生産量も生産性も大幅に下落し、これが農業危機を生み出すことになった、というものである。[660]

表 5-8　経済成長に対する各原資の貢献指数（計算に基づく推測）

単位：%

	1952~1957	1957~1966	1952~1978
人口	2.4	1.4	2
GDP	6.9	3.3	4.7
一人あたりの平均GDP	4.5	1.7	2.7
就業人口	2.8	2.1	2.6
労働生産性	4.1	1.2	2.1
資本蓄積量	12.4	11.2	11.5
人的資本	4.9	4.6	4.1
資本生産性	-5.5	-7.9	-6.8
労働人口一人あたりの資本蓄積量	9.6	9.1	8.9
TFP①	0.3	-2.44	-1.9
TFP②	-1.66	-4.26	-3.24

注：TFP（全要素生産性）計算における重要度の比率は、①資本投入量0.4、労働力投入量0.3、人的資本投入量0.3、②資本投入量0.6、労働力投入量0.2、人的資本投入量0.2。GDPと資本系列は1987年の価格に基づく。胡鞍鋼、劉涛雄「全国資本ストック総量に占める国防資本ストックの割合から見た国防能力の変化（1952-2001）」（『国情報告』2003年第6巻）より引用。
人的資本のデータは、李春波「中国各地区人力資本与経済発展差距研究」（清華大学修士論文、指導教官は胡鞍鋼）より引用。

表 5-9　農業収益の拡大に対する各原資の貢献指数（計算に基づく推測）

単位：%

	1952~1957	1957~1966
農業総生産額	4.5	2
労働力	2.2	72.6
土地	1.8	-0.5
資本	6	2.8
流動性供給	11.1	10.2
全要素生産性	0.5	-2

資料出典：Wen, 1989 ; Wen., G. J. Total Factor Productivity Change in China's Farming Sector : 1952-1989, Economic Development and Cultural Change, Chicago University of Chicago, pp.1~41, Oct. 1993. 林毅夫『制度、技術与中国農業発展』33頁、43頁（上海、上海人民出版社、1994）掲載。

表 5-10　農業総生産額と投入要素および全要素生産性との年対比

単位：%

年	農業生産総額	労働力	土地	資本	流動性供給	全要素生産性
1952	100	100	100	100	100	100
1953	103.1	102.5	101.6	106.8	107.7	99.6
1954	106.6	104.8	103.8	113.4	120.3	99
1955	114.7	107.4	105.7	109.5	129.6	103.8
1956	120.5	107.1	109.9	108.6	158.6	104.1
1957	124.8	111.5	109.5	133.6	169.6	102.7
1958	127.8	89.4	106.1	126.1	254.7	104.7
1959	110.4	94	102.2	121.3	216.3	94.3

資料出典：林毅夫『制度、技術与中国農業発展』（上海、上海人民出版社、1994）所収、「集体化と 1959-1961 年における中国の農業危機」より。

農業危機後も、人民公社という強制的性格をもった体制は廃止されず、管理権限がより下層の単位（生産隊）に移っただけで、一貫して農業制度の根幹であり続けた。一九六一年末になって、灌漑工事への動員廃止、生産計画の決定権の細分化（平均二〇～三〇戸規模の生産隊への権限配分）、所得分配制度の高級合作社時代のやり方への変更、公共食堂の廃止、強制買付け量の引き下げなどがおこなわれた。また、農業への各投入要素も大幅に増加した。一九六六年の各要素投入量は、一九六一年に比べて、労働力投入量が二六・三ポイント、資本投入量が七二・六ポイント、そのほかの流動要素の投入量が三・二倍それぞれ増加している。一九六五年に、農業総生産額はようやく一九五八年の水準にまで回復した。しかし、農業の全要素生産性は依然として一九五八年の水準に届かず、一九五二年の水準さえも下回っていた（一九五二年のわずか八七％）。これは、農村の工業化が中国の工業化の歩みから排除されていたこと、工業化が農業の近代化と労働生産性の向上を犠牲にして成り立っていたことの表れである。

第十節　まとめ――特異な経済発展期

一九五七～一九六六年は、社会主義建設が大々的に展開された十年だった。とくに、経済建設では大きな成果を勝ち取った。自立的で整った工業体系が一応の完成を見たのもこの時期である。農業における基本建設は、生産条件の改善という成果を生み出しつつあった。交通運輸、通信事業も大きく発展し、教育や科学技術分野も目覚ましく進歩した。一九六四年、一九六五年の二度にわたる原爆実験の成功はその顕著な例である。にもかかわらず、「大躍進」と「人民公社運動」のため、この時期の経済成長率は新中国の歴史の中でも最低の水準にとどまり、経済の変動係数は最高、生産性は最低という時期になってしまった。

この時期に起こった政治・経済上の一連の出来事は、建国以来の良好な経済発展の流れを完全に断ち切っただけでなく、経済建設に役割をシフトしていくという党の構想をも根底から覆した。さらに、民主的な党の運営や集団的な政策決定メカニズムも根本から変えてしまった。政権政党としての中国共産党は、団結から分裂へと突き進んでいった。八期十中全会を転換点として「階級闘争を要とする」方向に大きく舵が切られ、「四清」運動（一九六三年）、社会主義教育運動（一九六五年）、そして「文化大革命」（一九六六年）へと続く一連のイデオロギー闘争が毛沢東によって引き起こされた。

「大躍進」は、建国以来類を見ない不安定な経済状況をつくり出し、産業構造および投資と消費の関係に深刻なアンバランスをもたらした。最悪の惨禍が死亡率の大幅な上昇である。「大躍進」を発動・指導した毛沢東は、中国の国情の制約的要素を直視せず、自己の主観的能動性を過信して経済の客観的法則を無視した。成功を焦るあまり、「急いては事をし損じる」という失態を演じることになった。これについては毛沢東だけでなく、ほかの指導者も同罪である。党内の政策決定メカニズムが機能していなかったことも、深刻な失敗を招いた大きな要因である。

「大躍進」と表裏一体でおこなわれた「人民公社運動」は、言うなれば生産関係の変革における「大躍進」だった。人民公社の最大の弊害は、都市と農村の格差を極限的に広げたことである。社会的地位、就労、教育、保健衛生、財政移転にかかわる諸制度において、都市住民と農村に暮らす人々との間には歴然とした差が生まれた。また、農村労働力の自由な移動や都市への流入が厳しく禁じられたため、都市化の進展は滞り、農民の生産意欲の向上や社会的生産力の増進も著しく阻害されることになった。「大躍進」と「人民公社運動」は、一九四九年の建国以来最大の経済危機をつくり出し、このため国民経済全体のバランスは失われ、中国を深刻な経済的苦境に陥れてしまったのである。

中国における経済発展の実際を見れば、政治のサイクルと経済のサイクルが互いに連動していることがわかる。経済における失策は、指導部の対立と分裂、指導者個々の失墜や台頭をもたらす主要因となり、こうした政治上の抗争が経済発展に深刻な影響を与えた。経済が加速していく過程では国内政治も激しく流動化し、政治上の淘汰と再編が引き起こされた。経済の拡大期になると、指導者は急速な発展に浮かれ、内部の矛盾は一時的な繁栄によって隠ぺいされた。経済上の情勢判断と具体的政策についての意見はさまざまであったが、最高指導者と異なる意見が受け入れられることは難しかった。一方で、経済が下り坂になると指導者は失政の責任を追及され、指導部内の矛盾も激化した。政治的・イデオロギー的要因を除けば、建国以降の党内闘争を引き起こした主な原因は、経済政策上の指導部内の対立だった。政治における闘争・対立・転変と経済における変動は、互いが原因となり結果となって直接影響し合う関係にあった。政治によって主導された動員型経済政策は、地方組織の幹部や工場責任者だけでなく、一般大衆全体の積極的参加と支持をとりつけることに成功し、経済成長を実現したが、一、二年後には過熱の代償を支払わされる、という事態がしばしば見られた。基本建設の規模が大きくなればなるほど、各方面に矛盾が出てきたことなどもこれに含まれる。そうなると党中央や中央政府は緊縮政策を余儀なくされ、結果、経済は後退局面に入っていった。これまで述べてきたような、政治レベルで周期的に見られる衝突はストレートに経済に影響し、経済以外の要素によって経済そのものが左右され、変動の激しい不安定な経済状態が繰り返されることになったのである。

総じて言うと、「大躍進」と「人民公社運動」は社会的生産力の破壊であり、国家と人民に多大な災厄と損失をもたらすものだった。それは、社会主義建設に全面的に着手し、進むべき独自の道を模索していた過程で党に生じた重大な誤りだった。そこには、くめども尽きせぬ重要な教訓が含まれている。すなわち、重大な戦略や政策において正しい決定を出すことができれば、それが最大の成功であり、政策決定の誤りこそが最大の失敗である、ということである。これは、本書全体を貫く核心的観点でもある。

注

1　第十一期六中全会で採択された「建国以来の党の若干の歴史問題に関する決議」（一九八一年六月二七日採択）では、次のように指摘されている。「社会主義的改造がおおむね達成された後、わが党は各民族人民を指導し、全面的かつ大規模な社会主義の建設に突入した」。「建国以来の党の若干の歴史問題に関する決議」、中共中央文献研究室編『三中全会以来重要文献選編』下冊、八〇三頁、北京、人民出版社、一九八二。

2　習近平は次のように述べている。「一九五六年の八全大会以降、わが党は人民を導き、国情に合った社会主義建設の道を模索し続けてきた。その間、成功もあれば挫折もあったが、全体としてわが国の社会主義建設事業は大きな成果をあげたと言える」。習近平「新しい情勢下における党の建設強化および改良についての綱領的文献」、『「中共中央関於加強和改進新形勢下党的建設若干重大問題的決定」輔導読本』九頁、北京、人民出版社、二〇〇九。

3　「中国共産党第八回全国代表大会政治報告に関する決議」（一九五六年九月二七日、中国共産党第八回全国代表大会採択）、中共中央文献研究室編『建国以来重要文献選編』第九冊、三四一～三四二頁、三五〇～三五一頁、北京、中央文献出版社、一九九四。

4　『中国共産党規約』（一九五六年九月二六日、中国共産党第八回全国代表大会採択）、『建国以来重要文献選編』第九冊、三一五～三一六頁、北京、中央文献出版社、一九九四。

5　毛沢東「社会主義革命の目的は生産力の解放である」一九五六年一月二五日、『毛沢東文集』第七巻、一頁、北京、人民出版社、一九九九。

6　毛沢東「商工業界人士との談話」一九五六年一二月八日、『毛沢東文集』第七巻、一八二頁、北京、人民出版社、一九九九。

7　劉少奇「中国共産党第八回全国代表大会における政治報告」一九五六年九月一五日、『劉少奇文選』下巻、二六五頁、北京、人民出版社、一九八五。

8　これは鄧小平が伝えた毛沢東の指示である。鄧小平「共産党は監督されなければならない」一九五七年四月八日、『鄧小平文選』第一巻、二七〇頁、北京、人民出版社、一九九三。

9　一九五六年四月二九日、毛沢東は海外の賓客に対して次のように語った。「間違いは必ず起こるものです。いかなる国においても、革命とその後の建設にあたって間違いは発生するものです。中国も同様でしょう。**しかし、真剣に取り組めば、大規模な間違いは少なくなり、仮に間違いを犯したとしてもすぐに是正できるようになるはずです**」。毛沢東「あらゆる力を結集して団結しよう」一九五六年四月二九日、『毛沢東文集』第七巻、六五頁、北京、人民出版社、一九九九。九月一〇日、毛沢東は八大準備会議で次のように語った。「現在おこなっている（経済）建設は、われわれにとって新しい事業である。数年前、中央には話したことがあるが、**（経済）建設においては、革命の時のように十四年もの紆余曲折を経ることなく、また多くの失敗を重ねる**

ことのないようにしたい。過去における失敗は主に思想の問題であり、認識不足、自覚不足の問題であった。世界の新しい工業・農業技術について、われわれはすでに六年間さまざまなものを学んできたとはいえ、まだ学んでいないことも多く、さらに努力が必要である。この点については、第二次・第三次五カ年計画によって、多くを学ぶことができるであろう」。毛沢東「第八期中央委員会選挙の問題について」一九五六年九月一〇日、『毛沢東文集』第七巻、一〇一頁、北京、人民出版社、一九九九。

10 一九五七年四月八日、鄧小平は次のように指摘した。「わが党が第八回全国代表大会に提案する任務は、あらゆる積極的要素、あらゆる力を動員して、偉大な社会主義工業国を建設するために奮闘することである。これは今後長期にわたって取り組むべき任務である」「経済建設はわれわれのよく知っている革命よりもさらに困難が伴うか、少なくとも同程度に困難である。この問題において、わが党は小学生のようなものであり、その能力は非常に劣っている」「毛主席は次のように話している。われわれは二十数年かけてようやく革命について学んだが、同時にその過程で大きな誤りも犯した」「現在、経済建設にあたって、二十数年もの時間をかけることなく、より短い時間で、かつ大きな失敗をすることなく、実現することができるだろうか。毛主席の言う意味は、もしわれわれがうまくできなかった場合、建設においても大きな誤りを犯してしまうということである。社会主義国家の建設における大きな失敗というのは先例がないわけではなく、大きな問題は起こらない、という考えは現実に即していない。もし、しっかり学習せず、経験を生かすことがなければ、われわれの建設においても大きな問題が発生するであろう」「われわれの国家建設は、十月革命後のソ連と比べても困難が少なく、恵まれた条件下にある。まず、国際情勢がわれわれにとって有利である。次にソ連やそのほかの国の経験を生かすことができる。この数年間で比較的建設を速く進められたのは、ソ連の経験と援助がその一因にある」「ソ連のよいところを学べばわれわれにも大いに役立ち、ソ連の間違いを教訓とすればやはり大いに得るところがある。ソ連の経験と教訓をうまく活用すれば、われわれの損失を減らすことができる。もちろん、アメリカを含む世界のあらゆる国の進んでいる点についてもわれわれは学ぶ必要がある」。鄧小平「今後の主要任務は建設である」一九五七年四月八日、『鄧小平文選』第一巻、二六一～二六四頁、北京、人民出版社、一九九三。

11 孫健『中華人民共和国経済史（一九四九－九〇年代初）』一四五二頁、北京、中国人民大学出版社、一九九二。

12 八大決議は、全体的な調和をとりながら緩やかに前進していくという経済方針を打ち立てた。大会では、必要性と実現可能性に基づいて国民経済の発展速度を合理的に定めると同時に、積極的かつ妥当な計画が策定され、国民経済の調和のとれた発展が目指された。また、重点と全体的なバランスの両方に鑑み、経済の各部門が均等に発展する必要がある、と強調された。さらに大会では次のような指摘もおこなわれた。一定の条件下で生産力を急速に高める可能性を見出そうとしないならば、それは保守主義的な誤りである。だからといって、さまざまな客観的制限要素を無視して極端な発展スピードを追求するのは、冒険主義的な誤りである。党は、この二種類の誤りのどちらにも注意を払い、未然に防止するとともに、誤りが生じたならば早期に修正しなければならない。「中国共産党第八回全国代表大会政治報告に関する決議」（一九五六年九月二七日採択）、中共中央文献研究室編『建国以来重要文献選編』第九冊、三一七～三一八頁、北京、中央文献出版社、一九九四。

13 いわゆる「大躍進」とは、一九五八年五月、中国共産党第八回全国代表大会第二回会議で正式に採択された「大いに意気込み、高い目標を目指し、多く、速く、立派に、無駄なく社会主義を建設する」という総路線を指す。総路線を打ち出すとともに、党は軽率にも「大躍進」運動を発動してしまった。農業生産においてはいたずらに高い目標を掲げ、新聞は「高生産の星」を紹介し続けた。このような虚報による浮き足だった雰囲気の中、八月に北戴河で開かれた拡大会議では、一九五八年の鉄鋼生産量を一九五七年の倍（一〇七〇万トン）とする案が中央政治局より提出された。会議後直ちに空前の規模となる「全国大製鉄運動」が開始された。同時に、ほかの工業・交通・郵便・教育・文化・衛生など各部門においても「全人民挙げて大いにやる」が展開された。このような「鉄鋼を中心とする」方針に基づく措置によってむやみに高い指標が掲げられ、水増し報告に代表される「左」傾化の誤りが多発し、正常な経済建設秩序が破壊され、労働力と資源が浪費された結果、国民経済のバランスは崩壊した。『鄧小平文選』第三巻、四〇〇頁註釈、北京、人民出版社、一九九四。

14　いわゆる「人民公社化」とは、一九五八年三月の成都会議後に現れた、小規模な農業合作社をより大規模な組織に統合する動きを指す。この動きは毛沢東に支持され、八月には「人民公社」と命名された。同月、北戴河で開催された中央政治局拡大会議で「農村人民公社設立問題に関する決議」が採択され、人民公社は試験的運用を経ることなく急速に全国に広まっていった。人民公社は「一大二公」を特徴としつつ、政社合一、工農商学兵の統合を掲げ、一般的には一郷一社、なかには一県一社のところもあった。公社内ではあらゆる面において集中的管理がおこなわれ、貧富の別なく平等な分配がなされたが、生産隊から構成員個人に至るまでその財産を無償で徴用したため、「共産風」による弊害がまん延した。一九五八年冬以降、とくに一九六一年春以降、党中央と毛沢東は人民公社に関する政策の誤りを相次いで修正したが、人民公社が抱える過剰な集中と平等主義という問題の抜本的解決には至らず、農民の積極性と農村の生産力は依然として制約を受けたままであった。『鄧小平文選』第三巻、四〇〇頁注釈、北京、人民出版社、一九九四。

15　鄧小平「政治的には民主を発展させ、経済的には改革を実行する」一九八五年四月一五日、『鄧小平文選』第三巻、一一五頁、北京、人民出版社、一九九四。

16　ジョン・フェアバンク『偉大的中国革命：一八〇〇－一九八五年』中国語版、三五三頁、北京、世界知識出版社、二〇〇〇。

17　鄧小平「『建国以来党の若干の歴史問題に関する決議』起草にあたっての意見」一九八〇年一月、『鄧小平文選』第二巻、二九四～二九五頁、北京、人民出版社、一九九四。

18　鄧小平「われわれが取り組むのはすべて新しい事業である」一九八七年一〇月一三日、『鄧小平文選』第三巻、二五三～二五四頁、北京、人民出版社、一九九四。

19　童小鵬『風雨四十年』第二部、三五九頁、北京、中央文献出版社、一九九六。童小鵬は当時の総理弁公室主任。

20　胡鞍鋼「党十六大と中国の進路」、胡鞍鋼、王紹光、周建明主編『第二次転型：国家制度建設』二一四頁、北京、清華大学出版社、二〇〇三。

21　ロデリック・マクファーカー『文化大革命的起源　第二巻　大躍進一九五八－一九六〇』中国語版、三～四頁、石家荘、河北人民出版社、一九八八。

22　「中国共産党第八回全国代表大会政治報告に関する決議」（一九五六年九月二七日採択）、中共中央文献研究室編『建国以来重要文献選編』第九冊、三五二頁、北京、中央文献出版社、一九九四。

23　「中国・インド両国総理による共同声明」一九五四年六月二八日、『人民日報』一九五四年六月二九日。

24　『毛沢東文集』第六巻、三三四頁、北京、人民出版社、一九九九。

25　逄先知、金沖及主編『毛沢東伝（一九四九－一九七六）』上巻、五六二～五六三頁、北京、中央文献出版社、二〇〇三。

26　「毛沢東とイギリス労働党代表団の会談」一九五四年八月二四日、『毛沢東文集』第六巻、三三九頁、三四一頁、北京、人民出版社、一九九九。

27　逄先知、金沖及主編『毛沢東伝（一九四九－一九七六）』上巻、五六八～五六九頁、北京、中央文献出版社、二〇〇三。

28　一九五六年一一月二日、毛沢東は中央政治局拡大会議において次のように述べた。「**ソ連共産党二十回大会にはよい点もあった。すなわち、パンドラの箱を開けて思想を解放し、ソ連のすべてが絶対的真理であり、必ずそれに従わなければならないと考える必要がなくなったことである。**今やわれわれは自ら考えて、自国の革命と建設の問題を解決していかねばならない」。呉冷西『十年論戦』（上）、五九頁、北京、中央文献出版社、一九九九。

29　『毛沢東文集』第七巻、一二一頁注釈（四）、北京、人民出版社、一九九九。

30　一九五六年四月四日、毛沢東は中央書記処会議において、ソ連共産党第二十回大会に関する議論の核心は、われわれがそこからどのような教訓を得るかということである、と語った。毛沢東は、最も重要なことは自分たちで考え、マルクス主義の基本原理と、中国の革命および建設の現実を結びつけることであると考えていた。「民主革命期には大きな犠牲を払ってようやくこの両者を結びつけ、新民主主義革命を勝利に導くことができた。現在は社会主義革命およびその建設にあたって二度目の結合をおこない、どのような社会主義の道を建設するかを探し出す必要がある」。呉冷西『憶毛主席――我親身経歴的若干重大歴史事件片断』九〜一〇頁、北京、新華出版社、一九九五。

31　毛沢東「十大関係を論ず」一九五六年四月二五日、『毛沢東文集』第七巻、四二頁、北京、人民出版社、一九九九。

32　逄先知、金沖及主編『毛沢東伝（一九四九−一九七六）』上巻、五〇一頁、北京、中央文献出版社、二〇〇三。

33　「第八期二中全会における劉少奇の講話記録」一九五六年一一月一日、逄先知、金沖及主編『毛沢東伝（一九四九−一九七六）』上巻、六〇四〜六〇五頁、北京、中央文献出版社、二〇〇三。

34　呉冷西『十年論戦』（上）、五九頁、北京、中央文献出版社、一九九九。

35　薄一波『若干重大決策与事件的回顧』下巻、五七四頁、北京、中共中央党校出版社、一九九三。

36　中共中央文献研究室、中共中央党校編『劉少奇論党的建設』六四三〜六四四頁、北京、中央文献出版社、一九九一。

37　毛沢東いわく「東欧の一部の国家の基本的な問題は、階級闘争を十分におこなわず、多くの反革命分子をそのままにしていたことであり、階級闘争の中でプロレタリア階級を訓練して敵味方や物事の是非、唯心論と唯物論を明確に区別することを訓練してこなかったことにある。現在その火の粉が自分に降りかかってきているのだ」。「第八期二中全会における毛沢東の講話記録」一九五六年一一月一五日。彼は「ハンガリー動乱」の原因を以下にあると結論づけた。「官僚主義、人民との乖離、工業化方針の誤り、労働者の賃金削減、資本家をたやすく打倒しておきながら、知識分子が改造されておらず、反革命分子も鎮圧されていなかったこと」。「毛沢東による最高国務会議第十一回（拡大）会議閉会の辞」一九五七年三月一日、逄先知、金沖及主編『毛沢東伝（一九四九−一九七六）』上巻、六〇六〜六〇七頁、北京、中央文献出版社、二〇〇三。

38　毛沢東「中国共産党第八期中央委員会第二回全体会議における講話」一九五六年一一月一五日、『毛沢東選集』第五巻、三一七〜三一八頁、北京、人民出版社、一九七七。『人民日報』編集部「再びプロレタリア独裁の歴史的経験を論ず」では次のように指摘されている。帝国主義は「ハンガリー動乱」において、朝鮮戦争以来最も大きな攻撃を社会主義陣営に対してしかけてきた。「ハンガリー動乱」は共産党員にとって非常に大きな教訓をもたらした。すなわち、われわれがどれほど一貫して社会主義国家と資本主義国家の平和共存を訴えても、帝国主義はわれわれを滅ぼそうと狙っている、ということである。それゆえ、われわれはいかなる時も敵との闘争を忘れてはならない。『人民日報』一九五六年一二月二九日。

39　毛沢東は、レーニンとスターリンを二振りの刀にたとえた。今、ロシア人はスターリンという刀を失い、レーニンという刀もかなりの部分を失った。また、彼は次のように語った。「われわれは十月革命から階級闘争を学んだ。もしフルシチョフが言うように十月革命から各国が学ばず、議会によって政権をとる道を選んだなら、レーニン主義も捨て去られることになる」。毛沢東「中国共産党第八期中央委員会第二回全体会議における講話」一九五六年一一月一五日、『毛沢東選集』第五巻、三二一〜三二二頁、北京、人民出版社、一九七七。

40　毛沢東「中国共産党第八期中央委員会第二回全体会議における講話」一九五六年一一月一五日、『毛沢東選集』第五巻、三二四〜三二五頁、北京、人民出版社、一九七七。

41　毛沢東「省・市・自治区党委員会書記会議における講話」一九五七年一月、『毛沢東選集』第五巻、三五二〜三五三頁、北京、人民出版社、一九七七。

42　毛沢東は次のように述べている。「毎年、国内外で思想台風、政治台風が発生している。これはいわば社会における自然現象である。では、この社会現象にどう対処すべきであろうか」。毛沢東は次の三つの方法を提案した。「一つ目は一部の人間が騒ぎを起こしても恐れず、状況を分析できるよう準備しておくこと。二つ目は知識人や民主派人士の思想改造を続けていくこと。三つ目は百花斉放で、やはり自由が必要である」。「省・市・自治区党委書記会議における毛沢東の講話記録」一九五七年一月一八日、逄先知、金沖及主編『毛沢東伝（一九四九−一九七六）』上巻、六一六頁、北京、中央文献出版社、二〇〇三。

43　『歴史巨人毛沢東』中巻、四五七頁、北京、当代中国出版社、二〇〇三。

44　鄧小平「首都戒厳部隊幹部接見時の講話」一九八九年六月九日、『鄧小平文選』第三巻、三〇二頁、北京、人民出版社、一九九四。

45　この文章は毛沢東の提案に基づき、胡喬木が初稿執筆を担当した。毛沢東は文章の要点について新たな構想を練り、一九五六年一二月一〇日から二八日にかけて、中央政治局常務委員会と政治局会議で討論と修正を重ね、一二月二八日夜に全文を公表した。修正には胡喬木・田家英・呉冷西が関わった。呉冷西『十年論戦』（下）、六八〜七八頁、北京、中央文献出版社、一九九九。

46　毛沢東「黄炎培への書簡」一九五六年一二月四日、『毛沢東文集』第七巻、一六四頁、北京、人民出版社、一九九九。黄炎培は当時の中国民主建国会主任委員・全国人民代表大会常務委員会副委員長。

47　毛沢東「ブルジョア右派の攻撃を撃退しよう」一九五七年七月九日、『毛沢東選集』第五巻、四四五頁、北京、人民出版社、一九七七。

48　不完全な統計ではあるが、一九五六年九月から一九五七年三月までの半年間に、全国で数十件のストライキやデモが発生した。参加者は、それぞれ十数人から一〇〇〇人近く、合計で一万人あまりに上った。また、大学および中高の学生による授業のボイコットやデモは数十都市で発生し、参加者はやはり一万人あまりに達した。農村においても合作社内での騒動が多発、広東省では合作社を抜ける農家が一一〜一二万戸にもなった。薄一波『若干重大決策与事件的回顧』下巻、五七四頁、北京、中共中央党校出版社、一九九三。

49　「第八期二中全会における毛沢東の講話記録」一九五六年一一月一五日、逄先知、金沖及主編『毛沢東伝（一九四九−一九七六）』上巻、六一二〜六一三頁、北京、中央文献出版社、二〇〇三。

50　劉少奇は次のように述べた。「現在、労働者や農民・学生による騒動が発生しているのはなぜか、よくよく考えてみる必要がある。どうすればこの騒ぎを収められるのか。騒動を起こした民衆に対してどのような対策をとるべきか。現在、敵との間の矛盾はすでに主要な矛盾ではなくなり、人民内部の矛盾が突出している。わが党は人民を指導する立場であるから、何か問題が起これば大衆は皆われわれを責めることになる。騒動の当事者については、弾圧も譲歩もせず、説得し教育する方法を、われわれはとる」。「劉少奇と調査組メンバーの談話記録」一九五七年二月一八日、金沖及主編『劉少奇伝』（下）、八一三頁、北京、中央文献出版社、一九九八。

51　一九五六年九月、毛沢東は八全大会開幕のあいさつの中で次のように述べた。「思想上の主観主義、実務上の官僚主義、組織上のセクト主義、こういったやり方や考えは、いずれも大衆や現実から乖離している」。毛沢東「中国共産党第八回全国代表大会開幕の辞」一九五六年九月一五日、『建国以来毛沢東文稿』第六巻、二〇三～二〇四頁、北京、中央文献出版社、一九九二。同年一一月の八期二中全会では、毛沢東の提案に基づき、主観主義・セクト主義および官僚主義を一掃するため、一九五七年下半期より党内整風運動を発動することが決定された。

52　毛沢東「中国共産党第八期中央委員会第二回全体会議における講話」一九五六年一一月一五日、『毛沢東選集』第五巻、三二七～三二八頁、北京、人民出版社、一九七七。

53　毛沢東は次のように指摘した。「官僚主義には多くのことが含まれる。幹部が大衆と触れ合うことなく、実情を理解しようともせず、苦楽を共にしないことや、汚職や贅沢なども含まれる。一部の日和見主義者は旧社会や国民党に汚染され、一種の特権意識をもち、大衆に対して高圧的に振る舞い、まるで天下を得たかのように好き勝手をおこなっている」。毛沢東「中国共産党第八期中央委員会第二回全体会議における講話」一九五六年一一月一五日。

54　『劉少奇文選』下巻、三〇七頁、北京、人民出版社、一九八五。

55　「第八期二中全会における毛沢東の講話記録」一九五六年一一月一五日、逄先知、金沖及主編『毛沢東伝（一九四九－一九七六）』上巻、六三六頁、北京、中央文献出版社、二〇〇三。

56　何蓬『毛沢東時代的中国（一九四九－一九七六）』（二）、三二二～三二三頁、北京、中共党史出版社、二〇〇三。

57　金沖及主編『劉少奇伝』（下）、八二五頁、北京、中央文献出版社、一九九八。

58　楊継縄『鄧小平時代―中国改革開放二十年紀実』上巻、八頁、北京、中央編訳出版社、一九九八。

59　「南京での党員幹部会議における毛沢東の講話記録」一九五七年三月二〇日、逄先知、金沖及主編『毛沢東伝（一九四九－一九七六）』上巻、六五一頁、北京、中央文献出版社、二〇〇三。

60　毛沢東「中国共産党全国宣伝工作会議における講話」一九五七年三月一二日、『毛沢東選集』第五巻、四一〇頁、北京、人民出版社、一九七七。

61　一九五一年、中国戯曲研究院設立を記念して、毛沢東は「百花斉放、推陳出新」との言葉を贈った。薄一波『若干重大決策与事件的回顧』上巻、四九二頁、北京、中共中央党校出版社、一九九一。一九五三年の中国歴史研究委員会設立時、委員会主任であった陳伯達が委員会の方針を示してもらえるよう毛沢東に依頼したところ、毛沢東は「百家争鳴すべし」と答えた。『歴史巨人毛沢東』中巻、四六九頁、北京、当代中国出版社、二〇〇三。一九五六年五月二日、最高国務会議第七回会議において、毛沢東は芸術における百花斉放と、学術における百家争鳴の方針を正式に打ち出した。「最高国務会議第七回会議における毛沢東の講話記録」一九五六年五月二日、逄先知、金沖及主編『毛沢東伝（一九四九－一九七六）』上巻、四九一頁、北京、中央文献出版社、二〇〇三。

62　「中央定期刊行物等責任者会議における毛沢東の講話」一九五七年二月一六日、逄先知、金沖及主編『毛沢東伝（一九四九－一九七六）』上巻、六一八頁、北京、中央文献出版社、二〇〇三。

63　毛沢東「南京上海党員幹部会議における毛沢東の講話概要」一九五七年三月一九日、『建国以来毛沢東文稿』第六巻、四〇五頁、北京、中央文献出版社、一九九二。

64　劉少奇「中国共産党第八回全国代表大会における政治報告」一九五六年九月一五日、『劉少奇文選』下巻、二三九頁、北京、人民出版社、一九八五。

65　金春明主編『評「剣橋中華人民共和国史」』一八五頁、武漢、湖北人民出版社、二〇〇一。

66　一九五七年三月一三日、党中央宣伝部長の陸定一は、全国宣伝工作

会議において次のように述べた。「ハンガリーは多くの誤りを犯した。群衆のデモは本来人民内部の矛盾であり、敵対的なものではなかった。しかし、彼（ハンガリー共産党第一書記ゲレー・エルネー）はこれを力で鎮圧しようとし、結果、政府に反対するものとなってしまった」。陸定一は党中央を代表して「双百」の方針を徹底することを強調した。『陸定一文集』五五六頁、北京、人民出版社、一九九二。

67 毛沢東「中国共産党宣伝工作会議における講話」一九五七年三月一二日、『建国以来毛沢東文稿』第六巻、三九〇頁、北京、中央文献出版社、一九九二。

68 毛沢東は次のように述べている。「（スターリンは）最初の数年は反対意見を述べることを許しており、言論の自由もいくらかあったが、その後は党と政府を称える言論以外認めなくなり、批判を許さず、個人崇拝を求めるようになった。スターリンはしばしば矛盾する二つの面を混同していた」。毛沢東「文芸界代表との談話」一九五七年三月八日、『毛沢東文集』第七巻、二五三頁、北京、人民出版社、一九九九。

69 陳其通・陳亜丁・馬寒冰・魯勒が一九五七年一月七日に『人民日報』紙上に発表した「目下の文芸工作に対するいくつかの意見」を指す。

70 毛沢東「文芸界代表との談話」一九五七年三月八日、『毛沢東文集』第七巻、二五四頁、北京、人民出版社、一九九九。

71 同右、二五二頁。

72 「反右派」運動は、毛沢東自身の分類に基づけば、四つの段階に分けることができる。第一段階は「放」、すなわち大いに議論させ、敵を誘い出す段階。第二段階は「反」、すなわち右派への反撃段階。第三段階は「改」、すなわち改善・改革の段階。第四段階は「学」、すなわちマルクス・レーニン主義を学ぶ段階である。毛沢東「あくまでも大多数の大衆を信頼しよう」一九五七年一〇月一三日、『毛沢東選集』第五巻、四八七頁、北京、人民出版社、一九七七。

73 「四省一市党委員会書記思想工作座談会における毛沢東の講話記録」一九五七年四月四日～六日、逢先知、金冲及主編『毛沢東伝（一九四九－一九七六）』下巻、六五七～六五八頁、北京、中央文献出版社、二〇〇三。

74 「中国共産党中央委員会の整風運動に関する指示」一九五七年四月二七日、中共中央文献研究室編『建国以来重要文献選編』第一〇冊、二二二～二二六頁、北京、中央文献出版社、一九九四。

75 史略、許卿卿「一九五七年の整風反右における毛沢東」、高樹等編『歴史巨人毛沢東』一二八九～一二九〇頁、北京、中国人民大学出版社、一九九三。

76 毛沢東「党外人士は引き続き党の欠点や間違いを批判せよ」一九五七年五月四日、『毛沢東文集』第七巻、二九六～二九七頁、北京、人民出版社、一九九九。

77 一九五七年五月一〇日、上海『解放日報』は「大胆に矛盾を暴露し、党内整風の助けとしよう」と題し、小中学校教師を招いておこなった座談会の内容を全面に掲載した。これについて、毛沢東は劉少奇らに次のような批評を送った。「（劉）少奇、（周）恩来、陳雲、（鄧）小平の各同志よ、これを読みたまえ。隅から隅まで目を通すべきだ。整風をおこなわねば党は滅びてしまうだろう」「上海解放日報、南京新華日報、上海文匯報、北京日報、光明日報、これらの新聞には人民内部の矛盾とわが党の整風の情報が集まっているから、注意して見るように。これは天下の一大事だ」。逢先知、金冲及主編『毛沢東伝（一九四九－一九七六）』上巻、六八九～六九〇頁、北京、中央文献出版社、二〇〇三。

78 章乃器は、党と党外の間には「壁」や「溝」が存在すると感じていた。何蓬『毛沢東時代的中国（一九四九－一九七六）』（二）、五三頁、北京、中共党史出版社、二〇〇三。民主建国会副主席の胡子昂は、地方の党と大衆の間には多くの面で距離があり、その関係を「敬して親しまず、親しんで密ならず」と称した。『人民日報』一九五七年五月一〇日。

79 章伯鈞は次のように主張した。「地位と権力、責任は不可分の関係にあり、党外の指導者に職務と権力をもたせるのであれば、同時に責任も負わせなければならない。ところが現在は、党外人士がトップに立っていても、実際には党がすべてを決定し、責任を負っている。党が責任を負うのであれば、当然権力も伴う。これが、党外人士には地位はあっても権力がないことの根本的な原因である」。『人民日報』一九五七年五月九日。羅隆基によれば、多くの重要な問題について、これまでは党内で議論が尽くされたのちに民主党派との協議にかけられることが多かった。彼は、このような問題を議論する際には、党内だけでなく、民主党派でも同時におこなうべきであり、そうすれば民主党派との協議を実のあるものとすることができる、と考えた。『人民日報』一九五七年五月一一日。

80 張奚若は、党内に三大主義と四つの偏向が存在すると批判した。三大主義とは主観主義、官僚主義およびセクト主義であり、四つの偏向とは、功名心にはやり、目先の利益を求め、過去を軽んじ、未来を盲信することである。『人民日報』一九五七年五月一六日。

81 北京市工商業聯合会副主任委員の李貽賛は、北京では官民関係の問題は主に、官が民を信頼していないため、民が積極性を発揮するのが難しい点にあると考えた。また、民主建国会中央委員の鄧季惺は、合営企業においては、官民の間に買い戻し金の利息（定息）制度にまつわる深い溝があると考えていた。『人民日報』一九五七年五月一六日。

82 天津市工商業聯合会主席委員の卒鳴岐は、次のように主張した。「中国の民族ブルジョアジーと世界のブルジョアジーには共通点も当然あるが、一方で反帝国主義、反封建体制、反官僚資本という特性をもつ愛国的階級でもある。民族ブルジョアジーは偉大であるが、社会の私有制が終結し、政権や企業管理に参加するようになっても、彼らが引け目を感じているのはなぜだろうか。もちろん、民族ブルジョアジーが受け身であるという問題はあるが、政府や企業の党員幹部はこの点についてより大きな責任を負っている。彼らはセクト主義を排して、民族ブルジョアジーに一定の評価を与えるべきである」。何蓬『毛沢東時代的中国（一九四九－一九七六）』（二）、五三頁、北京、中共党史出版社、二〇〇三。

83 中国国民党革命委員会副主席の熊克武は法制度の整備について意見を述べた。『人民日報』一九五七年五月一二日。同委員会中央常務委員の黄紹竑は、次のように主張した。「整風は入浴、法律制度は洗顔のようなものだ。整風はもちろん必要だが、法制度の確立も同様に必要である。整風だけで法制度を整えなければ、整風の効果を保つことはできないだろう」。『人民日報』一九五七年五月一七日。

84 『人民日報』一九五七年五月一六日。

85 一九五八年一月二八日、毛沢東は最高国務会議第十四回会議において、この発言は的確であり、非常に評価していると語った。翌一九五九年七月一〇日、廬山会議で毛沢東は張奚若のこの発言を取り上げて、次のように述べた。「わたしは大を好み、功を喜ぶ人間だが、それに何の問題があろうか。十年、十五年後にイギリスに追いついても、この連中はまだ何か言えるだろうか。彼らにはぜひ長生きするか、さもなくば閻魔大王の前でわれわれを告発してもらいたいものだ」。

86 陳述『中華人民共和国国史』一六七頁、北京、人民出版社、二〇〇九。

87 五月一四日の会議に参加したのは、劉少奇・周恩来・朱徳・陳雲・鄧小平・彭真・李維漢・康生・陸定一であった。五月一六日には、夜九時から翌一時二〇分まで開催され、呉冷西も加わった。この二日間の会議の記録は残されていないが、整風鳴放に関係した内容と推察される。逢先知、金沖及主編『毛沢東伝（一九四九－一九七六）』上巻、六九〇～六九一頁、北京、中央文献出版社、二〇〇三。

88 李維漢は毛沢東に、党外人士の中には共産党と交替で政権の座に就くとか、政治集会をおこなうなどという言説をまき散らす者がいると報告した。毛沢東はこれに対して、「奴らがしたことは、そのうち自らの身に降りかかってくるだろう」と答えた。また報告の中で、党外から共産党への厳しい批判を「嫁姑の争い」と称する人がいた点について、毛沢東は「いや、嫁姑の争いではなく、敵味方（間の矛盾）である」と述べた。史略、許卿卿「一九五七年の整風反右における毛沢東」、高樹等編『歴史巨人毛沢東』一二九二〜一二九三頁、北京、中国人民大学出版社、一九九三。

89　毛沢東は「右派」について次のように考えていた。「彼らはごく一つまみの反共反人民の妖怪変化に過ぎない。党内外の右派は、物きわまれば必ず反す、という弁証法をわかっていない。彼らの騒ぎが頂点に達するまで、もうしばらくそのままにしておくべきである。彼らが騒げば騒ぐほど、われわれにとってますます有利になる」。毛沢東「事態は変化しつつある」一九五七年五月一五日、『毛沢東選集』第五巻、四二三〜四二九頁、北京、人民出版社、一九七七。

90　この指示は、党外からの批判的意見の主流に対しては、次のように肯定的であった。「人民内部の矛盾を党内外に公開し討論をおこなって以来、各方面の矛盾が驚くほど急速に明らかになった。これらの矛盾の詳細について、われわれはこれまでほとんど何も知らなかった。今、そのありのままが暴露されたのは良いことだ。北京大学の傅鷹教授をはじめとする党外人士の批判は、どんなに厳しいものであっても、基本的には誠意がこもっており、正しい指摘である。このような批判は全体の九〇%以上を占めており、わが党が整風を進め、欠点を修正する上できわめて有益である」。一方で、右翼的な言論にどう対応するかについても手はずを整えた。「最近、一部の反共産党傾向のある者が煽動的な言論を発表している。これは、人民内部の矛盾を正しく解決し、人民民主独裁を強固にし、社会主義建設に役立てようという正しい道筋を、誤った方向へ導こうとするものである。このことについては十分注意しつつ、彼らが意見を発表するがままに任せ、しばらくの間（数週間）は反論を加えてはならない。右翼分子の反動的な姿を人民にさらさせておき、しかるのちに反論の問題を考えよう」。「目下の党外人士の批判への対応に関する党中央の指示」一九五七年五月一六日、中共中央文献研究室編『建国以来重要文献選編』第一〇冊、二七二〜二七三頁、北京、中央文献出版社、一九九四。

91　『鄧小平年譜（一九〇四 - 一九七四）』下巻（中共中央文献研究室編、北京、中央文献出版社、二〇〇九）には以下のように記載されている。五月一四日、一六日の夜、毛沢東が招集した中央政治局常務委員会拡大会議に出席し、整風鳴放問題について討論する。一六日、中央書記処会議を開催し、整風鳴放問題などを討論する。一九日夜、劉少奇・周恩来・陳雲・彭真・陸定一・胡耀邦・頼若愚と毛沢東が招集した会議に出席する。二一日午後、中央書記処会議を招集し、新聞と宣伝方針について議論する。二二日午後、劉少奇主宰の中央政治局会議に出席し、整風運動などの問題について議論する。二三日には中央政治局常務委員会拡大会議、二七日には各省・市・自治区党委書記会議で、整風運動について報告をおこなう。二四日、毛沢東が招集した中央政治局常務委員会拡大会議に出席する。二五日、中央書記処が招集した各新聞責任者会議の司会を務め、党外人士の批判への対応問題について検討する。二六日および二七日、劉少奇・周恩来・朱徳・陳雲・彭真らと毛沢東が招集した会議に参加し、各省・市・自治区の党委員会書記による状況報告を受ける。二九日、毛沢東が招集した中央政治局常務委員会議に出席する。六月一日、毛沢東が招集した中央政治局常務委員会議に出席する。三日、中央書記処会議を開催し、党中央および国務院関連部門の責任者から鳴放の状況について報告を受ける。四日、劉少奇・周恩来・朱徳・陳雲・彭真らと毛沢東が招集した会議に参加する。

92　「党中央政治局拡大会議記録」一九五七年五月二三日、逄先知、金沖及主編『毛沢東伝（一九四九 - 一九七六）』上巻、六九七頁、北京、中央文献出版社、二〇〇三。

93　『人民日報』一九五七年五月二六日。

94　『文匯報』一九五七年六月二日。

95　呉冷西『憶毛主席—我親身経歴的若干重大歴史事件片断』三九〜四〇頁、北京、新華出版社、一九九五。

96　毛沢東「力を結集して右派分子の狂気じみた攻撃に反撃を加えよう」一九五七年六月八日、『建国以来毛沢東文稿』第六巻、四九七頁、北京、中央文献出版社、一九九二。

97　何蓬『毛沢東時代的中国（一九四九－一九七六）』（二）、六一頁、北京、中共党史出版社、二〇〇三。

98　逄先知、金沖及主編『毛沢東伝（一九四九－一九七六）』上巻、七一〇頁、北京、中央文献出版社、二〇〇三。

99　何蓬『毛沢東時代的中国（一九四九－一九七六）』（二）、六二頁、六六頁、北京、中共党史出版社、二〇〇三。

100　毛沢東「ブルジョア右派の攻撃を撃退しよう」一九五七年七月九日、『毛沢東選集』第五巻、四四〇～四五五頁、北京、人民出版社、一九七七。

101　『人民日報』一九五七年七月一五日。

102　この文書では二つの重要な観点が示されている。第一に、反共・反人民・反社会主義的なブルジョア階級右派と人民の間の矛盾は敵味方間の矛盾であり、食うか食われるかの対立的な矛盾である。第二に、今回のブルジョア階級右派に対する批判は、政治戦線ならびに思想戦線における偉大な社会主義革命である。文書では、一九五六年の経済戦線における（生産手段所有制度の）社会主義革命だけでは不十分かつ不確実であり、政治戦線および思想戦線において徹底的な社会主義革命がさらに必要であるとした。毛沢東「一九五七年夏季の情勢」一九五七年七月、『毛沢東選集』第五巻、四五六～四六五頁、北京、人民出版社、一九七七。

103　毛沢東いわく、「現在の主要な矛盾とは何か。一言にまとめれば、主要な矛盾とはすなわち、社会主義と資本主義という二つの路線の間の矛盾である。八大決議ではこの問題は提起されていなかった。同決議には、『主要な矛盾とは、先進的な社会主義制度と立ち遅れた生産力の間の矛盾である』というくだりがあるが、このような考えは間違いである。われわれは七期二中全会において、全国的な勝利の後、国内における主要な矛盾は労働者階級とブルジョア階級の間の矛盾であり、国外では中国と帝国主義の間の矛盾であるとの考えを示した。その後、公に提示されることはなかったが、事実上その考えに従って、革命はすでに新民主主義革命から現在の社会主義革命に移ってきている。三大改造は社会主義革命、主には生産手段所有制度の社会主義革命であるが、すでに基本的に完了している」。毛沢東「革命の推進派になろう」一九五七年一〇月九日、中共中央文献研究室編『建国以来重要文献選編』第一〇冊、六〇七頁、北京、中央文献出版社、一九九四。

104　「右派分子を区分するための基準」では次のように説明されていた。「社会主義と党の指導に基本的に反対していない、一部制度に対する意見といった部分的な問題は、根本的な問題には属さない。職務上の問題や、学術上の問題、共産党の個々の組織や、個々の担当者に対する不満や批判は、たとえ間違いであっても、激しいものであったとしても、右派分子とみなすべきではない。同様に、社会主義や党の指導には基本的に反対しておらず、ただ思想的に若干間違いがあるだけの人物も、右派分子とみなすべきではない」。何蓬『毛沢東時代的中国（一九四九－一九七六）』（二）、六七頁、北京、中共党史出版社、二〇〇三。

105　薄一波『若干重大決策与事件的回顧』下巻、五七五頁、北京、中共中央党校出版社、一九九三。

106　薄一波は後に、間違って右派分子とされた人の中には、長年革命に参加してきた党の幹部、長きにわたって党と協力してきた愛国人士や党の友人、専門知識に長けた知識人や管理経験豊富な商工業者、さらにはまだ成熟していないものの政治的熱意にあふれた青年たちが多数含まれていたことを認めた。薄一波『若干重大決策与事件的回顧』下巻、六一八～六一九頁、北京、中共中央党校出版社、一九九三。胡縄も次のように述べている。「右派分子」と認定された人々の中には、忠実な同志、党と古くから協力し合ってきた友人、才能にあふれた知識人、未成熟だが政治的情熱にあふれた青年が多数含まれていた。その多くは党の業績や幹部に批判的な意見を述べており、その意見は正しいものもあれば、一面的な見方のものもあったが、決して党や社会主義に反対するものではなかった。胡縄主編『中国共産党的七十年』三八七頁、北京、中共党史出版社、一九九一。

107　「建国以来の党の若干の歴史問題に関する決議」、中共中央文献研究室編『三中全会以来重要文献選編』下冊、八〇五頁、、北京、人民出版社、一九八二。

108　「あくまで態度を変えない一部のブルジョア右派分子は頑迷派であるが、彼らが特務（スパイ）として二度と破壊活動をおこなわないかぎり、何らかの仕事を与え、公民権も奪わない」。毛沢東「一九五七年夏季の情勢」一九五七年七月、『建国以来毛沢東文稿』第六巻、五四三頁、北京、中央文献出版社、一九九二。

109　毛沢東は次のように述べている。「社会主義革命とはどのような範囲内の革命なのか。どのような階級間の闘争なのか。それは、プロレタリア階級が労働者を指導してブルジョア階級との間で繰り広げる（階級）闘争である」。毛沢東「あくまでも大衆の大多数を信頼しよう」一九五七年一〇月一三日、『毛沢東選集』第五巻、四八三頁、北京、人民出版社、一九七七。

110　一九五七年三月一二日、毛沢東は、極度に反動的な者は五〇〇万人程度の（知識人の）うちおよそ一、二あるいは三％程度だと見積もった。毛沢東「中国共産党全国宣伝工作会議における講話」一九五七年三月一二日、『毛沢東文集』第七巻、二六九頁、北京、人民出版社、一九九九。一九五七年五月一五日には次のように述べている。「社会上の右派は、党外知識人全体のおよそ一％、三％、あるいは五％から一〇％というように、状況によって異なる」。毛沢東「事態は変化しつつある」一九五七年五月一五日、『建国以来毛沢東文稿』第六巻、四七〇頁、北京、中央文献出版社、一九九二。

111　毛沢東起草「名指しで批判する中心的右派分子の人数増加などの問題に関する通知」一九五七年七月九日、逄先知、金沖及主編『毛沢東伝（一九四九－一九七六）』上巻、七〇九～七一一頁、北京、中央文献出版社、二〇〇三。

112　毛沢東起草「反右派闘争のさらなる展開に関する指示」一九五七年八月一日、逄先知、金沖及主編『毛沢東伝（一九四九－一九七六）』上巻、七一五～七一六頁、北京、中央文献出版社、二〇〇三。

113　薄一波『若干重大決策与事件的回顧』下巻、六一九～六二〇頁、北京、中共中央党校出版社、一九九三。

114　毛沢東の分類によれば、その中には地主階級、富農、一部の富裕中農、一部の民族ブルジョアジー、一部のブルジョア知識人、一部の都市の上層プチブルジョア階級、さらに個別の労働者や貧農、下層中農も含まれるとされた。毛沢東「あくまでも大衆の大部分を信頼しよう」一九五七年一〇月一三日、『毛沢東選集』第五巻、四八二～四八三頁、北京、人民出版社、一九七七。

115　何蓬『毛沢東時代的中国（一九四九－一九七六）』（二）、三四〇頁、北京、中共党史出版社、二〇〇三。

116　何蓬『毛沢東時代的中国（一九四九－一九七六）』（二）、二一六頁、北京、中共党史出版社、二〇〇三。

117　「確実に悔い改めた右派分子のレッテルを外すことに関する党中央の決定」一九五九年九月一七日、中共中央文献研究室編『建国以来重要文献選編』第一二冊、五七〇～五七一頁、北京、中央文献出版社、一九九六。

118　逄先知、金沖及主編『毛沢東伝（一九四九－一九七六）』上巻、七一二頁、北京、中央文献出版社、二〇〇三。

119　毛沢東「省・市・自治区党委員会書記会議における講話」一九五七年一月二七日、『毛沢東文集』第七巻、一九二頁、北京、人民出版社、一九九九。

120　毛沢東「省・市・自治区党委員会書記会議における講話」一九五七年一月二七日、『毛沢東文集』第七巻、一九八頁、北京、人民出版社、一九九九。

121　この一節は毛沢東本人によって付け加えられた。党中央「整風運動に関する指示」、『人民日報』一九五七年五月一日。

122 王紹光、胡鞍鋼『中国国家能力報告』三一頁、瀋陽、遼寧人民出版社、一九九三。

123 陸南泉等主編『蘇聯興亡史論』（修訂版）、四七二頁、北京、人民出版社、二〇〇四。

124 逢先知、金沖及主編『毛沢東伝（一九四九－一九七六）』上巻、六〇七頁、北京、中央文献出版社、二〇〇三。

125 毛沢東は次のように述べている。「最近、ソ連で社会主義建設における欠点や誤りが暴露された。彼らが歩んだ回り道を、われわれもまた歩もうというのか」。毛沢東「十大関係を論ず」一九五六年四月二五日、中共中央文献編輯委員会編『毛沢東著作選読』下巻、七二〇～七二一頁、北京、人民出版社、一九八六。

126 毛沢東「党の団結を強め、党の伝統を受け継ごう」一九五六年八月三〇日、『毛沢東文集』第七巻、九一頁、北京、人民出版社、一九九九。

127 毛沢東は次のように述べている。「どの部門も規約や制度の問題を抱えているが、それらはソ連から借用したものが多く、弊害も少なくない。建国当初は、やむを得ずソ連に倣う必要があったが、それらがすべて真理ではない。なんでも杓子定規にあてはめてはいけない。そのようなやり方は独立した思考を放棄することであり、歴史上の教条主義の教訓を忘れることである」。毛沢東「成都会議における講話」一九五八年三月、『毛沢東文集』第七巻、三六五～三六六頁、北京、人民出版社、一九九九。

128 毛沢東「成都会議における講話」一九五八年三月、『毛沢東文集』第七巻、三六六頁、北京、人民出版社、一九九九。

129 薄一波は、「社会主義建設においてわれわれ自身が創り出したものは少なかった。農業・商業は少しはましであったが工業（とくに重工業）・計画管理・金融・統計などについては基本的にソ連に倣った。なぜなら、われわれには近代的経済を管理した経験がなく、知識も不足しており、西側の封じ込め政策によって経済も技術も立ち遅れていたからだ。ソ連はすでに二十年近く社会主義経済を管理してきた経験があり、彼らの経済や技術も、わが国に比べると比較的高い水準に達していた」と述べている。薄一波『若干重大決策与事件的回顧』上巻、四七一～四七二頁、北京、中共中央党校出版社、一九九一。

130 薄一波『若干重大決策与事件的回顧』下巻、七八二頁、北京、中共中央党校出版社、一九九三。

131 毛沢東は、「中央と地方の関係をうまく処理することは、われわれのような大国の巨大な党にとって非常に重要な問題である。一部の資本主義国家もこの問題には注意を払っている。彼らとわれわれの制度は根本的に異なるが、それでもかれらの発展経験は、われわれも学ぶ価値がある」と考えていた。董輔礽主編『中華人民共和国経済史』上巻、二六〇頁、北京、経済科学出版社、一九九九。

132 毛沢東は中央と地方の関係について議論する中で、次のように述べた。「わが国の憲法では、立法権があるのは全国人民代表大会のみであり、地方に立法権はない。この条項はソ連に学んだものであるが、アメリカはこれとは異なる。アメリカでは州が法律を定めることができ、州の法律が国の憲法と衝突する場合すらある。財政や税収についても、州ごとに法律が異なり、統一されていない。アメリカという国は非常に発展しているが、わずか百年あまりの間にそれを成し遂げている。これは研究に値する問題であり、アメリカの政治体制について理解を深めるべきだろう。考えるに、われわれも地方の権力を少し拡大すべきではないか。地方の権力が小さすぎるのは、社会主義建設にとっても不利に働く」。以上の内容は「十大関係を論ず」には収録されておらず、薄一波が毛沢東の講話（一九五六年四月二五日の中央政治局拡大会議、同年五月二日の毛沢東主宰の最高国務会議）を記録したものである。薄一波『若干重大決策与事件的回顧』下巻、北京、中共中央党校出版社、一九九三。毛沢東は、「過剰な集中は、すべての力を動員して強大な国家を建設するという目的にとって逆効果である。同志諸君においては、ソ連の教訓を鑑み、わが党の歴史に思いをはせ、この分権か集権かという問題を解決してほしい」と説いた。毛沢東「党中央政治局拡大会議での総括講話」一九五六年四月二八日、『毛沢東文集』第七巻、五二頁、五四頁、北京、人民出版社、一九九九。

133 一九五七年一月、党中央は、陳雲・李富春・薄一波・李先念・黄克誠からなる中央経済工作五人小組の編成を決定した。陳雲が組長に任ぜられ、経済管理体制の研究と改良を担当することとなった。薄一波『若干重大決策与事件的回顧』下巻、七九一～七九二頁、北京、中共中央党校出版社、一九九三。

134 薄一波『若干重大決策与事件的回顧』下巻、七九五頁、北京、中共中央党校出版社、一九九三。

135 毛沢東は中央が開催した春節団拝会において、「中央に権力が集中しすぎると、生産力を束縛することになる。わたしはかねてより『虚君共和』を唱えてきた。中央が多くのことをやり過ぎないようにして、業務の多くを省・市に任せるようにすれば、彼らはわれわれ（党中央）よりうまくやるだろう」。薄一波『若干重大決策与事件的回顧』下巻、七九六～七九七頁、北京、中共中央党校出版社、一九九三。

136 毛沢東「成都会議における講話」一九五八年三月、『毛沢東文集』第七巻、北京、人民出版社、一九九九。

137 薄一波はこの改革を、「わが国の経済体制改革史上、最も有益な試みの一つであった」とした。薄一波『若干重大決策与事件的回顧』下巻、七九五頁、北京、中共中央党校出版社、一九九三。

138 薄一波『若干重大決策与事件的回顧』下巻、七九七～八〇一頁、北京、中共中央党校出版社、一九九三。

139 薄一波『若干重大決策与事件的回顧』下巻、七九八頁、北京、中共中央党校出版社、一九九三。

140 陳雲の計画によれば、この経済改革は当初は緩やかで試験的なものであった、と薄一波は述べている。薄一波『若干重大決策与事件的回顧』下巻、八〇二～八〇三頁、北京、中共中央党校出版社、一九九三。

141 中国の経済体制が抱える根深い問題について、（中国の計画経済体制設計者の一人であり、一九五八年の経済体制改革の設計者の一人でもある）薄一波は、中国が正式に社会主義市場経済体制を開始した時（一九九三年）に、次のようにふりかえった。「一九五八年の経済体制改革の教訓を総括した時には、権力が集中することの弊害のみを問題視したため、権力の地方委譲という方法をとった。（権力の）委譲が多くなると、上が再び権力を回収した。社会主義制度の下で計画経済体制の実施のみを強調していたが、市場メカニズムの働きを完全に無視し、否定することの弊害については気がついていなかった」。薄一波『若干重大決策与事件的回顧』下巻、七九七～八〇四頁、北京、中共中央党校出版社、一九九三。

142 毛沢東「一九五七年夏季の情勢」一九五七年七月、『建国以来毛沢東文稿』第六巻、五四六頁、北京、中央文献出版社、一九九二。

143 何蓬『毛沢東時代的中国（一九四九－一九七六）』（二）、三二五～三二六頁、北京、中共党史出版社、二〇〇三。

144 「南寧会議における毛沢東の講話記録」一九五八年一月一一日、逢先知、金冲及主編『毛沢東伝（一九四九－一九七六）』上巻、七六八頁、北京、中央文献出版社、二〇〇三。

145 何蓬『毛沢東時代的中国（一九四九－一九七六）』（二）、三四七頁、北京、中共党史出版社、二〇〇三。

146 劉少奇「拡大中央工作会議における報告」一九六二年一月二七日、『劉少奇文選』下巻、四〇八頁、北京、人民出版社、一九八五。

147 劉少奇「拡大中央工作会議における報告」一九六二年一月二七日、『劉少奇文選』下巻、四〇三～四〇四頁、北京、人民出版社、一九八五。

148 周恩来「知識分子の問題を論ず」一九六二年三月二日、『周恩来選集』下巻、三六五頁、北京、人民出版社、一九八四。

149 鄧小平「党と国家の指導体制の改革」一九八〇年八月一八日、『鄧小平文選』第二巻、三二七頁、北京、人民出版社、一九九四。

150 胡鞍鋼「政策サイクルと経済変動」、胡鞍鋼『中国経済波動報告』、瀋陽、遼寧人民出版社、一九九四。

151　Alexander Eckstein, China's Economic Revolution, New York : Cambridge University Press, 1977.

152　『建国以来重要文献選編』第一一冊、五～七頁、北京、中央文献出版社、一九九四。

153　逄先知、金沖及主編『毛沢東伝（一九四九－一九七六）』下巻、七六六頁、北京、中央文献出版社、二〇〇三。

154　『建国以来毛沢東文稿』第七巻、八頁、北京、中央文献出版社、一九九二。

155　毛沢東は「工作方法六十条（草案）」の第一一条において次のように規定した。**各地方の工業生産額は五年あるいは七年、もしくは十年以内に、農業生産額を超えるように努めること。**また、第一二条では次のように規定されている。今後五年、あるいは六年、あるいは七年、またあるいは八年以内に、農業発展要綱四十条の規定を完了させること。毛沢東「工作方法六十条（草案）」一九五八年一月、『毛沢東文集』第七巻、三四七頁、北京、人民出版社、一九九九。

156　一九五八年一月二〇日、周恩来は南寧会議で次のように発言した。「この（反盲進の）方針と主席の方針は相反するものであった。この方針を実行するにあたり、自分の考えがどうであれ、事実上主席の方針に背くことになった。この反盲進の誤りは、わたしがその主たる責任を負わねばならない」。劉少奇は次のように述べた。「『人民日報』の反盲進の社説は基本方針上間違いであり、わたしの承認を経て発表された以上、わたしが主たる責任を負わねばならない。このような誤りを犯したことはたいへん遺憾であり、毛主席の意図を理解していなかったことは痛恨のきわみである。解放以来、革命建設を指導する中で、右傾化はわれわれにとって主要なリスクであった」。逄先知、金沖及主編『毛沢東伝（一九四九－一九七六）』下巻、七七一～七七四頁、北京、中央文献出版社、二〇〇三。

157　鄭謙、張化『毛沢東時代的中国（一九四九－一九七六）』（三）、一五頁、北京、中共党史出版社、二〇〇三。

158　毛沢東「工作方法六十条（草案）」、一九五八年一月、『毛沢東文集』第七巻、三四九～三五〇頁、三五二～三五三頁、北京、人民出版社、一九九九。

159　逄先知、金沖及主編『毛沢東伝（一九四九－一九七六）』下巻、七八三頁、北京、中央文献出版社、二〇〇三。

160　逄先知、金沖及主編『毛沢東伝（一九四九－一九七六）』下巻、八〇三頁、北京、中央文献出版社、二〇〇三。

161　ロデリック・マクファーカー『文化大革命的起源　第二巻　大躍進一九五八－一九六〇』中国語版、二～三頁、石家荘、河北人民出版社、一九八八。

162　ケネス・リーバーサル「大躍進と延安指導者の分裂」、ロデリック・マクファーカー著、ジョン・フェアバンク編訳『剣橋中華人民共和国史：革命的中国的興起（一九四九－一九六五）』中国語版、三二六頁、北京、中国社会科学出版社、一九九八。

163　毛沢東は次のように語った。「全党を挙げて農業を重視しなければならない。農業が国政と国民生活に与える影響はきわめて大きい。食糧生産を軽視することは危険であり、必ず天下大乱につながる。第一に、農業は五億の農村人口の食糧問題に直結する。第二に、都市部および工業地域の食糧問題にも関係する。第三に、農業は軽工業の主要な原料供給源であり、軽工業にとって重要な市場でもある。第四に、農村もまた重工業の重要な市場である。第五に、現在の主要な輸出物資は農産品である。第六に、農業は資本蓄積の重要な源である。ゆえに、ある意味において、農業とはすなわち工業である。工業部門に対し、農村を視野に入れ、農業を支援するよう説得しなければならない。工業化をうまく進めるためには、そのようにすることが不可欠である」。「省・市・自治区党委書記会議における毛沢東の講話」一九五七年一月二七日、『毛沢東文集』第七巻、一九九～二〇〇頁、北京、人民出版社、一九九九。

164　劉少奇「中国共産党第八回全国代表大会における政治報告」一九五

六年九月一五日、『劉少奇文選』下巻、二二六〜二二七頁、北京、人民出版社、一九八五。

165 『建国以来重要文献選編』第九冊、北京、中央文献出版社、一九九四。

166 一九五七年一〇月九日、毛沢東は第八期三中全会閉会式において次のように語った。「反盲進は三つのものを取り除いてしまった。一つは『多く、速く、立派に、無駄なく』の方針、一つは『農業発展要綱四十条』、一つは促進委員会である。共産党は促進委員会たるべきであり、促退委員会は国民党だけで十分である」。一九五八年一月一一日の南寧会議では次のように述べた。「反盲進という言葉は聞きたくない。これは政治問題である。『反』すればがっかりする。もし六億人が一斉に落胆したらこれは大変なことである」。薄一波『若干重大決策与事件的回顧』下巻、六三六〜六三七頁、北京、中共中央党校出版社、一九九三。

167 毛沢東「中国共産党第七期中央委員会第二回全体会議における報告」一九四九年三月五日、『毛沢東選集』(合訂一巻本)、一三二三〜一三二四頁、北京、人民出版社、一九六七。

168 毛沢東「唯心歴史観の破たん」一九四九年九月一六日、『毛沢東選集』(合訂一巻本)、一四〇一頁、北京、人民出版社、一九六七。

169 ロデリック・マクファーカー『文化大革命的起源 第二巻 大躍進一九五八－一九六〇』中国語版、三頁、石家荘、河北人民出版社、一九八八。

170 薄一波『若干重大決策与事件的回顧』下巻、六八〇頁、北京、中共中央党校出版社、一九九三。

171 毛沢東「一九五七年夏季の情勢」一九五七年七月、『建国以来毛沢東文稿』第六巻、五五〇頁、北京、中央文献出版社、一九九二。

172 董輔福主編『中華人民共和国経済史』上巻、三一五頁、北京、経済科学出版社、一九九九。

173 一九五八年五月三一日、柯慶施は八全大会第二回会議において次のように発言した。「『多く、速く、立派に、無駄なく』という方針に基づいて文化革命を進め、十五年あまりの間に小中学校を普及させ、市および県ごとに大学あるいは専門学校を設置するのはもとより、広大な農村部にも大学や専門学校を設置し、誰もが『資本論』を読むことができ、高等数学を理解できるようにする。そうすれば、天文学・地質学・農学・機械学・科学・物理学・電子学といったものは、みな普通の人の常識となるだろう」。薄一波『若干重大決策与事件的回顧』下巻、六七〇頁、北京、中共中央党校出版社、一九九三。

174 「一九五六年から一九六七年にかけての全国農業発展要綱」(略称「農業発展要綱四十条」)で規定された一ムーあたりの平均食糧生産量は、十二年以内に達成すべき目標とされていた。その数値は黄河・秦嶺山脈以北の地域は四〇〇斤、黄河以南・淮河以北の地域は五〇〇斤、淮河・秦嶺山脈以南の地域は八〇〇斤となっており、これを略して「四・五・八」と称した。

175 『建国以来毛沢東文稿』第七巻、一五七頁、北京、中央文献出版社、一九九二。

176 『建国以来毛沢東文稿』第七巻、一七八〜一七九頁、北京、中央文献出版社、一九九二。

177 『建国以来毛沢東文稿』第七巻、一八八頁、北京、中央文献出版社、一九九二。逄先知、金冲及主編『毛沢東伝(一九四九－一九七六)』上巻、八一三頁、北京、中央文献出版社、二〇〇三。

178 「八全大会第二回会議における毛沢東の講話記録」一九五八年五月八日、逄先知、金冲及主編『毛沢東伝(一九四九－一九七六)』上巻、八一七頁、北京、中央文献出版社、二〇〇三。

179 薄一波『若干重大決策与事件的回顧』下巻、六六六頁、六六九頁、北京、中共中央党校出版社、一九九三。

180 毛沢東「軍事委員会会議向けに印刷された李富春による第二次五カ年計画の要点報告へのコメント」一九五八年六月一七日、『建国以来毛沢東文稿』第七巻、二七三〜二七四頁、北京、中央文献出版社、一九九二。

181　毛沢東「軍事委員会会議向けに印刷された『二年でイギリスを追い越す』報告に対するコメント」一九五八年六月二二日、『建国以来毛沢東文稿』第七巻、二七八頁、北京、中央文献出版社、一九九二。

182　毛沢東「軍事委員会会議向けに印刷された冶金部の一九六二年主要冶金製品生産水準計画に対するコメント」一九五八年六月二二日、『建国以来毛沢東文稿』第七巻、二七九頁、北京、中央文献出版社、一九九二。

183　『建国以来毛沢東文稿』第七巻、二八一〜二八二頁、北京、中央文献出版社、一九九二。

184　『建国以来毛沢東文稿』第七巻、二八九〜二九〇頁、北京、中央文献出版社、一九九二。

185　「建国以来の党の若干の歴史問題に関する決議」、中共中央文献研究室編『三中全会以来重要文献選編』下冊、八〇五頁、北京、人民出版社、一九八二。

186　ロデリック・マクファーカー『文化大革命的起源　第二巻　大躍進一九五八－一九六〇』中国語版、三〜四頁、石家荘、河北人民出版社、一九八八。

187　逄先知、金沖及主編『毛沢東伝（一九四九－一九七六）』下巻、七八三頁、北京、中央文献出版社、二〇〇三。

188　董輔礽主編『中華人民共和国経済史』上巻、三一七頁、北京、経済科学出版社、一九九九。

189　羅平漢『〝文革〟前夜的中国』七頁、北京、人民出版社、二〇〇七。「譚震林の講話に対する毛沢東のコメント」一九五八年七月七日、『建国以来毛沢東文稿』第七巻、三〇七〜三〇八頁、北京、中央文献出版社、一九九二。

190　許全興『毛沢東晩年的理論与実践（一九五六－一九七六）』一二一〜一二二頁、北京、中国大百科全書出版社、一九九五。

191　王任重「札記二則」、『七一』雑誌、一九五八年第五期、羅平漢『〝文革〟前夜的中国』一二頁（北京、人民出版社、二〇〇七）掲載。

192　国家統計局編『中国統計年鑑（一九八〇）』一三八頁、一四三頁、一五四頁、北京、中国統計出版社、一九八一。

193　『李先念文選（一九三五－一九八八）』二二八〜二二九頁、北京、人民出版社、一九八九。

194　「軍事委員会拡大会議に転送した冶金部の一九六二年主要冶金製品生産水準に関する計画に対する毛沢東のコメント」（手稿）一九五八年六月二二日、逄先知、金沖及主編『毛沢東伝（一九四九－一九七六）』上巻、八二三頁、北京、中央文献出版社、二〇〇三。

195　薄一波『若干重大決策与事件的回顧』下巻、六九八〜六九九頁、北京、中共中央党校出版社、一九九三。

196　陳雲が一九五八年八月二一日の北戴河中央政治局拡大会議で伝えたところによると、六月一九日夜の各大協作区会議が開かれる前、（毛）主席が中央の一部同志を召集した。王鶴寿も参加しており、主席が彼に尋ねた。「去年の鉄鋼生産量は五三〇万トンであったが今年は倍増できないか。できないということがあるだろうか」。王は「わかりました、調整してみましょう」と答えた。翌日、王は調整した。結果、六月一九日に一一〇〇万トンを目指すことが決定されたのである。薄一波は、毛沢東が「（鉄鋼生産量）一〇七〇（万トン）」を目標として定めるにあたって決定的な影響を与えたのは彼と王鶴寿のほか、華東地区で六〇〇万〜八〇〇万トンの鉄鋼生産実現を打ち出していた上海市党委員会第一書記兼華東協作区主任の柯慶施であると考えていた。薄一波『若干重大決策与事件的回顧』下巻、七〇〇〜七〇一頁、北京、中共中央党校出版社、一九九三。

197　党中央「一九五九年の計画と第二次五カ年計画の問題に関する決定（修正稿）」、許全興『毛沢東晩年的理論与実践（一九五六－一九七六）』一二三頁、北京、中国大百科全書出版社、一九九五。

198　薄一波『若干重大決策与事件的回顧』下巻、七〇二〜七〇三頁、七〇六〜七〇九頁、北京、中共中央党校出版社、一九九三。

199　薄一波『若干重大決策与事件的回顧』下巻、七〇六〜七〇七頁、北京、中共中央党校出版社、一九九三。
200　董輔礽主編『中華人民共和国経済史』上巻、三三二頁、北京、経済科学出版社、一九九九。
201　薄一波『若干重大決策与事件的回顧』下巻、七〇八頁、北京、中共中央党校出版社、一九九三。
202　「一年で鉄鋼生産が倍増、世界の鉄鋼史上に輝かしい一章を加える」、『人民日報』一九五八年一二月二二日。
203　冶金工業部の一二月一九日の統計では、一九五八年の全国鉄鋼生産量は一〇七三万トン（「土法」炉で生産されたものを除く）で、前年から倍増したとされた。同月三一日には鉄鋼生産量は一一〇八万トンに達したと宣言された。しかし、そのうち品質基準に達しているものは八〇〇万トンのみであり、残りの三〇〇万トンは使い物にならなかった。何蓬『毛沢東時代的中国（一九四九－一九七六）』（二）、八七頁、北京、中共党史出版社、二〇〇三。
204　「党中央、国務院の教育工作に関する指示」一九五八年九月一九日、中共中央文献研究室編『建国以来重要文献選編』第一一冊、四九八頁、北京、中央文献出版社、一九九五。
205　『建国以来毛沢東文稿』第七巻、三五八頁、北京、中央文献出版社、一九九二。
206　何蓬『毛沢東時代的中国（一九四九－一九七六）』（二）、九五～九六頁、北京、中共党史出版社、二〇〇三。
207　『中国青年報』一九五八年六月一六日。
208　何蓬『毛沢東時代的中国（一九四九－一九七六）』（二）、九四頁、北京、中共党史出版社、二〇〇三。
209　何蓬『毛沢東時代的中国（一九四九－一九七六）』（二）、二一〇頁、北京、中共党史出版社、二〇〇三。
210　劉少奇「第八回全国代表大会第二回会議に向けた中国共産党中央委員会の工作報告」一九五八年五月五日、中共中央文献研究室『建国以来重要文献選編』第一一冊、二九八頁、三〇三～三〇五頁、北京、中央文献出版社、一九九五。
211　孫健『中華人民共和国経済史（一九四九－九〇年代初）』二三一頁、北京、中国人民大学出版社、一九九二。
212　李鋭『廬山会議実録』三頁、長沙、湖南教育出版社、一九八九。
213　『スターリン全集』中国語版、第七巻、一〇九頁、第一〇巻、二五七～二五九頁、第一一巻、八〇頁、第一三巻、一六七～一六八頁（すべて北京、人民出版社、一九五三～一九五六）を参考にした。詳細な分析は、陸南泉等主編『蘇聯興亡史論』（修訂版、三八二～三八七頁、北京、人民出版社、二〇〇四）を参照されたい。
214　陳利明『譚震林伝奇』三二五頁、北京、中国文史出版社、一九九四。
215　国家統計局編『中国統計年鑑（一九九〇）』三四頁、三九頁、北京、中国統計出版社、一九九一。
216　同右　四二四～四二五頁。
217　同右　三四六頁。
218　同右　四八頁。
219　同右　一四七頁。
220　同右　九五頁。
221　同右　三三～三四頁。
222　同右　四九頁。
223　ニコラス・ラディ「重圧下の中国経済」、ロデリック・マクファーカー著、ジョン・フェアバンク編訳『剣橋中華人民共和国史：革命的中国的興起（一九四九－一九六五）』中国語版、三九三～三九四頁、北京、中国社会科学出版社、一九九八。
224　李先念「輸出状況と解決すべき問題」一九六二年五月七日、『建国以来李先念文稿』第二冊、一八一頁、北京、中央文献出版社、二〇一一。
225　李先念「農民との関係を調整すべし」一九六一年三月一六日、『建国以来李先念文稿』第二冊、一四一頁、北京、中央文献出版社、二〇一一。

226 ニコラス・ラディ「重圧下の中国経済」、ロデリック・マクファーカー著、ジョン・フェアバンク編訳『剣橋中華人民共和国史:革命的中国的興起(一九四九－一九六五)』中国語版、三九三～三九四頁、北京、中国社会科学出版社、一九九八。

227 譚震林が毛沢東に各地の人民公社の状況を報告した全国電話会議の資料より。一九五八年九月一四日。

228 毛沢東は田家英と呉冷西に次のように語った。「大躍進と人民公社化がうまくいけば、互いに好影響を与え合い、立ち遅れた中国を大きく変えることができる。しかし、うまくいかなければ、おそらく大災難となるだろう」。毛沢東はまた、大衆が製鉄に注力し、農作業に携わる人がいなくなったことを知り、次のように語った。「一九五八年に打ち出した一〇七〇万トンの目標は天下を大混乱に陥れたかもしれない。北戴河会議から年末までわずか四カ月の間に、数千万人(の農民)が山に登って(製鉄に従事して)おり、豊作になっても収穫する人がいないのに、公社の食堂で思う存分食べていて、どうして何事もなくいられようか」。毛沢東は鄭州会議(一九五八年一一月二日から一〇日まで中央および地方の指導者を集めて開かれた会議)において、皆に冷静になるよう呼びかける準備をしていた。呉冷西『憶毛主席―我親身経歴的若干重大歴史事件片断』、北京、新華出版社、一九九五。

229 武昌会議は、一九五八年一一月二一日から二七日にかけて開催された。

230 何蓬『毛沢東時代的中国(一九四九－一九七六)』(二)、一一四頁、北京、中共党史出版社、二〇〇三。

231 毛沢東は次のように語った。現在なんとしてもよい業績を上げ、名誉を得るためにうそをつく者が多い。たとえば非識字者撲滅について、半年や一年でできるという者をわたしは信用しない。第二次五カ年計画の間に一掃するというのであればいい。緑化運動においても、緑化が進めば進むほど木が見当たらなくなる。「四害」の駆除についても、「四無」を実現したはずの村が実のところは「四有」村だったりする。上から任された任務について、常に完了したと答え、完了していなければうそをつく。目下非常に深刻なのは、下が虚偽の報告をするだけでなく、中央・省・地区・県のすべてがそれを信じていることである。とくに前三者が虚偽を鵜呑みにしているのは、非常に危険である。毛沢東「武昌会議における講話」一九五八年一一月二三日、『毛沢東文集』第七巻、四四六頁、北京、人民出版社、一九九九。

232 一九五八年一一月二一日、毛沢東は次のように語った。「虚偽の報告は、生産量をごまかすよりもさらに危険である。多くの報告の中から虚偽の報告だけを抜き出すことは難しい。水増しの数字に基づいた生産計画は危険であり、それに基づいた供給計画はもっと危険である」。毛沢東「記者は冷静になるべきである」一九五八年一一月二一日、『毛沢東文集』第七巻、四四三頁、北京、人民出版社、一九九九。

233 毛沢東は次のように語っている。収穫量に応じてありのままを報告すべきで、実際の状況と異なる虚偽の報告をしてはならない。誠実な者、あえて本当のことを話す者というのは、結局のところ人民のためになり、本人も割を食うことはない。うそをつくことは人民を害し、本人にも害となり、損をするだけである。多くの場合、上からの圧力によって虚偽の報告をおこなうのであり、上が「大風呂敷を広げ、圧力をかけ、下がそれを受け入れる」やり方をとるならば、下はなすすべがなくなってしまう。毛沢東「党内通信」一九五九年四月二九日、『毛沢東文集』第八巻、四九～五〇頁、北京、人民出版社、一九九九。

234 毛沢東「党内通信」一九五九年四月二九日、『毛沢東文集』第八巻、五〇頁、北京、人民出版社、一九九九。

235 毛沢東「経験を総括して幹部を教育する」一九六一年六月一二日、『毛沢東文集』第八巻、二七三～二七四頁、北京、人民出版社、一九九九。

236 一九五八年一一月の武昌会議で、毛沢東自身が同年の食糧生産量は結局どれくらいだったのかと問いを投げかけている。「最初は九〇〇〇億斤(が目標)だと言い、後から七五〇〇億～八〇〇〇億斤に減らすようなやり方は、信用できるだろうか。七五〇〇億斤でも前年の三五〇〇億斤の倍以上であり、十分素晴らしい成果である」。しかし、一部の嘘は、主観主義に対応するためのやむない措置であり、良いことであるとした。また、三〇〇ムーのトウモロコシ畑をサツマイモ畑に変えたという虚報を例として取り上げた。毛沢東「武昌会議における講話」一九五七年一一月二三日、『毛沢東文集』第七巻、四七頁、北京、人民出版社、一九九九。

237　陳雲は一九五九年四月に中央財経指導小組のメンバーにあてた書簡の中で、一九五八年の食糧生産量は高く見積もりすぎであり、そのために消費が増えて備蓄量が減った結果、各地で供給不足を招いていると指摘した。そして、一九五九年の食糧生産量の多寡に関係なく、食糧の消費を減らし、市場への供給量をコントロールするべきだと考えた。彼は中国の食糧問題はまだ峠を越えていないとはっきり指摘した。食糧が安定すれば天下も定まり、食糧が不足すれば市場もひっ迫する。さらに彼は、一九五八年に募集した労働者のうち一〇〇〇万人以上は過剰であったとして、その数を削減し、余剰人員は農村に帰して、今後は厳格に労働者の数をコントロールすることを提言した。陳雲「中央財経指導小組の同志への手紙」一九五八年四月、『陳雲文選』第三巻、一二五〜一二七頁、北京、人民出版社、一九九五。

238　「毛沢東から周恩来への手紙」（手稿）一九五九年四月一七日、「周恩来から河北・山東など一五省の省委員会書記への書簡」一九五九年四月一八日、金沖及主編『周恩来伝』（四）、一五五六〜一五五七頁、北京、中央文献出版社、一九九八。

239　毛沢東は次のように言い放った。「ならば止めてしまえ。この総路線が正しいか正しくないか、見てみようじゃないか」。薄一波『若干重大決策与事件的回顧』下巻、八二八頁、北京、中共中央党校出版社、一九九三。

240　何蓬『毛沢東時代的中国（一九四九－一九七六）』（二）、一二六〜一二七頁、北京、中共党史出版社、二〇〇三。

241　「第八期七中全会における毛沢東の講話記録」一九五九年四月五日、逄先知、金沖及主編『毛沢東伝（一九四九－一九七六）』下巻、九四一頁、北京、中央文献出版社、二〇〇三。

242　毛沢東は言った。「今年一月に陳雲・李富春・薄一波・李先念・彭徳懐らと経済や工業問題について議論したことがあるが、陳雲は武昌会議で定めた今年の生産計画の実現は難しいと語り、非常に正しい姿勢を崩さなかった。彼は勇敢だ。一九五九年の食糧・綿・鉄鋼・石炭の目標を発表するかどうかについて、正しかったのは彼一人だった。今年の一月も彼が正しかった。彼の話は一部の同志にとっては耳障りだが、わたしは評価している。彼は経験も豊富であり、真理は往々にして一人の手の中にあるものだ」。中共中央文献研究室編『陳雲年譜（一九〇五－一九九五）』下巻、一三頁、北京、中央文献出版社、二〇〇〇。

243　一九五八年六月、党中央は中央財経指導小組を設立し、陳雲を組長、李富春・薄一波・譚震林を副組長、李先念・黄克誠・鄧子恢・聶栄臻・李雪峰・賈拓夫・王鶴寿ならびに趙爾陸をメンバーに任じた。小組は中央政治局と中央書記処直属の組織とされ、全国の経済・財政業務を担った。

244　陳雲「鉄鋼生産目標実現の問題」一九五九年五月一一日、『陳雲文選』第三巻、一二九〜一三八頁、北京、人民出版社、一九九五。

245　何蓬『毛沢東時代的中国（一九四九－一九七六）』（二）、一三二頁、北京、中共党史出版社、二〇〇三。

246　陳雲「鉄鋼生産目標問題に関する毛沢東への書簡」一九五九年五月一五日、『陳雲文選』第三巻、一三九〜一四〇頁、北京、人民出版社、一九九五。

247　詳細な分析は紀宝成主編『中国古代治国要論』第九章「亡国之君歴史教訓」（北京、中国人民大学出版社、二〇〇四）を参照。

248　陳雲「鉄鋼生産目標問題に関する毛沢東への書簡」一九五九年五月一五日、『陳雲文選』第三巻、一三九〜一四〇頁、北京、人民出版社、一九九五。

249　金沖及主編『周恩来伝』（三）、一四六二頁、北京、中央文献出版社、一九九八。何蓬『毛沢東時代的中国（一九四九－一九七六）』（二）、一三三～一三四頁、北京、中共党史出版社、二〇〇三。

250　逄先知、金沖及主編『毛沢東伝（一九四九－一九七六）』下巻、九四八～九四九頁、北京、中央文献出版社、二〇〇三。

251　『王任重文選』下巻、三三八頁、北京、中央文献出版社、一九九九。

252　金沖及、陳群主編『陳雲伝』下巻、一一九三頁、北京、中央文献出版社、二〇〇五。

253　毛沢東は次のように述べた。「大躍進は本来よいことであったが、一部の指標が高すぎたため、日々受身に立たされてしまった。工業・農業の指標も一部は主観主義に陥り、客観的な認識が不足していた」。何蓬『毛沢東時代的中国（一九四九－一九七六）』（二）、一三四頁、北京、中共党史出版社、二〇〇三。

254　毛沢東「盧山会議で討論する一八の問題」一九五九年六月二九日、七月二日、『毛沢東文集』第八巻、八〇頁、北京、人民出版社、一九九九。

255　薄一波『若干重大決策与事件的回顧』下巻、八四八～八四九頁、北京、中共中央党校出版社、一九九三。

256　逄先知、金沖及主編『毛沢東伝（一九四九－一九七六）』（下）、九六〇～九六六頁、北京、中央文献出版社、二〇〇三。

257　毛沢東「盧山会議で討論する一八の問題」一九五九年六月二九日、七月二日、『毛沢東文集』第八巻、七五～八二頁、北京、人民出版社、一九九九。

258　何蓬『毛沢東時代的中国（一九四九－一九七六）』（二）、一三九頁、北京、中共党史出版社、二〇〇三。

259　朱徳「農村公共食堂問題に対する意見」、『朱徳選集』、北京、人民出版社、一九八三。

260　何蓬『毛沢東時代的中国（一九四九－一九七六）』（二）、一三九頁、北京、中共党史出版社、二〇〇三。

261　「盧山会議簡報」第三号、一九五九年七月六日、金沖及主編『朱徳伝』（修訂本）、八六七～八六八頁、北京、中央文献出版社、二〇〇〇。

262　朱徳「農村公共食堂問題に対する意見」、『朱徳選集』、北京、人民出版社、一九八三。

263　金沖及主編『朱徳伝』（修訂本）、八六五～八六六頁、北京、中央文献出版社、二〇〇〇。

264　国家統計局国民経済総合統計司編『新中国五十年統計資料匯編』二二頁、北京、中国統計出版社、一九九九。

265　薄一波『若干重大決策与事件的回顧』下巻、六〇〇～六〇一頁、北京、中共中央党校出版社、一九九三。

266　毛沢東は次のように述べた。「一部分、一つの問題から見れば、指一本の問題、あるいは七本、九本の問題かもしれないが、全体から見れば、一本（少しの誤り）と九本（大部分の正しいこと）、あるいは三本と七本で、多くとも（誤りは）指三本の問題に過ぎない。結果がやはり重要であり、大げさにとらえる必要はない」。何蓬『毛沢東時代的中国（一九四九－一九七六）』（二）、一三九～一四〇頁、北京、中共党史出版社、二〇〇三。

267　「彭徳懐同志の意見書」一九五九年七月一四日、中共中央文献研究室編『建国以来重要文献選編』第一二冊、四四一～四四七頁、北京、中央文献出版社、一九九六。この書簡は毛沢東あてに書かれたものであり、七月一六日に毛沢東が「参考とするため」参加者に配布するよう命じた時、「彭徳懐同志の意見書」という表題を付した。同日、「盧山会議文書」として会議上で配布された。

268　中共中央文献研究室編『関於建国以来党的若干歴史問題決議注釈本』（修訂版）三四〇～三四一頁、北京、人民出版社、一九八五。

269　金沖及、陳群主編『陳雲伝』下巻、一一八七頁、北京、中央文献出版社、二〇〇五。

270　柯慶施、李井泉はともに一九五八年五月の第八期五中全会において中央政治局委員に加えられた。

271 逢先知、金沖及主編『毛沢東伝（一九四九－一九七六）』下巻、九八三頁、北京、中央文献出版社、二〇〇三。

272 『建国以来毛沢東文稿』第八巻、三九一頁、北京、中央文献出版社、一九九三。

273 何蓬『毛沢東時代的中国（一九四九－一九七六）』（二）、一四六～一四七頁、北京、中共党史出版社、二〇〇三。

274 逢先知、金沖及主編『毛沢東伝（一九四九－一九七六）』下巻、九八七～九八八頁、北京、中央文献出版社、二〇〇三。

275 一九五九年八月一六日、第八期八中全会は「彭徳懐同志を先頭とする反党集団の誤りに関する決議」および「党の総路線を守るため、右傾機会主義に反対し戦おう」を採択した。これにより、彭徳懐・黄克誠・張聞天・周小舟は、総路線の勝利と大躍進の成果を否定し、人民公社運動に反対する「右傾機会主義反党集団」というレッテルを貼られた。彭徳懐の七月一四日の手紙、および廬山会議期間中における彼の発言は「右傾機会主義分子を代表し、党を攻撃する綱領」とされ、「反党・反人民・反社会主義的性質の右傾機会主義路線の誤り」を犯したと認定された。彼らは職務を解かれたが、中央委員会と政治局における地位については、その後の経過を見るため保留とされた。「党の総路線を守るため、右傾機会主義に反対し戦おう—中国共産党第八期中央委員会第八回全体会議決議」一九五九年八月一六日、中共中央文献研究室編『建国以来重要文献選編』第一二冊、五〇七～五一三頁、北京、中央文献出版社、一九九六。一九八一年六月二七日の「建国以来の党の若干の歴史問題に関する決議」では、第八期八中全会のいわゆる「彭徳懐・黄克誠・張聞天・周小舟反党集団」に関する決議は完全に誤りであったと指摘されている。

276 李先念「災害救援の方針と方法」一九五九年八月三〇日、『建国以来李先念文稿』第二冊、一一三頁、北京、中央文献出版社、二〇一一。

277 毛沢東「中央から貴州省党委員会に転送する食糧と市場状況報告に対するコメント」一九五九年八月三〇日、『建国以来毛沢東文稿』第八巻、四七九頁、北京、中央文献出版社、一九九三。

278 邱延生『〝文革〟前夜的毛沢東』五頁、北京、新華出版社、二〇〇六。

279 国家統計局初代局長（一九五二年八月～一九五八年一一月）は著名な経済学者である薛暮橋であった。一九五八年一一月には賈啓允が副局長から局長に昇格した。一九六一年六月には副局長の王思華が後を引き継ぎ、一九六九年一二月まで局長を務めた。

280 彭徳懐『彭徳懐自述』二七九頁、北京、人民出版社、一九八一。

281 「中央軍事委員会拡大会議および外事工作会議における毛沢東の講話」一九五九年九月一一日、邱延生『〝文革〟前夜的毛沢東』八頁、北京、新華出版社、二〇〇六。

282 邱延生『〝文革〟前夜的毛沢東』八頁、北京、新華出版社、二〇〇六。廬山会議の前に彭徳懐はソ連を訪問し、フルシチョフから「国際的英雄」と称えられた。毛沢東は彭徳懐の手紙とフルシチョフの関係を疑い、大躍進および人民公社に対するフルシチョフの見方について彭徳懐に尋ねた（八月一日）。廬山会議後、毛沢東と党中央は、事実無根にもかかわらず、彭徳懐を「外国と通じた」と非難した。『歴史巨人毛沢東』中巻、四四三頁、北京、当代中国出版社、二〇〇三。

283 何蓬『毛沢東時代的中国（一九四九－一九七六）』（二）、一五三～一五五頁、北京、中共党史出版社、二〇〇三。

284 邱延生『〝文革〟前夜的毛沢東』一一頁、北京、新華出版社、二〇〇六。

285 胡縄主編『中国共産党的七十年』四三五頁、北京、中共党史出版社、一九九一。

286 この文章は、もともと毛沢東が一九五九年八月一一日に第八期八中全会で語った内容に基づいている。**このような者（党の同行者）は「ブルジョア民主主義者の資格で共産党に参加して」おり、「ブルジョア民主革命期におけるマルクス主義者の同盟者」であるとした。**「第八期八中全会における毛沢東の講話記録」、逢先知、金沖及主編『毛沢東伝（一九四九－一九七六）』下巻、一〇〇〇頁、北京、中央文献出版社、二〇〇三。

287　陳伯達の文章の原題は「彭徳懐同志の政治的容貌をご覧あれ」であったが、毛沢東はこれを「ブルジョア階級の世界観か、それともプロレタリア階級の世界観か」と変え、さらに後になって「プロレタリア階級とブルジョア階級の世界観をめぐる闘争」と変更した。『建国以来毛沢東文稿』第八巻、五四六～五四七頁、北京、中央文献出版社、一九九三。

288　「第八期八中全会閉会式における毛沢東の講話記録」一九五九年八月一六日、逄先知、金沖及主編『毛沢東伝（一九四九－一九七六）』下巻、一〇〇八頁、北京、中央文献出版社、二〇〇三。

289　一九七〇年八月三一日、毛沢東は「わたしのわずかな意見」と題した文章の中で次のように述べている。「わたしと陳伯達というこの天才理論家は三十年間ともに仕事をしてきたが、いくつかの重要な問題について今まで一度も共同歩調をとったことがない。意気投合していたなどというのは論外である。今回、彼は（林彪と）非常にうまくやっており、不意打ちをかけ、炎上をあおり、大騒ぎになることを願っている」。毛沢東「わたしのわずかな意見」（手稿）、一九七〇年八月三一日、『建国以来毛沢東文稿』第一三巻、一一四頁、北京、中央文献出版社、一九九八。

290　毛沢東は次のように指摘している。「廬山会議で表面化したのは階級闘争である。過去十年間の社会主義革命においておこなわれてきた、ブルジョア階級とプロレタリア階級の生死をかけた闘争はまだ続いている。中国で、わが党内で、このような闘争は、階級が完全に消滅するまで少なくとも二十年、おそらく半世紀は続けていかねばならない」。毛沢東「機関銃と迫撃砲の由来」一九五九年八月一六日、中共中央文献研究室編『建国以来重要文献選編』第一二冊、五二四頁、北京、中央文献出版社、一九九六。

291　八全大会で採択された「党規約」第一九条には次のように規定されている。「党の各組織は集団指導と個人責任を組み合わせることを原則とし、いかなる重要な問題も集団で決定し、かつ個人が十分にその役割を発揮するものとする」。『中国共産党規約』（一九五六年九月二六日、中国共産党第八回全国代表大会採択）、中共中央文献研究室編『建国以来重要文献選編』第九冊、三二五頁、北京、中央文献出版社、一九九四。

292　薄一波『若干重大決策与事件的回顧』下巻、八七一頁、北京、中共中央党校出版社、一九九三。

293　党の政策に関する問題について、党指導機関が決定する以前においては、下級組織および党委員会の構成員は党の組織および会議において自由かつ真剣に討論をおこない、党の指導機関に対して自己の意見を述べることができる。『中国共産党規約』（一九五六年九月二六日、中国共産党第八回全国代表大会採択）、中共中央文献研究室編『建国以来重要文献選編』第九冊、三二八頁、北京、中央文献出版社、一九九四。

294　一九八〇年四月一日、鄧小平は中央責任者との会談において次のように指摘した。「一九五九年上半期は『左』傾化の誤りを修正しており、廬山会議の前半も経済政策について討論していたが、彭徳懐の手紙以降、風向きが一変した。彭徳懐の意見は正しく、政治局員として政治局の主席に手紙を書くことも正常である。たとえ彭徳懐に問題があったとしても、彼に対する処分は完全に間違いであった」。鄧小平「『建国以来の党の若干の歴史問題に関する決議』起草にあたっての意見」一九八〇年四月一日、『鄧小平文選』第二巻、二九五頁、北京、人民出版社、一九九四。

295　彭徳懐は一九五九年七月二三日の日記に次のように記した。「わたしがこの手紙を書いたのは、西北小組の会議では話しにくい問題があったため、毛主席の参考となるよう問題を列挙し、毛主席がこれらの問題について検討してくれることを望んだからである。ところが主席は、問題を深刻化し、激化させ、現状からかけ離れた高度な原則の問題にしてしまった。これでは国内の経済建設における数多くの問題が解決できない。のみならず、『左』傾化した盲進的急進主義に猛烈な反右傾機会主義が加わり、それが路線闘争へと引き上げられることになる。それによる損失は計り知れず、発展のバランスがさらに失われ、党内外の混乱を招き、生産力と人民の生活水準の低下をもたらすことになるのだ!!」薄一波『若干重大決策与事件的回顧』下巻、八七三〜八七四頁、北京、中共中央党校出版社、一九九三。

296 張聞天の秘書であった簫楊は、当時を回想して次のように語った。「一九五八年七月二三日、張聞天は会場から非常に憤激して戻ってきた。彼は自分で自分を落ち着けたが、のちに心配と怒りを込めて、『これでは今後誰が本当の話などできようか?』とわたしに語った」。張聞天選集伝記組編『張聞天廬山会議発言』三九頁、北京、北京出版社、一九九〇。

297 薄一波『若干重大決策与事件的回顧』下巻、八七七頁、北京、中共中央党校出版社、一九九三。

298 「廬山会議における毛沢東の講話」一九五九年七月二三日、逄先知、金沖及主編『毛沢東伝（一九四九－一九七六）』下巻、九八五頁、北京、中央文献出版社、二〇〇三。

299 毛毛『我的父親鄧小平“文革歳月”』四六頁、北京、中央文献出版社、二〇〇〇。

300 逄先知、金沖及主編『毛沢東伝（一九四九－一九七六）』下巻、一〇〇一〜一〇〇二頁、北京、中央文献出版社、二〇〇三。

301 毛沢東「機関銃と迫撃砲の由来」一九五九年八月一六日、中共中央文献研究室編『建国以来重要文献選編』第一二冊、五二四頁、北京、中央文献出版社、一九九六。

302 「建国以来の党の若干の歴史問題に関する決議」一九八一年六月二七日、中共中央文献研究室編『三中全会以来重要文献選編』下冊、八〇六頁、北京、人民出版社、一九八二。

303 鄧小平「社会主義はまず生産力を発展させなければならない」一九八〇年四〜五月、『鄧小平文選』第二巻、三一四頁、北京、人民出版社、一九九四。

304 鄧小平「政治的には民主を発展させ、経済的には改革を実行する」一九八五年四月一五日、『鄧小平文選』第三巻、一一五頁、北京、人民出版社、一九九四。

305 林毅夫『制度、技術与中国農業発展』三五頁、上海、上海人民出版社、一九九四。

306 Guanzhong James Wen（文貫中）, The Current Land Tenurs System and Its Impact on Long-term Performance of Farming Sector : the Case of Modern China, Ph.D.dissertation University of Chicago, 1989. 林毅夫『制度、技術与中国農業発展』三三頁、上海、上海人民出版社、一九九四。

307 ロス・テリル『毛沢東的後半生』中国語版、北京、世界知識出版社、一九八九。

308 アンガス・マディソン『世界経済千年史』中国語版、二九六頁、三二七頁、北京、北京大学出版社、二〇〇四。

309 李成瑞の推計によれば、一九五八〜一九六三年の不正常な死亡者数は一六九七万人に上る。李成瑞「“大躍進”が引き起こした人口変動」『中共党史研究』一九九七年第二期。アメリカの人口学者の計算では、一九五九〜一九六一年の中国における飢餓による死亡者数を一六五〇万人としている。China's Food. Scientific American, December, 1985参照。この農業危機により、二三〇〇万〜三〇〇〇万人が死亡したと推計する者もいる。Ashtong, Basil, Kennethltill, Alan Piazza and Robin Zeitz, 1984, "Famine in China 1958-1961", Population and Development Review, 10, pp.612~645, December : Pen, Xizhe, 1987, "Demographic Consequences of the Great Leap Forward in China's Provinces," Population and Development Review, Vol.13, No.4, pp.639~670. 林毅夫『制度、技術与中国農業発展』（上海、上海人民出版社、一九九四）より引用。

310 国家統計局編『中国統計年鑑（一九八二）』一〇三頁、北京、中国統計出版社、一九八三。
311　国家統計局編『中国統計年鑑（一九九〇）』七九～八〇頁、北京、中国統計出版社、一九九一。
312　「現代中国の安徽」、羅平漢『〝文革〟前夜的中国』二一頁、北京、人民出版社、二〇〇七。
313　胡縄主編『中国共産党的七十年』三八一頁、北京、中共党史出版社、一九九一。
314　張素華『変局―七千人大会始末（一九六二年一月一一日－二月七日）』二三八～二三九頁、北京、中国青年出版社、二〇〇六。
315　何蓬『毛沢東時代的中国（一九四九－一九七六）』（二）、一六七頁、北京、中共党史出版社、二〇〇三。
316　羅平漢『〝文革〟前夜的中国』二〇頁、北京、人民出版社、二〇〇七。
317　林毅夫『制度、技術与中国農業発展』三九頁、上海、上海人民出版社、一九九四。
318　金沖及主編『周恩来伝』（四）、一五三二～一五三三頁、北京、中央文献出版社、一九九八。
319　「周恩来から曾希聖への手紙」一九六〇年三月二九日、金沖及主編『周恩来伝』（四）、一五五七～一五五八頁、北京、中央文献出版社、一九九八。
320　金沖及主編『周恩来伝』（四）、一五六八頁、北京、中央文献出版社、一九九八。
321　何蓬『毛沢東時代的中国（一九四九－一九七六）』（二）、一六六～一六七頁、北京、中共党史出版社、二〇〇三。
322　逄先知、金沖及主編『毛沢東伝（一九四九－一九七六）』下巻、一一四五頁、北京、中央文献出版社、二〇〇三。
323　金沖及主編『周恩来伝』（四）、一五五八～一五五九頁、北京、中央文献出版社、一九九八。
324　「中央政治局拡大会議における周恩来の発言記録」一九六〇年一〇月二九日、金沖及主編『周恩来伝』（四）、一五五八頁、北京、中央文献出版社、一九九八。
325　金沖及主編『周恩来伝』（四）、一五六八～一五六九頁、北京、中央文献出版社、一九九八。
326　「甘粛省党委員会に転送した『党中央の緊急指示第四回報告を貫徹せよ』に対する重要な指示」一九六〇年一一月一八日、中共中央文献研究室『建国以来重要文献選編』第一三冊、六九三頁、七二九頁、北京、中央文献出版社、一九九六。
327　毛沢東「成都会議における講話」一九五八年三月、『毛沢東文集』第七巻、三七五～三七六頁、北京、人民出版社、一九九九。
328　「建国以来の党の若干の歴史問題に関する決議」、中共中央文献研究室『三中全会以来重要文献選編』下冊、八〇五頁、北京、人民出版社、一九八二。
329　薄一波は次のように述べている。まず、毛沢東が「大躍進」を発動した動機が善意からであったことは間違いない。「大躍進」を発動することで、できるだけ早く国家を豊かで強大にし、国際的にも受動的で無力な状況から抜け出そうとしていたのである。この願望自体はまっとうであり、否定すべきものではない。次に、一部の経済指標については、最初からきわめて高い目標を掲げていたわけではない。さらに、一九五八年には中央と地方の積極性をよりいっそう発揮させるという観点から、管理権限の委譲や不合理な規則の改革などが推進され、その大枠も正しかった。以上の三点は、「大躍進」の教訓を正しくくみ取るための前提である。薄一波は、「大躍進」がわれわれにもたらした教訓は以下のようにまとめられると考えた。第一に、社会主義建設や貧しい中国を根本的に変えることを簡単に考えすぎた。第二に、「右」に反対するだけで「左」に反対しなかった。第三に、経済建設という革命闘争とは根本的に異なる事象に対する理解が不足しており、革命闘争と同様の大衆運動によって経済建設を進めようとした。第四に、社会主義に対する認識が、伝統的観念の束縛から抜け出しきれていなかった。第五に、革命闘争期に培われた調査研究の伝統から離れてしまった。薄一波は、経済建設のためには事実に基づき正しいことをおこなう原則を堅持し、調査研究を強化し、経済発展の客観的法則を理解する必要があった、とまとめている。薄一波『若干重大決策与事件的回顧』下巻、七一七～七二五頁、北京、中共中央党校出版社、一九九三。

330　金春明は、「大躍進」が一九五〇年代末に中国で発生したのには社会的・歴史的理由がある、と考えた。「大躍進」は国民経済を速やかに発展させようという願いから生まれたものであるが、誤った方針と手段をとったため、手痛い失敗を味わうはめになった。そこからわれわれは多くの教訓を学んだが、なかでも最も重要なことは、経済建設は客観的法則に基づき、順序立てて少しずつ進めていく必要があり、大衆運動のような、表面的には規模も勢いもあるが実際の効果はほとんどない方法に頼るべきではない、と述べている。金春明『中華人民共和国簡史（一九四九－二〇〇四）』、北京、中共党史出版社、二〇〇四。

331　毛沢東は次のように述べている。「われわれにはまったく経験がなく、自分たちだけではわからないので、ともかく見よう見まねでやってみるしかなかった。書かれていることが正しかろうがそうでなかろうが、ソ連のものはすべてその通りにやってきた。ソ連の経験や状況、歴史的発展についてあまり理解していなかったが、そうであるからこそ、盲目的にそれを学ぶしかなかったのである。一九五六年四月の『十大関係を論ず』では、われわれ自身の建設路線を打ち出した。原則的にはソ連と同じであるが、その方法はソ連と異なり、われわれ独自の部分もある。一九五七年の『人民内部の矛盾を正確に処理する問題について』では、工業と農業の同時発展、工業化の道筋や農業合作社などの問題について取り上げた」。毛沢東「成都会議における講話」一九五八年三月、『毛沢東文集』第七巻、三六八～三七〇頁、北京、人民出版社、一九九九。

332　毛沢東「ソ連『政治経済学教科書（修訂第三版）』を読んでの談話記録（一九五九－一九六〇）」、薄一波『若干重大決策与事件的回顧』下巻、六五八～六五九頁、北京、中共中央党校出版社、一九九三。

333　毛沢東「十大関係を論ず」一九五六年四月二五日、中共中央文献編輯委員会編『毛沢東著作選読』下巻、七四三頁、北京、人民出版社、一九八六。

334　毛沢東は次のように考えていた。中国六億の人口の顕著な特徴は、一に貧しく、二に何もないことである。これは悪いことのように思えるが、実はいいことなのである。毛沢東「合作社の紹介」一九五八年四月一五日、中共中央文献研究室編『建国以来毛沢東文稿』第七巻、一七七～一七八頁、北京、中央文献出版社、一九九二。

335　逢先知、金沖及主編『毛沢東伝（一九四九－一九七六）』上巻、八八四頁、北京、中央文献出版社、二〇〇三。

336　董輔礽主編『中華人民共和国経済史』上巻、三〇六～三〇八頁、北京、経済科学出版社、一九九九。

337　薄一波「三十年来の経済建設の回顧」一九八〇年一月一五日、『薄一波文選（一九三七－一九九二）』二六四頁、北京、人民出版社、二〇〇八。

338　毛沢東「拡大中央工作会議における講話」一九六二年一月三〇日、中共中央文献編輯委員会編『毛沢東著作選読』下巻、八二八頁、北京、人民出版社、一九八六。

339　毛沢東「工作方法六十条（草案）」一九五八年一月、『毛沢東文集』第七巻、三四九～三五〇頁、北京、人民出版社、一九九九。

340　毛沢東「成都会議における講話」一九五八年三月、『毛沢東文集』第七巻、三七二頁、北京、人民出版社、一九九九。

341　毛沢東は次のように指摘している。「不均衡は普遍的な客観的法則である。不均衡から均衡へ、そして均衡からまた不均衡へと、永遠に循環し続けながら一段高いレベルへと進んでいく。不均衡こそが常態かつ絶対的なものであり、均衡は一時的で相対的なものである。わが国の経済における均衡と不均衡の変化は、総体的な量的変化の過程における質的な変化である。数年後、中国が農業国から工業国へと変貌を遂げれば、経済的な飛躍も成し遂げられるが、その後も再び量的変化が続いていくのである」。毛沢東「工作方法六十条（草案）」一九五八年一月、『毛沢東文集』第七巻、三五二～三五三頁、北京、人民出版社、一九九九。

342 薄一波『若干重大決策与事件的回顧』下巻、六五一～六五二頁、北京、中共中央党校出版社、一九九三。

343 毛沢東いわく、「全国的な均衡を図ることは、やはり必要である。まったく均衡を図らず、何の調整もおこなわないとしたら、全国的な工業化を成し遂げることはできないであろう」。薄一波『若干重大決策与事件的回顧』下巻、六四九頁、北京、中共中央党校出版社、一九九三。

344 毛沢東は、一九五八年五月の八全大会第二回会議での党中央を代表した劉少奇による工作報告の修正意見において、いわゆる「鞍型理論」を唱えた。これは、経済発展は馬の鞍のように両端が高く中間が低いというもので、たとえば一九五六年は経済が好調な躍進期であり、一九五七年は低調で控えめな時期、一九五八年はさらに好調な大躍進期であるとするものである。薄一波『若干重大決策与事件的回顧』下巻、六四二頁、北京、中共中央党校出版社、一九九三。

345 石仲泉「毛沢東の苦難に満ちた開拓」、高樹等編『歴史巨人毛沢東』一二一四～一二一五頁、北京、中国人民大学出版社、一九九三。

346 薄一波は、以下のように考えていた。**社会主義的改造のスピードが上がるにつれて、（毛沢東が）社会主義生産体制建設の速度も大幅に上げることを要求するようになった。このやり方について、党中央のほかの指導者は、はじめは賛成していた。だが、次第に速すぎるのではないか、少々無謀なのではないか、との疑問が生ずるようになった。**（周）恩来や陳雲は「無謀である」と考えており、（劉）少奇や（鄧）小平も盲進には批判的で、朱徳は手工業を見捨てるようなことはするべきではないと考えていた。しかし、毛主席は無謀であるとは考えていなかった。当時、（党中央内部には）「盲進」と「反盲進」の争いが存在していた。薄一波「中国計画学会第二回会員代表大会における講話」一九九一年五月四日、『薄一波文選（一九三七－一九九二）』四〇四頁、北京、人民出版社、二〇〇八。

347 『建国以来毛沢東文稿』第七巻、二二五頁、北京、中央文献出版社、一九八九。

348 薄一波『若干重大決策与事件的回顧』下巻、六四六頁、北京、中共中央党校出版社、一九九三。

349 『人民日報』社説「早稲と落花生、増産の二つの星が高く輝かんことを祈る」一九五八年八月一三日。

350 許全興『毛沢東晩年的理論与実践（一九五六－一九七六）』一三三頁、北京、中国大百科全書出版社、一九九五。

351 李銀橋『走下神壇的毛沢東』二三八～二四〇頁、北京、中外文化出版公司、一九八九。

352 楊献珍「法則の客観性と主観的能動作用の問題について」、『楊献珍文集』第二冊、石家荘、河北人民出版社、二〇〇二。

353 毛沢東「読書についての建議」一九五八年一一月九日、『毛沢東文集』第七巻、四三二頁、北京、人民出版社、一九九九。

354 読書小組の参加者は、陳伯達・胡縄・鄧力群・田家栄らであった。この小組では章や節ごとに討論をおこない、毛沢東の談話を二冊のノートにまとめた。「『政治経済学教科書』下巻読書ノート」は毛沢東の発言を問題ごとにまとめ、見出しをつけたものである。「ソ連『政治経済学』社会主義部分の読書談話の記録」では、『政治経済学教科書』の順序に従って毛沢東の発言を記録している。石仲泉「毛沢東の苦難に満ちた開拓」、高樹等編『歴史巨人毛沢東』一二五六～一二七八頁、北京、中国人民大学出版社、一九九三。

355 毛沢東は『政治経済学教科書』（修訂第三版）を読んだ後の談話で、次のように述べた。「われわれが『大躍進』をおこなったのは価値法則に基づいてではなく、社会主義経済の基本法則に基づいてであり、また、わが国の拡大再生産の必要に基づいておこなったのである。もし価値法則の観点のみから『大躍進』を見るならば、得るものより失うもののほうが大きいという結論に達するのは当然である。すなわち、去年（一九五八年）の製鉄運動は役に立たない労働であり、人民がつくった鉄の品質は低く、国家の補填が多く、経済効果はなかった、ということになる。局所的、短期的に見れば、製鉄運動は損をしたように見える。しかし全体的、長期的にみれば、非常に価値があることなのである」。石仲泉「毛沢東の苦難に満ちた開拓」、高樹等編『歴史巨人毛沢東』一二七六頁、北京、中国人民大学出版社、一九九三。

356 薄一波『若干重大決策与事件的回顧』下巻、七二一頁、北京、中共中央党校出版社、一九九三。

357 『中国共産党歴史　第二巻（一九四九—一九七八）』では、「中国と西側先進国の経済・科学・軍事上の格差が、できるかぎり早く発展を遂げ、強力な国家になりたいと思わせる巨大な圧力となった」と記されている。中共中央党史研究室『中国共産党歴史　第二巻（一九四九—一九七八）』下冊、七四六頁、北京、中共党史出版社、二〇一一。

358 『スターリン全集』中国語版、第一三巻、一三八頁、北京、人民出版社、一九五六。

359 毛沢東「中国共産党全国代表大会における講話」一九五五年三月、『毛沢東文集』第六巻、三九二頁、北京、人民出版社、一九九九。

360 毛沢東「社会主義革命の目的は生産力の解放である」一九五六年一月二五日、『毛沢東文集』第七巻、二頁、北京、人民出版社、一九九九。

361 毛沢東は以下のように述べている。「われわれが建設しようとしているのは、偉大な社会主義国家である。これにより、過去百年余り立ち遅れ、侮られ、災難に見舞われ続けてきた状況を完全に変え、世界最強の資本主義国家であるアメリカにも追いつくことができる。もう五十～六十年あれば、完全に追い越しているに違いない」。毛沢東「党の団結を強め、党の伝統を受け継ごう」一九五六年八月三〇日、『毛沢東文集』第七巻、八九頁、北京、人民出版社、一九九九。

362 毛沢東は共産党および労働者党代表者会議での演説で、次のように指摘した。「中国は政治的に見ても人口的に見ても大国であるが、経済的にはまだ小国である。人民はきわめて熱心に、中国を真の大国に押し上げようと努力している。フルシチョフ同志はわれわれに、十五年後、ソ連はアメリカを追い越すであろうと語った。われわれもまた、十五年後にイギリスに追いつき追い越すことができると申し上げておこう。（イギリス共産党の）ポリットとゴランとの二度にわたる会談で、わたしが彼らの国の状況を尋ねたところ、イギリスの現在の鉄鋼生産量は年間二〇〇〇万トンであり、十五年後には三〇〇〇万トンに達するだろうとのことであった。一方、中国は十五年後には四〇〇〇万トンに達するであろう。どうしてイギリスを越えられないことがあろうか。十五年後、われわれの陣営では、ソ連がアメリカを追い越し、中国がイギリスを追い越すだろう」。毛沢東「共産党および労働者党代表者会議における講話」一九五七年一一月一八日、『毛沢東文集』第七巻、三二五～三二六頁、北京、人民出版社、一九九九。

363 逄先知、金沖及主編『毛沢東伝（一九四九—一九七六）』上巻、七六一頁、北京、中央文献出版社、二〇〇三。

364 劉少奇は次のように述べた。「十五年後、ソ連は農工業の最重要品生産量においてアメリカに追いつき、あるいは追い越すであろう。われわれは同じ期間に、鉄鋼およびそのほかの重要な工業品生産量においてイギリスに追いつき、追い越さねばならない。そうすれば、社会主義世界は帝国主義国家をはるか後方に置き去りにすることができるだろう」。「中華全国総工会第八回全国代表大会において劉少奇同志が党中央を代表して祝辞を述べる」、『人民日報』一九五七年一二月三日。

365 毛沢東「工作方法六十条（草案）」一九五八年一月、『毛沢東文集』第七巻、三五〇頁、北京、人民出版社、一九九九。

366 叢進「曲がりくねった発展の歳月」、高樹等編『歴史巨人毛沢東』一三〇八頁、北京、中国人民大学出版社、一九九三。

367 毛沢東「国際情勢問題について」一九五八年九月五日、八日、『毛沢東文集』第七巻、四一〇～四一一頁、北京、人民出版社、一九九九。

368 毛沢東は中国共産党第八回全国代表大会準備会議第一回会議において次のように述べた。「アメリカの人口は一億数千万にしか過ぎないが、わが国はその数倍もあり、資源も豊富で、気候条件も大差ない。ゆえに追いつくことは十分可能である。追いつくべきかどうか。必ず追いつかねばならない。六億の人口は何をしているのか？ 眠っているのか、それとも働いているのか？ もし働いているのなら、アメリカは一億七〇〇〇万の人口で一億トンの鉄鋼を生産しているのに、六億の人口を擁する国が二億トン、三億トンを生産できないということがあろうか。アメリカはわずか百八十年の歴史しかなく、六十年前の鉄鋼生産はわずか四〇〇万トンであった。われわれは彼らより六十年遅れているが、五十年後、六十年後には完全に追いついていなければならない。これほど多くの人がいて、広大な国土があり、資源も豊富で、しかも社会主義の優位性があるというのに、五十年や六十年かけてまだアメリカを追い越せないとしたら、どの面下げていられようか。そんな奴らは地球上から消え去ってしまえばいい（開除球籍）。それゆえ、アメリカを追い越すことは可能というだけではなく、必然であり義務である。もし実現できなければ、われわれ中華民族は世界の全民族にあわせる顔がない」。毛沢東「党の団結を強め、党の伝統を受け継ごう」一九五六年八月三〇日、『毛沢東文集』第七巻、八九頁、北京、人民出版社、一九九九。

369 たとえば、一九五八年五月の八全大会第二回会議閉会式において、毛沢東は一部の指導者が先に同意していた（誰一人反対者はいなかった）事柄について、後になって合法的手続きを経ずして態度を変えたり、反対や疑念を表明したりすることを批判した。一九六七年二月にも、譚震林や葉剣英らに対し、八期十一中全会において「プロレタリア文化大革命についての決定（十六条）」に賛成しておきながら、なぜ後から「文化大革命」をやることに反対するのか、との同様の批判をおこなった。

370 シュラムは、廬山会議後、毛沢東は彼と異なる意見のもち主を一人残らず打倒しようとしただけでなく、あらゆる面において彼の考えこそが正統であると考えるようになったとする。つまり、毛沢東の定める「正統な基準」と少しでも異なる意見は、徹頭徹尾反革命か、修正主義とみなされたのである。シュラム「ナンバーワン、一九四九～一九七六年の毛沢東の思想」、ロデリック・マクファーカー著、ジョン・フェアバンク編訳『剣橋中華人民共和国史：中国革命内部的革命（一九六六－一九八二）』中国語版、四八頁、北京、中国社会科学出版社、一九九二。

371 『中国共産党歴史 第二巻（一九四九－一九七八）』によれば、一九五〇年代後半から、党および国家の政治活動にゆがみが生じ、個人による決定、個人崇拝、個人が組織の上に君臨するといった現象が顕著になり、党内民主および人民民主が機能しなくなった。一九五九年の廬山会議および「反右傾」闘争により、党中央から基層に至るまで、党内民主はさらに大きなダメージを受けたという。中共中央党史研究室『中国共産党歴史 第二巻（一九四九－一九七八）』下冊、七四六頁、北京、中共党史出版社、二〇一一。

372 『建国以来毛沢東文稿』第八巻、三四三頁、北京、中央文献出版社、一九九三。

373 『建国以来毛沢東文稿』第八巻、三八六頁、北京、中央文献出版社、一九九三。

374 毛沢東は以下のように述べている。「現在の中央委員会は政治的であり、科学的ではない。現在の中央（委員会）には科学者や専門家がほとんどいない」。彼は三期の五カ年計画のうちに、一〇〇万～一五〇万人の高級知識層（大学および専門学校卒業生）を養成したいと考えていた。それにより党中央委員会の構成が変わり、多くの技術者や科学者がメンバーに加わることを期待していた。毛沢東「第八期中央委員会選挙に関する問題」一九五六年九月一〇日、『毛沢東文集』第七巻、一〇二頁、北京、人民出版社、一九九九。

375 毛沢東「共産党および労働者党代表者会議における講話」一九五七

年一一月一八日、『毛沢東文集』第七巻、三三〇頁、北京、人民出版社、一九九九。

376 主に以下を参考とした。董輔福主編『中華人民共和国経済史』上巻、三四二〜三四五頁、北京、経済科学出版社、一九九九。羅平漢『農村人民公社史』、福州、福建人民出版社、二〇〇六。

377 毛沢東「商工業は自らの運命を把握せよ」一九五五年一〇月二七日、『毛沢東文集』第六巻、四九〇頁、北京、人民出版社、一九九九。

378 羅平漢『農村人民公社史』一八〜一九頁、福州、福建人民出版社、二〇〇六。

379 『建国以来毛沢東文稿』第七巻、三四五頁、北京、中央文献出版社、一九九二。

380 薄一波『若干重大決策与事件的回顧』下巻、七三一〜七三二頁、七三七頁、北京、中共中央党校出版社、一九九三。

381 羅平漢『農村人民公社史』一五頁、福州、福建人民出版社、二〇〇六。

382 何蓬『毛沢東時代的中国（一九四九－一九七六）』（二）、一〇〇頁、北京、中共党史出版社、二〇〇三。

383 羅平漢『農村人民公社史』三七〜三八頁、福州、福建人民出版社、二〇〇六。

384 これに関連する毛沢東の主な発言は以下の通り。「人民公社は、第一に集団の規模が大きく、第二に集団所有制の程度が高い、つまり合作社よりも社会主義的である。公社には公共食堂、託児所、裁縫所が含まれており、女性は家事全般から解放される。公社は政社合一の組織であり、供給制と賃金制を結合させた分配制度を実施する」（薄一波『若干重大決策与事件的回顧』下巻、七四一〜七四二頁）。「自留地はなくなり、個人でニワトリやカモを飼うことも、家屋のまわりの樹木を個人が所有することも将来的にはなくなっていく。食糧の増産により供給制が実現可能になるが、報酬はやはり労働に応じて分配される。賃金は家長ではなく個人に支給される。こうした個の解放には長所がふんだんにあり、青年や女性にとって喜びとなる。都市と農村を問わず、社会主義制度に共産主義の理想を加味すべきである。われわれのおこなっている社会主義は、同時に共産主義の萌芽である」。（「協作区主任会議における毛沢東の講話記録」一九五八年八月一九日、逢先知、金冲及主編『毛沢東伝（一九四九－一九七六）』上巻、八三一頁）。

385 羅平漢『農村人民公社史』四七〜四八頁、福州、福建人民出版社、二〇〇六。

386 羅平漢『農村人民公社史』一七〜七八頁、福州、福建人民出版社、二〇〇六。

387 「大躍進」と「人民公社運動」発動直後の一九五八年八月に人民出版社から刊行された書籍。共産主義への移行に理論的裏づけを与える目的で編纂された。一一月九日、毛沢東は、党中央、省・市・自治区、地区、県の各級党委員会メンバーにこの本の学習を勧めた。

388 「中央政治局拡大会議における毛沢東の講話記録」一九五八年八月三〇日、逢先知、金冲及主編『毛沢東伝（一九四九－一九七六）』上巻、八三七〜八三八頁、北京、中央文献出版社、二〇〇三。

389 「第八期六中全会における毛沢東の講話記録」一九五八年一二月九日、逢先知、金冲及主編『毛沢東伝（一九四九－一九七六）』下巻、九〇八頁、北京、中央文献出版社、二〇〇三。

390 羅平漢『農村人民公社史』五七頁、福州、福建人民出版社、二〇〇六。

391 『建国以来毛沢東文稿』第七巻、四〇二頁、北京、中央文献出版社、一九九二。

392 董輔福主編『中華人民共和国経済史』上巻、三五〇〜三五二頁、北京、経済科学出版社、一九九九。

393 中共中央農村工作部「全国農村人民公社発展概況（資料）」一九五八年一一月二一日、羅平漢『農村人民公社史』五九頁（福州、福建人民出版社、二〇〇六）より引用。

394　薄一波『若干重大決策与事件的回顧』下巻、七五〇頁、北京、中共中央党校出版社、一九九三。

395　毛沢東は次のように言っている。「供給制が人を怠惰にし、創造性と積極性が減退するという考えをわたしは信用しない」。薄一波『若干重大決策与事件的回顧』下巻、七四三頁、北京、中共中央党校出版社、一九九三。

396　呉敬璉『当代中国経済改革』九二頁、上海、上海遠東出版社、二〇〇四。

397　金春明『中華人民共和国簡史（一九四九－二〇〇四）』九一頁、北京、中共党史出版社、二〇〇四。

398　国家統計局編『中国労働統計年鑑（二〇〇〇）』四頁、北京、中国統計出版社、二〇〇〇。

399　国家統計局編『中国労働統計年鑑（二〇〇〇）』八頁、北京、中国統計出版社、二〇〇〇。

400　胡鞍鋼他『拡大就業与挑戦失業―中国就業政策評估（一九四九－二〇〇一）』二〇〇～二〇七頁、北京、中国労働社会保障出版社、二〇〇二。

401　一九五八年春の収穫期を境に、食糧、食用油、豚肉、野菜の「不足」が全国的に蔓延した。生産隊や生産小隊のほとんどが生産量を低く申告して自分たちの取り分を確保していたのである。なかには穴倉に食糧を隠し、防衛のために歩哨を置いたり、パトロールを組織したりする隊もあった。これは農民の断固たる反抗の意思表示である、と毛沢東も認めている。「鄭州会議における毛沢東の講話」一九五九年二月二七日、『毛沢東文集』第八巻、一〇～一一頁、北京、人民出版社、一九九九。

402　「鄭州会議における毛沢東の講話」一九五九年二月二七日、『毛沢東文集』第八巻、一〇頁、一一頁、北京、人民出版社、一九九九。

403　「党中央政治局拡大会議における毛沢東の講話記録」一九五九年三月五日、逄先知、金沖及主編『毛沢東伝（一九四九－一九七六）』下巻、九二二頁、北京、中央文献出版社、二〇〇三。

404　毛沢東「党内通信」一九五九年三月一五日、『毛沢東文集』第八巻、二九頁、北京、人民出版社、一九九九。

405　『建国以来毛沢東文稿』第八巻、三八七～三八八頁、北京、中央文献出版社、一九九三。

406　「胡喬木から毛沢東への報告」一九六一年四月一四日、逄先知、金沖及主編『毛沢東伝（一九四九－一九七六）』下巻、一一五七頁、北京、中央文献出版社、二〇〇三。

407　「周恩来から毛沢東への電話記録」一九六一年五月七日、逄先知、金沖及主編『毛沢東伝（一九四九－一九七六）』下巻、一一五九頁、北京、中央文献出版社、二〇〇三。

408　朱徳「農村における公共食堂問題についての意見」、『朱徳選集』、北京、人民出版社、一九八三。

409　蔡昉、林毅夫『中国経済』一二四～一二五頁、北京、中国財政経済出版社、二〇〇三。

410　「第八期六中全会における毛沢東の講話記録」一九五八年一二月九日、逄先知、金沖及主編『毛沢東伝（一九四九－一九七六）』下巻、九〇八頁、北京、中央文献出版社、二〇〇三。

411　『建国以来毛沢東文稿』第八巻、三九〇頁、北京、中央文献出版社、一九九三。

412　鄭謙、張化『毛沢東時代的中国（一九四九－一九七六）』（三）、一二頁、北京、中共党史出版社、二〇〇三。

413　「『建国以来の党の若干の歴史問題に関する決議』起草にあたっての意見」一九八〇年四月一日、『鄧小平文選』第二巻、二九六頁、北京、人民出版社、一九九四。

414　スターリン『ソ連社会主義経済問題』の主な内容は以下の九点。(一)政治経済学の研究対象について、(二)経済法則の特質について、(三)商品生産について、(四)価値法則について、(五)基本的な経済法則について、(六)国民経済の計画的・比例的発展法則について、(七)

「生産関係は生産力の内実に応じたものでなければならない」という法則について、(八)三大格差と共産主義への移行について、(九)現代資本主義におけるいくつかの問題について。さらに、社会主義経済の基本原理として次の五点を提起している。(一)経済法則には人間の意志に左右されない客観的必然性がある、(二)人間がこの法則を定めたり創造したりすることはできない。また、廃止することも変革することもできない、(三)しかし、法則の前に人間はなすすべがないのではなく、それを認識、掌握、運用することができる、(四)政治経済学の法則には二つの特徴がある。一つは、ほとんどの法則には相応の歴史的役割があること、もう一つは、経済法則の利用にはそれなりの経済的背景があることである、(五)法則の客観的性質を認識することにはきわめて重大な意義がある。陳晋主編『毛沢東読書筆記解析』上冊、五五五頁、五六二~五六三頁、広州、広東人民出版社、一九九九。

415 毛沢東「社会主義における商品生産問題について」一九五八年一一月九日、一〇日、『毛沢東文集』第七巻、四三五~四三六頁、北京、人民出版社、一九九九。

416 石仲泉「毛沢東の苦難に満ちた開拓」、高樹等編『歴史巨人毛沢東』一二一六頁、北京、中国人民大学出版社、一九九三。

417 逢先知、金沖及主編『毛沢東伝(一九四九-一九七六)』下巻、九二〇~九二二頁、北京、中央文献出版社、二〇〇三。

418 ここで言う警護スタッフとは、杭州西湖で警護にあたった封燿松と李銀橋。毛沢東は次のようにもらしたという。「われわれの政策はどこか間違っていないだろうか。わたしは本当にスターリンの晩年と同じになってしまったのだろうか。やはり『大躍進』は現実から乖離した『盲進』だったのか。人民公社は、はたして積極的な役割を果たしたのか、それともマイナスの効果をもたらしたのか。幹部の浪費と水増し報告の風潮を助長した真の原因は、あまりにも高すぎる鉄鋼生産の計画指標ではなかったか。きみたちはどう思うかね」。邱延生『〝文革〟前夜的毛沢東』三三頁、北京、新華出版社、二〇〇六。

419 邱延生『〝文革〟前夜的毛沢東』四二~四三頁、北京、新華出版社、二〇〇六。

420 『建国以来李先念文稿』第二冊、一一六~一一七頁、北京、中央文献出版社、二〇一一。

421 邱延生『〝文革〟前夜的毛沢東』五六~五八頁、北京、新華出版社、二〇〇六。

422 逢先知、金沖及主編『毛沢東伝(一九四九-一九七六)』下巻、一〇五三頁、北京、中央文献出版社、二〇〇三。

423 同右、一〇六一~一〇六七頁。

424 中共中央文献研究室編『劉少奇年譜(一八九八-一九六九)』下巻、四八二頁、北京、中央文献出版社、一九九六。

425 「周恩来から曾希聖への手紙」一九六〇年三月二九日、金沖及主編『周恩来伝』(四)、一五五七~一五五八頁、北京、中央文献出版社、一九九八。

426 中共中央文献研究室編『周恩来年譜(一九四九-一九七六)』中巻、二九九頁、北京、中央文献出版社、一九九七。

427 毛沢東は一九六一年三月一九日に陳伯達、胡喬木らとの会談の中で、餓死者の件は一九六〇年の夏にはじめて中央に報告された、と言及している。逢先知、金沖及主編『毛沢東伝(一九四九-一九七六)』下巻、一一四五頁、北京、中央文献出版社、二〇〇三。一九六〇年六月一〇日、劉少奇は中央拡大会議の座談会における上半期の情勢の総括提起の際、浮腫病や非正常死亡者などの深刻な問題について言及している。中共中央文献研究室編『劉少奇年譜(一八九八-一九六九)』下巻、四八八頁、北京、中央文献出版社、一九九六。

428 金沖及主編『周恩来伝』(四)、一五六八頁、北京、中央文献出版社、一九九八。

429 逢先知、金沖及主編『毛沢東伝(一九四九-一九七六)』下巻、一〇六八~一〇六九頁、北京、中央文献出版社、二〇〇三。

430 金沖及『二十世紀中国史綱』第三巻、九一四頁、北京、社会科学文献出版社、二〇〇九。

431 「中央政治局拡大会議における周恩来の談話記録」一九六〇年六月一四日、金沖及主編『周恩来伝』(四)、一五四一頁、北京、中央文献出版社、一九九八。

432 「全党挙げて大いに農業・食糧問題に取り組むことに関する指示」では次の点が明確にされた。食糧生産の指標が高すぎたため、生産量の見積もりも事実に合致しないものになった。さらに、食糧消費に計画性がなかった、つまり、計画段階の消費量が多く、管理も不十分で浪費も目につき、はじめのうちは余裕があっても後になって行き詰まり、「前線で銃後の飯を食う」状況になった。そのため一九五八年と一九五九年は二年連続で深刻な食糧不足が生じた。「指示」はさらに、あらゆる方面から可能なかぎりの労働力を動員し、農業戦線、とくに食糧生産戦線の充実に断固として取り組むこと、水利事業などの農村基本建設を思い切って縮小すること、食糧と同時に綿花や油などの経済作物の生産にも力を入れること、食糧の輸送調達に全力を投入し、都市部工業地区の食糧や輸出に必要な食糧の適時適切な供給に努めることなど、一連の措置をとることを強調している。「全党挙げて大いに農業、食糧問題に取り組むことに関する指示」一九六〇年八月一〇日、中共中央文献研究室編『建国以来重要文献選編』第一三冊、五一六～五二六頁、北京、中央文献出版社、一九九六。

433 羅平漢『〝文革〟前夜的中国』二三～二四頁、北京、人民出版社、二〇〇七。

434 逄先知、金沖及主編『毛沢東伝（一九四九－一九七六）』下巻、一〇九〇～一〇九一頁、北京、中央文献出版社、二〇〇三。

435 『建国以来李先念文稿』第二冊、一二二～一二三頁、北京、中央文献出版社、二〇〇一。

436 中共中央文献研究室編『周恩来年譜（一九四九－一九七六）』中巻、三三三頁、北京、中央文献出版社、一九九七。

437 『建国以来李先念文稿』第二冊、一二三～一二四頁、北京、中央文献出版社、二〇〇一。

438 金沖及主編『周恩来伝』(四)、一五四七頁、北京、中央文献出版社、一九九八。

439 金沖及『二十世紀中国史綱』第三巻、九一四～九一五頁、北京、社会科学文献出版社、二〇〇九。

440 「確実な食糧調達計画遂行に関する指示」一九六〇年八月一五日、中共中央文献研究室編『建国以来重要文献選編』第一三冊、五三七頁、北京、中央文献出版社、一九九六。

441 「王任重日記」一九六〇年一〇月二六日、逄先知、金沖及主編『毛沢東伝（一九四九－一九七六）』下巻、一〇九九頁（北京、中央文献出版社、二〇〇三）より引用。

442 「緊急指示書簡」の政策は以下の通り。(一)人民公社の現段階の基本制度は「三級所有、生産隊を基礎」とする。(二)「一平二調」に断固反対し、その誤りを正す。(三)生産隊による基本的な所有制を強化する。(四)生産小隊による部分的所有制度を維持する。(五)公社員による少量の自留地の経営、および家庭内の小規模な副業を認める。(六)生産物の差し引きを減らし、分配を厚くすることで、九割方の公社員の収入増に尽力する。(七)各人が能力に応じて働き、労働に応じて分配するという原則を堅持し、(生産物の)供給と賃金の比率を三対七にする。(八)労働力を各方面で節約し、農業生産の強化を最優先する。(九)食糧を切らさず、公共食堂を維持する。(一〇)党の指導の下、計画的に農村における市場を再開し、農村経済を活性化させる。(一一)労働と休息をうまく結びつけることに真剣に取り組む。(一二)思い切って大衆運動を展開し、「整風整社」に取り組む。「農村人民公社の目下の政策問題に関する党中央の緊急指示書簡」一九六〇年一一月三日、中共中央文献研究室編『建国以来重要文献選編』第一三冊、六六〇～六七六頁、北京、中央文献出版社、一九九六。

443 毛沢東「徹底的に『五風』を改めよ」一九六〇年一一月一五日、『毛沢東文集』第八巻、二二〇頁、北京、人民出版社、一九九九。

444　逢先知、金沖及主編『毛沢東伝（一九四九－一九七六）』下巻、一一〇〇頁、北京、中央文献出版社、二〇〇三。

445　薛暮橋「卓越した経済の指導者—陳雲同志」、中共中央文献研究室編『陳雲与新中国経済建設』三七頁、北京、中央文献出版社、一九九一。

446　毛沢東「永遠に一平二調を許さない」一九六〇年一一月二八日、『毛沢東文集』第八巻、二二二～二二三頁、北京、人民出版社、一九九九。

447　この会議には中央政治局常務委員のほかに、彭真、譚震林、陳伯達、柯慶施、曾希聖、陶鋳、王任重、宋任窮、欧陽欽、劉瀾涛、張徳生、李雪峰、烏蘭夫、劉子厚、李井泉、廖志高が参加した。

448　毛沢東は次のように述べた。「思想の乱れがここ数年言われているが、なによりもわれわれ自身の思想が乱れている。一方で『共産風』やでたらめな指揮の作風を正しながら、もう一方では『大いにやる』（鉄鋼、県公社の工業、交通、文教を大いにやる）を提唱して『共産風』をあおっている。これは矛盾ではないだろうか。廬山会議の時点で、『共産風』も『右傾』（彭徳懐問題）も下火になり、『大いにやる』ことで問題は解決すると考えてしまった。一九六〇年は情勢が好転するだろうと考えたが、それは間違いだった。天災はひどくなり、人災も生じた。この人災は敵がつくり出したものではなく、われわれ自身が生み出したものだ」。「中央工作会議報告会における毛沢東の発言記録」一九六〇年一二月三〇日、逢先知、金沖及主編『毛沢東伝（一九四九－一九七六）』下巻、一一一一～一一一二頁、北京、中央文献出版社、二〇〇三。

449　毛沢東「『共産風』をくい止め、断固として損害を償う」一九六〇年一二月三〇日、『毛沢東文集』第八巻、二二八頁、二三〇頁、北京、人民出版社、一九九九。

450　逢先知、金沖及主編『毛沢東伝（一九四九－一九七六）』下巻、一一一二～一一一三頁、北京、中央文献出版社、二〇〇三。

451　毛沢東「調査研究の作風を大々的に発揚しよう」一九六一年一月一三日、『毛沢東文集』第八巻、二三七頁、北京、人民出版社、一九九九。

452　羅平漢『〝文革〟前夜的中国』二五頁、北京、人民出版社、二〇〇七。

453　「中国共産党第八期中央委員会第九回全体会議コミュニケ」一九六一年一月二〇日（『紅旗』誌一九六一年第三期、第四期掲載）、『建国以来重要文献選編』第一四冊、八三～八八頁、北京、中央文献出版社、一九九七。

454　『毛沢東文集』第八巻掲載の「田家英あての手紙」より。この手紙に毛沢東は、自身が一九三〇年に書いた「調査工作について」をわざわざつけている。

455　何蓬『毛沢東時代的中国（一九四九－一九七六）』（二）、一七七頁、北京、中共党史出版社、二〇〇三。

456　毛沢東「過去から現在に至る状況を系統的に調査研究しなければならない」一九六一年三月一三日、『毛沢東文集』第八巻、二五二～二五四頁、北京、人民出版社、一九九九。

457　一九六一年三月一九日、陳伯達、胡喬木、廖魯言、田家英との会談で毛沢東は次のように述べた。「農村の問題（飢饉と餓死の問題）は、一九五九年にはすでに発生していた。廬山会議の反『右』によって問題がより深刻になり、一九六〇年になると事態はいっそう悪くなった。餓死者が党中央に報告されたのは、一九六〇年の夏になってからのことである」。「毛沢東と陳伯達らの談話記録（伝聞）」一九六一年三月一九日、逢先知、金沖及主編『毛沢東伝（一九四九－一九七六）』下巻、一一四五頁、北京、中央文献出版社、二〇〇三。

458　毛沢東「広州中央工作会議における講話」一九六一年三月二三日、『毛沢東文集』第八巻、二六一～二六二頁、北京、人民出版社、一九九九。

459　逢先知、金沖及主編『毛沢東伝（一九四九－一九七六）』下巻、一一四五頁、北京、中央文献出版社、二〇〇三。

460　張平化の手紙にコメントする形で、毛沢東は次のような指示を転送した。「党委員会の一部の者が調査を怠り、大衆と相談せず、部屋に閉じこもって人々を苦しめる主観主義的政策（政策もどき）を出すことを絶対に許してはならない」。一九六一年五月一四日、逢先知、金沖及主編『毛沢東伝（一九四九－一九七六）』下巻、一一六一頁、北京、中央文献出版社、二〇〇三。

461 『李先念文選（一九三五－一九八八）』二五七～二六四頁、北京、人民出版社、一九八九。

462 毛沢東は次のような意見を出した。「廬山会議の後、われわれはどこで誤ったのか。彭徳懐、黄克誠、張聞天、周小舟に対する決議を県級より下の組織に下ろすべきではなかった。県レベルでとどめて反『左』を継続すべきだったのだ。反『右傾』をやった途端、見せかけの敵をつくってしまった。折よく、生産が大いに発展してきたと思ったが、事実ではなかった。今は誤りを犯したと思っている。実直な好人物を『右傾機会分子』として吊るし上げてしまった。なかには『反革命分子』に仕立て上げてしまった者もいる」。毛沢東「経験を総括し、幹部を教育する」一九六一年六月一二日、『毛沢東文集』第八巻、二七三頁、二七七頁、北京、人民出版社、一九九九。

463 劉少奇は「ここ数年に起きた問題は、天災によるものなのか、それともわれわれの方針とやり方に欠陥と誤りがあったからなのか」と問題提起をした上で、湖南省の農民の言葉「三分の天災、七分の人災」を引いて次のように述べた。「**要するにこういうふうに言えるのではないだろうか。全国的に見れば天災が主な原因だったところもあるが、おそらく数は少ないだろう。大多数の地方はわれわれの工作における欠陥と誤りが主な原因である**」。劉少奇「目下の経済的困難の原因とその克服方法」一九六一年五月三一日、『劉少奇選集』下巻、三三七～三三八頁、北京、人民出版社、一九八五。

464 毛沢東は会議で次の点を指摘した。「客観的法則に背いたならば、必ず罰を受けることになる。われわれはまさに罰を受けた。この三年、大きな罰を受けた。土地も痩せ、人も痩せ、家畜も痩せた。この三つが罰でなくて何だろうか」。薄一波『若干重大決策与事件的回顧』下巻、一〇一五頁、北京、中共中央党校出版社、一九九三。

465 中共中央文献研究室編『毛沢東年譜（一九四九－一九七六）』第五巻、一頁、北京、中央文献出版社、二〇一三。

466 『大学』に見えることば。

467 逢先知、金沖及主編『毛沢東伝（一九四九－一九七六）』下巻、一一六八～一一六九頁、北京、中央文献出版社、二〇〇三。

468 毛沢東は次のように述べている。「（大躍進の）誤りはごくわずかなものであって、それほど深刻なものではない。現在は底を打った。情勢は日増しに良くなっている」。薄一波『若干重大決策与事件的回顧』下巻、一〇七三頁、北京、中共中央党校出版社、一九九三。

469 中共中央文献研究室編『毛沢東年譜（一九四九－一九七六）』第五巻、一九頁、北京、中央文献出版社、二〇一三。

470 逢先知、金沖及主編『毛沢東伝（一九四九－一九七六）』下巻、一一八五頁、北京、中央文献出版社、二〇〇三。

471 中共中央文献研究室編『鄧小平年譜（一九〇四－一九七四）』下巻、一六七一頁、北京、中央文献出版社、二〇〇九。

472 邸延生『〝文革〟前夜的毛沢東』一五六～一五七頁、北京、新華出版社、二〇〇六。

473 逢先知、金沖及主編『毛沢東伝（一九四九－一九七六）』下巻、一一八八～一一八九頁、北京、中央文献出版社、二〇〇三。

474 同右。

475 中共中央文献研究室編『鄧小平年譜（一九〇四－一九七四）』下巻、一六七九頁、北京、中央文献出版社、二〇〇九。

476 逢先知、金沖及主編『毛沢東伝（一九四九－一九七六）』下巻、一一九〇～一一九一頁、北京、中央文献出版社、二〇〇三。

477 劉少奇の報告書では次のように述べられている。「本大会の目的は、経験を総括し、認識の一致を勝ち取り、団結と規律、民主集中制を強化し、集中と統一をより強めることにある。こうして集まったのは、大いに意気込み、仕事を成し遂げ、困難に打ち勝つためである」。劉少奇「拡大中央工作会議における報告」一九六二年一月二七日、『劉

少奇選集』下巻、三四九頁、北京、人民出版社、一九八五。

478　『彭真伝』編纂組編『彭真伝』第三巻、一〇六〇頁、北京、中央文献出版社、二〇一二。

479　『彭真伝』編纂組編『彭真年譜（一九〇二－一九九七）』第四巻、一六七頁、北京、中央文献出版社、二〇一二。

480　『彭真伝』編纂組編『彭真伝』第三巻、一〇六一頁、北京、中央文献出版社、二〇一二。

481　『彭真伝』編纂組編『彭真伝』第三巻、一〇六一頁、北京、中央文献出版社、二〇一二。

482　中共中央文献研究室編『鄧小平年譜（一九〇四－一九七四）』下巻、一六八三～一六八四頁、北京、中央文献出版社、二〇〇九。

483　『毛沢東年譜（一九四九－一九七六）』第五巻、七二～七三頁、北京、中央文献出版社、二〇一三。

484　『彭真伝』編纂組編『彭真年譜（一九〇二－一九九七）』第四巻、一六九頁、北京、中央文献出版社、二〇一二。

485　『彭真伝』編纂組編『彭真伝』第三巻、一〇六三頁、北京、中央文献出版社、二〇一二。

486　『彭真伝』編纂組編『彭真伝』第三巻、一〇六三頁、北京、中央文献出版社、二〇一二。

487　張素華『変局―七千人大会始末（一九六二年一月一一日－二月七日）』一〇八～一一二頁、北京、中国青年出版社、二〇〇六。

488　『彭真伝』編纂組編『彭真年譜（一九〇二－一九九七）』第四巻、一六九頁、北京、中央文献出版社、二〇一二。

489　『彭真伝』編纂組編『彭真伝』第三巻、一〇六五頁、北京、中央文献出版社、二〇一二。

490　薄一波『若干重大決策与事件的回顧』下巻、一〇二二頁、北京、中共中央党校出版社、一九九三。

491　劉少奇「拡大中央工作会議における講話」一九六二年一月二七日、『劉少奇選集』下巻、四二五頁、四四三頁、北京、人民出版社、一九八五。

492　報告書の四点の指摘は以下の通り。(一)工業・農業の高すぎる計画指標、手を広げすぎた基本建設、こうしたことが経済各部門の関係や、消費と貯蓄の関係に深刻なアンバランスをもたらした。(二)人民公社の取り組みの中で、集団所有制と全人民所有制を混同する時期があり、多くの地区でそれが見られた。集団所有制の中でつくられた生産関係に対し、あまりにも不適切で性急な変更を加えようとしたため、労働に応じた分配や等価交換の原則に反し、「共産風」をはじめとする平均主義的誤りを犯した。手工業や商業の分野でも、これと同じことが起こった。(三)全国のいたるところに自己完結した工業体系をつくろうとし、権限の委譲を過度におこなったため、各部門・各地方が中央の政策や国家計画に反する状況が生じた。この結果、経済活動における集中と統一が損なわれ、全人民所有制は打撃を被った。(四)農業生産の増加スピードを過度に見積もり、建設事業の発展を急ぎすぎたため、都市人口が不適切に膨れ上がり、都市と農村の人口比率が農業生産レベルと釣り合わなくなった。このため、都市人口への食糧供給に困難が生じ、同時に農業生産にも困難が生じた。企業事業単位が不相応に増加し、職員・労働者の数も急増した。非生産労働者の割合が増え、労働力の浪費がかなり深刻な状況になった。党と政府の機関・機構はさらに肥大化し、主観主義、官僚主義、命令主義といった作風がはびこる巨大な温床になってしまった。劉少奇「拡大中央工作会議での報告」一九六二年一月二七日、『劉少奇選集』下巻、三五三～三五四頁、北京、人民出版社、一九八五。劉少奇主宰の二一人の報告書起草委員会でこの報告は起草された。中央政治局のメンバーや各大区の書記も起草過程の議論に参加している。中央政治局拡大会議での討論・採択を経て「七千人大会」に提起された。薄一波『若干重大決策与事件的回顧』下巻、一〇一七頁、北京、中共中央党校出版社、一九九三。

493　劉少奇は次のように指摘した。「ここ数年の取り組みで生じた誤りや欠点の責任は、なによりも党中央にある。最近、中央書記処がこの数年の中央文書を点検し、毛沢東同志と政治局常務委員会に報告を提出した。報告は、党中央の取り組みにおける主な誤りと欠点、中央書記処が負うべき責任について説明している。言及されている事柄のいくつかは中央政治局で決裁したものであり、責任を負うべきは中央政治局である。責任は党中央にあると言う時、当然そこには中央の各部門と国務院、国務院直属の各部門も含まれる」。劉少奇「拡大中央工作会議における報告」一九六二年一月二七日、『劉少奇選集』下巻、三五五頁、北京、人民出版社、一九八五。また、劉少奇は口頭での報告で次のように述べた。「まず責任を負うべきは党中央であり、……この『党中央』には中央の各部門、国務院と国務院直属の各部門が含まれる。（ここで毛沢東は、「中央による一部の不適切なものを含む」と口を挟む）党中央自らが出した一部の適切ではない指示や文書、スローガンもここに含まれる。劉少奇「拡大中央工作会議における報告」一九六二年一月二七日、『劉少奇選集』下巻、四二二～四二三頁、北京、人民出版社、一九八五。

494　報告書では次のように提起されている。「多くの同志がもっと毛沢東思想をしっかりと理解し、毛沢東同志が一貫して提起してきた実事求是、調査研究に熟達していたならば、なおかつ、節目節目で毛沢東同志が提起した指導的考えを真摯に実行していたならば、ここ数年の誤りは避けることができただろうし、少なくともこれほど大きな誤りにはならなかっただろう。誤りが生じたとしても、すぐに正すことができたはずである」。張素華『変局―七千人大会始末（一九六二年一月一一日～二月七日）』一一四頁、北京、中国青年出版社、二〇〇六。

495　鄧力群「七千人大会前後の毛沢東」、張素華『変局―七千人大会始末（一九六二年一月一一日‐二月七日）』三三一頁、北京、中国青年出版社、二〇〇六。

496　林彪「拡大中央工作会議における講話」一九六二年一月二九日、中共中央文献研究室編『建国以来重要文献選編』第一五冊、一〇六～一〇八頁、北京、中央文献出版社、一九九七。

497　逄先知、金沖及主編『毛沢東伝（一九四九‐一九七六）』下巻、一一九七頁、北京、中央文献出版社、二〇〇三。

498　邸延生『〝文革〟前夜的毛沢東』一七七頁、北京、新華出版社、二〇〇六。

499　『彭真伝』編纂組編『彭真年譜（一九〇二‐一九九七）』第四巻、一六七頁、北京、中央文献出版社、二〇一二。

500　毛沢東は次のように述べた。「諸君に『鬱憤晴らし』を提案する。腹に思っていることを吐き出さなければ、統一は始まらない。民主がなければ正しい意味での集中もできない。常務委員会の幾人かの同志とも話したが、『鬱憤』問題を解決したいと思っている。『鬱憤』という『鬱憤』を洗いざらい出してほしい。正しいか間違っているかにかかわりなく、後々まで根にもったり、攻撃したり、報復したりはしない」。薄一波『若干重大決策与事件的回顧』下巻、一〇一八～一〇一九頁、北京、中共中央党校出版社、一九九三。童小鵬によると、毛沢東は政治局常務委員と相談の上、次のように決めた。「会期を延長し、『日中は鬱憤を晴らし、夜は劇鑑賞を楽しむ』でいく。言いたいことをなんでも言い、批判と自己批判を存分にやろう」。童小鵬『風雨四十年』第二部、三九一頁、北京、中央文献出版社、一九九六。

501　毛沢東は「民主集中制をおこなっている最中でも、誤って一部の幹部を処断してしまうことがある」と述べ、人類社会のどの発展段階にあってもこうした誤りはある、との認識を示した。「社会主義社会も例外ではない、指導路線が正しかろうが間違っていようが、この種の誤りが生じることは避けられない」。毛沢東「拡大中央工作会議での講話」一九六二年一月三〇日、中共中央文献編輯委員会編『毛沢東著作選読』下巻、八一九頁、北京、人民出版社、一九八六。

502　毛沢東「拡大中央工作会議における講話」一九六二年一月三〇日、中共中央文献編輯委員会編『毛沢東著作選読』下巻、八一九頁、北京、人民出版社、一九八六。

503　毛沢東は、党委員会の指導は集団による指導であり、第一書記のほかのメンバーに対する関係は、多数に従う少数であって、独断は許されないという認識だった。「これは中央常務委員会や政治局にもあてはまる。わたしの言うことが正しいか間違っているかに関係なく、ほかの同志が反対ならば、それに従わなければならない。ほかの同志たちが多数だからだ」「誤りがあれば、自己批判しなければならない。ほかの同志の提起と批判を受けなければならない」。毛沢東「拡大中央工作会議における講話」一九六二年一月三〇日、中共中央文献編輯委員会編『毛沢東著作選読』下巻、八二〇頁、八二二頁、北京、人民出版社、一九八六。

504 薄一波『若干重大決策与事件的回顧』下巻、六七七頁、北京、中共中央党校出版社、一九九三。

505 毛沢東「拡大中央工作会議における講話」一九六二年一月三〇日、中共中央文献編輯委員会編『毛沢東著作選読』下巻、八二九頁、北京、人民出版社、一九八六。

506 薄一波『若干重大決策与事件的回顧』下巻、一〇二九～一〇三〇頁、北京、中共中央党校出版社、一九九三。

507 鄧小平は次のように述べている。「一九六二年に毛主席は自己批判をおこなったが、結局のところ、そこでの総括と教訓化が不十分だったために『文化大革命』が引き起こされた」。鄧小平「イタリア人記者オリアーナ・ファラーチによるインタビュー」一九八〇年八月二一日、二三日、『鄧小平文選』第二巻、三四六頁、北京、人民出版社、一九九四。

508 中共中央文献研究室編『鄧小平年譜（一九〇四－一九七四）』下巻、一六八七頁、北京、中央文献出版社、二〇〇九。

509 『毛沢東年譜（一九四九－一九七六）』第五巻、八〇～八一頁、北京、中央文献出版社、二〇一三。

510 朱徳「『左』の偏向を正し、生産を回復させ発展させよう」一九六二年二月三日、『朱徳選集』三九〇～三九一頁、北京、人民出版社、一九八三。

511 鄧小平「拡大中央工作会議における講話」一九六二年二月六日、『鄧小平文選』第一巻、三〇五頁、北京、人民出版社、一九九三。

512 張素華『変局―七千人大会始末（一九六二年一月一一日－二月七日）』一九五頁、北京、中国青年出版社、二〇〇六。

513 張素華『変局―七千人大会始末（一九六二年一月一一日－二月七日）』一九八頁、北京、中国青年出版社、二〇〇六。

514 農業生産の年間成長（増産）率については、一〇％越えを「躍進」、一五％越えを「大躍進」、二〇％越えを「超大躍進」、工業生産については、年間成長率二〇％越えを「躍進」、二五％越えを「大躍進」、三〇％越えを「超大躍進」としたことを指す。童小鵬『風雨四十年』第二部、三九二頁、北京、中央文献出版社、一九九六。

515 「中央工作会議における周恩来の発言記録」一九六二年二月七日、金沖及主編『周恩来伝』（四）、一六二〇頁、北京、中央文献出版社、一九九八。

516 童小鵬『風雨四十年』第二部、三九二頁、北京、中央文献出版社、一九九六。

517 陳雲は次のように述べた。「『人に会ったら三分話すだけ、心のすべてをさらけ出すべきではない』と言われるが、これはきわめて危険である。人は時に間違ったことを言うが、それは避けられない。少しも間違ったことを言わないというのは無理だ。党内で間違った発言をすることを恐れてはならない。怖いのは誰も何も言わなくなることだ。指導部はとくに反対意見にこそ耳を傾けるべきだ。賛成意見は放っておいても耳に入ってくるが、**反対意見はそうはいかない**。**指導部が謙虚に耳を傾けないなら決して聞こえてこない**。だから、われわれは虚心坦懐にたくさんの反対意見に耳を傾けなければならない。もっと意見を交換しよう。一面的なものの見方も、他人と意見を交わすことで全面的になる。実事求是とよく言われるが、実事とは実際の状況をはっきりさせること、求是とは徹底的に研究しつくした上で結論を出すことであり、正しい政策はこうして得られる。もっと比較をしよう。問題を検討し、政策をつくり、計画を決める際は、さまざまな案を比較すべきである。現在のやり方だけではなく、過去のやり方や海外のやり方とも比較検討すべきだ。多面的な比較をおこなうことで状況をよりはっきりとつかむことができるし、より正しい判断を下すこともできる。多くの比較をおこなうことに害はない。比較検討を繰り返した後は、**すぐに結論を出してはならない。さらに何度も熟考を重ねなければならない。いくつかのテーマについて出した結論は、その時は正しくても時期が過ぎれば正しくない、あるいは完全に間違いだったとわかることがある**」。陳雲「いかにしてわれわれの認識をより正しくするか」一九六二年二月八日、『陳雲文選』第三巻、一八七～一八九頁、北京、人民出版社、一九九五。

518　「陳雲の談話記録」一九八八年五月二一日、金沖及、陳群主編『陳雲伝』下巻、北京、中央文献出版社、二〇〇五。

519　陳雲「目下の財政経済情況と困難克服のためのいくつかの方法」一九六二年二月二六日、『陳雲文選』第三巻、一九一頁、北京、人民出版社、一九九五。

520　童小鵬『風雨四十年』第二部、三九二頁、北京、中央文献出版社、一九九六。

521　中共中央文献研究室編『鄧小平年譜（一九〇四－一九七四）』下巻、一六九〇頁、北京、中央文献出版社、二〇〇九。

522　金沖及、陳群主編『陳雲伝』下巻、一三〇〇頁、北京、中央文献出版社、二〇〇五。

523　「党中央政治局常務委員会における劉少奇の発言記録」一九六二年二月二一日、金沖及主編『周恩来伝』(四)、一六三二頁、北京、中央文献出版社、一九九八。

524　劉少奇は、国内経済は非常に厳しい情況にあるとする陳雲の見方に全面的に賛成していた。逢先知、金沖及主編『毛沢東伝（一九四九－一九七六）』下巻、一二〇七頁、北京、中央文献出版社、二〇〇三。

525　当代中国研究所『中華人民共和国史稿』第二巻、一五四～一五五頁、北京、人民出版社、当代中国出版社、二〇一二。

526　逢先知、金沖及主編『毛沢東伝（一九四九－一九七六）』下巻、一二〇八頁、北京、中央文献出版社、二〇〇三。

527　逢先知、金沖及主編『毛沢東伝（一九四九－一九七六）』下巻、一二〇九頁、北京、中央文献出版社、二〇〇三。

528　「毛沢東と李雪峰らとの会談記録」一九六四年八月二〇日、張素華『変局―七千人大会始末（一九六二年一月一一日－二月七日）』二八二～二八三頁、北京、中国青年出版社、二〇〇六。

529　『毛沢東年譜（一九四九－一九七六）』第五巻、九六～九七頁、北京、中央文献出版社、二〇一三。

530　劉少奇の認識は以下の通り。(一)国民経済は全面的にバランスを欠いており、全面的な調整が必要である。(二)秩序ある撤退が必要である。さもないと混乱を招き、党の威信は失墜する。(三)情勢認識を鮮明にする必要がある。見たところ、情勢に対する見通しが甘く、十分とは言えない。経済的には素晴らしい情勢など存在しない。いわゆるすばらしい情勢とは、政治においては、党と人民の団結に体現されるものである。情勢認識の不一致があれば、団結もできない。ただし、情勢を語る際に、人心の不安を煽り立てるようなことはしてはならない」。逢先知、金沖及主編『毛沢東伝（一九四九－一九七六）』下巻、一二一六頁、北京、中央文献出版社、二〇〇三。

531　胡縄主編『中国共産党的七十年』四二七～四二八頁、北京、中共党史出版社、一九九一。

532　鄧子恢編著『鄧子恢自述』四七〇～四七一頁、北京、人民出版社、二〇〇七。

533　「五統一」とは、一九六〇年代初めに中国のいくつかの地区や農村で見られた生産管理の方法である。生産手段の集団的所有、労働力と家畜の統一的分配、統一的計画に基づく生産、肥料の統一的使用、作物の統一収穫と統一分配という五つの「統一」を前提としつつ、中心的農作業は集団がコントロールするが、一般的な作業は個人の責任でおこなう、というのがおおよその内容である。『鄧小平文選』第一巻、

三八一～三八二頁、北京、人民出版社、一九九三。

534 「党中央書記処会議記録」一九六二年七月二日、逄先知、金沖及主編『毛沢東伝（一九四九－一九七六）』下巻、一二三一頁、北京、中央文献出版社、二〇〇三。

535 鄧小平「どのように農業生産を回復させるか」、『鄧小平文選』第一巻、三二二～三二五頁、北京、人民出版社、一九九三。

536 胡縄主編『中国共産党的七十年』四二八頁、北京、中共党史出版社、一九九一。

537 中共中央文献研究室編『毛沢東年譜（一九四九－一九七六）』第五巻、一一〇～一一一頁、中央文献出版社、二〇一三。

538 中共中央文献研究室編『毛沢東年譜（一九四九－一九七六）』第五巻、一一一頁、中央文献出版社、二〇一三。

539 逄先知、金沖及主編『毛沢東伝（一九四九－一九七六）』下巻、一二三〇頁、北京、中央文献出版社、二〇〇三。

540 中共中央文献研究室編『陳雲与新中国経済建設』一六八～一六九頁、北京、中央文献出版社、一九九一。

541 鄧子恢編著『鄧子恢自述』四八二頁、北京、人民出版社、二〇〇七。

542 『歴史巨人毛沢東』中巻、四四五頁、北京、当代中国出版社、二〇〇三。

543 一九六二年八月五日、北戴河会議で毛沢東は次のように述べた。『包産到戸』や『単幹』をひとたび始めれば、半年もしないうちに農村に深刻な階級分化が生じるだろう。貧しさのため生活が立ちゆかなくなって、土地を売らざるをえない農民が出てくる一方、土地を買い、高利貸しになって妾を囲う者が出てくるだろう」。薄一波『若干重大決策与事件的回顧』下巻、一〇八七頁、北京、中共中央党校出版社、一九九三。

544 一九六二年八月六日、北戴河会議で毛沢東はこう言った。「社会主義をやるのか、それとも資本主義をやるのか。農村合作社は必要か否か、『分田到戸』『包産到戸』をやるのか、それとも集団化をやるのか」。薄一波『若干重大決策与事件的回顧』下巻、一〇八七頁、北京、中共中央党校出版社、一九九三。

545 『鄧子恢伝』編集委員会『鄧子恢伝』五六七～五六九頁、北京、人民出版社、二〇〇六。

546 薄一波『若干重大決策与事件的回顧』下巻、一〇八九頁、北京、中共中央党校出版社、一九九三。

547 一九八一年三月九日、党中央弁公庁が出した鄧子恢の名誉回復に関する通知では、次のように述べられている。「鄧子恢同志は農村工作の分野で多大な貢献をし、彼と彼が指導した中央農村工作部は一貫して社会主義の道を歩み続け、党の路線と方針、政策を堅持してきた、と中央は認識している。過去に彼らに対してなされた批判と処分は間違っており、見直さなければならない。無理やり貼られた事実無根のレッテルをすべて撤回し、その名誉を回復する」。

548 『歴史巨人毛沢東』中巻、四四三頁、北京、当代中国出版社、二〇〇三。

549 一九六二年八月五日、毛沢東は次のように述べた。「一九五九年の反右傾闘争は、その多くが誤ったものだった。それで彭徳懐も名誉回復を求めているが、同年の闘争をすべて帳消しにはできないと思っている」。さらに同月一一日には「東風が西風を圧するのでなければ、西風が東風を圧することになるだろう。彭徳懐の手紙（廬山会議に際して毛沢東にあてた私信）は、それまで言っていたことをことごとく覆すものだった」。薄一波『若干重大決策与事件的回顧』下巻、一〇九二～一〇九三頁、北京、中共中央党校出版社、一九九三。

550 八大「党規約」第一六条は、中央委員および候補委員の職務を解いたり、観察処分や除籍処分にする場合は、全国代表大会での決定が必要であること、緊急の場合、中央委員会全体会議の三分の二以上の賛成で決定できるが、その場合でも、次回全国代表大会での追認が必要である、と規定されている。「中国共産党規約」（一九五六年九月二六日、第八回全国代表大会で採択）、中共中央文献研究室編『建国以来

重要文献選編』第九冊、三三五頁、北京、中央文献出版社、一九九四。
551 童小鵬『風雨四十年』第二部、三九五〜三九六頁、北京、中央文献出版社、一九九六。
552 この部分は主に董輔礽主編の「国民経済の調整」（『中華人民共和国経済史』上巻所収）を参考にした。
553 『鄧小平文選』第一巻、三八三頁注釈二〇五、北京、人民出版社、一九九三。
554 国家統計局編『中国統計年鑑（一九八一）』二〇一頁、北京、中国統計出版社、一九八二。
555 薄一波『若干重大決策与事件的回顧』下巻、八九二頁、北京、中共中央党校出版社、一九九三。
556 陳雲「目下の財政経済情況と困難克服のためのいくつかの方法」一九六二年二月二六日、『陳雲文選』第三巻、一九一〜二〇六頁、北京、人民出版社、一九九五。
557 何蓬『毛沢東時代的中国（一九四九－一九七六）』（二）、二二三頁、北京、中共党史出版社、二〇〇三。
558 当代中国研究所『中華人民共和国史稿』第二巻、一五六頁、北京、人民出版社、当代中国出版社、二〇一二。
559 柳随年、呉群敢主編『中国社会主義経済簡史』二七七〜二七八頁、ハルビン、黒竜江人民出版社、一九八五。
560 一九六〇年一一月二九日、李先念は周恩来らに書簡を送り、合わせて毛沢東に提言をした。その中身は「一二億斤もしくはそれ以上の緊急食糧輸入は、国内食糧情勢の基本的安定を勝ち取り、災害を乗りきる上で非常に有効である」というものだった。毛沢東は「それが可能ならばすばらしい」と「全面的賛成」のコメントをした。李先念「食糧輸入に関する書簡」一九六〇年一一月二九日、『建国以来李先念文稿』第二冊、一三四〜一三五頁、北京、中央文献出版社、二〇一一。
561 アンガス・マディソン『中国経済的長遠未来』中国語版、二九四頁、北京、新華出版社、一九九九。
562 趙徳馨主編『中華人民共和国経済史（一九四九－一九六六）』六一〇頁、鄭州、河南人民出版社、一九八八。
563 中共中央文献研究室編『関於建国以来党的若干歴史問題的決議注釈本』修訂版、二八八頁、北京、人民出版社、一九八五。
564 孫健『中国経済通史（一九四九－二〇〇〇）』下巻、一七一三頁、北京、中国人民大学出版社、二〇〇〇。
565 国家統計局編『中国統計年鑑（一九八二）』一〇三頁、一二三頁、北京、中国統計出版社、一九八三。
566 当代中国研究所『中華人民共和国史稿』第二巻、一六〇頁、北京、人民出版社、当代中国出版社、二〇一二。
567 当代中国研究所『中華人民共和国史稿』第二巻、一六一頁、北京、人民出版社、当代中国出版社、二〇一二。
568 孫健『中国経済通史（一九四九－二〇〇〇）』下巻、一七一四〜一七一五頁、北京、中国人民大学出版社、二〇〇〇。
569 孫健『中国経済通史（一九四九－二〇〇〇）』下巻、一七二三頁、一七二六頁、北京、中国人民大学出版社、二〇〇〇。
570 一九六二年三月、党中央は「銀行工作の集中・統一と通貨発行の厳格な統制を着実に強化することについての決定」を出し、銀行の高度な統一と集中、国家紙幣の管理強化の必要性を強調した。銀行業務については、完全かつ徹底的な垂直指導を実施し、信用取引を厳格に管理、その計画性を強化するとした。また、信用取引と財政資金の間に厳格な線引きをおこない、信用取引を財政支出に転用することを禁じた。さらに、現金管理の強化、決算ルールの厳格化なども提起した。孫健『中国経済通史（一九四九－二〇〇〇）』下巻、一七三〇〜一七三一頁、北京、中国人民大学出版社、二〇〇〇。
571 党中央は一九六二年四月に「財政管理の厳格な統制に関する決定」を出し、収入に応じた支出、実収入に応じた政策、予算に応じた支出、手続きにのっとった追加予算という原則を定めた。
572 何蓬『毛沢東時代的中国（一九四九－一九七六）』（二）、三六五〜

三六八頁、北京、中共党史出版社、二〇〇三。

573 毛沢東は次のように指摘した。「われわれは、他人の後についてのろのろと、かつて世界各国が歩んだ技術発展の道を進んではいけない。通例を打破しなければならない。可能なかぎり先進的技術を取り入れ、比較的短い期間で、強大な近代的社会主義国家の建設を成し遂げなければならない。われわれの言う大躍進とは、そういう意味である。どうしてこれが不可能だと言えよう。ほら吹きの大言壮語だと言うのか。否である。必ず成し遂げることができる。ほら吹きでもなければ大言壮語でもない。これまでのわれわれの歩みを見ればすぐにわかることだ。偉大な先人革命家・孫中山は、今世紀初頭に中国で必ず大躍進が実現すると言った。彼のこの予言は、数十年以内に現実のものとなるだろう。これは必然的な流れであり、いかなる反動勢力もこれをくい止めることはできない」。毛沢東「強大な近代的社会主義国家建設に向けて」一九六三年九月、一九六四年一二月、『毛沢東文集』第八巻、三四一頁、北京、人民出版社、一九九九。

574 鄧小平「現実に立脚して将来を展望する」一九六三年八月二〇日、『鄧小平文選』第一巻、三三四～三三五頁、北京、人民出版社、一九九三。

575 中共中央党史研究室編『中国共産党歴史 第二巻（一九四九－一九七八）』下冊、七一五～七一六頁、北京、中共党史出版社、二〇一一。

576 毛沢東「農業機械化問題についての手紙」一九六六年三月一二日、『毛沢東文集』第八巻、四二八頁、北京、人民出版社、一九九九。

577 毛沢東「七律・和郭沫若同志」、『建国以来毛沢東文稿』第九巻、六〇二頁、北京、中央文献出版社、一九九六。※訳注…詩の訳は、『毛沢東 その詩と人生』（武田泰淳、竹内実著、文芸春秋新社、一九六五）による。

578 毛沢東「〈冬雲〉詩一首和給林克的信」、『建国以来毛沢東文稿』第一〇巻、二二七頁、北京、中央文献出版社、一九九六。※訳注…詩の訳は、『毛沢東 その詩と人生』（武田泰淳、竹内実著、文芸春秋新社、一九六五）による。

579 毛沢東「拡大中央工作会議における講話」一九六二年一月三〇日、『建国以来毛沢東文稿』第一〇巻、二五～二七頁、北京、中央文献出版社、一九九六。

580 一九六七年一一月六日、『人民日報』『紅旗』誌、『解放軍報』が共同で発表した文章「十月社会主義革命がきりひらいた道に沿って前進しよう」では、毛沢東の八期十中全会での論断が引用されるとともに、それがプロレタリア独裁下における継続革命理論の柱の一つとされた。この文章は陳伯達、姚文元が中心になって起草した。

581 たとえば、湖北省で最初に「四清」が試験的に展開された際、相前後して二〇〇〇人以上が死亡している。一九六三年の秋冬に試験的展開がおこなわれた広東省では六〇二件の自殺が発生し、五〇三人が死亡している。薄一波『若干重大決策与事件的回顧』下巻、一一一四～一一一五頁、北京、中共中央党校出版社、一九九三。

582 鄧小平は後に次のように述べた。「八期十中全会は、社会主義社会において一定の範囲内で存在する階級闘争を拡大し、絶対化した。それは、一九五七年の『反右派』闘争以降提起された『プロレタリア階級とブルジョア階級との矛盾が、依然としてわが国の主要矛盾となっている』とする見方を発展させたものだった。事実上、八大路線に対する背反であった」。鄧小平「われわれの事業は新事業である」一九八七年一〇月一三日、『鄧小平文選』第三巻、二五三～二五四頁、北京、人民出版社、一九九四。

583 毛沢東「全党で幹部宣伝隊を組織し全党全人民による社会主義教育運動を徹底的に推進することについての党中央の指示」一九六四年三月二二日、『建国以来毛沢東文稿』第一一巻、一〇二頁、北京、中央文献出版社、一九九六。

584 薄一波『若干重大決策与事件的回顧』下巻、一一〇五頁、北京、中共中央党校出版社、一九九三。

585 薄一波『若干重大決策与事件的回顧』下巻、一一一六頁、北京、中共中央党校出版社、一九九三。

586　毛沢東は、「深刻で先鋭的な階級闘争が中国社会に生じている。公社・隊の指導権が事実上、地主・富農分子の手に落ちている地方もあれば、彼らの代理人に組織を部分的に握られている機関もある」との認識を示し、そこから「階級闘争は、ひとたび取り組めばすぐに威力を発揮する」と提起した。修正主義の出現を防ぐ必要を訴え、階級闘争、生産闘争、科学的実験を忘れれば、近い将来、マルクス主義の党は必ず修正主義の党に変質してしまい、中国全体の色が変わってしまうと、はっきりと提起した。また、人民の結束の度合いについて、毛沢東はもともと九〇％以上と提起していたが、後に周恩来の助言により、九五％以上に訂正することに同意している。薄一波『若干重大決策与事件的回顧』下巻、一一〇九～一一一〇頁、北京、中共中央党校出版社、一九九三。

587　薄一波『若干重大決策与事件的回顧』下巻、一一二〇頁、一一二七頁、北京、中共中央党校出版社、一九九三。

588　金春明主編『評「剣橋中華人民共和国史」』三七七～三七八頁、武漢、湖北人民出版社、二〇〇一。

589　楊継縄『鄧小平時代―中国改革開放二十年紀実』上巻、一〇頁、北京、中央編訳出版社、一九九八。

590　鄧小平「イタリア人記者オリアーナ・ファラーチによるインタビュー」一九八〇年八月二一日、二三日、『鄧小平文選』第二巻、三四七～三四八頁、北京、人民出版社、一九九四。

591　毛沢東は「北京（党中央）には二つの司令部が存在する」とし、『紅楼夢』の林黛玉の言葉を引用しながら「東風が西風を圧するのではなく、西風が東風を圧している」と述べた。陳晋主編『毛沢東読書筆記解析』下冊、一四八三頁、広州、広東人民出版社、一九九九。

592　毛沢東「幹部の労働参加に関する七つの好材料―浙江省あてコメント」一九六三年五月九日、中共中央文献研究室編『建国以来重要文献選編』第一六冊、二九二頁、北京、中央文献出版社、一九九七。

593　毛沢東は以下の五点を後継者の条件として挙げた。(一)修正主義ではなく、マルクス主義をやる人物、(二)ひと握りの者ではなく、大多数の人民の利益を考えることのできる人物、(三)かつて自分に対して間違った批判をした者も含めて、大勢の人と団結することができる人物、(四)民主を重んじ、自分の一存でものごとを決めない人物、家長的な態度をとらない人物、(五)自分の誤りを自己批判できる人物。毛沢東「プロレタリア革命の後継者を育てよう」一九六四年六月一六日、『建国以来毛沢東文稿』第一一巻、八五～八七頁、北京、中央文献出版社、一九九六。

594　逄先知、金沖及主編『毛沢東伝（一九四九－一九七六）』下巻、一三四五頁、北京、中央文献出版社、二〇〇三。

595　毛沢東「プロレタリア革命の後継者を育てよう」一九六四年六月一六日、『建国以来毛沢東文稿』第一一巻、八五～八七頁、北京、中央文献出版社、一九九六。

596　毛沢東「『フルシチョフのエセ共産主義とその世界史的教訓について』の修正」一九六四年七月、『建国以来毛沢東文稿』第一一巻、四三～四四頁、北京、中央文献出版社、一九九六。

597　一九六四年末の会合で、毛沢東は次のような弱音を吐露している。「(劉)少奇、やはり君が最高指導者だ。四清も五反も経済政策もみんな君が主管している……、天に不測の風雲ありというが、あるいはわたしが死んだら君はもたないかもしれない。今が引き継ぎの時期だ。君が主席になり、始皇帝になる。わたしには短所がある。わたしはもう用無しだ。気力もない。それに比べて君はすばらしい。こういう駄目な指導者のあとを君が継げばよい」。叢進『一九四九－一九八九的中国―曲折発展的歳月』六〇二頁、鄭州、河南人民出版社、一九八九。

598　叢進『一九四九－一九八九的中国―曲折発展的歳月』六〇二頁、六〇四頁、鄭州、河南人民出版社、一九八九。

599　薄一波『若干重大決策与事件的回顧』下巻、一一三一頁、北京、中共中央党校出版社、一九九三。

600　逄先知、金沖及主編『毛沢東伝（一九四九－一九七六）』下巻、一四五〇頁、北京、中央文献出版社、二〇〇三。
601　『紅旗』誌社説「ブルジョア司令部を徹底的に粉砕せよ―八期十一中全会開催一周年を記念して」、『紅旗』第一三期、一六頁、一九六七年八月一七日。
602　逄先知らは、社会主義教育運動が進行するにしたがい、運動の性質や基層幹部の現状に対する見方、工作の方法やペースの問題について、毛沢東と劉少奇との不一致が顕在化していき、それが「文化大革命」を引き起こす直接的要因の一つになったとの認識を示している。逄先知、金沖及主編『毛沢東伝（一九四九－一九七六）』下巻、一三〇九頁、北京、中央文献出版社、二〇〇三。
603　逄先知、金沖及主編『毛沢東伝（一九四九－一九七六）』下巻、一二五四～一二五五頁、北京、中央文献出版社、二〇〇三。
604　陳丕顕『陳丕顕回憶録―在「一月風暴」的中心』、上海、上海人民出版社、二〇〇五。
605　毛沢東は次のように指摘した。「封建主義・資本主義芸術を熱心にもち上げておきながら、社会主義芸術の提唱には力を入れない共産党員が多すぎる。驚くべき奇怪なことではないか。今にも至るも『死人』に支配されている部門が多々ある。社会経済の基盤はすでに変革したというのに、この基盤に奉仕する上部構造の一つ、つまり芸術部門は、いまだに大きな問題を抱えている」。薄一波『若干重大決策与事件的回顧』下巻、一二二二頁、北京、中共中央党校出版社、一九九三。
606　薄一波『若干重大決策与事件的回顧』下巻、一二二六～一二二七頁、北京、中共中央党校出版社、一九九三。
607　毛沢東「教育革命に関する講話」一九六四年二月一三日、『建国以来毛沢東文稿』第一一巻、二二～二三頁、北京、中央文献出版社、一九九六。
608　毛沢東の考えは以下の通り。「秦の始皇帝は、孔子よりもはるかに偉大である。孔子は空論を説いただけだ。始皇帝は最初に中国の統一を成し遂げた人物である。政治的に統一しただけでなく、文字や各種制度、度量衡の統一もおこなった。なかには後世に引き継がれている制度もある。中国の封建君主の中で始皇帝を超える者はいない。しかし、始皇帝は数千年来、罵倒されてきた。四六〇人の知識人を殺害したことと、書物を燃やしたこと、この二つがその理由である」。一九六四年八月三〇日には、再び次のように述べた。「始皇帝は素晴らしい君主である。『焚書坑儒』で四六〇人を事実上殺害した。そこには孟夫子一派も含まれていた。しかし、完全にやりきれたわけではない。叔孫道は殺害されなかった。われわれには未貫徹のことがたくさんあるが、始皇帝もそうだった」。陳晋主編『毛沢東読書筆記解析』下巻、一一五頁、広州、広東人民出版社、一九九六。
609　「文化大革命」開始から九年後の一九七四年八月、毛沢東は「『封建論』を読んで」という郭沫若に向けた七言詩を書いた。そこには「勧君少罵秦始皇、焚坑事業要商量（君に勧む、秦の始皇帝を罵るのを控えたまえ、焚書坑儒は考慮を要す）」という言葉がある。同年九月の外賓との会談では、「秦の始皇帝は最も有名な封建君主です。林彪はわたしを始皇帝と罵りましたが、まさにわたしは始皇帝です。中国における始皇帝の評価は、これまで善悪二つに分かれてきました。わたしは始皇帝肯定派で、反孔子です」。一九五八年二月の中央政治局拡大会議でも、毛沢東は始皇帝の再評価を提起している。「始皇帝には欠点も多いが、いわゆる『三本の指（誤りは三割）』だ。始皇帝に対する最大の批判は『焚書坑儒』だ。共産党は始皇帝に肩を並べているか、否である。百倍凌駕している」。一九七五年夏にも「始皇帝を歴史的人物として評価しなければならない。一を分けて二となす必要がある」と述べている。陳晋主編『毛沢東読書筆記解析』下巻、一一五五～一一五六頁、一一六一頁、広州、広東人民出版社、一九九六。
610　毛沢東「現代京劇公演観劇座談会における江青の講話原稿に対するコメント」一九六四年六月二六日、『建国以来毛沢東文稿』第一一巻、八九頁、北京、中央文献出版社、一九九六。

611 毛沢東の意見は以下の通り。「こうした協会とその発行物の多くは、十五年来、おおむね（すべてではないにしても）党の政策を実行してこなかった。官僚主義で旦那然としており、労農兵と距離を置き、社会主義革命と建設の伝達という役割を放棄してきた。ここ数年は、ついに修正主義の側にいってしまった。真剣に改造に取り組まなければ、近い将来、必ずハンガリーのペテーフィ倶楽部のような団体になってしまうだろう」。毛沢東「全国文化芸術界連合会および各協会の整風情況に関する中央宣伝部の報告に対するコメント」一九六四年六月二七日、『建国以来毛沢東文稿』第一一巻、九一頁、北京、中央文献出版社、一九九六。

612 毛沢東は、「大学生は労働者のことをわかっていない。農民のことも、階級闘争のことも理解していない。したがって、階級闘争を大学の主要科目にすべきだ」と提起した。毛沢東「教育改革の必要性」一九六四年七月五日、『建国以来毛沢東文稿』第一一巻、九六～九七頁、北京、中央文献出版社、一九九六。

613 薄一波『若干重大決策与事件的回顧』下巻、一二・七頁、北京、中共中央党校出版社、一九九三。

614 彭真「学術討論に関するいくつかの問題について」一九六五年九月二三日、『彭真文選』三五五～三五七頁、北京、人民出版社、一九九一。

615 暁地主編『〝文革〟之謎』五頁、北京、朝華出版社、一九九三。

616 毛沢東は次のように述べた。「一九五九年にわれわれは彭徳懐を罷免した。党内の「右傾派」は不満だったのだろう、それからずっと名誉回復をわめき続けている。大躍進、人民公社、三面紅旗を反故にすべきだというのは、フルシチョフに権力をとらせろと言っているに等しい。そうなれば、われわれは再び山中でゲリラ戦をやるまでだ」。

617 一九六七年一月一日の『人民日報』の社説「プロレタリア文化大革命を最後まで推し進めよう」では、一九六五年一〇月から毛沢東が自ら展開した三つの批判、すなわち、反党反社会主義的な『海瑞免官』への批判、「三家村」反革命集団への批判、北京市党委員会の修正主義分子批判が、プロレタリア「文化大革命」という大規模な大衆運動のための世論を醸成し、その道を切り開いた、と述べられている。

618 馬閃龍『蘇聯文化体制沿革史』一八〇頁、北京、中国社会科学出版社、一九九六、陸南泉等主編『蘇聯興亡史論』修訂版、四八五頁（北京、人民出版社、二〇〇四）掲載。

619 陳晋主編『毛沢東読書筆記解析』下巻、一一四七頁、広州、広東人民出版社、一九九六。

620 「中央工作会議報告会における毛沢東の発言記録」一九六一年一月九日、逄先知、金沖及主編『毛沢東伝（一九四九－一九七六）』下巻、一一五五頁、北京、中央文献出版社、二〇〇三。

621 薄一波『若干重大決策与事件的回顧』下巻、一一二八～一一二九頁、北京、中共中央党校出版社、一九九三。

622 一九六七年二月三日、アルバニア労働党政府代表団との会見時に、毛沢東は次のように述べた。「長年、わが党の党内闘争は表面化していませんでした。一九六二年の七千人大会で、わたしは修正主義の危険を訴えました。もし闘わなければ、数年あるいは十数年、数十年後には中国の色は変わってしまう、と。これまで農村における闘争（『四清』運動）、工場や文化界における闘争、社会主義教育運動を進めてきましたが、問題の解決には至りませんでした。公然と、全面的に、下から上へ、広範な大衆運動を組織することで、われわれの暗黒面を暴く形式や方法を見つけられなかったからです」。暁地主編『〝文革〟之謎』、三三頁、北京、朝華出版社、一九九三。

623 薄一波『若干重大決策与事件的回顧』下巻、一一四〇～一一四三頁、北京、中共中央党校出版社、一九九三。

624 薄一波『若干重大決策与事件的回顧』下巻、一一四四頁、北京、中共中央党校出版社、一九九三。

625 毛沢東「パナマ人民の反米愛国闘争を支持する談話」一九六四年一月一二日、『建国以来毛沢東文稿』第一一巻、七頁、北京、中央文献出版社、一九九六。

626 一九六四年一月、アメリカ人ジャーナリスト、アンナ・ルイーズ・ストロングとの会談で毛沢東はこの書簡の存在を明らかにした。毛沢東は「この時以来、われわれは天宮を暴れまわる孫悟空のようになった」と語っている。陳晋主編『毛沢東読書筆記解析』下巻、一四一〇〜一四一一頁、広州、広東人民出版社、一九九六。

627 党中央「国際共産主義運動の総路線に関する提案」（一九六三年六月一四日）として『関於国際共産主義運動総路線的論戦』（国際共産主義運動の総路線に関する論戦）（北京、人民出版社、一九六五）にまとめられた以下の十編。（一）「ソ連共産党指導部との不一致、その由来と進展」、（二）「スターリン問題について」、（三）「南スラブは社会主義国家か?」、（四）「新植民地主義の擁護者」、（五）「戦争と平和の問題をめぐる二つの路線」、（六）「非和解的対立と平和共存政策」、（七）「ソ連共産党指導部は現代における最大の分裂主義者」、（八）「プロレタリア革命とフルシチョフ修正主義」、（九）「フルシチョフのエセ共産主義とその世界史的教訓」、（十）「フルシチョフはいかにして失脚したか」。

628 ロデリック・マクファーカーは以下のような認識を示している。「大躍進」の失敗と中ソ対立の激化、そして、ソ連はすでに資本主義に変質したという毛沢東の断定、これらが党の最高指導部内の対立を招来し、さらには毛沢東の急進主義を日ごとエスカレートさせる結果をもたらした。階級闘争の強調は、その最初の表れである。毛沢東は教訓化の対象を当初のスターリンからフルシチョフ修正主義へと転換した。つまり、急進的な政策を早急に実行しなければ、修正主義の道を歩むソ連の二の舞になると考えたのである。ロデリック・マクファーカー著、ジョン・フェアバンク編訳『剣橋中華人民共和国史：革命的中国的興起（一九四九－一九六五）』第二編「あとがき」（中国語版、北京、中国社会科学出版社、一九九八）、『剣橋中華人民共和国史：中国革命内部的革命（一九六六－一九八二）』第一章（中国語版、北京、中国社会科学出版社、一九九二）より。

629 「社会主義社会は長期にわたる歴史的段階である。この歴史的段階全体を貫くのがブルジョア階級とプロレタリア階級との階級闘争である。社会主義の道か、それとも資本主義の道かをめぐる非和解的な闘いと資本主義復活の危険性、これらは歴史的段階全体を通して存在しているのである」。「フルシチョフのエセ共産主義とその世界史的教訓」、『人民日報』一九六四年七月一四日。

630 「十一期三中全会コミュニケ」一九七八年一二月二二日採択、中共中央文献研究室編『三中全会以来重要文献選編』上冊、一三頁、北京、人民出版社、一九八二。

631 『歴史巨人毛沢東』中巻、四六三頁、北京、当代中国出版社、二〇〇三。

632 この論文は中央政治局拡大会議の議論に基づき、『人民日報』編集部が執筆したものである。

633 『人民日報』編集部「プロレタリア独裁の歴史的経験について」一九五六年四月五日、中共中央文献研究室編『建国以来重要文献選編』第八冊、二三八頁、北京、中央文献出版社、一九九四。

634 毛沢東「成都会議における講話」一九五八年三月、『毛沢東文集』第七巻、三六九頁、北京、人民出版社、一九九九。

635 鄧小平は報告の中で次のように述べている。「ソ連共産党第二十回大会の重要な功績は、個人の神格化がどれほど深刻な悪影響をもたらすかということをわれわれに教えてくれたことである。党であれ個人であれ、欠点や誤りがないなどということはありえない、というのがわれわれの結党以来の考え方であり、この考えは現在作成している党規約や党の綱領草案にも盛り込まれている。だからこそ、わが党も個人の神格化を放棄する」「個人崇拝は長い歴史を有する社会現象である。わが党の運営や活動もその影響から自由ではない。中央は断固として個人の突出に反対し、個人を称賛するような方針と対決し続けなければならない。指導者と大衆との絆を真に打ち固め、あらゆる方面にわたって民主の原則と大衆路線を徹底させなければならない」。鄧小平「党規約改訂に関する報告」一九五六年九月一六日、『鄧小平文

選』第一巻、二三五頁、北京、人民出版社、一九九三。
636　晩地主編『〝文革〟之謎』一五三～一五四頁、北京、朝華出版社、一九九三。
637　晩地主編『〝文革〟之謎』一五五～一五六頁、北京、朝華出版社、一九九三。
638　金春明主編『評「剣橋中華人民共和国史」』、三八二頁、武漢、湖北人民出版社、二〇〇一。
639　陸南泉等主編『蘇聯興亡史論』修訂版、二〇〇頁、四七八～四七九頁、北京、人民出版社、二〇〇四。
640　毛沢東「党中央副主席および総書記設置問題について」一九五六年九月一三日、『毛沢東文集』第七巻、一一一頁、北京、人民出版社、一九九九。
641　毛沢東「拡大中央工作会議における講話」一九六二年一月三〇日、『毛沢東文集』第八巻、二九四頁、北京、人民出版社、一九九九。
642　張素華『変局―七千人大会始末（一九六二年一月一一日－二月七日）』一六九頁、北京、中国青年出版社、二〇〇六。
643　「中央機関の調整および簡素化に関する党の決定」一九四三年三月二〇日、金沖及主編『劉少奇伝』（下）、四八八頁、北京、中央文献出版社、一九九八。
644　「中央政治局会議における劉少奇の発言記録」一九四三年三月二〇日、金沖及主編『劉少奇伝』（下）、四八八頁、北京、中央文献出版社、一九九八。
645　陸南泉等主編『蘇聯興亡史論』修訂版、一九九～二〇〇頁、北京、人民出版社、二〇〇四。
646　『スターリン全集』中国語版、第七巻、三二八頁、北京、人民出版社、一九五六。
647　陸南泉等主編『蘇聯興亡史論』修訂版、二〇〇頁、四七八～四七九頁、北京、人民出版社、二〇〇四。
648　鄧小平の指摘は次の通り。「党におけるすべての重大問題は、個人ではなく適切な集団により決定を下すことをレーニン主義は求めている。集団指導の原則を堅持し、個人崇拝に反対する重要性については、ソ連共産党第二十回大会が雄弁に物語っている。この大会は、ソ連共産党のみならず、世界各国の共産党に多大な影響を与えた。重大問題に対して個人が決定を下すのは、共産主義政党の建党原則に明らかに反しており、必ず誤りを犯すことになる。大衆と結びついた集団的指導のみが、党の民主集中制の原則に適合しており、誤りを犯す機会を極力少なくする唯一の方法である」。鄧小平「党規約改訂に関する報告」一九五六年九月一六日、『鄧小平文選』第一巻、二二九頁、北京、人民出版社、一九九三。
649　鄧小平「党と国家の指導制度改革」一九八〇年八月一八日、『鄧小平文選』第二巻、三三〇頁、北京、人民出版社、一九九四。
650　国家統計局編『中国統計年鑑（一九八三）』一二六頁、一九七頁、北京、中国統計出版社、一九八四。
651　国家統計局国民経済綜合統計司編『新中国五十年統計資料匯編』一〇〇頁、北京、中国統計出版社、一九九九。
652　当代中国研究所『中華人民共和国史稿』第二巻、四一四頁、北京、人民出版社、当代中国出版社、二〇一二。
653　アンガス・マディソン『世界経済の成長史一八二〇－一九九二年――一九九ヵ国を対象とする分析と推計』中国語版、一三二頁、北京、改革出版社、一九九七。
654　アンガス・マディソン『世界経済の成長史一八二〇－一九九二年――一九九ヵ国を対象とする分析と推計』中国語版、一二六頁、北京、改革出版社、一九九七。
655　ソ連科学院経済研究所編『政治経済学教科書』修訂第三版、中国語版、二六三頁、二六六頁、北京、人民出版社、一九五九。
656　グレゴリー・マンキュー『マクロ経済学』中国語版、二三三頁、北京、中国人民大学出版社、一九九六。
657　王景倫『毛沢東的理想主義和鄧小平的現実主義：美国学者論中国』

一八頁、北京、時事出版社、一九九六。
658 カール・リスキン『中国的政治経済学』二六五頁、オックスフォード大学出版社、一九八七、王景倫『毛沢東的理想主義和鄧小平的現実主義：美国学者論中国』一八頁（北京、時事出版社、一九九六）掲載。
659 ニコラス・ラディ「中華人民共和国の経済発展」（ロマン・マイヤース『両個対立社会：四十年後的中華民国与中華人民共和国』フーバー研究所、一九九一所収）、王景倫『毛沢東的理想主義和鄧小平的現実主義：美国学者論中国』一九頁（北京、時事出版社、一九九六）掲載。
660 林毅夫「集団化と一九五九〜一九六一年における中国の農業危機」、林毅夫『制度、技術与中国農業発展』七頁、上海、上海人民出版社、一九九四。

第六章

「文化大革命」期

（一九六六～一九七六年）

「公然と誤りを認め、その原因を暴き、誤りを生み出した情況を分析し、改善方法を注意深く議論すること、これこそがまじめな党の証しであり、党に課せられた義務である。また、そのような党だからこそ階級を、ひいては大衆を教育し、訓練することができる」[1]。レーニンはかつてこう言った。

「文化大革命」は、中華人民共和国の政治経済史においてきわめて特殊な一時期を形成している。本章では主に、十年（一九六六〜一九七六年）に及ぶ「文化大革命」期の政治、経済情勢について分析をおこなっていきたい[2]。

また、以下のテーマについては、より突っ込んだ議論をしていく必要があるだろう。すなわち、「文化大革命」をいかに評価するか、毛沢東の自己評価と歴史的な評価との違いはどこにあるか、なぜ起こり、しかもなぜ十年も続いたのか、発動から終息までどのような経過をたどったか、ということである。前章では「文化大革命」の歴史的、制度的、国際的背景について重点的に見てきたので、本章では経済的背景にも論を進めていきたい。(一)毛沢東が描いた中国社会の構想について、(二)その構想が中国の国情から根本的にかけ離れたものであると言われる理由について、(三)この時期の経済成長に向けた指導方針について、(四)この時期の経済制度およびシステムの変遷と、それが経済発展に及ぼした影響について、(五)「文化大革命」が社会と政治にもたらした負の遺産について、(六)毛沢東の晩年の誤りをどう見るか、(七)「文化大革命」からいかなる教訓をくみ取るべきか、こうした諸点がテーマになる。

第一節　「文化大革命」に対するさまざまな評価

一、毛沢東の自己評価と歴史的な評価

「文化大革命」という毛沢東渾身の「力作」は、同時に歴史的議論の絶えない「作品」でもある。毛沢東は生前、幾度となく述べている。「わたしは生涯に二つのことをやった。数十年にわたる蒋介石との闘いの末に彼を離れ小島に追いやり、八年に及ぶ抗戦の末に日本軍を追い返して北京に進軍し、やっとのことで紫禁城入城を果たした。これが一つ目で、異議を唱える人は少ない。もう一つが『文化大革命』である。これを擁護する人は少なく、かえって反対する人のほうが多い」[3]。「文化大革命」は「中国の大乱」であり、「全面的内戦」であることは、毛沢東自身も認めている。

「文化大革命」を発動し、指導したことは歴史上かつてない偉大な試みであり、生涯で最も輝かしい業績である、というのが毛沢東の見方である。彼が打ち立てた「プロレタリア独裁下の継続革命理論」は、国際共産主義運動に対する最も偉大な貢献であり、マルクス主義発展史上の第三の里程標とされた[4]。一九六六年八月の第八期中央委員会第十一回全体会議（八期十一中全会）のコミュニケでも「『文化大革命』に

関する毛沢東の一連の言葉は、マルクス・レーニン主義を大きく発展させるものである」[5]と謳われている。

一九六八年一〇月の第八期拡大第十二回中央委員会全体会議（八期十二中全会）で林彪は、「『文化大革命』の損失はごく、ごく、ごくわずかなものであり、逆に得た成果はきわめて、きわめて、きわめて大きい」というフレーズを繰り返し、「文化大革命」は古今東西における四度目の「一大文化革命運動」だと豪語した。いわく、「一度目は古代ギリシャ・ローマ文化である。二千年に及ぶ影響力を持っているとはいえ、このたびのわれわれの運動に比べれば取るに足らない、月とスッポンのようなものだ。二度目がイタリアのルネッサンス、三度目がマルクス主義である。しかし、いずれも毛主席が指導する『文化大革命』の偉大さには及ばない。現在の『文化大革命』が世界最大の、最大のものである」[6]。この八期十二中全会のコミュニケは、その時点で二年続いていた「文化大革命」を「**プロレタリア独裁を強固なものにし、資本主義の復活を阻止するために絶対に必要なものであり、きわめて時宜にかなったものである（毛沢東の講話）**」[7]と全面的に肯定している。

これに続く一九六九年四月の共産党第九回全国代表大会での政治報告[8]をはじめ、一九七三年の第十回大会[9]、一九七七年の第十一回大会[10]のいずれの政治報告も、毛沢東が発動した「文化大革命」の意義を存分に認め、高い評価を与える内容になっている。

しかし、こうした「自己評価」や「即自的評価」は、歴史的に見ても正しい評価である、とは決してならない。それらはたちどころに別の新たな評価に書き換えられることになった。鄧小平が「文化大革命」を否定し、さらには党中央自らが上述の公式決定を撤回したのである。一九八一年三月、鄧小平は「『文化大革命』の誤りは、深刻かつ全面的なものである。今に至るもその負の影響から脱しきれていない。実際のところ、『文革』がもたらした停滞は、一世代にとどまるものではない」[11]と述べ、「文化大革命」を「一大災難」[12]「十年の災禍」[13]としている。

一九八一年六月の第十一期中央委員会第六回全体会議（六中全会）では、「建国以来の党の若干の歴史問題に関する決議」が採択され、「文革」の十年に対する総括と、歴史的な評価がなされた。**決議は次のように述べている。「『文化大革命』の十年は、党、国家、人民が建国以来最も深刻な挫折を味わい、損失を被った十年であった。『文化大革命』はいかなる意味でも革命や社会的進歩ではなかったし、またそうしたものではありえなかった。すでに歴史が証明しているように、それは指導者が誤って引き起こし、反革命集団に利用され、党と国家および各民族人民に深刻な災厄をもたらした政治的動乱であった」**[14]。

二、経済発展の好機を逃した十年

「文化大革命」をどう再認識、再評価するか、自らの国の苦い歴史的経験を今一度ふりかえり、そこからどのような教訓を引き出すか、これがわれわれに与えられたテーマである。

新中国の成立をもって、中国共産党は革命政党から政権政党になった。この重大な転換を実質的に成し遂げるには、少くとも次の二つの基本任務を達成しなくてはならない。一つは経済建設、すなわち大規模な工業化と近代化の実現である。もう一つは近代国家としての制度的枠組み、つまり国家制度の構築である。近代化とは、総じてこの二つの相互作用によって実現されるものである。一九五六年の共産党第八回全国代表大会でこの二大任務はすでに方針化されていたが、毛沢東の「大躍進」と「人民公社運動」により深刻な挫折を余儀なくされた。その後、一九六一～一九六五年にかけての国民経済の全面的調整と再建により、経済構造の深刻なアンバランスは是正され、国内総生産（GDP）に占める個人消費の割合の上昇、国民生活の一定程度の改善、市場への商品供給や物価の安定などが顕著に見られるようになった。また、初の国産ミサイル発射実験や原爆実験の成功など、国防方面でも重大な進歩を勝ち取った。これらはすべて中国経済の全面的回復と再上昇を予感させるものだった。一九六四年一二月二一日に開かれた第三期全国人民代表大会（全人代）第一回会議では毛沢東の指示に基づき、周恩来が「四つの現代化」を加速させる二段階戦略構想[15]を提起、翌年の九月三〇日には同じく周恩来が全世界に向け、「中国の工業および農業生産が新たな高揚局面を迎え、国民経済も再上昇期に突入した今、満を持して一九六六年より始まる第三次五カ年計画を迎えることができる」[16]と宣言した。経済建設と国家制度構築という二大任務は、中国共産党の肩に重くのしかかったきわめて重大な任務であると同時に、喫緊の課題でもあった。国内情勢では、投資率の上昇や需要の拡大など、経済に上昇の兆しも見られ、社会も安定するなど、経済的飛躍の可能性はすでに存在していた。一方、国際情勢という点でもまたとないチャンスの時期であり、外的条件にも恵まれていた。しかし、毛沢東はこれらの好機を無視し、みすみす発展のチャンスを失ったばかりか、全面的「内戦」へと進んでいったのである。

一九五〇年代から一九七〇年代にかけて、世界経済は一八二〇年以来の第二の黄金期にあったというのが海外の経済学者の見方である。[17]「文化大革命」期の中国は、常に二種類の競争にさらされていた。一つは、日本をはじめとする周辺諸国との経済競争、すなわち国家間の競争である。一九六五～一九七五年の十年間、日本は高度経済成長（毎年平均八％のGDP成長率）を続け、韓国とシンガポールもそれぞれ一一・六％、一一・二％と、二ケタの経済成長を実現していた。もう一つは、国家内部の競争、すなわち蒋介石が支配する台湾、イギリスの植民地であった香港との競争である。この競争も政治面にとどまらない、公然たる経済競争という側面をもっていた。この時期（一九六五～一九七五年）の人口一人あたりのＧＤＰ成長率を見ると、中国大陸が年平均わずか二・二％であるのに対し、台湾は六・八％という高い数字であり、一九六五年時点で二・九倍だった格差は、一九七五年には四・五倍に膨れ上がっている。額で言えば、その差は一三五〇米ドルから三〇八四米ドルへと拡大している（表６－１）。これは経済競争における大陸の明らかな敗北である。しかし、毛沢東がこうした数字について「無知」に等しかったことは残された資料[18]からも明らかである。そうでなければ「文化大革命」を発動しなかったはずである。

一九六六年、最高指導者である毛沢東は、自らが提起した近代化の実現という経済綱領をその端緒の段階で放棄し、一転して「階級闘争を要とする」方向に舵をきる。しかも、周囲の反対をかえりみず、大規模な政治革命「修正主義反対、修正主義防止」の一大政治演習を展開する決意を固めた。意表をつかれたのは国内の指導者だけではない。国際社会も驚きの目でこれを見た。[19]経済のグローバル化の下で各国が追いつき追いこせの熾烈な競争を繰り広げ、「停滞は後退に等しい」「もたもたしていればあっという間に諸外国（地域）に差をつけられる」という、誰が見ても否定できない客観的事実があったからである。

毛沢東が「文化大革命」の準備をしていた時、長年のライ

表 6-1　人口一人あたりのGDPおよびGDP成長率の国際比較（1965 ～ 1975 年）

国と地域	GDP（1965-1975）成長率（%）	人口一人あたりGDP（米ドル）1965 年	人口一人あたりGDP（米ドル）1975 年	人口一人あたりGDP（1965-1975）成長率（%）
中国大陸	4.7	706	874	2.2
香港	5.9	1804	2648	3.9
台湾	9.1	2056	3958	6.8
インド	3.8	771	897	1.5
インドネシア	6.6	990	1505	4.3
日本	8	5934	11344	6.7
フィリピン	5.2	1633	2033	2.2
韓国	11.6	1295	3162	9.3
タイ	7	1308	1959	4.1
マレーシア	6.4	1804	2648	3.9
シンガポール	11.2	2667	6430	9.2

資料出典：Angus Maddison, The World Economy : Historical Statistics, OECD, Table 5b and Table 5c. 2003.

バルである蔣介石は、台湾の経済発展を効果的に推し進めていた。両者の争いはもはや政治の場ではなく、どちらがより早く近代化を実現するかという経済の土俵に移っていた。ところが毛沢東は、古くからのライバルではなく、ともに闘ってきた同志にその矛先を向けていった。こうして彼は経済発展のまたとない好機を逃し、貴重な時間を無駄にしたのである。

三、「文化大革命」発動の経緯

毛沢東による「文化大革命」の発動には、国内外のさまざまな要素が相互に引き金あるいは促進要因として存在していたことがわかる。内外の試練にいかに対処するかというところで、毛沢東の政策方針は決定されていったのである。

これに関連してまず挙げられるのは、中国の政治状況に対する毛沢東の基本認識である（表6－2）。**その内容は、「国家権力の三分の一はわれわれの手中になく、党が修正主義に変質するおそれは十分にある。中央レベルから修正主義が出てもおかしくない。『フルシチョフ的人物』はわれわれの傍らに眠っている」「党内には劉少奇、鄧小平をはじめとする『ブルジョア階級司令部』と一群の『走資派』が存在し、ブルジョア知識分子は長期にわたってわが国の学校および学術・文化・芸術の領域を牛耳っている。中国はいま資本主義復活の危機にさらされている。だからこそ、『文化大革命』を発動して膿を出し切らなければならない」というものである。中国および党の実情とは大きくかけ離れた、はなはだしく恣意的で主観的な、誤った認識であることは明らかだろう。**

一九八〇年に鄧小平は、「文化大革命」が引き起こされた政治的要因として、中国の政治状況に対する毛沢東の誤った判断があった、と説明している。[20]

これ以外にも、中国が抱える最大の問題は「資本主義の復活」などではなく、世界ワーストとも言うべき膨大な貧困層の存在だという現実を、毛沢東がまるで直視しなかったということがある。国民のエンゲル係数（消費支出全体に占める食費の割合）を見ると、都市住民の場合、一九五七年が五八・四％、一九六五年が五九・二％と、ようやく絶対的貧困レベルを脱して「温飽（最低限の生活を維持できる状態）」レベルにさしかかっていた。ところが農村の場合は、一九五七年が九八・二％、一九六五年が九七・一％[21]と極度の絶対的貧困レベルにあり、絶対的貧困ラインとされる六〇％よりもはるかに高い数字を示している。こうしたことを毛沢東はまったく理解していなかった。「人民大衆から遊離し、客観的法則に反すれば、遅かれ早かれ失敗する[22]」という毛沢東の言葉は、そのまま本人にあてはまるものである。

次に、国内情勢に対する毛沢東の基本認識は、国際情勢判断の影響をストレートに受けており、国際的な階級闘争と国内の階級闘争を不可分のものとしてとらえていたことが挙げ

表 6-2　中国の政治情勢、実情に対する毛沢東の認識の変遷（1956 〜 1966 年）

時期・場所	毛沢東の認識	政治的背景	典拠
1956年11月 八期二中全会	国家の命運は県級以上の幹部数十万人の手に握られている。彼らがしくじれば、大衆の離反は避けられない。人民から遊離した特権層が党内に生まれないように警戒しなければならない。	ポーランド・ポズナン暴動 ハンガリー事件 「百花斉放・百家争鳴」の提唱 「三風（主観主義、セクト主義、官僚主義）」整頓運動の展開	『毛沢東選集』第 5 巻、325 〜 326 頁
1956年12月	わが国の階級矛盾は基本的には解消した（完全には解消していない）。	生産手段の私的所有に対する社会主義的改造が基本的に完了	『毛沢東致黄炎培的信』〔毛沢東が黄炎培にあてた手紙〕
1957年1月 省・市・自治区党委員会書記会議	社会矛盾のうち、現在見受けられるのはほとんどが人民内部の矛盾である。		『毛沢東選集』第 5 巻、357 頁
1957年5月15日	社会的に見て右派というのは、党外知識分子全体の約 1 割程度である。	民主諸党派・党外人士が積極的に意見を出すことを歓迎	『毛沢東選集』第 5 巻、424 頁
1957年10月13日	全人口の約 1 割が社会主義に賛成していないか反対している。そのうち、強固に反対している頑迷派は 2％程度、約 1200 万人である。	反右派闘争の展開	『毛沢東選集』第 5 巻、482 〜 483 頁
1958年3月26日 成都会議	搾取階級には二種類ある。一つは、帝国主義、封建主義、官僚主義の残滓、すなわち旧態依然たる地主、富農、反革命分子、悪質分子、右派分子である。もう一つは民族ブルジョアジー、すなわち中間派である。勤労階級にも労働者と農民の二種類がある（かつては被搾取階級、もしくは他人を搾取しない独立自営の労働者だった）。		『建国以来毛沢東文稿』7 巻、119 〜 120 頁
1959年8月 8期8中全会	過去十数年にわたる社会主義革命の歩みの中で対立する二大階級――ブルジョア階級とプロレタリア階級との生死をかけた闘いが繰り広げられてきた。廬山会議での闘いは、その延長線上にある。中国およびわが党において、この種の闘いは、少なくともあと20年、もしかしたら半世紀、継続しなければならない。	廬山会議で彭徳懐らが粛清される	『建国以来毛沢東文稿』8 巻、451 頁
1961年1月 八期九中全会	各地の党組織の約 2 割が腐敗しており、指導権が敵の手に落ちてしまっている。	1960 年、ソ連は一方的に対中経済技術援助協定を破棄し、技術者・専門家の引き揚げを通告	許全興『毛沢東晩年的理論与実践（1955-1976）』80 頁
1962年1月 拡大中央工作会議	階級の敵（地主、富農、反革命分子、悪質分子、右派分子）は全人口の 4 〜 5％を占めている。	蒋介石による「大陸反攻」 中印国境紛争	『建国以来重要文献選編』第 13 冊、133 頁

時期・場所	毛沢東の認識	政治的背景	典拠
1962年9月 八期十中全会	北京には二つの「司令部」が存在し、両者の闘いはかなり先鋭化している。政権の座から引きずり下ろされたかつての支配階級はやすやすと滅亡に甘んじるようなことはなく、常に復活を企んでいる。同時に、社会には資本主義の影響と旧社会の習慣的惰性が存在し、小生産者の中には自発的に資本主義に傾く者もいる。したがって、人民の中には依然として社会主義的改造を受けていない者がいるということであり、人口のわずか数パーセントを占めるに過ぎない少数派であるとはいえ、ひとたびチャンスがあれば、社会主義の道を離れ、資本主義の道を歩もうと企んでいる。こうした状況では、階級闘争を回避することはできない。	「大飢饉」に対する農民の自発的改革の動きが高まる 劉少奇、陳雲、鄧小平、鄧子恢が「三自一包」を支持 彭徳懐が名誉回復を要求	陳晋主編『毛沢東読書筆記解析』1438頁、『八期十中全会コミュニケ』、『建国以来毛沢東文稿』15巻、653頁
1963年2月 中央工作会議	わが党の幹部は、生産隊の隊長クラスまで含めて、直接生産に従事している者もそうでない者も、ほとんどが社会主義の何たるかを理解していない。		逄先知、金沖及主編『毛沢東伝（1949-1976)』下巻、1311頁
1963年5月9日	短くて数年、十数年、長くて数十年もたてば、反革命の復活が全国で生じることは避けられず、マルクス・レーニン主義の党が修正主義の党、ファシズムの党に変質し、中国全体が変色してしまう可能性は十分にある。これがどれほど恐ろしい情景か、同志諸君に想像してもらいたい。	「五反」運動の全国的展開	『建国以来重要文献選編』16冊、292頁
1963年5月18日 中央政治局会議	中国社会では深刻かつ先鋭的な階級闘争がおこなわれている。指導権が実質上、地主・富農の手に落ちている公社や大隊も存在する。そのほかの機構の一部においても彼らの代理人が存在する。	社会主義教育運動の展開	中共中央「当面の農村工作における若干の問題に関する決定（草案）」（前十条）
1964年1月	各級指導部の権力が真のマルクス主義者の手になく、修正主義者によって簒奪されているならば、わが国は資本主義復活の道を歩む恐れがある。わが中国がソ連の轍を踏むならば、いつの日か必ず修正主義が出現するだろう。	社会主義教育運動の展開	逄先知、金沖及主編『毛沢東伝（1949-1976)』下巻、1338頁
1964年6月8日 中央工作会議	われわれの国家は、その政治権力の3分の1がわれわれ自身ではなく敵の手に握られている。フルシチョフのような人物が現れたらどうするか。中央指導部に修正主義が現れても、中国は持ちこたえなければならない。	中ソ論争の公然化	逄先知、金沖及主編『毛沢東伝（1949-1976)』下巻、1345～1346頁

時期・場所	毛沢東の認識	政治的背景	典拠
1964年7月 「九評」をめぐる議論	帝国主義の預言者たちは、ソ連で起こった変化をよりどころにし、中国の党の第三世代あるいは第四世代の人々に「和平演変（武力ではなく平和的手段で社会主義を転覆させること）」の望みを託している。	ソ連の「和平演変」（平和的転覆）が叫ばれる	逄先知、金沖及主編『毛沢東伝（1949-1976）』下巻、1303頁
1964年11月	文化関連の組織は、少なくとも１年以上、われわれの手中にない。		薄一波『若干重大決策与事件的回顧』下巻、1227頁
1964年12月27日	わが党には少なくとも二つのグループが存在する。一つは社会主義のグループ、もう一つは資本主義のグループである。文化部は全体が腐敗しており、どの部門もブルジョア階級と封建階級が手を組んで権力を独占している。	社会主義教育運動の展開	逄先知、金沖及主編『毛沢東伝（1949-1976）』下巻、1373頁
1965年1月15日	「官僚主義階級」は、労働者ならびに貧農・下層中農と鋭く対立する階級である。大衆からの深刻な離反という状況がこれ以上ひどくなっていけば、幹部は必ず「官僚主義階級」に変質し、最後は必然的にブルジョア階級として労働者の手で打倒されるだろう。	社会主義教育運動の展開	逄先知、金沖及主編『毛沢東伝（1949-1976）』下巻、1388頁
1965年8月	党は変質するものである。 社会には修正主義の道を歩もうとする一定の層が存在する。かなり広範な層で、人数は多くないが影響力がある。	ソ連に修正主義が登場し、中国およびモンゴルとの国境で軍備が増強される	逄先知、金沖及主編『毛沢東伝（1949-1976）』下巻、1393頁
1965年9月	中央に修正主義が出ることほど危険なことはない。これに警戒すべきである。		『紅旗』誌、1967年第13期、16頁
1966年2月 「林彪同志が江青同志に委託して開いた部隊文芸工作座談会紀要」に対する改訂の指示	反党・反社会主義の黒い線はやっつけても、また現れる。その時は再び闘わなければならない。多くの陣地が黒い線によってほしいままに占拠されてしまうとしたら、それは唯一、われわれが闘いをやめた時である。これは非常に重い教訓である。	江青が林彪の政治的支持を得て、両名の政治的結託が成立	『建国以来毛沢東文稿』12巻、25頁
1966年3月 中央政治局常務委員会拡大会議	現在の学術界、教育界はブルジョア階級とプチブル（知識分子）によって牛耳られている。		『周恩来年譜（1949-1976）』下巻、25頁
1966年4月16日～26日 中央政治局常務委員会拡大会議	修正主義は文化界だけではなく、（中国の）党内、政府内、軍隊内にも現れる。	彭真批判 「文化革命五人小組の報告提綱（二月提綱）」の撤廃と五人小組の解散	逄先知、金沖及主編『毛沢東伝（1949-1976）』下巻、1407～1408頁

時期・場所	毛沢東の認識	政治的背景	典拠
1966年5月 中央政治局拡大会議	文化領域の指導権はすでにブルジョア階級によって奪われた。党中央および中央各部門はじめ、省・市・自治区すべてにおいて、ブルジョア階級を代表するような人物が存在する。今まさにわれわれの傍らに眠っている「フルシチョフ的人物」に警戒し、信用に値する人物がいれば後継者として育てなくてはならない。	彭、陸、羅、楊反革命集団に対する闘争の展開	「五・一六通知」 『建国以来毛沢東文稿』第12巻、40～44頁
1966年5月7日 林彪への手紙	ブルジョア知識分子が（長きにわたって）われわれの学校を支配しているという状況をこれ以上続けさせるわけにはいかない。	「文化大革命」の発動	『建国以来毛沢東文稿』第12巻、54頁
1966年7月8日 江青への手紙	天下の大乱は、やがて「天下大いに治まる」という状況にいたる。ただし、7、8年したらまた大乱が始まり、「妖怪変化」が自ら飛び出してくる。それは階級的本質から言って絶対に避けられない。連中はわれわれの党とわたし自身を根こそぎ打倒しようとしている。	「文化大革命」の発動	『建国以来毛沢東文稿』第12巻、71～72頁
1966年8月7日 八期十一中全会	劉少奇・鄧小平のブルジョア階級司令部を砲撃せよ。	「文化大革命」の発動	「司令部を砲撃せよ」 『建国以来毛沢東文稿』第12巻、90頁

注：表は著者が作成。

られる。一九六〇年代になると、毛沢東は帝国主義が中国に侵攻してくる可能性と、それにより国家が滅亡する危険性について幾度となく全党に提起し、戦争を恐れず、早期の奇襲攻撃と大規模な戦争にしっかりと備え、アメリカ（帝国主義国家）とソ連（修正主義国家）のいずれの攻撃をも迎え撃てるようにしなければならないと訴えている。第三次世界大戦が迫っているという危機感と、それがもたらす世界革命の実現可能性をあまりにも過剰に見積もっていたと言える。「ソ連共産党は『和平演変』により、すでに修正主義の党に変質してしまった。ソ連をはじめとする一部の共産党のこうした変質は、決して偶然の産物ではない。それぞれの国内で台頭してきた新ブルジョア階級と国際帝国主義勢力が結託して生み出した結果である。中国が直ちに現代修正主義と帝国主義による『和平演変』に反対し、これと闘わなければ、ソ連の悲劇を繰り返す恐れがある」。これが一九六〇年代の毛沢東の認識であった。一九六六年七月、毛沢東は江青にあてた手紙の中で「世界にあまたある党のほとんどがマルクス・レーニン主義を信じていない。マルクスもレーニンも粉々に打ち砕かれたのだ[23]」と沈痛な思いを吐露している。一九六四年一一月、ソ連でおこなわれた十月革命四七周年記念行事に参加した周恩来に、マリノフスキー国防相は「われわれがフルシチョフを引きずり下ろしたように、あなたたちも毛沢東を引きずり下ろせばよいではないか[24]」と公然と言い放った。フルシチョフにしてもブレジネフにしても、毛沢東を目の敵にしていたことは明らかである。こうした事情を考えれば、なぜ毛沢東がこれほどまでに党中央から修正主義が出てくることを心配し、地方は造反して中央に向かって攻めのぼれと何度も呼びかけたのか、容易に理解できるだろう。[25]

三つ目に、毛沢東の闘争哲学との関連が挙げられる。一九三九年に毛沢東は「マルクス主義の理論はきわめて複雑だが、結局のところ『造反有理』の一言に尽きる」[26]と言っている。毛沢東のこの有名な言葉は、一九六六年七月四日に清華大学付属中学の紅衛兵が貼り出した大字報（壁新聞）「プロレタリア階級の革命的造反精神について」で引用され、「文化大革命」中、最も声高に叫ばれた政治スローガンになった。「共産党の哲学は闘争哲学である」と一九四五年に語った毛沢東は、一九五九年の廬山会議でもこの哲学をもち出し、闘いは少なくとも向こう二十年、もしかしたら半世紀続くかもしれないと提起した。[27]これも「文化大革命」中の政治スローガンとして喧伝されたものである。一九六〇年代になると、毛沢東はさらに「階級闘争を要とする」という理論を提起している。革命戦争の時期ならいざ知らず、政権政党になった以上、共産党の綱領は闘争哲学ではなく発展と建設でなければならない。しかし一九五〇年以降、毛沢東主導による政治運動、政治闘争が国内で繰り返され、一九六六年五月時点でその数は三八に及び、数十万、数百万ともいわれる「犠牲者」を生み出した。それでも毛沢東は、階級闘争はまだ不徹底であると考えた。「何年かしたら中国は資本主義の色に染まっているかもしれない、そうなってからでは遅い」[28]という不安に常につきまとわれていた。度重なる政治運動によっても問題は解決できない、やはりまったく新たな闘争方式を創り出さなければならない、その新しいやり方が「文化大革命」だ[29]と考えたのである。そして、文化大革命を発動する過程で、「造反有理」「全面的奪権」「治乱説（治乱興亡は繰り返すという考え方）」、つまり「天下は大いに乱れて後に太平に至る」「七、八年したらもう一度やる」といった自身の哲学を世に問うたのである。

最後に、いわゆる「経路依存」の問題である。すなわち、ひとたび階級闘争方式や「文化大革命」方式が選択されると、その道筋に沿うように制度の変遷が固定されてしまうことである。とりわけ階級闘争と党内路線闘争の「エンジン」は、いったん始動すると次から次へと「政敵」を生み出し、毛沢東自身、自らが生み出した「政敵」を絶えず打倒する必要性に迫られ、たとえ階級闘争と「文化大革命」を終わらせたいと思ってもほぼ不可能になってしまったのである。この「エンジン」をようやく止めることができたのは、毛沢東が世を去ってからのことである。「政敵」を攻撃し、闘ってそれに勝利するという政治闘争は、その全過程を通じて近代的国家機関にダメージを与え、国家制度の破壊という代償をもたら

した。たとえば、「反右派闘争」は「共産党指導下の多党合作と政治協商制」をどんどん後景に追いやり、一九五九年の廬山会議は、党内民主制度の破壊と指導部の分裂を生み出した。続く一九六〇年代初頭には「階級闘争を要とする」論に基づいてイデオロギー「大批判」と「社会主義教育運動」が全国で展開され、党と国家の制度はよりいっそう弱体化することになった。しかし、毛沢東はこれらの政治運動でも「修正主義反対、修正主義防止」「資本主義の復活」の問題は解決できないとして、「文化大革命」期には若き紅衛兵戦士の「造反有理」に賛同し、「破旧立新」のスローガンを掲げる彼らを鼓舞激励したのである。これは、党の制度(代表者会議や中央委員会全体会議の定期開催、指導部と中央委員の選出および罷免、民主集中制、重大テーマに対する集団的政策決定など)と国家の基本制度(立法制度と全人代、国の指導層の選挙および罷免、国家元首や国家主席の選挙や職務停止に関する制度、行政・司法・軍事および公民権保障に関わる諸制度など)の破壊である。党と国家の制度から見れば、「文化大革命」は「破旧立新(古きを捨て新しきを立てる)」というよりはむしろ「ただ破壊あるのみ」の時代であり、党も国家も機能停止状態に陥った時代だったと言える。

留意すべきは、「文化大革命」の後、党と人民は「この悲劇を将来の戒め」とし、「階級闘争」から「発展と建設」へ国是を転換し、「経済建設」と「制度建設」の時代、すなわち発展と改革の時代へと進んでいったことである。中国共産党は、階級闘争ではなく人民に奉仕する党へと転換することで、政権政党としての責任を果たすようになってきた。この歴史的大転換は決して偶然の産物ではなく、社会進歩の必然的結果である。中国の改革の道筋はソ連や東欧諸国と同じではない。「強国富民(国力を強め、人民を豊かにする)」へと至る道は、中国の実情に見合った、独自のものでなければならない。中国はいま、その道を模索しているのである。

第二節　第一段階(一九六六〜一九六九年)——全面的発動、全面的内戦

党の第十一期中央委員会第六回全体会議で採択された「建国以来の党の若干の歴史問題に関する決議」は、「文化大革命」の全過程を三つの段階に分け、一九六六〜一九六九年四月の第九回全国代表大会(九全大会)までを第一段階とし、「文化大革命」の全面的発動と全面的内戦の時期としている。また、全面的発動のメルクマールとして、一九六六年五月の中央政治局拡大会議と、同年八月の第八期中央委員会第十一回全体会議(八期十一中全会)を挙げている。[30] 一九六七年八月一四日『紅旗』誌に掲載された『人民日報』編集部署名の記事では、この二つの会議で「毛主席のプロレタリア階級司令部と資本主義の道を歩む党内最大の実権派、すなわちブル

ジョア階級指導部との一大政治決戦の火ぶたが切って落とされた[31]」としている。政治局拡大会議では彭真、羅瑞卿、陸定一、楊尚昆が、八期十一中全会では劉少奇、鄧小平が、それぞれ打倒された。

当時の党中央の指導者たちは、毛沢東本人を除いて「何も知らない」状況であり、会議に臨むにあたって何の準備もできなかった。いわゆる民主的・集団的な政策決定など望むべくもなかったのである。

一、「二月紀要」から「五・一六通知」まで

一九六六年二月、毛沢東は江青が書いた「二月紀要（部隊文芸工作座談会紀要）」を支持し、彭真の「二月提綱」に反対した。しかし、党中央で彼は完全に孤立していたため、林彪（当時、中央政治局常務委員、党副主席兼中央軍事委員会副主席）の支持をとりつける必要があった。合わせて、自らの「助手」「代理人」として、政治局候補委員であった康生と陳伯達の二人を指名した。

二月二日から二〇日にかけて上海で開催された「部隊文芸工作座談会」は、林彪が江青に主宰を任せたものである。公表された座談会紀要では「文芸界には一本の黒い線が存在する。文化戦線上の社会主義革命を断固として実行しなければならない[32]」とはっきり提起されていた。林彪は江青のことを「文芸工作の方面では政治的に優れているし、芸術にも精通している。総政治部は江青同志の意見を思想的にも組織的にも真剣かつ着実に実行する必要がある」として大いにもち上げた。これが重要な契機となって、林彪と江青の本格的な同盟関係がスタートする。二人は党内で数少ない「文化大革命」断固支持派だった。この「紀要」は、毛沢東の意見に基づいて陳伯達と張春橋（当時、上海市党委員会書記処候補委員、同委員会宣伝部長）が共同で修正したものを毛沢東が三度にわたって手を加え、林彪による中央軍事委員会での批准を経てから党中央にまわされ、四月一〇日に正式な党中央文書として下達された。これは、毛沢東が「文化大革命」を発動するにあたり、まず人民解放軍の支持をとりつけ、その後、政治局常務委員の集団的討議と意思決定、および党中央の批准にかける、というやり方をとったことを示している。一九六七年四月一二日、中央軍事委員会拡大会議の席上で江青は「林彪同志のようなプロレタリア階級の『尊神』が支持しているものだ[33]」として、ことさらに「紀要」の政治的意義を強調した。「文化大革命」期に軍はさまざまな役割を果たしたが、そもそもの始めから林彪を代表とし、党内の政治闘争に「左」的立場で積極的に介入していったのである。注目すべきは、党の上層部で激しい政治闘争が起こるたびに、毛沢東はまず軍指導部に根回しをおこない、軍の支持と介入をとりつけることで政治的ライバルを打ち負かし、闘争の全局面をコントロールしていったことである。金春明らの指摘にもあ

るように、軍や人民における毛沢東の絶大な威光を考えれば、人民解放軍が「文化大革命」の政治的道具になるのは決して不自然なことではない。人民解放軍は最終的には毛沢東の指揮にのみ服従することになった。[34]これはもとより「党指揮槍（党が軍を指揮する）」の原則を破壊し、指導者個人が軍隊を私物化するやり方であり、結果、人民解放軍は多大なダメージを被ることになった。一九七五年五月三日、中央軍事委員会総政治部の報告と指示を経て、党中央は正式にこの「紀要」を撤廃している。

三月二八日から三〇日にかけて、毛沢東は上海で康生、江青、張春橋らと相次いで会談し、中央宣伝部は「閻魔殿」である、「閻魔大王を打倒し、小鬼たちを解放せよ」[35]、各地から大勢の「孫悟空」を出して「天空（党中央）を暴れ回らせよ」[36]と提起し、文化革命五人小組の「二月提綱」を厳しく批判した。さらに「われわれもう高齢だ。次の世代が修正主義の流れに打ち勝つことができるとは限らない。文化革命は長期にわたる困難な闘いになるだろう。わたしが死ぬまでには終わらない。徹底的にやる必要がある」[37]と語り、「文化大革命」を発動する決心を固めた。

同月三一日、北京に戻った康生は、毛沢東の正式な代理人として周恩来や彭真に講話の内容を伝え、四月九日から一二日にかけての中央書記処会議でもあらためて毛沢東の講話をもち出し、今回の重大な誤りを彭真らはまず自己批判すべきだとした。会議では、文化革命五人小組の「報告提綱（二月提綱）」の誤りを徹底的に批判し、これを取り消すために党中央名義で通知を出すことが決定された。合わせて、この通知の起草のために文化革命文書起草小組を立ち上げ、通知原案を毛沢東と中央政治局常務委員会に提出するとした。この起草小組は陳伯達が組長、江青と劉志堅が副組長、康生が顧問となったが、このメンバーが一カ月後そのまま「中央文革小組」の核を形成することになる。

四月一六日から二六日にかけて、毛沢東は杭州で中央政治局常務委員会拡大会議を開催し、周恩来、鄧小平、彭真、陳毅（中央政治局員、国務院副総理兼外交部部長）、葉剣英（政治協商会議全国委員会副主席、軍事科学院院長兼政治委員）と各中央部局の責任者が参加した。政治局常務委員の欠席者は四人（朱徳、陳雲、林彪、劉少奇）だった。この会議では主に彭真問題、文化革命五人小組の解散と中央文化革命小組の設立、「党中央通知」原案の修正などが議論され、彭真は批判をあびた末にすべての職務を解かれることになった。

この時、国務院副総理で中央宣伝部長でもあった陸定一も、同時に職務停止処分になっている。これに先立つ一九六五年一一月一〇日、すなわち姚文元が『文匯報』に「新編歴史劇『海瑞免官』を評す」を発表したのと同じ日に、中央書記処候補書記兼中央弁公庁主任だった楊尚昆が「中央を裏切って盗聴器を設置し」「大量の機密文書と資料を勝手に他人に複写させた」などの「咎」で罷免されている。後任の汪東興はさまざまな状況下で毛沢東の忠実な代理人としてふるまった人物である。同年一二月上旬から中旬にかけて、毛沢東は上海で自ら中央政治局常務委員会拡大会議を主宰し、羅瑞卿（国務院副総理、人民解放軍総参謀長）に対する暴露と批判をおこなった。会議の席上、毛沢東にあてた林彪の手紙やさまざまな誣告資料が配布され、「政治を突出させることに反対し」「反党奪軍」を試みたとして、羅瑞卿を隔離審査に付す決定が下された[38]。毛沢東は羅瑞卿のことを「政治の突出を信用せず、政治が突出することに面従腹背しながら、自分は一連の折衷主義（日和見主義）を外部にまき散らすような人物だ。警戒しなければならない[39]」と評している。羅瑞卿はもともと毛沢東に忠実であったにもかかわらず、毛沢東―林彪同盟の最初の犠牲者になった。ほどなくして賀龍、肖華なども「犠牲者」になっている。一九七三年一二月二二日、毛沢東は林彪の言い分のみを一方的に聞き入れて羅瑞卿を処分してしまったことを認めている[40]。

党の指導者に対する毛沢東の矢継ぎ早な批判は党内を震撼させたが、劉少奇や鄧小平は毛沢東個人のやっていることを事前に把握できなかったばかりか、そのやり方をまったく理解していなかった。制度的観点から言えば、中央委員会全体会議を開かず、個人の申し立てでも許さない状況下で政治局員や中央委員のメンバーの職務を停止することは、党規約第十六条に違反する行為である[41]。同じく、全人代や全人代常務委員会を開かずに全人代副委員長や国務院副総理を解任すれば、憲法第二八条、第三一条および第三三条に違反することになる[42]。党規約や憲法がいったん有名無実化してしまうと、党内の意見対立が路線闘争、階級闘争へとエスカレートし、時には生命を賭した残酷な争いへと発展していくことにもなる。彭真ら中央委員メンバーに対する非制度的なやり方から、党指導部に対する残酷な迫害の幕が切って落とされたのである。当時、中央政治局常務委員会のメンバーだった劉少奇、周恩来、鄧小平らも、毛沢東の非制度的な手法に同意せざるを得なかった。ほどなくして、劉少奇と鄧小平もこの手法の犠牲者となる。

この会議では、陳伯達が起草し、毛沢東が修正を加えた「党中央通知（原案）」がおおむね了承され、翌年五月の政治局拡大会議で審議、可決することが決定された。毛沢東は、今回の闘争は魂にふれるもので、呉晗問題が重要なのは彭真のような誤りがあるからであり、中国に修正主義が出現しようとしていることが問題だとして、次のように述べている。「修正主義は文化方面だけではなく、党、政府および軍にも必ず現れ、とりわけ後者の場合はたちまち強大になってしまう。早めに出現してくれれば、それだけ対処も早くなり、反対方向に舵をきって進んでいける」。さらに、会議後「彭真は自ら墓穴を掘った[43]」とも語っている。こうして五月の中央政治局拡大会議の準備が整えられたのである。

一九六六年五月五日、アルバニア労働党の訪中代表団と会見した際、毛沢東は自身の「タケノコの皮をむく政策」について語り、身近に眠っている修正主義者を「剥いで捨てる」決意であることをあからさまに表明した。これには周恩来も同席している。[44] この日に始まった政治局拡大会議で、毛沢東は手始めにまず四人の中央委員を「剥がして捨て去った」。一九六八年一〇月の第八期拡大第十二回中央委員会全体会議（八期十二中全会）までに、全体会議への出席権をはく奪された中央委員の数は四七人に上る。

五月四日から二六日まで北京で開催された中央政治局拡大会議には、政治局常務委員、政治局員および関係諸機関の責任者ら合わせて七六人が出席し、江青、張春橋、関鋒、戚本寓といった本来参加資格のない者も出席した。江青が中央政治局の会議に出席したのはこれがはじめてであり、毛沢東夫人・江青の本格的政治参入を党中央に告げることになった。毛沢東は最後まで会議には参加せず、主宰したのは劉少奇である。しかし、政治局候補委員だった康生が、会議初日に杭州での三度にわたる毛沢東の講話内容を報告し、その後も毛沢東の伝令役として報告と指示伝達の役目を担った。六日には、張春橋が中央指導部に対し、一九六二年の第八期中央委員会全体会議以来、彭真、陸定一らが毛主席の文化革命路線にいかに反対してきたか、という説明をおこなっている。ここからはっきりと見て取れるのは、**毛沢東個人が中央の集団指導を超越した存在となり、彼個人の政策決定が党の集団指導を凌駕していたという事実である。**中央の指導部集団との間に康生のようないわゆる「代理人」「伝令役」を置くというのは前例のない手法であったが、「文化大革命」期の「不文律」「暗黙の了解」となった。当然これは「党規約」に真っ向から違反するものである。一九七〇年代半ば、死の直前にも、毛沢東は中央政治局と自身との連絡員として、毛遠新らをわざわざ配置している。

ここでとくに指摘しておく必要があるのは、国内のさまざまな重要政治課題、ことに階級闘争の問題について、中央のほかの指導者は毛沢東とは異なった考え方をしており、毛沢東への敬意やその意見を尊重する気持ちはもっていたものの、決して賛成はしていなかった、ということである。つまり、毛沢東は一貫して党内で孤立しており、集団的討議による意思決定においては決して支持を得られなかった。だからこそ、「党規約」を空文化させ、時には党内ルールを破壊することまでした。そうでもしなければ「文化大革命」を発動できなかったのである。

会議の最初の三日間では、康生、陳伯達、張春橋らによる「状況説明」がおこなわれ、一九六二年以降の毛沢東の階級闘争に関する論述、『海瑞免官』批判に関する状況、中央宣伝部や北京市党委員会および彭真、陸定一らに対する毛沢東の批判、「文化大革命」の展開に関する指示などがそれぞれ報告された[45]。

　この会議では陳伯達、康生、江青らが起草した「五・一六通知」が採択され、「文化大革命」の推進が決定された。「五・一六通知」には、当時の中国政治の実情と政治情勢に対する毛沢東の見通しが集約されている。今回の闘争は、ブルジョア階級を代表する反党・反社会主義グループ（中央から各省・市・自治区にいたるまで、どこにでもこの種のブルジョア階級を代表する人物は存在する）に対する批判であり、党や政府、さらに軍隊や文化領域に紛れ込んだブルジョア階級の代表的人物を批判し、一掃するものである。そのために「彭真、羅瑞卿、陸定一、楊尚昆反党集団」に対する闘争を展開し、党内外にわたる彼らの職務を解かねばならない、と毛沢東は考えていた[46]。これがすなわち彼の「タケノコの皮をむく政策」であり、彭真ら四人は「文化大革命」で最初に「剥いで捨てられた」中央委員となった。

　しかし、これは「党規約」第十六条に反したやり方であり、「先に斬首して事後に上奏する」、つまり次期中央委員会全体会議で「事後手続」をして無理やり「合法化」するしかないものであった。当時、政治局常務委員で副主席の朱徳は中央指導部を分裂させてはならないとして、「わたしは常に指導部のためを思っている。団結がいつまでも続くことを望む」と発言し、「彭、羅、陸、楊」批判に反対した。しかし、それが原因で朱徳自身が批判にさらされることになった。また、**彭真らに事実に基づいた弁明の機会はまったく与えられなかった。**今回の会議で党の民主集中制は深刻なダメージを被ることになった[47]。

　「五・一六通知」は、「フルシチョフのような人物はわれわれの身近にいる」「このような人物がわれわれの信任を得て、後継者にならんとしているのだ」と、あからさまに全党に警告を発し、党中央内部に大きな政治的動揺をつくり出した。事実、毛沢東は、ホッジャ率いるアルバニア労働党政府代表団と会見した際にも次のように話している。「わたしも時には不安に襲われます。そんなことは考えない、不安などないというのは嘘です。けれども一晩寝てあくる日になると、何人かの同志と会議をおこない、議論に議論を重ねていくうちに対処方法を思いつくのです[48]」。

　毛沢東による「文化大革命」の発動は、「修正主義反対、修正主義防止」を盾にした「政敵」攻撃であった。**その背景には、ソ連で出現したフルシチョフ修正主義の影響が色濃くあった。それにより、党内の階級闘争は拡大化と深刻化の一途をたどる。意見が異なれば「修正主義路線の表れ」「路線闘争問題」と指弾されるようになり、同志間の健全な議論は失われていった。その結果、指導者間の関係もきわめて緊迫したものになっていったのである[49]。この時点で、毛沢東はすでにその矛先を劉少奇、鄧小平に向けており、両人をフルシ**

チョフ的人物とみなしていた。しかし、一九六六年五月一八日、ホー・チ・ミンと会談した際、劉少奇、周恩来、鄧小平は、党内のフルシチョフ、つまり修正主義者（彭真ら四人）はすでに一掃されたという発言をしており[50]、彼らが毛沢東の意図を正確に理解していなかったことがわかる。これは、「文化大革命」の主要な政治的標的はいったい誰なのか、ということに対する無理解の表れである。一九六七年五月一八日、中央政治局拡大会議の承認を経て『人民日報』『紅旗』の二紙誌が「偉大な歴史的文書」[51]と題する文章を編集部署名で発表し、「中国のフルシチョフ」というレッテルを貼って、劉少奇に対する路線的・綱領的批判を公然と展開した[52]。さらに両編集部は同年八月一四日、「社会主義の道か、それとも資本主義の道か」という文章を発表し、毛沢東が中心になって制定した「五・一六通知」が指す「フルシチョフ的人物」とは、資本主義の道を歩む党内最大の実権派および彼らを頭目とするブルジョア階級司令部のことであると[53]、全国および全世界に向かって公言した。毛沢東が打倒対象として劉少奇に矛先を向けたのはこれが三度目である[54]。

毛沢東は中央政治局拡大会議には決して参加せず、外側から党中央を「遠隔操作」するだけで、党中央を超越した存在になった。

一九六六年五月二八日、党中央は通知を出し、江青、康生、張春橋、姚文元を中心メンバーとする「中央文化革命小組」の発足を宣言した[55]。メンバーはすべて毛沢東の「文化大革命」理論の擁護者である。のちに彼らは毛沢東を支持した政治的見返りとして、次々に中央政治局員、中央政治局常務委員に選ばれていくことになる。数人の「筆杆子（宣伝文章を書くのが得意な人々）」で構成された「中央文革小組」だったが、毛沢東がこれに「絶大な権力を与え[56]」、中央政治局や常務委員会、さらに書記処に取って代わる権限をもつようになるとは、発足時点では誰も想像していなかった。規定上は政治局常務委員会の下部組織だったが、毛沢東個人が直接指導していたため、周恩来を含むほかの中央常務委員は一切口出しできなかった。のちには周恩来らが参加する「中央文革連絡会議」を取り込み、実質的に機能を停止していた中央政治局および書記処に代わって、党の第九回全国代表大会（九全大会、一九六九年）まで絶大な権力を行使し続けることになる[57]。**これは明らかに八全大会で可決された「党規約」に反する非制度的なやり方である。同時に、毛沢東が党中央をコントロールし、あるいはそれに取って代わり、自身の路線と非制度的なやり方を強制的に承認させるために「文革小組」を利用したことの表れでもある。「文化大革命」の理論的・組織的準備を早々に完成させた毛沢東は、獲得した「合法的」手段でもって「一切を打倒する全面的内戦」を旗印に、「プロレタリア文化大革命」の狼煙を上げたのである。**

「五・一六通知」は「文化大革命」の綱領的文書である[58]。毛沢東はあらゆる方面にわたる階級闘争を全国で展開する準備を進め、中国の政治エリートを容赦なく攻撃した。知識人や文化的エリートも含めれば、粛清された人数は数百万を超え、まったく害の及ばなかった人はほとんどいなかった。当時、毛沢東本人も含めてここまでの事態を予測できた人はいない。しかし、いったん引き起こされた「文化大革命」は「五・一六通知」を境に後戻りができない状態となり、結局は毛沢東が世を去るまで十年の長きにわたって続くことになった。毛沢東の死という自然の摂理による以外、いかなる方法をもってしてもその誤りを正すことはできなかったのである。

二、北京大学の大字報から八期十一中全会まで

　一九六六年五月二五日、北京大学の聶元梓（哲学系党総支部書記）ら七人が「宋碩、陸平、彭珮雲は文化大革命の中でいったい何をやっているのか[59]」と題した全国初の大字報（壁新聞）を連名で貼り出した（直接これを画策したのは康生夫人の曹軼欧で、康生も助言を与えている）。北京大学という反動の砦をここから打ち破ることができると考えた毛沢東は、六月一日の夜、全国に向けてこの大字報の全文を放送するよう命じた[60]。毛沢東は、「天下が大いに治まる（天下大治）」状態に至るには、まず「天下大乱」が必要だと心に決めた。では、どのようにして「天下大乱」を引き起こすのかといった時に毛沢東が力説したのが「四つの大」、すなわち「大鳴（大いに意見を出す）」「大放（大いに討論する）」「大字報（大字報を貼る）」「大弁論（大弁論をする）」であり、党組織を振り切り、時には解体してでも、広範な大衆を動員して「文化大革命」運動を敢行するというものであった。

　翌二日、『人民日報』は評論員（王力、関鋒、曹軼欧）が執筆した文章「北京大学の大字報に歓呼をおくる」を発表し、聶元梓らの行為を称揚した。毛沢東もこの大字報を「全国で初のマルクス・レーニン主義の大字報」「一九六〇年代版パリ・コミューン宣言[61]」として賞賛した。当時、全国を震撼させたこの事態をもって、「文化大革命」は名実ともに発動され、白熱化の段階に突入したのである。

　この大字報は全国に一大センセーションを巻き起こし、北京の各大学、中学〔訳注…中国の中学は日本でいう中学・高等学校の両方を含む〕はすぐさま混乱に陥り、党組織も麻痺状態になった。同年一〇月二五日に毛沢東は、「かなり短時間で勢いに火がついた。一枚の大字報が放送された途端、これほど全国にセンセーションを巻き起こすとはわたしも想像していなかった[62]」とふりかえっている。こうした事態に対し、六月三日、劉少奇、周恩来、鄧小平は中央政治局常務委員会拡大会議で「八カ条指示」を出した。内容は、「学校の内と外は別であって、秘密の保持に注意しなければならない。大字報は街頭に貼ってはならず、街頭でのデモ行進、経験交流会、大規模な糾弾大会をしてはならない。黒い分子（打倒の

対象）の宿舎を取り囲んではならない。危害を加えたり、人を侮辱するような行為は慎まなければならない」[63]というものである。これにのっとって北京市委員会は各校に工作組を派遣、混乱した局面を打開しようと試みた。

　六月九日から一二日にかけて、劉少奇、周恩来、鄧小平、陶鋳、陳伯達、康生らが杭州の毛沢東に「文化大革命」の状況報告をおこなった際、毛沢東は工作組の派遣に疑問を呈し、「工作組の派遣は早すぎる。準備ができていない。乱れるにまかせたほうがよい。事態がもう少しはっきりしてからでも遅くはない」と語った。さらに「学生は半年間、本を読まなくていい、一番いいのは新聞を読むことだ」[64]とも言っている。

　同月二六日、毛沢東は湖南省党委員会および湘潭市地方委員会、県委員会の幹部に向かい「かつてあなたがたとおこなったあの『長征』をいま再びやらなければならない」[65]と話している。毛沢東が最初から最後まで、階級闘争哲学と革命的造反を自己の精神的支柱にしていたことは、ここからも明らかである。**一九六〇年代中期の中国がすでに一九三〇年代中期とは大きく異なる状況にあること、近代化の実現にとって必要なのは「天下大乱」ではなく「天下大治」であること、階級闘争ではなく経済発展が、国家制度の破壊ではなくその建設と整備が必要であったことをまったく見ようとはしなかったのである。**

　七月八日、江青にあてた手紙で、毛沢東ははじめて「文化大革命」期の治国理念、すなわち「天下大乱説」にふれている。[66]内容は次の通りである。「わたしの考えでは『天下大乱』は悪いことではない。むしろいいことだ。『敵』（政治的ライバル）の足並みを乱し、広範な大衆運動を巻き起こすことができる。『乱』と『治』は相互に転換する。『乱』がなければ『治』もない。まず『天下大乱』があって、はじめて『天下大いに治まる（天下大治）』にたどり着ける。『乱』と『治』は、政治的サイクルでいえば七～八年ごとに繰り返される。今回の『文化大革命』は、わたしの死後ふたたび『右派』が台頭し、実権を握るのを防ぐための『初の全国演習』である」。やがて出現することになる「全面的内戦」に対する思想的準備がこの手紙を書いた目的であったことが見て取れる。

　では、誰がこの「天下大乱」をつくり出すのか。毛沢東は上層指導部の力をほとんどあてにすることができなかった。中央政治局や書記処を見渡しても、林彪、陳伯達、康生以外に彼の政治的同盟者、支持者といえるような人物はほとんど見当たらなかった。そこで毛沢東は江青に手紙を書き、「天下大乱」の「露払い」となることにゴーサインを出したのである。江青は一九八〇年の裁判でも「自分は毛沢東の忠実な犬であり、噛めと言われれば誰でも噛んだ」と認めている。そんな江青を林彪らはかつて「プロレタリア文化大革命の旗手」と持ち上げたのである。

毛沢東の「天下大乱説」は弁証法的と言えなくもないが、

一連の副作用を伴うものであった。第一に、中国の経済建設を破壊し、再建から上昇へと向かう過程を中断させたことである。第二に、中国の国家制度に深刻なダメージを与え、混乱と無秩序を生み出したことである。第三に、国民の基本的人権を侵害し、国家統治の法的基盤を崩壊させたことである。毛沢東の「治乱説」は、のちに提起される「プロレタリア独裁下の継続革命理論」と相互に補い合いながら、「文化大革命」の理論的基礎を形成した。前者は後者のより通俗的な表現であると言える。最高指導者である毛沢東が「天下大乱」をとなえた以上、「文化大革命」がそもそもの始めから史上空前の大動乱になることははっきりしていた。一九八一年の「建国以来の党の若干の歴史問題に関する決議」では毛沢東の「治乱説」に対し、「敵を乱していたのではなく、本質的には自分自身を乱していた。したがって、いつまでたっても『天下大いに治まる』ことはなかった[67]」という評価を下している。

江青への手紙に凝縮された毛沢東の政治的観点は、その短期的な政治目標と手段を鮮明に表している。劉少奇、鄧小平をリーダーとするいわゆる「走資派」を打倒することが「文化大革命」発動の直接的な政治目的であり、そのために林彪グループの政治的支持と自身に対する個人崇拝を利用したのである。ただ、毛沢東はそれほど鈍感でもなければ楽天家でもなかった。林彪が自分を持ち上げているのは「鬼を打つために鍾馗の力を借りる」ものだとはっきりと指摘しており、その政治的本心を見抜いていた。のちに一転して林彪を処断するための伏線を張っていたのである。一九七二年にこの手紙が党内で公表された時、全党が驚愕のふちにたたき落とされた[68]。

一九六六年七月一六日、すでに七三歳になっていた毛沢東は、武漢の長江河岸で水泳を楽しみ、健康をアピールした。その様子を放送した中央人民ラジオ局が「毛主席につき従って嵐の中を前進しよう[69]」と呼びかけると、これが政治スローガンとしてあまねく全国全人民に行き渡った。これは同時に、唐突に激化した劉少奇との権力闘争に不退転の決意でのぞむという毛沢東の意思表示でもあった。

同月一八日、約八カ月ぶりに毛沢東は北京に戻った。そこには、自らが主導してつくった党内の指導体制をつくり変えるという政治的狙いがあった。すなわち、劉少奇が中央の日常活動を主管する体制に終止符を打ち、自身が「二線（後方）」から「一線（最前線）」へと戻って「文化大革命」を自ら指導して「中国版フルシチョフ」を一掃し、第一線の指導者として返り咲くことである。毛沢東は、北京に戻るとすぐに陳伯達と康生の報告を聴取し、劉少奇の報告をわざと拒否した。その時「わたしはたいへんつらい思いをしている。やけにひっそりとしており、一部の学校にいたっては学生運動を鎮圧している[70]」と語っている。また、北京大学の「文化革命短信」第九号が回覧された際の劉少奇のコメントを目にすると、張春橋に次のように語っている。「どうりで至る所で学生運動が鎮圧されるわけだ。ブルジョア階級司令部が存在することが今はっきりとわかった」[71]。これは、「五・一六通知」で「中国版フルシチョフ」と規定した劉少奇、鄧小平をさらに「格上げ」して、党内に存在するブルジョア階級司令部の頭目と規定したものであり、中央文革小組への権力の「引き継ぎ」を自らの手で敢行することを決意したものであった。

七月一九日と二二日に劉少奇の主宰で中央政治局常務委員会拡大会議が開かれ、陳伯達が工作組の撤収を提起したが、劉少奇、鄧小平はじめ多数の反対にあっている[72]。

毛沢東の帰京後六日がたった同月二四日、中央政治局常務委員会と中央文革小組の合同会議がようやく開催され、劉少奇の報告を聴取する場が設けられた。毛沢東は「工作組は百害あって一利なしだ。直ちに指示をやめるように」と語り[73]、劉少奇らによる工作組派遣を批判し、その撤収を求めた。

翌二五日に中央文革小組のメンバーと会談した際、毛沢東は「われわれの中に革命をしようとしない人間がいる。革命をしないならば、いつか必ずその報いが降りかかるだろう」[74]と語り、劉少奇らに対して厳しい政治的警告を発した。さらに、工作組は不要で、学生と教師自身が革命をやるべきだと提起し、「新聞社を包囲するな、省委員会を包囲するな、国務院を包囲するな、中央には来るなというのはすべて大衆による革命を阻害するものだ」[75]と言いなした。実際のところ、劉少奇、周恩来、鄧小平は毛沢東の「文化大革命」に反対していたわけではない。むしろ賛成していたとさえ言える。五月の中央政治局拡大会議では「五・一六通知」に「賛成票を投じた」のである。ただし、「文化大革命」の進め方については多少の違いがあった。工作組を派遣し、党委員会の指導の下で「文化大革命」をやるというのが劉少奇らの主張であり、工作組を撤収させ、学生大衆自らの手で革命をやらせるというのが毛沢東らの主張である。そこにあるのは政治的手法の違いだけで、本質的な違いは存在しない。にもかかわらず毛沢東は、大衆を弾圧し、ブルジョア独裁をやろうとしているとして劉少奇らを批判し、さらにそこから「文化大革命」に賛成していない、もしくは反対している、ブルジョア階級司令部となって自らと対立しようとしている、と決めつけたのである。

二六日、中央政治局拡大会議は工作組の撤収を決定し、二八日には、中央文革小組が起草し、毛沢東自らが修正を加えた「各大学高専の工作組撤収に関する決定」を北京市党委員会名義で発表した。翌二九日、人民大会堂で開催された「北京市大学中学文化大革命積極分子大会」でこの決定が公表され、劉少奇、周恩来、鄧小平らは工作組派遣の責任をとらされることになった。彼らは「どのようにして『文化大革命』を遂行するのか自分たちはなにもわかっていなかった。今、革命は従来の経験でははかれない新たな課題に直面している」[76]と認めている。

この時、毛沢東は中央委員会全体会議の開催を提案し、「文化大革命」に関する決定を正式に中央名義のものにしようとした。「党規約」によれば、中央委員会の任期は五年で、全体会議を年に二回、党の全国代表者会議を年に一回開くことになっている。本来なら第八期中央委員会の任期は一九六一年までであるにもかかわらず、翌一九六二年には第八期中央委員会第十回全体会議が開かれている。要するに、毛沢東は政治闘争上の必要から、制度を無視して全体会議の開催を個人的かつ恣意的に決定していたのである。しかし、第八期中央委員会第十一回全体会議（八期十一中全会）の開催、およびそこでなされた決定（いわゆる「十六カ条」）は、「文化大革命」発動のための「合法的手続き」になってしまったのである。

こうして八月一日から一二日まで、毛沢東の主宰で八期十一中全会が開催された。当初、鄧小平は党中央を代表して会期を五日間とし、主な議題として、(一)「中国共産党中央委員会のプロレタリア文化大革命に関する決定」(略称「十六カ条」)の採択、(二)中央委員会第十回全体会議以降の内外にわたる重要措置についての討論と批准、(三)コミュニケの採択、(四)五月の中央政治局拡大会議で決定された人事に関する正式処理（党規約の規定に基づく事後手続）の四項目を挙げていた。しかし、毛沢東は個人的意見に基づいて会期を一二日まで延長し、劉少奇、鄧小平らに対する批判を展開したのみならず、中央の三大指導機関（中央政治局常務委員、中央政治局員、中央書記処書記）の大幅な改組を臨時決定した。[77]これにより、党中央を完全に意のままに動かす体制をつくり、「文化大革命」のさらなる展開のため、組織的準備を着実におこなったのである。

八期十一中全会には、中央委員および候補委員一四一人のほかに、慣例を破って特別招待された聶元梓ら四七人の北京大学「文化大革命」代表が参加した。**これは中国共産党の歴史上前例のないことであり、明確な党規約違反である。**また、この会議では、五月の中央政治局拡大会議での彭真らに対する職務停止措置を事後承認している。いわば典型的な「先に斬首して事後に上奏する」やり方であり、党の基本制度がすでに機能しなくなっていたことの表れである。

七月二八日、江青は清華大学付属中学の紅衛兵が書いた二つの大字報を受け取った。一つは六月二四日の「プロレタリア階級の革命的造反精神万歳」、もう一つは七月四日の「再びプロレタリア階級の革命的造反精神について」である。当時、清華大学付属中学に駐在していた工作組は、この二つの大字報の提言に反対している。江青から大字報を受け取った毛沢東は、八月一日に清華大学付属中学紅衛兵の戦士たちへ直接手紙を書き、彼らのとった「革命的行動」を支持し、「造反有理」のスローガンに称賛を与えた。[78]この手紙は全体会議参加者に重要文書として配布されたことで急速に社会全体に知れ渡り、毛沢東の呼びかけにこたえて、北京および全国の大学、中学、高専、中専で紅衛兵組織が誕生することになった。[79]

中国共産党が政権を取る前、中国革命が低調期にあった一九二七年に、毛沢東は湖南省の農民運動を「すばらしい」と称賛した。しかし、**一九六六年の中国共産党は政権政党であり、しかも毛沢東自身がそれを指導していたのである。にもかかわらず、彼は旧態依然たる過激な革命的造反精神を唱道した。これは、紅衛兵戦士を利用して、自らが創設した党と国家の正常な秩序を攻撃・破壊する試みであり、「国家制度崩壊の時代」を招来するものであった。**[80]紅衛兵を支持するということは「天下大乱」を意味する。劉少奇らが工作組を派遣して正常な秩序を維持しようとしたことに毛沢東が一貫して反対してきた理由もそこにある。プロレタリア階級の「大民主」をやるという紅衛兵を支持した毛沢東だが、「大民主」が何をもたらすのか、ということについては無頓着であり、紅衛兵戦士の具体的所業についてはさらに無関心だった。なぜなら、大衆運動は「すばらしい」と無条件に信じて疑わなかったからである。

留意すべきは、**政治運動にせよ階級闘争にせよ、いずれも「二三カ条」「五・一六通知」「十六カ条」などの党文書に基づいておこなわれたものの、それらどれひとつとして全人代の批准を得ておらず、憲法や法律に基づいて決定されたものではないということである。したがって、これらの政治運動や階級闘争は法律の制約を受けずにどんどん拡大し、最終的には民主と人権を蹂躙し、民主と法制度を破壊する政治的迫害にまで行きついてしまうのである。**

八月一日、中央委員会全体会議の開会式で、第十回全体会議以降の中央の取り組みについて、劉少奇が報告をおこなった。その中で彼は、自ら進んで「文化大革命」中の誤りを認め、とりわけ工作組派遣の問題については自分に責任があることを認めた。それでも毛沢東は「工作組の派遣は、意気盛んな学生たちの闘いと、真剣に『文化大革命』をやろうとする者を打倒せんとする企みであり、九割以上の工作組が誤ったものであった」として、劉少奇を厳しく批判した。毛沢東と劉少奇が面と向かってやりあったのはこれが最初である。**毛沢東は、「文化大革命」をやるためには「合法的手続き」が必要であることを十分に意識していた。それゆえ、「文化大革命」について全体会議で正式に決議することを提起した。**つまり、中央の決定が必要であり、この決定を覆すためには次回の全体会議を待たねばならない、というふうにしたかったのである。[81]実際、一九六七年二月には「八期十一中全会で『文化大革命』をやることに賛成したにもかかわらず、あとになって態度を変えたのはなぜか」という言い方で、譚震林ら七人の中央政治局員を激しく非難している。

翌二日、周恩来は全体会議の発言で、毛沢東が発動した「文化大革命」を政策決定とすることに明確な支持を表明した[82]。

四日、毛沢東は中央政治局常務委員会拡大会議を開き、ここでも「中央自らが命令を履行しなかった」として劉少奇を厳しく非難し、劉少奇は主要な責任は自分にあることを認めている。また、毛沢東が「劉少奇は北京で独裁をやり、方向性を誤り、事実上ブルジョア階級の立場からプロレタリア革命に反対した」という認識を示すと、劉少奇は「どうせ失脚するだけのこと、失脚は怖くない。五つのこと（失職、降級、党籍はく奪、離婚、投獄処刑）恐れるに足らず」と答え、「ここにいるのはまさに『妖怪変化』だ[83]」と毛沢東に言わしめた。これが二度目の正面衝突であり、毛沢東の怒りは最初よりも激しくなっている。

翌五日、毛沢東は怒りもあらわに「司令部を砲撃せよ―わたしの大字報[84]」を発表、大字報という特殊なやり方で、当時まだ中央政治局常務委員だった劉少奇と鄧小平に直接指弾の矛先を向けた。これは劉少奇、鄧小平が「文化大革命」に反対し、「路線的誤り」を犯していると決めつけるものだった。

毛沢東はこの大字報を通じて、劉少奇および鄧小平と自分との間には政治的に重大な不一致が存在し、しかもそれが今に始まったものではないことを、全体会議に参加した中央委員、候補委員および革命造反派に対して明らかにしたのである。ここには重要な政治的メッセージが含まれていた。すなわち、劉少奇、鄧小平は資本主義の道を歩んでおり、とうてい許されるものではないこと、劉・鄧の司令部を砲撃し、党中央内部の悪事をあばき出すことが「文化大革命」を発動した重要な政治的根拠の一つであり、主要な任務であるということである[85]。

毛沢東の大字報は八月七日、折から開催中の八期十一中全会で公表された。名指しこそしてはいないものの、中央の「一線」にいる劉少奇と鄧小平を「砲撃対象」にしたものであることは、会議に参加していた党、政府および軍の幹部にとって自明のことであり、全員がこれに驚愕した。毛沢東は、劉少奇に替えて一四歳年下の林彪を後継者にすることを決めていた。八月六日、林彪は毛沢東の指示で療養中の大連から急遽北京に戻り、全体会議に参加した。同じ日に毛沢東は、改編後の中央指導部のメンバーとその序列について、取り急ぎの検討をおこなっている[86]。

八月五日夜、周恩来は毛沢東との会談後すぐに劉少奇に電話をかけ、しばらくは公の場に出たり外賓と会見したりしてはならないと伝えた[87]。劉少奇は毛沢東の大字報の内容をすでに把握しており、自分が「放逐」されたことを悟った。たちまち全体会議内で劉少奇に対する批判の嵐が吹き荒れたが、会議参加者の大部分がほどなくして「革命的大批判」「政治的迫害」の対象にされ、劉少奇や鄧小平と同様の政治的運命をたどることになるとは、当然ながらこの時は誰も自覚していなかった。

一九六四年末の中央工作会議から数えれば、毛沢東はきわめて短い期間に知略を発揮し、政治的ライバルを打倒してきた。しかし、長期的視点に立てば、毛沢東の決定および手法によって、中国共産党は革命勝利後十七年で最大の分裂を来すことになり、とてつもない政治的代償を支払うことになったのである。この時から党内対立、党内闘争にルールは通用しなくなり、不確かで不透明な、先の展開がまったく読めないものになっていった。闘争がよりいっそう先鋭化し、複雑で残酷なものになっていくのは必然だった。毛沢東本人を除くすべての指導者（林彪、周恩来、後には陶鋳、李富春、陳伯達、鄧小平をも含む）は、いつ何時政治生命を奪われるかもしれない状態に陥ったのである。毛沢東が打倒しようと思いさえすれば、「鶴の一声」で誰でも打倒できる状況を、やがてわれわれは目にすることになる。そこには党規約に基づいた合法的手順はなく、あるのは単なる事後手続きのみであった。一九六六年末の陶鋳、一九七〇年の陳伯達、一九七一年の林彪、一九七六年の鄧小平の時には、その事後手続さえ、あっさりと省略されてしまうのである。

　八期十一中全会では、中央文革小組が起草した「プロレタリア文化大革命に関する決定」（いわゆる「十六カ条」[88]）が、毛沢東の審査を経て採択された。「十六カ条」では「文化大革命」の目的は「一に闘争、二に批判、三に改革」であることが明確にされている。すなわち、第一に資本主義の道を歩む実権派との闘争に勝利すること、第二にブルジョア階級の反動的学術権威と搾取階級を含めた一切のブルジョア・イデオロギーを批判すること、第三に教育や文芸および社会主義経済の上部構造としてふさわしくない一切のものを改革すること、以上を通じて社会主義制度の強固な発展を勝ち取ることである。また、資本主義の道を歩む実権派を党内から一掃することが運動の重点であることが改めて強調された[89]。これは綱領的文書として、「文化大革命」全面的発動の重要なメルクマールとなった。

　こうして、毛沢東個人が決定した政策が、中央政治局拡大会議の決定（「五・一六通知」）を経て中央委員会全体会議の決定にまで押し上げられた結果、「全面的内戦による一切の打倒」という「文化大革命」が、手続き的にも組織的にも党の決定として合法性を得ることになったのである。**この全体会議で毛沢東は個人への権限の集中を完成させ、事実上、党の集団指導体制に取って代わることになった。名実ともに毛沢東個人が指導する「文化大革命」が本格的に始まったのである。**[90]

　八期十一中全会はなぜ「文化大革命」の本格的出発点になってしまったのか。これについては、毛沢東のみならず、党中央全体に重い責任がある。しかし、事の本質やもたらされた結果について党中央が十分な認識をもてるようになったのは、ようやく一九八一年になってからのことである。同年、胡耀邦が党中央を代表し、毛沢東の晩年の誤りについてその原因を分析した際、次のように言っている。「長きにわたって全党および全民族人民の敬愛を受けてきたがため自己過信に陥り、現実からの乖離、とくに党の集団指導からの逸脱がますますひどくなっていった。ほかの同志の正しい意見を拒絶し、圧殺することもしばしばだった。これでは誤りがいくら生じても不思議ではない。結局のところ、それが『文化大革命』のような全面的で長期にわたる深刻な誤りにつながっていったのであり、党と人民に多大な不幸をもたらすことになったのである」。胡耀邦はさらに「『文化大革命』にいたる過程、およびその発動の過程で、毛沢東同志の誤りがどんどん大きくなっていくのを党はまったく防ぐことができなかった。それどころか、毛沢東同志の誤った主張を受け入れ、それに賛成したのである」と指摘し、「この責任は、党中央委員会のほかのメンバー（長きにわたって毛沢東同志と闘いをともにしてきた戦友、同じく毛沢東同志につき従って戦闘に参加してきた彼の教え子たち）にあり、なんとしても相応の教訓をここから掴み取らなければならない[91]」との考えを示している。この結果、一九八二年の共産党第十二回全国代表者大会で採択された新党規約の第十条では、党はいかなる形式の個人崇拝も禁止する、という条項が加えられることになった。党の指導者の活動を党と人民の監督の下に置くためであり、同時に、党と人民の利益を真に体現する指導者の信望を等しく擁護するためである[92]。この規定は、非常に重い政治的代償を支払って得たものだった。

毛沢東時代の指導者たちは、意見の統一と結束を実現することができず、逆に不一致と分裂の方向へと突き進んでいった。では、そのメカニズムはいったいどういうものだったのか。**政策決定論の観点から見れば、そこには鍵となる二つの次元の問題がある。まず、各人がよって立つ情報や知識の非対称性、不透明性のレベルという次元の問題である。**このレベルが高ければ高いほど、指導者間の不一致は大きくなる。実際のところ、「文化大革命」がどう展開し、どのような結果をもたらすのかということについて、毛沢東本人も含めて誰も確かな見通しをもつことができなかった。数カ月、長くても一年以内に終えられるだろうという毛沢東の見込みに反し、結局「文化大革命」は十年の長きにわたって続くことになる。始めてはみたものの、その後の展開を制御することはもちろん、流れを見きわめることさえ毛沢東にはできなかった、というのが実際のところである。法も秩序も人権も、すべてをないがしろにする紅衛兵の野蛮なふるまいが野放しにされたのがその典型であろう。先行きの不透明性が指導者間の不一致を生み出したのである。**もう一つは、民主的政策決定のレベルという次元の問題である。**情報の非対称性や不透明性があったとしても、民主的な政策討議による情報の共有や意見の交換を頻繁におこなうことで、そのレベルをある程度軽減することができる。仮に指導者間に不一致があった場合でも、民主的な討論と多数決を通じてコンセンサスを得ることができる。逆に、個人の独裁と専制、個人崇拝、非民主的な政策決定という状況の下でコンセンサスを得ることは不可能であり、不一致は分裂へ、時には政治闘争による対立へとエスカレートしていく。したがって、「文化大革命」初期の一九六六年六月から八月にかけて、党内の不一致がまたたく間に政治的分裂に転化していった根本的な理由は、情報の非対称性、不透明性および政策決定メカニズムの非民主化もしくは形骸化にあったと言える。だからこそ、きわめて短期間のうちに結束から分裂へと転落し、党内の不一致が公然たる政治闘争に転化してしまったのである。

　八期十一中全会でおこなわれたのは、いわゆる「劉・鄧司令部」に対する激しい攻撃であり、中央指導機関の大改編だった。江青は当時中央委員でなかったにもかかわらず会議に参加し、それどころか中央委員会メンバーに向かって「北京には二つの司令部があり、一つはブルジョア階級を代表する司令部、もう一つはプロレタリア階級を代表する司令部である」と、「司令部を砲撃せよ」の説明を大上段にふりかざすことまでやっている。林彪は八月八日に中央文革小組メンバーとの会見で次のように語っている。「天地をひっくり返すほど勇ましく盛大に、疾風怒濤のごとく今回の運動をやって、大々的にひっかきまわさなければならない。そうすればブルジョア階級はおちおち寝ていられないだろうし、プロレタリア階級にも寝ている暇はない」[93]。林彪は「文化大革命」の発動を支持した最も重要な人物だったがゆえに、毛沢東と劉少奇との闘争における最大の勝利者になったのである。

　毛沢東の提起と采配により、中央委員会全体会議の最終日（一二日）に中央指導機関の改編が急遽議題として取り上げられることになった。当日議案の説明をおこなったのは周恩来である。周恩来はこの中央指導機関の改編内容について、八月六日に毛沢東のところで事前の打ち合わせをおこなっていた[94]。要するに、毛沢東と周恩来、たった二人の中央政治局常務委員による個別相談で新指導機関のメンバーが決められ、七人の常務委員もしくは政治局員全体（候補委員を含む）による協議という、党規約にのっとった集団的討議はおこなわれなかったのである。この点からすれば、毛沢東の「わたしの大字報」が劉少奇、鄧小平に対する政治上の「死刑宣告」であり、きびすを接しておこなわれた中央指導機関の改編が彼らを組織から一掃するための「穏便な措置」だったと見ることができる。まず「足し算」で序列を調整し、後に「引き算」で敵対する者を追いやるというのが毛沢東のやり方だった。中央政治局常務委員を七人から一一人に増やす大改編をおこない[95]、林彪の党内序列を六位から二位に一気に引き上げ、劉少奇、周恩来、朱徳、陳雲らの副主席職には言及せずに実質上彼らを「クビ」にし、林彪を唯一の副主席、毛沢東の後継者に仕立て上げるというやり方である。当時の林彪は毛沢東より一四歳若く、劉少奇、周恩来より九歳若かった。政治局常務委員にとどまったとはいえ、劉少奇は序列二位から八位に降格、鄧小平は七位から六位へ上がったものの、書記処書記の職務に話が及ぶことはなかった。両人とも事実上、政策決定集団から排除され、中央の日常活動を主管することはもはやなくなった。一九六七年一月一一日には政治局常務委員会への出席資格をはく奪されている[96]。一方、陶鋳、陳伯達、康生、李富春が新たに政治局常務委員に加わった。それまで政治局候補委員だった陳伯達と康生は「文化大革命」を断固として支持し、理論的貢献を果たすと同時に、実践的組織者としても「活躍」した。そのおかげで中央指導部の中核メンバーに大抜擢されたのである。一九六九年四月の九全大会になると、今度は「引き算」がおこなわれ、政治局常務委員は五人（毛沢東、林彪、周恩来、陳伯達、康生）にまで減っている。また、この全体会議では、公安部長の謝富治が政治局候補委員と書記処書記に加えられ、「文革急進派（江青グループ）」の重要メンバーになっていった。

一九六七年の『紅旗』誌の社説では、この八期十一中全会の「偉大な歴史的功績」を次のように述べている。「今まで以上に毛沢東思想の絶対的権威を打ち立てた」「毛沢東思想の紅旗を高々と掲げ、毛主席のプロレタリア階級革命路線を最も忠実かつ堅実に、徹底して実践してきた林彪同志を全党の副統帥として確立した」「これによって毛主席をリーダーとするプロレタリア階級司令部はさらに強固に打ち固められ、資本主義の道を歩む党内最大の実権派を首領にいただくブルジョア階級司令部は敗北した」「わが党およびわが国の命運、ならびに国際共産主義運動の今後にとって、はかり知れない意義をもたらした会議であった」[97]。

毛沢東は「中央メンバーのシャッフル」というやり方で、「文化大革命」の発動のみならず、それをとことんまで貫徹する組織的保証を得た。八期十一中全会の閉会式では「今回の組織改編（政治局員、候補委員、書記処書記、常務委員の改編）により、会議で採択された『十六カ条』やコミュニケを着実に実行する体制ができた」[98]と述べている。

毛沢東は、八期十一中全会で個人的に大きな勝利を得た。「十六カ条」という「文化大革命」の政治路線を確立し、人事改編によって組織的基盤を固め、今まで以上に全党の上に君臨する存在になった。しかし、この個人的勝利は、全面的な政治的内乱という多大な犠牲を中国共産党に支払わせることになった。

この会議の重要な任務は、毛沢東の後継者を劉少奇から林彪に替えるという、「文化大革命」期で最初の「指導部メンバーの大々的シャッフル」をおこなうことにあった。その後、毛沢東は死の直前（一九七六年）まで後継者のすげ替えと「メンバーのシャッフル」を繰り返すことになる。

一九四九年の革命勝利以降、とくにソ連でフルシチョフが台頭するようになってから、毛沢東は後継者選びについて思案をめぐらし、また、具体的に提起もしてきた。一九五六年の第八期中央委員会第一回全体会議では次のように述べている。「政治局は方針立案所（設計院）であり、わたしがその主席であり統帥である。副統帥、つまり総書記は劉少奇同志で、彼がわたしの第一の後継者である。二番目は鄧小平同志である」[99]。そこから十年たった今回の第十一回全体会議ではこの案を放棄し、林彪を後継者として指名したのである。ところが四年後、林彪は毛沢東と衝突し、完全に敗北することになる。毛沢東は新たな後継者として王洪文を指名せざるを得なくなった。しかし、王洪文が江青と結託して「四人組」を構成するのを見て、今度は鄧小平を再起用し、一九七六年にはその鄧小平を再度打倒して華国鋒を後継者としたのである。

これはスターリンのやり方と非常によく似ており、全国代表者大会もしくは中央委員会全体会議での投票によって最高指導者を選出するという「党規約」の規定に反する、非制度的なやり方である。きわめて恣意的かつ個人的であるがゆえに不安定かつ不透明で、「後継者は誰なのか」という疑心暗鬼がうず巻く危機的状況を常態化させる。これは、毛沢東時代の中国政治における重要な特徴の一つになった。

八月一二日の全体会議の閉会式で、毛沢東は「来年（一九六七年）の適当な時期に第九回全国代表者大会を開催することになるだろう。中央政治局はその準備をする必要がある」[100]と提起している。この時点で第八期中央委員の任期は十年に及んでおり、五年任期という党規約の規定をはるかに超えていた。毛沢東はこれについて何の説明もしていない。結局、九全大会は一九六九年四月まで開かれなかった。

毛沢東はさらに、八期十一中全会で決定したことが正しいか正しくないかは今後の実践を見なければならない、とわざわざ強調した。また、「『十六カ条』に書いてあることを、すべての党委員、すべての同志が実行すると思ってはならない。それを望まない人というのは常にいるものだ」[101]との警告を党内に発している。当時の党中央および各級党組織の中には「文化大革命」を理解できず、消極的な人が多く存在した。「文化大革命」を始めれば反対する者が出てくることは、毛沢東にとっても自明のことであった。言うなれば毛沢東は強引に多数意見を抑え込み、しかもそれを当然のことと考えたのである。八期十一中全会は歴史的誤りであり、これにより、空前の政治的内乱の幕が本格的に切って落とされた。それは「今後の実践」を見れば明らかである[102]。

八期十一中全会閉幕後、毛沢東は、林彪の主宰で翌一三日に中央政治局常務委員会第一回拡大会議を開催することを決定した。もともとこの会議では劉少奇批判を継続する予定だったが、劉少奇は実質的に打倒されており、現在の主要な危機、最大の「邪魔者」は鄧小平であるとの林彪、江青らの認識から、鄧小平批判に議題が改められた。林彪は鄧小平の問題は「敵味方の間の矛盾」であるとして、その職務停止を決定した[103]。中央政治局常務委員である鄧小平を常務委員会拡大会議で批判し、なおかつ職務を停止するというのは明らかな党規約違反である。

この会議の講話で林彪は次のように言っている。「数カ月大騒ぎをやり、人々を眠れなくさせ、すべての『妖怪変化』を一掃し、ブルジョア階級を代表する人物およびブルジョア階級の学術的権威を打倒しよう。一群の人たちの官職を免じ、一群の人たちの官職を引き上げ、一群の人たちの官職を保護しなければならない」[104]。毛沢東と林彪にとっての「文化大革命」の政治目的とは、そもそもの始めから、党と軍と国家を乱す大内乱にあったことがわかる。劉少奇、鄧小平の打倒は、「文化大革命」のさしあたっての政治目的に過ぎず、政治的内乱の出発点でしかなかったのである。

三、紅衛兵運動の発動から 一九六六年一〇月の中央工作会議まで

「上から下へ」「党内から党外へ」というのは、毛沢東が繰り返し発動してきた政治闘争の基本的な手法である。八期十一中全会で党内上層部の「政治的コンセンサス」を形成した後は、各級党組織を飛び越えて直接全国に向かって強烈な政治的メッセージと動員命令を発し、「社会全体のコンセンサス」を得る必要が毛沢東にはあった。一九六六年八月一八日、天安門広場でおこなわれた一〇〇万人集会で、軍服に身を包んだ毛沢東がはじめて紅衛兵に接見した。その場で、先の全体会議で決定された新指導部人事が公表されると、全国および全世界に衝撃が走った。

林彪はこの大会の講話で「四旧」打破を謳った[105]。「北京の紅衛兵は率先して街頭に打って出て、『四旧』すなわち、古い思想、古い文化、古い風俗、古い習慣を徹底的に破壊し、『四新』すなわち、新しい思想、新しい文化、新しい風俗、新しい習慣を樹立しなければならない」というものである。その後、中央の主流メディアは連日、北京の紅衛兵による「四旧」徹底破壊のニュースを伝え、最大限の賛辞をおくった[106]。

毛沢東は八度にわたって全国各地の紅衛兵のべ一三〇〇万人以上と接見し、党と政府機関を飛び越え、自身が直接コントロールできる世論や宣伝手段を使って「文化大革命」の準備・発動・ピークという流れをまたたく間に完成させた[107]。林彪と中央文革小組の公然たる扇動の下、各地の紅衛兵が「四旧」打破と称して学校、文化施設、政府機関および全社会を攻撃した。中国数千年の歴史を誇る文化遺産は未曾有の破壊に遭い、交通および物流システムは機能停止に陥り、大量の物資が行き場を失って山積みになっていた。郵便と電信は不通もしくは中断され、工場は生産停止か減産、あるいは生産秩序の大混乱を強いられ、ほとんどの党政府機関が攻撃によ

って深刻なダメージを被り、正常に機能できなかった。突如として、中国は「天下大いに治まる」状態から「天下大いに乱れる」状態へと転落していったのである[108]（コラム6－1）。

コラム6－1　社会秩序を攪乱した紅衛兵（一九六六年八月～一九六七年一月）

一九六六年八月一八日、毛沢東、林彪がはじめて紅衛兵に接見する。その夜、紅衛兵は「四旧」破壊を名目に故宮襲撃を準備、周恩来は直ちに故宮閉鎖の指示を出す。

八月二四日、北京中学紅衛兵が各民主諸党派の本部に「最後通牒」を突きつけ、二四時間以内に一切の組織を自主的に解散し、新聞紙上に声明を発表すること、さもなければ紅衛兵の手で解散をおこなうと要求した。この日、人民芸術家として親しまれた老舎が虐待され、太平湖で自死を遂げている。また、全人代常務委員で武漢大学学長の李達も迫害死を遂げている。

八月二六日、北京市の中学および大学の紅衛兵が連絡ステーションを設立。同日、青島市の大学高専の学生が市委員会を襲撃し、幹部を殴打する。

八月二七日、首都大学高専紅衛兵司令部（第一司令部）が発足。

八月二九日、北京市の某中学の紅衛兵がソ連大使館前の「揚威路」を「反修路」と改名し、二〇万人規模の命名大会とデモ行進を挙行する。周恩来は大使館への侵入禁止指示を出す。翌日にかけてデモ隊の数はのべ四〇万人に達する。

八月下旬、パンチェン・ラマ一〇世を中央民族学院に拉致監禁。

八月末、全国重点文物保護単位である杭州の霊隠寺を襲撃、周恩来は霊隠寺を当面封鎖する指示を出す。

九月二日、蘭州市、西寧市などで一部の紅衛兵が第二機械工業部（核開発担当）管轄の極秘工場に侵入し、経験交流集会をおこなう。

九月五日、党中央、国務院は「地方の中学および大学の革命的学生、生徒、教職員代表を組織して北京に文化大革命運動の参観に来させることに関する通知」を出し、地方の学生が勇躍首都にかけつけることを呼びかける。同日、首都大学高専紅衛兵本部（第二司令部）が発足。

九月六日、首都大学高専紅衛兵造反総司令部（第三司令部）発足。

九月七日、経験交流のため首都にかけつけた地方学生が三四万人を突破。

九月二四日、上海での経験交流に参加した北京の紅衛兵が、数百名のブルジョア階級分子、資本家分子のデモ（見せしめデモ）を企てるも、周恩来によって阻止される。

九月二六日、北京市内三四の中学紅衛兵と地方学生が北京市を「東方紅市」に改名するべく、二七日に命名大会の開催を呼びかける。周恩来が事前にこれを阻止する。

九月二七日、黒竜江省合江地区労働改造分局紅衛兵が経験交流をおこない、「司令部を砲撃せよ」大会の開催を呼びかける。

八月下旬から九月下旬にかけての四〇日間で、三万三六九五戸の家探しをおこない、一七七二名の死者を出したと、北京の紅衛兵が公表。

一〇月の中央工作会議（二五日）までに全国の混乱が激化し、数多くの工業交通企業の指導グループが機能不全または半機能停止状態に陥り、生産指揮系統の崩壊と経済建設の停滞局面を招来することになる。

一〇月七日、黒竜江の省紅衛兵交換手が同省党委員会および公安庁の首都への長距離電話を盗聴。同日、新疆の学生が農業開拓部で騒動を起こす。

一〇月一八日、ハルビン工業大学の紅衛兵が天安門前の観閲台に「打倒劉少奇」の大横断幕を掲げる。同日午後、清華大学に「修正主義分子劉少奇を打倒せよ」と題する大字報が貼り出される。

一〇月二一日、北京地質学院と北京航空学院が五〇万～一〇〇万人規模の「命にかえても毛主席を守ろう」大会を天安門広場で開催しようとするが、周恩来によって阻止される。

一〇月二六日、周恩来は「地方の経験交流に参加する学生の人数を一五〇万人前後に抑えるのはよくない、むしろ二〇〇万人、三〇〇万人の学生を組織せよ、というのが毛主席の意見だ」と提起。

一〇月二八日、鄭州大学の学生が中南海に乱入する。

一〇月三〇日、人民大会堂で老紅衛兵（保守派）と造反派が激突、周恩来がこれを制止する。

一〇月末、国家経済委員会副主任執務室に乱入。

一一月初め、山東省党委員会書記の譚啓龍が地元紅衛兵によって北京に拉致される。天安門広場で一〇万人規模の批判闘争大会とデモが計画されるが、周恩来がこれを制止。

一一月九日、王洪文らをリーダーとする「上海労働者革命造反総司令部」が発足。翌一〇日早朝、上海市近郊の安亭駅で線路に横臥し、三一時間にわたって貨物列車の運行を妨害。

一一月一四日、安徽省造反派が同省党委員会幹部の李葆華、李任之に対して連続で批判闘争大会をおこなう。

一一月二八日、四川省成都市の紅衛兵が請願で上京。

一二月三日、周恩来が北京外国語学院の一二の大衆組織代表と接見。

一二月四日、彭真、劉仁、万里、林默涵、夏衍、田漢、許立群らが紅衛兵に捕捉・拉致される。

一二月六日、林彪が中央政治局拡大会議で今次革命を「あらゆる領域を席巻するものでなければならないし、あらゆる領域に浸透させねばならない」と述べ、積極的に全国を巻き込んでいくことを提起。また、林彪、康生、陳伯達、江青、張春橋、王力らが、周恩来、陶鋳、李富春、余秋里、谷牧らによる鉱工業企業での「文化大革命」展開に関する「報告要綱」を批判。会議後、党中央は陳伯達らが起草した鉱工業および農村での「文化大革命」に関する二つの文書を下達し、工業、交通、金融、貿易、農業、科学技術研究などの分野で「文化大革命」を進めるよう指示を出す。

一二月下旬、北京航空学院の学生が彭徳懐を成都市まで護送する。周恩来は北京に連れ戻して保護するよう指令を出す。

一二月二五日、清華大学の蒯大富ら五〇〇〇人余りが天安門広場で「劉少奇、鄧小平を頭目とするブルジョア階級反動路線を徹底的に粉砕する」決意表明大会を敢行。

一二月二七日、北京の大学高専の造反派約一〇万人が労働者運動場で「劉少奇、鄧小平を頭目とするブルジョア反動路線を徹底的に粉砕する」大会を敢行。

一二月三〇日、国家経済委員会造反派の赴広州が薄一波の吊るし上げをおこなう。周恩来は、薄一波を北京で保護するよう命じる。

一二月三一日、軍事院校（士官学校）の学生が陳毅、葉剣英を批判、周恩来はこれに異議を唱える。

一九六七年一月一日、北京鋼鉄学院の学生が冶金部部長の呂東の罷免を要求してハンストをおこなう。

一月三日、党中央弁公庁造反派が劉少奇、王光美らに対する第一回批判闘争大会をおこなう。

一月六日、清華大学「井岡山」紅衛兵が王光美（劉少奇の妻）を「娘（劉平平）が交通事故で足の骨を折った」というデマで中南海からおびき出し、清華大学で批判闘争を受けさせる。後に周恩来の関与で王光美は解放される。

同日、北京の軍事院校造反派が清華大学などの大学高専紅衛兵と「反党で軍の権力簒奪をたくらむ賀龍グループを徹底的に打倒する連絡委員会」を結成。

一月七日～八日、四〇〇〇～五〇〇〇人の学生が中南海を包囲し、劉少奇、鄧小平、陶鋳、そのほか幾人かの中央指導者（譚震林、陳毅、李富春、李先念など）に批判闘争を受けさせることを要求。

一月中旬～下旬、造反派が中央政治局常務委員だった陳雲の家を家宅捜査。

一月九日、紅衛兵が賀龍（中央政治局員、元帥）宅を占拠し、賀龍糾弾闘争を要求。

一月一〇日、大慶油田の労働者一万人が油田を離れて上京。

一月一二日、江青にそそのかされた中南海の造反派が劉少奇、鄧小平、陶鋳の官邸に押し入り、包囲吊るし上げをおこなう。

一月一六日、毛沢東が中央連絡会議で「左派」大衆の奪権闘争を称賛し、重要機関の管理接収はすばらしいと発言。

一月の間に各地で惨殺された主な党、政府、軍の幹部は以下の通り。雲南省党委員会第一書記兼昆明軍区第一政務委員・閻紅彦（八日）、海軍東海艦隊司令官・陶勇（二一日）、石炭工業部部長兼党委員会書記・張霖之（二二日）、山西省党委員会第一書記兼省長・衛恒（二九日）など。

資料出典：中共中央文献研究室編『周恩来年譜（一九四九－一九七六）』下巻、五〇～一一五頁、北京、中央文献出版社、一九九七。金沖及主編『周恩来伝』（四）、一八五二～一九一〇頁、北京、中央文献出版社、一九九八。

紅衛兵運動に対して、党中央には二つの異なる見方と対策が存在した。一つは毛沢東、林彪および中央文革小組の主張であり、大胆に大衆運動を展開し、プロレタリア階級の「大民主」を実行し、「天下大乱」の道をさらに推し進めるというものである。

もう一つは、周恩来、陶鋳および国務院、中央軍事委員会の主だった指導者の主張で、社会秩序を維持するために紅衛兵運動の行きすぎを阻止し、正常な生産秩序を保って、重要機関および軍隊への攻撃を禁止するというものである。周恩来、陶鋳、李富春は、突如沸き起こった社会的動乱を鎮静化させるため、政治局常務委員として一連の措置をとることを決定した（コラム6－2）。**たとえるなら、前者は火の勢いを煽る「火つけ部隊」、後者は「鎮火部隊」と言える。しかし、「文化大革命」の炎はますます盛んに燃え広がり、より深刻な結果をもたらすことになった。**一九七九年一一月、鄧小平は「林彪や『四人組』の時代におこなわれていたのは事実上の無政府主義である。そうした状況で経済建設などできるはずもなかった」[109]と当時をふりかえっている。また、ハリー・ハーディングは「毛沢東の第二次革命（『文化大革命』を指す）は、第一次革命（新民主主義革命を指す）の成功にはるかに及ばず、明確な指導思想もなければ、新たな方針施策を実行する統一組織も生まれなかった。旧来の政治権力を打倒した後に残ったものは、見渡す限りの混乱であった」[110]と評している。

コラム6－2　社会秩序を維持しようとした周恩来らの取り組み（一九六六年八月～一九六七年一月）

一九六六年八月二三日、周恩来は国務院機関の「文化大革命」についての十カ条の意見をまとめるが、毛沢東は「必要なものは一カ条もない。こんな十カ条がなくても『十六カ条』があるではないか」として批准に反対する。

八月二九日、紅衛兵が章士釗の住居を家宅捜索し、章士釗はこれを毛沢東に手紙で報告した。毛沢東は翌日、「保護を与えるべきだ」と指示した。周恩来はこれを受けて保護すべき幹部の名簿を作成した。その中には宋慶齢なども含まれていた。

八月三一日、陶鋳が周恩来の指示に基づき、党中央および国務院名義の「文化大革命におけるいくつかの具体的問題についての通知（草稿）」を起草し、党と国家の重要部門、機密部門および単位を断固として保護することを提起。翌日、毛沢東がこれを批判したため、通知は発行されなかった。

九月一日、毛沢東と林彪が紅衛兵と二回目の接見をおこない、林彪は講話で「諸君を熱烈に支持し、諸君への弾圧に断固として反対する」と発言。

九月三日、周恩来は中央政治局常務委員会拡大連絡会議を主宰し、「紅衛兵に関するいくつかの意見」と題する未定稿を討議にかける。陶鋳、陳毅らはこれに賛成したが、康生、姚文元の反対で採択されなかった。

九月七日、毛沢東が「労働者、農民に学生運動への口出しは無用であると言い聞かせよ」という指示を出す。

九月九日、周恩来は西安工業学院のハンスト学生代表と対話し、ハンストを中止して直ちに医者にかかるよう言い聞かせる。

九月一五日、毛沢東と林彪が紅衛兵と三回目の接見。林彪は講話で「諸君の闘いの大きな方向性は常に正しく、毛主席と党中央は断固として諸君を支持する。かの資本主義の道を歩む実権派やブルジョア階級の反動的権威といった吸血鬼や寄生虫どもはことごとく諸君にやっつけられて周章狼狽している」と発言。

九月二二日、あまりにも多くの党と政府の幹部が際限のない吊るし上げと批判にさらされ、恣意的に罷免される状況について、周恩来は「現在の党中央および国務院の正副部長のうち、すでに三六名が停職謹慎処分にさせられた」と指摘。

九月二四日、二六日、周恩来と陶鋳は連名で毛沢東、林彪に手紙を書き、一部の地区で紅衛兵の無法行為が頻発している状況を報告。

九月の一カ月間を通じて江青は「妥協主義、折衷主義」として周恩来を批判、一〇月一日の『紅旗』誌第一三期に「毛沢東思想の大道を前進しよう」との社説を発表し、折衷主義を批判した。

一〇月五日、林彪の提起に基づき、中央軍事委員会、人民解放軍総政治部は「軍事院校におけるプロレタリア文化大革命に関する緊急指示」を出し、軍事院校は旧来の党委員会指導の下でつくられたあらゆる規則を撤廃し、一般の大学高専と同様に「文化大革命」を展開しなければならないとした。同日、党中央はこの指示を「全国の県級以上の中学と大学のすべてに適用」し、「断固として徹底的に実行しなければならない」とした。

一〇月上旬、党中央は一カ月にわたる学生の経験交流を大々的に推し進めることを決定。

一〇月九日、周恩来は清華大学の八つの大衆組織代表と接見し、王光美（劉少奇夫人）に対する紅衛兵の批判闘争をやめるよう呼びかける。

一〇月下旬、周恩来は、国防部、国防科学技術委員会、公安部などの重要部門に紅衛兵を乱入させてはならないと提起。

一〇月三一日、周恩来の認可を経て、党中央と国務院が「鉄道運輸の秩序維持に関する緊急通知」を発表。鉄道運輸は目下混乱状況にあると指摘した上で、経験交流にあたって学生をもっと計画的に組織すること、人数を適切にコントロールすること、「列車の運行を断じて妨害、阻止してはならない」ことを要求。

一一月二日、党中央と国務院は「地方から上京した革命的教師と学生、紅衛兵を秩序だって離京させる緊急通知」を発表。

一一月四日、周恩来は党中央を代表し、およそ国家の統治機能に関わる部門、機密に関わる重要部門や放送宣伝部門、中央および中央の首脳部局については、革命的経験交流の実施を例外なく禁止するとの文書を起草。

一一月一五日、党中央と国務院は「革命的教師と学生の革命経験交流実施の問題に関する通知」を発表し、全国各地の革命的教師・学生と紅衛兵が北京および各地で経験交流を実施するために列車、船舶、自動車に乗って移動することを、一一月二一日から翌年の春まで一時的に中止する決定を出す。

一一月一七日、周恩来は、分隊クラス以上の軍幹部およびベテラン兵士約一〇万～一一万人を選出し、紅衛兵三〇〇万人の軍事訓練にあたらせるという北京軍区の計画に同意する。

周恩来の指示に基づき、谷牧が、生産を止めて革命をやることや、学生が工場に押しかけて経験交流をおこなうことなどを禁止した「工業交通企業の文化大革命実施に関する若干の規定」を起草するが、陳伯達と中央文革小組の激しい非難にあう。これを受けて毛沢東は、鉱工業企業の労働者は時期とグループを分けて「文化大革命」に参加すればよいと提起。

一一月二〇日、周恩来は、北京市党委員会が公布した「工場、鉱山、学校およびそのほか諸機構、諸単位において、勝手に拘置所や法廷を設けて、私的に逮捕拷問をおこなうことは国の法律と党の規律に違反する行為であり、いかなる場合も認められない」とする「重要通報」を全国に配布するよう指示。

一一月、一カ月を通じて、浙江、福建、新疆、雲南、吉林、河北などの各省や自治区で学生大衆が公安機関を襲撃し、公安幹部が死傷する事件が頻発する。これを受けて周恩来は二四日、いついかなる時も公安機関の正常な職務が妨げられるようなことがあってはならず、公安機関に乱入する大衆は即刻退去させなければならないとする決定を出し、中央各部局および省・市・自治区の党委員会に電報で周知させる。

一一月二六日、周恩来は、成都地質学院の「東方紅公社」「八一紅旗戦闘大隊」が保管する武器を接収するよう中央軍事委員会に指示を出す。

一二月一日、周恩来の審査を経て党中央と国務院は、北京および全国各地で経験交流をおこなっている革命的教師・

学生および紅衛兵は一二月二〇日までにもとの地区に戻らなければならないとする「大学および中学の革命的教師と学生が革命経験交流を実施する問題についての補足通知」を発表。

一二月二日、周恩来は毛沢東に手紙を書き、新華社のニュース原稿「文学芸術界プロレタリア文化大革命大会、首都で開催」の発表については慎重を期するよう提言(この記事は彭真、陸定一ら一五名の北京市党委員会文化部門の幹部を名指しで批判しており、中央文革小組はすでに内容を可決し、林彪もこれに同意していた)。毛沢東は手紙を受け取ると具体的人名を削除。

一二月六日、周恩来は上海から上京した人から、上海の大規模武闘で数人の死者が出たという報告を受け、上海から来た学生と対話をおこなう。

一二月一四日、周恩来は成都の「労働者造反団」と二度にわたって会談し、個人ばかりに目先を向けるのではなく、もっと大局的視点をもつべきだと指摘。

一九六七年一月一一日、朱徳、葉剣英、徐向前らは、毛沢東主宰の中央政治局会議の席上で、軍隊の安定の維持をそろって強調。同時に、党中央、国務院、中央軍事委員会は、各地の重要機関で軍事管制を実施し、銀行の保護については人民解放軍と公安部が一切の責任を負うとする「銀行保護に関する通知」を発表。

一月一三日、周恩来の主導で中央政治局会議は「プロレタリア文化大革命における公安工作の強化に関する若干の規定」(いわゆる「公安六カ条」)を採択。

一月一四日、周恩来の支持の下、党中央は「闘争の矛先を軍隊に向けることを禁止する通知」を発表し、何人たりとも、またいかなる組織であっても人民解放軍を攻撃することは許さないと強調。

一月二一日、毛沢東は、「人民解放軍を派遣して『左』派の広範な大衆を支持すべきである。いわゆる『不介入』は見せかけで、とっくに介入してしまっている」と林彪に指示。

一月二三日、党中央、国務院、中央軍事委員会、中央文革小組は「人民解放軍は左派大衆を断固支持することに関する決定」を共同で発表。

一月二四日、周恩来は在京および上京した人民解放軍軍事院校の代表と接見し、大字報を出すことはかまわないが、騒ぎを起こしてはならないと指摘。

一月二五日、周恩来は財政貿易系の造反派と接見し、奪権の対象はあくまでも文化大革命上の権利であり、業務については主に監督権だけであることを重ねて強調。徐向前は林彪への手紙で軍隊の安定を提言し、林彪は徐向前、陳伯達、聶栄臻、葉剣英、楊成武らとともに中央軍事委員会命令（七カ条）を立案し、毛沢東に送付。

一月二六日、周恩来は新疆の造反派代表と接見。同日、天津造反派による市委員会幹部の拉致行為を批判。国務院、中央軍事委員会は「民間航空系統を軍隊が接収管理することに関する命令」を発令。

一月二八日、周恩来は中央政治局常務委員会、中央文革小組連絡会議を主宰し、中央軍事委員会の「八カ条命令」（革命派の支持や行動規範などを定めたもの）を討論する。

一月三〇日、周恩来は、浙江省軍区に乱入した「浙江革命造反聯合総司令部」所属の大衆に自主的撤退を要求。

一月、統計によると、紅衛兵運動発生からこの時点までで周恩来は計一六〇回以上、北京および全国各地から上京した紅衛兵および大衆組織代表と接見している。

資料出典：中共中央文献研究室編『周恩来年譜（一九四九－一九七六）』下巻、五一一～一一二〇頁、北京、中央文献出版社、一九九七。金沖及主編『周恩来伝』（四）、一八五二～一九一〇頁、北京、中央文献出版社、一九九八。

一九六六年八月下旬、毛沢東の同意を経て、中央政治局常務委員会拡大連絡会義（碰頭会）が組織された。[111]中央文革小組の全メンバーが参加し、周恩来がこれを主宰した。九月六日の周恩来主宰「中央連絡会議」には、陶鋳、康生、李富春といった政治局常務委員のほかに、謝富治（政治局候補委員）、葉剣英（政治局員）、陳毅（同）、汪東興、周栄鑫らが参加している。[112]ここからもわかるように、中央政治局常務委員会の従属組織であった中央文革小組が、中央政治局常務委員会拡大会議の一部になり、しかも劉少奇、朱徳、鄧小平、陳雲の四人は常務委員であるにもかかわらず「中央連絡会議」から排除され、ますます脇に追いやられることになったのである。

やがて「中央連絡会議」は、中央政治局常務委員会および政治局そのものに取って代わるようになる。これは、中央文革小組が中央の政策決定に本格的に参与するようになったことを意味する。**中央文革小組は、毛沢東に「忠実」な政治的代理人として一貫して政策決定にかかわり、さらにはその政策を実行することになったのである。しかし、「中央連絡会議」自体、なんら党規約に合致する組織ではなく、制度的手続きとしてはまったく正当性のないものであった。**

八月三〇日、党中央は、陳伯達の病気療養期間中もしくは出張期間中、中央文革小組の組長は副組長である江青が務めるという通知を出した。明らかにこれは、八期十一中全会で確定できなかった江青の党内における指導的地位について、補修手続をおこなったものである。この結果、中央委員ではない江青が中央文革小組の中心に座り、「文化大革命」の旗振り役としての大義名分を得ることになった。翌一九六七年四月一二日の中央軍事委員会拡大会議での講話で、江青は次のように言っている。「わたしは長年毛主席の秘書を務めてきましたが、昨年からは政治局常務委員も兼ねることになりました。中央文革小組全体が常務委員会の秘書集団であり、歩哨役であり、参謀役でもあります。すなわち、毛主席はじめ、林彪同志、周恩来同志、中央常務委員の同志たちに建議するのがその仕事です」。さらに、「陳伯達同志は自身のことを『取るに足らない一庶民』と言っておりましたが、わたしなどもっと取るに足らない存在です」とも言っている。実際、「文化大革命」の十年間、江青は毛沢東夫人という特殊な立場に依拠して、中国共産党内の「特権的人物」になった。これは毛沢東による入念な人員配置であり、江青がいなければ「文化大革命」の発動がうまくいくこともなかった。こうした事実と歴史的教訓に基づき、一九八二年の第十二回全国代表者大会で可決された新たな「党規約」では、いかなる指導者も個人的独裁をおこなってはならず、組織を凌駕する権限を自己に付与してはならない、という条項が明記されることになった（第十六条）。

九月一〇日、劉少奇は毛沢東に自己批判書を送った。そこではまず、六月一日以降に自らがとった方向性の誤りおよび路線的誤りに対する自己批判があり、一切の責任は自分自身にあると述べられていた。さらに、それ以前の誤りについても自己批判している（一九六二年二月の西楼会議問題や、鄧子恢の農地管理責任制を支持した問題、一九六四年末の中央工作会議での誤りなど）。ここで彼は誤りの原因を四点挙げている。第一に、「文化大革命」に対する無理解、「内乱と大民主を恐れ、大衆が決起して自分たちに反対することを恐れ、反革命分子の台頭を恐れた」こと、第二に、「プロレタリア文化大革命の情勢と先行きを読み誤った」こと、第三に、「ブルジョア的世界観が本質的に拭い去れずにいた」こと、第四に、「毛沢東思想の学習不足、理解不足」であり、これが最も重要だ、というものである。また、「林彪同志は各分野においてわたしよりもはるかに優れており、わたしなど足元にも及ばない優秀な同志が党内にはたくさんいる」と心にもないことを述べてもいる。

同月一四日、毛沢東は劉少奇に手紙を書き、「自己批判書を読んだが、基本的に非常によく書けており、まじめなものである。とくに後半の部分（原因分析の部分）がよい。政治局、書記処、工作組、北京市党委員会、中央文革小組の各同志に配布して、討議に付すのがよいだろう」と述べた。

しかし、一六日に康生が毛沢東あてに劉少奇を陥れる手紙を書き、その中で「劉少奇同志が安子文、薄一波らに『自主出獄』を求めた（一九三五年の）決定に、わたしは長い間疑問を持っていました」「当時獄中にいた一部の人間は、もともと『党を裏切って命を保つ』か、あるいはそれを計画していたかですが、劉少奇同志の決定はこうした者の反共・反党行為を合法化するものです」と誣告した。[113]

一〇月九日から二八日にかけて開催された中央工作会議では、「ブルジョア階級反動路線」批判が主要議題になった。この時、毛沢東は劉少奇の路線的誤りを批判するだけでなく、「劉少奇との相違は、一九四七年の土地会議、一九四九年の天津講話、一九六五年の山西省の合作社をめぐる論争、王光美を大いに持ち上げたこと、北京での会議の開催など、さかのぼれば彼がわたしに何の相談もなしにやった多くのことに端を発している」として、彼に対する「積年の恨み」を晴らそうとした。また、鄧小平に対しては「会議が始まればわたしから離れたところに座り、一貫してわたしを無視した。一九五九年以降六年間、彼の報告というものを聞いたことがない。どうやらわたしに対して『耳をふさいでいる』ようだ」と非難した。さらに、陳伯達は「劉・鄧の路線的誤りは、ブルジョア階級という社会的基盤に根差している」「党内に資本主義の道を歩むひとつまみの実権派が存在している。加えて世界観の変革をまったくおこなっていないか貫徹できていない連中が相当数いるおかげで、この誤った路線に対する需要が党内にある程度存在した」と発言し、劉少奇、鄧小平を攻撃した。政治局候補委員で国務院副総理兼公安部長だった謝富治（かつては鄧小平の部下だった）も「鄧小平同志は三十年間『一貫して正しかった』というイメージがあり、党内に絶大な影響力を持っている。今回のブルジョア階級反動路線批判への抵抗がかくも大きい理由は、彼のこの影響力と無縁ではない」[114]と鄧小平批判の先頭に立っている。

劉少奇、鄧小平の二人は自己批判を迫られると同時に、「文化大革命」の政治闘争がこれ以上拡大せず、犠牲者が自分たちだけで済むことを願った。[115]なお、毛沢東はこの会議の講話で、「どうやらこれまで人を信頼しすぎたようだ。中央で一線、二線という形（劉少奇、鄧小平が中央の日常的活動の責任を負い、毛沢東は後方に退くという体制）を設けたが、独立王国（劉少奇、鄧小平、彭真、陸定一を指す）がたくさんできて、自分の意見は北京ではまったく通らなくなった」と、「文化大革命」を発動した理由に言及している。

「文化大革命」に対しては、当初から党内に異なった見方が多く存在し、その正当性と合法性には絶えず疑義がはさまれてきた。だからこそ、毛沢東はこの中央工作会議を開いて党内のコンセンサスを勝ち取ろうとしたのである。毛沢東は「『文化大革命』に火をつけたのはわたしだ。あっという間にその火は燃え盛る炎となった[116]」と語っている。

中央工作会議の期間中、党内における劉少奇批判は紅衛兵の知るところとなった。一〇月一八日、地方から来た紅衛兵が天安門前の観閲台に「打倒劉少奇」の大横断幕を掲げ、同じ日の午後には清華大学で「修正主義分子劉少奇を打倒せよ」と題する大字報が貼り出された。これには毛沢東本人も驚き、「行きすぎ」と感じたのか、二五日にはこの種の大字報を街頭に貼り出すのは好ましくない、誤りを許すことも必要だと言っている[117]。ただ、この時点で、毛沢東が「文化大革命」を発動した目的が劉少奇、鄧小平の打倒にあることは全国、ひいては全世界の周知の事実になっていた。

一〇月二五日、林彪は中央工作会議で正式に「劉・鄧路線批判」を展開した。「中央の幾人かの同志、すなわち劉少奇、鄧小平の両同志は、毛主席の路線とは相反する別の路線を実行した。それは彼ら自身によって始められた[118]」とするものである。これは疑いなく、いまだ政治局常務委員の職にある劉少奇、鄧小平に「政治的な死」を宣告するものであった。一九八七年、鄧小平は当時をふりかえって、「文化大革命」がどれほどの災厄であるか、あの時に嫌というほど認識した、と語っている[119]。

この一〇月の中央工作会議は、「文化大革命」の進展と拡大にとって一つの転換点とみなされている。すなわち、これが三度目（一度目は五月の中央政治局拡大会議、二度目は八月の八期十一中全会）の「文化大革命」発動宣言であった[120]。政治的内乱はここから、文化、教育および党・政府の指導機関の枠を超え、国民生活に関わるあらゆる領域へと急速に拡大することになり、党内の「政治闘争」はまたたく間に全国レベルの「一大政治革命」へとエスカレートしていった。破壊とそれがもたらすダメージも、同時にますます深刻の度合いを深めていった。

この中央工作会議で、劉少奇と鄧小平の問題を割合スムーズに解決することができたため、毛沢東は当初より早い時期に「文化大革命」を終息させる考えを提起している。「『文化大革命』の火をつけたのはわたしだが、あっという間に数カ月がたった[121]」と語った毛沢東だったが、当初の想定では、「十カ月か、あるいはもう少し長くやる必要があるかもしれない[122]」としていた。この言葉通りだとすれば、一九六七年の春節か三月末までには「文化大革命」は終息していただろう。ところが実際は、終わるどころか新たな「高揚期」に入り、毛沢東本人の予想をも裏切って十年の長きにわたり続くことになったのである。

「文化大革命」は、それ自身のロジックで発展してきた。階級闘争の進展に伴って階級の敵が多く生み出され、ますます階級闘争の必要に迫られる。階級の敵を打倒しても、また新しい敵が登場してくる。この終わりのない循環こそ、毛沢東の階級闘争理論のロジックであり、「文化大革命」の発動と指導に関わる実践的ロジックだったのである。

劉少奇と鄧小平は中央政治局常務委員の職にはあったものの、一九六六年一〇月末以降は基本的に党と国家の指導に携わることはできなくなった。同年一二月、党中央は謝富治をリーダーとする「王光美（劉少奇夫人）特別査問グループ」の立ち上げを決定した。矛先が直接、劉少奇に向いていたのは明らかである。劉少奇は依然として国家主席であったが、憲法の規定に基づいて主席としての職務を実行することはもはや不可能であった[123]。**このような「人治」は、「文化大革命」によって必然的にもたらされたものであると同時に、「文化大革命」が十年も続いた政治的要因にもなった。**

当時の指導者の中で、この問題の深刻さを本当の意味で認識していたのは劉少奇のみである。なぜなら、劉少奇は中華人民共和国初の憲法制定（一九五四年）に携わった一人だったからである。「中華人民共和国憲法草案に関する報告」で、彼は次のように述べている。「憲法は国家の根本をなす法律であり、すべての人民および国家機関はこれを遵守しなければならない。すべての国家機関は憲法を順守し、憲法の実施を保証するという点において特別な使命を有する」[124]。憲法を破壊すればどのようなことになるか、彼はその深刻さを理解していた。彼は進んで国家主席の職を辞することで、一日でも早い「文化大革命」の終息を望んだ。自分を打倒すれば「文化大革命」の目的は達せられると思っていたのである。

一九六七年一月一三日、劉少奇は何度も申し出た末、ようやく毛沢東と会談する機会を得た。そこで彼は、責任は自分がすべてかぶると申し出て、多数の幹部に累が及ぶのを防ぎ、党のダメージを最小限に食い止めようとした。同時に、「文化大革命」の早期終結を願って国家主席および中央政治局常務委員などの職を辞し、故郷に「隠居」する意向を申し出た[125]。大局的な見地に立って個人よりも全体の利害を優先させ、恥辱を省みず責任を取って早期に身を引く決断をした劉少奇の偉大さが、この会談から垣間見える。**劉少奇は自らを犠牲にして、「文化大革命」を終わらせるチャンスを毛沢東に与えた。しかし、毛沢東はその申し出をきっぱりと拒絶し、誤りを正すチャンスを自ら逃してしまったのである。**

四、「全面的奪権」から「二月逆流」への反撃まで

劉少奇を事実上打倒した毛沢東が、なお「文化大革命」を終わらせなかったのはなぜか。劉少奇もほかの指導者も、この点をまったく理解できなかった。劉少奇と会談する前の一九六六年一二月二六日、毛沢東は自身の誕生パーティーに中央文革小組のメンバーである江青、陳伯達、張春橋、王力、関鋒、戚本禹、姚文元の七人を招待し、なぜ「文化大革命」を発動したのかという点について突っ込んだ説明、すなわち「政治的伝授」をおこなっている。それは、「党と国家機構の中にブルジョア階級を代表する人物が存在し、彼らは党の各級指導部の地位にあって影響力を行使し、なおかつ党内で多

数派を占めている。資本主義、封建主義とまったく変わらない、ソ連修正主義とも大差ない古い体制がわれわれの中に温存されている。これを根絶やしにすることが目的である」というものである。これが、中国の政治や国情に対する、一貫して変わることのない毛沢東の基本認識だった。彼の構想は、既存の国家機構を破壊し、別のものに取って代えるというものであり、古い国家機構、古い方法、古い秩序、古い制度、古い規律をすべて新しいものにつくり変えるというものであった。このパーティーで毛沢東はさらに「**プロレタリア『文化大革命』は、ブルジョア階級、とりわけ党内におけるその手先との全面的死闘である**[126]」**と述べ、全国的かつ全面的な階級闘争の前祝いとして乾杯した。**この時の毛沢東は、党や国家機関の官僚層との「全面的死闘」を繰り広げる決断をしていたのであり、最後までそれをやりぬく決意をもっていた。こうして一九六七年が始まるや否や、「全面的奪権」と「全面的階級闘争」の新たな高揚が中国で巻き起こることになった[127]。

翌一九六七年一月四日、中央文革小組メンバーの陳伯達、康生、江青らは、中央政治局常務委員会の討議を経ずに勝手に講話を発表し、政治局常務委員で中央文革小組の顧問である陶鋳を「中国最大の保皇派」「ブルジョア階級反動路線の忠実な実行者」であると一方的に宣言した。罪名をねつ造し、政治局常務委員序列第四位の陶鋳を突然打倒したのである。これに続いて、元党中央中南局第一書記で中央文革小組副組長の王任重、全軍文化革命小組組長で同じく中央文革小組副組長の劉志堅、人民解放軍総政治部主任の肖華が相次いで打倒された[128]。

また、上海では「一月の嵐」が展開され、張春橋、姚文元の指示と策略に基づき、王洪文をリーダーとする造反派が上海市党委員会を「打倒」した。この上海「一月奪権」は毛沢東の同意と支持を得たものである。毛沢東は、党中央、国務院、中央軍事委員会、中央文革小組に手紙を書き、この上海の奪権を公に支持するよう直に要求している。毛沢東は「**資本主義の道を歩む党内のひとつまみの実権派から権力を奪い返すことは、プロレタリア独裁の下での『一つの階級が別の階級を打倒する大革命』、すなわちプロレタリア階級の手でブルジョア階級を消滅させる革命である**[129]」と公然と呼びかけた。一月二二日、『人民日報』は社説「プロレタリア革命派は団結して資本主義の道を歩む実権派から権力を奪い返そう[130]」を発表した。これは毛沢東の「文化大革命」が大衆レベルへの浸透の段階から各地区組織の奪権の段階に突入したことを表しており、これによって、各地方の党委員会や地方政府は、制度的・法律的根拠のまったくない「革命委員会」という組織に取って代わられることになった。当時、中央では各部および個別の委員会を除き、ほとんどの機関がその実権を奪われ、管理・接収された。これに対して毛沢東は、避けられないことだったと言っている。「**われわれの政府は、旧体制から引き継いだ膨大な人材の下に少数の幹部をあてがっているような組織であり、労働者や農民が革命によって勝ち取った政府ではない。**これでは封建主義、修正主義が出てきても防ぐことができない」というわけである。[131]

一月一一日、中央政治局会議で劉少奇、鄧小平、陶鋳、陳雲ら四人の政治局常務委員と賀龍（国務院副総理、中央軍事委員会副主席）の中央政治局会議出席資格がはく奪された。[132]これは事実上、中央政治局常務委員会の改編であり、これにより、メンバーは一一人から七人に減った。いわゆる「タケノコの皮をむく政策」の第二弾であり、中央委員、とくに中央政治局の一群のメンバーを「剥いで捨てる」ものだった。当然ながら、これは「党規約」第十六条に反する。

二月上旬からは毛沢東の指示により、北京中南海の懐仁堂に中央政治局員、国務院や中央軍事委員会の主だったメンバー、そして中央文革小組のメンバーが招集され、周恩来の主宰で党および政府の実務について討議する連絡会議がおこなわれるようになった。この懐仁堂連絡会議は、当時の党中央、政府、軍が合体した一種の政策決定機関であり[133]、中央政治局および政治局常務委員会に代わってその役割を果たすことになった。周恩来と「連絡会議」は毛沢東ただ一人の指導下にあったため、党の集団指導体制はすでにその機能を停止していた。

次に毛沢東は、「プロレタリア文化大革命中の公安工作強化に関する若干の規定」（略称「公安六カ条」）を前面に出し、憲法や法律に代わる役目をもたせようとした。一月一三日に党中央と国務院より発せられた「公安六カ条」では、「反革命分子は法により処罰される」「毛沢東同志と林彪同志を攻撃・誹謗する者はすべて反革命の現行犯として、法により処罰される」「武闘を厳禁し、反革命分子が経験交流会に参加し、自分たちの組織をつくることを許さない」「大民主の運動を利用して反動的言論をまき散らしてはならない」といったことが規定されていた。[134]のちに「公安六カ条」は、党指導部もしくは人民に対し、いわゆる「プロレタリア独裁」を実行する際の重要な「法的根拠」になった。特別検察庁の調査からも明らかなように、林彪や江青が単に不満に思っただけで、その人間は「害毒を流した」罪で逮捕され、実刑判決が下された。その数は全国で一〇万人を超える。「中央文革小組を砲撃した」などの罪をでっち上げられて冤罪になった事件は、上海では二四万九〇〇〇件起きており、その巻き添えになった人は一〇〇万人を超えると言われている。[135]

さらに、地方における「官僚行政体系」を粉砕した。上海の「一月奪権」から一九六八年九月の「全国の山河は一面の真紅」まで、まるまる二十カ月かけて各地に「革命委員会」が設立された。この二十カ月は、「文化大革命」が引き起こされて以降、党、国家および軍隊が最も混乱した、複雑で困難きわまる時期だったとされる。[136]

「文化大革命」による大規模な混乱局面が出現すると、さすがに毛沢東も軍隊の介入を要求せざるを得ず、一九六七年一月、人民解放軍は「三つの支持、二つの軍事（左派支持、工業支援、農業支援、軍事管制、軍事訓練）」[137]を開始することになった。軍隊を利用して全国の情勢を鎮静化し、コントロールすることは必要なことだった。しかし、政治運動に介入した結果、軍隊内部が二手に分裂し、批判と衝突を繰り返す状況が生じることになった。各地方の党および政府組織はことごとく奪権・改編されて機能停止状態に陥っていたため、ほとんどの国家および地方政府組織は軍がコントロールする状況になっており、大部分の政府責任者が軍から選ばれた。二九のうち二二の省・市・自治区では、軍の指導者が「革命委員会」主任もしくは党組織の責任者になった。一九六九年の九全大会になると、中央委員会二七九人（中央委員一七〇人、候補委員一〇九人）の半数近くが軍隊出身者で占められた。[138]同年七月一四日、毛沢東は軍の指導者に「三つの支持、二つの軍事」をやった理由を次のように説明している。「当時は党も政府もまったく話にならない状況だった。唯一、人民解放軍のみが任務に耐えうる組織として機能し得た」[139]。まさに**「軍をもって党に代える」「軍をもって政府に代える」という異常な時期だったのである。**

一九六七年一月に劉少奇の申し出を拒否した毛沢東だったが、歴史は再び「文化大革命」を終息させるチャンスを与えることになる。**二月、党中央内で冷静かつ健全な力を保持していた部分が、大きな政治的リスクを伴うのを覚悟の上で、身を挺して中央文革小組との全面闘争に集団決起したのである。これは、「文化大革命」で生じたさまざまな誤りを正すよう、毛沢東に求める闘いでもあった。ここに再び、毛沢東、林彪、中央文革小組と、中央政治局多数派との間に政治闘争が勃発することになった。しかし、毛沢東は党内における特権的地位をフルに活用し、林彪、江青の二大グループと結託して今回も勝利を収め、反対者たちはかつてない深刻なダメージを被ることになった。**

この政治闘争が引き起こされた事実上のきっかけとして、「すべてを打倒せよ」と騒ぎ立てることに対する毛沢東の不満があったと言わなければならない。奪権闘争の過程で「プロレタリア独裁を徹底的に改善せよ」というスローガンが提起されたが、毛沢東はこれを反動的なスローガンだと考えた。自分は無政府主義を主張した覚えはない、「すべてを疑い、すべてを打倒せよ」とは言っていないとして、無政府主義を批判し、「行きすぎた『左』」には反対するのが正しい」[140]としたのである。二月上旬には中央政治局常務委員会拡大会議を立て続けに開催し、「全面的奪権」の闘いに見られる「行きすぎた『左』」に対して不満をあらわにし、中央文革小組を批判した。多くの政治局員は毛沢東のこうした態度に強い共感を示した。文革小組のやり方への不満と今回の毛沢東の態度が、政治局員たちの江青グループ打倒の思いに火をつける結果になったのである[141]。

二月一一日、周恩来主宰の中央連絡会議の席上で、中央政治局員だった葉剣英は「上海の臨時権力機構を『上海人民公社』という名前にするというが、こんな重大な、国家体制に関わるような改名を、政治局での討議もおこなわずに勝手に決めるとはいったいどういうつもりか」と発言し、さらに「君たち（中央文革小組）は党と政府をかき乱している。どういうつもりだ」と陳伯達に詰め寄った。徐向前も「軍隊はプロレタリア政治権力の支柱である。これをかき乱すということは、支柱がいらないということか」と詰問し、聶栄臻は怒りをあらわにして「子供を吊るし上げ、家族を巻き添えにし、古参幹部を残酷に迫害しておいて、さらに追い打ちをかける、良心のかけらもないやり方ではないか」と訴えた[142]。

翌一二日、毛沢東は張春橋、王力らと会談し、「党はやはり必要である。われわれ共産党が党は不要だなどと言うことはできない。人民代表大会は開かねばならないし、国務院は国務院のままでなければならない」と言い、さらに「『上海人民公社』の名称を改め、『上海革命委員会』にする」と語った[143]。

一六日の中央連絡会議では、譚震林、陳毅、葉剣英、李富春、李先念、徐向前、聶栄臻の七人の政治局員および軍事委員会指導部のメンバーが「文化大革命」の誤ったやり方を激しく批判した。

当時の党上層部で争点となったのは、（一）「文化大革命」に党の指導は必要か、（二）「文革」期に軍の安定を図るべきか、（三）古参幹部をことごとく打倒すべきか、という三点に集約される。「今後十年、あるいは二十年、『文化大革命』の後遺症に悩まされることになるだろう」とは陳毅の意見である。譚震林は張春橋に対し、「君たちの目的は古参幹部一人一人を徹底的に打ちのめして、一掃することだろう。これほどまでに残忍な闘争は、党の歴史になかったことだ」と語り、林彪にあてた手紙では「江青は則天武后よりも凶悪である。あれほど悪辣な手法は今まで党内で見たことがない[144]」と激しく非難した。林彪はすぐにこの手紙を毛沢東に送っている[145]。林彪グループと江青グループはグルになって上述の指導者たちの正しい意見を「二月逆流」と言いなし、朱徳、陳雲も誤った批判を受けることになった。江青の策略の下、張春橋、姚文元、王力が「二月一六日懐仁堂会議紀要」を取りまとめ、張春橋、姚文元の二人がこれを毛沢東に報告した。毛沢東は一九日早朝に会議を招集し、譚震林らが「転覆」「（資本主義の）復活」をやろうとしている、と断罪した。これは中央文革小組に対する反乱であると考え、「『文化大革命』を否定しようというなら、やってみるがよい[146]」と怒りを爆発させている。周恩来は毛沢東をなだめ、状況を十分に掌握できなかったことを自己批判した。毛沢東は「『文化大革命』が敗北すれば、林彪とともに井岡山にこもりゲリラ戦をやる」[147]とまで言っている。何が何でも「文化大革命」をやり抜く決意だった毛沢東が、ほかの指導者の反対意見など許すはずがなかったのである。

毛沢東は「二月逆流」に対する反撃の先頭に立った。数人の古参幹部を打倒し、中央文革小組を党中央の代わりに据えた。二月一九日には、陳毅、譚震林、徐向前ら三人の政治局員の職務停止を決定し、自己批判を要求した。また、二月二五日から三月一八日にかけて中央政治局生活会議を招集し、周恩来の主導で七人の政治局メンバー（譚震林、陳毅、葉剣英、李富春、李先念、徐向前、聶栄臻）に対する批判をおこなった。江青は「連中の狙いは劉少奇、鄧小平の復活である！古参幹部を擁護することは、ひとつまみの裏切り者やスパイを擁護することだ」と攻撃、康生は「二月逆流」を八期十一中全会以降に生じた最も悪質な反党事件だとした上で、「クーデターの予行演習」「資本主義復活の予行演習」と結論づけた。陳伯達は「今回の闘争は二つの司令部の闘争の延長線上にある」[148]と言っている。こうして古参幹部が政治の中心から一掃されることになった。「タケノコの皮をむく政策」第三弾である。中央委員会全体会議や全国代表者大会の審議を経ずに、中央政治局は実質的に活動を停止することになった。毛沢東の指示により、中央連絡会議は中央文革連絡会議に改められ、引き続き周恩来が主宰した。これには政治局のメンバーが部分的に参加し、国務院副総理や中央軍事委員会の指導部も参加したが、事実上、中央文革小組が中央政治局に取って代わることになったのである[149]（コラム6－3）。

コラム6－3　中央文革小組が実質的な党中央になっていく過程（一九六六年五月～一九六九年四月）

一九六六年五月二八日、党中央は中央政治局常務委員会直属の下部組織として「中央文化革命小組」の発足を宣言。中心メンバーは陳伯達、江青、康生、張春橋、姚文元ら。

七月中旬、中央文革弁公室が発足。中央文革小組は主に学術界、教育界、文芸界、メディアおよび出版業界に関する事項を管轄する組織であり、「文化大革命」の状況を中央に報告する責任を負うが、指示を出す権限はないと定める。

七月二四日、陳伯達は北京放送学院での講話で、江青のことをはじめて「中央の責任ある同志」と称す。

八月一日～一二日、中央文革小組の全員が第八期中央委員会第十一回全体会議に出席し、陳伯達と康生が中央政治局常務委員に選出される。

八月八日、林彪は中央文化革命小組との接見で、この小組および文化革命委員会は臨時的な組織ではなく、長期的に存続するものであると発言。

八月一八日、毛沢東らによる紅衛兵との一回目の接見。同日、新華社通信は「毛主席と林彪、周恩来、江青らの同志がそれぞれ学生代表と接見」と報道し、江青がほかの政治局常務委員より上の四番目に名前を連ねた。

八月下旬、毛沢東の指示により、中央政治局常務委員会拡大連絡会議が結成され、中央文革小組の全メンバーがこれに参加、主宰者は引き続き周恩来。これ以後、中央文革小組の全員が中央政治局会議に出席する。

八月下旬、陳伯達が肺炎で入院。三〇日に党中央は通知を出し、陳伯達の休養中および今後出張などで北京を離れる際は、中央文革小組の組長を第一副組長である江青が代行するとした。

一一月二八日、陳伯達は「首都文学芸術界プロレタリア文化大革命大会」の講話で、江青を「文芸革命の旗手」と言い、反動派および反革命修正主義分子との不撓不屈の闘いで特筆すべき役割を果たしたと称賛。同日、中央軍事委員会は江青を人民解放軍文化工作顧問に任命。

一九六七年一月二日、華東問題と大学および中学の学生・生徒に対する軍事訓練について中央連絡会議で討論がおこなわれ、江青、張春橋、王力、姚文元らも会議に出席。以降、中央文革小組の主要メンバーが中央連絡会議に出席することになる。

一月初め、陶鋳、王任重、劉志堅らが江青と陳伯達に名指しで批判され、中央文革小組から除名される。

一月一一日、毛沢東の指示に基づき「上海市の各革命造反団体に与える祝賀電報」という文書が発布される。党中央、国務院、中央軍事委員会、中央文革小組の四組織の連名で文書が出されるのはこれがはじめてで、これは、中央政治局常務委員会の下部組織であるはずの中央文革小組が党中央と同列の組織に格上げされたことを意味する。これ以後、四組織連名の文書が全国に向けて発表されることになる。同日、中央軍事委員会は全軍文化革命小組の組織再編に関する通知を出し、徐向前が全軍文革小組の組長に、江青が顧問に就任。

一月から二月にかけて、中央文革小組の下に王力を組長とする文芸組が設けられ、党中央宣伝部宣伝組、文化部に取って代わる。

二月二日、周恩来は陳伯達、江青および文革小組への手紙で、文革を主とする中央連絡会議とは別に、中央政治局常務委員の四同志（周恩来、陳伯達、康生、李富春）を中心に、副総理（陳毅、李先念、譚震林、謝富治）および葉剣英を加えたもう一つの連絡会議を発足させることを提言し、江青もしくは中央文革小組が指名する同志の参加を要請。二月四日、毛沢東は手紙でこれを却下。

二月一六日、毛沢東は中央文革小組を書記処と同等に扱い、党と国家の重要課題についてはまず中央文革小組で討議するよう、張春橋を通じて周恩来に伝える。

二月一九日早朝、中央政治局拡大会議の後、毛沢東は「中央文革小組のやっていることは八期十一中全会の精神にのっとったものであり、誤りはわずか一〜三％程度のもので、九七％は正しいものだ。これに反対する者は誰であろうと認めない」と発言。

二月二五日〜三月一八日、毛沢東の提案により懐仁堂で七度にわたる「政治生活批評会」が開かれる。この後、中央政治局（中央書記処を含む）は活動停止状態になり、事実上、中央文革小組が中央政治局および書記処に取って代わるようになる。党と国家の重要事項を処理する場として、もともと周恩来の主宰でおこなわれていた中央連絡会議（各副総理、関係諸部門の幹部も参加）も、中央文革連絡会議に取って代わられる。これにより、中央文化革命小組は中央政治局常務委員会の下部組織から党中央の上に君臨する特殊な組織へと変質したが、主要メンバーの江青、張春橋、姚文元らは依然として中央政治局常務委員会の委員ではなかった。

四月一二日、江青は中央軍事委員会拡大会議の席上で、中央文革小組全体が政治局常務委員会の秘書集団であり、同時にその番兵、参謀の役割も果たすと発言。

七月、この時点で中央文革連絡会議に参加していたのは、周恩来（主宰者）、陳伯達、康生、江青、張春橋、姚文元、謝富治、楊成武、呉法憲、葉群、汪東興の一一人。

一九六八年一〇月一三日から三一日にかけて、中央文革小組のメンバーが第八期拡大第十二回中央委員会全体会議に出席。この時期に中央文革連絡会議に参加していたのは、周恩来、謝富治、黄永勝、呉法憲、葉群、汪東興、温玉成および文革小組の主要メンバー五人（陳伯達、康生、江青、張春橋、姚文元）を加えた一二名。主宰者は依然として周恩来。本来、中央政治局が主管すべき党中央の日常活動を実質上、中央文革連絡会議がおこなっていたことになる。連絡会議参加者のほとんどは第九回全国代表大会（九全大会）後に中央政治局のメンバーになった。

一九六九年四月、九全大会後、毛沢東の指示により、中央文革小組の主要メンバー二名が中央政治局常務委員になり、四名が政治局入りしたことをもって、中央文革小組は自動的に解散となる。

資料出典：中共中央文献研究室編『周恩来年譜（一九四九－一九七六）』下巻、五一頁、五七頁、一〇六頁、一一二頁、一二二頁、一二九頁、一三〇頁、北京、中央文献出版社、一九九七。閻長貴「江青はいかにして英雄に祭り上げられたか」、『党史博覧』二〇〇五年第一期。尹家民「毛沢東と中央文革小組の発足」、『党史博覧』二〇〇六年第一期。「党第八期拡大十二中全会コミュニケ」一九六八年一〇月三一日、呉法憲『歳月艱難—呉法憲回憶録』三三三頁、香港、香港北星出版社、二〇〇六。

三月、毛沢東は来たる第九回全国代表大会で「劉少奇を引き続き中央委員にするつもりだ[150]」と語っている。しかし、これはその場の話だけに終わってしまった。同月に康生と江青が、薄一波ら六一人を「裏切り者集団」とする冤罪事件（六一人叛徒集団事件）をねつ造して世間を驚愕させたが、これが劉少奇を打倒する最も強力な「政治的砲弾」になった。劉少奇が党中央北方局書記だった一九三六年、薄一波ら六一人は国民党の規定にのっとって「自首」出獄した。この出獄は当時の党中央の指示と組織的決定に基づいておこなわれたものであり、「裏切り」でも「転向」でもなかった（劉少奇がそれを画策した事実もない）という結論を党中央はとっくの昔に出していたのである。

四月一日、「愛国主義か、売国主義か——反動映画『清宮秘史』を批評する」と題する戚本禹（中央文革小組メンバー）の文章が『人民日報』に掲載され、劉少奇を「いかなる意味でも『古参革命家』ではなく、『偽革命家』『反革命』であり、われわれの傍らに眠るフルシチョフ」だと指弾した。また、この時はじめて毛沢東は劉少奇を「資本主義の道を歩む党内最大の実権派」だと公に規定し、政治的に「死刑」を宣告した。

五月八日、『紅旗』誌および『人民日報』編集部は、毛沢東の承認を経て、「『修養』〔訳注：『共産党員の修養を論ず』という劉少奇の著作を指す〕の本質は反プロレタリア独裁」という一文を公表、その冒頭で「『修養』は資本主義の道を歩む党内最大の実権派の代表作であり、反マルクス・レーニン主義、反毛沢東思想の大毒草である[151]」と論断した。この時期の両誌は、八月六日に毛沢東の「司令部を砲撃せよ」を公表し、一七日には「この資本主義の道を歩む党内最大の実権派は、正真正銘の日和見主義分子であり、わが党に紛れ込んだブルジョア階級の手先である」、さらに「毛主席は長い闘いを通じてその腹黒い野心を見抜き、党内に大きな危険と災いの種がひそんでいることを決して見逃さなかった[152]」というふうに、劉少奇批判の論陣を張っている。当時、政治局常務委員にして国家主席という地位にあった劉少奇の権利は、本来なら「党規約」や「憲法」によって守られてしかるべきものである。しかし、すでにあらゆる権利を奪われて久しい劉少奇は、自分に対する査問状況を知ることも許されなかったし、抗弁の機会さえ与えられなかった。ほかの指導部の権利も同じようなものだった。政治局常務委員会や政治局会議、あるいは中央委員会全体会議を開催し、劉少奇問題について正式に議論したり採決をとったりということがまったくない状況で、中央メディアが好き勝手に、しかも公然と中央政治局を批判していたのである。

劉少奇を公然と批判し、完膚なきまでに打倒することは、毛沢東にしてみれば政治的勝利だったかもしれない。しかし、党と国家の制度はこれにより深刻なダメージを被り、「党規約」も「憲法」も空文化されてしまった。これは劉少奇個人にとどまらない、党と国家の歴史的悲劇である。一九六八年一〇月三一日の第八期拡大第十二回中央委員会全体会議で、劉少奇の永久追放と党内外の一切の職務停止が正式に決定されたが、これは単なる事後手続に過ぎず、例の「先に斬首して事後に上奏する」という非制度的なやり方にほかならなかった。

五、「全面的内戦」から紅衛兵運動の解消まで

批判闘争の対象にされたため、周恩来の保護を受けた中央および国務院の部長、副部長あるいは主任クラスの数は一九六七年前半で約三二人、各大軍区や省市党委員会の幹部は約二〇人に上る。

七月二〇日、「武漢七・二〇事件（謝富治、王力に対する監禁事件）」が勃発し、関鋒、王力らは、八月一日の『紅旗』誌第一二期の社説で「軍内部のひとつまみの走資派を引きずり出せ」と、公然と呼びかけた。また、林彪、江青一派は「全面的内戦によりすべてを打倒せよ」と大々的に煽りたて、「文攻武衛（文で攻め、武で防衛する）」という武闘挑発のスローガンを提起した。八月七日には公安部部長の謝富治（政治局候補委員兼国務院副総理）が公安部全体の幹部職員大会で「公安部、検察院、法院（裁判所）をすべて叩き潰せ」と提起した。ここに至って、全国レベルの武闘が急激にエスカレートしていった。一九六七年の七月から九月の三カ月は、「文化大革命」の混乱が最高潮に達した時期である。しかし、毛沢東は、プロレタリア「文化大革命」はこれ以上ないほどうまくいっており、情勢は今までのどの時期よりもよい、という認識を崩さなかった。林彪も現在の混乱は正常かつ必要なものだと考えていた[153]。また、『毛沢東語録』が李劫夫の作曲で歌になって発表されると、国中のいたるところで歌われるようになった。

この時期、全国各地の「文化大革命」の状況を把握するため、毛沢東は華北、中南、華東の各地に視察に出ている。八

月二五日に中央軍事委員会副秘書長で人民解放軍総参謀長代理の楊成武の報告を聴取し、一晩熟慮した上で、王力、関鋒、戚本禹を中央文革小組から追放する決定を下した[154]。

「各地の大衆組織は革命的大連合を実行し、正しく幹部に向き合わなければならない」。毛沢東は、混乱がいつまでも続くことを望んでいなかった。彼は、「文化大革命」は「発動に一年、勝利に一年、後始末に一年」の計三年で完結するという見通しを出していた[155]。しかし、**「文化大革命」の発動は容易だったが、その収拾は至難の業だった。毛沢東自らがつけた「文化大革命」の火は、みるみるうちに炎となって燃え盛り、もはや消しようがないところまでいってしまった。当時は毛沢東の「鶴の一声」ですべてが決まる時代だったが、その毛沢東でも全国の混乱状況を制御することはできず、「文化大革命」は当初の予想を大幅に超えて十年も続くことになった。毛沢東もこれについて確かな見通しをもつことはついぞできなかったのである。「文化大革命」をやるということ自体がルールのない博打のようなものだった。ルールが仮にあったとしても、それを無視して予想外のカードが切られるという状況であり、こうした情報の不透明性、非対称性自体が「文化大革命」の失敗をあらかじめ決定づけていた。にもかかわらず、『人民日報』『紅旗』『解放軍報』の三紙誌が一九六七年一一月に発表した文章には、「毛主席自らが発動し指導する、人類史上初のプロレタリア文化大革命の偉大な実践」という言葉が躍っていた。**

ハリー・ハーディングは毛沢東の「文化大革命」を次のように評している。「毛沢東は純粋に革命を希求したがゆえに、一九六〇年代の中国が直面していた課題を大きく見誤ることになった。その個人的権威は、社会のさまざまな力を動員することを可能にしたが、それらをコントロールするに足る能力は有していなかった。大衆運動が暴力や派閥抗争、騒乱へとエスカレートしていくにつれ、『ひとたび大衆が決起すれば国家の危機は救われる』という考え方が完全に間違っていると、毛沢東自身も認識せざるをえなくなっていった。『文化大革命』が中国とマルクス・レーニン主義の発展に重要な役割を果たし、持続的に寄与するものになることを望んだ毛沢東だったが、それはかえって晩年における重大な誤りとなってしまった。中国の舵取り役として絶大な能力を持っていたがゆえに、彼個人の悲劇は同時に、国家と民族全体の悲劇になってしまったのである[156]」。

では、われわれはこの「階級闘争をエンジンとする」基本原理をどのように見たらよいのだろうか。一年余りの実践を通じて毛沢東は、「文化大革命」に「合法的」な装いを与え得るような力強い理論体系が必要だと感じていた。**そのために提起したのが「プロレタリア独裁下での継続革命理論」である。**「社会主義という前提の下で、一つの階級が別の階級を覆す革命」「ブルジョア階級および一切の搾取階級の政治に反対するプロレタリア階級の大革命」「中国共産党およびそれが指導する広範な人民大衆と国民党反動派との長期にわたる闘いの延長線上にあるもの」「延々と続くプロレタリア階級とブルジョア階級の闘い」——これらが毛沢東による文化大革命の定義である。**革命戦争期の階級闘争理論がそのまま維持されている。**新中国が成立し、毛沢東自身が国家運営に携わるようになってからすでに十八年がたっていたにもかかわらず、**彼自身は「天下を覆す」革命家のままで、決して「天下を治める」政治家になることができなかったのである。**

一一月六日、『人民日報』『紅旗』誌、『解放軍報』は「プロレタリア独裁下での継続革命理論の要点」（「六カ条」）を正式に発表した（コラム6－4）。陳伯達、姚文元が起草し、毛沢東の承諾を得て上記「官製メディア」に掲載されたものであり、次のような内容を全世界に向けて高らかに宣言するものだった。「マルクスがなし得ず、レーニンも成し遂げるには及ばなかった偉大な任務を毛主席が完遂するだろう。それは、マルクス・レーニン主義のプロレタリア独裁論に対する最も偉大な貢献となり、時代を画する偉大な発展となることは間違いない。この理論はマルクス・レーニン主義が毛沢東思想へと発展していく重要なメルクマールであり、マルクス・レーニン主義発展史上の第三の里程標と称えられるだろう」[157]。この「継続革命」の視点は一九六九年の九全大会「政治報告」にも記載されている。毛沢東「継続革命」論の宣揚は、毛沢東個人に対する評価を極限にまで高めることになった。しかし、かつて本人が言ったように「**物事はすべて行きたい方向の反対側に向かい、吹聴すればするほど、つまずきもひどいもの**[158]」になったのである。

コラム6－4　毛沢東「プロレタリア独裁下での継続革命理論」の要点

(一) マルクス・レーニン主義の「対立物の統一の法則」を用いて社会主義社会を洞察しなければならない。社会主義社会には二種類の矛盾が存在する。すなわち、敵味方間の矛盾と人民内部の矛盾である。前者は非和解的であり、後者はそうではない。

(二) 社会主義という歴史的段階においては、まだ階級が存在し、階級矛盾や階級闘争も存在する。また、社会主義と資本主義という二つの路線をめぐる闘争も存在し、資本主義が復活する恐れがある。資本主義の復活を防ぐため、あるいは「和平演変（外からの武力によらなくとも、平和的手段で社会主義が内部崩壊する）」を防ぐためには、政治・思想戦線における革命を徹底的に実行しなければならない。

（三）プロレタリア独裁下の階級闘争も、本質的には依然として政権の問題であり、プロレタリア階級は各文化領域も含めた上部構造の構築にあたって、ブルジョア階級に対する独裁を実行しなければならない。

（四）社会には二つの階級、二つの道をめぐる闘争が存在し、必然的にそれは党内にも反映される。資本主義の道を歩む党内のひとつまみの実権派は、党内におけるブルジョア階級の代弁者なのである。「われわれの傍らに眠る」フルシチョフ式人物に十分に注意をはらい、徹底的に暴露と批判をおこない、一掃することによって、政権転覆の企みを粉砕しなければならない。

（五）プロレタリア独裁下の継続革命における最重要課題は、プロレタリア文化大革命を実施することである。プロレタリア独裁の下での大民主の方式により、下から上へ、存分に大衆運動を展開しなければならない。プロレタリア階級と革命派は大連合を組み、革命的大衆、人民解放軍、革命的幹部の「三結合」を実現しなければならない。

（六）思想分野におけるプロレタリア文化大革命の基本綱領は「私心と闘い、修正主義を批判する」ことである。プロレタリア文化大革命は人々の魂にふれる大革命であり、人々の世界観についての問題を解決するものである。

資料出典：『人民日報』、『紅旗』誌、『解放軍報』編集部「十月社会主義革命が切り開いた道に沿って前進しよう」一九六七年一一月六日。

「文化大革命」は経済成長に「外側から打撃を与える」ものであり、経済攪乱の直接的要因となった。国家計画委員会は一九六五年九月に「第三次五カ年計画（一九六六〜一九七〇年）原案」を策定し、この期間に工業と農業の総生産額を毎年平均九%伸ばすとして、一九七〇年の到達数値目標を次のように設定した。（一）食糧生産量二億二〇〇〇万〜二億四〇〇〇万トン、（二）綿花生産量八八〇〜九六〇トン、（三）鋼生産量一六〇〇万トン、（四）石炭産出量：二億八〇〇〇万〜二億九〇〇〇万トン、（五）原油産出量一八五〇万トン、（六）発電量一一〇〇億キロワット時、（七）鉄道貨物輸送量七億トン。もし、「文化大革命」が起こらず、この計画を着実に実行していたなら、中国の経済は急速に発展しただろう[159]。一九六六年、すなわち計画初年度の経済情勢はきわめて良好だった。上半期の全国農工業総生産額は前年同期比二〇・三%増、同じく国家予算に占める投資の割合は二一%、消費財の小売売上高は一一・六%、財政収入は一五・七%、それぞれ増加していた。ほとんどすべての工業製品の経済技術指標が建国以来最高の水準に達していた。[160]

しかし、**「文化大革命」の勃発により、先行き明るい経済情勢はかき乱され、国民経済はたちまち全面的な衰退局面に突入していったのである。**

一九六七年一〇月一日、『人民日報』『紅旗』誌、『解放軍報』編集部は社説で「今次プロレタリア『文化大革命』の損失はごく、ごく、ごくわずかであるが、逆にその成果はきわめて、きわめて、きわめて大きい」という林彪の言葉を掲載したが、これは当時でも最大級の政治的デマゴギーだったと言える。

同月二四日、国務院業務小組は、国民経済への影響は深刻で、工業生産は大幅に下落し、本来のノルマを達成できる状況にはないとの報告を中央に提出した。[161]

一九六七年と一九六八年の全国農工業生産額の伸び率は、それぞれマイナス一〇%、マイナス四・二%と二年連続でマイナス成長となり、主要数値は軒並み下落、全体で一九六六年の九割にも満たない水準に転落している。[162]経済管理機関はすべて、もしくは部分的に機能停止状態で、国民経済を管理するルールや制度は相次いで廃止されていた。交通は麻痺し、物流は滞り、経済生活の正常な秩序は乱され、全国の鉱工業はほとんどが操業停止か半停止状態になり、大量の生産能力が遊休状態になっていた。労働災害も大幅に増加した。財政収入も激減し、一九六七年は前年比二五%減、一九六八年はそこからさらに一四%減少している。市場への物品供給も全面的にひっ迫し、食糧、食用油、豚肉、鶏卵、綿布、自転車、腕時計などの生活必需品や日用雑貨の販売量は、程度の差こそあれすべて減少した。綿布供給を例にとれば、一九六八年の一人あたりの供給量は全国平均でわずか三メートルで、前年と比べても一・五三メートル減っている。

一九六八年末、周恩来の指示により、国家計画委員会は国民経済の混乱局面を打開すべく、「一九六九年国民経済計画要綱（案）」を策定した。政治情勢は一九六九年の九全大会開催をひかえて徐々に安定し、武闘も下火になって社会生活および生産秩序も回復の兆しを見せ始めた。[163]

一九六八年二月の時点で、国務院を構成する各部の部長および副部長はほとんど打倒されるか「左遷」されており、国家機構全体が機能停止状態に陥っていた。周恩来の提出した資料によると、当時の国務院四二部局のうち、まともに仕事をすることができた部長クラスの幹部はわずか九〇人で、全体（二八〇人）の約三割にとどまっていた。しかも、その中でトップクラス（部長、主任）の人間はたった三人で、残りはすべて「左遷」されていた。[164]毛沢東と林彪、そして中央文革小組もこの状況を十分に認識していた。

一九六八年三月下旬、林彪・江青両グループは共謀して「楊成武、余立金、傅崇碧事件（三・二四事件）」をでっち上げた。三月二四日、林彪は人民大会堂で開催された解放軍部隊幹部会議の席上で「最近空軍において、楊成武と余立金が結託して空軍の指導権を奪い、呉法憲空軍司令官を打倒しようとする動きがあった。さらに楊成武は傅崇碧とも結託して謝富治を打倒しようとした」と発表した。同じ日に党中央、国務院、中央軍事委員会、中央文革小組が「毛主席および林副主席の決定に基づき、楊成武、余立金、傅崇碧を解任するとともに、参謀総長に黄永勝、北京衛戍区司令官に温玉成を任命する」との「指令」を発表した。二八日、黄永勝、呉法憲、温玉成らと接見した際に毛沢東は、「軍事委員会弁事組は今後、林副主席が直接統括する。弁事組がすなわち中央軍事委員会であり、軍事委員会常務委員会は開かなくともよい[165]」と述べた。これを機に、林彪は中国人民解放軍を直接指揮することになり、また、黄永勝を軍事委員会弁事組組長に据えることで、直に軍隊をコントロールするようになった。つまり、中央軍事委員会の事実上の消滅である。すべての決定を下したのは毛沢東本人であり、人民解放軍の指揮権を再び林彪に授けたのである。のちの一九七三年一二月二一日、毛沢東は「いわゆる『楊余傅事件』は林彪がやったものだが、わたしは彼の言葉を一面的に信じて誤りを犯してしまった」と後悔をもらしている[166]。一九七九年三月二八日、党中央は「楊余傅事件」の名誉回復を正式決定する文書を発行した。

一九六八年七月二七日、毛沢東の決定で清華大学に派遣された「首都労働者毛沢東思想宣伝隊」が、蒯大富ら造反派の武装抵抗にあい、五人の死者と数百人の負傷者を出した。翌日早朝、毛沢東、林彪、周恩来および中央文革小組のメンバーは、首都における大学高専造反派の「五大領袖」とされた聶元梓（北京大学）、蒯大富（清華大学）、韓愛晶（北京航空学院）、譚厚蘭（北京師範大学）、王大賓（北京地質学院）を緊急招集し、会議をおこなった。毛沢東は彼らを批判して次のように言った。「諸君のしていることは『一に闘争、二に批判、三に改革』ではない。諸君の闘争は武闘だ」「大学紅衛兵の問題を解決するための方法をここに四つ提起する。（一）軍事管制を実施する、（二）一を分けて二となす（対立する二派を隔離する）、（三）闘争、批判の後にすぐに立ち去る、（四）労働者を追い出して自分たちだけで大々的に武闘をやる」。毛沢東は、こうも言った。「学生の重大な、決定的に重大な欠点は、農民から乖離し、労働者から乖離し、軍隊からも乖離していることだ。労農兵から離れるということはすなわち、生産者から離れるということだ[167]」。

七月三〇日にこの談話は「武闘制止問題に関する毛主席の指示の要点」と題して正式に全国に公表された。翌三一日、党中央、国務院、中央軍事委員会、中央文革小組が周恩来による修正を経て「布告」を出し、当時の「内乱情勢」を次のように説明している。「プロレタリア『文化大革命』が次々と勝利を勝ち取っている状況下、ひとつまみの反革命分子が一連の反革命事件を引き起こした。その罪状は次の通り。（一）

鉄道、航空、交通、電信の破壊、(二)殺人、放火、悪辣な宣伝、(三)国家の財産・物資の略奪、船舶・車両・倉庫からの物資の強奪、(四)解放軍の指揮官および戦闘員に対する殴打・殺害、武器の強奪、(五)背後で大衆の武闘を操り、生産活動を破壊したこと、(六)国家の機密資料の簒奪、(七)非合法の無線局の設置や違法な放送、(八)地下反革命小集団および生産から乖離した『武闘隊』を組織したこと、(九)監獄および労働改造農場の襲撃、(一〇)反革命デマゴギーをでっち上げたこと」[168]。一九六八年七月の時点で、「文化大革命」はすでに字義通りの社会的内乱になっていた。指導者が発動し、紅衛兵造反派がそこに加わり、中央文革小組が支持することで生み出された「天下大乱」は、毛沢東の許容範囲さえも超えていた。八月二五日、党中央、国務院、中央軍事委員会、中央文革小組は「労働者宣伝隊の学校進駐に関する通知」を出し、今後、大学をはじめとする全国の学校および教育施設に労働者、軍の宣伝隊を進駐させる決定をおこなった。

六、八期十二中全会と劉少奇の最後

　一九六八年九月一九日、周恩来主宰の中央文革連絡会議で、第八期拡大第十二回中央委員会全体会議（八期十二中全会）の開催が議論され、(一)第九回全国代表大会の開催を準備すること、(二)プロレタリア「文化大革命」の中間総括をおこなうこと、(三)中央革命委員会の問題について実質的のみならず組織的解決を与え、合わせて国家主席の問題を解決することの三点を主要議題とすることが決定された[169]。

　一九六七年一月から一九六八年九月までの二十カ月間にわたる「全面的奪権」闘争により、全国二九の省・市・自治区の主な党と政府幹部のうち六〇人以上が「敵味方間の矛盾」にあると規定され、第八期中央委員会メンバー（候補委員を含む）一九〇人余りのうち八八人、すなわち全体の半数近くが「裏切り者」「スパイ」「外国密通分子」「反党分子」「反革命修正主義分子」というレッテルを貼られ、陥れられた[170]。これは「文化大革命」発動以降、毛沢東が実行した「タケノコの皮をむく政策」の必然的結果であり、それまでを遥かに上回る中央委員会メンバーが「剥いで捨てられた」。そのため、「党規約」の規定に照らすと、党の中央委員会全体会議が開催できない状況になっていた。

　毛沢東や林彪、周恩来もそうした状況に衝撃を受けたのか、八期十二中全会の後、毛沢東の批准を経て矢継ぎ早に文書を出し、攻撃を最小限にとどめ、寛大な教化を施し、誤りを犯した人を適時解放するように、という形で政策的配慮を強調している[171]。一二月に周恩来が作成した九全大会の参加予定名簿に含まれていた現中央委員および候補委員は、朱徳らわずか二〇人に過ぎなかった。「文化大革命」が政治にもたらしたものは、ルールなき「粛清」「淘汰」、さらには「分裂」であったことがここから十分に見て取れる。毛沢東は幹部の解放と「文化大革命」の終息について真剣に考え始め、周恩来は一九六九年三月一六日の九全大会準備会の席上で、さらに多くの古参幹部の解放に言及している。[172]

一九六八年一〇月、毛沢東は拡大八期十二中全会を開催した。主な議題は、(一)第九回全国代表大会参加者選出の原則と方法、(二)党規約の改訂、(三)内外情勢の分析、(四)劉少奇に対する査問報告の採択、の四点だった。会議に出席した一三三人のうち、第八期中央委員および候補委員はわずか五九人で、本来出席すべき数の半分にも満たなかった。半数以上が批判や政治的迫害により会議に出席する権利を奪われていたからである。そこに死去した一〇人も加えると、中央委員の出席者数が会議の成立要件を下回るため、候補委員から一〇人が中央委員に補填された。一九八一年四月の鄧小平の説明によると、中央委員の出席者数は五〇人で、ようやく当初出席人数の過半数を超える程度だった。[173]それに対し、中央文革小組のメンバーや各地区革命委員会のトップ、軍の主だった責任者などは合わせて七四人が参加し、会議出席者の半数以上を占めていた。

全体会議では、林彪、江青、康生らによって「二月逆流」が改めて批判され、陳毅、葉剣英、李富春、李先念、徐向前、聶栄臻らが集中砲火に遭い、朱徳、陳雲も批判を受けることになった。しかし、毛沢東は「『二月逆流』はたいしたことではなかった。党内での活動が許されないというほどのものではない」「古参幹部に対してやるべきは一に批判、二に保護、三に見守ることであり、『二月逆流』の当事者も九全大会には参加すべきである」とした。

今回の全体会議の主要な任務は、中央特別査問小組(組長は謝富治)が提起した「反逆者、スパイ、労働者階級の裏切り者である劉少奇の罪状に関する審査報告」を審議・採択し、劉少奇に対し「党から永久に追放し、党内外の一切の職務を停止する決定」を下すことだった。この査問は事実上、江青が取り仕切った。謝富治も一九六八年二月二六日に「裏切り者劉少奇の件に関して重要な仕事のほとんどは江青同志のほうで掌握している。今後、重要な報告や指示が必要な時は、江青同志に直接提出するように」[174]とコメントしている。五月八日の中央文革連絡会議では、査問小組の提出した劉少奇の資料に毛沢東、周恩来らが疑義をはさんだ。しかしながら、真実がきちんと把握されていなかったため、最終的には査問小組の報告が信用され、党内上層部で真っ先に承認されたのである。[175]明らかに筋が通らない話である。毛沢東や周恩来がなぜ査問小組の報告を了承したのか、今もって謎である。

劉少奇はこの時すでに拘束されており、会議に出席して抗弁する機会を完全に奪われていた。全体会議の採決時に反対を表明したのは陳少敏ただ一人である。一九六九年一〇月一七日の夜、病身の劉少奇は河南省開封市に強制移送され、特別監獄に監禁された。そして、一一月一二日、劉少奇は汚名を着せられたまま失意のうちに世を去り、秘密裏に荼毘に付された。**劉少奇の問題は、中華人民共和国史上最大の政治冤罪事件[176]であり、建国以来のさまざまな政治運動を象徴する事件でもあった。**それは、国家制度の崩壊により、党や国家の指導部でさえ、その公民権と人権に著しい侵害を受けるという、当時の中国政治の特徴をよく表していた。四十年以上の長きにわたって劉少奇と仕事をともにしてきた毛沢東、周恩来も、この点で決して政治的・歴史的責任を免れない[177]。

　歴史が証明しているように、中国の政治や国情に対する毛沢東の分析は、誤りも甚だしいものだった。劉少奇をリーダーとするブルジョア階級司令部も、修正主義路線と言われるものも、党内には存在しなかった。したがって、「文化大革命」の政治綱領もまた極端に間違ったものだったのである。

　この全体会議で毛沢東は「階級隊列の純潔化」を提起し、「確実に、正確に、断固として」それを実行しなければならないとしている。合わせて「脅迫し、自供させ、それを証拠とする」やり方に反対し、自供を軽々しく信用しないよう要求した。北京大学約一万人に対して五〇〇人以上を「捕まえる」というような「階級隊列の純潔化」はよくない、数が多すぎる、というわけである。また、馮友蘭、翦伯賛のようなブルジョア階級の学術的権威に対しては、「闘争の後に保護する」「批判の後に再教育する」「批判の後に登用する」というやり方で、活路を閉ざしてはならないとした[178]。しかし、翦伯賛夫妻は毛沢東の指示が伝えられるのを聞いてから、査問委員会の脅迫に耐えかねて抗議の自死を遂げた。これを知った毛沢東は、北京市革命委員会の主任だった謝富治を厳しく叱責した[179]。

　全体会議の基調は、「文化大革命」を全面肯定することにあった。コミュニケでは「今回のプロレタリア文化大革命は、プロレタリア独裁を強固にし、資本主義の復活を阻止し、社会主義を建設するために絶対に必要であり、きわめて時宜に適ったものである[180]」という毛沢東の講話を最高指示として発表している。毛沢東は劉少奇が打倒されたからといって「文化大革命」を終息させることはなかった。「プロレタリア独裁下における継続革命」を引き続きやるというのが彼の立場であり、その基本的考え方は、林彪が九全大会の政治報告で言及した通りである。すなわち、「文化大革命を実行し、広範な大衆決起を公然と、全面的に、下から上へと発動することで暗黒面を暴き出す。こうしてはじめて走資派に奪われた権力を取り返すことができる。これは事実上、一つの階級が別の階級を覆す一大政治革命であり、必要なら今後何度でもやらなくてはならない[181]」というものである。

　いかなる重大問題も集団的討議なしには決定できないとする「党規約」第十九条に照らせば、一九六六年八月の八期十一中全会で毛沢東が「文化大革命」を引き起こすことはできなかったはずである。たとえできたとしても、のちの八期十二中全会で訂正、阻止されたはずである。しかし、党規約は有名無実化していた。八期十二中全会で劉少奇問題に最終的なけりをつけた毛沢東は、「文化大革命」を翌年（一九六九年）の夏ごろまでに終わらせるという見通しをあらためて立てた。一一月一〇日、海外からの賓客に対し、「かつて政権を取るのに二十二年かかりましたが、今回は三年程度と見ています[182]」と話している。しかし、劉少奇の打倒後、今度は自身の政治的盟友にして後継者でもあった林彪との間に衝突が勃発しようとは予想だにしていなかった。このため、党と軍はより深刻な分裂に陥り、一九六九年の夏を過ぎても「文化大革命」は終わらなかった。毛沢東の階級闘争という「エンジン」は、再び唸りを上げることになったのである。

第三節　第二段階（一九六九～一九七三年）——毛沢東と林彪の死闘

一九六九年の中国共産党第九回全国代表大会（九全大会）から一九七三年八月の同第十回全国代表大会までが「文化大革命」の第二段階であり、毛沢東と林彪が激しい死闘を繰り広げた時期である。

一、九全大会と林彪への権力継承

一九六九年三月九日から二七日にかけて九全大会準備会議が開催され、中央文革連絡会議が招集した各省・市・自治区の革命委員会および各大軍区、中央各部局の責任者合わせて一二八人が参加した。

共産党第九回全国代表大会（九全大会）は四月一日から二四日まで開催され、会議に出席した代表は合計一五一二人だった。末端党組織の多くは依然として崩壊状態にあったため、代表の中には正当な選出手続きを経ずに革命委員会と造反派組織が相談して選出した者や、上級機関が直接指名した者も多数含まれていた[183]。

この大会のキーパーソンは周恩来だった。彼は党内で唯一、各方面に顔がきく政治家でもあった。四月一日、周恩来は毛沢東と相談して大会の議長団を選定した[184]。この議長団メンバーが第九期中央政治局常務委員および政治局員の土台となった。毛沢東を中心に、その左側には林彪グループ、江青グループの重要メンバーが座り、右側には党内の「穏健派」が席を占めた。林彪・江青両グループは互いに主導権を争う関係にあったが、いずれも「文革急進派」という点で共通しており、この「急進派」と「穏健派」という非和解的に対立する二つの政治勢力が、目に見える形で毛沢東の左右に陣取った。毛沢東は開会式の講話で、「この大会が団結の大会、勝利の大会になることを希望する」と語った。一一日には、朱徳らを中央委員に選出するようわざわざ提起している[185]。周恩来は一五日に第九期の中央委員会選挙規約（案）を策定[186]、二〇日の議長団拡大会議では「第九期中央委員会協議名簿案」が可決された。[187]

林彪は党中央を代表して政治報告をおこなった。毛沢東は二月七日、林彪の指導の下、陳伯達が先頭に立ち、張春橋、姚文元らが参加してこの政治報告を作成するよう指示していた。しかし、三月一二日にそれでは間に合わないと判断し、陳伯達とは別に康生、張春橋、姚文元で執筆グループをつくり、それぞれで原案を作成するよう指示した。[188]最終的には張春橋、姚文元の二人が執筆したものを毛沢東が何度もチェックし、修正を加えるという形で作成された。[189]この報告は「文化大革命」に関する毛沢東の理論と実践に合法性を与えるものであり、「プロレタリア独裁下の継続革命理論」の総括をおこなう内容になっていた。同時に、新しい党規約の総則にもこの内容が書き入れられることになった。

この九全大会で、毛沢東はあらためて「文化大革命」を発動した理由を次のように説明している。「中央から工場、機関、学校に至るまで、かつてこれらの組織はすべてわれわれではなく、国民党、ブルジョア知識分子の手中にあり、彼らが背後で操っていた。わたしの見たところ、すべてとは言わないし、絶対多数とも言わないが、指導権が正真正銘のマルクス主義者の手になく、労働者の手中にもない大きな工場がかなり多く存在したのである」。あまりにも恣意的で、事実無根の「為にする」発言であることは明らかであるが、これを「文化大革命」発動の根拠としたのである。毛沢東は同時に、「すべてを疑い、すべてを打倒せよ」という無政府主義的な思潮が大衆の中に存在する一方、この機に乗じて殺人や放火、有害な宣伝を繰り返す連中がいることを認めている。しかし、武闘も含め「大局には何の影響もないと見ている」[190]と語った。

九全大会は、林彪・江青両グループの党中央内での地位をより強固にした。毛沢東は、それまでこの二大グループを大いに重用し、その力に依拠して劉少奇、鄧小平らと対決してきた。林彪グループが「実行部隊」、江青グループが「宣伝部隊」である。林彪は党中央委員会唯一の副主席になったばかりでなく、毛沢東の後継者にも指名された。大会で採択された党の新規約の総則には次の文言が明記されていた。「林彪同志は毛沢東思想という偉大な紅旗を一貫して高々と掲げ、最も忠実に、最も断固として毛沢東同志のプロレタリア階級革命路線を実行し、守り抜いてきた。林彪同志は毛沢東同志の親しい戦友にして後継者である」。[191]八期十二中全会での議論の際、江青と張春橋はこの文言を党規約に入れることを強硬に主張した。毛沢東は「大多数の同志が賛成するなら、書き入れてもよい」[192]と語っている。

四月一四日、周恩来は大会の席上で、林彪を毛沢東の後継者とするに至った歴史的経緯について説明をおこない、建国前と建国後、とりわけ「文化大革命」における林彪の歴史的功績を称えて[193]次のように言っている。「今回のプロレタリア

『文化大革命』中、終始一貫して毛主席につき従ってきた林彪同志は、われわれの偉大な統帥が率いるプロレタリア階級司令部の副統帥たるに恥じない、広範な人民大衆すべてが認める存在である」。また、新規約の総則中の林彪に触れた部分についても「四十年以上にわたる林彪同志の革命的奮闘の中からおのずと導き出された正しい結論であり、完全に事実に合致するものである。林彪同志は全党、全軍、全国の各革命的民族人民、さらには全世界の革命的人民から熱烈な支持を得ている。われわれの偉大な指導者にして当代最高のマルクス・レーニン主義者である毛沢東同志ばかりか、その後継者として誰もが認める林彪同志がわれわれの隊列に存在するというのは、この上ない幸せである」と説明した。周恩来はこの説明を「全党および全国の人民は、毛主席が率い、林副主席が補佐するプロレタリア階級司令部の下に団結せよ」という言葉で締めくくっている。周恩来は毛沢東の意を受けてこの説明をおこなった。一九六七年九月二四日、周恩来が毛沢東のところに出向いて九全大会について議論した際、毛沢東は「後継者は当然ながら林彪だ」と語っている。[194] 客観的に見て、林彪が毛沢東の後継者になるにあたって、周恩来はきわめて重要な役割を果たしている。一九七二年八月、周恩来はこの時期をふりかえって次のように言っている。「当時、林彪が陰謀を画策しているなどとは知る由もなかった。もし知っていたら、あのような話は決してしなかっただろう[195]」。

こうした個人による後継者の選出ならびに指名方法は、一九二一年の結党以来、中国共産党が確立してきた民主集中制の組織原則と指導者選出制度、すなわち全国代表大会と中央委員会全体会議の選挙により党の指導者を選ぶという制度から大きく逸脱するものであった。党創設以来、何度も改訂を重ねてきた党規約に最悪の汚点を記す行為だと言える。皮肉なことに、わずか二年後（一九七一年）、林彪は「親しい戦友」「後継者」から「ブルジョア階級の個人的野心家であり陰謀家」に転落する。[196] 毛沢東殺害を企て、武装クーデターを準備したというのがその罪名である。これにより毛沢東は、第十回全国代表大会を前倒しで開催し（一九七三年）、林彪に関する文言をすべて削除する党規約の再改定を求めざるを得なくなる。

九全大会議長団事務局が提起した選挙手続きに基づき、新中央委員の候補者が選定された。手続きによれば、毛沢東、林彪はともかく、前期中央委員と候補委員から指名される者は五三名を超えてはならないとされていた結果、無記名投票により選出された新中央委員一七〇人および候補委員一〇九人のうち、前期から引き続き再選された者は、全体の二割にも満たない（前期中央委員全体の三割弱）五三人となった。[197] 政府（主に国務院系統）の文官が中央委員に占める割合も大幅に減少し、全体の三分の一になった。一方、軍隊出身の幹部は一二四人と、全体の半数近くを占めた。ちなみに一九五六年の八全大会で選出された軍出身の中央委員は全体のわずか二割弱だった。また、労働者、農民、兵士代表の割合が全体の二割程度にまで増えた結果、中央委員会の教養レベルは明らかに低下した。一九五六年には四割弱だった地方幹部（主に省級幹部）の割合も七割近くにまで上昇した。地方代表の中央政治局員は三人から五人に増え、うち三人（陳錫聯、李徳生、許世友）が大軍区の司令官だった。**党機関の大部分が麻痺し、「文化大革命」の「一切を打倒する」により生じた政治的空白を埋めるために軍隊から人を補充せざるを得なかった毛沢東の苦境を、この中央委員会構成員の軍人比率増大という事実がよく表している。中国で「軍事政党」「軍事政権」が出現した、きわめて特殊な時期だったと言える。**[198]

　第九期中央委員会第一回全体会議で、毛沢東が中央委員会主席に、林彪が同副主席に選出され、政治局常務委員メンバーとして毛沢東、林彪、周恩来、陳伯達、康生が選ばれた。先に見たように、一九六六年八月の八期十一中全会の「シャッフル」では「足し算」が用いられ、政治局常務委員は一一人に増えた。しかし、今回は「引き算」により、わずか五人にまで減少した。八期十一中全会時の政治局常務委員から六人が「引かれた」のである。三人（劉少奇、鄧小平、陶鋳）は正式に打倒され、残り三人（朱徳、陳雲、李富春）は常務委員会に二度と関わることがないような「片隅」に追いやられた。

　第九期の政治局メンバーの約三分の二が「新人」であり、林彪・江青両グループの主要メンバーもその中に含まれていた。他方、前期政治局メンバー二〇人（死亡した三人を除く）のうち再選された者はわずか一二人と、全体の四割程度だった。

　こうして、中央政治局常務委員会および政治局の中に三つ巴の政治勢力が形成されることになった。一つ目は周恩来をはじめとする穏健派で、政治局員の数は七人、党の健全かつ進歩的な力量を体現していた部分である。残り二つが林彪グループと江青グループである。政治局員の数はそれぞれ七人と五人で、党内で邪悪かつ破壊的な役割を果たしていた部分である。この三つの政治勢力が複雑な勢力地図を形づくり[199]、その後の党内闘争や「文化大革命」の進展に直接影響を及ぼすことになった。同時にこれは、「党内に派閥がないのは奇妙なことである」という当時の中国政治の特徴を表している。しかし、これらはすべて毛沢東が入念に仕組んだものであり、勢力の均衡を維持していたのも毛沢東本人であった。

　四月二八日、中央政治局は中央軍事委員会の主席、副主席、そのほかのメンバー、および中央軍事委員会弁事組のメンバーを可決した[200]。その結果、中央軍事委員会主席に毛沢東、副主席に林彪、劉伯承、陳毅、徐向前、聶栄臻、葉剣英が就任し、弁事組組長に黄永勝、副組長には呉法憲がそれぞれ就任した。また、葉群、劉賢権、李天佑、李作鵬、李徳生、邱会作、温玉成、謝富治が弁事組メンバーに選ばれた。[201]

中央軍事委員会内にも上述の三つの勢力が事実上形成されていた。しかし、この時点では軍事委員会弁事組を握っていた林彪グループが優勢だった。弁事組が中央軍事委員会の日常活動を取り仕切っていたので、林彪が軍隊をコントロールしているのも同然だった。ただ、毛沢東は同時に葉剣英ら五人の元帥を登用して林彪グループをけん制しており、のちの「九・一三事件」で林彪グループを粉砕する際にはこの五人が毛沢東を支え、きわめて重要な役割を果たすことになる。他方で、江青グループの地位はかなり脆弱なものにとどまった。これは、江青グループはあくまで「筆杆子（宣伝部隊）」であって、軍隊実務には手出しさせないという毛沢東の基本スタンスを反映したものだった。

毛沢東は中国の政治力学に精通しており、政治闘争は彼の得意分野であった。別々の政治勢力を同時に操ることができたのみならず、闘争によりその勢力図を塗り替えることにも長けていた。毛沢東と長く仕事をともにし、彼のこうしたやり方を熟知していた林彪は、常に軽挙妄動を慎み、毛沢東の顔色をうかがいながら小心翼翼としていた。林彪は九全大会の最大の勝利者であった。しかし、そうであったがゆえに中国政治の最前線に立たされ、毛沢東と正面衝突せざるを得ないところに不可避的に追い込まれたのである。これは劉少奇と非常によく似たパターンだったが、異なるのは今回の闘争の性質が「血の雨を降らせる」ものだったことである。

「中央文革小組」は、政治的にも組織的にも劉少奇らを一掃したことで、その歴史的役割を終え、大会後正式に解消された。同時に、「中央文革連絡会議」が中央政治局や政治局常務委員会に代わって政策決定をおこなうという非制度的やり方も解消された。**しかし、前回大会で確立された党の組織体制は一切回復しなかった。「党規約」が全面的に改ざんされた結果、政権政党としての原則が根本から変質し、党の組織体制は弱体化と崩壊の一途をたどったのである。**

九全大会で可決された改訂版「党規約」はわずか十二条しかない。一九五六年の前回大会で可決されたもとの「党規約」のおよそ五分の一の長さである。第八条では、党の全国代表大会は五年に一度開催するが、状況により延期もしくは前倒しすることが可能とされた。また、中央委員会全体会議は中央政治局が招集するとした。もとの党規約（八全大会規約）と比べると、全国代表大会の任期五年という規定がなくなり、毎年一回おこなうとしていた全国代表者会議も五年に一度に変更されている。毎年二回開催するとしていた中央委員会全体会議についても、どれぐらいの期間で開催するのかという点について明確な規定がない。さらに党員の権利については条項が丸ごと削除されており、党員の処分手続きに関する細かい規定も一切なくなった。党の権力構造の枠組みという点では、中央書記処と中央監察委員会が廃止された。八全大会規約のメインだった党と国家の関係に関する規定は、意図的に省略されている。

こうしたやり方によって、結党以来四十八年の間に確立され、整えられてきた中国共産党の政治制度は大幅に削り取られることになった。党の制度的成熟度という点では、史上最低かつ最弱のレベルである。毛沢東の誤りがいともたやすく林彪・江青両グループに利用されることになった原因もここにある。[202]**同時にそれがかつてないほど激しく残酷な政治闘争をもたらすことにもなった。**

九全大会を境に林彪グループの権力は急速に強大化した。それまでは、個人崇拝を吹聴して毛沢東の信任を勝ち取り、党と軍の内部で公然と派閥をつくって分派活動をおこなうのが彼らの主な手法だった。あるいは、「文化大革命」を利用して敵対者を攻撃し、対立派閥、対立勢力を排除するやり方である。賀龍元帥に対する残酷な政治迫害、楊成武、余立金、傅崇碧らに対する厳しい非難、聶栄臻元帥らに対する排斥などがその例である。一方、九全大会後は黄永勝、呉法憲をリーダーとする中央軍事委員会弁事組が中央軍事委員会に代わる非公式組織として事実上、中央軍事委員会の日常活動をすべて握っていた。林彪の命令だけに従うこの組織は、新たな政治闘争のための伏線になった。一方、「文化大革命」最大の成り上がり集団だった江青グループは、当初は林彪グループと「結託して悪事を働き」劉少奇、鄧小平を追い詰めたが、のちになって権力闘争を引き起こすようになった。林彪グループと江青グループは結局、非和解的に対立する二大政治勢力になり、倒すか倒されるかの一大抗争の火種を醸成していったのである。**毛沢東の政治的支持を獲得しようと血眼になり、政治権力の獲得をめぐって互いを死地に追いやろうとしたこの両グループは、いずれも「文化大革命」期の中国共産党に発生し、かつ蔓延した邪悪な政治現象の象徴である。**

当時の毛沢東は、林彪グループ、江青グループ、周恩来をはじめとする党内穏健派という三つの政治勢力の間の矛盾と衝突を制御し、三者の均衡を図ろうとした。それゆえ、党内や公の場でたびたび「団結せよ、分裂するな」と呼びかけている。第九期中央委員会第一回全体会議（九期一中全会）の席上でも団結とさらなる勝利を呼びかけている。[203]しかし、これは毛沢東の主観的願望に過ぎなかった。彼が自らつくり出した階級闘争を「エンジン」とする原理自体が、党内分裂を引き起こす根源だったのである。

九期一中全会で毛沢東は、「全国的な『文化大革命』はあと一年前後と見ている（一九七〇年か一九七一年に終わる）。建国二十周年（一九六九年一〇月一日）の祝賀行事がうまくいけば、ほぼ達成されたと言っていいだろう」[204]と、何度目かの見通しを立てていた。しかし、のちの事実が証明するように、またしてもその予想は裏切られたのである。

二、国家主席問題をめぐる争いと廬山会議

息をつく間もなく、毛沢東と林彪の間に国家主席を設置するか否か、引き続き個人崇拝をやるか否かで対立が生じた。これは原則をめぐる対立であると同時に、権力闘争でもあった。

国家主席を設けない、と最初に提起したのは毛沢東である。一九七〇年三月八日、毛沢東は、第四期全国人民代表大会（全人代）を開催して新たな政府を組織し、「憲法」を改訂することを提案したが、その際、国家主席を設けないという国家体制の変更を提起している。この意見は、汪東興を通じて周恩来に伝えられた。同日夜、周恩来は政治局会議を開き、全員一致で毛沢東の意見に賛同することを決定し、諸々の小組を立ち上げて準備に着手するとした[205]。

国家主席制度は、そもそも毛沢東が確立したものである。国務院と全人代常務委員会との間に緩衝的役割を果たす地位を設けることで国家はより安泰になるし、三枚看板（国務院総理、全人代常務委員長、国家主席）が同時に駄目になるような事態は考えにくいから、というのが当初の考えだった[206]。この国家主席制度は、最初の憲法（一九五四年）で明文化された。国家主席は対内的には国を代表して「憲法」により与えられた権限を行使する存在であり[207]、対外的には国家元首の職能を果たす。これは近代国家の重要な証しの一つであり、中国の国家制度建設にとっても無視できない内容を持っていた。したがって、国家主席を設けないという毛沢東の意見は、「憲法」の根本原則に反しており、国家制度の重要な内容を取り棄てるものであった。

ではなぜ、毛沢東は国家主席を設けないとしたのか。まず、「文化大革命」自体がそもそも国家制度を建設するのではなく破壊する「革命」であり、国家主席問題は国家の基本制度全般に対する破壊の一部に過ぎなかったということである。次に、一九五九年に自ら主席を辞任し、後任に劉少奇を推挙して第二線に退いたことが、「権力が他人の手に移る」事態を招いた重要な要因であるという認識を毛沢東がもっていたことである。そのため、今さら国家主席に復帰するわけにもいかない。彼自身の言葉で言えば「（孫権から帝位をすすめられた）曹操にはなりたくない」のである。最後に、劉少奇の件からの教訓で、権力という点でも声望という点でも、ほかの誰かが自分と肩を並べるのを許さなかったという要因もある。権力の配分に敏感だった毛沢東だが、国家主席の権力に対してはとくに敏感だった。毛沢東は、自分のこうした提案が反論の余地のないものであり、すべての者が賛成すると考えていた。ところが思いもよらぬことに、親しい戦友であり、後継者にも指名した林彪が先頭に立って反対してきたのである。

三月九日、中央政治局は毛沢東の意見に従って「憲法」改定の準備を始めた。一六日、政治局は憲法改定の指導思想と

いくつかの原則的問題について毛沢東に指示を請い、翌日には工作会議を開いて、憲法改定および第四期全人代の開催について討議した。

四月一一日、林彪は毛沢東に直接電話をかけ、国家主席問題について次のように申し出た。「やはり毛主席が兼任されるべきです」「そうでないと人民の気持ちがおさまりません」「副主席を設けるか設けないかはどちらでもかまいません」。林彪はこの時、「自分は副主席の器ではありません」とも語っている。この電話会談の内容は中央政治局にも伝えられた[208]。

毛沢東が国家主席を兼任するべきだという林彪の意見について検討するため、周恩来は翌一二日に中央政治局会議を開いた。会議では多くの政治局員が毛沢東の国家主席兼任に賛成し、周恩来もとくに異議を提出しなかった。周恩来を含む政治局メンバーの大多数にとって、国家主席を設けるか設けないかは形式的な問題に過ぎなかった。毛沢東が国家主席であろうとなかろうと、その権威と地位が最上級のものであることに変わりはなく、またそうした事実が揺らぐこともなかったからである[209]。この会議で出た意見は、毛沢東に報告されている[210]。

指摘しておかなければならないのは、この時期の毛沢東と林彪はともに政治局会議に参加しておらず、自らの意見はすべて代理人を通じて伝え、直接対面して意見交換をする機会はほとんどなかったということである。したがって政治局会議の討論結果についても書面などの形で両人に伝えられていた。九全大会後の中央政治局は、三人の常務委員（周恩来、陳伯達、康生）と八人の政治局員（江青、姚文元、黄永勝、呉法憲、葉群、謝富治、李作鵬、邱会作）および二人の候補委員（李徳生、紀登奎）の計一三人によって日常的に運営されており[211]、会議は通常、周恩来が主宰し、そのまま毛沢東と林彪に報告するか、周恩来、康生、陳伯達が両人に報告をおこなうかしていた。事実上、毛沢東と林彪は中央政治局を凌駕する存在であり、しかも両者の間にはほとんどコミュニケーションがなく、疑心暗鬼と腹の探り合いに終始していた。

この国家主席をめぐる問題は両者の意見の相違が明らかになった最初のものであるが、のちに現実化するような深刻な政治的分裂になっていくとは誰も想像していなかった。

ここで、国家主席問題をめぐる両者の対立を客観的に分析する必要がある。そもそも林彪には、毛沢東と違う意見も含めて自分の意見を言う権利がある。その上で、林彪は至るところで毛沢東の権威と権力を持ち上げてきた人物である。毛沢東に国家主席就任を要請するとしたら、彼が適任であると考えられる。さらに、国家主席を設けるか設けないかという重要な問題は集団討議によって決定すべきである。政治局の多数が林彪の意見に賛成した時点で、毛沢東はその決定に従わなければならなかったはずである。

しかし、毛沢東は一九七〇年四月一二日、政治局の報告に対して「二度と（国家主席は）やらない。この議決は不適切だ」とコメントし、中央政治局の集団決定、すなわち総意をはじめて否定した。自分がやりたくないから国家主席制度を廃止するというのは、裏を返せば憲法を柱とする国家の基本制度の私物化である。

同月上旬、毛沢東は中央政治局会議に向けて、「自分は国家主席にはならないし、国家主席を設けることもしない」と三度目の提起をおこなった。その際には、自分の政治的意図を三国志の曹操と孫権の故事になぞらえて説明している[212]。毛沢東は伝統的な中国政治の影響を強く受けており、自分と中央政治局の関係を曹操と孫権の関係に喩えたわけだが、要するにこれは自分と政治局は対等でもなければ、多数意見に少数が従う関係でもないことを意味していた。これでは林彪との間に矛盾と衝突が生じるのも当然だったと言わねばならない。林彪には二面性があった。一つは、いついかなる時も毛沢東につき従い、毛沢東を支持するという「毛主席のイエスマン」の側面であり、もう一つは、自身もまた相当な「頑固者」で、権力の肥大化に伴い、決定的な問題や権力の配分に関しては決して妥協しない、という側面である。

国家主席を設けるか否かの争いと同時に、それと絡み合いながら、個人崇拝をめぐっても両者の間に論争が起こった。毛沢東と林彪の争いは、スピードという点でも質という点でも、劉少奇の時を遥かに上回るかたちで急激にエスカレートしていった。

七月一〇日、周恩来主宰の政治局会議で憲法改定に関する毛沢東の指示が伝えられ、毛沢東、林彪をそれぞれ主任、副主任とする中央憲法改定起草委員会が発足した[213]。同月一七日から二二日にかけて、周恩来は起草委員会全体会議を開催し、憲法改定問題について議論をおこなったが、毛沢東も林彪もこれには参加していない。一八日の分科会で周恩来は次のようにはっきりと提起している。「毛主席が中華人民共和国の創始者であり、党がわが国の力の中心であるというのはあまりにも自明のことである。同様に、毛主席が全国の武装せる部隊の統帥であり、林副主席が副統帥であることも自明である。したがって、国家主席を設けないという考えがあってもよい[214]」。毛沢東と林彪の不一致を巧妙に糊塗し、毛沢東の願望に合致させながら、同時に林彪の立場も十分考慮したこの発言は、周恩来の知略に長けた政治的力量のなせる業である。しかし、この時の林彪は、権勢欲のみならず自己顕示欲においても歯止めがきかなくなっており、周恩来の提起した妥協案を受け入れようとせず、己の意見に固執した。これは毛沢東の権威に再び公然と挑戦することを意味し、もはや避けられないものとして政治的騒乱と衝突を急速に手繰り寄せることになったのである。

七月二七日、『人民日報』『解放軍報』『紅旗』誌の「八・一社説」修正をめぐる討論で、陳伯達と張春橋との間に論争が起こった。陳伯達は社説の中の「偉大な指導者である毛主席自らが創設・指導し、毛主席と林副主席が直接指揮を執る中国人民解放軍」という文言から「毛主席と」という言葉を削除するように主張したが、張春橋は断固としてこれに反対した。しかし、張春橋は、毛沢東思想の前についていた「天才的に、創造性をもって、全面的に」という三つの副詞を削除することには賛成している。これは毛沢東自身が削除したものだということが、文書の起草や海外からの賓客との接見に何度も立ち会った経験のある張春橋にはわかったからである。

八月一三日の午後、康生が招集した憲法工作小組で憲法改定案が討議されたが、この場でも毛沢東についての副詞をめぐって大論争が巻き起こった[215]。

当時の陳伯達と張春橋は、単に政治局員、党内きっての理論家というだけではなく、それぞれ林彪と毛沢東の忠実な代理人でもあった。両者の衝突は、路線の正しさをめぐる争いではなく、林彪と毛沢東の「代理戦争」であり、権力闘争だった。このことを肌で実感していた毛沢東は、絶対に譲らない決意を固めた。一年後の一九七一年八月二五日、当時湖南省党委員会第一書記だった華国鋒にこの時の論争を紹介する際、毛沢東は次のように述べている。「名目上、張春橋に反対していた連中は、実はわたしに反対していたのである。わたしは『天才』という文言を削除し、国家主席は設けないと主張した。わたしは天才などではないのだから[216]」。

毛沢東と林彪は、いずれも個人崇拝をやるべきだと主張してきた。毛沢東にしてみれば、それによって自身の権威を高め、劉少奇を打倒する必要があったからである。全党挙げての毛沢東崇拝があったからこそ、その力を借りてほかの幹部を無条件に服従させることができたし、党の集団政策決定制度を飛び越えて、思いのままに「闘争」を発動し、望み通りの結果を勝ち取ることができたのである。一方で、林彪は毛沢東に迎合するため、個人崇拝を推し進めただけではなく、それを極限的レベルにまで押し上げた。

両者の間に個人崇拝の方法や程度をめぐって多少の相違があったのは確かである。しかし、それは決して本質的な相違ではなかった。林彪が毛沢東思想に対して用いた「天才的に、創造性をもって、全面的に」という副詞は、一九六六年八月の八期十一中全会で正式に採択されたものであり、当時は毛沢東も全面的に賛成している。劉少奇の排除と打倒を成し遂げるためには、林彪のようなやり方がむしろ望ましかったのである。さらに、同年の「八・一八天安門大会」で地方から上京してきた革命的教師・学生に接見した際の講話で、林彪は毛沢東を「偉大な指導者、偉大な領袖、偉大な統帥者、偉大な舵取り」と称し、はじめて「四つの偉大」というスローガンを提起した。当時、周恩来にいたっては「四つの偉大」のみならず、「毛主席はわれわれの心の中の紅い太陽」だと称えている[217]。結果、林彪と周恩来に扇動されるかたちで、全国の毛沢東崇拝熱はエスカレートし、「四つの偉大」「永遠に沈まぬ紅い太陽」と称されるようになったのである。しかし、毛沢東は個人崇拝について、そのやり方にもっと注意を払わなければならない、ただひたすらやればよいというものではない、そうしないとマルクス・レーニン主義の基本原理に反する、と考えていた。エドガー・スノーとの会見では次のように言っている。『四つの偉大』には虫唾が走ります。度を越えた個人崇拝です。そんなものは今必要ありません。熱を冷ます必要があります」。ただ、毛沢東は、ある特定の一時期に個人崇拝が必要だったこと、それはほかでもない、劉少奇を打倒するためだったという点は認めている[218]。

一九七〇年八月一七日、周恩来主宰の中央政治局会議で憲法改定案の最終稿が検討されたが、張春橋らは何の意見も述べず、原案はスムーズに可決された[219]。

同月二二日、中央政治局常務委員会は第九期中央委員会第二回全体会議（九期二中全会）の準備について話し合ったが、林彪と陳伯達はその場で毛沢東の国家主席就任をあらためて主張し、周恩来と康生も賛成したが、毛沢東は頑として同意しなかった[220]。

正常な政策決定手続きからすれば、毛沢東は多数の意見に従うべきである。しかし、毛沢東はたった「一票」の力で四人の政治局常務委員の意見をねじ伏せた。政治局の多数意見を公に圧殺したのはこれで二度目である。中央政治局内部での毛沢東と林彪の政治的不一致は、もはや和解と妥協の余地を完全に失っており、九期二中全会の場で公然化、先鋭化することになる。

八月二三日から九月六日にかけて、廬山で第九期二中全会が開催された。開会式で周恩来は、全体会議の議題は、㈠憲法改定について、㈡第四次五カ年計画について、㈢戦争準備強化の問題について、であると発表した。林彪は講話の中で次のように述べている。「憲法改定案を検討してみたが、偉大な領袖、国家元首（国家主席を指す）、最高の統帥という毛主席の地位、そして毛沢東思想を全国人民の指導思想とすること、憲法という形でこれらを打ち固めるのは非常にすばらしい、非常にすばらしいことだ」「これが憲法草案全三十条の中で『最も重要な条項』であり、『実際の経験に最も合致したもの』だ[221]。さらに林彪は「天才」という言葉を用いて毛沢東を称揚し、「われわれは、毛主席は天才であると言ったが、わたしはこの点を堅持するものである[222]」と述べた。康生はこの講話に対して「全面的に賛成し、全面的に支持する」と表明した上で、毛沢東を国家主席に、林彪を同副主席にすることについて「全員が一致している」「毛主席が国家主席を固辞されるのであれば、林副主席に就いてもらいたい。両人ともが固辞されるのであれば、国家主席に関する条項は削除すべきである[223]」と指摘した。国家主席に関する憲法条文を起草した陳伯達は、葉群と組んで『エンゲルス、レーニン、毛主席――天才の言葉』なる小冊子まで編集した。分科会（小組）の席上では呉法憲と張春橋が公開論争を繰り広げたが、これは林彪グループと江青グループとの衝突の反映であり、林彪と毛沢東との衝突を反映したものだった。全体会議の各分科会を通じて、林彪を国家主席にするという意見は誰からも出なかった[224]。

国家主席の権限に関して定めるのが「憲法」であることは、毛沢東にとって自明のことだったため、国家主席の設置には絶対に同意しようとしなかった。この時点で、毛沢東の意見は林彪一人に向けられたものになっていた。国家主席になりたがっているのは林彪本人であると疑う理由が彼にはあったのである。のちの（一九七一年八月）「南巡講話」でも「少なくとも六回は国家主席を設けないと言った」「表向きはわたしを立てることになっているが、実際は彼自身（林彪）を立てるのだ、そんなことは誰にでもわかることだ」と語っている。八月二五日、毛沢東は各小組組長も参加する中央政治局常務委員会拡大会議を招集し、陳伯達らの分科会での発言は九全大会方針に背くものだと厳しく批判している。同時に、九全大会精神に基づいて団結せよ、分裂は許さない、「吊し上げ」も許さないと指摘した。さらに、国家主席の問題を二度ともち出すな、との警告も発した。会議は毛沢東の意見により、全体会議分科会の中止、林彪講話をめぐる討論の中止、華北グループの第二号速報（全会第六号速報）の回収を決定した[225]。

八月三一日、毛沢東は「全党への公開書簡――わたしの意見」を発表した。その中で、陳伯達を指して「突如大砲をぶっ放し、火をつけて煽り立てるという挙に出た。ただ天下の乱れざるを恐れ、廬山を爆破して平らかにし、地球の自転をも止めようというほどの勢いである」と言いなし、厳しく非難した。陳伯達は偽マルクス・レーニン主義者だとも言っている。しかし、ここでは林彪を陳伯達と区別し、「林彪同志と自分は意見の一致を見た」とまで言い、林彪に対して抜りない策略をめぐらせている[226]。ただし、林彪の方はだからといって毛沢東の側に進んで立つことはなく、陳伯達批判はすなわち自分への批判であり、自分は彭徳懐もしくは劉少奇と同じ運命をたどるかもしれないと認識していた。

結局、この全体会議は陳伯達に対する指弾と、呉法憲らに対する批判に終始した。九月六日の閉会式で、周恩来は党を代表し、陳伯達への査問を始めると宣言した。

三、「批陳整風」から「九・一三事件」まで

九月二二日、周恩来は軍事委員会弁事組の四人（黄永勝、呉法憲、李作鵬、邱会作）を批判し、自己批判書を毛沢東と林彪に提出して真相をつまびらかにすること、陳伯達とは完全に袂を分かつことを要求した[227]。

一〇月一四日と一五日、毛沢東は呉法憲と葉群の自己批判

書に厳しい非難のコメントを出した。この批判は林彪に向けられたも同然だった。

一一月一六日、党中央は「陳伯達反党問題の伝達に関する指示」と毛沢東の「わたしの意見」を全党に配布、それを受け、全党挙げての「批陳（伯達）整風運動」が展開されることになった。

一九七一年三月末、林彪は周恩来らに対し、党中央が「批陳整風」の報告会を開催し、呉法憲と葉群に自己批判のやり直しを要求することに全面的に同意すると表明した。しかし、自身の問題にはふれず、「批陳整風」報告会に出席するかどうかについても明言を避けた。周恩来の報告を受けた毛沢東は、すぐさま黄永勝に対して非難と警告を発している[228]。

毛沢東の強大な政治的圧力の下、四月五日から二九日にかけて周恩来の主宰で開かれた党中央「批陳整風報告会」で、林彪グループの主要メンバーのほとんどが自己批判を迫られた。二九日、周恩来は党中央を代表してはっきりと次のように指摘した。「諸君は、政治上は路線を誤り、組織上はセクト主義の誤りを犯した。このような深刻な誤りを生んだ最も根本的な原因は、毛主席の話に従わず、誤った立場に立って誤った路線を進んだことにある」。

毛沢東が廬山会議で政治闘争の主導権を握ったのは明らかであり、陳伯達批判はとりもなおさず林彪に自己批判し、誤りを認めることを迫るものであった。しかし、林彪は平身低頭それに屈服するわけにはいかなかった。そんなことをすれば自分も陳伯達と同じ末路をたどるだろうということ、もっと言えば、かつて自らが死地に追いやり、再起不能になるまで叩きのめしてきた彭徳懐（一九五九年）、羅瑞卿（一九六五年）、彭真（一九六六年）、劉少奇（一九六六年）、賀龍（一九六六年）、楊成武（一九六八年）らと同じ末路をたどることになると十分にわかっていたからである。だからこそ、林彪は頑なに毛沢東に抵抗したのであり、そうすることによって悲劇の結末を自ら用意することになったのである。

陳伯達は、江青グループ（中央文革小組）の名目上の組長であり、実質的にはナンバー・ツーの立場にあった。同時に、林彪の新たな盟友でもあり、林彪グループにおいてもナンバー・ツーであった。また、彼は一貫して毛沢東の「ゴーストライター」であり、長きにわたって毛沢東の秘書を務め、「文化大革命」理論の「主筆」とも呼ばれていた。この時期の毛沢東の主要な文書や重要な指示はすべて彼が入念な脚色を施したものであり、党中央の重要な文書の起草、執筆にもすべて関わっている。毛沢東の「階級闘争理論」と「プロレタリア独裁下における継続革命理論」に対する陳伯達の貢献度合いは、ほかとは比較にならないほど抜きん出ていた。彼は「ゴーストライター」であると同時にスポークスマンでもあった。

だが、かつて信頼し、重用した陳伯達が自分に背いて林彪の側についたのが毛沢東には許せなかった[229]。一九六六年五月には中央政治局拡大会議で「中央文革小組」の組長に任命され、同年八月の八期十一中全会では候補委員から一気に政治局常務委員に抜擢された。毛沢東の「ゴーストライター」は一躍、党指導部の中核メンバーの一人になり、八全大会時点では二十位だった党内序列順位も五位にまで上昇した。これらはすべて、「文化大革命」理論を打ち立てた功績に対して毛沢東が与えた政治的報酬だった。にもかかわらず、林彪グループに寝返った陳伯達の裏切りを毛沢東は許すことができず、「わたしの意見」では「わたしと陳伯達という天才理論家は三十年以上ともに仕事をしてきたが、いくつかの重要な問題について今まで一度も共同歩調をとったことがない。意気投合していたなどというのは論外である」とまで言っている。歴史的事実とは正反対のこの言葉に、陳伯達は痛苦の思いを禁じ得なかったであろう。この時点で、毛沢東はリアルな政治上の目的から、「目の上のこぶ」となっていた陳伯達を放り出す決意を固め、そうすることで林彪らに対して重大な警告を発したのである。[230]

毛沢東の「階級闘争理論」と「プロレタリア独裁下における継続革命理論」に対する重要な貢献者であった陳伯達は、この理論を実践に移すという点でも大きな役割を果たした。しかし、最終的には彼も「文化大革命」の犠牲者になってしまったのである。

九期二中全会の後、毛沢東は江青グループを利用して林彪グループをけん制することにし、「筆杆子（筆の立つ者）」を人材的基盤とするプロパガンダの領域を自らの手中に収めようとした。これは、相次ぐ党内闘争における毛沢東の勝利の方程式だった。一一月六日、毛沢東の承認を経て、党中央は「中央組織宣伝組成立に関する決定」を発表し、組長に康生、メンバーに江青、張春橋、姚文元、紀登奎、李徳生を任命した。[231]この組織は「中央文革小組」に酷似しており、メンバーに陳伯達がいないということと、矛先が劉少奇、鄧小平ではなく、林彪とそのグループに向けられていたという点だけが異なっていた。紀登奎、李徳生の二人は、後に周恩来が「九・一三事件」を処理する際に、そのサポート役として重要な役割を果たすことになる。

毛沢東は、ほかにもう二種類の策で林彪グループに対抗していった。一つは、いわゆる「砂を混ぜる（異分子を送り込む）」やり方である。党中央および各大軍区から人材を調達し、林彪が掌握していた中央軍事委員会弁事組のような組織にすべり込ませるというものである。一九七一年四月七日、党中央の決定に基づき、紀登奎、張才千らが軍事委員会弁事組に加わった。もう一つは「土台を掘り崩す」やり方で、**これはすなわち林彪の配下にあった北京軍区の改編である。**[232]

これらは、当時の中国における政治闘争の複雑さ、および鋭さと残虐さの表れである。一九七〇年の廬山会議は、新たな階級闘争の嵐の到来が不可避であることを知らせるものだ

った。しかし、これまでの党内上層部の闘争（とくに一九五九年の廬山会議や一九六六年の八期十一中全会）と異なり、今回の闘争の激しさと残虐さは毛沢東本人の予想さえも上回るものだった。

毛沢東と林彪グループとの闘争は、唐突に先鋭化していった。党中央が開催した「批陳整風報告会」に頑として参加しなかった林彪は、毛沢東が黄永勝らを批判したことに対しても深い恨みをつのらせていった[233]。この時から林彪は、党中央唯一の副主席という地位にありながら中央の各種会議に参加せず、中央の各種文書にも一切タッチしなくなった。いわゆる「批陳」が実際は「批林」であることを、内心でははっきりとわかっていたのである。来たる第九期中央委員会第三回全体会議（九期三中全会）で、毛沢東は必ず自分の問題にけりをつけるだろう、と林彪は予感していた[234]。一九四三年に毛沢東が中央政治局主席に着任して以降、政治局常務委員にせよ政治局員にせよ、彼の批判を受けて自己批判をしなかった者は一人もいない。林彪が唯一の例外である。毛沢東が林彪の人となりを熟知していたのと同様、林彪もまた毛沢東という人物を知り抜いていた。彼らの間にひとたび意見の違いが生じれば、林彪の敗北は必至だった。一九七二年八月に周恩来が「(林彪という人物は) 生涯を通じて毛主席を批判することができなかった。批判したとしてもすぐひっこめてしまう。彼の死は偶然だったかもしれないが、敗北は必然だったのだ[235]」と評した通りである。

この時の林彪は恐怖にとりつかれた状態で、党規約に明文化された毛沢東の後継者であるにもかかわらず、政治的不安を拭い去ることはできなかった。林彪に忠誠を誓った部下たちは、手をこまねいて死を待つか、捨て鉢になって反撃するかのどちらかしかない、と考えていた。

林彪の息子である林立果らは、一九七一年三月に武装クーデター計画（いわゆる「五七一工程紀要」、以下「紀要」）を秘密裏に策定し、背水の陣を敷いて、先制攻撃に打って出る決意を固めた[236]。毛沢東およびほかの幹部はこうしたことを一切知らなかった。「紀要」が押収されたのは「九・一三事件」の後である。とはいえ、中国政治という舞台でかつては互いに支え合ってきた林彪と毛沢東が、この時互いに警戒し合う関係になっていたのは間違いない。しかし、常に違わず予想外の挙に出て、鬼気迫る政治攻勢をかけてきたのは毛沢東の方だった。

林彪にとって予想外だったのは、林彪らの行動やふるまいに不審な点があることを大量の暴露資料から察知していた毛沢東が、高齢にもかかわらず、八月から九月にかけて南方の一〇の省市への視察を決定したことである。国慶節前に開催されることになっていた九期三中全会の準備も含め、地方や軍の幹部のところに自ら出向いて「事前心得」をおこなうのがこの南方視察の目的だった[237]。毛沢東は行く先々で党の路線闘争の経緯や廬山会議について語り、林彪グループとの闘争を二つの司令部の闘争と称した[238]。こうして毛沢東は、林彪との路線闘争では一歩たりとも引かないという明確なサインを出したのである[239]。

非公式で型破りな方法により、各方面に「事前心得」と「根回し」をおこなうのは、毛沢東が決定的な政治闘争を発動する際の重要な戦略である。一九六五年と一九六六年、劉少奇との闘争を準備する際にもこの戦略を採用した。今回が二度目の「事前心得」だが、政敵と打倒対象には重大な変化が生じていた。長きにわたって毛沢東とともに闘い、劉少奇との闘争では盟友関係にあった林彪は、毛沢東の手法を熟知していたがゆえに、「南方視察」を執拗に警戒し、その「事前心得」の内容を一日でも早く知りたがった。

毛沢東の「事前心得」には、後継者問題を再考し、林彪を自身の後継者にすると明文化した「九全大会規約」を改訂する必要があることを、地方の党と政府および軍の幹部に伝えるという重要な狙いがあった。こうしたデリケートな政治問題に対して、毛沢東は「新をもって老に替える」というやり方を採用し、三六歳から六〇歳までの後継者（李徳生、紀登奎、華国鋒、王洪文など）を育てるという方針を提起した[240]。当時の毛沢東は軍の権限についてことさら敏感になっており、各地の党・政府・軍の幹部に次のように語っている。「人民解放軍は、ほかならぬわたし自身が創設し、指導してきたものだ。創設者が指揮できず、林彪自らが指揮するというのはおかしいではないか。創設者はわたしではないのか。これからはわたしが軍隊を掌握する」「われわれの軍隊が造反するなどとは信じない。彼ら（林彪ら）が軍隊を動かして悪事を働くことなどできるはずがない」。

軍の指導権と指揮権をめぐって林彪と争おうとしていた毛沢東にとって軍隊は政治闘争の道具であり、国防と安全を保障する「公共物」として見ていなかったのは、明らかであった。

毛沢東の「南方視察」と各地での講話内容は、汪東興を通じて北京にいる周恩来に伝えられただけで、ほかの中央政治局常務委員および政治局メンバーには一切秘密にされていた。しかし、いち早く毛沢東の講話内容を知った林彪は、一九七一年九月八日に毛沢東暗殺計画発動の命令書を出した[241]。当時、毛沢東はこの命令書を知らず、林彪グループの武装クーデター計画についても把握していなかった。しかし、直感と内部情報に恵まれていた毛沢東は、その場の機敏な判断で予定を突然変更し、一二日の午後、不意を突いて北京市の豊台駅に舞い戻ったのである。これにより林彪グループの計画は完全に乱されることになった[242]。

同じく一二日の二三時三〇分、周恩来自らが「トライデント二五六号機」の状況について電話で問い合わせをおこない、北戴河に出向いて林彪に会う約束をした。その一〇分後、林彪、葉群、林立果らは車で山海関の空港に向かい、日付が変わった〇時三二分、飛行機に乗ってあたふたと国外逃亡を企てたのである。この知らせを聞いた毛沢東は「林彪はなんといってもわが党の副主席だ。雨は降るもの、娘は嫁に行くもの、好きにさせるがいい」と周恩来に語ったという。深夜一時五〇分、林彪の乗った飛行機はモンゴルとの国境を越えた後、ウンデルハンに墜落し、乗っていた全員が死亡した。毛沢東にとって確かにこれは「大助かり」だった。天が毛沢東に味方したと言える。一三日、周恩来は一一の大軍区と二九の省・市・自治区の主要な幹部に自ら電話をかけ、林彪逃亡の件について説明し、同時に、非常事態につき、党中央および毛主席の指揮に従うよう要請した[243]。林彪グループはたちまち瓦解したため、毛沢東は党、政府、軍隊における指導機関の再編成をおこなった。日常的な党中央の仕事については周恩来が主管することとし、軍事委員会弁事組は廃止、一〇人（葉剣英、謝富治、張春橋、李先念、李徳生、紀登奎、汪東興、陳士榘、張才千、劉賢権）からなる軍事委員会弁公会議を立ち上げた。軍事委員会の日常業務は葉剣英が主管することになった。一〇月四日、毛沢東は「軍事委員会で重要な問題を議論する時は、必ず周総理の出席を要請すること[244]」との明確な指示を出している。林彪事件の後始末の過程で、毛沢東の右腕として決定的役割を果たしたのは周恩来だった[245]。

　九月一八日、党中央は全党に向けて「林彪の反逆国外逃亡に関する通知」を出し、林彪はあわてふためいて逃げ出し、党と国家に反逆し、自ら滅亡を招いたと発表した。さらに「今回の事態は、長期にわたる、とりわけ九期二中全会以降の階級闘争と二つの路線をめぐる闘争の延長線上にあり、林彪というブルジョア階級の個人的野心家、陰謀家の正体を白日の下にさらけ出し、その総破産を告げるものになった」と総括した。一一月一四日には毛沢東の指示により、省レベルの軍組織に向けて通知が出され、「『五七一工程紀要』は、林彪一味によるこのたびの反革命クーデターが計画的なものだったことを証明している[246]」と指摘した。これが林彪グループに対して歴史が下した結論だった。

四、毛沢東の路線的誤りとその「経路依存」

「九・一三事件」は、毛沢東の階級闘争理論およびその政治的ロジックからすれば起こるべくして起こったものだったが、毛沢東本人にとっては「想定外の出来事」だった。一一月一四日の談話では「林彪の反革命活動について、いったい誰がそれを知り得ただろうか。わたしは何も知らなかった[247]」と話している。「想定外」だったのは周恩来も同じで、「まさか彼（林彪）が逃げるとは思わなかった。おそらくわたしが飛行機チャーターの件で問い合わせたことで肝をつぶし、あわてて逃げ出したのだろう[248]」と述べている。

毛沢東の路線的誤りを修正し、「文化大革命」を終わらせ

る上で、「九・一三事件」後はまたとない好機だった。しかし、周知のように党は再びこのチャンスを逃してしまう。毛沢東は当時すでに七八歳という高齢で、病に蝕まれていた。本来なら「勇退」すべきであり、治療と療養に専念し、安らかな晩年を過ごすべきだった。しかし、「階級闘争を要とする」理論と実践には非常に強力な「経路依存」があったため、引退はもちろん、自己の誤りを正すという点でも、すでに手遅れだったのである。

「文化大革命」発動から五年、とくに「九・一三事件」後の毛沢東は、激しい矛盾と苦悩の中にあった。「すべてを打倒せよ」「全面的内戦」に対する不満と「文化大革命」の誤りを修正したいという思いが一方にありながら（安定と団結が必要だ、とたびたび語っている）、他方で「修正主義反対、修正主義防止」のため、そして社会主義制度を強固にするため「文化大革命」は絶対必要であり、完全に正しいものである、という考えを曲げることができなかった。「文化大革命」は生涯で最も偉大な貢献であるという認識を最後まで変えることはなかったのである。**毛沢東が「九・一三事件」からくみ取った最も重要な教訓は、事件が階級闘争理論の正しさを証明した以上、「階級闘争を要とする」路線に沿って引き続き進んでいかなくてはならない、ということだった。彼はそれに生涯をかける決意をしたのである。**

当時の党中央は毛沢東の誤りに気づいていたが、党の最高指導者の失政を正すような力はもはや残っていなかった。きわめて限られた範囲で部分的修正をおこなうのが精いっぱいだったが、それとて江青や張春橋に察知され、結局は毛沢東本人によって否定されてしまったのである。

「九・一三事件」後、党中央の日常業務を主管していた周恩来は、幹部政策、経済政策およびそのほか多方面にわたる政策の調整に着手し、党と国家の機能をなんとか正常に戻そうと努力していた。また、極「左」批判の主張を何度もおこなっている。「極『左』は世界的潮流であり、中国にも、われわれの目と鼻の先にも存在する」「各組織で極『左』の潮流が増長したのは林彪のせいである。それは、プロレタリア階級の政治的優位性を空叫びするだけの、無内容で抽象的な形式主義であり、毛沢東思想に背反するものである」[249]というのが周恩来の認識だった。これは、一九六七年二月に「文化大革命」の誤謬を正すよう要求した当時の党中央幹部（譚震林ら）の正しい主張を引き継ぐものだった。しかし、毛沢東は、現在の任務は依然として極右に反対することにある、と誤って認識していた。実質上、周恩来による上述の政策調整は表面的なものであり、「文化大革命」の本質的誤りにメスを入れるようなものでもなければ、それを根底から否定し得るようなものでもなかった。にもかかわらず、周恩来の「修正」に毛沢東は敏感に反応し、極度に不満を抱いたのである。

まず、張春橋と江青が周恩来に刃向かった。一九七二年一二月一日、張春橋は周恩来の主張に対し、「当面の主要な問題は依然極『左』なのか、否か。林彪批判はすなわち極『左』批判であり、『無政府主義』批判であるとするのは正しいのか」という疑問を突きつけた。翌日、江青は「林彪という売国奴、すなわち極右を批判し、同時にプロレタリア『文化大革命』の勝利を重点的に語ること、今やるべきはこれである」[250]というコメントを出した。

毛沢東は江青と張春橋の主張を支持した。一二月一七日の張春橋、姚文元との会談では、極「左」思想と無政府主義を徹底批判する周恩来に真っ向から反対し、「林彪は極『左』ではなく、極右である。修正主義者、分裂主義者である。陰謀を企て、党と国家に反逆した裏切り者である」[251]と断言した。この談話は速やかに全党に伝えられ、毛沢東の指示により、「批林整風」運動が全国で展開されることになった。周恩来はこの先頭に立たざるを得ず、やむなく林彪の右翼的本質を批判する立場に転じた。

こうなると必然の流れで、極「左」思想批判を武器に「文化大革命」の誤りを正すという周恩来主導の闘い、すなわち江青グループとの政治闘争は、一九七二年に重大な蹉跌を来すことになった。三年後の一九七五年、今度は鄧小平が「全面整頓」を主導して江青グループとの角逐を演じることになるが、毛沢東が江青を支持するという状況の下で再び頓挫してしまう。毛沢東は、党内で「文化大革命」にケチをつけるものは許さない、という一線だけは譲らなかったのである。

林彪グループの壊滅直後は、中央政治局内に一時的な「空白」が生じたが、すぐに三つの政治勢力が台頭し、毛沢東個人の采配と好みに左右されながら、合従連衡と覇権争いを展開することになった。一つ目の勢力は、江青を先頭とする「文革急進派」であり、康生、張春橋、姚文元、謝富治（一九七二年死去）らがこれに含まれる。「文化大革命」を断固として支持した彼らは、毛沢東の決定に忠実な実行部隊だった。とくに張春橋と姚文元の二人は毛沢東の信頼も厚かったが、全体からすれば少数派であり、党内で最も孤立していたグループである。二つ目は、周恩来をはじめとする穏健派である。李先念、葉剣英、許世友、朱徳、董必武、劉伯承らがこれに含まれるが、当時、周恩来とともに政治の表舞台で積極的な役割を演じたのは最初の三人だけで、あとの三人は高齢かつ病気がちで、すでに「隠居」の身も同然だった。彼らは「文化大革命」の継続に反対したが、毛沢東の誤りを正すほどの力はもっていなかった。しかし、党内の基盤は厚く、中国共産党の主流を体現しており、党と国家の機能を正常に保つため、あるいは「文化大革命」によるダメージを最小限に食い止め、可能な限り多くの幹部を保護するために心血を注ぎ、粘り強い努力を続けたグループである。三つ目は、紀登奎や汪東興、大軍区司令官といった「文革受益派」である。「文化大革命」で直接「得」をした人たちであり、毛沢東に忠実であると同時に、毛沢東からも頼りにされた。ただ、「文革急進派」と違って党内における影響力は微々たるものだった。当時、毛沢東以外で重要な政策決定に関わることができたのはたった一〇人しかいなかった。すなわち、周恩来、江青、張春橋、姚文元、葉剣英、李先念、紀登奎、李徳生、汪東興、王洪文である。[252]このうち、王洪文は中央政治局のメンバーではなかったが、毛沢東直々の指名で以前から政治局の活動に携わっていた。

第十回全国代表大会（十全大会、一九七三年）後に、こうした権力構図は大幅に変化する（たとえば王洪文が急速に頭角を現し、党内序列第三位になったことや、鄧小平の政治局常務委員会への「再入閣」「再登板」、さらには華国鋒、呉徳成の政治局入りや「文革受益派」の台頭など）が、三つの政治勢力が互いに駆け引きをおこないながら鼎立する状況は基本的に変わらなかった。

毛沢東が十全大会の前倒しでの開催を急いだ最大の理由は、「党規約」の再改訂、すなわち、林彪は毛沢東の「最も親しい戦友」であり「後継者」であるという文言を削除することにあった。そうしなければ毛沢東の政治的イメージに差し障りがあったからである。また、林彪らは九全大会で選出された政治局常務委員、政治局員だったため、中央文書のみでは職務停止の合法性を担保できず、事後処理とはいえ、どうしても中央委員会全体会議もしくは全国代表会議での正式解任決定が必要だったということもある。同時に、「九・一三事件」後の政治的「空白」を埋め、中国政治の枠組みを再構築する必要にも迫られていた。こうしたことから、毛沢東および党中央は一年前倒しで十全大会を開催することにしたのである。前回の九全大会が本来の開催時期（一九六一年）から遅れること八年、一九六九年になってようやく開催されたのとは対照的である。

一九六〇年以降、全国代表大会もしくは中央委員会全体会議をいつ開催するかは、毛沢東がその時々の政治闘争の必要性に基づいて判断しており、「党規約」に沿ったものではなかった。全国代表大会を党の最高権力機関として定めた「党規約」の規定、および大会を定期的に開催するという制度は完全に形骸化していた。一九七三年の十全大会および一九七七年の十一全大会でそれぞれ採択された「党規約」は、全国代表大会と中央委員会全体会議に関する点では九大党規約を完全に踏襲するものだった。鄧小平の言うように、九大党規約も十大党規約も実際のところまるで党規約の体をなしていなかったのである。[253]**「党に党規約あり、国に国法あり」と言われるように、党規約もしくはそれに準ずるものがなければ、その党は本当の意味での政党とは言えない。あるいは党規約があったとしても、それが形骸化しているならば進歩的な政党ではない。**

党中央は五月に中央工作会議を開催し、中央委員、候補委員、各省・市・自治区の責任者ら合わせて二四六人が出席した。周恩来は、主な議題は（一）「批林整風」問題について、（二）十全大会の準備について、（三）「国民経済計画問題に関する報告」について、であると発表した。さらに、会議では毛沢東の提案により、新たな党規約草案と十全大会の政治報告を張春橋、姚文元、王洪文らの責任で準備することが決定された。また、譚震林、李井泉、烏蘭夫ら一三人の「復帰」が決定され、三人の中央委員、すなわち王洪文、華国鋒、呉徳の政治局会議への出席と活動への参与が了承された[254]。

十全大会を準備する過程で、毛沢東は後継者の練り直しをした。目を付けたのは若干四〇歳の王洪文である。「農民、労働者、さらには兵士としての経験を有し、上海の労働者造反派のリーダー的人物である」という王洪文に対する称賛は、その期待の大きさの表れだった。王洪文は一九七二年九月に命を受けて上京し、党中央の活動に参加し始めたが、そのわずか半年後には十全大会を準備する中央工作会議に責任者格で出席し、正式に中央政治局の活動に参加するようになった。一中央委員としては異例のことである[255]。「中央文革小組」というかたちで、政治局や書記処から独立したもう一つの党中央をつくった一九六六年五月の中央政治局拡大会議決定とは異なり、今回は直接、王洪文、華国鋒、呉徳らを中央政治局に組み入れて「九・一三事件」後の「空白」を埋めるというやり方をとった。

王洪文の起用には、周恩来をけん制する狙いもあった。七月四日、王洪文、張春橋との談話の中で、毛沢東は「重要なことは討論せず、瑣末な問題ばかりを毎日もち込む。この調子を改めなければ必ず修正主義になる。わたしが注意しなかったから修正主義になったなどとは断じて言わせない[256]」と、周恩来および中央政治局をあからさまに批判した。今まで毛沢東がこれほど厳しく周恩来を批判し、警告を発したことはなかった。それは、周恩来が極「左」批判を通じて遠回しに「文化大革命」を否定したことに対する強烈な不満の表れだった。さらに、この談話で毛沢東は「郭老は柳より退きて、柳宗元に及ばず。名は共産党と曰うも孔二先を崇拝す」という詩を詠み、郭沫若の『十批判書』を批判した。これを境に、郭沫若は毛沢東のちょうちん持ちをきっぱりやめた[257]。やがて毛沢東は江青の支持の下、周恩来を批判のターゲットとする「批林批孔」運動を自ら発動した。「文化大革命」とは、一貫してそれを否定するか肯定するかをめぐる二つの政治力のせめぎ合いだったのである。

七月上旬、張春橋、王洪文の責任で起草した「共産党第十回全国代表大会政治報告（案）」と「党規約改訂に関する報告（案）」が毛沢東におおむね了承されると、王洪文を主任、周恩来、康生、葉剣英らを副主任とする十全大会選挙準備委員会は、十全大会議長団のメンバーリストと、第十期の中央委員、政治局員の候補者予備選名簿を作成した。毛沢東がいかに王洪文を高く買っていたかということがここからも見て取れる。

第四節　第三段階（一九七三～一九七六年）——鄧小平と江青の角逐

「文化大革命」の第三段階は、一九七三年の十全大会から一九七六年一〇月までで、周恩来、鄧小平を代表とする党内穏健派と、江青を代表とする「四人組」との複雑で激しい政治闘争が主軸になった時期である。まずは王洪文を抜擢し周恩来を批判した毛沢東だったが、やがて国民経済の発展を図るべく鄧小平を再起用する。しかし、鄧小平の「全面整頓」や「文化大革命」の誤りを正すやり方が許容できなくなり、毛遠新による根回しも手伝って、江青の展開する「鄧小平を批判し右からの巻き返しの風に反撃する」運動を支持する立場に転じ、江青を自身の手先として重用するようになった。毛沢東が世を去ると、華国鋒、葉剣英らが協力して「四人組」の逮捕に踏みきり、十年間続いた「文化大革命」はついに終息することになる。

一、十全大会から「批林批孔」まで

一九七三年に第十回全国代表大会（十全大会）が開催された時、毛沢東はすでに八〇歳という高齢で、健康状態は悪化の一途をたどっていた。

十全大会の議長団議長には毛沢東が選出され、副議長には周恩来、王洪文、康生、葉剣英、李徳生が、書記長には張春橋がそれぞれ選出された。周恩来が政治報告を、王洪文が党規約改訂に関する報告をおこなっている。十全大会は九全大会の誤った政治路線を継承するものであり、「天下大いに乱れる」から「天下大いに治まる」へと至る統治理念が再び提起されるなど、これまでの「文化大革命」の主張の繰り返しに終始した大会だった。張春橋が報告した党規約の改訂内容は、「総則」中の林彪に関する文言を削除すると同時に、「『文化大革命』は今後何度でもやる必要がある」という文言を新たにつけ加えたものだった。さらに、総則の中に「反潮流（誤った思想や潮流と断固闘うこと）」という言葉が盛り込まれ、党員がなすべき五つのことのトップに据えられた。

第十期中央委員会第一回全体会議では、林彪グループを一掃する形で江青グループの中核メンバーが中央委員、候補委員に多数選ばれた。「文化大革命」中、中央委員会から排除されていた鄧小平、王稼祥、烏蘭夫、李井泉、李葆華、廖承志なども復帰した。党主席には毛沢東が選出され、周恩来、王洪文、康生、葉剣英、李徳生が副主席に選出された。九全大会では副主席は林彪ただ一人だったが、八全大会時と同人数にまで回復することになった。毛沢東と五人の副主席に朱徳（八六歳）、張春橋、董必武（八七歳）を加えた計九人が

政治局常務委員になった（第九期は五人だった）。政治局メンバーは全部で二五人、そのうち再選が一五人、新人が一〇人と、新人が四割を占めた。

労働者、農民から人材を抜擢するという毛沢東の指示に基づいて政治局メンバーに選ばれたのが、王洪文、陳永貴、呉桂賢、倪志福だった。

王洪文はまたたく間に毛沢東、周恩来に次ぐ党内のナンバー・スリーになった。これは王洪文が毛沢東の後継者であるという強烈なメッセージであり、毛沢東が入念に仕組んだ人事だった。王洪文は最年少の党中央副主席、政治局常務委員となった。しかし、政治局員の許世友らが先頭に立って王洪文を副主席にすることに反対した。このため、周恩来は八月二三日の夜に中央、政府、軍の直属機関および各省・市・自治区の責任者を招集して会議を開き、今回の人事について重点的に説明した。「林彪事件後、毛主席は労働者出身の王洪文を党中央の指導者として育てるという意向を何度も表明している。主席が自身で何度言ったか覚えていないぐらいわたしにも話している。だから、わたしはこの意向を伝える義務がある。主席の本義にのっとって、若い幹部の抜擢と育成に力を入れなければならない。『児童革命組織』などと揶揄してはならない」[258]。周恩来には政治的野心というものが皆無で、毛沢東の指導に絶対的に服従する立場を自ら進んで受け入れていた。毛沢東も周恩来の服従と支持を必要とした。毛沢東一人が推挙しただけでは王洪文が副主席になるのは不可能だったし、なれたとしても相当の反発と背反を生み出すことは明らかであった。九全大会の党規約に林彪を毛沢東の後継者とする規定を盛り込んだ時と同様、ここでも周恩来が決定的な役割を果たした。こうして当時四二歳の王洪文は名実ともに「新星」として「文化大革命」の檜舞台に躍り出た。ただし、それは間違いなく「打ち上げ花火」であった。

江青グループは、林彪グループ瓦解後に出現した政治的「空白」を利用して急速に党内での地位を高め、政治局常務委員三人（王洪文、康生、張春橋）、政治局員二人（江青、姚文元）という有利な立場を占めた。こうして正式に「四人組」が結成され、周恩来をはじめとする党内穏健派と対立する政治勢力になった。「四人組」から見れば、周恩来は最高権力を手にする上で最大の障害だった[259]。毛沢東は、またしてもこの二大勢力を互いにけん制させて力の均衡を図ると同時に、「文革受益派」を下支えし、積極的に多くの中央政治局メンバー（候補委員含む）を登用した。

毛沢東はまた、江西省に下放していた鄧小平を再起用することを決定し、鄧小平の力を借りて経済と社会の秩序、人々の暮らしの立て直しを図ろうとした。

当時の毛沢東に「文化大革命」を終わらせたいという意図があったことは確かで[260]、中国社会のさまざまな問題に取り組みたいとも考えていた。ただし問題はどうやって終わらせるのか、誰がこの「後始末」をするのか、いかにして「天下大いに乱れる」から「天下大いに治まる」状態にもっていくのか、であった。これらの問題を解決するのに最も適した人物はおそらく鄧小平だろうというのが、毛沢東の考えだった。

「林彪事件」の後、毛沢東は、かつて打倒された党指導部の重要メンバーの冤罪を晴らして名誉を回復し、再び仕事を与える必要性を感じていた。[261] 一九七一年九月二八日から一〇月一五日にかけて、党中央は幾人かの古参同志を招集し、李富春の主宰で九度にわたる座談会を開いた。そこでは林彪に対する批判と断罪がなされ、朱徳、劉伯承らは書面で意見を提出し、陳毅、聶栄臻、徐向前らは席上で発言をおこなった。一一月には毛沢東自らが、一九六七年の「二月逆流」で断罪された同志の名誉回復を図るため、古参幹部が党の会議で意見を公表し、必要ならば論争してもよいという考えを示した。[262] 一九七二年一月一〇日、陳毅元帥の追悼集会に参加した毛沢東は、陳毅を大いに称賛しただけでなく、[263] 鄧小平の問題は「人民内部の矛盾」に属するという考えを述べた。その時は周恩来も参加していたため、鄧小平も毛沢東の態度の軟化をすぐに知ることができた。同年八月、鄧小平は毛沢東と中央委員会あてに復帰を要望する手紙を書いた。その手紙に対するコメントで毛沢東は、鄧小平は「劉少奇と区別しなければならない」と述べている。周恩来が何度か中央政治局会議の場で鄧小平の復帰をもち出したが、そのつど、江青らの反対にあって通らなかった。翌一九七三年二月になってようやく鄧小平が中央から帰京の命令を受け取った時「あと二十年は中国のために働くことができる！」と話したという。二十年後とはすなわち一九九三年である。毛沢東時代の指導部の中で、鄧小平はその政治的抱負と願望を最も成就させた一人だった。この「帰京通知」がのちの「鄧小平時代」の出発点になった。

三月九日、党中央が出した「鄧小平の国務院副総理復職に関する決定」を毛沢東はその日に承認し、翌日発効した。一九六五年一月の第三期全人代第一回会議で鄧小平が国務院副総理に任命されて以降、全人代は一度も開かれておらず、鄧小平の国務院副総理の解任や職務停止は正式な手続きで決定されたものではなかった。今回の復帰も毛沢東個人が決定したものであり、三年後に再び失脚を迫られたのも、毛沢東個人の采配によるものである。

四月一二日、鄧小平が国務院副総理として再び公の場に登場したことは、「七年前に打倒された『党内の資本主義の道を歩む実権派ナンバー・ツー』が再び政治の舞台に返り咲いた」重大ニュースとして、全国および全世界をかけめぐった。八月の十全大会では中央委員に選出され、一二月には毛沢東の決定に基づき、中央政治局員として党中央の任務を担うことになった。これは十期二中全会で「追認」手続きがおこなわれている。

同時に、党内のもうひとりの重鎮、陳雲もまた毛沢東の同意を経て復帰した。陳雲は一九七二年七月に毛沢東と党中央に手紙を書き、「少しでも力の及ぶ限り仕事がしたい」と願い出た。毛沢東はすぐさまこれに同意した[264]。ほどなくして、周恩来の提案と差配により、陳雲は国務院業務組で経済（主に貿易方面）を担当することになった。手紙を書いたのも、復帰したのも鄧小平より早かった陳雲だったが、毛沢東には終始冷遇された。一九七七年三月の中央工作会議の席上では汪東興が、「陳雲は一貫して右であり、重用はできない」[265]との毛沢東の見解を紹介している。この見解は華国鋒にも影響を与え、一九七七年八月の第十一回全国代表大会でも陳雲は華国鋒によって政治局入りを阻まれている。

しかし、陳雲も鄧小平同様、毛沢東時代の政治家の中では数少ない「願いが成就した」者の一人である。五年後、陳雲は鄧小平の盟友となり、ともに中国の経済改革に取り組むことになる。**同時代の指導部集団の中で「少壮派」と言われた鄧小平、陳雲の二人を自らの決定で政治の舞台に復帰させたことにより、中国が後に改革開放の道を歩むことになるとは、当時の毛沢東はおそらく想像すらできなかっただろう。**

一二月一二日、毛沢東は葉剣英と鄧小平の提言に基づいて八大軍区の司令官の入れ替えをおこない、政治局が政治を討議せず、軍事委員会が軍事を管理しないというあり方を批判した。同時に、鄧小平を中央軍事委員会に入れ、参謀総長としてその指導にあたらせることにした。時をおかず、鄧小平を代表とする中央軍事委員会は人事命令を発令し、すべての司令官は一〇日以内に新たな部署に着任するよう指示した[266]。国内外が注目したこの軍人事の政治的意図は、地方組織もしくは地方官僚が軍事的に肥大化して制御できなくなるのを防ぐことにあった。**のちに地方の党組織、政府、軍の幹部交流制度ができ、それが継続的におこなわれることで、中央政府の政令が地方全体に一元的に行きわたるようになった。その結果、各地区が思い思いの方針を実行して中国政治が分裂する事態を防ぐことが可能になった[267]。**この時すでに鄧小平は、知略に長けた政治的手腕を示していたのである。

毛沢東は、鄧小平を起用すると同時に、外交活動において右傾的誤りを犯したとして周恩来、葉剣英を厳しく批判した。一九七三年一一月、毛沢東の意見をうけて王洪文が中央政治局会議を主宰し、周恩来、葉剣英批判をおこなった。一二月二一日、毛沢東は「中国に修正主義が出てくるかもしれない。諸君、十分に注意したまえ」[268]と再び提起した。翌一九七四年一月一日の『人民日報』『紅旗』誌、『解放軍報』の共同社説で「内外の反動派と、ことあるごとに日和見主義路線を歩む連中の頭目は尊孔（孔子を尊ぶ）であり、批孔は批林（彪）の一部である」という論が発表されると、すぐに党中央第一号文書が毛沢東の承認を経て発布され、江青、王洪文らはこの機に乗じて「批林批孔」運動を起こした。この第一号文書に転載された「林彪と孔孟の道」という資料について、周恩来と中央政治局は事前に何も知らされていなかった。江青は「批林批孔」を第二の「文化大革命」と称した。そのターゲットは周恩来であり、江青らは卑劣な奇襲戦法に出たのである。

古典を今の喩えに用いるのは「文化大革命」期の中国政治の特徴の一つである。毛沢東は「文化大革命」を根本的な歴史変革とみなしており、古来より時代の変革者として一貫していた法家の思想に類似点を見出していた。したがって、社会変革を阻む党内分子は言うなれば儒家であり、それに対する闘いを「批林批孔」運動としたのである。「四人組」による「批林批孔」の意図は、「克己復礼（己に克ちて礼に復える）」批判、すなわち資本主義の復活批判にあった。[269] 一九七四年一月二五日、江青の画策により「批林批孔」大会が首都運動場で開催されたが、周恩来は当日の午後近くになってようやくこの大会の開催を知った。江青は毛沢東公認の「批林批孔」運動を利用して、周恩来、葉剣英、郭沫若らを批判する政治的奇襲攻撃に打って出たのである。周恩来は大会で「わたしは文化大革命の情勢に鈍感であり、思想的にも遅れていた。幸いにも江青同志が敏感だったおかげで自己の誤りに気づいた。わたしは自己批判すべきである」との発言を強制された。大会後、江青は有頂天になった。[270] 江青らが「批林批孔」運動に名を借りて奪権活動をおこなっていることを知った毛沢東はこれを厳しく批判し、「四人組」をやるなと警告を発した。さらに、江青には党の主席になって「組閣」をやる野心があると指摘した。中央政治局会議の席上では「ややもすればすぐ人に大きな帽子を被せたがる（レッテルを貼りたがる）が、それはやめろ。四人（江青、王洪文、張春橋、姚文元）で徒党を組むな」と江青を非難した。加えて、「江青はわたしの代表ではない。江青はあくまで江青だ」[271] と全体に宣言し、江青には三つの禁止事項を突きつけた。すなわち、みだりに物事を批判するな、いい気になってでしゃばるな、政府人事に口を出すな、の三点である。最後には自己批判書の提出を要求した。[272]

二、鄧小平の復活と「全面整頓」

一九七三年から周恩来が党中央の日常業務を主管していたが、彼の病気療養中、一度だけ王洪文が代理を務めたことがある。ちょうどその時にあたる一九七四年一〇月三日の午後、毛沢東は鄧小平を国務院の第一副総理にする意向を、秘書を通じて電話で王洪文に伝え、その際に中央政治局にもこの意向を伝えるよう指示した。しかし、王洪文はこの指示を無視し、江青、張春橋、姚文元の三人に報告した。また、同月一七日には中央政治局会議の席上で、江青、張春橋、姚文元が「風慶号」事件を材料に鄧小平を攻撃、鄧小平が憤然と退席するということが起こった。江青は王洪文に対し、速やかに長沙の毛沢東のところに行き、周恩来と鄧小平の現状を報告し、鄧小平の第一副総理就任を阻止すべきであると提起した。翌日、長沙で毛沢東と会見した王洪文は鄧小平らを誣告したが、毛沢東は、鄧小平と協力すべきであって、江青と結託してはならない、と厳しく叱責した。二〇日、毛沢東は外交部の王海蓉、唐聞生を通じて周恩来を国務院総理、鄧小平を国務院第一副総理兼人民解放軍参謀総長（これは葉剣英の推薦）にするという自身の意向を正式に党中央に表明した。また、間髪を入れず、江青は王洪文を全人代常務委員長に据えて自分は党主席になろうとしているとして、その野心を批判した。江青に「組閣」はできないし、党中央と全人代を中心になって指導することもできないと、毛沢東ははっきり表明したのである。[273]

一九七五年一月五日、毛沢東の指示により、党中央は鄧小平の中央軍事委員会副主席兼人民解放軍総参謀長就任を決定する第一号文書を発表し、合わせて張春橋を人民解放軍総政治部主任に任命した。同月八日から一〇日にかけての十期二中全会では、鄧小平の政治局入りが追認され、同時に党中央副主席就任、政治局常務委員会入りも決定された。この会議では、李徳生が副主席および政治局常務委員を解任されている。さらに、一三日から一八日にかけておこなわれた第四期全人代第一回会議では、鄧小平が国務院の第一副総理に、張春橋が第二副総理にそれぞれ任命された。ここで指摘しておかなければならないのは、一九七三年四月九日という早い段階で、周恩来が「張春橋は裏切り者だが、主席にはそのことを口止めされている」[274]と鄧小平に伝えていた、ということである。明らかに、毛沢東は張春橋のことを十分に知った上で、「文革急進派」である彼を「文化大革命」の担保として重用していたのである。会議ではさらに、党中央が軍事委員会弁公会議の解散と、新たな中央軍事委員会設立の通知を出した。この通知には毛沢東の同意を示す「閲覧済」チェックが入っていた。葉剣英、王洪文、鄧小平、張春橋、劉伯承、陳錫聯、汪東興、蘇振華、徐向前、聶栄臻、粟裕の一一人が新たな軍事委員会の常務委員に選出され、葉剣英が委員会を主宰することになった。

この時すでに、党内、政府内、軍隊内のいずれにも、鄧小平を代表とする穏健派と、江青を代表とする強硬派が鋭く対立する構図が形づくられていた。前者が中国共産党の健全な力を体現する主流派、後者が醜悪な力を体現する少数派で、基本的には毛沢東の支持を頼りにしていた。こうした構図を意図的につくりだしたのは、ほかならぬ毛沢東である。王洪文、張春橋を使って鄧小平、葉剣英をけん制し、両派の力を利用しつつも、そのバランスを図るというものである。

周恩来はすでに病気で仕事ができない状態だったため、彼の提案を毛沢東が承認するかたちで、一九七五年二月から鄧小平が代わりに国務院の政務全般を主管することになった。[275]毛沢東は、「政治的にも思想的にも強靭で、得難い人材」[276]と鄧小平を評している。

よくできた偶然ではあるが、一九七六年二月二日、一年前に鄧小平の軍事委員会副主席就任を決定したのと同じ党中央第一号文書で、華国鋒の総理代行就任を政治局の全会一致で決定したことが通達された。要するに政策決定の全権を握っているのは毛沢東であり、裏を返せばそこに中国政治の不安定性と予測不可能性があったということである。

一九六六年から数えると、すでに十年近く「文化大革命」が続いていた。この時、毛沢東はジレンマに陥っていた。一方では、長きにわたる「大騒ぎ」にうんざりしており、国民経済の悪化と人民の生活水準の低下を、これ以上目にしたくないという思いがあった。人民の間に不満が広がり、自身の威信が低下していく状況を見たくないという思いはもっと強かった。しかし他方では、ここで「文化大革命」を終わらせたくない、ましてや他人に「文化大革命」を否定されたくない、という思いも非常に強いものがあった。こうした複雑で矛盾した心理があったがゆえに、鄧小平と張春橋という正反対の人物を同時に起用したのである。鄧小平イコール「文革清算派」であり、張春橋イコール「文革急進派」である。さらにこの両者の中間には「文革受益派」が存在した。

「文革受益派」は、主に「文化大革命」中に毛沢東に重用され、政治局員あるいは候補委員になった一群の人たちである。政治局員では華国鋒、紀登奎、陳錫聯、呉徳、陳永貴(農民代表)、汪東興、候補委員では呉桂賢(労働者代表)、倪志福(同)などがそうである。「四人組」とは異なり、政治家としてとくに目立つ存在ではなかったが、毛沢東路線を支持し、それを忠実に実行したおかげで「利益」を得た、まさに「受益派」である。毛沢東の死後、ほとんどのメンバーが「四人組」に反対し、その悪行にも異議をとなえた。しかし、だからといって鄧小平の「文化大革命」否定を支持することもなく、毛沢東晩年の誤り、とりわけ「文化大革命」という過ちを正すという主張にもくみしなかった。**十全大会後の中央政治局内に形成された三つの勢力の結託と抗争は、そのまま一九七〇年代後半の中国政治の絵巻物語になっている。**

一九七四年、「批林批孔」運動の影響で経済は悪化の一途をたどった。その結果、人民の不満が全国で極度に高まり、毛沢東の重大な関心を引き寄せることになった。当時の不安定で分裂含みの政治情勢に対し、一九七五年一月、毛沢東は「やはり今は安定と団結がよい」と提起し、同月におこなわれた十期二中全会の閉会式の講話で、周恩来がこの意見を伝えた[277]。国民経済の悪化については「経済を回復させる」[278]とする一方、人民の間に蔓延する「文化大革命」への不満と嫌悪感については、「階級闘争を要とする」路線を引き続き堅持するとした。これが当時非常に有名になった毛沢東の「三項目(最高)指示」である。これがそのまま「三項目の指示を大綱とする」鄧小平の全面整頓の提起につながっていく。

一九七五年一月、第四期全人代第一回会議が前期から数えて約十年ぶりに開催された。この間、全人代常務委員会も開かれておらず、さらには地方各級の人民代表大会機関も完全に機能停止状態に陥っていた。したがって、今回の全人代は経済建設に再び着手し、政府機関を再構築するチャンスと見られていた。周恩来の「政府工作報告」は毛沢東が鄧小平に作成を委ね、出来上がったものを周恩来と毛沢東がチェックするというかたちで用意されたものである。内容としては、二〇世紀末までに「四つの現代化」を実現する「二段階構想」をあらためて打ち出し、朱徳を委員長とする全人代常務委員会を新たに発足させ、周恩来が国務院総理に、鄧小平が同第一副総理に就任することを決定するというものだった。第四期全人代閉会後の第一回国務院常務会議および全体会議で、周恩来は「政治的にも思想的にも強靭で、得難い人材」という毛沢東の鄧小平評を伝え、今後の国務院運営は鄧小平の責任でおこなうと宣言した。全党、全軍、全人民がこの決定を心から歓迎した。こうして鄧小平が「全面整頓（立て直し）」を実施し、「文化大革命」の誤りを是正していくための機運が高まっていったのである。

鄧小平は一連の会議で重要な講話をおこない、「全面整頓」を展開していった。内容は以下の九点である。

一点目は鉄道の整頓である。二月二五日から三月八日にかけて、党中央は省・市・自治区の工業書記を招集し、鉄道問題の解決を図る会議を王震の主宰で開催した。会議の講話で鄧小平は、国民経済回復に取り組むことを提起した。[279] 三月五日には党中央が「鉄道工作の強化に関する決定（中央第九号文書、万里、範偉中が起草）」を発表している。会議後、鉄道部部長の万里は、全国で最も混乱が激しい徐州鉄道局の立て直しに着手した。

二点目は鉄鋼業の整頓である。「批林批孔」運動によるダメージにより、一九七四年の全国の鋼生産量は二一一万九〇〇〇トンにとどまり、前年を四一〇万トン、一九七四年の計画目標を五〇〇万トン下回った。五月二九日、鄧小平は鉄鋼業座談会の席上で、鉄鋼業整頓のために取り組むべき四つの課題を明確にした。すなわち、(一)能力のある指導部を打ち立てる、(二)断固として派閥主義と闘う、(三)政策を着実に実行する、(四)必要な規則・制度をつくる、というものである。[280] 六月四日には党中央が「一九七五年鉄鋼生産計画の貫徹について（一三号文書）」を発行し、国務院は谷牧を組長とする鉄鋼業指導小組に整頓の実施を指示した。

三点目は財政分野の整頓である。一月九日、国務院は「財政工作のさらなる強化と一九七四年財政収支の厳格な検査についての説明」を発表し、新たに財政部長に就任した張勁夫の責任で財政の整頓を実施するとした。また、李先念の指示により、五月一八日には「財政金融問題報告提綱」を、一〇月二二日には「財政金融の整頓についてのいくつかの問題（財政十カ条）」をそれぞれ起草した。

四点目は工業の整頓である。国家計画委員会が起草した「工業発展のペースアップについての若干の問題」（工業十八条）が七月に鄧小平から提出され、八月一八日、国務院会議での集中議論を経て可決された。これにより、工業各部門の全面整頓が展開されることになった。

五点目は軍隊の整頓である。人民解放軍総政治部の一九七四年の統計では、全軍の幹部一五二万六〇〇〇人のうち四六万七〇〇〇人が余剰人員であるとされたが、人員を減らして組織再編をおこなうと、さらに一〇万人の余剰があると見られることから、およそ六〇万人近くの幹部が余剰であると見積もられていた。また、各級指導グループの人員過多（大軍区で平均三六人、最多は四四人、省軍区で平均三八人、最多は五八人、陸軍の軍団、師団、連隊でも二〇〜四〇人）と高齢化（陸軍の軍団長、師団長、政治委員の平均年齢が四九歳、同じく連隊長、連隊レベルの政治委員の平均年齢が四五歳）も指摘された[281]。一月二五日、鄧小平は解放軍総参謀部での講話の中で、軍隊の整頓が必要であるとの毛沢東の指示をはじめて伝えた[282]。六月二四日から七月一五日にかけて、中央軍事委員会は拡大会議を招集し、鄧小平は報告「軍隊整頓の任務について」の中で、「軍は『肥大、散漫、奢侈、怠惰』という問題を、こと指導部に関しては『軟弱、怠惰、散漫』の問題を解決しなければならない」と強調した。葉剣英は席上、「軍隊に触手を伸ばし、陰謀をたくましくする野心家連中を許してはならない」と発言し、合わせて「上海グループ（江青グループ）」に対する毛沢東の度重なる批判を紹介した[283]。鄧小平、葉剣英をはじめとする穏健派と、江青をはじめとする「文革急進派」が鋭く対立している様がここからも見て取れる。ただ、毛沢東の支持と擁護を今もって受けていた江青らに葉剣英が直接「手を下す」ことはできなかった。そういう意味で、葉剣英にとって今回の軍隊の整頓は、毛沢東の死後に華国鋒と連携して江青グループを一気に粉砕する下準備になったと言える。この拡大会議の内容と鄧小平、葉剣英の講話は、七月一九日に党中央から転送された。中央軍事委員会はこれを受け、三年以内に軍隊の人員を一六〇万人削減し、余剰幹部約六〇万人を適所に再配置することを決定した。

六点目は国防工業の整頓である。中央軍事委員会は八月に国防重点工業企業会議を招集し、そこで鄧小平は「国防工業企業の整頓について」と題する報告をおこなった[284]。

七点目は科学技術分野の整頓である。科学院の整頓と指導の強化という鄧小平の提起を受けて、党中央は胡耀邦、李昌、王光偉を科学院の党核心小組に派遣し、「科学技術工作に関するいくつかの課題（報告提綱の討議草案）」起草の任を負わせることを決定した。この報告提綱は九月二六日の国務院会議（鄧小平主宰）で討議され、科学分野の研究を前進させなければならないとの提起がなされた[285]。

八点目は教育の整頓である。九月の「農業は大寨に学べ」

第一回全国会議で鄧小平は、「教育もまた整頓が必要である。国家の経済建設と『四つの現代化』実現の土台に教育を据え直すことがその核心である」[286]と提起した。鄧小平は同月二六日にも「危機は教育部門で発生するおそれがある」[287]との考えを示している。鄧小平の指示により、教育部部長の周栄鑫が「教育工作報告提綱」を起草し、その中で「経済建設の熱が高まれば、必ず文化建設の機運が高まってくる。中国人は野蛮とみなされた時代はすでに過去のものとなった。われわれは高度な文明を有する民族として世界に登場するだろう」[288]という一九四九年九月の政治協商会議第一期全体会議での毛沢東の講話をあらためて強調した。周栄鑫はさらに一九五七年に毛沢東が提起した「十年で人をつくる」[289]という観点も再度強調している。この「報告提綱」は、「われわれは今深刻な問題に直面している。教育が停滞すれば、プロレタリア独裁を打ち固め、『四つの現代化』を実現する過程全般にまで悪影響を与えることになる」と明言している。[290]

九点目に農業の整頓である。鄧小平は農村工作座談会で、農村と農業を整頓し、農業生産を増加させなければならないと提起した。[291]農業生産については大風呂敷を広げてはならないという点がとくに強調され、この点でまず江青と議論する必要があるとした。[292]

一九七五年の「全面整頓」では、鄧小平、葉剣英、李先念、王震ら党中央と国務院の幹部が重要な指導的役割を発揮しただけでなく、万里、胡耀邦、張勁夫、周栄鑫といった国務院各部門の責任者も局面を打開する貴重な働きをした。彼らがこの特殊な時期に中国共産党の本流として人民の願いを体現し、堂々と江青グループと政治的にわたり合っていたということが十分に見て取れる。

五月、国務院は、鄧小平の整頓政策のブレーンとして論文執筆、調査研究、理論書の刊行、研究チームの組織化などを担当する政策研究室を発足させた（責任者は胡喬木、呉冷西、胡縄、熊復、于光遠、李鑫、鄧力群）。一九七五年七月から一一月にかけて、胡喬木は前後一六回にわたって鄧小平に報告を提出し、鄧小平も事あるごとに直接、胡喬木に指示を出した。[293]この研究室は鄧小平の「シンクタンク」となり、全面整頓の展開を支える上できわめて重要な役割を果たした。

政策研究室のメンバーの一人、鄧力群が起草した「全党全国の各工作の総綱を論ず」では、毛沢東の「三項目の指示」が随所に引用されるとともに、一九四五年の「連合政府を論ず」の次の言葉も引用された。「中国のすべての政党の政策および実践は、それが中国人民の中にどのような成果として表れているか、その良し悪し、大小によって判断される。要するに生産力の発展に寄与しているか否か、どの程度寄与したかということである」。これは、路線の正誤を判断する基準、真の社会主義的実践か偽物のそれかを見きわめる基準の提起であった。鄧小平らは毛沢東の正しい思想を利用して彼の晩年の誤りを正し、返す刀で江青グループの錯誤を批判するというやり方をとった。この文書にはそれがよく表れている。

のちに江青は、この「総綱を論ず」をはじめ、「工業発展のペースアップについての若干の問題」（国家計画委員会、房維中起草）、「科学院工作の報告提綱」（胡耀邦起草）という三つの重要文書は「三大毒草」であり、とくに「総綱を論ず」は「資本主義復活の政治宣言」であると公然と批判した。**しかし、これらの文書は、「文化大革命」の誤ったやり方を修正し、それが生み出した各種混乱の全面的な立て直しをはじめて提起したものであり、かつてない大がかりな「乱世平定」の試みであったのはまぎれもない事実である。**

各方面にわたる整頓を通じて経済は急速に好転し、全業種が停滞状態を脱して一時的な高揚期に突入した。一九七五年の農工業生産額は、工業が前年比一四・九％増、農業が同三・七％増、全体でも一一・五％の伸びを示した。財政赤字も縮小し、貿易額も過去最高の数字になった。「批林批孔」が引き起こした前年の後退局面とは鮮やかな対比をなしている。「全面整頓は人心を深くとらえた」のであり、全党、全軍、全人民が鄧小平の手腕を認め始め、今まで以上に支持するようになった。これは、鄧小平が一九七七年に再復活し、その翌年から改革開放政策を実施するための重要な土台になった。広範な人民の「政治的信頼」がなければ、中国に「鄧小平時代」はなかっただろう。

しかし、鄧小平のこうしたやり方は、いわば流れ（「文化大革命」）に逆らって船を進める（経済建設をする）ものであり、政治的リスクはきわめて大きかった。

一九七四年一〇月、毛沢東はデンマーク首相ポール・ハートリンとの会見時に、社会主義とプロレタリア独裁の理論問題について言及した[294]。その後、一二月二六日、自身の誕生パーティーの席上で周恩来と王洪文に次のような話をした。「レーニンがなぜブルジョア階級に対する独裁を説いたか。この問題をはっきりさせなければ修正主義に変わる。わが国が現在実施しているのは商品制度であり、賃金制度も不平等で、八級賃金制度といったものが存在する。これはプロレタリア独裁の下でのみ制限を加えることができる。レーニンはかつて、小規模生産は常に、毎日毎時、自然発生的かつ大量に資本主義とブルジョア階級を生み出していると述べた。労働者階級の一部、党員の一部にもこうした状況がある。プロレタリア階級の中にも、党や政府の要員にも、ブルジョア階級の生活風潮があるものだ。したがって、林彪のような連中が政権をとったら簡単に資本主義になる」[295]。これは、中国の政治経済に対する毛沢東の洞察力、先を読む力をある意味ではよく物語っている。とはいうものの、いったい何が社会主義で、何が資本主義なのかについては具体的に明らかにしていない。やはり「モスクワ宣言」の影響から自由ではなかったと言える。

プロレタリア独裁の理論を学習せよという毛沢東の指示に基づき、張春橋、姚文元が編纂した「マルクス・エンゲルス・レーニン・スターリンのプロレタリア独裁論」という語録が一九七五年二月二二日の『人民日報』に発表された。三月一日には同じく『人民日報』に姚文元の「林彪反党集団の社会的基盤について」が発表され、四月一日には、あらゆる領域、革命のすべての発展段階においてブルジョア階級に対する全面的独裁を終始貫徹せよと提起する張春橋の「ブルジョア階級に対する全面的独裁」が『紅旗』誌に発表された。いずれも毛沢東の要求に応じて書かれたものであり、毛沢東の同意を経て全国紙に全文が転載され、単行本としても発行された。これらの文章は、毛沢東の学習指示に対する理論的回答であると同時に、「文化大革命」に理論的バックボーンを提供するもの、さらに言えば、鄧小平の「全面整頓」に反撃するための理論的準備でもあった。

三月から四月にかけて、江青、張春橋、姚文元の三人は、暗に鄧小平と周恩来を中傷するかたちで「経験主義」批判を展開し、この種の人物が権力をとったら中国は資本主義に逆戻りするという論をふりまいた[296]。鄧小平は反論すると同時に、四月一四日には、江青らのやり方を毛沢東に報告した。その結果、またしても江青は毛沢東に叱責されることになった。同月二七日の中央政治局会議では、毛沢東の意向を受けて鄧小平、葉剣英らが江青を批判し、江青グループとの間に激しい言い争いが生じた。五月三日深夜、毛沢東は自宅で中央政治局会議を開催し[297]、政治局の融和と団結を訴えた。この場でも毛沢東は、「四人組」をやるな、なぜ二〇〇人を超える中央委員と一致協力しないのかと、江青を非難した[298]。これは「四人組」が党内の小セクトであり、党中央内でも最小数派で、しかも孤立していることをはっきりとさせるものだった。最後に毛沢東はあらためて「三要三不要（マルクス主義をやるべきで修正主義をやるな、公明正大が必要で陰謀詭計を弄するな、団結が必要であり分裂をするな）」の原則を強調した。これが毛沢東主宰の最後の政治局会議であった。毛沢東の指示により、鄧小平は前後三回政治局会議を主宰し、江青をはじめとする「四人組」を批判している。六月二八日、江青は毛沢東と党中央に対して自己批判書を提出した。

「三要三不要」の原則は、毛沢東の一貫した考え方であり要求であったが、要求するたびに党内で非和解的な政治闘争が起こっており、今回は鄧小平と江青との間にそれが生じた。毛沢東は両者の均衡を図る必要に迫られると同時に、中国に再び政治危機が訪れることへの不安を募らせていた。

三、「水滸伝」批判から「右からの巻き返しの風に反撃する（反撃右傾翻案風）」運動へ

毛沢東は八月一四日、『水滸伝』について「ただ汚職官吏に反対しただけで皇帝には反対しなかった。宋江は投降して

修正主義をやり、皇帝の慰撫を受け入れた」[299]と述べた。毛沢東の「水滸伝」批判を読んだ姚文元は、この「反面教材（水滸伝）」は十分に利用できると考えた。同月二八日、『紅旗』誌第九期に「『水滸伝』に対する評論を重視する」という姚文元が手を加えた文章が発表され、毛沢東の批評が公表された。江青グループは宋江批判に名を借りて、鄧小平を攻撃した。江青は「『水滸伝』の肝心な点は、晁蓋を飾り物にしたことにあり、現在の党にも毛主席に対して同じことをしようとしている者（鄧小平）がいる」と吹聴した。九月一五日の「農業は大寨に学ぶ」全国会議でも、「毛主席の『水滸伝』批判は、われわれの党の中に投降派（鄧小平）がいることをみなさん全員に知ってもらうためなのです」[300]と話している。**これは、透明性と制度化に乏しく、往々にして「古典を借りて今を喩える」議論がおこなわれた「文化大革命」期の中国政治の特質と言えよう。**

毛沢東時代の中国政治の最大の特徴は、変転著しく、先がまったく読めない、ということである。鄧小平の復帰と再失脚を見ればわかるように、毛沢東はいつでも自分の思い通りに「招聘」と「放逐」を繰り返すことができた。「文化大革命」を公然と否定する者はなんびとたりとも（鄧小平も含めて）許さない、というのが毛沢東の政治原則であり、越えてはならない一線になっていたのである。

この『水滸伝』批判に対して鄧小平のとった作戦は、「沈黙」と「時期を待つ」というものだった。ポスト毛沢東時代の中国政治をにらんでいた彼にとって、毛沢東と「鋭くやり合う」ことも「誰が勝って誰が負けたか」ということも、まったくどうでもよいことであった。しかし、毛沢東の発動した「鄧小平を批判し、右からの巻き返しの風に反撃する」運動は、予想以上に中国政治の変転を加速させることになる。

鄧小平の「全面整頓」が始まってからわずか半年余りで世界の中国を見る目も変わり始めた九月、突然大きな変化が政治の舞台に生じた。二四日、毛沢東は折から訪中していたベトナム共産党第一書記のレ・ズアンに「現在、中国の党と国家は『指導の危機』に直面している」[301]ともらした。一九六六年六月一〇日、ホー・チ・ミンに党内上層部の状況を吐露した時とよく似た光景である。

九月二八日、毛遠新（当時、遼寧省党委員会書記、省革命委員会副主任）は北京に向かう途中、党内上層部には「文化大革命」についての見解で重大な不一致があることを、鄧小平の状況とともに毛沢東に報告した[302]。一一月二日には再び毛沢東に、鄧小平は「文化大革命」を否定しようとしていると報告した[303]。毛沢東は「鄧小平が自己変革するのを手助けせよ」と毛遠新に指示している。中央委員でもない者に政治局常務委員の「手助けをせよ」という指示である。これに基づき、毛遠新はその日の夜に鄧小平、汪東興、陳錫聯と会談、毛沢東に成り代わって鄧小平を批判した。鄧小平はやむなく反論しつつも、同時に自己批判したいと申し出た。[304] 翌三日、呉徳は清華大学党委員会拡大会議で次のような毛沢東の指示を伝えた。「劉氷らがわたしに手紙を書いた動機は不純だ。遅群と謝静宜を打倒したいのだ。彼らの矛先はわたしに向けられている」。そして、この手紙を鄧小平が取り次いだのは、劉氷らの肩をもち、支持しているということにほかならないとした。[305] この時、すでに毛沢東は鄧小平に不信任を突きつけていた。あるいは再び打倒する準備をしていたと言ってもよい。鄧小平による「文化大革命」否定がどうしても許せなかったのである。

同じ一一月三日に、毛沢東は制度や組織を無視し、自分の連絡員であり甥でもある毛遠新を通じて中央政治局員に自身の意向を伝えている。[306] その結果、毛沢東の意向は鄧小平、汪東興、陳錫聯、毛遠新の四人に李先念、紀登奎、華国鋒、張春橋を加えた計八人に伝わった。同月二〇日、毛沢東は、「文化大革命」を肯定する決議を中央政治局で作成するよう、毛遠新経由で鄧小平に指示した。内容は「七割の功績と三割の誤り」[307] として総体的に「文化大革命」を評価するものだった。鄧小平は「わたしの責任でこの決議をつくるのは適切ではない。わたしは（打倒されて運動にかかわっておらず）桃源郷にいるようなものだから」「漢を知らないのに魏晋を知るはずもない」[308] と述べ、遠回しに毛沢東の指示を拒絶した。これに失望した毛沢東は「鄧小平批判」を決心した。

毛沢東は中央委員会全体会議はもちろん、いかなる党の集団決議も経ずに、一一月下旬以降、鄧小平の中央における職務を停止し、外交専任にすると決定した。さらに同時期、全体会議や中央工作会議を開かず、中央委員会の頭越しに一三〇人余りの党、政府、軍の責任者を招集し、「事前心得」会議を開いて「事前心得の講話の要点」を伝えた。

「文化大革命」の誤りを体系的に是正していく鄧小平を容認することができなかった毛沢東は、またしても個人的指示、連絡員（毛遠新）の私設、「事前心得」会議の開催、「事前心得」要点の伝達といった非制度的手法を通じ、いわゆる「鄧小平を批判し、右からの巻き返しの風に反撃する」運動を引き起こして、再び全国を混乱に陥れたのである。

「文化大革命」を護持するという点では、毛沢東は政治生命が尽きる瀬戸際まで微塵もゆらぎを見せなかった。誰であれ異議を唱えることを許さなかったし、「文化大革命」をひっくり返すなどもってのほかであった。これが彼の最後のよりどころだったのである。[309] しかし、すでに毛沢東の体力は日に日に衰えていく状況だった。心境的にはどうしても抜け出せないジレンマに陥っていた。[310] さらなる大規模な政治運動の発動は、この老政治家にしてみれば、やむにやまれぬ選択だった。もはや彼自身が階級闘争理論のロジックから抜け出せなくなっていたからである。

一九七六年一月八日、毛沢東の指示により、中央政治局は鄧小平に対する批判的援助として、毛沢東の鄧小平批判談話をまとめた中央文書「毛主席の重要指示」を作成した。これは、「鄧小平を批判し、右からの巻き返しの風に反撃する」ことについて、一九七五年一〇月から一九七六年一月までの間に毛沢東が述べた談話を、毛遠新が整理したものである。この文書の発行当日、周恩来が死去した。毛沢東は目に涙をためて天井を仰ぎ、意味の取れないつぶやきとともに「逝ってしまった、彼もまた逝ってしまった」ともらすやいなや、さめざめとすすり泣いたという。[311]とはいえ、彼は「右からの巻き返しの風に反撃する」として、長年苦楽をともにしてきた戦友を批判の対象にする決意をしなければならなかったのである。この時、毛沢東は新たな後継者を選んでいる最中だったが、これに関しては自己否定と前言撤回の繰り返しだった。

一九七六年は中国にとって「多事」の年であった。まず、一月八日に周恩来が死去した。中央人民政府政務院総理を五年、その後国務院総理を二十一年、一九四九年から数えて合計二十六年もの期間、ずっと総理の職にあった周恩来は、中国ではじめて在職中に死去した最高指導者である。**周恩来は矛盾した存在だった。毛沢東が引き起こした「文化大革命」を政治的に支持すると同時に、その混乱を収拾する役割を担っていた。**彼は政治家として一人二役を演じなければならなかった。毛沢東の権威を擁護し、その指示を忠実に実行する以外に政治生命を保つすべはなかったが、まさにそうすることで、鄧小平、陳雲、葉剣英、李先念らを含め、攻撃と迫害の犠牲者たちを保護することができたのである。彼は痛苦の思いを抱いたまま死んでいったに違いない。人民は周恩来を許すだろうと、鄧小平はのちに語っている。[312]周恩来の死は、党中央と国務院に新たな「空白」をもたらすことになったため、毛沢東は速やかに後継者を選定する必要に迫られた。

二月、毛沢東の提案を受けて、中央政治局は全会一致で華国鋒の国務院総理代行就任を決定し、華国鋒が中央政治局の業務一切を主管するとした。同時に、葉剣英の療養期間中、陳錫聯が中央軍事委員会の運営にあたることも決定した。[313]これで毛沢東の後継者は鄧小平でもなければ、「文革急進派」の王洪文、張春橋でもなく、「文革受益派」の華国鋒であることが内外に知れわたることになった。毛沢東はまたしても自身の後継者を個人の裁量で決定したのである。華国鋒は当時中央政治局員で、一二人の副総理の中では序列第六番目だった。

なぜ華国鋒が選ばれたのか。鄧小平は一月二〇日に「党中央の日常業務から自分をはずしてほしい」という手紙を毛沢東に送り、その翌日、毛沢東は毛遠新を通じて華国鋒に「ぜひとも総理代行を引き受けてもらいたい」と伝えた。華国鋒が党中央の日常業務を主管するという提起を毛沢東が正式におこなったのは同月二八日である。「温厚実直で仕事も丁寧」

というのが毛沢東の華国鋒評である。毛沢東は、華国鋒を宣伝して人民の認知度を徐々に高めていく必要性を訴えた。これは党内の勢力バランスをとるために毛沢東がとった措置である。毛沢東から見れば、華国鋒はどの勢力にも受け入れられる「無難」な人物だった。華国鋒が毛沢東の後継者になり得たのは、本人に十分な才能と力量があったからではなく、毛沢東のイエスマンとして「文化大革命」路線を忠実に実行する存在だったからである。毛沢東は、「四人組」、とくに江青に対する党と人民の恨みは深く、まるで人望がないこと、そのような者を後継者に選んだ日には、新たな災難に見舞われ、本当に「天下大いに乱れ」てしまいかねないことを熟知していた。したがって、この中国の正念場に際して、「四人組」を後継者に選ぶことはなかったのである。

　毛沢東のこの判断は、江青グループにとって致命的な打撃となった。鄧小平を打倒したら再び王洪文、張春橋がそれぞれ党中央と国務院の権限を握ると踏んでいたからである。張春橋は即座に反応を示した。彼は華国鋒に対して大いに不満を抱いていた。それほど総理になりたいという思いが強かったのである。二月三日には「華国鋒も鄧小平と同じで、やり方がすばしこく、悪質だが、失脚するのも時間の問題だ[314]」と強弁した。江青は徹底的に華国鋒を軽蔑し、なんとしても自分が党の主席になるという思いを抱いていた。まさに現代の則天武后である[315]。

　二月二五日、党中央は各省・市・自治区および大軍区の幹部会議を開き、一月に中央政治局が作成した「毛主席の重要指示」を配布した。三月三日には「『毛主席の重要指示』の学習について」という通知を出し、毛沢東の講話内容を伝達した。合わせて上述の会議における華国鋒の講話も伝えている。この講話で華国鋒は毛沢東の命に従い、鄧小平同志の誤った修正主義路線を党内で公然と、しかも本格的に暴露し、批判するとした。一九六六年八月五日に出された毛沢東の「司令部を砲撃せよ――わたしの大字報」を思わせるかのような論調である。鄧小平批判についてはいくつか政策も提起しているが[316]、一九六六年後半の「文化大革命」の手法とはまったく違うものだった。

　毛沢東は講話の中で、次の諸点を述べた。第一に、鄧小平の「永遠に巻き返しはしない」という言葉は口先だけのものだとした[317]。党内における鄧小平への信用を掘り崩す狙いがあったと言える。第二に鄧小平の「黒猫白猫論」を、階級闘争を要としないものだと批判した[318]。両者のよって立つ政治哲学は根本的に異なる。毛沢東は「闘争」哲学であり、鄧小平は「建設」哲学である。第三に、鄧小平は「文化大革命」を清算しようとしたという指摘である。毛沢東に言わせれば、「文化大革命」に対する二種類の態度、すなわち不満と清算は、自身の偉大な歴史的功績を否定するのに等しいのである。第四に、ブルジョア階級は共産党の中にいる、走資派は依然として存在する、という認識である。曰く、「社会主義革命をやるのにブルジョア階級がどこにいるのかわからないというのではだめだ。それは共産党内にいる。資本主義の道を歩む党内の実権派がそれである。走資派はいまだに党内にいる」[319]。鄧小平を知り尽くしていた毛沢東は、その本質が「走資派」であり、その路線は基本的に資本主義の道を歩むものだと見ていた。客観的には、今回の毛沢東の批判は、鄧小平を大いに利するものだった。第一の点を除いた残り三点は、いずれもかえって「鄧小平思想」の浸透を手伝うものになった。

だからこそ、一九七七年に再復活した時、鄧小平は華国鋒や汪東興ら「文革受益派」の抵抗をものともせず、「文化大革命」に対する全面的な「乱世平定」を実施することができたのである。毛沢東が提唱した「実事求是」の思想路線を再確立して「階級闘争を要とする」考えをきっぱりと捨て去り、生産力の発展を党の任務の中心に据え、中国社会に巨大な変化をもたらす改革開放政策の実行を果敢に決断できたのである[320]。「文化大革命」とは画然と異なる新たな時代、すなわち改革開放時代を切り開くことができた理由も容易に理解できるだろう。**鄧小平は、再び打倒された当時、改革なくして中国の未来はないことを悟っていた。同時に毛沢東の誤りが単なる個人的なものではなく、深刻な制度的欠陥によってもたらされたものであることをも自覚していた。党と国家の指導体制や組織体制の改革には、より本質的で全面的な、さらには着実かつ長期的な取り組みが必要なことを理解していたのである。**[321]

四、「天安門事件」から毛沢東の死去まで

毛沢東の死の直前、二つの大事件が発生した。一つは「天安門事件」であり、もう一つは唐山大地震である。これらの事件は程度の差こそあれ、現代中国の政治と社会の矛盾を激化させるものになった。

三月二八日、江青グループの入れ知恵で上海『文匯報』が周恩来と鄧小平を「愚かにも党内で復活をたくらむ走資派、打倒された今も悔い改めない走資派」と言いなす記事を掲載した。こうして党内上層部の政治闘争は、社会全体を巻き込んで公然と展開されるようになった。この記事は南京などにおける民衆デモの引き金になり、人々はそこで「周恩来を守れ、張春橋を打倒せよ」というスローガンを掲げた。四月一日、この「南京事件」は毛主席の党中央を分裂させ、「鄧小平批判」の方向性をねじ曲げる政治事件であるという通知が中央から各地に電話でなされた[322]。

四月を通じて、周恩来を追悼し、「四人組」に反対する大衆運動が「天安門事件」をはじめ、全国各地で巻き起こった。特殊な歴史的条件下では、真の民意はこうした形をとって表明されたと見るべきであろう。一九八〇年に鄧小平が説明した通り、百パーセントに近い人民が「四人組」の悪行に激し

い憎悪を抱いていたからこそ、こうした運動が爆発したのである。鄧小平を支持し、「四人組」に反対するこの運動は、はじめて明確に、しかも公然と、独裁主義と個人崇拝にノーを突きつけたのである。[323][324]

四月四日の夜、華国鋒の主宰で中央政治局の緊急会議が開かれたが、葉剣英、李先念は出席していなかった。会議では「天安門事件」を反革命事件と規定し、毛主席と党中央に反対するよう大衆を反革命的に扇動するものであり、現下の闘争の大方針を阻害し破壊するものだとした。一方、当の天安門広場では、周総理に反対する者は誰であっても打倒するという大衆の叫びが高らかに響いていた。なかには「中国はすでに過去の中国ではない。愚昧な民はもうここにはいない。秦の始皇帝の封建社会には二度と戻らない」と叫ぶ者もいた。この運動に、病床の毛沢東は激甚に反応した。翌五日の早朝五時に毛遠新の報告を聞いて激怒している。翌日、江青は「鄧小平がすべての事件の黒幕です」と毛沢東に報告し、鄧小平の党籍はく奪を求めた。七日、二度にわたる毛遠新の報告を受け、毛沢東は姚文元の責任で編集した『人民日報』記者の「天安門事件」に関する報道を公表することに同意する。この報道は、「天安門事件」が、現在の「鄧小平を批判し、右からの巻き返しの風に反撃する」闘いの方向性を一八〇度ねじ曲げようとたくらむ「反革命政治事件」だとするものだった。[325]

同じ七日の夜、毛沢東の提起により、中央政治局は鄧小平の党内外での職務をすべて停止し、党籍についてはいったん保留して事後の観察に委ねるという決議を全会一致で採択した。同時に華国鋒を党中央第一副主席および国務院総理に任命した。華国鋒の副主席就任については、毛沢東がとくに強く主張したものであり、決議にも明記された。後継者は華国鋒であることが正式に確定したのである。十全大会で採択された「党規約」第九条によれば、政治局および政治局常務委員ならびに党の主席および副主席は、中央委員会全体会議で選出することになっている。したがって、中央委員会全体会議を開かずに鄧小平の職務を停止したり、華国鋒を党の第一副主席に任命したりすることは規約違反である。「中央政治局コミュニケ」で、今回の任命は次回の中央委員会全体会議で「追って承認」するとしたのもそのためだった。しかし、一九七六年を通じて中央委員会全体会議は一度も開かれなかった。一〇月六日の「四人組」の逮捕や「隔離審査」の実施など、中央政治局はこの年に一連の重大決定を下している。しかし、鄧小平の職務停止と「天安門事件」についての誤った認識は、一九八一年になるまで正式には撤回されなかった。[326]

『人民日報』は四月八日掲載の記事で、「天安門事件」を「以前からたくらまれていた、計画的で組織的な反革命政治事件」と規定し、「反革命分子が鄧小平の提灯をもち、鄧小平をハンガリー反革命事件の頭目であるナジのごとく祭り上げようとたくらんだ。偉大な領袖毛主席を攻撃するという常軌を逸した暴挙に出たのである」[327]と言明した。四月一八日の社説では鄧小平を、「党内外の新旧ブルジョア階級と旧態依然たる地主、富農、反革命分子、悪質分子、右派分子の利益を集中的に体現しており、これら反革命分子どもの総代表である」[328]と断定している。

鄧小平問題と「天安門事件」の処理は、すでに病に蝕まれていた高齢の毛沢東にさらなるダメージを与えることになった。病状は重くなる一方で、身体も極度に衰弱し、激しい病苦にさいなまれるようになったのである。四月三〇日の夜、外賓との会見の後に華国鋒の報告を聴取した際、「焦らずゆっくりやればよい」「過去の方針に照らしておこなうことだ」「あなたがやればわたしは安心だ」という三つの言葉を書いて渡した[329]。六月の始めには突然の心臓発作に襲われたが、応急処置のおかげで一命をとりとめた。残された日がわずかであることを自覚した毛沢東は、最後の「引き継ぎ」をおこなうことにした。病状がひどくなった六月一五日に、後事を託すため、華国鋒、江青、汪洪文、張春橋、姚文元らを自らの元に呼び集めている。間もなく世を去ることを自覚した毛沢東は、没後の自身に対する評価が非難一色にならないことを願った。「生涯に二つのことを成し遂げた。一つは蔣介石を台湾に追いやったこと、もう一つは『文化大革命』を発動したことである」という生涯における自らの功績を重ねて明言している。彼は、「文化大革命」を支持する人は少なく、反対する者の方が多いことを率直に認めた。のちの人々が「文化大革命」を否定し、自分が残した政治的遺産が跡形もなく消えてしまうのでは、という不安があった。自分の死後、権力継承は平和裏におこなわれることはないだろう、混乱の中でおこなわれるだろう、やり方を間違えれば血の雨を見ることになる、との予測もしている[330]。これは毛沢東が最後に示した江青に対する憂慮であり、政治的遺言であった。この時に限って毛沢東は、どうすることもできない無力感に襲われていたに違いない。これより前の一九七四年三月二〇日、江青にあてた手紙で次のように述べている。「わたしは病が重く、八一歳になったし、きみのことなど考えておれない。きみは特権を持っているが、わたしが死んだら、いったいどうするつもりだ[331]」。

毛沢東は江青の失脚とあわれな末路をあらかじめ予想していた。その予想には根拠がないわけではなかった。江青が党内で政治的野心を抱き、自身の才をひけらかし、いたるところで敵をつくり、積年の恨みを抱いている人はきわめて多く、完全に周囲から孤立していたことを熟知していたからである[332]。毛沢東の重用と彼から授かった特権的地位がなければ、無法なふるまいは決して許されなかったばかりか、党内で生き延びることも難しかったであろう。毛沢東にとってこれは言わずもがなのことだった。事実もまたこのことを証明している。毛沢東が世を去るや否や、華国鋒は「四人組」の逮捕に踏み

きったのである。

死の直前は病に苦しめられていたとはいえ、毛沢東の強靭な意志に衰えはなく、最後まで「文化大革命」の大きな方向性は正しいという信念を崩さなかった。もちろん、十年にわたる「文化大革命」で党と軍、人民の心は離反し、党内で自分が「一人では何もできない」存在になってしまっていることは内心では十分にわかっていた。それが彼の心に刺さった釘だったのである。わずか数カ月前に自分の手で失脚させたにもかかわらず、鄧小平が再起することを彼は予感していた。六月一五日の江青らとの会見では「きみたちはどうすべきか、それは天のみぞ知るだ」と言っている。これが毛沢東の最後の講話であり、最後の申し送りにもなった。この時の毛沢東は老人としても十分孤独だったが、政治家としてはもっと孤独だった。八〇歳を過ぎて、なお複雑かつ先鋭な党内闘争に果敢に挑み、一一歳も年下の鄧小平に勝利することを望んだのである。この闘争で毛沢東は心身ともに消耗し、健康状態をさらに悪化させ、七月から八月にかけてはしょっちゅう昏睡状態に陥り、もはや執務は不可能な状態だった。[333]

七月六日、全人代常務委員会委員長の朱徳が世を去った。朱徳は「紅軍の父」と呼ばれていた。一九四九年の新中国成立時には中央人民政府の副主席であり、人民解放軍の総司令官だった。その後、一九五四年に国家副主席に就任し、一九五六年には第八期中央委員会副主席、政治局常務委員に就任した。さらに、第二期から第四期まで、合わせて十八年間、全人代常務委員会の委員長を務めている。在職したまま世を去った中国の最高指導者としては、周恩来に次いで二人目である。

七月二八日、河北省唐山市で国内外を震撼させる大地震が発生し、死亡者の累計は二四万二〇〇〇人を超え、重傷者は一六万四〇〇〇人を上回った。一九八〇年までの四年間に唐山市が国から受けた災害援助金は一一億七〇〇〇万元、インフラ投資が二二億元、合わせて三三億七〇〇〇元に上った。八月四日、華国鋒は被災地を視察し、十数万人の軍隊と二万人を超える医療援助スタッフを派遣した。党中央は一八日になってようやく「唐山豊南一帯の震災救援に関する通報」を出したが、少数の幹部が閲覧しただけだった。毛沢東はそれを読んで号泣したという。[334] この文書は、生前の毛沢東が最後に目を通した文書であると同時に、読めば誰でも悲しみとショックに打ちひしがれるものだった。不可解なのは、当時の中国政府が正確な被害状況を国内に公表することを拒否したばかりか、海外からの人道的支援や経済援助も一切拒否したことである。**本来、党の第一副主席であり国務院総理でもあった華国鋒がこれに関して責任を負うべきだった。「よいニュースだけを報告」し「臭いものには蓋をする」、つまり不透明な情報と、密室政治による「ブラックボックス決裁」という中央集権的な政治体制の弊害を顕著に示す例である。**

一九五九〜一九六一年にかけての「大躍進」の失敗による「大飢饉」の時と非常によく似たメカニズムが働いていた。あるいはその繰り返しと言ってもよい。

このような空前の震災、それによる多数の死者という現実に直面していたにもかかわらず、八月二三日の『人民日報』は相も変わらず「今後もさらなる鄧小平批判を展開していかなければならない」と題する社説を発表している[335]。八月一三日から一〇月六日にかけて発表された「鄧小平批判」の文章やニュースは、『人民日報』だけで一一〇編に上った。さらに、北京大学および清華大学の批判組が編纂した三つのパンフレットは、八月以降数千万部も発行されている。この時の中国は、震災犠牲者への哀悼や被災者家族への同情と支援ではなく、鄧小平に対する尽きることのない「階級的怨恨」に満ちていた。一九五〇〜一九七六年までの間に幾多の政治闘争を経験してきた中国は、その間二度の大きな自然災害に見舞われている。しかし、常に政治闘争が最優先であり、ほかの一切を圧倒した。中国の階級闘争のエンジンは決してうなりを止めることはなかった。党にはもはやそれを止める力はなく、自然の摂理による解決を待つしかなかった。

九月九日、毛沢東が北京でその生涯を閉じた。一九四三年三月から数えて三十三年間、新中国成立から二十七年間、終始党の主席であった毛沢東もまた、周恩来、朱徳と同じく在任したまま亡くなった最高指導者となった。

偶然にも、この三人の最高指導者は在任中、同じ年に病死した。**いずれも中華人民共和国の創立者であり、中国人民の偉大な領袖である。中華人民共和国の歴史の中で最も長期にわたって党と国家の要職にあった指導者である。これは中国独特の集権政治の特徴をよく表している。つまり、「終身制」と「無期限任期制」である。これは指導者個々の誤りではなく、深刻な制度的欠陥である。**「党規約」にせよ「憲法」にせよ、最高指導者の任期や「引退」に関する規定は一切なかった。その人の余命がそのまま政治生命になった。実際には、一九七三年の十全大会で毛沢東が「中央顧問委員会」を発足させ、自ら主席になることを提起していた。周恩来はじめ周囲の反対に面し、毛沢東は「全員が反対するなら、この先も中央委員会主席を続けて国事に尽くすしかない[336]」と言った。確かに、毛沢東も周恩来も朱徳も「死のその日まで国事に力を尽くした」。しかし、制度的観点から見れば、「終身制」はきわめて遅れた制度である。後にこうした「終身制」「無期限任期制」は鄧小平によって廃止されることになった。一九八二年「憲法」には指導者の任期は二期までとすることが明記され、一九八七年の第十三回全国代表大会で党の指導者の「終身制」は正式に廃止された。

五、江青の「決起」とその政治的死

権力集中の度合いが高い独裁国家では、最高指導者の死後、

「後継者」問題をめぐって政治的危機が勃発するのが常である。毛沢東の死後、「誰が毛沢東の後を継ぐ者なのか」を焦点にした激しい権力闘争が党内に発生した。一九七五年一月に毛沢東は、「江青は今でも敬遠されているが、将来は完全に孤立するだろう。わたしが死んだら江青が災いの種になる[337]」と予言していた。予想に違わず、毛沢東の死後最初の中央政治局会議で江青は「鄧小平批判」の継続を求め、政治局の決定に基づいて彼の党籍をはく奪し、後顧の憂いを絶つべきであるという提案を蒸し返した。「鄧小平が資本主義を『復活』させるようなことになれば、『プロレタリア文化大革命』の成果を維持することが困難になる」というわけである。しかし、こうした要求は華国鋒と葉剣英によって即座に拒否された。江青はさらに九月二九日の政治局会議で、「毛主席が亡くなられた今、党中央は誰の権限で指導するのか」という問題提起をおこなった。王洪文と張春橋がこれにこたえ、江青の任務を調整し、党中央主席に就任してもらうのがよいと提案した。しかし、これも葉剣英、李先念らの強固な反対にあった[338]。一〇月一日の国慶節には清華大学にかけつけ、「毛主席を迫害した」として鄧小平を指弾し、「党籍をはく奪すべきである。わたしは体を鍛えて連中と闘い続けることを誓う[339]」という講話をおこなっている。

翌一〇月二日、華国鋒と葉剣英は次のような合意に達した。「われわれと『四人組』との闘いに妥協の余地はない。倒すか倒されるかの闘いだ。すでにこれは通常の党内闘争の範疇を超えている。党内の正規の手段にのっとって解決できるような問題ではない。しかし、あくまで合法的解決に向けて努力をすべきであり、動乱を招くことは避けなければならない[340]」。

一〇月四日、『光明日報』の第一面トップに「永遠に毛主席の既定方針通りおこなう」と題した、指弾の矛先を公然と華国鋒らに向ける文章が発表された。これにより、華国鋒ら中央政治局の多数派と「四人組」との対立はますます非和解の度を深め、一触即発の状態に陥った[341]。

華国鋒は中央の多数の同意を得た上で、一〇月六日、江青、張春橋、姚文元、王洪文らに対する隔離審査をおこなった[342]。華国鋒以外では、葉剣英、李先念、汪東興らがこの件で重要な役割を果たした。同日夜一〇時、華国鋒は中央政治局緊急会議を招集し、過半数を超える一一人の出席を得た。葉剣英による「四人組」粉砕の経緯と意義の報告の後、彼の提案により、全会一致で華国鋒の中央委員会主席、中央軍事委員会主席への就任を決定し、中央委員会全体会議で事後の承認手続きをおこなうとした。北京にいなかった四人の政治局員には汪東興が電話で決定を伝え、意見を求めている。一〇月一八日、中央は党内向けに「党中央第一六号文書」を発行し、全党に今回の事態を正式報告した後、間をおかずに全国に向けて公表した。

一〇月六日の中央政治局による緊急決定は、政治的に見れば、党、軍、人民すべての望みに合致したものであり、党と人民の意志を体現するものだった。一九八〇年に鄧小平はこの決定の政治的背景について説明している[343]。しかし、組織的手続きという点から見れば、九大「党規約」の第九条に違反するものであり、前例破りともいうべきものであった[344]。党規約を破壊してきた「四人組」にしてみれば、自業自得と言えよう。興味深いのは、一九七三年の十全大会で採択された「党規約」（張春橋、王洪文が策定）では、上述の規定（九全大会規約第九条）が削除されていたことである。もし削除されていなければ、鄧小平の党内外における一切の職務を停止するという中央政治局の決定も、正当な手続きを経ていない非合法なものになっただろう。非常手段で「四人組」問題の解決を図ることに対しては、**当時の幹部の中で陳雲のみが手段の「合法性」を気にかけていた。彼は江青グループに対する非常措置に同意しつつも、党の「ルール」を破ることに懸念を感じていたのである。「これを前例にはしない、今回限りとする」[345]という言葉にそれは表れている。**

一九七七年七月、第十期中央委員会第三回全体会議で、「華国鋒同志の中央委員会主席、中央軍事委員会主席就任の追認に関する決議」と「反党集団、王洪文、張春橋、江青、姚文元に関する決議」が採択され、王、張、江、姚四人の党籍はく奪と一切の職務停止が合法的手続きにのっとって確定された。同時に党中央指導機関の調整がおこなわれ、政治局常務委員に華国鋒、葉剣英、鄧小平の三人が選出されるとともに、一九人の政治局メンバーが選ばれた。一九七三年のメンバー構成からは八人減ったかたちになる。すなわち死去した者が五人（毛沢東、周恩来、朱徳、康生、董必武）、逮捕された者が四人（王洪文、張春橋、江青、姚文元）、新たに補充された者が一人（鄧小平）だった。

華国鋒は毛沢東の後を引き継ぎ、党、政府、軍の要職を一身に引き受ける最高指導者となった。

華国鋒は、劉少奇、林彪、王洪文に次いで毛沢東が四番目に指名した後継者であり、「文化大革命」から直接恩恵を受けた者と、あくまでそれを擁護した者たちの利害を政治的に体現していた。こうした「文革受益派」は中央政治局の半分を占めていたとはいえ、全党、全軍、あるいは全国的に見れば非常に孤立した存在だった。華国鋒は一九七七年の第十一回全国代表大会で「文化大革命」の終結を宣言したが、依然としてその路線を堅持していた。毛沢東の「文化大革命」を否定することができなかったのである。**かつて毛沢東が「曹操のようにかまどで焼かれる」という喩えで話したように、党、政府、軍隊の三大権力を手にした瞬間、中国のさまざまな矛盾と対立もまた集中的に華国鋒一人にのしかかることになった。彼には「文化大革命」の負の遺産と中国社会の矛盾を解決する意欲も能力もなく、ましてや、新たな改革開放の時代を切り開こうという展望や気力などまったく持ち合わせ**

ていなかった。華国鋒は「過渡期の政治家」であり、早々に真の政治家である鄧小平が取って代わることになる。一九七六年四月七日の中央政治局会議や一〇月六日の政治局緊急会議でのやり方とは異なり、華国鋒の解任は党の合法的手続きにのっとっておこなわれた（一九八一年第十一期中央委員会第六回全体会議での決定）[346]。最高指導者の交代と権力委譲がはじめて平和裏におこなわれたことになる。

毛沢東亡き後も、中国の社会主義事業は停滞せず、急ピッチで前進していった。**毛沢東の死は、毛沢東時代の終焉、「文化大革命」の終結を意味しただけではない。中国が新たな時代、すなわち鄧小平時代に突入していくことを意味した。**

しかし、それは一足飛びに移り変わっていったのではない。そこには政治的な「回り道」の段階があった。すなわち、華国鋒の執政という過渡的段階である。ただ、最終的に歴史は再び鄧小平を表舞台に登場させ、きわめて重要な地位と画時代的な役割を与えた。こうして中国は再び前進を開始することになったのである。

第五節　「文化大革命」の経済的背景

一、毛沢東が描いた理想社会
——「共産主義の大きな学校」

毛沢東にとって「文化大革命」は人類史上かつてない大革命であり、大規模な政治革命であるのみならず、きわめて広範囲にわたる経済上の革命でもあった。それは中国の政治および経済の国情に対する毛沢東の基本認識に基づいて発動されたものだったが、そこには次のような経済上の目的があった。すなわち、多くの人口を抱えながら経済の発展から取り残され、地域の格差も著しい「貧しく遅れた国」中国が、一日でも早くそうした状態から抜け出し、世界でも類を見ない発展を遂げた理想的な社会主義モデル、つまり共産主義の大きな学校を打ち立てる、というものである。「文化大革命」にはまた、修正主義に反対し、これを防止するとともに、資本主義の復活と社会の階級分化を阻止し、「純粋な上にも純粋な」社会主義社会を建設するという政治目的もあった。

毛沢東は、社会主義社会の根本的特徴は共有制にあり、共有制こそ国力の源だと考えた。単一の社会主義所有制が実現したあかつきには、国力はより強大なものになるだろう、と考えたのである[347]。国力の増強を目指すなら社会主義を実践しなければならない、社会主義を実践するなら共有制もしくは全人民所有制を実施しなければならない、という政治的ロジックである。毛沢東の社会主義観には間違いなく「モスクワ宣言」の影響があったことが見て取れる。

「大躍進」と「人民公社運動」が大失敗に終わってもなお、毛沢東はこうした理想社会の追求をあきらめなかった。

一九六〇年代半ば、「文化大革命」初期の段階で毛沢東は、

あらゆる職場単位で工業もやれば農業もやる、文化教育もやれば軍事もやる、すなわち全国を革命化された「共産主義の大きな学校」にするという、大胆な提起をおこなった。この構想は、一九六六年五月七日に毛沢東が林彪にあてた手紙、「文化大革命」中あまねく人々に浸透した「五・七指示」（コラム6-5）にもはっきりと盛り込まれていた。

一九六六年五月一五日、党中央は、毛沢東の「五・七指示」はきわめて重要な歴史的意義をもった文書であり、マルクス・レーニン主義の新たな、そして画期的な進展であるとした。八月一日、『人民日報』は「五・七指示」の公表と同時に、「全国は毛沢東思想の大きな学校となるべきだ」と題する社説[348]を、毛沢東の審査を経て発表した。この構想は中国全土でたちまち大きな反響を呼び、誰もが知る理想社会の青写真になった。一九六四年、毛沢東が「工業は大慶に学ぶ」「農業は大寨に学ぶ」「全国は解放軍に学ぶ」運動を展開した時も、「大慶」「大寨」「解放軍」が全国の各業種で手本とされ、目標とされた。社会に模範を示すという点で、こうした言葉が果たした役割は想像以上のものである。以上が、社会主義ないし共産主義社会建設に関する毛沢東の理論的探究であり、社会的実践である。これらが挫折した結果、鄧小平はより現実的で段階的な方針を採用することになったのである。

以下では、「文化大革命」期における毛沢東の制度改革の内容およびその強制的性格、それらが「朝顔の花ひととき」になってしまった原因について見ていきたい。

コラム6-5 毛沢東流「共産主義の大きな学校」論について

社会全体を毛沢東思想の大きな学校にすることが毛沢東の理想である、と党中央は認識していた。この「中国式の共産主義の大きな学校」という考え方は次の四つの側面から成り立っている。

（一）軍隊は、政治、軍事、文化を学ぶ一つの大きな学校であるべきだ。また、農業、副産業の生産に従事することもできるし、中小工場を経営し、自身が必要とする若干の製品および国家と等価交換する製品を生産することもできる。さらには、大衆工作に従事し、工場や農村の社会主義教育および四清運動に参加することもできる。加えて、ブルジョア階級を批判する文化革命闘争にも随時参加しなければならない。

（二）労働者は労働を主とするが、同時に軍事、政治、文化も学ぶ必要がある。四清運動もやらねばならないし、ブルジョア階級批判にも参加しなければならない。大慶油田のように、条件の整った地方ならば、農業や副業の生産にも従事しなければならない。

(三) 農民もまた農業（林業、畜産業、副産業、漁業を含む）を主としながら、軍事、政治、文化を学ばなければならないし、時期によって可能であれば小工場を集団で経営することも必要である。ブルジョア階級批判にも参加しなければならない。

(四) 学校もまた同様で、学生は学業を主としながら、ほかのことも同時に学ばなければならない。教養を身につけるだけではなく、工業、農業、軍事についても学ばなければならないし、ブルジョア階級批判もやらなければならない。学制は短縮すべきであり、教育は革命すべきである。ブルジョアや知識分子がわれわれの学校を支配している状況を継続させてはならない。

以上のことは、商業、サービス業、党および行政機関の職員など、およそ条件に見合っているものすべてにあてはまる。

資料出典：「林彪あての毛沢東の手紙」一九六六年五月七日、『人民日報』一九六六年八月一日。

■教育革命

一九六六年八月の八期十一中全会で採択された「十六条」（「プロレタリア文化大革命に関する決定」）の重要な任務の一つが教育革命だった。一九六八年七月二一日、毛沢東は次のように提起した。「大学はやはり運営しなければならないが、学制は短縮すべきである。教育には革命が必要で、プロレタリア階級が政治的指導力を発揮しなければならない。上海工作機械工場が労働者の中から技術者幹部を養成した、あの道を歩まなければならない。実践経験のある労働者、農民の中から学生を選抜し、学校で何年か学ばせた後、また生産実践の中に戻すということをやらなければならない[349]」。こうして一九七〇年から、北京大学、清華大学は労働者、農民、兵士の入学受付を始めた。「三年以上の実践（労働）経験」「中学卒業レベルかそれ以上の学力」を応募条件としたが、「実践経験が豊富な労働者ならびに貧農や下層農民は、年齢、学歴の制限を設けない」ともした。選抜にあたっては「大衆の推薦、指導者の認可、学校の再審査を結びつけるやり方」がとられた[350]。また、一九六八年九月に毛沢東は、貧農および下層農民が中心となって、教員と学生が一体的に学校を運営するという方針を提起している[351]。こうして一九七〇年、毛沢東の指示により全国の大学で労働者、農民、兵士の入学募集が始まったが、彼らには入学のみならず、大学を運営し、改造するという任務も託された[352]。推薦で入学した学生には高卒の者もいれば中卒の者もいたが、なかには小学校さえ満足に通えていない者もいた。これに対応するため、大学の入学試験制度が廃止され、これまでのように高校生が試験を受けて大学に入ることができなくなってしまった。一九七〇年と一九七一年の大学・高専の募集人数はいずれも七万二〇〇〇人で、一九七二年になると一三万四〇〇〇人に増えている。ただ、一九七六年時点で一般の大学・高専の在籍学生数は五六万五〇〇〇人余りで、一九六五年時点の六七万四〇〇〇人から二割弱減少している。十年間（実質的には一九七〇〜一九七六年）の募集人員数は本科、専科合わせても九四万一〇〇〇人という少なさである。一〇六の大学・高専が統廃合され、廃校になった中等専門学校も多い。また、大学院生の募集は一切おこなわれなかった（表6－3）。

■知識青年の上山下郷運動

もともとは一九五〇年代に人口過多によって都市部での就職が困難になったため、小学校、中学校卒業後に進学できない、あるいは就職できない都市の若年層を、辺境地区や農村の建設に動員したのが始まりである。その数は「文化大革命」が始まる前の時点で累計一〇〇万人を超えており、動員先も新疆開拓地区、海南島、江西省井岡山などの地区に及んでいた。当時の毛沢東の呼びかけは「広大な大地にはなすべきこ

表6-3　中等および高等教育機関の募集人数推移（1965 〜 1976 年）

年	大学・高等専門学校（万人）	普通中等学校※（万人）	中等専門学校（万人）	大学院（人）	国外留学（人）
1965		673	20.8	1456	454
1966		298	4.6		
1967		212.7	0.8		
1968		713.3	1.8		
1969		1128.3	1.3		
1970	4.2	1420.7	5.4		
1971	4.2	1577.5	21.3		
1972	13.4	1752.9	26.8		36
1973	15	1620.4	20.4		259
1974	16.5	1918.9	32.7		180
1975	19.1	2478	34.4		245
1976	21.7	3240.2	34.8		277

※〔訳注〕日本の中学校、高等学校にあたる。
資料出典：国家統計局編『新中国 50 年：1949-1999』577 頁、581 頁、北京、中国統計出版社、1999。

とが山ほどある」だった。

一九六八年、『人民日報』は「知識青年が農村に行って貧農や下層農民の中で再教育を受ける、これはきわめて必要なことだ」という毛沢東の最新指示を一面トップで掲載した。

翌一九六九年、全国二六〇万人以上の知識青年が上山下郷（農山村で思想改造をおこないながら、社会主義建設に協力すること）した。一年間の人数としてはこの年が最高である。一九七〇年五月までの累計では五〇〇万人以上、一九六八～一九七八年の期間では合計一六〇〇万人以上が上山下郷した。一九七〇年代末期の時点で、まだ八六〇万人以上の知識青年が農村や農場に留まっていた。一九八二年になって、ようやく全国各地で五四〇万人以上が都市に戻って就職し、知識青年の上山下郷運動は終わりを告げた[353]。この運動は「文化大革命」が生み出した制度面における新機軸であり、「文化大革命」特有の新現象と言われた。背景要因は多岐にわたる。まず、就職の問題がある。一九六六年に「文化大革命」が発動されると、次から次へと大学が機能停止状態になり、中学・高校を出た後行き場を失った人たちが全国にあふれかえった。一九六六～一九六八年の三年間だけでその数は一〇〇〇万人を超え、社会は巨大な就職予備群を抱えることになった。ところが、ほとんどの業種や職場は休業もしくは半休業状態で、すでに働いている従業員ですら半失業状態だったため、大量の卒業生を受け入れることなどとうてい不可能だった。次に、政治的角度から見た要因である。毛沢東は、知識青年の上山下郷運動を修正主義反対、修正主義防止の百年の大計とみなしており、プロレタリア革命の継承者を育てる主要な道筋だと考えていた[354]。最後に社会的観点から見た要因である。当時、中学・高校を卒業した者はほとんどが「文化大革命」の「洗礼」を受けており、独特な社会集団を形成していた。こうした集団が休職あるいは失業に等しい状態のまま都市部に集中していると、それだけで社会秩序の安定を損ない、混乱を招く要因になる恐れがあった。したがって、早いうちに彼らを社会全体に拡散させる必要があったのである。

■人員削減、機構の簡素化、幹部の下放

一九六八年七月二二日の『人民日報』は、各級「革命委員会」が人員削減と機構の簡素化に取り組まなければならない、と提起した。また、一〇月五日、同紙は毛沢東の「大量の機関幹部の下放労働について」という指示を伝えるとともに、黒竜江省の「革命委員会」が創設した「柳河五七幹部学校」を大絶賛する記事を掲載した。この毛沢東の指示について『人民日報』は、「修正主義反対、修正主義防止にとって、また闘争、批判、改革を立派におこなう上で、きわめて重大な意義を有している」とコメントした。これを合図に全国で大規模な幹部の下放労働が始まり、「五七幹部学校」が至る所に設けられた。一九七一年二月二八日に党中央が転送した

「五七幹部学校」会議指導小組の「五七幹部学校のさらなる前進についての報告」は、「五七幹部学校」がプロレタリア階級の幹部部隊を養成する重要な取り組みであることを強調した上で、次のように述べている。「機関の革命化を促進し、闘争、批判、改革を加速させ、プロレタリア独裁を強固にし、社会主義を建設する上で奥深い意義を有しており、今後も長期にわたって続けていく必要がある[355]」。

「文化大革命」中に毛沢東が新たに創り出したこれらの制度や現象は、いずれも典型的な「力ずくの変革」であり、明確な政治目的を帯びたものだった。すなわち、修正主義反対、修正主義防止、資本主義の復活阻止という目的のために、中国社会全体の秩序を大幅につくり変えようとするものだった。しかしながら、中華人民共和国の歩みの中で、これらはすべて「朝顔の花ひととき」となった。

二、毛沢東が描いた中国社会の理想像 ——主観と客観の乖離[356]

毛沢東は中国における社会主義社会について、きわめて独創的な理想像を描いていた。しかし、中国の国情と現実の発展段階（社会主義の初歩的段階）に照らした時、そこにはあまりにも甚だしい主観と客観の乖離が存在していた。

第一に、**全国に「共産主義の大きな学校」を打ち立て、三大格差、すなわち農業と工業の格差、都市と農村の格差、頭脳労働と肉体労働の格差を段階的に解消し、億という単位の「共産主義的人間」を新たにつくり出すというものである。**アダム・スミスをはじめとする西洋古典経済学思想との根本的な違いがここにある。西洋古典経済学は、人間の本性はエゴだとする。つまり、人間の行為はどこまでいっても経済的利益に駆られたものだとする「経済人」モデルの考え方である。ところが毛沢東は、誠心誠意人民に奉仕する公平無私な「共産主義的戦士」を育てようとした[357]。

世界各国の近代化の歩みを見れば、三大格差を解消する基本的道筋は次の三つであることがわかる。一つ目は、工業化を通じて工業と農業の間にある労働生産性の格差を縮小させていくことである。ところが、一九六〇年代と一九七〇年代の中国ではこの格差が著しく、しかも絶えず拡大している状況だった[358]。二つ目は、都市化を通じて農村部と都市部の収入格差や公共サービスの格差を縮小させていくことである。しかし、都市化について言えば、中国では一九六〇年代、一九七〇年代を通じ、ほとんど目に見える成果をあげることができなかった。世界一厳格と言われる戸籍管理制度によって、農村から都市への人口移動が厳しく制限されていたのに加えて、大量の知識青年を農村に送り込む上山下郷運動があったからである。おこなわれていたのはむしろ「逆都市化」もしくは「反都市化」政策だった。三つ目は、知識化（主に人的資源への投資を指す）を通じて、頭脳労働と肉体労働の間の人的資本（知識・技能）の格差を縮小させることである。しかし、中国の教育と訓練、科学と技術、文化と芸術は、「文化大革命」によって深刻なダメージを被り、それがそのまま各種労働者の能力向上と知識の蓄積にも悪影響を及ぼした。

工業化とは、農業から工業もしくは非農業への労働力移転のプロセスであり、都市化とは、農村から都市への人口移動のプロセスである。そして知識化とは、文化教養のレベルを高めていくプロセスだと言える。社会の知的資源（指標としては、研究開発投資の量、国内外における論文発表数、国内の特許申請受託件数、図書館や資料館などの知的インフラの充実度合いなど）が不断に蓄積されていくプロセスの根底には、人口の流動と移転、人的資本の向上、蓄積、活用といった生産力を活性化させる要素が存在している。つまり、工業化、都市化、知識化は互いに作用し合いながら相乗的に推進されていくものであり、相互発展的なプロセスだと言える。毛沢東の「社会構想」は、こうした発展の流れとは相反するものだった。先進国および発展途上国の工業化、都市化、知識化に対する無理解があったと言わざるをえない。そもそも二十七年も国のトップにいながら、その間たった二度しか外国を訪問していない。しかもその二度はいずれもソ連である。中国の近代化に対する彼の探求は、基本的に「独学」「自家製」「我流」だったのである。

毛沢東の主張した「共産主義の大きな学校」は事実上、自給自足で自力更生型の、いわゆる自然経済を基礎とした小社会であり、工場もあれば田畑もあり、学校もあれば軍隊もあるという閉鎖的で自己完結的な、小共同体を意味した。結果、相互にまったく繋がりのない、塀に囲まれた住宅が並んでいるような小社会モデルが中国に形成されることになった。世界でもあまり類を見ない、きわめて細分化された社会である。大型・中型の国有企業や事業単位、軍事機関のほとんどすべてにおいて、託児所、学校、商店、病院、時には大学さえも設けることが義務づけられた。大学は大学で工場や商店、病院、さらには小中高校まで運営しなければならなかった。個人は、工場労働者、農民、兵士、学生と、工業農業文武を問わず、なんでもこなす「オールラウンダー」になる必要があった[359]。後に毛沢東が後継者を選ぶ際にも、王洪文のような人物（農民、労働者、兵士の経験をもつ）がとくに気に入られた。これは、現代社会の発達に伴って形成される社会の基本的あり方や変化の方向性（専門化と分業の進行、サービス産業の発達）とは相反するものである。毛沢東のこうした考え方の根源には革命戦争の経験がある。革命戦争の時期、各根拠地は孤立し、相互に隔てられ、しかも国民党に包囲される中で、自力更生、自給自足を迫られた。分業と専門化のレベルはかなり低く、サービス業は極端に不足していた。

第二に、商品と貨幣の体系に制限を加え、徐々にそれらを解体しつつ、閉鎖的な現物経済モデルを追求するというもの

である。歴史的に見て、中国は一貫して小農自給自足経済を主とする伝統的農業社会であり、商品経済はなかなか発達せず、長きにわたって農業重視、商工業軽視の国家独占経済政策を敷いてきた。商品経済と民間経済はおのずと排斥される傾向にあった。社会主義社会の確立後に商品経済は解消され、生産手段はすべて社会の所有に帰するというマルクスの構想が、多かれ少なかれ毛沢東の理想社会論に影響していたという面もある。かつて一九五八年の「大躍進」期に、毛沢東は賃金制度の廃止と戦時共産主義的な供給制の復活、ブルジョア的権利の制限について検討したことがある。「大躍進」の挫折後、中国の現実を見て、商品生産と商品交換を大いに発展させ、社会主義に資するよう価値法則を利用しなければならないと認識するには至ったものの、依然として商品経済を資本主義と一緒くたにして論じる傾向があった。

中国の国情はソ連とは大いに異なり、農業、手工業に従事して生計を立てている小規模生産者が社会の主流を占めていた。しかし、毛沢東は「小規模生産は常に、毎日毎時、自然発生的かつ大量に資本主義とブルジョア階級を生み出している」[360]という一九二〇年のレーニンの言葉を好んで引用した。これは、レーニンがロシア十月革命の勝利後に「戦時共産主義」を実行する際、その根拠の一つとして述べたものである。しかし、全人口の八割を農民が占めるという現実に直面したレーニンは、一九二二年に「戦時共産主義」を放棄せざるを得なくなり、一転して「新経済政策（ＮＥＰ）」の実施に踏みきった。その際、レーニンはわざわざ次のように説明している。「われわれが今着手している新たな経済建設と、数千万の農民が生活のよりどころにしている農民経済（小規模生産）を結びつけること、これこそがＮＥＰの基本であり、決定的な意義であると同時に、すべてに勝る任務である」[361]。毛沢東はレーニンのこの提起と手法を故意に無視したのである。

毛沢東は、劉少奇や鄧小平が唱える「自留地、自由市場、自営企業、農業生産の個別請負（三自一包）」に対して「国内修正主義の綱領であり、資本主義の自然発生的な成長を促すもの、つまりは資本主義の復活をたくらむものであり、階級闘争という手段をとって容赦のない攻撃を加える必要がある」という認識を一貫してもち続けていた。このため、「文化大革命」の十年間で、個人経営や私企業は全国の都市から「跡形もなく」消えてしまい、個人経営の下で働いている就業者の数は一九七八年にはわずか一五万人、全都市の就業人口の〇・一六％にまで減少した[362]。第十一期中央委員会第六回全体会議での発言にもあるように、毛沢東は「社会主義的改造が基本的に完了した後も、小規模生産は毎日毎時、大量の資本主義とブルジョア階級を生み出す」と考えていた。一連の「左」傾化した経済政策と階級闘争政策はこのようにして生まれてきたのである。

第三に、労働に応じた分配を制限し、均等主義の原則を推し進めるというものである。労働に応じた分配と賃金制度によって、社会主義社会に収入格差と階級分化が生じることを毛沢東は極度に案じていた。それ自体は間違いではないし、理解もできる。しかし、近代国家は通常、財政政策などの手段を用いて富と収入の不均衡を調整するということを、毛沢東は理論的にも経験的にも知らなかった。彼が理想とした分配制度は原始共同体的な「ユートピア」から発想されたものであり、どちらかと言えば前近代的な中国農耕社会に適したものだった。こうした考えのかなりの部分が革命戦争時代の根拠地での経験からきている。

毛沢東が社会的な富の偏在と格差を問題にし、なんとかしてそれを解決しようとしていたのは事実である。問題は、解決のための知識や理論を、あくまで「閉鎖的」に「自国の伝統」からのみ求めようとしたことである。目を外に向け、国際的な近代化の経験から学ぼうとは決してしなかった。たとえば一九五八年、平均収入の低さや農村人口比率の高さからいって世界的にもかなり「遅れた大国」だった中国で、毛沢東はあまりにも現実離れした突飛な構想を提起している。「およそ十年もすれば、中国は豊かな生産力と崇高な道徳心にあふれた国になるだろう。そうなれば衣食住の方面から共産主義を実施することができる。公共食堂で食事をするのに金はいらない、これが共産主義である」。中国の経済的現実や世界各国の状況を本当に正しく理解していたならば、このような構想を軽々しく口にすることはしなかったはずである。

毛沢東が「文化大革命」を発動した重要な目的の一つは、ブルジョア的権利を制限し、経済的基盤から修正主義や資本主義の温床を取り除くことであった。スターリン死後のソ連と東欧諸国の大きな変化、すなわち修正主義的変質と資本主義の復活を目の当たりにした毛沢東は、中国もソ連の二の舞になるのではないかという不安にさいなまれるようになったのである。

一九七四年一二月二六日、八一歳の誕生日を迎えた毛沢東は、「プロレタリア独裁下の継続革命理論の要点」（コラム6-4）を補足するため、病身の周恩来を招いて「理論問題」について討論をおこなった。一九五八年の「大躍進」当時、「ブルジョア的権利の除去」というテーマをめぐって議論がおこなわれ、毛沢東はこれに強い関心を寄せていた。労働に応じた分配や貨幣を媒介にした商品交換、賃金制度などがおこなわれているようでは「旧社会となんら変わらない」。こうした形式上の平等は実質上の不平等であり、資本主義およびブルジョア階級を絶えず生み出す土壌、修正主義の「温床」となる。したがって「プロレタリア階級の独裁下で制限を加える」必要がある。毛沢東は一九五八年当時のこうした考えを再び周恩来に提起した。また、改めて「小規模生産は常に、毎日毎時、自然発生的かつ大量に資本主義とブルジョア階級を生み出している」というレーニンの見方を引用し、「労働者階級の一部、党員の一部にもこうした状況がある。プロレタリア階級の中にも、党や政府の要員にもブルジョア階級の生活風潮が見られる」「全党に警告しておく。ブルジョア的権利が存在しているがために、林彪のような連中（右派）が政権をとったら簡単に資本主義になる」[363]と補足した。ブルジョア的権利やヒエラルキー、貨幣による商品交換が中国に存在すれば、そこから貧富の差が生まれ、社会の二極分化や階級分裂は避けられない、毛沢東が必要以上にこの点を懸念していたことは明らかである。

「文化大革命」中、賃金の等級制度はそのまま維持されていたが、働きや成果に応じて差異を設けることはなくなった。一九七〇年代には各種報奨金がすべて廃止された。毛沢東は徹底的に均等主義にこだわり、物質的刺激によって生産性を上げるという考え方を頑として受け入れなかった。マルクス、エンゲルス、レーニン、スターリンの著作中の構想や論点を誤って理解した、あるいは、教条化したのである[364]。

一九七五年四月一日、張春橋は『紅旗』誌第四期に「ブルジョア階級に対する全面的独裁について」を発表した。毛沢東のプロレタリア独裁論の解説版のような文章であり、次のように述べている。「中国は依然として修正主義に変質する危険性があり、いかなる時も『衛星は天にのぼれど、紅旗は地に落つ』というソ連の経験を忘れてはならない。フルシチョフ、ブレジネフといった裏切り者は、もともと出身階級は悪くない。紅旗の下で成長し、共産党に加入し、大学教育を経ていわゆる『職業革命家』になった人たちである。しかし、彼らは資本主義の古い土壌から生まれてきた新たな毒草だったのである。自己の階級出自に背き、党と国家の権力を簒奪し、資本主義を復活させ、プロレタリア独裁に対するブルジョアの頭目になり果てた。ヒトラーでもなしえなかったことをやってのけたのである」。

また、張春橋は、中国では生産手段の私的所有、すなわち五種類の私有制（帝国主義的所有、官僚資本主義的所有、封建主義的所有、民族資本による所有、個人労働による所有）が社会主義的所有、すなわち二種類の共有制（全人民所有制と集団的所有制）に移行しつつあるという認識を示した上で、「わが国のプロレタリア階級と労働人民は私有制の鎖は断ち切ったものの、所有制度をめぐる問題はまだ完全に解決できていない」とした。つまり「生産手段の所有という括りで見れば、ブルジョア的権利はまだ完全に消滅していない。工業、農業、商業の中にはまだ部分的に私有制が残存しており、社会主義的所有もあくまで二種類の共有制であって、単一の全人民所有にまでは至っていない。とくに国民経済の基盤である農業において、全人民所有はまだほとんど浸透していない。社会主義社会では所有制度におけるブルジョア的権利はすでに消滅しているというのがマルクスやレーニンの考えであり、生産手段が社会全体の所有に帰する（単一の全人民所有の実現）ことがその指標とされている。しかし、われわれはまだこの域に到達していない」というわけである。

張春橋はここからさらに、全人民所有制と集団的所有制が併存している限り、商品経済や貨幣経済、労働に応じた分配が生じるのは避けられないというところに論を進める。したがって「プロレタリア独裁の下でのみこれに制限を加えることができる」（毛沢東）のであって、そうでなければ都市や農村で資本主義的要素が増長し、新たなブルジョア分子が出現することもまた不可避となる。制限を加えなければ資本主義とブルジョア階級は急速に増長するだろう、とした。さらに張春橋は、「林彪のような連中が政権をとったら簡単に資本主義になる」という毛沢東の言葉を再び持ち出し、「これは十分に現実味のある話」であり「あらゆる領域、革命のすべての発展段階において、ブルジョア階級に対する独裁を終始堅持しなければならない。そうすることではじめてブルジョア階級および搾取階級を消滅させることができるし、新たな出現も阻止できる。いつまでも過渡期にとどまることなどできない」と締めくくっている。

第四に、教育制度を改革し、「ブルジョア知識分子に学校を支配させない」ようにするというものである。中国の教育界がブルジョア知識分子によって支配されているというのは毛沢東の一貫した認識だった。一九六六年三月、政治局常務委員会拡大会議の講話では、「解放以来、知識人を組み入れる政策をとってきたが、これには利点もあれば弊害もあった。学術界、教育界の実権は今やブルジョア知識分子に握られてしまっている。社会主義革命が前進すればするほど、彼らの抵抗は激しくなり、その反党的、反社会主義的本質がよりいっそう明らかになる」と述べている。同年五月七日の林彪への手紙でも、この観点は繰り返されている（コラム6－5）。一九七〇年一二月、再びエドガー・スノーと会見した毛沢東は次のように語った。「大学教授や小中学校の教師というのは、みんな国民党の借りものです。彼らは現場を支配しています。『文化（大）革命』は、まずそこにメスを入れるものでした」[365]。実際に「文化大革命」は教育戦線を突破口に始まった。まずは「授業を中止して革命をやる」（一九六六年六月）が叫ばれたが、後には「学校に戻って革命をやる」（一九六七年初めの知識青年の上山下郷）となり、労働者農民宣伝隊や解放軍宣伝隊の大学・高専への進駐がそれに続いた。さらにその後、「教育改革」（一九六八年）、大学入試制度の廃止（一九七〇年）、労・農・兵の大学入学（一九七四年）などがおこなわれたため、人的資本の育成と供給は、建国以来最大の危機に見舞われることになった。

近代化のために真っ先に必要になるのが「人的資本」であり、人材はそのための最重要資本であるという基本認識が毛沢東には欠如していた。その統治理念には「人的資本」という概念自体が欠落していたのである。すべてを階級および階級闘争という観点から見ていたため、人材資本に対する認識はきわめて限られていた。**中国の政治に対する誤った認識が、そのまま経済や人材資本に対する誤認や限定的理解につながったといえる。「人はいる、しかし人材はいない」これが人口世界一でありながら、同時に人材不足に悩む中国の現実であった。人的資本を最重要資本とし、最重要資源とすること、人材開発への投資を最重要国策に据えること、これこそ中国にまず必要なことだったのである。**

　以上が中国社会主義社会の理想モデルに関する毛沢東の基本的考え方であり、劉少奇や鄧小平との相違点である。**一九五〇年代における毛沢東と劉少奇らとの相違は、**新民主主義をやるか社会主義をやるか、段階的に社会主義に至るか一足飛びに社会主義に突入するか、「反盲進」か「大躍進」かといったような**中国の国情や現状の発展段階に対する認識の違いにとどまっていた。ところが一九六〇年代になると、社会の矛盾や政治状況に対する基本的認識の不一致が、統治理念や国策をめぐる政治的不一致にまでエスカレートしていったのである。**劉・鄧は資本主義をやろうとしているのだから公然たる政治闘争は避けられない、これが毛沢東の認識だった。「文化大革命」の目的は「修正主義反対、修正主義防止」すなわち中国における資本主義の復活を阻止することであり、ソ連のように「衛星は天にのぼれど、紅旗は地に落つ」にならないようにするためだと、繰り返し強調したのはそのためである。

　資本主義を育む経済的基礎を取り除くというのは、毛沢東が一貫して追求してきた政治経済理念であり、「文化大革命」を発動した動機、理由の根底にもそれがある。しかし、実際の「文化大革命」は、理論的にも実践的にも誤りだった。

第六節　経済方針と経済体制改革

一、「文化大革命」期の経済方針

　この時期の経済方針の第一の特徴は「階級闘争を要とする」「革命に力を入れ、生産を促す」というものだった。この経済政策は、一九六六年六月三〇日の「工業交通企業と基本建設単位でいかに文化大革命運動を展開するかについての党中央と国務院の通知」で正式に提起された。そこでは経済が政治の従属物となり、政治が経済を統帥し、経済に優先し、干渉することが方針として示されていた。党と政府は政治活動にとどまらず、経済活動においても主体であり、政治と経済の両方に関与し、しかも政治に関与するのと同じやり方で経済に干渉する、とされていた。

　「文化大革命」中、政治上の目的は、経済成長においても主要な目標になった。毛沢東の著作を大量に出版することもまた、経済上の重要目標になった。一九六九年一月三日の

『人民日報』によれば、全国で出版された毛沢東の著作は、三年間で『毛沢東選集』が一億五〇〇〇万部、『毛主席語録』が七億四〇〇〇万部、著作集や単行本が二〇億部、詩詞集が九六〇〇万部余りに達している。**「個人崇拝」以外に、政治的必要性から毛沢東の社会認識や社会理論の浸透・普及が図られたのである。その結果、何億という人民が毛沢東思想を熟知しているという状況が生み出され、知識の伝達、人々に対する啓蒙という点できわめて広範な作用をもたらした。これほどの数の出版物の発行はおそらく世界でも類を見ないだろう。**

以下は、「一九六九年国民経済計画要綱（案）」の内容である。（一）量的にも質的にもレベルを落とさず、毛沢東の著作を出版すること。目標としては『毛沢東選集』一巻から四巻までを二〇〇〇万部、『毛沢東語録』と『最高指示』を三億部出版、合わせて『選集』の五巻と六巻の出版を準備する。（二）海外向け短波ラジオおよび国内向け中波ラジオの放送局完成のスケジュールを可能なかぎり前倒しするなど、放送事業の発展に全力を尽くす。（三）引き続き知識青年の上山下郷運動を展開し、四〇〇〇万人の動員を目指す。（四）農業の発展に全力を尽くす。とくに農業に対する工業の支援を強化し、農業用鋼材を一昨年の八三万トンから一六〇万トンまで増やす。（五）軍需工業、基幹工業および内陸部の工業の発展に力を投入し、「北の石炭を南に運ぶ」状況を三年から五年以内に改善するよう努力する。（六）軽工業市場を整備する。（七）引き続き晩婚と計画出産を奨励する。（八）引き続き交通運輸の整備に全力を注ぐ。

この時期の経済方針の第二の特徴は、戦争準備を要とするというものだった。最初に「戦争に備え、自然災害に備え、人民の利益をはかる」指導方針が提起され、のちの一九七二年になると「深く地下壕を掘り、広く食糧を蓄え、覇権をとなえない」というスローガンが提起された。[366]これは、重工業を優先的に発展させることを土台にしながら、さらに国防工業の発展にも優先的に取り組むことを意味した。中央、大区（後方、すなわち内陸部）、省それぞれのレベルでの戦争準備体制を含め、中国全土で戦争に備える体制づくりが進められていった。中国の安全を脅かす外部勢力（主にソ連）に対して当時の指導部がいかに神経をとがらせていたかを示すものであり、その結果、中国の経済政策は平時とも戦時とも異なる、戦争準備期の特徴を有することになった。

毛沢東は早くも一九六〇年代後半から、「世界戦争は不可避であり、目前に迫っている」という基本認識を示していた。一九六八年八月二〇日にソ連軍がチェコスロバキアに侵攻すると、周恩来は、ソ連は社会帝国主義に堕落してしまったとしてすぐにこれを非難した。

一九六九年三月、ウスリー江の珍宝島（ダマンスキー島）で中ソの武力衝突が発生、ソ連軍は中ソおよび中蒙国境一帯に百万の兵力を進駐させ[367]、たちまち一触即発の事態になった。ソ連が中国にとって深刻な安全保障上の脅威になったのである。翌四月、九全大会の席上で毛沢東は、あらためて戦争準備の必要性を強調している。

　こうして中国全土で戦争準備体制の構築が進められ、すべての人民が戦争に備える状況が生まれた。戦略的に重要な華北、東北、西北の各軍区では数十の予備師団（独立師団および国境防衛独立連隊）が組織され、いくつかの陸軍部隊が再編成された。ほかにも、北部における大規模な防衛設備建設、「奇襲防止指導小組」の設立、主要地域における前線司令部の構築、対ソ防衛作戦訓練の実施などがおこなわれた。いわゆる「三北」地区（西北、華北、東北地域）は最重要戦略防衛拠点とされ、対ソ防衛作戦が軍事戦略上の最重要課題になった。

　ソ連が中国の核施設に「外科手術的攻撃」を試みるということに関して、一九六九年九月、周恩来はソ連閣僚会議議長（首相）コスイギンと北京空港で会談し、もし本当にそのようなことをするならまぎれもない侵略戦争であり、徹底抗戦する構えであるとの中国側の意志を伝えた[368]。林彪もまた「戦争という観点からすべてを見直し、できることはすべてやる」と提起し、「自前で国防工業体系」を完成させる「大規模な国防工業計画」を実施するとした。

　同年の三月に党中央、国務院、中央軍事委員会、中央文革小組が綿布の配給を実施する通知を出し、一人あたり一六・一尺（約五・四メートル）と定めた。また、五月一一日、中国は内外債務をすべて返済し、債務ゼロの国になったことが『人民日報』で宣言された。一九五二～一九五八年の間に、中国は六度にわたって公債を発行し、元本三八億四〇〇〇万元、利息九億八〇〇〇万元、合わせて四八億二〇〇〇万元の債務を抱えていたが、一九六八年にこれを完済している。元利合わせて一四億六〇〇〇万ルーブルにもなるソ連からの借款についても、一九六五年初めに期日通り返済している。

　一九六九年五月、国家建設委員会によって三線（内陸部）建設委員会が組織され、「山間に、分散させ、隠す」という方針に基づいて、重点建設プロジェクトの対象および場所の選定がおこなわれた。同年九月一一日、周恩来とコスイギンの北京空港での会談で、次の諸点が合意された。(一)国境を現状のまま維持する。(二)武力衝突を回避する。(三)国境係争地区における双方の兵力を引き離す。(四)偶発的に衝突が生じた場合は、双方の国境防衛部門が連絡を取り合い、話し合いによる解決を目指す。これにより、一触即発の危機にあった中ソ関係は、ある程度緩和することになった。

　九月三〇日、『紅旗』誌に「中国社会主義工業化の道」と題する北京市革命委員会協同小組署名の文章が発表された。主な内容は以下の通りである。(一)自主独立、自力更生、独自の工業発展の道を歩む。(二)プロレタリア階級の政治的優位を堅持する。(三)大衆路線を歩み、大いに大衆運動をやる。(四)工業と農業、重工業と軽工業の関係を正しく処理する。(五)戦争と自然災害に備え、人民の利益を図る。この文章は、当時の中国における工業化路線の基本的特徴と、「文化大革命」期の経済政策をよく表している。

一九七〇年二月から三月にかけて全国計画会議が開催され、第四次五カ年計画(以下「四五」)の要綱が策定された。全体を貫く指導思想は「階級闘争を要とし、全力を挙げて戦争に備え、国民経済の新たな飛躍を実現する」「戦略的後方(三線)の建設と、それぞれが異なったレベルと特徴を有し、自ら戦い、大いに協力し合う経済協業区の建設に力を結集し、わが国独自の整った工業体系と国民経済体系を建設する」というものだった。さらに具体的内容として、以下の点を提示している。(一)「四五」期間内に、各部門が揃い、工業と農業が歩調を合わせて発展する強大な戦略的後方としての内陸部を構築する。また、内陸の工業エリアは、分散させつつも一つ一つを集中させ、大規模な工業都市には決してしない。(二)工場は「山間に、分散させ、隠す」ように配置しなければならない。とくに重要かつ特殊な工場の基幹設備や製造部門については、「洞窟に入れる」ことも辞さない。(三)全国を一〇の経済協業区に分け、それぞれが計画性をもって段階的に冶金、国防、機械、燃料、動力、化学などの工業を発展させるとともに、農業、軽工業、運輸交通についてもその強大化に力を投入する。(四)山東、閩贛(福建、江西両省を指す)、新疆地区において、「小而全」、すなわち小規模でもすべてが備わっている経済体系を構築する。[369] こうして一九七〇年から内陸開発が本格化、各地で建設ラッシュを迎え、基本建設投資は全国の投資総額の七割弱を占めた。そのうちの半分強を内陸(三線)の建設投資が占めていた。

深刻な対外的脅威にさらされたことで、毛沢東は中国の安全保障戦略を練り直すことになった。一九六九年、陳毅ら四人の元帥が提出した「戦争情勢に対する初期的見通し」などの報告を受け、毛沢東は「覇権主義反対の立場からソ連の覇権主義を重点的に攻撃する」戦略を確定した。[370] 一九七二年七月には周恩来に「二つの覇権主義のうち一つと戦う。二正面作戦は不可能だ」と語っている。一九七三年二月、毛沢東は来訪中のアメリカ国家安全保障問題担当大統領補佐官キッシンジャーと会見し、「一本の線」、すなわち共同でソ連に対応する戦略構想を提案した。「同緯度にならぶ一本の横線、すなわちアメリカ、日本、中国、パキスタン、イラン、トルコ、ヨーロッパが共同でならず者(ソ連)に対処しましょう[371]」というものである。ソ連はアメリカにとって最もゆるがせにできない敵対国家であると同時に、中国にとっても安全保障上の脅威であり、この一点において中米両国の利害は共通している。ゆえに両国は手を携えて国際的な「一本の線」を組織し、ソ連に対抗すべきだ。これが毛沢東の考えだった。しかし、アメリカの反応は鈍く、むしろソ連との緊張緩和（デタント）を積極的に進めていった[372]。同年八月、周恩来は十全大会の政治報告で「ソ連は中国にとって最も危険な敵国であり、現在のソ連修正主義は詭計を弄してヨーロッパの争奪に乗り出し、地中海、インド洋など手あたり次第に領土を拡張する傾向を強めている。米ソの覇権争いは世界の平和と安全を脅かす根本要因である」と明言した。この報告では中米関係のある程度の改善という点についてもふれている。

一九七三年、党中央は第四次五カ年計画の改訂をおこなった。次の三点が主な修正内容である。(一)戦争に備え、内陸建設に力を入れるとした経済建設の指導思想を改め、沿海地区の相応の発展に力を入れ、沿海部工業地帯の生産能力をフルに発揮させなければならない。(二)国民経済の基盤である農業の発展を第一義とする。(三)品種の拡大と品質を製鉄業における最優先課題にする。

二、二度目の経済体制改革

「文化大革命」期、毛沢東の指示に基づいて、計画経済体制の伝統的特徴である「条条（中央主管官庁系列による縦割り的管理）」に対して再び「荒療治」がおこなわれることになった。それは、一方では一九六〇年代前半の国民経済調整と中央への権限再集中に対する「揺り戻し」であり、他方では、外敵の侵略後に各地方が孤立分散しても「自前で戦える」ようにすることを含めた「戦争準備」を目的としたものだった。

しかし、中央集権的な計画経済体制を改革するというこの試みは失敗に終わり、一九七〇年代の半ばには再び集権政策がとられることになった。一九六〇年代前半の調整政策による経済の急速な回復は、全国の資源の動員や分配、ならびに経済危機に対する対応能力における中央集権的な計画経済体制の優位性を示すとともに、この体制の「集中が集中を呼ぶ」状況を現出させることにもなった。「文革」期の経済改革の直前には、集中の度合いがかつてないほど高まっていた。前回の改革がそうだったように、中央から地方への権限の委譲は、経済を躍進させると同時に混乱も生み出す。したがって再び調整を迫られることになるのだが、この調整政策には権限の再集中を必要とする。しかし、権限が中央へ再度集中することにより、経済の活力と創造力は抑えられてしまう。こうして「権限の委譲が活性化を生み、活性化が混乱を生む。混乱が権限の集中を求め、集中が停滞を招く」というサイクルが繰り返し現出することになるのである。

前回の権限委譲前、一九五七年に九三〇〇だった中央各部門直属の企業および事業単位は、一九六五年には一万五三三という数に達していた。工業生産額全体に占める割合で見ると、三九・七%から四二・二%に上昇している。一貫して中央集権に対して警戒と不満を抱いていた毛沢東にとって、この数字は十分懸念に値するものだった。毛沢東は集権体制に対して改革を断行した最初の指導者である。しかし、それを成功に導く道筋を見つけることはできなかった。のちに鄧小平は「一足飛び」の急進的なやり方ではなく、多くの段階を一歩一歩着実にクリアしていく漸進的方法を採用することになる。一九六六年三月、毛沢東は「すべてを中央の下に統一すると、息苦しくてがんじがらめになる。決して良いやり方とはいえない」と提起した。のちの政治局拡大会議の席上でも次のように提起している。「中央は理論および政策方針のみを管轄し、その実践には携わらないか、極力携わらないようにする。中央部門が接収した工場は多い。それらはすべて地方へ渡さなければならない。一切合財すべてだ」。

一九六九年二月、財政、企業、物資の三分野における管理体制について、全国計画座談会が文書を下達した。財政管理の分野では、中央直轄企業からの収入を除くすべての収入項目と、中央財政関係の支出を除くすべての支出項目を地方に委譲することを定めた。企業管理の分野では、中央各部門に所属する研究開発、事業計画単位および大専（大学専科）を地方管轄に委ね、設備の増設や改修工事については、その発生に伴って地方に委譲し、新たな単位の建設も重点プロジェクト以外は可能な限り地方に委ねるとした。物資管理の分野では、主要な原材料と設備は中央による統一分配とするが、それ以外の物資は地方の管理に委ね、地方が自発的に各組織の間をつなぎ、各主管部門はそれに協力する体制をつくるとした。さらに、「五小」工業（鉄鋼、炭鉱、機械、化学肥料、セメントなどの鉱・工業で規模の小さいもの）製品の中央への上納、それら製品の中央からの統一分配を廃止する規定をはじめて盛り込んだ。中央から地方への権限委譲、すなわち行政上の地方分権をおこなうことで、権限の中央への過度な集中や機関の重複といった体制的弊害を解消する、これが全体を貫く主旨だった。

翌一九七〇年二月、国務院は全国計画工作会議を招集し、いわゆる「条条」の批判と解消を提起するとともに、「塊塊（地方政府主導の地域的管理）」の強化を柱とする経済体制改革案を提案した。三月五日、国務院は「工業交通各部門直属企業管理の地方委譲に関する国務院通知（案）」を立案し、同年のうちに直属企業事業単位を地方に委譲すること、少数の企業について中央・地方の二重指導から地方を主とする原則に改めること、ただし、ごく一部の大型基幹産業については二重指導から中央主導に改めることなどを求めた。六月二二日、党中央は国務院の「国務院各部門に党の中核グループと革命委員会を建設することについての報告と提案」にコメントするかたちで、地方への権限委譲については、一九七〇年のうちに期間を区切って漸次完了させていくべきだと要求した。実際に九月末時点で、工業交通部門直属の三〇八二の企業事業単位のうち、全体の七割強を占める二二三七が地方への委譲を完了しており、さらに四六九の単位が委譲待ちの状態だった（廃止は一〇四単位）。また、当時の「戦争に備える」必要性に基づいて全国を一〇の経済協業区（西南、西北、中原、華南、華東、華北、東北、山東、閩贛、新疆）に分割し、各協業区がそれぞれ計画性をもって段階的に冶金、国防、機械、燃料動力、化学などの工業を発展させるとともに、農業、軽工業、交通運輸についてもその強化に力を投入するとした。なかでも山東、閩贛、新疆地区においては「小而全」、すなわち小規模でもすべてが備わっている経済体系を構築すべし、としている。二月から三月にかけて策定された「第四次五カ年計画要綱（草案）」では、各省および自治区は中小規模の製鉄企業を一定数運営すること、大多数の地区および県においても小規模な炭鉱、鉱山、製鋼所の自前建設を目指すこと、それにより大中小の製鉄工場が互いに結びつき、鉄鋼業が全国各地に分布している状況をつくることが定められた。同時に、石炭、鉄鋼、電力、農業機械、軽工業製品については各省で自給自足の実現に努め、「南の食糧を北にまわす」「北の石炭を南にまわす」状況を打破することが盛り込まれた。

一九七〇年には、国家機構の大幅な統廃合という行政改革も実施された。六月二二日、国務院による所属部門、委員会、直属機関の一大再編の実施に党中央が同意し、もともとあった九〇の部門が二七になり、全体の約八割が縮小再編された。定員も一時的にかつての二割弱にまで削減された。一九七三年を過ぎると再び機関が増設され、一九七六年には五二になっている。「文化大革命」の第二段階（一九六九〜一九七三年）は、新中国成立以来、最も国務院所属機関の数と定員が少なかった時期である。

毛沢東は終始「虚君共和制」的発想（中央は政策方針のみに関与し、実際の請負は地方に委ねること）を貫き、経済管理権限の地方委譲に道をつける努力をすると同時に、官僚機構の一大改革を実施した。その結果、中央直属の企業事業単位は一万五三三から一六七四に減少し、工業生産額全体に占める割合も四二・二％から六％にまで低下した。工業の地方委譲に伴い、商業部門においても国家管理の一級卸売販売所をすべて省に委譲し、省が管轄する二級卸売販売所はさらに下部の行政区に委譲する改革がおこなわれた。各地にある外貿部管轄の企業もすべて地方に委譲され、地方を主とする二重指導体制が実施されることになった。その結果、一九六六年時点で五七九品目あった一類物資（国家計画委員会が統一分配する物資）と二類物資（各主管部が分配を実施する物資）は、一九七二年には二一七品目にまで減少（一類物資が三二六品目から四九品目に、二類物資が二五三品目から一六八品目にそれぞれ減少）した。六割以上の減少である。ただ、一九七三年には再び六一七品目にまで増加しており、「文化大革命」前の状況に戻っている。しかし、計画経済体制と物資供給体制、企業管理体制が相互につながりを失ったため、いかんともしがたい矛盾が生まれることになった。そのため、物資の地方請負というやり方はきわめて中途半端に終わった。一九七五年一一月、国務院の決定により、国家計画委員会物資局を基盤とする国家物資総局が設立され、国務院直属機関として各地・各部門の物資管理を基本的に「文化大革命」前のやり方に戻すということがおこなわれた。すなわち、国家計画委員会の責任で一類物資をバランスよく分配し、具体的実務については国家物資総局の管轄でおこなう、としたのである。そのほか、補足として、各部直属の高等教育機関もこの過程ですべて地方管轄に委譲された。

毛沢東は言っている。「中国は非常に統一された国だが、経済の発展は遅い。それに比べてヨーロッパは統一されていないが経済の発展は早い。やはり『虚君共和制』がよいということだ[373]」。そこで彼は地方および企業そのものに裁量権を与えることを重ねて主張した。一九七五年六月、国務院が招集した計画工作研究討論会議で、従来の計画経済体制に対して「大をつかんで小を放つ」という重要な原則が加えられた。すなわち、国有大企業を集約し、国有中小企業に対しては規制緩和をして自力で経営させることにより、「条条」と「塊塊」の矛盾解消を図るというものである。また、その時点の経済状況の主要課題であった「混乱」と「分散」については、全力を挙げて整理に取り組む必要があるとし、「集中」が強調された。ただし、計画実施体制としては、上部から下部へ、上下の結合、地方政府を主導とする管理、いわゆる「塊塊」の三つを主とする方法がとられた。企業の管理体制という点では、省をまたいだ鉄道網、郵便電信、電力網、長江航路、民間航路、石油パイプライン、遠洋航路、主だった科学技術研究施設、専門的施工集団、大油田、一部の基幹企業、重要建設プロジェクトなどは中央各部門を主とする管理、すなわち「条条」を主とするとしたが、それ以外のものはすべて地方に委譲、しかも段階的にではなく一挙に委譲することが提起された[374]。

「文化大革命」期は、わが国の財政政策もめまぐるしく変動した時期である。十年間で七度の政策変更がおこなわれた。平均すればおよそ一年五カ月に一度のペースで変更されたことになる。これはかつてない頻度であり、中央集権と地方分権との「綱引き」がそのまま反映した形である。一九六六〜一九六七年にかけては、収入と支出を結びつけ、総額を地方に配分する「収支掛鈎、総額分成」政策が実施された。しかし、一九六八年になると、地方財政の必要支出を賄うため、中央はやむなく収支を別々に管理する方法をとった。つまり、予算の範囲内で地方の財政収入はすべて上納させ、中央が財政の一元的支配を実施するが、収入と支出を結びつけないというものである。ところが一九六九年には経済状況が好転したため、再び「収支掛鈎、総額分成、一年一定（一年ごとに比率を見直す）」政策が復活することになる。また、財政収入が予算の額に達するか超過した場合、収支の均衡を図るため、地方政府自身が超過分や支出残をさらなる財政支出にまわし、逆に財政収入が予算を下回った場合は中央が不足分を補てんするとした。財政収入不足によって地方が既定の支出をカットすることにならないようにするためである。一九七〇年になると、さらに状況は変化した。中央が企業事業単位の管理権限を適宜地方に委譲し、中央の統一的指導の下で中央、省、県それぞれが管理をおこなうということが始まったからである。その結果、この年は中央が収入任務と支出総額を決める「定収定支」方式が前年に比べて広くおこなわれるようになった。一九七一年には、「定収定支、収支包乾、保証上繳（或差額補貼）、結余留用、一年一定」（中央が収入任務と支出総額を決め、地方が収支を請負い、上納を確実に実施すれば余剰は地方が留保し［もしくは収入が支出より少なければ差額補填を与え］、一年ごとに見直しと決定をおこなう）という財政政策が各省・直轄市・自治区に対して導入された。各地方の予算は、全体的なバランスと実態を考慮した上で中央から下達された。収入が支出を上回る地方については、請負額を基準に中央財政への上納額が定められ、下回る地方は不足額に照らして中央財政から地方請負分への補填がおこなわれた。実際に財政が動き出してからの収入超過分や支出残は、すべて地方管理の財政に組み入れることになっており、地方は自らの手で収支の均衡を図ることが求められた。一九七三年になると再び財政体制が改められ、「収入固定比率留保」方式が一部の地方で試験的に実施されることになった。地方は、請負って案配して得た収入の一定比率分を地方裁量分として留保し、超過収入分は別途定めた比率に基づいて分配し、支出は指標に基づいて引き受けるというものである。この方式は華北、東北地区および江蘇省で試験的に実施されたのみで、もともとの計画に沿っての普及はおこなわれなかった。一九七六年になると、財政部は「定収定支、収支掛鈎、総額分成、一年一定」の財政政策を地方に導入することを決定した。これは、地方に財政の権限を与えるが相応の責任も発生するというものであり、収入が多ければ支出を増やすことが可能になり、逆に収入が少なければ支出も減るため、地方政府が増収や支出削減に積極的に取り組む上で一定の効果をもたらした。

以上述べてきた改革は、すべて計画経済体制に対する「荒療治」だったが、いずれも失敗に終わっている。毛沢東による計画経済体制の改革は、歴史的に見て次のように言うことができるだろう。**描いた理想は良いものだったが、集団的討議によってコンセンサスを得るのではなく、革命と強制という手法に訴え、改革というよりも政治の力で現状を破壊するような変革を試みた。旧を破壊して新を打ち立てるというが、破壊は容易でも、いざ建設となると困難にぶちあたり、いつまでたっても実を結ぶことがなかった。結局、中国経済は絶**

えず政治運動の攻撃にさらされ、幾度となく無政府状態の混乱と衰退に陥った。

「文化大革命」期の経済体制改革は、管理管轄権限の地方委譲という基本的方向性をもっていた。それは一九五八年の分権化を引き継ぐものであったが、同時に一九六〇年代の調整政策、集権政策に対する「揺り戻し」という側面ももっていた。「文革」終結時の中国は、すでに相当程度分権化された国家になっており、一九五〇年代前半とはかなり異なる状況になっていた。同時代のソ連や東欧の社会主義国家でおこなわれていた、高度に集権化された計画経済との違いも歴然としていた。一九五〇年代のはじめに計画経済体制が確立された当初は、なによりもまずGDPに占める財政収入および支出の割合が大きく向上した。それに伴い、中央への財政集中の度合いもかなり高いものになっていた。中央財政の収入は財政収入全体の八割を占め、支出は七割を超えていた。この割合が大幅に低下するのは、一九五七年に最初の財政分権化が始まってからである。収入で見ると、一九五八年の八〇・四%から一九五九年には二四・四%まで低下しており、支出では、一九五七年の七一%から一九五八年には四四・三%まで低下している。一九六一年にはこの比率はいったん上昇するが、一九七〇年代になって二度目の分権化がおこなわれると再び低下し、一九七五年になると収入の比率は一一・八%にまで低下している。これは史上最低の割合であり、世界各国を見渡しても例がない低さである。支出の割合も四九・九%と低い。この点からすると、当時の中国の計画経済体制は、典型的な中央集権的経済とは言い難い面があり、地方分権型の計画経済と言ったほうがより適切かもしれない。のちの鄧小平による改革は、この毛沢東の地方分権という考え方を出発点にしている。しかし、そこから先の方向はまったく違った。すなわち、市場経済へと突き進んでいったのである。

第七節　まとめ——特異な時代

「文化大革命」は、中華人民共和国の歴史の中でもきわめて特異な政治革命の一時期を形成している。この十年は、党、国家、人民が新中国成立以来最も深刻な挫折と損失を被った十年と言える。「文化大革命」はいかなる意味でも革命ではなかったし、社会の進歩をもたらすものでもなかった。歴史がすでに証明しているように、「文化大革命」は、指導者が誤って引き起こし、反革命グループに利用され、党と国家、全民族人民に巨大な災厄をもたらした「政治動乱」だった。

「文化大革命」は三つの段階に分けることができる。一九六六〜一九六九年四月の九全大会前までが第一段階で、全面的発動、全面的内戦の時期である。毛沢東と劉少奇、鄧小平との間の政治的確執がその中心を占めた。

九全大会から一九七三年八月の十全大会までが第二段階で、

「相対的安定期」ではあったが、毛沢東と林彪との間に倒すか倒されるかの死闘が勃発した時期である。

十全大会後から一九七六年一〇月までが第三段階である。当初、毛沢東は鄧小平を再起用し、社会秩序の正常化および経済活動の回復にあたらせたが、やがて鄧小平をはじめとする党内穏健派と江青グループとの間に熾烈な政治闘争が巻き起こり、毛沢東の提起によって鄧小平の一切の職務が解かれることになった。毛沢東が世を去ると、華国鋒と江青との間に政治的衝突が生じたが、華国鋒は葉剣英の支持の下で一挙に「四人組」の逮捕に踏みきり、一九七七年の十一全大会で正式に「文化大革命」の終結が宣言された。

「文化大革命」の勃発により、成長軌道に乗りつつあった中国経済は突如攪乱されることになり、国民経済はたちまち衰退局面に陥った。一九六六〜一九七八年は、中華人民共和国史上最も経済成長率が低く、変動幅の大きい時期であり、生産が停滞した時期でもあった。

教育革命、学制の短縮、労農兵の大学入学、知識青年の上山下郷、幹部の「五七幹部学校」への下放労働、ブルジョア的権利の制限など、「文化大革命」中に一連の重大な改革が毛沢東によって試みられたが、いずれも失敗に終わった。人々の積極性を引き出すのではなく、政治的動員という強制力にのみ依拠しておこなわれたため、継続性をもつことができなかったのである。

「文化大革命」期の経済方針の第一の特徴は、「階級闘争を要とする」「革命に力を入れ、生産を促す」であり、第二の特徴は戦争に備えることを要として戦争準備の経済体制を構築する、というものだった。第三の特徴は「自己閉鎖的」であり、貿易依存度は過去最低のレベルにまで落ち込み、ほとんど鎖国に近い状態だった。

また、この時期には、一九五八年の分権化改革を引き継いで、地方分権を基本とする二度目の経済体制改革がおこなわれた。これは一九六〇年代に再び生じた集権化に対する「揺り戻し」でもあった。「文化大革命」終結時の中国は、一九五〇年代初期や中期とは大きく異なる、相当程度に分権化された国家になっており、同時期のソ連や東欧社会主義国家の高度に集権化された計画経済体制ともかなり様相を異にしていた。また、この期間はめまぐるしく財政管理体制が変動した時期でもあった。

「文化大革命」に対する反省は、そのまま鄧小平による改革開放政策の原動力になった。一九七八年以降、中国の政治と社会が安定を維持することができたのは、「文化大革命」という痛苦の経験が根底にあったからである。

注

1　レーニン「共産主義における『左翼』小児病」、『レーニン選集』中国語版、第四巻、二一三頁、北京、人民出版社、一九七二。

2　より詳細な分析については、胡鞍鋼『毛沢東与〝文革〟』（香港、大風出版社、二〇〇八）を参照されたい。

3　許全興『毛沢東晩年的理論与実践（一九五六－一九七六）』三五九頁、北京、中国大百科全書出版社、一九九五。

4　『人民日報』『解放軍報』『紅旗』誌社説「十月社会主義革命が切り開いた道に沿って前進しよう」一九六七年一一月六日。

5　「第八期中央委員会第十一回全体会議コミュニケ」、『人民日報』一九六六年八月一三日。

6　鄭謙、張化『毛沢東時代的中国（一九四九－一九七六）』（三）、一二七頁、北京、中共党史出版社、二〇〇三。

7　「第八期拡大第十二回中央員会全体会議コミュニケ」、『人民日報』一九六八年一一月一日。

8　林彪の政治報告は、張春橋と姚文元が執筆し、毛沢東が何度もチェックして手を入れた。報告の中で林彪は「『文化大革命』はマルクス・レーニン主義の理論と実践に対する偉大な、そして新たな貢献である」と述べている。鄭謙、張化『毛沢東時代的中国（一九四九－一九七六）』（三）、一三〇頁、北京、中共党史出版社、二〇〇三。

9　周恩来による十全大会政治報告は、張春橋が執筆し、政治局での修正討議を経て、毛沢東が最終チェックをおこなった。鄭謙、張化『毛沢東時代的中国（一九四九－一九七六）』（三）、三四一頁、北京、中共党史出版社、二〇〇三。

10　華国鋒の政治報告では次のように述べられている。「プロレタリア『文化大革命』は、プロレタリア独裁史上初の偉大な試みとして歴史の一ページに加えられるべきものであり、歴史の進展とともにますます燦然たる輝きを放つだろう。この点について疑問の余地はまったくない。より深化した『文化大革命』を今後何度でも実行していかなくてはならない」。『中国共産党第十一次全国代表大会文件匯編』五一～五二頁、北京、人民出版社、一九七七。

11　一九八一年三月一八日、「歴史決議」起草小組責任者との会談での発言。『鄧小平文選』第二巻、三〇二～三〇三頁、北京、人民出版社、一九九四。

12　鄧小平「歴史的経験をくみ取り、誤った傾向を阻止せよ」一九八七年四月三〇日、『鄧小平文選』第三巻、二二七頁、北京、人民出版社、一九九四。

13　鄧小平「情勢は改革開放のさらなる前進を求めている」一九八八年六月二二日、『鄧小平文選』第三巻、二六九頁、北京、人民出版社、一九九四。

14　「建国以来の党の若干の歴史問題に関する決議」一九八一年六月二七日、中共中央文献研究室編『三中全会以来重要文献選編』下冊、八〇八頁、八一一頁、北京、人民出版社、一九八二。

15　一九六四年一二月、第三期全人代第一回会議で採択された「政府工作報告」で、周恩来は次のように提起している。「わが国が四つの現代化を成し遂げ、強国として先進諸国の水準に追いつき、追い越す日はそう遠くない。それは、第三次五カ年計画を起点に、次の二つの段階を経て達成される。第一段階は自前の整った工業体系と国民経済体系を構築すること、第二段階は、二〇世紀末までに農業・工業・国防・科学技術の全面的近代化を成し遂げ、世界のトップを走る経済をつくり上げることである」。このスローガンと目標は「文化大革命」によって有名無実化された。中共中央文献研究室編『三中全会以来重要文献選編』下冊、八〇八頁、北京、人民出版社、一九八二。

16　『人民日報』一九六五年一〇月一日。

17　Angus Maddison, Monitoring the World Economy：1820-1992（OECD、二〇〇一）は、一八二〇年を起点に、世界経済の成長の歴史を五つの時期に区分している。一八七〇～一九一三年が第一の黄金期、技術が飛躍的に進歩した一九五〇〜一九七三年を第二の黄金期としている。

18　『建国以来毛沢東文稿』第一二巻、一三巻を指す。

19　マクファーカーとフェアバンクは著書の中で次のように述べている。「一九六五年、中国は『大躍進』の痛手からすでに回復し、頓挫していた第三次五カ年計画の実施に着手しようとしていた。しかし、ソ連と袂を分かったとはいえ、その体制はスターリンモデルの変種に過ぎなかった。事実、指導者を含めた全中国人および諸外国の中国ウォッチャーの予想をすべて裏切るかたちで、毛沢東は一大政治運動をほどなくして発動し、回復の趨勢は大きくねじ曲げられることになった。毛沢東の引き起こした運動は、人々の生命のみならず、今までの運動をはるかに上回る深刻な破壊を各方面にもたらした」。ロデリック・マクファーカー著、ジョン・フェアバンク編訳『剣橋中華人民共和国史：中国革命内部的革命（一九六六－一九八二）』中国語版、一頁、北京、中国社会科学出版社、一九九二。

20　一九八〇年八月、鄧小平は次のように述べている。「資本主義の復活を避けたいとの願いから、毛主席自身は『文化大革命』を引き起こしたのかもしれない。しかし、中国の実情から言えば、それは誤った見通しだった。何よりも、革命によって打倒する対象を見誤ったがために、いわゆる『資本主義の道を歩む党内の実権派』を目の敵にするという事態を招くことになった。こうして、劉少奇同志を含む、元来革命において業績も経験も豊富だった指導者を打倒することになってしまった」。鄧小平「イタリア人記者オリアーナ・ファラーチによるインタビュー」一九八〇年八月二一日、二三日、『鄧小平文選』第二巻、三四六頁、北京、人民出版社、一九九四。

21　国家統計局国民経済総合統計司編『新中国五十年統計資料匯編』二二頁、北京、中国統計出版社、一九九九。

22　毛沢東「中央政治局拡大会議で配布された四つの資料に対するコメント」一九六〇年六月一五日、『建国以来毛沢東文稿』第九巻、二一〇頁、北京、中央文献出版社、一九九六。

23　毛沢東「江青あての手紙」一九六六年七月八日、『建国以来毛沢東文稿』第一二巻、七二頁、北京、中央文献出版社、一九九八。

24　謝益顕主編『中国当代外交史（一九四九－一九九五）』二四六頁、北京、中国青年出版社、一九九七。

25　一九六五年九月から一〇月にかけて、毛沢東は会議の席上で幾度となく「中央から修正主義が出たら諸君らはどうするのか。その可能性は大いにあり、これほど危険なことはない。すぐに造反しなければならない」と提起している。鄭謙、張化『毛沢東時代的中国（一九四九－一九七六）』（三）、一二六頁、北京、中共党史出版社、二〇〇三。

26　許全興『毛沢東晩年的理論与実践（一九五六－一九七六）』三八六頁、北京、中国大百科全書出版社、一九九五。

27　一九四五年四月、党の第七回大会で毛沢東は次のように述べている。「われわれの哲学は闘争哲学だという人（鄧宝珊）がいるが、わたしに言わせれば、そういう彼らの哲学も闘争哲学だ。プロレタリア階級の闘争哲学は、彼らの後を追っているだけだ」。さらに、一九五九年八月一六日の廬山会議でも「ブルジョア政治学者は『共産党の哲学は闘争哲学だ』と言うが、まったくその通りだ。ただし、闘争の形式は時代によって異なる」と述べている。許全興『毛沢東晩年的理論与実践（一九五六－一九七六）』三四八頁、北京、中国大百科全書出版社、一九九五。

28　「ポーランドからの賓客ヤン・リーとの会談記録」一九六六年一二月二一日、逄先知、金沖及主編『毛沢東伝（一九四九－一九七六）』下巻、一四五九頁、北京、中央文献出版社、二〇〇三。

29　一九六七年二月、毛沢東は次のように述べている。「これまでわれわれは個別の問題、個々の人物にとらわれ、農村における闘争（四清運動）、工場における闘争（五反運動）、文化界における闘争、社会主義教育運動などをおこなってきたが、いずれも問題を解決することができなかった。公然と、全面的に、下から上へ向かって大衆運動を発動し、われわれの暗黒面を暴き出すというスタイルや方法をみつけることができなかったからである」。許全興『毛沢東晩年的理論与実践(一九五六－一九七六)』三八四頁、北京、中国大百科全書出版社、一九九五。

30 「建国以来の党の若干の歴史問題に関する決議」より。

31 『紅旗』誌、『人民日報』編集部「社会主義の道か、それとも資本主義の道か」、『紅旗』誌第一三期、一二頁、一九六七年八月一七日。

32 「紀要」には次のように書かれていた。「建国後の文芸界は、毛沢東思想と対立する反党・反社会主義の一本の黒い線によって牛耳られている。ブルジョア階級の文芸思想、現代修正主義の文芸思想、そしていわゆる一九三〇年代の文芸を結ぶ黒い線である。文化戦線上の社会主義革命を断固として実行し、この黒い線を徹底的にやっつけなければならない。やっつけた後、再び現れれば、また闘わなくてはならない。これは数十年、もしかしたら数百年の努力を必要とする、長く複雑な闘いである」。中共中央文献研究室編『周恩来年譜(一九四九－一九七六)』下巻、九頁、北京、中央文献出版社、一九九七。

33 「二月紀要」の政治的背景について、江青は次のように述べている。「昨年(一九六六年)二月、林彪同志は部隊文芸座談会の開催をわたしに託しました。この座談会の紀要は、あなたがたの『尊神』、プロレタリア階級の『尊神』の力で連中、つまり党内に紛れ込んだブルジョア階級の代表、ブルジョア階級の反動的『権威』に攻撃を加え、彼らを驚愕のふちにたたき落とし、武装解除させるためのものです。紀要になぜこれほどの威力があるのか。それは軍に支持されているからです。彼らは人民の軍隊を恐れているのです」。江青『為人民立新功』、北京、人民出版社、一九六七。

34 金春明主編『評「剣橋中華人民共和国史」』三九二頁、武漢、湖北人民出版社、二〇〇一。

35 『人民日報』一九六六年八月一三日。

36 「康生、張春橋らと毛沢東の会談記録」一九六六年三月二〇日、逄先知、金沖及主編『毛沢東伝(一九四九－一九七六)』下巻、一四〇六頁、北京、中央文献出版社、二〇〇三。

37 「康生、張春橋らと毛沢東の会談記録」一九六六年三月二〇日、逄先知、金沖及主編『毛沢東伝(一九四九－一九七六)』下巻、一四〇六頁、北京、中央文献出版社、二〇〇三。

38 鄭謙、張化『毛沢東時代的中国(一九四九－一九七六)』(三)、二七頁、北京、中共党史出版社、二〇〇三。

39 「第五五師団の緊急戦備における際立った政治状況に関する蘭州軍区党委員会の報告への毛沢東のコメント」一九六五年一二月二日、逄先知、金沖及主編『毛沢東伝(一九四九－一九七六)』下巻、一四〇〇頁、北京、中央文献出版社、二〇〇三。

40 逄先知、金沖及主編『毛沢東伝(一九四九－一九七六)』下巻、一六七七頁、北京、中央文献出版社、二〇〇三。

41 第八回全国代表大会で採択された「党規約」第十六条は次の通り。「中央委員と候補委員の解任もしくは監察といった処分は、全国代表大会によって決定される。必要に応じて中央委員会全体会議の三分の二の賛成で緊急の処分をおこなうことができるが、その場合も全国代表大会の来たる会議での承認を得なければならない」。中共中央文献研究室編『建国以来重要文献選編』第九冊、三三五頁、北京、中央文献出版社、一九九四。

42 「中華人民共和国憲法」第二八条「全国人民代表大会は国務院総理、副総理、各部部長、各委員会主任、秘書長を罷免する権利を有する」。同第三一条「全国人民代表大会常務委員会は、全国人民代表大会の閉会期間中、国務院副総理、各部部長、各委員会主任、秘書長を個別に任命もしくは罷免する決定を下すことができる」。同第三三条「全国人民代表大会は全国人民代表大会常務委員を罷免する権利を有する」。中共中央文献研究室編『建国以来重要文献選編』第五冊、五二七～五二九頁、北京、中央文献出版社、一九九三。

43 逄先知、金沖及主編『毛沢東伝(一九四九－一九七六)』下巻、一四〇七～一四〇八頁、北京、中央文献出版社、二〇〇三。

44　一九六六年五月五日、毛沢東は杭州でのアルバニア労働党代表団との会見で次のように語った。「今わたしは二つの可能性について考えています。一つは反革命が復活し、政治をほしいままにするという可能性、もう一つは『タケノコの皮むき政策』、つまり悪質なものを一枚一枚剥いで捨てるという可能性です。この四十五年というもの（一九二一年の中国共産党創設以来）、のべ数十人の中央委員を『剥いで捨て』てきました。ところが今、わたしたちの傍らに眠っていてまだ見つかってない中央委員がいるのです」。金沖及主編『周恩来伝』（四）、一八三九～一八四一頁、北京、中央文献出版社、一九九八。

45　鄭謙、張化『毛沢東時代的中国（一九四九－一九七六）』（三）、二九頁、北京、中共党史出版社、二〇〇三。

46　一九六六年五月二三日、中央政治局拡大会議で、彭真、羅瑞卿、陸定一の中央書記処書記の職務、楊尚昆の同候補書記の職務をそれぞれ停止し、中央委員会全体会議にこの点の追認および決定を申請すること、彭真の北京市党委員会第一書記と市長の職務を解き、陸定一の中央宣伝部部長の職務を解くこと、陶鋳を中央書記処常務書記兼中央宣伝部長に、葉剣英を中央書記処書記兼中央軍事委員会秘書長にそれぞれ任ずること、李雪峰を北京市党委員会第一書記に任命することがそれぞれ決定された。

47　鄭謙、張化『毛沢東時代的中国（一九四九－一九七六）』（三）、三一～三二頁、北京、中共党史出版社、二〇〇三。

48　逢先知、金沖及主編『毛沢東伝（一九四九－一九七六）』下巻、一四一〇頁、北京、中央文献出版社、二〇〇三。ここで言う「何人かの同志」とは康生、張春橋、江青の三人を指す。

49　「建国以来の党の若干の歴史問題に関する決議」より。

50　「劉少奇、周恩来、鄧小平とホー・チ・ミンの会談記録」一九六六年五月一八日、金沖及主編『周恩来伝』（四）、一八四一頁、北京、中央文献出版社、一九九八。

51　「五・一六通知」を指す。

52　中共中央文献研究室編『劉少奇年譜（一八九八－一九六九）』下巻、六五六頁、北京、中央文献出版社、一九九六。

53　『紅旗』誌第一三期、一二頁、一九六七年八月一七日。

54　『紅旗』誌第一三期、一六頁、一九六七年八月一七日。

55　中央文化革命小組メンバーは以下の通り。組長・陳伯達、顧問・康生、第一副組長・江青、副組長・王任重（党中央中南局第一書記、湖北省委第一書記）、劉志堅（総政治部副主任）、張春橋、組員・謝鏜忠、尹達、王力、関鋒、戚本禹、穆欣（『光明日報』編集長、『紅旗』誌編集長）、姚文元など。後に以下の四人が増員。郭影秋（党中央華北局代表）、鄭季翹（党中央東北局代表）、楊植霖（党中央西北局代表）、劉文珍（党中央西南局代表）。ただし、中南局と華東局の代表は王任重と張春橋が兼任。林蘊暉等主編『人民共和国春秋実録』六九一頁、北京、中国人民大学出版社、一九九二。七月中旬、穆欣（招集者）、戚本禹、曹軼欧（康生的夫人）を責任者とする中央文革小組弁公室が発足。八月二日、党中央は陶鋳に中央文革小組顧問を兼任させる通知を出す（陶鋳は一九六七年一月四日に打倒されるまで顧問を務めた）。尹家民「毛沢東と中央文革小組の発足」、『党史博覧』二〇〇六年第一期。

56　「建国以来の党の若干の歴史問題に関する決議」より。

57　一九六九年三月一五日にも、毛沢東は「中央文革連絡会議」のメンバーを集めて会議をおこなっている。逢先知、金沖及主編『毛沢東伝（一九四九－一九七六）』下巻、一五四一頁、北京、中央文献出版社、二〇〇三。

58　「五・一六通知」は一九六七年五月一七日付『人民日報』に掲載された。

59　宋碩は当時の北京市党委員会大学部副部長、陸平は当時の北京大学学長兼党委員会書記、彭珮雲は当時の北京大学党委員会副書記。全員ほどなくして職務をはく奪された。

60 毛沢東の一九六六年六月一日のコメントは次の通り。「康生同志、陳伯達同志、この文は新華社から全文を配信し、全国の新聞雑誌に発表することが絶対に必要である。北京大学という反動の砦を打ち破るには、ここから始めるのがよい。検討して処理してほしい」。「光明日報編集部編『文化大革命短信』第一三期への毛沢東のコメント」一九六六年六月一日、逄先知、金沖及主編『毛沢東伝（一九四九－一九七六）』下巻、一四一四頁、北京、中央文献出版社、二〇〇三。

61 許全興『毛沢東晩年的理論与実践（一九五六－一九七六）』三七八頁、北京、中国大百科全書出版社、一九九五。

62 「中央工作会議での毛沢東の講話記録」一九六六年一〇月二五日、逄先知、金沖及主編『毛沢東伝（一九四九－一九七六）』下巻、一四一七頁、北京、中央文献出版社、二〇〇三。

63 中共中央文献研究室編『周恩来年譜（一九四九－一九七六）』下巻、三五頁、北京、中央文献出版社、一九九七。

64 「劉少奇らの報告を聴取した際の毛沢東のコメント」一九六六年六月一二日、逄先知、金沖及主編『毛沢東伝（一九四九－一九七六）』下巻、一四二二頁、北京、中央文献出版社、二〇〇三。

65 龔固忠、唐振南、夏遠生主編『毛沢東回湖南紀実（一九五三－一九七五）』一六五頁、長沙、湖南人民出版社、一九九三。

66 毛沢東「江青あての手紙」一九六六年七月八日、『建国以来毛沢東文稿』第一二巻、七一～七四頁、北京、中央文献出版社、一九九八。

67 「建国以来の党の若干の歴史問題に関する決議」より。

68 毛沢東はこの手紙をわざわざ武漢にいた周恩来と王任重（湖北省党委員会第一書記）に見せ、周恩来を通じて上海の江青に届けている。さらに、周恩来を大連に行かせ、手紙の中の林彪について言及した部分を林彪本人に見せるように指示している。逄先知、金沖及主編『毛沢東伝（一九四九－一九七六）』下巻、一四一九～一四二〇頁、北京、中央文献出版社、二〇〇三。周恩来は七月一四日に大連で林彪と話した際、林彪の毛沢東賛美はもっと「実事求是」という点に気をつけるべきで、「科学的であること、正確であること、適切であること」を心がけるようにという毛沢東の意見を伝えている。林彪はこれを受けて帰京後「五・一八講話」の内容を修正した。翌一五日、周恩来はこのことを北京の劉少奇にも報告した。とはいえ、この手紙自身はやはり毛沢東と林彪の非和解的対立のルーツの一つである。毛沢東が早くから林彪の政治的野心を見抜いていたことを林彪自身十分にわかっていたということであり、周恩来らも毛沢東の考えを知っていたということである。林彪事件後の一九七二年五月、党中央はこの手紙のコピーをもとに文書を作成して全党に配布し、毛沢東が早くから林彪の策謀に気づいていたことの証左とした。

69 逄先知、金沖及主編『毛沢東伝（一九四九－一九七六）』下巻、一四二一頁、北京、中央文献出版社、二〇〇三。

70 金沖及主編『周恩来伝』(四)、一八四五頁、北京、中央文献出版社、一九九八。

71 逄先知、金沖及主編『毛沢東伝（一九四九－一九七六）』下巻、一四二二頁、北京、中央文献出版社、二〇〇三。

72 中共中央文献研究室編『周恩来年譜（一九四九－一九七六）』下巻、四一頁、北京、中央文献出版社、一九九七。

73 中共中央文献研究室編『周恩来年譜（一九四九－一九七六）』下巻、四二頁、北京、中央文献出版社、一九九七。

74 「中央文革小組メンバーおよび各大行政区党第一書記と毛沢東との会談記録」一九六六年七月二五日、逄先知、金沖及主編『毛沢東伝（一九四九－一九七六）』下巻、一四二四頁、北京、中央文献出版社、二〇〇三。

75 谷牧「回想――敬愛する周恩来総理」、中共中央文献研究室編『我們的周総理』四二頁、北京、中央文献出版社、一九九〇。

76 劉少奇は次のように言っている。「どのようにプロレタリア文化大革命をやるのかということになると、諸君らは曖昧でよくわからないと言い、わたしに質問するが、正直に言ってわたしにもよくわからない。ほかの中央の同志や工作組のメンバーもほとんどがよくわかっていないと思う」。鄧小平は次のように言っている。「新しい市委員会の責任で各大学、中学に工作組を派遣したのは中央の意見に基づいておこなったことだということを説明しておかなければならない。ある同志も言っていたが、革命は今までにない新たな課題に直面していることは間違いない」。毛毛『我的父親鄧小平“文革”歳月』二三頁、北京、中央文献出版社、二〇〇〇。また、周恩来は次のように言っている。「第一に、指導的地位にある同志（中央、地方にかかわらず政府内部で）は情勢判断を誤っており、人民大衆の革命性、主体性、創造性を過小評価していた。第二に、問題解決に対する間違った認識があった。北京はその最たる例である。つまり内乱を恐れていたということである。要するに、（プロレタリア文化大革命は）まったく新たな運動であり、古参の人間にとっては今まで経験したことがない未知のことがらであり、『革命が直面している新たな課題』なのである」。金沖及主編『周恩来伝』（四）、一八四六〜一八四七頁、北京、中央文献出版社、一九九八。

77　鄭謙、張化『毛沢東時代的中国（一九四九－一九七六）』（三）、四四頁、北京、中共党史出版社、二〇〇三。

78　毛沢東「清華大学附属中学紅衛兵あての手紙」一九六六年八月一日、『建国以来毛沢東文稿』第一二巻、八七〜八九頁、北京、中央文献出版社、一九九八。

79　逄先知、金沖及主編『毛沢東伝（一九四九－一九七六）』下巻、一四二七頁、北京、中央文献出版社、二〇〇三。

80　ハリー・ハーディングは次のように述べている。「『文化大革命』が独特なのは、政権の指導者（毛沢東）自身がこの危機を引き起こしたことである。共産党の合法性に疑義を生じさせたのはほかでもない毛沢東自身であり、彼が動員したさまざまな社会的勢力は、自身の政権基盤を弱体化させる力となった。また、人民の抗議と不満に政治的・イデオロギー的表現を与えた。こうして、かつて旧政権を革命によって打倒した毛沢東が、今度は自らの手でつくった新政権と対決する革命を発動したのである」。ハリー・ハーディング「再び危機の時代に突入した中国」、ロデリック・マクファーカー著、ジョン・フェアバンク編訳『剣橋中華人民共和国史：中国革命内部的革命（一九六六－一九八二）』中国語版、一一七頁、北京、中国社会科学出版社、一九九二。

81　「中共中央八期十一中全会記録」一九六六年八月一日、逄先知、金沖及主編『毛沢東伝（一九四九－一九七六）』下巻、一四二六頁、北京、中央文献出版社、二〇〇三。

82　周恩来は次のように述べている。「一九六二年の第八期十中全会から今日にいたるまで、重大な政策はすべて毛主席自身が決定してきた。今回の文化大革命もそうで、聶元梓ら七人の大字報も毛主席自身が批准して『人民日報』に掲載したのであり、これが文化大革命全体の号砲となった。このたびの工作組の撤収についても毛主席が帰京後に下した決定である。文化大革命は史上前例のない試みである。工作組の派遣については、中央政治局常務委員、とりわけ、われわれ幾人かの在京中央幹部にその責任がある」。中共中央文献研究室編『周恩来年譜（一九四九－一九七六）』下巻、四五頁、北京、中央文献出版社、一九九七。

83　逄先知、金沖及主編『毛沢東伝（一九四九－一九七六）』下巻、一四二七〜一四二八頁、北京、中央文献出版社、二〇〇三。

84　この大字報は『人民日報』の社説「すべての妖怪変化を一掃しよう」（一九六六年六月一日付『北京日報』一面記事からの転載）の左側に毛沢東が書きつけたもので、計二五一字のものだった。

85　一九六七年八月一七日付『紅旗』誌社説「ブルジョア階級司令部を徹底的に粉砕せよ」では次のように書かれている。「長い間党内に存在していたプロレタリア革命路線とブルジョア反動路線との対立、プロレタリア階級司令部とブルジョア階級司令部との闘いが、毛主席の大字報『司令部を砲撃せよ』によって白日の下にさらけ出された。その結果、プロレタリア『文化大革命』の主要ターゲットと主な任務が全党全人民の前によりいっそう明らかになったのである」。『紅旗』誌第一三期、一五頁、一九六七年八月一七日。

86 逢先知、金冲及主編『毛沢東伝（一九四九－一九七六）』下巻、一四二九頁、北京、中央文献出版社、二〇〇三。

87 中共中央文献研究室編『周恩来年譜（一九四九－一九七六）』下巻、四六頁、北京、中央文献出版社、一九九七。

88 毛沢東の指示に基づいて七月初めに中央文革小組の陳伯達、王力らが起草に着手して以降、前後三一回にわたって修正が加えられた。毛沢東は陶鋳や王任重、張平化にも修正を依頼したことがある。周恩来も修正意見を出している。八月七日に毛沢東が手を入れてようやく決定稿となった。徐彬編著『風雨福禄居：劉少奇在〝文革〟中的抗争』一二四頁、長春、吉林人民出版社、一九九八。「決定」の第一条は、「文化大革命」を「人々の魂にふれる大革命であり、より拡大・深化した新たな段階にわが国の社会主義革命を押し上げるものである」と定義している。

89 劉少奇および資本主義の道を歩む党内のひとつまみの実権派に毛沢東が闘争の狙いを定めたのは、これが四回目である。一九六七年八月一七日付『紅旗』誌第一三期、一六頁の社説「ブルジョア階級司令部を徹底的に粉砕せよ—第八期十一中全会一周年を記念して」より。

90 一九八一年の「建国以来の党の若干の歴史問題に関する決議」は、この全体会議で毛沢東個人による「左」傾化した誤った指導が党中央の集団指導体制に取って代わるようになり、毛沢東への個人崇拝も常軌を逸したレベルにまで高まった、と指摘している。

91 胡耀邦「中国共産党創立六十周年記念大会での講話」一九八一年七月一日、中共中央文献研究室編『三中全会以来重要文献選編』下冊、八一二頁、北京、人民出版社、一九八二。

92 「中国共産党規約」、中共中央文献研究室編『十二大以来重要文献選編』上冊、七四頁、北京、人民出版社、一九八六。

93 鄭謙、張化『毛沢東時代的中国（一九四九－一九七六）』（三）、四六頁、北京、中共党史出版社、二〇〇三。

94 一九六六年八月六日、周恩来は毛沢東のところで中央政治局常務委員、政治局員、候補委員、中央書記処書記、候補書記の人選について相談をおこなった。その後、この相談に基づいて人事案が策定され、毛沢東と林彪に提出されている。毛沢東は最終チェックの時に政治局常務委員会メンバーの序列を入れ替え、もともと第七位だった陶鋳を第四位に引き上げた。中共中央文献研究室編『周恩来年譜（一九四九－一九七六）』下巻、四六頁、北京、中央文献出版社、一九九七。

95 第八期第十一回中央委員会全体会議で選ばれた政治局常務委員は毛沢東、林彪、周恩来、陶鋳、陳伯達、鄧小平、康生、劉少奇、朱徳、李富春、陳雲。補欠選挙で選ばれた政治局員は陶鋳、陳伯達、康生、徐向前、聶栄臻、葉剣英。増員補欠選挙で選ばれた政治局候補委員は李雪峰、宋任窮、謝富治。補欠選挙で選ばれた書記処書記は謝富治、劉寧一。李穎編『従一大到十六大』下巻、九七八頁、北京、中央文献出版社、二〇〇三。

96 毛毛『我的父親鄧小平〝文革〟歳月』四〇頁、北京、中央文献出版社、二〇〇〇。

97 『紅旗』誌第一三期、一四頁、一九六七年八月一七日。

98 「八期十一中全会閉会式での毛沢東の講話記録」一九六六年八月一二日、金冲及、陳群主編『陳雲伝』下巻、一三五〇頁、北京、中央文献出版社、二〇〇五。

99 許全興『毛沢東晩年的理論与実践（一九五六－一九七六）』四三八頁、北京、中国大百科全書出版社、一九九五。

100 鄭謙、張化『毛沢東時代的中国（一九四九－一九七六）』（三）、一二五頁、北京、中共党史出版社、二〇〇三。

101 「八期十一中全会閉会式での毛沢東の講話記録」一九六六年八月一二日。

102 「歴史決議」によると、この八期十一中全会が「文化大革命」発動のメルクマールとされている。

103　毛毛『我的父親鄧小平〝文革〟歳月』二五頁、北京、中央文献出版社、二〇〇〇。

104　中共中央文献研究室編『周恩来年譜（一九四九－一九七六）』下巻、四九頁、北京、中央文献出版社、一九九七。

105　一九六六年八月一八日、天安門広場の講話の中で林彪は「敢然と突き進み、敢然と活動し、革命し、造反するという諸君のプロレタリア革命精神をわれわれは断固として支持する」「資本主義の道を歩む実権派を打倒し、ブルジョア階級の反動的権威を打倒し、すべてのブルジョア階級保皇派を打倒し、革命を圧殺する種々さまざまな行状と対決し、すべての妖怪変化を打倒しなければならない」などと提起し、「ブルジョア階級の古い思想、古い文化、古い風俗、古い習慣をすべて徹底的に打破しなければならない」「獅子身中の虫を一掃し、行く手を阻むあらゆる障害を取り除かなければならない」と呼びかけた。『人民日報』一九六六年八月一九日。

106　一九六六年八月二一日付の『紅旗』誌は「学園から街頭に繰り出した巨万の紅衛兵は、誰にもせき止めることができない革命の大本流となって旧社会の一切の汚物を洗い流し、数千年にわたって蓄積されてきた塵芥をきれいさっぱり掃き清めた。まさに新しく生み出された革命の急先鋒である」という評論員の文章を掲載し、「歓呼の嵐で迎えようではないか」と呼びかけた。また、八月二三日には全国紙がそろって「二二日新華社電」という形で「首都の街頭を席巻するプロレタリア文化革命の大潮流とブルジョア階級の旧習を果敢に撃破する紅衛兵」という見出しの記事を一面に掲載した。同時に『人民日報』は「なんとすばらしいことか」「労農兵は断固として革命的学生を支持する」という二編の社説を掲載した。さらに八月二九日の『人民日報』は「われらが紅衛兵に敬意をこめて」と題する社説で「紅衛兵は文化大革命というこの大衆運動において、敵陣に攻め込む急先鋒の役割を果たしている」「紅衛兵はまだ登場して間もないが、社会全体を揺るがし、旧世界を震え上がらせていることは間違いない。その鋭い闘争の刃の前にすべてがひれ伏すだろう。搾取階級のあらゆる古い習慣、古い習俗はまるでゴミのように一掃されるだろう。暗がりに潜む寄生虫どもとて紅衛兵の鋭い眼光から逃れることはできない」などと述べた。鄭謙、張化『毛沢東時代的中国（一九四九－一九七六）』（三）、五〇～五一頁、北京、中共党史出版社、二〇〇三。

107　マクファーカーは次のように述べている。「『文化大革命』は、中央から全国に直接イデオロギーを注入する新たな方法をつくり出した。ラジオ、テレビ、何百万とばらかまれた『毛沢東語録（紅宝書）』などを通じ、そのイデオロギーは全国各地に直接行き渡ることになった。まさに、毛沢東と毛沢東思想の名において無数の横暴が繰り広げられ、国家全体が無政府状態の淵に追いやられたのである」。ロデリック・マクファーカー著、ジョン・フェアバンク編訳『剣橋中華人民共和国史：中国革命内部的革命（一九六六－一九八二）』中国語版、第一五巻、九二三頁、北京、中国社会科学出版社、一九九二。

108　一九七九年に鄧小平がくしくも語ったように、一九六六年という年は本来、数年の調整期を経た中国経済にとって飛躍的発展の年になるはずだった。ところが林彪や「四人組」の跋扈によって経済は深刻な打撃を被ることになった。鄧小平「四つの原則を堅持せよ」一九七九年三月三〇日、『鄧小平文選』第二巻、一七一頁、北京、人民出版社、一九九四。

109　鄧小平「市場経済は社会主義においても可能である」一九七九年一一月二六日、『鄧小平文選』第二巻、二三一～二三三頁、北京、人民出版社、一九九四。

110　ハリー・ハーディング「再び危機の時代に突入した中国」、ロデリック・マクファーカー著、ジョン・フェアバンク編訳『剣橋中華人民共和国史：中国革命内部的革命（一九六六－一九八二）』中国語版、一一七頁、北京、中国社会科学出版社、一九九二。

111　金沖及主編『周恩来伝』（四）、一八五二頁、北京、中央文献出版社、一九九八。

112 中共中央文献研究室編『周恩来年譜（一九四九－一九七六）』下巻、五九頁、北京、中央文献出版社、一九九七。

113 中共中央文献研究室編『劉少奇年譜（一八九八－一九六九）』下巻、六五〇頁、北京、中央文献出版社、一九九六。

114 毛毛『我的父親鄧小平〝文革〟歳月』三三頁、北京、中央文献出版社、二〇〇〇。

115 中央工作会議の期間中、毛沢東の「司令部を砲撃せよ」のターゲットにされた劉少奇、鄧小平の二人は自己批判書の提出を迫られた。彼らは工作組の派遣は「方向性として」「路線的に」誤りであったことをしぶしぶ認めながらも、実際に工作組を担った大多数の同志に過誤はなく、今回の誤りの責任は主に自分たちにあるという立場を崩さなかった。「文化大革命」において、あるいは中央指導部において、あるいは全党において、ブルジョア反動路線を代表しているのは自分たち二人だけであり、路線的誤りの責任は自分たちだけに帰するものだということを、そろって表明したのである。鄭謙、張化『毛沢東時代的中国（一九四九－一九七六）』（三）、五五頁、北京、中共党史出版社、二〇〇三。

116 毛沢東「中央工作会議での講話」一九六六年一〇月二五日、『建国以来毛沢東文稿』第一二巻、一四七頁、北京、中央文献出版社、一九九八。

117 「中央工作会議での毛沢東の講話」一九六六年一〇月二五日、金沖及主編『周恩来伝』（四）、一八八三～一八八五頁、北京、中央文献出版社、一九九八。

118 徐彬編著『風雨福禄居：劉少奇在〝文革〟中的抗争』一六四頁、長春、吉林人民出版社、一九九八。

119 一九八七年四月三〇日、鄧小平は次のように語っている。「一九六六年に始まった『文化大革命』は、十年にわたる大災厄だった。当時、わたしを含めた多くの古参幹部が迫害を受けた。わたしは劉少奇同志に続く「資本主義の道を歩む実権派」ナンバー・ツーとされた。劉少奇同志が司令官で、わたしが副司令官とされたのだ」。「歴史的経験をくみ取り、誤った傾向を阻止せよ」、『鄧小平文選』第三巻、二二七～二二八頁、北京、人民出版社、一九九四。

120 鄭謙、張化『毛沢東時代的中国（一九四九－一九七六）』（三）、五八～五九頁、北京、中共党史出版社、二〇〇三。

121 鄭謙、張化『毛沢東時代的中国（一九四九－一九七六）』（三）、五五頁、北京、中共党史出版社、二〇〇三。

122 許全興『毛沢東晩年的理論与実践（一九五六－一九七六）』、北京、三八九頁、中国大百科全書出版社、一九九五。

123 中華人民共和国憲法第三九条では、国家主席の任期は四年と定められている。また第四五条では、実際の職務期間を次期全人代で次の主席および副主席が選出されるまでとしている。さらに、第四六条では、国家主席が健康上の理由により長期間職務を遂行できない場合は副主席が代行すると定められている。

124 劉少奇「中華人民共和国憲法草案に関する報告」一九五四年九月一五日、中共中央文献研究室編『建国以来重要文献選編』第五冊、五一一頁、北京、人民出版社、一九九三。

125 一九六七年一月一三日、人民大会堂で毛沢東と会見した劉少奇は次の二点を申し出た。(一)今回の路線的誤りの責任は自分にあり、大多数の幹部に問題はない。とくに古参幹部の多くは党にとってかけがえのない人材である。責任の一切は自分が引き受けるので、できるだけ早く幹部たちを解放し、党の損失を少なくしてほしい。(二)国家主席は辞任する。政治局常務委員および『毛沢東選集』編集委員会主任の職も辞する。妻子をつれて延安もしくは故郷に帰って農業をやる。すべては「文化大革命」を一日でも早く終わらせ、国家の損失を最小限に食い止めるためである。黄峥編『劉少奇的最後歳月』二六頁、北京、中央文献出版社、一九九六。

126 一九六六年一二月二六日、毛沢東は誕生日のパーティーで次のようにも述べた。「『五・一六通知』、大字報に続いて、全国の革命を一つにまとめあげる紅衛兵の大経験交流をおこなった。中国現代史における革命はすべて学生から始まり、それが労働者、農民、革命的インテリゲンチャとの結合へと発展していくことで、はじめて実を結ぶ。これは客観的法則である。五四運動しかり、『文化大革命』もしかりである」。王力『王力反思録』下巻、六九三～七〇一頁、香港、香港北星出版社、二〇〇一。

127 一九六七年一月一日、『人民日報』『紅旗』誌は「プロレタリア文化大革命を最後まで推し進めよう」と題する元旦の共同社説を発表した。これは毛沢東が最終的にチェックしたものである。社説は、一九六七年は「全国で全面的に階級闘争が繰り広げられる年」「プロレタリア階級がほかの革命的大衆と団結して、資本主義の道を歩む党内のひとつまみの実権派と社会の妖怪変化に総攻撃を加える年」「ブルジョア反動路線に対する批判がいっそう深化し、その影響力を一掃する年」「一に闘争、二に批判、三に改革という闘いが決定的勝利を収める年」になるだろうと提起した。鄭謙、張化『毛沢東時代的中国（一九四九－一九七六）』（三）、七〇～七一頁、北京、中共党史出版社、二〇〇三。

128 鄭謙、張化『毛沢東時代的中国（一九四九－一九七六）』（三）、七九頁、北京、中共党史出版社、二〇〇三。

129 「プロレタリア革命派は団結しよう」、『紅旗』誌論説（『人民日報』より転載）、一九六七年一月一六日。

130 この社説は、奪権闘争は階級闘争の全国的・全面的展開の端緒を切り開くものであるとともに、国際共産主義運動における最も偉大かつ創造的な試みであり、「わが国プロレタリア文化大革命の新たなる一大飛躍」であるとした。また、「プロレタリア文化大革命は、そもそものはじめから奪権闘争だった」「こうして壮大な大衆運動を展開し、大衆的かつ全面的な奪権闘争を繰り広げることなしに、プロレタリア階級による権力奪取の問題、プロレタリア独裁の問題は解決できない」と提起した。鄭謙、張化『毛沢東時代的中国（一九四九－一九七六）』（三）、七三頁、北京、中共党史出版社、二〇〇三。

131 許全興『毛沢東晩年的理論与実践（一九五六－一九七六）』、北京、三八七頁、中国大百科全書出版社、一九九五。

132 毛毛『我的父親鄧小平〝文革〟歳月』四〇頁、北京、中央文献出版社、二〇〇〇。

133 鄭謙、張化『毛沢東時代的中国（一九四九－一九七六）』（三）、八五頁、北京、中共党史出版社、二〇〇三。

134 鄭謙、張化『毛沢東時代的中国（一九四九－一九七六）』（三）、九一～九二頁、北京、中共党史出版社、二〇〇三。

135 穆青、郭超人、陸拂為「歴史的審判」一九八一年一月二七日、http://news.xinhuanet.com/newmedia/2006-11/01/content_5275660.htm

136 鄭謙、張化『毛沢東時代的中国（一九四九－一九七六）』（三）、一二一頁、北京、中共党史出版社、二〇〇三。

137 一九六七年一月二三日、中央軍事委員会は「左派支持、工業支援、農業支援、軍事管制、軍事訓練に力を集結させてこれをおこなうことに関する決定」を発表し、地方の「文化大革命」に対する軍の介入と「三つの支持、二つの軍事（三支両軍）」の実行を要求した。これに対して毛沢東は同月二一日、「軍隊の派遣によって広範な左派大衆を支援すべきであり、およそ革命派が軍隊の支持と支援を求めた時はこのような形で応えなければならない。いわゆる不介入は欺瞞である。すでに介入しているのだから」とコメント、二三日には党中央、国務院、中央軍事委員会、中央文革小組が「人民解放軍は左派大衆を断固支持することに関する決定」を発表した。三月一三日、周恩来は軍レベル以上の幹部会議で「国防企業事業単位、国庫、国境警備および沿海の交通要路（税関、駅、港湾）、独裁機構（司法公安関係機関）、電信、放送、新聞、銀行、倉庫、監獄などの重要機密部門にはすべて軍事管制を施行する」と通告、同月一六日には党中央が、北京衛戍区による工場への軍事管制の実施を通達している。この結果、北京市の重要機関、在京の中央国家機関のいくつかで相次いで軍事管制委員会が発足し、軍から派遣された代表が常駐することになった。陝西、新彊、青海、チベット、雲南、広東、広西、福建、浙江、江蘇などの省・自治区においても同様の軍事管制が実施された。また、一九六七年後半になると、ほとんどの省・市・自治区ならびに中央および国務院の各部や委員会、さらには鉄道の主要路線区、大型鉱工業施設、港湾、病院、銀行などの一部重要機関でも軍事管制が敷かれた。鄭謙、張化『毛沢東時代的中国（一九四九－一九七六）』（三）、九三～九六頁、北京、中共党史出版社、二〇〇三。逄先知、金沖及主編『毛沢東伝（一九四九－一九七六）』下巻、一四七九頁、北京、中央文献出版社、二〇〇三。

138 Shiping Zheng. Party vs. State in Post-1949 China : The Institutional Dilemma.Cambridge University Press, P.146, 1997.

139 「楊成武、汪東興、鄭維山と毛沢東との会談記録」一九六七年七月一四日、逄先知、金沖及主編『毛沢東伝（一九四九－一九七六）』下巻、一四七五頁、北京、中央文献出版社、二〇〇三。

140 毛沢東の批判内容は次の通り。「解放後十七年、間違った者が統治者の地位にあったことはない。したがって『プロレタリア独裁を徹底的に改善せよ』というスローガンは反動的であり、プロレタリア独裁を覆し、ブルジョア独裁を打ち立てようとするものだ。プロレタリア独裁を部分的に改善する、というのが正しい言い方だ。無政府主義は機会主義を懲らしめるというが、無政府主義では悪い方向に向かってしまうだろう」。許全興『毛沢東晩年的理論与実践（一九五六－一九七六）』三八九頁、北京、中国大百科全書出版社、一九九五。

141 鄭謙、張化『毛沢東時代的中国（一九四九－一九七六）』（三）、八七頁、北京、中共党史出版社、二〇〇三。

142 中共中央文献研究室編『周恩来年譜（一九四九－一九七六）』下巻、一二五頁、北京、中央文献出版社、一九九七。

143 鄭謙、張化『毛沢東時代的中国（一九四九－一九七六）』（三）、八五～八七頁、北京、中共党史出版社、二〇〇三。

144 鄭謙、張化『毛沢東時代的中国（一九四九－一九七六）』（三）、八八～八九頁、北京、中共党史出版社、二〇〇三。

145 譚震林は、林彪にあてた手紙で次のように述べている。「あの連中（江青ら）の関心事は、古参幹部を倒すことであり、一つでも誤りを見つければ徹底的にそれをついてくる。そんな連中に政治が担えるだろうか。後継者たりうるだろうか。わたしは疑問に思う」（「譚震林の林彪への手紙」一九六七年二月一七日）。林彪は「譚震林の最近の思想はこんなところまで堕落したのかと驚いています」というコメントとともにこの手紙を毛沢東に見せた。逄先知、金沖及主編『毛沢東伝（一九四九－一九七六）』下巻、一四八二頁、北京、中央文献出版社、二〇〇三。

146 晩地主編『〝文革〟之謎』六三頁、北京、朝華出版社、一九九三。

147 金沖及主編『周恩来伝』（四）、一九一六頁、北京、中央文献出版社、一九九八。

148 劉武生『周恩来的晩年歳月』一四三頁、北京、人民出版社、二〇〇四。

149 鄭謙、張化『毛沢東時代的中国（一九四九－一九七六）』（三）、九〇頁、北京、中共党史出版社、二〇〇三。

150 許全興『毛沢東晩年的理論与実践（一九五六－一九七六）』三八一～三八二頁、北京、中国大百科全書出版社、一九九五。

151 『紅旗』誌第六期、三頁、一九六七年五月八日。

152 『紅旗』誌第一三期、五頁、一六頁、一九六七年八月一七日。

153 毛沢東は「情勢の素晴らしさを示す重要なメルクマールは、人民大衆が存分に決起し始めたことだ。混乱していると見られていた地方でも、実際には敵を攪乱し、味方を鍛えていたのであり、やがて必ず情勢全体が好転するだろう」との認識を示している。林彪も同様に「現在、地方の党組織や政府機関の多くが機能停止状態にあり、表向きは混乱しているように見えるが、これは正常かつ必要な混乱だ」との認識を示した。晩地主編『〝文革〟之謎』一四四～一四五頁、北京、朝華出版社、一九九三。

154　毛沢東は、王力、関鋒、戚本禹らを「文化大革命」に対する悪質な破壊分子であると言い、彼らを捕捉することを楊成武から周恩来に伝えるよう指示した。ほどなくして、王力、関鋒は隔離審査にかけられ、一九六八年一月には戚本禹も同様の目に遭っている。鄭謙、張化『毛沢東時代的中国（一九四九－一九七六）』（三）、一〇九頁、北京、中共党史出版社、二〇〇三。

155　許全興『毛沢東晩年的理論与実践（一九五六－一九七六）』北京、三八九〜三九〇頁、中国大百科全書出版社、一九九五。

156　ハリー・ハーディング「再び危機の時代に突入した中国」、ロデリック・マクファーカー著、ジョン・フェアバンク編訳『剣橋中華人民共和国史：中国革命内部的革命（一九六六－一九八二）』中国語版、一一六頁、北京、中国社会科学出版社、一九九二。

157　『人民日報』『紅旗』誌、『解放軍報』の編集部が発表した「十月社会主義革命が切り開いた道に沿って前進しよう」では次のような賛辞が述べられている。「毛沢東同志の国際共産主義運動に対する最も偉大な貢献は、プロレタリア独裁に関する中国および十月革命以降の世界における歴史的経験を体系的にまとめ上げたことにある。肯定的な教訓だけではなく、負の教訓も総括されている。とくに、ソ連における資本主義の全面的復活を深刻な教訓として総括し、プロレタリア独裁下において継続革命を推進し、資本主義の復興を防ぐという現代の最も重要なテーマについて、これ以上ないほど明快な回答を与えている。プロレタリア独裁に関するマルクス・レーニン主義の学説に関して言えば、これほど画時代的な発展はない。毛沢東同志はマルクス主義を全面的に継承し、守り、発展させると同時に、プロレタリア独裁下における継続革命という偉大な理想を創造的に提起した。のみならず、人類史上初のプロレタリア『文化大革命』という偉大な実践を自ら発動し、指導した。プロレタリア独裁下における継続革命理論に対して時代を画する意義を付与した毛沢東同志は、マルクス主義発展史における第三の里程標を打ち立てたのである」。『人民日報』一九六七年一一月六日。

158　一九六六年七月八日に毛沢東が江青にあてた手紙の中の言葉。『建国以来毛沢東文稿』第一二巻、七一〜七四頁、北京、中央文献出版社、一九九六。

159　孫健『中国経済通史（一九四九－二〇〇〇）』下巻、一七六二〜一七六五頁、北京、中国人民大学出版社、二〇〇〇。

160　孫健『中国経済通史（一九四九－二〇〇〇）』下巻、一七六三頁、北京、中国人民大学出版社、二〇〇〇。

161　国務院業務小組の報告では次のような指摘がなされている。「五月以降、工業生産と鉄道輸送において大幅な減退が相次いで見られるようになってきた。九月までの平均日産量を見ると、鋼および銑鉄は一万二〇〇〇トンで、年間計画の三割にも届いていない。同じく原炭は二六万八〇〇〇トンで、計画の半分である。ほかにも、発電量は一億六〇〇〇万キロワット（年間計画の六割）、原油産出量は一万九〇〇〇トン（年間計画の四割）、鉄道貨物運行は一万九〇〇〇本（計画の半分弱）にまで落ち込んでいる。第三四半期の全国工業生産は平均すると当初計画の約半分の水準にとどまっている。おそらく一九六七年全体の工業総生産量は当初計画の七割程度になるだろう」。国務院業務小組「一九六七年第三四半期までの主要経済情勢と第四四半期におけるいくつかの緊急主要任務」一九六七年一〇月二四日、金沖及主編『周恩来伝』（四）、一九三三頁、北京、中央文献出版社、一九九八。

162　孫健『中国経済通史（一九四九－二〇〇〇）』下巻、一七七二〜一七七三頁、北京、中国人民大学出版社、二〇〇〇。

163　孫健『中国経済通史（一九四九－二〇〇〇）』下巻、一七七五〜一七七七頁、北京、中国人民大学出版社、二〇〇〇。

164　「公共交通部、財政貿易部、農林部の各委員および国務院直属単位の一般大衆代表との接見時における周恩来の講話」一九六八年二月二日、金沖及主編『周恩来伝』（四）、一九五一頁、北京、中央文献出版社、一九九八。

165 中共中央文献研究室編『周恩来年譜（一九四九－一九七六）』下巻、二二六～二二七頁、北京、中央文献出版社、一九九七。

166 一九七三年一二月二一日「毛沢東と中央軍委会議出席者との発言記録」、逄先知、金沖及主編『毛沢東伝（一九四九－一九七六）』下巻、一五一五頁、北京、中央文献出版社、二〇〇三。

167 「聶元梓、蒯大富、韓愛晶、譚厚蘭、王大賓と毛沢東との会談記録」一九六八年七月二八日、逄先知、金沖及主編『毛沢東伝（一九四九－一九七六）』下巻、一五二二～一五二五頁、北京、中央文献出版社、二〇〇三。

168 中共中央文献研究室編『周恩来年譜（一九四九－一九七六）』下巻、二四九頁、北京、中央文献出版社、一九九七。

169 「八期拡大十二中全会開催情勢をめぐる中央文革連絡会議での討論に関して——周恩来から毛沢東、林彪への報告」一九六八年九月一九日、逄先知、金沖及主編『毛沢東伝（一九四九－一九七六）』下巻、一五二八頁、北京、中央文献出版社、二〇〇三。

170 金沖及主編『周恩来伝』（四）、一九五二頁、北京、中央文献出版社、一九九八。

171 金沖及主編『周恩来伝』（四）、一九五五頁、北京、中央文献出版社、一九九八。

172 この時の講話で周恩来は次のように述べた。「『文化大革命』が始まってはや三年になるが、まだこの経験を総括し、政策に結実させるという点が十分にできていない。より重要なのは、より多くの幹部を解放することだ。主席がおっしゃるように走資派も『一を分けて二と為す（ものごとには二つの側面がある）』というふうにしなければならない。つまり、走資派だからといって死んでも悔い改めないことはないのだから、改善の機会を提供すべきである」。金沖及主編『周恩来伝』（四）、一九五六頁、北京、中央文献出版社、一九九八。

173 「『歴史決議』起草小組責任者との会談」一九八一年四月七日、『鄧小平文選』第二巻、三〇四頁、北京、人民出版社、一九九四。

174 「『劉少奇、王光美査問組』報告に対する謝富治のコメント」一九六八年二月二六日、逄先知、金沖及主編『毛沢東伝（一九四九－一九七六）』下巻、一五三五頁、北京、中央文献出版社、二〇〇三。

175 金沖及主編『周恩来伝』（四）、一九五三～一九九四頁、北京、中央文献出版社、一九九八。

176 第八期十二中全会で下された劉少奇に対する政治的審判と組織的処分は完全に事実無根の誤りであり、中国共産党史上最大の政治冤罪事件であった。鄭謙、張化『毛沢東時代的中国（一九四九－一九七六）』（三）、一二八頁、北京、中共党史出版社、二〇〇三。

177 周恩来は、第八期拡大十二中全会の開会式で劉少奇批判の講話をおこない、劉少奇問題に関する決定にも賛意を表明した。

178 許全興『毛沢東晩年的理論与実践（一九五六－一九七六）』三九〇～三九一頁、北京、中国大百科全書出版社、一九九五。

179 「著名な歴史学者・翦伯賛自殺の謎」、『南方周末』、一九九九年三月一一日。

180 「党八期拡大十二中全会コミュニケ」（一九六八年一〇月三一日採択）、『人民日報』一九六八年一一月二日。

181 「建国以来の党の若干の歴史問題に関する決議」より。

182 「パキスタン武装部隊友好代表団と毛沢東との会談記録」一九六八年一一月一〇日、逄先知、金沖及主編『毛沢東伝（一九四九－一九七六）』下巻、一五三九頁、北京、中央文献出版社、二〇〇三。

183 鄭謙、張化『毛沢東時代的中国（一九四九－一九七六）』（三）、一二九頁、北京、中共党史出版社、二〇〇三。

184 一九六九年四月一日、周恩来は毛沢東と林彪に手紙を書き、合わせて議長団の座席配置を毛沢東と相談して確定させた。その結果、毛沢東の左側に林彪、陳伯達、康生、江青、張春橋、姚文元、謝富治、黄永勝、呉法憲、葉群、右側に周恩来、董必武、劉伯承、朱徳、陳雲、李富春、陳毅、李先念、徐向前、聶栄臻、葉剣英という配置になった。金沖及主編『周恩来伝』（四）、一九五七頁、北京、中央文献出版社、一九九八。

一九九八。
185　中共中央文献研究室編『周恩来年譜（一九四九－一九七六）』下巻、二九一頁、北京、中央文献出版社、一九九七。
186　中共中央文献研究室編『周恩来年譜（一九四九－一九七六）』下巻、二九二頁、北京、中央文献出版社、一九九七。
187　中共中央文献研究室編『周恩来年譜（一九四九－一九七六）』下巻、二九三頁、北京、中央文献出版社、一九九七。
188　逄先知、金沖及主編『毛沢東伝（一九四九－一九七六）』下巻、一五四五～一五四六頁、北京、中央文献出版社、二〇〇三。
189　鄭謙、張化『毛沢東時代的中国（一九四九－一九七六）』（三）、一三〇頁、北京、中共党史出版社、二〇〇三。
190　逄先知、金沖及主編『毛沢東伝（一九四九－一九七六）』下巻、一五五〇～一五五二頁、一五五四頁、北京、中央文献出版社、二〇〇三。
191　中国革命博物館『中国共産党党章匯編』二〇六～二〇七頁、北京、人民出版社、一九七九。
192　張燿祠『回憶毛沢東』一一三～一一五頁、北京、中共中央党校出版社、一九九六。
193　中共中央文献研究室編『周恩来年譜（一九四九－一九七六）』下巻、二九二頁、北京、中央文献出版社、一九九七。
194　中共中央文献研究室編『周恩来年譜（一九四九－一九七六）』下巻、一九一頁、一九四～一九五頁、北京、中央文献出版社、一九九七。
195　「帰国報告をおこなう大使および外事単位責任者との接見時における周恩来の講話紀要」一九七二年八月一日、二日、金沖及主編『周恩来伝』（四）、一九五八頁、北京、中央文献出版社、一九九八。
196　党中央「林彪の反革命的国外逃亡に関する通知」一九七一年九月一八日。
197　鄭謙、張化『毛沢東時代的中国（一九四九－一九七六）』（三）、一三二～一三四頁、北京、中共党史出版社、二〇〇三。
198　デビッド・グッドマンはこれについて「クーデターにより政権をとるという点から言えば軍事政権と完全に同一視はできないが、軍人があまりにも多く政治に参与しているという点では同じである」と評している。デビッド・グッドマン『鄧小平政治評伝』中国語版、一一三頁、北京、中共中央党校出版社、一九九五。
199　ハーディングは次のように言っている。「中央政治局の構成は当時の分裂を反映していた。すなわち、『文革』により迫害された者と利益を得た者、あるいは辛くも延命した者との間の分裂、『文革』期に権力の座についた急進的文官と軍隊との間の分裂、林彪とその政敵である中央の軍隊指導層との間の分裂、中央軍事機関と各軍区司令官との間の分裂である」。ハリー・ハーディング「再び危機の時代に突入した中国」、ロデリック・マクファーカー著、ジョン・フェアバンク編訳『剣橋中華人民共和国史：中国革命内部的革命（一九六六－一九八二）』中国語版、二〇〇頁、北京、中国社会科学出版社、一九九二。
200　このメンバーは毛沢東が提案し、周恩来が策定したものである。
201　鄭謙、張化『毛沢東時代的中国（一九四九－一九七六）』（三）、一三五頁、北京、中共党史出版社、二〇〇三。
202　九全大会で確定した党の組織構造についてハーディングは、「文革」前に比べてかなり脆弱で制度的不備もひどくなったため、上層指導部の恣意的なコントロールを受けやすくなったという見方を示している。ハリー・ハーディング「再び危機の時代に突入した中国」、ロデリック・マクファーカー著、ジョン・フェアバンク編訳『剣橋中華人民共和国史：中国革命内部的革命（一九六六－一九八二）』中国語版、一九八頁、北京、中国社会科学出版社、一九九二。
203　許全興『毛沢東晩年的理論与実践（一九五六－一九七六）』三九一頁、北京、中国大百科全書出版社、一九九五。
204　同上。
205　これらの小組には、第四期全人代の定員や選挙関連を担当する工作小組（周恩来、張春橋、黄永勝、謝富治、汪東興）、「憲法」改定を担当する工作小組（康生、張春橋、呉法憲、李作鵬、紀登奎）が含まれており、政府工作報告の原稿は周恩来と姚文元の責任で起草するとした。「中央政治局会議の討議内容についての周恩来から毛沢東、林彪への報告」一九七〇年三月一四日、金沖及主編『周恩来伝』（四）、一九六七頁、北京、中央文献出版社、一九九八。

206 一九五四年三月初めの「憲法草案初稿説明」（毛沢東が最終的に修正して手を加えた）でも、わざわざ国家主席問題についてふれており、国家主席を設ける理由について毛沢東は次のように説明している。「国家の安全を保証するという観点から主席を設ける。中国のような巨大な国家では、屋上屋を架すように主席を設けることで、よりその安全が強化される。全人代常務委員会委員長、国務院総理、国家主席の三者があればより安全だし、三者同時に駄目になることはない。もし全人代が機能しなくなり、どうやってもその立て直しができなければ、四年間の空白が生じる。国家主席がいれば、国務院と全人代常務委員会の間の緩衝役を果たすことができる」。逄先知、金沖及主編『毛沢東伝（一九四九－一九七六）』上巻、三三四頁、北京、中央文献出版社、二〇〇三。

207 一九五四年の第一期全人代で採択された「中華人民共和国憲法」は国家主席の主な権限として、国防委員会の主席を担当し全国の軍事力を統括すること、国家の重要課題を議論する最高国務会議を召集・主宰できること、全人代の決定に基づいて法律を公布すること、国務院総理および各部部長を任命もしくは罷免すること、などを定めている。

208 中共中央文献研究室編『周恩来年譜（一九四九－一九七六）』下巻、三六一頁、北京、中央文献出版社、一九九七。

209 金沖及主編『周恩来伝』（四）、一九七〇頁、北京、中央文献出版社、一九九八。

210 中共中央文献研究室編『周恩来年譜（一九四九－一九七六）』下巻、三六一頁、北京、中央文献出版社、一九九七。

211 中共中央文献研究室編『周恩来年譜（一九四九－一九七六）』下巻、三〇五頁、北京、中央文献出版社、一九九七。

212 毛沢東は次のように言っている。「孫権が曹操に皇帝になるよう薦めた際、曹操は孫権が自分を炉の火であぶり殺すつもりだと言ったという。わたしを曹操にしないでほしい。君たちもまた孫権になるな」。王年一『大動乱的年代』三三二頁、鄭州、河南人民出版社、二〇〇九。

213 中共中央文献研究室編『周恩来年譜（一九四九－一九七六）』下巻、三七八頁、北京、中央文献出版社、一九九七。

214 中共中央文献研究室編『周恩来年譜（一九四九－一九七六）』下巻、三八〇頁、北京、中央文献出版社、一九九七。

215 鄭謙、張化『毛沢東時代的中国（一九四九－一九七六）』（三）、二二一～二二二頁、北京、中共党史出版社、二〇〇三。

216 「毛沢東と華国鋒の談話記録」一九七一年八月二五日、逄先知、金沖及主編『毛沢東伝（一九四九－一九七六）』下巻、一五九五頁、北京、中央文献出版社、二〇〇三。

217 『人民日報』一九六六年九月一日。

218 「アメリカの友人エドガー・スノーとの会見における毛沢東の談話紀要」一九七〇年一二月一八日、逄先知、金沖及主編『毛沢東伝（一九四九－一九七六）』下巻、一五八六～一五八七頁、北京、中央文献出版社、二〇〇三。

219 金沖及主編『周恩来伝』（四）、一九七二頁、北京、中央文献出版社、一九九八。

220 一九七〇年八月二二日の午後、毛沢東は政治局常務委員会を招集した。席上、国家主席について議論が及んだ際、毛沢東以外の四人の常務委員は、大衆の希望と要求に応えて党の主席と国家主席を一元化し、国家元首・国家主席という形をとるべきだと表明した。また、周恩来は、国家主席を設ければ、諸外国の使節との会見などの外交的儀礼活動に際して、国家主席より委託を受けた者が代役を務めることができると提起した。康生、陳伯達、林彪も相次いで国家主席を設け、毛沢東がそれを兼任すべきだと主張したが、毛沢東は納得しなかった。「国家主席の設置など形式に過ぎない。そんなものはいらないとの結論に至ったから憲法改正を提案している。諸君らが国家主席になりたいならなればよい。いずれにせよ、わたしはならない」というのが毛沢東の弁である。「廬山会議（中央政治局常務委員会）での毛沢東の講話」一九七〇年八月二二日、金沖及主編『周恩来伝』（四）、一九七三～一九七四頁、北京、中央文献出版社、一九九八。

また、康生は廬山で開かれた憲法改定起草委員会全体会議で次のように述べた。「毛主席が国家主席に、林副主席が国家副主席になるというのは広範な大衆の熱望するところである。毛主席と林副主席がやらないというなら必要ない。なにはともあれ、毛主席にお願いしたい。なぜなら、それが全党全人民の願いだからであり、われわれも起草の過程でそのように望んでいた。しかし、あえて毛主席の意向に背こうとは思わない。それゆえ、ある種のジレンマにずっと陥っている」。「中央憲法改定起草委員会全体会議（廬山）での康生の講話記録」一九七〇年八月二二日、金沖及主編『周恩来伝』（四）、一九七三～一九七四頁、北京、中央文献出版社、一九九八。

221　中共中央文献研究室編『周恩来年譜（一九四九－一九七六）』下巻、三八七頁、北京、中央文献出版社、一九九七。

222　王年一『大動乱的年代』三三五頁、鄭州、河南人民出版社、二〇〇九。

223　中共中央文献研究室編『周恩来年譜（一九四九－一九七六）』下巻、三八七頁、北京、中央文献出版社、一九九七。

224　王年一『大動乱的年代』三三七頁、鄭州、河南人民出版社、二〇〇九。

225　中共中央文献研究室編『周恩来年譜（一九四九－一九七六）』下巻、三八八頁、北京、中央文献出版社、一九九七。

226　毛沢東はこの書簡の中で「林彪と意見を交わし、二人の間で認識の一致を見た」という言い方をしている。『建国以来毛沢東文稿』第一三巻、一一四頁、北京、中央文献出版社、一九九八。

227　「黄永勝、呉法憲、李作鵬、邱会作ら四人の自己批判書提出に関する周恩来の手紙」一九七〇年九月二二日、金沖及主編『周恩来伝』（四）、一九八四頁、北京、中央文献出版社、一九九八。

228　毛沢東は黄永勝らに対して「諸君はすでに崖っぷちに追い詰められている。飛び降りるか、突き落とされるか、這い上がってくるか、という問題だ。這い上がれるかどうかは、ひとえに諸君自身にかかっている」。金沖及主編『周恩来伝』（四）、一九九一頁、北京、中央文献出版社、一九九八。

229　一九七〇年九月一九日、呉徳、紀登奎、陳先瑞、呉忠らは北京豊台駅に赴き、毛沢東と専用列車内で会談した。その際、毛沢東は陳伯達について「船のネズミみたいなものだ。沈むと見るやあわてて別の船（林彪グループ）に乗り換える」と言及している。朱元石等編『呉徳口述：十年風雨紀事―我在北京工作的一些経歴』一一三～一一四頁、北京、当代中国出版社、二〇〇四。

230　一九七〇年一〇月一四日、毛沢東は呉法憲の自己批判書へのコメントで次のように指摘した。「陳伯達は信用のおけない人物だ。そのことは政治局会議でも暴露してきたし、ほかの同志（林彪のこと）にも事前に連絡していた」。また、呉法憲が「中央委員会内部にも闘争がある」と書いたことに対しては、「まったくその通りだ。中央委員会には深刻な党内闘争がある。それが正常な状態というものだ」とコメントした。毛沢東「呉法憲の自己批判書に対するコメントと注釈」一九七〇年一〇月一四日、『建国以来毛沢東文稿』第一三巻、一三七～一四二頁、北京、中央文献出版社、一九九八。

231　鄭謙、張化『毛沢東時代的中国（一九四九－一九七六）』（三）、二四四頁、北京、中共党史出版社、二〇〇三。

232　一九七一年一月二四日、毛沢東の指示により、周恩来は党中央を代表して北京軍区の改編を発表した。これにより、李徳生が北京軍区司令官に就任し、謝富治と紀登奎がそれぞれ軍区の第一政治委員、第二政治委員に就任した。鄭謙、張化『毛沢東時代的中国（一九四九－一九七六）』（三）、二四〇頁、北京、中共党史出版社、二〇〇三。

233 逢先知、金沖及主編『毛沢東伝（一九四九－一九七六）』下巻、一五九一頁、北京、中央文献出版社、二〇〇三。

234 鄭謙、張化『毛沢東時代的中国（一九四九－一九七六）』（三）、二四五頁、北京、中共党史出版社、二〇〇三。

235 「帰朝大使および外事単位責任者との接見時における周恩来の講話記録」一九七二年八月一日、二日、金沖及主編『周恩来伝』（四）、二〇〇四頁、北京、中央文献出版社、一九九八。

236 逢先知、金沖及主編『毛沢東伝（一九四九－一九七六）』下巻、一五九一～一五九二頁、北京、中央文献出版社、二〇〇三。

237 李徳生「廬山会議から『九・一三事件』まで――いくつかの回想」、中共中央文献研究室編『緬懐毛沢東』下巻、一二二六～一二二七頁、北京、中央文献出版社、一九九三。

238 毛沢東は「老い先短いわたしを見て、国家主席になろうと躍起になっている者（林彪のこと）がいる。連中は党を分裂させ、権力の座に就こうと焦っている」と鋭い指摘をしている。毛沢東は、林彪グループが廬山会議（第九期二中全会）で突如攻勢に出たのは計画的かつ組織的なものであり、これは二つの司令部の闘いであると考えた。毛沢東「地方視察時における各地責任者との会談紀要」一九七一年八～九月、『建国以来毛沢東文稿』第一三巻、二四五頁、北京、中央文献出版社、一九九八。

239 一九七一年八月二七日、毛沢東は「路線問題、原則問題に対しては徹底的にこだわる。重要な原則について譲歩は一切しない」と語っている。逢先知、金沖及主編『毛沢東伝（一九四九－一九七六）』下巻、一五九五頁、北京、中央文献出版社、二〇〇三。

240 「劉豊、劉建勛、王新らと毛沢東との会談記録」一九七一年八月一六日、逢先知、金沖及主編『毛沢東伝（一九四九－一九七六）』下巻、一五九四～一五九八頁、北京、中央文献出版社、二〇〇三。

241 一九七一年九月七日、林彪は「連合艦隊」（武装クーデターの準備活動グループのこと）に「一級戦闘準備」命令を出すよう、林立果に指示した。翌八日には林彪自ら「林立果、周宇馳両同志の伝える命令に従って行動せよ」という命令書を出している。逢先知、金沖及主編『毛沢東伝（一九四九－一九七六）』下巻、一五九八～一五九九頁、北京、中央文献出版社、二〇〇三。

242 毛沢東の身辺警護をしていた汪東興によると、当時の状況は次のようなものだった。南方視察で現地幹部と会談する中で、毛沢東は葉群や林立果の陰謀についていくらか状況を知った。九月八日の夜には、何者かが杭州で航空機をチャーターしていること、専用列車が杭州筧橋空港の支線をふさいでいるという非難があるとの情報も耳に入っていた。他にもいろいろ不審な状況があったので、毛沢東は列車を方向転換させることにしたが、林彪の命令書や武装クーデター計画そのものについては何も知らなかった。ただし、毛沢東は自分の把握していた情報をすべて汪東興に話したわけではない。毛沢東はチャンスをじっとうかがいつつ、ここぞという時に不意打ちに出たのである。この列車の方向転換は秘密裏におこなわれ、周恩来さえ毛沢東が無事に中南海に戻ってきてから汪東興の報告を聞いてはじめて知った。驚いた周恩来は「なぜわたしにさえ知らせずに黙って帰ってきたのか。道中は本当に何もなかったのか。どうして元々の予定を変えたのか」と問い詰めたという。汪東興「毛主席――反革命クーデターをたくらむ林彪との闘いの日々」、『中共党史資料』第四九期、李捷、于俊道主編『東方巨人毛沢東』一二二〇～一二二六頁（北京、解放軍出版社、一九九六）掲載。

243 金沖及主編『周恩来伝』（四）、一九九七～一九九九頁、北京、中央文献出版社、一九九八。

244 「中央軍事委員会弁公会議メンバーとの接見時における毛沢東の講話伝聞記録」、一九七一年一〇月四日、金沖及主編『周恩来伝』（四）、二〇〇八頁、北京、中央文献出版社、一九九八。

245 一九九八年、江沢民は周恩来を評して次のように言っている。「それぞれの時期の重要な政策決定や計画・実施のほとんどすべてに周恩来同志が関わっている（『文化大革命』の決定も含む―筆者注）。一九七〇～一九七一年にかけて、林彪反革命集団によるクーデターの陰謀を打ち砕く際には、右腕として毛主席を支えた」。江沢民「周恩来同志生誕百周年記念大会での講話」一九九八年二月二三日、『人民日報』一九九八年二月二四日。

246　鄭謙、張化『毛沢東時代的中国（一九四九－一九七六）』（三）、二五六頁、二五九頁、北京、中共党史出版社、二〇〇三。

247　「中央主宰の成都地区座談会出席者との接見時における毛沢東の講話記録」一九七一年一一月一四日、金沖及主編『周恩来伝』（四）、二〇〇四頁、北京、中央文献出版社、一九九八。

248　金沖及主編『周恩来伝』（四）、二〇〇四頁、北京、中央文献出版社、一九九八。

249　「帰国報告をおこなう大使および外事単位責任者との接見時における周恩来の談話記録」一九七二年八月一日、二日、逄先知、金沖及主編『毛沢東伝（一九四九－一九七六）』下巻、一六四五頁、北京、中央文献出版社、二〇〇三。

250　「中聯部、外交部『外事会議開催請求に関する報告』に対する張春橋、江青のコメント」一九七二年一一月三〇日、一二月四日、逄先知、金沖及主編『毛沢東伝（一九四九－一九七六）』下巻、一六四七頁、北京、中央文献出版社、二〇〇三。

251　「毛沢東と周恩来、張春橋、姚文元らの談話記録」一九七二年一二月一七日、逄先知、金沖及主編『毛沢東伝（一九四九－一九七六）』下巻、一六四八頁、北京、中央文献出版社、二〇〇三。

252　周恩来「全国外事工作会議文書送付リスト」一九七二年一一月三〇日、高樹等編『歴史巨人毛沢東』一五七一～一五七二頁、北京、中国人民大学出版社、一九九三。

253　鄧小平「目下の情勢と任務」一九八〇年一月一六日、『鄧小平文選』第二巻、二六九頁、北京、人民出版社、一九九四。

254　鄭謙、張化『毛沢東時代的中国（一九四九－一九七六）』（三）、三一九頁、北京、中共党史出版社、二〇〇三。

255　「中央工作会議での周恩来の講話記録」一九七三年五月二〇日、逄先知、金沖及主編『毛沢東伝（一九四九－一九七六）』下巻、一六五五頁、北京、中央文献出版社、二〇〇三。

256　鄭謙、張化『毛沢東時代的中国（一九四九－一九七六）』（三）、三二〇～三二一頁、北京、中共党史出版社、二〇〇三。

257　「文革」期に郭沫若は毛沢東の詩をしきりに称賛した。馮瑞剛『郭沫若的晩年歳月』、北京、中央文献出版社、二〇〇四。

258　陳楊勇『重拳出撃―周恩来在〝九一三〟事件之後』六四頁、重慶、重慶出版社、二〇〇六。

259　逄先知、金沖及主編『毛沢東伝（一九四九－一九七六）』下巻、一六六八頁、北京、中央文献出版社、二〇〇三。

260　一九七三年六月、訪中していたマリ共和国のムーサ・トラオレ大統領からの「プロレタリア文化大革命はいつ終わるのか」との質問に毛沢東は「もう少しで終わる」と答えた。逄先知、金沖及主編『毛沢東伝（一九四九－一九七六）』下巻、一六五四頁、北京、中央文献出版社、二〇〇三。

261　ロデリック・マクファーカー著、ジョン・フェアバンク編訳『剣橋中華人民共和国史：中国革命内部的革命（一九六六－一九八二）』中国語版、三五二頁、北京、中国社会科学出版社、一九九二。

262　鄭謙、張化『毛沢東時代的中国（一九四九－一九七六）』（三）、二六〇頁、二七〇頁、北京、中共党史出版社、二〇〇三。

263　毛沢東は「党の路線の王道を歩んでいた陳毅同志とは団結することができた。何度か論争はしたが、たいしたことではない。林彪の陰謀が成就していれば、われわれ老革命家はともに葬り去られたであろう」と述べた。鄭謙、張化『毛沢東時代的中国（一九四九－一九七六）』（三）、二七〇頁、北京、中共党史出版社、二〇〇三。

264　「陳雲の手紙に対する毛沢東のコメント（手稿）」一九七二年七月二二日、逄先知、金沖及主編『毛沢東伝（一九四九－一九七六）』下巻、

一六二一頁、北京、中央文献出版社、二〇〇三。

265 王鴻模、蘇品端『改革開放的征程』二六頁、鄭州、河南人民出版社、二〇〇一。

266 中共中央党史研究室編『中共党史大事年表』三八六頁、北京、人民出版社、一九八七。

267 鄧小平は一九八九年九月に次のように話している。「『文革』後期に毛主席は八大軍区の司令官を入れ替えた。いかなる幹部も軍隊においてセクトや派閥をつくることを許してはならないという軍指導のコツを理解していたからだ。伝統的にセクト主義に陥りやすい軍隊は、しょっちゅう幹部の入れ替えをおこなわなければならない。地方も例外ではない。長くやっている者は動かしたほうがよい」。鄧小平「改革開放政策は安定しており、中国には大いに期待がもてる」一九八九年九月四日、『鄧小平文選』第三巻、三一九頁、北京、人民出版社、一九九四。

268 鄭謙、張化『毛沢東時代的中国（一九四九－一九七六）』(三)、三四三頁、北京、中共党史出版社、二〇〇三。

269 一九七四年二月二〇日付『人民日報』社説「『克己復礼』批判——愚かにも資本主義復活をたくらむ林彪の反動的綱領」。

270 江青は次のように語った。「『批林批孔』運動でわたしは最前線に立って敵陣突撃の指揮をとって戦った。その結果、周恩来をひどく狼狽させることができた。かの大政治家を大衆の面前に引きずり出し、情勢から立ち遅れた思想を自己批判させたのだ。周恩来などたいしたことはない。結局のところわれわれの支配下にある敗軍の将だ」。鄭謙、張化『毛沢東時代的中国（一九四九－一九七六）』(三)、三五〇頁、北京、中共党史出版社、二〇〇三。

271 「在京党中央政治局員招集時における毛沢東の談話記録」、逢先知、金沖及主編『毛沢東伝（一九四九－一九七六）』下巻、一六九三頁、北京、中央文献出版社、二〇〇三。

272 逢先知、金沖及主編『毛沢東伝（一九四九－一九七六）』下巻、一七一一頁、北京、中央文献出版社、二〇〇三。

273 逢先知、金沖及主編『毛沢東伝（一九四九－一九七六）』下巻、一六九九～一七〇九頁、北京、中央文献出版社、二〇〇三。

274 陳楊勇『重拳出撃―周恩来在〝九一三〟事件之後』三五頁、重慶、重慶出版社、二〇〇六。

275 鄭謙、張化『毛沢東時代的中国（一九四九－一九七六）』(三)、三七七頁、北京、中共党史出版社、二〇〇三。

276 逢先知、金沖及主編『毛沢東伝（一九四九－一九七六）』下巻、一七一一頁、北京、中央文献出版社、二〇〇三。

277 「十期二中全会での周恩来の講話記録」一九七五年一月一〇日、逢先知、金沖及主編『毛沢東伝（一九四九－一九七六）』下巻、一七一六頁、北京、中央文献出版社、二〇〇三。

278 「一九七五年国民経済計画回覧通知」一九七五年二月一〇日、逢先知、金沖及主編『毛沢東伝（一九四九－一九七六）』下巻、一七二二頁、北京、中央文献出版社、二〇〇三。

279 鄧小平「全党挙げて大局を論じ、国民経済を上昇させよう」一九七五年三月五日、『鄧小平文選』第二巻、四～七頁、北京、人民出版社、一九九四。

280 鄧小平「鉄鋼業が取り組むべき当面のいくつかの課題」一九七五年五月二九日、『鄧小平文選』第二巻、八～一一頁、北京、人民出版社、一九九四。

281 程中原、夏杏珍『鄧小平在一九七五』四一七～四一八頁、北京、中国青年出版社、二〇〇四。

282 鄧小平「軍隊整頓の必要性」一九七五年一月二五日、『鄧小平文選』第二巻、一～三頁、北京、人民出版社、一九九四。

283 張愛萍主編『中国人民解放軍』上巻、三三三頁（程中原、夏杏珍『鄧小平在一九七五』四一六～四一七頁に掲載）。葉剣英は、各大軍区および各兵種責任者に対する事前心得で次のように述べた。「『上海グループ』に注意し、部隊を十分に掌握して安定を保つようにと毛主席はおっしゃっている」「ある中央の指導者は組織も通さずに個人で指示を出して運動をやろうとしているが、これは正常ではない。中央軍事委員会は毛主席が指導しているのであり、今後は、軍事委員会を経ていない命令や情報については、諸君は拒否する権利がある。実行しなくてもよい。われわれは毛主席の指示に従わなければならない」。『葉剣英伝』六二九頁（程中原、夏杏珍『鄧小平在一九七五』四一五頁掲載）。

284 鄧小平「国防工業企業の整頓について」一九七五年八月三日、『鄧小平文選』第二巻、二四～二七頁、北京、人民出版社、一九九四。

285 鄧小平「科学技術研究工作前進の必要性」一九七五年九月二六日、『鄧小平文選』第二巻、三二～三四頁、北京、人民出版社、一九九四。

286 中共中央文献研究室編『鄧小平思想年譜（一九七五－一九九七）』一七～一八頁、北京、中央文献出版社、一九九八。

287 鄧小平「科学技術研究工作前進の必要性」一九七五年九月二六日、『鄧小平文選』第二巻、三二～三四頁、北京、人民出版社、一九九四。

288 毛沢東「たちあがる中国人民」一九四九年九月二一日、『毛沢東選集』第五巻、三～七頁、北京、人民出版社、一九七七。

289 毛沢東は一九五七年に次のような提起をした。「われわれは十年以内にプロレタリア階級の大技術集団を養成しなくてはならない。人を育てるのに百年というが、それを十年でやらなくてはならない。それがなければ社会主義建設は成就しない。プロレタリア階級が技術者、理論家、専門家（マルクス主義の思想を有する）の大部隊を擁していないというのではだめだ」。程中原、夏杏珍『鄧小平在一九七五』五〇〇頁、中国青年出版社、二〇〇四。

290 方玄初「『教育工作報告提綱』の公布前後」、『中共党史資料』第七〇期、四九頁（程中原、夏杏珍『鄧小平在一九七五』五〇〇頁に掲載）。

291 鄧小平「すべての方面にわたる整頓の必要性」一九七五年九月二七日、一〇月四日、『鄧小平文選』第二巻、三五～三七頁、北京、人民出版社、一九九四。

292 鄧小平が「われわれは嘘をつくことはできない。大寨方式のような県、公社、生産隊は各地にあるが、それぞれ格差がある。食糧生産がいまだに解放初期のレベルに回復していない県や地区もある」と発言した際、「それは違う、そんなのは個別事例に過ぎない」と江青が口をはさんだ。鄧小平は「たしかに個別事例だが、非常に注目に値することだ」と反論し、「二三の省・市・自治区の統計によると、人民公社単位の農業生産額は一人あたり平均で一二四元、最も額が低いのが貴州で六〇元強、その次が四川で九〇元強だ。こんなことでよいのか。四川と同じく一〇〇元前後という省はほかにもいくつかある。これは生産額の話だが、公社員の収入となるとそれ以下である。非常に少ない。借金しているところもある。このような現状に満足できるのか」と一つ一つ具体例を挙げていった。江青は何も言えなかったという。鄭謙、張化『毛沢東時代的中国（一九四九－一九七六）』（三）、四三二頁、北京、中共党史出版社、二〇〇三。

293 程中原、夏杏珍『鄧小平在一九七五』二一三頁、北京、中国青年出版社、二〇〇四。

294 毛沢東は次のように話した。「総じて言うなら、中国は社会主義国家に属しています。解放前は資本主義と大差ありませんでした。現在も八級賃金制、労働に応じた分配、貨幣交換などがおこなわれており、これは旧社会と変わりありません。決定的に異なるのは所有者が誰かということです」。鄭謙、張化『毛沢東時代的中国（一九四九－一九七六）』（三）、三七四頁、北京、中共党史出版社、二〇〇三。

295 鄭謙、張化『毛沢東時代的中国（一九四九－一九七六）』（三）、三七四頁、北京、中共党史出版社、二〇〇三。

296 一九七五年三月一日、張春橋は「衛星は上がれど紅旗は地に落ちた」ソ連を教訓にしなければならないとして、経験主義の危険に警鐘を鳴らした。同日、姚文元は『紅旗』誌に「林彪反党集団の社会的基盤について」を発表、一九五九年に書かれた毛沢東の文章を歪曲して引用し、「主要な危険は経験主義である」と強調し、この十数年来、毛沢東が何度もこの意見を繰り返してきたとうそをついた。三月二一日付『人民日報』の社説は「経験主義は修正主義の助手である」と述べた。四月一日、張春橋は「ブルジョア階級に対する全面的独裁について論ず」と題する文章を発表し、「林彪のような人物が権力の座につき、資本主義を復活させる恐れが依然としてある」と公言している。逄先知、金沖及主編『毛沢東伝（一九四九－一九七六）』下巻、一七二六～一七二七頁、北京、中央文献出版社、二〇〇三。

297　この時までかなりの長期間、毛沢東は中央政治局会議を開催していなかった。この会議には北京大学党委員会書記の謝静宜も出席している。彼女は政治局員でないにもかかわらず、実質上政治局の仕事に携わっていた。賈思楠「毛沢東の交友記録（一九一五－一九七六）」、高樹等編『歴史巨人毛沢東』一五六三～一五七〇頁、北京、中国人民大学出版社、一九九三。

298　毛沢東は江青に対して「闘争の経験もなく、文章も書けない。教条主義というよりも経験主義の小人物に過ぎない」と批判し、政治局員の面々の前で次のように諭した。「わがままはいけない。規律と慎みが必要だ。自分の一存で決めるのではなく、政治局で討議しなければならない。意見があるなら政治局会議で提起し、個人名義ではなく党中央の名義で文書を出すべきだ。わたしの名義も使ってはならない。わたしは情報を何も提供していないのだから」。賈思楠「毛沢東の交友記録（一九一五－一九七六）」、高樹等編『歴史巨人毛沢東』一五六八頁、北京、中国人民大学出版社、一九九三。

299　鄭謙、張化『毛沢東時代的中国（一九四九－一九七六）』（三）、四三七頁、北京、中共党史出版社、二〇〇三。

300　逄先知、金沖及主編『毛沢東伝（一九四九－一九七六）』下巻、一七四九～一七五一頁、北京、中央文献出版社、二〇〇三。

301　「レ・ズアンらと毛沢東の会談記録」一九七五年九月二四日、逄先知、金沖及主編『毛沢東伝（一九四九－一九七六）』下巻、一七二八頁、北京、中央文献出版社、二〇〇三。

302　毛遠新は報告の中で次のように述べた。「『文革』に対して分岐が生じています。一九七二年の『極左』批判よりもひどい状況です。文化大革命を成功七割と見るか失敗七割と見るかという対立です。三項目の指示を大綱とすることばかりが言われて、劉少奇批判はほとんど提起されなくなりましたが、これには賛成できません。階級闘争、路線闘争を要とすべきです。三項目の指示と言いながら、実際には国民経済の向上しか言っていません。中央に資本主義が復活することが懸念されます」。鄭謙、張化『毛沢東時代的中国（一九四九－一九七六）』（三）、四四一頁、北京、中共党史出版社、二〇〇三。

303　毛遠新は「幾人かの同志は寄るとさわると文化大革命のマイナス面ばかり議論し、不満をもらしています。文革を一大災難のように見ている者もいます。鄧小平同志には要注意です」と報告した。鄭謙、張化『毛沢東時代的中国（一九四九－一九七六）』（三）、四四一頁、北京、中共党史出版社、二〇〇三。

304　鄧小平は次のように反論した。「きみ（毛遠新）の言うように、党中央全体が修正主義路線を実行したとするなら、毛主席を先頭とする中央が修正主義をやったということになる。それは聞き捨てならない。わたしは今年（一九七五年）の三月に復帰し、七月から中央の仕事を主管するようになったが、九号文書以降の全国の情勢はどうだろうか。少しでもよくなったか、それとも悪くなったか、考えてみてほしい。答えは実践によって証明されるだろう」。鄭謙、張化『毛沢東時代的中国（一九四九－一九七六）』（三）、四四二頁、北京、中共党史出版社、二〇〇三。

305　鄭謙、張化『毛沢東時代的中国（一九四九－一九七六）』（三）、四四二頁、北京、中共党史出版社、二〇〇三。

306　一九七五年後半から毛沢東の病状は次第に悪化し、文書を読んだり、話したりするのも困難になっていた。そのため、甥である毛遠新を自身の連絡員にした。毛沢東の意見は彼によって伝えられ、政治局会議の報告も彼によってなされた。当時は党の副主席であっても毛沢東に直接会うことは難しい状況だった。鄭謙、張化『毛沢東時代的中国（一九四九－一九七六）』（三）、四四一頁、北京、中共党史出版社、二〇〇三。

307　毛沢東は「文化大革命」を総じて次のように見ていた。「基本的には正しく、部分的には不十分な点もあった。七対三に分けるなら、七が功績で三が誤りである。『文化大革命』は二つの誤りを犯した。一つは一切を打倒するとしたこと、もう一つは全面的内戦である。劉少奇や林彪グループなどを打倒したことは正しかったが、古参同志を少なからず打倒したことは誤りだった。これらの同志には誤りがあったとはいえ、批判すればすむことだった。全面的内戦という徹底的な奪権闘争によって多くのことが暴き出され、打倒されたが、これも一つの鍛錬だった。ただし、死に追いやるまで人を打ちのめしたり、負傷者を救護しなかったのはよくない」。「毛主席重要指示」（一九七五年一〇月～一九七六年一月にかけて党中央が発行）、逢先知、金沖及主編『毛沢東伝（一九四九－一九七六）』下巻、一七七〇頁、北京、中央文献出版社、二〇〇三。

308　毛毛『我的父親鄧小平〝文革〟歳月』四二六～四二七頁、北京、中央文献出版社、二〇〇〇。

309　毛毛『我的父親鄧小平〝文革〟歳月』四二七頁、北京、中央文献出版社、二〇〇〇。

310　逢先知、金沖及主編『毛沢東伝（一九四九－一九七六）』下巻、一七六一頁、北京、中央文献出版社、二〇〇三。

311　青野、方雷『鄧小平在一九七六』上巻、三頁、沈陽、春風文藝出版社、一九九三。

312　鄧小平はかつて次のように語ったことがある。「『文革』中、周恩来同志は非常に困難な立場にあった。本心でないことを言い、本意ではないことを実行するということがいくたびもあった。しかし、人民は彼を許すだろう。そうしなければ自らの身を保ち、渦中において調整役を果たすことができなかったからである。彼によって保護された人は数知れない」。鄧小平「イタリア人記者オリアーナ・ファラーチによるインタビュー」一九八〇年八月二一日、二三日、『鄧小平文選』第二巻、三四八頁、北京、人民出版社、一九九四。

313　許全興『毛沢東晩年的理論与実践（一九五六－一九七六）』四八一頁、北京、中国大百科全書出版社、一九九五。

314　張春橋は一九七六年二月三日の「所感」で次のように書いた。「またもや一号文書だ。去年（一九七五年）も一号文書が出た。まったくもって望みを果たすのに狂気じみてきた。やり方がすばしこく、悪質だが、失脚するのも時間の問題だ」。

315　許全興『毛沢東晩年的理論与実践（一九五六－一九七六）』四七九～四八二頁、北京、中国大百科全書出版社、一九九五。

316　華国鋒は講話の中で次の点について注意を促している。「各地で次から次へと鄧小平同志の賛同者を捕捉する、というようなことをしてはならない。過去の罪を清算させるとか、重箱の隅をつつくような批判も間違いである。誤りを犯した同志（鄧小平）に対する批判は『過去の失敗や誤りを戒めとして、欠点を直し、立派な人間にする』という毛主席の教えにのっとったものでなければならない。拉致監禁するとか、死ぬまで打ちのめすとかいうことをしてはならない。なかには自己批判する者も一定程度いる。誤りを認め、改善すればよいことであって、絶対に許さないということではない。毛主席の指示に従い、党と委員会の一元的指導の下で運動全体を推進していかなくてはならない。吊るし上げや戦闘部隊もいけない。経済活動と労働を促進し、戦争に備えることが革命にとって肝要である」。「党中央主宰の事前連絡会議における華国鋒の講話記録」一九七六年二月二五日、逢先知、金沖及主編『毛沢東伝（一九四九－一九七六）』下巻、一七七二頁、北京、中央文献出版社、二〇〇三。

317　一九七六年四月一〇日付『人民日報』の「偉大な勝利」で毛沢東は、「教育は危機に瀕している。学生は勉強していないと（鄧小平は）言うが、彼自身もまた勉強していない。マルクス・レーニン主義を理解していないブルジョア階級の代表である。『永遠に巻き返しはしない』と言ったところで信じられるだろうか」と述べている。

318 毛沢東は「鄧小平という人物はかつて一度も階級闘争を理解したことがない。それを綱領として掲げたことがない。なるほど白猫と黒猫はワンセットだろう、帝国主義であってもマルクス主義というわけだ」「問題は社会主義に階級闘争は存在するか否かということだ。なにが『三項目の指示を要とする』だ。安定し団結することは階級闘争をしてはならないということではない。階級闘争が綱の統べ縄であって、そのほかはすべて網の目である」。李健編著『鄧小平三進三出中南海』二九〇頁、二九二頁、北京、中国大地出版社、一九九三。

319 李健編著『鄧小平三進三出中南海』二九一頁、北京、中国大地出版社、一九九三。

320 鄧小平は外国人に次のように説明したことがある。「改革について言うと、一九七四〜一九七五年にかけて一度試験的に実行した時期があった。一九七五年には、わたしは中央の日常業務を取り仕切っていた。当時の改革は『整頓』という言い方をしていたが、国民経済の向上に力点があり、そのためにまず生産秩序の回復に取り組んだ。ほどなくして、わたしは『四人組』に打倒されてしまった。『三度打倒され三度復活した』ことになる」「その当時の改革は人心にかなったものであり、人々の願いを体現していた。『四人組』打倒後の第十一期三中全会で『実事求是』の思想路線が再確立され、生産力の発展を全党全国の任務の中心に据えることが確定した。こうして改革は再始動した」。鄧小平「われわれの事業はすべて新事業である」一九八七年一〇月一三日、『鄧小平文選』第三巻、二五五頁、北京、人民出版社、一九九四。

321 鄧小平「党と国家の指導体制改革」一九八〇年八月一八日、『鄧小平文選』第二巻、三三三頁、北京、人民出版社、一九九四。

322 「南京大字報問題に関する党中央の電話通知」一九七六年四月一日、逢先知、金沖及主編『毛沢東伝（一九四九－一九七六）』下巻、一七七四頁、北京、中央文献出版社、二〇〇三。

323 鄧小平「イタリア人記者オリアーナ・ファラーチによるインタビュー」一九八〇年八月二一日、二三日、『鄧小平文選』第二巻、三四九頁、北京、人民出版社、一九九四。

324 鄭謙、張化『毛沢東時代的中国（一九四九－一九七六）』（三）、四六四頁、北京、中共党史出版社、二〇〇三。

325 同上。

326 一九八一年の「歴史決議」は次のように指摘している。「当時、中央政治局と毛沢東同志は天安門事件の性格を誤って認識し、加えて鄧小平同志の党内外における一切の職務を停止するという誤りを犯した」。中共中央文献研究室編『三中全会以来重要文献選編』下冊、八〇八頁、八一四頁、北京、人民出版社、一九八二。

327 「天安門広場の反革命事件」、『人民日報』一九七六年四月八日。

328 「天安門事件は何を意味するか」、『人民日報』一九七六年四月一八日。

329 張玉鳳『回憶毛主席去世前的一些情況』（未刊）、逢先知、金沖及主編『毛沢東伝（一九四九－一九七六）』（下巻、一七七八頁）より引用。

330 「中央工作会議閉会式における葉剣英の講話記録」一九七七年三月二二日、逢先知、金沖及主編『毛沢東伝（一九四九－一九七六）』下巻、一七八一〜一七八二頁、北京、中央文献出版社、二〇〇三。

331 鄭謙、張化『毛沢東時代的中国（一九四九－一九七六）』（三）、三五九頁、北京、中共党史出版社、二〇〇三。

332 一九七四年七月一七日、毛沢東は中央政治局会議の席上で江青を批判した。「きみは注意すべきじゃないか。ほかの人がきみに何か言いたくても面と向かっては言いにくいことを、わかっていない。二つの工場をつくってはならない。一つは鋼鉄工場（頑固なこと）、もう一つは帽子工場だ。ともすれば人に大きな帽子をかぶせたがる（レッテル貼りをする）。よくないな、注意すべきだよ。なかなか直らないだろうがね」。「在京中央政治局メンバー招集時における毛沢東の談話記録」（一九七四年一一月一二日、江青にあてた手紙では次のように書いた。「あまり表に出てはいけないし、文書を批准してもいけない。きみに組閣して（黒幕になって）もらう必要もない。積年の恨みもあるだろうが、多くの人と団結しなければならない。くれぐれも言っておく。『人は自らを知るの明あるを貴ぶ』ということだ」。鄭謙、張化『毛沢東時代的中国（一九四九－一九七六）』（三）、三六七頁、北京、中共党史出版社、二〇〇三。

一九七四年一二月二四日、周恩来、王洪文との会談では次のように述べた。「江青には野心がある。きみたちはどう思うかね。わたしはあると思っている。きみたちより数十年長くつき合っているからよくわかる」。「毛沢東談話の要点（一九七四年年末～一九七五年年初）」（中央政治局常務委員会のために周恩来が起草）、逄先知、金沖及主編『毛沢東伝（一九四九－一九七六）』下巻、一七一一頁、北京、中央文献出版社、二〇〇三。

一九七五年一二月一〇日、毛沢東は毛遠新に次のように話した。「江青は政治局員をやっているが何もわかっていない。険しい顔で説教をたれ、偉そうな態度で人を奴隷のように扱おうとする」逄先知、金沖及主編『毛沢東伝（一九四九－一九七六）』下巻、一七六一頁、北京、中央文献出版社、二〇〇三。

333　逄先知、金沖及主編『毛沢東伝（一九四九－一九七六）』下巻、一七八二～一七八四頁、北京、中央文献出版社、二〇〇三。

334　逄先知、金沖及主編『毛沢東伝（一九四九－一九七六）』下巻、一七八三頁、北京、中央文献出版社、二〇〇三。

335　一九七六年八月二三日付『人民日報』社説「勘所をつかみ、鄧小平を根底から批判せよ」。

336　「省・市・自治区および中央党・政・軍直属機関責任者会議（中央政治局主宰）での周恩来の講話記録」一九七三年八月二三日、逄先知、金沖及主編『毛沢東伝（一九四九－一九七六）』下巻、一六六六頁、北京、中央文献出版社、二〇〇三。

337　王海容、唐聞生の追想に基づく「毛沢東との談話記録」一九七五年一月、逄先知、金沖及主編『毛沢東伝（一九四九－一九七六）』下巻、一七一七頁、北京、中央文献出版社、二〇〇三。

338　楊継縄『鄧小平時代—中国改革開放二十年紀実』上巻、七七～八一頁、北京、中央編訳出版社、一九九八。

339　李健編著『鄧小平三進三出中南海』三〇八～三〇九頁、北京、中国大地出版社、一九九三。

340　鄭謙、張化『毛沢東時代的中国（一九四九－一九七六）』（三）、四七八頁、北京、中共党史出版社、二〇〇三。

341　鄭謙、張化『毛沢東時代的中国（一九四九－一九七六）』（三）、四七五頁、北京、中共党史出版社、二〇〇三。

342　『李先念文選（一九三五－一九八八）』五一八頁、北京、人民出版社、一九八九。

343　鄧小平は次のように述べている。「毛主席は後継者（華国鋒）を指名したが、『四人組』は納得がいかなかった。毛主席の死去に乗じて必死に権力を奪取しようとしたが、情勢は厳しかった。新たな指導者を打倒しようとしていた時の『四人組』たるや本当にひどいものだった。こうした状況があったので、政治局の大多数の同志は『四人組』処分で意見が一致した」。鄧小平「イタリア人記者オリアーナ・ファラーチによるインタビュー」一九八〇年八月二一日、二三日、『鄧小平文選』第二巻、三四九頁、北京、人民出版社、一九九四。

344　第九回大会採択の「党規約」第九条では、中央政治局、中央政治局常務委員、中央委員会主席および副主席は、中央委員会全体会議で選出される、と規定されている。

345　楊継縄『鄧小平時代—中国改革開放二十年紀実』上巻、八四頁、北京、中央編訳出版社、一九九八。

346　一九八〇年一一月一〇日から一二月五日にかけて開催された中央政治局の会議で、華国鋒がこれ以上現職務を継続するのは適切ではないとの認識がもたれた。華国鋒は辞任を申し出た。会議では、それについては来たるべき第十一期六中全会で討議し、承認することが決定された。第十一期六中全会では、華国鋒の党中央主席および中央軍事委員会主席の辞任が正式承認され、党中央主席には胡耀邦が、軍事委員会主席には鄧小平がそれぞれ選出された。李穎編『従一大到十六大』下巻、九九〇頁、北京、中央文献出版社、二〇〇三。

347 毛沢東「社会主義経済学の学習に関する批評、コメントおよび講話記録」一九五九年一二月一〇日～一九六〇年二月九日、鄭謙、張化『毛沢東時代的中国（一九四九－一九七六）』（三）、一五三頁、北京、中共党史出版社、二〇〇三。

348 社説は次のように指摘している。「あらゆる職場単位で工業もやれば農業もやる、文化教育もやれば軍事もやるというふうに、全国を革命化された大きな学校にするという毛沢東同志の提起は、まさにわれわれの綱領である。これに沿って進めば、わが国人民の階級意識は大幅に高められ、思想革命が大いに前進するだろう」「工業と農業の格差、都市と農村の格差、肉体労働と頭脳労働の格差も次第に解消できるだろう」「全国が毛沢東思想の大きな学校となり、共産主義の大きな学校となる」。鄭謙、張化『毛沢東時代的中国（一九四九－一九七六）』（三）、七～八頁、北京、中共党史出版社、二〇〇三。

349 「上海工作機械工場に見るエンジニア養成の道（調査報告）」、『人民日報』一九六八年七月二二日。

350 鄭謙、張化『毛沢東時代的中国（一九四九－一九七六）』（三）、一八五頁、北京、中共党史出版社、二〇〇三。

351 『人民日報』一九六八年九月五日。

352 『光明日報』一九七〇年九月二二日。

353 董輔福主編『中華人民共和国経済史』上巻、五六三頁、北京、経済科学出版社、一九九九。

354 「誰にでも二本の腕がある、都市のごくつぶしになるな」、『人民日報』一九六八年一二月二二日。

355 鄭謙、張化『毛沢東時代的中国（一九四九－一九七六）』（三）、一九二～一九四頁、北京、中共党史出版社、二〇〇三。

356 主に董輔福主編『中華人民共和国経済史』上巻、四四六～四五一頁（北京、経済科学出版社、一九九九）を参考にした。

357 王景倫編『毛沢東的理想主義和鄧小平的現実主義：美国学者論中国』三一三頁、北京、時事出版社、一九九六。

358 胡鞍鋼『胡鞍鋼集：中国走向二十一世紀的十大関係』一九六～一九九頁、ハルビン、黒竜江教育出版社、一九九五。

359 ハリー・ハーディングは次のように見ている。「毛沢東は分業や比較優位を軽視し、すべての部門が分野にかかわらず同様の経済活動に従事することに賛同していた。工場も企業も一つの『小さな社会』であり、商店も病院も学校もすべて備わっていなくてはならないとした。毛沢東が理想とした公民は、時には労働者、時には農民、さらには兵士でもあり学生でもあるという『オールラウンダー』である。第九回大会以降、とりわけ廬山会議と『九・一三事件』の後は、労働者や農民出身の同志を党の副主席や常務委員に抜擢することを執拗に提起している。上海造反派のリーダーだった王洪文を重用したのは、彼が農民や労働者を経験し、軍隊にもいたことがあったからである。毛沢東の意向を受け、一九七二年九月に王洪文は上京することになった」。Harry Harding. China's Second Revolution : Reform after Mao. Washington,D.C : The Brookings Institution, P18, 1987.

360 レーニン「共産主義における『左翼』小児病」より。

361 『レーニン全集』中国語版、第四一巻、三一四頁、北京、人民出版社、一九八六。

362 国家統計局編『国家労働統計年鑑（二〇〇〇）』八頁、二五頁、北京、中国統計出版社、二〇〇〇。

363 「理論問題に関する毛沢東と周恩来の討論記録」一九七四年一二月二六日、逄先知、金沖及主編『毛沢東伝（一九四九－一九七六）』下巻、一七一三～一七一四頁、北京、中央文献出版社、二〇〇三。

364 「歴史決議」は次のように指摘している。「マルクス、エンゲルス、レーニン、スターリンの著作からなにがしかの構想と理論をもってきて、それを誤解もしくは教条化した。それがかえって『理論的根拠』があるかのような装いをもたらすことになった。たとえば、社会主義社会における消費財の分配は労働との等価交換でおこなわれる―この平等原則はマルクスに言わせれば制限と批判の対象となるべき『ブルジョア的権利』であり、したがって、労働に応じた分配原則と物質的利益の法則は制限し批判しなければならない、というような毛沢東同志の考え方は、そのよい例である」。

365　許全興『毛沢東晩年的理論与実践（一九五六－一九七六）』三六五頁、北京、中国大百科全書出版社、一九九五。

366　一九七二年一二月一〇日、食糧問題に関する国務院報告の転送に際し、党中央は毛沢東によるこの方針の歴史的背景を次のように説明した。「毛主席が例として話したのは『明史・朱昇伝』にある歴史逸話である。明朝成立前、朱元璋は朱昇という知識人と会見し、現下の情勢において何をなすべきか問いかけた。朱昇は『高い城壁を築き、広く食糧を蓄え、今は王を名乗るのを控える』と答えたという。朱元璋はこの意見を採用して勝利した。ゆえに毛主席も、『われわれもまた深く地下壕を掘り、広く食糧を蓄え、覇権をとなえない』ということを実践しなければならない』とおっしゃっている」。逄先知、金沖及主編『毛沢東伝（一九四九－一九七六）』下巻、一六二三～一六二四頁、北京、中央文献出版社、二〇〇三。

367　一九六〇年代初頭にはウラル山脈以東に十数個の作戦師団しか配備していなかったソ連が、一九七〇年代初頭になると一一八万人（五四個師団）を配備するようになった。ソ連軍全体の三割弱の規模である。同時に戦車一万五〇〇〇輌、大砲一万門強、空軍戦闘機一九〇〇機、領空防衛機一一四〇機、防空弾道ミサイル三〇〇〇発、太平洋艦隊戦艦一六二隻、艦載機三四五機、大陸間弾道ミサイル五五〇発、中距離弾道ミサイル一三五発を配備した。王仲春「中米関系正常化過程におけるソ連の要素（一九六九－一九七九）」、宮力等主編『従解凍走向建交』二一四～二一五頁、北京、中央文献出版社、二〇〇四。

368　王泰平主編『中華人民共和国外交史』第二巻、二七五頁、北京、世界知識出版社、一九九八。

369　鄭謙、張化『毛沢東時代的中国（一九四九－一九七六）』（三）、一九六～一九七頁、北京、中共党史出版社、二〇〇三。

370　王泰平主編『中華人民共和国外交史』第二巻、三四六頁、北京、世界知識出版社、一九九八。

371　「キッシンジャーとの会談における毛沢東の談話」一九七三年二月一七日、宮力等主編『従解凍走向建交』二〇三頁、北京、中央文献出版社、二〇〇四。

372　宮力等主編『従解凍走向建交』二〇〇頁、北京、中央文献出版社、二〇〇四。

373　楊継縄『鄧小平時代―中国改革開放二十年紀実』上巻、二四頁、北京、中央編訳出版社、一九九八。

374　孫健『中国経済通史（一九四九－二〇〇〇）』下巻、一七九一～一七九二頁、北京、中国人民大学出版社、二〇〇〇。

第七章

毛沢東時代の歴史的評価

中華人民共和国の歴史にとって、毛沢東時代はきわめて重要であり、近代化のライフサイクルで言えば第一段階、すなわち初期的成長期にあたる。工業化・都市化・近代化を本格的にスタートさせたこの時期、中国は大規模な社会変革と経済の急速な発展、そして二度にわたる重大な曲折――「大躍進」と「文化大革命」を経験した。

毛沢東時代は、後に続く改革開放時代の政治的・物質的・人材的基盤、そして対外開放の基礎を準備した。これは、二つの時代がその差異にもかかわらず互いに関連していることを意味している。つまり、前の時代の成果を受けて後の時代が発展し、途切れることなく社会が進歩していく一つの連続した歴史のプロセスになっているのである。初期的成長期の資本（物的資本と人的資本）蓄積を経た後、現代中国は近代化ライフサイクルの第二段階、すなわち急成長期に入り、第二次黄金期を迎えた。それは、高成長（GDPの年平均成長率九・二％）を実現した第一次黄金期（一九四九〜一九五七年）の単なる再現ではない。高度成長の持続期間、社会変革のスケール、対外開放の徹底度、いずれをとっても過去最高である。この趨勢は現在も変わらず、少なくとも二〇二〇年までは続くと見られる。

毛沢東時代の評価には歴史的視点だけでなく、国際比較をベースにしたグローバルな視点が必要である。歴史的視点とグローバルな視点の二つは、関連しながら相互に補い合う関係にある。国際比較の観点で言えば、一九四九年の中国経済の実力は一八二〇年以降で最低レベルであり、その経済規模（一九九〇年国際米ドル換算）は世界全体の三分の一から二〇分の一にまで低下していた。[1] 当時の中国は世界最貧国の一つだった。一九四九年の中国の人口は世界全体の四分の一未満であったが、貧困人口だけで見ると世界全体の四割が中国に集中しており、貧困人口が世界一多い国であった。中国人は「東アジアの病人」とされ、平均寿命はわずか三五歳、公教育年数は平均でわずか一年、大学生の割合は総人口の〇・〇三％に過ぎなかった。大規模な工業化を開始しようにも経済的・社会的な基本条件が当時の中国には備わっていなかったのである。[2]

毛沢東が指導する中国共産党は、まさにこのようなきわめて低いスタート地点から、大規模で全面的な工業化・都市化・近代化に取り組み始めたのである。われわれの関心をひきつけると同時に真摯な議論が必要とされるテーマは、次のようなものである。近代化という点で、毛沢東時代はどのような成果をあげたのか。そのプロセス、出発点、到達点はいかなるものだったのか。のちの中国社会の変遷と経済発展にどのような基盤を提供したのか。この時期の経済発展と社会変革は曲折に満ちており、時には重大な誤りを犯すこともしばしばだったが、その総括を通じて何を成功として学び、何を失敗として教訓とすべきか。「文化大革命」が鄧小平による改革開放の直接の引き金になったといえるのはなぜか。毛沢東による「文化大革命」の失敗が土台にあったからこそ、鄧小平による改革開放が成功したといえるが、それはなぜか。

本章のテーマは毛沢東時代の歴史的総括と評価だが、これは事実上、本書全体の総括でもある。「毛沢東」と「毛沢東時代」をそれぞれどう評価するか、これが第一節の論点である。「毛沢東」その人と「毛沢東時代」の二つは、区別と連関においてとらえなければならない。毛沢東は、国家と社会に絶大な影響を与えた中国の最高指導者である。しかし、毛沢東時代は、さまざまな分力が合わさってできた一つの歴史的時代である。毛沢東個人の分力と近代化の合力が一致した時、中国の近代化は加速した（たとえば一九四九～一九五七年の時期）。逆に、両者の不一致は中国の近代化に重大な影響を与えた。ただし、それによって近代的発展の大きな流れが損なわれることはなかった。以上が本書の基本的観点である。第二節では、歴史的データと国際比較を通して毛沢東時代の功績を評価し、近代化の趨勢と重要な変化の特徴を簡潔に説明する。中国の近代化の独自性はすでに毛沢東時代に表れていた。それが重要な基盤となって、その後の経済の飛躍的発展と工業化の加速的進展が実現されたのである。第三節では、毛沢東個人の晩年の誤りによって生み出された経済的損失や人的資本の損失、国家制度建設に与えたダメージについて、客観的データに基づいて評価する。これは、ひとたび毛沢東の誤りを正すことができれば、あるいは二度と同じ誤りを繰り返さないようにすることができれば、こうした損失やダメージは大幅に解消されるばかりでなく、巨大な財産に転化することを示唆するものである。毛沢東後の中国で改革開放が始まり、人的資本の蓄積が急ピッチで進んだ理由や、全面的な国家制度の建設と急速な社会変革が実現された理由を理解するのは決して難しいことではない。第四節では、毛沢東がなぜ晩年に政策決定を誤ったのか、その根源的要因を制度上の観点からさらに分析していく。第五節はまとめであり、本書全体の基本的な結論である。毛沢東の誤りが鄧小平の成功を生み出した。まさに失敗は成功の母である。毛沢東晩年の誤りを正しく総括し、失敗を成功に転化することで新しい改革開放の時代を切り開いた、そこに鄧小平の偉大さがある。

第一節　毛沢東と毛沢東時代をどう評価するか

毛沢東をどう評価するかは、非常に複雑かつ議論の尽きないテーマである。この点については、まず毛沢東の自己評価というものがある。さらに、のちの鄧小平による評価、すなわち晩年の毛沢東に対する後世の評価というものがある。この二つの評価を見て気づくのは、両者には目を見張るほど類似点があるということだ。

一、毛沢東の自己評価と鄧小平の歴史的評価

毛沢東はかつて鄧小平に、後世の人が「七分の功績と三分の誤り」という（歴史的）評価を下してくれればそれで満足だと語った[3]。実際、毛沢東は「大躍進」失敗後の一九六一年、自らに「七分の功績と三分の誤り」があるとし、「自分は聖人ではない」との考えを示した[4]。

鄧小平の毛沢東に対する歴史的評価は、「毛沢東については、その歴史的功績が一番重要であり、誤りは二の次だ[5]」というものだった。鄧小平は毛沢東個人の歴史を初期・中期・晩年に分け、それぞれに違った評価を下している（コラム7－1）。さらに、毛沢東の誤りの根本的原因は「その主観的願望が客観的法則に背いていた」点にあると鋭く指摘している。

コラム7－1　鄧小平――晩年の毛沢東に対する歴史的評価（一九八〇年）

一九五〇年代前半まで、彼（毛沢東）の思想の多くはわれわれに勝利をもたらしたし、彼の提示した根本的原理は非常に正確であった。彼はその創造力をもってマルクス・レーニン主義を中国革命のあらゆる方面に適用し、哲学・政治・軍事・文芸さらにそのほかのあらゆる領域において、創造的な見解をもっていた。しかし、大変残念なことに、人生の後期、とりわけ「文化大革命」中に誤りを犯した。しかもその誤りは小さなものではなく、党や国家そして人民に多くの不幸をもたらした。

（毛沢東の）誤りは一九五〇年代後半から始まった。たとえば「大躍進」の誤りである。その責任は毛主席一人にだけあるのではない。客観的法則に完全に反し、一気に経済を向上させようとした。主観的願望が客観的法則に反していれば、必ず損害が出る。とはいえ、「大躍進」自体の主な責任は、やはり毛主席にある。当時、発動後数カ月して毛主席は早くも誤りに気づき、方針の訂正を唱えた。一九六二年、毛主席はこの問題について自己批判をおこなった。「文化大革命」の発動は、毛主席自身の考えとしては資本主義復活を避けるためであったが、中国の実情に対する誤った判断から出てきたものだった。

資料出典：鄧小平「イタリア人記者オリアナ・ファラーチによるインタビュー」一九八〇年八月二一日、二三日、『鄧小平文選』第二巻、三四五～三四六頁、北京、人民出版社、一九九四。

鄧小平は、それでも毛沢東について以下のように考えていた。「毛沢東は、やはり中国共産党と中華人民共和国の中心的創設者である。功績と誤りについて言うなら、誤りは二の次である。党と国家の創始者として、永遠に称えられるべきである。生涯の大半は功績に満ちている。何度も党と国家を危機から救ってきた。毛主席がいなければ、中国人民はもっと長い期間、暗黒の中をさまよい続けたことだけは確かである。毛主席の最大の功績は、マルクス・レーニン主義の原理と中国革命の実践を結合させ、中国革命の勝利への道筋を指し示したことである」[6]。

二、現実に即した分析の必要性

中国人学者の一人である筆者が、「実事求是」の原則に立ち、客観的視点と歴史的視点をもってして、現実に即した方法で毛沢東個人と毛沢東時代を評価すると言う時、それはいかにしてなされるべきか。

毛沢東は偉大な歴史的人物であると同時に、中国のみならず世界的にも影響力のある指導者であった。彼と彼の思想は、過去の中国に影響を与えただけでなく、現代の中国、さらには未来の中国にも影響を及ぼすであろう。

毛沢東は一時代を築いた巨人である。歴史的功績により名をあげもしたが、誤りにより自身の名誉を傷つけもした。晩年の毛沢東は、なお時代の中心人物であった。しかし、その時代は集団指導を中心に据えた体制ではなく、個人が政策を決定する、非集団的指導体制の時代であった。これが毛沢東晩年の誤りの原因であり、体制の欠陥であった。

毛沢東の思想と実践の正しさには卓越したものがある。同時に、その誤りはきわめて深刻なものである。現代中国にとって、前者は取り入れるべき成功体験の重要な源であり、後者は負の教訓をくみ取るべき貴重な財産である。

毛沢東個人とその理論および実践を評価するには、現実に即した分析、歴史的事実に即した評価が必要である[7]。毛沢東の言葉を用いるならば、これこそがマルクス主義の「真骨頂」であり[8]、われわれが歴史的・弁証法的・客観的に毛沢東を評価するためのよりどころである。

史的唯物論が説くところに従えば、存在が意識を決定する。毛沢東自身の意識は、客観的存在の必然的反映である。客観的世界はきわめて複雑で変化に満ちており、毛沢東の視点と理論も、それに従って多様性と変化、そして矛盾を多分にはらむようになる。客観に相対する主観ということで言うならば、主観は常に情報と知識の非対称性・不完全性にさらされる。毛沢東が「一〇〇パーセント」正しい、「永遠」に正しいということはあり得ない。彼とて間違うのは当然であり、時には非常に深刻な誤りを犯すこともある。毛沢東が「神」ではなく「人」であるのは自明のことである。必要なのは、さまざまな角度から毛沢東を評価し、分析することである。

　第一に、理論と実践という角度からの分類である。パターンはいくつかに分かれる。まず、理論と実践がともに正しかった場合である。たとえば、当時の中国の国情に合致した新民主主義経済綱領の提唱と、かなりの成果を収めた建国初期の新民主主義社会建設などがこれにあてはまる。次に、理論も実践も誤りだった場合である。社会的にも政治的にも中国の国情から乖離していた「プロレタリア独裁下における継続革命理論」と、毛沢東自身が発動・指導し、結果的に中国に多大な損失をもたらした「プロレタリア文化大革命」などはこれにあたる。最後に、理論は正しかったが実践が誤りだった場合である。「人民内部の矛盾を正しく処理する問題について」で提起した人民内部の矛盾を解消する方法（団結—批判—団結）はきわめて正しいものだったが、中国社会のさまざまな矛盾を実践的に解決する段になると党内闘争の階級闘争化や階級闘争の拡大激化を引き起こし、のみならず、党内の民主的政治制度や国家の法制度、そして公民権までも踏みにじったことなどがこれにあてはまる。

　第二に、（当時の）現実と歴史という角度（歴史的観点）からの分類である。一番目は、当時の現実に即して見ても、歴史的観点から見ても正しい場合である。たとえば、政権が長期化すると党内に官僚主義が生じやすくなり、時にはそれが人民大衆から遊離した官僚層を形成する場合があること、したがって党は絶えず「古きを捨て、新しきを取り入れる」必要があるという考え方は、当時も、また歴史的観点からも正しい。二番目は、当時の現実からいっても歴史的に見ても間違っている場合である。「天下大乱説」などがそうである。三番目は、当時の現実からすれば正しかったが、歴史的に見ると間違っている場合である。たとえば、知識青年の上山下郷である。当時は都市部の就業問題解決のために必要だったかもしれないが、歴史の大きな流れで見れば、都市化・近代化に逆行するものだった。四番目は、当時の現実から見れば段階を無視した誤りといえるが、歴史的に見ればおそらく正しかった場合である。「イギリスを追い越し、アメリカに追いつく」戦略構想はこの例にあてはまる。

　第三に、正しいか間違っているかという角度から分類した場合である。これもパターンは一つではない。一番目は、正しい中に誤りがある場合。二番目は、誤りの中に正しさがある場合。三番目は、おおむね正しいが、その中に比較的小さな誤りがある場合。そして四番目は、基本的に誤りだが、わずかながら正しい点が存在する場合で、毛沢東が「大躍進」期に提唱した工業と農業、中央の工業と地方の工業、大企業と中小企業を同時並行的に発展させる、いわゆる「二本足で歩く」[9]方針などがこれに該当する。

　第四に、個人の責任か、集団責任かという角度での分類である。一番目は、毛沢東個人の責任であると同時に、党の集団責任でもある場合。たとえば、「大躍進」や「文化大革命」

の発動は、いずれも党中央が正式に決議したものである。二番目は、毛沢東個人にのみ責任があり、党中央には責任がない場合。三番目は、毛沢東個人が主要な責任を負うべきであるが、党中央にも副次的責任がある場合。労働者出身の同志（王洪文のこと）をたびたび党の副主席や政治局常務委員に抜擢しようとしたことなど[10]がこれにあたる。四番目は、毛沢東にも副次的責任はあるが、主要な責任は党中央にある場合である。一九七三年に、毛沢東が「中央顧問委員会」を発足させて自身が主席になる（現場を引退する）ことを提案したが、周恩来はじめ党全体がこれに反対したことで終身制が廃止できなかったこと[11]がこれにあてはまる。

　中国の社会変革は、一貫して強制的な制度変革を通じておこなわれてきた。これは世界的に見ても稀であり、模倣や参照をよせつけないところがある。とくに、新体制の創設という点では、毛沢東個人の歴史的役割は突出しており、新体制の創設という点では、現代中国で最も卓越した存在である。世界最大の人口を擁する中国で、未曾有の社会的大実験をあれほど勇敢かつ徹底的におこなったのは毛沢東だけである。新中国成立当初の土地革命、「三大改造運動（三改）」から、「政社合一」を打ち立てた「人民公社運動」まで、そのいずれもが急進主義的なやり方で敢行されたものである。一九六〇年代半ばには、ほかの指導者たちの反対を顧みず「文化大革命」の発動を決意、劉少奇らを政治的に打倒したのみならず、より広い範囲で強制的に社会改革を実行した。その中には、幹部の「五七幹部学校」への下放、知識青年の上山下郷、労働者宣伝隊の大学への進駐、工農兵（労働者・農民・兵士）の大学入学などの「新事象」が含まれるが、いずれも世界に類を見ない一大改革であった。しかし、その多くは成功より失敗に終わるほうが多かった。**毛沢東の社会改革のうち成功したものは、人々の（技術）革新と（富の）創造を促進する役割を果たした。だからこそ社会に受け入れられ、のちに継承されたのである。逆に、失敗したものは、革新や創造という点で十分な効果を発揮できなかった。そのため中国の国情から乖離し、発展段階を無視したものになった。当然、社会にも受け入れられず、歴史的に継承もされなかった。**

　のちの鄧小平も同様に、新体制の創出という点では卓越した存在だった。ただ、毛沢東と異なるのは、失敗よりも成功が多く、適時誤りを修正し、「同じ失敗を繰り返す」ことがなかった点である。毛沢東の失敗を目のあたりにした鄧小平は、その原因を掘り下げ、教訓とすることができた。同時に、制度上では集団指導に基づく政策決定システムを確立することができた。毛沢東の失敗は、鄧小平の成功の礎となったのである。

三、歴史的評価の「分力と合力説」

「毛沢東」個人と「毛沢東時代」は完全にイコールではない。

両者には同じところもあれば異なるところもあり、交わる部分もあれば交わらない部分もある。毛沢東時代とは、一九四九〜一九七六年の時期の中国を指す。この時期の中国は毛沢東が指導していたが、毛沢東個人のものではなかった。毛沢東個人は、この時期の中国に影響を与えることができたが、中国を左右する唯一の存在ではなかった。この点に関し、筆者はエンゲルスの平行四辺形説に倣って[12]、「分力と合力説」を提起したい。

毛沢東時代は中国の工業化および近代化の時代でもあるが、それは社会・経済・文化のさまざまな力が互いに作用し合った結果であった。毛沢東本人はこの時代の主役であり、非常に重要な歴史的作用（分力）を備えていたが、しかし彼以外の歴史的作用（分力）に取って代わることはできず、そのほかの歴史的作用（分力）と相互に影響し合い、場合によっては互いに打ち消し合った。

ここで、現代中国社会に巨大な変化をもたらした社会の原動力とその合力について見てみたい。一九四九年に新中国が成立して以降、中国社会には何度も「大転換」が訪れたが、これは多重的、連続的なものだった。内容としては以下の変化が重なり合い、途切れることなく進行した。伝統的農業社会から近代的工業社会への転換、すなわち工業化の過程。農村人口主体の社会から都市人口主体の社会への転換、すなわち都市化の過程。「高出生率、高死亡率、高自然増加率」の伝統的人口再生産モデルから、「低出生率、低死亡率、低自然増加率」の近代的人口再生産モデルへの転換、子だくさんの大家族から少子化への変化、すなわち人口統計学上の変遷。技術の不使用から使用へ、伝統的技術から近代的技術へ、我流から導入へ、模倣から革新へと進んだ技術革命と技術普及の過程。閉鎖的な経済社会から開放的な経済社会への転換、すなわち国際化の過程。独裁政権と分裂が併存した旧社会から近代国家・近代社会への転換という近代政治の生成過程。こうしたさまざまな転換は、農地の開拓、森林の伐採、湖沼の干拓、牧草地の濫用、生態環境の破壊、環境汚染といった、人と自然の乖離を絶えず拡大していく過程を伴ってもいた。多種多様で次元も多岐にわたるこれらの大転換は、相互に依存し、影響し合うことでさらなる大変革、すなわち中国近現代史上未曾有の社会変革になっていった。毛沢東時代の中国社会は、これらの変革を基本的方向性と原動力、すなわち中国近代化の合力にしながら発展していったのである。

一九四九〜一九七六年の中国の発展は次のことを物語っている。すなわち、毛沢東個人の分力と近代化の合力が一致した時、中国の近代化は前進し、加速した。一方、その二つが一致しなかった時は近代化の進捗に悪影響を及ぼし、遅れが生じた。ただし、それにより発展の流れ自体が変わることはなかった。

毛沢東個人の分力と中国近代化の合力、この二つの力の方向と結果は時期により異なる。**一九四九～一九五六年は、毛沢東個人の分力と中国近代化の合力の方向は基本的に一致しており、経済成長率が九・二%にも達し、はじめて経済の高度成長が実現、中国の第一次黄金期が出現した。一九五七～一九六六年では二つの力の方向は大きく異なり、その負の側面が正の側面を上回った。この時期は新中国成立以来、経済成長率は最低、経済効率も最悪で、経済の変動が最も激しかった時期であり、成長率は五・四%にまで低下した。一九六六～一九七六年になると、毛沢東個人の分力と中国近代化の合力はほとんど正反対を向いており、その負の側面が影響の中心を占め、結果、中国社会は十年間の動乱期に陥り、経済成長率はわずか六・一%となった。毛沢東個人の分力が、毛沢東時代に出現した近代化という歴史の趨勢を変えてしまうことはなかったが、その進捗と速度には大きな影響を与えた**[13]。毛沢東個人が経済成長率に与えた影響は三～四%で、これは一九五七～一九七六年の経済成長率の三分の一から四分の一に相当する。この点については、第三節でデータに基づいた分析と評価をおこなっていきたい。

第二節　毛沢東時代の中国近代化発展

一九四五年四月、毛沢東は七大政治報告において、生産力こそが近代化の落伍者・後進者・追従者にとって最も重要な基準であり、その基準から政党の歴史的役割を判断することを提唱している。毛沢東は次のように指摘している。「中国のあらゆる政党の政策とその実践が中国人民に及ぼした影響の善し悪しや大小は、つまるところ、中国人民の生産力の発展に寄与したかどうかということとその大小、さらに、生産力の発展を抑制したのか、それとも解放したのかどうかによって決まる」[14]。筆者はこれを「毛沢東基準」と呼び、この基準を使って毛沢東時代を評価する。

一九四九年以来、毛沢東が率いる中国共産党は二つの目標を掲げていた。一つは中国の工業化と近代化であり、もう一つは社会主義革命である。この二つの目指すところは、世界最多の人口を抱えながら貧しく立ち遅れた国家が、比較的短い期間で社会主義近代化を成し遂げた強国となることであった。一九四九年以降の中国の発展路線には二つの特徴があるが、それはこの二つの目標から説明できる。一つは工業化・都市化および近代化の過程において、近代化の要素が社会に急速に拡散・伝播、さらには創出され、社会の生産力を極限まで高めたこと。二つ目は社会主義発展の過程において、社会主義的な政治制度・経済制度・社会制度が確立され、同時に社会主義の要素が社会に拡散・強化・共有されることで、人民の発展能力が存分に解き放たれたことである。両者は互いに関連し、相互に作用・影響し合い、それによって中国の社会主義近代化の道が形づくられたのである。

一、中国工業化の重要な進展

中国の工業化と近代化は、西側諸国の工業化や近代化とは多くの点で異なっていた。まず、中国が工業化や近代化に着手したのは西側諸国より数百年も遅れていた。サミュエル・ボウルズらの研究によれば、西洋における資本主義の発展は西暦一五〇〇年ごろから始まっており、すでに五百年の歴史がある。工業化の歴史も、一七五〇年のイギリス産業革命をその起点とするならば、二百五十年もの歴史がある。[15] 次に、中国の工業化発展の出発点は非常に低いレベルであった。一五〇〇年以降、中国の平均収入と西欧諸国の平均収入の差は開き続け、アンガス・マディソンの試算によると、一五〇〇年における西欧諸国の一人あたりGDP（一九九〇年国際米ドル換算）は中国の一・二九倍であったが、三百二十年後の一八二〇年にはその差は二倍となり、一九五〇年には一〇・五倍にまで拡大したという。[16] さらに、西洋の資本主義は五百年の時間をかけて、宗教革命・ルネサンス・ブルジョア政治革命・農業革命・科学革命・技術革命・エネルギー革命・交通革命といった一連の社会革命、さらには企業制度・貿易制度・公共財政制度・社会保障制度・国家制度といった重要な制度を創り出してきた。一方、中国は一九一一年にようやくブルジョア階級による政治革命（辛亥革命）が起こったのみであり、孫中山が唱えたブルジョア民主革命の主張、たとえば国家の統一や独立、「耕す者が土地をもつ」政策、実業興国などはいずれも実現されず、それ以外の変革については語るまでもなかった。これが一九四九年の新中国の出発点であった。こうしたスタート時の条件を理解することで、毛沢東時代の中国近代化の進捗について、客観的事実に基づいた評価を下すことができる。

毛沢東時代における最も重要な点は、大規模な工業化・都市化および近代化を開始してからわずか三十年足らずで、一九四九年以前のいかなる時期をもはるかに凌駕する変革と社会的進歩を成し遂げたことであり、その成果は、一九四九年以前の近代化の成果全体を上回っていることである。すなわち、**毛沢東時代の歴史的意義とは、現代中国に巨大な変化をもたらし、その後の改革開放の基礎を固めた点にある**、といえる。

一九五二〜一九七八年に、中国は一九五〇年代および一九**六〇年代に策定した国家工業化の当初目標を基本的に達成して国家工業化のための本源的蓄積を速やかに完成させ、工業体系と国民経済体系を整え、工業発展の基礎を築いた。**

工業化資本の本源的蓄積が速やかにおこなわれたことで、全国の資本ストックは一六倍になり、史上最高を記録した。一九五二年における全国の国営企業の固定資産総額は二四〇億六〇〇〇万元（当時の価格、以下同）に上り、私営企業やそのほかの組織を加味すると、全国の固定資産総額は四〇〇億〜五〇〇億元と推計された。そのうち、国営工業企業の固定資産総額は一四九億二〇〇〇万元で、国営企業の固定資産総額の六二％を占めていた。一九七八年には、全国の資本ストックは六四三〇億元、年平均成長率は一一・三％、そのうち国有資本は八〇％、国有工業資本は五四・一％を占めていた（表7－1）。財政部の統計によれば、一九五二年の国営工業企業の純固定資産額は一〇〇億八〇〇〇万元だったが、一九七八年には二二二五億七〇〇〇万元に達し、年平均成長率は一二・六％であった。

　上記のデータは、中国の工業化が典型的な国家による工業化であることを表している。投資構造の点では国家の投資が主であり、経済構造から見ると国有経済が主であった。財政収入構造から見た場合は国有単位が主であった。一九七八年以降は非国有経済が急速に発展し、国家による工業化から、国家と民間が共同で工業化を推進する形へと徐々に変化していった。国有経済主体から非国有経済主体への転換は、投資構造・産業構造および財政収入構造にも表れている。

　各種資本投入の指標から見ると、一九五二～一九七八年の期間を不変価格に基づいて計算した場合、各種借款額の伸び率が最も高く一〇・七％、次いで固定資本形成額が九・六％、基本建設投資が最も低く六・三％であった（表7－2）。

表7-1　全国の資本と国有資本蓄積量の増加（1952～1978年）

	全国資本	国有資本	国有工業資本
1952／億元	400	240.6	149.2
資本構成／%	100	60.2	37.3
1978／億元	6430	5144	3478
資本構成／%	100	80	54.1
1952~1978年成長率／%	11.3	12.5	12.9

注：$K_t=K_{t-1}\times(1-r_1)+I_t$，うち$K_t$をt期の全国総資本、$r_1$は全国総資本の減価償却率、$I_t$はt期の総資本投資を表す。1952年の価格で計算。胡鞍鋼、劉涛雄「全国資本ストック総量に占める国防資本ストックの割合から見た国防能力の変化（1952-2001）」（『国情報告』2003年第6巻）より引用。

表7-2　各種資本投入の増加状況（1952～1978年）

	資本形成総額	固定資本形成額	基本建設投資	各種借款
1952／億元	153.7	80.7	90.4（1953）	108
1978／億元	1377.9	1073.9	501	1850.0
	1133.0	883	412	1521.0
1952~1978年成長率／%①	8.8	10.5	7.1	11.5
1952~1978成長率／%②	8	9.6	6.3	10.7

注：①は1978年の貨幣価値、②は1952年の貨幣価値（1978年欄の下段の数字）を基準とする。
資料出典：国家統計局国民経済総合統計司編『新中国五十年統計資料匯編』6頁、7頁、20頁、66頁、北京、中国統計出版社、1999。

これらの数字からも、一九五〇年代以降の中国の工業化は国家による工業化であり、国家が発動し、投資し、管理することにより資本投入が急速に増加したことが見て取れる。マーク・セルデンは、毛沢東時代に資本の蓄積と投資が大きく伸びたことが急速かつ持続的な工業の成長につながり、将来の重工業発展の基礎を形づくったと述べている。[17]

中国は四十年足らずの期間で、独立し、比較的整った工業体系と国民経済体系を確立した。 中国は鉱業資源の種類・埋蔵量がともに豊富な世界有数の大国であるが、世界トップレベルの近代的工業大国になったことはなかった。新中国成立以降、ようやく国家による大規模な工業化が始まり、国家の力量や意思、そして世界有数の資源大国という優位点を十分に生かし、比較的短期間でチベットを除く各省に、幅広い分野にわたり、相互につながりをもった工業システムを築き上げた。国防工業体系もゼロから着実につくり上げ、資源調査事業も大きな発展を遂げた。[18] こうした工業体系や国民経済体系は一九八〇年代以降の高度経済成長の重要な基礎となり、外国からの直接投資を効果的に受け入れ、一九九〇年代に世界の製品加工基地に成長していく上でも基盤となった。中国は億単位の人口を抱えるほかの途上国（インド、インドネシアなど）に比べてより整った工業化の基盤をもち、製造の分業化や対応能力にも長けていた。

同時に、近代的国防工業と科学研究体系も確立した。核・航空・電子・兵器・船舶および宇宙などの各種専門産業を擁し、研究・試験・生産が一体となった独立性・網羅性の高い国防科学技術工業体系は、国防経済の実力を高め、国家の安全を保障し、中国の国際的地位を高めることになった。[19]

鉄道・道路・空輸・郵便・電信・都市インフラおよびエネルギー生産も、空前の発展を遂げた。 近代化を進めるための基礎は、一九五二～一九七八年の間に程度の差はあれ成長を遂げた。配管敷設の伸びが最も顕著で（二〇・五％）、以下、発電量（一三・七％）、民間航空路線（九・八％）、道路総延長（七・八％）と続いた。内陸河川航路の伸び率だけが最低（一・四％）であった（表7－3）。

農村の水利インフラも大きく改善された。全国の灌漑面積は、一九五二年の三億ムーから一九七八年には六億七〇〇〇万ムーへと倍以上に拡大した。パーキンスの推計によれば、一八二〇年には約二一七〇万ヘクタールだった中国の灌漑面積は、一九五二年には約二〇〇〇万ヘクタールへと若干減少していた。しかし一九五二～一九七八年の期間に、灌漑面積の比率は一八・五％から四五・二％に上昇した（表7－4）。マディソンによれば、中国の灌漑面積比率はインドやヨーロッパ（一八五〇年の時点でわずか三・五％）よりはるかに高く、アメリカ（一九九五年時点で一〇％）と比べても明らかに高かったという。[20]

干ばつや水害の度重なる発生は、伝統的農業国家である中国にとって数千年来の課題であり、歴代統治者にとっても心労の種であった。近代以降、人民は絶え間ない戦乱と、毎年のように続く水害や干ばつに悩まされてきた。新中国成立当初、河川は日常的に氾濫し、干ばつや日照りによる水不足も深刻だった。伝統的農業は完全に「運を天に任せた」状態で、なすすべもなく自然の猛威にさらされていた。これに対し、中国政府は明確な治水目標を立て、水害を水利に変えるべく、毛沢東が一九三四年一月に早くも提唱していた「水利は農業の生命線」方針を積極的に実行した。[21]一九四九〜一九七九年

表 7-3　各種インフラ整備状況（1952 ～ 1978 年）

主要指標	1952	1978	1952~1978年の成長率（%）
灌漑面積　（千ha）	19959	44965	3.2
鉄道営業距離（万km）	2.29	5.16	3.2
道路総延長　（万km）	12.67	89.02	7.8
内水航路距離（万km）	9.5	13.6	1.4
航空路線距離（万km）	1.31	14.89	9.8
配管　（万km）	0.02（1958）	0.832	0.5
上水道　（万km）	0.81	3.6	5.9
都市のパイプライン（万km）	1.23	2.7	3.1
下水道　（万km）	0.9	2.25	3.6
発電量　（億kw／時）	92	2566	13.7
水力発電（億kw／時）	13	446	14.6
郵便網　（万km）	128.97	486.33	5.2

資料出典：国家統計局国民経済総合統計司編『新中国五十年統計資料匯編』26頁、29頁、41頁、44頁、54頁、北京、中国統計出版社、1999。

表 7-4　中国の灌漑面積および耕作地に対する比率（1400 ～ 1995 年）

年	灌漑面積（百万 ha）	総耕地面積（百万 ha）	灌漑比率（%）
1400	7.5	24.7	30.3
1820	21.7	73.7	29.4
1952	20	107.9	18.5
1978	45.0	99.5	45.2
1995	49.3	95	51.9

資料出典：アンガス・マディソン『中国経済的長期表現：公元 960-2030 年』（修訂版）中国語版、43 頁、上海、上海人民出版社、2011。国家統計局国民経済総合統計司編『新中国五十年統計資料匯編』32頁、北京、中国統計出版社、1999。アンガス・マディソン『中国経済的長遠未来』中国語版、北京、新華出版社、1999。Dwight H. Perkins, Agricultural Development in China, 1368-1968, Chicago : Aldine Publishing, 1969.

まで、国家は累計七六〇億元余りの資金を投じて主要な河川や湖の治水工事をおこない、長江・黄河・淮河・海河・珠江・遼河・松花江などの大河では、洪水による災害はひとまず食い止められた。また、八万六〇〇〇基のダム（貯水容量一〇万立方メートル以上）、一〇〇本近くの人工河川、一万ムー以上の灌漑地区五〇〇〇カ所以上と総距離二〇万キロメートル以上に及ぶ堤防を築いた。さらに、一九七八年までに農村の小型水力発電所を八万二〇〇〇カ所建設し、その発電量は二二八万キロワット、灌漑面積は四五〇〇万ヘクタールで耕地面積に占める割合は四五％に達した。**これらは中国史上例のない大規模な治水・水利事業・干ばつ対策事業であり、新中国成立以前におこなわれた水利事業のすべてを合わせた規模をはるかに上回っていた。**灌漑面積が総耕地面積に占める割合は、同時期のアメリカ（一三％）などの先進国や、インド（三五％）など人口の多い発展途上国を上回っていた。この点について、マディソンは次のように高く評価している。中国の水利灌漑事業には、重要な建設プロジェクトにせよ継続的な保守にせよ、膨大な労働力が投入されている。[22] 水利施設を積極的に整えることで水害や干ばつの被害を減らし、さらには穀物などの生産量を増やすことで中国の食糧問題の解決に大きく貢献した。しかし同時に、少なからぬ水利施設がその土地や周辺地域の生態環境を変えてしまい、環境問題を引き起こしたことも指摘しておく必要がある、としている。

この時期、中国は史上最高の経済成長を遂げた。国家統計局のデータによれば、不変価格ベースでのGDP年平均成長率は六・〇％で、一九七八年の経済規模は一九五二年の四・七一倍であり、二十六年で経済規模が四倍以上になったことになる。マディソンの推計では、この時期の中国のGDP平均成長率は四・四％であり、一九七八年の経済規模は一九五二年の三・〇六倍、一人あたりGDPも約二倍となっている。国家統計局のデータによると、一人あたりGDPの年平均成長率は四・〇％で、一九七八年の一人あたりGDPは一九五二年の二・八倍であった。一方、マディソンの推計では、この時期の一人あたりGDPの年平均成長率は二・三％で、一九七八年の数字は一九五二年の一・八倍であった。

中国の経済発展史上、一九五二～一九七八年の経済成長率は、一九四九年以前のどの成長期よりも高かった。パーキンスによれば、一九五七年の不変価格で計算すると、一九一四／一九一八～一九三三年における中国のGDPは二八％増加し、年平均成長率は一・二～一・七％であった。また、一人あたりGDPは九・六％増加し、年平均成長率は〇・五～〇・六％であったという。[23] マディソンのデータによると、一九二九～一九三六年は中国経済の成長スピードが最も速かった時期で、GDPの年平均成長率は一・五％、一人あたりGDPの成長率は〇・九％であった。[24] 当時の経済成長は、上海・広州・武漢・重慶など、比較的経済の発達した少数の都市（全人口に占める割合も少ない）で発生したのみで、広大な農村部は依然として伝統的な経済様式のままであった。一九三三年時点で近代産業（製造業・鉱業・電力・運輸・通信など）が国民総生産に占める割合は五・三％であった。[25] わずか数パーセントの近代産業が成長しただけでは、九〇％以上を占める農村と九五％の伝統的産業（農業・手工業など）を成長させるのは、到底不可能であった。

中国周辺の主要国や地域との国際比較で見ると、中国政府とマディソン、いずれのデータにしても、中国大陸の経済成長は台湾（GDP成長率九・二％）、日本（同七・八％）、韓国（同八・六％）よりも明確に低かった。これらの国・地域は一九五〇年代および一九六〇年代に相次いで「高度成長」期に入り、いわゆる東アジア経済の奇跡を演出した。中国のデータについては、国家統計局とマディソンではやや異なっている。国家統計局のデータによれば、中国のGDPと一人あたりGDPの成長率（表7－5のカッコ内のデータ）はソ連・インド・インドネシア・パキスタンよりも高い。一方、マディソンのデータでは、中国のGDPはインドよりも高いがパキスタンより低く、ソ連やインドネシアとはほぼ同程度であった。一人あたりGDPの成長率はソ連より低かったが、インドよりは高く、インドネシアやパキスタンとはほぼ同等であった（表7－5）。一九五二～一九七八年においては、中国の経済成長は周辺の途上国と大差なかったが、インドは上回っていた。人口規模や農村の人口比率、発展段階から見ても、中国の比較対象としてインド以上に適切な国はほかにない。マディソンの計算によれば、一九五二年の中国の一人あたりGDPは五三七米ドル（一九九〇年国際米ドル換算、以下同）で、インド（六〇九米ドル）より一二％低かった。しかし、一九七八年には九七九米ドルとなり、インドの九七二米ドルを若干上回った。[26]

表7-5　中国と他国（地域）の経済成長率比較（1952～1978年）

国／地域	GDP成長率（%）	一人あたりGDP成長率（%）
中国大陸	4.4 (6.1)	2.3 (4.0)
中国台湾	9.2	6.6
インド	4	1.8
インドネシア	4.5	2.3
パキスタン	4.9	2.2
韓国	8.6	6.2
日本	7.8	6.7
ソ連	4.5	3.1
アメリカ	3.5	6.7
世界	4.5	3.1

資料出典：アンガス・マディソン『中国経済的長遠未来』中国語版、表2-1、北京、新華出版社、1999。Angus Maddison, Monitoring the World Economy : 1820-1992. Paris : OECD, 1995.
注：カッコ内の数字は国家統計局国民経済総合統計司編『新中国五十年統計資料匯編』4頁（北京、中国統計出版社、1999）による。

中国は、世界の耕地の一〇%と水資源の六・五%を利用し、世界の五分の一以上を占める人口を養うことに成功した。一九七八年、中国の穀物・落花生・菜種・茶葉の生産量は世界第二位であり、肉類・綿花・大豆は世界第三位であった。中国はすでにアメリカに次ぐ農業大国になっていた。急激な人口増加により、その時点で人口はすでに一〇億近くになっていたものの、基本的には自国内で人民の衣食の需要を満たすことができていた。しかし、中国の一人あたりの穀物生産と栄養摂取量は、一九五五～一九五六年にかけて最高を記録した後、一九五八年以降急落した。これは、「大躍進」に加え、干ばつ・水害・冷害の発生が原因だった。一九五九～一九六二年にかけては飢饉により大量の死者を出した。一人あたりの穀物生産量が農業集団化前の水準に回復したのは一九七〇年代半ばになってからであり、平均栄養摂取量は一九八〇年になってようやく一九五〇年代半ばの水準をわずかに超えるところまで回復した。

中国はまた、世界有数の工業大国の一つとなった。筆者が世界銀行データベースのデータに基づき、実際の購買力平価に即して計算したところによると、一九七五年の中国の工業付加価値額は世界の総生産量の三・四%を占めた。一九八〇年には中国の石炭生産量は世界の総生産量の一六・六%を、セメントと化学肥料の生産量はそれぞれ一〇・五%と一〇・四%を占め、さらに鉄鋼の生産量は五・〇%を占めていた。[27]

中国の工業化は、基本的にソ連の重工業優先発展モデルであった。一九二八～一九四〇年の間に、ソ連の工業総生産額は六・五倍に増え、そのうち重工業は一〇倍に増えた。第二次世界大戦前、ソ連の工業生産額は国民経済全体の八四%を占めていた。中国の場合、一九五二～一九七八年の間に工業総生産額は一七倍に増加し、年平均成長率は一一・三%、そのうち重工業は二九倍に増加、年平均成長率は一三・七%であった。工業生産額が国民所得全体に占める割合は、一九五二年の一九・五%から一九七八年には四六・八%に増加した。[28]労働生産性は三～四倍に上がり、就業単位の数も倍増した。国家統計局の統計によれば、労働生産性の平均成長率は三・五%で、一九七八年の労働生産性は、一九五二年を四・五%上回り、新たに増えた就業単位は二億、就業人数も倍に増えた。一九五二年の全国就業人数は二億七〇〇〇万人であったが、一九七八年には四億二〇〇〇万人とほぼ倍になった。そのうち、都市部の就業人数は三・八倍に増加し、年平均増加率は四・一%に上った。一方、農村部の就業人数は六八%増加し、年平均の増加率は二・〇%であった。都市部の就業人数増加率は農村部の倍で、就業増加弾性係数は〇・四三であり、これはGDPが一%成長するごとに、就業も〇・四三%増えることを意味している。産業構造という点でも、この時期は歴史上最も変化が激しかった。一八九〇年には近代産業は国民総生産のわずか〇・七%を占めるに過ぎなかったが、その割合は年平均〇・一ポイントずつ増加し、一九三三年には五・三％となった。一九四九年にこの割合は一〇・四％となったが、これは毎年〇・三ポイントずつ増えた計算である。一九七八年には、その割合は六七％にまで達した。つまり、**一九四九～一九七八年の間に毎年平均一・九ポイントずつ増えたということであり、一九四九年以前の変化率を大きく上回っている。これは、産業構造の近代化・高度化がこの時期大きく前進し、中国経済の近代化が過去のいかなる時期をも上回っていたことの表れである。**

二、中国社会の近代化の変遷

経済において未曾有の発展と近代化を成し遂げた中国は、社会の進歩や社会全体の近代化という点でも目に見える成果を勝ち取った。人類の発展を示す主な指標において、一九四九～一九七八年に中国は驚くべき結果を残している。

第一に、低収入という条件下で、高出生率・高死亡率から低出生率・低死亡率へと、近代的人口再生産モデルへの転換を速やかに成し遂げた。一九五二年の中国の出生率と死亡率は、それぞれ三七・〇‰、一七・〇‰であり、自然人口増加率も二〇・〇‰と高い水準にあった。しかし、一九七八年には、出生率と死亡率がそれぞれ一八・二五‰、六・二五‰にまで急速に低下し、自然人口増加率も一二・〇‰と大幅に低下した（表7－6）。

表7-6　中国の総人口・出生率・死亡率・自然人口増加率（1952～1978年）

年	総人口（万人）	出生率（‰）	死亡率（‰）	人口増加率（‰）
1952	57482	37	17	20
1955	61465	32.6	12.28	20.32
1960	66207	20.86	25.43	-4.57
1965	72538	37.88	9.5	28.38
1970	82992	33.43	7.6	25.83
1975	92420	23.01	7.32	15.69
1978	96259	18.25	6.25	12

資料出典：国家統計局人口和社会科技統計司編『中国人口統計年鑑（2003）』、北京、中国統計出版社、2003。衛生部編『中国衛生統計年鑑（2003）』、北京、中国協和医科大学出版社、2003。

次に、人的資本が急速に成長したことが挙げられる。一九五〇年時点では、中国はまだ非識字率が比較的高い国であった。一九七〇年代になり、学齢児童の入学率は一九五二年の四九・二〇％から一九七八年の九五・九〇％へと上昇し、成人の非識字率も一九四九年の八〇％から二五％へと急減した（一九八二年は二二・八％）。筆者らの推計によれば、一九五〇年の中国では一五歳以上の人口の一人あたり就学年数は平均で一・〇〜一・五年に過ぎなかったが、一九七八年には四・〇年になった。また、一九四九年には大学卒業者はわずか一八万五〇〇〇人だったが、一九八二年には六一〇万人に達した。これらの大卒人材は、中国の改革開放期における重要な人的資本となった。

マディソンの推計によれば、一〇の国家・地域において一九五〇〜一九七三年の間に、一五〜六四歳の人口の一人あたり就学年数が最も増えたのは台湾と韓国であり、次いで日本とアメリカ、中国は第五位で、およそ二・五年延びたという（表7-7）。**学校教育の浸透レベルとその上昇幅は、インド（一・二五年）の二倍に相当する。**

筆者の推計では、一九七五年における中国の総人的資本（一五〜六四歳の人口と、一五歳以上人口の平均就学年数の積）が世界全体に占める割合は一七・五％で世界一であった。一方、インドの割合は七・三％であり、中国はインドの倍以上であった。[29]

第三に、都市部でも農村部でも人民の健康水準が大幅に改善したことで平均余命が大幅に伸び、乳児死亡率と妊婦死亡率も大幅に減少したことが挙げられる。世界銀行の資料によれば、中国の五歳以下の児童の死亡率は一九六〇年には二二五‰だったが、一九八〇年には六四‰にまで低下し、毎年平均八・〇五‰のペースで減少した計算になる。妊婦の死亡率は、一九五〇年にはおよそ一五‰であったが、一九八〇年には一‰にまで下がった。世界銀行は、経済成長率が比較的低い状況下（平均収入の伸びが四％であった一九六〇〜一九七九年を指す）でこれらが達成されたことを、とくに注目すべき点としている。[30]

新中国成立前の中国人の平均寿命は三五歳程度であり、世界平均（四九歳）よりも短かった。しかし、一九八〇年には六六・八歳と三二歳も延び、世界の平均寿命（六二・六歳）より長いだけでなく、中所得国の平均寿命（六五・六歳）よりも長くなった（表7-8）。

国際的な比較では、西欧の平均寿命が三六歳から六七歳に、アメリカの平均寿命が三九歳から六八歳に、そして日本の平均寿命が三六歳から六七歳に延びるのに百三十年かかった（一八二〇〜一九五〇年）のに対し、中国の平均寿命が三五歳から六七歳に延びるのには三十年（一九五〇〜一九八〇年）しか要していない（表7-8）。中国の平均寿命の延びは世界平均をはるかに上回り、先進国のそれをも上回っていた。このことは中国が国民の健康発展指標において「収れん」傾向、すなわち先進国に追いついたことを示している。

表 7-7　15 ～ 64 歳人口の平均就学年数の国際比較（1950 ～ 1973 年）

単位：年

国／地域	1950	1973	1950~1973年の増加量
フランス	9.58	11.69	2.11
ドイツ	10.4	11.55	1.15
イギリス	10.84	11.66	0.82
アメリカ	11.27	14.58	3.31
スペイン	5.13	6.29	1.16
中国	1.6	4.09	2.49
インド	1.35	2.6	1.25
日本	9.11	12.09	2.98
韓国	3.36	6.82	3.46
中国台湾	3.62	7.35	3.73

注：初等教育は 1、中等教育は 1.4、高等教育は 2 として計算。
資料出典：Angus Maddison, Monitoring the World Economy : 1820-1992. Paris : OECD, 1995.

表 7-8　平均寿命の国際比較（1950 ～ 1980 年）

単位：歳

国／地域	1950①	1960	1970	1980	1950~1980年の増加量
中国	35	36.32	61.74	66.84	31.84
アメリカ	68	69.77	70.81	73.66	5.66
イギリス	-	70.76	71.67	73.78	
フランス	65	70.24	72.01	74.18	9.18
ドイツ	67	69.54	70.46	72.63	5.63
日本	61	67.67	71.95	76.09	15.09
韓国	-	54.15	59.93	66.84	
インド	32	44.33	49.37	54.18	22.18
中所得国	-	45.72	61.2	65.64	
高所得国	-	68.92	70.86	73.76	
世界平均	49	50.24	58.63	62.57	13.57

資料出典：① 1950 年のデータは Angus Maddison, The World Economy : A Millennial Perspective. Paris : OECD, Table 1-5a, 2001. より。ただし、中国のデータは国家統計局のデータによる。そのほかの年のデータは World Bank, World Development Indicators, 2004. より。

第四に、人間開発指数（ＨＤＩ）においても明らかな進展が見られた。一九五〇年時点で、中国は世界で最も人間開発指数が低い国であり、その数値はわずか〇・二二五とインド（〇・二四七）より若干低く、人間開発がきわめて低い水準にあった。しかし、一九七〇年にはその数値は〇・五二三にまで上昇し、インド（〇・四〇七）に大きく差をつけた（表7－9）。とはいえ、全体としてはまだ人間開発指数が低い部類の国家であった。

表7-9　人間開発指数の国際比較（1950～1975年）

国	1950	1975	1950~1975年の変化量
中国	0.225	0.523	0.298
インド	0.247	0.407	0.16
日本	0.607	0.854	0.247
アメリカ	0.866	0.863	-0.003

資料出典：1950年のデータはNicholas Crafts, The Human Development Index, 1870-1999 : Some Revised Estimate, European Review of Economic History, 6, pp.495~505, 2002. より。1975年のデータはUNDP, Human Development Report 2002, Oxford University Press, pp.153~154, 2002. より引用。

一九五〇～一九七五年にかけて、中国の人間開発指数は大幅に向上し（表7－9）、人間開発においても日本やアメリカなどの先進国を「追い上げ」、その差は経済発展における先進国との差（国際米ドル換算の一人あたりＧＤＰによる比較）よりも明らかに小さくなった。これは、社会主義制度を取り入れた中国が、同時期のインドに比べ人間開発水準が高かったのみならず、先進諸国と比べてもその進歩がはるかに早かったことを意味している。これこそが、毛沢東時代の最も顕著な成果だといえよう。

第五に、中国の社会構造にも顕著な変化が現れた。たとえば、（一）都市人口が総人口や農村人口を上回る勢いで急激に増加し、都市化の比率が右肩上がりで高まった。（二）都市の非農業就業者数が、総就業者数および農業就業者数を上回る勢いで増えた（表7－10）。これにより都市部の就業者比率が高まり、農村部の就業者比率が低下した。（三）総人口就業率（就業者数と総人口の比率）が、一九五二年の三六・一％から一九七八年の四一・七％へと上昇した。その主な要因は、女性の就業率が高まったことであった。一九三〇年代には女性が担っていたのは農業労働の二〇％に過ぎなかったが、経済成長期に入って女性の就業率は上昇し続け、一九七八年には四五％前後に達した。（四）労働と人的資本への投入量が高い成長を維持し続けた。筆者の推計によれば、一九五二～一九七八年の労働投入の増加率は二・六％、人的資本投入の増加率は四・一％であり、両者を合わせた総人的資本投入は六・七％の増加であった。このほか、科学技術者の総数も急増した。一九四九年には全国でわずか五万人であったが、一九六六年には二五〇万人、一九七九年には五〇〇万人に達し、その九九％は、一九四九年以降に養成された人材であった[31]。

表 7-10　中国の人口と就業人口の年平均成長率（1952～1978 年）

単位：％

	1952 ～ 1978		1952 ～ 1978
総人口	2	都市就業者数	5.3
都市人口	3.31	農村就業者数	2.01
農村人口	1.69	第一次産業就業者数	1.91
労働年齢人口	2.56	第二次産業就業者数	5.99
就業者数	2.58	第三次産業就業者数	3.74

資料出典：国家統計局国民経済総合統計司編『新中国五十年統計資料匯編』2 頁、北京、中国統計出版社、1999。国家統計局編『中国統計年鑑（2004）』95 頁、120 頁、122 頁、北京、中国統計出版社、2004。

第六に、一九四九～一九七六年の二十七年間における社会発展で最も重要な成果は、近代史上のいかなる時期よりも公平な社会を実現し、広範な人民大衆、とくに労働者・農民が社会の主人公としての地位を獲得したことである。世界銀行は一九八〇年代初めの中国に関するレポートの中で、次のように指摘している。**中国のきわめて平等な社会は、これまでの発展戦略と現在の体制の二つによって創造されたと言うことができる。都市部の収入格差は非常に少なく、極度の貧困は存在しないと言ってよい。ただし、都市と農村の平均収入にはきわめて大きな格差が存在する。**これは、ほかの途上国における格差とも等しい。さらに一部の国と同様、公共サービスの提供が都市住民に偏っているため、生活水準を基準にすると、都市と農村の格差はさらに広がる。レポートはさらに次の点も指摘している。総人口に占める割合はわずかではあるが、極端な低所得者層が少なからず存在している。ただし、大多数の途上国の同レベルの低所得者層に比べると生活水準はかなり高い。農業集団化（人民公社）は極貧農民の発生を防ぐ役割を果たした。最低限の食糧需要は国家が保障しており、小学校入学者数も多い。基本的な医療衛生サービスや計画出産のためのサービスを大多数の人が享受している。その結果、ほかの途上国の極貧層に見られる苦難、たとえば、飢えや病気、出生率が高く嬰児死亡率も高いという状況、非識字率の存在、常につきまとう極貧への転落の不安、餓死の恐怖といったことは、中国においては基本的に解消されていた。平均寿命はさまざまな社会・経済変数によって左右されるため、実際の貧困の度合いを最もよく表している指標といえる。中国は低所得国の部類に属していながら、その平均寿命は突出して長かった（一九八〇年で六七歳）[32]。最も貧しい省ですら、その平均寿命は中所得国と遜色なかった。一九七九年の農村部におけるジニ係数は〇・二六で、これは農村部の収入格差がほかの東アジアの国々（〇・三〇〜〇・三五）よりも小さいことを示している[33]。

三、中国の国際的地位

中国は世界有数の政治大国の一つとなった。一九七〇年代に国連安保理常任理事国に復帰し、アメリカ・ソ連・イギリス・フランスとならんで拒否権を有する「五大国」の地位に返り咲いた。

政治力、軍事力、総合的な国力の面で世界有数の強大な国となり、国際社会における地位も確立された。中国は、アメリカ・ソ連・フランスと並ぶ世界の四大核武装国となった。一九六四年一〇月一六日から一九七六年九月にかけて、一九回の核実験と数多くのミサイル発射実験をおこない、人工衛星六基を打ち上げた[34]。筆者らの推計によれば、一九八〇年における中国の総合国力は世界総計の四・七％を占めており、アメリカ（二二・五％）、ソ連（データなし）、日本（六・〇％）に次ぐ位置を占め、インド（三・四％）を上回っていた[35]。鄧小平が一九八〇年六月に述べたように、中国の国際的地位は中華人民共和国成立後に大幅に向上したのである。

毛沢東時代の中国が成し遂げた近代化の成果は、中国近現代史上かつてないものだったというだけではなく、世界史的に見ても特筆すべきものだったといえる。工業化・近代化の落伍者であった中国は、人民共和国成立初期に二つの可能性に直面していた。一つは、工業化開始の時期の遅さ、経済発展の起点の低さ、社会発展の条件の未成熟といった要因、さらには「ギャップの拡大」理論に照らして、先進工業国との格差がさらに拡大し、よりいっそうの「分岐」が生じる可能性。もう一つは、格差の大きさがかえって「後発の優位性」を生み出し、それを十分に生かすことで「分岐」とは正反対の、先進工業国との格差の「収れん」が生じる可能性である。これまで見てきたように、近代的要素の空前の流入と成長、近代化プロセスの加速、工業化の本源的蓄積の急増、人口統計学上の驚くべき変化の発生、曲折を経ながらの都市化の進展などが、この時期の中国で実際に生じたことであり、平均収入の面ではまだ「収れん」は見られなかった（一九五〇〜一九五七年については明らかに「収れん」の傾向にあった）が、百年以上（一八二〇〜一九五〇年）続いた「分岐」の拡大はすでにくい止められていた。主な社会指標、とくに人間開発指数においては明らかに「収れん」が見られ、所得水準は依然として低いものの、指数は比較的高い水準に達している。最も重要なのは、**これらの近代化の成果が鄧小平時代の基盤になった点である。**

第三節　毛沢東の誤りに対する評価

どのようなものであれ、重大政策の正否に対しては、政策の進行中もしくは事後に科学的な手法を用いた定量評価（客観的データに基づく評価）をおこなうことができる。毛沢東の政策決定における重大な誤りはさまざまな損失を生み出した。それらに対しては、客観的データと論理的思考に基づく分析を加える必要がある。それは経済成長や人的資本の蓄積に与えた累積的ダメージ、「文化大革命」による国家制度の破壊の度合い、新中国成立以降の政治運動がもたらした影響などを量的・質的に推計していく作業になる。研究の結果は、次のことを明らかにしている。**「大躍進」と「文化大革命」期に、中国の経済成長は大きなダメージを被り、人的資本の損失も膨大だったこと、こうした重大な政策的誤りがなければ、一九七八年時点における経済成長や人的資本の蓄積は実際をはるかに上回るものになっていた、ということである。**

一、経済損失に対する定量的評価

まず、「大躍進」と「文化大革命」の経済損失について、中国経済の長期的潜在成長率と実際の成長率との比較から定量的に見積もってみたい。前者は中国の経済成長に影響を与える各種要素の総合的作用を表しており、後者は実際の成長率を表している。両者のギャップは、実際の成長率と長期的経済成長傾向との隔たり、すなわち、政策決定の誤りによる経済損失とみなすことができる。

筆者の推計によれば、中国の長期的潜在成長率は九％前後である。一方、新中国成立以降の実際のGDP成長率は、一九五二～一九五七年が九・二％、一九五七～一九七八年が五・四％、一九七八～二〇〇三年が九・三％と、前後の時期が高く、中間期（一九五七～一九七八年）が四ポイントほど低くなっている。

この一九五七～一九七八年の長期的潜在成長率を、その前後の時期の成長率に基づいて七・五～九・〇％と仮定し（表7－11）、七・五％を下限、九・〇％を上限とする。「大躍進」や「文化大革命」の影響により、同時期の実際のGDP成長率は五・四％で、七・五～九・〇％という仮定数値より低い結果となっている。また、一九五二～一九七八年の期間で見た場合、実際のGDP成長率は六・一％で、七・九～九・〇％という仮定数値からは二～三％低くなっている。筆者は政策決定の誤りによる経済損失は、経済成長率の三分の一～四分の一に相当すると推計した。一九七八年以降は経済政策の誤りが減ったため、実際の経済成長率が長期的経済成長傾向や潜在成長率（九％）に近づき、時にはそれを上回る局面も見られるようになった。

経済成長の累積効果という観点から見ると、一九七八年の実際のＧＤＰは一九五二年の四・七倍だが、仮定状況におけるＧＤＰは一九五二年の七・二～九・五倍にも相当する。すなわち、失政による経済損失は一九七八年の仮定ＧＤＰ総量の二分の一から三分の一に相当すると推計できる。[36]同様の方法により、そのほかの条件（人口成長率、就業者数増加率などが変わらない前提で、一人あたりＧＤＰ成長率と労働生産性の実際の成長率を仮定の値と比較すると、いずれも仮定の値を下回っている（表７－11）。

この結果から、もし「大躍進」と「文化大革命」が起こらなければ、中国大陸の経済成長率はもっと高く、少なくとも潜在成長率（九％前後）には達していたと考えられる。周辺の同水準の途上国よりも高く、日本や韓国、台湾などに近い数値を記録していたであろう。一九七八年以降の実際の経済成長率では、中国は九・三～九・五％と高い成長力を記録しており、これは一九五二～一九五七年の経済成長率とかなり近い数値である。つまり、重大な失政による経済成長率への影響は、三～四ポイントの間であったといえる。

次に、中国経済に現れた顕著な変動について見てみる。一九六五～一九七七年の間には、一九六五年・一九七〇年・一九七三年そして一九七五年という四つの経済的ピークと、

表7-11　異なる状況下における中国経済成長のパフォーマンス比較（1952～1978年）

単位：％

	GDP成長率	人口成長率	一人あたりGDP成長率	就業者数増加率	労働生産性成長率
実際の状況					
1952~1957	9.2	2.4	6.8	2.8	6.4
1957~1978	5.4	1.9	3.5	2.5	2.9
1952~1978	6.1	2	4	2.6	3.5
仮定の状況					
1957~1978（A）	9	9	7.1	2.5	6.5
1957~1978（B）	7.5	7.5	5.6	2.5	5
1952~1978（A）	9	2	7	2.6	6.4
1952~1978（B）	7.9	2	5.9	2.6	5.3

注：実際の状況の数字は国家統計局国民経済総合統計司編『新中国五十年統計資料匯編』（北京、中国統計出版社、1999）1～4頁掲載のデータから計算した。仮定の状況は「大躍進」と「文化大革命」が発生しなかった場合の経済成長のパフォーマンスである。Aは成長率を上限の9.0％と仮定した場合、Bは下限の7.5％（1957～1978年）、7.9％（1952～1978年）とそれぞれ仮定した場合である。仮定状況はAとBの間である。

一九六七年・一九七二年・一九七四年そして一九七六年の四つの谷が見られる（図7－1）。この谷は明らかに当時の政治闘争によってもたらされたものであり、政治闘争が経済成長に大きな影響を与えていたことを示している。また、同時期の投資と経済の変動を重ねてみると、一九六七年・一九六八年・一九七六年には投資の伸びがマイナス（それぞれマイナス二六・三%、マイナス一九・三%、マイナス一一・一%）になっている。この時期は厳しい価格統制が敷かれていたため、インフレ率にそれほど大きな変化は見られない。この点は改革開放期と状況が大いに異なる部分である。

図7-1　経済の変動（1965～1977年）

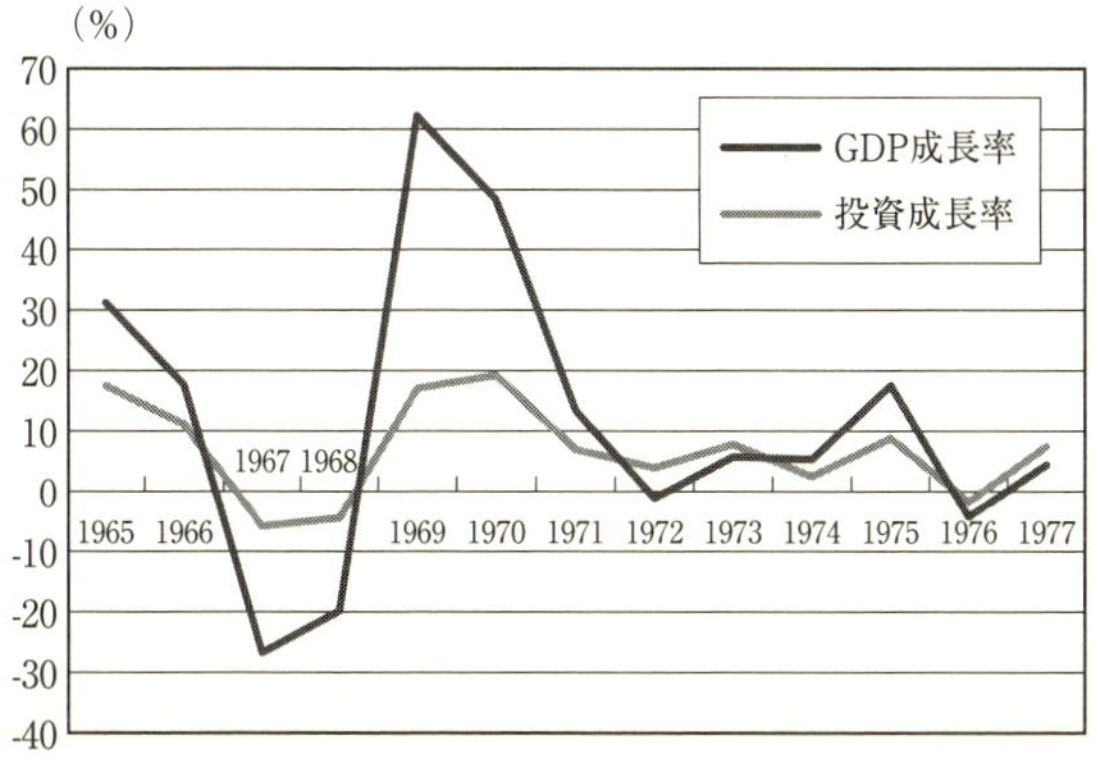

資料出典：国家統計局国民経済総合統計司編『新中国五十年統計資料匯編』5頁、7頁、北京、中国統計出版社、1999。

図7-2　中、印、日三カ国のGDPが世界に占める割合（1950～1978年）

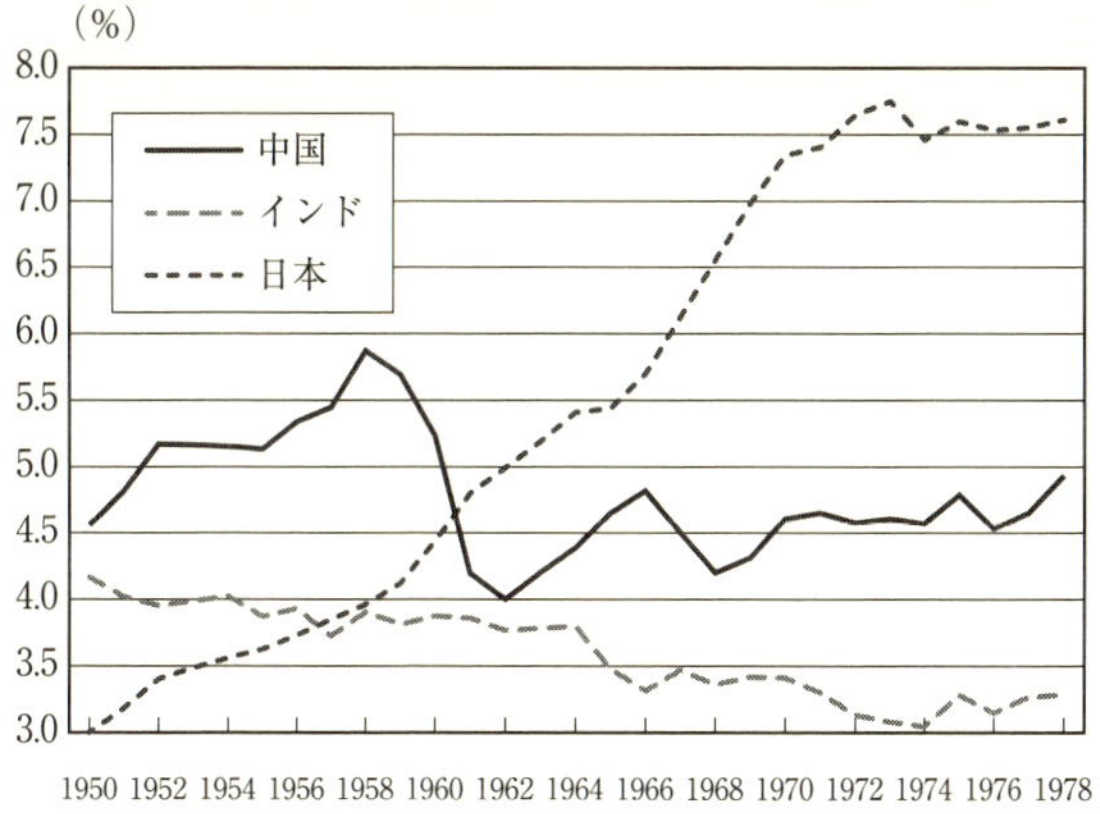

資料出典：Angus Maddison, The World Economy : Historical Statistics, Paris : OECD, 2004.

さらに、「大躍進」と「文化大革命」期の中国のGDPが世界に占める割合を、インドおよび日本と比較してみると（図7－2）、一九五〇年は中国が最も高く、次いでインド、日本の順であり、中国の経済発展の起点は日本よりも高かったことがわかる。しかし、一九七八年までの間にインドのGDPが世界に占める割合は緩やかに下降し続け、逆に日本の割合は一九五〇年の三・〇%から一九七三年には七・八%近くへと急速に上昇し、その後もほぼ同程度の値を維持していた。一方、中国経済には乱高下の傾向がはっきりと見て取れる。新中国成立初期の経済発展の黄金期には、四・五%から五・九%近くにまで上昇し、日本と比べても遜色ない成長を遂げていた。しかし、その後の「大躍進」により中国経済は大きな打撃を受け、一九六二年には四・〇%前後にまで落ち込んだ。かたや日本は依然として成長を続け、一九六一年頃には中国を追い越し、その後も程度の差こそあれ中国を上回っている。一九六二～一九六六年には、中国のGDPが世界に占める割合は若干回復傾向にあったが、一九六六年以降、とくに「文化大革命」の最初の二年間は再び急激に落ち込み、その後は四・五～五%の間を推移し続けた。

　同様の傾向は、中国とインドの一人あたりGDPの比較においても見ることができる（図7－3）。新中国成立初期には、中国の一人あたりGDPはインドよりも低かったが、その後急速な追い上げを見せ、一九五八年にはインドの水準に近づ

図7-3　中、印両国の一人あたりGDP比較（1950～1978年）

単位：ドル（国際米ドル換算）

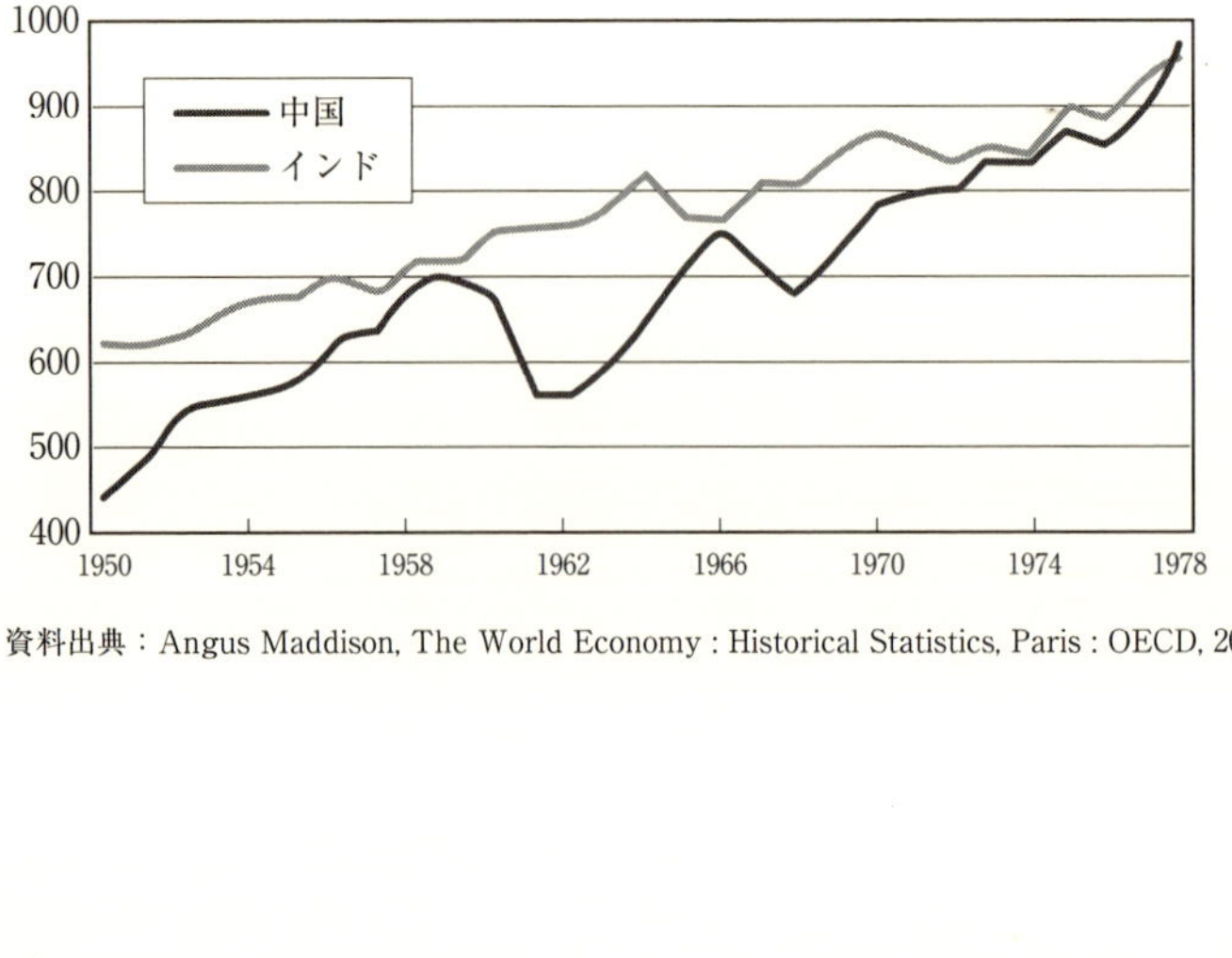

資料出典：Angus Maddison, The World Economy : Historical Statistics, Paris : OECD, 2004.

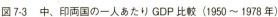

いた。しかし、「大躍進」と「文化大革命」により、中国の一人あたりGDPは一九六二年と一九六八年の二度にわたって大きく後退、インドを追い越したのはようやく一九七八年になってからである。ここから、国家指導者の失政や非理性的な政治運動が、経済発展に重大なマイナス影響を与えたことが読み取れる。もし一九六六年の時点で、世界経済に占める中国と日本の経済規模の変化を国際比較の観点から注意深く見る目が毛沢東にあったならば、「文化大革命」が中国にこれほど痛切な教訓をもたらすことはなかったかもしれない。

さらに、中国大陸と台湾の一人あたりGDPを比較してみる。一九五〇～一九七八年の期間における中国大陸と台湾のGDPは、絶対的・相対的、どちらの差も一貫して広がり続けた。一人あたりGDPの相対的な差について見てみると、これまでの分析同様、「大躍進」と「文化大革命」が大陸人民の所得水準に重大な影響を与えたことがわかる。一九五〇～一九五八年には、台湾の一人あたりGDPは大陸の二倍前後であった。しかし、「大躍進」によってこの傾向が打ち破られ、わずか三年で三倍に拡大した。一九六二～一九六六年の間は比較的安定していたが、「文化大革命」の発動により再び急拡大し、「文革」の十年間でその差は三倍から五倍前後にまで広がった（図7－4）。台湾の経済成長の奇跡と、急速に拡大する台湾と大陸人民の収入格差を当時の毛沢東が認識していなかったことは明らかである。

図7-4　中国大陸と台湾の一人あたりGDPの相対的比較
（1950～1978年）

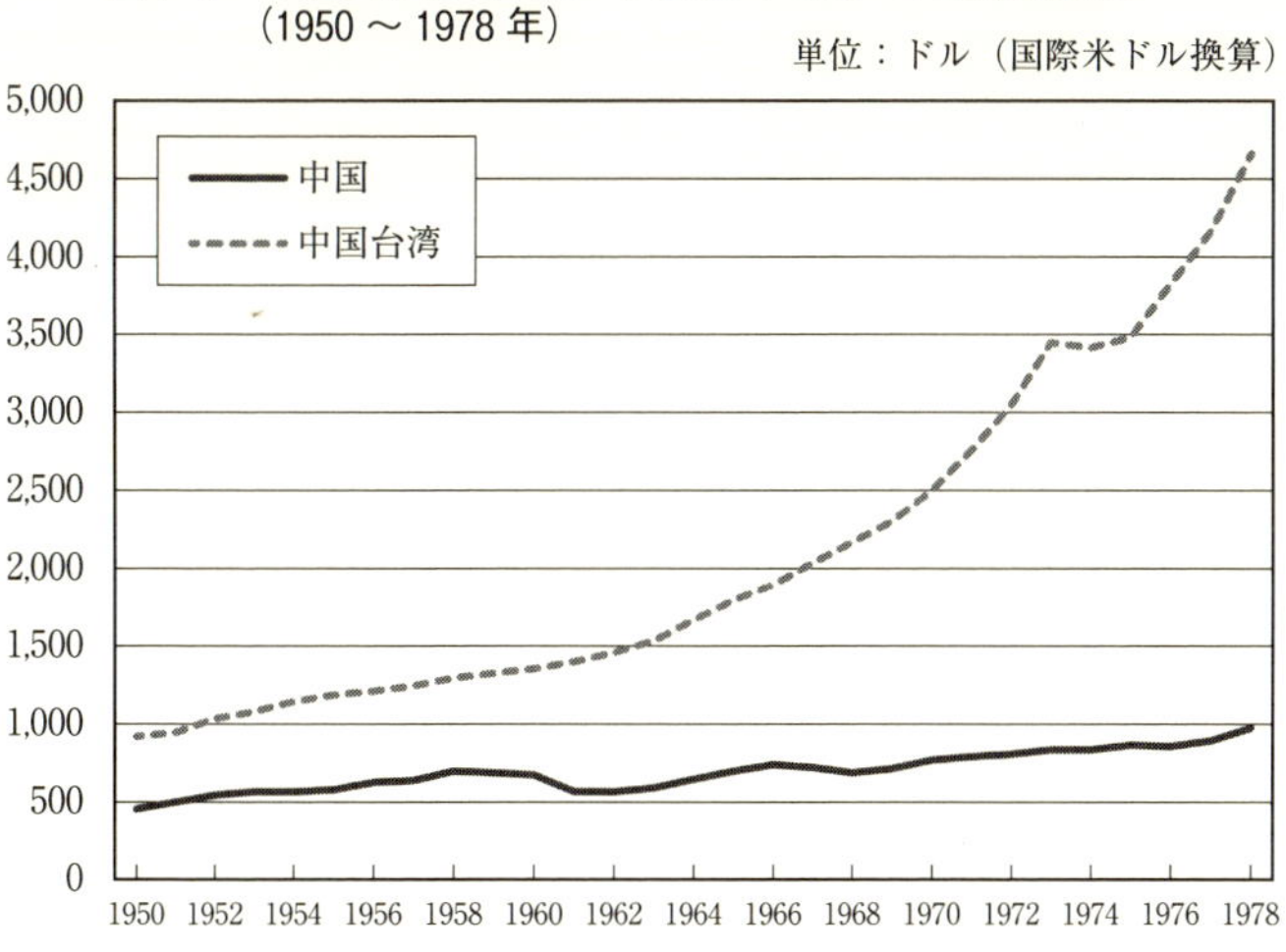

資料出典：Angus Maddison, The World Economy : Historical Statistics, Paris : OECD, 2004.

国際比較と国内比較を通じてわかることは、経済成長において中国は他国との競争に大きく遅れをとっていたという事実であり、それは戦略上・政策上の重大な誤りがもたらした深刻な結果だった。党の集団指導体制が機能していた時期は、重大かつ全面的な誤りを避けることができ、その結果、経済もスピーディかつ健全な発展を持続することができた。しかし、党内民主が機能不全に陥った時期には政策の誤りが不可避的に生じ、しかも修正することが難しくなった。その結果、中国経済の発展も大きな挫折を味わうことになったのである。

二、人的資本の蓄積に対する損失の評価

「文化大革命」は経済成長だけでなく、人的資本の蓄積に対しても、それを長期にわたって中断させるダメージを与えた。鄧小平が言うところの「『文化大革命』による最大の損失」である。[37]

人的資本の投資と蓄積の最重要領域は教育（正規教育および非正規教育を含む）であり、教育はすべての土台となる。「文化大革命」はこの土台にはかり知れない打撃を与えた。その影響は後世にまで続くものであり、ほかの領域よりもはるかに深刻であった。当時強行された「教育革命」は、教育を根本的に破壊してしまった。一九六六年夏には、すべての大学が授業を停止し、高校・中学もこれに続いた。一九六七年春に一部の高校・中学は授業を再開したが、大学の授業は三～四年にわたって中断され、学生の募集も停止されたため、学生数は減る一方であった。この時期の正規教育人口（七～二三歳を指す）に非正規教育（職業教育や社会人教育など）人口を加えると、その数は膨大になる。そのため、ほかの領域に比べて「文化大革命」の影響を受けた人数もはるかに多かった。たとえば、大学生の数は激減し（図7－5）、「文化大革命」の十年間で全国の大学卒業者は一〇〇万人、高校・中学の卒業者は二〇〇万人も減少、大学院は募集そのものを停止した。[38] また、大学生の数だけでなく、その質も大きく低下した。国務院科教組〔訳注…現在の教育部〕が一九七二年五月八日に配布した「北京市革命委員会科教組の高等教育機関補習班試験運用に関する報告」では、北京市にある一一の高等教育機関に入学した労働者・農民・兵士出身の学生について、中学以上のレベルに達している者が二〇％、中学程度のレベルが六〇％、小学校レベルの者が二〇％と、知的水準のばらつきがひどく、そのため半年間の「基礎的学力」の補習を余儀なくされた、と述べられている。[39]「文化大革命」がもたらした人的資本の損失に関する蔡昉・都陽の試算からは、学制の短縮（六・三・三の十二年を九年または十年に短縮）、大学・専門学校の授業停止、教育内容の変更、職業教育の停止などによって人的資本の蓄積量に変化が生じ、その後の蓄積にも影響を与えたことがわかる。一九八二年の一五歳以上の人口の平均就学年数は四・八年であったが、「文化大革命」

図 7-5　中国の大学在校学生数（1949 ～ 1978 年）

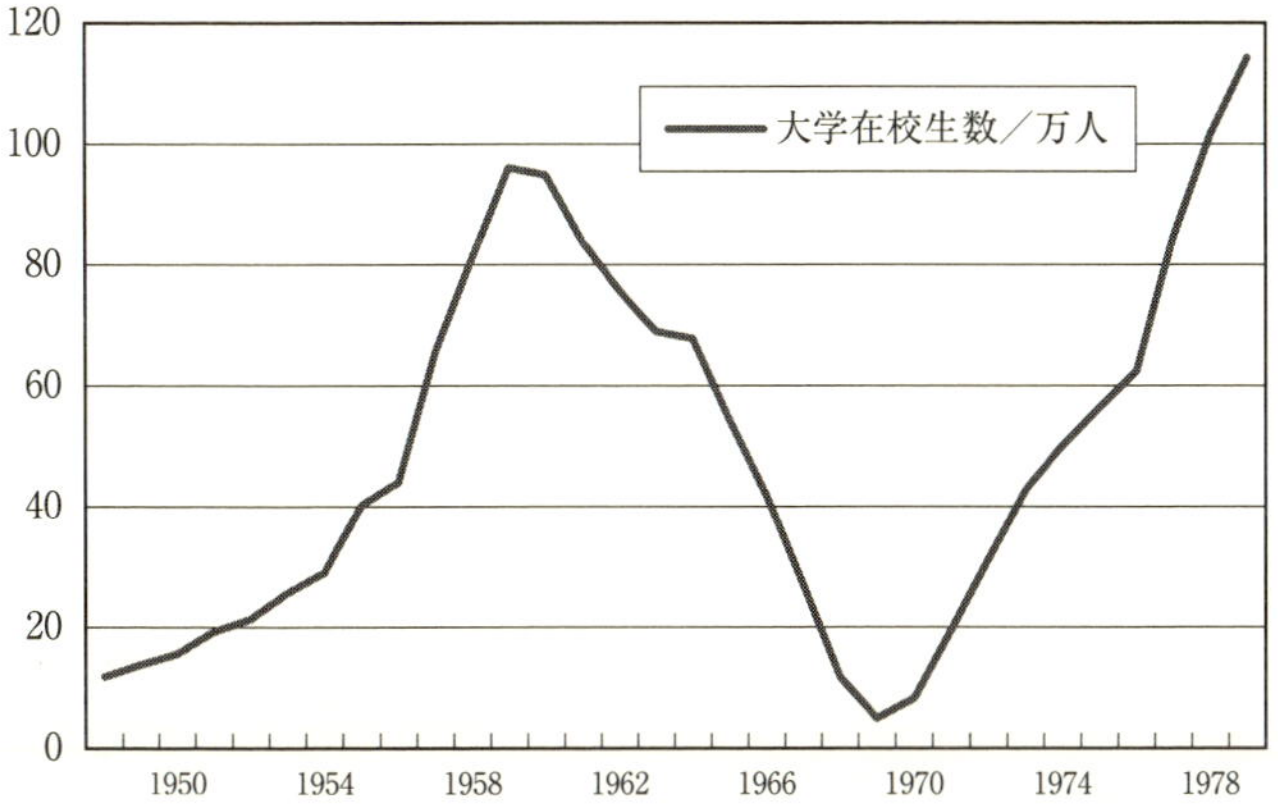

資料出典：国家統計局国民経済総合統計司編『新中国六十年統計資料匯編』72頁、北京、中国統計出版社、2010。

の影響が一切なかったと仮定すると、この数字は五・六年に延びていたと推定される。つまり、**「文化大革命」は潜在的な人的資本の蓄積を一四・三％減少させたといえる。蔡昉・都陽によれば、「文化大革命」による人的資本蓄積への影響は長期的かつ根深いものであり、現在の都市部の失業者の大半がその犠牲者だという。**[40]**また今後、退職年齢や高齢化を迎えると、この層のほとんどが低所得者層、貧困層を構成するようになる、と彼らは考えている。人的資本の水準低下、熟練技能・専門技能の不足がその直接的要因である。**

「文化大革命」期には、科学技術事業も大きなダメージを受けた。多くの研究機関が科学研究を中止し、なかには閉鎖、あるいは破壊されたものもあった。中国で最も研究機関が集中している中国科学院は最大の「被災地」の一つであり、もとは百余りあった研究単位が、一九七三年には五三とほぼ半減し、研究者と職員の数も六万人から二万八〇〇〇人に減少、経費も大幅に削減された。一九六七年の経費は一九六五年のわずか一六％に過ぎず、一九七〇年以降は若干増加したものの、一九七六年時点でも一九六五年より三割以上少なかった。一九七七年に中国科学院党組書記の方毅が、中国科学院工作会議において次のように述べた通りである。「ここ数年、新技術の重要な分野において、世界の先端水準との差は大きく広がり、基礎理論の多くの分野においても研究が停滞している。このような状況では、国民経済や国防建設にとって鍵となる重要な科学技術上のテーマがほとんど手つかずの状態になる」「科学技術分野は人材不足に陥り、研究設備や実験方法も時代遅れで、学問の気風は廃れてしまった」。

文芸・文化事業についてはほぼ「壊滅」状態であった。「八億の人口に八つの革命模範劇」と言われるように、ほとんどすべての伝統芸術は上演されなくなった。多くの文芸関係者が「五七幹部学校」送りとなり、残ったのは毛沢東と「文化大革命」を賛美する演目のみであった。**「文化大革命」は、文化芸術の「命」を絶ったといっても過言ではない。**

「文化大革命」期には出版事業も大幅に後退した。一九六五年には全国で図書二万一四三点、雑誌七九〇点、新聞三四三点が刊行されていたが、一九六八年には図書三六九四点、雑誌二二点、新聞四二点と、それぞれ一九六五年の一八・三%、二・八%、一二・二%しかなかった[41]。

この時期、文化遺産に対しても史上空前の破壊がおこなわれた。指導者の号令と支持の下で紅衛兵が敢行した「破四旧」運動によって、数千年にわたって伝えられてきた歴史文物・書物・遺跡・寺院・墳墓・建築などの伝統文化遺産が、一九六六年後半の数カ月間だけで大量かつ徹底的に破壊された。これは中華民族の恥であり、祖先に対する不孝の行為であった。

三、国家制度と公民権の破壊がもたらした損失の評価

一九七五年四月、当時の中央政治局常務委員で国務院副総理の張春橋が「ブルジョア階級に対する全面的独裁を論ず」と題する一文を発表し、「すべての領域、革命のあらゆる発展段階において、ブルジョア階級に対する全面的な独裁を堅持しなければならない。ブルジョア階級の存在を許さず、発生もさせないために、途中で立ち止まることがあってはならない[42]」と主張した。「文化大革命」は党および国家指導者や党外民主人士、さらには一般公民に対する史上類を見ない「全面的な独裁」であり、林彪グループと江青グループによる独裁的統治は十年の長きに及んだ。特別法廷の審問において、江青は自分が「傘をさした和尚――法も天もない〔訳注：「髪」と「法」は中国語で音が同じ。和尚は「無髪」、すなわち「無法」に通ずる〕」であると語り、悪びれるそぶりも見せなかった。陳伯達もその供述において、「文化大革命」は「狂気の沙汰」であったと認めた。十年にわたる「文化大革命」は、こうした「法も秩序も関係ない」「狂気の」人物たちの時代であった[43]。

毛沢東の主観的願望がどれほど素晴らしいものであったとしても、彼が発動した「文化大革命」は国家制度の基本を破壊し、その後長きにわたって代償を支払う結果を生んだ。

党の組織も、機能不全に陥った。一九六七年、一九七一年、一九七二年、一九七六年には、毎年一、二回開かれることに

なっていた中央全会も開催されず、中央書記処は業務を停止、のちには解散させられた。党中央に代わって「中央文革小組」が、中央政治局常務委員会・政治局会議および書記処会議に代わって「中央文革小組連絡会」が実権を握るようになった。指導体制の「一元化」が実行され、党がすべてを独断で動かし、すべてに関与する「党政不分」「党をもって政府に代える（以党代政）」状況がつくりだされた。

一九六九年七月三日、党中央組織の簡素化が提起され、党中央機関のうち中央文革小組[44]・中央弁公庁・中央組織部・中央連絡部などは残し、中央宣伝部・中央調査部・中央監察委員会などの部門はいずれも下部機関への委譲や合併、または廃止の措置がとられた[45]。

憲法の規定する基本的制度の破壊も深刻だった（コラム7－2）。毎年定期的に招集されていた全国人民代表大会および常務委員会会議・全国政治協商会議・最高国務会議および国務院会議はいずれも開催されず、裁判所・検察院およびそのほかの司法機関は業務を中止、各民主党派も活動を停止した。

一九六九年七月三日の国家機関簡素化案により、国務院に属する六二の部門は二一単位に統合され、下放された職員は合計二一万人にも上った[46]。

一九六八年三月三〇日、毛沢東は「革命委員会」の経験を、革命的幹部・人民解放軍および革命大衆代表の「三結合」であると総括した。一元的指導体制の実行により複雑な行政機構を簡素化して人員を削減し、大衆と結びついた革命的指導者グループをつくり上げた[47]。

一九六七年一月に上海で起こった「一月の嵐」奪権運動は全国に広まり、全国各級の党組織および政府機関は機能停止状態に陥った。同年二月一九日、党中央は「革命委員会」設立を命ずる通知を出し、この年の一月から翌年九月にかけて、全国の各省・市・自治区に相次いで「革命委員会」が設立された。しかし、これは法律上の根拠もなければ、民主的な選挙の手続きを経たものでもなかった。「革命委員会」は党と政府、行政と司法の一体化をおこなった。こうした動きはプロレタリア階級の奪権闘争における「偉大なる快挙」であるとされたが、実際のところ、革命委員会には国家を管理運営していく責任能力などまったく備わっていなかった[48]。

共産党ならびに各民主党派の指導者の多くが無実の罪を着せられ、迫害を受けた。これに関しては、一九八一年の最高人民法院特別法廷判決書が最も信頼できる資料となっている（コラム7－2）[49]。中共中央文献研究室の資料によれば、「文化大革命」期、党および国家の指導者では三八人が、党中央・政府・軍の幹部や民主党派のリーダー、各界の著名人では三八二人が無実の罪に問われた[50]。劉少奇は言った。「わたしは中華人民共和国の主席である。君たちがわたし個人をどう扱うかは問題ではない。だが、国家主席の尊厳は断固として守らなければならない。誰がわたしを罷免したというのか。

もし裁判にかけるというのであれば、（全国）人民代表大会を通しておこなわなければならない。このようなやり方は、わが国（の「憲法」）を侮辱するものだ。『憲法』は、すべての公民の権利は侵してはならないと規定している。『憲法』を破る者は法の裁きを受けなければならない」。劉少奇の冤罪に関連した案件は二万六〇〇〇件、巻き込まれた人は二万八〇〇〇人にも上った[51]。

コラム7-2 「文化大革命」が国家制度に与えたダメージ

国家制度が破壊され、国家機構がその機能を停止した。

第一に、全国人民代表大会制度が空洞化した。一九六六～一九七五年の間、全国人民代表大会および常務委員会はいかなる会議もおこなわなかった。全人代常務委員会の機関は軍の管理下に置かれ、立法権、各国家機関を構成する人員の任免権、国家の重大事項に対する決定権、憲法の実施や国家機関に対する監督権といった、一九五四年の「憲法」で規定された国家の最高権力機関としての機能を果たさなくなった。一九七五年および一九七八年の憲法改正は、一九五四年の「憲法」に定められた「憲法の改正は全国人民代表大会で全体の三分の二以上の賛成を得なければならない」という明文規定に違反していたが、この規定自体も改正により取り消されてしまった。また、一九五四年「憲法」は、全人代による決定は国家主席により公布されると規定していたが、一九六七年以降この規定が実施されることはなかった。全人大代表と常務委員が有していた、国家機関に対する質問権、発言や評決についての免責権（法律による追求を受けない）、人身保護権（全人代常務委員会の許可なくして、逮捕されたり刑事裁判を受けない）といった諸権利も損なわれた。地方各級の人民代表大会も、活動および機能の停止を余儀なくされた。

第二に、国家元首制度が損なわれ、制度そのものが機能しなくなった。一九五四年「憲法」の規定によれば、国家主席は独立した国家の職務であり、全人代常務委員会と共同で、国家元首としての権力を有する（集団決定と個人による権力行使の結合）とされていた。しかし、一九六六年八月に劉少奇が政治的迫害を受け、不法に国家主席の職務を解かれて以降、たとえば軍を統率したり、最高国務会議を開いて国家の重大事項を討議したり、法律や命令を公布したり、国務院の人員を任免するといった国家主席の職権が行使されることはなく、国家主席の対外的職務は、董必武によって代行された。

第三に、国家の最高行政機関である国務院も深刻な被害を受け、正常な業務の遂行に多大な問題が生じた。一九六五年末には四九の部と委員会、二二の直属機構、七の弁公室、一の秘書庁と、全七九の機構ならびに四万一〇〇〇人の職員がいたが、一九六七年以降、各部・委員会は相次いで軍の管理下に置かれるか、軍代表がその任務を担うようになった。一九七〇年末にはわずか三二の機関と一万人の職員が残っていただけで、多くの職員は「五七幹部学校」送りとなった。

第四に、軍事制度にも重大な改変がおこなわれた。一九五四年「憲法」の規定では、国家主席が全国の軍事力を統率し、国防委員会を設ける、とされていた。この委員会は諮問機関的存在であり、軍を指導する機関ではなかった。しかし、国防委員会は劉少奇が主席であったため、「文化大革命」中はその機能を停止した。一九七五年および一九七八年の憲法では国家機関の中に軍事統率機関を設けるという規定は取り消され、国防委員会も消滅、代わって中国共産党中央軍事委員会主席が軍を統率することが定められた。

第五に、司法制度も深刻な打撃を受けた。国家の司法制度には、裁判制度・検察制度・犯罪捜査制度・執行制度・公証制度・仲裁制度および弁護士制度が含まれるが、一九六七年より全国各級の裁判所および検察院はその機能を停止し、中国司法組織の四大国家機関（公安および国家安全部門・検察院・裁判所・司法部門）と三大服務機関（公証機関・仲裁機関および弁護士）は事実上崩壊した。裁判の量刑・判決はすべて「専案審査小組」によっておこなわれ、国家主席、全人代が任命した国務院の人員、全国人民代表および各級の党幹部であっても、いかなる法的手続きを経ることなく捕らえられ、入獄させられた（李寿初編『中国政府制度』北京、中央民族大学出版社、一九九七）。

第六に、党および国家の指導者も無実の罪に問われ、迫害を受けた。江青・康生・謝富治によって作成されたリストによると、一九六八年一二月末までに、第八期中央委員会委員および候補委員のうち一〇三人（七一％）が無実の罪に問われた。中央政治局員および候補委員二二人、党中央総書記・書記処書記・候補書記一四人もそこに含まれている。中央政治局常務委員の劉少奇と陶鋳、中央政治局員の彭徳懐は、迫害により死に至った。第四期全人代常務委員会の常務委員一一五人中、委員長一人と副委員長八人、常務委員五二人が陥れられた。党中央軍事委員会副主席の六人も無実の罪に問われ、そのうち賀竜は迫害を受けて死亡した。第四期全国政治協商会議常務委員のうち、民主党派の指導者を含む七六人が罪に問われた。民主党派の指導者で冤罪に問われたのは一一人だった。迫害を受けて死に至った著名人は四〇人、人民解放軍では八万人以上が無実の罪に問われて迫害を受け、一一六九人が死亡した。北京市の幹部は一三人が無実の罪に問われ、そのうち四人が死亡、上海市の幹部は一二人が無実の罪に問われ、うち二人が死亡した。地方各級の公安機関や人民検察院、人民法院でも迫害を受けて死に至った者が一五六五人に達した。[52]

公民権も大きく損なわれた。一九五四年の「憲法」では公民の権利と義務について法律上の平等を定めており、言論・出版・集会・結社・デモ・ストライキの自由を認めていた。また、公民は居住と移転の自由、身体の自由や住居の不可侵、通信の秘密などについても法の保護を受けるとされていた。[53]しかし、「文化大革命」期には、公民の身体の自由や各種の権利は大きく侵害され、しかも国家には公民を保護することができなかった。これは国家制度がその効力を失った典型的な例といえる。中共中央文献研究室の資料によれば、「文化大革命」期に厳しい迫害を受けた幹部および大衆は七〇万人、そのうち三万四〇〇〇人が死に至っている。全国で無実の罪に問われたり、連座して迫害を受けた人は一億人を超えている。[54]

「文化大革命」は国家の基本制度の改革や改善ではなく、むしろそれらを著しく破壊するものであった。「最高人民法院特別法廷判決書（特法字第一号）」の総括にあるように、「文化大革命」期は国家の政治がきわめて不正常な状態に置かれ、社会主義法制度は深刻な被害を受けた。林彪・江青ら反革命集団は自らの地位と権力を利用し、時に公然と、時に秘密裏に、硬軟さまざまな手段を用いて国家の指導者や中国共産党ならびに各民主党派の指導者を陥れ、迫害した。また、政府を覆して軍を破壊し、広範な幹部や知識人、さらには社会各層の人民に危害を加え、多数の青少年を毒し、各少数民族の生命と財産・自治権を侵害した。**この状態が十年の長きにわたって続き、全国津々浦々あらゆる分野で人民民主独裁と社会主義の秩序は深刻な打撃を受け、国民経済をはじめとするあらゆる事業が破壊され、各民族人民に想像を絶する災難がもたらされたのである。**[55]

四、一九四九〜一九七六年の政治運動に対する評価

中国がほかの途上国と大きく異なる点は、巨大な政治動員力および組織力にある。正規軍や国家機関の職員、工場労働者のみならず、組織化されていない農民や個人さえも動員することができた。社会全体の力を動員し、近代化の目標のために効果的に活用することができたのである。しかし、政治動員は「両刃の剣」であり、その力を政治運動や政治闘争に向けた時には、恐るべき破壊力と殺傷力をもつことになる。

新中国成立以来、中国は工業化と近代化を進めると同時に、階級闘争・政治運動も進めてきた。中国共産党が政権の座についてからは、さまざまな政治運動が頻繁に発動されてきた。毛沢東は規則（党や国家の制度）に基づいて党や国家、社会を治めるのではなく、さまざまな政治運動を発動して党執行部の粛正や官僚主義への攻撃をおこない、社会全体を統制しようとした。

不完全な統計によれば、**一九四九〜一九七六年までの間に、中国では大小さまざまな政治運動が六七回も展開された（付録参照）。一年あたり二・五回の計算である。一九五〇年代は各種政治運動が最高潮に達した時期であり、十年間で三一回、年平均で三回以上もの政治運動が発動された。**いずれも党あるいは毛沢東自身によって発動され、入れ替わりたち替わり、連綿と続いて終わることがなかった。毛沢東が「階級闘争は毎年、毎月、毎日おこなわなければならない」と述べた通りであった。

政治運動の発動と展開は、主に指導者の指示や党中央文書に基づいておこなわれた。唯一、土地改革運動だけが「土地法」という法的根拠をもって展開された。あとは麻薬取締運動が政務院の法令に基づいて実施されたぐらいで、そのほかの政治運動は、いずれも法的根拠に乏しいものであった。

政治運動の展開範囲はそれぞれ異なっていたが、程度の差こそあれ、さまざまな人に害をもたらした。一部の運動は党内、あるいは国家機関内や軍内部に限られていたが、多くは全国規模でおこなわれた。政治運動のたびに代表的人物がやり玉にあげられ、公然と批判されるとともに、大量の関係者がそれに連座させられた。そして毎回運動が終わった後に、多かれ少なかれ名誉回復がなされるのが常であった。

毛沢東は官僚主義と資本主義に対抗するために政治運動を利用し、党と国家機構に対して周期的に政治的粛正をおこなった。その動機がいかに正しかったにせよ、客観的に見れば、党・政府・軍幹部や地主・富農・反革命分子・悪質分子・右派分子とされた人々、さらにはその親族に対して大量の冤罪をでっち上げる結果になった。その数は、史上類を見ない多さである。それゆえ、のちの世代に至るまで、中国では多くの人が程度の差こそあれ毛沢東に対してマイナスイメージを抱いている。これは、毛沢東が階級闘争と政治運動を大々的に推進した代償である。それは彼の死後に「文化大革命」が終結したからといって自然消滅するものではなく、中国の長期的安定にとってもマイナスに働いた。一九七八年の第十一期三中全会で階級闘争の時代を終結させ、経済建設の時代を切り開くことを決定した根源的要因はここにある。「天下大乱」から「天下大治」へ、中国はきわめて重い代償を払い、この歴史的教訓を肝に銘じることとなったのである。

一九五六年四月、毛沢東はスターリンの誤りを教訓化して次のような先見の明ある指摘をしている。**共産党および社会**

主義国家の指導者は、可能なかぎり誤りを減らす責任がある。とくに重大な誤りは避けなければならない。そのため、個別的・部分的・一時的な誤りから注意深く教訓を引き出し、それらが全国的・長期的な誤りに転化しないように全力を尽くす必要がある。[56] しかし、毛沢東自身もスターリンと同様の誤りを犯し、さらには「大躍進」と「文化大革命」という全国規模の長期にわたる重大な誤りを犯した。毛沢東の主観的願望と客観的現実がこれほどまでかけ離れていたのはなぜであろうか。何が毛沢東の晩年の失政をもたらしたのか。なぜその誤りを適時正すことができなかったのであろうか。

第四節　毛沢東晩年の失政をもたらした体制的欠陥

レーニンは『共産主義における「左翼」小児病』において次のように指摘している。**「公然と誤りを認め、その原因を暴き、誤りを生み出した情況を分析し、改善方法を注意深く議論すること、これこそがまじめな党の証しであり、党に課せられた義務である。また、これこそ階級を、ひいては大衆を教育し、訓練することなのである」**[57]。

毛沢東の死後、中国共産党は毛沢東に対して歴史的・客観的な評価をおこない、その偉大な歴史的功績を称えると同時に、彼の急進主義路線を改め、彼個人の独断により設けられた「暗黙のルール」を改めた。「大躍進」であれ「文化大革命」であれ、すべて毛沢東個人の主観の偏り・錯覚・判断ミスなどによる失策のように見える。もちろん、毛沢東自身がその主要な責任を負うべきであることは否定できない。しかし、より深いレベルで見てみると、深刻な体制的欠陥が浮かび上がってくる。本書の最後に、毛沢東晩年の失政をもたらした体制的欠陥について具体的に分析し、その歴史的教訓をまとめ、わが国と民族のかけがえのない歴史的財産としたい。

一、指導者の終身制こそが体制的欠陥の根源

新中国成立以降の毛沢東個人の成功と失敗、正しさと誤り、成果と欠点は、彼の執政期間の長さと切り離して考えることはできない。執政期間が長くなるほど、誤りが生じる確率も高くなり、晩年には全面的失策を引き起こすことになった。

このような傾向は毛沢東のみに見られるものではなく、ソ連のスターリンやユーゴスラビアのチトーも同様であった。[58] **毛沢東は一九五六年の第八回全国代表大会においてスターリン晩年の教訓を総括し、党規約にも「中央委員会名誉主席」の規定を盛り込んだ。にもかかわらず、同じ轍を踏んでしまったのである。**

一九四三年三月に中国共産党中央委員会主席[59]に就任してから、一九七六年九月にこの世を去るまで、毛沢東は三十三年間にわたってその地位にあったが、これはスターリンがソ連

共産党の総書記を務めた期間よりも長かった。[60] 新中国成立から数えても、毛沢東は二十七年間にわたって最高指導者の地位にあり、社会主義国家の指導者では最も在任期間が長かった。党と国家制度の観点から見ると、一九五六年の八全大会から一九七三年の十全大会までは「中国共産党規約」を改正するも、党指導者の任期を定めることはなく、歴代の全国人民代表大会（一九五四年の第一期大会から一九五七年の第四期大会まで）で制定された『中華人民共和国憲法』にも、国家指導者の任期（および退任）についての規定は設けられなかった。これは重大な制度上の欠陥であった。その意味では、毛沢東がこの世を去るまで最高指導者の地位にあったことは、「党規約」になんら違反するものではない。**しかし、このような終身制は、時代遅れの「非公式な制度」あるいは「暗黙のルール」である。**

特筆すべきは、一九五六年夏の北戴河会議で、毛沢東が党と国家主席の任期制を提起していたことである。その案は、国家主席は二期を超えて務めることはできず、彼自身も次期主席を務めない、党主席についても将来適当な時期に同様の任期制を採用する、というものであった。毛沢東は党と国家の指導者の地位を退き、政治家ではなく理論家・思想家として研究に専念する考えをもっていた。毛沢東個人の特徴からすれば、理論家・思想家のほうがより資質に適していたといえるだろう。理論家・思想家に求められるのは創造力であり、歴史や現実に対するある種の達観であるのに対し、政治家は現実と向き合い、現実の制約を受け入れ、現実の条件下で新しいものを創り出していく必要があるからである。

第八回全国代表大会招集前夜の一九五六年九月一三日、毛沢東は中央指導機関の設置について、次のように語った。「適当な時期が来たら、わたしは（党中央）主席の地位を退くつもりである。同志諸君には、わたしを名誉主席としてくれることをお願いしたい。名誉主席は何をするのか？　これまで通り、できることはすべてやる」。[61] これを受け、八全大会で採択された「党規約」第三七条では、中央委員会が必要だと認めた時には中央委員会名誉主席を一人置くことができる、と定められた。これは、当時においてはかなり創意に富んだ制度設計であり、明らかに毛沢東個人のために特別に用意された「解決策」であった。これなら毛沢東の北戴河会議での要求にも応えられ、彼が無期限に党中央主席の任にあることを防ぐこともできるはずであった。残念なのは、鄧小平が「中国共産党規約の改正についての報告」（一九五六年）で、この点について何の説明もしていないことである。ただし、現実的に見た場合、この規定は実行困難であった。この規定は党中央委員会によって決定されるが、毛沢東自身が自発的に提案しなければ、党中央委員会がこの決定を下すことは難しいからである。また、「必要だと認めた時」とあるが、それはいつなのか、誰が「必要だ」と認めるのかがあいまいであり、現実的にはあってないような制度であった。

一九五七年四月三〇日、毛沢東は第十二回最高国務会議において、国家主席を退くことを自発的に提案した。[62] 五月八日、劉少奇は中央政治局拡大会議を開催し、大多数が毛沢東の提案に賛成した。当時、彼は党中央の主席も適当な時期に退任するつもりであった。この通りに事が運んでいれば、毛沢東の「終身制」もなく、晩年の誤りも発生しなかったであろう。

一九六一年九月二二日、毛沢東が熊向暉（当時の外交部弁公庁副主任）と話をした際、イギリス陸軍のモンゴメリー元帥と会見した時のことに話が及んだ。モンゴメリーは毛沢東に後継者は誰かと尋ね、毛沢東は次のように答えた。「八全大会で成立した新しい党規約には『必要な時は、中央委員会は名誉主席一人を置く』という条項（三七条）がある。なぜこのような条項があるのか？　必要な時には誰が名誉主席になるのか？　それはわたしである。わたしが名誉主席になると、誰が主席になるのか。副主席は五名いるが、その筆頭は誰か。劉少奇である。第一副主席とは呼ばないが、事実上は第一副主席であり、第一線で取り仕切っている。もしマルクスからお呼びがかからなければ、わたしが名誉主席となるだろう」「わたしには今、ただ一つの五カ年計画しかない。五年後、七三歳になったら天帝に会いに行く。わたしの天帝とはすなわちマルクスである」「後継者はもちろん劉少奇だ。彼は党の第一副主席であり、わたしが死んだら次は彼である」。劉少奇のあとは周恩来か、というモンゴメリーの質問には、「劉少奇のあとのことは、わたしの関知するところではない」[63]と答えている。この会話から、毛沢東は一九六六年には党中央主席を退いて名誉主席となり、劉少奇に党中央主席を任せるつもりであったことがうかがえる。しかし、中央委員会はこの件について議論することはなく、いかなる正式な決議もおこなわなかった。毛沢東の構想は実現することなく、「党規約」第三七条に規定された制度も実施されず、「空証文」に終わった。明文化され、規定に定められた正式な制度も、実施されなければ効力を発揮しようがなかったのである。

二、集団指導による民主的政策決定という正規制度の機能不全

なぜ「文化大革命」は十年もの長きにわたって続いたのだろうか。一九八一年に胡耀邦は次のように語っている。「『文化大革命』の誤りが長期にわたって正されなかった根本的な理由とは、わが党の正常な政治活動および党の民主集中制、とくに中央の集団指導体制が破壊されたことである」[64]。

毛沢東晩年の誤りは、決して避けることができなかったわけではない。速やかに正すこともできた。しかし、党内にはもはや毛沢東に歯止めをかけ、その誤りを正し、彼に取って代わる力はなく、結果、誤りはますます大きくなり、それがもたらす結果もますます深刻になっていった。毛沢東のやり

方、とくに制度を守らず破壊するやり方が、正規の制度を次第に機能不全にしていったのである。

一九四五年の第七回全国代表大会の際には、党規約とは制度であり、制度の前では人は皆平等で、指導者も特別な存在ではない、とされていた[65]。

一九四九～一九五六年の間は、毛沢東も党内規則を厳格に守り、ほかの指導者とも比較的平等な地位にあった。民主的なやり方を主張し、他人の意見にも耳を傾けた。党内民主の雰囲気も強く、重大な問題に対しても比較的容易に合意に達した。この時期の中国社会主義建設は、順調に発展していたのである。しかし、一九五七年以降、規則を無視する独断の傾向が次第に強まるにしたがい、党内民主は下火になっていった。毛沢東は異なる意見に耳を傾けなくなり、それに伴って誤りの深刻度が増し、党と国家の損失もますます大きくなっていった。**毛沢東が政権を握っている時間が長くなるにつれ、その政治スタイルも、党の指導者集団の中の一人から「中国の家長」へ、民主的やり方から「独断専行」へ、集団指導体制から一個人による「最高指示」へと、大きく変化していった[66]。**

七全大会で採択された「党規約」には、党内民主を拡大させるための規定が多く盛り込まれていた。劉少奇は報告の中で党中央を代表し、「およそ全国的な問題に関して、中央委員を含むすべての党の責任者は、党中央の同意を得ずして意見を発表してはならない」と説いた[67]。さらに報告では、ある種のやり方について、党を滅ぼすものだとして批判している。彼が批判したのは、党内民主や協調を廃して命令主義を実行し、何事にも強硬な態度で臨み、家父長的な統治をおこなって「愚民政策」を敷き、情け容赦ない党内闘争と懲罰主義で党員を大量に処罰・除名するような路線である[68]。

長期にわたる過酷な戦争中に、中国共産党は幾度となく挫折や失敗を味わった。「敵は強く味方は弱い」という客観的要因のほかに、もう一つ重要な要因があった。それは政策決定の誤りである。そのため、一九二七年の「四・一二政変」（上海クーデター）後に中央政治局常務委員会が設立され、日常業務の処理にあたることになった。一九三四年一月の第六期五中全会では中央政治局常務委員会を中央書記処に改変し、一九四五年の七大規約では「中央書記処は中央政治局の決議に基づき、党中央の日常業務を処理する」と定められた。特筆すべきは、一九四八年には「重大な問題は個人ではなく、党の集団決定に基づく」原則が定められたことである[69]。**この制度は、共産党が強力な巨大政党、政権政党へと成長していく上でも、基本かつ核心となる制度であった。共産党の政治が正しさと人民の支持、合法性を獲得する上でも、基本かつ核心となる制度であった。**

中国共産党は長期にわたって農村で革命を展開した後、一九四九年に北京「入城」を果たし、政権を奪取した。その結果、革命戦争の時期とは大きく異なる環境に置かれることになった。

まず、共産党に対抗する政党がほかに存在しなかった。一九四九年以前は国民党の失政が共産党に成功の機会をもたらしたが、一九四九年以降は、たとえ共産党の政策が誤っていたとしても、ほかの政党はそれに対抗する力がなかったし、まして共産党に取って代わることなど論外であった。

次に、政権発足当初の毛沢東は最高指導者として非常に謙虚で慎み深く、党内のさまざまな意見に分け隔てなく耳を傾けた。この時期の毛沢東は、党外を含む他者の意見をむしろ積極的に聞こうとしていた。

さらに、この時期は党が培ってきた民主集中制が堅持され、より完全なものになっていった。一九五六年に鄧小平は、集団指導と個人の責任についてあらためて言及している[70]。彼は、中国共産党および世界各国の共産党の歴史的経験と教訓に基づき、重大な問題の決定を個人がおこなうことは、明らかに共産主義政党の原則に背くものであり、必然的に間違いを犯すことになると結論づけた[71]。これは歴史的総括であると同時に、先見性に富んだ見解でもある。彼は各級の代表大会を定期的に招集し、その役割を十分発揮させるよう求めた[72]。

鄧小平は、民主的政策決定と集団指導体制の堅持と完備、それらを政権運営の基本的制度とすることの必要性を自覚していた党内でも数少ない指導者の一人だった。この点で彼の果たした役割は重要である。**もし中国がこの基本制度を堅持できていれば、「大躍進」や「文化大革命」は起こらなかっただろうし、仮に起こったとしても、すぐに是正することができたであろう。**

八全大会の開会前に、毛沢東個人の権力を強化する重大な動きがあった。毛沢東による中央文書の個人審査権である。一九五三年五月一九日、毛沢東は、劉少奇と楊尚昆（当時の党中央弁公庁主任）が中央名義で文書を発していることを厳しく批判し、中央名義で通達される文書や電報は、すべて自分が目を通さなければ発行できず、それ以外はすべて無効であるとした[73]。

八全大会開会後、毛沢東はさらに自らの権限を強化した。**毛沢東の失政の根本原因は、党大会で採択された基本原則と正式な制度に彼自身が背反していた点にあった。**以下の行為にもそれはよく表れている。第一に、重大な問題について個人で決断することを好んだ。第二に、異なる意見の持ち主と平等に意見交換ができなかった。第三に、異なる意見の持ち主を攻撃・排斥した。第四に、結論を焦った。第五に、家父長的なやり方で、無理矢理自分に同意するよう他者に強いた。彼個人が党の正式な制度を破壊し、無力化し、ほしいままに非公式な制度をつくった。たとえば、中央政治局常務委員会・政治局・書記処に代わる「中央文革小組」やのちの「中央文革小組連絡会」の創設（一九六六年五月）、「文化大革命」の大衆組織代表を第八期十一中全会（同年六月）に招待したこと、中央の集団討論を経ないまま「司令部を砲撃せよ―わたしの大字報」（同年八月五日）を発表したこと、秘書の張玉鳳を通して鄧小平を国務院第一副総理とすることを提案した（一九七四年一〇月四日）こと、毛遠新を自分と中央政治局の間の非公式な連絡員とし、正常な政治局会議および決議の規定を変えた（一九七五年一〇月）こと、中央委員会全体会議のかわりに「打招呼（事前心得）」会議を開き、自らが審査し許可した「事前心得会議における講話の要点」（同年一一月）を中央委員会全体会議の決議に代わるものとしたこと、毛沢東の提議により中央政治局全員一致で鄧小平を一切の職務から解く提案をしたこと（一九七六年四月八日）などである。

党の指導体制には大きな欠点があり、毛沢東個人に独断専行を許す客観的余地を与えた点については、党中央にも重大な責任がある。毛沢東が晩年に現実から乖離し、人民大衆からも遊離してしまったのは、彼が病気がちであったことも原因ではあるが、指導者の警護体制にもその一因がある。毛沢東もこれに悩み、自ら解決しようと試みたが、いかんともしがたかった。とくに、一九七一年の「九・一三事件」以降は身辺警護がさらに厳重になり、彼個人の情報はこれまで以上に機密とされ、有形無形の「ルール」によって閉じ込められてしまった。そのため、中国の農村には極度の貧困にあえぐ人々がいまだ数億存在するという事実を直接知ることができなかった。ましてや天安門広場で発生した「四五」事件の人民の声に直接耳を傾けることなど、望むべくもなかった。

三、党内論争の階級闘争化

毛沢東とほかの指導者との間には、中国の社会主義近代化における路線闘争が確かに存在していた。しかし、毛沢東が階級闘争のやり方でそれに対応したため、ほかの指導者は反対意見を表明することができず、毛沢東の誤りを適時是正することもできなかった。その結果、毛沢東の誤りは深刻の度合いを増していったのである。

先に述べた通り、一九四九年の新中国建国以来、毛沢東と劉少奇らとの間には路線闘争、すなわち、中国の社会主義近代化の道に対する見解の相違があった。中国の国情に対する認識、経済の発展段階に対する認識の違いに加え、社会主義社会の建設理念にも違いがあったからである。毛沢東が目指したのは、「純粋な上にも純粋な」社会主義社会の建設である。私有制を廃止し、ブルジョア階級的権利を制限する社会であり、私有経済が存在する余地を一切認めなかった。ブルジョア階級に対する全面的な独裁を敢行し、修正主義に反対して、人民を抑圧する官僚的特権階級の発生を阻止しようとした。また、富裕層と貧困層の二極化を防ぎ、中国における資本主義の復活、帝国主義による「和平演変」や、中国共産党がフルシチョフ式の修正主義政党に変わってしまうのを全力で阻止しようとした。この点で毛沢東の決意は揺るぎないものであり、こうした原則問題ではいっさい譲歩しなかった。さまざまな場面で、毛沢東は劉少奇を批判した。時にはかなり激しく批判することもあった。ところが劉少奇はこれに異を唱えることがなかった。賛成というよりはむしろ屈服することもしばしばだった。[74]

中国の工業化路線、経済の発展戦略や体制について、指導者の間にはたしかに不一致が存在したが、それは正常なことであり、たとえその不一致が深刻なものであったとしても、それがすなわち階級闘争であるとは限らない。新中国の二つの路線をめぐる争いは、時期によってその内容と形式、もたらされた結果が大きく異なる。毛沢東と劉少奇の不一致は拡大の一途をたどり、毛沢東による公然たる政治闘争、政治的断罪へとエスカレートしていった。

四、根強いスターリンの影響

毛沢東晩年の誤りは、個人の過ちであると同時に体制の誤りでもあり、歴史的なものでもある。一九五七〜一九七六年の中国の政治体制は、スターリン時代のソ連の政治体制に酷似していた。したがって、たとえ毛沢東の晩年に誤りがなくても、同じような現象が生じていた可能性がある。

毛沢東が晩年に犯した誤りは、決して中国独自のものではない。類似の政治体制下に共通する問題である。毛沢東が徹底的に分析したスターリン晩年の誤りと同じく、それは集団（党中央）から逸脱した個人の問題、大衆から遊離した指導者の問題であり、主観と客観、理論と現実の乖離が生み出した問題である。毛沢東は一九五五年の時点でスターリンの問題をすでに自覚していた。フルシチョフのスターリン批判からほどなく、毛沢東は「ソ連（フルシチョフ）が暴露したスターリンの（個人）統治は、歴史上最も暴虐な専制統治にも匹敵する」と、胡喬木に語っている。その際、「中国はソ連よりもっといい道を歩まねばならない」とも話している。[75] 中央政治局と毛沢東は、一九五六年四月五日に『人民日報』編集部が発表した「プロレタリア独裁の歴史的経験について」の中で、スターリン晩年の誤りの根本的原因とその歴史的教訓について深く分析をおこなった（コラム7-3）。[76] その当時、当人を含めた誰一人として、毛沢東が晩年に同じ轍を踏むとは想像すらしていなかった。もちろん、十年後（一九六六年）の「文化大革命」という「全面的内戦」の泥沼、全国を巻き込んだ十年にわたる錯誤へと至ってしまうことも想像外であった。

一九八一年の第十一期六中全会で採択された「建国以来の党の若干の歴史問題についての決議」は、次のように指摘している。「文化大革命」という全面的かつ長期的な「左」傾化の重大な誤りについては、その主要な責任は毛沢東同志にある。[77]「文化大革命」が十年の長きにわたって続いたのは、

コラム7－3　毛沢東―スターリン晩年の誤りの原因と歴史的教訓（一九五六年）

党と国家のいかなる指導者であれ、自らを党と大衆の中に置くのではなく、それらの上に位置づけ、大衆から乖離してしまった時、その指導者は国家がなすべきことについての洞察力を全面的に失うことになる。そうなれば、スターリンのような傑出した人物であっても、重大なことがらについて現実にそぐわない、間違った決定を下してしまうことは免れ得ない。

スターリンはその後半生においてますます個人崇拝を求めるようになり、党の民主集中制や集団指導と個人の責任を結合させた制度に違反したため、重大な誤りを犯すことになった。スターリンは主観と一面的な観点に陥り、客観的な実情から乖離し、大衆から遠ざかってしまったのである。

個人崇拝は、何千何百万もの人々の習慣から生まれる力でもある。このような力が社会に存在していたならば、国家のために働く者の多くに影響を与える可能性がある。実際、スターリンのような指導者さえもその影響を受けてしまったのである。個人崇拝は人々の頭の中にある社会現象が反映されたものであり、スターリンのような党と国家の指導者がこの時代遅れの思想に影響されると、さらにそれが社会へと再反映され、人々の主体性と創造性を損なってしまうのである。

いかなる指導者であれ、集団指導体制を離れ、人民大衆から離れ、現実の生活から離れてしまうならば、その思想は硬直化し、重大な誤りを犯すことになる。なかには党と国家に多大な貢献をし、人民大衆から高い信頼を受けていながら、その信頼を利用して権威を濫用し、間違いを犯す者もいる。

ソ連であれ中国であれ、そのほかの人民民主国家であれ、それぞれ成功と失敗の経験がある。われわれはこの経験を継続的に総括していく必要がある。今後、われわれも間違いを犯す可能性がある。重要なのは、党の指導機関がその誤りを個別的・局所的・一時的な範囲にとどめ、それらを全国的・長期的なものにしないように警戒しなければならない、ということである。

資料出典：『人民日報』編集部「プロレタリア独裁の歴史的経験について」一九五六年四月五日、中共中央文献研究室編『建国以来重要文献選編』第八冊、二三〇～二三七頁、北京、中央文献出版社、一九九四。

毛沢東の指導上の誤りという直接的要因以外に、複雑な社会的・歴史的要因があった。毛沢東個人の権威が頂点に達した時、彼の中に驕りが生まれ、現実と大衆から次第に遊離していった。その主観主義と独断専行は日増しにエスカレートし、やがて党中央を超越するようになっていった。その結果、党と国家の集団指導の原則と民主集中制がますます空洞化し、最後には完全に破壊されてしまった。これはある日突然生じたのではなく、徐々に醸成されていった現象であり、党中央はそれに対して相応の責任を免れない[78]。

毛沢東自身にしても、ほかの指導者にしても、その誤りを是正することはできなかった[79]。毛沢東が偉大な成功者から失敗者に転落した要因はここにある。

五、鄧小平の「痛定思痛」

毛沢東晩年の誤りは、高度な政治的集権体制の重大な欠陥と弊害を明らかにしたといえる。だからこそ、彼の晩年の誤りは破たんへと転じた。毛沢東の政治的破たんは、スターリンモデルの破たんである。鄧小平にとっては、この体制の弊害を肝に銘じ、改革をおこなう歴史的契機となった。

毛沢東晩年の誤りをもたらした体制上の欠陥を、鄧小平は本質的に理解していた。一九八〇年六月には次のように述べている。毛沢東本人の誤りを指摘するだけでは問題の解決にならない。何よりも重要なのは、制度の問題である[80]。長く毛沢東とともに仕事をし、毛沢東の誤りが発生してから取り返しのつかない段階に至るまでの全過程を熟知していたからこその言葉である。鄧小平自身が毛沢東晩年の誤りの犠牲者であり、身を切るような痛みを味わった一人である。誤りの根源にある制度の問題に鄧小平が思考のメスを入れるようになったのもそのためである。

一九五六年、党内民主制度建設に関わる内容を八大党規約に盛り込む際、鄧小平は重要な役割を果たした。個人独裁を防ぐため、入念な制度設計にも取り組んだ。しかし、それらはいずれも毛沢東に踏みにじられた。党と国家にとっては甚大な損失である。「文化大革命」終結後、毛沢東晩年の誤りを「反思（客観的に顧みる）」するにあたり、鄧小平は個人の思想からではなく、まず党や国家の制度面から、誤りが生じた根源的要因とそこから導き出される教訓を分析した（コラム7－4）。

毛沢東は中国共産党の創設者であり指導者である。しかし、党の民主制度を破壊し、踏みにじったのも毛沢東であり、彼自身がその報いを受けることにもなった。そうでなければ、もっと輝かしい歴史的功績に包まれていただろうし、歴史的な誤りも少なくてすんだであろう。中国の経済発展と国家制度建設も、より大きな成果をおさめていたはずである。

コラム7-4

鄧小平—毛沢東晩年の誤りの根本的原因と歴史的教訓（一九八〇年）

過去に発生したさまざまな誤りは、もちろん特定の指導者の思想や行動と関係がある。しかし、組織や工作制度の問題のほうがより重要である。これらの制度がよくできていれば悪人も好き勝手にできないが、制度が不十分であれば善人がよいことを十分におこなうことができず、逆に悪い方向へと向かってしまうだろう。毛沢東同志のような偉大な人物であっても、制度の悪影響を大きく受け、党や国家、そして彼自身にとっても大きな不幸を生み出すに至った。われわれが社会主義制度を健全なものにできなければ、人々はこう問うだろう、なぜ資本主義制度の下で解決できる問題が社会主義制度の下では解決できないのかと。このような比較は一面的ではあるが、だからといって軽視することはできない。スターリンが社会主義法制度を破壊したことに対し、毛沢東同志は「イギリス・フランス・アメリカのような西側諸国ではこのような事件は起こりえない」と述べた。彼はこの点について認識していたが、指導制度問題やそのほかの原因を解決できなかったため、「文化大革命」という十年間の災禍を招いてしまった。この教訓は非常に重要である。個人に責任がないということではなく、指導制度・組織制度こそが根本的・全面的かつ長期的な問題をはらんでいるということである。この制度問題は、党と国家の体制に関わることであり、全党がこの問題に十分に注意を払わなければならない。

資料出典：鄧小平「党と国家の指導制度の改革について」一九八〇年八月一八日、『鄧小平文選』第二巻、三三三頁、北京、人民出版社、一九九四。

第五節　まとめ——毛沢東晩年の失敗は鄧小平の改革を成功させた母

失敗は成功の母であり、誤りは正しさを導く糸である。毛沢東も、「失敗になんら取り柄がないのであれば、なぜ成功の母たり得るのか」と述べている。「物きわまれば必ず反す」で、間違いも山となれば、そこに光が差してくる。[81] その意味からすれば、失敗は成功するための、誤りは正解を導くための歴史的財産である。つまり、**毛沢東の成功と失敗、正しさと誤りは、のちの者たちすべてにとっての歴史的財産であるといえる。**

毛沢東は偉大な政治家であり、また偉大な政治的予言者でもあった。一九五六年九月の八全大会期間中に、毛沢東は中国の前途について驚くべき予言をおこなっている。いわく、中国の進むべき道は社会主義の建設である。中国が富強な国家になるためには、五十年から百年という時間が必要である。将来どのようになっているかは、今後の発展を見なければならない。中国も間違いを犯すかもしれないし、腐敗するかもしれない。現在の発展段階から好ましくない段階になることもあり得るし、その後再び良好な段階に変化することもあり得る。もちろん好ましくないといっても蔣介石時代のような暗黒の時代でない。弁証法的、すなわち肯定—否定—否定の否定というふうに、紆余曲折を経ながら発展していくのである[82]。

毛沢東は何が「比較的良好な段階」で何が「好ましくない段階」なのか説明しておらず、いかにして異なる段階に転化するのかについても言及していないが、歴史は弁証法的に発展するという論理を固く信じていた。中国のその後の展開が毛沢東の政治的予言の先見性を証明している。「中国の近代化の前途は明るい。しかしその道は一筋縄ではいかない」。まさしくその通りに、中国は一九五七年以降「好ましくない段階」に歩を進め、新中国成立初期の正しさは毛沢東晩年の誤りによって相殺されることになった。一九七八年以降、再び「良好な段階」に戻り、鄧小平は毛沢東の「実事求是」路線を復活させることで、晩年の毛沢東の誤りを正した。成功と失敗は決して不変のものではなく、一方から他方へと、互いに転化するものである。建国後七年間の成功は、一九五七～一九七六年の失敗を招き、その失敗が一九七八年以降の偉大な成功を導いたのである。

「文化大革命」は鄧小平が改革開放を始めた直接的動機であり、中国が一九七八年以降、政治的・社会的安定を保つことができた根本的要因でもあった。改革開放が「文化大革命」の後に起こったのは決して偶然ではない。**前者は後者をきっかけにして起こったのであり、後者がもたらした必然的結果が前者、すなわち改革開放だった。「物きわまれば必ず反す」「教訓は財産となる」「災い転じて福となす」のロジックそのままである。**これこそが「文化大革命」の最大の「功績」であった。[83] 鄧小平も次のように語っている。「われわれは『文化大革命』を根本から否定する。しかし『文化大革命』にも『功績』がある。反面教師としてわれわれに教訓を与えてくれたことである[84]」。**鄧小平が偉大なのは、深刻な政治的・経済的危機を、改革開放と発展の契機とした、つまり「災いを転じて福にした」点にある。**[85]

毛沢東の失敗がなければ、鄧小平の成功もなかった。「文化大革命」の大動乱がなければ、その後の天下太平もなかった。[86] 両者の路線は大きく異なるが、その間には密接な関係があった。[87] 鄧小平が第二世代の指導部の中心となった時、毛沢東が晩年に犯した重大な誤りの再現を避け、なおかつ誤りを芽のうちに是正できるよう、中国の経済社会の合力に彼個人の分力を一致させた。鄧小平は改革開放を通じて世界から近代化の力を取り入れた。それによって、中国の近代化は加速し、第二次黄金期が幕を開けたのである。

特筆すべきは、毛沢東晩年の失敗のみが鄧小平の成功の母なのではなく、毛沢東の成功や正しい部分、すなわち、毛沢東思想もまた、鄧小平成功の母であったという点である。鄧小平は毛沢東思想を復活させ、堅持し、発展させた。彼はとくに、「事実に基づいて問題を処理する（実事求是）」ことが毛沢東思想の神髄であると強調した。すなわち、中国の国情に対する認識を絶えず深め、社会発展の客観的法則を把握し、中国の国情に適した社会主義近代化の道を探るということである。鄧小平本人は、自分は「実事求是派」であり、実践こそが真理を確かめるための唯一の基準である、と繰り返し主張している[88]。また、毛沢東思想に従ったからこそ中国革命は偉大な勝利を収めたのであり、毛沢東思想を放棄すれば歴史的誤りを犯すことになること、毛沢東の歴史的地位は不動であり、毛沢東思想を堅持し発展させることを核心に据えなければならないこと、今日だけに限らず、将来にわたって毛沢東思想の旗を高く掲げる必要があることを強調した[89]。鄧小平の改革開放思想は毛沢東思想の英知から生み出されたものであり、改革開放の成功と毛沢東思想の成果はイコールで結ばれるものなのである。

一九六一年九月二三日、毛沢東は熊向暉を通じ、イギリスのモンゴメリー元帥に対して、自分はいつでもマルクスに会う準備はできており、自分がいなくても中国はこれまで通り前進し続け、地球も回り続ける、と伝えた。彼は晩年、自分の死後に中国が資本主義の道を歩むのではないかと危惧し、やむにやまれぬ気持ちで最後の一大政治革命を引き起こし、失敗に終わった。しかし、毛沢東の死後、中国の社会主義近代化は途絶えることなく、毛沢東が礎を固め、鄧小平が切り開いた道に沿って前進し、第二の黄金期を迎えるに至った。今日に至るまで、中国社会の進む方向と歴史の過程はさまざまな社会的エネルギーと合力によって決定されてきた。毛沢東と鄧小平という両指導者の役割は、中国の近代化という歴史的発展の大きな流れに沿う形で定められていたのである。

注

1　Angus Maddison, The World Economy : Historical Statistics, Paris : OECD, 2004.

2　詳しい分析は本書第三章を参照のこと。

3　一九七七年五月二四日、鄧小平は中央の指導者二人に対して次のように語った。毛沢東同志は、「自分自身も誤りを犯したことがある」と語っていた。「しかし『七分の功績と三分の誤り』というように、七分の功績を残せたのであればそれで十分であり、素晴らしい業績と言えるだろう。わたし（毛沢東）の死後、のちの人々がわたしのことをそのように評価してくれればうれしいし、満足だ」。鄧小平「『ふたつのすべて』はマルクス主義に合致しない」一九七七年五月二四日、『鄧小平文選』第二巻、三八頁、北京、人民出版社、一九九四。

4　一九六一年、毛沢東は彼の護衛を務めていた張仙朋に次のように語った。「わたしは長所が七割、短所が三割であればそれで満足だ。わたしは聖人ではないし、自分の観点を隠すつもりもない。わたしはそういう人間なのだ」。栄晨等編著『評説毛沢東』五二五頁、長沙、湖南人民出版社、一九九九。

5　鄧小平「イタリア人記者オリアナ・ファラーチによるインタビュー」一九八〇年八月二一日、二三日、『鄧小平文選』第二巻、三四七頁、北京、人民出版社、一九九四。

6　『鄧小平文選』第二巻、三四七頁、北京、人民出版社、一九九四。

7　筆者は本書の各章において、具体的な問題、具体的な出来事に対してその是非得失を判定し、具体的な評価を下している。

8　毛沢東は『矛盾論』の中で次のように指摘した。「レーニンは、マルクス主義の最も本質的な部分、マルクス主義の真骨頂は、現実を現実に即して分析したことにある、と述べている」。『毛沢東選集』第一巻、三一二頁、北京、人民出版社、一九九一。

9　「中国共産党第八期中央委員会第六回全体会議コミュニケ」。

10　「周恩来から毛沢東への書簡」一九七三年八月二四日、逄先知、金冲及主編『毛沢東伝（一九四九～一九七六）』下巻、一六五五頁、北京、中央文献出版社、二〇〇三。

11　「省・市・自治区および中央の党・政・軍直属機関責任者会議における周恩来の講話記録」一九七三年八月二三日、逄先知、金冲及主編『毛沢東伝（一九四九～一九七六）』下巻、一六六六頁、北京、中央文献出版社、二〇〇三。

12　エンゲルスいわく、歴史は次のようにして創られる。最終的な結果は常に数多くの単独意志がぶつかり合う中で生み出される。その一つ一つの意志はまた、それぞれ特有の生活条件により、今あるような形となっている。無数の絡み合う力、無数の力の平行四辺形が、一つの合力を生み出す。それがすなわち結果としての歴史である。この結果は無自覚的で自然発生的な作用によりもたらされた力の産物でもある。エンゲルス「エンゲルスからヨーゼフ・ブロッホへの手紙」『マルクス・エンゲルス選集』中国語版、第四巻、四七八～四七九頁、北京、人民出版社、一九七二。

13　アンガス・マディソンは、毛沢東時代にはこうした政治上の変化のために中国は大きな代償を支払うことになり、毛沢東が発展のためにおこなってきた努力を帳消しにしてしまったと考える。「大躍進」期には、経済・政治体制を自らほとんど崩壊させ、のちの「文化大革命」では、教育および政治体制に再び根本的打撃を与えた。にもかかわらず、経済建設では過去と比べて非常に大きな進展があった。一九五二～一九七八年の間に国民総生産は八倍に、一人あたりの純生産額は八〇%増加、労働生産性は六〇%上昇した。経済構造も変化し、一九五二年には国民総生産額に占める工業の割合は農業の四分の一に過ぎなかったが、一九七八年には農業を上回るまでになった。アンガス・マディソン『中国経済的長遠未来』中国語版、八三頁、北京、新華出版社、一九九九。

14　毛沢東「連合政府を論ず」一九四五年四月二四日、『毛沢東選集』第三巻、一〇七九頁、北京、人民出版社、一九九一。

15　Samuel Bowles, Richard Edwards, Frank Roosevelt, Understanding Capitalism : Competition, Command, and Change. New York : Oxford University Press, 2005.

16　Angus Maddison, The World Economy : A Millennial Perspective. Paris : OECD, Table B-21, 2001.

17　マーク・セルデン『中国社会主義的政治経済学』中国語版、二七～二八頁、台北、台研季刊社、一九九一。

18　「建国以来の党の若干の歴史問題に関する決議」一九八一年六月二

七日、中国共産党第十一期中央委員会第六回全体会議で採択。中共中央文献研究室編『三中全会以来重要文献選編』下冊、七九五頁、八〇八頁、北京、人民出版社、一九八二。

19　姜魯鳴、王文華『中国近現代国防経済史（一八四〇－二〇〇九）』三三八頁、北京、中国財政経済出版社、二〇一二。

20　アンガス・マディソン『中国経済的長遠未来』中国語版、四三頁、北京、新華出版社、一九九九。

21　一九三四年一月二三日、毛沢東は江西省瑞金で開かれた第二回全国工農代表大会において、「水利は農業の生命線であり、最大の注意を払わなくてはならない」と主張した。

22　アンガス・マディソン『中国経済的長遠未来』、中国語版、四四頁、北京、新華出版社、一九九九。

23　Dwight H. Perkins, Growth and Changing Structure of China's Twentieth-Century Economy, in Perkins ed. China's Modern Economy in Historical Perspective. Stanford University Press, 1975, p.111, Table I.

24　Angus Maddison, Monitoring the World Economy : 1820-1992. Paris : OECD, 1995, pp.190, 204.

25　アンガス・マディソン『中国経済的長遠未来』中国語版、七二頁、北京、新華出版社、一九九九。

26　アンガス・マディソン『中国経済的長遠未来』中国語版、五七頁、北京、新華出版社、一九九九。

27　国家統計局編『中国統計年鑑（一九八〇）』四八六～四八九頁、北京、中国統計出版社、一九八一。

28　国家統計局編『中国統計年鑑（一九八〇）』二〇頁、二〇六頁、北京、中国統計出版社、一九八一。

29　胡鞍鋼「人口大国から人的資源強国へ」、『中国人口科学』二〇〇三年第一期、一～一〇頁。

30　World Bank, China's Progress Towards the Health MDGs, in Rural Health in China : Briefing Notes Series, No.2, March, 2005.

31　童大林、胡平「科学と技術」、于光遠主編『中国社会主義現代化』六四四頁、北京、外文出版社、一九八四。科学技術者の増加は、経済成長と社会の発展を推進する重要な要素の一つである。

32　世界銀行の推計は、一九八二年の人口センサスおよびそのほか公表されている人口資料から計算したもの。『中国：衛生部門（China-The health sector）』（世界銀行、一九八四）一号補足文書。最初の経済報告に掲載された一九七九年の平均寿命予測（六四歳）は短すぎた。

33　世界銀行経済調査団『中国：長期発展的問題和方案（主報告）』中国語版、四二頁、北京、中国財政経済出版社、一九八五。マーク・セルデンも同様の評価を下している。いわく、毛沢東時代の重要な成果は、財産を基礎とするあらゆる不平等が消滅したことであり、農村内部および都市内部の格差が大幅に縮小したことである。労働者階級は終身雇用を確保し、手厚い福利厚生を得て、社会的地位も世帯人員一人あたりの平均所得額もいくぶん向上した。全国的にも栄養・平均寿命および教育と健康水準は大きく向上した。マーク・セルデン『中国社会主義的政治経済学』中国語版、二七～二八頁、台北、台研季刊社、一九九一。

34　楊継縄『鄧小平時代―中国改革開放二十年紀実』上巻、一四頁、北京、中央編訳出版社、一九九八。

35　胡鞍鋼・門洪華「中・米・印・日・露、国家戦略資源の国際比較―合わせて中国の富民強国大戦略を論ず」、『戦略与管理』二〇〇二年第二期。

36　この推計はY. KwanとG. Chowによる研究結果と似ている。彼らの結論は、もし重大な政策の誤りがなければ「大躍進」も「文化大革命」も発生せず、そうすると一九五七年以降の中国の経済成長結果は実際の歴史と大きく異なり、その場合、一九九三年の仮定労働生産性は実際の二・七倍になるというものであった。Y. Kwan and G. Chow, Estimating Economic Effects of Political Movements in China,

Journal of Comparative Economic : 23, p.192-208, 1996. 蔡昉、林毅夫『中国経済』九頁、北京、中国財政経済出版社、二〇〇三。

37　一九七八年七月、鄧小平は次のように述べた。「『文化大革命』はあらゆる方面に干渉と破壊をおこない、産業のことごとくが被害を被った。しかし、最大の損失を被ったのは、科学と教育、とくに教育方面である。十年間人材の輩出を怠り、一世代を無駄にしたことで、世界の先進的レベルから大きく引き離されてしまった。工業・農業方面の損失を補うことは比較的容易であるが、科学技術と教育における損失を補填するには、はるかに長い時間が必要となる」。中共中央文献研究室編『鄧小平年譜（一九七五－一九九七）』上巻、三四七頁、北京、中央文献出版社、二〇〇四。

38　董輔礽主編『中華人民共和国経済史』上巻、五七二頁、北京、経済科学出版社、一九九九。

39　陳楊勇『重拳出撃―周恩来在〝九一三〟事件之後』一三五頁、重慶、重慶出版社、二〇〇六。

40　蔡昉、都陽「『文化大革命』による物的・人的資本の破壊」、『経済学（季刊）』第二巻、第四期、七九五～八〇六頁、二〇〇三年七月。

41　何沁主編『中華人民共和国史』三〇二～三〇七頁、北京、高等教育出版社、一九九七。

42　張春僑「ブルジョア階級に対する全面的独裁を論ず」、『紅旗』誌第四期、一九七五年四月一日。

43　穆青、郭超人、陸拂為「歴史的審判」一九八一年一月二七日、http://news.xinhuanet.com/newmedia/2006-11/01/content_5275660.htm

44　中央文化革命小組はまだ党中央の常設機構となっていなかったが残された。

45　中共中央文献研究室編『周恩来年譜（一九四九－一九七六）』下巻、三〇七頁、北京、中央文献出版社、一九九七。

46　中共中央文献研究室編『周恩来年譜（一九四九－一九七六）』下巻、三〇七頁、北京、中央文献出版社、一九九七。

47　『人民日報』一九六八年三月三〇日。

48　何沁主編『中華人民共和国史』二九七～二九八頁、北京、高等教育出版社、一九九七。

49　「最高人民法院特別法廷判決書（特法字第一号）」一九八一年一月二三日、中共中央文献研究室編『三中全会以来重要文献選編』下冊、六五四～六七九頁、北京、人民出版社、一九八二。

50　中共中央文献研究室『関於建国以来党的若干歴史問題的決議註釈本』（修訂版）三九一頁、北京、人民出版社、一九八五。

51　何沁主編『中華人民共和国史』、北京、高等教育出版社、一九九七。

52　「最高人民法院特別法廷判決書（特法字第一号）」一九八一年一月二三日、中共中央文献研究室編『三中全会以来重要文献選編』下冊、六五七頁、北京、人民出版社、一九八二。

53　「中華人民共和国憲法」（一九五四年九月二〇日、第一期全国人民代表大会第一回会議にて採択）、中共中央文献研究室編『建国以来重要文献選編』第五冊、五三九～五四〇頁、北京、中央文献出版社、一九九三。

54　中共中央文献研究室『関於建国以来党的若干歴史問題的決議注釈本』（修訂版）三九一頁、人民出版社、一九八五。

55　「最高人民法院特別法廷判決書（特法字第一号）」一九八一年一月二三日、中共中央文献研究室編『三中全会以来重要文献選編』下冊、六五七頁、北京、人民出版社、一九八二。

56　『人民日報』編集部「プロレタリアート独裁の歴史的経験について」一九五六年四月五日、中共中央文献研究室編『建国以来重要文献選編』第八冊、二二七～二二八頁、北京、中央文献出版社、一九九四。

57　『レーニン選集』中国語版、第四巻、一六七頁、北京、人民出版社、一九七二。

58　一九四五年一一月二九日、ユーゴスラビア連邦人民共和国が正式に成立し、チトーは連邦政府首相と国防相に就任した。一九六三年に新憲法が成立し、ユーゴスラビア社会主義連邦共和国と改名、チトーは終身大統領と規定され、一九八〇年に亡くなるまで、首相就任から数えれば三十五年間、国のトップの座にあった。

59　七全大会で採択された「党規約」第三四条には次のように規定されている。中央委員会主席は、中央政治局および中央書記処の主席を兼任する。中国革命博物館『中国共産党党章匯編』五五頁、北京、人民出版社、一九七九。一九四五年六月一九日、七期一中全会は毛沢東を中央委員会主席に選出、党規約の規定に基づき、中央政治局および中央書記処主席に任命した。

60　一九二二年四月、スターリンはロシア共産党第十一回代表大会において中央委員会総書記に選出され、一九二四年一月にレーニンが死去した後は、ソ連共産党の最高指導者となった。一九四一年五月にはソ連人民委員会の主席も兼ね、同年八月にはソビエト連邦軍の総司令官に就任、一九四六年三月にはソ連部長会議主席、一九五二年一〇月のソ連共産党第十九回代表大会ではソ連中央書記処第一書記に選出され、翌一九五三年三月に死去するまでその地位にあった。

61　毛沢東「党中央副主席と総書記設置に関する問題」一九五六年九月一三日、『毛沢東文集』第七巻、一一一頁、北京、人民出版社、一九九九。

62　毛沢東は、来年（一九五八年）の第二回人民代表大会で国家主席を辞して仕事を減らし、研究に力を注ぐつもりだ、と述べた。「最高国務会議第十二回（拡大）会議における毛沢東の講話記録」一九五七年三月三〇日、逢先知、金沖及主編『毛沢東伝（一九四九－一九七六）』上巻、六七二頁、北京、中央文献出版社、二〇〇三。

63　中共中央文献研究室編『毛沢東年譜（一九四九－一九七六）』第五巻、二二一～二四頁、二七頁、北京、中央文献出版社、二〇一三。

64　胡耀邦「中国共産党成立六十周年大会における講話」一九八一年七月一日、中共中央文献研究室編『三中全会以来重要文献選編』下冊、八六九頁、北京、人民出版社、一九八二。

65　劉少奇は一九四五年の七大政治報告で次のように指摘している。「党規約すなわち党の規定は、党の基本原則を定めるだけでなく、それらの原則に基づいて党組織の行動方針を定め、党の組織形態と党内部の活動規則を定めるものである」。劉少奇は党の規定や決議が一般党員に向けられたものであるとの考えを批判し、これらは指導者層に向けて書かれたものであると主張した。彼は、そうした誤った考えは、党内の反民主的な個人独裁の傾向や特権階級的な思想の表れであるとした。劉少奇「党規約改正に関する報告」一九四五年五月、『劉少奇選集』上巻、三一六頁、三六〇頁、北京、人民出版社、一九八一。

66　党中央による一九八一年の「建国以来の党の若干の歴史問題に関する決議」では、この政治現象の歴史的原因および制度的原因は以下の通りであると指摘されている。「中国は封建制度の歴史がきわめて長い国であり、わが党は封建主義、とくに封建的土地制度と郷紳の専横に対して徹底的に闘ってきた。反封建闘争の中で優れた民主的伝統が培われたが、長期にわたる専制的封建主義の政治思想方面における影響は、簡単に排除できるものではない。さまざまな歴史的要因により、われわれは党内民主や政治・社会における民主を制度化・法律化することができず、法律を定めたとしても、あるべき権威がなかった。このことが、党の権力が過度に個人に集中し、個人による独断専行と個人崇拝現象がはびこる原因の一つとなり、党と国家が『文化大革命』の発動と展開を阻止できなかった原因にもなった」。「建国以来の党の若干の歴史問題に関する決議」（一九八一年六月二七日、第十一期六中全会で採択）、中共中央文献研究室編『三中全会以来重要文献選編』下冊、八一九頁、北京、人民出版社、一九八二。

67　劉少奇「党規約改正に関する報告」一九四五年五月、『劉少奇選集』上巻、三六九頁、北京、人民出版社、一九八一。

68　劉少奇「党規約改正に関する報告」一九四五年五月、『劉少奇選集』上巻、三二八～三二九頁、北京、人民出版社、一九八一。

69　一九四八年八月、中央は党委員会制の健全化に関する決定において、次のように明確に規定した。「党委員会制は、集団指導体制を保証し、個人の独断を防止するための重要な制度である。すべての重要な問題は、必ず委員会で討論し、委員が十分に意見を述べ、明確に決定された後、個別に実行に移されなければならない。さらに、集団指導と個人の責任のどちらもおろそかにならないよう、注意しなければならない」。後にこの決定は全党で実行された。鄧小平「党規約改正に関する報告」、『鄧小平文選』第一巻、二二九頁、北京、人民出版社、一九九三。

70　八全大会で成立した「党規約」の第一九条には以下の通り規定されていた。「党の各級組織は、集団指導と個人責任の遂行を組み合わせるという原則の下、いかなる重大な問題も集団で決定し、同時に個人も果たすべき役割を十分に発揮しなければならない」。鄧小平は、この制度の実践にはまだ多くの欠点があることに気づいていた。とくに集団指導のふりをした実質上の個人独裁には断固反対を貫く必要があり、彼はこの制度を具体化させるため、以下のような提案をした。すなわち、「会議にかけられたすべての問題は必ず討論を経る必要があり、かつ異議を唱えることが認められる。討論の中で重大な意見の相違があった場合は、直ちに解決が必要なものでないかぎり、討論を延長し、急かすように採決をおこなったり、無理矢理結論を出したりするのではなく、大多数が心の底から同意できるよう、話し合いをおこなう」。「中国共産党規約」(一九五六年九月二三日、中国共産党第八回全国代表大会で採択)、中共中央文献研究室編『建国以来重要文献選編』第九冊、三二六頁、北京、中央文献出版社、一九九四。

71　鄧小平「党規約改正に関する報告」、『鄧小平文選』第一巻、二二九頁、北京、人民出版社、一九九三。

72　鄧小平は、党のさまざまな会議は、法律上、党代表大会の代わりを務めることはできないと認識していた。彼は各級の党代表大会をすべて常任制に変更し、毎年一度開催することを提起した。この制度変更の最大の長所は、党代表大会を党の最高決議機関兼最高監督機関として有効に機能させるという点にある。新たな制度に基づけば、党の最重要事項は、いずれも代表大会での議論を経て決定されることとなる。鄧小平「党規約改正に関する報告」一九五六年九月一六日、『鄧小平文選』第一巻、二三二~二三三頁、北京、人民出版社、一九九三。

73　『建国以来毛沢東文稿』第四巻、二二九~二三〇頁、北京、中央文献出版社、一九九〇。

74　たとえば、一九五一年七月に毛沢東は劉少奇と華北局に対し、今は互助組織の私有基盤を動揺させるべきではないと厳しく批判した。すると、劉少奇、薄一波らは直ちに自らの主張を放棄した。龐松『毛沢東時代的中国(一九四九-一九七六)』(二)、二〇四~二〇五頁、北京、中共党史出版社、二〇〇三。また、一九五三年二月に毛沢東が「新民主主義的社会秩序を確立する」という言い方を厳しく批判した際には、その矛先は劉少奇だけではなく周恩来・鄧小平にも及び、その後党内の正式な報告にはこの表現は二度と現れなかった。龐松『毛沢東時代的中国(一九四九-一九七六)』(二)、二九五~二九六頁、北京、中共党史出版社、二〇〇三。

75　陸南泉「スターリンモデルの若干の重要な問題に関する再考」、『社会科学報』二〇〇七年六月二一日第三版。

76　『人民日報』編集部「プロレタリア独裁の歴史的経験について」(一九五六年四月五日、中共中央文献研究室編『建国以来重要文献選編』第八冊、二三〇頁掲載)は、中国共産党中央政治局拡大会議の議論に基づいて『人民日報』編集部が執筆し、毛沢東が数度にわたってコメントと修正をおこなった。『建国以来毛沢東文稿』第六冊、五九~六七頁、北京、中央文献出版社、一九九二。

77　「建国以来の党の若干の歴史問題に関する決議」一九八一年六月二七日、中共中央文献研究室編『三中全会以来重要文献選編』下冊、八一四~八一五頁、北京、人民出版社、一九八二。

78　「建国以来の党の若干の歴史問題に関する決議」より。

79　一九八〇年八月、鄧小平は次のように述べている。「晩年の毛沢東は反対意見に耳を貸そうとしなかった。民主集中制、集団指導体制はいずれも破壊されていた。そうでなければ『文化大革命』が起こった理由を説明できない」。鄧小平「イタリア人記者オリアナ・ファラーチによるインタビュー」一九八〇年八月二一日、二三日、『鄧小平文選』第二巻、三四八頁、北京、人民出版社、一九九四。

80　鄧小平「『建国以来の党の若干の歴史問題についての決議』起草にあたっての意見」一九八〇年六月二七日、『鄧小平文選』第二巻、二九七頁、北京、人民出版社、一九九四。

81　毛沢東「わが党の歴史的経験」一九五六年九月二五日、『毛沢東文集』第七巻、一三六頁、北京、人民出版社、一九九九。

82　毛沢東「歴史の教訓をくみ取り、大国ショービニズムに反対する」一九五六年九月二四日、『毛沢東文集』第七巻、一二四頁、北京、人民出版社、一九九九。

83　龔育之『従毛沢東到鄧小平』二八三〜二八五頁、北京、中共党史出版社、一九九四。

84　鄧小平は次のように語っている。「『文化大革命』の教訓がなければ、十一期三中全会以降の思想・政治・組織の路線および一連の政策はとれなかった。三中全会で党の重点を階級闘争から生産力の発展に変更し、四つの現代化建設を中心とする方針を定めたことは、全党および全国人民からの支持を得た。それはなぜであろうか。比較対象としての『文化大革命』があったからである。つまり、『文化大革命』がわれわれの財産に変わったのである」。鄧小平「未来を開くために歴史を総括する」一九八八年九月五日、『鄧小平文選』第三巻、一七二頁、北京、人民出版社、一九九四。

85　鄧小平はアメリカの記者マイク・ハリスの質問に答えて次のように語った。「『文化大革命』は悪いことのように見えるが、つまるところはよいことであった。人々にわれわれ（の体制）の弊害がどこにあるのか、考えさせ、認識させたからである。『文化大革命』の経験をうまく総括し、改革措置を講じ、政治的にも経済的にもわれわれの面目を一新する。そうすることで、悪いこともよいことに変わるのだ」。鄧小平「未来を開くために歴史を総括する」一九八八年九月五日、『鄧小平文選』第三巻、一七二頁、北京、人民出版社、一九九四。

86　鄧小平は次のように語った。「『文化大革命』は全面的な内戦であった。『六四』以降わが国が安定しているのはなぜであろうか。それは、われわれが改革開放をおこない、経済発展を促進し、人民の生活を改善したからである」。鄧小平「武昌・深圳・珠海・上海などにおける談話の要点」一九九二年一月一八日〜二月二一日、『鄧小平文選』第三巻、三七一頁、北京、人民出版社、一九九四。

87　ハリー・ハーディングは、以下のように述べている。「一九八〇年代後期になると、（矛盾しているようだが）『文化大革命』の混乱がポスト毛沢東時代の改革の重要な条件となっていたのである。もし『文化大革命』がなかったなら、改革がこれほどまで急速に進むことはなかっただろう」。ハリー・ハーディング「再び危機の時代に突入した中国」、ロデリック・マクファーカー著、ジョン・フェアバンク編訳『剣橋中華人民共和国史：中国革命内部的革命（一九六六－一九八二）』中国語版、二一八頁、北京、中国社会科学出版社、一九九二。

88　胡錦濤「鄧小平同志生誕百周年記念大会における講話」二〇〇四年八月二二日、中共中央文献研究室編『十六大以来重要文献選編』中冊、一五一頁、北京、中央文献出版社、二〇〇六。

89　江沢民「毛沢東生誕百周年記念大会における講話」一九九三年一二月二六日、中共中央文献研究室編『十四大以来重要文献選編』上冊、六一四頁、北京、中央文献出版社、一九九六。

The Political and Economic History of China
1949-1976

［付録］

中華人民共和国政治運動一覧表
（一九四九～一九七六年）

期間（年）	政治運動	主な内容	範囲
一九四九～一九五三	剿匪闘争	匪賊および武装勢力合わせて二六〇万人余りを殲滅	全国
一九五〇	投機的資本家の打倒	独占的・投機的資本家の資産没収。	上海、天津などの大都市
一九五〇～一九五三	整党整風	仕事における過ちを改め、功績を誇りおごり高ぶる風潮を廃し、官僚主義および命令主義を克服することで、党と人民の関係を改善することを目指した（一九五〇年五月一日、「全党全軍で大規模な整風運動をおこなうことに関する指示」に毛沢東が署名、交付。一九五一年三月および一九五三年九月、全国組織工作会議において、共産党員の基準八項目が正式に公表される）。	党内および軍内
一九五〇～一九五二	土地改革	三億人以上の小作農や貧農に合計七億ムー以上の土地および生産・生活手段を配分した（一九五〇年六月、中央人民政府が「土地法」を可決）。	農村
一九五〇～一九五三秋	反革命鎮圧	一九五〇年三月および一〇月の二度にわたり「反革命活動の鎮圧に関する指示」が党中央から出される。一九五一年二月、人民政府が「懲治反革命条例」を公布。五月、「第三次全国公安会議決議」を党中央が承認。	全国
一九四九～一九五三	農業互助合作化運動	一九五二年、互助組の数は全国で八〇三万に達し、全国の農家の四〇％にあたる四五〇〇万戸が組織された（一九五一年七月、「農業生産互助合作に関する党中央の決議（草案）」）。	農村
一九五〇～一九五二	知識人の思想改造運動	マルクス、レーニン、毛沢東の著作や社会発展の歴史、史的唯物論や党の基本政策についての学習を推進。全国高等教育機関教職員の九一％、大学生の八〇％、中等実業学校教職員の七五％が参加した（一九五一年一〇月、政治協商会議第三回会議における毛沢東の講話）。	教育、科学技術、文化方面
一九五〇～一九五二	麻薬撲滅運動	不完全な統計ではあるが、四大地区（東北、華北、華東、西北）で二四四七万両（一両は五〇グラム）相当のアヘンが押収された（一九五〇年二月、政務院「アヘン厳禁に関する通達」。一九五一年二月、「薬物禁止について政務院による重ねての命令」。一九五二年四月、党中央「薬物流行一掃に関する指示」、同年五月、政務院「アヘン厳禁の通達」）。	全国
一九五一	『武訓伝』批判	五月二〇日付『人民日報』社説「映画『武訓伝』についての議論を重視すべきである」。	文芸界

一九五一～一九五二	「三反」運動	組織を簡素化し、増産と節約を目指し、党幹部の汚職・浪費・官僚主義に反対する（党中央「組織の簡素化、増産と節約および反汚職・反浪費・反官僚主義に関する決定」一九五一年一二月）。	党、政府、軍の機関
一九五一～一九五二	「五反」運動	贈賄、脱税、国家資産横領、手抜き・中抜き、国家経済情報窃取行為に対する取り締まり（党中央「大中都市において『五反』闘争を展開することに関する指示」一九五二年一月）。これにより、多くの民間商工業者が廃業に追い込まれた。	都市商工業界
一九五三～一九五四	「過渡期の総路線」の学習および宣伝	「一化（国家の工業化）、三改（農業、手工業、資本主義商工業に対する社会主義的改造）」（中央宣伝部「過渡期の総路線の学習と宣伝に関する提綱」一九五三年一二月に党中央による承認、一九五四年二月に七期四中全会で採択）。	全党、全国
一九五三～一九五四	ソ連の経験に学ぶ	『ソビエト連邦共産党の歴史』の学習。	全党、全国
一九五三～一九五五	ブルジョア唯心主義批判闘争	俞平伯の『紅楼夢』研究、胡適の実用主義哲学思想に対する批判。	文化界
一九五三～一九五四	「高・饒反党集団」批判	高崗、饒漱石に対する批判（七期四中全会「党の団結強化に関する決議」一九五四年二月、全国代表会議「高崗・饒漱石反党同盟に関する決議」一九五五年三月）。	党内
一九五三～一九五六	初期合作化運動	一九五六年末の時点で、全国の農家のうち九六・三％が合作社に加入しており、そのうち高級合作社に加入している農家は総戸数の八七・八％に上った。一九五五年一〇月の拡大第七期六中全会では、（合作社運動に反対した）鄧子恢が批判された。	農村
一九五三～一九五四	党内幹部審査	幹部の政治的審査をおこない、反革命分子・階級疎外分子・堕落分子などを党および政府機関から排除することを狙った（党中央「幹部審査に関する決定」一九五三年一一月）。	党および政府機関
一九五五～一九五七	党内反革命粛清運動	党中央「隠れた反革命分子粛清闘争の展開に関する指示」一九五五年七月。	国家機関、民間団体、共産党および各民主党派
一九五五	「胡風反革命集団」批判	胡風が「数年来の文芸実践情況に関する報告（いわゆる「三十万言の書」）を提出、その後、一九五五年三月に党中央は宣伝部の「胡風思想批判の展開に関する報告」を各所に転送、毛沢東は一九五五年五月から六月にかけて『人民日報』に掲載された「胡風反党集団材料」に「意見」を記載。	全国

一九五五～一九五六	資本主義商工業の改造	一九五六年末時点で、私営工場八万八〇〇〇のうち、九九％は官民共同経営（公私合営）となっており、二四〇万の民営商店も、八二・二％が官民共同経営か合作商店、もしくは合作組織（小組）となっていた。官民共同経営に加わった商工業者は八六万人に上った。私営資本主義経済が国民所得に占める割合も、一九五二年の六・九％から〇％近くにまで減少した（党中央「市場管理の強化と私営商業改造に関する指示」一九五四年七月、国務院「官民共同経営（公私合営）工業企業暫定試行条例」同年九月、「第二回全国拡大官民共同経営工業企業計画会議の報告」一九五五年三月、李維漢「調査研究方針の指示に関する報告」同年一〇月党中央採択。同年一一月、中央政治局は資本主義商工業の社会主義的改造問題について会議を招集。陳雲「資本主義商工業改造の新情勢と新任務」。一九五六年二月、中央政治局は七期七中全会に「資本主義商工業の改造問題に関する決議」を提出）。	都市部の商工業
一九五五～一九五六	手工業の改造	一九五六年末の時点で、手工業合作社（組）は一〇万四〇〇〇社余り、構成員は約六〇三万人に上った。個人経営経済が国民所得に占める割合も、一九五二年の七一・八％から七・一％にまで低下した（第五回全国手工業生産会議報告）。	都市部の手工業
一九五六～一九五八	高級合作社運動	一九五六年末時点で、高級合作社に加入している農家は全農家の八七・八％に上った（一九五六年一月、中央政治局が「一九五六～一九五七年全国農業発展要綱（草案）」を、同年六月三〇日、毛沢東が「高級農業生産合作社模範規約」をそれぞれ公布した）。	農村
一九五六～一九五七	「右傾保守思想」批判	鄧子恢を批判し、農業合作社運動を加速させる（七期六中全会「農業合作化問題に関する決議」一九五六年一〇月）。	党内
一九五七～一九五八	南寧会議における「反盲進」批判	（一九五八年一月）毛沢東が周恩来・陳雲・李富春・李先念・薄一波らを批判し、劉少奇・周恩来は主要な責任があるとして自己批判をおこなった。	党内
一九五七	整党整風	主観主義・セクト主義・官僚主義を正す（一九五六年一一月、八期二中全会において決定。党中央「整風運動に関する指示」一九五七年四月）。	党内
一九五七～一九五九	「反右派闘争」	羅隆基・章伯鈞同盟を批判、五五万人が右派分子に分類された（一九五七年六月一八日、中央が党内に向けて「団結して右派分子の狂った攻撃に反撃せよ」との指示を公表、これに先立つ六月一二日、中央政策研究室が「事態は変化しつつある」を発表。六月二六日、党中央が「ブルジョア右派分子を攻撃し孤立させることに関する指示」を公布、七月には毛沢東が「一九五七年夏期の情勢」を発表。一〇月、八期三中全会において整風運動と反右派闘争の総括がおこなわれ、「右派分子判別の基準」が提起された）。一九五九年一〇月～一九六二年、誤って「右派分子」のレッテルを貼られた大部分の者の名誉回復が四度に分けておこなわれた。	全国

一九五八	反浪費、反保守運動	一九五八年三月三日、党中央が「反浪費反保守運動の展開に関する指示」を出す。	全国
一九五八～一九六一	「大躍進」運動	『人民日報』に一九五八年元旦の社説として「追い風に乗じ波をついて進もう」が掲載される。一月三一日、毛沢東が「工作方法六十条」を発表、五月の八全大会第二回会議で決議される。六月二一日、『人民日報』が社説「全力で速度を上げよう」を掲載。八月一七～三〇日、中央政治局拡大会議（北戴河会議）。一一月二～一〇日、第一次鄭州会議にて「十五年社会主義建設要綱四十条（一九五八～一九七二）」草案策定。同月二八日～一二月一〇日、八期六中全会にて「一九五九年国民経済計画に関する決議」採択。	全国
一九五九～一九六一	「彭・黄・張・周反党集団」批判	彭徳懐・黄克誠・張聞天・周小舟に対する批判（一九五九年八月一六日、八期八中全会において「彭徳懐同志をリーダーとする反党集団の誤りについての決議」および「党の総路線を守り、右傾機会主義に反対するために闘う」決議を採択。一九五九年九月一二日、「中央軍事委員会拡大会議決議」採択）。	党内および軍内
一九五九・八月～一九六〇前半	「反右傾運動」	一九五九年八月九日、党中央が「右傾思想反対に関する指示」を通達。一九六二年の名誉回復時の統計によれば、「右傾機会主義分子」とされ、集中的に批判された幹部および党員は三〇〇万人以上になる。	党内および政府
一九五八～一九六〇	「人民公社運動」	一九五八年一一月、二六万五〇〇〇の人民公社が設立され、加入農家は一億二六九〇万戸、全国の農家の九九・一％に上った。同年末、公共食堂は三四〇万、各種託児所は三四〇万、老人養護施設（幸福院）は一五万カ所に上った（一九五八年八月一七～三〇日、中央政治局拡大会議（北戴河会議）「農村における人民公社設立問題に関する決議」。同年一一月二八日～一二月一〇日、八期六中全会「人民公社の若干の問題に関する決議」。翌一九五九年二～三月、中央政治局拡大会議（第二次鄭州会議）「人民公社の管理体制に関する若干の規定」草案。同年四月二～五日、八期七中全会「人民公社に関する十八の問題」。一九六〇年三月六日、党中央が貴州省党委員会に「目下の農村における公共食堂の状況に関する報告」を送付。同月、党中央が「都市人民公社問題に関する指示」を発布）。	農村
一九六〇～一九六一	整社運動	農村における「三反（反汚職、反浪費、反官僚主義）」運動および整風整社運動の展開と、三級所有制の実施。生産隊を基礎としつつ、自留地、自留山の所有も認める（一九六一年一月、八期九中全会「農村における整風整社ならびに若干の改革問題に関する討論紀要」。同年三月、中央工作会議「農村人民公社工作条例」、いわゆる「農業六十条」）。農村社会主義教育運動の推進（一九六一年一一月、「農村における社会主義教育推進に関する指示」）。	農村

一九六二	「単幹風（個人経営の風潮）」批判	一九六二年九月の第八期十中全会で、「単幹の風潮」（鄧子恢を指す）、「巻き返しの風潮」（彭徳懐と習仲勛を指す）に対する徹底的な批判がおこなわれた（「彭徳懐同志をリーダーとする反党集団問題の特別査問委員会設置に関する通知」、「習仲勛ら同志の反党活動精査のための特別査問委員会設置に関する通知」）。また、「人民公社の集団経済をさらに強固にし、農業生産を発展させることに関する決定」、「農村人民公社工作条例（修正草案）」が採択された。	党内および農村
一九六三～一九六五	農村社会主義教育運動（「四清」運動）	一九六三年二月の中央工作会議で決定された、農村における社会主義教育運動（一九六三年五月、毛沢東が「目下の農村工作における若干の問題に関する決定（草案）」、通称「前十条」を制定）は一九六四年春の時点で、華北地域の約六分の一、中南地域の約五分の一で展開されていた。同年末までに、全国で一〇〇万人余りを選抜して工作隊を組織し、農村社会主義教育運動に参加することを求めた（党中央「農村社会主義運動における一部の具体的政策に関する規定（修正案）」、通称「後十条」、一九六四年九月）。政治・経済・組織・思想の浄化（「農村社会主義教育運動において目下提起されているいくつかの問題」、通称「二十三条」制定、一九六四年一二月一五～二八日、全国工作会議）。	農村
一九六三	「雷鋒に学べ」運動	毛沢東・劉少奇・周恩来が雷鋒を称賛する文章を発表。	全国
一九六三	「解放軍に学べ」運動	王鶴寿の企業思想工作報告に関する毛沢東のコメント「解放軍に学び、軍の幹部を工業部門に派遣するのはいい方法のようだ」一二月一一日。	全国
一九六四	「工業は大慶に学べ」運動	毛沢東が全国に対して「工業は大慶に学べ」の大号令を発した（二月一三日、人民大会堂での春節座談会）。	工業・交通部門
一九六四	「農業は大寨に学べ」運動	周恩来が「政府工作報告」で大寨公社の事例を讃える（一二月二一日、第三期全人代）。	農村
一九六五・一一月	「海瑞罷官」批判	江青が策略し、姚文元が論文を発表、毛沢東がこれを支持した。（当時北京市副市長だった）呉晗を批判、その矛先はさらに北京市党委員会に向けられた。	全国
一九六六・二～四月	「文芸界の黒い線」攻撃	林彪・江青の政治的同盟（四月一〇日、党中央「部隊文芸工作座談会紀要」）。	文芸界
一九六六・四～五月	「彭・羅・陸・楊反党集団」批判	彭真・羅瑞卿・陸定一・楊尚昆への批判、および「二月提綱」に対する批判（「中国共産党中央委員会通知」、略称「五一六通知」、五月一六日、中央政治局拡大大会で可決）。	党および軍内
一九六六・八～一二月	紅衛兵運動と「四旧」打破	八月一日、毛沢東の清華大学附属中学紅衛兵への返信。同月一八日、「プロレタリア文化大革命」大衆大会における林彪の講話。	全国

一九六六～一九七六	「文化大革命」	「プロレタリア文化大革命に関する決定」、通称「十六条」一九六六年八月八日、八期十一中全会で可決。	全国
一九六六～一九六九	毛主席の著作学習運動	一九六六～一九六八年に『毛沢東選集』が全国で一億五〇〇〇万部、『毛沢東著作選読』が一億四〇〇〇万部、『毛主席語録』が七億四〇〇〇万部、その他各種毛沢東の文章を掲載した単行本が約二〇億部出版された（一九六四年に林彪が主導）。	全国
一九六六・八～一二月	ブルジョア反動路線批判	劉少奇、鄧小平路線に対する批判（毛沢東「司令部を砲撃せよ―わたしの大字報」八月五日。「毛沢東思想の大道を前進しよう」一〇月一日、『紅旗』誌第一三期社説。同月の中央工作会議）。	全国
一九六七・一月	陶鋳批判	陶鋳・王任重・肖華らへの批判（中央「文革」小組が陶鋳を中国最大の保皇派と宣言）。	全国
一九六七・一月	全面的奪権	各地方の指導者打倒（一月一六日、奪権に関する毛沢東の指示を『紅旗』誌の論説員が伝える。翌二月三日、『紅旗』誌第三期社説「プロレタリア階級革命派の奪権闘争を論ず」）。	全国
一九六六・一月～一九七二	「三つの支持、二つの軍事（三支両軍）」	左派支持、工業支援、農業支援、軍事管制、軍事訓練を指す。一九七二年までに解放軍二八〇万人余りを動員（「解放軍が革命左派大衆を断固支持することに関する決定」一九六七年一月二三日。同年三月一六日、党中央が北京衛戍区に転送した「工場における軍事管制実施の布告」。中央軍事委員会「全力を傾けて支左、支工、支農、軍管、軍訓の任務を執行することに関する決定」一九六七年三月一九日。党中央・中央軍事委員会「三支両軍の若干の問題に関する決定」一九七二年八月）。	全国および全軍
一九六七・二月	「二月逆流」への反撃	譚震林・陳毅らに対する批判。これにより、中央政治局は活動停止を余儀なくされた（二月一九日、毛沢東が譚震林らを批判する会議を主催。同月二七日、陳伯達「資本主義復活をたくらむ事例」に対する毛沢東のコメント「上から下まであらゆる所に反革命復活の現象が見られる」）。	全党および全国
一九六七・三月	裏切り者を拘束	薄一波らを拘束（党中央「六一人の転向分子に関する資料」三月一六日）	全国
一九六七・七～八月	「軍内部の走資派排除」	陳再道らへの批判。七月二二日、江青が「文攻武衛」のスローガンを支持。同月二五日、林彪が解放軍総政治部は閻魔殿であるとして徹底的に破壊することを主張、王力も「軍内の走資派」を一掃することを提唱（八月一日、『紅旗』誌第一二期社説）。謝富治は公安・検察院・法院を徹底的に破壊することを主張。	全国

一九六八・春	「右からの巻き返しの風に反撃する」運動	楊成武・余立金・傅崇碧らが批判された。全国で「走資派」および裏切り者・スパイ・地主・富農・反革命分子・右派・悪質分子らが「整理」の対象とされた（『人民日報』『紅旗』誌『解放軍報』の元旦社説。五月一九日、毛沢東が姚文元に「北京新華印刷廠軍事管制委員会が大衆を動員して闘争を展開した経験」を転送。一九七〇年一月三一日、党中央「反革命破壊活動を粉砕することについての指示」）。	全国
一九六八～一九七一	闘争・批判・改革	革命委員会の設立。ブルジョア階級に対する大批判。毛沢東著作の学習・活用。私利と闘い、修正主義を批判する。教育改革、学制の短縮、工農兵大学生の養成（一九七〇年六月二七日、党中央「北京大学・清華大学の学生募集（試験運用）に関する指示を求める報告」。一九七一年八月三一日、「全国教育工作会議紀要」）。	全国
一九六八～一九七〇	人員削減・組織の簡素化	国務院の組織および人員の整理。	全国
一九六八～一九七六	知識青年の上山下郷運動	一九六八～一九七〇年の間に四〇〇万人以上、一九七〇年代末時点の統計ではのべ一四〇〇万人、実際に農村や農場に滞在した者は八六〇万人に上った。一九八二年にはそのほとんどが都市に戻り、単位に配属された（毛沢東の指示を伝えた一九六八年一二月二二日『人民日報』編集委員論説）。	全国
一九六八～一九七八	幹部下放	「五七」幹部学校への下放。一九六八年一〇月五日、『人民日報』の編集委員論説が毛沢東の指示を伝える。一九七一年二月二八日、党中央「中央機関において五七幹部学校をさらに推進することに関する報告」。黒竜江省など七つの省・市に四〇万人以上の幹部が下放された。	党・政府・軍の各組織
一九六八～一九七一	整党運動	新たな党委員会の発足（一九六七年一二月二日、党中央・中央文革小組が「党組織の整頓・回復・再建に関する意見と課題」を発布。一九七〇年二～四月、全軍・全国整党建党座談会。同年一〇月二八日、党中央「地方各級の党代表大会招集に関する通知」）。	党内
一九七〇	「一打三反」	反革命分子に打撃を与え、汚職・投機・浪費に反対する（一九七〇年二月五日、党中央「汚職・投機反対に関する指示」および「浪費反対に関する通知」）。	全国
一九七〇～一九七六	「五一六集団」の徹底調査	一九七〇年三月二七日、党中央「五一六反革命陰謀集団の徹底調査に関する通知」。	全国
一九七〇～一九七一	「批陳整風」運動	廬山会議における陳伯達批判（一九七〇年八月三一日、毛沢東「全党への公開書簡―わたしの意見」。一〇月一四日、呉法憲に対して毛沢東が自己批判書の提出を指示。一一月六日、党中央が「陳伯達の反党問題伝達に関する指示」を出す。一九七一年一月六日、姚文元の報告に対する毛沢東の指示を党中央が配布。同月二六日、党中央	党内および軍内、のちに全国に波及

		「反党分子陳伯達の犯罪行為に関する資料」）。三月一五日、『人民日報』『紅旗』誌『解放軍報』の記事「プロレタリア独裁の勝利万歳」に対する毛沢東のコメント。四月一五～二九日、党中央が「批陳整風報告会」を開く。同月二九日、党中央「批陳整風運動を深化発展させることに関する通知」）。	
一九七一～一九七三	「批林整風」運動	林彪批判（一九七一年九月一八日、党中央「林彪の反逆および逃亡に関する通知」。一一月一四日、党中央が「五七一工程紀要」を党中央委員、候補委員、省級常務委員などに送付。一二月一一日、「林彪・陳伯達反党集団の反革命クーデターを粉砕する闘争（資料その一）」を中央が配布。一九七二年五月二一日～六月二三日、中央が「批林整風報告会」を開く）。	党内および軍内、のちに全国へ波及
一九七三～一九七四	「批林批孔」運動	周恩来・郭沫若への批判（一九七三年八月五日、毛沢東の七言律詩「『封建論』を読んで郭老に呈す」。一九七四年一月一八日、党中央が「林彪と孔孟の道（資料その一）」中央一号文書を転送。四月一〇日、党中央「批林批孔運動のいくつかの問題に関する通知」。五月一八日、党中央「批林批孔運動のいくつかの政策問題に関する通知」）。	全国
一九七四～一九七五	毛沢東プロレタリア独裁理論の学習運動	ブルジョア的権利を制限し、資本主義の復活を阻止する（一九七四年一二月二六日、「プロレタリア独裁理論」問題に関する毛沢東の談話。一九七五年二月九日、『人民日報』社説「プロレタリア独裁理論を徹底的に学習しよう」）。	全国
一九七五	『水滸伝』批判	鄧小平に対する批判（『紅旗』誌の短評「『水滸伝』に対する評論を重視する」）	全国
一九七六	鄧小平批判と「右からの巻き返しの風」への反撃	三月三日、党中央が「毛主席の重要指示学習の通知」を出す。四月七日、党中央十号文書「鄧小平の党内外における一切の職務を取り消すことに関する決議」。同月二八日、『人民日報』に「鄧小平と天安門広場反革命事件」と題する文章が掲載される。	全国
一九七六・一〇月	「四人組」打倒	江青・張春橋・姚文元・王洪文の逮捕。一〇月六日、「党中央文書（一九七六）」（「十六号文書」）。	全国

注：カッコ内は歴代運動に関する重要な文書や根拠。

本表は以下の文献に基づいて著者がまとめた。龐松『毛沢東時代的中国（一九四九－一九七六）』（一）、何蓬『毛沢東時代的中国（一九四九－一九七六）』（二）、鄭謙、張化『毛沢東時代的中国（一九四九－一九七六）』（三）、以上三冊すべて北京、中共党史出版社、二〇〇三。中共党史研究室編『中国共産党大事年表』、北京、人民出版社、一九八七。Shiping Zheng, Party vs. State in Post-1949 China : The Institutional Dilemma, Cambridge University Press, pp.270-272, 1997.

参考文献一覧

中国語文献

『薄一波文選（一九三七－一九九二）』、北京、人民出版社、二〇〇八。

『陳雲文選』（第一～三巻）、北京、人民出版社、一九九五。

『鄧小平文選』（第一～三巻）、北京、人民出版社、一九九三、一九九四。

『建国以来毛沢東文稿』（第一～一三巻）、北京、中央文献出版社、一九八七～一九九八。

『建国以来毛沢東軍事文稿』（上・中・下巻）、北京、軍事科学出版社、中央文献出版社、二〇一〇。

『建国以来李先念文稿』第二冊、北京、中央文献出版社、二〇一一。

『レーニン全集』中国語版、第四一巻、北京、人民出版社、一九八六。

『レーニン選集』中国語版（第一～四巻）、北京、人民出版社、一九七二。

『李先念文選（一九三五－一九八八）』、北京、人民出版社、一九八九。

『劉少奇選集』（上・下巻）、北京、人民出版社、一九八一、一九八五。

『劉少奇文選』下巻、北京、人民出版社、一九八五。

『陸定一文集』、北京、人民出版社、一九九二。

『マルクス・エンゲルス選集』中国語版（第一～四巻）、北京、人民出版社、一九七二。

『毛沢東選集』（合訂一巻本）、北京、人民出版社、一九六七。

『毛沢東選集』第五巻、北京、人民出版社、一九七七。

『毛沢東選集』（第一～四巻）、北京、人民出版社、一九九一。

『毛沢東文集』（第一～八巻）、北京、人民出版社、一九九九。

『毛主席詩詞』、北京、人民文学出版社、一九六三。

『彭真文選』、北京、人民出版社、一九九一。

『スターリン文集（一九三四－一九五二）』中国語版、北京、人民出版社、一九八五。

『スターリン選集』中国語版（上・下巻）、北京、人民出版社、一九七九。

『スターリン全集』中国語版（第一～一三巻）、北京、人民出版社、一九五三～一九五六。

『王任重文選』下巻、北京、中央文献出版社、一九九九。

『周恩来選集』（上・下巻）、北京、人民出版社、一九八四。

『朱徳選集』、北京、人民出版社、一九八三。

『当代中国的人口』、北京、中国社会科学出版社、一九八八。

『関於国際共産主義運動総路線的論戦』、北京、人民出版社、一九六五。

『歴史巨人毛沢東』（上・中・下巻）、北京、当代中国出版社、二〇〇三。

『「中共中央関於加強和改進新形勢下党的建設若干重大問題的決定」輔導読本』、北京、人民出版社、二〇〇九。

『中国共産党第十一次全国代表大会文件匯編』、北京、人民出版社、一九七七。

『中華人民共和国発展国民経済的第一箇五年計画』、北京、人民出版社、一九五五。

ジルベルト・エチエンヌ『世紀競争：中国和印度』中国語版、北京、新華出版社、二〇〇〇。

ギリス、パーキンス、ローマー、スノーダグラス『発展経済学』第四版、中国語版、北京、中国人民大学出版社、一九九八。

薄一波『若干重大決策与事件的回顧』（上・下巻）、北京、中共中央党校出版社、一九九一、一九九三。

シリル・ブレイク他『日本和俄国的現代化』中国語版、北京、商務印書館、一九八三。

財政部編『中国財政統計年鑑』、北京、中国財政経済出版社、二〇〇二。

財政部総合計画司編『中国財政統計（一九五〇－一九九一）』、北京、科学出版社、一九九二。

蔡昉、林毅夫『中国経済』、北京、中国財政経済出版社、二〇〇三。

陳晋主編『毛沢東読書筆記解析』（上・下冊）、広州、広東人民出版社、一九九九。

陳利明『譚震林伝奇』、北京、中国文史出版社、一九九四。

陳丕顕『陳丕顕回憶録―在「一月風暴」的中心』、上海、上海人民出版社、二〇〇五。

陳述『中華人民共和国史』、北京、人民出版社、二〇〇九。

陳楊勇『重拳出撃―周恩来在〝九一三〟事件之後』、重慶、重慶出版社、二〇〇六。

程中原、夏杏珍『鄧小平在一九七五』、北京、中国青年出版社、二〇〇四。

叢進『一九四九－一九八九的中国―曲折発展的歳月』、鄭州、河南人民出版社、一九八九。

大淵寛、森岡仁『人口減少時代の日本経済』中国語版、北京、北京経済学院出版社、一九八九。

戴逸『乾隆帝及其時代』、北京、中国人民大学出版社、一九九七。

当代中国研究所『中華人民共和国史稿』（第一～五巻）、北京、人民出版社、当代中国出版社、二〇一二。

鄧英淘『鄧英淘集：求実・発展』、ハルビン、黒竜江教育出版社、一九八九。

鄧子恢編著『鄧子恢自述』、北京、人民出版社、二〇〇七。

『鄧子恢伝』編集委員会『鄧子恢伝』、北京、人民出版社、二〇〇六。

董輔礽主編『中華人民共和国経済史』上巻、北京、経済科学出版社、一九九九。

邸延生『〝文革〟前夜的毛沢東』、北京、新華出版社、二〇〇六。

房維中主編『中華人民共和国経済大事記（一九四九－一九八〇）』、北京、中国社会科学出版社、一九八四。

ジョン・フェアバンク、エドウィン・ライシャワー『中国：伝統与変革』中国語版、南京、江蘇人民出版社、一九九五。

ジョン・フェアバンク『偉大的中国革命：一八〇〇－一九八五年』中国語版、北京、世界知識出版社、二〇〇〇。

逄先知、金沖及主編『毛沢東伝（一九四九－一九七六）』（上・下巻）、北京、中央文献出版社、二〇〇三。

馮瑞剛『郭沫若的晩年歳月』、北京、中央文献出版社、二〇〇四。

高樹等編『歴史巨人毛沢東』（上・中・下巻）、北京、中国人民大学出版社、一九九三。

宮力等主編『従解凍走向建交』、北京、中央文献出版社、二〇〇四。

龔固忠、唐振南、夏遠生主編『毛沢東回湖南紀実（一九五三－一九七五）』、長沙、湖南人民出版社、一九九三。

龔育之『従毛沢東到鄧小平』、北京、中共党史出版社、一九九四。

「共和国史記」編委会『共和国史記』、長春、吉林人民出版社、一九九六。

デビッド・グッドマン『鄧小平政治評伝』中国語版、北京、中共中央党校出版社、一九九五。

郭成康『康乾盛世歴史報告』、北京、中国言実出版社、二〇〇二。

郭慶、胡鞍鋼『中国工業化問題初探』、北京、中国科学技術出版社、一九九一。

国家農業委員会弁公庁編『農業集体化重要文件匯編』、北京、中共中央党校出版社、一九八一。

国家統計局編『奮進的四十年』、北京、中国統計出版社、一九八九。

同『国民収入統計資料匯編（一九四九－一九八五）』、北京、中国統計出版社、一九八七。

同『建国以来社会主義建設的成就及国際比較』、北京、中国統計出版社、一九九一。

同『我国的国民経済建設和人民生活』、北京、中国統計出版社、一九五八。

同『新中国五十年：一九四九－一九九九』、北京、中国統計出版社、一九九九。

同『中国労働統計年鑑（二〇〇〇）』、北京、中国統計出版社、二〇〇〇。

同『中国農業統計年鑑（一九九八）』、北京、中国統計出版社、一九九八。

同『中国統計年鑑（一九八〇）』、北京、中国統計出版社、一九八一。

同『中国統計年鑑（一九八一）』、北京、中国統計出版社、一九八二。

同『中国統計年鑑（一九八二）』、北京、中国統計出版社、一九八三。

同『中国統計年鑑（一九八三）』、北京、中国統計出版社、一九八四。

同『中国統計年鑑（一九八四）』、北京、中国統計出版社、一九八五。

同『中国統計年鑑（一九九〇）』、北京、中国統計出版社、一九九一。

同『中国統計年鑑（一九九一）』、北京、中国統計出版社、一九九二。

同『中国統計年鑑（一九九七）』、北京、中国統計出版社、一九九八。

同『中国統計年鑑（二〇〇二）』、北京、中国統計出版社、二〇〇二。

同『中国統計年鑑（二〇〇四）』、北京、中国統計出版社、二〇〇四。

同『中国統計摘要（二〇〇六）』、北京、中国統計出版社、二〇〇六。

国家統計局国民経済綜合統計司編『新中国五十年統計資料匯編』、北京、中国統計出版社、一九九九。

同『新中国五十五年統計資料匯編』、北京、中国統計出版社、二〇〇五。

同『新中国六十年統計資料匯編』、北京、中国統計出版社、二〇一〇。

国家統計局貿易物価統計司編『中国貿易物価統計資料』、北京、中国統計出版社、一九八四。

国家統計局人口与就業統計司『中国人口統計年鑑（一九九七）』、北京、中国統計出版社、一九九七。

国家統計局人口和社会科技統計司編『中国人口統計年鑑（二〇〇三）』、北京、中国統計出版社、二〇〇三。

国務院新聞弁公室『中国的民族区域自治』（白書）、北京、新華社北京二〇〇五年二月二八日電。

何蓬『毛沢東時代的中国（一九四九－一九七六）』（二）、北京、中共党史出版社、二〇〇三。

何沁主編『中華人民共和国史』、北京、高等教育出版社、一九九七。

胡鞍鋼、王紹光、周建明主編『第二次転型：国家制度建設』、北京、清華大学出版社、二〇〇三。

胡鞍鋼、王亜華『国情与発展—中国五大資本動態変化（一九八〇－二〇〇三）与長遠発展戦略』、北京、清華大学出版社、二〇〇四。

胡鞍鋼『胡鞍鋼集：中国走向二十一世紀的十大関係』、ハルビン、黒竜江教育出版社、一九九五。

同『人口与発展』、杭州、浙江人民出版社、一九八九。

同『影響決策的国情報告』、北京、清華大学出版社、二〇〇二。

同『中国：走向二十一世紀』、北京、中国環境科学出版社、一九九一。

同『中国経済波動報告』、沈陽、遼寧人民出版社、一九九四。

胡鞍鋼他著『拡大就業与挑戦失業—中国就業政策評估（一九四九－二〇〇一）』、北京、中国労働社会保障出版社、二〇〇二。

胡福明主編『中国現代化的歴史進程』、合肥、安徽人民出版社、一九九四。

胡喬木『胡喬木回憶毛沢東』、北京、人民出版社、一九九四。

胡縄主編『中国共産党的七十年』、北京、中共党史出版社、一九九一。

黄峥編『劉少奇的最後歳月』、北京、中央文献出版社、一九九六。

黄宗智『長江三角洲小農家庭与郷村発展』中国語版、北京、中華書局、一九九二。

紀宝成主編『中国古代治国要論』、北京、中国人民大学出版社、二〇〇四。

姜魯鳴、王文華『中国近現代国防経済史（一八四〇－二〇〇九）』、北京、中国財政経済出版社、二〇一二。

江青『為人民立新功』、北京、人民出版社、一九六七。

金沖及『二十世紀中国史綱』（第一～四巻）、北京、社会科学文献出版社、二〇〇九。

金沖及主編『劉少奇伝』（下）、北京、中央文献出版社、一九九八。

同『毛沢東伝（一八九三－一九四九）』、北京、中央文献出版社、一九九六。

同『周恩来伝（一八九八－一九七六）』（上・下巻）、北京、中央文献出版社、二〇〇八。

同『周恩来伝』（一）～（四）、北京、中央文献出版社、一九九八。

同『朱徳伝』（修訂本）、北京、中央文献出版社、二〇〇〇。

金沖及、陳群主編『陳雲伝』下巻、北京、中央文献出版社、二〇〇五。

金春明主編『評「剣橋中華人民共和国史」』、武漢、湖北人民出版社、二〇〇一。

金春明『中華人民共和国簡史（一九四九－二〇〇四）』、北京、中共党史出版社、二〇〇四。

軍事科学院軍事歴史研究部『中国人民解放軍七十年』、北京、軍事科学出版社、一九九七。

同『抗美援朝戦争史』第三巻、北京、軍事科学出版社、二〇〇〇。

チャールズ・P・キンドルバーガー、ブルース・ヘリック『経済発展論』中国語版、上海、上海訳文出版社、一九八六。

カルロ・チッポラ主編『欧州経済史』中国語版（第一～六巻）、北京、商務印書館、一九八九。

デビッド・ランデス『「強国」論――富と覇権の世界史』中国語版、北京、新華出版社、二〇〇一。

李健編著『鄧小平三進三出中南海』、北京、中国大地出版社、一九九三。

李捷、于俊道主編『東方巨人毛沢東』、北京、解放軍出版社、一九九六。

李鋭『〝大躍進〟親暦記』（上・下巻）、上海、上海遠東出版社、一九九六。

同『廬山会議実録』、長沙、湖南教育出版社、一九八九。

李寿初編『中国政府制度』、北京、中央民族大学出版社、一九九七。

李銀橋『走下神壇的毛沢東』、北京、中外文化出版公司、一九八九。

李穎編『従一大到十六大』下巻、北京、中央文献出版社、二〇〇三。

国連開発計画（UNDP）『人間開発報告書二〇〇一 新技術と人間開発』中国語版、北京、中国財政経済出版社、二〇〇一。

林毅夫、蔡昉、李周『中国的奇跡：発展戦略与経済改革』、上海、上海人民出版社、一九九四。

林毅夫『再論制度、技術与中国農業発展』、北京、北京大学出版社、二〇〇〇。

同『制度、技術与中国農業発展』、上海、上海人民出版社、一九九四。

林蘊暉等『凱歌行進的時期』、鄭州、河南人民出版社、一九八九。

林蘊暉等主編『人民共和国春秋実録』、北京、中国人民大学出版社、一九九二。

劉武生『周恩来的晩年歳月』、北京、人民出版社、二〇〇四。

柳随年、呉群敢主編『中国社会主義経済簡史』、ハルビン、黒竜江人民出版社、一九八五。

同『第一箇五年時期的国民経済』、ハルビン、黒竜江人民出版社、一九八四。

陸南泉等主編『蘇聯興亡史論』（修訂版）、北京、人民出版社、二〇〇四。

ウィリアム・ルイス『増長与波動』中国語版、北京、華夏出版社、一九八七。

羅平漢『農村人民公社史』、福州、福建人民出版社、二〇〇六。

同『〝文革〟前夜的中国』、北京、人民出版社、二〇〇七。

トーマス・ロースキー『戦前中国経済的増長』中国語版、杭州、浙江大学出版社、二〇〇九。

ギルバート・ロズマン主編『中国的現代化』中国語版、南京、江蘇人民出版社、二〇〇三。

アンガス・マディソン『世界経済の成長史一八二〇－一九九二年――一九九ヵ国を対象とする分析と推計』中国語版、北京、改革出版社、一九九七。

同『世界経済二百年回顧』中国語版、北京、改革出版社、一九九七。

同『世界経済千年史』中国語版、北京、北京大学出版社、二〇〇四。

同『中国経済的長遠未来』中国語版、北京、新華出版社、一九九九。

同『中国経済的長期表現：公元九六〇－二〇三〇年』（修訂版）中国語版、上海、上海人民出版社、二〇一一。

ロデリック・マクファーカー著、ジョン・フェアバンク編訳『剣橋中華人民共和国史：革命的中国的興起（一九四九－一九六五）』中国語版、北京、中国社会科学出版社、一九九八。

同『剣橋中華人民共和国史：中国革命内部的革命（一九六六－一九八二）』中国語版、北京、中国社会科学出版社、一九九二。

ロデリック・マクファーカー『文化大革命的起源　第二巻　大躍進　一九五八－一九六〇』中国語版、石家荘、河北人民出版社、一九八八。

馬洪等主編『当代中国経済』、北京、当代中国出版社、一九八七。

グレゴリー・マンキュー『マクロ経済学』中国語版、北京、中国人民大学出版社、一九九六。

毛毛『我的父親鄧小平 〝文革〟歳月』、北京、中央文献出版社、二〇〇〇。

モーリス・マイスナー『毛沢東的中国及後毛沢東的中国』中国語版、成都、四川人民出版社、一九九二。

南亮進『日本の経済発展』中国語版、北京、経済管理出版社、一九九二。

農業部経済政策研究中心編『中国農村：政策研究備忘録』、北京、農業出版社、一九八九。

ダグラス・ノース、ロバート・トーマス『西欧世界の勃興』中国語版、北京、華夏出版社、一九九三。

龐松『毛沢東時代的中国（一九四九－一九七六）』（一）、北京、中共党史出版社、二〇〇三。

潘晨光主編『中国人材発展六十年』、北京、社会科学文献出版社、二〇〇九。

彭徳懐『彭徳懐自述』、北京、人民出版社、一九八一。

『彭真伝』編纂組編『彭真伝』（第一～四巻）、北京、中央文献出版社、二〇一二。

同『彭真年譜（一九〇二－一九九七）』（第一～五巻）、北京、中央文献出版社、二〇一二。

ドワイト・パーキンス『中国農業的発展（一三六八－一九六八）』中国語版、上海、上海訳文出版社、一九八四。

青野、方雷『鄧小平在一九七六』上巻、沈陽、春風文藝出版社、一九九三。

栄晨等編著『評説毛沢東』、長沙、湖南人民出版社、一九九九。

ポール・サミュエルソン『経済学』中国語版、北京、商務印書館、一九八六。

沙健孫主編『中国共産党与新中国的創建（一九四五－一九四九）』（下）、北京、中央文献出版社、二〇〇九。

『十一届三中全会以来歴次党大会、中央全会報告　公報　決議　決定』上冊、北京、中国方正出版社、二〇〇八。

師吉金『構建与嬗変―中国共産党与当代中国之変遷』、済南、済南出版社、二〇〇三。

師哲『在歴史巨人身辺』、北京、中央文献出版社、一九九一。

世界銀行経済調査団編着『中国：社会主義経済的発展』中国語版、北京、中国財政経済出版社、一九八三。

同『中国：長期発展的問題和方案（主報告）』中国語版、北京、中国財政経済出版社、一九八五。

世界銀行発展研究院『中国与知識経済：把握二十一世紀』中国語版、北京、北京大学出版社、二〇〇一。

L・S・スタヴリアノス『全球通史：一五〇〇年以後的世界』中国語版、上海、上海社会科学院出版社、一九九二。

『蘇共代表大会、代表会議和中央全会決議匯編』、北京、人民出版社、一九五六。

ソ連科学院経済研究所編『政治経済学教科書』（修訂第三版）中国語版、北京、人民出版社、一九五九。

孫健『中国経済通史（一九四九－二〇〇〇）』下巻、北京、中国人民大学出版社、二〇〇〇。

同『中華人民共和国経済史（一九四九－九〇年代初）』、北京、中国人民大学出版社、一九九二。

同『中国経済史—近代部分』、北京、中国人民大学出版社、一九八九。

アーノルド・トインビー『歴史研究』中国語版、上海、上海人民出版社、二〇〇三。

ロス・テリル『毛沢東的後半生』中国語版、北京、世界知識出版社、一九八九。

童小鵬『風雨四十年』第二部、北京、中央文献出版社、一九九六。

外交部外交史編輯室編『新中国外交風雲』、北京、世界知識出版社、一九九四。

汪海波『新中国工業経済史』、北京、経済科学出版社、一九九四。

汪之庸『民国財政簡論』、台北、華国書局、一九五二。

王保寧『中国科学院』、北京、当代中国出版社、一九九四。

王鴻模、蘇品端『改革開放的征程』、鄭州、河南人民出版社、二〇〇一。

王景倫『毛沢東的理想主義和鄧小平的現実主義：美国学者論中国』、北京、時事出版社、一九九六。

王力『王力反思録』下巻、香港、香港北星出版社、二〇〇一。

王年一『大動乱的年代』、鄭州、河南人民出版社、二〇〇九。

王紹光、胡鞍鋼『中国国家能力報告』、瀋陽、遼寧人民出版社、一九九三。

王紹光『美国進歩時代的啓示』、北京、中国財政経済出版社、二〇〇二。

王泰平主編『中華人民共和国外交史』第二巻、北京、世界知識出版社、一九九八。

王維礼主編『中国現代史大事記本末』下巻、ハルビン、黒竜江人民出版社、一九八七。

王淵明『歴史視野中的人口与現代化』、杭州、浙江人民出版社、一九九五。

衛生部編『中国衛生統計年鑑（二〇〇三）』、北京、中国協和医科大学出版社、二〇〇三。

呉承明『帝国主義在旧中国的投資』、北京、人民出版社、一九五六。

呉法憲『歳月艱難—呉法憲回憶録』、香港、香港北星出版社、二〇〇六。

呉慧『中国歴代糧食畝産研究』、北京、農業出版社、一九八五。

呉敬璉『当代中国経済改革』、上海、上海遠東出版社、二〇〇四。

呉冷西『十年論戦』（上・下）、北京、中央文献出版社、一九九九。

同『憶毛主席—我親身経歴的若干重大歴史事件片断』、北京、新華出版社、一九九五。

サイモン・クズネッツ『諸国民の経済成長——総生産高と産業構造』中国語版、北京、商務印書館、一九八五。

暁地主編『〝文革〟之謎』、北京、朝華出版社、一九九三。

謝益顕主編『中国当代外交史（一九四九－一九九五）』、北京、中国青年出版社、一九九七。

忻剣飛『世界的中国観』、上海、学林出版社、一九九一。

『新華月報』編輯部『中華人民共和国大事記』、北京、人民出版社、二〇〇四。

徐彬編著『風雨福禄居：劉少奇在〝文革〟中的抗争』、長春、吉林人民出版社、一九九八。

許滌新、呉承明『中国資本主義発展史』（第一～三巻）、北京、人民出版社、一九八五～二〇〇三。

許紀霖、陳達凱主編『中国現代化史 第一巻（一八〇〇－一九四九）』、上海、上海三聯書店、一九九五。

許全興『毛沢東晩年的理論与実践（一九五六－一九七六）』、北京、中国大百科全書出版社、一九九五。

マーク・セルデン『中国社会主義的政治経済学』中国語版、台北、台研季刊社、一九九一。

『学習時報』編集部『落日的輝煌：十七、十八世紀全球変局中的〝康乾盛世〟』、北京、中共中央党校出版社、二〇〇一。

アダム・スミス『国富論』中国語版、北京、商務印書館、一九八三。

コルナイ・ヤーノシュ『社会主義体制：共産主義政治経済学』中国語版、北京、中央翻訳出版社、二〇〇八。

楊徳才『中国経済史新論』、北京、経済科学出版社、二〇〇四。

楊継縄『鄧小平時代—中国改革開放二十年紀実』（上・下巻）、北京、中央編訳出版社、一九九八。

楊君実『現代化与中国共産主義』、香港、中文大学出版社、一九八七。

楊献珍『楊献珍文集』第二冊、石家荘、河北人民出版社、二〇〇二。

葉永烈『毛沢東与蒋介石』、合肥、安徽教育出版社、二〇〇九。

于光遠主編『中国社会主義現代化』、北京、外文出版社、一九八四。

余湛邦『張治中与中国共産党』、北京、中共中央党校出版社、一九九一。

ヨーゼフ・シュンペーター『経済分析の歴史』第一巻、中国語版、北京、商務印書館、一九九一。

載盛斌、馮侖主編『中国国情報告』、沈陽、遼寧人民出版社、一九九一。

曾培炎主編『新中国経済五十年（一九四九－一九九九）』、北京、中国計画出版社、一九九九。

張培剛『農業与工業化：農業国工業化問題初探』英語版、ハーバード大学出版社、一九四九、中国語版、武漢、華中工学院出版社、一九八四。

張培剛主編『新発展経済学』（増訂版）、鄭州、河南人民出版社、一九九九。

張素華『変局—七千人大会始末（一九六二年一月一一日－二月七日）』、北京、中国青年出版社、二〇〇六。

張寿春等『新中国経済建設評析』、南京、東南大学出版社、一九九六。

張聞天選集伝記組編『張聞天廬山会議発言』、北京、北京出版社、一九九〇。

張燿祠『回憶毛沢東』、北京、中共中央党校出版社、一九九六。

趙徳馨主編『中華人民共和国経済史（一九四九－一九六六）』、鄭州、河南人民出版社、一九八八。

趙文林、謝淑君『中国人口史』、北京、人民出版社、一九八八。

鄭謙、張化『毛沢東時代的中国（一九四九－一九七六）』（三）、北京、中共党史出版社、二〇〇三。

中国革命博物館『中国共産党党章匯編』、北京、人民出版社、一九七九。

中国経済学社『戦時経済問題』、重慶、商務印書館、一九四一。

「中国林業持続的発展戦略研究」プロジェクトチーム『中国可持続発展林業戦略研究・総論巻（上）』、北京、中国林業出版社、二〇〇二。

中国社会科学院、中央档案館編『中華人民共和国経済档案資料選編（一九四九－一九五二）』（工業巻）、北京、中国物資出版社、一九九六。

同『中華人民共和国経済档案資料選編（一九四九－一九五二）』（総合巻）、北京、中国城市経済社会出版社、一九九〇。

中共中央党史研究室編『中国共産党歴史　第一巻（一九二一－一九四九）』（上・下冊）、北京、中共党史出版社、二〇一一。

同『中国共産党歴史　第二巻（一九四九－一九七八）』（上・下冊）、北京、中共党史出版社、二〇一一。

同『中共党史大事年表』、北京、人民出版社、一九八七。

同『鄧小平論中共党史』、北京、中共党史出版社、一九九七。

中共中統戦部『民族問題文献匯編』、北京、中共中央党校出版社、一九九一。

中共中央文献編輯委員会編『毛沢東著作選読』（上・下巻）、北京、人民出版社、一九八六。

中共中央文献研究室編『陳雲年譜（一九〇五－一九九五）』（上・下巻）、北京、中央文献出版社、二〇〇〇。

同『陳雲与新中国経済建設』、北京、中央文献出版社、一九九一。

同『鄧小平年譜（一九〇四－一九七四）』（中・下巻）、北京、中央文献出版社、二〇〇九。

同『鄧小平年譜（一九七五－一九九七）』（上・下巻）、北京、中央文献出版社、二〇〇四。

同『鄧小平思想年譜（一九七五－一九九七）』、北京、中央文献出版社、一九九八。

同『劉少奇論新中国経済建設』、北京、中央文献出版社、一九九三。

同『劉少奇年譜（一八九八－一九六九）』（上・下巻）、北京、中央文献出版社、一九九六。

同『毛沢東年譜（一九四九－一九七六）』（第一～六巻）、北京、中央文献出版社、二〇一三。

同『毛沢東思想年編（一九二一－一九七五）』、北京、中央文献出版社、二〇〇九。

同『毛沢東思想形成与発展大事記』、北京、中央文献出版社、二〇一一。

同『周恩来経済文選』、北京、中央文献出版社、一九九三。

同『周恩来年譜（一九四九－一九七六）』（上・中・下巻）、北京、中央文献出版社、一九九七。

同『周恩来統一戦線文選』、北京、人民出版社、一九八四。

同『我們的周総理』、北京、中央文献出版社、一九九〇。

同『緬懐毛沢東』下巻、北京、中央文献出版社、一九九三。

同『関於建国以来党的若干歴史問題的決議注釈本』（修訂版）、北京、人民出版社、一九八五。

同『建国以来重要文献選編』（第一～二〇冊）、北京、中央文献出版社、一九九三～一九九八。

同『三中全会以来重要文献選編』（上・下冊）、北京、人民出版社、一九八二。

同『十二大以来重要文献選編』上冊、北京、人民出版社、一九八六。

同『十三大以来重要文献選編』上冊、北京、中央文献出版社、一九九一。

同『十四大以来重要文献選編』上冊、北京、中央文献出版社、一九九六。

同『十六大以来重要文献選編』（上・中冊）、北京、中央文献出版社、二〇〇五、二〇〇六。

中共中央文献研究室、中共中央党校編『劉少奇論党的建設』、北京、中央文献出版社、一九九一。

中国経済学社『戦時経済問題』、重慶、商務院書館、一九四一。

中央党校党史教研室編『中共党史学習文献簡編』、北京、中共中央党校出版社、一九八三。

中央档案館、中共中央文献研究室編『中共中央文件選集（一九四九年一〇月－一九六六年五月）』（第一～五〇冊）、北京、人民出版社、二〇一三。

周太和主編『当代中国的経済体制改革』、北京、中国社会科学出版社、一九八四。

朱元石等編『呉徳口述：十年風雨紀事─我在北京工作的一些経歴』、北京、当代中国出版社、二〇〇四。

鄒讜『中国革命再闡釈』中国語版、香港、オックスフォード大学出版社、二〇〇二。

同『美国在中国的失敗（一九四一－一九五〇年）』中国語版、上海、上海人民出版社、二〇一二。

中国語定期刊行物掲載論文

蔡昉、都陽「『文化大革命』による物的・人的資本の破壊」、『経済学（季刊）』第二巻第四期、二〇〇三年七月。

高宇寧「中国工業化における方法と戦略の変遷（一九一三－二〇〇三）」、『中国科学院－清華大学国情研究中心工作論文』二〇〇四年一一月。

胡鞍鋼、劉涛雄「全国資本ストック総量に占める国防資本ストックの割合から見た国防能力の変化（一九五二－二〇〇一）」、『国情報告』二〇〇三年第六巻。

胡鞍鋼、門洪華「中・米・印・日・露、国家戦略資源の国際比較 ─ 合わせて中国の富民強国大戦略を論ず」、『戦略与管理』二〇〇二年第二期。

胡鞍鋼、王毅、牛文元「生態赤字」、『科技導報』一九九〇年第二期、第三期。

胡鞍鋼「人口大国から人的資源強国へ」、『中国人口科学』二〇〇三年第一期。

黄宗智「発展か内巻か──十八世紀のイギリスと中国」、『歴史研究』二〇〇二年第四期。

同「学術理論と中国近現代史研究─四つの陥穽と一つの問題」、『学術思想評論』第五輯、一九九九。

李伯重「英国モデル、江南の道路と資本主義の萌芽」、『歴史研究』二〇〇一年第一期。

李成瑞「〝大躍進〟が引き起こした人口変動」、『中共党史研究』一九九七年第二期。

劉逖「一六〇〇～一八四〇年の中国GDP推計」、『経済研究』二〇〇九年第一〇期。

陸南泉「スターリンモデルのいくつかの重要問題に関する再考」、『社会科学報』二〇〇七年八月二一日、第三版。

馬寅初「中国経済の道」、『経済評論』一九四七。

ダグラス・ノース「経済の変遷過程を理解する」、『経済社会体制比較』二〇〇四年第一期。

同「一六〇〇～一八五〇年における海洋運輸生産性の変化の原因」、『政治経済学雑誌』一九六八年一〇月。

ケネス・ポメランツ「世界経済史における近世江南――比較と綜合観察」、『歴史研究』二〇〇三年第四期。

史健雲「中国・西洋比較史を見つめなおす」、『近代史研究』二〇〇三年第三期。

呉徳「廬山会議と林彪事件」、『当代中国史研究』一九九五年第二期。

閻長貴「江青はいかにして英雄に祭り上げられたか」、『党史博覧』二〇〇五年第一期。

尹家民「毛沢東と中央文革小組の発足」、『党史博覧』二〇〇六年第一期。

鄭竹園「経済制度の比較」、『中華学報』（台北）、一九八〇年二月、第七巻第二期。

朱佳木「新民主主義から社会主義への移行の前倒しと重工業の優先的発展戦略の選択」、『当代中国史研究』二〇〇四年第五期。

中国語定期刊行紙誌

『赤旗』

『党的文献』

『光明日報』

『科技日報』

『南方周末』

『人民日報』

『社会科学報』

『文匯報』

『学習時報』

『中国青年報』

その他

国家統計局ホームページ「国家数据 National Data」http://data.stats.gov.cn/index.htm
李春波「中国各地区人力資本与経済発展差距研究」、清華大学修士論文。
穆青、郭超人、陸拂為「歴史的審判」一九八一年一月二七日、http://news.xinhuanet.com/newmedia/2006-11/01/content_5275660.htm
王紹光「新中国的中央地方関係」、清華大学公共管理学院、二〇〇九年一〇月一四日の講座。
楊小凱『百年中国経済史筆記（従晩清到一九四九）』、電子版、二〇〇四。
同『百年中国経済史筆記之二　民国経済史（一九一二―一九四九）』電子版、二〇〇四。

英語文献

Barclay, G. W., et al. a Reassessment of the Demography of Traditional Rural China, Population Index, Winter, 1976.
Bowles, Samuel, Richard Edwards and Frank Roosevelt, Understanding Capitalism : Competition, Command, and Change, New York : Oxford University Press, 2005.
The CIA World Factbook 2009, Central Intelligent Agency, 2008.

Chandler and Fox, 3000 Years of Urban Growth, 1974.

Chang, John K., Industrial Development in Pre-Communist China, a Quantitative Analysis, Aldine : Chicago University Press, 1969.

Chen Nai-ruenn, China's Foreign Trade, 1950-1974. in Joint Economic Committee of Congress, China: A Reassessment of The Economy, Washington : USGPO, 1975.

Eckstein, A., W. Galenson and T.C.Liu eds., Economic Trends in Communist China, Aldine : Chicago University Press, 1968.

Eckstein, Alexander, China's Economic Development, the Interplay of Scarcity and Ideology, University of Michigan Press, 1975.

同 China's Economic Revolution, New York : Cambridge University Press, 1977.

Fairbank, John King, The Great Chinese Revolution : 1800-1985, Harper Collins Publishers, 1986.

Farinas, Roderick M. ed., The Politics of China 1949-1989, New York : Cambridge University press, 1993.

Gerschenkron, Alexander, Economic Backwardness in Historical Perspective : A Book of Essays, Harvard University Press, 1962.

Getty, Arch, Origins of the Great Purges : the Soviet Communist Party Reconsidered, 1933-1938, New York : Cambridge University Press, 1985.

Harding, Harry, China's Second Revolution : Reform after Mao, Washington, DC : The Brookings Institution, 1987.

Joint Economic Committee of Congress, China: a Reassessment of the Economy, Washington : USGPO, 1975.

Lardy, Nicholas R., Economic Growth and Distribution in China, New York : Cambridge University Press, 1978.

Lee, J. Z., and F. Wang, Forthcoming, Malthusian Mythology and Chinese Reality : the Population History of one Quarter of Humanity : 1700-2000, Cambridge : Harvard University Press, 1999.

Levy, M., Modernization and the Structure of Societies, N. J. : Princeton University Press, 1970.

Maddison, Angus, Monitoring the World Economy : 1820-1992, Paris : OECD, 1995.

同 Chinese Economic Performance in the Long Run, Paris : OECD, 1998.

同 Historical Statistics for the World Economy 1-2008 AD, 2010.

同 The World Economy : A Millennial Perspective, Paris : OECD, 2001.

同 The World Economy : Historical Statistics, Paris : OECD, 2003.

Myers, Ramon, Chinese Economy : Past and Present, Belmont : Wadsworth Press, 1980.

Naughton, Barry, The Chinese Economy : Transitions and Growth, The MIT Press, 2007.

North, Douglas, Structure and Change in Economic History, New York : W.W. Norton & Company, 1981.

Perkins, Dwight H., Agricultural Development in China, 1368-1968, Chicago : Aldine Publishing, 1969.

同 China's Modern Economy in Historical Perspective, Stanford University Press, 1975.

Pomeranz, K, The Great Divergence : Europe, China, and the Making of the Modern World Economy, Princeton : Princeton University Press, 2000.

Rawski, Thomas, Economic Growth in Prewar China, University of California Press, 1989.

Richardson, Philip, Economic Change in China : 1800-1950, Cambridge University Press, 1999.

Riskin, Carl, China's Political Economy, London : Oxford University Press, 1987.

Rostow, W., Why the Poor Get Richer and the Rich Slow Down, Austin :

University of Texas Press, 1980.
Time Almanac 2008, Time Almanac, 2007.
Tucker, Robert C., The Soviet Political Mind : Stalinism and Post-Stalin Change, New York : Norton & Company, 1941.
UNDP, Human Development Report 2002, Oxford University Press, 2002.
World Bank, World Development Indicators, 2004.
同 World Development Report 1984, Oxford : Oxford University Press, 1984.
WTO, World Trade Report 2010.
Zheng, Shiping, Party vs. State in Post-1949 China : The Institutional Dilemma, Cambridge University Press, 1997.

英語定期刊行物掲載論文

Bairoch, Paul, International Industrialization Levels from 1750 to 1980, Journal of European Economic History, November, 1982.
Barro, R. J., Inflation and Economic Growth, Bank of England Quarterly Bulletin, May, 1995.
Crafts, Nicholas, The Human Development Index, 1870-1999 : Some Revised Estimate, European Review of Economic History, 6, 2002.
Kang Chao, The Economic Development of Manchuria : The Rise of Frontier Economy, Michigan Papers in Chinese Studies, Vol.43, 1982.
Kwan Y. and G. Chow, Estlmating Economic Effects of Political Movements in China, Journal of Comparative Economics : 23, 1996.
Liu, T.C. and K.C. Yeh, Chinese and other Asian Economies : A Quantitative Evaluation, American Economic Review, May, 1973.
North, Douglas, Sources of Productivity Change in Ocean Shipping, 1600-1850, Journal of Political Economy, September-October, 1968.
World Bank, China's Progress Towards the Health MDGs, in Rural Health in China : Briefing Notes Series, No.2, March, 2005.

その他

China's Food, Scientific American, December, 1985.
Eliott, John E., Comparative Economic Systems, Prentice Hall, 1973.
Maddison, Angus, World Population, GDP and Per Capita GDP, 1-2008 AD, 2010. http://www.ggdc.net/maddison
McArthur, John W. and Sachs, Jeffery, Institutions and Geography : Comment on Acemoglu, Johnson and Robinson, NBER (National Bureau of Economic Research) Working, February, 2001.
Pickersgill, Gary M. and Joyce E. Pickersgill, Contemporary Economic System, Prentice Hall, 1974.
United Nations, Department of Economic and Social Affairs, World Urbanization Prospects : The 2009 Revision Population Database, http://esa.un.org/unpd/wup
Wen, Guanzhong James(文貫中), The Current Land Tenurs System and Its Impact on Long-term Performance of Farming Sector : the Case of Modern China, Ph.D. dissertation University of Chicago, 1989.
World Bank, China : The health sector (『中国：衛生部門』), 1984.
同 World Development Indicators, CD-ROM, 2002.

表・図・コラム 索引

表 索引

図索引

コラム 索引

あとがき——歴史に学ぶということ

四年にわたる執筆と修正作業を経て、本書『中国政治経済史論 毛沢東時代（一九四九～一九七六）』が正式に出版され、多くの読者にお届けできる運びになった。

折しも「文化大革命」の発動から四十年、その終結から三十年にあたる年に、本書は出版されたことになる（中国語版原書の発売は二〇〇六年、清華大学出版社より）。「文化大革命」は、新中国建国以来の歴史の中で特殊な一時期を形成している。後世の人々に与える教訓はきわめて重く、深い。わたしは、あの時代をつぶさに見てきた一人である。同時に、その後の改革開放の新時代も経験してきた。今、必要なのは、歴史に学ぶということである。その成功と失敗の両方から総括と教訓をくみ取らなければならない。そうすることで歴史は、現代を生きるわたしたちにとっても、次世代を担う人々にとっても、等しく貴重な財産となるであろう。

一、本書執筆の目的

一つ目は「歴史への寄与」である。西洋の歴史学者から見ると、欧米諸国の文明史に比べ、中国のそれはきわめて複雑多岐にわたるようだ。中国の近代化のプロセスは人類史上まれに見る壮大な様相を呈しており、量的にも質的にも比類なき経験と教訓に満ちている。しかし、わたしたち自身が十分にそれを理解しているとはいえない。必要なのは、より理性的に自国の歴史に向き合うことである。そこから教訓と英知をくみ取り、よりよき社会の創造に生かしていかなくてはならない。

姿かたちはなくとも、歴史は「偉大な学校」であり、「偉大な指導者」である。歴史を知り、子細にふりかえり観察することで評価と総括を導き出すこと、それが本書の目的である。ここでいう歴史とは、一九四九年以降の中国の近代化の歩みのことである。

歴史研究は非常にやりがいのある学問であると同時に、この上なく愉快な芸術鑑賞でもある。歴史は読む者に感動と興奮を与える小説や詩であり、見る者を驚嘆させる一幅の絵画である。精魂傾けて鑑賞する必要があるのはもちろんだが、より大切なのは、丹念に理解することである。そうすれば、心の底から堪能できるに違いない。これは、本書の執筆を通して得た貴重な実感である。

二つ目は、「現実への寄与」である。国情研究（チャイナ・スタディー）は、言うなれば「神仙の書」を読むようなものである。大作であると同時に、永久に読み終わることのない作品である。一度入り込んだら興奮と感動から抜け出すことはできない。これが国情研究という新しい研究分野を自らの手で切り開いていこうという、わたしのモチベーションになっている。中国の現実を歴史的観点から知り、分析し、読み解くこと、これが本書執筆の二番目の目的である。

国情研究センター発行の『国情報告』に本書の初稿を発表した際（二〇〇四年）、指導者層の大きな反響をよんだ。歴史に対する彼らの関心の高さと知的欲求の強さを改めて知った。これは、歴史と現実がいかに密接につながっているかということを物語る事実でもある。古きをたずねることで新しきを知ることができ、新しきを知るためには古きをたずねなければならない、ということであろう。

三つ目は、「学生諸君への寄与」である。教育はわたしの本分であると同時に、将来への投資でもある。建国以来、近代化のための人材育成に重要な役割を果たしてきた清華大学は、学術および科学技術方面のエリートのみならず、優秀な政治的リーダーや官僚を数多く輩出してきた。人的資本に対する投資を倦まずたゆまずおこなってきた結果である。「学術の師、興国の士、治国の才」を養うという点で、清華大学は不動の地位を確立してきた。その結果、二〇〇〇年には公共管理学院が新たに設立され、わたしもその一員として教育や論文執筆に携わっている。そこで研究生や公共経営修士（ＭＰＡ）向けの必修科目「社会主義の理論と実践」を受け持ったことが、本書執筆の直接のきっかけになった。教科書や参考資料をいろいろと調べているうち、教材や授業方法を刷新して新たな道を切り開きたいと思うようになったのである。学生諸君には現代中国の発展プロセスをもっと系統的に知り、理解してほしいと考えた。知り、つかみ、考え、そして最後に業を成す、そういう学びを求めたのである。

四つ目は、「読者への寄与」である。読者を想定してものを書くというのは非常に楽しいことである。どんな人がどのように読むのか、もとより書き手には知る由もないが、読者はやはり最良の批評家である。ここで、海外訪問時に遭遇した二つの出来事を紹介したい。一つは、二〇〇五年五月にアメリカのロックフェラー財団で中国経済の発展について講演した折に、一九八九年にわたしが書いた『生存与発展』を読んで非常に感銘を受けたという方に出会ったことである。もう一つは、同じ時期にニューヨークのメトロポリタンクラブで、アメリカの雑誌『僑報』に掲載された（一九九二年）わたしの論文を読んだのがきっかけで中国経済の研究の道に進んだという方にお会いしたことである。「読者への寄与」とは、読者との知的交流であり、知識の共有である。本書を気に入ってくれた読者が現代中国の政治経済研究について理解を深め、歴史からさまざまな経験と教訓を得てほしい、と切に願わずにはいられない。

二、本書の主題と核心的内容

本書は中華人民共和国の歩みを詳細に分析し、歴史的観点から論じたものである。共産党創生世代が切り開いてきた中国独自の社会主義近代化の道を、わたしは「中国の道」とよんでいる。それは、中国共産党が構築し、創造し、発展させてきた社会主義工業化と近代化の歴史と見ることができる。言い換えれば、巨大な人口と悠久の歴史を有しながら地域格差の激しい後進国に甘んじてきたこのアジアの大国を、中国共産党はいかにして繁栄した近代国家にしてきたか、その過程を映し出したもの、ということである。

いかにして工業化を実現し、都市化と近代化を成し遂げるか。マルチな社会変革を絶えず実現するためにはどうすればよいか。「富民強国」の悲願をいかにして達成するか。これは毛沢東にはじまり、鄧小平、江沢民、胡錦濤に至るまで、歴代の指導者が連綿と追求してきたテーマである。それはすなわち、中国の国情を所与の条件とし、世界経済のグローバル化という背景も考慮しながら、中国独自の社会主義近代化の道を創造的に切り開いていくためにはどうしたらよいか、ということであり、今日に至るも、「十数億の人間による壮大な社会実験」であることに変わりはない。こうした中国の歴史的実践は、世界、とりわけ発展途上国に対する貢献という点でもきわめて重要である。有形無形の社会的富の創造、長く人類を苦しめてきた貧困の大幅な減少、先進諸国に迫る発展途上国の経済成長、これらが決して不可能ではないことを中国が証明しているからである。もちろんこうしたことは見かけほど容易ではなく、実現できた国はわずかである。かつて「アメリカの奇蹟」「日本の奇蹟」「東アジアの奇蹟」について論じてきた学者の多くが、今、「中国の奇蹟」をテーマにし始めている。はたして中国は奇蹟を起こせるか。起こせるとしたらいかにして、また、それは諸外国および人類にどのような影響をもたらすか。『中国政治経済史論』シリーズを通じて、ひとつひとつ回答していくつもりである。本書はその第一弾であり、一九四九〜一九七六年に焦点をあてたものである。

中国の社会主義的発展の背景については、歴史的観点と国際的観点をもって、可能なかぎり広い視野から俯瞰することを試みた。二百五十年にわたる自国の歴史を縦軸に、大国の盛衰の国際的な比較を横軸にしながら、一七五〇〜一九五〇年に至る世界的な工業化と近代化の過程から中国が脱落したのはなぜか、また、一九五〇年以降、そこから再復興を成し遂げることができたのはなぜか、を子細に検討することもそこには含まれている。「中国の道」の出発点と発展の軌跡、さらには発展のロジックと特徴を歴史的に把握するためには、あらためて中国発展の歴史的出発点と条件を知る必要があるし、その時々の中国の国情に対して、国際的な比較の光をあてることが必要なのである。

本書では、建国以降の近代化のプロセスと動因を、政治と経済の両方を軸にしながら論じている。近代化の波に乗り遅れた中国は「追いつき、追い越せ」の経済発展戦略をとり、それぞれに異なる内容をもちながら、指導者三代（毛沢東、鄧小平・江沢民、胡錦濤）にわたってそれを推進してきた。その結果、新中国の経済は初期的な成長期（一九四九〜一九七八年）を経て、飛躍的な発展期（一九七八年から少なくとも二〇二〇年までは続く）に突入し、世界の経済と貿易に占める地位も絶えず上昇してきた。そうして経済社会の発展における先進諸国と途上国との格差を縮めてきたのである。

したがって、毛沢東や鄧小平のような偉大な指導者をはじめとする、歴史上の多くの人物との対話と交流が、わたしたちには必要である。彼らの著作を読み、政策決定の背後にあるものをつかむと同時に、その成功と失敗、およびそれらがもたらした結果を正しく評価しなければならない。

わたしはよく歴史絵画を鑑賞するし、歴史に関する書物も常に読んでいる。好きでしていることだが、今なお変化し続ける中国の現実をより深く理解する上で大いに助けになっている。さらに重要なのは、現実問題に対する理解に歴史的深みを与えてくれることである。まさか自分が中国政治経済史に関する学術書を書くことになるとは考えてもみなかったが、書くことは読むことほどやさしくはない。より多くの知識を必要とするし、歴史という大河の水面に隠れた物事をとらえ、背後でそれらを動かしている力の正体をつかむ能力が、より多く求められるからである。しかし、それこそが、歴史の発展の方向性とプロセスを決定づける核心的要素なのである。

三、本書の執筆に至るまで

本書は、こういうものを書きたいという考えが生まれてから今日まで、非常に長い道のりを経ている。本格的に国情研究を始めた一九八五年から数えるならば、すでに二十年経っていることになる。その間、絶えず学び、考え、研究を積み重ねてきた。実際の出発点は、もっと以前にさかのぼることができるだろう。「先生はなぜ『文化大革命』に詳しいのですか」と学生によく聞かれる。毛沢東晩年の誤りをそれほど本質的に理解し、心に刻み込むことができるのはなぜですか、と。実際に、「文化大革命」の号砲が鳴り響いたあの日を境に初等教育を中断されたわたしたちは、例外なく「人々の魂に触れる」政治革命の渦に巻き込まれ、複雑で変転めまぐるしい政治の世界にあまりにも早く足を踏み入れることになった。「文革世代」と言われるわたしたちは、やはり特殊な経験をした世代といえるだろう（一九四九～一九五九年にかけての第一次ベビーブームに生まれたこの世代の人口は二億人を超すと言われている）。

今でもはっきりと覚えている。一九六六年六月一日、「六一児童節」の祝賀行事から家に帰るとラジオから聞こえてきたのは、「プロレタリア文化大革命」開始の合図となった北京大学・聶元梓らの大字報だった。当時、わたしは中学入試をひかえた一三歳の少年に過ぎなかった。まさかこのような形で正規の教育を中断させられ、自身の能力を育む機会を奪われることになるとは思ってもみなかった。

こうしてわたしは、同世代の仲間たちとともに「国家の大事に関心をもち、プロレタリア文化大革命を徹底的に推し進めなければならない」（一九六六年八月八日）という毛沢東の壮大な呼びかけに応えて積極的に「文化大革命」に参画し、政治と社会に対する知識を深めていったのである。

一九六九年九月、中学を卒業（中学ではほとんどまともな授業がおこなわれなかったため、実際には小学校卒業程度の学力しかなかった）したばかりのわたしは、同世代の若者すべてがそうであったように、「知識青年は農村に入って、貧農、下層農民の下で再教育を受けねばならない」（一九六八年十二月）という毛沢東の呼びかけによって、黒竜江省の北大荒に下放することになった。この年は上山下郷運動のピークで、最も多い二六〇万人あまりの知識青年が下放した。一九七八年までに累計で約一六〇〇万人、都市の若者は、ほぼ例外なく下放したことになる。北京を離れた当時まだ一六歳だったわたしにこれといった考えがあったわけではないが、七年も農村で過ごすことになるとは想像もしていなかった。しかし、七年の体験を通じて、中国の国情を体感レベルで知ることができた。この時期は、自学自習の特殊な「学びの場」を与えてくれた。そういうやり方で自分を研鑽していったのである。自習の中には、数学、物理、化学といったものも含まれていたが、マルクス・レーニンや毛沢東の著作を勉強したのもこの時期である。こうした特殊な状況の中で身についたのは、「学ぶ力」である。これはすべての基になる力であり、「人を育てる」根本的な力でもある。過酷な労働を通じて自分の意志を鍛えることができたし、苦しい勉強を通じて知識の充実を図ることができた。上海交通大学を出ていた両親も知識の重要性を理解しており、一貫してわたしを支え、励ましてくれた。こうした「社会での学び」が、のちに本当の大学に入る下準備になったのである。たとえ平凡な知識青年であったとしても、夢と希望、信念を失うことは決してなかった。幾多の知識青年が未来に希望を抱き、積極的に向上に励んでいた。わたしはその一人に過ぎない。

「四人組」が打倒された一九七六年一〇月、北大荒を離れて華北冶金地質調査隊の仕事に従事することになったわたしは、途中の北京で天安門広場や長安街を埋め尽くす祝賀ムードを肌で感じることができたし、人々が狂喜する姿を目の当たりにすることもできた。中国の将来も自分の前途も希望に満ちていると、この時実感した。しかし、具体的にそれが何であり、何に結びついているのかは曖昧模糊としていた。地質調査隊の一員として鉱山地域で仕事をし、現地の農民の家に寝泊まりしていた頃、中国の農村の遅れた現実と数億の農民の苦しみを、そして社会の変革が容易ではないことを、改めて痛感することになった。わたしは懸命に学び、ひたすら機会を待った。

一九七七年六月に復活した鄧小平は、ひとつの重大な政策を打ち出した。大学入試の再開である。これは改革開放政策の種まきであり、その担い手を創出するための先行投資だったといえる。まさに「一樹百獲は人なり」(『管子』権修編より)である。大学入試再開の知らせに雀躍としたわたしはすぐに受験準備を始め、わずか数カ月の復習だけで合格することができた。長年にわたって根気よく自学自習を続けてきたおかげである。こういう努力は最後には報われるものだ。鄧小平の政策は、大学進学という願いがかなった幸せ者を、わずかとはいえ文革世代から生み出すことになった(割合にすれば二%にも満たないだろう)。おかげでわたしは引き続き自身の能力と知識を磨く機会を得ることになった。変化はわたしの家族にも及び、「挿隊」していた二つ下の弟が一九七八年に大学に合格し、工場にいた一つ下の弟も一九八〇年に研究生になった。わたしが海外留学した一九九一年には、四人兄弟全員がアメリカやカナダの大学で勉強していた。そのうち三人が一九九八年に帰国し、祖国のため仕事に励んでいる。四人のうち二人が博士号を、残り二人が修士号を取得している。

制度的なバックアップと公平な競争機会を得たことで、わたしと家族の人生は大きく変わることになった。中国全体が変わったといっても過言ではない。一群の「改革の種子」が最初の「収穫」を迎えた一九八二年、大卒相当の学歴を有する者はわずか六一〇万人で、全人口の〇・六%に過ぎなかった。そこから継続的な人的資本に対する投資が始まり、さらに多くの種子がまかれ、その数は雪だるま式に増えていった。二〇〇四年になると、全人口の五・四%、約七〇〇〇万人にまで増えた。当初は想像もできなかった数字である。この世で最も貴重な財産は人であり、人的資本への投資ほど意義のあるものはない。昔から「民への投資は一本万利(少ない投資で巨利を得る)の事業である」と言われてきた。現在も、これから先も決して変わることのない真実である。

「文化大革命」の十年を身をもって経験していなければ、あるいは、改革開放の二十年あまりを勉学と思索に費やしていなければ、本書は存在しなかったであろう。毛沢東、鄧小平に対する歴史的知識も、彼らの功罪に対する客観的評価もなしえなかったであろう。さらに言うならば、今まさに巨大な変化を伴って急速に大国になりつつある中国を正確に理解することもできなかったであろう。本書は、三十年近く前に鄧小平が下した政策的英断(人的資本への投資)に対する「返礼」であり、同時に、学生諸君と読者へ捧げる「贈り物」である。

四、本書の論述方法

本書は、わたしが長年にわたって従事してきた国情研究の重要な成果の一つであるとはいえ、研究テーマとしては相当に挑みがいのある困難なものであった。歴史に対して責任をもつ、人民と読者の負託に応える、というスタンスで、現代中国の政治的経済的発展の歩みを分析、整理し、論述と批評をおこなった。中国の巨大な歴史的変革はまだまだ続くし、大国化もその途上にある。時にはさらなる試練と不確定要素に直面することもあるだろう。それでもわたしは全力でこの変化のプロセスを記録し、変革の推進力と直接的・間接的な動因をえぐり出し、その文脈とロジックをつかみとるつもりである。本書が読者に提供できるのは、有意義な分析と討論の材料だけではない。さらなる論争と思考を促すテーマもそこには含まれている。

本書の論述の特徴は、簡潔明瞭な自問自答方式にある。思考を要する重大テーマとそれに関連する諸テーマを各章、各節の冒頭に配し、詳しい分析と解説を加えながら、最後に簡潔なまとめと評価を置く、というやり方である。本書が提起しているのは、万人の興味をひく現代中国の政治経済問題であるが、これらは互いに結びついているだけではなく、相互に影響し合っており、現代中国の重要な歴史的変遷や歴史的事件、およびそれらの引き金となった要因や中心的人物を素描する材料を与えてくれる。

歴史は現代を映し出す鏡である。歴史に対する深い洞察がなければ、今日の中国の本質をとらえることはできない。歴史を知ることと現実を理解することは、どちらも等しく重要であり、相互に補い合うものである。歴史の発展は連続した流れであり、決して途中で途切れたり、止まったり、終着点を迎えたりすることはない。過去から現在へ、そして、現在から未来へと果てしなく続いていくのが歴史である。

現代中国の政治と経済が、めまぐるしく変化する複雑な様相を呈しているのは、それらが常に過去に根差したものであると同時に、過去を乗り越えようとするものだからである。毛沢東時代に焦点をあてた本書に続いて、鄧小平時代に焦点をあてたものを、今準備している。この二つの時代は、区別と連関においてとらえることが重要だと考えている。毛沢東も鄧小平も、現代中国の巨大な変革過程の中できわめて重要かつ特別な役割を果たしてきた。それぞれに内容は異なるが、両者ともに偉大な成果をあげたと同時に、大きな誤りも犯している。世界有数の大国に生を受け、中国史上最も壮大な時代を生き、偉大な社会革命を指導した両者は、多くの違いをもちながらも、それぞれの時代の特徴と様相を体現する存在である。

政治革命の指導者である毛沢東は、経済革命と経済建設を不得手としていた。「文化大革命」のような政治革命を勝利させるためには、経済発展を犠牲にすることを惜しまなかった。他方、経済革命の指導者である鄧小平は、政治革命の経験も豊かであり、時代に応じて指導内容の色合いを変えることができた。世界中の耳目を集めた改革開放政策を成功裏に推進できた所以である。

毛沢東の哲学は闘争哲学であり、階級闘争を要とするものであった。「旧社会を破壊する」ことには長けていたが、「新たな社会の建設」は本人の願いに反して常に失敗に終わった。人民公社（一九五八年）しかり、「共産主義の大きな学校」（「五・七指示」、一九六六年）しかり、五七幹部学校や上山下郷運動といった「新発明」（一九六八年）しかりである。これに対して鄧小平は建設を原則としており、発展を第一義とすることにゆるぎなく、「新たな世界の建設」に長けていた。その結果、経済建設のみならず、国家建設の新時代をも切り開いたのである。

毛沢東は新中国の創始者であり、中国の自主独立を実現した。鄧小平は改革開放政策の生みの親であり、中国の急成長と真の強国化を実現し、貧困にあえいでいた人民に豊かさをもたらした。

毛沢東と鄧小平は、それぞれの時代でそれぞれの歴史的使命を果たしてきた。毛沢東を引き継いだ鄧小平が時代に応じた役割を果たすことで、中国の近代化は中断を免れたのである。

毛沢東晩年の誤りとその原因をはじめ、歴史における誤りを分析することは、本書の重要なテーマである。それは胡耀邦の次の言葉にある通りである。「全面的かつ長期的な誤りを回避すること、深刻な誤りの繰り返しを回避すること、この二つの『回避』ができてはじめて中国は成功する。誤りは正しさの源泉であり、失敗は成功の母である」。

おそらく多くの人が「本書の最も重要で、最も独自性のある結論は何か」と問うだろう。わたしの答えはこうである。「毛沢東の晩年の失敗が鄧小平の成功をもたらした」。これに関連するテーマで追求に値する重要なものは、「晩年の毛沢東を乗り越えて鄧小平が成功することができたのはなぜか」、ということであろう。

指導者の実践と学びは、ひとつの連続したプロセスである。どちらかと言えば後任者より前任者の方が誤りを犯しやすく、学習の代価も高くつく。後任者の方がより早く、効率よく学ぶことができる。時には、前任者の失敗が後任者の成功をもたらすことさえある。

中国の近代化の趨勢を決定づけるのは、社会と経済におけるいくつかの基本的な変化の度合いであることに変わりはない。すなわち、工業化や都市化の推進度合い、統計学上の人口変化や就業方式の変化、技術の進歩と応用、衛生環境の変化、情報革命、経済のグローバル化、生態系の変化といったものである。これらの要素全体の総和（合力）が指導者個々の能力（分力）と重なり、ひとつの大きな歴史的流れになった時、中国の近代化は急速に進むであろう。そうでなければ、逆に重大な挫折を被ることになる。時には大幅な停滞を余儀なくされる。しかし、こうしたプロセスの全体を操ることができる人はいない。毛沢東が言ったように、地球は勝手に自転するものである。歴史的意味合いからすれば、いくつかの深刻な誤りも、たび重なる挫折も、結局のところは近代化のプロセスの一部であり、一時的な現象なのである。

歴史をふりかえることでどのような新たな啓発を得ることができるだろうか。皆がこぞって追求している「中国の道」とは、興国、富民、強国の道であり、人類の発展に寄与する道である。中華民族は時には自らの意志で、時には必要に迫られて、ともかくも光明に向かって歩みを続けてきた。数百年にわたって、零落に甘んじることなく、挫折を糧に勇気を奮い起こし、不撓不屈の精神でたゆまぬ努力を続けてきた。近代化を進める今日、その巨大な生命力と驚くほど強靭な精神力は、再び如何なく発揮されている。どんなに曲がりくねった道も、その先には光明があることを歴史は教えてくれる。ナポレオンは「中国が目覚める時、世界に激震が走るだろう」と言った。わたしたちは断言できる。「中国が大国になる時、世界は変わるだろう」と。

わたしのこれまでの研究は、今日的なテーマを専門とし、そこに力点を置いてきた。しかし、本書は歴史的プロセスを分析したものである。多くの歴史的事実を出発点に政治的・経済的観点から巨大な歴史的変革のメカニズムを読み解こうとする試みであり、これまでの国情研究とは別のタイプに属するものである（もちろん、両者は異なりながらも互いに関連し合っている）。本書が歴史の鮮明な道案内となり、簡潔明瞭な総括を提供することで、より多くの読者が現代中国の巨大な変化を理解する助けになればよいと思っている。

中国の経済、社会、政治をめぐっては、今日多くの資料が存在し、歴史的資料にもこと欠かない。おかげで、豊富な資料とデータをもとに社会科学の方法を駆使して、過去五十年にわたる近代化の歩みと変化発生のプロセスを分析し、解明できるようになった。

本書の執筆にあたっては、現代中国の政治経済に関する国内外の研究成果を存分に学び、吸収し、活用した。

第一に、毛沢東と鄧小平の著作を読み返したことである。わたし自身「偉人との交流」と呼んでいるこの作業を通じて、それぞれの時代における両者の政治観、経済観を本質的に理解し、両者の考え方の違いや同じテーマに対する異なった見方を研究した。理解の対象は思考内容だけではなく実践にも及び、さらには両者の自己評価や歴史的評価にまで及んだ。

第二に、本書の情報源の客観性と信頼性を担保するために、その道の権威や信頼できる機関の研究成果にも丹念に目を通したことである。まず挙げられるのは、党中央や国務院が正式に公表している文献である。次に、薄一波、胡喬木らの回想録である。とくに薄一波の『若干重大決策与事件的回顧』は、あまり知られていない歴史的資料を数多く提供してくれるものだった。加えて挙げるとすれば、中共中央文献室、中共中央党史研究室、中共中央党校といった権威ある機関による史料や研究成果、逄先知・金沖及主編『毛沢東伝（一九四九－一九七六）』（二〇〇三年）、中共中央党史研究室の研究者らによる『毛沢東時代的中国』（二〇〇三年）、中共中央党校の許全興著『毛沢東晩年的理論与実践』（一九九五年）など、そして最後に、中華人民共和国史に関する内外の学術書および論文である。本文には可能なかぎり注釈を加えることにした。したがって読者は、わたし個人の研究成果のみならず、ほかの学者の研究成果も本書を通じて知ることができる。もちろん、膨大な資料をすべて収集し、なおかつ読むことは不可能である。説得力と権威がある代表的なものを、わたしの判断で選択したに過ぎない。

こうした豊富な資料があったからこそ、歴史に対する分析と比較、評価についてより多くの筆を割くことができた。時系列的に前後する事実や事件の論理的因果関係を解明する作業も分析の一環である。比較には、諸外国との比較や異なる時期との比較も含まれる。こうした比較がなければ、よりよい判断は生まれない。評価には各人物の自己評価と他者による評価の両方が含まれる。これに対しては必ず説明と注釈を加えるようにした。わたし自身の評価も提起しているが、抽象的な思考に基づくものもあれば、客観的データに基づくものもある。そうした意味では、本書は事実と理論の結合である。歴史的事実に踏まえて論を構築すると同時に、その論を武器にして歴史的事実に判定を下している。

もちろん、歴史に対するわたしの評価は、「下種の後知恵」の誹りを免れない。後世の者が学んで得た知識であり、見解である。あるいは、先人の成果を踏まえた再学習であり、再認識である。歴史という大海は想像以上に広く、豊かで複雑な内容をはらんでいる。そのすべてを網羅することなど不可能である。本書を書き上げることで、遅まきながらそのことを実感するに至った。

五、効率的な執筆について

効率よく論文を書くにはなにかコツがあるのか、分担したほうがよいのか、と若い研究者によく聞かれる。わたしがまず言うのは、「読みつつ書く」ということである。読書は他人の著作を味わう作業であり、執筆は自己の作品を創る作業である。わたしの読書は書くためのものであり、自身の創造のために他者の作品を読んでいる。目的のある読書がすでにわたしの習慣になっている。たくさんの著作をふるいにかけながら、これぞというものがあれば、そこからインスピレーションを得る。そうすることではじめて中身の濃い、個性のある文章を書くことができる。

次に、「雨だれ石を穿つ」の精神で書くことである。書く作業というのは知識の獲得と積み重ねの作業であり、それを刷新していく作業である。毎日読み、毎日書くことで、ちりも積もれば山となる。大事なのは継続である。人の能力には限りがあるが、潜在的な力は尽きることがない。潜在力を能力に転化していくことで、能力もまた無限になる（実際は、有限の範囲が広がっただけだとしても）。毛沢東の言う「愚公山を移す」も、わたしの言う「雨だれ石を穿つ」も同じ理屈を説いたものである。さらに付け加えれば、修正もまた重要な手段である。書くというよりも直すと言ったほうがよい。わたしは、口述筆記したものをたたき台にして、何度も読み返しながら修正を加えることを習慣にしている。細かい修正もあるが、それよりも大幅な修正が多い。修正するたびに内容の充実度と著作の価値は増していく。

最後に、情熱をもって、楽しみながら書くことである。書く際にテーマは自分で選ぶ。人から与えられたテーマで書くことはしない。書くということは強制でもなければ、自分をすり減らすことでもない。書きたいから書くのであり、そこには喜びがなくてはならない。書くことに楽しみと喜びを見出すことができれば、やめろと言われても書き続けることができるだろう。これは、わたしの経験上の実感だが、複雑な理屈はどこにもない。昔から「難事は心がけ次第」と言われるように、物事そのものが難しいのではなく、自分に打ち勝つことが難しいのである。自分に勝てれば、難事は難事ではなくなる。書くことも同じである。ただし、この簡潔明瞭な原理を実践するのはそう簡単ではない。

本書は短期間で完成したものではない。初稿は指導者の閲覧に付すため、二〇〇四年の『国情報告』（国情センター発行）に連載されたものである。これが、多方面にわたる関心を得ることになり、論文の観点や感想をめぐってたくさんの手紙や電話をいただいた。こうしたことが本書の執筆を後押しすることになった。温故知新と言われるが、論文執筆というのは、わたしにとっては歴史について学び、考え、総括する作業である。わたしが体得した学習の成果を単に文字に起こすのではなく、正式に公表することによって広く社会に伝えたい、という思いで本書を執筆した。

繰り返しになるが、書くことはわたしにとって生活の一部であり、楽しみである。本書の出版に続いて、第二部を準備している最中である。テーマは自らが経験した偉大な時代（改革開放時代）である。歴史的経緯を書き留めるだけではなく、経験から総括を導き出すことが肝要だと考えている。この第二部が近い将来正式に出版され、あらためて多くの読者の目にふれる日を待ち望んでいる。

六、謝辞

研究助手として編集作業にあたっていただいた高険峰氏、原稿の整理と編集にご協力いただいた門洪華博士、胡光宇博士および張寧、高宇寧、王磊の院生諸氏、わたしの講義録や録音の整理に協力いただいた国情研究センターの同僚諸氏、何度も修正稿の印刷にあたっていただいた陳寿烈氏、本書の執筆と出版にご助力をいただいた以上の方々および学生諸君には、ここで心から感謝の意を表したい。清華大学公共管理学院の院生、公共管理特別養成クラス（第三期、ハーバード・ケネディスクールと国務院発展研究センター中国発展基金会の合同運営）や清華大学本科生に対して、わたしはこれまで数多くの講義をおこなってきた。延べ五〇〇人を超える受講生諸君との交流を通じて、非常に有益な情報と意見を得ることができた。また、本書を書き上げてから、呂暁波教授に招かれてコロンビア大学東アジア研究所で研究をおこなう機会を得た。この時の学術交流と同大学図書館の豊富な資料を閲覧できたおかげで、重要な補足を本書に加えることができた。さらに、Carl Riskin教授、Thomas P. Bernstein教授からは本書に対して貴重な批評とアドバイスをいただいた。以上のすべての方々に重ねて感謝の気持ちを表明したい。

最後に、妻の趙憶寧に特に感謝したい。わたしが長い病気（糖尿病）を患った時、あるいはプレッシャーのかかる仕事が続いた時に心身のコンディションを維持できたのは、妻の細心の気配りのおかげである。思索と執筆、修正の作業に雑念なく入り込むことができたのも、幸せな家庭があったからこそである。また、妻はわたしの助手でもあった。本書を貫く考え方を共有しているだけではなく、執筆プランと修正内容に関する具体的な議論にもつきあってくれた。特筆すべきは、わたしたち夫婦の父親（胡兆森、趙祜）はどちらも建国初期の社会主義建設に参画した同志であり、あの時代の体験者であったことである。本書に記載した歴史的事実についても熟知しており、そこから得られる教訓についてもしっかりとした考えをもっていた。両人には初稿を読んでいただき、重要な修正意見を多くいただいた。それらはわたしの支えとなり励ましとなった。心からの感謝を表明したい。

二〇〇七年五月、清華大学にて

胡　鞍鋼

■著者紹介

胡 鞍鋼（こ あんこう）

1953年生まれ。清華大学公共管理学院教授、同大学国情研究院院長。中国共産党第18回党大会代表。国家「第11次五カ年計画」「第12次五カ年計画」「第13次五カ年計画」専門家委員会委員、中国経済50人フォーラムメンバー。

自身が主導し創設した清華大学国情研究院は、国内一流の国家政策決定シンクタンクである。国情研究に従事して30年来、出版した国情研究に関する専門書・共同著書・編著・外国語著書は100以上に及ぶ。邦訳に『中国のグリーン・ニューディール』、『SUPER CHINA ～超大国中国の未来予測～』、『中国の百年目標を実現する 第13次五カ年計画』、『習近平政権の新理念―人民を中心とする発展ビジョン』『中国集団指導体制の「核心」と「七つのメカニズム」―習近平政権からの新たな展開』（以上、日本僑報社）などがある。

中国国家自然科学基金委員会傑出青年基金の援助を獲得する。中国科学院科学技術進歩賞一等賞（2回受賞）、第9回孫冶方経済科学論文賞、復旦管理学傑出貢献賞などを受賞。

■訳者紹介

日中翻訳学院 本書翻訳チーム

日中翻訳学院（http://fanyi.duan.jp/）は、日本僑報社が2008年9月に設立した、よりハイレベルな日本語・中国語人材を育成するための出版翻訳プロ養成スクール。

中国政治経済史論 **毛沢東時代（1949 ～ 1976）**

2017年12月26日 初版第1刷発行

著　者　胡 鞍鋼（こ あんこう）

訳　者　日中翻訳学院 本書翻訳チーム

発行者　段 景子

発行所　株式会社 日本僑報社
〒171-0021 東京都豊島区西池袋3-17-15

TEL03-5956-2808　FAX03-5956-2809

info@duan.jp

http://jp.duan.jp

中国研究書店 http://duan.jp

Printed in Japan.　ISBN 978-4-86185-221-3

胡鞍鋼教授の著作

日本僑報社刊行

胡鞍鋼、楊竺松 著　安武真弓 訳

四六版 176 頁　定価 1900 円＋税

2017年刊　ISBN 978-4-86185-245-9

胡鞍鋼、鄢一龍、唐嘯 他 著

日中翻訳学院 本書翻訳チーム（代表 高橋静香）訳

四六版 192 頁　定価 1900 円＋税

2017年刊　ISBN 978-4-86185-233-6

胡鞍鋼 著　小森谷玲子 訳

A5 版 272 頁　定価 2700 円＋税

2016年刊　ISBN 978-4-9909014-0-0

胡鞍鋼 著　小森谷玲子 訳

四六版 120 頁　定価 1800 円＋税

2016年刊　ISBN 978-4-86185-222-0

胡鞍鋼 著　石垣優子・佐鳥玲子 訳

四六版 312 頁　定価 2300 円＋税

2014年刊　ISBN 978-4-86185-134-6

胡鞍鋼、王紹光、周建明、韓毓海 著　中西真 訳

A5 版 203 頁　定価 3800 円＋税

2016年刊　ISBN 978-4-86185-200-8

報道・書評特集サイト　http://jp.duan.jp/ko.html

日本僑報社　書籍のご案内

中国の人口変動　人口経済学の視点から　李仲生

日本華僑華人社会の変遷（第二版）　朱慧玲

近代中国における物理学者集団の形成　楊艦

日本流通企業の戦略的革新　陳海権

近代の闇を拓いた日中文学　康鴻音

大川周明と近代中国　呉懐中

早期毛沢東の教育思想と実践　鄭萍

現代中国の人口移動とジェンダー　陸小媛

中国の財政調整制度の新展開　徐一睿

現代中国農村の高齢者と福祉　劉燦

中国における医療保障制度の改革と再構築　羅小娟

中国農村における包括的医療保障体系の構築　王崢

日本における新聞連載　子ども漫画の戦前史　徐園

中国都市部における中年期男女の夫婦関係に関する質的研究　于建明

中国東南地域の民俗誌的研究　何彬

現代中国における農民出稼ぎと社会構造変動に関する研究　江秋鳳

東アジアの繊維・アパレル産業研究　康上賢淑

中国工業化の歴史　―化学の視点から―　峰毅

中日対照言語学概論　―その発想と表現―　高橋弥守彦

二階俊博　―全身政治家―　石川好

対中外交の蹉跌　―上海と日本人外交官―　片山和之

日中友好会館の歩み　村上立躬

尖閣諸島をめぐる「誤解」を解く　笘米地真理

二千年の歴史を鑑として（日中対訳版）　笹川陽平

若者が考える「日中の未来」シリーズ

監修　宮本雄二

日中間の多面的な相互理解を求めて

日中経済交流の次世代構想

日中外交関係の改善における環境協力の役割